三十六计

卷一

王健民 编著

吉林出版集团有限责任公司

图书在版编目（CIP）数据

三十六计 / 王健民编著. -- 长春 ：吉林出版集团有限责任公司，2011.7
ISBN 978-7-5463-5921-2

Ⅰ. ①三… Ⅱ. ①王… Ⅲ. ①兵法－中国－古代②三十六计－研究 Ⅳ. ①E892.2

中国版本图书馆CIP数据核字(2011)第139201号

三十六计

编　　著：王健民
出 版 人：周殿富
责任编辑：耿　宏　冯　雪
书装设计：张立娟
出版发行：吉林出版集团有限责任公司
电　　话：0431-86012613
印　　刷：三河市文通印刷包装有限公司
开　　本：850mm×1168mm　　1／16
字　　数：1064千字
印　　张：48.25
版　　次：2011年7月第1版
印　　次：2011年7月第1次印刷
书　　号：ISBN 978－7－5463－5921－2
定　　价：395.00元（古典函套线装 全四册）

编写说明

《三十六计》是我国古代一部著名的军事谋略著作。虽说它的经典地位不如《孙子兵法》那样高，但其知名度却绝不逊于《孙子兵法》，诸如“美人计”、“走为上”等，脍炙人口，妇孺皆知。

《三十六计》的成书年代和作者是一个谜。后人所能了解的，是《南齐书·王敬则》篇中，首次提出“三十六计”，由此推知，至迟在1500年以前，“三十六计”已经形成，后经补充、完善，终于明清之时定本成书。

《三十六计》原文短小，而且广引《易经》语辞，颇为难解，于是有了“按语”，引经据典，以资佐证。又分为六套，依“胜战计”、“敌战计”、“攻战计”、“混战计”、“并战计”、“败战计”而列，一套含六计，六六三十六，圆成全书。不难看出，《三十六计》深深汲取了中华古老《易经》阴阳互变、辩证统一思想的精髓，谋篇布局，大有讲究。

《三十六计》集历代兵法、智谋之大成，不独于军事领域、政治斗争中应对实施，对整个社会生活、经济外交、人际往来都有极强的适用性。

我们编纂的这部《三十六计》，每一计分为“原文注译”、“按语注释”、“传世典故”、“用计锦囊”、“计谋典范”等几大部分，并配以大量的插图，力图全面展示《三十六计》的丰富内涵。“计谋典范”部分，又分“战场逐鹿”、“政治权谋”、“商海弄潮”、“运世方略”等专题，精心选编古今中外政治、军事、经济、外交、为人处世等方面的经典事例，相信读者能从这些生动的故事中加深对“三十六计”的理解，得到众多的启迪。

本书在编选过程中，参考了不少方面的研究成果，由于体例关系，未一一列名，在此谨对众多专家学者的努力和成果表示由衷的敬意。

编　者

总　目　录

第一册

第二册

第三册

第四册

目　录

总　说

第一套　胜战计

第一计　瞒天过海

第二计　围魏救赵

第三计　借刀杀人

第四计 以逸待劳

第五计 趁火打劫

第六计　声东击西

第二套　敌战计

第七计　无中生有

第八计　暗度陈仓

第九计　隔岸观火

总　　说

原文注译

【原文】

六六三十六[①]，数[②]中有术[③]，术中有数。阴阳燮理[④]，机[⑤]在其中。机不可设[⑥]，设则不中[⑦]。

【注释】

①六六三十六：《嘉祐集·太玄论下》："太玄之策，三十有六。"计，计谋、策略。军事谋略六大类，每一大类包括六小类，六六三十六个计谋。三十六之数，从易经数理。

②数：易数。天地变易生之理。

③术：方法，手段，权谋。

④阴阳燮理：事物对立统一，相反相成的规律。

⑤机：机变，天机，机会。

⑥设：主观生造。

⑦中：成功、实现。

【译文】

六个六构成三十六这个变易之数，数的变易中包含术法，术法中包括数的变易。阴和阳交替运作，运作中生化出天然机变。机变是天然的，不可人为设计，人为设计的，是无法运作成功的。

按语注译

【按语】

解语重数不重理[①]。盖理，术语自明；而数，则在言外。若徒知术之为术，而不知术中有数，则术多不应。且诡谋权术，原在事理之中，人情之内。倘事出不经[②]，是诡异立见，诧世惑俗，而机谋泄矣。

或曰：三十六计中，每六计成为一套。第一套为胜战计[③]，第二套为敌战计[4]，第三套为攻战计[5]，第四套为混战计[6]，第五套为并战计[7]，第六套为败战计[8]。

【注释】

①理：易理，事理，客观情况。

②不经：不合实际，不合常规。

③胜战计：具备充分打胜仗条件下的计谋。

④敌战计：具有抗拒力量条件下的计谋。

⑤攻战计：可以谋攻取胜条件下的计谋。

⑥混战计：处于混乱局势条件下的计谋。

⑦并战计：兼备战条件下的计谋。

⑧败战计：以劣势对优势条件下的计谋。

【译文】

解语注重变易之数，不注重变易之理。变易之理，可以在各计的解语中揭示清楚；而数的变易，则不是解语的字面意义可以表达明白的。如果有人只知道术法就是术法，不包括数的变易，他的术法便不会成功。术法计谋，原理出自自然规律、社会常情。如果术法计谋者做事不合常规，人们会很快发现行事的诡谲怪异，感到惊诧和不解，便会特别留意，术法计谋便起不到作用了。

或者说，三十六计中，每六条计策为一套。第一套为胜战计，第二套为敌战计，第三套为攻战计，第四套为混战计，第五套为并战计，第六套为败战计。

第一套 胜战计

即使自己处于优势，亦不可有胜算在握的高枕无忧之心。因为瞬间的疏忽往往会招致失败。所以在顺境中仍应慎重谋求策略，以达到成功之目标。

第一计　瞒天过海

原文注译

【原文】

备周则意怠[1]；常见则不疑。阴在阳之内，不在阳之对[2]。太阳、太阴[3]。

【注释】

①备周则意怠：备，防备。周，周密、周到。意，意志、思想。怠，懈怠、松懈。全句意为：防备十分周密，容易使自己有恃无恐，意志松懈。

②阴在阳之内，不在阳之对：阴，这里指的是秘密谋略。阳，这里指公开的行动。对，对立、相反的方面。全句意为：秘密的谋略就隐藏在公开的行动之中，而不与公开行动相对立。

③太阳、太阴：太，这里是指的极端、特别、非常之意。全句意为：在最公开的行动后面往往隐藏着最秘密的阴谋。

【译文】

防备周密，往往容易导致思想麻痹，意志松懈；常见的事情就不会产生疑惑（以致丧失警惕）。秘谋就隐藏在公开的行动之中，并不是与公开行动相对立的。最公开的行动当中往往隐藏着最秘密的阴谋。

按语注译

【按语】

阴谋作为，不能于背时秘处行之[1]。夜半行窃，僻巷杀人，愚欲之行[2]，非谋士[3]之所为。昔孔融被围[4]，太史慈[5]将突围求救，乃带鞭弯弓，将两骑自从，各作一的[6]持之。开门出，围内外观者并骇。慈竟引马至城下堑内，植[7]所持的射之，射毕，还。明日复然，围下之人或起或卧。如是者再，乃无复起者。慈遂严行蓐食，鞭马直突其围，比[8]敌觉，则驰去数里矣。

【注释】

①不能于背时秘处行之：背时，趁着没人在的时候。秘处，隐秘之处。全句意为：（机密的谋略）不能在背着人的时候或者是隐蔽之处进行。

②愚俗之行：愚，愚蠢。俗，庸俗、鄙俗。全句意为：这是愚蠢、鄙俗的人的行为。

③谋士：智谋之士。

④孔融被围：孔融，东汉末年曾任北海相。孔融被围，是指孔融任北海相时，被黄巾军首领管亥率军包围之事。

⑤太史慈：东汉末年人，智勇兼备，曾奉母命前往救援被黄巾军围困的孔融。

⑥的：箭靶。

⑦植：树立。

⑧比:等到。

【译文】

施行秘密的谋略，不必选择背着人、隐蔽的地方进行。趁黑夜行窃，钻进僻静的巷子里杀人，（这些）都是愚蠢、鄙俗的人的行为，真正的智谋之士是不屑于这样干的。昔日孔融被围，太史慈要设法突围救援，便骑着马，执着鞭，带上弓箭，领着两名骑士做随从，并让骑士各自拿着一个箭靶，打开城门走了出去。（这时）城内的守军和城外的围兵见了都大吃一惊！却只见太史慈等人牵着马走进了城下的堑壕里，立上箭靶，在那里练习射箭，练完了箭，便又回城了。第二天又照样如此，那些围城的敌兵便有的躺着，有的站着观看，神色不显得那么惊奇了。如此这般地一连练习了好几天，那些围城的敌兵便（渐渐习以为常）一个个躺在地上，连看都懒得起来看了。这时，太史慈（认为时机已到），便整好装，吃饱饭，扬鞭策马，径直突围而去。等到敌兵醒悟过来时，他已经驰出数里之远了。

太史慈，东吴名将，降吴前曾与吴主孙策搏战于神亭。

传世典故

瞒天过海：瞒：隐瞒，隐藏实情，不让别人知道。天：天子，即皇帝。瞒天过海原意是指用各种巧妙的伪装，遮挡住皇帝的视听，瞒骗他上船，使其在不知不觉中跟随大队人马安全顺利地渡过大海。引申为用伪装的手段作掩护，暗中活动。

典故出自《永乐大典·薛仁贵征辽事略》。北路太宗御驾亲征，统兵三十万，欲取高丽。路过辽帆，见到距长安五千余里的辽河水，皇帝即产生了后悔之心。不数日，来到海边，那波浪滔天的汪洋大海，又使皇帝产生恐惧，后悔当初没有听从谋士们的劝告。东望高丽，隔海千里，皇帝找来前部总管张士贵问计。张士贵无奈，只好请薛仁贵于帐下。薛仁贵献计说：现在天子只是担忧大海难渡，无法征付高丽，我有一计，可以让千里海水，到明天就不见了半点，无论是太宗皇帝，还是士兵，都如同在平地上一样，平平安安地渡过大海。接着他们见了皇帝禀告说：在附近的海上，居住着一位豪富老人，愿为您的三十万兵马提供粮草，太宗皇帝非常高兴，宣豪富老人觐见，豪富老人让太宗皇帝前去海边亲验。当文武百官随太宗皇帝来至海边时，只见眼前上万间房屋都用彩幕遮围着。老人将皇帝请进一间四壁挂着彩绣地上铺着地毯的屋子。皇帝入座，百官进酒，说说笑笑，好不热闹。过了一会儿只觉得四面的帷幕被风吹得呼呼作响，哗哗的涛声如雷震响，桌子上的杯子盘子翻落在地，身体也坐不稳。这时皇帝心生疑惑，命人揭开围幕观看，只见一望无际的涛涛海水，分不清东西南北，太宗皇帝惊恐问道："这是什么地方?"张士贵起身回答说："这就是我们过海的计谋，借着风势，已快到东岸了。"就这样，太宗皇帝在不知不觉中被人渡过大海。

用计锦囊

"瞒天过海"是使用伪装的手段，引诱对方；利用机会、乘人之危来坐享成功的策略。也就是在外表上装作就要采取行动，对对方保持警戒之心；但实际上却不采取任何行动。如此反复伪装，使对方误以为这仅仅是虚张声势，而慢慢怠于警戒。这时即刻抓住对方的疏忽，乘虚而入，给予致命的一击。总之，采取各种隐蔽措施，克服敌方的侦察、监视和封锁，顺利地实施己方兵力的动机。这就是"瞒天过海"。

瞒天过海的关键在于一个"瞒"字。瞒得过则大功告成，瞒不过则弄巧成拙。但是，"瞒"不是最终目的，而是"过海"的必要手段。此计中的"天"指对自己构成威胁的对象。要善于抓住"天"的弱点施谋设计，使"天"变成聋子和瞎子。用"瞒"解除"天"的威胁，"过海"也就不难了。

瞒天过海的情形很多，大而言之，可分为以下几种：

1. 隐迹潜踪。即把自己的踪迹隐藏起来。一般情况下，对方要根据我们的踪迹来判断我们的意图，要根据我们的行踪来对我们施以干扰或攻击。如果我们把行踪隐藏起来，那么对方就无法判断我们的行动方向和位置，甚至不知我们是否存在。在这种情况下，对方处在明处，我们处在暗处，我们就可自由灵活地行动了。这就属于《孙子兵法》中的“无形论”。无形论认为：谋划一定要机密，行动一定要无形，使敌人捉摸不定或产生错觉，进而掩盖自己的行动。

2. 转移视听。即把对方的注意力转移到公开的行动上来，而使其忽略在这种公开行动中隐藏的不公开行动。在对抗行动中，如果能做到“无形”，当然是最好的，但是在大多数情况下，是很难做到的，稍有不慎，露出蛛丝马迹，反倒使对方更加警觉。如果以一种行动来掩盖另一种行动，那么对方就会被迷惑，进而产生一定的盲区，我们便可在他们的盲区内行动而不被发现。

3. 示假隐真。就是向敌人出示一定的假象，而把真的行动或意图掩护或隐蔽起来。虚假的东西很容易制造，所付的代价或所冒的风险都较小，而对对方的蒙骗作用又相当大，所以这种策略常常被先采用。

4. 阳奉阴违。即表面上遵从，暗地里却不执行。表面上的服从可以骗得信任，并削弱对方的警惕，有时甚至可以获得对方主动提供的有利条件，暗中另行其事的时候，则不会被发现。而暗中另行其事则可以实现自己的真正的目的。“阳奉阴违”与“阴在阳内”不同，前者是以臣属朋友等身份出现，以假的隐蔽真的，后者一般公开身份与实际身份是一致的。

三十六计之瞒天过海

对瞒天过海之计，可采取如下防范对策：

1. 发现疑点。俗话说：“若要人不知，除非己莫为。”无论事情做得怎样隐蔽，神秘，总要露出一定的蛛丝马迹来。我们便可抓住这些可疑之点，顺藤摸瓜，见微知著，发现敌人的真正意图。绝不可被一些表面的现象所迷惑，因为对方为了隐蔽自己，有时要施放一些烟幕弹，让我们辨不清目标，但越是这时我们越要提高警惕，因为“烟幕弹下，必有勾当，”越是遮遮掩掩，就越是可能有见不得人的东西。

2. 宁有虚防。“害人之心不可有，防人之心不可无”，特别是对那些与我们有直接的利益冲突的人，更要认真提防。要常备不懈，以防不测。做到“宁使我有虚防，无使彼得灾害”，只有把对方时时置于我们严密的监视和控制下，才能不被他所蒙蔽和欺骗。

3. 及时反馈。无论发现对方有什么新的动向，特别是在策略行为方面的变化，都要及时发现，并进行全面的信息反馈，做出准确的判断。绝不能熟视无睹，听而不闻，视而不见。在这里“及时”是十分重要的，如果发现过晚或是反应迟缓，都会给对方以可乘之机，最后失去战机，造成不可弥补的损失。

4. 穷追不舍。如果发现对方正在渡海或者已经渡过大海，并爬上了岸边，我们也绝不要轻易放他们逃走，哪怕只有一点可能，也要坚决穷追不舍，以挽回损失。要想追上已经逃走的敌人，要有比敌人更快的速度，或者选择比敌人更近的捷径。另外，还要预先防范敌人过海之后的企图，使之过海之后也难以实现最终的目的。

计谋典范

战场逐鹿

羊群变精兵

唐朝后期，各地区军事长官代代相传，不服从中央的号令，形成了春秋战国时期那种诸侯割据的局面。为了争夺地盘，他们相互之间又经常打仗，战火不断。

不久，河东节度使李克用与卢龙节度使李可举又打了起来。这次双方争夺的目标是易州（今河北易县）。

易州这块地盘本来在李克用的管辖之下，把守易州的将军名叫王处存，这王处存是万年（今西安）人，父亲王宗，当过金吾大将军，王处存是将门之子。王处存守易州，李可举无法攻下，就派来了一位裨将刘仁恭。这刘仁恭是深州（今河北深县）人，很有智谋，尤其擅长于挖地道攻城，刘仁恭来了后，就搬出他的拿手伎俩，挖了一条地道暗暗通向城中。王处存猝不及防，被刘仁恭钻了空子，这座易州城被突然从地下钻出来的敌军占领了。

王处存失掉了易州，无法向李克用交代，怎肯甘心？他在城外收拾残兵败将，整顿队伍，千方百计，想计谋夺回易州。

一天，王处存骑着马在野外转，心中苦苦思索着夺城计谋。猛然，他看见野外山坡上，牧羊人正驱赶着一大群羊在山上吃草，远远望去，就像一朵朵白云似的。王处存这时灵机一动，立时拨转马头，快马加鞭，直向本营驰去。

一回到营中，王处存就叫人去弄来了一张完整的羊皮。他命令卫兵：

“将这羊皮蒙在身上！”

卫兵一愣，只好将羊皮蒙在自己背上。

“伏在地上，学羊爬！”王处存又命令。

卫兵呆住了，他想：怎么啦！主将打了败仗，丢了易州城，现在来拿我寻开心？但他望望王处存那严厉的、不容违抗的脸色，只得将两只手放在地上，学着羊的样子在室内爬了起来。

“好，像极了！真像一只活羊。”王处存高兴得拍手哈哈大笑。

卫兵直起腰来，微含吃惊地盯着他的主将，他感到主将这样侮辱戏弄他太不应该了。但王将军丝毫不在乎，他大声命令：

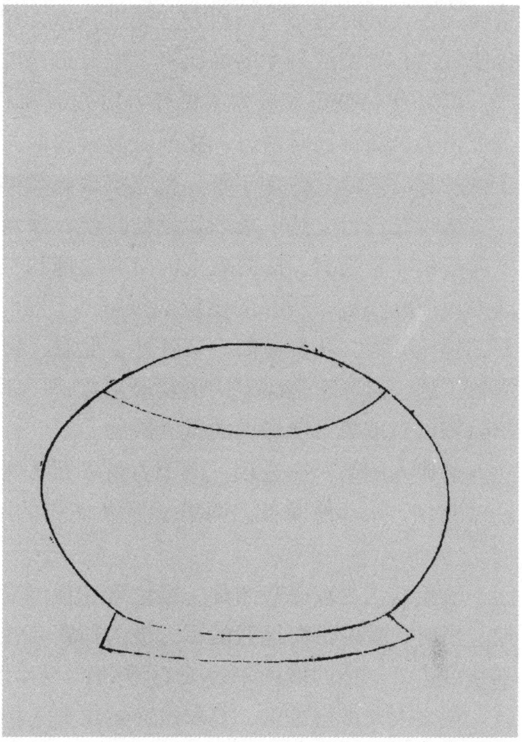

瓮听，用于观察、发现敌人挖地道进攻的用具。

“马上去弄三千张羊皮来！”

一轮红日将要西沉，守卫在易州城城楼上的李可举的卢龙部队猛然发现，城外有一大群羊向易州走来。卢龙部队自从挖地道占领了易州城后，一直没有美美地吃上一顿，这一大群羊对他们的诱惑力实在太大了，军士们感到机不可失，争先恐后冲出城来抢夺肥羊。

牧羊人和羊群并未觉察眼前的危险，只顾一步步往易州城走来。城内士兵们冲到羊群跟前正想下手抓羊时，突然，这一群羊一齐直立起来，他们将羊皮一扔，一下子变成了三千名手执钢刀的强悍的士兵，杀了过来。城内卢龙士兵毫无思想准备，登时一大半被砍掉了头颅，走在后面的见势不好，掉头就跑。伪装成羊的河东部队紧紧追赶，就这样，王处存的河东部队又一举收复了易州城。

彼得一世不战退敌

17 世纪末至 18 世纪初，俄国与瑞典为了争夺波罗的海的制海权和控制波罗的海沿岸，连续数年展开海上和陆地的激战。当时的瑞典是欧洲军事强国，在多次交战中，俄国都受到惨重损失。

1696 年，彼得大帝正式成为沙俄统治者。他以惊人的毅力与精力，励精图治，整顿武备，同时虚心学习西方的先进技术，很快扭转了俄国落后的军事经济面貌，也使俄国在瑞俄战争中的局面有了明显迅速的改观。

1704 年，彼得大帝为了更有力地征服和控制波罗的海，开始在海滨修建新都圣彼得堡。新都面对西方，象征着彼得向西方扩张的宏图大举。同时，彼得大帝还在科特林岛上修筑防御工事，兴建喀琅施塔得海军基地，建造船坞和要塞。

彼得在进行上述一系列建设的时候，面对的条件和环境是较为恶劣的。瑞典军事力量仍非常强大，威胁着俄国沿海要地和工程建设。正在建设的圣彼得堡距离俄国力量中心很远，所有的供应必须通过荒无人烟的地区运来。彼得实施的修建计划，规模庞大，花费极高。从各种情况看，俄国都面临着很大风险。瑞典人正是看清楚了这一点，于是决定乘机发动进攻，一举摧毁沙俄下大气力正在营造的工程，解除俄国对瑞典可能形成的重大威胁。

瑞典人的第一次进攻，由于力量不足，准备匆忙，被俄国军队很轻易地击败。经过充分、认真地准备，调集了强大优势的陆军、海军，瑞典又发动了第二次进攻。

瑞典这次进攻来势凶猛，很快就在俄国沿海登陆，随即包围了俄国大量沿海要地。当时，俄国沿海地区的军力极为薄弱，在具有压倒优势的瑞典人面前，几乎经不起一击。当地的俄国军民人心浮动，一片混乱；俄国统治者心情紧张，意见分歧。很多人向彼得进言，要求放弃被瑞典人围困的沿海要地和正在建设的工程，收缩至内地俄国力量中心抗击瑞典。

在这人心不安、议论纷纷的危急时刻，彼得一世异常冷静。他反复考虑了敌我双方本身的状况和面临的形势，特别是深入分析了敌方瑞典的特点、心理和优劣长短。彼得根据自己长期的经验，认为：瑞典皇帝查理十二和瑞典军队的将军们，一向做事都小心谨慎、优柔寡断，缺乏果敢精神、顽强的毅力和坚定的意志。彼得决心利用瑞典人的这一弱点。彼得不动声色地派出一大批紧急信使赴各地，这些信使

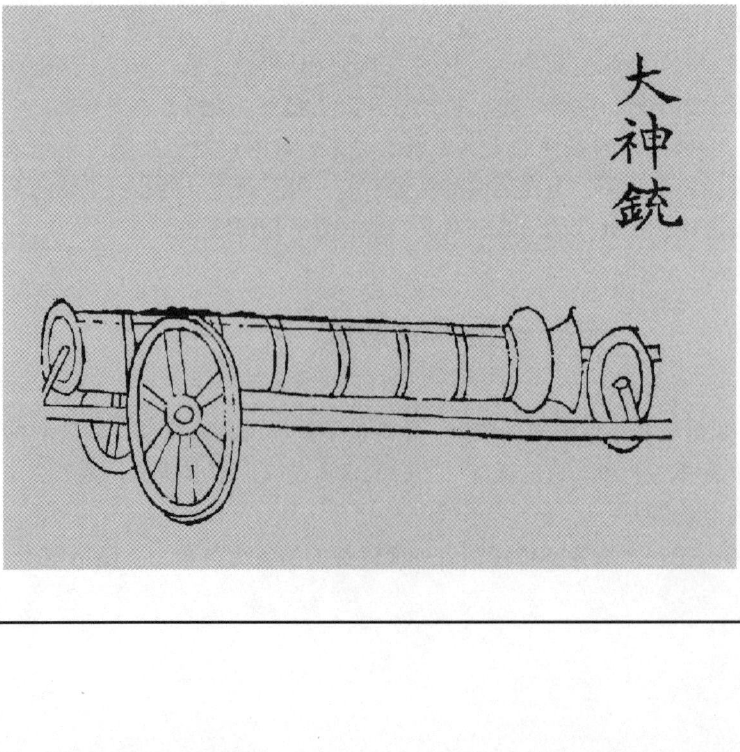

大神铳，一种火炮。

携带着他的亲笔命令，命令要求各地的指挥官立刻派大批援军前来增援。当然这些援军有的根本不存在，有的远在天涯，毫无作用可起。许多送命令的信使故意稀里糊涂地乱走、粗心大意地暴露身份，结果被瑞典军队俘虏。瑞典指挥官搜出了他们身上的密信，详细审问他们的口供。瑞典人经过研究认为，俄国隐瞒了他们的军事实力，俄国的实际军队兵力远比瑞典预计的数量大得多；俄国人之所以不加顽强抵抗地让瑞典人占领沿海地带，是因为他们有着更深远的阴谋。于是，瑞典司令官立即下令，迅速退却部队，撤离已经进入的阵地，解除对俄国人的包围，仓皇退回瑞典。彼得大帝不废一枪一弹吓退了敌人，解除了自己的围困，保住了具有巨大意义的新都和战略设施及建造工程，渡过了难关。

拿破仑巧组预备军团

1799年“雾月政变”以后，拿破仑很快组成执政府，掌握了政权。这时，第二次反法联盟各国的军队，正从几个方向威胁法国本土。奥地利军队重新占领了北意大利，对法国构成了最大的威胁。

尽快打败奥军，夺回原有领地，成了拿破仑在1800年的首要任务。拿破仑意识到，对付10万奥军，再用以前的老办法是行不通的，必须另辟蹊径，力争以一个决定性的战役打败奥军主力。为此，首要的条件是建立一支具有强大战斗力的军队，并在该军采取军事行动以前有效地隐蔽它的企图。拿破仑为此进行了周密的策划，终于在1800年春组建了一个拥有强大力量的预备军团。

预备军团粗具规模后，估计到无法继续保密，拿破仑断然决定，不仅要把预备军团的组建公之于众，而且还要把它的“实力”有意暴露出来，借此引起人们猜测，诱使敌人作出错误的判断。1800年4月，拿破仑在巴黎正式宣布，已组成一个预备军团，其部队将在第戎集结，他将亲自去那里进行检阅。

为了使人深信不疑，拿破仑采取了各种手段：自己给预备军团和参议院写信，在政府《通报》上登载消息，通过报纸刊发布告，借此大肆宣扬预备军团的存在。结果，大批间谍从欧洲各地赶到第戎。他们很快就失望了。他们发现没有多少像样子的正规军，只有刚刚招募来的几团新兵。除此之外，就是各种徒具虚名的所谓司令部，那里尽是一些老弱残兵，服装不整，装备不齐，看来毫无战斗力可言。这样的军队，完全不用拿破仑来检阅，只要派一个旅长去进行就可以了。

这次检阅后，消息不胫而走，很快传到了伦敦、维也纳和其他政治中心。拿破仑的预备军团开始成为绅士们的言谈笑料。紧接着，五花八门的讽刺画在欧洲各地出现了。其中一幅画着12个童子军和一个装着木脚的残废人，下面标题写着：“拿破仑的预备军团”。与此同时，许多手抄的传单也相继出现。其实，有的传单和漫画，是由法国谍报机关精心制造的。有的传单还故意“透露”有关拿破仑一些不太光彩的趣闻。经过这些舆论手段的渲染，人们形成了这样一种印象：拿破仑的预备军团完全是编造出来的，是为了牵制奥地利人而设置的一个圈套，其目的在于使奥军不去进攻法国本土。

指挥奥地利驻意大利军队的统帅梅拉斯，当时一再发表谈话，说什么“用来威胁我们的预备军团只是一群乌合之众”，并扬言“法国人把我们看得太简单了”。同时，他决心调兵南下，加紧围攻当时仍由法军控制的热那亚城。这些事实说明，拿破仑以假掩真的目的完全达到了。而拿破仑真正的预备军团却在法国南部做好了进军意大利的准备。

拿破仑以假掩真，欺骗敌军，使敌摸不准法军的实力，因而作出错误的判断和选择，从而为自己赢得了时间和机遇。这确实是一个高明之举。

日军瞒天过海偷袭珍珠港

1941年7月，美英荷三国因日本侵入印度支那地区，联合实施对日石油禁运，打中了资源小国日本的要害。

为取得石油资源，日本以永野修身为首的军令部要求用大部分海军兵力直接向南突进，占领东南亚富饶的产油区。

日本联合舰队司令长官山本五十六海军大将认为，如果日本海军用大部分兵力投入南线作战，美国就有可能在西太平洋发动进攻，日本则来不及重新部署兵力应战。所以，山本五十六认为，在发动南线攻势的同时，绝对有必要打击美国太平洋舰队，使其失去战斗力，消除日本南线作战的后顾之忧。

山本主张集中使用航空母舰和舰载机，对停泊在珍珠港内的美国太平洋舰队进行快速的空中突击，无须经过水面战斗即可取得海战胜利。

然而，日本海军上层将领们大多数人认为，把在南线作战尚嫌不足的海、空军力量抽出一部分去搞冒险性极大的夏威夷之战，很可能使日军陷入在两个战略方向上都难以取胜的被动境地；而且，航空母舰自身装甲薄弱，自卫能力不强，谁也无法保证航空母舰舰队驶过2000多海里的航程中不被美军发现。一旦与美方战列舰编队展开水面战斗则是一场无法挽回的灾难。但是，山本强硬坚持必须以航空母舰远程奔袭珍珠港，否则辞职。军令部总长永野最后同意了山本的计划。

美国仍然陶醉于国力雄厚和地理条件独特的优势中，对未来的战争危险估计不足。战争尚未开始，美国人已先输了一招。

为了达到出其不意的奇袭效果，日本在开战前进行了一系列的伪装。1941年10月，日本东条仍派特使前往美国进行谈判，给美国造成一种日本希望通过外交途径解决两国矛盾的假象。同时，将驻中国东北的关东军由11个师增加到29个师，造成日本在近期内准备与苏联进行战争的印象。

11月15日前后，舰载飞机离开训练基地随舰驶往隐蔽集结地。为了使这一变化不致引起美方注意，山本派出数百架同样的飞机进驻训练基地，照常保持联合舰队司令部与各训练基地间频繁的无线电通讯，造成日本舰队未离开日本海域的假象。

在珍珠港事件的前几天，日本政府特意组织了数百名海军学校的学员，戴上

"大日本帝国海军"的帽箍，游览东京市区。一连3天自由活动。当时驻日的美国海军武官向上级报告说，东京市内有成千上万的日本海军官兵游逛，近期内不像有战争行动。

在一片假象的掩护下，日本袭击珍珠港的部队开始秘密集结，各舰以不同的航线，悄悄地向集结地——北方偏僻的择捉岛单冠湾驶去。途中，各舰船以及舰载机的收发报机一律实行严格的无线电静默。

择捉岛的单冠湾是一个小渔港，几乎不被人们所注意。1941年11月下旬进港大小舰只将近40艘。以"赤诚"号、"加贺"号、"苍龙"号、"飞龙"号、"翔鹤"号、"瑞鹤"号6艘航空母舰为核心，配属战列舰和重巡洋舰各2艘，轻巡洋舰1艘，驱逐舰9艘，潜艇3艘和油船8艘。此外，还有执行警戒任务的其他舰艇和补给船只。

11月26日的拂晓前，袭击珍珠港的日本舰队共31艘军舰开始起锚，由3艘潜艇为先导，在夜幕中悄悄地消失在波涛汹涌的北太平洋上。

12月3日傍晚，舰队到达北纬42°、西经170°附近的待机海域，在密云遮蔽下，连续进行了海上加油作业。至此，袭击珍珠港的一切军事准备都已完成。

精明的美国情报部门破译了大量足以证实日本企图袭击珍珠港的情报。美国驻东京大使，早在11月27日发往国内的报告中，就明确指出："日军正准备突袭美国太平洋舰队的停泊地——珍珠港。"

就在日本偷袭珍珠港的当天，美国情报机关又破译了日本一份这样的电报："12月6日，珍珠港在泊舰艇有战列舰8艘、轻巡洋舰3艘、水上飞机供应舰3艘、驱逐舰17艘。在坞舰艇：轻巡洋舰4艘、驱逐舰3艘。航空母舰和重巡洋舰全部在海上。未发现舰队有异常现象。瓦胡岛上平静，未实行灯火管制。大本营海军部确信，此举必成！"这份情报表明，除航空母舰和重巡洋舰外，几乎全部美国太平洋舰队的舰只都在珍珠港内！正是实施袭击的绝好机会。而美国海军部长看了这份情报后，没有任何表示。海军参谋长阅后，本想给太平洋舰队司令金梅尔打电话，但怕打搅了他的美梦，就到国家剧院观看《天才学生》一剧的演出去了。对于这些大量及时准确的情报，美国军事当局就像进行了"冬眠"一样，充耳不闻，视而不见。

12月7日，日本舰队从待机海域以24节高速向珍珠港逼近。飞机一架一架从机库升到了航空母舰的飞行甲板。旗舰"赤诚"号航空母舰上升起了表示"皇国兴废，在此一战，我全军将士务须全力奋战"的Z字旗。整个舰队已处在紧张的临战状态。

12月7日（夏威夷时间）拂晓前，日本舰队到达珍珠港以北约200海里的海域。5时30分，巡洋舰"筑摩"号和"利根"号上的水上侦察机起飞，对珍珠港进行敌前侦察。6时整，第一攻击波的183架战斗机、鱼雷机和轰炸机相继从6艘航空母舰上起飞，15分钟后，在空中集合完毕，盘旋一周，在领队长机的引导下，向瓦胡岛飞去。

当日军压境之时，珍珠港内停泊着94艘舰船，数百架飞机排列在滑行道上。高射炮手、水兵、飞行员大多离开了自己的岗位，情报中心不设值班军官，防御计划中所规定的远海侦察和近海巡逻都未付诸实施。在美军高层将领中，同样存在着这种麻痹情绪。早在11月30日，海军上将金梅尔便发现情报处的“日本航空母舰舰位推测”中，竟没有写进重要的“赤诚”号、“加贺”号、“苍龙”号、“飞龙”号的舰位时，曾询问情报参谋莱顿，面对司令官的追问，这位参谋竟满不在乎地回答：“不知道这几艘航空母舰在哪里。”金梅尔厉声说道：“你不知道？该不是说山本的舰载飞机已飞到了檀香山附近你都不知道吧？”可悲的是，金梅尔的话不幸言中了。不过，金梅尔并未继续追下去，仅仅是问问而已。

12月7日（夏威夷时间）3时24分，在珍珠港入口处发现一艘来历不明的潜艇，6时30分在不远处又击沉了一艘潜艇，7时30分左右雷达发现正方向有大批飞机等迹象，美军仍然没有给予足够重视，未向上报告。反击日军突然袭击的时机一个个从美国人的手中溜走。

追根溯源，问题出在美国战略判断上出了偏差，从而导致重大失误。

在第二次世界大战初期，美国自恃地理位置独特，经济实力雄厚，兵力强大而盲目乐观。美国军方高级指挥机构判断，日本定会利用纳粹德国进攻苏联之际北进，夹击苏联，如果南下，也不会轻易冒犯美国，而是把矛头对准英法等国在东南亚的殖民地。直到11月28日，即日本袭击珍珠港的前10天，美国军方仍然这样认为，显然，美军的战略判断已陷入一种“思维盲区”，自然不会重视那些表明日本真实意图的情报。于是，珍珠港就在劫难逃了。

空袭珍珠港的日本机群已经到了瓦胡岛的上空。7时，空袭指挥官渊田中佐用机上无线电发报机下达了攻击命令。俯冲轰炸机开始飞向目标。而这时珍珠港，还像往常一样宁静、安闲，军官们正在舰上进早餐，有些士兵则刚刚起床；金梅尔海军上将正和夏威夷防区司令动身前去打高尔夫球；近百艘战舰停泊在港内，飞机在机场整齐地排列着，整个基地完全是一片假日的和平景象。

日本飞机将炸弹和鱼雷像冰雹般地投向目标。港内发生了震天动地的大爆炸，一股股巨大的黑烟柱腾空而起。

第一波攻击，轰炸持续了一小时左右，尽管有极少数美军飞机强行起飞，几个高射炮阵位也开始射击，但日军仍牢牢掌握着制空权。并使珍珠港及周围的机场受到严重破坏，7艘战列舰冒出了熊熊大火。只有金梅尔的旗舰“宾夕法尼亚”号战列舰在船坞内没有受到攻击。而日军方面，仅损失了9架飞机。8点40分，第二波攻击，171架日机又进行了1小时的猛烈轰炸。在这一轮攻击中，“宾夕法尼亚”号战列舰终于中了炸弹。

到13时整，日本飞机返回了航空母舰，353架飞机中，只损失了9架战斗机、15架轰炸机、5架鱼雷机和55名官兵。

而美国方面，太平洋舰队受到了毁灭性打击，8艘巨大的战列舰，3艘沉没，3艘起火，2艘重伤，无一幸免。3艘轻巡洋舰和3艘驱逐舰重伤，1艘布雷舰沉没，260架飞机被击毁，“犹他”号靶船也被误认为战列舰而遭击毁。伤亡官兵4575人。美军战略判断的重大失误，终于带来了惨痛的后果。

对珍珠港的奇袭，使日本一举夺得了太平洋战场的主动权，对第二次世界大战的进程产生了重大影响。但是，多行不义必自毙，日本难逃失败的命运。

政治权谋

齐姜乘醉遣重耳

春秋时，晋国的公子重耳，自被后娘骊姬逐赶出国，流落到外，娶了齐国的公主齐姜做老婆后，生活过得很好。

跟他出亡的臣子共有九人，个个都有安邦定国之才，念念不忘祖国的复兴，他们之所以抛妻别子，追随左右，也不外寄希望于这位“孽子”重耳身上。

可是，重耳在齐国已混过七年了，日夜夫妻相伴，卿卿我我，根本不把祖国的大事放在心上。其中有一位大臣叫赵衰的，对大家说：“我们跟公子出亡，目的是想借助外国力量复兴祖国罢了，但看今日齐国的情势，非常紊乱，已自顾不暇，哪有力量帮助我们呢？不如及早离开此地，到别的国家去想办法吧！”

他们想向重耳请示，等了十天还没有见到面。

魏犨沉不住气了，说：“这成什么话？大家当初以为公子是个有作为的人，故不惜抛乡别井，不辞辛苦地跟他逃亡。但他却天天伴着新夫人，把我们撇在脑后，对国事置若罔闻。七年了，一点作为都没有，想见他一面，等了十天连影子都见不到，这又怎能做大事呢？”

狐偃连忙劝说：“这里不是说话的地方，大家请随我来！”

于是大伙儿走到东门外一个叫桑阴的地方，那里有一片桑林，树大叶密，绿叶重重，看不见天日。

他们围成一个圈儿坐着。赵衰问：“狐老先生有什么指教？”

狐偃说：“公子愿不愿意离开齐国，那是他自己的事，但要不要走，那是我们的事。只要大家想好办法，时刻准备好行装，等公子一出来，就邀往郊外去打猎，拥出城门，便劫他上路，到那时，他想不走也不行了，大家以为如何？”

此计甚妙，全体赞成。于是大家欢天喜地地回去准备，都以为在这幽静偏僻的地方，决不会有人知道的。

可是当他们正兴高采烈商讨计策的时候，躲在树上的那十几个采桑女偷听到了

春秋时期，晋国国君听信宠妃骊姬之言欲杀公子重耳，重耳得知消息后逾墙出逃。

他们的谈话。他们是重耳夫人齐姜的侍婢，这天正在采桑，见一群人围在树下开会，便停手屏息在树上偷听，回去的时候，又一五一十地报告给齐姜。

齐姜听了，申斥她们说："不得胡说八道，根本没有这回事，也不可能有这种事情发生!"

说完把她们统统关进一个密室里，半夜又悄悄地派人把她们杀掉灭口。然后，齐姜把事情的经过一字不漏地告诉重耳，说："你的臣子们要你离开这里到别国去，今天在桑阴开座谈会，给采桑的侍婢听见了，我怕她们口疏传了出去，引起麻烦，便将她们杀了，你还是早作准备，跟他们一道走吧!"

重耳一听，把眼睛一瞪，随后皱起眉来，叹息道："唉！做人不外求享受罢了，何必东奔西走呢？过去的事让它过去好了，现在，能有这样安定的生活我已十分满足，准备在这里了此一生，怎也不想到别处去了。"

齐姜义正词严地说："你晋国的人民正等着你回去做主呢！难道你连国王都不想做？兄弟之仇不想报？人民的痛苦一点也不关心？国家的利益——"

"够了，够了，住嘴!"重耳生起气来，"我讨厌听这些话，讨厌那种流亡生活，这里就是我的家，无论如何我都不离开这里!"

次日清早，赵衰等人来朝见重耳，请他去打猎。这时，重耳尚未起来，懒洋洋地躺在床上。听见这班人又来了，心里很不高兴，便差人出去回报他们，说身体不适，不能接见。

齐姜见他这样，暗骂他一声"懒骨头"，悄悄地叫心腹去请狐偃一人进去，在密室里，遣开左右，细问狐偃的来意。

狐偃说："公子平时最喜欢打猎的，近来很少外出了，诚恐四肢懒起来，荒废了武艺，所以特来相请，此外别无他意。"

齐姜微笑一下，故意把话扯远，问："这次打猎的目的地是哪里？是宋国还是秦国、楚国呢?"

狐偃一听，吃了一惊，暗忖：她怎么会知道？还强作镇定地说："打猎是不会跑得那么远的。"

"本来嘛，打猎是无所谓路程远近的，而且要猎的不一定是野兽，有时还会猎人，是不是?"

狐偃已发觉这话里有刺了，一时开口不得，忙低下头，偷眼看她的脸色。

齐姜不愿打哑谜，直截了当地说："还是我说出来吧！我已知道你们的来意了，想借打猎的名义，先猎了公子，劫他上路，然后远走高飞，是不是?"

"这个——"狐偃惶恐起来，不知所措。

"这个我明白，但请老先生不要害怕。"齐姜忽然大胆地站起来说，"我很清楚，你们是忠心耿耿的，这样做完全是为了公子的前途，为了晋国的老百姓。——我昨晚也劝过他几遍了，他却执迷不悟，口口声声说死也不离开这里!"

狐偃这才把心放下，说："难得夫人这样深明大义。"

"不过，"齐姜继续说，"我好歹都会把公子送出去的。这样吧，今晚我设法把他灌醉了，你们连夜载他出去，你看这样好不好?"

"好是好，不过，夫人——"

“你不要替我担心！”齐姜说，“你们为了公子，可以抛妻别子在外流浪，难道我不能为丈夫受点苦吗？公子是晋国的，属于晋国全体人民的。我怎能这般自私，使得这么多人失望呢？”

“夫人！你——”

“你赶快回去准备吧！这般婆婆妈妈干吗？”

狐偃辞了出来，即刻通知各人，分头准备，一一收拾停当。赵衰等秘密出城，在郊外等候，狐偃和魏犨把小车隐伺在宫门外，专等齐姜的消息。

当晚，齐姜特设盛宴，夫妻共饮，重耳问是什么意思，齐姜说：“我知公子将要远游，特给你饯行！”

“我几时对你说过？”重耳愕然说，“唉！人生于世，也不外几十年光景，过得去就算了，何必再到处漂泊呢？”

齐姜氏乘醉遣夫

“可是你的臣子要走呢，难道你不愿意？”齐姜进一步问。

重耳顿时色变，停杯不饮，面带怒容，对空发呆，一言不发。

过一会儿，齐姜含笑问他：“你真的不愿离开我吗？不会骗我吧？”

“谁骗你！大丈夫说不走就不走，拿刀尖顶住喉咙还是不走！”重耳昂首挺胸，还用手在空中划了一下，摆出一副大丈夫气概。

“哟哟！我的心肝倒认真起来了。”齐姜嫣然一笑，倒在他怀里，撒起娇来，“我是故意试探你的。那班老头儿也是，居然想拆散我夫妻！告诉你吧，这席酒，如你真要走的话，我是挽留不住的，那是用来饯别；不走呢，那是来庆祝我俩从此永远相爱不分离。嗯——明白没有，真是一头蠢驴！”她用手指在重耳额上一戳，戳得他晕乎乎，当四目相对时，便不约而同地哈哈大笑起来，两人沉醉在欢乐里。

齐姜频频向重耳敬酒，重耳兴奋过度，把酒一杯杯地倒进肚里去，不一会儿，已酩酊大醉，颓然倒在席上。

齐姜连忙给他盖上被褥，叫人出去通知狐偃。狐偃进来，和魏犨夹手夹脚，连被带褥，将重耳抬了出去，安放在车厢里，然后鞭子一拍，“吧”的一声，马蹄一蹬，车轮开始转动了。

齐姜呆呆地站在门前，频频向车子招手，忽然心里一酸，眼泪簌簌地落下来。

欺袁绍二仕巧语

刘备在栖身于袁绍处的日子里，起初，整日思念失散了的关羽和张飞。后来，当他得知关羽在曹操处落脚的消息，又为无法与关羽相聚而忧愁。

一天，汝南的刘辟遣刘备的故吏孙乾为使，约袁绍与他们合力共破曹操。袁绍由于不知道汝南方面实力如何，一时踌躇未定。这时孙乾在探望刘备时献策说："皇叔不借此机会由此脱身还等什么？"刘备说："我离开此地又能何往？"孙乾说："皇叔可在汝南发展自己的势力，这样关将军日后也能有其所投之处。不然的话，关将军能冒险来投袁绍吗？白马之战关羽杀了袁绍两员大将，袁绍岂能不忌恨于他？"刘备说："卿所虑极是，不过我怎样才能脱身呢？"孙乾笑道："这还不容易。明日袁绍与主公议事时，你可主动出使汝南不就得了？"刘备听罢大悟。

第二天，当袁绍向刘备计议与汝南合力伐曹操大计时，刘备说："待吾亲往汝南探望考察一番再作决策为宜。"袁绍也觉得这样比较稳当，便遣刘备即刻动身前往。

刘备到了汝南，见刘辟兵力极微，不能立足，遂罢了在汝南留下的念头。于是又回到了袁绍处。

未几天，刘备又听说关羽已从曹操处脱身，且与三弟张飞会合于古城，且招揽了许多兵马。刘备想，现在可是从袁绍处脱身的时候了。于是便把简雍召请来密议脱身之计。

蜀先主刘备像

简雍说："主公明日可去见袁绍，就说前往荆州约刘表共同伐曹。他若应允，我们可以乘机脱身。"刘备问："卿如何脱身？"简雍说："主公不必多虑，我自有脱身之法。"

次日，刘备对袁绍说："刘表镇守荆襄九郡，兵精粮足，我前往约他共同伐曹操如何？"袁绍说："我也曾遣使去过他那里，只是他不肯与我合作。"刘备说："我与他同是汉室宗亲，我去劝他，他必不推辞。"袁绍说："若能与刘表合力，要比汝南刘辟联合要强得多了。"于是便命刘备即日起程。

刘备刚走，简雍又对袁绍说："刘表在荆州根基牢固，他与刘备又是同宗，我怕刘备说不成刘表反被刘表说服，留在荆州不归。不如我和他同去。一则可以共同说服刘表，二来可以督促他不日即归。”袁绍说：“卿想得很周全，汝可速去。”

就这样，刘备、简雍从袁绍处双双脱身，会合了关羽、张飞、赵云一同到汝南驻扎下来。

回江东孙策质玺

孙策自从父亲孙坚死后，率父旧部退居江南，礼贤下士，以图东山再起。可是，由于徐州牧陶谦深与孙策的舅父丹阳太守吴景不睦，又深忌恨孙策，为立身计，孙策只好把母亲及家眷移居于曲阿，投靠了与陶谦为敌的袁术。

袁术得了孙策，见他英勇无敌，遣他攻克了泾县、陆康，并常叹息说：“如果我有孙策这样的儿子，死也不遗憾了。”

孙策在袁术处栖身久了，心中也十分郁闷。一天，他在庭中赏月，想到父亲一世英雄，而自己却沦落至此，不觉伤心落泪，扶栏大哭起来。这时，忽听背后一人大笑说：“伯符何故如此？先父在时，有事多与我策划，今君有什么难事伤心至此？”孙策回头一看，原来是先父的从事官，丹阳故鄣人朱治。孙策收住泪水，让其坐下说：“策所哭的是恨我不能继父之志啊！”朱治问：“君为什么不向袁公路借兵，佯说去救舅父吴景，而实去江东图大业？”未等孙策答话，突然一个人闯进来说：“公等所谋，吾已知之。我手下有精壮兵马百余，可助伯符一臂之力。只恐袁公路不肯借兵与你。”孙策抬头一看，原来是袁术的谋士，汝南细阳人吕范。孙策在袁术处与吕范十分交好，此刻见他仗义而来，便让座与其共议。孙策对二人说：

孙策大战严白虎

“我有家父留下的传国玉玺在此，以它作为质当，向袁术借兵如何？”吕范一听，拍案叫好说：“袁术欲得此物久矣！若以此物为质，他必肯借兵。”三人商议好后，各自回去歇息去了。

次日，孙策去拜见袁术，一见面就哭拜在地说：“臣旧仇未报，如今舅父吴景又被扬州刺史刘繇逼迫。我母亲及家眷都在曲阿，若老母再遇兵害，我还有何面目再立于世间？策请求借雄兵数千，渡江去救母难。主公若不肯信，我可留下亡父遗下的玉玺作为质当。”

袁术见孙策竟以玉玺为质来借几千兵马，心中暗自高兴，欣然应允说：“我不是要你的玉玺，而是舍不得你啊！我借三千精兵，良马五百给你，你平定扬州后，可要速回来。你现在官职低微，难掌大权，我现在封你为折冲校尉，殄寇将军，即日领兵便行。”

孙策见袁术答应得如此痛快，心中暗自庆幸。当天便带领朱治、吕范，及先父旧将程普、黄盖、韩当等率兵南下而去。

假“禅让”曹丕篡帝位

曹丕承袭了父亲曹操的魏王爵位，还不满足，一心想当皇帝，但又不愿落个篡位的名声，于是演出了一场“禅让”戏。

曹丕先是让一般文官进见汉献帝，说什么自曹丕袭魏王以来，“麒麟降生，凤凰来仪，黄龙出现，嘉禾蔚生，甘露下降：此是上天示瑞，魏当代汉之象”，汉献帝应该效仿古之尧、舜，以山川社稷禅让给魏王。汉献帝不忍将祖辈创建的400年江山拱手交给曹氏，曹丕又令曹洪、曹休带剑进内宫把汉献帝挟出殿来，竭尽威胁之词，逼他让位。汉献帝为保全性命，只得令人草拟禅国之诏，并送出国玺。曹丕一见诏书和国玺，喜出望外，立即就要接受，司马懿等一般文武劝阻曹丕，不可如此草率受禅。为了避免天下人议论，应该走一番形式，于是热热闹闹的“禅让”戏开锣了：

曹丕令人上表故作谦虚，称自己德薄才疏，请另外求大贤受嗣天位。汉献帝一见奏表，还以为曹丕是真推辞，就想趁势作罢。群臣哪里肯放过，连忙说，当初封曹操为魏王时，他也是再三推辞，陛下你三降其诏，他方才答应了。现在你也应该再次降禅位之诏，魏王曹丕肯定会应允的，不得已，汉献帝又让人二次拟了一份禅位诏书。

曹丕见到第二道诏书，倒是满心欢喜，但又不以此为足。他认为要免除后世说我窃国篡位之名，光有两道诏书还不行，应该筑一“受禅坛”，选择吉日良辰集大小公卿，尽到坛下，让汉献帝亲自捧着国玺，双手交给我，到那时就可以消除别人的猜疑和天下的议论了。一想到这里，他又写了一折，辞谢受禅的奏章。汉献帝哪里知道其中原委，见他两次推辞，疑惑不定。这时一个叫华歆的大臣站出来说：“陛下你可以筑一土坛，名叫‘受禅坛’，只集满朝文武和京城百姓，选择一个良辰吉日，明明白白地禅位，一来好让天下百姓黎民知道陛下是自愿禅让，二来你的子子孙孙也会正大光明地受到魏王恩泽，无人敢于加害的。”汉献帝见事已至此，只好照此办理。于是差人在繁阳定下一块地方，筑起一座三层的高坛，选好日期，举行禅让仪式。

到了那天，受禅坛下集聚大小官僚400余人，虎威御林军30万分列前后，还有无数京城百姓，先请曹丕登坛，汉献帝亲奉国玺至台上，宣读禅让的诏书，群臣在坛下跪听诏书：

咨尔魏王！昔者唐尧禅位于虞舜，舜亦以命禹：天命不于常，惟归有德。……

废献帝曹丕篡汉

读完诏书，曹丕行八拜之礼，双手接过诏书和国玺，登上帝位。大小官僚在坛下立即山呼“万岁”，朝贺新皇帝。当下改延康元年为黄初元年，国号大魏。曹丕传旨，大赦天下。追封父亲曹操为太祖武皇帝。大臣华歆当即奏明魏帝说：“天无二日，民无二主，汉帝既然将天下禅让给陛下，他就应该另作安排，望陛下明确一下，将他安置在何处？”说罢，让汉献帝到坛下跪着听旨，曹丕当即封汉献帝为山阳公，当日就要起行赴任。华歆手按宝剑指着汉献帝，厉声喝道：“立一个新皇帝，废一个旧皇帝，是古来就有的常理！现在的圣上仁慈，不忍加害于你，还封你为山阳公。你快打点行李，今日就离京，不是朝廷召见，不许你回来！”此时的汉献帝打落门牙只好往肚里咽，无话可说，只好叩头谢恩，上马离去。坛下军民等人见此情此景，也是伤感不已。已是喜不胜收的曹丕情不自禁地对群臣流露的第一句话是：“所谓舜、禹禅让，我现在算知道是怎么回事了！”

本来，从曹操起，就把汉献帝玩于股掌之中，要立则立，要废则废，到了曹丕，废掉一个献帝，自己称帝，似乎也是易如反掌的事。但政治斗争是复杂的，为避免当时者的议论，也为避免后人的责难，使出一条“禅让”的谋略，热热闹闹地假戏真做，以达到混淆视听，欺骗舆论的目的。局外人或者不知道个中原委，还信以为真的，或者不大愿意接受的事实，经他一宣传一鼓动而改变了态度。如果撇开曹丕的政治目的，不去说他，单就他制造假象，假戏真做以迷惑人的计谋而言，从商者倒是可以得到一些启迪的。

商海弄潮

成功的煤炭商

大约在70年前，日本神房新开了一家经营煤炭的福松商社。经理是一位刚从大学毕业不久的年轻人松永安左卫门。他少年得志，对自己的经营情况极为满意，且以此自豪。

开张后不久的一天，商社里来了个饭店侍者模样的人，从服饰上可以看出是来自当时神房最出名的西村豪华饭店。他送来一封信，上款写着“松永老板敬启”，下款“山下龟三郎拜”，内称：“鄙人是横滨的煤炭商，承蒙福泽桃介（松永的父执，借了巨资给松永作商社的创业基金）先生的部下秋原君介绍，欣闻您在神户经营煤炭，请多关照。为表敬意，今晚鄙人在西村饭店聊备菲酌，恭候大驾。敬请光临，不胜荣幸。附上秋原先生介绍信。”27岁的松永第一次受人如此尊重，又被称为“老板”，而且首次以身为上宾的身份踏入第一流的饭店，难免有些飘飘然。

当晚，松永一踏进西村饭店，就被训练有素的招持员带到楼上贵宾室。刚进门，一个40来岁的男子就递来一个紫色厚坐垫，请他坐下。然后他自己坐在门口的末席上，双手着地俯首说：“在下山下龟三郎，今天有辱松永先生光临，感激之至。”松永听了，不啻喝了一杯熏然醉人的美酒。

“安治川那儿有一家相当大的煤炭零售店，信誉很好。老板阿部君是我的老顾客。”山下有意地稍作停顿，见松永注意倾听，就接着说，“如果承蒙松永先生看得起我，信任我，故意让我为您效劳，通过我将宝号的煤炭卖给阿部，他一定会乐于接受。宝号肯定会从中获得利润，我只要一点佣金就行，不知先生意下如何？请予考虑。”

松永听后，默默地在心里盘算着。还没等他回答，山下就把女招待员叫来，对她说：“明天我还要赶到大阪炮兵工厂办事。今晚没空陪松永先生了。请你马上帮我去买一些神房的特产瓦形煎饼来。”说着，从怀里掏出一大沓10万元（相当于现在的万元）的大额钞票，随手抽出两张交给女招待员。接着轻描淡写地说，“对了，这是给你的小费。”说完，又另外抽出一张10万元钞票放在女招待员手里。这样少见的大数目小费使她吃惊地睁大眼睛，高兴地倒退着出去了。

松永看着那沓近10公分厚的钞票，也有些吃惊。眼前发生的这一切，使他一下子乱了方寸，稍微镇定下来后，便对山下说：“山下先生，我可以考虑接受。”

“十分感谢。啊，对不起，我有一点小事，失礼了……”山下俯首行礼后，走出贵宾室，飞快地穿过走廊，下了楼，追上正要出门的女招待员：“等等，明天我还有别的事要办，不去大阪了。请小姐把刚才给你的20万元还给我——还有，那10万元小费也请还给我。以后再说吧！”拿到钱后，山下若无其事地回到楼上房间。稍作沟通后，松永便和他签订了他所希望的合约。

丰盛的晚宴后，松永一离开，山下便立即赶到车站，搭上末班车回横滨去了。西村饭店这样的高消费，还真不是山下花得起的。

那一叠大额钞票，是他以横滨那间不景气的煤炭店作抵押，临时向银行借来的；介绍信则是在了解了福泽、秋原与松永的关系以后，借口向福松商社购买煤炭，请秋原写的。以此为道具，利用西村饭店这个堂皇的舞台，成功地演出一场“瞒天过海”的妙戏。

从此以后，山下一文钱不花，从福松商社得到煤炭，再转卖给阿部，从中大获其利。

业务介绍信、饭店里谈生意、给招待员小费，这些都是当时日本商界司空见惯的商业技巧。山下就是利用了这些极其平凡的小动作，隐藏自己缺乏资金做煤炭生意的事实，从而达到自己的目的。试想，如果松永事先知道了山下真实的经济情况，会同意他的提议吗?

若干年后，松永成了日本的电力巨子，山下成为汽船大王。双方都跻身成为日本企业界的名人。每当松永为商场的险恶艰辛感叹时，就会提起山下给他上的商场中的谋略第一课。

山下施用此计时，可以说还不带什么恶意，因此事后双方各蒙其利。但是，如果施计者存心诈骗，那就是“笑里藏刀”了。

施妙计推销商逃重税

一个时期，美国海关规定，进口法国女式手套需交纳高额税金，以此来抵制法国手套对本国市场的冲击。但这样一来，法国手套在市场上的价格便昂贵得惊人。显而易见，谁如果能逃过严苛高昂的税金，谁做这种买卖就会挣大钱。

狡猾的推销商泰勒绞尽脑汁，终于想出了一个办法，但这个办法有一个致命的缺陷，一旦被发现，不仅会前功尽弃，还要被处以重额罚款。在高额利润和投机心理的驱使下，泰勒决定铤而走险。

他先在法国选购了一万副做工精细、质地优良的皮手套，然后仔细地将一副手套一分为二，把一万只左手套集中装箱，发往美国。

一万只左手皮手套到美国海关后，泰勒一直不去提货，而是躲在一边悄悄地等候。

按照海关惯例，如果货物拖过了保留期而仍然无人认领的话，海关有权进行拍卖。于是海关商办斯托尔便主持开盘拍卖。

由于皮手套全部是左手，这一万只手套几乎等于废品，所以被一个叫泰勒的商人用很低的价格买走了。

斯托尔觉得其中肯定有什么诡计，便通知海关有关人员，务必严格审查来自法国的皮手套，特别是大批的右手手套。同时，对泰勒的动向也加强了监视，如果发现他有大批来自法国的右手手套的话，就让他补交税金并处以加倍罚款。

奇怪的是，此后，海关发现泰勒收到的手套都是成双成套的，先后足有五千副，却从未发现他收到什么右手的手套，也未发现他购买或者定做右手手套。这究竟是怎么一回事呢？斯托尔心底结的这个疙瘩很久没有解开。

一年以后，斯托尔到鞋店去买鞋，他选好款式，付了钱，准备换上新鞋时才发现，两只鞋居然都是右脚。他十分气愤，对着鞋店的老板发了一通脾气。回家的路上，他猛然醒悟过来，终于明白泰勒是如何偷漏手套税金的了。

亲爱的读者，您猜出来了吗？

对了，斯托尔通过自己买鞋时的启示，终于明白泰勒随后收到的五千副成盒的手套肯定都是右手的。如果海关有一位细心人拿出手套来戴一下的话，就会马上揭穿这个十分简单的骗局。当初泰勒十分担心的致命要害，正是这一点。

遗憾的是，泰勒的赌注下准了，他赢了。他成功的把握就在于：当人们看到两只手套在一起的时候，总会习惯地以为它们是左右手各一只。而海关人员恰恰走入了这个误区，让泰勒在自己的眼皮底下，合理合法地偷漏了海关税。

运世方略

诸葛亮巧退婚

诸葛亮，字孔明，在“空城计”中，他端坐城楼之上，抚琴曲，吓退了魏国十几万大军。

诸葛亮像

而孔明在26岁时，依旧孑然一身。26岁在当时可谓大龄了。为此，兄嫂想为父母双亡的弟弟找个好媳妇。可七次相亲，孔明都说不满意。为此嫂子对他大发怨气。孔明设法安慰她说：“我可是怕别人和我同床异梦。”嫂子反问：“婚配之事由老天安排，你可别像买驴买马那样挑挑拣拣。”孔明知道，兄嫂这样说是想让他成家立业，传宗接代。没办法，他只好搪塞嫂子道：“请嫂嫂再为我找一找吧！……但嫂嫂不该只把容貌看做最黄月英重要的。”嫂子说：“有句古话叫‘郎才女貌’。你是个聪明绝顶的人，娶个漂亮的媳妇是理所当然，莫非你想讨个丑媳妇不成？”

诸葛亮说道："你说到丑，我倒想起一个人。"

嫂嫂想知道他究竟在想谁。诸葛亮回答说："我的恩师黄承彦有个女儿，名叫黄月英，我听说她学识渊博，而且性情高雅……"

嫂子打断他道："黄月英？她外号叫阿丑啊！小时候她就长得很丑，皮肤黑如炭渣。"诸葛亮略带微笑地听完嫂子的话，然后自语道："女大十八变，或许……"诸葛亮接着又说，"我读过她写的诗。说真的，她也许正合我意呢。嫂嫂，希望你去看一看她。"

事实上，黄月英的确长得一点也不美，但她人很聪明，也很勤奋。每天除了女红之外，就是博览群书。虽年已 24，却还没有人来提亲。为此也着实让她父亲忧心忡忡。而这一切做女儿的并没有察觉。

这一天，诸葛亮的嫂子突然来到黄家。她装得极为诚恳，说要看花园里开得特别漂亮的花。于是黄老伯带她来到后园。恰好这时阿丑和一个容貌俏丽的贴身婢女也在花园里。嫂子远远地看到了她们，以为那个漂亮的婢女就是阿丑，于是她就把自己来这儿的真正目的坦白地告诉了黄老伯。阿丑在树丛中偷听了他们的谈话，便大声说道："你的小叔子若真的想娶我为妻，他可以亲自来。"

嫂嫂回去就催诸葛亮与她一起从隆中起身。路上，正遇孔明的一个朋友孟公威，他得知情况后，马上说道："这个女孩丑得没法再丑了。"并劝诸葛亮应该去找一个漂亮的姑娘。"那么黄月英的学问怎样呢？"诸葛亮问道。对姑娘的刺绣、绘画以及高雅的性情，这位朋友却是赞不绝口。

刚到黄家，便听大宅深处传来主人之女（人称阿丑）抚琴之声。"弹得太美了！"诸葛亮脱口叫了出来。诸葛亮提出想见阿丑，于是有人去唤她，但她却很长时间不出来，只让婢女把一首诗转给诸葛亮。

诸葛亮接到这首诗，读道："隔帘见郎君，知面不知心，相约月志家，四宝是媒人。"诸葛亮马上就明白这是让他到书房去。在那里，婢女和阿丑正等着他，丑女问道："你是一个才能出众的人，为什么到了这个年龄还没有成家立业？"诸葛亮很有礼貌地答道："在这个不太平的年代里，建立家业是很困难的。我总是为国家的命运担忧，也就很难顾得上考虑成家立业了。"

丑女说："从你的话中，我感觉得出你有远大的抱负。"这句话令诸葛亮大为惊讶。他暗想：能独自作出这样聪明的推测，那黄家的女儿十有八九是她。他开诚布公地告诉她们说："刘备想请我出山为他效力，为的是帮他扶助危亡的汉室。"

丑女答道："你的才能非同一般。你的名声也不小，复兴汉室乃为人心所向。刘备懂得识用贤能之士，他已二顾茅庐了，我想，他还会来第三次。"

这一分析正与诸葛亮不谋而合。丑女接着说："你已具备了拯救国家和黎民百姓的雄才大略，你应该学西周的姜太公，闪光的珍珠绝不应长期埋没在灰暗的尘土之中。"

诸葛亮听了这一席话，对丑女油然生起敬慕之情。于是他下决心出山返尘，并想立即娶丑女为妻。

回到隆中后，当嫂子知道那个丑女子才是黄月英时，便逼着诸葛亮改主意，并对他发出最后通牒："你如果不解除这门亲事，我们就再也不算叔嫂了，从此我不再过问你的事!”

诸葛亮不想改变自己的婚约，可又不忍心让嫂子生气。这时，他忽然心生一计，立即提笔写下一份文书，交给正在他家作客的孟公威，请他送与黄月英。孟接过来，只见上面写了这样一首诗：

笑你容貌不配我，
他日另酬鸾凤志；
多谅小生处世难，
口应婚约可改移。

嫂子看了，如释重负地笑了。

过了很长时间，一天，诸葛亮告诉嫂子，他三天后就结婚。

婚礼这天，一乘花轿载着新娘来了。当新娘头上的红纱被慢慢掀起时，他们才发现原来新娘就是黄月英！嫂子疑惑地问道：“不是已把退婚书送去了吗?”

诸葛亮答道：“还记得我退婚书上写的那首诗吗?”在场的孟公威这时才醒悟道：“这是一首藏尾诗，藏着这样一句话：‘我志难移’。”诸葛亮和妻子真诚的感情终于打动了嫂子。

易卜生瞒天过海保文件

易卜生是著名的剧作家，写下了几十部脍炙人口的作品，但他年轻时参加工人运动的事迹，却鲜为人知。

他二十多岁的时候，参加了社会主义者库斯特列恩领导的工人运动。他完全被社会主义的理想感化了，时常跑到街头去发表演说，揭露黑暗的现实。他还参加了许多重要会议，起草了许多秘密文件。这些活动引起了反动政府的恐惧和不安。有一天，反动政府突然派出了宪兵，将工人领袖库斯特列恩和一些进步青年逮捕了。同时警察包围了易卜生的住宅，进行大搜查。

当时，易卜生正在家里写作，逃走已经不可能了，把那些藏在他家里的秘密文件烧掉也来不及了，这些文件直接关系到许多革命者的生命安全，怎么办呢?

恐怖的警笛声响起来了，警察已经来到了门前，脚步声越来越近了。易卜生急中生智，采取了一个瞒天过海的大行动。他把藏有秘密文件的保险柜打开，把重要文件搬出来，胡乱丢在床上、桌子上，有的揉成一个纸团，扔到废纸篓里。而把那些无关紧要的文件锁进了保险柜。

当警察破门而入时，易卜生已经离开了文件柜，坐在书桌前，故作镇静地拿着笔写他的文章。

警察队长走到易卜生面前，恐吓着说：“我们已经得到了可靠的情报，你的家里藏着秘密的反动文件，希望你能交出来。”

易卜生镇静地回答：“对不起，我从来就没见过什么秘密文件，我是写剧本的，瞧，我这儿到处是台词和剧本，如果你们对这些感兴趣，尽可以随便欣赏。”

队长冷笑着说：“我知道你是个剧作家，如果你能同我们合作，我可以考虑对你从轻处罚。如果你一直采取这种敌对态度的话，可不要怪我不客气。”

易卜生摇了摇头，不加理会地继续他的创作。

“搜！”警察队长下达了搜查令。

野蛮的警察这里翻翻，那里动动，还不时回头观察易卜生的神色。易卜生对外面摆着的一切都做出毫不介意的样子，只是不时地用惊恐而担忧的眼神瞄视着那个保险柜，好像在说：“千万别搜查这里。”

愚蠢的警察马上发现了易卜生不安的神色，他们得意扬扬地向着保险柜扑去，易卜生想用身体去阻拦，可是已经来不及了。

队长得意忘形地指着保险柜里的文件，恶狠狠地说：“这些是什么？”

易卜生紧绷着脸，面色凝重地一言不发。

队长：“听我的命令，这些文件要仔细检查。”

警察把保险柜里的东西都搬了出来，然后一本本地查，一页页地看，可是翻了半天，他们失望了，这些东西实在没有什么价值。

警察队长不太相信地翻看了一遍文件，这些东西的确说明不了什么问题。

“先生，我实在有些不明白，对这些废纸样的东西，你为什么还要放到保险柜里去呢？”

易卜生故意装出怯生生的样子说：“这是一位朋友让我好好保管的，我也不知道都是些什么东西。”

“噢！你那位朋友呢，他现在在哪儿？”

“他出远门了，可能要过几个月才回来。”易卜生平静地回答。

警察们灰头土脸地走了，他们对散落在床上、书桌上、墙角上的纸片纸团看都不看一眼，深藏在保险柜里的东西都不重要，丢在外面的还会有用吗？

瞒天过海，易卜生正是用这一条妙计，躲过了警察的搜捕，保护了文件和自己的朋友。

易卜生应用了瞒天过海之计的道理，尽管他不知道这一计被我们称作瞒天过海。

第二计　围魏救赵

原文注译

【原文】

共敌[①]不如分敌[②]，敌阳不如敌阴[③]。

【注释】

①共敌：集中的敌人。

②分敌：分散的敌人。

③敌阳不如敌阴：敌，攻打。阳，这里是指公开、正面、先发制人；阴，这里是指隐蔽、侧面、后发制人。敌阳不如敌阴，指正面攻敌，不如从侧面攻敌。

【译文】

攻打集中之敌，不如攻打分散之敌。从正面攻敌，不如从侧面攻打防守相对薄弱之敌。

按语注译

【按语】

治兵如治水，锐者避其锋，如导流；弱者塞其虚，如筑堰。故当齐救赵时，孙子谓田忌说："夫解杂乱纠纷者，不控拳[①]；救斗者，不搏击[②]；批亢捣虚[③]，形格势禁[④]，则自为解耳。"（《史记》卷六五《孙子吴起列传》）

【注释】

①解杂乱纠纷者，不控拳：控，抓紧。全句意为：要解开杂乱纷繁的纽结，不能握紧拳头。

②救斗者，不搏击：搏，打。全句意为：要解救打架的人，自己不能参与打斗。

③批亢捣虚：批，用手打击，攻击。亢，咽喉，比喻要害之处。全句意为：攻击要害之处，攻打薄弱环节。

④形格势禁：格，受阻碍。全句意为：受阻碍的困难局面。

【译文】

治兵就像治理洪水一样：对于来势凶猛的敌人，要避开它的锋芒，就好比治理洪水要导流一样。对于弱的敌人，要堵住它，歼灭它，就好比治理洪水要修筑河堤一样。所以，当齐国派兵去解赵都邯郸之围时，孙膑对田忌说："要解开杂乱纷繁的纽结，不能握紧拳头；要解救打架的人，不能自己参与打斗。只要抓住敌方要害，攻其虚弱之点，使敌方处于受阻的困难局面，赵都之围便自然而然解除了。"（见《史记》卷六五《孙子吴起列传》）

传世典故

围魏救赵。魏、赵：战国时期中原地区的两个国家。其中魏都大梁在今河南开封，赵都邯郸在今河北邯郸。原意是指在魏国包围了赵国的时候，不直接去赵国解围，而是通过反过来包围魏国国都的办法，迫使其回救而自己解赵之围。引申为通过围攻来犯之敌的后方据点，迫使其撤回兵力的作战方法。

典故出自《史记·孙子吴起列传》记载的齐魏桂陵之战。公元前354年（周显王十五年），魏国派将军庞涓带领八万军队进攻赵国，包围了赵国的国都邯郸。赵国派人到齐国求救，齐威王任命田忌为统帅，孙膑为军师，带兵八万去救援赵国。

庞涓兵败桂陵

田忌接受了齐威王的命令后，立即集中军队，准备粮草，军械。一切准备工作就绪后，便召集全军将领商议进军。

将领们到齐以后，田忌说道："大王命令我们去援救赵国，我们准备工作已经就绪，明天大军兵发邯郸，与魏军决战，救援赵国。"

"是！"众将一齐应道。

这时，军师孙膑却急忙说道："田将军！我们的大军不应去到邯郸。"

田忌听后，吃了一惊，忙问："大军不去邯郸，去哪里？军师快说。”

“大军应当到大梁（魏国国都，今开封）去。”孙膑说道。

田忌惊讶地说：“军师！这就奇怪了。魏国八万大军正在邯郸城下攻城，我们军队不去邯郸城下找魏军作战，却跑到大梁干什么？”

孙膑笑道：“请问将军，大王命我们带兵八万去完成什么任务？”

田忌道：“解邯郸之围。”

孙膑道：“要想解开一团乱丝，不能用拳头去乱打；要想替别人拉架，不能去参加搏斗。现在要去解救赵国的危难，直接去死打硬拼也是不合算的。眼下魏国精兵都在攻打赵国，国内防御必定空虚，我们如发大军直捣大梁，大梁是魏国国都，庞涓必然要回军自救。庞涓一撤军。邯郸的围不就解开了吗？等到庞涓急忙赶回本国时，我们再在半路上打他个突击，不正好以逸待劳吗？”

田忌一听，恍然大悟，连叫：“好计！好计！”众将也都高兴地赞成。于是，齐国军队不去邯郸，而直接去魏国国都大梁。

魏国军队虽在攻打邯郸，但与国内联系却十分密切。庞涓突然接到探马报告，说齐国大队人马浩浩荡荡袭击魏国国都大梁去了。这一惊非同小可。他慌慌张张地带领部队撤离邯郸，日夜行军，回师自救。当魏军赶到桂陵（今山东菏泽东北）时，中了齐军的埋伏。魏军长期在外奔波作战，现在又是急行军，十分劳累；齐国军队却以逸待劳，锐气正盛。魏军抵挡不住，被齐军打得落花流水。齐国军队没有花大力气。就打了大胜仗，解了赵国之围，凯旋而归。

用计锦囊

古人云：“治兵如治水。”面对来势凶猛的强敌，一味硬碰，无异于以卵击石。所以应当避其锋芒，采用分导引流的办法：或者攻击敌人的薄弱之处牵制它，或者袭击敌人的要害部位威胁它，或者绕到敌人背后打击它。如此一来，敌人就不得不放弃原来的目标。这是一种转化敌我双方地位的迂回策略。

在此计中，“围魏”是“救赵”的前提条件，不论是真围还是假围，不论是明围还是暗围，“围魏”必须能够引出“救赵”这个后果。也就是说，“围魏”与“救赵”之间具有直接的因果关系。否则，“围魏救赵”只能是一相情愿的美好打算。

“围魏救赵”有四种含义：

1. 以迂为直。就是通过看似迂远曲折的途径来达到近直的目的。某些事情，如果直接去办，会遇到很多困难，如果绕一绕弯或增加一些中间环节，就可以把困难避开或者把困难化解掉。这就好比开车上山，从山下直奔山顶，路虽然是最直最近的，但却是最陡最险的，即使能爬得上去，也会费时费力的。如果盘旋而上，虽然多走许多路，但却可因此降低了坡度，绕过一些悬崖和沟壑。这样不但使一些不可解的事情成为可能，而且可以相对迅速和安全。

2. 避实击虚。就是主动避开敌人的实处，攻击其虚处。在古代兵书战策中，实和虚是两个具有相对意义的哲学概念，其所指也比较广泛。一般无者为虚，有者为实；空者为虚，坚者为实；弱者为虚，强者为实；无备为虚，有备为实等等。这就是如果解牛，要专门寻找骨与骨之间的缝隙处下刀，因为“骨有隙而刀无厚”，才能游刃而有余。这就是所谓的批亢捣虚。如果举起刀来乱剁乱砍，再锋利的刀也会受不了。所以《孙子兵法》中提出：“无邀正正之旗，勿击堂堂之陈。”告诉我们不要同比自己强大的敌人正面硬拼，要避其锋芒，击其弱处。

三十六计之围魏救赵

3. 从易者始。就是要从相对容易的地方下手，从相对容易的地方做起，能取得事半功倍的效果。抢在对方之前，首先取得胜利，对自己是一个极大的鼓舞，对敌人则是一个严重的震慑。另外，从“易者始”也可以创造出一种破竹之势，使原来的难者也逐渐自行转化为“易者”。如果难易程度相差不多时，则应选择对全局影响较大的地方入手。

4. 攻其必救。围魏时“魏”这个突破口的选择是非常关键的，它至少要具备两个条件，一是它要比“赵”容易进攻，否则就无舍赵而围魏的必要了。二是魏一定是敌人的必救之处，否则不痛不痒，就达不到救赵的目的。

对围魏救赵之计，可采取如下防范对策：

1. 瞻前顾后。有个典故叫“螳螂捕蝉，黄雀在后”，意思是说，只顾为了眼前的利益，而忘记了身后的祸患。所以我们做任何事情都要有防范措施以防不测。

2. 丢卒保车。在不可两全的时候，什么都顾，就什么都顾不上，要学会丢卒保车，必要的时候，还应保帅。在这里，关键是要分清什么是卒，什么是车，什么是帅，准确判断，及时选择。

3. 速战速决。如果能迅速地攻下赵国，就不会出现首鼠两端的情况。所以“夫兵久而利国者，未之有也。”

计谋典范

战场逐鹿

晋国攻曹卫救宋国

公元前632年，楚成王拜成得臣为大将，亲统大军，纠合陈、蔡、郑、许四路诸侯，一同攻伐宋国。宋成公派遣公孙固向晋国求救。然而，由于晋文公在19年的流亡生涯中，曾得到楚成王的帮助，故而不便直接和楚军作对。这时，晋文公的参谋狐偃便出了个主意，说道：我军不便直接前往救援宋国，与楚军作对，何不先去攻打与楚国结盟的曹国和卫国呢？这两国的国君在您流亡时期都曾对您极不友好，晋军师出有名；卫国的楚丘城是楚成王舅父的领地，而曹国则紧靠楚国本土，我军攻打这两国，楚军势必回师救援，这样便可解除宋国之围了。

晋文公伐卫破曹

晋文公听从狐偃这番用计，便一面叫公孙固回报宋成公务必坚守阵地，一面则以先轸为将，率领三军人马先向卫国进军，一举攻占了卫国的五鹿城，直逼楚丘，迫使卫成公向晋国谢罪请和；接着，又挥军东指，一举攻破了曹国。这期间，楚成王讨伐宋国正是连连告捷：在攻占了宋国缗邑后，又围困宋都睢阳。这时，忽然听说晋军已占领卫国五鹿城，直逼楚丘，楚成王眼见得自己舅父的领地不保，不可不救，于是，便只留下一部分兵马由成得臣率领，继续攻打宋国，自己则亲自率领劲旅回师救援楚丘。但当他的兵马才走到半路时，又听说晋军已经攻破曹国，对楚国本土造成直接威胁了。情势紧急，迫于无奈，楚成王只得命令成得臣从宋国撤出全部人马，以确保本土安全。就这样，晋文公用狐偃的“围魏救赵”计，成功地解了宋国之围。

景阳摧盟显神通

战国时期，齐、韩、魏三国联合起来攻打燕国，燕国眼看危在旦夕，便派太子到楚国救援。楚王与燕王交好，立即命景阳为将，率兵以解燕国之围。

在当时的情况下，直接冲上前线，同三国联军对阵固然可起支援燕国的作用，但楚国的军队并不十分强大，贸然向三国联军发起进攻，显然要冒极大的风险。

聪明的景阳没有直接发兵救燕，而是选择了三国军队中最为强大，而后防最为空虚的魏国作为敌手，用一支精干的轻骑军偷袭魏国的雍丘，结果很轻松地便取得了胜利。

在魏国的城镇中，雍丘虽然不算一个显赫的城市，但一旦被楚军夺去，国内的民心开始混乱，前线将士的士气也受到了很大影响。在攻燕的作战中，魏军由于思乡心切，作战也不如往常那样积极勇敢了，这就间接地支援了燕国。

攻占雍丘后，楚王十分高兴，准备重赏为他开疆拓地的将领，然而景阳却坚持要将雍丘作为礼物送给宋王。楚王十分恼怒，派人前去质问景阳。

景阳回答说：“本来我们此次发兵目的，是去救助燕国，解燕国之围的，怎么可以为了区区一座小城而使亡国的危险降临到楚国的头上呢？”

来人不解，问：“难道我们占据一个小城就会亡国吗？这实在是危言耸听。”

景阳不急不躁地答：“表面看来，我们攻占雍丘，一方面援助了燕国的正面战场，一方面又多占有了一座城市，可谓一举两得，可如果这样做，祸事也就临头了。楚国虽然兵强马壮，国力殷实，但与齐、韩、魏三国联军来比，实力还是处于下风。魏国见楚国乘机夺去一座城市，必不甘心，肯定回师声讨，如到那时，燕国战乱刚息，必不能有援于我，我们将独力同三国联军作战，难道我们就没有战败的危险吗？一旦战败，国家还能够存在吗？这怎么是危言耸听呢？如果我们把它送给宋国，宋国的国君肯定十分感激我们，因为他们早就垂涎这座城市。如果我们有难，他们还会发兵援助我们，除了这样做，难道我们还有更好的方法吗？”

来人心悦诚服，回去如实向楚王作了禀报，并将雍丘送给了宋国。

果然，没过多久，三国联军便罢兵不再攻打燕国，转而攻打楚国。魏国的大军驻扎在楚军的西边，齐国的军队驻扎在楚军的东边，楚军的后路也被阻断了，形势十分危急。

胸有韬略的景阳再次使用围魏救赵之计，他采取了联齐打魏、声东击西的战略，白天晚上，景阳不断派出使者假意前往齐军的营地进行谈判，每次去都大事张扬。白天去时驾着马车，带着丰厚的礼品，晚上去时则点燃灯笼火把，同时也派疑兵来往于楚韩两军之间。三国的军队看到后，都以为另外两国的军队在同楚军谈判，害怕盟军做出不利于己的行动，齐军首先撤兵，紧跟着韩国撤军。最后只剩下魏国一支军队，他们看到孤掌难鸣，而楚军又难以攻破，只好言和罢兵。

就这样，景阳多次巧妙地采用围魏救赵之计，不但替燕国解除了灭国之危，还机智地使三国联军不战而退，在历史上，这是极为成功的战例。

诸葛亮巧计退曹兵

曹操在谋杀马腾之后，又想趁周瑜新死之际，进兵东吴，消灭孙权。就在这时，有探马向曹操报告说，刘备正在训练军队，打造兵器，准备攻取西川。曹操听后大惊，他深知刘备如果占据西川，就会羽翼日益丰满，到那时再攻刘备可谓难上加难。曹操有心攻打刘备，又怕失去灭吴的大好时机，正犹豫不决之时，谋士陈群献计说：“现在刘备和孙权结为唇齿之盟，若刘备攻取西川，丞相您可以命人带兵直趋江南，孙权一定会求救于刘备。而刘备只想着西川，必定无心救援孙权。这样，我们先攻下东吴，平定荆州，然后再慢慢图谋西川。”曹操听罢，茅塞顿开，遂率领大军30万人，去进攻东吴的孙权。

马超兴兵取潼关

面对曹操咄咄逼人的气势，孙权惊慌失措，立即命鲁肃派人前往荆州的刘备处告急。刘备收到孙权的求援信，感到左右为难：如果只取西川，不顾东吴，必定导致孙刘联盟的瓦解；如果支援孙权，放弃西川，岂不可惜？正在刘备拿不定主意的时候，刚刚从南郡赶回荆州的诸葛亮献计说：“主公不必出兵东吴，也不必停止攻打西川，只修书一封，劝说马超进攻曹操，使曹操首尾不得兼顾，让他自动从东吴撤兵。”刘备闻言大喜，连忙派人带着他的亲笔书信劝说马超进攻曹操。

马超是西凉马腾之子，马腾为曹操所杀，马超正切齿痛恨曹操，时刻打算杀死曹操，为父报仇。一见刘备来信，马超便率20万大军浩浩荡荡杀向关内，连续攻下长安、潼关，曹操急忙回师西北，根本无心攻打东吴了。

一幅诸侯争雄的战略态势图，实际上是一个各方力量相互牵制的“关系图”。诸葛亮利用各方力量相互牵制的实际情况，向刘备献上“围魏救赵”的计谋，不仅挽救了岌岌可危的东吴，而且使刘备乘隙占领西川，为蜀国日后成为鼎之一足打下了基础。

曹操穰山破刘备

正当曹操北伐袁绍之际，许都荀彧忽然来信告急说：“刘备现在率军已从汝南出发，欲乘机攻取许昌。”曹操立即回师迎击刘备，双方在穰山地界遭遇。

由于曹操远途急行，兵疲马乏，战斗力尚未恢复，结果首战失利，只好安下营寨，与刘备坚守对峙。无论对方如何挑战，只是不出寨迎战。曹操想，刘备兵马虽然不多，但其手下关羽、张飞、赵云，都是不可多得的勇将，不如设法分散其势，待我军休息已定后，再一举打败刘备。

这时，忽听说汝南龚都押运粮草，即将来到刘备大营。曹操见时机已到，便即刻遣将去劫粮，同时又令大将夏侯惇率军去袭击刘备的根据地汝南。接着又沿途布下伏兵，准备伏击刘备前往救援的军马。

刘备见曹操坚守营寨不出战，正在纳闷，忽听探马报告说，运粮的龚都被曹军包围。刘备想，我在穰山旷野之中与曹操对峙，军中无粮怎么能行？便派张飞立即分兵去救援。接着又获悉，夏侯惇抄近路去攻打汝南。刘备听罢，顿时慌了手脚，心想，汝南是我得以立锥的根据地，一旦失守，我将又无所归了，立刻又派关羽引兵去救应。不一日，探马又回报说：“张飞去救龚都，反受曹军包围；夏侯惇已攻破汝南，关羽又身陷曹军的重围。”此刻，刘备如同热锅上的蚂蚁，想回兵，又无所归；想据守，营内兵力又十分空虚；想救关、张又力不能支。于是，下令让军兵饱餐了一顿，夜间，在营内虚设灯火，暗中退兵弃营而走，行“走为上”计。

刘备败走荆州

曹操早已料到刘备必然会弃寨而走，提前在其后寨布下伏兵。

当刘备兵马一动，四下里伏兵齐出，把刘备又打得惨败。刘备在赵云的掩护下，收集残兵败将，投往荆州刘表去了。

王守仁计解安庆之围

1519年6月，明宗藩宁王朱宸濠起兵叛乱。7月，朱宸濠率6万大军出鄱阳湖，蔽江东下。行前，留宜春郡王拱樤等守卫南昌。朱宸濠指挥叛军直趋安庆城下，安庆危在旦夕。

汀赣巡抚、佥都御史王守仁此时率各府州兵8万人行至丰城，闻知安庆告急，立即召集众将会商军事。会上，推官王晖对大家说："宁王攻打安庆，连日不能下，说明他兵疲气沮。若此刻率大军前往救援，与安庆守兵前后夹攻，必能取胜。在安庆打败朱宸濠之后，南昌城唾手可得。"听了王晖的分析，众将议论纷纷，有的赞同，有的反对。王守仁反驳了王晖的观点，他说："王君只知其一，不知其二。试想我军欲救安庆，必然越过叛军镇守的南昌，困难情形暂且不说，就是到了安庆与朱宸濠相持江上，势均力敌，胜负也未可知。况且安庆守军经过连日激战，一定疲惫不堪，不足为我援应。如果此时南昌之敌出我军背后，绝我饷道，南康、九江的敌人趁机谋我，使我军腹背受敌，岂不自蹈危地吗？依我之见，不如首先攻打叛军的老巢南昌。宁王的精锐之师已蔽江东下，南昌的守军一定单弱。而我军新集，气势正盛，不难攻破南昌。宁王闻南昌危急，必定不肯坐失巢穴，必然还兵自救，安庆之围自可解除。等朱宸濠回到南昌，我已把城夺下，这样一来，叛军的士气会非常低落。我军再乘势攻击，必可大获全胜。"听了王守仁深入细致的分析，王晖和众将官心悦诚服，一致同意攻打南昌。

正当王守仁临行之际，有侦骑来报：叛军在南昌城南预置伏兵，作为城援。王

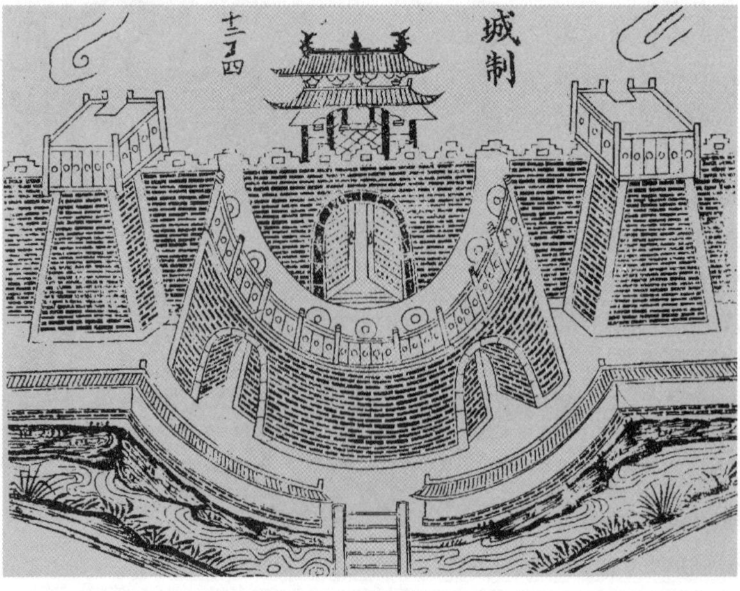

城制图。在古代，城墙是最重要的防守设施。

守仁立即派骑兵5000人，夤夜出发，从间道潜行，掩袭叛军伏兵。

王守仁率大军来到南昌城下，即刻发动攻城。果然不出王守仁之所料，南昌叛军势单力孤，渐渐不支。城南的伏兵欲来相救，却被王守仁派来的5000骑兵冲得落花流水，四散溃逃。几日后，王守仁攻克了宁王的老巢南昌。

此时的宁王日夜督军进攻安庆，由于守军顽强抵抗，战争没有任何进展。南昌失守的消息令他大惊失色，急令撤兵还救南昌。李士实进谏说："现在救援南昌恐怕已经来不及了。我们应当一不做、二不休，即刻起兵径取南京。"朱宸濠沉吟半晌，方说道："南昌乃我之根本，金银钱谷，积储颇多。我无论如何要夺回南昌。"李士实见朱宸濠主意已定，只好作罢。

朱宸濠率军登舟，溯江而上，还救南昌。王守仁先把叛军的先锋船队引进埋伏圈，然后出奇兵大败叛军。朱宸濠增兵再战王守仁，结果又吃了败仗。朱宸濠并不甘心，收拢各部舟船，在江面上联结成一个方阵，以求固守。王守仁见状，决定用火攻。朱宸濠万万没有想到，王守仁的一把大火使他的船队变成灰烬。

王守仁在安庆被围的危急时刻，采取"围魏救赵"的办法，率军急攻南昌，不仅迫使朱宸濠撤兵还救，解除了安庆之围，而且攻占了叛军的根据地，使叛军士气衰落，连战连败，最后落得个全军覆没的下场。

商海弄潮

盛田昭夫的"间隙理论"

大宅壮一称索尼公司是电器业中的土拨鼠，但是索尼公司不断地实验开发新产品，却都无法长期独占市场，其主要原因便是当索尼生产了录音机，其他公司也会跟上，而索尼更进一步研究制造晶体管收音机，其他公司也会纷纷仿造、生产、销售，与索尼争夺市场。

尽管索尼公司不断地研究开发新产品，但是，一旦三菱、松下这些大厂商也加入生产行列，索尼这家小公司的市场就很容易被搅乱甚至被吞没了。这就是小企业的产品无论多么优良，都无法长期独占市场，而被大组织并吞的原因。

处在这些大厂商的重重包围之下，盛田昭夫不断地谋求着生存之道，最后终于发展出一套"间隙理论"，也就是在这些无数的大厂商包围之中，还存在一些空隙，也就是仍有一小部分的市场尚未被占领，只要看准这些空隙，立即行动，再联合无数的小空隙，必定可以组成一个大的市场。

索尼公司就在国内市场竞争之际，用这种"间隙理论"向国外发展，在世界各地成立销售据点，组成一个销售网。到1961年，全球登记销售SONY商品的国家多达一百多个。索尼公司用这种"围魏救赵"的方法，确保了一个庞大的销售网点。从此，索尼公司逐渐成为世界一流的电器企业公司。

股票市场上的“宇宙大战”

香港股市上的一场收购战，是股市中应用围魏救赵策略的一个精彩实例。由于这场实战的主角是香港宇宙信托银行两个最大的股东，所以笔者就把它称为“宇宙大战”。

事情原委是这样的：香港的南方财务公司由于缺乏强有力的决策层和锐利的经营目光，因而经营状况不佳，其股票价格也低落，仅 1981 年 7 月 8 日一天内就从 2.5 元跌落至 1.8 元，跌幅将近 30%。因此，宇宙信托银行的董事长黄龙认为这是一个好时机，决定出面收购这家公司。他打算以换股的方式来实现这次收购行动：发行 1794.8 万股的宇宙信托新股票，以此来换取 8974 万股的南方财务股票，即以一股宇宙信托换取五股南方财务。这样，宇宙信托就可拥有南方财务八成以上的股权，南方财务就属于宇宙信托所有了，而宇宙信托因此而分散出去的股权仅占总数的百分之五。

这个方案是绝妙的，分文不花就可取得一家上市公司，而且南方财务公司本身也同意了。事情本该是很顺利的，岂料半路上又杀出个程咬金来——宇宙信托银行的第二大股东于赐不同意这个方案。于执意与第一大股东黄龙对着干，在几天内将自己手中的 5000 万股宇宙信托股票全部抛出。这一下子股市的方寸大乱，半天内宇宙股即暴跌 30%，同时引起其他股票价格的下泻，恒生指数跌去 76 点！须知如果宇宙信托的新股无人认购，黄龙以换购方式收买南方财务的计划就会化为泡影。急得黄龙赶忙用自己名下的资产，拼命收购这些无休无止抛售出来的宇宙股，前后动用了几亿元资金，才算把这股来势汹汹的抛售风勉强压住。

当然，黄龙也不是吃素的。他查清于赐的幕后行动后，就开始反击了。他用的正是围魏救赵的妙计，即为了解除宇宙信托被于赐造成的困境，不在宇宙信托内部与于赐正面对抗，而是到于赐属下的企业中寻找薄弱点，设法进攻于赐的要害。具体方案包括以下两个步骤：

第一，散布谣言说丰盛银行的董事长于赐与泰国的一个贩毒集团有关联，目前正打算携款潜逃，而且还说这消息是由丰盛银行内部的一个高级职员传出来的。这一来，立即在丰盛银行的各分行造成一股股的挤提浪潮。于赐费了九牛二虎之力，好不容易才算平息了这场风波。首先，他紧急调动大量现金，源源不断地运往各行应急；其次，他以丰盛银行董事长的身份召开记者招待会，力陈丰盛银行实力雄厚，拥有大量现金足以应付任何紧急局面；同时，因朋友的鼎力相助，警方也刊出一则辟谣声明，表示市面流传的本港某大银行家与某贩毒集团有牵连的消息纯属谣言，正受警方追查，云云。

第二，由九龙会的经纪人刘勇出面，极力怂勇于赐参加黄金、外汇交易。当时，黄金与外汇市场正在被人炒得热火朝天。于赐在热闹的市场气氛及刘勇的热情鼓动影响之下，终于下了决心。他委托刘勇以保证金交易的方式（这种交易方式将在第二十九计中详细介绍）买进 500 手黄金和 5000 万外汇美元，当天下午美元与金价升值，使他半日内就凭空发了1000多万港元的横财，于赐心中自然是非常得意。

没想到七天之后，黄金与美元都不停地往下狂跌，很快就将他的5000万港元保证金跌掉了大半。更糟糕的是，这些保证金有很大部分是秘密挪用他属下的丰隆银行的储备金；而且丰隆银行也在他的强硬坚持下买入了一大笔高价位的美元。此时的于赐可真是呼天天不应，叫地地不灵，他正落入“多头套牢”的圈套。

刘勇打给于赐的最后一个电话是这样声调平静的一段话：“于董事长，你的5000万保证金已被斩空了，你不肯补仓（补交保证金），所以按经纪行的规矩，我把你名下的黄金、美元全都放出去了。你那5000万元保证金，扣除佣金、利息，大概还有五六十万吧！有关这次买卖的结算清单，很快会派人给你送去……算了，于董事长，就当做一次教训，缓过气以后再说吧！”

故事讲到这里，不用说读者也明白：于赐自然是无力再去破坏黄龙收购南方财务公司的计划。一场“宇宙大战”就此拉下帷幕。

运世方略

钱 袋

有位夜间投宿旅客，举着一只袋子交给店主人，说：“这是钱袋，请代为保存，明天还我。”店主人答应了，就在登记簿上注明：“收到某旅客钱袋一件。”又给他一张收据，上写：“凭券付还钱袋一件。”这是各州的通告规矩。当时进出的旅客很多很挤，众目睽睽，大家都看到了这件事的经过。等到旅客们入睡以后，店主人偷偷地打开这只钱袋，原来是一袋银子，就连忙用铜钱把它调换了。

第二天清早，旅客凭收据取回那只袋，打开一看，里面全是一串串的铜钱，失声叫道：“要我的命了！本来是一袋银子，怎么变成了铜钱？”急忙去和店主人讲理。然而登记簿上写的是铜钱，收据上写的也是铜钱，昨夜在场的旅客也都说：“他交给店主人的本来是一个钱袋。”旅客辩论不过，向官府控诉。县官传店主人到官衙，审问时，店主人呈上登记簿和收据，登记簿上注的是钱袋，收据上写的是钱袋。传旅客们来作证，也都说：“我们看到他是拿一只钱袋交给店主人保存了。”县官就骂了他一顿，把他赶了出来。这旅客整天坐立不安，又写了一份状子向官府控诉，县官发起火来，打了他一顿小板子，再次将他赶了出来。这旅客更加感到冤屈和痛苦，乃于夜间跳河寻死。

这时恰好邻县某知县因事乘船赴省，船停泊此地。见有投河寻死的，呼唤船夫把他救了上来。问他为什么寻此短见，他说：“我是某店的伙计，从外县收账回来，当时因投宿的人多，恐怕有偷盗之人混杂在其中，所以把银袋说成是钱袋。早晨起来，取回袋子，果真已全部变成了铜钱了。这肯定是旅店主人调换的。我回

魏太祖曹操像

去，是没脸去见我的主人的，所以寻死。”问：“何不向官府控诉？”回答：“已二次控诉了没有打赢。”知县说：“这没关系，明天拿状子来，我为你申冤。”旅客道谢而去。

第二天，旅客果然送了状子来。那知县就到当地县署，陈述这件事。当地县官说：“这人是个白痴。证据确凿地说明确实是袋铜钱，他还要一再告状。我已略略惩罚了他一下，叫他回去了。”知县说：“不，这人一定是冤枉的。否则，他何至于要投河寻死殉职呢？请允许我暂借审案执法的公堂一用，我当为他昭雪。”当地县官答应了他的要求。

知县就传讯店里所有有关的人进行审问，而登记簿上的记载、收据上的名目都写的是钱，愿意作证的人也都说：“他自己本来说是钱袋。”知县感到吃惊，心想：“假使雪不了冤，就要留下被人取笑的把柄了。”于是转向差役们问道：“店里的人都在这里了吗？”回答：“店主人的妻子留在店里。因与家属无关，没把她传来。”知县说：“快把她传来。”差役去后，知县就对这些人说：“那客人交给店主人的确是一袋银子，你们故意赖他。谁是赖银子的，我不知道。但我有法术识破他。”命令他们各伸出一只手来，用毛笔在每只手掌中各写一“银”字，吩咐跪到院中酷烈的阳光下，伸着手掌曝晒。对他们说：“赖银子的人手掌中的‘银’字一定会被太阳摄去。”于是这些人一个挨着一个跪在院中。过一会儿，知县高声问店主人：“店家，你的‘银’字在吗？”回答说：“在。”过了一会儿，又问，则又回答说：“在”。差役、侍从及旁观审案的人无不嗤之以鼻，以为像这样审讯是儿戏，官司怎么能断得清？过了不一会儿，差役把店主的妻子带到公堂上，问她：“你和你丈夫合谋用铜钱调换了客人的银子，是真的吗？”妇人回答说：“没有这事。”问：“你的丈夫自己已经承认了，怎能说没有？”妇人依旧抵赖。知县就又高声问道：“店家，你的‘银’字在吗？”店主人高声急应道：“在！”知县看着妇人说：“怎么样？你丈夫已承认银子在了，再狡赖将要给你上刑哟！”店主人的妻子疑心她的丈夫果真已自己承认了，就吐露全部实情，旅客的冤屈方才得以昭雪。一时间到处称颂这位知县神明。

巧替换曹冲称象

一次，西域给曹操送来了一头大象，文臣武将们都陪着曹操前来观看，此时曹操兴致勃勃，向使臣问这问那。当问到这头大象有多重时，使臣们一时找不到记录大象重量的文书了。有人说：“称一称不就知道了吗？”那么这么重的大象怎么称呢？一时大家议论纷纷。有的说：“造一杆大秤，把大象抬钩起来就可以了。”那么谁又能抬得动这样重的大象呢？”突然有人说：“把大象切成小块，一次一次地称，不就可以了吗？”不料引起了一阵哄堂大笑。

这时曹冲上前献了一计，他说：“把象拉到船上，划好船吃水的深度后，把大象拉下来，接着往船上装石头，一直装到与大象在船上时的吃水深度相同为止，然后称石头的重量，石头的重量就是大象的重量了。”人们按曹冲的办法，很快称出大象的重量。

曹冲所遇到的难题是：一方面没有足够大的秤，另一方面大象又不能分割，这就是一个不相容的问题。但是根据当时的条件，人们有办法量出与大象同样重量的一堆石头，而石头是可以分割开来的，这样把称大象的目标转换成称石头的目标。这时用小秤称石头，就成了相容的问题了。

第三计　借刀杀人

原文注译

【原文】

敌已明，友未定①，引友杀敌②，不自出力。以《损》推演③。

【注释】

①敌已明，友未定：指打击的敌对目标已经明确，而盟友的态度却一时尚未确定。

②引友杀敌：引，引诱。引友杀敌，即引诱盟友的力量，去消灭敌人。

③以《损》推演：根据《损卦》“损下益上”、“损阳益阴”的逻辑去推演。

【译文】

敌人已经明确，盟友的态度尚在犹豫之中，这时应（极力设法）诱使盟友去攻打敌人，而无须自己出力。这是从《损卦》卦义的逻辑推演出来的。

按语注译

【按语】

敌象已露，而另一势力更张①，将有所为，便应借此力以毁敌人。如：郑桓公将俗袭郐②，先问郐豪杰、良臣、辩智、果敢之士，尽与［举］姓名，择郐之良田赂之，为官爵之名而书之，因为设坛场部门之处而埋之，衅之以鸡豭，若盟状③。郐君以为内难④也，而尽杀其良臣。桓公袭郐，遂取之。（《韩非子·内储说下》）诸葛亮之和吴拒魏，及关羽围樊、襄，曹欲徙都，懿及蒋济说曹曰：“刘备、孙权，外亲内疏，关羽得志，权心不愿也。可遣人蹑其后⑤，许割江南以封权，则樊围自释。”曹从之，羽遂见擒。（《兵知经》卷九《格形》）

【注释】

①敌象已露，而另一势力更张：敌象，攻击的对象。张：伸展。全句意为：打击对象已经明确，而另一种势力正在扩张。

②郐：周朝国名，在今河南密县东北。

③衅之以鸡豭，若盟状：衅，杀牲以血涂于器皿上祭祀。豭（jiā），公猪。盟：在血祭前发誓缔约。全句意为：用公鸡、公猪等牺牲品举行血祭，好像发誓缔约结盟一样。

④内难：内乱。

⑤蹑其后：蹑，跟踪。蹑其后，在后面跟踪。

吴太祖孙权像

【译文】

打击的目标已经显露出来，而另一种势力又有所扩张，且将有所行动，这时便应借此势力，摧毁敌人。比如，郑桓公将要攻打郐国，先列了郐国的豪杰、良臣、辩智、英勇果敢之士的名单，公开张贴布告，说要选择郐国的良田赠送给他们，封给他们各种名称的官爵，并在城郊设起祭坛，把名单埋在地下，用公鸡、公猪作祭品，装作盟誓的样子。郐国国君以为国内这些豪杰、良臣要勾结郑国作乱，便按照以上公布的名单把他们一个个杀掉了。桓公看到郐国豪杰、良臣都已除尽，便马上攻打郐国，并占领了郐国。（见《韩非子・内储说下》）诸葛亮与吴国结盟，抗拒魏国。当关羽围攻魏地襄阳、樊城时，曹操想迁都，司马懿及蒋济劝说曹操道：“刘备、孙权表面上是亲戚，内心里却隔阂很深。关羽得志，孙权内心是不甘愿的，因此，可以派人跟随孙权身后（做说客），答应割让江南的土地封给孙权，这样，樊城的包围就会自然解开。”曹操听从此计，关羽终于兵败麦城，束手被擒了。（见《兵知经》卷九《格形》）

传世典故

借刀杀人。原指不用自己的刀而借用别人的刀去杀人，这样自己既可以不被发现，又可以在危急的时候，嫁祸于人。引申为为了保存自己的实力，而利用矛盾，巧妙借用第三力量击破敌人，达到自己的目的。

《兵经百字・借字》中说：“艰于力则借敌之力，难于诛则借敌之刃。”借他人之手除掉对手，自己却不抛头露面，这种间接杀人的计谋，就叫“借刀杀人”。

此计是根据《周易》六十四卦中《损》卦推演而得。”彖曰：“损下益上，其道上行。”此卦认为，“损”、“益”，不可截然划分，二者相辅相成，充满辩证思

子贡游说列国

想。此计谓借人之力攻击我方之敌，我方虽不可避免有小的损失，但可稳操胜券，大大得利。

春秋末期，齐简公派国书为大将，兴兵伐鲁。鲁国实力不敌齐国，形势危急。孔子的弟子子贡分析形势，认为唯吴国可与齐国抗衡，可借吴国兵力挫败齐国军队。于是子贡游说齐相田常。田常当时蓄谋篡位，急欲铲除异己。子贡以“忧在外者攻其弱，忧在内者攻其强”的道理，劝他莫让异己在攻弱鲁中轻易主动，扩大势力，而应攻打吴国，借强国之手铲除异己。田常心动，但因齐国已做好攻鲁的部署，转而攻吴，怕师出无名。子贡说：“这事好办。我马上去劝说吴国救鲁伐齐，这不是就有了攻吴的理由了吗?”田常高兴地同意了。子贡赶到吴国，对吴王夫差说：“如果齐国攻下鲁国，势力强大，必将伐吴。大王不如先下手为强，联鲁攻齐，吴国不就可抗衡强晋，成就霸业了吗?”子贡马不停蹄，又说服赵国，派兵随吴伐齐，解决了吴王的后顾之忧。子贡游说三国，达到了预期目标，他又想到吴国战胜齐国之后，定会要挟鲁国，鲁国不能真正解危。于是他偷偷跑到晋国，向晋定公陈述利害关系：吴国伐鲁成功，必定转而攻晋，争霸中原。劝晋国加紧奋战，以防吴国进犯。公元前484年，吴王夫差亲自挂帅，率十万精兵及三千越兵攻打齐国，鲁国立即派兵助战。齐军中吴诱敌之计，陷于重围，齐师大败，主帅图书及几员大将死于乱军之中。齐国只得请罪求和。夫差大获全胜之后，骄狂自傲，立即移师攻打晋国。晋国因早有准备，击退吴军。子贡充分利用齐、吴、越、晋四国的矛盾，巧妙周旋，借吴国之“刀”，击败齐国；借晋国之“刀”，灭了吴国的威风。鲁国损失微小，却能从危难中得以解脱。

用计锦囊

在环境受到限制，自身没有能力，或不愿直接抛头露面的情况下，有计划地利用自己以外的人和事来实现自己的意图，达到自己的目的，这样在成功时，自己不用付出任何代价；失败时，自己不用承担任何责任。其中的“杀人”不能仅理解为损人利己之事，而应从广义上理解为达到某种目的。

借刀杀人有三个含义：

1. 不自出力，善于假手于人，巧妙借用外力，自己不用动手不用出力，不花任何代价，同样达到目的。

2. 杀人不见血。借刀杀人，杀人不见血，也就是可以不露任何痕迹，不抛头露面，也就可以不承担任何责任，既实现了目标，又落得两手干净。

3. 拉人下水。借人之刀去杀人，刀之主人，必然也就被诱迫入伙，即使不是心甘情愿地入伙，也必然逃不脱杀人的干系，自然也就拉下了水。尤其是在势均力敌的情况下，谁能争取到第三力量，谁就能取得胜利。通过本计可以增加自己的力量。

对借刀杀人之计，可采取如下防范对策：

1. 不要使自己成为被借之“刀”

（1）遇事不盲从。不要看别人做什么事，自己也不问青红皂白也跟着干，那种“路见不平，拔刀相助”的人，如果没有一定的分辨是非的能力，很容易被人利用当枪使。

（2）比较利害。某件事，如果对别人利多害少，对自己利少害多，而别人又极力诱使自己去干，那就有被当“刀”使的可能。所以不要为他人作嫁衣裳。当然“为人民服务”又当别论。

（3）“杀人”要有理由。别人“杀人”有别人的理由，比如是仇人、竞争者等。那么我们“杀人”前，要站在自己的角度上，看是否有“杀人”的理由，同样一个人对别人来说可能是不共戴天的仇敌，对我们来说，可能是井水不犯河水。在自己一边若找不出“杀人”的理由，千万不要妄开杀机。

2. 不要使自己成为被杀之人

（1）修好自己的篱笆。“害人之心不可有，防人之心不可无。”要时时警惕来自各方面的攻击，当然也要自己身正，因为身正不怕影子歪。

（2）及时揭露。一旦发现自己成为被杀之人，要及时对“借刀”人进行揭露，指出他的阴险用心，使被借之刀醒悟，不再受

三十六计之借刀杀人

骗上当，不再做亲者痛，仇者快的事情。

（3）拆散敌人的联盟。如果敌人已经结成联盟，要千方百计把他们拆散，不使他们互相借刀对付自己，必要时要对危害自己的行为予以坚决果断的打击，或以其人之道，还治其人之身。

计谋典范

战场逐鹿

老将军廉颇与急性子赵括

公元前260年，秦国征服韩国之后，决定进攻赵国。赵王把保卫国家的重任交给了老将军廉颇。廉颇是个经验丰富的大将，他在长平关构筑的营垒，凭借有利地形坚守工事。秦军不停地攻城，但廉颇只是牢牢地守住城关，从不出兵与强悍的秦军正面交锋。

赵国已故名将赵奢有个儿子，名叫赵括。他熟读兵书，但毫无实际作战经验，尽管如此，他在赵国也还是颇有声名。对廉颇一味防守的做法，赵括十分不满，就在赵王面前指责廉颇是个胆小鬼。于是赵王命令廉将军与秦军决一死战，可廉颇坚决不肯。秦王密探得知了赵王、赵括和廉颇意见不一致的消息，他们派人贿赂城中的一些居民，通过他们传播谣言，说是秦国很怕赵括大将。那个廉颇好对付，因他已写好一份降书了。这些话传到了赵王耳朵，他马上撤了廉颇的职，让赵括接替他为统帅。赵括得到了作战的机会，就率军出城直接同占有优势的秦军交锋。结果全军覆没，赵括本人也被乱箭射死。

这成了赵国走向亡国的开端，公元前228年，赵国被秦国灭亡。

刘备一言除吕布

《三国演义》可谓中国智谋全书。刘备与孙权、曹操的争战中，虽然有关、张等武将，然而没有决胜的优势，所以辗转之中，假手他人，消灭有生力量是极为重要的。

曹操曾用王允之计把一员虎将吕布生擒了。吕布当即就想投降曹操。吕布说："明公（曹操）您所担心的人，没有比我吕布更有威力的，我现在降您，太平就不用担忧了。您率领步兵，我率领骑兵，平定太平，就容易如吹灰一样。"曹操被吕布说动了心，心下不想杀吕布，以增强自我势力。

刘备站在一旁说了话：“曹公啊，您没有看到丁建阳和董太师的下场吗?”曹操一听，立即下令杀死吕布。

丁建阳即是丁原。最早，吕布是丁原的部下，吕布后来受董卓之诱杀死了丁原跟随董卓。

董卓入京之后，势力扩大，自称太师。后来王允等人巧用连环计，使董卓死在吕布之手。所以，刘备这一句话就使曹操杀了吕布。

刘备为什么要非杀吕布呢?

原来，刘备是暂时栖身在曹营，心怀大计。曹操与吕布联合必给刘备未来的事业带来重大阻力。吕布英勇过人，武功盖世。先前，虎牢关一战，吕布一人独战刘备、关羽、张飞，且进退自如。如果他与曹操联合，天下哪有敌手呢?

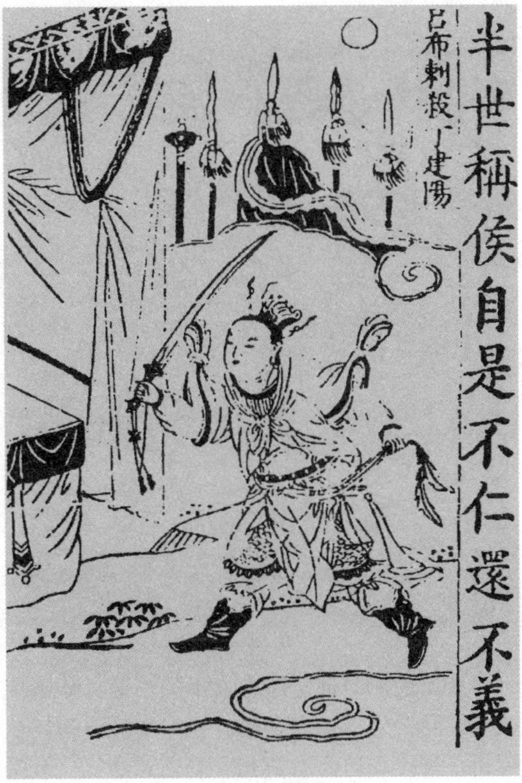

吕布刺杀丁建阳

刘备以此一言而杀吕布正是刘备“借刀杀人”之智。

袁术唆使孙坚伐刘表

初平元年（190年），讨卓联盟解散后，回到各自领地的诸侯便开始了尔虞我诈、弱肉强食的混战。

当时正值灾年，中原一带除刚刚诈取冀州的袁绍和荆州的刘表外，均处于缺粮，乏草之困境中。

兵据南阳的袁术听说袁绍得了冀州，便以兄弟情分向他求援几千匹马以充军力。袁绍考虑自己难以驾驭袁术，便拒绝了他的请求。自此，他们兄弟间便不和睦起来。袁术被困无奈，又向邻邦刘表借粮二十万斛，刘表讨厌袁术刁蛮无赖，知其言而无信，也未应允。继而袁术又怀恨于刘表。袁术碰了两个钉子之后，想自己率兵外出掠夺，但又力不能及。于是便想用“借刀杀人”之计去削袁绍、刘表之势，以解心头之恨。拿定主意后，便写了一封密书，遣使过江去见孙坚。

原来，他想起当初联盟解散时，孙坚私匿汉代玉玺回江东，途经荆州，刘表曾奉袁绍之命率军拦劫。孙坚因此必然恼恨刘表，可借端生事鼓动孙坚去伐刘表。

孙坚跨江战刘表

使臣过江向孙坚递上袁术的书信。孙坚接过来一看，只见信中说："前者刘表截路，乃吾兄本初之谋也。今本初又与刘表私议欲取江东。公可速兴兵伐刘表而取荆州。吾伐本初而取冀州，切勿误也！"孙坚看罢，切齿地说："可恨的刘表，当初你断我归路，现在我不乘机解我心头之恨还等何时？"说罢，便欲起兵。大将程普劝他说："袁术这小子诡诈多端，他的话怎么能信？"孙坚说："即使他不来信，我也早欲兴师雪恨的，也不需要他来助我。"这时，孙坚的弟弟孙静又劝他说："现在海内大乱，各霸一方，独我江东还算宁静，怎能因一小恨而起重兵呢？望兄详察。"孙坚说："弟弟毋须多言，吾纵横于天下，有仇岂可不报，有恨岂能不雪？"于是便率军向荆襄进发。一鼓攻克了樊城、邓城，直逼襄阳城下。

袁术见孙坚出兵所向无敌，心中阵阵暗喜，只待刘表气息奄奄之时，他也从中渔利。岂料，孙坚在攻打襄阳时，由于轻敌误中敌方埋伏而中箭身亡。

蒋干上当成周瑜杀蔡张之“刀”

东汉末年，曹操以能战善谋，挟天子以令诸侯，诛董卓，擒吕布，灭袁绍，破荆州，逼得刘备亡魂丧胆，陈兵长江，传檄江南，想以泰山压卵之势，迫孙权臣服。

东吴的孙权，在都督周瑜的鼓励、孔明的煽动下，奋然发兵抵抗，隔江对峙。当时曹操雄师百万，周瑜仅有五六万兵，形势悬殊，无异螳臂挡车，鸡蛋对炮弹，不要说进攻，连守也相当困难。

周瑜知道军事上争取主动的必要，他了解北军不善水战，想先除掉曹操的水军都督蔡瑁、张允，这两人原是刘表部下投降曹操的，却苦于无计可施。

他正在帐中议事的时候，闻报同窗蒋干到访，便笑着对诸将说："曹操的说客到了。"吩咐各将领如此如此，这般这般，各人立即应命而去。

周瑜重整衣冠出迎，一见蒋干就问："子翼（蒋干的号）！隔河来访，是不是来做说客，劝我投降曹操？"

蒋干一听，愕然说："什么？你疑心真大，我不外和你离别得久，特来叙叙旧，干吗疑我是说客呢！"

周瑜笑着说："闻弦歌而知雅意，在这个紧急关头——"

蒋干不等他说完，顿然作色，说："你待同学这样疑心，再见吧！"

周瑜立即挽住他的臂，笑着对他说："不外说句笑话罢了，看在老友面上，这算什么？既然老兄不是来做说客，不妨住在这里玩几天，叙叙旧情！"

不由分说就把蒋干请入帐去，寒暄过后，周瑜传令各文武将士入帐与蒋干见面。接着大摆筵席，故意对各将士说："蒋先生是我最要好的同学，虽是从江北来的，却不是曹操的说客，各位不要见疑！"说完，解身上佩剑付与太史慈，说："你拿着我的剑做监酒，今天宴饮，只叙叙朋友之情或谈论一下诗词歌赋，如有人提起曹操和本国军情者，可当席处斩！"

蒋干惊愕，不敢说些什么。周瑜又说："我自领军以来，从没有饮过酒，今日见了老同学，理当饮到不醉不归！"

说罢大笑，和各人频频敬酒，猜拳行令，热闹非凡。

大家有点醉意了，周瑜拉着蒋干的手，一同出帐外漫步。周瑜问："你看我的将士英勇吗？"

蒋干答："真名不虚传，强将手下无弱兵！"

周瑜又带他到帐后一望，见粮草堆堆如山，又问："你看军粮充不充足？"

"果然精兵粮足，你真不愧文武全才！"蒋干漫不经心地应着。

周瑜佯醉狂笑起来，说："想周瑜当年和你同学之时，做梦也想不到会有今日哩！——"

"那自然，以兄之才，实不为过！"

"大丈夫处世，得此际遇，还有什么话可说？遇知己之主，名虽君臣，情同骨肉，言必听，计必从，祸福相依，甘苦共尝，纵使苏秦张仪再生，口若悬河，舌如利剑，也难动我初衷了！"

周瑜像

群英会蒋干中计

周瑜这番话，明明是一种暗示，吓得蒋干面如土色。再回帐复饮，始终不敢谈及军旅之事。

夜深了，蒋干不胜酒力，乃兴尽而散。周瑜诈作大醉之状，挽住蒋干说："很久没有和子翼同床了，今晚要联床夜话，说个痛快！"

真是个同床异梦，各怀鬼胎。一个诈醉，呕吐狼藉；一个是假睡，提心吊胆。

军中已打过二更了，蒋干如何睡得着？起身看一看，残灯尚明，周瑜却鼻息如雷，他看见帐内的桌子堆着一叠公文，乃蹑手蹑脚地走过去偷看，都是来往书信，内一封写着：张允、蔡瑁谨封，急取出一看。内说："某等降曹，实迫于形势。今已赚北军困于寨中，一有机会，即将曹贼之头，献于麾下……"

蒋干暗惊，原来张允、蔡瑁有这般阴谋，便将此信藏在身上。

周瑜翻身了，蒋干忙把灯吹熄，潜步回来。听周瑜在作呓语："子翼！在这几天内，我拿曹贼头颅给你看看！"

"嗯——"蒋干也诈起蒙来。

"真的，子翼！我——我要你看看他脑袋——"

"什么？你说什么！"蒋干问他。周瑜的鼻音又响起来了。

蒋干伏在枕上假睡，留心四周的音响。已是四更了，听得有人走进帐来，低声唤："都督！都督！"

"嗯？"周瑜被摇醒了，朦胧中问，"床上睡着的是什么人？"

"这是都督的同学蒋先生呀，怎么又忘却了呢！"那人答。

"唉！糟了！"周瑜懊悔地说，"我平日未曾饮过酒，这次会醉后失事，不知曾说过什么来？"

那人说："江北有人来了！"

"嘘——"周瑜警告他，即叫声，"子翼！子翼！"

蒋干诈作睡着，周瑜潜出帐外，和外面人低声说：“张蔡二位都督叫我来报，近日防范甚严，一时未能下手。……”以后的话更低。听不清楚。不一会儿，周瑜回来了，又唤蒋干，蒋干只是不应，蒙头假睡。周瑜又上床睡起来。鼻音又大了起来。

睡到五更，蒋干低唤周瑜，周瑜已睡得像死猪一样。当即戴头巾，披上衣，带了同来的小厮，径出辕门。守军问他往哪里？蒋干托词应付，守军才放他走。

蒋干乘小船回到江北去见曹操，说起周瑜雅量高致，说服不来，曹操责他无能，反为东吴所笑。

蒋干说：“我不能说服周瑜，却与丞相探得一件要紧事，请遣开左右！”

曹操把旁人遣开了，蒋干人取出那封信来交给曹操，并将经过情形报告一番。

曹操不听则已，一听勃然大怒，立即命人将蔡瑁、张允叫来帐中，厉声说道：我命你二人今日进军东吴！蔡、张二人不知底里，便回禀道：“目下水军尚未练熟，不宜轻进。”曹操听罢大怒，喝道：“等到水军练熟，我的首级早已献给周瑜了吧！”蔡、张听了这话，一时摸不着头脑，慌忙之中，也不知如何对答，正在犹豫之时，曹操已下令将二人立即推出辕门斩首了。

等到曹操一时猛醒过来，知道是中了周瑜“借刀杀人”之计时，却是为时已晚，后悔莫及了。

宋太祖智杀敌臣灭南唐

宋朝建立后，宋太祖通过“杯酒释兵权”稳固了中央政权，在无后顾之忧的情况下开始了统一中国的战争。

在灭掉南汉之后，宋太祖把进攻目标转向南唐。南唐后主李煜昏庸无能，只知道吟诗填词，整天沉湎于酒色，不理朝政，南唐国力日衰。宋太祖此时有心灭南唐，但又不敢轻举妄动。原来，南唐有一位勇猛无敌的武将名叫林仁肇，宋太祖认为林仁肇是宋朝灭南唐的一大障碍。可巧开宝四年（971 年），李煜派其弟李从善前来朝贡，宋太祖忽然心生一计，当即热情款待李从善，并把他留下任泰宁军节度使。李从善不敢违命，只得报告李煜。李煜也不知宋太祖的葫芦里卖的是什么药，正好想通过李从善探听一些宋朝的情况，便同意他在宋朝

宋太祖赵匡胤

任职。宋太祖又派一名使者到林仁肇那里，使者用钱财贿赂林的仆人，搞到了一张林的画像。使者拿着画像回来复命，宋太祖命人把画像挂在自己的侧室。

一天，李从善来见宋太祖，侍臣先把他领到侧室。李从善一眼就看到了林仁肇的画像，不解地问道："这是我国武将林仁肇的画像，怎么会挂在这里？"侍臣支支吾吾，欲言又止，半天才说："你已经是宋朝的人了，告诉你也没什么。皇上爱惜林仁肇的才干，下诏书让他来京城，他已经答应投降，先送来画像以表诚心归顺。"侍臣又指着附近一座华美富丽的房子说，"听说皇上准备把这所房子赐给林仁肇，等他到了京城，还要封他为节度使呢！"

李从善立即回江南向李煜报告了此事。李煜真的怀疑林仁肇心怀二意，在一次设宴招待林仁肇时，让人事先在酒里下了毒药。林仁肇回到家中，毒性发作，七窍流血而死。宋太祖听到林仁肇的死讯后，立即发兵攻打南唐，很快就灭了南唐，统一了中国。

政治权谋

晏婴借二桃杀三士

春秋时，齐国有田开疆、古冶子、公孙接三勇士，很得国王齐景公宠爱。这三人结义为异姓兄弟，自诩是"齐国三杰"。他们挟功恃劳，横行霸道，目中无人，甚至在国王面前也"你我"称呼起来。这时乱臣陈无宇、梁邱据等乘机把他们收买过去，阴谋推翻国王，夺取政权。

相国晏婴看不过去，眼见这种恶势力逐渐扩大，危害国政，便时刻担忧着。他明白奸党的主力在于武力，三勇士就是王牌，屡次想把三人干掉，但他们正得宠，又怕齐王不依从，会弄巧成拙，便迟迟不敢动手。

有一天，邻邦的国王鲁昭公带了司礼的臣子叔孙婼来访问，谒见齐景公，景公立即设宴款待，也叫相国晏婴司礼，文武官员全体列席，以壮威仪。三位勇士也全副武装起来，奉陪左右，摆出一副盛气凌人不可一世的骄态。

酒过三巡，晏婴上前奏请，说："目下御园里的金桃熟了，难得有此盛会，可否摘些来宴客？"

景公即派掌园官去摘取，晏婴却说："金桃是难得的仙果，必要我亲自去监摘，这才显得庄重。"

一会，金桃摘回来了，装在盘子里，每个有碗口般大，香喷喷的。景公一见就问："只有这么几个吗？"

晏婴答："树上还有三四个未成熟，只可摘回这六个！"

两位国王各拿一个吃了起来，互相赞赏着。景公乘兴对叔孙婼说："这仙桃是难得之物，叔孙婼大夫贤名扬四海，有功于两国邦交，赏你一个吧！"

叔孙婼跪下答："我哪里及得上贵国晏相国呢？仙桃应该赐给他才对！"

景公便说：“既然你们相让了，就各人吃一个吧!”

盘里只剩下两个金桃了，晏婴复请示景公，传谕两旁文武官员，着各人自报功绩，有功深劳重者得食此桃。

勇士公孙接乃挺身而出，激昂地自夸起来，口沫横飞，说：“从前我跟主公在桐山打猎，亲手打死了一只吊眼白额虎，解了主公的围，这功劳大不大吗?”

晏婴连忙说：“这是擎天保驾之功，应该受赐!”

公孙接很快把金桃咽下肚里去，翻开傲眼向左右横扫一下。

古冶子也抢着站起来说：“打虎有什么了不起?我当年在黄河的惊涛骇浪中，浮沉九里，斩妖龟之头，救回主上一命，你看这功劳怎样?”

晏平仲二桃杀三士

景公接口就说：“真是难能可贵，那次若不是将军舍身相救，怕一船人都要溺死了!”说着，便把剩下的金桃和酒赐给他。

可是，另一位勇士田开疆却气冲冲地发起牢骚来了。他说：“本人曾奉命去攻打徐国，俘虏了五百多人，逼徐国纳款投降，威震邻邦，纷纷上表朝贡，为国家奠定了盟主地位。这算不算功劳?能不能受赐呢?”说完，把眼光四下一扫，似要把各同僚压低一寸。

晏婴立刻回奏景公说：“原来，田将军的功劳，确比公孙接和古冶子两位将军大十倍。但可惜金桃已赐完了，可否先赐一杯酒，待金桃再熟时补赐呢?”

景公也安慰田开疆说：“田将军!算来你的功劳最大，可惜你说得太迟。”

田开疆再也听不下去了，气愤地按剑大声嚷了起来：“斩龟打虎，有什么了不起?我为国家跋涉千里，血战功成，反被冷落，而且在两国君臣之间受此侮辱，为人耻笑，还有什么脸面见人呢?”立即拔剑自刎而死。

公孙接大吃一惊，亦拔剑而出，说：“我们功小而得到赏赐，田将军功大，反而吃不着金桃，于情于理，绝对说不过去!”顺手一剑，就把自己结果了。古冶子跳了出来，激动得几乎发狂地说：“我们三人是结拜兄弟，誓同生死，今两已亡，我又岂可独生?”

话刚说完，人头已经落地，景公想制止也来不及了。从此以后，晏婴便顺利地把奸党逐个收拾，畅通无阻地施展他的伟大抱负。

贾皇后翻云覆雨

晋朝时，贾充的女儿贾南风于十五岁时就嫁给那位白痴太子司马衷为太子妃，她生得又矮又黑又丑，又比太子大两岁，性善妒，喜弄权术。

晋武帝司马炎临死前，以太子年轻，又是白痴，且家有恶妇，便写下遗诏，以叔父汝南王司马亮、国丈杨皇后之父车骑将军杨骏同辅国政。杨骏为人阴险，以近水楼室之便，独揽朝政，成为唯一之顾命大臣。

晋武帝死了，白痴太子司马衷继为皇帝，是为晋惠帝，贾南风为皇后，尊杨皇后为太后。

杨骏大权在握，肆无忌惮，却对那位阴险、悍泼多权诈的贾后放心不下。

贾后亦是一个不甘雌伏之人，对杨骏父女的大权独揽绝不放过，便广置心腹，收买近臣，密谋杀害杨家父女。

第一个借来割禾之艇就是晋武帝的另一个儿子楚王司马玮。司马玮正拥有荆州兵权，上表要入朝见皇帝，杨骏不敢不让他来。他到了洛阳之后，与贾后密商，由贾后着白痴皇帝下诏，诬杨骏意图谋反，由司马玮带来之兵马，包围相国府第，把杨骏一家杀尽，并夷三族，死者几千人。

贾南风夺权

割了第一次禾，便迎原来之顾命大臣司马亮入朝，与开国元勋衡瓘一同辅政。

司马亮上台之后，抓住了政权又不放松，目无白痴皇帝，对贾后更视为眼中之钉，且阴谋废立。

贾后既惊且怒，又命令丈夫下诏，免司马亮之职，授权司马玮发兵捉拿司马亮和衡瓘，全家抄斩。

楚王司马玮为贾后立了两次大功，踌躇满志，骄纵跋扈，比杨骏、司马亮更加专横。贾后越发不能容忍，索性一不做二不休，再令丈夫下诏，命禁军逮捕司马玮，照样杀戮其全家，消减其党羽。

从此，贾后已实握大权，任用亲信，朝野相安几年。

诸葛亮借俘虏诱骗叛将自相残杀

正当诸葛亮忙于出师南征之际，探马飞报孟获大起蛮兵10万，犯境侵掠。边境上新降的几位太守雍闿、高定兵分两路偷袭蜀营时，被蜀军杀得大败，许多雍、高将士被蜀军生擒活捉，诸葛亮在这些战俘身上打开了主意。他把雍、高被俘的将士分别囚禁，然后暗地叫本部军将撒谎传谣说："高定的人免死，雍闿的人尽杀。"接着诸葛亮传令提取雍闿方面的战俘到帐前问话，人人都怕杀头，都谎称自己是高定的部下，而不敢说是雍闿的人马。诸葛亮听他们冒称自己是高定的人，证明他们相信本部传出的谣言谎话，也就佯装糊涂，均按高定部下对待，并"与酒食赏劳，令人送出界首"，全部放归。这些"送出界首"的人跑回雍闿部队后，都说高定暗中背叛了雍闿，投靠了诸葛亮。诸葛亮在营内又设宴招待高定的真正部下，并编造谎言说，雍闿已派人前来联络投诚，欲献高定、朱褒二人"首级"。战俘回去后，以讹传讹，替诸葛亮当"小广播"。于是诸葛亮利用放回去的俘虏在雍、高中间播下了互相猜疑的种子。紧接着，诸葛亮又把捕获的高定派遣的密探，故意错认为是雍闿的部下，"修书一封"，信中的密令雍闿"早早下手，休得误事"，交给"密探"带回送给雍闿。"密探"回去把信交给高定后，信以为真，拍案而起，大骂雍闿是个忘义之徒，决心先下手为强，率领精兵连夜偷袭雍闿营寨，割了雍闿的脑袋，直驰诸葛亮营寨敬献首级，讨好诸葛亮。当高定提着雍闿的头去见诸葛亮时，诸葛亮明知道他是真心诚意来投诚的，却谎称是高定诈降而来，喝令左右推出斩首，并对高定谎称"朱褒已使人密献降书，说你与雍闿结生死之交，岂肯轻易反目杀掉他，我知道高定是借人头诈降的。"这番谎话又激得高定在诸葛亮面前立下

孔明兴兵征孟获

军令状：“誓擒朱褒来见丞相。”诸葛亮佯装给他立功赎罪以表真心投诚的机会，准予前去。果然，高定乘朱褒不备，偷袭了朱的营寨，杀了朱褒，提着朱的头，带领全部叛军投降了蜀营。到此，诸葛亮一连串的挑拨离间，挑起敌军内部矛盾，借敌人之力量，借敌人之口，借敌人之刀剑，借敌人之将士，诱骗敌人自相残杀，而实现了杀掉自己想杀的人，达到“不必亲行，坐享其利”的目的。

刘秀巧除心头之患

刘秀与刘玄决裂后，率兵向长安进军。洛阳是通往长安的军事重地，刘玄派李轶去镇守，以阻挡刘秀大军的西进。

刘秀手下一名叫冯异的将军写信劝李轶归顺刘秀。李轶看完信后，内心十分矛盾。他虽然看出刘玄成不了大事，有意脱离刘玄，但是他又不敢轻易投靠刘秀。因为他曾参与杀害刘秀之兄的活动，担心刘秀不容他。于是，李轶在给冯异的回信中这样写道：“今天你我都在镇守军事要地，地位举足轻重。如果我们能同心同德，那我还有什么顾虑呢？请将我的意思转达给萧王（指刘秀），我愿为他尽微薄之力。”冯异看到这封意思委婉的信后，明白李轶是叫自己保证他归顺后的生命安全和高官厚禄。于是，冯异一方面给李轶回信表示安慰，另一方面出兵攻打洛阳周围各县，看李轶是否援救，以试探他有无诚意。李轶果然不与冯异交战。冯异见李轶言行一致，就把此事的前后经过向刘秀作了报告，并递上李轶的信，劝刘秀接受李轶的归顺。

汉光武帝刘秀像

刘秀深知李轶是一个反复无常的人，招降后仍是心头之患。但是，若拒之门外，对战局又十分不利。刘秀经反复考虑，终于想出一条借刀杀人的妙计。刘秀在给冯异的回信中，避而不谈是否接受李轶的归顺，只是提醒说：“李轶这个人诡计多端，一般人难以看出他的心思。大家还是各自坚守阵地为好，防止李轶耍花招。”然后，刘秀故意将李轶归降的事泄露出去。众人议论纷纷。

不久，刘玄手下的另一员大将得到了这个消息，知道李轶心怀二意，就派人将他刺杀了。洛阳驻军失去主将，军心动摇，许多人投奔到了刘秀这一边。战局发生了根本性的改变。直到这时，大家才明白了刘秀的用意：借刘玄之手杀掉李轶，既除了自己的心头之患，又不用承担杀害降将的坏名声。

商海弄潮

洛克菲勒巧借第三者力量

美国石油大王洛克菲勒创业之初，财力、物力、人力十分有限，他计划垄断炼油和销售，可他自然不是亚利加尼德集团等其他石油公司的对手。洛克菲勒的同伙人佛拉格勒颇有心计，建议道："原料产地的石油公司在需要的时候才用铁路，不需要的时候就置之不理，十分反复无常，使得铁路上经常没生意要做，一旦我们与铁路公司订下合约，每天固定运输多少油，他们一定会给我们打折扣。这打折扣的秘密只有我们和铁路公司知道，这样的话，别的公司就会在这场运价抗争中落荒而逃，整个石油产业界就成了我们的天下。"洛克菲勒选择了铁路霸主之一、贪得无厌的凡德毕尔特为合作对象，最后双方达成协议：洛克菲勒以每天订 60 辆车合同的条件获取每桶让 7 美分的利润。

低廉的运费引来的是销售价的下降，从而使销路得到迅速拓宽发展。从此洛克菲勒飞黄腾达，向世界最大的集团经营企业迈进。洛克菲勒作为弱者，如果和亚利加尼德集团面对面竞争，必然是弱肉强食，他巧妙地借助第三者铁路霸主的力量，以低廉的运价占据运输的优势，击败同行的竞争，实现了小鱼吃大鱼、垄断石油经济的计划。

华尔街的金融奇才

吉姆斯·林恩是华尔街的一个传奇人物，他的名字跟钢铁大王卡内基等人并驾齐驱。林恩出生于 20 世纪 20 年代的俄克拉荷马州，父亲是位石油工人。他上小学时，母亲就去世了，以后他被寄养在姑母家里。他天资聪颖，在 14 岁的时候，就差不多念完了中学的全部课程，但他却穷得连购买一双球鞋的钱都没有，因而未能等到中学毕业就退学了。此后他离开姑母家，到处流浪，靠打零工度日。过了几年流浪汉生活之后，他于 19 岁那年在得克萨斯州的达拉斯城定居下来，在一家公司当学徒，并很快结了婚。几年之后他就攒下了一笔钱，并用来购买了一栋房子。

第二次世界大战期间，他报名参加了海军。1946 年退役之后，他认为该是自己创业的时候了。于是，他卖掉房子，加上在海军时节省下来的钱，凑足 3000 美元，成立了一家小公司——林恩电器公司，该公司的主要资产就是一部旧卡车、一间租来的办公室和吉姆斯·林恩本人的聪明才智。到 1955 年初，该公司的年营业额已超过一百万美元，但由于是独资企业，须缴很多的所得税，使得林恩自己能得到的利润所剩无几。

经过一番考虑，他决定将该公司改造成公众公司，名为林恩电器股份有限公司，并获准发行80万股普遍股票，其中由他本人拥有50%的股权，其余的40万股以每股2.5元的价格向社会公开发售。由于找不到一家证券商愿意为他代理发行这些股票，他只好与一些朋友用电话推销和挨家挨户上门推销的方式来卖出这些股票。工夫不负有心人，仅在几个月时间内，他们就把所有股票推销完了，扣去各种费用，实收75万美元的资本。

该公司股票上市交易之后，其价格即不断上升，林恩就开始用发行新股换购其他股票的方法来吞并其他公司，从而不断地扩大自己公司的规模和实力。他先后收买了阿提克电子公司、迪姆柯电子与火箭公司、伏特飞机和飞弹制造公司等，他的公司也几度更名，最后变成了林恩—迪姆柯—伏特公司，亦即众所周知的LTV公司。该公司于1961年的股价已达到每股20元。

就在这时候，华尔街人士开始使用“集团公司”这个字眼，这种公司通常是由一家公司买下其他公司合并而成的一家新的公司。这类公司的股票也成为20世纪60年代最红的一种，LTV更是其中的佼佼者之一。

至此，吉姆斯·林恩已是一个全国知名的大亨和工商业巨子。然而他并不到此为止，在他那诡计多端的头脑里，永远都在酝酿着用别人的钱来赚更多钱的大手笔。

1965年，林恩将LTV依三个主要经营行业分为三个独立的子公司——LTV航空太空公司、LTV电子公司、LTV阿提克公司，并让它们分别发行股票。LTV母公司占有每个子公司70%至80%的股权，其余的股票则拿到市场上去公开发售。

正如林恩所料，这些股票上市后，与林恩第一次发行的股票一样，在投资者抢购的情况下，三家公司的股价全部剧烈上升，同时带动LTV母公司本身的股价也大幅上升。而此时林恩个人所拥有的LTV股票已达好几十万股，加上还有许多认股权证，因而他的身价也不断升高。有好几次当他礼拜一起床时，发现自己账面上的财富比上周五股市收盘时又增加了一百万美元。然而，林恩仍然没有满足，更精彩的好戏还在后头——这就是，吞并威尔逊公司的壮举。

威尔逊是个庞大的老公司，而且也是个集团公司，但经营作风比较保守。它主要经营肉类包装、运动器材和药品三个行业，每年营业额达10亿美元，为LTV的两倍。然而野心勃勃的林恩竟想吞下它，真让人觉得是贪心不足蛇吞象。但他还是又一次得手了，用什么方法呢？当然还是借用别人的钱。

威尔逊公司是一家所谓的低值公司，就是说，与相同行业、相同盈利额的其他公司相比，它的股价偏低了些，主要原因是威尔逊公司不爱做广告，也不在股市上哄抬自己的股价，因而投资者对它不太注意。因此，林恩只要用8000万美元就可以买到足以控制该公司的股权。他的整个吞并过程可分为以下的“三部曲”：

①首先是以正在上涨中的LTV股票作抵押，从银行借到8000万美元的巨款。

②然后用这笔贷款买下威尔公司的股票，威尔逊就此成为LTV的一部分。

③但与此同时，LTV公司也背上了8000万美元的负债，如何了却这笔债务呢？林恩解决这个难题的办法，若在今天可能已是很平常了，但在当时据说是让整个华

尔街都惊得透不过气来。这是他借用别人的钱来为自己谋利的最美妙的一招，可谓精彩绝伦。

他的办法是，把大部分的欠债转移到威尔逊公司的账上。然后又故技重演，将威尔逊公司分成三个子公司——肉类加工公司、运动器材公司、制药公司，再让每一家子公司都独立发行自己的股票。这三家新公司的大部分股权属于 LTV 所有，其余的向社会大众发售，发售新股所收到的股金，正好可偿付从银行贷来的那笔巨款！

吉姆斯·林恩就是这样，几乎不花自己的一分钱，就吞并了一家庞大的公司，完成了蛇吞象的壮举。这种做法正是借刀杀人计策在股市中的巧妙应用，他先是借用银行贷款这把“刀”，把威尔逊公司这个“敌人”给俘虏了；然后又借用社会公众的钱——另一把“刀”，将银行债务这又一个“敌人”给消灭了，自己却不损一根毫毛，真叫人不能不叹为观止。

吉姆斯·林恩从 10 多岁时的流浪汉，成长为 40 多岁时的金融奇才。

后来，由于投资大众知道威尔逊公司已被林恩收购，就争先抢入威尔逊三家子公司的股票，这使得这些股票的价格节节上升，三个子公司的市值总和差不多升为原来的威尔逊母公司的两倍。同时，既然 LTV 拥有这三家公司 75% 以上的股权，LTV 本身的股票自然也随之增值了，一直上升到每股 135 元，LTV 成为当时美国的十大公司之一。林恩在 1968 年最红的时候身价高达一亿美元。

可惜好景不长在，1969 年带来了不景气的经济局面，股票市场随之崩溃，LTV 及所属子公司、孙公司的股票价格都一落千丈，LTV 的股价跌到 10 元以下，林恩那种必须依靠高昂的股价来支撑的“借刀杀人”法也就失灵了。LTV 公司的债务再也无法偿还，而且受经济萧条的影响，公司的业务经营情况也不乐观，林恩借用别人的钱建在半空中的金字塔式统治终于垮了下来，股东们甚至把林恩赶出了 LTV 这家以他名字命名、由他创建起来的公司。

不过，林恩有的是精力和体力，正如人们所形容的，他是个“事业狂”，如同“服用了过量的兴奋剂一样”，他“非常具有竞争性，他是个为了比赛而比赛的人。他似乎从来不喝酒，但有一次他为了跟别人比赛而喝得大醉。他把生意看做一种近身搏斗的竞赛。”所以，林恩脱离了 LTV 公司后，自己又组建了一个新的公司。

运世方略

尤二姐吞金自杀

《红楼梦》中的凤姐是一个聪明能干而又阴毒的女人。为除掉自己的对手尤二姐，她巧妙地运用了借刀杀人之计。

凤姐的丈夫贾琏早就对凤姐感到厌倦了。一方面是因为凤姐没有为他传宗接代，另一方面她近来总是病病歪歪的，引不起他的兴趣。于是，贾琏以先奸后娶的手段收

尤二姐吞金自杀

俏丽的尤二姐做了二房。凤姐很宽容地将住在外边的尤二姐请进荣国府，表面上对尤二姐十分亲热体贴。实际上，凤姐单等有利时机给尤二姐一些颜色看看。

机会终于来了。贾琏外出归来，其父贾赦赏给他一个17岁的女孩秋桐。贾琏没日没夜地和这个年轻的小妾厮磨在一起。对这个秋桐，凤姐自然也是切齿痛恨。不过，为了除掉尤二姐，凤姐先要把秋桐当成一把刀来使用。一旦借助秋桐除掉尤二姐，再解决这个小丫头则易如反掌。

凤姐开始调唆秋桐去和尤二姐作对："你年轻不知事。她现在是二房奶奶，你爷心坎上的人。我还让她三分，你去硬碰她，岂不是自寻其死？"

这哪里是劝，明明是引风拨火。秋桐听后，越发恼了，口里骂道："奶奶是软弱人，那等贤惠，我做不来！奶奶素日的威风怎么都没了？奶奶宽宏大量，我却眼里揉不下沙子。让我和这娼妇做一回，她才知道呢！"秋桐说话时故意放大嗓门，以便让邻屋的尤二姐听到。气得尤二姐在房里哭泣，饭也不吃，又不敢告诉贾琏。

那尤二姐原是"花为肠肚，雪作肌肤"的人，经秋桐这一气，便恹恹得了一病，四肢懒动，渐次黄瘦下去。夜来合上眼，只做噩梦。尤二姐此时已身怀六甲，贾琏忙命人去请医生。偏偏请来的是个庸医。尤二姐用了他开的药，竟致流产。

凤姐又叫人给尤二姐算命打卦，回来的人说这是"属兔的阴人冲犯了"，而秋桐正是属兔的。凤姐劝秋桐说："你暂且别处躲几日再来。"秋桐气得哭骂道："理那起饿不死的杂种，混嚼舌根！我和她'井水不犯河水'，怎么就冲了她？好个'爱八哥儿'！在外头什么人不见？偏来了就冲了！我还要问问她呢！到底是那里来的孩子？她不过哄我们那个棉花耳朵的爷罢了，纵有孩子，也不知张姓王姓的！奶奶希罕那杂种羔子，我不喜欢！谁不会养？一年半载养一个，倒还是一点掺杂没有的呢！"

尤二姐听了这话，只觉得天旋地转。入夜，尤二姐独坐床边，感到世间人情淡漠，无可留恋，不如以死了却这无尽的烦恼与痛苦。尤二姐打开箱子，找出一块生金吞下，结束了自己年轻的生命。

而秋桐因气死了尤二姐，不免让贾琏生厌。虽然她死乞白赖地求邢夫人，勉强留了下来，但终归让贾琏不冷不热地丢在一边。

毫无疑问，这场斗争的真正的胜利者是凤姐。

三十两金子一封信除一名叛徒

春秋末期，周已分裂为二国，虽然是由一国分为二，彼此相邻，但常常互相攻伐，谁对谁也看不顺眼，彼此水火不容。

西周有一位大夫叫昌，他突然投降到东周去，而且将西周的国家大事和军事秘密告诉了东周君，东周君非常高兴，对他非常客气，供以锦衣玉食。西周君知道了这事，觉得他将自己国内的机密大事泄露给东周，对本国很不利，万分愤怒，想将他杀了，以发泄心中怨气，却又不知如何下手。

西周另一位大夫冯旦，听到了君王要杀昌，却苦无良策的消息，便告诉西周君说："我有个办法能杀死昌，但是我需要三十两黄金才可以。"西周君听了很高兴，便叫人立即取三十两黄金给他。

冯旦派人拿这些金子和一封信，秘密前往东周去找昌。信上写着："昌敬启：事情若有成功的希望，就勉强去完成好了；如果真的没有任何希望，就赶快逃回来！事情若拖得太久，容易露出破绽，如此一来你是自寻死路，切记!"

冯旦在派这个持三十两金子前去送信的人以前，就已先派另一个人，跑去告诉东周守城门的一位官员说："今天晚上，可能有奸细会混入城内，要多加注意。"东周守城门官员，果然很严密地搜查每一个进城的人，一下子就抓到了冯旦派去送信的人，连同信和三十两金子，报告给东周君，东周君以为昌是西周派来的间谍，昌有口难辩，就被杀了。

西周君听到昌已被诛死，十分高兴，觉得用三十两金子和一封信，买到一个叛国贼的生命，很是值得，对冯旦的聪明才智，更是推崇不已，并厚赐奖赏。

蒋恒智破杀人案

唐朝贞观年间，稀州板桥有一个店主，名叫张迪，妻子回娘家去了。有卫三、杨真等三人到店投宿，五更一早走了。那天夜里，有人拿了卫三的刀杀死了张迪，刀仍旧放进鞘中，杨真等人并不知道这件事。天明，店中人追上杨真等人，看到刀上有血痕，便拉去见官，官府把他们监禁起来拷打审讯，杨真等受不了刑罚的痛苦，屈打成招。皇上很怀疑这件事，派御史蒋恒复查。蒋恒命令把店中十五岁以上的人一齐叫来，叫来后又说人数不齐，叫他们暂且回去。只留下一个八十岁的老太婆，到晚上才放走。又命令狱史暗暗跟踪察看，嘱咐说："老太婆出去，必定有一个人与她要说话，要记住他的面貌。"果然，有个人问老太婆说："使君问你些什么事?"如此连续三天，都是这个人前来问话，蒋恒便下令把那人抓来审问，原来，这人与张迪妻子有奸，便杀死张迪。事情确凿，蒋恒把真相上报给皇帝，皇帝降旨赐给蒋恒布帛两百段，并提升他担任侍御史。

第四计　以逸待劳

原文注译

【原文】

困敌之势[1]，不以战。损刚益柔[2]。

【注释】

①势：情势、趋势。这里主要是指的军事态势。

②损刚益柔：语出《易·损·象》："……损刚益柔有时……"。损卦为兑下艮上，是由泰卦乾下坤上变来的。泰卦的九三变为损卦的上九，而泰卦的上六则变为损卦的六三，说明由泰卦变为损卦是损乾益坤、损刚益柔的结果。但这种损刚益柔只要因时也会吉利。

【译文】

迫使敌人处于困难的局面，不一定用直接进攻的手段（而可采取疲惫、消耗敌人的手段）。这是从《周易》损卦彖辞中"损刚益柔有时"一语中悟出的道理。

按语注译

【按语】

此即致敌之法也[1]。兵书云："凡先处战地而待敌者佚[2]，后处战地而趋战者劳[3]。故善战者，致人而不致于人[4]。"（《孙子兵法·虚实篇》）兵书论敌，此为论势，则其旨非择地以待敌，而在以简驭繁，以不变应变，以小变应大变，以不动应动，以小动应大动，以枢应环[5]也。如管仲寓军令于内政，实而备之[6]（《史记》卷六二《管晏列传》）孙膑于马陵道伏击庞涓[7]（《史记》卷六五《孙子吴起列传》，李牧守雁门，久而不战，而实备之，战而大破匈奴[8]（《史记》卷八一《廉颇蔺相如列传》）。

【注释】

①致敌之法：致，招引，引申为调动。致敌，即调动敌人。

②佚：同逸，安闲。指从容休整，养精蓄锐。

③劳：疲劳。

④致人不致于人：调动敌人而不被敌人所调动。

⑤以枢应环：枢，枢纽，引申为事物的关键。环：圆形之物。大意指把握事物的关键，从容应付周围事物的变化。所以，《庄子·齐物论》说："枢，始得其环中，以应无穷。"

⑥实而备之：实，充实，坚实。备：准备。

⑦马陵道伏击庞涓：马陵，今山东范县西南。周显王二十七年（公元前342），魏国联合赵国攻打韩国。韩国忙向齐国求救，齐威王任命田忌为将，孙膑为军师，率军直逼魏国国都大梁（今河南省开封市西北），迫使魏军弃韩自救。孙膑用退兵减灶的计谋，在道路狭窄，地势险要的马陵道设埋伏，一举歼灭魏军追兵。魏将庞涓知败局已定，愧愤自杀。

孙膑于马陵道射死庞涓

⑧李牧守雁门……大破匈奴：李牧为赵国良将，驻守在代地的雁门（今山西代县），防御匈奴入侵。他一面照顾士兵，加强训练，养精蓄锐，一面注意保持实力，不与匈奴发生正面冲突，使匈奴产生李牧怯弱的错觉。两军相峙几年，匈奴未得利，赵国士兵也以为李牧惧敌，纷纷要求与匈奴决一死战，士气高昂。在匈奴对李牧完全放松警惕的情况下，李牧挑选战车1300乘，骑兵15000人，勇士50000人，善射的弓箭手10万人，做好战斗准备，诱敌深入，巧布奇阵，从左右包抄敌人，斩杀匈奴骑兵10余万，重创敌人，使赵国北方边境10余年得到安宁。

【译文】

这是调动敌人的计策。兵书上说："凡是先进入战地等待敌人，就会显得安逸；后进入战地仓促应战，就会处于疲劳奔命的被动局面。所以，善于用兵的人，总是能调动敌人而不被敌人牵着鼻子走。"（见《孙子兵法·虚实篇》）兵书上是讨论作战，这里主要是讨论（政治斗争）态势。其主旨主要不在于选择有利地形以待机歼敌，而是（强调）以简单驭繁杂，以不变应付万变，以小变应付大变，以静制动，以小的动作应付大的动作，以抓住关键应付周围各种环境和事变的各个环节。像管仲将军令寓于内政事务之中，以扎扎实实加强战备（见《史记》卷六二《管晏列传》）；孙膑在马陵道伏击庞涓（见《史记》卷六五《孙子吴起列传》）；以及李牧坚守雁门，久不出击，只是不断充实、装备自己，最终大破了匈奴（见

《史记》卷八一《廉颇蔺相如列传》）等。

传世典故

以逸待劳：逸：安闲；劳：疲劳；待：等待、等候。指养精蓄锐，痛击远来进犯的疲惫之敌。

以逸待劳，语出于《孙子兵法·军争篇》：“故三军可夺气，将军可夺心。是故朝气锐，昼气惰，暮气归。故善用兵者，避其锐气，击其惰归，此治气者也。以治待乱，以静待哗，此治心者也。以近待远，以佚（同逸）待劳，以饱待饥，此治力者也。”又，《孙子兵法·虚实篇》：“凡先处战地而待敌者佚（同逸），后处战地而趋战者劳，故善战者，致人而不致于人。”原意是说，凡是先到战场而等待敌人的，就从容、主动，后到达战场的只能仓促应战，一定会疲劳、被动。所以，善于指挥作战的人，总是调动敌人，而决不会被敌人调动。

战国末期，秦国少年将军李信率二十万军队攻打楚国，开始时，秦军连克数城，锐不可当。不久，李信中了楚将项燕伏兵之计，丢盔弃甲，狼狈而逃，秦军损失数万。后来，秦王又起用已告老还乡的王翦。王翦率领六十万军队，陈兵于楚国边境。楚军立即发重兵抗敌。老将王翦毫无进攻之意，只是专心修筑城池，摆出一派坚壁固守的姿态。两军对垒，战争一触即发。楚军急于击退秦军，相持年余。王翦在军中鼓励将士养精蓄锐，吃饱喝足，休养生息。秦军将士人人身强力壮，精力充沛，平时操练，技艺精进，王翦心中十分高兴。一年后，楚军绷紧的弦早已松懈，将士已无斗志，认为秦军的确防守自保，于是决定东撤。王翦见时机已到，下令追击正在撤退的楚军。秦军将士人人如猛虎下山，只杀得楚军溃不成军。秦军乘胜追击，势不可当。公元前223年，秦灭楚。

论兵法王翦代李信

用计锦囊

在敌人气势正盛，或自己已经占据十分有利地形的情况下，为了避开敌人的锋芒，增强自己的力量，为了审时度势，寻找战机，首先主动采取守势，一边积极防御，一边养精蓄锐，并因势利导地控制敌人，调动其在预设的战场上四处奔命，待敌人疲惫不堪、锐气削减、敌我态势发生变化时，再后发制人，一举破敌。

本计的特点是，强调把握战场的主动权，以引诱敌人，“调动”敌人，疲劳敌人，然后捉住战机，克敌制胜。按“损”卦的说法，就是：以静制动，“损刚益柔”。

以逸待劳之计有四个含义：

1. 养精蓄锐：凡要攻击敌人，自己首先要有足够的力量，在自己的力量尚不足以击败敌人时，避免过早地同敌人直接交战，而应主动退守，抓紧时机，扩充力量，使我由弱变强。

2. 疲劳敌人。在敌人力量比较强大，气势比较凶猛之时，为了减少不必要的牺牲，而采取调动敌人四处奔命的方法，使其体力疲惫，士气低落，进而削弱其力量。

3. 以守为攻。有时防守是为了准备更大的进攻，有时防守本身就是一种特殊的进攻方式，这时的“不战”便是战，战便是不战。所谓“此时无声胜有声”。在特殊情况下，积极主动自守的不战策略，对敌人力量的消耗，斗志的消磨，甚至比刀枪相拼的效果更好。

4. 等待时机。时机不成熟时要善于等待时机，可以采取退避三舍、虚于应付、慢火煎鱼、故意拖延等办法与敌人巧妙周旋，时机一到，转守为攻，一鼓作气消灭敌人。时机不成熟不动如山岳，时机一到动如脱兔。

对以逸待劳之计应采取如下防范对策：

（1）先处阵地。《孙子兵法》中说：“凡先处战地而待敌者佚”，及早进入战地，就有充分的时间进行休整，进行战前准备，就能全面熟悉环境就能掌握战争的主动权，所谓“先下手为强，后下手遭殃”。

（2）以简驭繁。舍去枝叶，留其主干；舍掉不必要的行动，加强关键的程序；控制多余的消耗，把好钢用在刀刃上；以精干灵活的机动部队与庞大拖累的部队进行周旋。提纲挈领，纲举目张。

（3）以静应动。以不变应变，以不动应动。“任凭风浪起，稳坐钓鱼船”。如果随波逐浪，那么浪不止，人不停，就会穷于应付，终至困顿。只有静静地垂钓岸边，才能待得鱼儿上钩。

（4）以枢应环。枢就是门轴，门轴的转动带动门扇的转动。其特点就是以小动制大动，以小变应大变。门扇由闭而开，门轴只是微微地转动一下，但仍在原地不动。同样，我们若以小动，小变来应付敌人的大动、大变，我们就会相对地付出较少的代价，换取敌人较大的代价。

（5）暗中蓄锐。待敌人疲劳的过程中，除了敌人被削弱，而使自己的力量相对增强之外，还要积极利用这个时机，暗中养精蓄锐，才能使自己的力量有绝对的增强。

计谋典范

战场逐鹿

晋军殽山败秦兵

春秋时期，秦穆公不顾上大夫蹇叔和老臣百里奚的再三劝告，不远千里去进攻晋国东面的郑国。这一次东征，秦穆公派百里奚的儿子孟明视、蹇叔的儿子西乞术和白乙丙三人为将。出发前，蹇叔哭着告诫儿子："我看着你们出发，再也看不到你们回来了。这次远征，晋国人一定在殽山截杀你们。殽山有两座山，那南边的山是夏帝皋的坟墓；那北边的山，是周文王避风雨的地方。你一定死在这中间，我到那里收你的尸骨吧。"

弦高假命犒秦军

孟明视率秦军进入滑国地界向郑国疾进，忽然有人拦住去路，说他是郑国派来的使者，要见秦军主将。孟明视大惊失色，连忙接见"使者"。"使者"说："我叫弦高，我们的国君听说三位将军要到郑国来，特派我送上四张熟牛皮和十二头肥牛来犒赏贵军将士。"说罢献上熟牛皮和肥牛。

孟明视原来打算去偷袭郑国，现在一听郑国已知道了他们来袭击的消息，只好收下牛皮和肥牛，敷衍了弦高几句，灭掉滑国，班师回国。

其实，弦高不过是个牛贩子，他在滑国遇到孟明视，发现秦军的企图纯属偶然。弦高用计骗得孟明视相信后，连夜派人回郑国报告消息去了。

晋国得知秦军远袭郑国的消息，十分愤怒。如今见秦军无功而返，果然不愿意错过消灭秦军生力军的机会，在东殽山、西殽山之间和殽陵关裂谷两侧的高地设下埋伏，专等秦军进入“口袋”。

627年4月13日，疲惫不堪的秦军从滑国返归本国，抵达殽山。殽山地形险恶，山路崎岖狭窄，特别是东、西殽山之间，人走都很吃力，车马行进更是难上加难。西乞术望着险峻的山岭，不安地对孟明视说：“临出发时，父亲再三警告我，过山要小心，说晋人肯定会在这里设下埋伏，消灭我们。我们的队伍拉得太长，再不收拢一些，就很危险了！”孟明视叹道：“我何尝不想这样做？只是道路太窄，做不到啊！”

孟明视率领部队小心地进入山谷，突然，金鼓齐鸣，一支强悍的异族部队率先杀出——原来，这是晋国南部羌戎的兵马，羌戎是晋国的附庸，一直听从晋国的调遣。随后，在晋襄公的亲自指挥下，晋军大将先轸率晋军一拥而出，以排山倒海之势将秦军分割、包围、消灭，孟明视、白乙丙、西乞术三人都成了晋军的俘虏。

李牧奇兵退匈奴

春秋战国时期，位于中国北方蒙古高原的匈奴族逐渐强大起来。匈奴部族也有悠久的历史。在商代，中原人称之为“鬼方”；西周时期又称为猃狁，至战国时期始称匈奴。匈奴实际上是蒙古高原许多个部族的总称。他们都是游牧民族，惯于骑马，逐水草放牧牛羊。男子从小骑羊持弓射猎兔、鹿，长大则骑马。当时的匈奴部族还处于奴隶制初期，习惯于从别的部族抢掠财物。急则上马冲杀，成年男子皆为战士；败则溃散而逃，丝毫不以为耻。而进退神速，来去如风，给中原北方秦、赵、燕等诸侯国造成很大威胁。赵武灵王胡服骑射，仿照胡人习俗，组建起强大的骑兵部队，转而用之进攻匈奴分支之一的林胡等部，开地千里，收到了很好的效果。到战国末年，各胡人部落在匈奴的旗帜下逐渐统一起来，形成一支巨大的力量，严重威胁赵、秦、燕等国北方边境的安全。因此，这三个诸侯国在北方各自修筑长城的同时，又都驻扎有大量的防御部队，以抵御匈奴族的入侵。同时，也出现了一些抗匈奴的名将。赵国的李牧便是其中最有名的一位。

李牧前半生的生平，由于缺乏史料，无法知道。我们只知道他是赵国北方边境的名将，曾经在赵国的代郡（治今河北蔚县西南）和雁门郡（治今山西右玉南）一带防御匈奴。因匈奴兵皆为骑兵，来去如风，不易捕捉战机，必须一战得胜，才能赢得战场上的主动权。否则便会东追西挡，疲于奔命。为达此目的，李牧首先致力于团结将士，使上下齐心协力。他根据边境的实际情况设置官吏，

李牧纵牧图。李牧，战国时期赵国名将。

开辟商业市场，然后把从市场上征收来的租税都输入幕府，作为军费开支，每天都买些牛来杀掉，犒劳士兵。平日加紧督促士兵练习骑马射箭，提高战斗能力。在边防线上则命令军兵提高警惕，完善烽火等报警设施，并派出许多间谍侦探匈奴人的动向。但李牧却不准士兵出去和匈奴人交战，并向全军下令："如果匈奴兵来侵扰，立即收拾畜产、驱赶牛羊入城自保。谁敢出去抓匈奴者斩！"匈奴兵一进入赵国边地，赵军立即点燃烽火，入城据守，拒不出战。这样过了几年，赵国方面也并没有什么损失。匈奴人都认为李牧是个胆小鬼。就连赵国的边防士兵，也都这样看待李牧。为此，赵王派使者斥责李牧，李牧却不听命令，依然故我。赵王见李牧如此，十分恼怒，便撤了李牧的职，改派他人指挥边防。在以后的一年多时间里，赵军屡次出战，却往往战败，死伤了不少人马，边郡地区也不能正常地耕田放牧。赵王不得已，又请李牧出任边将，李牧却紧闭家门，称病不出。赵王大急，强行请李牧出任，李牧说："如果一定要用我为将，一定要照我说的办，我才敢奉命。"赵王答应了李牧的要求。李牧到边郡后，还采取以前的办法，匈奴连续几年里都没有抢到什么，却始终认定李牧胆怯。李牧又经常赏赐将士。赏赐多了，将士们无功受禄，于心不安，不愿意再接受赏赐，而都愿意和匈奴人大战一场。李牧见将士们士气已经养成，便从边防军中挑出一千三百辆战车，一万三千名精锐骑兵，能擒敌杀将的精锐步兵五万人，善射的弓箭兵十万人，把他们全部调集在一起，准备作战。然后，李牧下令大开城门，将牛羊都驱赶到田野里。一时间，牧畜、人民，布满山野。匈奴人闻讯后，立即前来抢掠。赵军佯装不胜，让匈奴人俘去数十人。匈奴单于见赵军不过如此，便率领大军进入边塞，想大捞一把。李牧见匈奴兵来到，便布下奇阵，命中军诱敌，左、右两军从侧翼包抄进击，形成包围，大败匈奴人，杀匈奴兵十多万人。之后，李牧率军乘胜消灭了檐褴部落，击破了东胡，并迫使林胡投降赵国。匈奴单于被打得抱头鼠窜，十几年都不敢靠近赵国边境。

周亚夫逸兵平叛贼

公元前154年，以吴王刘濞为首爆发了“七国之乱”。汉景帝拜周亚夫为太尉，命其率军迎击叛军。

周亚夫统军后，稍事修整，立刻秘密出击，大军经蓝田、出武关，直抵洛阳，然后攻入荥阳的武库，行动迅速而隐蔽，犹如神兵天降般出现在前线，使叛军大感震惊。

周亚夫知道自己虽然师出有名，但兵力寡弱，与叛军硬拼难以取胜，于是决定聚兵河防，长期坚守，待挫敌锐气后再作打算。

此时，吴楚叛军正在猛攻梁国，梁国危在旦夕，梁王数次派使者到周亚夫处请求援兵，周亚夫都假作不理地拒绝了。在拒不出兵的同时，为了寻求更好的决战姿态，周亚夫派出一支轻骑兵，直趋东北，占领了昌邑，然后筑起又一道防线，加强了防御的纵深。以利于长期坚守。

梁孝王多次向周亚夫求救不成，恼羞成怒，转而上书景帝，请景帝下圣旨逼迫周亚夫离开现在的防御阵地，前去解梁国之围。汉景帝碍于亲兄弟的情分，不得已，只好下旨，令周亚夫迅速发兵前去解梁国之围。

汉景帝的使者来到周亚夫的兵营后，高声宣读了圣旨，然而周亚夫只是将圣旨接下，丝毫没有发兵救援的意思。使者气恼地质问道：“周亚夫，你敢抗旨吗?”

周亚夫恭谨地答：“不敢。”

“那你为什么还不赶快发兵救梁呢?”

周亚夫从容不迫地说：“陛下命我率军抗敌，给我的是指挥权，而军队如何调配，则应视战场上的具体情况来决定。梁国所处的危急情况我是知道的，梁国尚有五万守军。粮草也充足，不出大错，应该再坚守十日。我大军虽然士气高昂，但远道而来，军力疲惫，且敌军强大，不宜决战，故此先行休整，待寻得良机后，再行出击。”

使者不满地说：“难道圣命你

周亚夫

都可以置之不理吗？”

周亚夫决然地说：“将在外，君命有所不受。请圣上明鉴。”

使者见周亚夫死不出兵，只好回去复命了。

周亚夫拒不出兵的消息很快传遍了上下的军士，也传到了吴楚叛军将领的耳中。叛军将领以为周亚夫怕死惧战，于是便不再对他严加监视，而是放心地猛攻起梁国来。

周亚夫乘叛军疏于防范的当儿，调动一队精兵切断了叛军的粮道，焚烧了叛军的粮秣。吴楚叛军失去了粮草，这才心中恐慌，感到了周亚夫统军的厉害。叛军失去了粮草，不能持久，自度只能速战速决，于是便掉回头来，摆开阵势，要与周亚夫的军队决一死战。

此时，周亚夫已经数次调动了敌人，赢得了战争的主动权。并深知此时叛军是狗急跳墙作困兽之斗。于是坚持不与交锋，避不出战。数日之后，使得吴楚叛军欲战不能，欲走不甘。周亚夫便巧妙地利用敌军粮草短缺，军心不稳的弱点，多次派出轻骑兵于夜间对叛军进行袭扰，从而使得叛军士气低落，斗志尽丧。

周亚夫见决战的时机已到，却仍然避不出战，而是使自己的部队假造成编制混乱，防御松弛的假象，引诱叛军主动进攻。吴楚叛军的统帅早就急于进攻，但一直苦于没有机会，现在忽然看到机会来了，于是便整顿军马，乘夜间杀了过来，企图一举奠定胜局。

周亚夫知道自己的大营原本设在营西北，而叛军却虚张声势地向营东南进攻，肯定是声东击西之计，于是便不动声色地将精兵埋伏在营西北，而以老弱病残在营东南烟尘滚滚，两军将士都在进行全力搏杀，以为周亚夫中计，于是突出奇兵，杀往中军大营里来，谁想，叛军的行踪犹如飞蛾投火，被周亚夫的伏兵候个正着，一时间万箭齐发，杀声四起，叛军立刻陷入重围。

叛军原本斗志已丧，再加上粮草不足，浑身乏力，如今又陷重围，根本无心恋战，只想夺路突围。于是各自求生，队形大乱，有的在阵内互相残杀起来。经一夜激战，吴楚叛军遭受到毁灭性的重创，吴王刘濞见大势已去，只好拔剑自杀了。

梁国之围遂解。

战淝水苻坚受挫

东晋时，长安之秦王苻坚于统一北方之后，又采取大规模的军事行动，向晋国进攻。以苻融为统帅，指挥九十万大军，从四面八方直逼建业（今之南京），声势浩大，苻坚曾扬言说过“投鞭足以断流”。

偏安于江南的晋孝武帝，为抵抗进犯的秦兵，乃拜谢安为征讨大都督，谢玄为前锋都督，军队合计起来只得八万人。

谢玄授命之后，以敌我兵力过于悬殊，便亲身去见大都督谢安请示军机，谢安只淡淡说几句：“不必谈了，皇上自然有指示！”谢玄只好退出，再派部将张玄去请示。张玄一进门，谢安即邀他到山上的别墅去下棋，一直下到晚上才送行，半句军情都没有说。

镇守西都的江州刺史中郎将桓冲，亦担心强大的秦军压境，无法抗拒，要派三千兵马回京都防卫，谢安又拒绝了，说留此三千人马防备西境敌人。

敌军开始在各地进攻了，寿阳、陨城等要地相继失陷，赴援前线的胡彬将军，听见寿阳已陷了，只好退守于第二线在峡石一带布防。

另外，秦国的卫将军梁成等也有五万兵驻扎在洛涧地方，蠢蠢欲动，谢安和谢玄知道了，便在离洛涧二十五里路的地方下营防备。不巧得很，驻峡石之胡彬派人到谢安那里要求粮草，这位使者被苻融的部将捉获了，问清楚晋军的实力，知道晋军不过八万人，满心欢喜，即刻通知在项城的秦王苻坚，请来寿阳，研究总进攻计划。

苻坚到了寿阳，军事会议结果，实行向晋军招降，乃派原是晋国官员被掳之梁州刺史朱序做说客。

草木皆兵图。《晋书·苻坚载记》："坚与苻融登城而望王师，见部阵齐整，将士精锐；又北望八公山上草木皆类人形，顾谓融曰：'此亦劲敌也，何谓少乎？'怃然有惧色。"

朱序见了谢安及各将领，道及来意及自己愿为内应的意图，并透露秦军形势："秦军先锋梁成，乃一名有勇无谋之辈，现扎驻洛涧，攻之甚易，且亦是时候，若到了百万大军到齐的话，就难抵抗了，不如趁大军还未聚合，迅速集中力量消灭了梁成，挫其锐气，继续进击则破秦必矣。"

此进军计划经过审慎考虑，谢安即派将军刘牢之挥军五千渡水进袭洛涧，三两个回合便斩却梁成，秦军无主，全部崩溃。此战一胜，晋军士气大振，立即挥军分水陆两路向寿阳进发，屯军于淝水一带。

一晚，谢安召其侄子谢玄入见，说秦王新败，未敢轻进，想退兵又怕人耻笑，正在彷徨抉择之时，你可急攻，我要回京都，以安主上之心，以此进攻，谅朱序一定会作内应，乃稳操胜券。

此时，秦王苻坚把大军沿淝水北岸，列下阵势，晋兵也不能再进一步，形成对峙的胶着状态。

谢玄想引出敌军来打，乃遣一能言善语之军人，在淝水对岸叫敌帅苻融答话：“吾奉都督将令，拜马上将军。你深入我地，进又不进，退又不退，实非决胜负之计。有种的要决一雌雄，如够胆有决心的话，可退一箭之地，让我军渡江应战，何必旷持日久，自老其师，光废粮草呢?”

苻融把这些话告诉苻坚，认为我众彼寡，即使退兵亦无大碍，且可以乘其渡江之时，拦腰截击，便下令退兵十里。谢玄见其阵脚一乱，迅速下令分两路半夜渡江，乘风势烧敌营。秦兵一见，大起恐慌，便各自逃生，在敌阵之朱序，亦煽动一些原是晋国降兵，高声狂叫：“秦兵打败了，快快逃命吧!”后面的兵士拼命逃，前面的兵士也跟着拼命跑，整个阵势大乱。晋军猛烈追杀，秦军全部崩溃，九十万大军，一晚之间损失十分之七八。

晋国转危为安，苻坚的一世之雄，经此淝水一役，英名尽丧，没过几年，终被瓜分其国。

李文忠劳敌之术

洪武二年（1369 年）春，征虏副将军常遇春偶罹暴疾而亡，明太祖悲痛万分，追封他为开平王。明太祖诏命李文忠袭常遇春之职，发兵攻打庆阳。

明朝开国功臣岐阳王李文忠

李文忠兵至太原，闻报：元将脱列伯围攻大同，大同危在旦夕。李文忠对诸将说道：“将在外，君命有所不受。只要有利于战局，专擅也无妨。今天大同被围，宜速去救援，若禀命而后行，岂不坐失良机?”遂引军出雁门，行至马邑，与元平章刘帖木率领的数千游骑相遇。李文忠指挥部下与敌交战，结果大败元军，擒元将刘帖木。

李文忠率明军进至白杨门，择地安营扎寨。是夜，天降雨雪，满山皆白。李文忠不敢丝毫大意，引亲兵在营外巡视，见雪地上似有行人踪迹，立即策马而还，督军前移五里后才阻水立寨。诸将问其故，李文忠说：“以前安营之处是元军伏兵的地方，很危险。今移兵此地，稍觉安全，但须严加防范，警惕元军劫营。”

果然不出所料，脱列伯派兵乘夜劫营，被李文忠部队的炮矢射退。次日天色微明，李文忠秣马厉兵，发两营军士前去挑战。此时折腾一夜的元军正准备埋锅造饭，见明军杀来，也顾不得吃饭，强打精神上马迎战。杀了几个时辰未分胜负，有人屡劝李文忠发兵增援，李文忠泰然自若，并不发兵。待元军战到疲惫不堪之时，李文忠陡然上马，率两路大军左右夹击，如泰山压顶般包抄过来，可怜饥肠辘辘的元军欲战无力，欲逃无路，个个六神无主，惊慌失措。脱列伯见腹背受敌，欲打马逃遁，李文忠赶上一枪刺中其马首，战马负痛跳蹶前蹄，将脱列伯掀于马下，遂被生擒活捉。余众见主帅被俘，纷纷下马乞降，李文忠大获全胜。

《十一家注·李荃》中说："敌逸，我能劳之者，善功也。"李文忠先派小股部队与敌人纠缠，把敌人搞得疲惫不堪，而大部队却以逸待劳，趁机发起猛攻，一举歼灭敌人。

商海弄潮

老福特的"锦囊妙计"

20世纪20年代初，是美国汽车工业全面起飞的时期。以廉价的T型车名扬美国的福特汽车公司却面临一次打击。当时各大汽车公司纷纷推出色彩鲜艳的流线型汽车，满足了消费者的不同喜爱，销路大增。福特汽车公司生产的汽车却仍旧保持传统的黑色和外形，相形之下，显得单调而呆板，销路因而受阻。

面对这些强有力的挑战和危机，一些代理商和公司管理人员不断提出要求生产时髦汽车的建议，福特一概置之不理。

为了应付艰难的局势，福特公司裁减了部分人员，停掉了部分设备，甚至将夜班改为日班，以节约电费。这些措施引起公司内外人心浮动，风言风语。一向了解与支持丈夫的福特夫人也因此大惑不解，对丈夫产生了疑问。

"这是我的'锦囊妙计'，先不告诉你，等办妥了再说。"福特笑着回答夫人。

"但公司里怨声四起，会不会……"

"亲爱的，绝对不会。"福特信心十足地说，"你知道，我们公司的人，我按兵不动，他们一定猜出我另有安排。"

"好吧，我相信你。"深知丈夫倔犟个性的夫人半信半疑地说。

过了一段时间，公司负责生产的主管也按捺不住了。

"请你们放心吧！"福特平静地说，"T型车为我们第一次起飞立下了汗马功劳，在消费者心中早已留下了明确而深刻的印象，我们为什么要舍近求远，用别的花色和外形去混淆他们对福特车的印象呢？你看还能用别的什么办法使我们重占上风呢？"

"嗯，这……除此之外，我还是想不出别的办法。"

"难道把我们的T型喷上花色，跟其他厂牌的流线型相比？"

三十六计之以逸待劳

“说实在的，不管什么颜色，都不能和人家的流线型车相比。”

“既然如此，我们又何必多此一举？”

“至少我们会有新款车种上市，否则外面就会谣传说我们快倒闭了。”

“让他们说好了，谣言越多对我们越有利，我们将一鸣惊人。”福特诡谲地一笑。

“你的意思是，我们公司正在设计一种新型车？我没弄错你的意思吧！”主管听出了福特的弦外之音。

“你错了。新型车不是正在设计，而是已在设计部门定型了。”福特安慰主管，“请原谅，你工作很忙，我不便拿此事来打扰你。”

“没什么。我关心的是，新型车是不是比别人的更新更好看？”

“除此之外，你忘了我们公司经营策略最重要的一点吗？”福特的微笑又神秘起来，“嗯，请告诉我，用废船钢再重炼的工作情况进展如何？”

“已顺利地炼成了各种牌号钢。”主管回答福特后仍紧盯住原来的问题，“但是我认为设计新颖、美观的车型比什么都重要。”

“你应该从价格方面去想。”福特忍不住大笑起来，“我们的新型车一定要比其他厂牌的车都便宜。废船钢重炼的成功，将为我们做到这一点提供有力的保证。”

这是老福特一生中最得意的杰作之一，购买废船拆卸后，将废船钢重炼汽车用钢材，此一创举大大降低了以钢材为主要原料的汽车成本，为即将推出的A型车奠定了胜利的基础。

“对！我们的T型车不也是以价廉物美取胜的吗？”主管也兴奋起来。

“让别人去为颜色、外形绞尽脑汁吧，让他们认为这样就可以打垮我们吧，我们的A型车将和T型车一样，会再把他们远远地抛在后面！”

1927年年底，色彩华丽、典雅轻便、尤其是价格低廉的A型车上市了。A型车是以T型车为基础改进而成的，轻便大方、古朴典雅，使人感到既新颖又熟悉。不但追求时髦的年轻人喜欢，酷爱T型车的老顾客也能接受。高达六十里的时速、低廉的价格更增添了巨大的吸引力。

A型车的上市，就如同老福特的预料一样，造成了福特公司业绩上的第二次起飞。

福特公司由于T型车的开发，早已确定了它在美国汽车工业中的地位。这次对各公司以色彩、外形为武器发起的挑战，福特并不直接应战，而是养精蓄锐，扬长避短，抓住品质、价格这两个关键作充分准备，一旦成熟，就使对手们由强转弱，由优变劣了。这就是老福特的“锦囊妙计”——以逸待劳。

土光敏夫的“饭盒作战”

1946年4月，土光敏夫被推举为石川岛芝浦透平公司总经理。当时，日本大战新败，百姓生计窘迫，一日三餐不保，企业的发展更是困难重重，其中最大的困难就是筹措资金。即令是那些著名的大企业，资金也相当紧，更何况芝浦透平这种没有什么背景的小公司，就更没有哪家银行肯痛快地借钱给它了。土光担任总经理不久，生产资金的来源就搁浅了。为了筹措资金，土光不得不每天去走访银行。

一天，土光端着在车站上买的盒饭来到第一银行总行，与营业部部长长谷川重三郎（后升为行长）商议贷款事项。

“今天无论如何都得借，借不到就不回去了。”土光一上来就摆出了不达目的誓不罢休的气势。

“可我的手头没有能借给你的款项呀。”长谷川则装出爱莫能助的无奈之态。双方你来我往，谈了半天也没谈出结果来。

时间过得飞快，一看到疲倦的长谷川有点像要溜走的样子，土光便慢条斯理地拿出了带来的饭盒，说：“让我们边吃边谈吧，谈到天亮也行。”硬是不让长谷川与营业员走开。

对于土光的这个“饭盒作战”，长谷川只好服输，最终借给了他所希望的款项。

后来，为了使政府给机械制造业支付补助金，土光曾以同样的方式向政府开展申诉活动。于是在政府机关集中的霞关一带，就传开了“说客”土光的勇名。

土光的“饭盒作战”策略表面上似有点软磨硬泡的无理性，实际上却以自己的真诚感动了对方，从而达到自己的目的。

运世方略

磨刀不误砍柴工

在很早以前，有个老人，他有俩儿子。大儿子叫阿力，小儿子叫阿智，都老实肯干，老人很满意。可是，他俩谁的心眼儿更活一些呢？老人想考考他俩。

一天，老人从集上买回两把没开刃的镰刀，把两个儿子叫到跟前，说：“今天我买来两把镰刀，让你俩上山去砍柴。各砍各的，到天擦黑回来，看谁砍得多。”

兄弟俩按父亲的吩咐，就各自行动了。

阿力想，要砍得快，砍得多，就得抓紧时间，不怕出力。他拿上崭新的镰刀，找着扁担，提着绳子，急匆匆地上山了。到了山上，他拼命地砍啊、砍啊。可是，因为镰刀太钝，连着砍好几下子，也砍不倒一棵小棘子。不大工夫，累得腰酸胳膊痛。

阿智从父亲手里接过那把乌黑发亮的镰刀，一看刀刃厚厚的，就找了个磨刀石，霍霍地磨起来。不一会儿，刀刃变得闪闪发光，阿智用手指在上面轻轻一刮，十分锋利。然后拿上扁担、绳子上山了。

到了山上，像拇指粗细的荆棘，一砍就断；像胳膊粗细的小树，几下子就能放倒。不大一会儿，阿智砍了两大捆。

太阳渐渐西沉了，阿智挑着沉重的像牛腰粗的两捆柴禾回到家。阿力一直砍到太阳落山，才急急忙忙收拾起来往家赶。

老父亲一看，阿力砍的还不到阿智的一半，就纳闷地问他俩都是怎么砍的。

老父亲听过后，说："无论干什么活，只顾低着头蛮干，费力费时不出活，必须先用心想一想，看怎么干着省力省时又出活。要知道，磨刀不误砍柴工啊!"

机智的法官

有一位王子，听说有一个城市的法官办案很有能力，他就装扮成一个商人，到那个城市去探听探听。

走到半路，被一个枯瘦如柴的乞丐挡住了。那乞丐向王子讨了些钱，还恳求骑上王子的马，一起进城。好心的王子答应了。

他俩骑在一匹马上，乞丐说马是他的，只因为可怜这个走得精疲力竭的买卖人，才让他骑上马来。

他俩争执不下，又没有第三人作证，只好去见法官。

到了法庭，前面还有两个案子，他俩排在后面等候。

一个案子是读书人和一个不识字的阔佬争一个女仆，都说女仆是自己家的。法官说："把女仆留下，你俩明天再来。"

另一个案子是一个卖布人和一个卖油人的事，都说对方抢了自己的钱。法官说："把钱留下，你俩明天再来。"

轮到王子和乞丐了，他俩都说那匹马是自己的。法官还是说："把马留下，你俩明天再来。"

第二天，他们都按时到了法庭。

法官对读书人说："女仆是你的，你把她带走吧。"那个不识字的阔佬挨了五十大板，被轰了出去。接着法官把卖布人传来，说："这钱是你的，那卖油的是个盗贼，将受到惩罚。"

最后，法官问王子和乞丐，能不能在许多匹马中认出自己的马，他俩都说能。法官就把他俩带到一个马棚前。结果，两个人都毫不费劲地从几十匹中认出了那一匹。

可是，法官却对王子说："把马牵走吧，你是真正的主人。"随后把那个乞丐打了五十大板，赶出去。

三起案子，法官判得干净利落。王子很纳闷，便说明了自己的身份，要法官说说，是怎么判断这三起案子的。

原来，第一个案子，法官在判案前，叫那个女仆往一个很脏的瓶子里灌墨水。女仆拿过墨水瓶，先控干净，再去灌，灌得还很熟练利落，这说明平日多次灌过墨水。假如她是不识字的阔佬的女仆，就不是这样了。所以就把女仆判给了那个识字的人。

判那个抢钱的案子。法官是把钱放到水里，第二天清早看看水面上有没有油花。因为打官司时，法官发现卖油人双手沾满了油污，如果钱是他的，上面必然有油迹，经水一泡，就会有油花浮在水面。可是泡了一夜，水面上一丝油迹也没有。法官也就毫不犹豫地把钱判给卖布的人。

判断关于马的案子时，法官估计到两个人都可能认出那匹马来，但他又想，即使都认出来，也能分真假。因为不光人能认识马，马也能认识自己的主人。所以，当王子去马棚时，敏锐的法官发现，那匹马看到王子，又挠蹄子又喷鼻子，显得很亲热的样子。而当乞丐走近那匹马时，那马却无动于衷，只冷冷漠漠地看着别处。这样，法官就清楚地知道，这匹马的真正主人是王子了。

不说话打赢官司

这是一则古老的英国民间故事：

一天，一个穷人骑马到外地去，到了中午，他把马拴在一棵树上，然后，坐到一边去吃饭。这时候，一个有钱有势的人也骑马来到这里，并把马也拴在那棵树上。

穷人吃了一惊，说："请不要把马拴在那里，我的马还没驯服好呢，它会踢死你的马！"

有钱有势的人回答："我想拴在哪里，就拴在哪里，用不着你一个乡巴佬来教训我！"拴好马后，他也坐下来吃饭。

过了一会儿，真如穷人所警告的那样，两匹马互相踢咬起来，不待它们的主人跑上前，野性未驯的穷人的马已把对方的马踢死了。有钱有势的人勃然大怒，扯住穷人，把穷人带到法官那里，让穷人赔他的马。

法官问穷人："你的马是怎样踢死他的马的！"

穷人心想："他是有钱人，跟他争辩也说不清楚，不如先不说话，且看看他怎么说。"于是一言不发。

法官又问："你的马真的踢死了他的马吗？"

穷人还是闭口不言。

法官一连串提出了许多问题，穷人就是不开口说话。

法官对有钱有势的人说："看看，他是个哑巴，不会说话，怎么办呢?"

有钱有势的人急了："他不是哑巴！刚才见到他时，他还说话了呢。"

法官问："他说什么了?"

有钱有势的人说："他说：'请不要把马拴在那里，我的马还没驯好呢，它会踢死你的马！'"

法官皱起眉头，说："这么看来，过错不在于他了。他已在事先警告过你，因此，他不应该赔偿你的马。"

有钱有势的人只好自认晦气。

法官又问穷人："你为什么不回答我的问话呢?"

穷人回答道："尊敬的法官先生，我是个穷人，一时间又找不到很好的话来为自己辩护。我想，还是由他自己来说吧——现在，他不是把问题说得很清楚了吗?"

穷人就这样，用以逸待劳的策略打赢了官司。

胸口割肉

在威尼斯城，安东尼奥和夏洛克是死对头。夏洛克靠放债勒索钱财，发家致富。许多人因还不清他的债，被逼得走投无路，家破人亡。安东尼奥虽然是个富商，拥有几十只商船，却仗义疏财，常常帮助那些人摆脱困境，并当面骂夏洛克是条恶狗。为此，夏洛克恨得咬牙切齿，一心想要安东尼奥的命。

安东尼奥偏偏又主动找到夏洛克，借了三千块钱，写下了一张世上罕见的借约。借约上说，如果三个月还不清借债，夏洛克就在安东尼奥的胸口上割下一磅肉。

故事也就从这里开始了。

安东尼奥为什么要向自己的仇敌借钱呢?

原来，他最亲密的朋友巴萨尼奥向美丽聪明的小姐鲍西娅求婚，需要一笔款，就找到了他。

安东尼奥打心眼里愿意帮忙，只是一时拿不出钱来。因为他的商船都到海外运货去了，得等船回来才行。

为了不耽误朋友的终身大事，热心的安东尼奥亲自跑了几家借钱，结果都没借着。最后只好硬着头皮去求夏洛克。

巴萨尼奥坚决反对这样做。安东尼奥却满有把握地说："怕什么？夏洛克要签那么个借约，无非是想寻找报复的机会，要我的命，请放心，我决不会受罚的，只要两个月我就有九倍于这笔借款的数目到手了。"

万万没有料到，借约规定的日期已到，安东尼奥的船不仅没有一只归来，还传来最坏的消息，说是几只船被风暴打得沉入海底。

夏洛克高兴地连声说："好消息！好消息！我要照约办事，让他尝尝我的厉害！"

安东尼奥知道夏洛克是会下毒手的。就写信告诉正在外地结婚的巴萨尼奥和鲍西娅小姐，希望能在死前见一面。

这一天，安东尼奥和夏洛克都到了法庭。审理这个案子的法官不是别人，正是鲍西娅小姐。不过她已女扮男装，没有一个人能认出来。连巴萨尼奥也想不到坐在法庭上的法官是自己刚刚结婚的妻子。她是顶替一个病倒的法学博士来审理此案，救安东尼奥的命的。

开始，鲍西娅小姐劝夏洛克发发慈悲，饶恕安东尼奥这一次。夏洛克却摆出一副维护法律的面孔："我已经发誓！照约执行处罚！"

万分痛心的巴萨尼奥，拿来妻子给的一笔巨款，想加倍偿还夏洛克，换取安东尼奥的生命。夏洛克一口拒绝，高低不依。

鲍西娅小姐说："希望你能从法律的立场上让让步，让安东尼奥出三倍的钱还你，把借约撕掉吧。"

"不行！不行！把整个威尼斯给我，我也不答应。我要的只是胸口上的一磅肉，按照法律，它已经属于我了，我一定要拿到手！"夏洛克恶狠狠地说。心想割肉时，只要我的刀尖稍微一深，我就报复了。

夏洛克的顽固、恶毒，激怒了在场的人，人们大声骂他是"豺狼"，"死了要下地狱"。

夏洛克反而更嚣张地说："我自己做事自己当！我只要求按法律做出最公平的裁判！"

"好吧！那就照约处罚。"鲍西娅小姐神态自若，口气却很强硬，"按照法律，夏洛克有权从安东尼奥的胸口割下一磅肉。请安东尼奥把胸膛袒露出来。"

"对，就在心口附近！"夏洛克的手里拿着一把寒光闪闪的刀子。

"称肉的天平有没有准备好？"

"我已经带来了。"

在场的人痛苦地沉默着。安东尼奥的死期到了。

"安东尼奥身上的一磅肉是你的，法律判给你。"鲍西娅小姐对夏洛克说，"你必须在他胸前割下这磅肉来。"

"公平正直的法官！博学多才的法官！"夏洛克说着站起来，作了割肉的准备。

"可是，"鲍西娅小姐说，"借约上并没有允许你取他的一滴血，只是写明'一磅肉'，所以你可以照约拿一磅肉，在割肉的时候，要是流下一滴血，按照法律，你的财产全部充公，并要抵命！"

"噢——公平正直的法官！博学多才的法官！"人们学着夏洛克的说法，兴奋地欢呼起来。

像一闷雷响在夏洛克头顶上，他一屁股坐在凳子上，手中刀子"当"地掉在地上，半天才说上话来：

"把我的本钱还我，放我回去吧！"

"你已经当庭拒绝了。"鲍西娅小姐说，"除了冒你自己生命危险割下一磅肉以外，你不能拿一个钱！这是按法律做出的最公平的裁判！"

钱迷心窍、阴险毒辣的夏洛克，神志恍惚地走出法庭，边走边喃喃地说："我不打这场官司了，我不打这场官司了。”

彦一智擒持刀贼

在一家旅店里，店主和他的儿子彦一睡得正香，忽然被一阵恶狠狠的声音惊醒。

彦一和父亲赶紧慌慌张张地从被窝里钻出来。定神一看，原来床前站着一个手持钢刀的强盗。那强盗用刀尖指着他们父子俩，低声喝道：“不许喊叫，快把钱交出来，不然要你们的狗命！”

父亲听了，抖成一团，战战兢兢地把手伸向枕头底下，就要给钱，没想到被儿子暗暗抓住了。彦一这边摸摸，那边抓抓，像是在找钱似的。

这时，远处传来一阵“啷啷啷……”的声音，声音由远而近，听得出那是打更的梆子声。

那强盗听见后，显得很着急，不住地催着彦一：“快点找，快点找！”

“哎呀，看不见呀！让我点亮灯再找吧。”彦一央求着。

强盗把钢刀举得高高的，威吓彦一道：“快点，快点！要是弄出一点声音出来，小心我宰了你！”

“啷啷啷……”更夫已经来到了旅店前。彦一这才点亮了灯，从枕头底下掏出钱包。强盗见钱找到了，忙放下钢刀去拿钱。忽然，窗外的更夫大叫：“来人呀，快来抓强盗呀！”

强盗顿时慌了，哪里还顾得拿刀呀，转身夺门就逃。但往哪儿逃呀！更夫这么一喊，整个旅馆的人都惊动了，他们纷纷奔出追堵强盗。一会儿，就把强盗抓住了。

直到这时，彦一的父亲才缓过神来。他迷惑不解地问更夫：“你是怎么知道旅馆里面有强盗的啊？”

更夫正要开口，彦一抢着说话了：“是我故意拖延时间，等更夫叔叔的到来。我把灯点亮后，就把强盗举刀的影子映到窗户上去。更夫叔叔看到后，就叫了起来。”

第五计　趁火打劫

原文注译

【原文】

敌之害大[①]，就势取利，刚决柔也[②]。

【注释】

①敌之害大：害，这里是指遇到严重灾难，处于困难、危险的境地。

②刚决柔也：决，冲开、去掉，这里引申为摈弃、战胜。王夫之《周易内传》卷三说："夫之为言决也，绝而摈之于外，如决水者不停贮之。决而任其所往。"全句意为：乘刚强的优势，坚决果断地战胜柔弱的敌人。

【译文】

敌人的处境艰难，我方正好乘此有利时机出兵，坚决果断地打击敌人，以取得胜利。这是从《周易》夬卦彖辞"刚决柔也"一语中悟出的道理。

按语注译

【按语】

敌害在内，则劫其地；敌害在外，则劫其民；内外交害，则劫其国。如越王乘吴国内蟹稻不遗种[①]，而谋攻之，后卒乘吴北会诸侯于黄池之际[②]，国内空虚，因而梼之[③]，大获全胜（《国语·吴语·越语下》）。

【注释】

①蟹稻不遗种：蟹，螃蟹。种，种子。全句意为：螃蟹和稻谷连种子都没有留下，说明发生大旱灾，处于危急之中。

②乘吴北会诸侯于黄池之际：黄池，中原地名。吴，这里指吴王夫差。全句意为：趁吴王夫差列黄池与诸侯会盟的机会。

③因而梼之：因，凭借。梼，即捣，打击。全句意为：趁此有利时机，打击敌人。

【译文】

敌人国内处境艰难，就乘机占领其土地；敌人受到邻国的侵略，就乘机掠夺其民众；敌人内外交害，就乘机占领其国家。例如，越王勾践乘吴国发生大旱灾、连螃蟹和稻谷的种子都没有的机会策划进攻吴国。后来终于等到吴王夫差率领精锐部队到黄池与诸侯会盟，国内空虚的机会，乘势发起大举进攻，很快灭亡了吴国，取得大生。（见《国语·吴语·越语下》）

传世典故

趁火打劫，趁：乘机。劫：强行抢夺。成语原意是趁别人家里发生火灾，正处于一片混乱时，乘机抢夺人家的东西。比如趁别人危难时刻，从中捞一把或乘机害人。也就是乘敌人有危机而加以攻击的策略。

本计出自《孙子兵法》“乱而取之”的思想。

《西游记》中有个故事是说唐僧——唐玄奘离开大唐国，前往西天去取《大乘真经》，一天晚上，他和大弟子孙悟空来到一座庙中投宿。庙里上下房间七十多间，僧客二百余人，甚是红火。唐僧等入内后，庙中老方丈命人敬茶，闲谈间，得知唐僧有一大唐宝物——袈裟。方丈欲开开眼，请唐僧拿出一见。唐僧恐惹事端，执意不肯拿。孙悟空看不过，耐不住方丈的苦苦恳求，于是把带来的袈裟拿出来向僧人炫耀。就在解包袱时，万道霞光透过两层包袈裟的油纸迸射而出，当悟空抖开袈裟时，只见红光满室，彩气盈庭，瑞气千条，真是件世所罕见的宝贝袈裟呀！

方丈一见，顿生歹念，他当即跪倒在地，眼中含泪，苦苦哀告着对唐僧说：“我年老体弱，老眼昏花，实在无法欣赏宝物，可否拿到后房仔细观赏？”

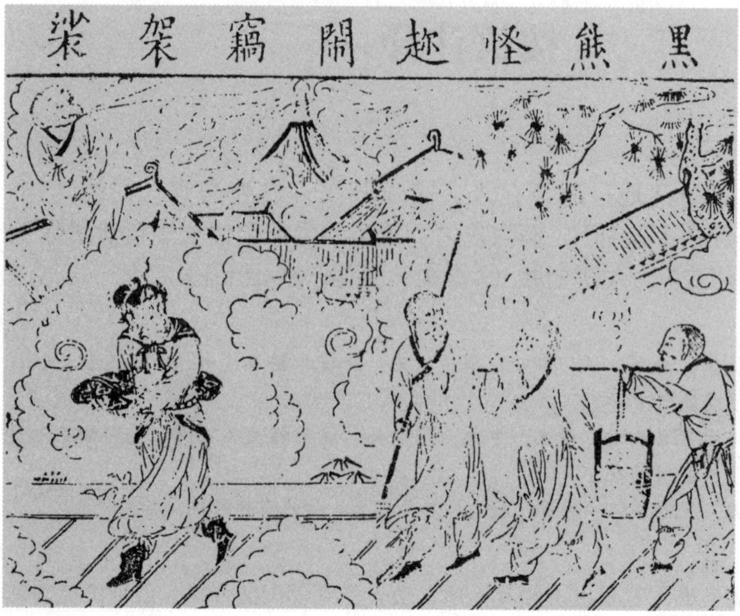

黑熊怪乘火劫袈裟

唐僧一时心软，便允了老方丈的请求。

老方丈将袈裟拿到后房后，越看越爱，越看越想据为己有，于是就和手下的僧人商议怎样才能将袈裟夺取过来，一个名叫广谋的和尚说：“何不放一把火，将禅堂烧掉，好将他们师徒二人烧死。就算他们逃得出来，也说袈裟被大火烧在了里面，谅他们无可奈何，无非给他们些银两了事。”

方丈觉得此计甚妙，于是就将众僧唤来，用柴草把禅堂圈了个密不透风。悟空此时尚未睡着，听见门外声响，便变成一只小蜜蜂飞出禅堂。只见四圈大火突起，放火的和尚还在手执火把得意地狂笑。悟空一怒之下，一个筋斗翻到南天门，向广目王借了“避火罩”，回去罩住了唐僧白马，然后又念了个咒语，一口气吹过去，霎时间狂风大作，火势向四周蔓延开来，愈烧愈旺，把个观音庙烧得通红，唯有唐僧和白马所在的禅堂得以幸免。

在反转扑来的大火面前，众僧侣抱头乱窜，哭天号地，现在成了他们引火烧身，自食其果了。

没想到，螳螂捕蝉，黄雀在后，这场大火惊动了四周山上所有的野兽和鬼怪。风音院正南二十里处有一座山，叫黑风山，山中有一洞，叫黑风洞，洞中有一妖怪，叫黑风怪，它与这方丈素有交情，见院中起火，急忙前去相救，赶到观中，见到那方丈屋里的璀璨袈裟，认得是佛门之宝，顿时起了贪念，于是便不再救火，拿起那袈裟，趁火打劫，驾起黑云，径直返回了它的山洞。

趁火打劫一词即由此而来。

用计锦囊

在敌人方面发生严重危难，因而穷于应付，自顾不暇的时候，也正是其防卫能力最弱的时候，要充分利用这个由敌人自己为我们提供的可乘之机，向敌人发起突然进攻，夺取胜利，就可以收到事半功倍的效果。

此计有四个含义：

1. 乘危取利：选择敌人发生危难之时，向敌人发起主动进攻，夺取利益，往往很容易获得成功，也可称为乘间取利，乘人之隙。

2. 落井下石：当敌人已遇到危难时，我们乘机再给他制造更多的困难，这样就可以轻易地把敌人置于死地。也可称为火上浇油。

3. 明助暗夺。对方后院“起火”，我方装出“救火”的姿态前去凑热闹，这样既不会被对方拒绝，也不会引起对方的注意。在“救火”过程中，我方便暗中捞取好处，或在暗角再点“新火”。

4. 入伙分利。火是别人放的，别人在趁火打劫，这时我方乘机插手，助上一臂之力，事成之后，论功分肥。

对趁火打劫之计，应采取如下防范对策：

1. 防患于未然。敌人可乘之机就是我们“家里着火”。根除了“失火的”火

三十六计之趁火打劫

源，使我们这里不发生火灾，那么，敌人就无可乘之机了，这是最根本的防范措施。

2. 团结一致。如果敌人乘我们内乱之时，来进攻的话，那么，自己内部发生矛盾的双方要清醒地认识到，“鹬蚌相争，渔人得利”的道理。立即捐弃前嫌，一致对外，这样大家方能得以保存。

3. 关好门户。趁火打劫一般都是乘隙取利，乘乱取利，如果我们关好门户，防止外人乘机进入，那样敌人也就找不到可乘之“隙”了；如果我们虽遇危难，仍然临危不乱，井然有序，敌人也就无可乘之“乱”了。

4. 重点防卫。遇到危难，损失是很难免的，但要尽量减少大的损失。罈罈罐罐都照顾好是不可能的，但家里的金银细软，却要看管得当，所以要根据敌人的特点，敌人可能来打劫的方向等情况，事先进行重点防卫，这也是一种积极的方法。

计谋典范

战场逐鹿

勾践卧薪尝胆灭吴国

公元前494年，吴王夫差兴倾国之兵，取水道伐越。吴、越两军在夫椒（今太湖椒山）会战，吴国一举打败越国军队。勾践带领五千余残兵败将逃于会稽山上，遂被夫差以重兵围困。在万般无奈之际，勾践只好接受文仲“卑辞厚礼”向吴求和的建议，演出了一场韬略的戏剧。

为了取信于吴王，勾践先派文仲携带美女宝器，贿赂了夫差的宠臣伯嚭，让伯嚭在夫差面前进言，允许越国求和；随后带上妻子和范蠡等人，作为人质，来到吴国首都会稽，在夫差先父阖闾大墓房的石屋里，为夫差当马夫。勾践精心侍奉夫差，夫差每次外出，都由勾践牵马；夫差病了，勾践不但送茶送饭，端屎端尿，而且口尝夫差拉下的粪便，以确诊其病情的阴阳寒热。勾践的行动，终于赢得了夫差的信任，于公元前491年将他释放回越国。

勾践竭力事吴

勾践当着夫差的面，忠心耿耿，忍屈受辱，但骨子里却雄心未泯，时刻不忘复仇大业。他返回国后没有回到王宫，而是到农民中间询问疾苦，与有才之士共商大计。为了鞭策自己，他卧薪尝胆，过着百姓的生活，励精图治，为富国强民煞费心机。同时他还向吴国年年进贡，还挑选、训练了西施等绝色佳人送给夫差，以麻木吴国对越国的戒备。就这样，勾践双管齐下，使本国日渐振兴。

后来，吴国名将伍子胥被杀害，国内又遭严重旱灾，连螃蟹、水稻都干死了，国内一片混乱的景象，百姓怨声四起。恰在这时，吴王夫差又北上，和中原各国诸侯在黄池盟会，国内空虚，越王勾践趁火打劫，亲自率兵数万，彻底打败了吴国。吴王夫差被困在阳山，最后掩面自杀。

越王勾践从失败中吸取教训，忍辱负重二十年，又能在夫差得意忘形之际，在适时的时间里抓住机会趁火打劫，一举消灭了吴国。此举堪称多计并用，也是趁火打劫之计的妙用，毕竟这场“火”让勾践等了二十年。

趁火打劫谋晁错

西周灭商，推行“封建制”。所谓封建，就是封侯建国，裂土封爵。秦灭六国，罢封建，设郡县，停止对宗室的分封。汉高祖刘邦统一中国后，认为未封宗室以为屏藩是秦速亡的原因之一。因此，他专门分封了一批同姓诸侯王，让他们领兵分据战略和财赋要地，借以控制郡县，必要时又可以为中央王朝的捍卫力量。为此规定：“非刘氏不得王”，有意识加强宗室的力量，提高宗室的地位。然而，随着时间的推移，这些诸侯王凭借自己相对独立的统治权，渐成为尾大不掉之势。与此同时，北方匈奴强大，威胁汉朝的北边。故此，在文、景之时出现如何削藩和抵御匈奴问题的议论。

这两个问题，一是内事，一是外事。言外事是朝野都能接受的，没有什么忌讳，言内事则容易引起当权者的猜忌。故此，汉文帝时的贾谊因诸侯王势力太大，已呈难制之势，提出“欲天下之治安，莫若众建诸侯而少其力”的主张，认为可以给宗室以很高的政治和经济待遇，但不能给他们实际的军政权力。年轻的贾谊得到汉文帝的赏识，已招致一些诸侯大臣的嫉妒，又直言内事，积怨更深。于是，大臣们以贾谊“洛阳之人，年少初学，专欲擅权，纷乱诸事”为名，逼迫文帝不能重用贾谊，贾谊所提的建议也难以实施，以致唐代诗人李商隐有“可怜半夜虚前席，不问苍生问鬼神”之叹。

与贾谊同时代的还有两位年轻人，也谈内外事，自然也招致诸侯大臣的猜忌。由于两人进言的方法不同，所得到的结果也不同。这就是袁（一为爰）盎和晁错。

从出身来看：袁盎父亲是盗贼，在吕后当权时，袁盎走吕禄的门路，得为吕禄的舍人，从此进入仕途。在汉文帝即位时，袁盎凭着其兄的举荐，升为郎中，得在文帝身边侍从，有了进言的机会。晁错也是家无渊源，“以文学为太常掌故”，是凭自己的才能进入仕途的。

不同的出身和经历，使他们在为人处事上相差很远。晁错为人峭直刻深，袁盎为人圆滑含蓄。在文帝时，晁错上书凡三十篇，涉及内外重大事务，虽然没有使文帝完全听从，但使文帝知其才能，其官也就不断升迁，从太子舍人、太子门大夫到太常博士、太子家令，升到中大夫，虽尚不是什么显官，已招人眼热。袁盎虽没有晁错那样文笔，但身为侍从，向文帝进言的机会很多，常使文帝悦服，官运也很亨通，在文帝之时官至吴国相。

汉文帝像

在景帝为太子时，晁错为太子家令，常为景帝出谋划策，人号为“智囊”。景帝即位，晁错升为中大夫，转内史，超迁为御史大夫而身居副丞相之职，故“宠幸倾九卿”。这种升迁速度，肯定招人嫉妒。在晁错为内史时，当时的丞相申屠嘉就很嫉妒，拟以晁错“穿宗庙垣为奏，请诛错。”幸而为晁错侦之，先行向景帝汇报，使申屠嘉计谋不成，深恨“吾悔不先斩错乃请之，为错所卖!”申屠嘉本是气性很大的人，“因呕血而死”。这使晁错更加荣崇，朝野也就更加侧目。

景帝即位，对袁盎来说，并不是什么好事，因为他身为吴国相，人在外地，难以进言，且景帝在为太子时，因与吴国太子下棋发生争执，“引博局提吴太子，杀之。”与吴国结成深怨。现在景帝即位，这种深怨肯定会爆发出来。袁盎出于避祸心理，及时告归，投靠丞相申屠嘉，以求自全，不料申屠嘉又死去，所恃已去，处境危险可知。

晁错受宠，袁盎失爱，这两个人的积怨必然要激化起来。本来晁错与袁盎就不相善，“错所居坐，盎辄避；盎所居坐，错亦避；两人未尝同堂语。”现在晁错为御史大夫，袁盎在京闲居，正是晁错报复的好机会。但这位好谈“权术”的晁错，非但没有害掉袁盎，反被不好谈权术而会用权术的袁盎所害。

以二人的权术而论，晁错深得景帝信任，也非常忠于景帝。为了景帝的尊严，他不惜多次更定法令。他自恃有权在手，不听左右劝谏，就是其父亲劝他，也改变不了他的初衷，使他父亲感到“刘氏安矣而晁氏危!”“不忍见祸逮身”而自杀。晁错本人因为是维护“天子之尊”，所以才不怕别人“口语多怨”。但做事优柔寡断，缺乏应变才能。有景帝的信任和重用，晁错自以为有恃无恐，孰料他的政敌竟使用很高明的手段，将其所恃变为所害。袁盎则不然，他比晁错要会看风使舵，他中伤人总能抓住要害。下面就他们所做的二三事进行比较。

在文帝时，袁盎不过是刚入仕的郎中，在文帝身边为侍从。这时绛侯周勃因平定诸吕，拥立文帝，志骄意满，而文帝也因周勃功高，礼之甚恭。袁盎借机向文帝进言道：“丞相（周勃）何如人也?”文帝对周勃正怀感激眷恋之情，便回答道：“社稷臣。”袁盎说：“绛侯所谓功臣，非社稷臣。社稷臣主在与在，主亡与亡。吕后时，诸吕用事，擅相王，刘氏不绝如带。是时绛侯为太尉，本兵柄，弗能正。吕后崩，大臣相与共诛诸吕，太尉主兵，适会其成功，所谓功臣，非社稷臣。丞相如有骄主色，陛下谦让，臣主失礼，窃为陛下弗取也。”自此以后，周勃的处境就不妙了，不得不辞相就侯位。然而在周勃被人诬告而抓进狱中时，袁盎力言周勃无罪，这又就使周勃感激他，“乃大与盎结交。”一石双鸟，上下均不遭怨。还有一次，袁盎安排文帝宠幸的慎夫人的座位时，把慎夫人的座位安排在皇后之下，慎夫人生气，不肯坐，文帝也因此恼怒，竟不入位，带慎夫人回后宫。袁盎因此进言：“臣闻‘尊卑有序，则上下和’今陛下既已立后，慎夫人乃妾；妾、主岂可与同坐哉！且陛下幸之，即厚赐之；陛下所以为慎夫人，适所以祸之也。陛下独不见‘人彘’（指吕后将戚夫人手足砍去扔在猪圈事）乎!”这不但使文帝转怒为喜，也使慎夫人心服，另赐袁盎金五十斤。由此可见袁盎处事多能抓住要害，对当时的政治斗争看得也很清楚，晁错当然不是他的对手。

晁错与袁盎结怨，现大权在手，足以制袁盎于死地，便使吏按袁盎受吴王财物，将袁盎贬为庶人。不久，吴、楚等七国叛乱，晁错也深知袁盎是其内忧。内忧不去，外患难除。晁错便对下属说：“袁盎多受吴王金钱，专为蔽匿，言不反；今果反，欲请治盎，宜知其计谋。”希望下属为他查找袁盎的参加反叛的痕迹。当下属以“盎不宜有谋”为辞时，晁错便犹豫不决，难以当机立断，最终

汉景帝

又因此走漏消息，使袁盎有转危为安的机会。由此可见，晁错为人处世不如袁盎，其受袁盎之害也是必然的。

袁盎得知晁错欲加害自己，于是托正受景帝眷爱的外戚窦婴为其引见，得以于深夜见到景帝，从容进言。景帝正为吴、楚反叛忧不能眠，与晁错在一起商议军事，见到原来为吴相的袁盎，自然话题就是此事。政敌在场，袁盎若不抓住景帝的心理，非但不能免祸，反而会给晁错以口实，故需相当高的技巧。当景帝问吴、楚反叛之事时，袁盎马上回答："不足忧也，今破矣！"一下就将景帝注意力吸引过来。景帝说："吴王即山铸钱，煮海为盐，诱天下豪杰，白头举事，此计不百全，岂发乎！何以言其无能为也？"袁盎得知景帝所虑，便为其释疑说道："吴铜盐之利则有之，安得豪杰而诱之！诚令吴得豪杰，宜且辅而为谊，不反矣。吴所诱皆无赖子弟、亡命、铸钱奸人，故相诱为乱。"这种分析与晁错所估计相同。故晁错说："盎策之善。"这就更使景帝关心如何平吴而向袁盎问计。袁盎见景帝入彀，便让景帝屏开左右，将晁错也屏开，得以单独进言。这样做虽招来晁错甚恨，但生死成败在此一举，袁盎只有孤注一掷了。袁盎说："吴、楚相遗书，言高皇帝王子弟各有分地，今贼臣晁错擅适诸侯，削夺其地，以故反，欲西共诛错，复故地而罢。方今计独有斩错，发使赦吴、楚七国，复其故地，则兵可毋血刃而俱罢。"实际上袁盎这种估计是完全错误的，七国兵已发，犹如离弦之箭，想要收回是不可能的；再者，即使能收回，结怨已深，七国还怕朝廷日后以此报复，势本不能息。这主要是袁盎害晁错以求自安。景帝听了袁盎的话，沉思许久。居然说："顾诚何如？吾不爱一人以谢天下。"于是，这位忠心于景帝，而自恃景帝为后台的晁错，便被景帝定为灭族了。而晁错尚不得知，其被捕杀时，还穿着朝服。

袁盎陷害晁错，使用的就是趁火打劫之计的制造忧患，趁其内外交迫而灭之的手法。于内，他知道君主所关心的是自己的安全和江山万世一系，借此抓住景帝的私心，使景帝的侥幸心理萌发，进而使晁错所恃失去，而内忧生矣。于外，他得知晁错为景帝策划削藩，因与晁错有怨，故意隐瞒吴国实情，使晁错对此问题估计不足，实际上是借外力以反晁错。内外相攻，晁错内忧外患俱至，终被灭族。虽然后来景帝发觉杀晁错是失策之事，也不好再为晁错平反，因为平反就意味着对自己的否定。君主是不肯承当其过的，这正是袁盎的高明之处。

乘内乱扫除袁氏兄弟

袁绍在官渡惨败之后，忧惧而死，这虽然对袁氏是一个沉重的打击，但是他的三个儿子和一个女婿还握有重兵，对曹操来说，仍是难啃的骨头。203年，曹操打算采用各个击破的办法，消灭袁氏的残余势力。当曹操首先进攻占据黎阳的袁绍长子袁谭时，袁谭抵敌不过，火速向已继承了父位的幼子袁尚求助。袁尚救援不及，两人均被打败，只得一起撤回袁尚的邺城。由于二袁合兵，又加城坚难攻，相持数日，仍无结果。曹操无奈，只得放弃两袁，转而征讨刘表。袁氏两兄弟见曹操撤兵而去，便开始了争夺继承权的内讧，并大打出手。袁谭兵败，逃到平原，袁尚团团围住平原，攻打甚急，袁谭只好向曹操求援。

这时曹操和他的谋士们认为：如果二袁和好，就会力量倍增，如果一个人独得大权，形成统一的局面，那么袁氏的势力就会东山再起，急切难图。所以曹操决定暂时停止进攻刘表，乘二袁内乱之机，取渔人之利。结果曹操很快消灭了袁谭的势力，紧接着又消灭了袁尚、袁熙。河北的冀、青、并、幽四州全部被曹操占领。

袁氏兄弟的内讧是由他们为争夺继承权而引起的，所以这场“火”属自然之祸。曹操就是及时地利用了这种“内忧”，“乘危取利”，他所采取的手段是“明助暗夺”，以援助袁谭为名，消灭袁氏兄弟为实，使曹操取得了事半功倍的效果。

司马昭巧克寿春

司马昭被废帝曹髦封为大都督之后，大权在握。甘露二年（257年），司马昭派遣亲信贾充以慰劳为名，试探各地将军对他的反应。贾充领命，前往淮南（郡治在寿春）。淮南征东大将军诸葛诞设宴招待贾充，酒至半酣，贾充道：“洛阳各方人士，都愿意皇帝禅让，你的意见如何？”诸葛诞早已看不惯司马昭的专权，此次见贾充为司马昭篡夺帝位而来试探自己，便厉声骂了他。贾充回到京师，便对司马昭说：“诸葛诞在淮南，颇得人心，时间一长，必定成为您的隐患，不如现在征召回京，夺其军权。诸葛诞接到命令，如果不肯回来而谋反，您可趁早除掉他。”司马昭觉得贾充说得很有道理，便来了个明升暗降的办法，擢升诸葛诞为司空，命他速回京师就职。

诸葛诞本已对司马昭控制朝廷怀有戒心，此时接到诏书，更是惴惴不安，一面聚集两淮武装十余万人和扬州新收编的兵马四五万人，一面囤积粮草，准备在寿春（今安徽寿县）固守。诸葛诞又派长史吴纲把自己的幼子诸葛靓送到东吴国作为人质，自愿做吴属臣，并请求东吴派兵援助。东吴大喜，封诸葛诞为寿春侯，派将军全怿、全端、唐咨、王祚率军3万，由魏国降吴的将领文钦为向导，援救寿春。

司马昭得悉后，亲自统帅各路大军26万浩浩荡荡开往寿春征讨诸葛诞。大军刚开往寿春，由于围城不严，使得文钦、全怿等率领的东吴军从城东北角突入城内，司马昭便命镇南将军王基督军严密合围。一开始，王基等人屡次请求攻城，司马昭认为，寿春城池坚固，守军众多，如果实施强攻，伤亡一定很大，万一东吴再派援军前来，正好腹背受敌，这是危险的策略。唯有紧围城池，打退援军，叛贼才能擒获。果然，东吴又派朱异率领3万人马进屯安丰（今河南固始东南），作为寿春城的外援。于是司马昭一面命令王基等从四面加强对寿春的包围，一面又命奋武将军石苞统帅的兖州、徐州两路军马击溃了朱异援军。不久，东吴大将军孙綝亲率大军要解救寿春，失利引兵退回建业（今江苏南京市）。司马昭见外援已去，派人四下传播谣言：“魏国围城大军粮草不继，可能就要解围了。”

诸葛诞等信以为真，对粮食就不加以限制。不久，城中开始缺粮，而援军迟迟不到。诸葛诞的心腹蒋班、焦彝两位将军向诸葛诞建议：“城中缺粮不能久守。不如乘现在军心稳定，与魏军决一死战。不能全胜，也比坐守待毙的强。”文钦则反对孤注一掷，蒋、焦二人坚持自己的意见，双方争执不休。诸葛诞大怒欲杀蒋班、焦彝，二人恐慌翻墙出城，投降魏军。这时城内吴将全怿的侄儿全辉、全仪从老家建业带着他们的母亲投奔司马昭的大军。

司马昭采用了黄门侍郎钟会的计谋，以全辉、全仪名义写了一信送入城内全怿等人手中，说东吴因为没有取得寿春而大为恼怒，要杀尽他们在建业的家人，所以才逃跑出来。全怿、全端率领千余人马开城投降。寿春城内人心开始摇动。诸葛诞开城突围，一连五六天，死伤累累，血流盈堑，文钦、诸葛诞只得退回城中。寿春城中粮食快要吃完，文钦建议，为了节省粮食，把原住居民送走。只留下诸葛诞军和东吴援兵坚守待援。诸葛诞不听，于是两人之间互相怨恨，互相猜疑。一天文钦去诸葛诞那儿磋商公事，诸葛诞二话没说，就杀死了文钦。其子文鸯、文虎闻父被杀，出城投降魏军。

司马昭破诸葛诞

魏军吏要求把他们处决，司马昭说：“城未攻破，若杀降将，会让城里守军顽抗到底。”遂赦免文鸯、文虎，并赐关内侯。二人绕城大喊：“我二人尚且被魏大将军赦罪赐爵，汝等为何还不及早投降！”城内军心大动，加之饥饿，都有投降之意。

司马昭亲自到城边观察敌情。城上守军手里拿了箭却不发射。司马昭对众将说：“可以攻城了。”于是魏军鼓噪攻城。寿春城终于被攻破。诸葛诞被杀。吴将唐咨、王祚也都投降了魏军，魏军取得了最后胜利。由于司马昭指挥有方，没有实施强攻。因而以较小的代价换取了决定性的胜利。

趁火打劫夺政权

咸和二年（327 年），东晋统治阶级内部继王敦之乱后又发生苏峻之乱。

苏峻，西晋末被举为孝廉，北方大乱后纠集数千家兵，建立豪强武装，周围的豪强武装又推他为共主。当时，青州刺史曹嶷想收苏峻为部属，任之为掖县（今山东掖县）令，但遭到拒绝。曹嶷准备讨伐苏峻，苏峻率领所部数百家兵泛海南逃，投奔东晋。

苏峻举兵会祖约

苏峻历任淮陵内史、兰陵相。永昌元年（322 年），王敦首次进逼建康，元帝召苏峻进讨王敦，而他观望形势，迟回不前。太宁二年（324 年），王敦再次作乱，所遣王含、钱凤又顿兵建康城下，京城危急。明帝召苏峻、刘遐等流民帅入京勤王，苏、刘率精卒万人驰援。当沈充、钱凤夜渡秦淮河、从竹格渚上岸，护军将军应詹领兵拒战失利，叛军已到宣阳门外。这时，苏峻、刘遐统军自南塘横击，大破敌军，敌军落水淹死者三千人。接着，苏峻又随从庾亮追击沈充至于吴兴。平叛后，苏峻因功进位为冠军将军、历阳内史、加散骑常侍，封邵陵公，食邑一千八百户。从此，苏峻威望逐渐提高，手中精兵已达万人，装备优良，实力雄厚，被朝廷委以捍卫江北的重任。但是，苏峻自恃兵强，日益骄横，藐视朝廷，招纳亡命。朝廷运送给养去历阳的船只首尾相属，而稍不如意，他就破口大骂。

明帝死后，成帝继位。成帝年幼，外戚庾亮秉政。为加强中央集权，庾亮对内压抑宗室，对外削夺强藩。咸和元年（326 年），庾亮诛杀南顿王司马宗，司马宗亲信卞阐逃窜到历阳投奔苏峻，庾亮令苏峻交人，而苏峻藏匿不送。庾亮觉得苏峻在历阳终究是一个祸根，主张把他征调进京，剥夺他的兵权。此议一出，举朝皆以为不可，但大多不敢吭声，唯有王导、卞壶等数人表示反对。卞壶说："苏峻拥有强兵，逼近京城，从历阳至建康，不足一日的路程，一旦发生变乱，后果十分严重，此事应慎重考虑。"庾亮不从。苏峻闻讯，遣司马何仍到京，对庾亮说："只要是外任，无论远近，我唯命是从；至于内任，实非所能。"庾亮仍然不从。咸和二年（327 年）十月，庾亮以诏书命征苏峻为大司农、加散骑常侍。苏峻上表声称："昔日明皇帝亲执臣手，委臣北讨胡寇。今日中原尚未平定，臣何敢自安！请补青州界一荒郡，使臣以展鹰犬之用。"但朝廷还是不许。苏峻无奈，整装待发，而心中又犹豫不决，参军任让对他说："将军求补荒郡尚且不许，事到如此，恐无生路，不如拥兵自守。"于是，苏峻遂不奉诏，遣使与镇西将军、豫州刺史祖约联络，祖约因官位不符所望，颇为怨恨朝廷，所以一拍即合，约定以讨庾亮为名，一同起兵。

一场动乱爆发了。十二月，苏峻派部将韩晃、张健袭取了东晋屯积了大量食盐、大米的姑熟，直捣慈湖。苏峻起兵之前，江州刺史温峤请率军下援建康，三吴也请求发兵，庾亮都加以制止，特别写信给温峤说："吾忧西陲（指陶侃），过于历阳，足下不可越过雷池（水名）一步。"苏峻起兵后，徐州刺史郗鉴又请求统兵御敌，同样被制止。然而，作为都督征讨诸军事的庾亮并没有很好地部署兵力，抵击敌人。咸和三年（328 年）正月，韩晃消灭慈湖守军。苏峻指挥苏、祖联军二万余人从横江渡口抢渡长江，进抵陵口。晋中军抵挡不住，连战败北。二月，苏峻占领蒋陵、覆舟山，建康已经近在咫尺，城内惶惶不安。有人建议在小丹杨打伏击战，庾亮不予采纳，而苏峻果真绕道小丹杨，因夜里行军竟迷了路。这样一个歼灭敌人、扭转危局的大好机会又被庾亮贻误了。没几天，苏峻击败建康城外守军，突破青溪栅。庾亮率领诸将在宣阳门内抵抗，但队伍尚未成形，士众皆弃甲而逃。庾亮与诸弟也匆匆乘船逃往寻阳，把成帝和皇太后都扔在建康。苏峻攻陷宫城后，遂"纵兵大掠，侵逼六宫，穷凶极暴，残酷无道"，又"裸剥士女，皆以坏席苫草自鄣，无草者坐地以土自覆，哀号之声震动内外"。他自任骠骑、领军将军，录尚书事，以祖约为太尉、尚书令，又改易百官，树置亲党，矫诏大赦，唯庾亮兄弟除外。同时，他分兵攻略义兴、晋陵各地。

庾亮既至寻阳，与温峤共推荆州刺史陶侃为盟主，兴兵讨伐苏峻。"戎卒四万、旌旗七百里，钲鼓之声，震于远近"，浩浩荡荡开往建康。不久，三吴也兴兵讨伐苏峻，会稽内史王舒以庾冰行奋武将军，使他领兵一万，西渡浙江，吴兴、吴国、义兴诸郡起而响应。五月，陶侃、温峤军于茄子浦，陶侃举王舒监浙东军事、虞潭监浙西军事、郗鉴都督扬州八郡。郗鉴率众渡江，与陶侃会师。接着，诸军进据蔡州；直逼石头城。苏峻率主力屯守石头城，并把成帝迁入石头城中。双方相持数月，陶侃因敌军兵势甚盛，难与争锋，在石头城西筑白石垒，又在京口一带筑大业等三垒，坚守不战。苏峻攻白石垒不克，乃分遣诸将东西抄掠，多所擒获，兵威更盛。从建康逃出来的官吏都说：“苏峻狡黠多智，其徒党极其骁勇，所向无敌。如果上天惩罚罪人，苏峻终当灭亡；如果依靠人力，则难以取胜。”温峤听了很生气，但累战不捷，也深怀恐惧。

陶侃像

苏峻遣将张健、韩晃急攻大业垒，垒中乏水，士卒渴极，饮粪汁解渴。守将郭默突围求援，陶侃准备派兵救援。长史殷羡说：“我军不习陆战，如救大业不能取胜，则全盘皆输。不如急攻石头城，大业之围自解。”陶侃听从。于是，陶侃督水军驶向石城，而庾亮、温峤、赵胤等率步兵万人从白石垒南上挑战。苏峻统领八千人迎战，其子苏硕与将领匡孝分兵冲击赵胤军，将赵胤打败。苏峻见赵胤军溃逃，大叫：“匡孝能破贼，我还不如他吗?”只带领数骑急急追赶，没有赶上。在回马白木陂时，他的马突然被踩倒，又被陶侃部牙门将彭世、李千投过的长矛击中。苏峻坠落下马，立刻被斩首、割肉、焚骨，三军齐呼万岁。苏峻余众退据石头城，任让等立苏峻弟苏逸为主，闭城自守。次年春天，诸军攻破石头城，斩杀苏逸等。祖约败后，率左右数百人北走后赵，被石勒杀死。

苏峻之乱平定后，东晋进入相对安定时期，事后七十年无战乱，社会经济逐渐得以恢复。

从苏峻、祖约之乱来看，他们事起仓促，只是想拼死一争，不想庾亮是西忧陶侃，北忧自己，外患在即。不料正好形成趁火打劫之势，一举攻下京城，并控制天子，获得胜利。但他们没有利用这有利的形势，联络陶侃，而是大肆屠杀，竟将陶侃之子杀掉，使庾亮忧患的陶侃变成盟友，反而成为自己之患，就决定他们这种力量的转化，必然要失败。由此可见，使用趁火打劫之计时，应运用敌有外患，趁其难以他顾而伤之的手法，应该清醒看到对方的外患能否对自己有帮助，即使没有帮助，也不能让对方的外患成为对方的外力。

官场权谋

庆封狠心害崔杼

春秋时，崔杼自从杀了齐庄公，立公子杵臼为君，是为景公，自立为右相，庆封为左相。

庆封性嗜酒，爱打猎，经常不在国中。崔杼独揽朝政，专恣骄横。庆封心怀嫉妒，欲杀之而后快。

崔杼当日答应妻子棠姜，谓合谋杀了庄公之后，立她的儿子崔明为继承人，却又同情长子崔成，且断指为誓，不忍把他废掉。

崔成知道环境险恶，明白不可能与形势抗衡了，便对父亲说，自动将继承权让给同父异母的弟弟崔明，请求赐崔邑这个地方给自己过活。

崔杼听了，满口答应，和部属东郭偃及棠无咎商量，东郭偃坚决反对，说崔邑是个大地方，只可以授给继承人，崔成既然放弃继承权，就没有理由据有此地。

崔杼对长子说："我本想把崔邑给你，无奈郭、棠两人反对，只可将来另给你别的地方了！"

杀崔杼庆封独相

崔成听了，不说什么，转告给同胞弟弟崔强。崔强说："哥哥既肯让位给他了，难道连这一个崔邑都不肯给？真是太岂有此理！父亲在，尚且如此，一旦父亲死了，你和我想做个奴仆都不可能了！"

崔成说："这件事，不如去请教左相庆封，看有什么办法。"

两人立即往见左相，诉说前情，请尽力帮忙。庆封听说暗喜，正中下怀；却故意摆出一副悲天悯人的神态，把眉头皱了两皱，说："你父亲现在已完全相信东郭偃与棠无咎，两人说什么便是什么，我纵然对他提意见，未必听得进。"说到这里，停了好一会儿，继续说，"这样子看来，你父亲正养虎为患，恐怕将来会伤及本身，如不及早除此二人，你们崔家子孙是不会幸福的!”

崔成崔强马上接口说:“我们早有此心了,但力量太薄,怕会弄巧成拙。”

“还是慢慢想办法吧!”庆封说。

崔成兄弟辞别后,庆封召见心腹庐蒲嫳,说及崔家的事,庐蒲嫳提出意见:“崔氏之乱,及庆氏之利也,不如乘机消灭他!”

过了几天,崔成崔强又来了,提起前事,力数郭、棠二人罪恶,复求庆封尽力帮忙。庆封对他们说:“你两人既有此心,念及庆、崔两家有世交情谊,我可以暗帮你兵甲去行事,只要能除此二人,你家便可以和平相处了。”

崔成崔强大喜,当即便率了庆封的甲兵,埋伏在自己府上。

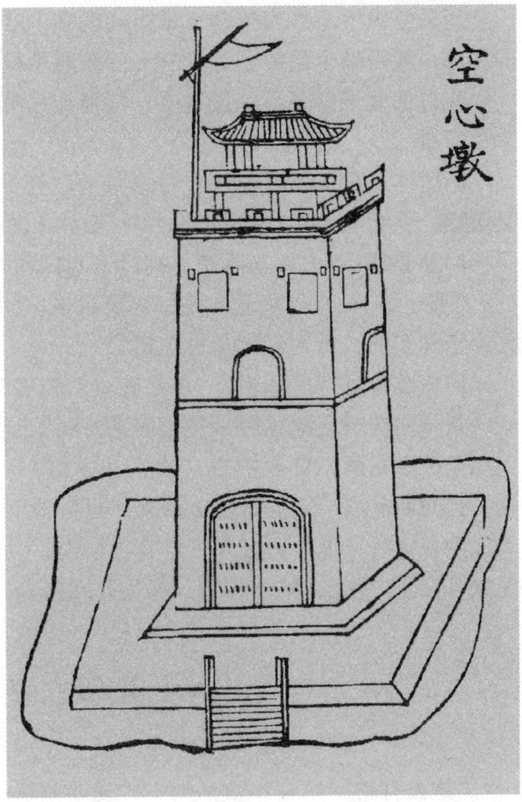

空心墩,用以举烽火、传递军情的设施。

东郭偃和棠无咎每天要去朝见崔杼的,今晚迟迟从外面走来,毫无准备,一入门,崔成一声暗号,伏兵勇起,乱刀齐下,把两人砍成肉酱。

崔杼闻变大怒,急叫人驾车,但所有仆人都吓得跑光了,唯剩下一个守马房的和一个小厮,急忙中就叫小厮驾车,往见左相庆封,哭诉家庭变故。

庆封假装吃惊,说:“崔家和庆家,虽是两姓,实同一体。你家之难,也即我家之难,孺子居然犯此逆天之罪,我又怎能坐视不管呢?如果你要我帮助的话,我自然会出力帮你去平乱!”

崔杼信以为真,感激地说:“但能除此逆子,确使崔家复兴的话,我会叫幼儿崔明拜你为义父!”

庆封于是动员家兵,叫庐蒲嫳来,吩咐如此如此,庐蒲嫳率队驰往崔家。

崔成崔强见庐蒲嫳兵到,想闭门自守,问及来意,庐蒲嫳诈说:“我奉左相命令,是来帮助你们的!”

“是不是要收拾崔明呢?”崔成问崔强。

“也许是吧!”

于是开门接庐蒲嫳进去,甲兵跟着一拥而入,竟团团包围起来。

崔成见不是路,忙问:“左相之命怎样?”

“奉左相命,来取你兄弟头颅。”庐说完,喝叫左右,“还不动手,更待何时?”

崔成崔强未及回答,头已落地。

庐蒲嫳纵甲士抄家抢劫，拿得动就拿，拿不动的就顺手破坏，把一间富丽堂皇的官邸，毁得像个烂摊子，没有一件东西稍微完整的。

崔杼的妻子棠姜，惊慌过度，悄悄地吊死在房里。只有她的儿子崔明不在家，幸免于难。

庐蒲嫳割下崔成崔强头颅，回复崔杼，崔杼一见，且愤且悲，既恨二人大逆不孝，又伤感父子亲情，不禁老泪横飞，好一会儿才说："我的妻子平安吗？受没受惊？"

庐蒲嫳说："夫人正熟睡，高卧未起！"

"那还好。"崔杼稍觉心安，对庆封说，"我急于回家去安慰一下夫人，却没有人善于驾车的，可否借你车夫一用？"

庐蒲嫳自告奋勇地说："还是我给右相驾车回去吧！"

崔杼向庆封致谢过后，登车而别，到了府第，却见大门打开，没有一个人，满地都是破烂东西，直入中堂，骇见棠姜似一只腊鸭，挂在梁上，崔杼吓得魂不附体，想问庐蒲嫳，究竟是怎么回事。可是他不知什么时候离开了。再找崔明，又无人应声。这时，他大哭起来，自言自语说："唉！我被庆封出卖了，弄到无亲可近，无家可归。"说完，解下腰带，亦吊死在房里。

为女儿争立皇后之计

"趁火打劫"术在军政活动中，先要制造一种"气氛"，即烧起对方之"火"，然后"趁火打劫"。

西汉末，王莽就是这样，制造了"环境"，将女儿立为皇后。

王莽为政时，汉平帝只有十几岁，没有成亲。他想把自己的女儿嫁给汉平帝。他女儿当上皇后，他的地位就会越发巩固了。

有一天，他向太后建议："皇帝即位已三年了，还没有立皇后，现在应该操办此事了。"

皇太后一听，当然应允。达官贵人都想把自己的女儿嫁给皇帝。王莽心想，许多女孩都比自己的女儿强，不费心思，是当不上皇后的。

他于是亲见皇太后，说："我无功无德，女儿才貌也平常，请您下令不要让我女儿入选吧。"太后没有看出他的真意，反觉他"真诚"，就下诏："安汉公（王莽的封号）之女，乃是我娘家的女儿，就不用入选了。"

这一道诏书，不但突出了王莽的女儿，而且引起了朝野的同情。不少人为王莽的女儿说话，甚至要求把王莽的女儿选为王后。这样气氛出现之后，王莽反派人去劝止，越劝，说情的越多。太后无法，只好收回诏书让王莽的女儿入选。

王莽抓住这个时机，假惺惺地说："应从征召的女子中，挑选最合适的人，立为皇后。"引得朝廷的大臣们力争："立安汉公之女为皇后乃是人心所向。"王莽看到时机已成熟，不再推辞。不久，王莽之女选入汉宫，立为汉平帝皇后。

王莽为自己的女儿争立皇后事件，就是在制造气氛中，"趁火打劫"，一举成功的。

王羲之智惩恶绅

王羲之四十来岁的时候曾任过临沂太守，后来他虽辞官归里，但他巧判的一个案子却在当地广为流传。

有一个后生叫唐兴，家住城东唐家湖，唐兴从小丧母，全靠父亲把他拉扯大，五年前，老爹爹进山采石，不小心摔死在山涧里，唐兴想选择一块好地安葬父亲，以报养育之恩，无奈自家穷得无立锥之地，小唐兴为此哭得死去活来。有好心的乡亲对他说："财主牛鲁家的祖坟前有一块空地，现在还在荒着，你不妨找牛大财主去说说，他今天正逢老母八十大寿，若看你可怜，念你一片孝心，也许施舍于你。"

唐兴没有别的办法，只好去求牛鲁。

牛鲁装模作样地说："俺家向来以行善为本，今儿个老母八十大寿，乡邻有了难处，俺岂能坐视不问。好吧，看在众乡亲的面子上，俺就舍一块空地给你葬父，不过，你要送一壶好酒来给俺娘祝寿。"

乡亲们听了，都夸牛大财主心好，忙叫唐兴叩谢过牛鲁，然后先帮唐兴安葬了父亲，又凑钱买了一壶好酒，让唐兴送到牛鲁的府上。

这件事本来就算了了，谁想到五年之后，却又起了风波。

这五年间，小唐兴是泼出命去地苦干，攒了一笔钱，置了几亩山地，盖了三间草房，又娶了媳妇，小日子过得挺红火，牛鲁一见有油水可榨，便开始动了心思。

怎么样才能把他的田产夺过来呢?

牛鲁忽然想起五年前施舍坟地的事，对，就在五年前那档子事上做文章。

这一天，牛鲁领着一帮狗腿子进了唐兴的家，牛鲁拱拱手说："恭喜唐兄弟发福发财，这几年你的日子好过了，俺家里可是赔光了本钱。没法子，你原先借的一笔小账，咱今天就清了吧!"

唐兴听了不解地问："牛老爷，俺啥时欠过你的债啊?"

王羲之

牛鲁冷笑着说："真是贵人多忘事，俺来问你，五年前，你爹葬在何处？"

唐兴仍然不解地说："俺爹是葬在你家的荒地里，可当时讲好你舍给俺那块地，俺送一壶好酒给你老母祝寿就算结了。那壶酒俺当天就送到你府上了"。牛鲁陡然虎起脸说："说得轻巧！我说的是一'湖'美酒，你却只送了一壶酒，且不说闻名天下的太湖、洞庭湖，就是咱们村前的唐家湖，你算算能盛多少壶酒？"

唐兴听了差一点气炸肚皮，跺着脚说："你这是仗势欺人，这样的冤枉债就是不还。"

"给我抢，不给他点厉害，他就不知道马王爷是几只眼。"牛鲁咆哮着喊。

狗腿子们一拥而上，拳打脚踢，横抢竖夺，最后，把房里的东西抢的精光，然后扬长而去。

小伙子告到县里，县里没等他诉完冤情就把他轰出了大堂；告到州里，州官说他诬赖好人，打了他四十大板；小伙子听说新任太守为官清正，便告到王羲之这儿来了。

王羲之看完诉状后，气得剑眉倒竖。想到牛鲁乃地方一霸，为人刁滑，且又强词夺理。应须巧判才能收到惩霸之效。王羲之听说牛鲁家养了一大群鹅，顿时计上心来。

第二天，王羲之来到牛鲁家，牛鲁见太守来府，受宠若惊。王羲之说："下官生性爱鹅，听说员外喂养了好多鹅，于是想用下官亲笔手书的《乐毅书》来换员外的一活鹅，不知员外意下如何？"

牛鲁知道王羲之一字能值千金，万没想到他用一幅字来换他的一只鹅，真是飞来的福气。乐得他心花怒放，一夜没睡好觉。

第二天一大早，他就挑了一只上好的大白鹅，用笼子装上，拎到了太守府。

王羲之见鹅，拍手笑着说："真是千里挑一的好鹅，不知其他鹅也像这一只这么好看吗？"

牛鲁媚笑着说："小人家的鹅都是这样，大人吩咐要一只活鹅所以小人今天只带来这一只，大人如果喜欢，小人改日再送几只。"

王羲之闻言，把脸一翻，拍着惊堂木说："胡说，本官要的是'一河鹅'，谁要'一活鹅'来？难道本官亲笔书写的一部《乐毅书》，只值一只鹅钱吗？大胆牛鲁，诈骗本官，该当何罪？"

牛鲁听了，连忙跪倒在地，不服地强辩说："请问大人，天下买鹅卖鹅只论个、十、百、千，哪有论沟论河的道理呢？小民实在冤枉。"

王羲之听了，拊掌大笑，将唐兴唤上大堂，厉声喝问道："鹅不论河应论只，那么酒又岂能论湖呢？"

牛鲁这才知道自己不知不觉间上了王太守的圈套了。无奈自知理屈，只得苦苦哀求，请太守老爷宽恕。

王羲之提笔判道："牛鲁抢占唐兴家产应如数偿还，另外罚银五百两，以抵偿唐兴惊吓奔波之苦。本官'清正'为本，焉要劣绅的白鹅，着令牛鲁将本官《乐毅书》奉还，堂上白鹅退回，若有半点差错，罪上加罪。"

此判一宣，当地的百姓传为佳话，无不赞许王羲之理案之巧妙。其实，王羲之在这里也暗地做了一个劫，只因牛鲁的劫强横无理，所以太老爷的劫便也顺理成章了。

商海弄潮

三菱乘扎伊尔发生叛乱之机赚钱

1973 年 3 月，扎伊尔发生了叛乱。这件事，对于远隔重洋的日本企业，似乎没有多少意义，但日本三菱公司的决策人员却没有放过这一信息，他们经过分析认为，与扎伊尔相邻的赞比亚是世界重要的铜矿生产基地，有可能受到叛乱的影响，对此不能掉以轻心。

于是，三菱公司的决策人员便命令情报人员密切注视叛军的动向。不久，叛军向赞比亚移动。公司总部接到这一情报后经过分析，预见到叛军将切断交通，由此必将影响到赞比亚铜矿的输出，从而影响世界市场上铜的价格。

三菱公司经过推断，果断地作出决策，大量收购市场上的铜。而当时，叛军尚未切断交通，市场上的铜价格没有太大的波动。三菱公司趁机低价购进了大量的铜，待机卖出。

果然，后来叛军切断了交通，每吨铜价上涨了 60 多英镑，三菱公司将先前购进的铜卖出，赚了一大笔钱。

三菱公司乘扎伊尔发生叛乱之机，劫了一笔横财。其成功的关键就在于公司决策人员多谋善断，从信息情报中寻找“火”源，并进行推断，从而将一般人所不曾留意的信息变成了财富。

商场上，“火”并非不常有，但许多生意人要么瞻前顾后，怯于下手；要么迟人一步，无利可“劫”，而导致良机错过，后悔莫及。

只有高明的企业家，目光敏锐，身手快捷，“火起人不乱”，抓住战机，迅速出击，才能打个大胜仗。

哈默尔将“死鸡”变“凤凰”

企业或商店因经营不善而倒闭，便就像一只死鸡一样，让人不屑一顾了。

但广东话有“执（捡）死鸡”一说，意即捡到了便宜。这有点令人不解，捡到死鸡怎算捡到便宜？但在生意场上，“执死鸡”便大有文章可做。在美国，有位专门“执死鸡”的富翁，名叫保罗·道弥尔，有一次他听说一家玩具厂因管理不善而倒闭清盘，当即找到工厂老板，想买下这家工厂。

由于工厂老板因工厂倒闭，急欲转让，无心讨价还价，所以保罗·道弥尔以极低的价钱“捡到这只死鸡”。

道弥尔找出工厂经营失败的原因，然后制订了改造工厂经营的计划，于是按照自己行之有效的计划重新开工，半年之后，这家工厂由死变活，产量翻了一番。

美国当代石油大王哈默尔也是个“执死鸡”能手。他从20世纪60年代开始，就热衷于石油开发事业。

当时有一家叫德士的石油公司，在旧金山以东的河谷里寻找天然气，钻井到5600英尺时，仍不见天然气。公司决策者认为耗资太多，再钻下去很可能徒劳无功，难以自拔，便匆匆鸣金收兵，宣判此井“死刑”。

哈默得知这一消息，立即派专家进行考察，并轻易占有了德士公司的劳动成果，在原井上架起钻机，又钻进3000英尺，天然气喷涌而出。

后来，他又听说举世闻名的埃索石油公司和壳牌石油公司，在非洲的利比亚由于探油未成而扔下不少废井，便果断地带领大队人马开往该地，“趁火打劫”，故技重演，在被判了“死刑”的枯井上又架起了钻机，继续深钻，很快就打出九口高产喷油井。

面对死鸡，不可置之不理，而应趁众人不屑一顾之际，及时“劫”来，为我所用，稍费工夫，便能使之变成“凤凰”。

第六计　声东击西

原文注译

【原文】

敌志乱萃[①]，不虞[②]，坤下兑上之象[③]，利其不自主而攻之[④]。

【注释】

①敌志乱萃：萃，野草丛生。全句意为；敌人神志慌乱；失去明确的主攻方向。

②不虞：虞，预料。不虞，意料不到。

③坤不兑上之象：《易经》萃卦下卦为坤，上卦为兑。此卦三阴聚于下，二阳聚于上，各依其类以相保，群阴虽处致用之地，高居最上之位，都为了保阳，所以萃卦六爻都说“无咎”。如果使这种群阴保阳的局面受到扰乱，就将祸乱丛集，有意料不到的困难与危险。

④利其不自主而攻之：不自主，即不能自主地把握自己的前进方向和攻击目标，全句意为：敌人不能把握自己的前进方向，对我方有利，应乘机进攻、打击敌人。

【译文】

敌人神志慌乱，不能正确预料和应付实施事变和复杂局面，正如坤下兑上的萃卦受到扰乱一样，要利用敌人这种不能自主地把握前进方向的时机，对敌人发起攻击。

按语注译

【按语】

西汉，七国反[①]，周亚夫坚壁不战[②]。吴兵奔壁之东南陬[③]，亚夫使备西北；已而，吴王精兵果攻西北，遂不得入。此敌志不乱，能自主也。汉末，朱儁[④]围黄巾于宛[⑤]。起土山以临城内，鸣鼓攻其西南，黄巾悉众赴之；儁自将精兵五千，掩东北[⑥]，遂乘城虚而入。此敌志乱萃，不虞也。

周亚夫细柳式车图

然则声东击西之策，须视敌志乱否为定。乱则胜，不乱则自取败亡，险策也。

【注释】

①七国反：指西汉景帝时（公元前154年），吴、楚、胶西、胶东、川、济南、赵七国联合叛乱。西汉初年，因统治力量达不到全国，便采取封同姓王分地统治的办法。后来，诸王力量逐渐扩大，形成割据。景帝采纳晁错建议，削减诸王权势。以吴王刘濞为首，联合六国，借诛晁错为名，起兵叛乱，后来被周亚夫用武力讨平。

②周亚夫坚壁不战：周亚夫（？—公元前143年）：西汉名将周勃之子，沛（今江苏沛县）人。七国叛乱，奉命讨伐，坚毅果敢，三月而平息叛乱。因功升丞相职。坚壁不战：即固守寨堡不出战，等敌人粮尽力竭后，再举行反击。

③东南陬：东南角落。

④朱隽：字公伟（？—195年），东汉会稽上虞（今浙江上虞）人。184年黄巾起义，朱隽同皇甫嵩筹前往颖川、汝南、陈国等地进行镇压，又围攻韩忠10万人于宛城，获大胜。

⑤宛：今河南南阳。

⑥掩东北：突然袭击东北角。

【译文】

西汉景帝时，吴、楚七国叛乱。周亚夫固守寨堡，不向叛军出战。叛军攻打东南角，亚夫识破敌人声东击西之计，在西北方向加强防备，不久，吴王精兵果然进攻西北面，结果没有攻进。这是敌人的神志不乱，能够自有主张的结果。西汉末年，朱隽包围了宛城（今南阳）的黄巾军。在城外堆起一座土山，面对城内，吹响鼓角，进攻西南角，黄巾军立即集结到西南面进行抵抗，朱隽却亲自率领5000精兵，突然从东北面进行袭击，得以乘虚而攻入。此是敌人神志慌乱，（对战场形势）不能正确预料和判断的结果。这样说来，声东击西的计策，必须看敌人是否真能被迷惑而定。敌人慌乱不能自主，就能取胜；敌人不慌乱，不上当，用此计，就可能自取灭亡。所以，这是一个有风险的计策。

传世典故

声东击西：声：声张。表面上声张着去打东边，实际上却攻打西边。军事上是指忽东忽西，巧妙诱敌，给对方制造错觉，乘机消灭敌人的出奇制胜的战术。

声东击西，出自《淮南子·兵略训》："用兵之道，示之以柔而迫之以刚，示之以弱而乘之以强，为之以歙而应之以张，将欲西而示之以东，先忤而后合，前冥而后明。"这段话的大意是：用兵的原则，对敌人先佯做柔弱的样子，而以强大的军事力量去打击它；将要发展，先做出收缩的样子，准备向西面进攻，而先佯做向东进攻；先示以与意图相背的行动，然后再完成实现意图的行动；先隐藏自己的计划，然后再进行公开行动。

东汉时期，班超出使西域，目的是团结西域诸国共同对抗匈奴。为了使西域诸国便于共同对抗匈奴，必须先打通南北通道。地处大漠西缘的莎车国，煽动周边小国，归附匈奴，反对汉朝。班超决定首先平定莎车。莎车国王北向龟兹求援，龟兹王亲率五万人马，援救莎车。班超联合于阗等国，兵力只有二万五千人，敌众我寡，难以力克，必须智取。班超遂定下声东击西之计，迷惑敌人。他派人在军中散布对班超的不满言论，制造打不赢龟兹，有撤退的迹象。并且特别让莎车俘虏听得一清二楚。这天黄昏，班超命于阗大军向东撤退，自己率部向西撤退，表面上显得慌乱，故意让俘虏趁机脱逃。俘虏逃回莎车营中，急忙报告汉军慌忙撤退的消息。龟兹王大喜，误认班超惧怕自己而慌忙逃窜，想趁此机会，追杀班超。他立刻下令兵分两路，追击逃敌。他亲自率一万精兵向西杀班超。班超胸有成竹，趁夜幕笼罩大漠，撤退仅十里地，部队就地隐蔽。龟兹王求胜心切，率领追兵从班超隐蔽处飞驰而过。班超立即集合部队，与事先约定的东路于阗人马，迅速回师，杀向莎车。班超的部队如从天而降，莎车猝不及防，迅速瓦解。莎车王惊魂未定，逃走不及，只得请降。龟兹王气

班超像

势汹汹，追赶一夜，未见班超部队踪影，又听得莎车已被平定，人马伤亡惨重的报告，大势已去，只有收拾残部，悻悻然返回龟兹。

用计锦囊

声东击西，是以制造假象、佯动误敌来伪装攻击方向的谋略。通常是采用灵活机动的行动，不攻而示之以攻，欲攻而示之不攻；形似必然而不然，形似不然而必然；似可为而不为，似不可为而为之。忽东忽西，即打即离。巧妙地制造假象，促使对手的指挥意志发生混乱。我之举动敌人无法推知，我便可以对敌出其不意，攻其不备，一战而胜。

此计一般在我方处于进攻态势的情况下使用。“声东”是虚晃的一枪，所击之“西”是主攻目标。使“西”成为敌方的不备之处或不及之处，是保证此计成功的关键。

我们可以把此计分成以下几种情形：

1. 忽东忽西。我方没有固定的进攻方向，一会儿在此，一会儿在彼，忽而出东，忽而出西，敌方摸不清我方的真正意图，只好处处被动设防，穷于应付，时间一长必然只有招架之功，而无还手之力。

三十六计之声东击西

2. 即打即离。时而前来挑战，时而远远离开；敌方以为我方要打，我方却没有打；敌方以为我方不打，我方却突然发动袭击。

3. 发动佯攻。向甲地发动佯攻，借此吸引敌方的注意力，待敌方把兵力调到甲地，我方突然在乙地发起猛攻。

4. 避强击弱。在我方忽东忽西的进攻下，敌方把主力布置在错误的地点。这样，我方就避开了敌之锋芒，打击其薄弱环节，一点点吃掉敌人。

对声东击西之计，应采取如下防范对策：

1. 常山之蛇，首尾呼应。在常山地方有一种蛇，打它的头则尾至；打它的尾，则头至；打它的中间，则首尾俱至。为了防止敌人对我施以声东击西之计，必须建立首尾呼应之阵。一处受到攻击，另一处马上可以赶到救援，这样即使一时不能识破敌人的假象，也有应急的办法。

2. 善于分析。发现反常，假的就是假的，总有蛛丝马迹要露出来，只要我们善于分析，总是可以发现破绽的。例如，佯攻一般都是“雷声大雨点稀”。旗也比正常的多，鼓也比正常的响，但行动却是比正常的慢，并同时表现出鬼鬼祟祟，十分神秘的样子来。

3. 要进行替换思维。就是站在敌人的角度来进行思考，经常向自己提出：“如果我处在他的地位，我应该怎么办?”如果敌人的所作所为与自己所设想的不一样，甚至完全相背，那么就应该考虑其中是否有诈。如果觉得可疑，一定要早作防范。

计谋典范

战场逐鹿

声东击西败联军

卫、鲁、蔡、陈、宋等五国曾联合攻打郑国。地处中原，位属大国的郑庄公平息了这场战乱后，仍很气愤，觉得这几个小国之所以胆敢进犯郑国，全因宋国从中捣鬼，便决定攻打宋国。这天，他召来群臣问计。

祭足分析当时的形势说：“卫鲁等五国既然曾经联合攻打我们，现在我们一旦攻打宋国，他们也必然会联兵救宋的。这几个国家虽然小，但联合起来的力量也不能小觑。以一敌五，正如俗话说的，双拳难敌四掌，我们恐怕不容易取胜。”

“无论如何我都要狠狠地教训宋国一顿，让它知道我们郑国不是好欺侮的，否则，以后它还会兴风作浪。请各位多给我想想办法!”郑庄公气咻咻地打断祭足的话。

祭足沉思片刻，说：“大王一定要攻打宋国，不如先与陈国结盟，再用重金收贿鲁国。这样，剩下的卫、蔡两个弹丸小国，就算它们援救宋国，也不足为虑了。只有用这样的离间方法，破坏他们五国的联盟，把宋国孤立，我们才能稳操胜券。请大王三思。”

郑庄公采纳了他的意见，立即派使者到陈国，要跟陈国结盟。陈侯知道郑庄公为人老奸巨猾，不能轻信，便拒绝了郑国的结盟要求。郑庄公又按照祭足的计谋，

助卫逆鲁宋兴兵

首先指使将士在两国边界频频惹起争端，乘机入侵陈国，大肆掳掠陈国的人和物，借以恐吓威迫陈侯；随后又再派遣使者到陈国，把原先掳掠的东西全部还给陈国，以示联络通好，最后终于用这种软硬兼施的手段，迫使陈国与之签订了盟约。接着又用重金贿赂收买了鲁国。结果，原先的五国之盟就只剩下卫、蔡、宋三国了。

于是，郑庄公打着周王室的旗号，联合了齐、鲁两国，三国联军浩浩荡荡地大举进攻宋国。双方在边境交战几场后，宋军大败，三国联军长驱直进，兵分几路攻打宋国几处重要城池。宋国境内一时烽烟频起，楚歌四奏，宋殇公吓得胆战心惊。面如土色，急召群臣问计。当下众大臣议论纷纷：有说分兵迎敌的，有说外请救兵的，有说投降的……

掌管全国军政重权的司马孔父嘉力排众议，说："我们原先的五国联盟中，除了陈、鲁两国被诱迫而附从了郑国外，尚有卫、蔡两国与我国保持友好关系。我们应当充分利用这种关系，以重金为酬，说服卫、蔡援助我们。郑国集中了大部分兵力在这里，国内必定空虚，如果能借助卫、蔡的力量去袭击郑国，一定能够成功。而郑庄公闻知本国受困，也一定会停止对这里的进犯，赶回去解国内之围。郑军既退，齐鲁两国就自然不会再留在这里了，我们也就可以不必与敌人死战了。"

宋殇公闻言虽喜，却仍忧心忡忡："你的计策虽好，但如果不是你亲自前往卫国，卫宣公也未必肯出兵帮助我们。"

孔父嘉慨然应允："国家兴亡，匹夫有责。臣愿领一支精兵前往卫、蔡求取救兵袭击郑国京城荥阳！"

宋殇公十分高兴，立即调遣精兵，命孔父嘉为将，携带黄金碧玉锦缎等重礼，连夜奔赴卫国求援。

卫宣公受了宋国的重礼，兼之与宋国的盟国关系，立即派遣大将率精兵随同孔父嘉，取小道出其不意地直逼郑国的京城荥阳。郑国留守的太子和祭足不敢出城接战，急忙传令加强防守，并派人飞报郑庄公。

孔父嘉见郑太子不敢应战，又生一计，率宋、卫两国精兵在城外大肆掳掠，所抢劫的人和物不计其数，以激怒郑太子下城应战。郑太子果然被激怒了，披挂妥当，就要出城，却给祭足死死拦住。

卫将见郑国毫无反应，便要一鼓作气攻打荥阳，孔父嘉却劝他说："大凡偷袭，只不过是乘人不备而侥幸成功；稍有所获，就应当知足而退。而且我们此次的目的是逼郑国退兵，而不是与他们交战。如果郑将出城与我们决战，我们尚可与之一战；如果我们在这里强攻，荥阳是郑国的都城，固若金汤，守备精良，更兼有祭足这样老谋深算的人守城，我们能轻易攻进去吗？万一郑庄公的大队兵马撤了回来，那时，我们就处于腹背受敌的绝境了。反正我们来偷袭郑国，已大有所获，不如见好就收，取道戴国，全军而退，顺便打戴国一个措手不及。估计我们离开郑国时，郑军也应该离开宋国了。我们的目的也就达到啦。"

于是他们率军离开了郑国，转而围攻戴国。

郑庄公统帅三国联军在宋国攻城略地，连战皆捷，忽然接到国内告急文书，大惊失色，急忙下令班师。齐鲁两国军队杀得性起，正欲乘胜前进，却闻郑庄公要退兵，十分困惑，便问郑庄公何故。老奸巨猾的郑庄公没有向他们透露本国京城受困的消息，只是说："我们这次攻打宋国，仰仗贵国的兵威，已取占城略地之利，足以惩戒宋国了。我们是周天子辖下的仁义之师，就不要斩尽杀绝了。"

于是，三国分别退兵，宋国之危得以解决。

宋、卫两国合兵围攻小小的戴国，满以为一战可胜，焉知戴国军民奋力抵抗，至两军呈相持状态。统率联军的宋将孔父嘉又向蔡国借兵，三国大军把戴国围得水泄不通，眼看破城在即，忽闻：郑国派遣上将公子吕领兵救戴，已被戴侯（戴国君）接进戴城去了。孔父嘉大怒：戴城本已唾手可得，现在则不但难以获胜，而且还得准备迎战戴、郑两国联军的反攻，郑庄公太可恶了！他十分气愤，立即与卫蔡两国将领一起前往前线阵地，观察戴郑两军的动静，部署对付戴郑联军。

就在这时，却听得戴城连声炮响，眨眼间，城楼遍插郑国旗号，公子吕戎装披挂，正在城头拱手大声说："有劳三国将士连日苦战，我主庄公已取戴城多时了。多多致谢!"

原来郑庄公闻三国联军伐戴，即设计：令公子吕率兵假装救戴，庄公则混在军中，骗得戴侯开了城门，他们就杀进戴城。戴军已跟三国联军激战多日，战斗力大为减弱，而且一心以为郑军是真正来救援的，从心理到防御都没有跟郑军作战的准备。结果，郑军入城后，立即倒戈杀向戴军，其势如破竹，打得戴军溃不成军。随后，把戴侯驱逐出境。这样，庄公浑水摸鱼，不费吹灰之力，就把一个传了几百年的戴国轻易吞并了。

公子吕一番话，把孔父嘉气得把头盔狠狠摔在地上，大怒道："今天誓与你郑庄公决一死战!"

宋将公子丑说："庄公是大奸雄，最善用兵。如果他在我军后面埋有伏兵，我们就被前后夹击了。"

孔父嘉正在气头上，狠狠地瞪了他一眼，说："你太胆怯了——"话未说完，士兵就来报告：郑国派人送来战书。孔父嘉当即批复：明天决战!

为了不致被郑军从城中突然冲出袭击，他指挥三国联军后退了二十里地，与卫、蔡两国将领分左中右三营驻扎，每营间隔三里左右，结成互为掎角之势，自己居中，好及时照应救援左右两侧。到傍晚时分，三军刚分立营寨完毕，兵将还未解下兵甲，战马也未除下鞍鞯，就闻中军寨后一声炮响，接着火光冲天，兵车隆隆，似有千军万马杀将过来。士兵慌张来报：郑军杀到了。孔父嘉立即登车迎战。他才出营房，那火光车声却突然消失，就像根本没有发生过任何事一样。孔父嘉四处巡查一番，仍不见任何动静，只好吩咐回营。

谁知刚入营门不久，又闻左营炮声震耳，火光冲天，杀声不绝，仿如两军混战得难分难解一般。他暴跳如雷，立刻又领兵往左营救应。焉知出得营来，还没走得多远，左营刚才的炮火又已经烟消云散，刚才的一切又好像根本没有发生过似的，把他气得嗷嗷大叫。吸取上次的教训，他派遣将士分散四处警戒，准备随时给干扰的郑军以迎头痛击。

岂料他刚部署完毕，右营那边却又传来隆隆炮声，熊熊烈火又起，人喊马嘶声也隐约从林处传出。

孔父嘉明白：这是庄公的疑兵之计。他当即下令：“各路兵马不得乱动，违令者斩！”

不一会儿，左营火光重现，杀声震天。他冷笑道：“庄公老贼，任由你疑兵四布，我就是岿然不动，看你能奈我何！”就在这时，士兵来报：左营蔡军被劫。

“立即去救！”孔父嘉立即传令驾驭的士兵把战车驶往左营。战车甫动，右营火光又起，喊杀声惊天动地，地动山摇，也不知多少兵马在混战。驾驭的士兵停了车，征询他欲往何处。孔父嘉两眼喷火，大声喝道：“别理右营，只管往左，一定要与庄公老贼决一死战！”焉知驾驭战车的士兵方寸大乱，竟晕头转向地把战车往右边驶去。

郑庄公假命伐宋

路上恰遇一队兵马，已被庄公的疑兵弄得无明火起却又无处发作的孔父嘉立即命令向对方发动进攻，双方当即厮杀起来。混战了近两小时，才发现对方原来是卫军。只是到了这时，双方均已筋疲力尽，损兵折将不少了。从卫将口中，孔父嘉才知道，在左营的蔡军遭郑军劫营后，一片混乱，很快就被郑军打得一败涂地，主将身亡，几乎全军覆没，所剩下的一些散兵游勇也逃回蔡国去了。孔父嘉闻讯恼恨交加，却又无可奈何，只好把两军合为一军，欲回中营，中营却又已被郑军袭取。孔急令回军，可是已经迟了，早被郑军从左右两边夹攻。孔父嘉只好与卫军主将分兵迎敌。不一会儿，卫军主将阵亡，卫军溃散。孔父嘉见大势已去，再也无心恋战，拼死杀出一条血路，狼狈而逃。到彻底摆脱郑军时，天已黎明。检点一下随从自己杀出重围的士兵，只剩得二十多人了。

至此，郑庄公用声东击西之计，击败了宋、卫、蔡三国联军，大获全胜。

明斗不胜暗计争

汉高祖刘邦曾经和韩信在一起议论开国诸将的优劣，韩信自恃功高能谋，对诸将不足横加批评，竟没有一人能称为良将的。在这种情况下，刘邦有些不快，便问到："如我能将几何?"韩信也不观察刘邦的表情如何，此问是何目的，张口便说："陛下不过能将十万。"刘邦已有些不快，便问："于君如何?"韩信不假思索地答道："臣多多而益善耳。"听此，刘邦不由得轻蔑一笑说："多多益善，何为为我擒?"韩信见刘邦直戳自己的短处，不无难堪地说："陛下不能将兵，而善将将，此乃信之所以为陛下擒也。且陛下所谓天授，非人力也。"这是《史记·淮阴侯列传》所载的一段精彩对白。从这段对白中，人们可以看出刘邦和韩信各自的短长，以及在复杂的政治和人际关系下的态度。刘邦所说的"何为为我擒"，是刘邦曾三次将韩信的兵权夺回，使之失去权力而在刘邦的严格控制之下。三擒韩信，乃至最后杀掉韩信。

第一次，单身称汉使，驰营夺兵权。

公元前206年，刘邦拜韩信为大将，明修栈道，暗度陈仓，进入中原，与项羽争天下。项羽英勇善战，刘邦屡战屡败。这时派韩信去攻魏，木罂渡水，平定魏地。刘邦又派韩信和张耳，北举燕、赵，东击齐，南绝楚粮道。韩信先破代国，转攻赵国，又背水一战，大破赵军。然后问计于赵国的广武君李左车。李左车说："今将军涉西河，虏魏王，擒夏说；东下进径，不终朝而破赵二十万众，诛成安君（附余）；名闻海内，威震天下，农夫莫不辍耕释耒，榆衣甘食，倾耳以待命者，此将军之所长也。"让韩信镇抚赵地，以所长逼燕、齐，使他们望风而服。韩信请示刘邦，立张耳为赵王，镇抚赵国。刘邦同意，并以韩信为赵丞相，共镇赵地。

韩信攻打魏、赵，屡战屡胜；刘邦在荥阳与项羽对垒，屡战屡败。韩信休兵于赵，虽有楚兵袭击，终不为大患，故兵马强壮；刘邦与项羽苦战，损失惨重，虽有萧何频发关内民人助军，终感兵力捉襟见肘，亟需补充兵力。当时虽两雄相争，各诸侯拥兵自保，汉强则归汉，楚强则归楚，没有强大的实力，是不可能向他们征调军队的。韩信虽归刘邦节制，但现在也是独占一方的强者，强行征发他的军队，很可能促使他反叛。

在刘邦为缺军发愁，项羽发起强攻，刘邦仅得与数十骑逃出荥阳。刘邦本想回关中收兵再战，听辕生的劝说，先向南收英布之兵，将项羽的注意力引向南方，然后又回荥阳。项羽寻战不舍，破荥阳，攻成皋。刘邦不敌，于成皋单身与滕公逃出。此时刘邦成为光杆大王，身边没有一兵一卒。思前想后，何处才能弄到军队

明修栈道图。出自《西汉演义》，描绘了刘邦用韩信计，遣樊哙明修栈道，而另派大军暗度陈仓的故事。

呢？刘邦想到韩信的军队。便与滕公北渡黄河，直向韩信、张耳的赵军军垒赶来。离军垒不远，暂时住下，在清晨时，自称汉使，驰入赵壁。这时韩信、张耳尚在睡觉，刘邦直入他们的卧室，夺得他们的军符印信，调遣起军队来。等韩信、张耳起床，军权已失，不得不前来请安。刘邦借机将他们打发回赵国，让张耳留守赵国，韩信带赵的余兵去攻打齐国。

刘邦此次以韩信不备，夺得兵权，可谓老谋深算。他身在成皋，离韩信军营尚远，此为声东；清晨至营，诈称汉使，守门军士不会因此等事叫醒主帅，此亦声东；入则即夺兵符印信，迅速调兵遣将，掌握主动权，乃是击西。声东示之不攻，击西乃是必攻，此即是刘邦高于韩信之处。

第二次，凯歌声未住，奔袭再夺军。

韩信受命率赵余军去攻打齐国，将至平原时，就听说郦食其游说下齐国，韩信欲止攻。这时，范阳辩士蒯通劝说韩信："郦生一士，伏轼掉三寸之舌，下齐七十余城，将军将数万众，岁余乃下赵五十余城，为将数岁，反不如一竖儒之功乎！"韩信乃袭击齐国历下军，直抵齐国都城临淄。齐王田广乃烹郦食其，败走高密，向楚求救。项羽派大将龙且来援齐，被韩信乘其半渡而破之，杀龙且，收楚卒，兵势大盛，乘势平定齐国。

韩信自以为功高，乃向刘邦请示，立他为假齐王。当时刘邦正被楚军困于荥阳，见到韩信的书信，不由得大怒，骂道："吾困于此，旦暮望若来佐我，乃欲自立为王！"这时张良和陈平正在刘邦身边，急忙蹑其足，又耳语说："汉方不利，宁能禁信之王乎？不如因而立，善遇之，使自为守。不然，变生。"刘邦乃变脸复骂道："大丈夫定诸侯，即为真王耳，何以假为！"乃派张良带印信立韩信为齐王，并征发其兵击楚。

此时韩信拥有重兵，独占山东之地，不独刘邦怕他，项羽也很怕他，便派武涉前来游说韩信。以"当今二王之事，权在足下。足下右投则汉王胜，左投则项王胜。项王今日亡，则次取足下。足下与项王有故，何不反汉与楚联和，三分天下王之？"既有利诱，又有威胁。然韩信以刘邦待他优厚，不肯背叛。齐人蒯通知天下形势全在韩信的向背，也前来游说韩信。“韩信犹豫不忍背汉，又自以为功多，汉终不夺我齐，遂谢蒯通。”

韩信虽不忍背叛刘邦，但对刘邦还是有所防备，不肯轻易率军出齐地。公元前202年，刘邦追击项羽至固陵（今河南固始县），韩信的齐军，彭越的魏军，观望不前，项羽反击，大破汉军，刘邦只有坚壁自守。二人不来，难以胜楚，刘邦很是忧虑。这时，张良献计，以破楚所得之地和王号诱二人前来会师，大败楚军，将项羽困在垓下。项羽兵败，自刎乌江，楚地悉定。战胜项羽，全军都沉浸在欢乐之中．韩信也只等加封益地。孰料，刘邦借回师之际，驰入韩信军中，将其军权夺下。失去指挥权的韩信，只好随刘邦前去，刘邦以其有功，也不便处置，便将他改封楚王。

刘邦以王号和封地诱韩信离开齐地，此为声东；再以战胜还师为名，取道韩信军营，仍是声东；然后趁机急驰入韩信营垒，夺韩信兵权，此乃击西。韩信能将兵打仗，却不料刘邦在算计自己，此是韩信不如刘邦之处。然韩信两次被夺军权而不防，主要是居功自得，再加之刘邦常诱之以利。居功贪利，此是韩信之短也。

第三次，游云楚假道入楚，会诸侯智擒韩信。

韩信来到封地楚国，率先报自己少年在此地生活时的恩怨，然后准备享受其为王的快乐。孰料安枕生活难继，而奇祸常常不期而来。

项羽手下有几员能征善战的名将，即钟离昧、龙且、周殷等，因陈平施离间计。这些忠于他的将领遭到项羽的猜忌，也不听信他们的建议。项羽死后，名将只剩下钟离昧，刘邦岂能容他在世？钟离昧原与韩信有交情，兵败无处安身，便来投靠韩信，韩信自然收留。不料，钟离昧到楚之事为刘邦所闻，即下诏给韩信，让他将钟离昧捕往京师，韩信与其为友，自然举棋难定。一个无赖少年，现在荣归故里，自然得意非凡，巡行所属县邑，陈兵护卫，以壮声威，这也是常情。也正因此两件事，便有人告他谋反。刘邦听到此信，旧恨新怨涌上心头，便与诸将商议对策。诸将皆曰：“亟发兵，坑竖子耳！”刘邦也深知用兵打仗，诸将和他都不是韩信的对手，所以默然不应。

龙且被韩信打败，仓皇而逃。

国难思良将，有事求谋臣。刘邦与诸将商议不出结果，便去

《前汉书续集》版画之汉王游云梦擒韩信

找“一生好用阴谋”的陈平商议。陈平献计云：“古者天子有巡狩，会诸侯。陛下第出，伪游云梦会诸侯于陈。陈，楚之西界；信闻天子以好出游，其势必无事而郊迎谒；谒而陛下擒之，此特一力士之事耳！”刘邦听从其计，便照计行事。

有人告反，韩信也有所闻，其疑惧之间，刘邦已到其国界边，按道理他必须前往迎候。如果刘邦以大兵压境，韩信必然以兵相迎。现在刘邦游玩，带兵不多，韩信的疑惧也就去除，但终究还是有所心虚。正在这时，有人劝说韩信，杀掉钟离昧，再去见刘邦，一定无事。韩信便把钟离昧叫来，将此意告诉他。钟离昧听到此意，非常恼怒地说：“汉所以不击取楚，以昧在公所，若欲捕我以自媚于汉，吾今日死，公亦随手亡矣！”乃骂韩信道，“公非长者！”便拔剑自杀。正因为钟离昧死得冤枉，才为后人怜悯，乃至说他仙去，成为后来传说的八仙之一。

韩信拿着钟离昧的首级，心安理得地去见刘邦，不想武士出来，将其五花捆绑，放在刘邦的后车，急忙驰往雒阳。在路上，韩信对刘邦说：“果若人言，‘狡兔死，走狗烹；高鸟尽，良弓藏；敌国破，谋臣亡。’天下已定，我固当烹！”这种怨恨追悔，使刘邦无言以对，不无难堪地说：“人告公反。”将韩信载至雒阳，然后赦韩信之罪，改为淮阴侯，留在京城，使他从此失去指挥军队的权力。

刘邦此次擒韩信，采用的仍是声东击西。声言游云梦，此是声东；不带重兵，轻车简从，使韩信不疑，此是声东；韩信来到，急忙捆载而去，使韩信远离他的势力，失去反抗能力，击西成功，但仍有防备，此为善于用声东击西之计，故获胜而无咎。

第四次，成也萧何，败也萧何，吕后斩韩信。

韩信昔日带兵纵横，随从前拥后呼的一方国主，现在寄居长安，与远不如己的群臣为伍，心怏怏而怨望，悔恨之心常在，又不会掩饰，必然招祸。

公元前196年，代相陈豨反叛，刘邦亲自率军往征，韩信正在病中，不能随征，留在第安。据史载，韩信准备与陈豨里应外合，“诸与家臣夜诈诏赦诸官徒奴，欲发以袭吕后、太子；部署已定，待豨报。其余人得罪于信，信囚，欲杀之。舍人弟上变，告信欲反状于吕后。”此事真假，颇值得怀疑，但韩信怨望，应是存在的。吕后知韩信欲反，急与丞相萧何谋议。

想当初，韩信在刘邦处不得意，乃弃职逃走，萧何惜韩信是个人才，来不及禀告刘邦，便去追赶，乃至有人告诉萧何逃亡。经萧何的推荐，韩信得为重用，得以建立不世之功。现在韩信谋反，萧何不得不为主人出谋。

萧何闻变，即令人诈从刘邦处来，传言陈豨已被刘邦擒获而斩杀。这样大的捷报，韩廷文武及诸侯应该到皇宫祝贺。此时韩信正在病中，原本可以请病不来。这时，萧何便对韩信说："虽疾，强人贺。"萧何是韩信的恩人，他的话当然使韩信不疑。于是，韩信也来宫中祝贺，被吕后派武士将韩信抓获，秘而不宣地斩在宫中。利刃加颈，韩信想起当初在齐国为王之时，不听蒯通所言，三分天下，鼎足而居。时至不行，反受其殃等劝说，长叹道："吾悔不用蒯通之计，乃为儿女子所诈，岂非天哉！"

此次吕后杀韩信，用的也是声东击西之计。萧何诈称陈豨被擒杀，是按韩信与陈豨内外勾结而设的谋略。陈豨被杀，先断韩信的外援，又取得祝贺之名，是为声东；再借自己与韩信的知遇关系，请其必来，是为声东之助。既断其援又释其疑，韩信入宫，立即擒杀，击西目的完成。秘而不宣，趁势夷韩信三族，除其党羽，使无后患。环环相扣，可谓老谋深算，获胜而无咎也是必然的。

纵观三擒一斩韩信的经过，可以看出，刘邦和他的谋臣，在每次使用声东击西之计时，都是经过深思熟虑而后行的。刘邦和他的谋臣，利用韩信居功，自以为不会对他下手，在政治上优柔寡断的弱点，示之以不攻，造成声东的声势，使其不防，再以突发的形式，趁其优柔寡断之时，以出其意料的方式直捣其虚，故屡用屡奏其效，可谓老谋深算。三擒不杀，在当时国家初建，根基尚不稳定不时，能起到安功臣，用其力的效用。此正是这种手法获得全胜而无咎的根本，亦可见声东击西之计的老谋深算，以必攻示不攻阴而取之手法的高明所在。

声东击西得两城

我国东汉，刘秀称帝之后，曾派建威将军耿弇去讨伐张步。为了抵挡耿弇，张步命令弟弟张蓝带精兵二万驻守西安，又派诸太守一万余人守临淄，两地相距不远，互成掎角之势。

耿弇大军到后，发现西安城小而坚固，守城的兵将全是精锐，临淄多为大城，守军松懈，很易攻破。

耿弇心中有数，即命令全军攻打西安，攻打时间是第五天。张蓝听到消息后也日夜练兵，严加防卫。

第五天的半夜，耿弇集合全军，命令攻打临淄。将士们皆吃一惊，不少人认为攻打西安早已准备，总比攻打临淄方便些，都想不通。耿弇说："不然。首先西安守军已知我军前去进攻，日夜防安，自顾不暇，根本顾不上救别人；临淄军根本想不到我军能突然而至，防不胜防，不难攻破。我军先攻下临淄，致使西安孤立，隔断了西安与张步的联系，张蓝只得弃城而逃，可以一举两得。如果先打西安，一时攻城不下，会增加我军伤亡，其次，即使攻下西安，敌军张蓝会率兵退守临淄，两军会合，也不好对付。再次，我军深入敌境作战，不宜久战。拖上十几日，我军粮草会发生困难。"

众人猛醒，一个个争先恐后，要做打临淄的先锋。

果然，临淄并无准备，兵临城下，才如梦方醒，不到半天城池就被攻下。张蓝听说后，果然弃城而逃。耿弇不费一兵一卒，又得一城。耿弇“声东击西”一计，共得两城。

司马懿声东击西，诸葛亮将计就计

蜀汉建兴七年（229 年）四月，诸葛亮兵出祁山，分作三寨，专候魏军到来。

闻知蜀军进犯，魏军统帅司马懿以张郃为先锋，戴凌为副将，率军十万前往祁山迎敌。大军到达祁山后，下寨于渭水之南，当即有前锋部将郭淮、孙礼入寨参见。司马懿问道：“前线情况如何？你们已否与蜀军交锋？”郭、孙二人回答说：“蜀军刚到数日，尚未出战。”司马懿说：“蜀军千里远道而来，利用速战，今不急于出战，其中必有阴谋。”说罢，又问陇西各路有什么信息。郭淮回答说：据派出的细作探听，陇西各郡守军都十分用心，日夜提防，并无意外情况，只有武都、阴平二处，尚未得到消息。司马懿听到郭、孙二将禀报的军情后，用心思索了一下，想出了一条计策，对着郭淮、孙礼说：明日我亲自领兵出阵与诸葛亮交战，你二人可急从小路前往增援武都、阴平，并从背后掩袭蜀军，这样可使蜀军阵势自乱，我军再乘乱出击，可获全胜。郭、孙二人受计后，立即领 5000 人马从陇西小路，直奔武都、阴平，并将按计就势，从蜀军背后发起奇袭。却未料二人领兵正行进间，忽然哨马来报，说是武都、阴平已先后被蜀将王平、姜维攻破，魏军（指郭、孙二将率领的魏兵）前锋已离蜀军不远，孙礼听到这一讯息，心中顿时一阵疑惑慌乱，对着郭淮说：“蜀军既已攻破二城，为何尚阵兵城外？其中必定有诈，莫如赶快退兵！”郭淮赞成孙礼的意见，正要下令退兵，忽听一声炮响，山背后闪出一支军马来，大旗上写着：“汉丞相诸葛亮”，旗门开处，诸葛亮端坐在一辆车上，左有关兴，右有张苞。

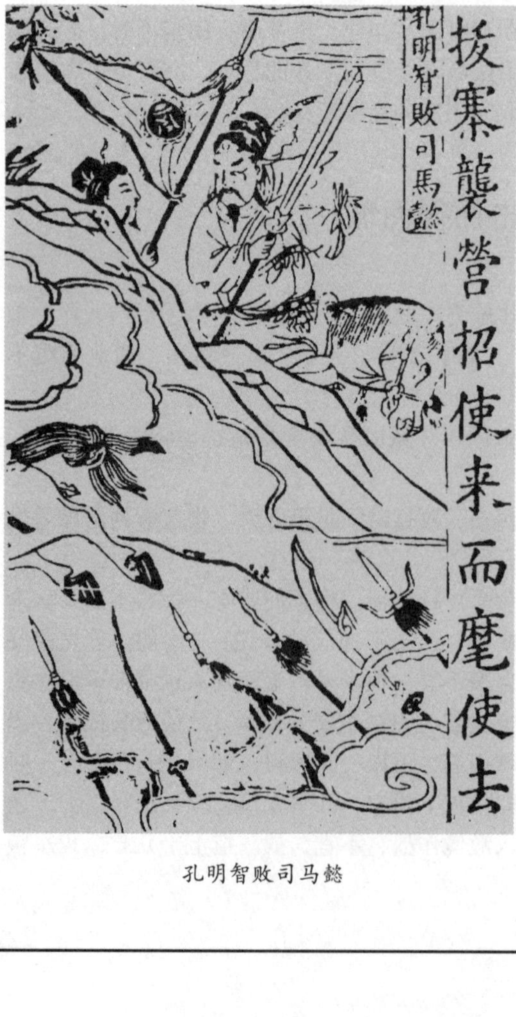

孔明智败司马懿

郭、孙二人见此情景，不禁大惊失色，只听见诸葛亮坐在车上大声笑道："郭淮、孙礼休想逃走，司马懿搞声东击西计，怎能瞒得过我？他每日派人在正面阵前与我军交战，暗地里却教你们袭击我军背后，妄图乱我大营，我只还他个将计就计，现在武都、阴平已被我军攻取，你二人还不早早投降？"郭淮、孙礼听到这话；更是十分慌张，却又听到背后喊杀连天，原来是王平、姜维又领一支蜀军杀到，与前面的关兴、张苞形成前后夹攻之势，一时间，魏兵大败，郭淮、孙礼也只得弃马爬山而走……

姜维声东击西骗魏军

魏景元四年七月，魏主司马昭遣镇西将军钟会带兵十万由长安出发，直取汉中，安西将军邓艾由陇右出击，兵指沓中牵制姜维，向蜀汉展开了全面进攻。汉中很快失陷。沓中的姜维也被邓艾四面围攻打败，情势十分危急。

姜维听说汉中失守，欲重整兵马去救汉中，不料去汉中的必经之路——阴平桥，又被魏将诸葛绪占领，此刻姜维仰天长叹说："这是天要丧我在此地呀！"

在此绝望之际，副将宁随对他说："现在魏兵虽然切断阴平桥头，但雍州兵力必然空虚，我们如果从孔函谷，抄近路去攻雍州，诸葛绪必然会撤阴平桥守军去救雍州，这时我们再取阴平桥去守剑阁，那时便可以收复汉中了，这是声东击西的计谋。"姜维想，这也是唯一的绝路逢生之计了。于是依计而行。

据守阴平桥的诸葛绪，听说姜维去攻雍州了，心想，雍州是我的守地，如果一旦失守，上方怪罪下来，我可担当不起，便撤军去守雍州，桥头只留小量军兵把守。

姜维率兵走出三十里左右，见魏兵奔回雍州，便回兵轻而易举地占领了阴平桥，烧毁敌寨，率兵直奔剑阁。

诸葛绪回到雍州后，听说姜维返军夺了阴平桥，这时才知中了姜维"声东击西"之计。当他

姜维，三国时期蜀国名将。

再回到阴平桥时，姜维已率军过去半日了，他因此受到了钟会的责罚。

商海弄潮

哈利的声东击西经营术

80多年前，15岁的哈利在一个马戏团当童工，他的任务就是在门前招徕顾客。他希望有所作为并很有心机。

经过一段时间后，一天，他向团主提出："我设法使演出场场爆满，请你允许我在演出时出售一种饮料，好吗？"

"小家伙，你想搞什么鬼把戏？"团主对这个勤快的小工颇有好感，微笑地说。"你试着干吧。注意，可别影响我们演出的收入。"

"你等着瞧吧，我们的收入只会增加，绝不会减少。"

第二天，小哈利用自己的积蓄买回一些生花生米和柠檬水，细心地用锅把花生米慢慢炒熟，边炒边加进了相当多的盐，当花生米发出诱人的香味时，再用纸把这些花生米包成若干小包。

开始卖票了，小哈利把这些小包的花生米搬到售票处前，大声吆喝起来："快来看马戏！快来啊。每买一张马戏票，我们赠送一包炒花生米，又香又脆的花生米。一边吃，一边看，快活像神仙！快来看马戏，快来啊！……"

不少人围过来了，看看成堆的花生米，嗅着诱人的花生香，人们纷纷动心了。这是马戏团招徕顾客的新花招吧，管他的，看马戏能多得一包炒花生，何乐而不为！

这天的马戏票很快就卖完了。哈利收起剩下的花生米，满意地笑了。卖票的人问他："小家伙，你这一下，我可轻松了，老板也有得赚了，你可是要亏本了吧？"

"谢谢你的关心。放心吧，老板赚钱，我也不会亏本的！"小哈利说完，不再理会满脸诧异的卖票者，一溜烟地跑了。他得开始准备下一步了。

精彩的表演得到了观众的喝彩，手上的花生米不知不觉地被全部吃光了。过多的盐炒的花生米一入了观众的口，不久就发生了作用，不少人口渴如焚。而此时，小哈利把早已备好的柠檬水带到场内兜售。

"哈罗，柠檬水，这里要！"

"哈罗，这边来，快！"

要柠檬水的呼唤声络绎不绝。随着这些急迫的呼唤声，一张张钞票飞进了小哈利的口袋里。

事后一清点，他这一天的收入居然比一般马戏团团员还要高出好几倍！

小哈利后来成了第一次世界大战期间轰动世界的宣传奇才。

看马戏赠送炒花生米，造成了提高卖座率的声势，使观众发生了错觉；精彩的马戏，难忍的渴，使他们无法抵挡柠檬水的进攻。你能不佩服哈利"声东击西"的戏法吗？

苏联“声东击西”获技术

1973 年，苏联人在美国放风说，打算挑选美国的一家飞机制造公司为苏联建造一个世界上最大的喷气式客机制造厂，该厂建成后将年产 100 架巨型客机。如果美国公司的条件不合适，苏联就将同英国或联邦德国的公司做这笔价值 3 亿美元的生意。

美国波音飞机公司、洛克希德飞机公司和麦克唐纳—道格拉斯飞机公司三大飞机制造商闻讯后，都想抢到这笔“大生意”。所以，便背着美国政府，分别同苏联方面进行私下接触。苏联方面则在它们之间周旋，让它们竞争，以更多地满足苏方的条件。

波音公司为了能够抢到这笔生意，首先同意苏联方面的要求：让 20 多名苏联专家到飞机制造厂参观、考察。

在波音公司苏联专家被视为上宾，他们不仅仔细参观飞机装配线，而且钻到机密的实验室里“认真考察”。他们先后拍了成千上万张照片，得到了大量的资料，最后还带走了波音公司制造巨型客机的详细计划。

波音公司热情地送走苏联专家后，满心欢喜地等待他们回来谈生意、签合同。岂料这些人有如肉包子打狗，有去无回。

不久，美国人发现了苏联利用波音公司提供的技术资料设计制造了伊柳辛式巨型喷气运输机。这种飞机的引擎是美国罗尔斯—罗伊斯喷气引擎的仿制品，而且有关制造飞机的合金材料，也是从美国获得。

原来，苏联专家穿了一种特殊的皮鞋，其鞋底能吸引从飞机部件上切削下来的金属屑，他们把金属屑带回去一分析，就得到了制造合金的秘密。

这一招，使得一向精明的波音公司人叫苦不迭，有苦难言。

这一例中，苏联人为了获得美国飞机制造商制造巨型客机的详细材料，故意放风说要挑选美国的一家飞机制造公司为苏联建造喷气式客机制造厂，从而“声东击西”，瞒住了波音公司，获得了巨型客机的制造材料和有关制造飞机的合金材料的秘密。

运世方略

李斯的成功与失败

李斯是楚国上蔡人。年轻时，做过郡的小官吏，看到官吏宿舍厕所中的老鼠吃粪便，一见人或狗接近，总是惊恐万状。李斯进入粮仓，观察仓库中的老鼠，吃着囤积的粮食，住在周围宽大的廊檐底下，不见有人或狗接近的骚扰。对此李斯不禁感叹道：“人的有出息没出息，犹如老鼠啊，只在于自己所处的环境罢了。”李斯乃从荀卿学习帝王之术。学成之后，开始走向政治角斗场。

李斯走向何方呢？纵观当时形势，楚国是贵族的天下，没有他立足涉身的机会，而其他国家固然有可谋之机，但又弱小，很难有建功立业的机会，此时秦王有吞并天下之志，国力又强。于是李斯作出西行入秦的决定。

一个不知名的外乡人，来到一个陌生的国度，怎样才能使自己这个“久处卑贱之位，困苦之地”的人进入高贵富足之乡呢？李斯权衡之后，不得不采用峰回路转的手法，迂回地向秦王身边靠拢，率先找门路投到吕不韦门下充当舍人。

当时，秦王嬴政年少即位，大权操在相国吕不韦手里。如果李斯直接找门路靠近秦王，一定会引起权势正热的吕不韦的忌恨，以吕不韦当时的能力，铲除李斯易如反掌。投靠吕不韦固然可得到一定的地位，改变困苦的生活，但要为显贵而成其大志，则是不容易的。为不招吕不韦忌恨，也为在此能有机会见到秦王，李斯投靠了吕不韦，并得到吕不韦的信任，升任为郎。郎为侍从之职，官虽不大，但可以接近秦王，这正是李斯的本意。李斯借接近秦王之便，将自己所学的帝王之术向秦王倾诉，使秦王为之心动，先授长史，后拜客卿，开始他的奔向富贵之路。

秦始皇统一六国，李斯也荣升丞相，位极人臣。在一次迎接自己长子、三川守李由的家宴上，“百官长皆前为寿，门庭车骑以千数。”睹此盛况，李斯不无感叹地说道：“嗟乎！吾闻之荀卿曰：‘物禁大盛’。夫斯乃上蔡布衣，闾巷黔首，上不知其驽下，遂擢至此。当今人臣之位无居臣之上者，可谓富贵矣。物极则衰，吾未知所锐驾也！”其保位固贵之心越来越强烈，这就给人以可乘之机。

秦始皇像

公元前210年，秦始皇外出巡游，病死在沙丘（今河北巨鹿县境内），因秦始皇在死前没有把继承人定下来，这就给赵高谋立胡亥留下可乘之机。拥立新主大事，作为丞相的李斯是至关重要的人物，赵高不得不找李斯谋议。赵高所采用的也是声东击西之计的峰回路转，以可为而不为曲而得之的手法。

首先，赵高对李斯讲：“定太子在君侯与高之口耳。”说明李斯和他在这次安排继承人所起的决定作用。李斯惧祸，乃推托道：“安得亡国之言！此非人臣所当议也！”貌似恼怒，实是心虚。于是

李斯父子受斩刑

赵高将李斯与太子扶苏的亲信蒙恬相比，使李斯知“此五者皆不及蒙恬”。然后以“君侯终不怀通侯之印归于乡里明矣”相威胁，迫李斯就范。

其次，在李斯就范之后，将自己所考虑的计谋披露，在李斯尚有顾虑之时，赵高乃说：“今释此而不从，祸及子孙，足以为寒心。善者因祸为福，君何处焉?”在利与害的面前，使李斯妥协了，竟然仰天而叹，垂泪叹息，成为赵高的俘虏。

再次，赵高在册立胡亥成功，居中用事，以“沙丘之谋，诸公子及大臣皆疑焉。而诸公子尽帝兄，大臣又先帝之所置也。今陛下初立，此其属意怏怏皆不服，恐为变”为名，开始“尽除去先帝之故臣”。李斯自然也难免其祸，公元前208年的夏天，全家大小被押赴咸阳市问斩。在赴法场的路上，李斯对二儿子说：“吾欲与若复牵黄犬俱出上蔡东门逐狡兔，岂可得乎!”父子相哭，是后悔，是伤逝，还是想厕中之鼠虽有人犬之惊恐而无被灭之祸？个中滋味留给后人去猜想吧!

为实现自己的政治目的，李斯采用迂回的策略，巧妙地避开吕不韦的权势，实际上是声东击西。当他该能得到的都已得到的时候，预感到自己的危险，发出未知今后吉凶止泊在何处的感叹，这本是一个清醒的政治家所能察觉的问题。但其太留恋所得，计较所失，也就给赵高以利用他的机会。赵高攻李斯必救，以这可为而取其不为，使之进入彀中，也算是成功地使用此种手法。司马迁在评论李斯时说：“斯知六艺之归，不务明政以补主上之缺，持爵禄之重，阿顺苟合，严威酷刑，听（赵）高邪说，废嫡立庶。诸侯已畔，斯乃欲谏争，不亦末乎!”亦可见胜人之计，人亦可以之胜己，使用者岂能不慎重行之，切莫“乃乱乃萃”。

陈平设计救刘邦

刘邦和项羽接受楚怀王的命令，分路进攻咸阳，并当众宣谕“先入关者为王”。

刘邦先入，但权尽归项羽，反受其控制，改封刘为汉中王。驻节南郑（陕西省）。谋臣范增深忌刘邦，屡次想把他杀掉，不使他上任，留在咸阳，名曰辅助，其实是软禁。

刘邦急想脱离虎口，问计于张良，张良往访陈平，陈平附耳说了几句话，喜得张良拍掌大笑，连称妙计。

第二天陈平先以调虎离山之计向项羽奏请，派范增往彭城催怀王徙居郴州。范增临行的时候，向项羽提出三个条件：一、不可离开咸阳；二、重用韩信，若不用则杀之，避归他人所用；三、不可使刘邦归汉中。项羽应允，范增方起程。

隔了不久，陈平再上表，言及国家经济，首在节流，目前驻咸阳有几十万军队，坐吃山空，不如将各诸王遣回驻地，减少开支……

项羽准奏，即令新封诸王限五天内起程返回，独不准刘邦。

刘邦大惊，已知项羽有谋害之意。急与张良计议，张良眉头一皱，计上心来，叫刘邦上表，向项羽请假回故乡丰沛省亲，并教他如此如此，这般这般。

项羽看过刘邦的表章，沉思了好一会儿，对刘邦说：“你要回乡接父母，亦是人子孝亲之意，但怕不是出自本心，是不是我要你留在咸阳，才有此举呢？”

刘邦装出悲戚的样子回答：“我父亲太公年老，无人侍奉，我日夜怀念，无时或已。往日因见陛下初即位，事务繁忙，故不敢启齿劳烦。今日各诸侯已返回驻地，能享天伦之乐，独我留在此地，又不知何年何月得见父亲之面了！”说到这里，哭了起来。

这时，张良故意唱起了双簧，出班启奏：“不可以放他回乡取家眷，宁可遣他回驻汉中去，使人去丰沛取他的家眷到这里来作押，好教他规规矩矩地做人，休生妄想！”

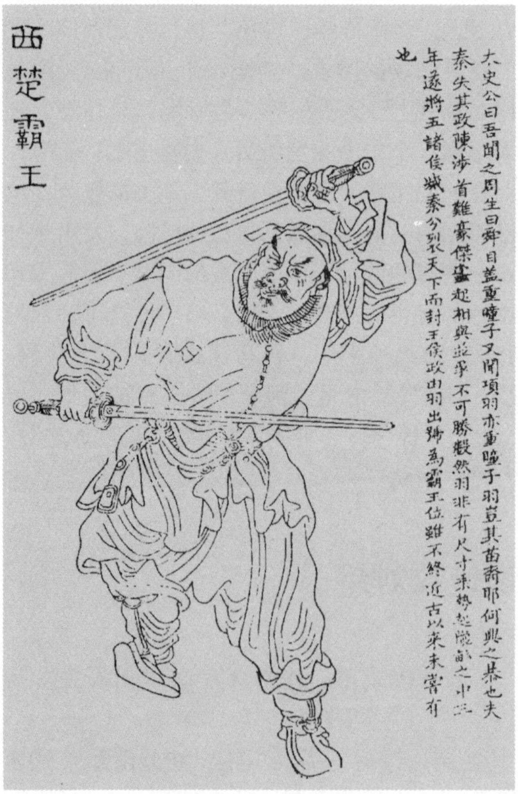

西楚霸王项羽

项羽听说，把头点了几下说：“你说得虽有道理，但我不放他回汉中去，就是怕他有异心。”

陈平又乘机启奏说：“陛下既封刘邦为汉中王，已布告天下，臣民共知，不使他上任，恐不足取信于天下，人家会说陛下一登位便说假话，那对以后的法令，也会阳奉阴违。不如听张良的话，以刘邦的眷属作为人质，留在咸阳，遣他回汉中去，既可以保全信用，又可以约束刘邦行为，这不是两全其美吗？”

项羽想了很久，才无可奈何地对刘邦说：“既然大家这样说了，也是合情合理，现只可准你去汉中上任，不能回丰沛去，明天就起程吧！”

刘邦心里欢喜无限，却装出

一副可怜相，拜伏不起，续求准许回乡省亲。

项羽心有不忍，安慰他说："你还是好好地到汉中去，我会将你父亲等家眷接到这里来供给赡养，待你到了那里，把事弄妥了，再派人来接，亦不失奉养之意啦！"

这时刘邦才勉强站起来，感谢项羽的大恩大德。

刘邦回营，立即下令大小将士，速拔寨起程，众将士如猛虎归山一样，浩浩荡荡地朝汉中去了。

声东击西，成就帝业

神龙元年（705 年）一月，武则天病重，秋官侍郎、同平章事张柬之、天官侍郎、同平章事崔玄暐、中台御史敬晖、司刑少卿桓彦范、相王府司马袁怒己，五人合谋，诛灭张易之、张昌宗兄弟，推翻了武则天的统治。武则天传位给太子李显，是为中宗。但武则天所留下的皇位继承问题还没有解决。武则天在位时，儿子、侄子、女儿都想做皇帝，虽然现在中宗即位，这些人及他们的依附势力，没有不窥测皇位的。因此，在武则天被推翻以后，太子、李重俊谋诛韦后未遂，韦后杀死中宗，玄宗杀了韦后而拥立睿宗，睿宗以圣庶抗嫡的名义换玄宗为太子。谯王李重福洛阳谋乱未遂，睿宗禅位玄宗，玄宗诛杀太平公主而移睿宗于百福殿，在短短的八年半时间内，先后发生了七次宫廷事变。在这七次宫廷事变中。有四次与玄宗有关，亦可见这位人物在当时的地位和作用。

唐玄宗，名隆基，生于垂拱元年（685 年），是睿宗第三子，史书称他"性英武，善骑射，通音律、历象之学。"始封为储王，后为临淄王，曾兼卫尉少卿、潞州别驾。

武则天像

景云元年（710 年）六月，唐中宗韦后鸩杀中宗，韦后与太平公主（武则天女）等合谋，册立十六岁的李重茂为帝，韦后临朝摄政。为实现专权的目的，韦氏宗亲勾结宗楚客等，欲仿照武则天故事，改朝换代。这样便与原来的同谋者太平公主和唐室宗亲，尤其是中宗的弟弟李旦发生冲突，韦后与自己的女儿安乐公主相谋，准备除掉他们。

韦后杀掉中宗之后，恐李姓诸王生变，将在外的诸王大多召会京师，李隆基也在此行列。失去实权的李隆基，不甘任人宰割，“阴聚才勇之士”，准备待机行动。韦后与太平公主失和，李隆基早已侦知，乃与太平公主之子薛崇简等相谋，实际上是想取得当时颇有势力的太平公主及其死党的支持。就在此时，韦后等谋害李隆基的父亲李旦的谋划已定，兵部侍郎崔日用派人告密。为了不至于被政敌消灭，也为了使政敌措手不及，李隆基决定马上发动政变。这样大的事情，按常理应该通知其父李旦和太平公主。李隆基以“事成福归于王（其父），不成以身死之，不以累王”为名，率所联络的羽林军所辖的“万骑”，攻入长安宫的玄武门，杀韦后、安乐公主、上官婉儿等，灭其党羽，废李重茂，拥立其父李旦为帝，是为睿宗。李隆基发动政变，能够在一夜成功，这在很大程度上有太平公主的支持。

太平公主沉敏多权略，武则天认为她最像自己，也最爱她，使她很早就参与政事的谋议，在唐中宗复辟时立有大功，故在中宗之世，是非常有权的人物。这次与李隆基共诛韦后，拥立睿宗，可谓功高权大。

睿宗即位，议立太子。长子李成器是嫡生，李隆基是有大功的，究竟立谁，睿宗自己也犹豫不决。李成器在权衡利弊之后，自知李隆基握有实权，又有文武大臣阿附，难以与之抗衡，便以“时平则先嫡长，国难则归有功”为名，“涕泣固让”。李隆基本有此意，但不能表示出来，所以“抗表固让”。然大臣多言，成器固让，隆基终于得到太子的位置。

睿宗在武则天时曾为皇嗣，但形同囚犯，自己正妃刘氏、德妃窦氏（玄宗母）被人诬告诅咒武则天，而被武则天杀死，也不敢申辩半句。尔后又被幽闭宫中十余年。中宗复位，他仍遭猜疑。可谓是一直生活在惶惶不安之中。正因为如此，他非常怕事，又缺乏主见。即位后，凡宰相奏事，他常先问：“尝与太平议否?”再问：“与三郎议否?”然后才作出决断。军政大权实际上操在太平公主和李隆基手中。二雄不并立，这两位握有实权的人物，自然会产生矛盾，相互冲突也是不可避免的。

本来太平公主在立太子问题上，认为李隆基年轻，容易控制，所以非但没有反对，还支持他。不想这位青年“英断多艺”，凡事自有主见，很难控制。于是有些后悔，想重新找一位懦弱者立之，以便于她控制。欲立新太子，必先除去李隆基，所以太平公主派人散布流言云：“太子非长，不当立。”并派遣耳目，觇伺李隆基的一举一动，纤介必奏之睿宗，睿宗因为“朝廷皆倾心东宫”，威胁自己的地位，有意废去李隆基。李隆基的地位岌岌可危，心不自安。

李隆基两面受敌，按常情和当时的道德规范，太平公主是李隆基的姑姑，而且是害李隆基的主谋，李隆基应该想方设法除去太平公主的威胁，这是必然的。睿宗是李隆基的父亲，又是当今皇帝，即使有废己之心，也不该有所非议，这是不然，也就是不能想象的。然而，太平公主欲害李隆基，必须依靠睿宗，没有睿宗的认可，太平公主是不可能废掉李隆基的，故决定李隆基命运的关键还是在睿宗。

李隆基在权衡利弊之后，便悄悄地行动起来。他先让术者向睿宗说：“五日中当有急兵入宫”，以使怕事的睿宗难以处置。然后让张说、姚崇对睿宗说：“此必谗人欲离间东宫。愿陛下使太子监国，则流言自息矣。”连吓带哄，使睿宗命太子监国。李隆基借此得到更多的权力，以期得到与太平公主抗衡的实力。当太平公主得知姚崇、宋璟参与此谋，责备李隆基时，李隆基因实力尚不如，便顺从太平公主之意，奏他们“离间姑、兄，请从极法。”将二人贬官在外，进而安抚了太平公主，使她放松警惕，而暗中发展势力。这是李隆基第一次成功地使用声东击西之计，以不然为必然争而胜之的手法。

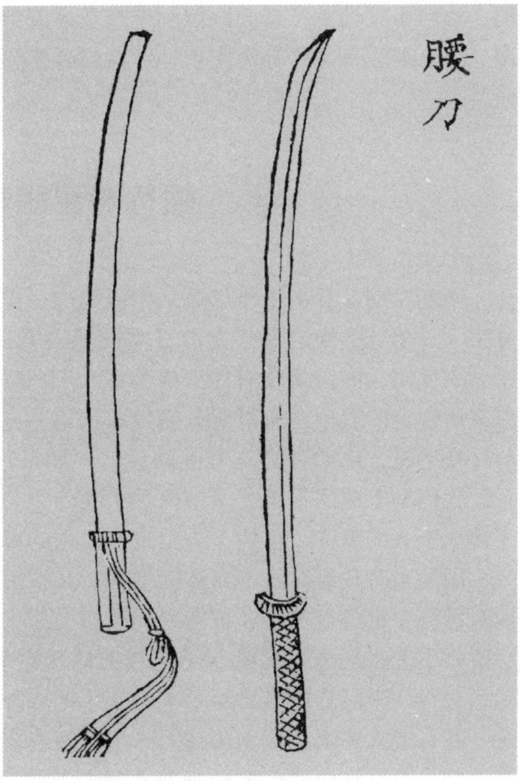

腰刀

太平公主见李隆基忍让，便大肆援引心腹充当宰相，力争在多名宰相中占有多数，以便掌握政事。而李隆基却不动声色地将羽林军控制在手，掌握应变的基本力量。

712 年秋七月，正好彗星临近地球，这本是自然现象，可在当时却是与国家政事有关的灾变。借此机会，太平会主使术士言：“彗所以除旧布新，又帝座及心前星皆有变，皇太子当为天子。”欲使睿宗怀疑太子抢班夺权，借机鼓动睿宗废掉李隆基。不想睿宗却说：“传德避灾，吾志决矣。”这是太平公主忽略睿宗久受磨难，胆小怕事的弱点，以天变为辞，正是逼睿宗传位与李隆基。事情发展至此，太平公主及其党力谏也不能挽回。太平公主只好求其次，“劝上虽传位，犹宜自总大政”。所以睿宗下诰：“三品以上除授及大刑政决于上皇，余皆决于皇帝。”

当时有七名宰相，五名出于太平公主之门，太平公主仍掌握重权，睿宗虽为太上皇，但大权不下放，李隆基仍受到掣肘。以现在形势来看，太平公主所把持大权的后台是睿宗，李隆基想办法收回太上皇的权力应该是必然的，因为只有如此，才能夺回主动权；太平公主的党羽遍布内外，除之不易，应是不然，也就是不可妄动之事。然而，太平公主身在不安的地位，肯定会采取夺权行动，这将威胁李隆基的地位。故决定李隆基的命运的关键已经是太平公主及其党羽。

太平公主及其死党谋废立的事实已见端倪，李隆基尚为大权不在手而犹豫不决。这时，荆州长史崔日用前来奏事，顺便进言：“太平谋逆有日，陛下住在东宫，犹为臣子，若欲讨之，须用谋力。今既光临大宝，但下一制书，谁敢不从?”促使李隆基下定决心。

713 年秋七月，李隆基开始采取行动。他先发羽林“万骑”兵，肃清禁军的异己分子，然后再杀太平公主门下诸宰相，赐令太平公主自杀，将太上皇迁往百福殿，收回所有权力。自此以后，李隆基才成为名副其实的皇帝，先后任命姚崇、宋璟、张嘉贞、张九龄等为宰相，针对当时的弊政，进行一些改革，大唐王朝开始走向盛世。

强行购买明朝战刀

明朝时期，日本每年都要从中国购进一定数量的战刀，为了不使日本的武力过分强大，朝廷上规定每年卖给日本的战刀不得超过三千把。1507 年，日本足利将军派来使团，向明朝政府提出要购买八千把战刀的要求，因为这个数字大大超出了原来所规定的限额，所以明政府没有同意。这时在日本使者中，有一位已 80 多岁的外交老将，出来对明政府威胁说：“如果你们不卖，那么我们干脆一把也不买了，我们马上返回日本，宣布两国中断外交关系，到那时候，靠着足利将军的威力才镇压下去的海盗，很快又会出现在贵国的海岸上，不信咱们就走着瞧吧。”

因为当时政府对日本海盗既憎恨、又害怕，把他们称之为倭寇。这些倭寇不断地对沿海一带进行掠夺和破坏，明政府虽派重兵剿灭，但却屡禁不止。明政府官员一听日本老将把是否卖给八千把战刀同倭寇能否禁止的事联系在一起，便被吓住了，只得以很低的价格卖给日本人八千把战刀。

在日本人要求超数购买战刀一事被拒绝之后，日本的外交使臣们不再从刀本身来谈判，而是转而从将来倭寇是否继续在中国的沿海骚扰掠夺这个问题上来相威胁，他们声言攻击的目标是“倭寇”侵扰，这是“东”，而实际最终攻击的目标却是要买走八千把战刀，这是“西”，这是声东击西中“心理干扰”的策略。

第二套　敌战计

第二套为敌战计，原意是指在敌我双方势均力敌的形势下所施的策略，其实是不管双方兵力如何，用计谋迷惑敌人，使敌人上我之圈套而乘机消灭之。

第七计　无中生有

原文注译

【原文】

谁也，非谁也[①]，实其所谁也[②]。少阴，太阴，太阳[③]。

【注释】

①诳也，非诳也：诳，欺骗，迷惑。《武经三书·孙子·用间》即把诳事作为“虚假之事”。全句意为，虚假之事，又非虚假之事。

②实其所诳也：实，实在，真实。实其所诳，是说把真实的东西充实到假象之中。

③少阴，太阴，太阳：原指《易经》中的兑卦（少阴）、巽（太阴）、震卦（太阳）。这里少阴是指稍微隐蔽的军事行动，太阴是指大的秘密军事行动，太阳则是指大的、公开的军事行动。全句意为：在稍微隐蔽的行动中隐藏着大的秘密行动。大的秘密行动，也许正是在非常公开的、大的行动掩护下进行。参考第一计“太阴、太阳”解。

【译文】

用虚假情况迷惑敌人，但又不完全是虚假情况，因为在虚假情况中又有真实的行动。在稍微隐蔽的军事行动中，隐藏着大的军事行动；大的隐蔽的军事行动，又常常在非常公开的、大的军事行动中进行。

按语注译

【按语】

无而示有，诳也。诳不可久而易觉，故无不可以终无。无中生有，则由诳而真、由虚而实矣。无不可以败敌，生有则败敌矣。如令狐潮[①]围雍丘，张巡[②]缚为人千余，披黑衣，夜缒[③]城下，潮兵争射之，得箭数十万。其后复夜缒人，潮兵笑，不设备，乃以死士五百斫潮营，焚垒幕，追奔十余里。

【注释】

①令狐潮：唐代安禄山的部将，原是雍丘（今河南杞县）县令，张巡的同学。安禄山、史思明叛乱时投降叛军，后率军围攻雍丘，被张巡打败。

②张巡：唐代南阳（今河南南阳）人，原为真源县令。安史之乱时，受到群众拥戴，率

军坚守雍丘，与数倍于己的叛军激战，击败令狐潮。后移守睢阳（今河南商丘南），坚持数月。张巡足智多谋，善于用计，打了很多漂亮仗，后因兵尽粮绝，壮烈牺牲，人们为他建祠以表纪念。

③縋：用绳子系住人或物，从上往下送，为古代防守时一种出城方法。

【译文】

无而装作有，这就是欺骗。欺骗行为不能长期使用，长期使用容易被对方发觉，因此，空无不能始终空无。使无转变为有，这就是由假转变为真，由虚转变为实。自始至终是无，那是不能打败敌人的。由无变为有，就能击败敌人。如唐朝叛将令狐潮围攻雍丘城，雍丘城守将张巡命士兵扎 1000 个草人，披上黑色衣服，夜里用绳子縋下城去。令狐潮的士兵争先恐后地朝草人射箭，张巡一夜之间得到几十万支箭。以后，张巡夜里再把人縋下城去，令狐潮的士兵看看好笑，以为又是草人，并不防备。于是，张巡选派 500 名敢死队员，连夜縋下城去，攻击令狐潮的军营，烧毁营帐，把令狐潮的部队追杀到十多里之外去了。

张巡

传世典故

无中生有，这个“无”，指的是“假”，是“虚”。这个“有”，指的是“真”，是“实”。无中生有，就是真真假假，虚虚实实，真中有假，假中有真。虚实互变，扰乱敌人，使敌方造成判断失误，行动失误。

本计语出自中国古代哲学家（也有的称为兵家）老子《道德经》第 40 章：“天下万物生于有，有生于无。”老子揭示了万物的有与无相互依存，相互变化的规律。我国古代军事家尉缭子把老子的辩证法思想运用到军事上，进一步分析虚无与实有的关系。《尉缭子·战权》中说：“战权在乎道之所极，有者无之，安所信之？”主张以无的假象迷惑敌人，乘敌人对“无”习以为常之际，化无为有，化虚为实，出其不意，打击敌人。可见，本计的特点是，制造一种假象，有意让敌人识破，使之失去警惕，然后又化无为有，化假为真，化虚为实；真的攻击敌人了，而敌人却仍然以为是假的，不作防备，从而为我所乘，战而胜之。

唐朝安史之乱时，许多地方官吏纷纷投靠安禄山、史思明。唐将张巡忠于唐室，不肯投敌。他率领两三千人的军队守孤城雍丘（今河南杞县）。安禄山派降将令狐潮率四万人马围攻雍丘城。敌众我寡，张巡虽取得几次突击出城袭击的小胜，但无奈城中箭只越来越少，赶造不及。无有箭只，很难抵挡敌军攻城。张巡想起三国时诸葛亮草船借箭的故事，心生一计。急命军中搜集秸草，扎成千余个草人，将草人披上黑衣，夜晚用绳子慢慢往城下吊。夜幕之中，令狐潮以为张巡又要乘夜出兵偷袭，急命部队万箭齐发，急如骤雨。张巡轻而易举获敌箭数十万支。令狐潮天明后，知已中计，气急败坏，后悔不迭。第二天夜晚，张巡又从城上往下吊草人。贼众见状，哈哈大笑。张巡见敌人已被麻痹，就迅速吊下五百名勇士，敌兵仍不在意。五百勇士在夜幕掩护下，迅速潜入敌营，打得令狐潮措手不及，营中折将，只得退守陈留（今开封东南）。张巡巧用无中生有之计保住了雍丘城。

用计锦囊

无中生有中的“无”，即指迷惑敌人的假象，“有”就是在假象掩盖下的真实企图。空虚无有本身不可以战胜敌人，只有人为制造出虚假的东西，才可以战胜敌人。虚假的东西怎样才能掩盖真实的企图呢?其一，在短时间内，假象不可以有半点纰漏。其二，蒙蔽的对象是那些头脑过于简单过于谨慎的指挥官，并要选择较适当的时机。

三十六计之无中生有

此计可分解为三部曲：第一步，示敌以假，让敌人误以为真；第二步，让敌方识破我方之假，掉以轻心；第三步，我方变假为真，让敌方仍误以为假。这样，敌方思想已被扰乱，主动权就被我掌握。使用此计有两点应予注意：第一，敌方指挥官性格多疑，过于谨慎的，此计特别奏效。第二，要抓住敌方思想已乱迷惑不解之机，迅速变虚为实，变假为真，变无为有，出其不意地攻击敌方。

无中生有之计有三种含义：

1. 凭空捏造。把不存在的东西说成事实，把张三的帽子给李四戴，把蚊子说成大象。这样做的目的是为了消灭敌人，陷害他人，为自己谋得利益。

2. 以假代真。把假的装扮成真的，化假为真，以此招摇撞骗，试探风声，捞取好处。

3. 无事生非。在敌方处于平静、无纷争的情况下，我方利用虚假的情报或制造谣言，使敌方发生混乱，然后我方乘虚而入，收到出奇制胜的效果。

对无中生有之计，应采取如下防范对策：

1. 不要轻信。正如《六韬》所讲："信而喜信人者，可诓也。"也就是蒙骗只有在那些头脑简单的人身上才起作用。如果遇事多问几个为什么，特别是对我们的敌人，要进行深入的分析研究，那么敌人的阴谋就很可能被拆穿。

2. 不要松懈。如果敌人翻来复去重复同样的一件事，特别是一次被拆穿的假象仍一再出现，那么在其背后就可能掩盖着无中生有的意图。反复造假，必有计谋。这时我们千万不要因敌人的阴谋曾被识破而放松警惕。

3. 流言止于知者。散布流言飞语"是敌人施用"无中生有的一种形式，流言飞语只有在有市场的情况下才能起作用，如果我们冷静地加以分析，及时地加以抵制，敌人的阴谋就会破产。《军庐经略》中说："两敌相仇，言不足信。其信之者，必愚将也。唯智将不为人所诓，而能诓人焉。"

计谋典范

战场逐鹿

伍子胥虚构"夜光之珠"巧过关

春秋末年，吴越争霸。吴国首席谋臣伍子胥，原为楚国人。因为楚平王无道，杀了他的父亲伍奢和哥哥伍尚，并且悬赏捉拿他，伍子胥仓皇逃离楚国，欲投奔吴国。

从楚国到吴国，必须经过昭关，当时昭关上查缉甚严，关口还悬挂了伍子胥的画像。因为他长得身高一丈，腰大十围，眉广一尺，目光如电，如此显著且特殊的目标，实在很难蒙混过去。

忧心如焚的伍子胥，躲在朋友东皋公家苦思计策，通宵辗转反侧，难以成眠，不觉东方已经发白。天亮后，东皋公看到他，不由得大吃一惊，原来30岁还不到的他，经过一夜的折腾煎熬，头发和胡须都已经变成了白色，看来像个五六十岁的

伍子胥微服过昭关

老翁。

初时伍子胥为此痛哭流涕，但也因此定下了过昭关的妙计，并且顺利地骗过了昭关守将，踏上往吴国的路途。

伍子胥过昭关不久，在路上遇一位姓左名诚的小吏，左诚因曾跟随伍家父子射猎，所以认得伍子胥。左诚大惊说："朝廷追拿你甚严甚紧，你如何过关的呢？"

伍子胥说："楚平王追拿我的目的，是为了得到一颗'夜光之珠'，但这颗宝物已落入他人之手，我刚才已禀报过昭关守将，蒙他释放，我现在就是要去寻回这颗'夜光之珠'。"

左诚不相信地说："楚王有令，谁要放了你，就满门抄斩，所以，现在请你和我先回昭关，向守将问明原委，才能放了你"。

伍子胥心想，若跟他回去，不就是自投罗网，前功尽弃了吗？于是灵机一动地骗左诚说："若是见到守将，我就说'夜光之珠'已经交给你，而你把它吞到肚子里，到时候看你如何向楚平王说明，我虽难逃一死，但楚平王若要剖开你的肚子寻找'夜光之珠'，你恐怕有口也难辩了！"

一席话吓得左诚傻了眼，不知如何是好。

眼见左诚中计，伍子胥又说："为了保全你我俩人的性命，你不妨做个顺水人情，放我一马。放了我，你最多无功；不放我，你可能性命难保，岂不是自找麻烦，自寻死路！"

左诚无奈，只好放了伍子胥。

伍子胥虚构莫须有的"夜光之珠"，用怀壁其罪计吓左诚，就是无中生有的计策——把没有的说成有，凭空捏造。

李广布疑云虎口逃生

飞将军李广带100多名骑兵单独行动，路上望见匈奴骑兵有几千人。匈奴看见李广等只有100多骑兵，以为是诱兵之计，都很惊疑，于是奔驰到山地摆好阵势。李广的部下毫无准备，遇见多于自己几十倍的敌人都很恐惧，想要驰马逃回。李广说：“我们离开自己的大队人马已数十里，如果现在这样逃走，匈奴人必然追射我们，那就会被他们消灭。如果我们留在此地，匈奴人就会认为我们是大军的诱饵，不敢出击。”于是命令所有骑兵，“向前进！”一下行进到离匈奴阵地二里的地方才停下来。李广又命令说，“都解下马鞍，原地休息。”手下的骑兵焦虑地问：“敌人众多，而且离得很近，万一有事，我们怎么办？”李广答：“那些匈奴人是预计要我们往回走，然后好来追杀，现在我们偏要解下马鞍表示不走。”果然匈奴骑兵未敢出击。这时，胡人方面走出一个骑白马的将领，试图监护他的兵，李广立即上马，与十几个骑兵，驰马奔射，杀死了白马将，然后又回到原处解下马鞍，命令士兵都纵马而卧，等到天快黑了，胡兵始终感到很奇怪，不敢出击。半夜时分，匈奴人担心埋伏的军队要夜袭他们，于是全部撤离。第二天清早，李广带领百余人，平安返回大军。

西汉名将李广

望梅止渴

195年，曹操统帅十余万大军，浩浩荡荡去宛城征讨张秀。路上他们经过一片荒无人烟的地方，由于找不到水源，将士们已经三天没有喝到水了，时值初夏季节，烈日高照，闷热异常。将士们身穿铠甲，肩荷武器，还要拼命地向前赶路，真是精疲力竭，烦渴难忍。所以士兵们都怨声载道，曹操心急如焚，如果这样继续下去，军心就要不稳。这时曹操急中生智，突然用马鞭指着前面，大声地对将士们说：“我以前走过这个地方，记得前面有一片梅林，树上长满又酸又甜的梅子，我们大家快点走，取那梅子解渴。”将士们听说有梅子，想起那股酸劲，顿时口舌生津，打起了精神。后来，又走了一段路，找到了一处水源，终于渡过了难关。

前面本来就没有什么梅林，但曹操却故意编造说前面有又酸又甜的梅子，但就是这个编造出来的谎言，却产生出同真实情况一样的效果来。产生这种效果的原因，一是给大家一个切近的目标，为追求这个目标，而使人精神振奋起来；二是因条件反射，口舌生津，解了燃眉之急。这就是无中生有中的以假化真之计。

指鹿为马

秦始皇在外地巡视中不幸病死。他身边只有小儿子胡亥。太子扶苏正在北方边境与蒙恬一起防御北方匈奴入侵，未能及时接受遗诏。

丞相李斯与宦官赵高合谋伪造了两份诏书。一是说传皇位给次子胡亥，二是说将扶苏、蒙恬赐死。

后来，扶苏、蒙恬接受伪诏书后都自杀了。

胡亥本是懦弱无能的昏庸之徒，又因年纪小没有经验，以致完全受制于赵高。赵高势力越来越大，但是还惧怕李斯的力量。索性在秦二世第二年就诬陷李斯通匪。胡亥信以为真，就将李斯腰斩并诛灭了九族。这本是“无中生有”的罪名，而秦二世胡亥反而感激赵高：“如果没有你，我几乎被李斯所害！”赵高见胡亥如此愚蠢，越发倚仗权势而胡作非为了。

李斯死后，赵高升为宰相，越发统霸天下，总揽国事，杀害异己，无恶不作。秦二世也乐得不问朝政，整日荒淫无度。

赵高仍不满足于位极人臣，唯恐群臣因他出身低贱不听他调遣，还想篡夺皇位。于是想出一计以试天下的反应。

有一天，他特意带来了一只鹿献给秦二世，他说：“臣献给皇上一匹马。”胡亥虽然愚蠢，但不至于连鹿与马都分不清，于是，笑着对赵高说：“丞相你弄错了吗？这明明是鹿，你怎么说是马呀？”赵高没有回答。秦二世转问左右的大臣们：“你们说这是鹿呢，还是马呢？”朝臣中许多人畏惧赵高的权势，不敢做声，有的人为了讨好赵高，便说：“这当然是一匹马了。”

“指鹿为马”的故事，原是“无中生有”的弥天大谎，流传至今已两千多年。想起那些专权者，仍然令人骨寒。

《秦并六国平话》版画之李斯下诏杀蒙恬、扶苏

孔明无中生有激周瑜

曹操大军来犯江南，东吴多数文臣主张降曹求和，武将则主张坚决抵抗，吴主孙权犹豫不决。孙权的兄长孙策临终遗言："外事不决问周瑜。"孙权遣使召周瑜议事，是战是和全由周瑜决定。

这时，诸葛亮来到东吴，他此行的目的是联合东吴抗曹，因为一旦东吴投降曹操，曹操很快就可以凭借自己的实力一统天下，刘备匡扶汉室的夙愿就化为泡影了，所以他此行的责任重大。

起初，诸葛亮想利用鲁肃去说服周瑜共同抗曹，但周瑜说他不愿与曹操作对，他说："曹操以天子为名，其师不可拒。且其势大，未可轻敌。战则必败，降则易安。"

鲁肃听后愕然，说："君言差矣！江东基业，已历三世，岂可弃于他人？将军奈何亦从懦夫之议呢？"周瑜回答："江东六郡，若罹兵革之祸，必有归怨于我，故决计请降耳。"

鲁肃说："不然。以将军之英雄，东吴之险固，操未必便能得志也。"

两人互相争执不下，诸葛亮只是袖手冷笑。周瑜问之，诸葛亮答道："亮不笑别人，只笑子敬不识时务耳。"

鲁肃说："先生如何笑我不识时务？"

诸葛亮答："公瑾主意欲降操，甚为合理。"

周瑜说："孔明乃识时务之士，必与吾有同心。"

鲁肃说："孔明，你也如何说此？"

诸葛亮说："将军决计降曹，可以保住妻子，可以保全富贵……"

鲁肃大怒："汝教吾主屈膝受辱于国贼乎！"

诸葛亮说："愚有一计：并不劳牵羊担酒，纳土献印；亦不须亲自渡江；只须遣一介之使，扁舟送两个人到江上。操一得此两人，百万之众，皆卸甲卷旗而退矣。"

江东二乔

曹操大宴铜雀台

周瑜忙问："用何二人，可退操兵？"诸葛亮说："江东去此二人，如大木飘一叶，太仓减一粟耳；而操得之，必大喜而去。"

周瑜急着追问："需用何二人？"

诸葛亮说："居隆中时，即闻操于漳河新造一台，名曰铜雀，极其壮丽；广选天下美女以实其中。操本好色之徒，闻江东乔公有二女，长曰大乔，次曰小乔，有沉鱼落雁之容，闭月羞花之貌。操曾发誓曰：'吾一愿扫平四海，以成帝业；一愿得江东二乔，置之铜雀台，以乐晚年，虽死无恨矣。'今虽引百万之众，虎视江南，其实为此二女也。将军何不去寻乔公，以重金买此二女，差人与曹操，操得二女，称心满意，必班师矣。将军为何不速为之？"

周瑜问："操欲得二乔，有何证验？"

诸葛亮说："曹操幼子曹植，字子建，下笔成文。操曾命作一赋，名曰《铜雀台赋》。赋中之意单道他家合为天子，誓取二乔。吾爱其文华美，曾窃记之。"

周瑜道："试请一诵。"

诸葛亮即时朗诵《铜雀台赋》，诗文很长，其中表现了曹操统一天下后意气风发及登铜雀台娱悦之情。诸葛亮背诵道："……立双台于左右兮，有玉龙与金凤，揽'二乔'于东南兮，乐朝夕之与共。……"特别加强了声调。

周瑜听罢，勃然大怒，离座指北大骂："老贼欺吾太甚！"

诸葛亮急忙起身劝止道："昔单于屡侵疆界，汉天子许以公主和亲，今何惜民间二女乎？"

周瑜道："公有所不知：大乔是孙伯符将军主妇，小乔乃瑜之妻也。"

诸葛亮佯作惶恐的样子，说："亮实不知。失口乱言，死罪，死罪！"

周瑜发狠道："吾与贼誓不两立！"

事实上，曹操是造了一座"铜雀台"，而诸葛亮所诵《铜雀台赋》中"二乔"原文实际是"二桥"，指的是铜雀台中的二座桥。诸葛亮巧妙地借用两字的谐音而加以曲解，用作曹操想夺取孙策和周瑜夫人之佐证，其实他自然也知道"二乔"究竟是何许人。他用此法激怒周瑜，绕了圈子达到了此行的目的：促使周瑜下定决心与曹操决战。

政治权谋

骊姬诬陷晋公子

春秋时，晋献公征服骊戎，骊戎以二女献，长曰骊姬，次曰少姬。

骊姬长得非常漂亮，多机智，把献公迷住，日夜不离，不久，生下一子名奚齐。少姬亦生一子名卓子。

献公因惑于骊姬，爱妻及儿，想立奚齐为太子。他把此意对骊姬说了，她心里很欢喜。又想到已立了申生为太子，和重耳、夷吾等兄弟又那样友爱，这三人虽然不是自己亲生的，在名义上也是母子关系。今一旦无故变更，恐君臣不服，滋生祸端。乃跪在献公跟前哭起来，说："太子申生并无大过，名闻诸侯，没一人说他的坏话，若为了我母子而将他废了，人家必说我迷惑了你，我宁可死了也不愿负这个罪名!"

献公听她说的通情达理，大赞她贤淑。

骊姬表面上做得很是光明磊落，暗地里却买通了佞臣梁五、东关五、优施等人，日夜商量陷害申生等兄弟。

不久，由东关五出面启奏，把三位公子调开，远离各地。申生往曲沃，重耳往蒲城，夷吾往曲城，以便逐个收拾。

跟着又威胁一班老臣与申生等疏远。

孤立的政策做好了之后，骊姬便对献公说："申生是我顶心爱的儿子，他在曲沃几年了，我朝夕惦念他，还请叫他回来见见面吧!"

献公是一个色迷心窍的人，还以为骊姬真心，便派人往曲沃叫太子申生立即回来。

申生是个知诗识礼的孝子，他回来拜见过父亲，又入宫参见后娘骊姬。骊姬摆酒招待，言谈甚欢。第二天，申生又入宫叩谢，骊姬又留他吃过了饭。没想到，当晚她便在献公面前哭哭啼啼编了套谎话来。

"怎么啦，是谁欺侮了我的美人儿?"

"都是你生的好儿子!"

"是申生？他怎么啦?"

"不是他又是谁?"她哭得更大

晋献公违卜立骊姬

骊姬巧计害申生

声了，“我一片好心叫他回来见见面，留他吃一顿饭，谁知他几杯酒落肚便开始调戏起我来，还说：‘我爸爸年老了，你又年轻！’我当初很生气，想将他教训一顿。可是他又嬉皮笑脸地说：‘这是我家祖传的先例了，我祖父去世的时候，我爸爸就接受了他的小老婆；现在我爸爸老了，不久就要回老家，照理你不归我又归谁?’还想把我搂住亲嘴，幸亏我躲得快，不然的话，——我不想做人了！”说罢，扑在献公怀里乱捶乱打撒起野来。

“岂有此理！这畜生竟敢如此猖狂！”献公怒气冲冲地说。

“喏！他还说明天约我去花园谈情说爱的。你不相信的话，可去跟踪一下就明白了。”

第二天，骊姬又召申生入宫，带他去花园看花。这一天，她打扮得格外漂亮，周身香喷喷，头发涂满了蜜糖，一路走，引来无数蜜蜂、蝴蝶，在她头上飞绕。骊姬叫申生过来给他赶散这些狂蜂浪蝶，申生从命，在她后面手挥袖舞。

此情此景，献公已在楼上看得清清楚楚，他怒不可遏，立即叫人绑起申生，推出去行斩，弄得申生满头冷汗，莫名其妙。

骊姬又跪在献公面前说：“你明白真相就行了，切不可处决他，因为他是我叫回来见面的，若杀了他，群臣定说是我下的毒手。何况这是家事，屎不臭挑起臭，传出去不好听，还请饶他这一遭吧！”

献公无可奈何，下令：“赶这畜生回曲沃去！”还派人跟踪侦查他的所作所为。

没过多久,献公出城打猎去了,骊姬派人去通知申生,说:“我做了一个梦,梦见你妈妈齐姜向我哭诉,说她在地府里挨冻受饿,十分凄凉,你做儿子的应该给他祭祀一番。”

申生这位孝子，自然听话。齐姜的祀祠在曲沃，乃就地拜祭。并且照例把胙肉和祀酒送给爸爸，以尽人子之礼。献公打猎未返，这些胙肉祀酒只可留在宫中。

过了六天，献公才回来，骊姬在酒肉里加上毒药，献给献公，告诉他：“我曾梦见齐姜在地府受苦，你又出了门，便托人说给太子知，叫他去祭祀亲母，现在申生把胙肉祀酒送来了给你尝尝！”

献公拿起酒要喝，骊姬却说：“酒肉是外来的，不可大意，试一试才可！”

“对！”献公顺手把酒泼在地上，忽然冒起一阵烟。

“咦！怎么?”骊姬诈作不信，再割了一块肉丢给狗吃，狗吃了连叫都不叫一声，就四肢朝天死了。又拉过来一个小内侍，要他喝酒，小内侍不肯，夹手夹脚强灌下去，顿时七窍流血而死。

“天呀！天呀！”骊姬呼起冤来了，“谁料到太子这么狠心，要毒杀父亲了。国家始终是要传给太子的，父亲年纪老了，多等一两年都不行了。”立即跪在献公面前，泪流满面，呜咽说：“你可怜可怜见，太子此举，无非是对付我和奚齐母子，请把此酒肉给我吧！我宁可代你死！”

说完，一手取过酒来，想倒进口去，献公眼快，把酒抢过来，愤然摔落在地，气得不能出声。

骊姬哭倒在地，边哭边诉：“太子真狠毒，连父亲都想杀死，何况别人？当初君王想废了他，我不肯；后园调戏我，君王又要杀他，还是我代他求情；今要杀君王，跟着就要杀我了。天呀！我造什么孽呀！……”

这样的一把鼻涕一把泪，要生要死地呼号着。献公气得周身发抖，顺手把骊姬扶起：“你起来，我自有主张！”

即刻升殿，告诉群臣，大数申生罪状。群臣已心知肚明这是蓄谋已久的计划，不敢说些什么。只有东关五说：“太子无道，臣请代君讨之。”献公立即批准。

于是东关五为将，梁五为副帅，威风凛凛地杀奔曲沃去。

申生见状，不听群臣劝谏，不抗拒，又不逃往外国，自己吊颈死了。

跟着，骊姬又加害于重耳、夷吾，逼他们逃往他方。

东方朔施计受宠幸

汉武帝即位后，广招天下贤士，东方朔得到选拔录用。汉武帝命他当公车署待诏，但俸禄微薄，不受重视。东方朔感到很失落，终于想出一个改变自己境况的办法。

一天，东方朔对宫中看马圈的侏儒们说，“皇上认为你们这些人毫无用处。耕田劳作种不好田，任职做官不能治理民事，参军入伍不会指挥作战，只会白白耗费衣食，如今皇上要把你们全部杀掉。”侏儒们听后非常害怕，大哭起来。东方朔又教唆说，“皇上就要从这里经过，你们何不叩头请罪。”

过了一会儿，汉武帝果然前呼后拥地从这里经过。侏儒们都跪在地上，一边磕头一边痛哭。汉武帝不解地问：“你们为什么哭？”侏儒们回答：“东方朔说皇上要把我们全杀掉。”汉武帝很

东方朔像

生气，马上命人把东方朔召来，责问道："大胆的东方朔，你竟敢编造谎言，该当何罪？"东方朔正等待这样的机会，振振有词地说："侏儒身高 3 尺，俸禄是一袋粟，得 240 钱。臣身高 9 尺，俸禄也是一袋粟，也得 240 钱。侏儒饱得要死，臣却食不果腹。如果皇上认为臣有才能，请用厚礼待我；如果皇上认为臣无才能，请让我回家，不要让我在此消磨时光。"汉武帝听后哈哈大笑，知道东方朔是对自己发牢骚，所以并未怪罪。

不久，东方朔被任命为金马门待诏，得到汉武帝的重用和宠幸。

造谣中伤杀掉斛律光

北齐后主高纬昏庸无能，朝中大权由宠臣祖珽把持。当时的著名战将斛律光为人正直，对祖珽的胡作非为深感忧虑。祖珽为此十分忌恨斛律光。

那时，北周的勋州刺史韦孝宽企图进攻北齐，但因惧怕斛律光这员猛将而不敢贸然行动。于是，韦孝宽派出间谍在北齐都城传播谣言说："百升正上天，明月照长安。""高山不推自崩，槲树不扶自树。"祖珽听到后，正中下怀，又加上两句："盲眼老公头颅落，饶舌老母不得语。"祖珽让人教孩子们在街上传唱。

这些谣言后来传到高纬的耳朵里，他不解其意，便询问祖珽。祖珽见时机已到，便头头是道地分析起来："百升合起来为一斛（斛是古代计量单位），明月就是光。高山指高氏江山，槲树指斛律氏。这明明是说斛律光要起来造反，篡位夺权。至于最后两句，盲眼老公说的是我（祖珽双目失明），饶舌老妇说的是陛下的乳母。这谣言听起来实在叫人害怕。"祖珽这番话就是要挑动高纬杀掉斛律光，但高纬这个人生性怯懦，对此一直犹豫不决。祖珽又买通丞相府的一个僚佐，叫他诬告斛律光秘密调集军队进逼京师，家藏兵甲器械，豢养几千家丁，图谋不轨。高纬得到这个举报，才下决心杀掉斛律光。

斛律光手握重兵，如何才能顺利杀掉他呢？祖珽给高纬出主意说："如果下令召他来，恐怕他心存怀疑不肯从命。可以派人送他一匹好马，告诉他皇上明天去东山游玩，希望他一起同行。这样他一定会入宫拜谢，那时就可以下手了。"斛律光果然上当，一入皇宫，当即被杀。

宋太祖杯酒收钱财

北宋初年，宋太祖担心军队将领们的兵权太重，将来会威胁到自己的皇权，因此来了个"杯酒释兵权"。从此以后，这些将领只顾积蓄财产，吃喝玩乐。宋太祖此时又忧虑他们积蓄的财产过多，所以又想出一个"杯酒收钱财"的办法。

宋太祖先赐给每位将领一块宝地，让他们修建住宅。因宅地是皇上所赐，这些将领当然不敢怠慢，立即大兴土木。住宅完工后，宋太祖又赐宴招待他们，酒宴上宋太祖再三劝酒，结果个个喝得酩酊大醉，连家都回不去了。宋太祖让每位将领家中来个公子，把他们的父亲搀扶回家。宋太祖送到大殿门，若无其事地说："你们的父亲都表示愿意捐献给朝廷10万缗（1000钱为1缗）钱。”

将领们酒醒后发现自己已经回到家里，忙问家里人：自己是怎么回来的？在皇上面前是否有失礼的行为？在询问中，他们知道了捐钱之事。将领们尽管怀疑自己在酒醉时说过向朝廷捐钱的话，但是第二天他们还是乖乖地上交了10万缗钱。

宋太祖担心将领们积钱太多，对皇权不利，就想从他们手中收取一部分。可是堂堂的皇上怎么能向手下臣子伸手要钱呢？于是，宋太祖想出这样一个无中生有的计策。如此这般，既不伤皇上的尊严，朝廷又得到了好处，将领们还无话可说，真是一石三鸟，高妙无比。

秦桧设计害岳飞

南宋初年，宋高宗欲在临安苟且偷安，以抗金为己任的勇将岳飞便成为他与金人议和的障碍。在高宗的授意下，秦桧开始了陷害岳飞的阴谋行动。

秦桧先诬陷岳飞手下的将领张宪谋反，又谎称岳飞的儿子岳云给张宪写过谋反信，将张宪与岳云一起关进监牢。秦桧的亲信张俊对张宪、岳云严刑拷打，逼他们承认有谋反之事。张宪、岳云虽然被打得体无完肤，但拒不作状。张俊没辙，只好伪造了一纸谋反供状。

当时，岳飞被解职闲居庐山。秦桧派岳飞的结拜兄弟杨沂把岳飞骗到京师临安。岳飞一到临安就被关进了大理寺的监牢之中。

秦桧委派御史中丞何铸负责岳飞的案子。何铸经过审讯调查，找不出任何真凭实据。何铸将这一结论告诉秦桧时，秦桧勃然大怒，责备何铸调查不力。良久，秦桧告诉何铸：“这样做是皇上的意思。”秦桧见何铸不合作，就把他撤下来，改派谏议大夫万俟卨主持审理。万俟卨靠奉承秦桧得以升迁，现在秦桧委以重托，怎敢不尽犬马之劳。万俟卨费尽心机，手段用尽，但拿不出任何证据说明岳飞谋反。

岳飞，南朝名将，宋嘉定四年被追封为鄂王，谥忠武。

在岳飞坐牢期间，宋金两国

达成和议。宋朝屈辱地向金国称臣，并且割地纳贡。秦桧对外屈膝、陷害忠良的嘴脸暴露无遗。参加审案的大理寺卿薛仁辅、寺丞李若朴、何彦猷都向高宗上书，称岳飞无罪。抗金大将韩世忠极为愤慨，质问秦桧，要他拿出岳飞谋反的证据来。秦桧吞吞吐吐地说："莫须有。""莫须有"是"也许有"的意思。韩世忠气愤地说："相公，'莫须有'三个字何以服天下？"秦桧被问得哑口无言。

在高宗的支持下，秦桧冒天下之大不韪，于1142年春节前把岳飞秘密杀害，当时岳飞年仅39岁。

商海弄潮

康佳食品厂以诡计挫败对手

1989年，方便面在泉州市火暴，产品供不应求，泉州市的两家比较大的方便面生产厂，每日加班加点还是供不应求。新近刚建的康佳方便食品厂是个集体小厂，由于产品名不见经传，尽管质量不错，但一直竞争不过那两家方便面生产厂。毫无疑问，消费者已经形成了牢固的思维定势。尽管康佳质量再好，价格再低，也难以改变消费者的购买心理和观念。康佳厂决定运用计谋来达到目的。

仅仅只是几天工夫，原来还紧俏的方便面突然卖不掉了。有关这两家方便面厂的产品质量谣言以及所产生的后果在市民中间盛传着：

"他们的方便面里有防腐剂，含有致癌元素。"

"方便面里的调料面中有大烟面，人吃了会上瘾，不然，一个方便面，咋这么抢手呀。"

"有个小伙子吃他们的方便面已上了瘾，瘾一发则痛哭流涕，现在面黄肌瘦，皮包骨头。"

"这是变相吸毒，不得了哇。"

很快，人人谈方便面色变，市民们愤慨了，纷纷向市政府要求公布事实真相。

康佳方便面食品厂看到计谋发生了效应，便举行了由食品检疫人员、食品专家、公证处参加的方便面质量新闻发布会。消费者发现康佳举行发布会，便认定康佳方便面质量绝对没问题，而那两家生产厂为什么犹抱琵琶半遮面，迟迟不给市民一个满意的解释呢？

其实，那两家生产厂还蒙在鼓里呢。他们只顾加班加点搞生产，哪里知道提防背后射来的暗箭，再说方便面及调料，根本没有传说中的那回事哟，所以，等卖不出去了才反应过来应付招架，还没知道怎么回事，又如何能给市民们一个答复呢？

市政府出面了，澄清了一切不实之词，但为时已晚，消费者尽管释然于怀，却再也不光顾那两家工厂的方便面，而是认定，国营即官府，官官相护，能说明白么？于是，便转向了康佳，康佳的销售量很快直线上升，不仅抢占了泉州市场，而且还开拓出了外省市场。

一个间计便使康佳走上了发达之路，而那两家方便面生产厂却难振雄风，只有勉强生存了。

雷诺无中生有巧“宣传”

1945 年，雷诺为另一桩生意来到阿根廷，不经意中看到了一种在美国还无人知道的新奇产品——圆珠笔，而且知道美国笃利制笔公司已经购买了在美国生产这种笔的专利权，雷诺买了几支带回美国。一到芝加哥，他就让一位工程师帮他设计了一种不同于原来圆珠笔的新型的利用地球吸引力自动输送墨水的圆珠笔。

雷诺非常了解笃利公司规模庞大，机构烦琐，一件新产品要经过很多机构方能推向市场，自己一定要抓住时机争取捷足先登，因此他举着自己这支唯一的圆珠笔到纽约金贝尔百货公司拜访，他竭尽全力向该公司宣传，推销非常成功，该公司一次就订购了 2500 支，金贝尔百货公司销售雷诺圆珠笔这一天，顾客反映之强烈震惊了整个零售业，该公司只好请 50 名警察来整顿和维持秩序，而雷诺在接到 2500 支订单后，又到金贝尔公司的竞争对手梅苯百货公司那里去做专门宣传，又接到一大笔订货。成本只有 0.8 美元的圆珠笔售价高过 12.5 美元，利润非常可观。

在推销圆珠笔时，雷诺担心有人还不知道这种笔问世，想扩大宣传而又没有人力财力，雷诺就决定通过法院来“宣传”。他向联邦法院控告两家大制笔公司，没有根据地向法院起诉说两家大制笔公司——笃利公司和爱发公司违反了反托拉斯法，因为这两家公司想方设法地阻挠雷诺公司生产和试销自己的圆珠笔，要求赔偿 100 万美元。这两家公司立刻提出反控告，很多报纸都知道了这一消息，最后案子不了了之，结果雷诺达到了宣传目的。

一般说来，无中生有的“无”是指迷惑对方的假象，“有”则是指在假象掩盖下的真实企图，因此，它同“瞒天过海”、“声东击西”二计一样，是针对人们的思维间隙来施谋用计的一个策略。

运世方略

写《金瓶梅》报杀父之仇

一册《金瓶梅》，众说纷纭。

《金瓶梅》的作者是“兰陵笑笑生”，“兰陵笑笑生”又是谁？依旧是众说纷纭。据考证，真正的作者可能是李渔、卢楠、李开先、贾三近、屠隆、王稚登、王

明崇祯刊本《金瓶梅》

世贞兄弟及其门人……

下面的故事是民间的一个传说：

王世贞的父亲王抒收藏有北宋张择端的《清明上河图》，奸相严嵩得知后向王抒索要，王抒不敢不给，又不甘心给，于是找了一位画苑高手，临摹了一幅献给严嵩。严嵩不辨真假，看到赝品后连连夸赞，不料，翰林唐顺之一眼就识破了，严嵩因此恨透了王抒，找了个借口把王抒杀了。

王世贞深知父亲之死是因为唐顺之，他与唐顺之本是朋友，为了报父仇，朋友的友情也就无足轻重了。王世贞先后几次派人刺杀唐顺之，但都未得手，反而引起唐顺之的警惕。有一次，王世贞派出的刺客已把刀架在了唐顺之的脖子上，唐顺之从容不迫，说："请让我给家人写几句话吧。"刺客同意。唐顺之拿起毛笔，笔头忽然掉了，唐顺之佯做修理毛笔，把笔杆在烛火上烤了一会儿——笔管内暗藏有一支毒箭，遇热即飞出，刺客因此丧命。

唐顺之用计杀死刺客，侥幸逃生，但他不知刺客是谁，更是做梦也没想所有这一切都是因为他点破《清明上河图》所致。

王世贞是明朝文坛的奇才，唐顺之很喜欢读王世贞的文章。一天，唐顺之偶遇王世贞，问王有无新作，王世贞信口应道："正在写一部《金瓶梅》。"唐顺之连忙说："老兄写好后让下人拿来，让小弟先睹为快！"

王世贞本是随口胡诌，根本连想也没想过什么《金瓶梅》，回到家中，想起在路上跟唐顺之说的话，觉得这倒是一个为父报仇的机会，于是，潜心写起《金瓶梅》来。王世贞找来几名帮手，一边写，一边印，印书之纸都是用剧毒之物浸泡过后又晾干的。《金瓶梅》印出来后，唐顺之立即派人取回家中。

由于是新书，油墨尚未干，一页与另一页常常粘连在一起，很不好翻揭。王世贞为吸引唐顺之一口气读完，故意把故事写得悱恻缠绵、奇峰迭起，因此，唐顺之不得不频频在舌上沾口水揭书。看着，翻着，翻着，看着，唐顺之正看得忘乎所以时，忽然觉得舌头有些发麻，头脑也有些发沉，唐顺之打了个冷战，连手也开始发沉了。他挣扎着拿起镜子，向镜中一看，口腔内全黑了，尽全身之力喊道："来人，我被人暗算……"倒地而亡。

赌徒设陷阱害商人

赌徒们也很爱使用无中生有的方法骗人，其关键是利用人们的贪利心理，先让你赢，当然其中也要输一两次，总的算起来输少赢多。这样你就会认为赌博就是靠运气，自认为运气不错，便上了瘾，他就让你输，一输你就要扳本，越扳输得越多，最后倾家荡产。

一个很老实的农民叫王来喜，他到上海学做生意。老板看他为人诚实、勤奋好学，就把独生女儿嫁给他，老板死后，王来喜就掌管了生意，他用心经营，几年间资产也有了几十万。钱一多，他就偷偷地进出赌场，不过只是小小赌点。其实赌徒早就盯上他了，因此一开始总是让他赢，王来喜正春风得意，自以为运气很好。一天晚上，正在赌时，来了一个气质高雅，衣着华丽的公子，赌店老板马上去热情招待，对王来喜有冷落之意，王来喜心中已有不满之意。老板把公子介绍给王来喜，说是华丰商行经理的贵公子。二人相见，一赌为快，头三盘下来，王来喜就赢了二千元。第四盘开始时，旁边一人插话道，你们都是上海滩有名气的人，这样小赌，太令人扫兴，不如每盘以一万元为底子来赌，才显得有英雄豪气。那公子却说："王老板不同我们，我们都是来去自由的人，王老板是身不由己，还是小赌，大家玩玩罢了。"公子这话实际上是说"你王老板是上门女婿怎么能当得了家。"人最怕揭老底。旁边赌店老板插话道："小赌，小赌，玩玩罢了，想必王老板也没带那么多的现金。"只这几句话，王老板就火了，他说："你们也太小看人了，虽然我没带现钱，但我那铺子，资产也有几十万，想必大家也略知一二，今天就以铺子作押，每盘以二万元为底子。赢了你给我现金，输了铺子归你。"于是老板当场拿来纸笔，立下契约。赌徒都按上了手印。谁知一盘盘赌下来，王老板总是输，但他仍然不能识破骗局，却认为是自己一时粗心，不该打某张牌。这样越赌王老板就输得越多，看着自己的铺子变成人家的，就愈心疼，愈心疼就愈想翻本。一夜下来，七个铺子输掉了六个。

分析这场骗局可知，赌徒们采用的就是无中生有的诡计，一开始王来喜总是赢，这个就是一种假象，是赌徒们故意的骗局。正如兵法中的"诳也。"目的是为了引他上钩。后来公子出场，以言相激，此时就由"无"生"有"，发生了转折，总是采用"无"的办法，不但不能赢钱，反而赔钱，赌徒们是不干的。可是王老板不知是计，却大上其当。如果王来喜能识破骗局，就此不赌，则赌徒们上当，王来喜就小赚一笔。赌徒们看王老板上当，就与其大赌，当然这次大赌仍不是真的，其中赌徒们大做手脚，令他每盘必输。这就是："实其所诳也"王老板至此仍然执迷不悟，不输掉店铺才怪呢？

徐文长瞎编梦骗吃糕点

明朝嘉靖皇帝时，有一年灾荒，徐文长路过一个凉亭，见有个胖子商人正在打瞌睡，他身边放着两包糕点，饥肠辘辘的徐文长挨着商人坐下。商人醒了，生气地说：“正在做梦，被你吵醒了！真晦气！”徐文长问：“不知先生做的是好梦，还是噩梦？”商人说：“我们有钱人从来就做好梦，不比那些穷鬼，老做噩梦。”徐文长说：“不见得！我们当场比比好吗！”胖子说道：“好，如果我输了，这点礼品送给你；你输了，就一路给我撑伞打扇。”

徐文长像

胖子先呼呼睡着。肚里早唱开空城计的徐文长就把那些糕点全吃了。一会儿，胖子醒了，说：“刚才，我梦见皇帝宴请我，席上，四时果品，南北糕点，天下名酒，海内佳肴，应有尽有。皇后劝饮，公主把盏，宫娥打扇。世间还有比我这个梦更好的吗？”他满以为有取胜的希望。

徐文长说：“巧得很，刚才，我也梦见皇上宴请我。还看到你也在那里作客。我对你说：‘你如今身在皇宫，可不要忘了凉亭里还放着的糕点呢。’你说：‘皇宫里的东西好吃得很，那些土产你去吃了吧！’我就回凉亭，把糕点全吃啦！你的梦一醒来没有所得，反有所失，我的梦一醒来，没有所失，却有所得。现在你说到底谁的梦好？”商人只好认输了。

第八计　暗度陈仓

原文注译

【原文】

示之以动①，利其静而有主②。益动而巽③。

【注释】

①示之以动：动，行动，动作，这里是指军事行动。全句意为：把佯攻的行动故意显示在敌人面前。

②利其静而有主：静，平静；主、主张。全句意为：利用敌人已决定固定的时机。

③益动而巽：益和巽，都是《易经》的卦名。《易经·益·象》说："益：动而巽，日进无疆。"是说益卦下卦为震、为动，上卦为巽、为风、为顺。意思是说，行动合理、顺理，就会天天顺利，无有止境。又解：益，收益；巽，为动、为前进。联系本计，意为：表暗度面上，努力使行动合乎常情；暗地里，主动迂回进攻敌人，必能有所收益。

【译文】

故意采取佯攻行动，利用敌人已决定固守的时机，暗地里迂回到敌后进行偷袭，乘虚而入，出奇制胜。

按语注译

【按语】

奇出于正①，无正则不能出奇。不明修栈道②，则不能暗度陈仓。昔邓艾屯白水之北③，姜维遣廖化④屯白水之南而结营焉，艾谓诸将曰："维令卒还，吾军少，《法》⑤当来渡，而不作桥，'此维使化持吾，令不得还。必自东袭洮城⑥矣。"艾即夜潜军，径到洮城⑦。维果来渡。而艾先至，据城，得以不破。此则是姜维不善用"暗度陈仓"之计，而艾察知其"声东击西"之谋也。

【注释】

①奇正：古代兵法术语之一。正，是正面常规作战，奇，是侧翼暗中袭击。《孙膑兵

姜维像

法·奇正篇》："发而为正，其未发者奇也。"明攻为正，暗袭为奇。《百战奇略·正战》："正兵者，拣士卒，利器械，明赏罚，信号令，且战且前，则胜矣。"《百战奇法·奇战》："凡所谓奇者，攻其无备，出其不意也。"

②栈道：我国西南地形险要，多悬崖。悬崖间，用木头架路通行，叫栈道。

③邓艾屯白水之北：邓艾（197—264年），三国时棘阳（今河南新野）人，每见高山大泽，就地研究军事部署，被司马懿赞为奇才。初为司马懿椽属，建议屯田开渠。249年，与郭淮共同抵抗姜维。姜维撤退，郭淮向西攻打羌，邓艾说："贼兵撤退不远，恐将卷土重来，以分兵防备不测为宜。"后来果然在洮城打败姜维。263年，他同钟会分兵出击，偷渡阴平，一举灭掉蜀国。白水之北，即今四川松潘县东北。

④姜维（202—264年），三国时天水（今甘肃甘谷）人。蜀汉诸葛亮死后，为军权继承人，多次率兵伐中原，劳而无功。魏军攻蜀，他坚守剑阁。后来后主刘禅降魏，才被迫向钟会投降。后企图恢复蜀汉，事败被杀。廖化：三国时襄阳（今湖北襄阳）人，曾参加黄巾起义，后归蜀汉，为关羽部将。姜维北伐中原时，廖化被任为先锋官、太守、刺史等职，封中公侯。

⑤《法》：这里泛指兵法、兵书。

⑥洮城：洮阳城，在今甘肃岷县西百里处。

⑦径到洮城：抄小路到洮城。

【译文】

出奇制胜的用兵之法来自正常的用兵原则。如果没有正常的用兵原则，也就没有出奇制胜。不公开地修筑栈道，暗度陈仓就不会成功。三国时代，邓艾屯兵于白水的北面，姜维派廖化在白水的南岸安营扎寨。邓艾对他的将领们说："姜维突然把他的部队开回去了。我们的兵力少，按照兵法，他应该不等架桥就渡河攻击我军。我断定姜维是为了切断我军退路，派廖化驻扎在河边牵制我们，他自己率大军去袭击洮城去了。"于是，邓艾带领部队连夜偃旗息鼓，抄小路赶到洮城。姜维果然正在那里渡河。邓艾先一步赶到，据守洮城，因而洮城未被姜维攻陷。这是姜维不会运用"暗度陈仓"计，而邓艾却识破了他"声东击西"的计谋。

传世典故

暗度陈仓。陈仓：古县名，在今陕西宝鸡市东，古代是汉中、关中两地区之间的必经之地。暗度陈仓为“明修栈道，暗度陈仓”的简化。意思是公开表示要从栈道走出，以佯修栈道，可是却利用佯修栈道的时间，从另外的道路偷偷通过，来到陈仓。现指运用迂回战略，从敌人意想不到的地点、方向发起进攻。

“明修栈道，暗度陈仓”是楚汉相争时，韩信出任大将，首先运用的一个出色计谋。刘邦被项羽封为“汉中王”，从关中迁往汉中途中，一方面为了防止章邯的入侵，另一方面为了麻痹项羽，刘邦命人将一条一百多里长的栈道烧毁了。

公元前207年，项羽在巨鹿（今河北平乡西南）与秦军作战，取得了决定性的胜利。之后，他与各路起义军首领，主要是与沛公刘邦争夺天下，历时四年，史称“楚汉战争”。

公元前206年，项羽率四万大军挺进关中，意欲攻下咸阳。这里土地肥沃，是秦王朝的核心地区，所以秦军把守得很牢。进到函谷关时，他才获悉，刘邦的十万大军早已攻占了咸阳城，并自立为关中王了，因为当时农民起义军领袖楚怀王曾许诺：反秦的起义军中，谁第一个攻下咸阳，谁就是关中王。

被刘邦的战绩激怒的项羽，他率兵逼进关中，在鸿门（今陕西省临潼东面）扎下营寨，并宣称要消灭刘邦。这时，刘邦在兵力上处于劣势，不能与项羽发生对抗。所以他亲赴鸿门想稳住项羽。项羽设宴招待刘邦。席间，项羽的谋士范增示意项羽的堂弟项庄在刘邦座前舞剑，企图乘机刺杀他。因为在范增看来，今后刘邦必将是项羽的劲敌。但由于张良和樊哙的保护，刘邦在终席前以“如厕”为借口，逃离项羽的营寨。有一些历史知识的中国人都知道“鸿门宴”和成语“项庄舞剑，意在沛公”的故事。

鸿门宴范增欲借机杀刘邦

结果，刘邦把咸阳和关中让给了项羽。项羽则在公元前206年自封“西楚霸王”。他的势力范围在今江苏、安徽、山东、河南地区，并定都彭城（今江苏徐州市）。中国其余地区被分为十八个封地。项羽希望刘邦离他愈远愈好。于是就把汉中封给刘邦，也就是今四川东部和西部地区以及陕西的西南部地区，再加上湖北一小部。刘邦也就因此获得“汉中王”的称号。自此也就有了汉朝的国号和年号。为了防备刘邦今后有非分之想，项羽把与汉中相邻的关中分成三部分，分别封给三个秦朝降将。直接与刘邦相接的雍王就是原秦将章邯。

这样一来，刘邦不得不离开关中。在从关中迁往汉中途中，他命人将途中一条一百多里长的栈道烧毁。此举一方面可以防止诸侯，特别是章邯军队的入侵，另一方面也可以迷惑项羽，似乎刘邦再也无意回关中了。

过了不久，还是在公元前206这一年，没有得到项羽分封的田荣在原先齐国地区起兵反对项羽。刘邦命韩信做好进攻关中的准备。为了蒙骗敌人，韩信派一些士兵前去修复栈道。章邯得知，觉得十分好笑，说：“想用这么几个人把栈道重新修好，简直像儿戏一般。”其实韩信并非真的打算从栈道进攻关中。就在重修栈道开始后不久，他已率领刘邦军队的主力从一条小路，即故道（今陕西凤翔西北）迂回到了陈仓。章邯仓促应战，结果大败。暗度陈仓是刘邦与项羽一系列战役的开端。这些战役直到公元前202年方告结束，汉朝最终统一天下。

用计锦囊

暗度陈仓是以正面佯攻、佯动的迷惑手段，来伪装攻击路线和突破点的谋略。

本计的特点是，将真实的意图隐藏在不令人生疑的行动的背后，将奇特的、非一般的、非正规的、非习惯的行动隐藏在普通的、一般的、正规的、习惯的行动背后，迂回进攻，出奇制胜。“明修栈道”表示公开的行动，“暗度陈仓”表示隐藏的真实意图。

此计适合在我方不便正面进攻，而又另有可“度”之路的情况下使用。“明修栈道”是做样子给敌人看的，以便吸引和牵制敌人的有生力量，而“暗度陈仓”是我方所要达到的真实意图。修栈道要“明”，让敌人知道，渡陈仓要“暗”，掩人耳目。只有做到这一“明”一“暗”，才能保证行动的成功。

应用于商战，此计可引申为：故意暴露自己的行动，用以迷惑麻痹竞争对手或以此吸引顾客，然后暗中准备行动，战胜对手或赢得顾客。

在战时，运用暗度陈仓的谋略，可以攻敌不备，获取胜利。在平时，运用暗度陈仓的谋略，可以化险为夷，甚至兴业发家。

暗度陈仓有三种含义：

1. 以迂为直。本来在修好栈道之后，全军通过栈道进攻敌人是一条直而近的路，但是修好栈道需要一定的时间，同时在栈道的另一边，敌人已派重兵防守，很难一下攻破。而绕道陈仓虽然多走一些路，但一则可以使行动立即付诸实施，一则可绕过敌人的防御线，这样时间快，阻力小，从效果上看大大优于出兵栈道。所以有时看起来，是迂远曲折的途径，却可以达到近直的目的。

2. 以明隐暗。一明一暗两套办法同时使用，明的一套大张旗鼓，让敌人知道，暗的一套，“藏于九地之下”，敌人无法发现。明的一套为假，暗的一套为真，用明的一套来掩盖暗的一套，暗的一套才能得以顺利实施。这是一种偷袭战术。

3. 以正隐奇。奇正是用兵的变法和常法，《孙子兵法》中说：“凡战者，以正合，以奇胜。”就是打仗作战，一般都是以正兵当敌，以奇兵取胜。本计就是让敌人错误地认为我们是在按常规的战法作战，而实际我们是在暗中使用奇兵，出奇制胜。公开使用的战法常规，是为了掩护机变灵活的非一般战法。

对暗度陈仓之计应采取如下防范对策：

1. 布成圆阵。《孙子兵法》中说：“混混沌沌，形圆而不可败也。”就是在混沌不清的情况下打仗，必须把队伍部署得四面八方都能应付自如，使敌无隙可乘，无法战败我。在任何情况下，都不可摆出只能应付一种情况的阵势，这样的临战状态，必然失败，因为战场上的情况是多变的。如果布成圆阵，既可对付栈道方面来的敌人，也可对付陈仓方面来的敌人。

2. 善于侦察。要多方收集情报，发现敌人的近期情况及动向，尽早发现向陈仓移动的部队，并尽早加以防备，使敌人偷袭的目的不能得逞。

3. 事先堵死陈仓之路。如果我们能在敌人之前发现陈仓之路，不等敌人来到就堵死这条路，那么敌人就会不战自退，或反被陷于困境。

计谋典范

战场逐鹿

邓艾扎寨泄军机

三国后期，魏、蜀、吴三个国家当中，魏国地大人多，力量最强。263 年，那时司马懿已经死了，由他的儿子司马昭执政。司马昭派出三路人马，准备一举灭亡蜀国。他派邓艾和诸葛绪各统率三万军队，派钟会带领十万军队，分路出发。

这时候，邓艾领兵打过多年仗，已经是一位经验丰富的将军了。

魏军声势浩大，不久就占领了蜀国好多地方。邓艾一直打到阴平（现在甘肃文县西北）。蜀军统帅姜维，赶快带领人马，守住形势险要的剑阁，抵挡钟会的大军。

这时，钟会已经合并了诸葛绪的人马。三路军队变成了两路，钟会的兵力更加

邓艾偷渡阴平图

强大了。

钟会兵力虽强，但姜维把剑阁守得牢牢的，一时攻不进去。军粮供应越来越困难。钟会正想退兵，邓艾从阴平赶到了钟会的大营。

钟会的手下有十万人马，邓艾只有三万。钟会自恃兵多，骄傲自大，不把邓艾放在眼里。

邓艾对钟会说：

"蜀军连吃败仗，我们应该乘胜前进才是。怎么要退兵啊？"

"剑阁被姜维拦住，我们怎么前进得了呢？"

"我想了一个办法。"邓艾建议说，"阴平到蜀国的都城成都，有一条小路。我领兵从小路打进去。姜维要是把守卫剑阁的军队调过去抵挡，你率领大军，就好乘势前进。如果姜维不调兵救应，我就可以一直进逼成都，一举消灭蜀国。"

"那好，"钟会爱答不理地说，"那就请邓将军去完成这个任务吧！"

邓艾一走，钟会嘿嘿冷笑几声，对部下将领们说：

"邓艾认为自己很聪明，其实他这个办法是行不通的。"

"怎么行不通呢？"将领们问。

"阴平那一带，全是高山峻岭。当年汉武帝征服西南的时候，曾经在那里凿了一条小路，但三四百年来没人走了。邓艾要冒险经过那里，如果蜀军把他的归路一截断，他进不能进，退不能退，非全军覆没不可。我们等着瞧吧！"

邓艾一回到阴平大营，就把将士们召集起来。他对大家说：

"现在姜维率领的蜀兵都集中在剑阁。我准备从小路偷袭蜀国的后方，一直打到成都去。但这条路十分难走，没有很大的决心和勇气是不行的。大家的意见怎样？"

"我们愿意听从邓将军的命令，万死不辞！"大伙儿异口同声地表示赞同。

邓艾看到将士们很齐心，心里十分兴奋。他先叫自己的儿子邓忠，带领五千精兵，每人拿了斧头、凿子，走在最前面，逢山开路，遇水搭桥。他自己则统率大军，准备了干粮、绳索，紧跟在后面。

为了保证跟后方取得联系，军队每走一百里路，就留下几千士兵，扎下一个营寨。

军队在毫无人烟的崇山峻岭中，艰难地前进。每前进一步，都要付出很大的力气，但是大家还是顽强地向前走着。

走呀，走呀，花了二十多天，走了七百多里，扎下了七座营寨，路上没有碰到一个人。每座营寨都留人把守，邓艾身边只有两千多人了。

蜀军根本没有料想到，魏军会越过这一带没有道路的山地，因此魏军一点也没有受到阻挡。

一天，邓忠急匆匆地跑来，对邓艾说：

“前面碰到一座悬崖。很难越过去，怎么办？”

邓艾带将领们过去一看，崖下深不见底。大家禁不住抽一口冷气。有的说：

“哎呀！这地方怎么过得去？看来我们白费力气，只好掉头回去了！”

“不行！”邓艾斩钉截铁地说，“我们已经走了七百里。一过这个地方，前面就是江油城，那里都是平地了，成功不成功，就靠在这个紧要关头，能不能坚持！就是刀山也要上，火海也要跳！”

说完，邓艾眉头一皱，想了一个办法。他命令大家先把武器和身边的东西从悬崖上扔下去。他自己拿了一条毡毯，把身子一裹，高叫：

“大家准备好，跟着我滚下去！”

邓艾咬紧牙根，带头滚下了悬崖。将士们在他的鼓舞下，都鼓足了勇气。有的学邓艾的样子，也用毡毯裹住身体，滚下了悬崖；有的用绳子缚住崖边小树，小心翼翼地往下滑……

两千多人总算都从悬崖上下来了，找到了丢在悬崖下面的武器。

将士们的衣服被剐破了，有的满身是鲜血；有的跌伤了筋骨，走路一瘸一拐地。大家的样子虽然狼狈，但心里却都热乎乎的。因为将士们已经胜利地克服了面前的困难。

邓艾带领两千多将士，直扑江油城。

蜀国驻守江油城的将军，名叫马邈。他一直提防着在大路方向的魏军，压根儿没料到邓艾会从背后，像天兵一样地降下来。

战鼓声把马邈从睡梦中惊醒，魏军已在身边。吓得他晕头转向，

诸葛瞻大战邓艾

只好竖起白旗向邓艾投降了，邓艾领兵进入了江油城，将士们换了衣服，吃饱了肚子，就朝绵竹方向前进。

驻守绵竹的蜀国将军，是诸葛亮的儿子诸葛瞻。邓艾命令邓忠和另一个将领师纂，去进攻绵竹。

魏军人数太少，两下一接触，就吃了个败仗。邓忠和师纂带领败兵回到大营，邓艾厉声说：

“我们现在深入敌后，一后退，便没有活路。你们给我再去攻打，打不赢，先砍了你们的脑袋！”

邓忠和师纂这回下了决心，前去拼死命地猛打猛冲。从中午一直战斗到天黑，打死打伤蜀兵一大半。诸葛瞻和他的儿子诸葛尚，都在战场上战死了。魏军胜利地占领了绵竹。

蜀国的皇帝是刘备的儿子刘禅，小名阿斗。刘禅是个昏庸无能的人。他一听说诸葛瞻战死，邓艾率领魏军已经迫近成都，要调回姜维的人马，已经来不及了，慌得他六神无主，不知怎么办才好，只得召集大臣们商量对策。

大臣们，你一言，我一语，都找不出好的对策来，只好投降。

刘禅通知蜀军不要继续抵抗，亲自带了亲属和文武大臣，出来迎接邓艾。他自己反绑着两只手，还叫人扛着一口棺材，来到了邓艾的大营。

邓艾给刘禅松了绑，叫人把棺材烧了，接受了刘禅的投降。

蜀国灭亡了。这时候，钟会率领的十三万大军，还远在剑阁前线哩！

灭亡了蜀国，这就为全国的统一，打下了基础。邓艾英勇善战，不畏艰险，为统一全国作出贡献，成为我国历史上的一位名将。

真假张飞

曹操亲自统率士军，跟刘备争夺陕西南部的汉中。

曹操手下的大将张何，领了三万精兵，到达汉中与四川交界的地方，在形势险要的山头，扎下三座寨栅。

张飞率领一万多蜀军，来跟张何作战。

张何一听说对方的将军是张飞，不免有点胆寒。他决定死守寨栅，不肯出来交战。

张飞天天叫士兵前去挑战，张何在山头寨栅里就是不理。

张飞叫士兵冲上山去，山上滚木头炮石，把蜀兵（刘备军队的士兵）们打得鼻青脸肿。

两军相持了五十多天。总不能这样永远拖下去呀！

一天，魏军（曹操军队）的探子上山对张何说：

“这几天，张飞天天在大营里喝酒哩！”

张何爬上山顶，远远一望，可不是，只见蜀军大开营门，里面摆满了酒坛。张飞酒喝得正起劲，还叫两个士兵在面前摔跤助兴呢！

张何心里想：张飞把我看得太没用了。他喝酒喝得这么个模样儿，看来不会有什么防备吧！

当天夜里，张何命令三个寨的人马一齐出动，他自己率领大寨精兵，下山一直冲进张飞的大营。

大营里灯火通明。只见张飞端端正正地坐在营帐正中，一动也不动。

张何以为张飞已经喝醉了，大叫一声，纵马朝张飞狠狠地一枪刺去。

“噗”的一声，张飞应声而倒。张何定睛一看，哟，哪里是什么张飞，原来是一稻草扎的草人！

张何大叫上当，急忙勒马出营。只听得营后响起了一阵炮声，当先一员大将，手挺长矛，朝张何迎面刺来。这才是真的张飞哪！慌得张何急忙转身而逃。

张飞像

张何一心盼望其他两寨人马快来救应，但左盼右盼，连一个人影也没有。原来那两支人马，早已被张飞派兵拦住了。

张何越发心慌，正想引军退回大寨。抬头一看，只见山上火光冲天，三座营寨已经全被蜀兵占领了。

张何吓得魂不附体，只好丢了马匹，抛了盔甲，带领十多个随从，从山间小路狼狈地逃走了。

大家都说张飞不仅勇猛，而且有计谋，是个智勇双全的大将军。

饮宴夺关

北宋名将狄青率领着部队来到邕州东北的昆仑山下，准备平定侬智高的叛乱，却被山上的一座关隘挡住了去路。

山上的这座关隘就叫做昆仑关，这是到邕州的必经门户。侬智高在关上驻下了雄兵猛将，把守此关，广西钤辖（一路或一州的部队司令）陈曙曾经先后带人攻关，被侬智高杀得大败而回。狄青来到山下，没有下令攻关，而是命令部队安营扎寨，按兵不动。

依智高听说狄青带领大军到来，一面下令守关部队加强戒备，一面不断派人打探狄青的动静。

宋朝大军来到昆仑山下，将士们士气高涨，纷纷请战攻关。狄青却微笑拒绝，安慰将士道：“仗有你们打的，现在大家先休息几天再说。”他自己每天与随从将佐在帐中谈天、下棋，高高兴兴地玩乐，好像不是到这里来打仗，而是来休养。将士们都猜不透元帅葫芦里卖的什么药。

正月十五元宵节到了。狄青下令：“将士们终年行军打仗，流血流汗，元宵节要好好庆贺一番。军营中多点灯火，摆酒庆贺，大宴3天，军队尽情玩乐。”将士们见元帅下令，一个个乐得痛痛快快地玩。

头一晚，狄青和将士们饮酒作乐，灯红酒绿，猜拳行令，一直闹了个通宵。

第二晚，酒席摆开，狄青又和众将交杯递盏，兴高采烈地喝了起来。喝到二更天，狄青忽然满脸愁苦的样子说道：

“本帅忽然头晕心痛，进去歇息一会儿。”

“元帅请便！”众将都齐声答道。

狄青进内室后，一会儿，派人出来传话：

“狄元帅正在服药，请孙转运使代为主持宴会，陪众位将军多喝几杯。”

孙转运使名叫孙抗，是歙州黟县人（今安徽黄山市辖），当时正任广西转运使。宋朝转运使权力很大，他不但管财政，还管边防、治安，且有监察地方官吏的权力。他听了传话，就站起来向众将士殷勤劝酒。

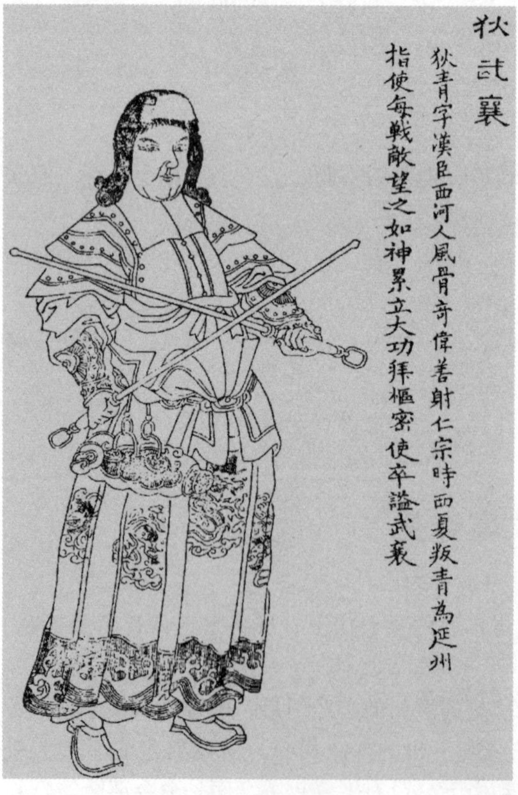

北宋名将狄青像

隔一会儿，内室就有人出来传话：“狄元帅请诸位将军多喝几杯，元帅歇息一会儿就出来奉陪。”众将整齐坐在席上，边喝边等，谁也不敢离位，一直等到天亮还不见狄元帅出来。

众人正在惊疑不定，突然，一阵急骤的马蹄声自远而近，一匹马从远处急驰而来。马到中军营帐前停住，马上的人滚下马，闯进营帐来大声喊道：

“众位将军！狄元帅已经把昆仑关攻下来了，请众将军火速过关。”

众将一下子全怔住了：“什么？狄元帅刚才有病进去歇息，怎地就将昆仑关攻下来了？”

报马笑道："狄元帅早就作了攻关准备的，元宵大宴，饮酒取乐都只为了麻痹敌人。依智高接到情报，果然大放宽心，连守关部队也都不加防备。昨夜三更，又有大风大雨，敌人更不以为然了。狄元帅离开酒席，带领精兵一举攻下昆仑关，敌人还以为狄元帅是飞将军自天而降呢。"

"巴巴罗萨计划"与"海狮"骗局

第二次世界大战开始后，德国法西斯头子希特勒胃口越来越大。1940 年 6 月，德国入侵西欧，一个月后，希特勒就在一次高级军事会议上宣布，准备入侵苏联，用突然袭击的办法，一举将苏联摧毁。

德军总参谋部根据希特勒的命令，立即开始拟订对苏作战计划。到 1940 年 12 月底，计划最终完成，并定名为"巴巴罗萨计划"。这个计划的要点是：（一）德国准备在对英国的战争结束以前，"以一次快速的战役"，在一个半月到两个月的时间内打垮苏联；（二）先以突然袭击的办法消灭苏联西部各军区的军队，使它不能向内地退却，然后在空军支援下，以坦克部队为先导，长驱直入，分三路向苏联腹地进攻，攻占莫斯科、列宁格勒和顿巴斯。希特勒认为，"当巴巴罗萨计划开始时，全世界将会大惊失色，难以置信！"

法西斯德国为了进攻苏联，不仅在外交上、经济上和军事上进行了一系列准备，而且还采取了许多伪装和欺骗措施。希特勒曾说过"要把进攻俄国造成历史上最大的骗局"。1940 年德国占领法国后，曾经制订过一个进攻英国的所谓"海狮计划"，后来由于希特勒要进攻苏联，就放弃了这个计划。这时，为了掩盖侵略苏联的企图，法西斯德国就故意大造准备执行"海狮计划"的舆论。他们把有关侵苏战争的一切准备工作和部署，都说成是为了实施"海狮计划"而采取的行动。为了欺骗，他们还采取了许多其他的迷惑措施。一是制造假象，如明明是在进行侵苏的部署和准备，他们却大量印发英国地图，给部队配备大量英语翻译，在英吉利海峡和加莱海峡沿岸集结大量渡海和登陆器材，海岸上配置了许多假火箭，部队频繁地进行登陆作战演习。二是大造舆论。为了掩盖德军大规模东调的企图，故意放风说，是为了在入侵英国以前，到东部地区去休整。三是故作姿态。在德军紧张进行侵苏战争准备的同时，在外交上停止了往常那种对苏联的攻击，把矛头转向英国。希特勒担心德军的调动被苏联发现引起苏联的怀疑，特意命令德国驻苏联的外交官，主动向苏联"解释"这些调动的目的。如把向波兰大举增兵说成是"派年轻的士兵去替换将要退役的年纪较大的士兵"。当德国向芬兰增兵时，德驻苏大使又奉命拜会苏联外长莫洛托夫，并"顺便"通知说德国将取道芬兰向挪威北部派遣援军。他们把进兵罗马尼亚解释为派"军事代表团"去帮助罗训练部队，等等。

这样，在"海狮计划"的掩护下，德军秘密完成了进攻苏联的军事部署。截至 1941 年 6 月中旬，德国已经在靠近苏联西部边境的地区集中和展开了 190 个师 500 余万人，3800 多辆坦克，5 万门以上的迫击炮和大炮，5100 多架飞机。而苏联方面对德军的军事部署却未加注意。临战前，西部边境各军区军以上的司令部都驻在城市，部队照常进行野营训练，前沿各师的阵地上只有个别连队值班。野战炮兵和高射炮兵照常在射击场打靶或者在军区集训。各军区的通信部队还在参加国防施工。空军的飞机大多集中在少数几个机场上。

1941 年 6 月 22 日（星期日）晨 4 时，德国撕毁了《苏德互不侵犯条约》，未经宣战，就以 190 个师，5100 架飞机，对苏联发起了突然袭击。德军首先以大量航空兵集中对苏联西部重要城市、交通枢纽、陆海空军基地、部队营房以及正向国境线开进的军队进行了猛烈的轰炸。苏联西部地区的 66 个飞机场遭到猛烈空袭，不过半天工夫，苏军就损失了 1200 架飞机，其中有 800 多架被击毁在地面。苏军完全陷入被动状态，被迫向内地撤退。法西斯德国的欺诈手段再一次得逞。

艾森豪威尔的“加莱”登陆欺骗计

1944 年 6 月 5 日晚，盟军取名为“尼普顿”的登陆行动开始了。这是盟军总司令艾森豪威尔所导演的一出以假乱真的“登陆”戏。在加莱·康坦丁半岛方向上，成千艘装着角反射器的模拟舰艇，拖着涂铝的气球迅速驶来，向着加莱·康坦丁编队而行。模拟舰艇的上空，几十架飞机投撒了大量箔片，这些箔片在两三千米的高空徐徐飘浮，久久不散。这一切，显示在德军雷达荧光屏上，即是大批飞机和舰队，正铺天盖海地向加莱一带海岸接近。电离层中到处是盟军地面人员在和飞行机组之间的无线电联络信号，谈论着某项大规模战役的行动情况。所有的迹象都表明，盟军将在加莱半岛登陆。

但是这一切都不过是一种欺骗，是瞒天过海、暗度陈仓的现代翻版。令人叫绝的是，德军最高统帅部居然相信是真的，大量的德国海军舰船向着加莱驶去。与此同时，盟军的真正登陆地点诺曼底方向，5000 多艘舰船在数十架电子干扰飞机的掩护下，正朝着既定的登陆海滩开进。

6 月 6 日早晨 6 点 30 分，盟军第一支海运部队——美军第四步兵师几乎未遭阻击就在犹他海滩登了陆。三个半小时后，该师仍未遇到德军密集的炮火，也未遇到德军任何反击行动。水陆两栖坦克和大炮安然到达岸上。尽管其他几个登陆点进展并不顺利，但经过激烈的抗争，是日晚终于掌握了全部的海滩区。沙滩上的部队，已经超过了 50 万，但滑稽的是，希特勒仍然相信，诺曼底的战斗不过是敌人的牵制行动。可是就在奥马哈海滩区激战时，德军冯·伦斯德元帅就曾决定，不管诺曼底是否佯攻，都必须坚决击退。他本来有两个装甲师很快就可以机动过来，但当他准备下命令时，想起希特勒保留了对这两个师的调遣权，而此时元首正在酣睡，他的参谋们拒绝惊动他。当他从睡梦中醒过来，又上了美国假情报的当，坚信巴顿集团军将会在加莱半岛登陆，于是仍然保留着这支部队，以对付所谓更大规模的“加莱登陆”。艾森豪威尔以成功的隐真示假、暗度陈仓计，终于酿就了希特勒的千古遗憾！

官场权谋

何瑭藏九龙杯纵乱除宦官

明正德登上皇位后，封刘瑾为九千岁，任掌宫宦官。刘瑾趁这机会把持朝政，还想把皇帝杀掉，自己取而代之。

当时，曾做过皇帝老师的何瑭看破了刘瑾的野心，总想把他除掉，可是一直没有机会。且说这天，皇帝过生日。午门外文武百官都已到齐，刘瑾也骑着高头大马来了。学士何瑭等出来相迎。刘瑾下马时，何瑭突然发现刘瑾的大红朝服里，露出赭黄色提花锦绣龙袍来。何瑭便暗暗地打起主意来。

文武百官走进皇宫，给皇帝拜罢寿，皇帝设宴招待。大伙各自忙着在自己应坐的地方坐下来。何瑭趁忙乱之时，顺手拿起一只九龙杯藏在怀里。太监发现九龙杯少了一只，便到处寻找。何瑭站起来故意问道："是谁拿了九龙杯？还不快交出来，不交就要搜身了！"众官员都开玩笑似的说："搜就搜，搜出来罚他喝1000杯酒！"

刘瑾心里有鬼，一听到要搜身，心都凉了半截，不敢让搜。可是，他越怕搜，大家就越怀疑，越要搜。何瑭说："这样吧，先从万岁搜起，从上到下，挨个搜。"皇帝听说，笑道："别开玩笑！这满殿东西都是我的，我单拿个九龙杯，什么意思？"何瑭说："你是皇帝，理应带头让搜。"边说边给皇帝使眼色。何瑭曾经做过皇帝的老师，皇帝知道，他爱开玩笑，只好站起来，解开龙袍让大家看。轮到搜九千岁了，刘瑾脸都吓白了。文武百官早就恨透了刘瑾，见他脸上变色，更怀疑九龙

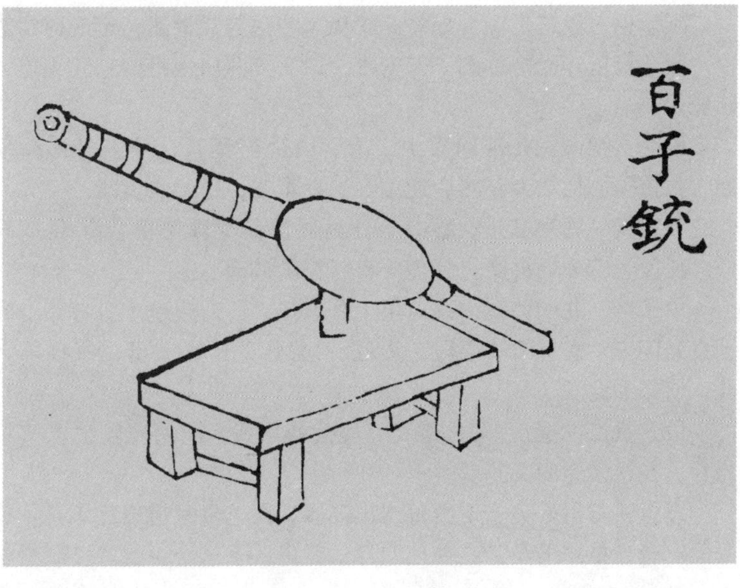

百子铳，古代火器。

杯是他拿了，便一个劲地叫着：“搜，搜。”刘瑾没法，只好让何瑭来搜。不料朝服一解，里边竟是只有皇帝才能穿的赭黄龙袍。大家“啊!”了一声，都愣住了。正在这时，只见刘瑾满面杀气，抽出预先藏在袖筒里的短刀，向皇帝刺去。说时迟，那时快，何瑭飞起一脚，把短刀踢落在地上。

此时，金殿上乱了套。皇帝只说了一句“快把他打死”，就吓得昏了过去。等他醒过来时，刘瑾已被御林军打死了。何瑭也把九龙杯献了出来，说明这是个计策。皇帝和满朝文武百官都非常钦佩何瑭的忠心和机智。

善拍善捧段芝贵巴结袁世凯

段芝贵，生于1869年，安徽合肥人。曾任新建陆军营务处提调，参谋处督办，第三镇统制、黑龙江巡抚、武卫军总司令、察哈尔都统、湖北都督、督理东三省军务、京畿卫戍总司令。陆军总长等职。

段芝贵毕业于北洋武备学堂，投入袁世凯的新军后，才得到步步升迁。

段的升官术是善拍会捧。为了了解袁世凯的特点，段芝贵主动结交了袁世凯的总文案阮忠枢。阮忠枢作为袁的亲随，平时处理袁的往来信函，对袁世凯的个性爱好十分清楚。阮忠枢告诉段芝贵袁世凯平生最大的嗜好就是贪女色，只要向袁进献漂亮的女子，就能讨袁世凯的欢心。

阮忠枢又推荐一漂亮女子，要段芝贵设法送与袁世凯。

天津平康里，美艳的女子很多，韩家班的女子最出众。阮忠枢余暇时，常往韩家班猎艳求欢，曾与歌妓小金红，结下不解之缘。小金红有一姐妹，名叫柳三儿，色艺绝冠，高张艳帜。阮忠枢只见她一面，就神不守舍，暗自羡慕。

袁世凯有次招阮忠枢私宴，醉后忘形，问及平康里的女子。阮忠枢介绍了柳三儿。袁世凯想一睹美颜，只是身为高官，不便访艳。

阮忠枢对段芝贵说，如将此女买来，送与袁世凯，定能讨得袁的欢心。

段芝贵依计而行，到了韩家班，以5万两白银将柳三儿买出，并认柳三儿为干妹妹。

段芝贵把柳三儿带回家中，请“名师”调教，琴棋书画都教会，又买了好衣服，打扮得更加动人，然后通过阮忠枢牵线，送给袁世凯。

袁世凯一见柳三儿，心中十分高兴，称赞段芝贵会办事，不出两天，即发命令，任段为营务处提调，管理所有新军的调动。

由于柳三儿的关系，袁对段十分亲热，段对袁也十分尊崇。每日早起，段又必到袁处问安，袁世凯戏语段芝贵说：“我闻儿子事父母，每日早必去问安，你非我儿，何必如此。”

段芝贵忙说道：“父母生我，恩公栽培我，两两比较，恩谊相同，如果大人不嫌弃，我愿做您的义儿。”

袁世凯觉得好笑，不由得露出笑容，段芝贵只道袁已承认，就拜倒下去，呼袁为父。老袁推辞不及，已受他四拜，只得认下这个干儿。

有了袁世凯这个干爹，段芝贵才得以飞黄腾达。

袁世凯称帝时，成立了一个筹安会，筹安会策划成立“全国公民请愿团”，袁世凯的亲信各想办法，拉人请愿，杨度就搞了个乞丐请愿团。

对妓院很熟悉的段芝贵，上次献柳三儿沾光不小，这次他又忽发奇想，何不搞个“妓女请愿团”，上街游行，高呼口号，以示帝制得人心。

主意拿定，就找到袁世凯的儿子袁克定商量。袁克定很赞同，拟由袁克定专宠的妓女花元春以及小阿凤领头，向袁世凯写“劝进书”。

袁克定心想，老爹当了皇帝，自己便是皇太子，日后就可继承皇位。于是由段芝贵、袁克定出钱，由花元春、小阿凤出面组织，短短十余天，竟凑成了几十个妓女组成的“请愿团”。

“请愿团”组成后，便择吉日上街“劝进”，一些狎客加入“劝进”的行列，再加上看热闹的尾随者，游行队伍人数众多，场面很大，沸沸扬扬，影响不小。

段芝贵、袁克定向袁世凯汇报说：女人都愿变更国体，这是人民的呼声，总统应早登龙位，以顺应民心。

袁世凯一心称帝，听了这话很高兴，表示称帝后，封段为亲王，后来袁称帝，果然封段为亲王。

巧钻棋艺靳云鹏借棋升迁

靳云鹏，生于1877年，北洋军阀，字翼青，山东邹县人。北洋武备学堂毕业。在云南任清军十九镇总参议。1911年蔡锷发动云南新军起义时，他在昆明五华山战败，化装逃走。后受袁世凯信任，任北洋第五师师长，升任山东都督。1918年任参战督办公署参谋长，代表段祺瑞政府与日本签订中日军事协定。次年任陆军总长，代理国务总理。皖系失败后，又由奉系支持出任总理，至1921年直奉战争爆发前去职。后寓居天津。

靳云鹏家十分贫寒，靠卖煎饼度日，由于入不敷出，他的母亲又去潘家当奶妈。靳云鹏19岁那年，投入袁世凯的“新建陆军”，后又入随营武备学堂第一期学习。

段祺瑞当时任随营武备学校的监督（校长），二人有师生关系。

1902年，段祺瑞任北洋军政司参谋处总办，靳云鹏任该处提调。

为了求升迁，靳云鹏细心研究段祺瑞的爱好，他发现段祺瑞爱下围棋，经常与幕僚张某对弈。

于是，靳云鹏就从围棋入手，买来棋谱，精心研读，仔细推敲，又请名师指教，棋艺长进很快。他知道段祺瑞的棋下得不错，如超不过段，决不敢轻举妄动。

一天，恰好张某不在，段祺瑞想下棋找不到对手，很着急。靳云鹏一看机会到了，就上前请求：“大人，学生原来也曾下过几次，能否陪大人解闷!”

段祺瑞正求之不得，马上应允，二人就摆棋大战起来。

三十六计之暗度陈仓

段祺瑞的棋不是靳云鹏的对手，但靳不敢赢段，但又不能让段赢得太顺利。

第一盘，靳云鹏惨败，段有不屑一顾的意思，兴致大减。

第二盘，段祺瑞感到下得很吃力，不由得兴致大增，聚精会神，细心研究，总算赢了，段非常高兴。

第三盘，双方厮杀得难分难解，但最后还是段祺瑞赢了。

自此，段祺瑞不敢小看靳云鹏的棋艺。

以后，靳云鹏成了段祺瑞的棋友，靳云鹏与段祺瑞下棋，多数让段赢，偶尔自己也赢一两盘，以讨段祺瑞的欢心。

段祺瑞与别的人下棋，也常请靳云鹏在旁观战，紧要关头，要靳出谋献策。

由于下棋的关系，再加上师生关系，靳云鹏成为段的亲信，段提拔他当了标统。

后来，段又推荐靳赴云南任更高的职务，当靳离开他时，他还恋恋不舍。

靳云鹏由此成了皖系的干将，官升得很快，甚至两度受命组阁，出任内阁总理，成了当时政治舞台上的风云人物。

商海弄潮

暗度陈仓得机密

上海某厂为推动国内电镀化工产品的更新换代，投入大量的人力物力，研制成功了30种高新技术。南京一家乡镇企业获悉后，立即展开秘密活动，频频接触参与研制的技术人员，并运用高薪这一诱饵，终使三位技术人员心动，答应跳槽。不料问题又来了，技术人员与厂方订立了保密协议，如果为高薪泄密，不管从道德上还是法律上，都十分被动。因为《反不正当竞争法》已有明文规定：商业秘密是指不为公众所知悉，能为权利人带来经济利益，具有实用性并经权利人采取保密措施的技术信息和经营信息。又明文规定：经营者不能“违反约定或者违反权利人有益保守商业秘密的要求，披露、使用或者允许他人使用其所掌握的商业秘密”。如何干？这家乡镇企业不想掏钱买技术，又想拥有该项技术，于是，便想出了一条明修栈道暗度陈仓的妙计：把这三位技术人员调入不对口的单位，以此为跳板，再借辞技术不对口，落户到这家乡镇企业。三位技术员暗中已收了数万元的调动费。因一切细节的策划都处于极端秘密状态，那家企业并没发觉调动之后的狡诈，在本人的一再申请下，便放行了。

此后，有两个落户到这家乡镇企业，一个虽没来，也被聘为顾问。在这三人的指导下，该乡镇企业如鱼得水，大量生产与某厂不同牌号的同一产品。因这家乡镇企业没有研制和开发的巨额投入，产品成本较低，很快便击败某厂，成了行业中的佼佼者。而同时，由于策划机密，用间有方，也使某厂对此束手无策。

经营奇才小林一三

1907年，34岁的小林一三加入了日本箕面有马电轨公司，就任总经理。

这家公司刚刚成立，但是它只是一个小地方的铁路公司。这和拥有以人口密集区为基本地盘的都市铁道是不同的，因此，公司的发展有许多的困难及障碍。

但是，不管怎样，首先得让经营步入正轨，因此必须提高收入。提高收入有两种途径：一是增加乘客人数，二是提高收费。提高收费对本来搭乘铁路人口就少的地区是行不通的，因为这样一来可能会造成乘客人数更减少。所以，小林只能在“如何吸引更多乘客”这点上动脑筋，从而想出一种办法，那就是先开发铁路沿线的住宅区。

在开发住宅区时，小林采取住宅的出租及以10年分期付款的销售方式，这种划时代的做法，果真扩大了住宅区的范围。

除了要增加沿线住民的乘搭量，更要吸引其他地区的人也来搭乘，这可是件颇为费事的工作。

1910年3月，宝冢线及箕面线比预定日期提前20天通车。同时，小林也完成了如何增加乘客数量的新构想：同年11月在箕面公园中开设动物园；第二年在宝冢设立新温泉区，1912年建设丰中运动场。

1913年，小林在宝冢新温泉区游乐场组织少女合唱团，后发展为少女歌剧团。新温泉区又陆续增加博览会会场、剧场、动物园、植物园、餐厅等设备，而成为一个度假及休息的中心。

其中，宝冢少女歌剧团的公演，更是深获各界好评，1914年前去观赏的民众多达19万人，1918年更激增至43万人，这样一年一年增加的人数，对铁路增加搭乘量是十分有帮助的。

1926年，他又在车站设立百货销售部门，增加沿线居民利用铁路的机会，并且将那些百货用品的工厂设在铁路沿线地区（如纤维、糖果、食品、药剂等工厂)，谋求乘客人数的增加。

而且将各种事业有计划地实行，采取多元化的弥补经营政策，并且使箕面有马电轨公司成为发展各种事业的主要交通工具及主要交通路线（因为小林公司的各种事业，如温泉游乐区、百货公司、工厂都是沿着铁路线发展)，真可说是“明修栈道、暗度陈仓”之计的典型。

直到现在，利用娱乐、教育设施来开发铁路沿线住宅区的想法，仍被认为是经营铁路的必备常识。

以正面的假进攻——开发游乐区、运动场、组织少女歌剧团、设百货公司、工厂等来吸引群众、掩盖暗中进行的进攻方向——谋求铁路搭乘量的增加。将迂回进攻的“暗度陈仓”之计导入铁路经营中的小林，的确是别具慧眼，堪称为第一流的企业家。

包玉刚奇袭九龙仓

1978年底，包玉刚已拥有九龙仓30%的股份。他于1979年初将这些股份全部转入他旗下的一家上市公司——隆丰国际有限公司。此举的目的在于万一收购失败，最多也就赔掉一个隆丰，而不会动摇包氏家族的根基。此后，包玉刚一方面在暗地里紧锣密鼓地筹备现金，他选出自己属下几位在香港信誉良好的公司经理，由他们分头去与几家银行和证券公司洽谈，准备以高利率贷款，同时还要发行公司债券。另一方面，包玉刚又命令部下造出疲惫不堪、焦头烂额的假象，使怡和洋行麻痹大意。

于是，怡和洋行的董事们总是收到不少有关环球集团的经理们疲于奔命且劳而无功的情报，他们看到录像带上环球集团的经理们火急火燎的焦灼神情，都大笑着说：“这一拳准能把包大个子打倒。”此时的怡和洋行正准备用每股大约值100港元的证券，来向小股东们换取时值10港元一股的九龙仓股票。

然而他们高兴得太早了，最后被击倒而至一败涂地的不是老包，而是他们自己。包玉刚在部署好一切之后，就公开告别亲友，大张旗鼓地到美国去进行商务活动，似乎已经把九龙仓的事情给忘到九霄云外去了。

这时，怡和洋行认为总决战的时机到了，就通过旗下的置地有限公司登出广告，宣布以证券换购九龙仓股票。在他们登出广告的第三天，包玉刚却突然神不知鬼不觉地回到了香港，此时他属下的人已把21亿现金拿在手里了。包玉刚立即召开会议说：“他们用证券，我们却用现钞。”他们决定在全港各大报纸刊登大幅广告予以反击，电视台也同时播出这条好消息：“环球集团将以每股105元的价格，购入2000万股九龙仓股票。”

这一招是怡和洋行万万想不到的，把他们打得措手不及。若单就财力而言，怡和洋行也出得起更高的价格比如说每股110港元，但要在几天之内就把22亿现金筹到手，那就真正是开“国际玩笑”了。更何况从感情上来说，大多数香港人都更希望包玉刚能够打赢这场收购战，从英国人手中夺回九龙仓，香港市民们奔走相告：“快把九龙仓股票卖给老包。”

很快地，包玉刚已拥有九龙仓有限公司50%的股权。从此，九龙仓成为包氏财团麾下的一员猛将，并不断地立下战功。

运世方略

潘巧云寺里看佛牙

在《水浒传》中，蓟州报恩寺和尚海公同杨雄的妻子潘巧云眉来眼去。一天，巧云在父亲的陪伴下到报恩寺为已故的母亲烧香还愿。诵经、参礼、焚香仪式完毕之后，海公和尚邀请父女俩到自己的僧房用餐。他为巧云的老父亲备下一罐劲大的酒，没过多久，老头儿就被灌醉了。海公让人把老头儿扶到另一房间，让他安安静静地睡觉。

僧房里只有海公与巧云两个人。巧云吃了些酒，觉得朦朦胧胧，身体有些发飘。她问道：“只顾央我吃酒做什么？”

和尚笑嘻嘻地说：“只是敬重娘子。”

“我吃不得了！”巧云道。

和尚见时机到了，说道：“请娘子到小僧的卧房看佛牙如何？”于是，巧云和丫鬟迎儿跟着和尚到了卧房，里面陈设整洁，幽静雅致。

“你端的好个卧房，干干净净。”巧云不禁心猿意马。

“只是缺少一个像你这样的娘子！”和尚挑逗道。

巧云道：“你且教我看佛牙则个。”

和尚道：“你叫丫鬟迎儿下去，我便取出来。”

巧云对迎儿说：“你且下去看老爷醒也未？”

迎儿退了出去，海公和尚接着把房门掩上，与巧云成就了云雨之欢。

海公和尚明里邀巧云去看佛

杨雄醉骂潘巧云

牙，实际上是想与巧云偷情。这是“明修栈道，暗度陈仓”的计谋在男女幽会上的实际应用。

骗子用计巧行骗

骗子们也很会使用暗度陈仓的计谋，这些骗子大部分衣着华丽，举止文雅，有的甚至扮成官员，这一切都是使人们相信他不会骗人，你与他共事，他们都表现得很正经，这就是明修栈道，而暗中他们却做下手脚，通过陈仓之道把你骗了。

从前苏州城东门，车水马龙，十分热闹，一日来了一个穿四品官服的人，来到此处，租了一处房子住下。自称四品候补知府，现任的苏州知府和地方县令都去拜访他。

一日有两个仆人，穿着也十分华丽，沿街察看人参店铺，自称是替候补知府买人参，看了十几家都不满意，一个聪明的老板，找到他们俩表示只要生意做成，就另有好处。两个仆人十分高兴。店老板让一个伙计带一两人参去候补知府家中，让他试尝。候补知府试尝后，表示可以，并立即付了300多两纹银，并让伙计立即送店伙计在屋内细看，陈设十分豪华，又听仆人说候补知府一家爱吃人参再加上送礼，每年有十万两银子的生意可做。

伙计回到店铺向掌柜叙述了经过，并讲了候补知府家的豪华情况，老板立即派了另一个伙计和他带着二斤高级人参到候补知府家去。

二人被引上楼，楼上布置更是讲究，绫罗帐子，西洋钟表，锦锻被子，还有十几个箱子。候补知府从第二个箱子拿出银子来，正准备过称付给店伙计，忽然听到外面一个大喊大叫说：“说过今日请我喝酒，怎么干等不去，我找到家里，看你往那里躲。”候补知府说“这是我的朋友，被罢了官，家境贫穷，借我银子都没还。不能让他看见这些人参和银子。”说着就把人参和银子放进了箱子，店伙计也没有阻挡，候补知府就下楼去了。伙计听到候补知府被那人拉着喝酒去了。仆人上来送茶，对伙计说：“二位稍等，老爷应付应付就回来。”两个伙计正喝茶，忽听下面仆人吵闹。后来又打了起来，于是管家出来，把他们骂了一通，渐渐无有动静，好像各自干活去了。二人等了很久不见人来，正疑惑间，见店老板走了进来，二人招呼他上楼，伙计说：“人参和银子都在这箱子里。”老板说：“外面很静，好像没人，快把箱子打开看看。”伙计把箱子打开一看，下面一个大洞，银子人参都没有了。原来箱子与楼下相通，即可以把箱底堵上，也可以摘下。三人忙检查陈设，发现除帐子是真的以外，锦缎被子是纸的，箱子是纸画的贴到在板上，座钟只有一个壳子。老板急忙赶到知府，向苏州知府询问情况，知府说：“京都中枢有密信来，不得不去拜访。如此说来，信也是假的了。”老板只得自认倒霉。

这个事件中，买人参是明修栈道，仆人吵架是为了引起伙计的注意力，目的都是给暗度陈仓创造条件。

施特劳斯巧妙“退场”

施特劳斯是闻名世界的音乐大师。1872 年，施特劳斯率领他的交响乐团赴美演出，观众如潮、如醉、如痴。第一曲结束，场内便是雷鸣般的掌声和欢呼声。第一场结束，观众们便高呼：“施特劳斯先生，再演一首！”可是，一曲之后，观众仍不肯离去，嚷道：“再演一首吧！”又一曲之后，热情的观众还在狂呼：“大师！请再演一首，就一首！……”

施特劳斯和他的乐团既高兴又忧虑：有这么多“知遇”，谁能不高兴呢！可是，每天都演出到深夜，人人都筋疲力尽，长此下去，如何是好？但是，又不能挫伤观众的热情，使观众扫兴……

施特劳斯不愧为是位伟大的作曲家，他很快创作出一支优美的新曲。第二天晚上演出时，当最后的一支曲子演奏完毕，在观众热烈的欢呼声和恳请中，施特劳斯开始演奏这只新曲——观众们静静地聆听着，忽然，只见施特劳斯的指挥棒轻轻一挥，小号停止了吹奏，一名小号演奏家悄悄地退场而去。过了一会儿，在一个节拍与一个节拍的过渡处，施特劳斯的指挥棒，又是轻轻一挥，一位中提琴演奏者停止演奏，悄然退场……

乐手一个一个地退场，但演奏仍在继续。观众们以为这是演奏的一部分，仍陶醉在美好的遐想中。

当最后一位乐手也停止演奏，退下场后，施特劳斯转过身来，彬彬有礼地向观众们深深地鞠了一个躬，然后走下舞台。

大幕徐徐落下。

观众们骤然明悟，暴风雨般的掌声顿时响彻全场。

第九计 隔岸观火

原文注译

【原文】

阳乖序乱，阴以待逆[①]。暴戾恣睢[②]，其势自毙。顺以动，《豫》，豫以顺动[③]。

【注释】

①阳乖序乱，阴以待逆：阳、阴，指敌我双方两种势力。乖：分崩离析。逆：混乱、暴乱。全句意为：敌方众叛亲离，混乱一团，我方应静观以待其发生大的变乱。

②暴戾恣睢：穷凶极恶。

③顺以动，《豫》，豫以顺动：语出《易·豫·彖》："豫，刚应而志行，顺以动，豫。豫顺以动，故天地如之，而况建侯行师乎?"豫即喜悦。豫卦坤下震上。顺以动，坤在下，是顺。震在上，是动。意思是说：阴阳相应，天地之间也能任你纵横，何况建诸侯国、出兵打仗呢？这些目的一定能达到。用在本计上，即以欣喜的心情，静观敌方发生有利于我方的变动，以便顺势而制之。

【译文】

当敌人内部产生争斗、秩序混乱时，我方应静观待其发生变乱。敌人穷凶极恶，自相仇杀，必然自取灭亡。顺应时势而行动，就能像《豫》卦所说的那样，要达到令人喜悦的目的，必须顺应时势行动，不宜操之过急。

按语注译

【按语】

乖气浮张，逼则受击[①]，退而远之，则乱自起。昔袁尚、袁熙[②]奔辽东，尚有数千骑。初，辽东太守公孙康[③]，恃远不服。及曹操破乌丸[④]，或说操遂征之，尚兄弟可擒也。操曰："吾方使康斩送尚、熙首来，不烦兵矣!"九月，操引兵自柳城[⑤]还，康即斩尚、熙，传其首。诸将问其故，操曰：

铁汁神车，火攻用具。

“彼素畏尚等，吾急之，则并力；缓之，则相图⑥。其势然也。”或曰：此兵书火攻之道也。按：兵书《火攻篇》⑦，前段言火攻之法，后段言慎动之理，与隔岸观火之意，亦相吻合。

【注释】

①乖气浮张，逼则受击：乖气，即敌方分崩离析的情势、氛围。全句意为：敌人内讧的情势出现时，如果去逼迫它，就会遭到它的还击。

②袁尚、袁熙：三国时袁绍的儿子。袁绍死后，他的一个儿子袁谭在南皮城被曹操杀害，袁尚、袁熙被魏将焦触、张南攻打，逃奔到辽西的乌丸（乌桓）；乌丸被打败，又逃到公孙康那里，后被公孙康用计抓获，斩首。

③公孙康：三国时公孙度的儿子。辽东襄平（今辽宁辽阳北35公里）人，因斩袁氏兄弟有功，被曹操拜为左将军。

④乌丸：乌桓，东胡族。居乌桓山（今辽宁省昭乌达盟阿鲁尔科沁镇西北）。汉末曹操灭乌丸，其遗族后迁那河（今嫩江）之北，自称“乌丸国”。

⑤柳城：在今辽宁锦县西北面。

⑥急之，则并力；缓之，则相图：并力，联合起来对外。相图，相互图谋，相互倾轧。全句意为：逼得太急，敌人就会联合起来，一致对外；慢慢耐心等待，敌人以为没有外敌，就会内部相互倾轧。

⑦《火攻篇》：《孙子兵法》篇目之一。该篇论述了火攻的种类、方法，以及将帅慎重用兵的道理。篇中说：贤明的君主和优良的将领，没有利益可图的时候不采取行动，没有收获的计谋不轻易采用，敌人没有遭遇危险，不急于用它作战……明智的君王对于用兵要十分谨慎，良将对用兵要十分警惕，这是保证国家和军队安全的策略。

【译文】

敌人自相倾轧的势头出现时，不要急于去逼迫它，逼迫它你就会受到反击。如果退避得远远的，敌人就会自己出现内乱。古时候袁尚、袁熙两兄弟逃到辽东去时，还有几千骑兵。开始，辽东太守公孙康凭着自己离曹操很远，不肯服从曹操。后来曹操攻破乌桓，有人劝说曹操立刻乘胜去征讨公孙康，擒捉袁氏兄弟。曹操说：“我会让公孙康乖乖地把袁氏两兄弟的头送来，不用劳烦我们动兵啊！”九月，曹操带兵从柳城回来，公孙康果然砍了二袁的头送来了。诸将问曹操，这是怎么回事。曹操说：“公孙康向来害怕袁氏二兄弟，我如果急于去攻打公孙康，他们就会联合起来对付我；我放松一下，他们就会自相残杀。这是必然的情势。”有人说，这是《孙子兵法·火攻篇》的原理。兵书《火攻篇》前段讲火攻的方法，后段讲用兵要十分谨慎，这和隔岸观火计，意思是相吻合的。

传世典故

隔岸观火。隔：隔开，隔离。观：看。从河这边看对岸失火。比喻在别人出现危难之时，袖手旁观，待其自毙。在军事上指不靠直接交战，而在敌人内部自相倾轧时，采取坐山观虎斗的态度，促使其矛盾更加激化，在其两败俱伤时，从中取利。

曹操定辽东

此计起源于《孙子·军争篇》中的“以治待乱，以静待哗”。计名原意为，隔着河观看人家起火，等待机会牟利。即指己方立于一旁观他者之意。在《孙子兵法》中还提到：“名君名将常以慎重的态度以达成战争的目的。他们若无有利的情况或必胜之优势绝不起来作战行动，若非万不得已时绝不采取军事行动。”

而且即使我方兵力有必胜的优势，亦不可不分青红皂白的采取攻击行动，因为就算我方真的胜利，亦免不了要付出相当的死伤代价，此种胜算不是最佳的作战方式。

尤其是当对方内部产生纷扰时，我方更应袖手旁观，以待对方自灭，才是明智之举。在敌方内争纷起时，己方若即攻击，虽有战胜的可能，但亦可能造成使对方因而团结抗战的反效果，因此算不得是好战略。总之，仔细的观察敌情，正确的判断，才是成功的“隔岸观火”的策略，达到不战而胜的目的。

东汉末年，袁绍兵败身亡，几个儿子为争夺权力互相争斗，曹操决定击败袁氏兄弟。袁尚、袁熙兄弟投奔乌桓，曹操向桓进兵，击败乌桓，袁氏兄弟又去投奔辽东太守公孙康。曹营诸将向曹操进言，要一鼓作气，平服辽东，捉拿二袁。曹操哈哈大笑说，你等勿动，公孙康自会将二袁的头送上门来的。于是下令班师，转回许昌，静观辽东局势。公孙康听说二袁来降，心有疑虑。袁家父子一向都有夺取辽东的野心，现在二袁兵败，如丧家之犬，无处存身，投奔辽东实为迫不得已。公孙康如收留二袁，必有后患，再者，收容二袁，肯定得罪势力强大的曹操。但他又考虑，如果曹操进攻辽东，只得收留二袁，共同抵御曹操。当他探听到曹操已经转回许昌，并无进攻辽东之意时，认为收容二袁有害无益。于是预设伏兵，召见二袁，一举擒拿，割下首级，派人送到曹操营中。曹操笑着对众将说，公孙康向来惧怕袁氏吞并他，二袁上门，必定猜疑，如果我们急于用兵，反会促成他们合力抗拒。我们退兵，他们肯定会自相火并。看看结果，果然不出我料。

用计锦囊

隔岸观火，就是“坐山观虎斗”，“黄鹤楼上看翻船”。敌方内部分裂，矛盾激化，相互倾轧，势不两立，这时切切不可操之过急，免得反而促成他们暂时联手对付你。正确的方法是静止不动，让他们互相残杀，力量削弱，甚至自行瓦解。

此计的特点是：以静观变，随变而动，使敌人内部自相残杀、自相削弱。当着两股敌对势力相争时，既不援助，也不鲁莽干涉，静观其变化，直到事情发展到有利于自己的地步，才相机行动，及时出击，坐收渔利。

使用此计的先决条件，一是有“火”可观，即敌方出现秩序混乱的局面；二是有“岸”可隔，因为在无“岸”的情况下，观“火”的风险是很大的。

一般来说，在自己不宜出战、无力出战或者不便出战之时，均可以采取“观”的态度。“观”的办法有多样：①袖手旁观；②静而暗观；③退而远观；④顺而动观。

此计的含义有以下三种：

1. 先为不可胜。《孙子兵法》说：“昔之善战者，先为不可胜，以待敌之可胜。”在“火”旺盛的时候，切不可首先趋近取“栗”，否则会引火烧身。应当“隔岸”观察“火”的动向，这样可以确保自身的安全。待到机会到来时，再采取行动，定能一举成功。

三十六计之隔岸观火

2. 坐山观虎斗。在通常情况下，外部矛盾的加剧会促使内部矛盾的缓解，外部矛盾的缓解会导致内部矛盾的加剧。在两虎相斗时，可以坐山静观，让它们互相撕咬，两败俱伤。

3. 坐收渔利。“观火”不是最终目的，“观火”是为了取利。因此，在鹬蚌相争之时，要抓住双方不能自拔的有利时机，收取渔人之利。贻误时机，恐为别人所得。

对隔岸观火之计应采取如下防范对策：

1. 不要窝里斗。不考虑大的共同的利益，而只是为了一点局部的，小集团的利益而同室操戈，这就等于把屠刀交到敌人手中，使亲者痛、仇者快。

2. 家丑不可外扬。自己内部有这样那样的矛盾和分歧是正常的，而不正常的是把这些情报提供给敌人，使敌人有隙可乘。内部的问题要解决在内部。在敌人面前我们一定要表现出团结一致，牢不可破的气概来，因为血总是浓于水的。

3. 要及时觉悟。在我们自己内部发生争斗的时候，更应把眼睛盯在我们的共同敌人身上一旦发现有人在看“热闹”，想获渔人之利，就应立即觉悟过来，各自主动放手，切莫计较个人恩怨，让给自家，总比同归于尽好。

计谋典范

战场逐鹿

苏代巧言退敌，赵王隔岸观火

战国后期，秦将武安君白起在长平一战，全歼赵军四十万，赵国国内一片恐慌。白起乘胜攻下赵国十七城，直逼赵国国都邯郸，赵国指日可破。

赵国情势危急，平原君的门客苏代向赵王献计，愿意冒险赴秦，以救燃眉之急。赵王与群臣商议，决定依计而行。

苏代带着厚礼到咸阳拜见应侯范雎，对范雎说："武安君这次长平一战，威风凛凛，现在又直逼邯郸，他可是秦国统一天下的头号功臣。我可为您担心呀！您现在的地位在他之上，恐怕将来您不得不位居其下了。这个人不好相处啊。"苏代巧舌如簧，说得应侯沉默不语。过了好一会儿，才问苏代有何对策。苏代说："赵国已很衰弱，不在话下，何不劝秦王暂时同意议和，这样可以剥夺武安君的兵权，您的地位就稳如泰山了。"

武安君含冤死杜邮

范雎立即面奏秦王。"秦兵劳苦日久，需要修整，不如暂时宣谕息兵，允许赵国割地求和。"秦王果然同意。结果，赵国献出六城，两国罢兵。

白起突然被召班回师，心中不快，后来知道是应侯范雎的建议，也无可奈何。

两年后，秦王又发兵攻赵，

白起正在生病，改派王陵率十万大军前往。这时赵国已起用老将廉颇，设防甚严，秦军久攻不下，秦王大怒，决定让白起挂帅出征。白起说：“赵国统帅廉颇，精通战略，不是当年的赵括可比。再说，两国已经议和，现在进攻，会失信于诸侯。所以，这次出兵，恐难取胜。”秦王又派范雎去动员白起，两人矛盾很深，白起便装病不答应。秦王说：“除了白起，秦国就无将了吗？”于是又派王龄攻邯郸，五月不下。秦王又令白起挂帅，白起伪称病重，拒不授命。秦王怒不可遏，削去白起官职，赶出咸阳。这时范雎对秦王说：“白起心怀怨恨，如果让他跑到别的国家去，肯定是秦国的祸害。”秦王一听，急派人赐剑白起，令其自刎。可怜，为秦国立下汗马功劳的白起，落到这个下场。

当白起围邯郸时，秦国国内本无“火”，可是苏代点燃范雎的妒忌之火，制造秦国内乱，文武失和。赵国隔岸观火，使自己免遭灭亡。

陈轸说服秦惠王

战国时，韩、魏两国连年交战不止。秦惠王想调解两国的纷争。他把自己的打算告诉了大臣们，大臣们有的赞同，有的反对，秦惠王也拿不定主意了。

陈轸，春秋时期纵横家

此时，游说谋士陈轸恰巧来到秦国，于是秦惠王向陈轸咨询。陈轸想了一会儿，然后对秦惠王说：“大王听没听说过卞庄子刺虎的故事？有一次，卞庄子和一个童仆发现两只老虎正在争相撕食一头牛，卞庄子抽出宝剑想去刺虎。旁边的童仆阻止他说：‘两只老虎正在吃牛，尝出美味后一定会争夺，争夺时必然互相厮斗，厮斗的结果是力气大的老虎受伤，力气小的老虎死亡。到那时你再追赶受伤的那只老虎，将它刺死。这样，你就不费吹灰之力一举擒获两只老虎。现在，韩、魏两国相互争战，不分胜负，长此下去，结局一定是强国受损，弱国失败。

而后大王再出兵受损之国，这样秦国就能像卞庄子那样从争斗的两方收取渔人之利。大王，您以为如何呢?”

秦惠王听罢，连连称妙。于是，秦国坐山观虎斗，静观形势的变化。后来，韩国战败，魏国也元气大伤。秦惠王立即出兵进攻魏国，轻而易举地获胜。

孙膑救韩缓一步

公元前342年，魏国军队进犯韩国的国都。韩昭侯见魏军来势凶猛，难以抵挡，便派使者到齐国请求救兵。

齐威王召集群臣商量此事。大家议论纷纷，莫衷一是。只有孙膑在一旁不发一言，若有所思。齐威王问计于孙膑，孙膑说：“魏国自恃其武力强大，前年伐赵，今年伐韩，总有一天会侵犯齐国。如果我们现在不出兵救韩，就等于抛弃了韩国，喂肥了魏国，所以不救是没有道理的。但是，魏国刚开始攻打韩国，军队士气正旺，韩国的实力还没有受到挫伤，此时我们出兵救韩，等于让韩国坐享其成，使齐国遭受兵难，因此说马上出兵救韩也不是良策。”齐威王又问：“如此说来，该怎么办呢?”孙膑回答说：“我们不如先答应韩国的要求，稳住韩国人的阵脚。韩国知道齐国发兵救援，一定会奋力抵抗魏军。我们则坐山观虎斗，等到两国军队打得筋疲力尽之时，齐国再出兵攻打魏军。这样，既可以保住韩国，又不使齐国军队的实力受损，两全其美，何乐而不为呢?”

齐威王闻言大喜，采纳了孙膑的建议，对韩国的使者说：“齐国救兵不日即到。”韩昭侯听说齐国出兵，就壮着胆子与魏军开战。待到韩国实在招架不住的时候，孙膑才率军前去救韩。

曹操智平河北

三国时，威震北方的一代霸主袁绍死后，让幼子袁尚继位。袁尚的哥哥袁谭不服，欲进兵伐尚，兴师问罪。其谋士郭图说，现在曹操率兵压境，外敌当前，你可暂时与弟袁尚联合，待打败了曹操，再与袁尚争冀州（今河北）不迟。袁谭听从了郭图的话，与其弟袁尚据城坚守，共同抗曹，致使曹操久攻不下。

曹操指挥大军一连数日攻打冀州，始终未果，不免心内焦躁。他在大帐内抚髯沉思，考虑破城之策。然而，却始终没有想出一个好办法来。

此时，曹操的谋士郭嘉说：“袁氏（指死去的袁绍）废长立幼，兄弟之间必然不合，现在因为我们来攻打他们，他们才联合起来相救，而时间长了他们自然会因为权力问题而火拼，我们不如暂时放弃冀州，举兵南向蓟州，待袁氏兄弟互相残杀

袁谭袁尚争冀州

时再进兵，那时可一举平复河北。”曹操认为郭嘉说得对，于是带领大军离开冀州向蓟州进军。

曹操退兵之后，袁谭对谋士郭图、辛评说：“我为长子，不能继承父业，袁尚乃继母所生，反而继嗣主位，我实在不甘心。”

郭图说：“主公（指袁谭）可屯兵城外，以请袁尚、审配（袁尚的谋士）饮酒为名，暗中埋伏刀斧手，将他们杀掉。”

恰好此时袁谭的一位朋友叫王修的从青州来，袁谭向其说了准备杀袁尚的计划。王修听了大吃一惊，劝他说：“兄弟之间就像人的左右手一样，特别是在目前与人争斗的情况下，万万不可互相残杀，否则，断其‘右手’，今后怎么能战胜人家呢？兄弟之间互相残杀，就中了人家的离间计，请你塞上耳朵别听那一套。”

袁谭不听王修的话，一意孤行，按照郭图的计谋，派人去请袁尚。

袁尚与审配接到袁谭要他们赴宴饮酒的邀请后，审配对袁尚说：“这是郭图的阴谋，主公若往，必遭奸计，不如借此机会攻打他。”

袁尚采纳了审配的意见，领兵五万攻打袁谭。袁谭一看到袁尚便骂道：“你毒死父亲，篡夺了主位，今天又领兵来杀哥哥，实属大逆不道。”于是兄弟两个在阵前你来我往打了起来。结果，袁谭不敌大败，退居平原。

隔了一段时间，袁谭气愤不过，急于报仇，再次领兵进攻冀州打袁尚。经过一番激战，袁谭又败，再退向平原。此时审配劝袁尚说，不要给袁谭喘息的时间，可一鼓作气穷追猛打，不使他再有卷土重来的机会。于是袁尚乘势追杀，袁谭抵挡不住，退入平原后坚守不出。

袁尚从三面将平原包围起来，昼夜攻打。平原危在旦夕，袁谭命亦难保。

在这种情况下，郭图对袁谭说：“现在城中粮少，而袁尚的军队锐气不减，我们恐怕抵挡不住。我意可派人到曹操那儿，说我们向他投降，请他带兵攻打袁尚的老窝冀州，袁尚必然回救，我们即与曹操前后对其夹击，擒获袁尚。击败袁尚之后，我们再加上袁尚的军队足可以抗拒曹操，而曹操的军队远道而来，粮草不继，不能支持长久，时间一长，不击自退，我可以得到冀州。”

袁谭采纳了郭图的建议，派谋士辛评的弟弟辛毗星夜往见曹操。

曹操看了袁谭投降并要求其攻打冀州的信后召集谋士商量。荀攸说：“袁氏据四州之地，有数十万人马，假若他们兄弟二人团结和睦，共图大业，很难说成不了大事。因此，我们可乘他们兄弟之间互相争斗、且袁谭不敌而投我的机会，先出兵灭了袁尚，尔后再灭袁谭，一定天下，这个大好机会万万不可失去。”

曹操大喜，于是引兵渡河攻打冀州。

袁尚得知曹军来攻，急忙从平原退兵回救。

袁谭见袁尚退兵，大开城门，倾平原所有军马随后杀来，袁谭首先说服了袁尚的两员大将吕旷、吕翔二兄弟投降，并带其兄弟二人晋见曹操。曹操大喜，将吕旷、吕翔封为列侯，并以己女许袁谭为妻。

袁谭请曹操速速进兵攻打冀州，曹操以“粮草不接，搬运劳苦，遏淇水入白沟，以通粮道，然后进兵”为由婉拒，并要袁谭仍去平原驻扎，曹操自己则引军退居黎阳。

袁尚逃回冀州，看到曹操退去，越想越气，决定继续回过头去攻打袁谭，以绝后患，同时为了防备曹操再次攻打冀州，除让审配留守冀州外，还令武安长尹楷屯兵毛城，令沮鹄守邯郸遥相呼应。安排妥当后，连夜起兵再攻平原的袁谭。

袁谭得知袁尚又来攻打，急忙使人报知曹操。曹操命儿子曹洪领一部人马直取冀州，而自己带领一干人马攻尹楷、战沮鹄，结果两战皆捷，于是同曹洪的军队相聚冀州城下。

袁尚到了平原，还没有攻下，手下人报告曹操已经破了尹楷、沮鹄，并围困冀州，他只放弃攻打袁谭的计划，掣兵回救，结果被曹操打得大败，人不及甲，马不及鞍，望中山而逃，曹操攻下了冀州。

袁谭得知曹操攻下冀州，袁尚败走中山，于是领兵攻打中山，袁尚无心战斗，径奔幽州投靠袁熙。袁谭会合了自己和袁尚的人马，欲从曹操手中夺回冀州，曹操大怒，亲率大军直抵平原，袁谭知道自己不是曹军的对手，求救于刘表，刘表不动，袁谭只好放弃平原逃到南皮。曹操追击到南皮，袁谭无奈，派人见曹操约降，曹操说：“袁谭小子，反复无常，吾难准信。”不准。袁谭只得硬拼，后被曹洪杀死于乱军之中。

自此，曹操平定了河北。

得胜的观望者

208 年，诸葛亮说服了东吴的孙权，与刘备结成联盟，共同对抗来犯的曹操。当时曹操的八十三万人马在长江以北扎下大营，东吴都督周瑜则率领吴军在长江以

火烧赤壁

南驻扎下来。曹军驻地对岸有一座高耸如长垣的石山凸入江滨，上刻“赤壁”两个大字。以后曹操对周瑜的这场大战就被称为“赤壁之战”。

周瑜用连环计，使不习惯水战的曹操上了当。曹操把所有的战船在长江上三五十为一排，首尾用铁环连锁，上铺阔板，他以为这样就可以使他手下的步兵渡江如履平地了。但周瑜的意图却是借东南风，火烧曹操那些连在一起的战船。

战事开始之前，周瑜请诸葛亮到军中议事、占风。接着诸葛亮回到刘备身边，并和刘备一起登上樊山观望长江中的火攻大战。他们怡然自得地坐在山上，观察远处孙权、周瑜同自己的死敌曹操大战的情况，并利用东吴赤壁大战的胜利，火中取栗，不断扩展自己的势力。

官场权谋

挑拨离间黎元洪篡夺大权

1912年2月，在武昌发生了群英会事变，黎元洪独揽大权的机会到了。

在武汉革命阵营内部，存在着以刘公、孙武为首的共进会和以蒋翊武为首的文学社两大团体。他们之间的矛盾为黎元洪所利用。

孙武是军政府的军务部长，他掌握着实权。蒋翊武是副部长，权力不大。孙武与黎元洪相互勾结，排济文学社的革命党人。蒋翊武的文学社则拥戴黄兴。

除了孙武、蒋翊武外，军政府内还有一武——张振武。他也担任着军政府军务部的副部长，孙武和张振武虽同为共进会会员，但二人意见相左，势同水火。

孙武平时盛气凌人，飞扬跋扈，共进会内的人对他也非常反感。黎元洪趁机挑拨孙武与其他革命党人的关系。凡有大家不满意的事，黎元洪都把责任推到孙武身上。他这样做的目的显然是为了把众人的不满情绪集中到孙武头上，挑起孙武与其对立派的斗争，待矛盾激化后，自己再以公正者的身份出现收拾残局，使矛盾双方都受到打击和削弱，自己乘机独揽大权。

倒孙的群英会事变，由共进会员黄申芳发起。群英会原是武昌起义前建立的会党性质的反清团体，以后加入了共进会。

1912 年 2 月 27 日晚 10 时，碧血团（伤兵团体）、将校团（由起义老兵组成）、教导团（四川返鄂之原四十一标）、义圆团、学生军等，以黄申芳为总司令，在武昌城内采取暴力行动，驱逐孙武及其亲信，四镇统制邓玉麟、近卫军统制高尚志也在驱逐之列。

参与起事的人，均佩戴群英会徽章，手持白旗，上书“改良政治”、“驱除民贼”、“保商保民”字样，高喊“打倒孙武!”、“打倒军务部长!”等口号，上街游行，鸣枪示警。

孙武与亲信等逃避汉口。

事变发生后，由于“诸人协谋时各有愤心，本非一致，祸机即发，各赴其的，内务部和军务部同时被扰，各部人民纷纷逃匿”。事态闹大，参加事变的人员一时失去控制，“举动紊乱，秩序大乱，军政机关，破坏殆尽，乱兵盛行抢劫，借机报复。”

在混乱中，第二镇统制、文学社骨干张廷辅于当夜为乱兵所杀。蔡济民被绑架，经黎元洪力保，方被释放。

次日，黄申芳查抄了孙武在武昌的寓所。

28 日，孙武在汉口发表退职宣言，辞职后寓居汉口。

孙武退职，他的亲信邓玉麟、高尚志等亦退职，武汉军政府内缺少了一个可以与黎元洪相抗衡的人物，黎元洪得以独揽大权。

孙武退职之后，黎元洪立即将妨碍自己掌握大权的军务部改为军务司，原军务部副部长蒋翊武和张振武也被去职，改任毫无权力的督府顾问。改组后的军务司，已推动军官任免权。同时，又改组了军法处，使军法处成了黎屠杀湖北革命党人的工具。

在改组军务处的同时，黎元洪又撤销了原总监察，改为纠察处。纠察处制度实行未及半月，又下令改为纠察院，大大缩小编制，规定纠察院总共仅留 60 名工作人员，其余近千人全部遣散。

在军队中，第二镇统制张廷辅被杀，近卫军因统制高尚志去职而撤销，第四镇统制邓玉麟去职。

其他各部，内务部长杨时杰被撤职，教育部长苏成章和副部长查光佛被撤职，实业部副部长牟鸿勋被撤职。

黎元洪乘机安插上他的心腹、爪牙。一时间，文人政客、旧官僚、旧军官等反革命分子纷纷进入军政府。

黎元洪终于掌握了湖北军政府的大权，下一步他要做的，就是加紧投靠袁世

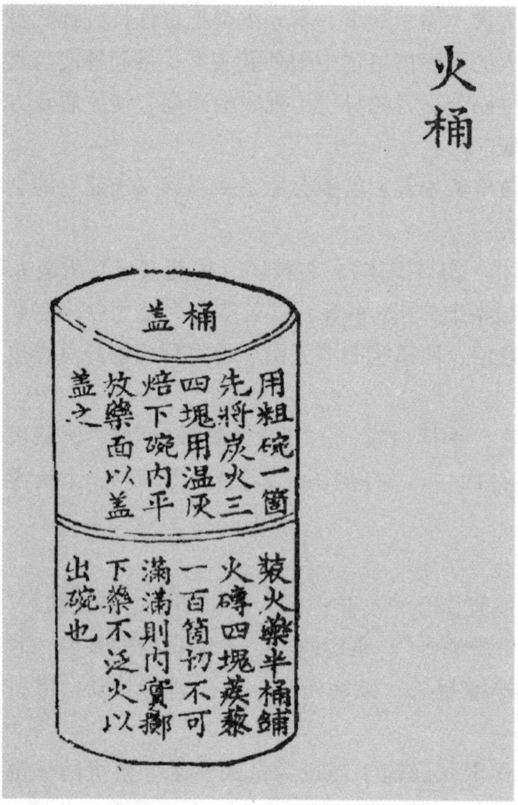

火桶，火攻用具。

凯，出卖革命，屠杀革命志士了。

群英会事变，被当时武汉革命党人称为“二次革命”，最初拟定的革命对象是驱逐黎元洪，改组军政府，以后又收缩目标，专门打击孙武。由于对形势缺乏正确的分析，仅仅把矛头指向孙武，而未挖掘根本的东西，事变的结果使革命力量受到极大的损失，而黎元洪则坐收渔人之利。

1912 年 7 月，黎元洪为进一步夺取革命权力，提出军民分治的口号。随后，取消了军政府，设立了民政府，民政府设内务、外务、财政、实业、司法、交通、教育七个司。其中财政、实业、交通、司法四个司的司长是由革命党人担任。但实行了仅一个月，上述四位司长均易人，革命党人被完全排除出民政府，至此，黎元洪全面篡夺了湖北军政大权。

以退为进蒋介石下野观虎斗

1926 年北伐军攻克武汉后，

广州国民政府于 1927 年 1 月北迁武汉，史称武汉国民政府，以汪精卫为国民政府主席，自称为正统的国民政府；同年 4 月，蒋介石发动“四·一二”反革命政变后，在南京另立了一个国民政府，以蒋介石为总司令，胡汉民为国民政府主席。南京政府否认武汉政府的合法地位，武汉政府的汪精卫则以国民政府主席的名义宣布撤销蒋介石的总司令职务，武汉方面准备组织“东征军”讨伐南京政府，逼蒋下台。南京政府内部的新桂系对蒋介石也十分不满，同样逼蒋下台，在内外交困之下，蒋介石决定下野。

1927 年 8 月 13 日，蒋介石离开南京到上海。14 日，蒋介石在上海发表了他的“辞职宣言”，同日回到老家奉化溪口。

蒋介石的下野，并不意味着他退出政治舞台，对蒋来说，下野是他采用的是以退为进，隔岸观火的政治谋略。他要避开汪精卫派、西山会议派对他的攻击和新桂系对他的逼迫。他要等待时机，静观三大派的明争暗斗，在适当的时候东山再起。

当时在国民党内部有四派：一是西山会议派；二是汪精卫派；三是蒋介石派；四是以李宗仁为首的新桂系。蒋介石不辞职，其他三派都反对他，现在蒋介石急流勇退，处于超然的地位，三派就会火并，蒋介石就可以坐山观虎斗，隔岸观火，等待三派闹得不可开交时，再以公正者的面目出现，来收拾残局。

以后发展的事实是：蒋介石下野后，武汉方面不再“东征”。西山会议派、汪精卫派、南京政府暂时“统一”起来。9 月份，三方协商在南京成立了一个 32 人组成的特别委员会，作为中央临时机构，行使中央职权。汪精卫本想逼蒋下台后，自己独揽大权，结果，由于新桂系和西山会议派联合起来对付汪精卫，使得他的正统地位被否决，汪精卫只当了特别委员会中的一名委员。

没有得到权力，汪精卫十分气愤，9 月 18 日成立特委会，21 日他就跑回武汉，与拥有重兵的唐生智合作成立了武汉政治分会。南京政府令汪取消武汉政治分会，服从统一，武汉方面置之不理。于是，双方交兵，李宗仁的新桂系打败了唐生智的军队，占领了武汉。

看到双方交兵火并，蒋介石非常高兴，火已烧起来，但他认为还不够大，还不是他出山的时机，于是就到日本去了。

汪精卫看到唐生智失败，就跑到了广州，又成立了一个广州政府。

11 月 10 日，蒋介石从日本回国。

处在危难中的汪精卫，在蒋介石回国的第二天，就在广州发表演说，表示愿意同蒋介石合作。从逼蒋下台到与蒋合作，汪精卫的如意算盘就是利用蒋介石对付李宗仁的新桂系。

桂系怕汪、蒋联合，也积极向蒋介石伸出友好之手，建议南京政府、广州政府与蒋介石三方在上海举行会议。

由于蒋介石下野，造成国民党内部混乱，张作霖向北方的冯玉祥、阎锡山发动攻势，冯、阎压力很大，都呼吁请蒋尽快复职。

这样，蒋介石一下子成了各方面势力都需要的“大好人”，除西山会议派不买他的账以外，国内各派都讨好他。无形中西山会议派被孤立了起来，于是，蒋介石就一手策划了整倒西山会议派的行动。

11 月 22 日，南京举行“庆祝讨唐大会”，会上有人发表“打倒西山会议派”的演说。会后游行，队伍行至复成桥时，枪声大作，死 10 人，伤 20 余人，凶手逃走，事后各地发起反对“一一·二二惨案”运动，指控此次惨案是江苏省党部常委、西山会议派葛建时制造的。要求惩办凶手葛建时，发起了对“西山会议派”的“征讨”。

事实上，这起惨案是由蒋介石指使陈果夫一手制造的。

经过这个事件，西山会议派处于受审的地位，失去了一切发言权。

在蒋介石下野的这段时间里，汪精卫派倒了，西山会议派倒了，只剩下了桂系。

12 月 3 日，国民党二届四中全会的预备会在上海召开，桂系南京政府，汪系广州政府，和西山会议派参加。三派吵吵嚷嚷，闹得不可开交，桂系指责汪精卫，汪精卫为了保护自己就首先提出：“惟有请预备会议即日催促蒋介石同志继续执行国民革命军总司令职权，才是解决党务、政务、军事问题的当务之急”。李宗仁急忙向报界发表声明，称汪精卫拥蒋反蒋反复无常，而他自己则一贯拥蒋。

二届四中全会预备会通过了蒋介石复职的决议。并决定，1928 年 1 月在南京召开的二届四中全会，公推蒋介石筹备。就这样，蒋介石又登上了政治舞台。

汪精卫为蒋介石上台出了力，但蒋介石并不领情，而以好意“劝告”逼迫他离开上海，汪精卫没办法，只得亡命法国，这是汪精卫万万没有想到的。

蒋介石在关键时刻以退为进，使国内三派互相拆台，甚至动武，而他自己则坐收渔人之利，不仅使他重登了政治舞台，而且赶走了汪精卫，可以说老谋深算，狠毒狡猾。

商海弄潮

李维隔岸观“金”成牛仔裤大王

一百多年前，美国加州因发现金矿掀起了一股淘金热。一些先驱者一夜之间成为百万富翁的消息不胫而走，吸引了更多后继者如潮水般地拥入当地。他们不论是农民、工人，还是放弃安定生活的职员、店员，无不为黄金梦所驱使，倾囊而孤注一掷。但是大自然的恩赐是有限的，幸运者毕竟是极少数。随着淘金者日益增多，竞争日趋激烈，除了矿脉是角逐的对象之外，优良、适用的淘金工具、用具也炙手可热。

德国犹太人李维·施特劳斯也来到了这个巨大的竞争场，他带来的不是淘金工具以及所需的资金，而是他原来所经营的线团之类的缝纫用品，和他认为可供淘金者做帐篷用的帆布。

一到目的地，线团和缝纫用品便抢购一空，但是帆布却无人问津。他没有投入淘金者的角逐，而是冷静地观察眼前千变万化的淘金万花筒。他相信，他面前将会出现他所寻求的机会。

一天，一个疲惫不堪的矿工在他旁边小憩，对他讥讽地说：“哈罗！我们来这个鬼地方是为了住舒适的帐篷吗？干了一天，睡在猪窝里一样能舒舒服服地做个美梦。我们要的是黄金！你懂吗？是黄金！”矿工窝了一肚子的火似乎找到了发泄的机会。

“愿上帝保佑你找到黄金。”李维见多了，一点也不生气。

“唉，我们一天到晚拼命地挖，连吃饭、睡觉时都怕别人抢在前头，裤子破了也管不了。这个鬼地方，裤子破得特别快，一条新裤子没穿几天就可以丢了……”李维的谦和使矿工的讥讽变成了抱怨。

“是吗？如果有一种耐磨经穿的裤子……”李维顺着他的话说到一半就呆住

了，帆布不是最耐磨的布料吗？对！就这样！他一把抓住那个矿工就走。

“干什么？伙计，我可没时间陪你闲逛！”

“我将给你更多的时间。”

李维把矿工带到他熟识的裁缝店里，对裁缝师傅说：“用我的帆布给他做一条方便采矿穿的裤子，你看行吗？”

“当然可以。最好是低腰、紧身，这样既方便干活，看上去又潇洒大方。李维先生，你说好吗？”裁缝师傅讨好地出主意。

“行，你看着做好了。一定要结实。”

第一条牛仔裤的前身——工作裤就这样诞生了。由于它美观、方便、耐磨，得到矿工们的青睐。经过李维不断地改进和提高工作裤的质量，逐渐演变成一种新时装——牛仔裤，从加州矿区推广到城市，从美国推广到全世界。李维成了闻名世界的“牛仔裤大王”。

如果李维当年投入了淘金角逐，而不是冷眼静观，如果他对矿工裤子易破的事视若无睹，如果他没有带帆布去矿区，或者将帆布以帐篷用料卖掉了，那么“牛仔裤大王”恐怕就不是李维了。

尤伯罗斯先观火后收利

1986年，第23届奥运会在美国洛杉矶召开。这场举世瞩目的世界性体育大赛，不仅体育竞争异常激烈，而且各国大企业之间的经济竞争在开赛之前就已进入白热化。

当确定第23届奥运会在美国洛杉矶召开，主办人尤伯罗斯就夸下海口：“我个人来承办这次奥运会，不要政府一分钱，而且还要净赚2亿元。”当时，很多人都认为他是在夸口，由于历届奥运会的承办还没有赢利的先例。面对众说纷纭，尤伯罗斯不动声色，显得信心十足。因为一个出色的举办奥运赢利的周密计划已在他心中孕育成熟。

尤伯罗斯的有效手段就是用间，他派出大批人员到美国、日本及全球的每一个角落，广泛搜集那些有可能参加赞助奥运会的企业经济状况以及有没有赞助奥运会的计划和策略。不久，各种情报汇集到了尤伯罗斯的办公桌上。当时，世界经济正在复苏，美国、日本等西方国家的经济已开始走向兴盛，想要一展身手的企业家，全都看重这次奥运会，都积极地报来了赞助申请，共有12000多家厂商。依照近两届对奥运会的赞助及1980年普莱西德湖冬季奥运会的教训——直截了当的赞助单位尽管有400多家，而每个赞助单位平均出资仅为2000美元，非常少。目前，倘若根据原来的惯例，尤伯罗斯也只能收到五千到一亿美元，离计划筹款数额还相差很远呢。

怎样使这些企业家多掏腰包呢？尤伯罗斯运用间计制造二虎竞食，先在十多个有名的企业里散布同行业竞争计划和出资数额，挑起两家企业决一雌雄的态势。然

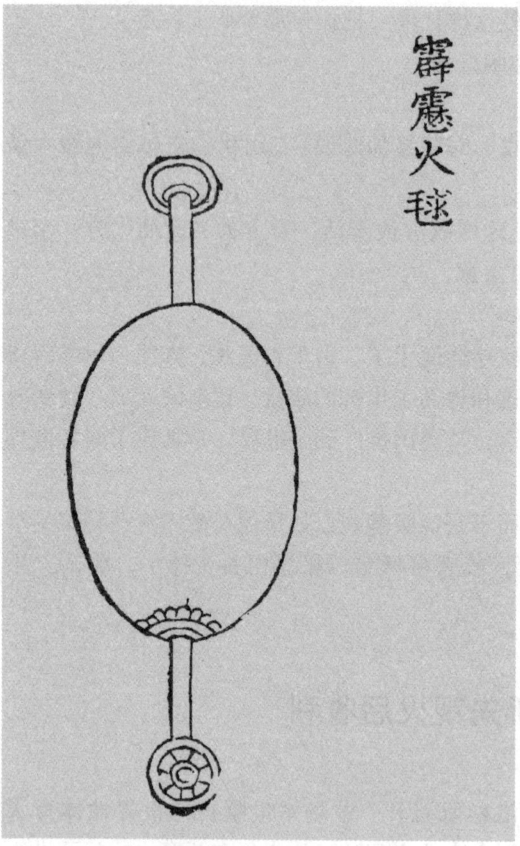

霹雳火毬，用以熏灼敌人。

后，尤伯罗斯宣布了一个惊人的决定：第23届奥运会的赞助单位仅限30个，多一个也不要：每个赞助企业至少出资400万美元，且同行业只选一家。有前面的离间铺垫，又有这个决定，各大厂商立刻行动起来，害怕自己被淘汰，都抢先登记，互争位子，将赞助费越抬越高，使竞争日益激烈。因为哪家企业能成为赞助单位，其产品在同行业中就会遥遥领先。

日本的日产汽车公司马上电告组委会，价码为500万美元，并表示若有必要还能再增加。美国的通用和福特两大汽车公司也不甘落日本人之后，立刻商讨对策。通用公司表示，日本汽车大量倾销美国，这口恶气已在胸中积压了多年，这次在美国举办奥运会，再让日本汽车横冲直撞，招摇过市，那就把美国人的脸都丢尽了。几经竞争，通用汽车公司靠天时地利人和的优势以出资900万美元，同时提供500辆轿车为大会服务而夺魁。

另一场竞争是在饮料业“可口可乐”和“百事可乐”之间展开的。可口可乐以1300万美元的巨额赞助获成功。

在这场激烈的竞争中，“享誉世界”的德国盖达电器公司以1000万美元战胜意大利的罗奇电器公司而登上赞助宝座。

总而言之，在这场激烈的经济竞争中，各厂商使出浑身解数，千方百计，进行着一场大决战，而尤伯罗斯则坐山观虎斗，坐收渔人之利，不仅成功地举办了第23届奥运会，而且的确净赚了2亿美元。

运世方略

货郎之死

某翁，莱阳县某村人，务农为生。家有两个儿子、一个女儿，过着足以吃饱穿暖的生活。次子的品行素来恶劣，每天以喝酒赌博为事。某翁对他十分厌恶，曾以忤逆不孝为由，送交官府，予以惩罚，以引起他警惕。但他出来后，酗酒赌博，还是和原来一样。

起先，邻县某货郎，贩运于各市集间，也常来村中出售做针线活用的东西，因而渐渐和某翁一家熟悉起来。时间长了，表示愿意做某翁的干儿子，呼某翁为干父；对某翁的子女则兄弟相称。某翁的女儿渐渐长大，萌发了情欲，由于亲爱厮熟的缘故，与某货郎发生了关系。她的父亲和哥哥都还蒙在鼓里。

有一天，某翁从田间扛着铁锹回家。进门来，两个儿子都外出不在，只见货郎与他的女儿神情亲昵，实在看不下去。某翁愤怒到了极点，就挥起铁锹猛击货郎的头部，一下子把他打死在地。还想把女儿也一起打死，但心中不忍且怕把家丑宣扬出去，于是等次子回来，一同把尸体埋到竹林中。又恐怕尸体被狗和狼扒出来，借口防止有人偷笋，围绕竹林，筑起了一道矮墙。自以为计划得详尽周密，连鬼神也莫测高深。一连过了几年，人们也不知道发生过这件事。

有一天，赶上他的次子赌输了钱，回到家里，偷砍竹园里的毛竹，卖掉以偿还赌债。某翁大怒，把次子鞭打了一顿，并赶出门去。这时，次子已经喝醉了，因而号叫起来道："老爷子何必这样苦苦打我？就照那个货郎的样子，用铁锹把我打死，并埋入竹园中，谁又能知道呢？"某翁一听更加愤怒，追上去，要堵他的嘴。次子一面奔逃，一面号叫，跑遍全村。村里人听到后便怀疑这件事，告到村长那里。村长本来与某翁有点矛盾，就与村里人商量道："某货郎一向与他家亲近，很久不见了，这里面难道没有缘故吗？"因而就向官府报案。

当时知县熊某是一位有才干的官吏，接到报案后，拘押某翁父子到庭，进行审问，都不招供。村中有人上堂证明次子所说的话，熊知县对这些证言还不敢轻易相信。于是发公文到邻县，询问货郎这个人还在不在？过了几天，有个秀才穿着的人来到县衙，是货郎的弟弟，已经入学为秀才了。他一面流泪，一面对熊知县陈诉。说："我十三岁那年，哥哥出外贩运再没回家。我当时年幼，不能跋涉崎岖的远途，寻找他的踪迹。大人您发公文来查问，里面不会没有原因。我哥哥究竟是死是活，只有请大人可怜而审清此案。"熊知县知道有货郎这个人，就严词审问某翁父子。但他们和原来一样狡赖，还是问不到实情。熊知县心想："光刑讯也不是办法，应当设法诱使罪犯自己说出来。"于是，熊知县加掷一签，拘押某翁的女儿。这时，他女儿已经出嫁而且生了儿子。拘押到案后，把她和她父亲、哥哥禁闭在一室之中，而且独把她哥哥的大拇指用绳子系住吊在梁上。并派遣几个干练的差役轮流秘密观察他们的动静，一连几天也没有审问。有一天半夜，长子再也忍受不住了，对他妹妹说：“你品行不端，丧失廉耻，牵累老父和我。我犯什么罪而代你承受这种无名的刑罚呢？”某翁呵斥他说：“你忍耐这暂时的痛苦，我就有希望脱出罪名，并能保全你妹妹清白之名，干吗乱嚷嚷？”妹妹也出言安慰他：“阿哥您忍耐一会儿吧！纵使不念妹妹，难道不顾年老的父亲吗？”长子气愤地说：“你们父女都平安无事，而官府单独把我吊起来，难道我的骨肉特别能忍耐痛苦吗？”话刚说完，几名干练的差役就突然出现，说：“都供出来了，以后还能抵赖吗？”于是父子俩面面相觑，大惊失色。差役连夜回去报告，熊知县当即吩咐点起蜡烛，升堂开审。经此一审，全都服罪了。

尴尬事中免尴尬

在《红楼梦》第四十六回，凤姐因邢夫人叫她，不知何事，别另穿戴了一番，坐车过来。邢夫人将房内人遣出，悄悄地对凤姐说：“叫你来不为别的，有一件为难的事，老爷托我，我不得主意，先和你商议：老爷因看上了老太太屋里的鸳鸯，要她在屋里，叫我和老太太讨去。我想这倒是常有的事，就怕老太太不给。你可有法子办这件事吗？”

《红楼梦》版画“尴尬人难免尴尬事”

王熙凤万万没想到，婆婆将这样一件尴尬事推到自己面前。一方面婆婆交办的事不好推托，另一方面鸳鸯是贾母最信任的大丫头，如果插手此事，肯定会得罪贾母，更了不得。凤姐想了想，决意自己采取“隔岸观火”的态度，避免介入这件尴尬事。她对邢夫人笑着说：“依我看，竟别碰这个钉子去。老太太离了鸳鸯，饭也吃不下去，哪里舍得了？太太别恼：我是不敢去的。老爷如今上了年纪，行事不免有点儿背晦，太太劝劝才是。比不得年轻，做这些事无碍。如今兄弟、侄儿、儿子、孙子一大群，还这么闹起来，怎么见人呢？”王熙凤企图用这些话打消邢夫人帮贾赦占有鸳鸯的念头。

但是，禀性愚弱、只知奉承贾赦以自保的邢夫人不识相，王熙凤劝她别去碰钉子，她却先让王熙凤碰了钉子。邢夫人道：“大家子三房四妾的也多，偏咱们就使不得？我劝了也未必依。我叫了你来，不过商议商议，你先派了一篇的不是！也有叫你去的理？自然是我说去。你倒说我不劝！你还是不知老爷的那性子的！劝不成，先和我闹起来。”

王熙凤知道再劝下去，婆婆就会对自己有看法，忙将言语作个大幅度调整：“太太这话说得极是。我能活了多大，知道什么轻重？想来父母跟前，别说一个丫头，就是那么大的一个活宝贝，不给老爷给谁？我先过去哄着老太太，等太太过去了，我搭讪着走开，把屋子里的人我也带开，太太好和老太太说，给了更好，不给也没妨碍，众人也不能知道。”

王熙凤这番话既为自己脱身，又为邢夫人出谋划策。邢夫人见她这般说，便又欢喜起来，说道：“正是这个话了。你先过去，别露了一点风声，我吃了晚饭就过去。”

凤姐心里暗想：“鸳鸯素昔是个极有心胸气性的丫头，保不准她愿意不愿意。我先过去，太太后过去，她要依了，便没的话说；倘或不依，太太是多疑的人，只怕疑我走了风声。那时太太见又应了我的话，羞恼变成怒，拿我出起气来，倒没意思。不如同着一齐过去了，她依也罢，不依也罢，就疑不到我身上了。”这样做既避免贾母怀疑她与邢夫人勾结，又避免邢夫人怀疑她从中作梗。于是凤姐儿向邢夫人撒起谎来：“才我临来，舅母那边送了两笼子鹌鹑，我吩咐他们炸了，原要赶太太晚饭上送过来。我才进大门时，见小子们抬车，说：‘太太的车拔了缝，拿去收拾去了。’不如这会子坐我的车，一齐过去倒好。”邢夫人见凤姐说得在理，便命人来换衣裳。凤姐儿忙着伏侍了一回，娘儿俩坐车过来。到了贾母住的门口，凤姐又说：“太太过老太太那里去，我要跟了去，老太太要问起我过来做什么，那倒不好，不如太太先去，我脱了衣裳再来。”

邢夫人哪里知道，王熙凤以换衣服为借口逃离了“火场”，到远处观望去了。邢夫人先与贾母说了一回闲话，然后到鸳鸯的卧房向鸳鸯摊了牌，结果碰了一鼻子灰。鸳鸯最后哭闹着来到贾母面前，表示了誓死不离贾母的决心。此时的贾母果然不出所料，气得浑身打战，把在场的人不分青红皂白地臭骂了一顿：“我统共剩了这么一个可靠的人，你们还要来算计！外头孝顺，暗地里盘算我！剩了这个毛丫头，见我待她好了，你们自然气不过，弄开了她，好摆弄我！”邢夫人被贾母数落得满脸通红，浑身感觉不自在。后来，王熙凤也来到了现场，贾母责怪她几句，她便用几句中听的话哄得贾母没了脾气。贾赦无可奈何，只得花500两银子买了个17岁的女孩收在屋里。

三十六计

卷二

王健民 编著

吉林出版集团有限责任公司

目　录

第二套　敌战计

第十计　笑里藏刀

第十一计　李代桃僵

第十二计　顺手牵羊

第三套　攻战计

第十三计　打草惊蛇

第十四计　借尸还魂

第十五计　调虎离山

第十六计　欲擒故纵

第十七计　抛砖引玉

第十八计　擒贼擒王

第十计　笑里藏刀

原文注译

【原文】

信而安之，阴以图之①；备而后动，勿使有变②。刚中柔外也③。

【注释】

①信而安之，阴以图之：阴，暗地里。图：图谋。全句意为：表面上使对方深信不疑，从而安下心来，暗地里却另有图谋。

②备而后动，勿使有变：备：这里是指充分准备。变：这里是指发生意外的变化。

③刚中柔外也：表面上软弱，内里却很强硬，表里不相一致。

【译文】

表面上要做得使敌人深信不疑，从而使其安下心来，丧失警惕；暗地里我方却另有图谋。要做好充分准备，然后再采取行动，不要引起敌方发生意外的变故。这就是外表上柔和，骨子里却要刚强的谋略。

按语注译

【按语】

兵书云："辞卑而益备者，进也①；……无约而请和者，谋也②。"故凡敌人这巧言令色③，皆杀机之外露也。宋曹武穆玮④知渭州，号令明肃，西夏⑤人惮之。一日，玮方如诸将饮，会有叛卒数千，亡奔夏境。堠骑⑥报至诸将相顾失色，公言笑如平时，徐谓骑曰："吾命也，汝勿显言!"西夏人闻之，以为袭己，尽杀之。此临机应变之用也。若勾践之事夫差⑦则竟使其久而安之矣。

【注释】

①辞卑而益备者，进也：辞卑，言辞谦卑。益备，更加紧战备。进，进攻，或以退为

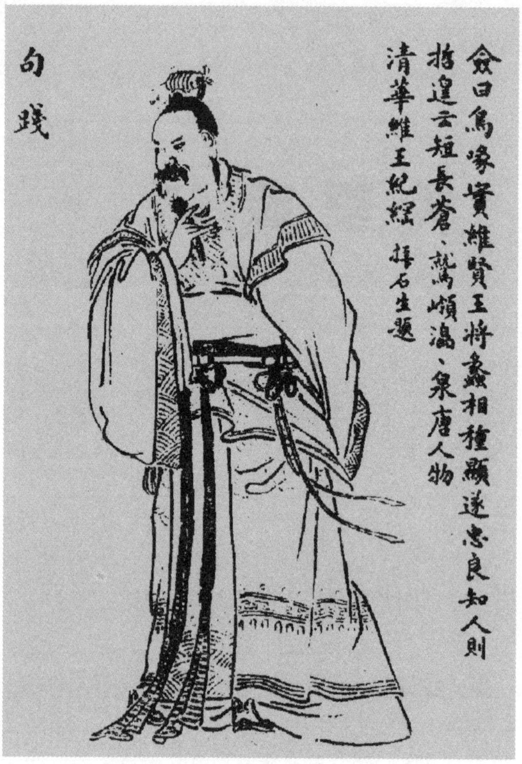

越王勾践

进。

②无约而请和者，谋也：约，预先邀请，相约。谋，计谋。

③巧言令色：花言巧语和虚伪的面孔。

④曹武穆玮（973—1030年）：宋代名将曹彬的第三个儿子。字宝臣，十九岁时，治理渭州。喜读《春秋》三传，精研左氏兵法，多谋善断，智勇双全。带兵40多年，从来没有稍微失利过。唃厮罗听说曹玮的名字，都向他所在的方向合掌致敬。契丹的使者从天雄经过。马上传下命令："曹公驻在这里，任何人也不准在这里随意骑马横冲直撞。"

⑤西夏：古国名，为党项族（藏族的一支）领袖李元昊所创建，建都于兴庆（今宁夏银川东南），史称西夏，1227年被成吉思汗灭亡，共传10帝，统治190多年。

⑥堠骑：堠，古代观察敌情的土堡。堠骑即骑兵侦察员。

⑦勾践（？—公元前465年）：春秋末越国国王，其父允常，被吴国阖闾打败，勾践为父报仇，击败了阖闾，又为阖闾之子夫差所击败，当了俘虏，被囚于会稽，勾践靠十年发奋图强，又献美女、珍宝给夫差，使其思想麻痹，然后突然攻破吴国，夫差被迫自刎。　夫差（？—公元前473年）：春秋末年吴国国王，吴王阖闾之子，曾在夫椒（今苏州附近）打败越国军队，并迫使越王勾践屈服，后在黄池和晋国争霸时，被越国乘虚攻入，国破，自杀而死。

【译文】

《孙子兵法》写道："敌人的言辞谦卑，却又加紧战备，这是要发起进攻的征候；……没有预先相约而请求讲和，一定是另有诈谋。"所以，凡是花言巧语、满脸堆笑的敌人，皆是内藏杀机的外在表露。宋代曹玮在渭州做知州时，军纪严明，西夏人都很害怕他。有一天，曹玮正在同部将饮酒，突然有几千名士兵叛变，逃到西夏去。当边防侦骑前来报信时，许多部将都大惊失色，而曹玮却谈笑自如，好像没事一样，并且缓缓地告诉侦骑说："他们是遵照我们命令去做的，你不要声张！"西夏人听到这个消息，以为这些叛军是被派来杀他们的，就把他们都杀死了。这是曹玮临机应变谋略的应用。再比如越王勾践被俘后臣服吴王夫差，竟使夫差长期受蒙蔽而丧失警惕，也是这样。

传世典故

笑里藏刀：原意是形容脸露笑容而心有杀机，或外表和善，内心凶狠。在军事上就是表面缓和，借以麻痹敌人，暗中都积极准备，等待时机，突然行动，一举全歼敌人的策略。

此计出自《旧唐书·李义府传》中的一段描述：“义府貌状温恭，与人语嬉必怡微笑，而偏忌阴贼。既处权要，欲人附己，微忤意者，则加倾陷。故时人言其笑中有刀。”计名原意为以友好的态度接近对方，使对方解除警戒之心的策略，其成功率是很高的。反之，己方亦要严防对方采取这种笑脸战略，须知笑脸之下往往藏着许多诡计。因此，面对敌人时，应提高警觉，做好应付之对策方行。如不能及早有所准备，即很容易陷入敌人的圈套。

战国时期，秦国为了对外扩张，必须夺取地势险要的黄河崤山一带，派公孙鞅为大将，率兵打魏国。公孙鞅大军直抵魏国吴城城下。这吴城原是魏国名将吴起苦心经营之地，地势险要，工事坚固，正面进攻恐难奏效。公孙鞅苦苦思索攻城之计。他探到魏国守将是与自己曾经有过交往的公子卬，公孙鞅心中大喜。马上修书一封，主动与公子卬套近乎，说道，虽然我们俩现在各为其主，但考虑到我们过去的交情，还是两国罢兵，订立和约为好。念旧之情，溢于言表。他还建议约定时间会谈议和大事。信送出后，公孙鞅还摆出主动撤兵的姿态，命令秦军前锋立即撤回。公子卬看罢来信，又见秦军退兵，非常高兴，马上回信约定会谈日期。公孙鞅见公子卬已钻入了圈套，暗地在会谈之地设下埋伏。会谈那天，公子卬带了三百名随从到达约定地点，见公孙鞅带的随从更少，而且全部没带兵器，更加相信对方的诚意。会谈气氛十分融洽，两人重叙昔日友情，表达双方交好的诚意。公孙鞅还摆宴

说秦君卫鞅变法。卫鞅即商鞅，也称公孙鞅。

款待公子卬。公子卬兴冲冲入席，还未坐定，忽听一声号令，伏兵从四面包围过来，公子卬和三百随从反应不及，全部被擒。公孙鞅利用被俘的随从，骗开吴城城门，占领吴城。魏国只得割让西河一带，向秦求和。秦国用公孙鞅笑里藏刀计轻取崤山一带。

用计锦囊

笑里藏刀以表面上的友好、善良和美丽的言辞、举止作为假象，掩盖阴险毒辣的用心和企图。它的诀窍是：使敌人轻信而安然不动，我方则暗中策划，做好准备，后发制人，不使敌方得以应变，就是暗怀杀机，外示柔和的计策。

使用笑里藏刀一计，要根据敌方指挥员的特点实施，对骄傲自大的要增加他的傲气；对心怀畏惧的，要表示我方的诚意，使敌人放松警惕，我方则暗中准备，寻找有利时机发难。

运用此计的关键在于一个"笑"字。笑必须自然真实，掌握好分寸，使敌人"信而安之"。如果"笑"得做作，"笑"得过火，反而会引起对方的警觉。"笑"的目的是为了"藏刀"。无论何时何地，"刀"要藏在"笑"里，千万不能暴露出来，以防此计被人识破。"刀"可以明出，也可以暗出。"刀"一旦出鞘，要迅速果断，使敌人不及应变。

三十六计之笑里藏刀

此计的含义有三种：

1. 口蜜腹剑。嘴里讲的话比蜜还甜，心里却藏着一把杀人的利剑。正所谓"笑中有刀潜杀人"。

2. 刚中柔外。表面上谦恭和善，骨子里却阴毒无比。这是一种以柔克刚的韬晦之术。

3. 伪装顺从。一方面对别人表示诚心服从，按别人的意愿行事；另一方面心怀异志，等待时机，杀人越货。

对笑里藏刀之计应采取如下防范对策：

1. 要警惕无缘由的主动亲近。如果敌人突然对我们表现出十分亲近的样子，而我们又一时找不出同我们亲近的缘由来，那就应该提高警惕，加强戒备，这很可能就是敌人要向我们发动攻势的信号。

2. “辞卑而益备者，无约而请和者”要防。敌人的言辞突然谦卑而实际上又在强紧备战的，没有事先约定而突然来议和的，其中必有阴谋。对于这样的敌人，我们决不能完全相信，要察言观色，看透本质。

3. 巧言令色，鲜仁矣。花言巧语的人，我们不能完全相信，这样的人很少讲仁义道德。

4. 戒骄戒躁。骄傲自恃，刚愎自用，急躁浮动，喜欢奉承之人，是敌人可利用的心理缺点。敌人之所以能利用我们，是因为我们有可利用之处，要想不被敌人所利用，必须彻底克服可被利用的缺点。

计谋典范

战场逐鹿

请降的故事

公元前3世纪，燕国进攻齐国，并占领了齐国十七座城池，仅有两座城尚未攻克，其中之一就是即墨。即墨守城大夫出城战死，田单替之。他利用燕惠王与燕军统帅乐毅的不和，挑拨离间，最后燕惠王下令召回乐毅。随后，田单设下诈降计诱骗燕军。他将城中老弱病残，包括妇女全集中在城头，派使者前去与燕军接洽投降之事。燕军士兵各知此消息后，爆发出阵阵欢呼声。田单又从百姓中征集了黄金千镒，将其与一封即墨富户写的信送交燕军将领。信中写道：我们将准备投降，唯一的愿望是你们不要抓走我们家中的妻儿老小。燕将大喜，答应了这个请求。为此，燕军防范松懈。田单抓住时机，突然出城向燕军发动猛烈袭击。这一战争以燕军大

燕王中反间计召回乐毅

败而告终。

成吉思汗识破诡计

1206年，铁木真当上了蒙古部落的可汗，被尊称为“成吉思汗”。本部的元老札木合看到成吉思汗的势力不断发展壮大，唯恐自己的力量遭到削弱，因此对成吉思汗怀恨在心。

一天，成吉思汗骑着骏马，肩背双弓，臂架猎鹰，带着一群士兵来到孛尔罕山打猎。札木合知道后，决定趁此机会谋害成吉思汗。他命人在成吉思汗狩猎归来的途中搭了一个漂亮的雕花帐篷，帐篷里挖了一个很深的陷阱，陷阱里插满了枪尖，然后在陷阱上面装上翻板，铺上地毯，还在帐篷里准备了一桌美酒佳肴。

札木合在十几年前与成吉思汗结拜了兄弟，深知成吉思汗是一个重情义的人，于他以祭盟之日为借口邀成吉思汗到帐篷中用餐。成吉思汗在归途中得到札木合的邀请，二话没说就来到了札木合的帐篷。

进入帐篷后，札木合面堆笑容对成吉思汗说：“今天是祭盟之日，望仁兄开怀畅饮，一醉方休！来，请上座！”正要入座时，成吉思汗的猎鹰突然飞下来，追逐一只钻进地毯里面的老鼠。札木合大惊失色，急忙割了一块肉扔给猎鹰。就在这一瞬间，成吉思汗已发现地毯下有陷阱。

但是，成吉思汗仍装出一副若无其事的样子，对札木合说：“你是兄长，当坐上席。”他一边说一边用力将札木合推到座上，只听“扑通”一声，札木合掉入陷阱，里面传出一声凄厉的惨叫。

札木合花言巧语，笑里藏刀，想致成吉思汗于死命，以绝后患。而成吉思汗在危急时刻，并未惊慌失措，而是将计就计，使札木合落入他自己设下的陷阱。

陆逊带笑吕蒙刀

关羽水淹七军，擒了于禁，斩了庞德，威震华夏。曹操得到樊城的战报后，十分惊恐，动了迁都的念头。司马懿向曹操进计说：“于禁大军覆没，并不是我军军力不强，而是遭到水淹所致，不必忧虑。刘备、孙权表面结盟，内里疏远。如果关羽得志，孙权必然不愿意。现在可以派人去劝说孙权，让他偷袭关羽后路，我们答应把江南土地割让给他。这样，孙权一定会起兵，关羽回救不及，还敢再打樊城吗?”曹操应允，一面令徐晃领兵5万救援樊城，一面派使者去东吴。

孙权接到曹操的书信，一看是约他夹攻关公，满口答应，并立即召集文武大臣商议。此时镇守陆口的大将吕蒙赶回京城，积极建议孙权趁机夺取荆州，孙权答应了，可是等吕蒙回陆口作进攻荆州的准备时，探马报得，关羽在进攻樊城之时，在荆州沿长江北岸一线，或20里，或30里，选择高阜处设一烽火台，每台用50人守卫，遇有敌情，晚上举火为号，白天则举烟为信。而且荆州军马整肃，预有准备。吕蒙有些失望了，心想自己劝孙权趁机夺取荆州，可现在又无计可施，如何是好？正在此时，孙权派陆逊前去劳军，吕蒙与陆逊终于思得一条托疾痹关公的计策。吕蒙给孙权写了这样一封密信：

关羽进攻樊城，后方守备兵员很多，是怕我攻打他的后路。我常有病，请您以治病为名把我调回建业。关羽听到消息，定会撤退后方的兵员，尽赴襄阳。那时，我们可以大军渡江，昼夜前进，乘虚打下南郡，活捉关羽。

孙权马上公开发出命令，“召吕蒙回建业治病”，孙权问吕蒙谁可以代替他把守陆口，吕蒙说：“陆逊眼光远，计划长，他的才能可以担此重任。而且他还没有什么名气，关羽肯定瞧不起他。如果任用陆逊，让他外表收敛锋芒，内里审时度势，然后伺机进攻，大事可成。”孙权当即任命陆逊为偏将军，代替吕蒙守卫陆口。

陆逊像

陆逊刚到陆口就给关羽写去一封极尽吹捧之能事的信。吹捧之余，接着写道：

您水淹七军，俘获于禁，远近赞叹，都说将军的功劳足以流芳百世，不亚于当年的晋文公城濮之战和韩信背水破赵之功。听说徐晃带着少数骑兵，企图对抗您。曹操很狡猾，虽然曹军师老，但还很骁悍。况且大捷之后，容易轻敌。古人用兵，越胜越警，愿将军全面考虑方略，争取全胜。我是个小小书生，学疏力短，不能胜大任。幸喜同将军这样有威有德的人为邻，愿意把我的想法都倾诉出来，虽然不一定合适，但是作个参考也好。

关羽听说替吕蒙守陆口的是个无名书生，接着又收到这书生小将的信，一口气读完，不由得满心喜悦，认定了这陆逊对自己毕恭毕敬，南线可保安全，就下令后方军队北调，支援襄、樊战场。

陆逊得到这一消息，大喜过望，立即回报孙权，于是孙权重拜吕蒙为大都督，总制江东诸路军马。吕蒙点兵3万，快船80余只，为了不被沿江的关羽岗楼和烽火台发现，就让精兵藏在大船的舱里，留少数人穿着当时只有商人才穿的白衣服，在船上摇着橹一直向北岸划去。江边的荆州守军人数不多，看见过来这么多白衣人，当然要下来盘问。扮着商人的吴兵说：“我们这些做买卖的，在江上遇到了大

吕蒙夺荆州

风，请让我们在这里躲躲吧。”说着，拿出许多财物送给守军。守军相信了他们的话，又加上得到那么多的财物，就任凭白衣人把船靠停在江北，不再过问。到了半夜，艨艟中精兵齐出，将烽火台上官军缚倒，暗号一声，80余船精兵俱起，将紧要去处墩台之军尽行捉入船中，不曾走了一个。于是长驱直进，径取荆州，无人知觉。将至荆州，吕蒙将沿江墩台所获官军，用好言抚慰，个个重赏，令赚开城门，纵火为号。众军领命，吕蒙便教其为前导。时至半夜，到城下叫门。门吏认得是荆州之兵，开了城门。众军一声喊起，就城门里放起号火。吴兵齐入，得了荆州。后来还借与曹军形成南北夹攻之势，兵败关羽，将其杀害，一代英豪死于麻痹骄敌之中，这是后话。在这里东吴吕蒙和陆逊利用关羽的骄矜自负，故意极言奉承，使得关公失去警觉而突发奇兵，攻陷了荆州，使蜀失去了重要的战略要地。

官场权谋

郑袖计除魏美人

郑袖是楚怀王的夫人，长得漂亮，又聪明机智，很得楚王宠爱。

一次，魏王赠送楚王一位美人，又年轻，又热情，一下就把楚王迷住。

郑袖非常伤心，眼见被人横刀夺爱，大有打落冷宫之险。

她表面上装出若无其事的样子，不向楚王啰唆，也不发半句牢骚，并且对那位新夫人表示特别好感。新夫人爱好什么衣服，喜欢什么玩物，郑袖一定给她办到；她要把房子怎样布置，郑袖也很快给弄好。对新夫人的关怀，比楚王更加周到，像婢女服侍主子一样，无微不至，还在楚王面前，大赞新夫人的长处。

新夫人对这位老大姐也感激非常，时相过从，凡事都要大家商量，亲昵到以姐妹称呼。

"姐姐!"新夫人说,"我非常感激你对我这么好!"

郑袖说:"这算得什么?我姐妹共事一个丈夫,正所谓骨肉相连,无分彼此的。再说丈夫为一国之王,日理万机,我们做妻子的,应该多方体贴他,使他的疲劳有一个轻松的时候。如果我们不把家事处理得和和谐谐,不是折磨丈夫吗?妹妹,你能够这样给丈夫快乐,我也快乐哩,我要感谢你才对!"

新夫人听了这番话,感动得掉下泪来,说:"姐姐的话过重了,妹子实在担当不起,还请姐姐经常教训我,指导我怎样去增加丈夫的快乐!"

"何必客气?看在丈夫分上,我们凡事要有商有量,那丈夫就没有什么不快乐的了。"

楚王见这对如花似玉的夫人相处得这么好,心里也十分高兴。说:"女人大多凭美貌去博取丈夫欢心,且天生一副醋劲,但我的第一位夫人不会这样,她真能体贴我,晓得我喜欢新夫人,她竟比我更喜欢,简直比孝子侍亲,忠臣侍君更加好!"

郑袖知道楚王绝不怀疑自己会呷醋了,暗自高兴。有一次,和新夫人闲谈的时候,似无意地告诉新夫人:

"大王在我面前说你可爱极了,又漂亮聪明,又温柔体贴。只有一点,大王嫌你的鼻子略尖了点儿!"

"那怎么办呢?姐姐!"新夫人摸一摸鼻子问。

"这也没有什么了不起的,"郑袖依然若无其事地答,"你以后见到大王时,轻轻把鼻尖掩一掩不就行了吗?"

新夫人认为这办法好得很,以后每次见楚王时就把鼻子掩起来。楚王觉得很奇怪,又不便当面相问,便问郑袖:

"为什么新夫人近来每次见到我时,就把鼻子掩起来?"

郑袖诚恳地答:"我也听她说过,可是——"她向楚王飞一下媚眼,欲言又止。

"你说吧!"楚王追问,"难道夫妻间还有什么不可以直说的话?就算说错了,我也不怪你。"

郑袖装出害怕的样子,低声说:"她说过讨厌你身上有一种恶心的臭味!"

"呀!我身为国王,身上竟有臭味?她会讨厌我?岂有此理!太岂有此理!"这位喜怒无常的楚王发怒了,猛力把桌子一拍,狠狠地咆哮起来,"来人哪!快去把那贱人的鼻子割下来!"

新夫人的容毁了,郑袖的情敌打倒了,立即就又独宠着专房。

李斯"念旧"杀韩非

韩非是战国时期著名的思想家、法家的集大成者,他原是韩国公子,后来拜倒荀子门下,和秦国的宰相李斯是同学。韩非天生口吃,不善于说话,却长于文章著

秦始皇像

述。当时韩国在战国七雄之中，已经势弱，可是韩王重用佞臣，排斥主张变法图强的韩非。韩非在国难当头，个人郁郁不得志的情况下，埋头于著述，他认真总结了有史以来的政治成败得失，撰写了《孤愤》、《五蠹》、《内外储说》、《说林》、《说难》等几十万多字。在书中，他全面总结了商鞅、申不害等人的法家思想精华，提出了较完整的法家理论。他认为法是国家的规矩准绳，要编著成书籍，设立于官府，布之于百姓。统治者应该以法为本，法、术、势三者合一，缺一不可。韩非的思想很符合秦王嬴政的心理，当韩国的郑国被派到秦国，借帮助兴修大型水利工程，借此弱秦存韩时，就把韩非的《孤愤》、《五蠹》二书进献给秦王，嬴政看后，惊叹不已，对丞相李斯说："寡人如果与此人相见同游，死也无憾。"

李斯过去与韩非共同师事荀子，韩非成绩优异，总是超过李斯，李斯入秦，靠走了吕不韦的门路，爬上丞相之职，他本是一个心胸狭窄的人，又见秦王如此推颂韩非，内心十分不快，担心韩非来秦，被秦王重视，自己的职位也就难保，于是下定主意，要处置韩非。

韩非在韩国虽不为韩王重用，依然关心本国的安危。在秦始皇十年（公元前237年）时，当时李斯向秦王献计，要攻韩以威吓其他五国，当时韩王曾派韩非入秦，韩非也上书秦王，提出秦攻韩，韩国必将反抗，魏国会助韩抗秦。而赵国以齐国为靠山，更会趁机伐秦，是故秦国攻韩将会导致赵国之福，"秦国的祸事"，不如秦国直接攻打赵国获利更多。韩非明里劝秦，暗里存韩的建议当即遭到李斯的反对，他认为先攻弱小的韩国，而后再取五国，既可以避免战事失败的风险，又能打乱东方六国合纵抗秦的局面，坚决主张先韩而取天下。所以当公元前234年，秦国遣使召韩非入秦见秦王时，从政治主张上来说，韩非与秦丞相李斯的观点亦存在着尖锐的对立，李斯有心助秦王嬴政建立统一六国大业，担心韩非到秦国，像韩国先期而来的郑国一样，不是助秦，而是为弱秦而来，所以韩非到达秦都之前，李斯就告诫秦王嬴政，要警惕韩非其人。

公元前234年，韩非来到秦都。丞相李斯先以老同学名义，予以韩非热情欢迎，他在府中设宴款待韩非，对韩非说："自从辞去老师后，我们是多少年未见，平时很惦念你，秦王拜读了你的大作，称赞不已，这次秦王请你前来，是想重用你，你有了大展鸿图的机会，秦国有了你，宛如老虎添翼。我也是甘拜下风，愿意让丞相位给君。"李斯频频举杯，为韩非敬酒，并安顿韩非住在秦都上好的客舍中居住。

韩非到了秦国后，即上书秦王，进献自己兼并六国之策。上书中写道："秦国应该先灭韩、赵、魏、以远交近攻之策，打破六国合纵盟约，然后再分别攻取，即会一统天下。"秦王看了韩非的上书，心中很高兴，但丞相李斯早先提醒过自己，要提防韩非，所以并没有马上重用韩非。而韩非不知李斯私下从中阻拦，以为秦王会召见自己，就在客舍中耐心等待。秦王嬴政在朝日理万机，自己已遣使专程召韩非入秦，本该韩非来京后主动求见，却过了很长时间未见动静，于是就问丞相李斯，询问韩非来秦后的近况。李斯答道："韩非这个人恃才傲慢，他不愿见陛下。"秦王不明就里，不由得恼怒万分，下令把韩非下囚入狱，同时要狱卒不要怠慢韩非，希望他回心转意。

秦王嬴政是战国七雄中一位有为的君主，他善于选拔和使用人才，为了实现自己统一中国的雄心大业，他不避远疏，网罗了不少六国的有才之士为己服务，如吕不韦、李斯等不少客卿。对此情况，身为丞相的李斯非常清楚，而韩非才华出众，秦王如召见识用，极有可能被重用，秦王虽然暂时听信自己所说，把韩非下狱，但是秦王的优待态度，说明了秦王对韩非是心存尊重的，如此下去，一旦被秦王发现自己从中阻拦的秘密，自己的下场也会悲惨。于是一不做，二不休，他串通好朝中与韩非有夙怨的姚贾，一齐到秦王面前谗言。姚贾说："韩非在狱中骂大王。"嬴政听后，怒火中烧，李斯则乘机进言："韩非是韩国的诸公子之一，现今大王要兼并诸侯灭六国，韩非毕竟是韩国人，最终会帮助自己的韩国，而不会为秦国设想，这也是人之常情。现今大王没有任用他，如果让他回韩国，将会给秦国贻留后患，不如借口法律杀死他。"秦王接受了李斯的建议，下令有司以秦朝法律名义治罪韩非。

韩非无端被下狱治罪，入狱之后才明白自己中了李斯笑里藏刀之计，被李斯阴谋算计。他想为自己辩白，但监狱已为李斯控制，无法与秦王取得联系。不久，李斯派人送毒药给韩非，并附亲笔信一封，信中写道："秦国已决定将客卿全部放逐，当然不会放他们回去，自己服药吧！"

韩非痛心自己千虑一失，被小人李斯算计，于是饮毒身亡。

李斯毒杀韩非，既有维护自己提倡的秦国"先攻韩而取天下"方略的政治色彩，又有浓厚的嫉贤妒能、挟私除敌的个人色彩。韩非是荀子的高足，在师门学习时，就被荀子所器重偏爱，才压李斯，曾经让李斯心存不服。后来李斯幸运地客卿强大的秦国，出入宫阙，居丞相高位。而才高的韩非，有雄才而不得贤主，最后国难临头，被迫客卿于秦国，偏偏遇上了自己的老同学李斯。本来李斯心胸狭窄，作为韩非自应有所提防，却被李斯施展的和蔼外表、热情款待所欺骗，不知在强秦灭韩的关头，身居秦相的李斯，如此示和的行动，正是杀机外露的表现，难怪司马迁在写《史记》时，哀叹韩非能决断事情，明辨是非，虽明智却思想严酷苛刻，写了一篇完美的尽述劝谏游说的《说难》，自己却难逃被逼饮毒的悲惨命运。

李林甫口蜜腹剑

唐明皇时，有两位宰相共辅国政，一个是拘谨正直的李适之，一个是阴险奸诈的李林甫。李适之一向反对李林甫，李林甫一直想陷害李适之，但在表面上两人还很要好，看不出有什么冲突或矛盾。

有一天，两人闲谈中，李林甫劝李适之说："华山出产金矿，谁都知道，如果开工采掘，实为国家增加无穷财富，你何不奏闻皇上?"适之是老实人，亦认为有理可行，果然上折奏知唐明皇。

唐明皇召见李林甫问："适之所奏华山有金矿可采，你知道吗?"

李林甫饰词相答："小臣近常为陛下的疾病担忧，深知华山金矿的那一方位，实为陛下本命，地下隐伏着王者之气，如果采掘，不利于陛下龙体，臣正以此为忧，故不敢将此事奏闻。"

唐明皇听此，认为李林甫才是最体贴的忠义之臣，李适之存心整蛊，从此对适之逐渐疏远，终于免除官职，由李林甫一人当政。

李林甫当权，第一步就是排除异己，引用一班亲戚贪佞之人，对那些正直之士，务必除之而后快。

有一位名重一时的绛郡太守严挺之，唐明皇对他十分敬重，要加以大用。李林甫看在眼里，怕此人重用后会影响自己的权位，乃想办法把严挺之的弟弟严损之找来，猛拍其膊头，说他和令兄如何之相好，怎样之深交，并且当面许诺一定要保奏此位弟弟做个员外郎，以示关切和对好友严挺之的敬意。然后再透露说：

"皇上对令兄非常敬重，我们必须想个办法把令兄内调回京，方能及时水到渠成。"

严损之已被迷魂汤灌得晕乎乎，便问有什么办法。李林甫故意想半天才说：

"不如这样，你写封信给令兄，叫他写一封呈文来，说患有风湿病，希望能到长安来就医，我自会代他设法。"

严挺之接到弟郎家书后，信以为真，还认为李林甫对自己另眼相看，便如所属，写一封"乞

唐玄宗李隆基像

调回京就医”呈文。

李林甫拿到这通奏折，即跑去参见唐明皇，说：“严挺之年事已高了，又患风湿重症，行坐甚为不便，不如给他一个闲官调到气候好的地方去调养，也正好见圣上对下臣的体贴”。

唐明皇对李林甫是言听计从的，毫不考虑竟批准，把严挺之调到“闻道花似锦”之洛阳去做个领干薪的闲官，连太守也做不成了。

商海弄潮

亲情乡谊藏杀机

陈玉书是香港最大的景泰蓝商人，占据着香港50%的景泰蓝商品市场，他所创建的繁荣集团除经营景泰蓝外，还涉足贸易、地产、工业、娱乐业等多种行业。

陈玉书先生1941年生于印度尼西亚，1972年赴港经商，历尽许多艰难坎坷，终于成为“景泰蓝大王”。

身为繁荣集团董事长的陈玉书先生，在经营生涯中，曾有过一个非常“惨痛的教训”。

改革开放之后，陈先生开始投身香港与大陆之间的多种贸易活动，其中最为引人注目的是一次买下北京30万元的景泰蓝制品，变积压为垄断，这次贸易的胆识和勇气在港岛传为佳话，备受商界同仁的赞许。

后来，贸易网扩展到厦门地区，和厦门外贸局签订了一个销售雄鸡牌蚊香的合约。

这种蚊香是畅销产品，在尼日利亚等非洲国家销路非常之好。陈先生凭着自己在大陆商界的良好信誉，赢得了厦门外贸局的真诚合作。在商业竞争中，并不是人人都能做到这一点的，也并不是人人都能如愿地得到畅销产品的。

一位厦门籍的港商，得知陈先生手中有不少畅销产品，如兔毛、蝴蝶牌缝纫机、永久牌自行车等，特别是雄鸡牌蚊香更是他梦想得到的货源。这些物品转手之间，便会有可观的利润，因此许多港台商人蓄意周旋在广东厦门一带和有门外贸部门。这样一来，想要得到这些货源则更显得困难重重。

得到这一可喜的消息后，这位港商便开始用“攻心”之战，经常去陈先生的住处拜访，联络感情，一去就“泡”大半天，叙说经营中的种种艰难。

港商一派真诚，言辞恳切，同为炎黄子孙，亲情乡谊使人备感亲切。几番交往之后，陈玉书倒有几分他乡遇故知之感。商场险恶、竞争激烈，更渴望友情，陈玉书觉得，能遇到这样的朋友，损失一笔生意也是值得的。

陈玉书爽快地将合同转让给这位港商。因为某种原因陈先生当时尚没有开取信用证明的能力。而这位港商又恰好与当地银行有信用关系，所以很顺利地做成这笔生意，陈先生从中只赚取了一点差额。

完全没有料到，这位港商心怀叵测，办好合同转让手续和资信之后，一脚便把陈先生踢开，直接与厦门外贸局进行贸易洽谈。他出示了和陈先生签订的合同转让协议书，银行的信用证明，说明自己才是真正有实力的港台商人，有条件直接将蚊香销往非洲，有能力出信用证明。

有这些文本作证，陈先生自然被视为不可靠的贸易伙伴，港商的阴谋一举获得成功，厦门外贸部门立即中止了与陈玉书的外贸关系，转而和港商合作。

事后，陈玉书再回想那位港商的言谈笑语，亲情乡谊，那种温婉淳厚的神态，浑身不寒而栗，感慨万千，“人心之可怕，至于斯极”。

身为历史系毕业的高才生，陈玉书先生一向博通古今，历史典故烂熟于心，而且极善于从历史中挖掘有益的经营之道。但这一次简直令他目瞪口呆，恐怕遍查古今，也难找如此心胸的小人。

防人之心不可无。一切正直、文明的经营者都必须时刻警惕这样的叵测用心。

陈玉书先生终身都牢记这个教训，但他也不改初衷，他坚信一个成功的企业家必须有他恪守的道德情操，文明、纯正应是当代经营的风范，公平竞争必将代替鬼蜮伎俩。

微笑生财

一位旅客在他写的一篇文章里，介绍了他从北京到东京的一次愉快的旅行。文章写道：

“今年年初，我乘日航班机由北京到东京，途经大阪市。当时，我以为到了东京机场，便下了飞机。半个多小时后，我才知道下错了机场。此时，一位机场小姐微笑着看了看我的机票和行李牌，马上用无线电和即将起飞的飞机机组进行联系。5 分钟后，我的两件行李被送来了。

小姐微笑向我行个礼，用流利的英语说：‘非常抱歉，这完全是我们机场审查官的失误，让你下错了机场。’并领我进一间休息室，端上一杯凉水，说，‘你休息一下，我去给你办机票。’10 分钟后，她把机票递给我，说，‘这是明天早上 8 点钟从大阪到东京的机票。现在我领你去吃饭，然后上宾馆休息。’

第二天早上 6 点半钟，一位大阪机场服务人员特来安排我上机场去东京。我说：‘先生，请你告诉我昨晚和今天的车费、餐宿费——’他笑着说：“陆先生，这怎么能让你花费，我们的服务工作有误，你不责备，我们感激你都来不及了，还能让你——’我顿时感到内疚。

他很快就为我办了登机手续和行李托运，送我到查票口，说：‘祝你旅途平安！’

到东京机场出口处，一位中年人双手举着一块牌子前来迎接我。他是日本国际协力事业总部的司机。我奇怪他怎么认出了我，为什么知道我今天才来，他得意地大声笑起来，解释道：‘在一周前总部就给我看过从中国寄来的你的照片，我已认识了你。昨天你到了大阪，大阪机场就电告我们你今天乘的航班，今天早上同时告诉了你的行李牌号。但这是我们经常的工作，不算什么……'”

旅客本应到东京，可是却在大阪下了飞机，机场小姐不但不责怪他，反而用微笑松弛他的紧张情绪，用微笑向他道歉。机场不仅安排好他的食宿、还为他办好第二天赴东京机票。次日清晨大阪机场的工作人员又笑着送他登机，他平安抵达东京，司机已在机场出口处等他了。依然是笑脸相迎。

随着商业社会的发展，各行各业尤其是服务行业如果不及时放松那板着的面部肌肉，实现微笑服务，顾客们就会转身而退，另到笑脸相迎处了。因此微笑服务是当代中外商业企业经营的诀窍。

有人说“如今微笑已成为工商企业和服务行业一项不入账的固定资本了”。这是有道理的。因此，带贬义的“笑里藏刀”计也是可以加以改造和创新，使它成为处世与生财的艺术。

争夺萨斯科哈那铁路的股票大战

1868年，华尔街上发生了一场争夺萨斯科哈那铁路的股票大战，争夺的双方都是当时名噪华尔街的人物，一方是美国工商界巨子范德比尔特，另一方是华尔街上的恶棍投机商乔伊·古尔德、吉姆·费斯克、约翰·第尔。

范德比尔特是美国铁路运输业和船舶工业中一个成功的经营者。他在23岁的时候，便拥有一万美元和一个船队，从而获得“海军准将”的绰号。这位“海军准将”以勇敢和脾气暴烈著称，他长得像一只大黑熊，宽宽的肩膀、粗粗的嗓门，呷一口热气腾腾的肉汤就有可能使他咆哮如雷：“该死的，是谁把汤做得这么咸?”接着便把盘子和勺子都往厨房那边扔过去。

乔伊·古尔德是华尔街的少壮派投机者，此人有一副特别的相貌：蓄着短发，瘦长的脸颊上长着如刺一般的又硬又密的络腮胡子，整个脑袋就活像个刺猬似的。他作风凶猛，很擅长阴谋诡计。古尔德有一位得力助手叫吉姆·费斯克，此人粗壮如一头野牛，凶狠无比，常常在需要付诸武力的时候出场。这两人臭味相投，结伙在金融市场上横冲直撞、翻云覆雨，使不少人倾家荡产。如伊利铁路便是他们要弄手腕，从地方实业家手中强购下来的。这一次，这一对恶魔——一个是“刺猬”、一个是“野牛”，又和范德比尔特这头“黑熊”成了对手，到底为的是什么呢?

原来，萨斯科哈那铁路是连接纽约州的首府奥尔巴尼和宾夕法尼亚州北侧的宾加姆顿，全程约227公里，虽然不长但却具有优越的地理条件。宾加姆顿自古便是煤炭集散地，在它周围有不少铁路通往各大煤炭生产地，因而萨斯科哈那铁路便成为联结以纽约为首的东部工业城市与各煤炭产地的大动脉。如果再南接伊利铁路，往西可达美国中部重镇芝加哥，使得匹兹堡的钢铁以及产油地的石油都可经此运抵纽约。可见，这条铁道确是一条生财之“道”。

古尔德为打赢这场战斗，又买通了破产的投机商第尔。说起第尔这个名字，在美国南北战争前的华尔街几乎是无人不晓。此人曾不择手段地使铁路公司出现翻车、脱轨等状况，然后就趁机大量收购这家公司因信誉危机而大幅跌价的股票，这种人就属于“财产剥皮者”。关于“财产剥皮者”，笔者将在连环计中作详细介绍。这一回，古尔德与第尔联手对付范德比尔特，想必又会有一番恶斗。试想，“黑熊”与“刺猬”、“野牛”斗法，这中间又插进来一个“笑面虎”，这场戏还能不唱得热闹吗？

在铁路争夺战伊始，第尔便宣称愿意效忠于范德比尔特，从而骗取了范氏对他的信任。接着，第尔便唆使范氏大量购买伊利铁路的股票，表面上是在为范出谋划策，使之放松警惕性，暗中却与古尔德、费斯克互相勾结，不断印制大量的、假的伊利铁路股票。他们特意买下纽约的渥多维小型剧场。剧场的地下室就成了他们的秘密印刷厂，一张张噼啪作响的股票从这里流出来，并迅速涌向市场。

范德比尔特被第尔的笑脸所迷惑，一直蒙在鼓里，以大量现金将这些“掺了水”的股票买下来。虽然市场上伊利股票的巨大数量使范氏的经纪人产生了疑惑，但他们还是遵照范的委托买下股票，因而范氏为这些已经堆积如山、一文不值的废纸付出了700万美元的巨额现金。

当范德比尔特觉察到古尔德等人的阴谋后，立即派律师去拜访纽约市一位以喜爱现金礼品著称的法官，这位法官立即签署了一道禁止在任何情况下发行新伊利股票的命令。然而那些崭新的伊利股票仍然不断出现，原来古尔德一伙人早已买通了另外一个法官，该法官签署了一道迥然不同的命令：允许伊利公司按照自己的意愿发行新股票。

范德比尔特忍无可忍，集合他的律师、朋友告上法庭，终于判定古尔德、费斯克、第尔三人有罪。但由于美国各州行使独立的法律审判和制裁效力，法律制裁超过州界便失效了，因而古尔德一伙人在一个月黑风高的夜晚，由哈得逊河偷渡到乔治市，并且随身带走那骗来的700万美钞。他们在那里招摇过市，把个脾气躁烈的大“黑熊”范德比尔特气得暴跳如雷，但也无可奈何。

运世方略

扬州妇智杀贼兵

元朝末年，各地英雄纷起，都竖起大汉义旗，驱除侵略者。扬州，是兵家必争之地，也是强盗必抢之区，当时局势很乱，民众纷纷向四郊逃难。

有一位做妓女的名叫陈翠，于扬州发生混战时，逃奔城外，昼伏夜行，将往大仪投亲戚。至一小镇，以为距城甚远，放胆前往，途中要小解，乃沿河边行，找一隐蔽地解决，忽有一贼兵迎面而来，无法逃避，乃坐以待之。

贼兵见此青年女子，如饿虎见羊，立施暴力强奸。女见该兵腰间财物甚丰，欣然相就，任由摆布。贼将女的衣裳尽脱，一丝不挂，卧于河畔，自己仅除裤子，正想冲锋肉搏之时，女媚笑曰："真系急色鬼，一点情趣都不晓，男女合欢，情趣在于互相裸抱，你连上衣都不脱，等于隔靴搔痒。"贼闻言甚喜，急除上衣，女故作浪态，贼更魂飞天外。女乘其不备，把贼紧搂，双双滚入河里，女善游泳，贼不懂水性，拼命在挣扎，女把贼头猛按在水里，很快溺死。女上岸再抽刀断贼首，取其臂上之金镯及囊中金饰，从容而去。

还有一健妇，当扬州将陷时，嘱丈夫带儿女出城逃避，自己把家财藏好，然后身带一把利剪而出。途中遇一贼将，见妇颇具风姿，骑马追过来，喝令停止，妇人亦不惧，站在路旁含笑相迎，贼将一下马即霸王硬上弓，除衣剥裤，妇笑话他说："将军太笨了，你的行动，全靠此马，若当我俩合欢时，此马跑了又咋办?"贼以此言有理，想把马拴好再来，附近又没有树和石可拴，正在踌躇。妇又说："我想一办法最好，如果将马缰绳绑在你双脚上，则万无一失。"贼鼓掌赞成，两人乃合手把马缰绑好，妇则乘其不意，出利剪猛刺马腹，马负伤狂奔，该贼顿时被拖住跟马跑，如五马分尸一样，妇收拾贼之包裹，从容上道。

弱女除大盗

清代时，直隶献县有一吴姓女子。她自幼丧父，年过二十尚未出嫁，与母亲在家相依为命。

有一次，一伙盗贼袭击了她所居住的村庄。她保护着母亲外出避祸，临走时，她把一柄锋利的尖刀藏在袖中，当做护身的武器。她们刚出村口，就遇上了两个手持利刃的强盗。这两个家伙见吴女长得漂亮，遂动了邪念。吴女心想：如果断然拒绝，必然吃亏，不如假装顺从，稳住他们，然后伺机行事。于是，她和颜悦色地对这两个强盗说："我愿意服侍二位壮士。我家就在附近，请二位到我家吃点东西如何?"两个强盗正饿得肚子咕咕叫，便随她们来到家里。

回到家中，吴女与她的母亲殷勤地款待这两个强盗，又是端肉，又是劝酒，哄得他们兴高采烈。不多时，其中的一个强盗酩酊大醉，昏昏欲睡。吴女对另一位说："你先喝着，我把他扶到卧房后就来。"说完，吴女将已喝醉的强盗拖到卧房，见他睡得像头死猪，便从袖中抽出尖刀，刺向他的喉咙。这个家伙连哼都没哼一声就上了西天。吴女拔出刀，擦净收好，若无其事地走了出来。这时，剩下的那个家伙已有七分醉，动作已不协调，说话驴唇不对马嘴。吴女趁他倒酒的时候，拔出尖刀便刺，这个家伙也见了阎王。杀掉两个强盗后，母女俩连夜逃离了险境。

粉面含春威不露

在《红楼梦》里，王熙凤一共出场80多次，其中大部分都是带笑出场。可以

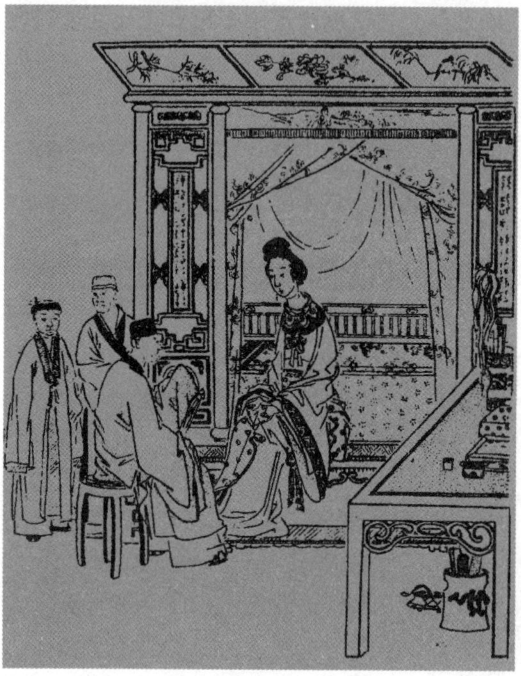
王熙凤弄权铁槛寺

说，爱笑是王熙凤明显的性格特征，真可谓“粉面含春威不露，丹唇未启笑先闻”。

王熙凤几乎不笑不说话，并且笑法各异，或“忙笑道”，或“冷笑道”，或“假笑道”，或“嘻嘻笑道”。有时字里行间没有写笑，却让人感到她在笑。她有时先笑后说，有时先说后笑，有时边说边笑，有时用笑表示开心，有时用笑表示不满。当然，最可怕的是王熙凤暗藏杀机的笑，这也是她的拿手好戏。

被王熙凤害死的人，如贾瑞、张金哥、守备公子、尤二姐、司棋等人，几乎都在她的笑声中死去的。特别是贾瑞和尤二姐完全是她的“笑里藏刀”之计的牺牲品。这两个故事最能体现王熙凤的足智多谋和阴险毒辣，最符合人们对她的评价：“嘴甜心苦，两面三刀；上头一脸笑，脚下使绊子；明是一把火，暗是一把刀。”王熙凤真正做到了“信而安之，阴以图之”，每次见到贾瑞她总是笑脸相迎，直到贾瑞气绝之时还感觉王熙凤“招手叫他”。王熙凤对尤二姐从满脸堆笑登门拜访，到欲置之死地而后快，真是做得天衣无缝，以致尤二姐死时尚视王熙凤为知己姐妹。

第十一计　李代桃僵

原文注译

【原文】

势必有损①，损阴以益阳②。

【注释】

①势必有损：势，局势。损，损失。

②损阴以益阳：阴，这里是指局部利益。阳，这里是指全局利益。全句意为：舍弃某一部分利益，使全局得到增益。

【译文】

当局势发展到损失已不可避免的时候，要舍弃局部的利益，以求得全局更大的增益。

按语注译

【按语】

我敌之情，各有长短①。战争之事，难得全胜。而胜负之决，即在长短之相较。而长短之相较，乃有以短胜长之秘诀②。如以下驷敌上驷，以上驷敌中驷，以中驷敌下驷③之类，则诚兵家独具之诡谋，非常理之可推测者也。

【注释】

①我敌之情，各有长短：长短，即长处，短处，优点、缺点，优势、劣势。全句意为：敌我双方各有其长处和短处、优势和劣势。

②以短胜长之秘诀：这里是指发挥自己的长处以弥补自己的短处；限制敌人的长处，专门攻击敌人的短处的秘诀。

③以下驷敌上驷，以上驷敌中驷，以中驷敌下驷：见《史记·孙子吴起列传》。战国时

期，齐国的将军田忌常常和王族们赛马。孙膑看到他们的马相差不远，都有上、中、下三等，于是向田忌献策：用下等马对上等马（输），用上等马对中等马（赢），用中等马对下等马（赢），比赛结果，两胜一负，因而获得胜利。这就是上述“以短胜长之秘诀”的一个典型例子。

【译文】

我方与敌方的情况，各有长短与短处。在战争中，各方面都超过敌人是难得做到的。决定战争胜负，即在于双方力量，长处与短处，优势与劣势的较量。而在优势与劣势的较量中，也有劣势战胜优势的诀窍。比如赛马，用下等马对上等马，用上等马对中等马，用中等马对下等马这一类事例，就是军事谋略家具有的独特的谋略，这可不是用一般道理可以推测出来的啊！

传世典故

李代桃僵：李、桃：李树和桃树。僵：僵硬、干枯。原意是以李树代桃树受虫蛀。比喻兄弟间互相爱护，互相帮助。它转用比喻互相顶替或代人受过。即用甲来代替乙，或以劣势的兵力牵制优势的敌人，以便为全局争取时间或提供有利条件。

李牧雁门纵牧图

本计语出《乐府诗集·鸡鸣》。诗中说：“桃生露井上，李树生桃旁。虫来啮桃根，李树代桃僵。树林身相代，兄弟还相忘?”此诗的本意是比喻兄弟休戚与共的情谊。后人借“李代桃僵”的成语，表示为借助某种手段，以一事物的损失、牺牲，来换取另一事物的安全、成功，以局部的牺牲换取全局的转危为安的谋略。

战国后期，越国北部经常受到匈奴国及东胡、林胡等部骚扰，边境不宁。赵王派大将李牧镇守北部门户雁门。李牧上任后，日日杀牛宰羊，犒赏将士，只许坚壁自守，不许与敌交锋。匈奴摸不清底细，也不敢贸然进犯。李牧加紧训练部队，养精蓄锐，几年后，兵强马壮，士气高昂。公元前250年，李牧准备出击匈奴。他派少数士兵保护边寨百姓出去放牧。匈奴人见状，派出小股骑兵前去劫掠，李牧的士兵与敌骑交手，假装败退，丢下一些人和牲畜。匈奴人占得便宜，得胜而归。匈奴单于心想，李牧从来不敢出城征战，果然是一个不堪一击的胆小之徒。于是北率大军直逼雁门。李牧已料到骄兵之计已经奏效，于是严阵以待，兵分三路，给匈奴单于准备了一个大口袋。匈奴军轻敌冒进，被李牧分割几处，逐个围歼。单于兵败，落荒而逃，越国灭亡。李牧用小小的损失，换得了全局的胜利。

用计锦囊

在两军对峙时，在政治舞台上，在商业竞争中，获得全胜往往很难，有时需要付出一定的代价或做出一定的牺牲。在这种情况下，要恪守“两利相权取其重，两害相权取其轻”的原则，尽量牺牲局部以保全大局，牺牲眼前以希图长远，牺牲他人以拯救自己，牺牲小的利益以换取更大的利益。可见，李代桃僵是一种舍小保大的计谋。

此计以“李”表示做出牺牲的一方，以“桃”表示被保全的一方。因此，“李”与“桃”之间要具备内在的联系，否则无法完成替代任务。要注意“李”轻“桃”重，不能顾此失彼，更不能反向替代。

三十六计之李代桃僵

此计有以下五种含义：

1. 丢车保帅。在象棋中，为了保住帅，宁可丢掉最有攻击力的车。此法在军事、外交、政治、经济和日常生活诸领域无不适用。

2. 弃子争先。在围棋中，古人有“逢危须弃”的要诀。弃子从表面上看失去了一些棋子，但有利于占据先手，达到全盘棋活的目的。此法亦具有普遍适用性。

3. 忍痛割爱。壁虎在尾巴被捉时，会猛力挣断尾巴。壁虎挣断尾巴肯定是痛苦的，但为了活命，这样做才是值得的。其实人比壁虎更会忍痛割爱。

4. 抓替罪羊。本来自己有罪，却把罪名强加到别人头上，这样便能逍遥法外。这是一种阴险的手段。

5. 代人受过。在与自己休戚相关的人即将遭难时，自己主动替他承担罪责。这是一种主动献身的行为。

对李代桃僵之计应采取以下防范对策：

1. 非己之过莫要揽。推功揽过虽是一种美德，但只有在正常的同志关系中，才能起到保护好人的作用。如果无原则的承揽别人的过错，很容易被利用，成为别人的挡箭牌，替罪羊。自己的无谓牺牲，反为坏人提供了逃之夭夭的机会和条件。

2. 不白之冤莫要忍。在自己受到了不白之冤的背后，肯定会有另一个人逍遥法外，幸灾乐祸。如果我们忍受了别人强加在我们身上的罪责，无疑就成了代替桃僵的李树了。所以一旦发现自己被人当了替罪羊时，一定要奋起抗争，莫要忍耐。

3. 是非之地莫要留。别人争斗之地，或别人作案之地，即为是非之地。尤其是别人的作案之地，千万不能长时间逗留以防有人移花接木，嫁祸于人。总之不能给别人留有空隙，不能授人以柄。

计谋典范

战场逐鹿

犒师退敌

公元前626年，中原嵩山脚下，一大队牛群正在从东往西走着，它们将随主人长途跋涉到东周的京城洛邑去。

洛邑人爱牛是天下闻名的。40多年前，周庄王的儿子爱牛，一养就是几百头。他的牛不吃草吃粮食，身上还披着绸衣，称为“文兽”。因此洛邑人爱牛成风，商贩们总是赶着牛群到洛邑去。

这群牛的主人名叫弦高，是郑国商人，他这次赶了30多头牛到洛邑去卖。

夜幕降临了，前边是一个集镇，名叫黎职津。弦高就将牛群赶到一家客店去过夜。他将牛赶进牛棚。转身出来，却听得有人叫道：

“弦高贤弟！”

弦高回头一看，不由得双眸发亮，站在面前的竟是自己朝思暮想的老友蹇他。

“蹇他大哥！你怎么也在这里？”弦高又惊又喜。

“一言难尽。咱们吃饭时再谈。”蹇他道。

两人边喝边畅谈。

这蹇他是东周人，因怀才不遇，而周游列国。弦高就询问道：

“听说你到秦国去了，那里怎样?”

蹇他苦着脸摇摇头：“是到秦国去了，还见到了国君秦缪公任好，也见到了文武大臣百里奚、公孙枝、蹇步等人。看来君臣都很能干，只是有一点我看不惯。”

“哪一点看不惯?”弦高问。蹇他道：“他们群臣天天都在计算人家，今天攻这国，明天打那国，秦国边上的邻国就像羊羔住在狼窝边，日夜不得安宁。现在又派了军队要来攻打你们郑国了。”

“什么！秦军要来攻打郑国?”弦高大吃一惊，“此话当真?”

蹇他笑道：“这我还能骗你?带兵的元帅是百里奚的儿子孟明视，副帅是白乙丙、西乞术，先锋是褒蛮子。有步兵三千，战车三百乘。今年12月丙日从咸阳出师，部队转眼就到。”

“啪!”一声，弦高手里的酒杯落地，人像段木头似的怔住了。

春秋时期郑国爱国商人弦高，在秦国进准备偷袭郑国时，以犒师为名，使秦国误以为郑国已有准备，遂退兵。

蹇他大吃一惊，劝道：“看把你急成这个样子。你是个商人。商人就是做生意、赚钱，国家大事自有郑国国君去管。他们平日吃喝玩乐，任务就是管好国家。谁来坐天下，做生意的一样做生意。来！喝酒!”

弦高一言不发，像段木头。

“你一个商人，有什么办法去救郑国?你回去报信也来不及了，秦国部队行走如飞，转眼就到了。”蹇他又劝道，“你这里还带着这么多牛更走不动。”

“牛?牛?牛!”弦高自言自语，双眸发亮，大声喊道，“小弟有救郑国的办法了!”

秦国偷袭郑国的远征军，像离弦的箭似的向郑国边境驰来。孟明视威风凛凛，得意扬扬地站在战车上。路旁行人听说秦军奔袭郑国，都暗暗替郑国捏一把汗。

前军到延津，是郑国的边境。忽有人来报：

“郑国使臣求见元帅。”

“什么！郑国使臣?”孟明视吃了一惊，心想，我正要去偷袭郑国，他们却来了。

郑国使臣来到面前说道：

“我们郑国国君听说元帅带兵来郑国，一路辛苦，特派下臣弦高献上肥牛12头，熟牛皮4张，犒赏大军。”

弦高这番话把个孟明视弄得目瞪口呆，原以为这次偷袭，神不知，鬼不觉，谁知郑国事先知道了，这是谁走漏了消息？他眼珠一转，满脸堆笑：

“多谢你们的国君！你们国君身体好吗？”

弦高答道：“有劳元帅下问。我们国君近日与老大夫烛之武、大夫佚之狐等人在教场看部队操练，身体很好。”

“嗯！”孟明视又是一惊，郑国天天在练兵，还能偷袭吗？孟明视仔细打量着弦高，忽然大喝一声：

“弦高！你是什么郑国使臣，为什么没有国书？”

弦高不慌不忙，微微笑道：“我们听说元帅大军来得很急，怕刻国书来不及了，就匆匆叫我先来。元帅试想，若不是国君决定，谁舍得无缘无故送12头牛和4张熟牛皮来给贵军呢？”

孟明视不吭声了。是呀！若不是国家出面，私人有谁要冒充使节送牛给我，这牛不是小数呀，他图个什么？孟明视只好假笑道：

“有劳你辛苦了！回国上告贵国国君，我们部队这次出来有秘密任务，并不是来侵犯郑国，不要听别人挑拨。你们放心好了。”

弦高巧计冒充使节犒师，挽救了祖国的一次危难。

优柔寡断的国王

战国时间，韩国地处实力雄厚的秦国和楚国之间。韩宣王为人优柔寡断。秦王把楚国看做称霸道路上的敌手，为此试图发兵攻打楚国。可韩国偏偏挡在道中，于是秦王就派丞相张仪前往韩国，企图说服韩与秦一起攻楚。面对两邻国之争，韩王采取了中立政策，这便激怒了秦王。他决定，先要迫使韩国屈服。公元前317年，也就是韩宣王十六年，秦国向韩国宣战。一路上，秦军未遇到什么大的抵抗就杀进了韩国。韩王忧心如焚，马上召见韩相公仲明。公仲明反对直接与秦对抗，他引用

王翦灭韩国

了民谣“李代桃僵”的话来说明道理。但韩王不理解其含义。公仲明就指着宫苑内的两棵树说：“假设小树为桃树，大树为李树，桃树上突然落下了害虫，如果想保桃树，则只有把害虫从桃树上引到李树上去才行。”

这时韩王才领悟到公仲明的意思。是要把祸水引向楚国，让楚国代替韩国承受灾难，以保全韩国。于是，韩王便派公仲明出使秦国，并割让韩国一座名城贿赂秦国，以便与秦国结成联盟，共同伐楚。

楚王听到这个消息很害怕，急忙召见谋臣陈轸商议对策，陈轸听后笑道：“韩国是想利用‘李代桃僵’之计来对付我们，那我们就用其人之道还治其人之身罢！”

楚王听从了陈轸的建议，一方面在军事上做好了抵抗秦军进攻的准备，另一方面，又派人到各国去散布流言，说是楚国接到了韩国的求援信。随后就委派楚军去救援韩国，与此同时还派了一名密使前往韩国，送给韩王很多贵重礼品，建议韩王与楚国联盟共同对付秦国。韩相回绝了这个建议，因为这意味着韩国将为楚国而牺牲自己。楚国密使这坚定的语气使优柔寡断的韩王轻易上了当。他放弃了原先与秦国结盟一齐攻打楚国的计划，改为与楚国结盟，共同对付秦国。

秦王对韩楚结盟的消息将信将疑。他便派密探扮成商人模样混进韩、楚两国侦察。结果证实了这一消息。

韩王的反复无常激怒了秦王，他率领大军在楚军到达之前杀入韩国。韩军进行了英勇的抵抗。韩王面对这极其危急的局势，只好派使者前往楚国，请求楚军支援。楚王采纳了陈轸的策略：派军队向韩国方向进发，但这只是为了制造假象，目的是促使秦军在韩楚会合之前尽快攻占韩国。

楚王对韩国使者说，支援部队已在路上。实际上，他根本就不想支援韩国。

韩军苦苦等待楚军的到来，但楚军总也不出现。这样一来，韩军军心涣散，畏惧心理大增，很多士兵逃跑。这时，秦军发动了总攻，并大获全胜，韩国最后沦为秦国的附庸国。

在秦军大败韩军之后，楚王担心秦军会来攻打自己。谋臣陈轸则认为不必为此担忧。因为李树已经僵死于地，借此就可以暂时保证桃树的生存。

秦王手下的谋臣要求攻打楚国，但遭到了秦王的拒绝。因为对韩之战已使秦军造成很大的损失。楚军现在士气饱满，正严阵以待地等着与疲惫的秦军作战。于是，秦王就率军班师回国去了。到此，陈轸的计谋大功告成。韩国成了牺牲品，如此保证了楚国暂时的安全。

孙膑计败魏军

孙膑运用“围魏救赵”之计成功后，接着又用“李代桃僵”之计打败了魏军。借孙膑向魏国都城的攻势，迫使魏军放弃攻赵，匆忙收兵回国。当时的魏军分为三个纵队，一在右，一在中，一在左。左队最强，中队一般，右队最弱。

齐将田忌想用赛马的方法将自己的军队也分成三队，即一个强队，一个中强

辞鬼谷孙膑下山

队，一个弱队。作战时，用自己的弱队攻击敌人的强队，用自己的强队和中强队去攻击敌人的中强队和弱队。

但孙膑却不同意这种想法，他认为，这次可不能满足二比一取胜，而要设法以最小的损失，去打败总体上处于优势的魏军。他建议用自己的弱队攻击敌人强队，用自己的中强队攻击敌人的中强队。这样就会造成一个纵队是敌军占优势，一个纵队是势均力敌的局面，但这两个纵队都只是为了暂时牵制敌军之用。与此同时，由他亲自率领强队闪电一般去攻击敌军的弱队。在迅速取得胜利之后，就可以迅速转而增援自己的中强队，并与之一起战胜敌军的中强队。随后强队、中强队再与弱队会合，共同歼灭敌军的强队，最后造成了齐军绝对的优势，从而保证齐军桂陵之战的胜利。

田忌赛马

战国时期，齐国大将田忌经常和齐威王及王子们举行赛马活动，而且赌注极高。田忌输得多，赢得少。

一天，孙膑陪他去赛马。孙膑知道田忌的马与王子们的马各按速度分成上、中、下三等，田忌的马虽然在总体上多劣于王子的马，但各等马的马足力相差并不多，只要策略得当，完全可以赢得比赛。

等到下一场赛马，孙膑建议田忌：用自己的下马对王子的上马；用自己的上马对其中马；最后用自己的中马对其下马。田忌听从了这一建议。结果，他以下马对上马一场失败，换回了上马对中马，中马对下马的两场胜利。“李代桃僵”在这里被孙膑运用得恰如其分，牺牲下马对对方上马的比赛，目的是获得上马及中马对对方中马及下马的胜利，从而获得比赛的总胜利。也就是说，以部分牺牲作代价，取得总体上的大胜利。

曹操借头压军心

由于出身贵族世家的袁术僭称帝号，曹操便以汉室丞相的身份首先发难，对袁术进行讨伐。一次两军在寿春一带相持了很久，曹操的粮食快要用尽了，虽已派人催送，但一时不能送到。为了能坚持到大批粮食运到，必须节省现存的一点粮食，曹操便把典仓吏王垕召来，命令他用小斗付粮以解燃眉之急。这样士兵因口粮不足，普遍产生不满情绪。为了稳定军心，曹操又把典仓吏王垕召进密室，对他说："现在军中粮食将尽，将士们对小斗付粮又十分不满，我想借你一件东西压一压军心，不知你是否肯借?"

典仓吏王垕说："只要能为丞相排忧解难，我什么都在所不惜。"曹操便立刻抽出刀来，说："我想借你的头来用一用，你死后，我会善待你的老婆孩子的。"王垕刚要辩解自己无罪，头早已提在曹操手中。曹操把典仓吏王垕的头传示全军，对将士们说："典仓吏王垕故意克扣军粮，现已查实，特斩首示众。"众人不知底细，都把自己的怨恨倾泄到典仓吏王垕的身上，既然丞相已杀了典仓吏王垕，大家自然也就无话可说了。这样，曹操争得了时间，不久粮食就送到了军中，曹操取得了胜利。

用小斗代替大斗付粮，是曹操为了节省粮食而强迫典仓吏王垕这样做的，这种做法虽能解燃眉之急，但却会招致强烈不满，为了使自己能摆脱这种窘境，曹操采取了抓替罪羊的计谋，舍弃他人，保全自己，而典仓吏王垕则属被迫替代。

政治权谋

换婴孩赵氏存孤

春秋时代，晋国有个谀臣屠岸贾，本是晋灵公宠臣，灵公被赵家的人刺杀后，景公即位，升屠岸贾为大司寇，他要为灵公报仇，阴谋发动一次政变，夺赵氏之权，灭其族。

部将韩厥不值其所为，暗把阴谋告诉赵盾的儿子赵朔，促他趋避，赵朔不肯，说："事到如今，跑也跑不了，如你能为我赵家保存一点血脉，我就是死了也没有什么遗恨！因为我妻子现正怀孕，她是公主，是景公的姐姐。"

"那赶快送她入宫躲避吧，迟了怕来不及。"

韩厥秘密告诉其门客程婴，叫他们护送公主进宫。并嘱："倘将来生女改名文，生男叫武，文人无用，武可报仇!"

第二天清早，屠岸贾亲率甲兵把赵府围住，不问情由，将赵朔、赵同、赵括、赵婴齐及一家男女老少统统杀掉，检查尸体，独少了赵朔的妻子庄姬公主一人。

有人告密说公主入宫去了，屠岸贾便入宫奏知景公，要拉公主出来杀头，景公说怕伤母后的心。屠岸贾又说公主已怀孕，一旦生下男孩，留下逆种，异日必定报仇，重演桃园弑君之事。景公却说待生产男孩后把他杀掉就是了。

屠岸贾于是派人探伺公主生产的消息。

隔不多久，公主果然生下一男孩。屠岸贾听到这个消息，立即带人进王宫搜索，公主着慌，把孩子藏在裤子里，默默祷告："姓赵的该绝种，你就哭吧；如不该绝种，你就不要出声！"果然，孩子一声也不响。屠岸贾搜不出什么，认为已把孩子运出宫去了，便到处悬赏缉拿。

赵盾生前有一位忠实门客叫公孙杵臼的，在当日赵府被围的时候，便约同门客程婴一齐殉难，程婴答道："赵夫人怀了孕，若生下男孩，我还得把他好好地养大；如果是女，那时再死未迟。"公孙杵臼非常同意程婴的见解。及闻公主生的是女，公孙杵臼便哭将起来："天哪！你真的灭绝赵家吗？"程婴却劝他："未可相信，我去打听一下！"于是设法和公主取得联络，公主给他一张纸，上面只写了一个武字，才知道生的是男孩，两人欢喜无限。乃至屠岸贾搜宫无所获，两人又商议起来。

程婴对公孙杵臼说："这次他们虽搜不出，以后必定还会再搜！那怎么办？必须想办法把孩子偷出宫来，藏在远方才保安全。"

公孙杵臼想了好一会儿，问程婴："保全孤儿和一死报恩，哪一件困难呢？"

程婴说："当然一死报恩容易，保全孤儿困难了。"

"那好极了，兄为其难，弟为其易，赵氏上代待你很好，那你就该勉为其难，担当起保全孤儿的责任吧！"

"这话怎说？有何计策？"

"只要找到一个最近出世的婴儿，冒称是赵氏孤儿，由我抱往首阳山躲起来，你便去告密，屠贼搜着了假的，就不会再受威胁了。"

"那就最巧不过了，"程婴说，"我妻子也刚生下一个男孩，和孤儿的生日相近，可以代替。可是，你犯了藏孤之罪，必定处斩，那……"说到这里，眼泪簌簌地落下来。

公孙杵臼生气了，说："哭什么？这是件大事，也是好事。你立即去抱儿子过来，然后去找韩厥将军，把孤儿设法安置好！"

程婴收泪回去，在半夜里悄

围下宫程婴匿孤

悄把儿子交给公孙杵臼带往首阳山去。即往见韩厥，给他看看掌上的“武”字，再把公孙杵臼的计划告诉他。

韩厥大喜，便对程婴说：“刚巧赵夫人有病，叫我去请一个信实的医生，你只要能把屠贼骗到首阳山去，我就会设法把孤儿弄出来的。”

计策安排好了，程婴就往屠岸贾处告发，直认自己和公孙杵臼是赵家门客，受赵夫人委托，秘密带走赵氏孤儿，逃匿深山。恐日后事露，全家遭斩，因此先行检举，可保全家生命，且可得到千金赏赐。

“孤儿现在什么地方?”屠岸贾问。

程婴叫左右退出，然后告诉他：“现匿居首阳山深处，务要迅速进行，否则将逃往秦国去了，还要大夫亲往，别人多与赵氏有交情，信赖不得!”

诛岸贾赵氏复兴

屠岸贾大喜，亲率三千甲兵，程婴带路，直奔首阳山去，山路崎岖，阴暗幽僻，好一会儿才见有一茅房。程婴说：“在这里。”说罢敲门，公孙杵臼出迎，一见情形，回身便走。程婴高声喝：“不要跑，屠大人已经知道了，特亲自来取，快把孤儿献出来吧!”

甲士已把公孙杵臼绑起来，见屠岸贾。屠问：“孤儿安在?”公孙杵臼气愤愤说：“没有!”

屠岸贾不理会，下令：“搜!”

搜到壁室里，见锁着，便冲进去，里面很暗，听见有小孩子哭声，抱起来，见用锦绣裹住。

公孙杵臼一见，想扑过去抢，却被甲士揪住。他就指着程婴大骂：“程婴，你真是王八蛋，我和你同受赵氏之托，藏匿遗孤，想不到你这个小人，居然出卖我，贪图千金之赏，忍心断绝了赵氏的血脉，你真是良心丧尽……”把程婴骂得狗血淋头，羞惭满面。

“你死到临头还不知悔?”屠岸贾说，“把他干掉!”

“嚓”的一声，公孙杵臼已倒在地下，身首异处。

屠岸贾接过孤儿，往下一摔，骂：“去你妈的吧，你赵家也该有今日!”

孤儿变成肉饼之后，屠岸贾得意扬扬地收队回京。

当屠岸贾往首阳山搜孤的时候，城里的检查也松懈了。韩厥乘机托心腹假扮医生，入宫给赵夫人医病，在药箱上贴一“武”字，赵夫人会意，诊脉完毕，乃将孩子暗置药箱内，带出宫去。韩厥即藏于密室，雇心腹乳母哺养。

过了十五年，赵武长大了。景公要恢复赵氏声誉，韩厥趁机把冤情经过说出来，景公大怒，特许赵武雪冤，于是屠岸贾全家又被赵武杀尽。

完子舍身保国

春秋末期，齐国大夫田成子独揽了大权，当时齐国面临内外交困的形势，内部的百姓怨气很大，外部诸侯不服。田成子因上台“名分不正”，所以，对此一直苦无良策。

祸不单行，越国借口说他篡权诸侯，出兵攻打齐国。田成子一看慌了手脚，急忙召集幕僚商量对策。有的说：“越国来犯，实属欺人太甚，我国虽兵力不如越国强大，但可以动员全国军民，共同迎敌。”有的说：“时下国内人心浮动，许多臣民还没有来得及享受到大王的恩惠。如果倾城出动，恐怕难得民心，难以服众。”有的建议：“大王何不效仿他国，割让几个城池给越国，或可免动干戈。”争来争去，田成子都觉得不是破敌良策。他心里琢磨：倾城出动迎敌，不仅耗费国力太大，而且仅靠一批善战勇士带领老百姓去打仗，不一定能获胜，现在自己地位又不太稳定，闹不好还会出现反戈一击的局面。割让城池也非上策，自己刚刚掌权，就舍城丢池，将来难以建立威望，后患无穷。

正当他苦思冥想时，他的哥哥完子向他献计说：“我请求大王准许我率领一批贤良之臣出城迎敌，迎敌一定要真打，打一定要战败，不仅战败而且一定要全部战死。如此，可退越兵，保全国家。”此言一出，满座皆惊，田成子不解地问：“出城交战似可准许，只是交战一定要败，败还一定要死，这我就不明白了，请问何故如此呢?”完子从容回答：“王弟现在占据齐国，老百姓不了解你的治国本领，没有看到你的政绩，有的私下里议论纷纷，说你是窃国之盗，不一定愿意为你打仗。现在越国来犯，而贤良之中又有不少骁勇善战之臣，认为我们蒙受了耻辱，急于出兵迎战。在我看来，出现这样的情况，我们齐国已经很令人忧虑了。”“王兄所言极是，可为什么非得你去主动战死才能保全国家呢？难道没有别的办法吗?”田成子面对仁爱而又勇敢的哥哥仍苦思不得其解。完子说：“越国出兵无非是要在诸侯面前抖抖威风，捞个正义的名声，况且，以它现在的实力完全吞并我们还不可能。我带领一批贤良之士，出兵迎敌，战而败，败而死，这叫以身殉道，越国一看杀死了大王的兄长，‘教训’我国的目的也就达到了。而随我战死的那些人也为国尽了孝心，没有战死的也不敢再回到齐国来，这样一来，国内的人心也就稳定了，所以，据我看来，这是唯一的救国之道了。”

田成子边听边流泪，只好听从兄长的建议，哭着为他送别。果然，完子以身殉道，救了齐国。

在这个故事里，完子正是在权衡各方面利弊后，果断做出以己之死，而保国安的决心，李代桃僵，使齐国得以安定。

商海弄潮

吉利将小生意做大的诀窍

不论在世界上的哪一个角落，没用过也没看过安全刮胡刀的成年男子恐怕不多。但是80年前，它的发明者吉利先生还为其销售大伤脑筋呢！知道这一点的人可能也不多。

吉利原本是一个推销员，推销的成绩很出色，但是他不甘心一辈子为别人推销，渴望推销自己的产品。经过不断的努力，他从耙子得到启示，终于发明了安全刮胡刀。当他拿着他的样品前去推销时，一种如愿以偿的快感使他笑了。有哪个成年男子不刮胡子的？自己提供给他们的不正是最佳的工具吗？巨大的市场正等待着自己！

出乎他的意料之外，这种方便、安全的刮胡刀，在当时并没有受到人们的欢迎。一年过去了，居然才卖出53把刀架，170片刀片！全部收入别说扩大再生产，连吃饭都不够。吉利双眉紧锁，满脸愁云。

一天，他将心爱的刮胡刀拆开、装好，又拆开、再装好。边拆边想如何打开推销僵局。

刮胡刀组合好后，是一个整体的产品；拆开来可以算是两个产品：刀架与刀片。刀架不易坏，可以长期使用，刀片用钝了就要换。这就是刀片销售数远远大过刀架销售数的原因，而第一年的销售数字上不也说明了这个问题？对，这正显示了刮胡刀的利润主要是简单的刀片，而不是复杂的刀架！

但是刀片必须装在刀架上才能使用，因此要销出刀片，应该先销出刀架，只要刀架销出去了，刀片自然不愁没销路，利润不也就有了吗？

如何迅速销出刀架呢？让消费者感到好奇且实惠是最有效的办法。什么样的价格让消费者觉得实惠呢？保本？赔本？免费赠送？嗯，干脆免费赠送！这是将使消费者感到“实惠”，也是最快的“销售”法。

吉利想到这里，将手中的刮胡刀一放，做出了惊人而果敢的决策：利用广告，加强刮胡刀优越性的宣传；同时，免费赠送一定数量的全套刮胡刀！这样既满足了人们对新产品的好奇心，又不损他们一根毫毛。消息一经传出，赠送品很快就被索取一空。

“你这样做会有结果吗？如果人们用钝刀片后不再买了呢？”关心他事业的妻子不免担心地问他。

“亲爱的，放心吧！我们这把刮胡刀的优越性是很明显的，不会刮破脸，又不必用磨刀石，不利了换一片就行了，也花不了多少钱。”吉利信心十足地安慰妻子："等着瞧吧！接受了我的赠品的人一旦第一片刀片用钝后，他一定会买第二片、第三片……他一生都将是我们的忠实顾客，而且将是我们的义务宣传员。"

形势的发展正如吉利所预料的一样，刀片的销路迅速地打开了，刀架上赔的钱很快在刀片上赚了回来。同时，刮胡刀的优越性逐渐被人们认识，整个刮胡刀的销路也就逐渐打开了。

如果刮胡刀的销路长期打不开，吉利的事业终将因失去经济基础，而无法支撑甚或夭折。若不是吉利忍痛割爱，牺牲部分"刀架"——"李树"僵掉，才换来"刀片"的销售——"桃树"的继续生长，进而推动了整个刮胡刀的销售，获得了全面的成功。这正印证了"吃小亏，占大便宜"的道理。

企业家的战略眼光——吃小亏占大便宜

利益，有眼前利益和长远利益，有局部利益和全局利益，无论图什么样的利，都离不开用谋。有的人为了眼前的某种利益，想方设法，不择手段地围绕这一目标而急中生智，临机设谋；有的人则是老谋深算，不计眼前得失，为了长远的更大的利益，甚至能以眼前的某些牺牲为代价，来换取更大的利益，"吃小亏占大便宜"。前一种态度，多是层次较低者所为，而后一种，是高明的战略家所追求的。在北京有一个中美合资的肯德基家乡鸡快餐厅，经营中有这样一个规定，炸鸡在出锅两小时后，未卖出去的一律扔掉。在执行这个规定时，中方许多人建议将鸡降价处理，或分给职工，但老板仍固执己见。好端端的鸡扔掉，自然可惜，不如廉价处理，还能减少损失。可美方老板不是算这个账，在他看来，声誉第一。因为肯德基的家乡鸡炸出锅两小时内最好吃，超过两小时，味道就变了，如果降价处理，吃变味的鸡自然会给名牌鸡带来不好的名声，如果把鸡分给内部职工，则可能助长不重视质量甚至出现有的职工为占小便宜而故意卖不出去，留下来自己分。坚持把变味的鸡扔掉，尽管眼前利益受到某些损失，但从长远利益看，是很有战略眼光的。这一利益均衡，损小保大的策略，虽然使肯德基快餐厅在开始时经常受到损失，但开张仅3个月，就赢得了广泛的信誉，产品也由过去的经常过剩而变成供不应求。

善于从多种方案中，选择那种最能实现长远利益的最佳方案者，绝不只肯德基一家。美国休布雷公司为了胜过竞争对手，所采取的对策，与此也有类似之处。

休布雷公司在美国伏特加酒的市场中，属于营销出色的公司，他们生产的史密诺夫酒，在伏特加酒的市场占有率中达23%。20世纪60年代，另一家公司推出一种新型伏特加酒，其质量不比史密诺夫酒差，每瓶酒的价格还比史密诺夫酒低一美元。

市场经销部为总经理设想了四条对策。

（1）降低一美元，以保住市场占有率。

（2）维持原价，通过增加广告费用和推销支出来与对手竞争。

（3）维持原价，听任市场占有率降低。

（4）增加新品种。

公司总经理经过深思熟虑后，同意采取第四种策略。那就是，将史密诺夫酒的价格再提高一美元，同时推出一种与竞争对手的新伏特加价格一样的瑞色加酒和另一种价格更低的波波酒。

这一做法堪称商战策略中的“绝活”。它的妙处体现在以下几个方面：其一，它使史密诺夫酒从单一产品演变为系列产品，大大提高了产品的声望与地位。实际上，这三种酒的成本，制作工艺和味道都差不多，但消费者心目中留下的印象却不一样。其二，它使另一家公司推出的新型伏特加酒在价格上处于休布雷公司产品的“夹击”之中，消费者无论是想喝好一点的伏特加酒还是便宜一点的伏特加酒，或者喝原先水平的伏特加酒都有可能选购休布雷公司的产品。况且休布雷公司的牌子已在消费者心目中有一定的印象。其三，休布雷公司的这一做法从无差别市场营销策略走向了差别营销策略，这就为更广泛地占领市场奠定了坚实的基础。

运世方略

宋江弃粮收张清

《水浒传》第70回“没羽箭飞石打英雄，宋公明弃粮擒壮士”，所讲宋江收张清的过程就是采用了李代桃僵的计谋。却说宋江、卢俊义带兵分头去打东平府（今山东东平县）、东昌府（北宋时无东昌府）。宋江东平告捷，卢俊义却在东昌受挫。原来东昌府内有个猛将，姓张，名清，善会飞石打人，百发百中，人呼没羽箭。手下还有龚旺、丁得孙两员副将，一个会使飞枪，一个会使飞叉，也十分英雄了得。卢俊义连败两阵，郝思文、项充被打伤。宋江引兵救援。张清果然厉害，在阵上接连用飞石打败金枪将徐宁、锦毛虎燕顺、百胜将韩滔、天目将彭玘、丑郡马宣赞、双鞭呼延灼、赤发鬼刘唐、青面兽杨志、插翅虎雷横、美髯公朱仝、大刀关胜，双枪将董平、急先锋索超等一班大将。亏得花荣、林冲活捉了龚旺、丁得孙、才尚未全折了锐气。宋江与吴用决定用计捉拿张清，教鲁智深、武松、孙立、黄信、李立，尽数引领水军，安排车仗船只，只要赚出张清，便成大事。

再说张清在城内正与太守议事，只见侦察人员来报：寨后西北，有百十辆车子装有粮米，河内也有粮草船500余只，水陆并进，沿途有几个头领监管。太守与张清唯恐有诈，未敢妄动，再派人打探，看是否真是粮草？次日，小军回报，车里都是粮食，且有米撒下。水中船只，虽有遮盖，却有米袋露出。张清道：今晚出城，先劫岸上车子，后取水中船只。太守道：此计甚妙！军汉饱食，尽行披挂，捎驮锦袋，张清引1000军兵悄悄出城。是夜月色微明，星光满天。行不到十里，望见一簇车子，旗上写着“水浒寨忠义粮”，由鲁智深当头护送。张清在马上唱声“着”，一石子正打在鲁智深头上，鲜血迸流，望后便倒。张清军马，一齐呐喊，都抢将来。武松急挺两把戒刀，救回鲁智深，撇了粮车便走。张清夺得粮车，见果是粮

宋江弃粮擒张清

米，心中欢喜，押送粮车，推入城来。太守见了大喜，自行收管。张清道：“再抢河中船。”太守道：“将军善觑方便。”

张清一马，转过南门望见河港内粮船，不计其数，便叫打开城门，一齐呐喊，抢到河边。此时四下里喊声乱起，张清正不知军兵从哪里来，却被林冲引铁骑军兵，将张清连人和马都赶下水去了。河内却是李俊、张横、阮氏三雄、童家兄弟，八个水军将领早等在那里。张清便有三头六臂，也怎生挣扎得脱，被绳捆索绑，送入宋江大寨。张清被捉，吴用便催大小头领连夜攻城，城中太守如何能支？宋江军马杀入城中，先救了刘唐；次后便开仓库，将钱粮一部送梁山泊，一部分散给居民。太守平日清廉，饶了不杀。

战争是一个利害相间的领域，不可能没有损失，即使是在打胜仗的情况下，“歼敌一万，尚须自损三千”。明智的指挥员要善于权衡利弊，趋利避害，以小的代价，换取大的胜利。宋江、卢俊义攻打东昌府，被张清连打 15 员大将，可以说是付出了一定的代价，但付出代价的结果，是掌握了张清的行动规律。为了活捉张清，又采取了弃粮诱敌、抛砖引玉之计，终于取得了投桃报李，收得一员猛将的良好结局。

包公智断合同案

宋朝的包公，铁面无私，清正廉明，屡断大案、奇案，至今脍炙人口。这里说的是包公用李代桃僵，智断合同案的事。

卞梁关外住着刘家兄弟二人，老大刘天祥和妻子杨氏，还有一个杨氏嫁来时带的一个女儿叫定奴。老二刘天瑞和妻子张氏，还有一个自己生的儿子叫安住。由于两个孩子同岁，又没有血缘关系，所以，在他们两岁时，两家父母就给他们定了娃娃亲。

时逢大灾之年，官府不开仓放粮，反而让百姓出外逃荒。老二念其哥哥年纪大，就让他们家留下守家，自己带着一家大小外出谋生。当时两家尚未分家，但老二这一走不知什么时候才回来。于是老大建议：“兄弟，咱们兄弟俩再见，也不知要到什么时候，万一我们再见不着面，孩子们将来也好回来给咱们刘家继续香火，趁大家都在，还是立个分家文书吧。”老二同意，找来了和刘家交情很深的邻居李社长做证人，当下就立好了合同文书，哥俩人手一份，证人存了一份，然后，兄弟俩泪别。

18年后，老二夫妇病死，儿子安住做了一家财主的过继儿子，生活很能过得去，他想起父亲临终时的遗言，向财主说明情况后，带着父母的骨骸回原籍安葬，并带着分家的文书作为身份证明去见大伯、伯母。谁知老大的妻子杨氏一见他就起了坏心，这杨氏本是刁钻之人，知道安住不认识大伯、伯母，便假装要看文书，拿到手后，反而不认安住，安住要合同文书，她还赖账说没有拿，安住上前讲理，反而遭到杨氏一顿棍棒毒打，直打得鲜血直流。老大知道后，因为不认识侄子，又听杨氏一番恶人先告状，真以为安住是骗子，也没有相认。

情急之中，安住想到父母说的证人李社长。李一看安住头部直流鲜血，急忙用布给裹上。为了证实安住的身份，让他背一遍合同，安住一字不漏全部背下。确认安住的身份后，李社长十分气愤，他写好状子，第二天，带着头部受伤的安住来到开封府向包青天告状。

“升——堂！”一声高叫，开封府大门打开，李社长带着安住直奔大堂而去。

“包青天，包大人，小民有冤屈，请大人做主。”李、刘二人一边下跪一边大声喊冤。

“堂下何人，递上状词，起来说话。”包公接过衙役递上来的状子，仔细看完说：“状上所说，可否属实，待我验过。”说着下堂来亲自验看安住的伤，又仔细询问了李、刘二人。“状告有理，待本官为你审断，左右，传刘天祥夫妇。”

不大工夫，老大夫妇被带上堂来。包公喝道：“刘安住告你夫妇，骗走合同，不认亲侄，毒打其身，可有此事？”

老大说：“我从来没见过我侄子，全凭合同为证，如今这小孩硬说是我侄子，咬定说我妻子骗

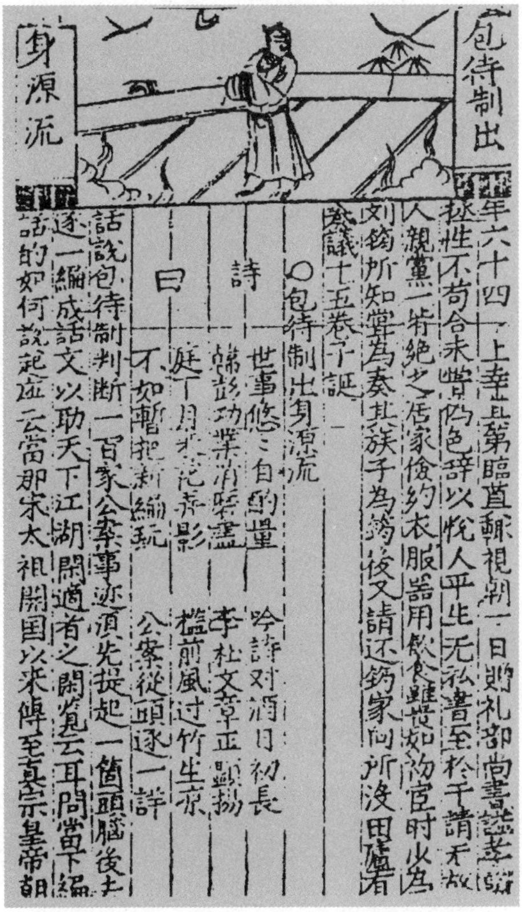

包公出身图，出自《包龙图判百家公案》。

走了合同，我妻子也咬定说没见过，我实在没办法定夺。”

包公又问杨氏，杨氏一口咬定，不曾见过什么合同。盘问再三仍不松口。包公对刘安住说：“你伯父、伯母如此无情，现在我准你使劲打他们一顿，以出你无辜被打这口怨气。”

安住一听不禁怆然泪下，说：“大人，万万使不得，哪有侄儿打伯父、伯母的道理？我本是认亲葬父，行孝而来，并非争家产，叫我干这种逆伦之事，至死难从。”

包公一听此言心里明白了几分。但是，只有人证，没有物证，如何判定杨氏骗了合同？思来想去，包公心生一计，他决定采取李代桃僵之法，让杨氏自己招认。

包公假意对老大夫妇说：“看来是这小厮拐骗于你们，情理难容，你们先回去安歇，我把这厮押在牢里，改日严刑审问。”杨氏心中暗喜，乐不颠地拉着老大回家去了。只有李社长和安住心里嘀咕，不知包公葫芦里卖什么药。

包公一面悄悄吩咐牢子不要为难安住，要好生待他，一面派得力手下从山西把认安住为过继儿子的财主请来，详细询问了情况，还让他看了安住。

次日，包公再审此案。他先让财主和杨氏对辩，暗中吩咐牢子如此如此，这般这般。堂上二人争持不下，杨氏仍然咬定没有见过合同。包公大喊：“将刘安住带上堂来！”只听一个牢子回许：“刘安住病重将死，动弹不得。”不一会又有人报：“刘安住已经死了。”这时，只听杨氏长出一口气说：“索性死了，真是谢天谢地！省得连累我一家。”财主一听号啕大哭。包公说道：“立即查出死因，速速回话。”片刻，验尸人说：“看尸体，约 18 岁，太阳穴有他物所击之伤，死者因此伤而死，伤口周围有青紫伤痕。”包公一听说：“杨氏，你把人打伤，如今弄出人命大事来了，你和他可是亲友？”杨氏仍矢口否认。包公大声说道：“那好，若是亲友，你为大，他为小，纵然打伤致死，也不过是误杀子女，不致偿命。若非亲友，杀人偿命，借债还钱，左右，把杨氏拿下，押到大牢，秋后问斩！”只见包公一声大喝，两名衙役暴雷似的应了一声，抬过一个枷具，就要往杨氏脖子上套。杨氏吓得面如土色，声嘶力竭地喊道：“包青天，包爷爷！他是小妇人的侄儿。”包公喝住左右，问：“说他是你侄儿，有何凭证？”杨氏急忙答道：“有合同文书为证。”说着从内衣掏出了合同。包公看过合同说：“既是你侄子，我让人抬出尸首，你要回去埋葬。”“小妇人明白。”

“带刘安住上堂。”只听包公话落，一个好端端的刘安住走上堂来。包公说：“刘安住，你的合同已经拿回，赶快回去安葬你的父母去吧！”刘安住叩头道谢。杨氏却羞得恨不能钻到地底下。

包公利用杨氏害怕偿命的心理，假造刘安住死情，设了一个让杨氏李代桃僵的计谋，让杨氏在“是亲友，不偿命。不是亲友，偿命”两者之间做出选择，杨氏终于说出实情。

狄青救兄

狄青从小失去双亲，一直与哥哥狄素相依为命。狄素是个贫穷、正直的庄稼汉。一天，狄青去给田里干活的哥哥送午饭。半路上，一个女子匆匆跑来告诉狄青：他哥哥同铁罗汉在河边动手打起来了。

铁罗汉是个游手好闲之徒。这天他喝醉了酒，就跑到田里找碴儿打架，他从一个老实农民手中抢过一个馍，这个农民想夺回自己的馍，于是两人便厮打起来，个头矮小的农民被铁罗汉摔倒在地。一直坐在一旁的狄素此时再也按捺不住，上去就给铁罗汉一拳，于是狄素和铁罗汉又打了起来。那个女子正去送饭，见此情景，便马上跑回来喊人。等狄青赶到出事地点，争斗早已结束，狄素正眉头紧锁地坐在一块石上喘粗气；只见不识水性的铁罗汉正在河中挣扎。他是被狄素一脚踹进河里的。狄青心想：若是这家伙淹死了，哥哥就要大祸临头，按宋朝法律，杀人要偿命。于是狄青立即跳下河去救铁罗汉。这时，铁罗汉已经扑腾得筋疲力尽了。突然间，他发现来了救星，便使尽全力伸出手，一把死死抓住狄青破衣衫的领子。只听“嘶”的一声——铁罗汉把狄青的衣领拉了下来。狄青赶忙揪住他的头发，把他拖向岸边。与此同时，他在铁罗汉耳边低声说道：“俺狄素救你一命。”

铁罗汉喝了很多水，神志已经不清。他无法搞清究竟是谁救了自己。将近岸边时，他便失去了知觉，躺在那儿像个死人一般。

“俺打死他了，”狄素对弟弟说：“俺得偿命，你管这闲事干吗？”说着流下了眼泪。

“哥，你放心，他只是一时失去知觉，不会死的。”狄青安慰哥哥道。

“可我在光天化日之下将人打伤，凭这一点，衙门就会罚我赔钱的。”

这时，村民们从四面八方赶了过来，他们纷纷安慰狄素，别担心，我们会为你说情的。

村长此刻也赶到了出事地点，他喝道：“狄素！朝廷有法，不准斗殴，谁惹事打死人，谁就要偿命。”

狄素呆呆地站在那儿，等着被抓。

“等一等！”狄青挺身而出。

“小子，你敢反对？”村长沉着脸对他道。

狄青大声说道：“你全弄错了。事情明摆着，铁罗汉欺负一个弱小村民，我出于旁观者的责任感，一怒之下帮了弱者。这个流氓（指铁罗汉）自己不小心，差一点淹死，是我哥哥把他拉上岸救了他。”

村长看着他半信将疑，又看看众人。几个村民马上大声说道：“没错，我们可以作证。”

狄青附和着：“你瞧，他手里还抓着我的衣领呢！”

村长蹲下身去扳开铁罗汉的手，果然那破衣领被他紧紧捏着呢。村长想让人把狄青绑起来，可狄青又叫了起来：“还不知铁罗汉是死是活呢？”

“好吧，现在就搞清楚。”村长无可奈何。

狄青敏捷地跑到铁罗汉身边，骑在他身上，开始揉铁罗汉的肚子。很快，铁罗汉张开了嘴，大口大口地吐黄水。又过了一会儿，他醒了过来。狄青趁机俯身在他耳边低语了几句。

铁罗汉摇摇晃晃爬起来，步履蹒跚地走向狄素。他双膝跪倒作揖，口中念道：

"多谢你的救命之恩……"一连说了几遍。

狄素觉得非常意外，一场暴风雨本来已降临到自己头上，现在却一下云开雾散了。看热闹的人见没事了，也就各自散去了。

在回家的路上，狄素问弟弟："铁罗汉为什么要感谢我救了他的命？"

狄青答道："铁罗汉抢人馍馍，又和你打架。他是喝醉了，对这些事根本记不清。后来我救他时，位置是在他身后，我对他说：'俺狄素救你。'当他从昏迷中醒来，我又轻声告诉他：'你应该去感谢狄素。'他真的就这么做了。"

狄素深为赞赏狄青的机智，帮自己躲过了一场大难。此时的狄青只有15岁。

第十二计　顺手牵羊

原文注译

【原文】

微隙[1]在所必乘，微利在所必得。少阴，少阳[2]。

【注释】

①微隙：指微不足道的间隙。

②少阴，少阳：阴，这里指疏忽、过失；阳，指胜利、成就。

【译文】

敌人出现微小的漏洞，必须及时利用，发现微小的利益，也一定要争取到。即使是敌人的微小疏忽，过失，也要利用来为我方的微小胜利服务。

按语注译

【按语】

大军动处[1]，其隙甚多；乘间取利[2]，不必以战。胜固可用，败变可用。

【注释】

①大军动处：动，指兵力调遣，运动、展开。全句意为：在大部队调遣的过程中。

②乘间取利：间，间隙，机会。全句意为：利用敌人的空隙和过失，乘机取得有利的战果。

【译文】

在大部队调遣、调动的过程中，可以利用的间隙很多。利用敌人的空隙和过失便可获得利益，就不必定要通过战争的途径。打胜仗时可以用此计，打败仗时也可以用此计。

传世典故

顺手牵羊：意思是乘机顺便把别人的羊牵过来，即伺便窃取。比喻顺便拿走人家的东西，或顺事做某件事情。也用以比喻手疾眼快，有借力使力的智能和技巧。军事上是指利用敌方的间隙和薄弱之处，达到发展和取胜的目的。

本计当出自《草庐经略·游兵》："伺敌之隙，乘间取胜"。后人以顺手牵羊，形象化地比喻乘敌人的小间隙，向敌的薄弱处发展，创造和捕捉战机的一种谋略。关汉卿著元剧《尉迟恭单鞭夺槊》台词中，就出现了本计计名。《水浒传》第99回写道："前面马灵正在飞行，却撞着一个胖大和尚，劈面抢来，把马灵一禅仗打翻，顺手牵羊，早把马灵擒住。"但都不是说的战争。战争史上"顺手牵羊"之计，不乏其例。

公元前354年，魏惠王（公元前369—前319年）打算进攻北面的赵国。他派遣庞涓率领一支精锐部队向赵国杀去。庞涓没费多大力气就杀到了赵国都城邯郸城下，并包围了邯郸。此时，赵国无力应战，只好派使者向实力雄厚的楚国求救。楚王对于要不要救赵犹豫不决。于是，他召集谋士们商议。楚相昭奚恤反对出兵，认为应当听凭魏国攻打赵国，楚国可以等他们两败俱伤后，坐收渔人之利。

尉迟恭，唐初名将，在扫平王世充、窦建德的军队中屡立战功。

景舍反对昭奚的主张，提出以救赵为名来削弱赵魏的实力，并顺手牵羊，为楚国谋利的计划，受到楚王的赞赏。楚王任景舍为帅，带领一支人数不多的军队，打着救赵的旗号，跨越赵、楚之间的国界，进入赵国。越国大将马上将楚国派救兵的消息通告守城官兵，但这一切都没能阻庞涓的进攻。围城七个月后，庞涓终于攻克了邯郸。这时，传来齐国派一支军队直趋魏国都城大梁的消息。庞涓得知这一情报后，马上从赵国撤兵回国。半路上，齐军“以逸待劳”，把庞涓率领的魏军打得大败。

魏国和赵国都在战争中受到重创。这对楚国是最好的机会。景舍正是抓住赵国向楚国求救的机会，派兵进入了赵国，而且在魏军撤退之后，不费吹灰之力便“顺手牵羊”，占领了部分赵国领土，胜利实现了景舍的计谋。

用计锦囊

顺手牵羊是看准敌方在移动中出现的漏洞，抓住薄弱点，乘虚而入获取胜利的谋略。古人云：“善战者，见利不失，遇时不疑。”意思是捕捉战机，乘隙争利。当然，小利是否应该必得，这要考虑全局，只要不会“因小失大”，小胜的机会也不应该放过。

实施此计的关键在于“顺手”，即来去顺路，取之顺手，赢之顺时，得之顺便。如果在不顺手的情况下强行取利，不仅徒劳无功，而且会影响原有的主要目的的实现。

羊是一种温顺的动物，只要稍稍牵它一下，它就会随你而来。但是，并不是见“羊”（意外的小利）就牵。首先要观察它是不是诱饵，敌人常常会留下饵食诱你上钩。其次要明确：小利终归是小利，不能代替自己的主要目的。只有在不影响主要目的实现的前提下，才能顺手去取意外之利。否则因小失大，捡了芝麻丢了西瓜。

本计主要有三种含义：

1. 微隙必乘。敌方出现的微小漏洞也必须及时利用。敌我双方进行交战或竞争，事先都要进行周密的计划和部署。一般情况下很少会出现大的漏洞或失误等我们去利用的，但是在较大的行动中，难免会出现小漏洞或小失误，对此我们要及时地充分地利用它，因为穿透一个蚁穴，就有毁坏长堤的可能。

2. 微利必得。极微小的利益，也要力争获得。事物的变化是一个由量变到质变的过程，量变积累到一定程度时，才能引起质的变化。双方的竞争中也是这样，把小的胜利积累起来，可以成为大的胜利，把局部的胜利积累起来，可以成为全局的胜利。所以只要是安全的，顺手可得的小利，也不要轻易舍弃。

3. 见利宜疾。见到可取之利，要迅速果断地获取。可取之利，特别是顺手可取之利，一般只能存在于特定的时间和环境中，时过境迁，易取之利会成为难取之利，可取之利会变为不可取之利。所以只有见利不失，遇时不疑地下定决心，手疾眼快，干净利落地采取行动，才能获得成功。

对顺手牵羊之计应采取的防范对策：

1. 少出漏洞。敌方之所以能顺利牵羊，主要是利用我方出现的漏洞，如果我方能少出或不出漏洞，那么敌方也就无可乘之机了。事先的周密计划和事中的严密组织是防止漏洞的有效办法。

2. 亡羊补牢。一旦有了漏洞，要及时发现，并立即加以弥补，“亡羊补牢，未

三十六计之顺手牵羊

为晚也。”如果不及时发现，不及时弥补，那么其余的羊就会全部丢光。这里有两个问题，一是要尽早知道牢已经破了，羊已经丢了，这就需要及时的反馈。二是在发现问题后，立即做出决断，毫不迟疑地动手补牢，不要存有侥幸心理，更不要懒于动手。

3. 小利不弃。如果不属于特殊情况，那么我们也要微利在所必争，无论大利小利都不能轻易放弃，对于乘机取利的人要针锋相对地与之斗争。对于自己的“羊”，要心中有数，要时时看管，不使走散。

4. 疑人必防。有些人在牵羊之前，怕人发现，往往要东张西望，鬼鬼祟祟的。若发现同我们有利害冲突的人，靠近我们的羊群，就应该提出警告并严加防备，使之牵羊的企图不能得逞。

计谋典范

战场逐鹿

吕蒙顺手牵羊得零陵

孙权按照张昭的计策，派诸葛瑾去讨还荆州，没想到被诸葛亮踢了一场漂亮的皮球，到头来还是空手而归。孙权十分生气，对众人说：“既然刘备有先还三郡之言，我立即派官员前去长沙、零陵、桂阳三郡赴任，看他如何?”于是一面释放了诸葛瑾一家老小，一面差官往三郡赴任。可是没过几天，差往三郡的官员，都被关羽一个个赶了回来，孙权盛怒之余，一看文的不行，就决心动武了。他立即派大将吕蒙带领二万精兵，强行收复南三郡。

说起吕蒙，他还是一个很有趣的人物。他少年离家偷偷渡江投奔姐夫邓当，邓当是孙策的大将，吕蒙15岁混在军中，一同征战，别人撵他他也不离开，还屡立战功，孙策欣赏他便留下来了。后来跟随孙权在征伐黄祖、攻打乌林、大战赤壁时，都显出独特的机智和勇敢，受到孙权的重视，当上了将军。吕蒙的军事才华日益显露出来，可是他从小当兵作战，没有读书学习的机会，甚至向孙权报告军务，都是口头汇报，不能亲笔书写。鲁肃等一批有学问的人有些瞧不起他。孙权也当面劝过他："你现在是大将军了，不同于以前，应该读读书，以便有所提高呀。"吕蒙说："我的军务太忙，哪有读书的时间呢？"孙权耐心地开导他："我可不是让你攻读经书当博士，只是让你涉猎一些书典，好了解历史上的成败，从中得到教益。你说军务繁忙，难道比我还忙吗？我从小遍读了《诗经》、《书经》、《礼经》、《左传》、《国语》，只是不读《易经》。到我掌管东吴以后，仍然坚持读史书、兵书，自己也感到大有收益。你和蒋钦将军都是聪明、理解力强的人，现在可以先读《孙子兵法》、《六韬》、《左传》、《国语》等。历史上，光武帝在兵马征战的关头，还手不释卷；现在，曹孟德也常常说他'老而好学'。子明（吕蒙字子明）呀，你要向这些人学习呀！"

打那以后，吕蒙真的开始发奋读书了，而且真是"学而不厌"。他读的书越来越多，连许多书生都比不了。加上他理解力强，有作战的实践经验，能够把书上的道理融会贯通。可是他一直不宣扬自己，也不在别人面前卖弄，以致许多老朋友还以为他依旧不过是个只会打仗的武将罢了。当鲁肃被委派替代周瑜的职务，路过吕蒙驻兵的浔阳时，鲁肃还有些瞧不起吕蒙，不想去看望他。有人劝鲁肃："吕将军功名日益显赫，不该轻慢，还是应该去看看他。"鲁肃从礼节上出发，就去看望吕蒙。

酒席间，吕蒙问道："您现在担负重任，和关羽的地盘相邻，准备用什么样的战略和战术对付他？"鲁肃顺口答道："随机应变呗！"吕蒙却说："现在孙在东，刘在西，东西表面上是一家，而关羽却像熊虎一般，怎么能不预先做好防备的计划呢？"说着，就小声向鲁肃献上对付关羽的"五策"，请他秘而不宣，做好准备。鲁肃越听越惊讶，最后竟离开自己的坐席，走到吕蒙席旁，拍着他的肩膀说："我一直以为老弟只有武略，今天才知道你学识渊博、英敏不凡，再也不是当年的吴下阿蒙啦！"吕蒙也半开玩笑地说："士别三日，当刮目相看嘛！老兄怎么用老眼光看人呢？"两个人越谈越亲密。

孙权知道了吕蒙的进步，非常高兴，这次要进攻关羽属下的三郡，任务很重，就交给他来承担。收复荆州一直是吕蒙的心愿，而且早就做好了筹划。孙权命令一到，他立即发兵西上，同时向三郡发出文告，限令投降东吴，否则城破之日，刀下无情。三郡中的长沙太守、桂阳太守望风而降，只剩下一个零陵太守郝普坚守不出。刘备得到战报，亲自带5万大军出川，来到公安督战，命令关羽统兵3万救零陵，并夺回长沙、桂阳。孙权也亲临陆口，命令鲁肃带1万军队堵击关羽。关羽、鲁肃相峙在益阳，孙权怕鲁肃抵不过关羽，派飞马急召吕蒙放弃零陵，帮助鲁肃，对抗关羽。

吕蒙接到孙权要他火速退兵的命令，既要遵守，又不甘心丢下零陵。他一面隐

关羽夜走麦城

瞒立即就要撤军的命令，一面让军队做好第二天清早攻城的准备，其实这都是表面的样子，是做给郝普的好朋友邓玄之看的。吕蒙在行军的路上，就准备了这一手，事先用车把邓玄之“请”来。他对邓玄之说：“郝普忠于自己的主人是好的，可是太不识时务了。左将军（刘备）已经被夏侯渊包围在汉中；关羽远在南郡，被孙将军挡住，他们首尾不继，自顾不暇，哪里还有余力来救零陵呢？我这里士兵精锐，还有后军马上要到，明早就将攻城，这些您都亲眼看见了。如果明天攻破城池，不光郝普白白送命，连他的百岁老母也活不成了，岂不可惜！我想郝普被围困多日，不知道外间的情况，还以为可以等待外援，所以才顽固不降。希望先生进城见见郝普，把面前的祸福告诉他吧！”邓玄之连夜进了城，把从吕蒙那里听到的消息连自己看到吕蒙明早就要发动总攻的情况告诉了郝普。郝普信以为真，决定投降。吕蒙一边布置撤军，自己也来到湘水岸边，等待郝普；一边选出4名将领，各带100名士兵，等郝普一出城，就立刻抢占并守住城门。一会儿，郝普出城了，吕蒙握着他的手一起下了准备从湘水撤退的大船。互相客气了两句，吕蒙就把孙权的火速撤军令给郝普看。当郝普知道刘备已到了公安，关羽也就在不远的益阳时，真是既后悔，又羞愧，无地自容。这个吕蒙临撤军之际，还顺手牵羊得了零陵，其胆略着实令人钦佩。

袁绍顺手占冀州

据《三国演义》第七回“袁绍磐河战公孙，孙坚跨江击刘表”中载，袁绍自离开洛阳后，率军驻扎在河内（今河南武涉西南），由于缺少粮草，他对钱粮广盛的冀州十分垂涎，只苦于无良计取之。谋士逢纪献策说：“可暗使人驰书公孙瓒，令进兵取冀州，约以夹攻，瓒必兴兵。韩馥（冀州牧）无谋之辈，必请将军领州事；就中取事，唾手可得。”袁绍听后，马上给公孙瓒写信，约他“共攻冀州，平分其他”。同时又派人密报韩馥，说公孙瓒将要起兵攻打冀州。韩馥得知此讯，大惊失色，不顾手下文武劝谏，急忙差人到河内来请袁绍，帮他共同御敌。“绍入冀州，以馥为奋威将军，以田丰、沮授、许攸、逢纪分掌州事，尽夺韩馥之权”。结果，“馥懊悔无及，遂弃下家小，匹马往投陈留太守张邈去了”。接着，袁绍又同他的“盟友”公孙瓒撕破了脸皮，一场兵戎相见，自己独占了冀州。袁绍用逢纪策，先使公孙瓒攻打冀州，迫韩馥来求援，而后乘机灭韩。这里顺应韩的渴求而行动，虽是借机而入，却无顺手之嫌，自然用之成功。

政治权谋

崔杼计除齐庄公

崔杼因迎立齐庄公有功，被封为上卿，执掌国政。庄公经常到他府上饮酒作乐，毫无拘谨，俨如家人。

一天，庄公饮了两杯，见崔杼因事外出，乘机把崔杼的继室棠姜诱奸了。以后暗往明来，已非一日。此事渐为崔杼发觉，乃严诘妻子，她却供认不讳，且说：“庄公身为国王，他恃势威胁，我这个女流有什么能力抗拒呢？”

“但你亦应该及早告诉我呀！”崔杼怒冲冲地说。

“唉！”棠姜叹了口气，悲伤地说，“我知道这件事做错了，但既已成为事实，说来又有什么用呢？若告诉你，你当然会发火，万一给他知道，必先向你下毒手，唉！错就错在当初不该把他引上门来！”

崔杼愤怒了一阵，想了一会儿，无可奈何地冷冷地说：“也罢！事到如今，我也怪不得你，只怪我自己引狼入室。”说罢长叹一声。

从此以后，崔杼严加防范，不使庄公与棠姜有接近的机会，且暗里要谋害庄公。

庄公有一位内臣叫贾竖，因一点小过失就被庄公罚打了一百屁股，心常愤詈，不时口出怨言。崔杼知道了，便以重金去收买他，央他做个内线，随时报告庄公的一举一动。

不久，莒国黎比公来齐朝见，庄公大喜，特在北郊设宴招待。崔杼的府第也正在北郊。

崔杼得知这个消息，已想到庄公的用意了，便诈病起来，不去陪宴，一面派心腹去贾竖处探消息，贾竖回报说庄公在宴散后要去探崔杼相国的病。

“嘿！老淫虫哪会关心到我？关心我的老婆是真。”崔杼冷笑一声，喃喃自语说。

然后他又立即对棠姜说：“今晚要解决那个昏君淫王，你一定要按我的话去做！事成，立你为正室，你的儿子亚明为继承人，不扬你的丑。不然的话，我先宰了你！”

“妇人家是从夫的，何况这样也可以替我报仇，只要你教我怎样便怎样！”

“好！”崔杼在她耳底教她如何如何，这般这般。

跟着动员家族兵丁埋伏在室门内外，再派心腹通知贾竖，需要如此恁般，安排好香饵，等候金鱼来上钩。

庄公是一心想着棠姜的，今见崔杼患病，正中下怀，匆匆地开罢宴会，即命驾到崔府来。

“相国的病怎样了？”庄公一入门就这样问。

“启禀我王，相国的病非常严重，现在刚吃过药，蒙头睡觉！”守门的这般说。

“睡在什么地方？”庄公再问。

“睡在东边的外厅！”

庄公大喜，径直向西厢的内室走去。他的四位保镖也想跟进去，却被贾竖挡住，他说：“你们都是不通气者。主上的事，你们敢知道的啦！还是在外厅等候吧！”

大家相信他的话，便停留在门外，只要贾竖一人跟进去，门也随即关了起来。进了内室，棠姜出来迎接，她此时打扮得格外漂亮，庄公一见，便如饿虎擒羊一样，想把她搂过来。可是，有侍婢出来，告诉棠姜，说相国嚷着口渴，请夫人调蜜汤送过去。

棠姜向庄公抛下媚眼，低声说：“你急什么呢？待我过去给他喝点蜜汤就回来。等一等！知道吗？嗯！”故意把庄公的脸摸一摸，摸得他魂飞魄散。眼见心上人花枝招展般摆出侧门去了，贾竖也乘机托词离开。

庄公心痒痒地在房里徘徊，看看床上的锦被绣枕，又望望窗外的动静，喜悦透上眉梢，欲念充满了脑子。

一会儿，伏兵齐起，挥剑呐喊，这才把他吓醒，情知有变，急趋后门逃避，但门已下锁。庄公力大，把门踢开，走上小楼里，伏兵把楼团团围住，声声只叫：“奉相国之命，捉拿淫贼！”

庄公见无法突围，乃凭窗对甲兵说：“我是国王，你们不得无礼。”

“什么国王不国王，我们奉相国命令，只知是捉拿淫贼！”

甲兵又鼓噪起来。

“崔相国何在？我要跟他当面说话！”

“相国有病不能来！”

庄公见此情形，知已无转回余地，黯然当众请求：“我知道你们一定要我的命，但可否让我回去到太庙里自尽呢？”差不多哭出声来。

“还是即时自己解决吧，免得受辱！”

庄公突然从窗口跳出来，想爬墙走，一支冷箭射过去，伤了左脚，从墙上坠下。

甲士一齐拥上去，把庄公剁成肉酱。保镖的四位勇士，也在前厅被伏兵杀死。

为女人连襟争风

春秋时，蔡侯与息侯结为连襟，同娶陈侯姐妹花，蔡侯娶大姨，息侯娶小姨。但两国的政治路线不同，息侯臣服于楚国，蔡侯靠拢齐国。

息夫人妫氏（息妫）生得艳丽非常，有绝世之貌，久为姐夫蔡侯垂涎，有一天，息夫人回娘家陈国，路经蔡国，蔡侯认为是个好机会，立心揩油，想亲亲香泽，怜惜下小姨子。乃迎息夫人进宫去，奉承一番，并动手动脚的，全无一点敬意。

息夫人认为这位姐夫是个大色狼，更敬而远之，匆匆辞出，赶到娘家去。

乃至归宁回来，不敢从蔡国经过，绕道而返。见了丈夫，便把蔡侯怎样调戏自己的事，一五一十地告诉息侯。息侯大怒，恨恨地说：“好，蔡侯你这个无赖，想给绿帽我戴？非惩戒你不可！”

于是，立即派一个特使到楚国去，密告楚王说：“蔡侯恃着和齐国有亲戚关系，不把大王看在眼里，还经常散布谣言，想离间楚国和息国的邦交。……”

楚王说：“怕会引起它的盟邦齐国出兵吧？”

“这有什么困难？”特使说，“我国和蔡侯是结盟而又连襟的，蔡侯又好胜，如果大王假意向我国用兵，他必亲来相救，到那时，我军突然与楚兵联手，把他包围起来，这样，蔡侯纵有上万只翅膀也飞不得了，这是请君入瓮之计！”

“妙呀！”楚王拍掌叫好。

于是，楚兵浩浩荡荡地进攻息国来了，息侯派人去蔡国求救，果然蔡侯亲率三军来援，抵达息国，安营还未定，忽然楚国伏兵猝然而起，杀得蔡兵狼奔豖突，蔡侯慌忙逃走息城，但息侯反闭门不纳，楚兵又紧追在后，迫得落荒而逃，半路上给楚兵俘获。

这时，息侯出城犒赏楚军，并毕恭毕敬地送楚王班师回国。蔡侯方才觉悟自己中了息侯诡计，给人出卖了。

楚王想把蔡侯生蒸，以告太庙，却给大臣鬻拳竭力冒死强谏，才允许释放蔡侯回国。

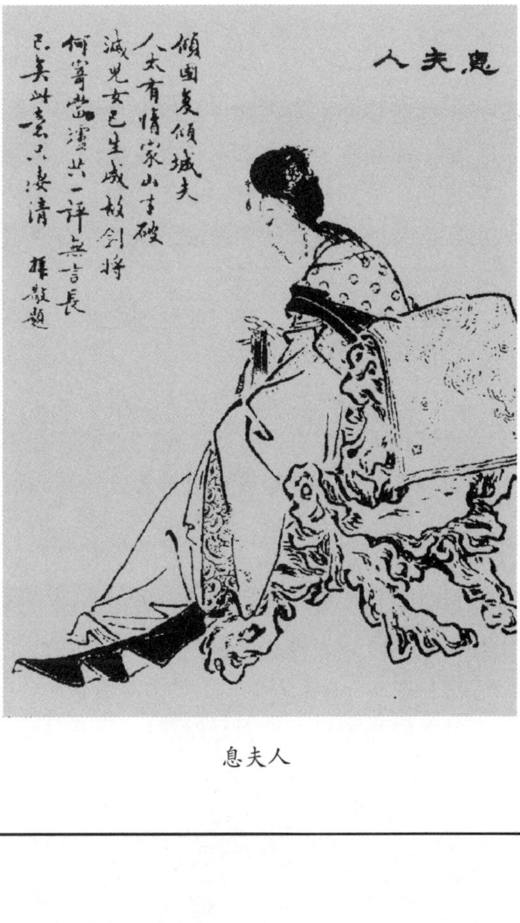

息夫人

蔡侯回国的时候，楚王大排

楚王杯酒虏息妫

筵席，为之饯行，席间盛张女乐，美人醇酒，香艳迷人。有一位弹筝的女子，长得仪容秀丽，楚王指着她笑对蔡侯说：“此女又漂亮又聪明，色艺俱佳！你曾见过这么漂亮的美人吗?”

蔡侯登时想起了息侯陷害之仇，便说：“照我看，世上最漂亮的女人，莫如息侯的夫人息妫，和这位美人一比，简直是明月照油灯。”

“她怎样漂亮呢?”楚王连忙问。

“她呀!”蔡侯进一步说，“眼似秋水，脸以桃花，既不肥，又不瘦，站着像临风弱竹，行起路来简直是仙子凌云……”

“既有这样的绝色佳人，寡人就是见一见她，死也无憾了。”楚王低声说。

蔡侯乘机挑拨说：“这有何难！以大王之威，楚国之强，就是齐王的老婆亦可能弄到手，何况是所属国的?”

楚王回到宫中，念念不忘这位美人，越想越觉得需要。他终于想出一计，假托巡狩之名，去到息国。息侯出郊恭迎，大排公宴，敬酒给楚王。楚王微笑说：“寡人前次出兵擒蔡侯，替贵侯出了口气，对尊夫人不无一点微力，今日远道来访，尊夫人何惜为寡人斟杯贺酒呢?”

息侯一听，登时色变，此弦外之音，就是聋子也懂，却又害怕楚王之威，不敢违抗，便传夫人出席参见。

不一会，香气袭来，息夫人已亭亭玉立，站在庭前，向楚王敛衽致谢。楚王一见，果然是天上少有，人间罕见，连忙答礼不迭，她将白玉杯斟满酒，敬给楚王，楚王一饮而尽，心花怒放，可是美人已转入后宫去了。

这一夜，楚王失眠，挨到天亮。第二天，亦设了一席谢酒，酬答息侯，却暗中伏兵甲，实行威迫强夺。

息侯不知就里，应召赴席，酒至半酣，楚王假醉，对息侯说：“寡人曾有大功于尊夫人，楚兵为她送过命，今日三军在此，尊夫人就不屑出来慰问一番吗?”

息侯说：“敝邑渺小，不足为从者优乐，请让我回去和她说一说，看她怎样?”

楚王勃然大怒，指着息侯骂：“匹夫无义，还花言巧语哄人！左右！还不给我擒下!”

息侯正要申诉，伏兵猝起，将他缚住。

楚王立即引兵闯入后宫，寻找息妫。息妫闻变，长叹一声说：“引狼入室，实自取其祸!”急奔入后园欲投井死，却被楚将牵住了衣裙，劝她：“夫人！你真的不想保全息侯的命吗？干吗夫妻俱死呢?”

息妫知已是肉在砧上了，反抗无益，死亦徒然，便低头不说话。

息妫被带往见楚王，楚王分外怜惜，答应不杀息侯，准他复国，却把息妫立为自己的夫人，带回楚国去。

因她长得漂亮，面似桃花，故尊之为“桃花夫人”。

王莽顺势除异己

王莽是西汉末年最著名的外戚，早年在汉成帝皇太后王政君王姓外戚家族中，因父亲王曼早逝，并不得志，但他不甘于清贫生活，精于苦心钻营，投机取巧。官位稍进，又极尽沽名钓誉，大肆收买人心。他平时以生活俭朴自诩，抛洒钱财以积德，终于在官场中博取了“清正廉洁”的好名声，得到了临朝听政的姑母太皇太后王政君的宠信，到公元前1年，官迁大司马，领尚书事，秉理朝政。公元1年，被封为安汉公。他又利用太皇太后王政君厌政心理，授意公卿进言，委事安汉公，结果王政君下诏，除封爵之事外，以后朝廷一切事务由安汉公与“四辅”平决，实际上权柄操于王莽手中。由此，王莽在西汉后期朝廷中，成了一手遮天的人物。为了实现自己代汉称帝的目标，他步步用计，耍尽鬼蜮伎俩。凡是自己登台路上的一切明暗障碍，皆一一拔除。对政敌对手所现破绽，更是一有机会，绝不手软，务必乘隙攻击，大肆株连，力求扩大战果，一网打尽。王莽灭除汉平帝刘衎母家卫姓势力，就是他创造的一幕杰作。

王莽用毒酒给汉平帝上寿

汉元寿二年（公元前1年）六月，孝哀帝刘欣死于长安未央宫。九月，平帝刘衎（原名刘箕子）即皇帝位，其时年方9岁，太皇太后王政君临朝听政。平帝的生母是卫姬，家中有一些亲戚在京做官，秉政的大司马王莽，担心平帝上台后，重用舅父家的卫姓亲属，形成另外一股势力，冲击王姓外戚既得利益，剥夺自己之职位，于是在太皇太后前谗言道："过去哀帝刚坐上皇帝，就立即拔擢自己的皇亲国戚丁姓、傅姓家族，陷国家于混乱，宗庙几乎倾覆。现今成帝之侄刘衎入继大宗为皇上，就要特别强调正统大义，务必以前事为鉴，做后世的楷模，而要抛弃私情。"他游说太皇太后，征得了王政君的同意，立即派出自己的亲信，所谓朝廷"四辅"之一的甄丰，带着印信，前往中山国（河北定县）。封平帝母亲卫太后为中山孝王后，封平帝舅父卫宝、卫玄为在内侯，平帝的三个妹妹也被封号。以太皇太后名义，令他们均留居中山封地，不得至京师，以免卫姓势力做大。其时右扶风功曹申屠刚，对王莽所为表示不满，以为皇上年幼，上台之初，即隔绝骨肉亲情，断绝亲戚往来，与礼节不符。何况汉朝制度，虽任用英才治国，但同时也信用皇帝国戚，使朝廷亲疏交错，互为牵制，以利于皇室和国家的安定。申屠刚直言要求朝廷简派使节，迎接皇太后到长安，使皇上母子得以欢聚，还应该广泛征召皇上的母家亲戚，让冯家族（刘衎祖母的娘家）和卫姓家族之人，居住长安，授给闲散的官职，侍卫宫廷，防范灾祸。王莽见屠刚上书，为之大怒，立即以太皇太后名义下诏："申屠刚谬言乱说，背离儒家经典，有违大义，令其免职。"不久，申屠刚果然被遣归老家。

王莽视平帝的国戚为自己的死对头，暂时没有理由除去，就采取隔绝政策，并派人严密监视。同时则想方设法控制平帝，准备以自己的女儿，嫁给刘衎，立为皇后，以巩固自己的地位。公元 2 年，他上呈奏折，口称要仿效周、商制度，按照儒家"五经"所规定，为平帝选后。可是下属官员上报的名单上开始列有很多王姓家族女儿，王莽担心竞争激烈，自己的女儿可能被挤掉。于是假意对太皇太后称："自己的女儿没有什么才德，怎能列入帝后名单"哪知王政君误会了王莽的虚伪谦虚，信以为真，公开表彰王莽的诚意相让行为，干脆下诏宣布，王姓家族的女儿，一律不予考虑为帝后。王莽弄巧成拙，慌忙指使亲信朝臣、儒生，一齐到未央宫前请愿或上书朝廷，请求把盛大功德的安汉公女儿列入帝后名册。但事情越弄越糟，因为王莽亲口说过可以不予考虑，所以表面上对请愿之人，王莽又不得不加以劝阻，以示公心诚意，后来王莽一看不得要领，只好撕下面孔，干脆直告太皇太后，"请察看我的女儿"。公元 3 年春，王莽的女儿经宫廷派人官样文章的察视，以为德容兼备，适宜于承受天命，侍奉皇家祭庙香火。接着又卜封问神，得到吉光，于是定下王莽之女为皇后，下聘礼黄金二万斤，王莽见目的已达到，就把大部聘金散给同时入选的媵妾人家，以及同族贫苦亲属，取人之善为己之善，进一步笼络人心。

正当王莽紧锣密鼓地嫁女为帝后的时候，在他家的门前，发生了有名的吕宽事件，王莽则乘机大做文章，大搞株连，终于一举铲除了平帝母后的卫姓家族势力。

原来，王莽之子王宇，看不惯父亲隔绝皇上母子，限制卫姓家族的做法，私下里同皇帝舅父卫宝联络，又暗示卫姬上书朝廷谢恩，借揭露丁姓、傅姓外戚的罪恶名义，希望得以感化太皇太后，让自己回到长安。哪知此招并不奏效，卫姬日夜哭泣，要求进京见儿子，王莽则再三回绝。于是，王宇同自己的老师吴章、舅兄吕宽商量，决定利用王莽迷信心理，在王莽府门前抛洒鲜血，以天意恐吓王莽。可是吕宽乘夜洒血王莽门前时，被守门人发现迹象，此案很快被王莽侦破，王宇被捕下狱，服毒自尽，其妻因有身孕，生产后亦旋被杀死。

卫姓家族在吕宽事件中，并不是主谋，但在卫姬要求回京刚遭拒绝的当口，王莽自然地要怀疑卫姬起来。加上王宇、吴章等被刑讯之中，又承认是为卫姬事起，王莽哪能杀了儿子、媳妇，却轻饶卫氏，放过除去政敌的好机会呢？于是旋即下令把卫姓家族，全部屠杀，仅留下皇上母后卫姬一人。吴章是当时著名的儒家学者，曾广收学生，在京城士人中颇有影响。王莽以为这些儒生与己有碍，早就有意除去，吴章此次是自动撞上枪口，被王莽令在长安东市，把吴五马分尸，又下令从今后剥夺吴章学生、门徒的政治权利，不准这些人入朝为官。

王莽不仅借吕宽事件，斩杀了卫姓家族，还扩大打击面，凡与己不和的公开、潜在对手，也借机一一消灭。汉元帝刘奭的妹妹敬武长公主，嫁夫后与王莽是族属，但与丁姓、傅姓外戚往来友好，曾经讲过不满王莽的话，王莽即乘此机会以太皇太后名义，令其自杀。王莽的叔父红阳侯王立，以及王谭之子平阿侯王仁，过去与王莽都有往来，但王莽并不视之为同类，也被王莽强迫自杀。王莽又令自己的亲信大司空甄丰，派员去全国各地，扫除卫姓党羽。凡不依附王莽者，都可用“叛乱”罪名诛杀。前将军何武、前司隶校尉鲍宣、乐昌侯王安、护羌校尉辛通及其兄弟函谷都尉辛遵、水衡都尉辛茂、南郡郡长辛伯等数百人，都在此间相继成为王莽的刀下之鬼。这些人有的与王莽并无什么矛盾，只是诚心维护王室刘姓正统；有的自负才出名门大家，疏远同王莽的结交；有的因性格刚烈，鱼鲠在喉，好直言议论。在王莽看来，维护汉室，就是自己来日代汉称帝的绊脚石。应是早下手除去为宜。而有才又不依附王莽府门的人，就是潜在的政敌，当然不能放过。那些仗义执言的人，有碍于王莽的沽名钓誉的政治投机，与自己舆论不利，也要除之而后快。

吕宽事件的处置，使王莽一时廓清了朝内外的政敌，西汉平帝元始四年（公元4年），汉平帝大婚，王莽女正式册立为皇后。王莽被下诏重赏，尊称为“宰衡”，位居三公之上。同年，梁王刘立被揭发与卫姓外戚有牵连，削封撤职，贬放南郑，被迫自杀。元始六年，诏令加赐王莽“九锡”。同年冬季腊月大祭，王莽向平帝刘衎献椒酒，鸩杀平帝于未央宫。同月，王莽借符命公开称“摄皇帝”。这些都是吕宽事件，王莽顺势残杀异己的继续和结果。

王莽背靠太皇太后王政君，逐步造成西汉王姓外戚专权的局势。一姓势立，怎能再容别人插足，所以，平帝上台后，其母后卫姓家族与王莽为代表的王姓家族，两大外戚势力之间争权夺利的斗争，是封建专制政治进程中的必然性因素。只不过王莽早先下手，采取隔绝政策，置卫姬家族于远离京城的中山，两大家族的斗争暂时被缓和下来。吕宽事件，点燃了两派斗争的导火索，同时给王莽提供了一个乘势下手的好机会。对已经势力很大，还想自己代汉做皇帝的王莽来说，既然自己的儿子、儿媳都肯杀，杀伐卫姓家族势力，当然会毫不手软。而太皇太后的信任，满朝党羽握有实权的形势，为他搞株连杀异己，都提供了便利的条件。于是中央的卫姓家族被灭，外地的卫姓党羽由“四辅”之一的亲信大司空甄丰去杀伐。那些非己同党，或与己不和，或者是铁心维护汉室的忠臣们，现在都成了王莽杀伐的对象。除去这些人，平时并不容易，那汉元帝的妹妹，与太皇太后是同辈，说几句不满王莽的话，王莽也奈何不了。但吕宽事件，使王莽有了一个最有利的时机，再加上一个与卫姓牵连的“高帽子”罪名，一切都顺理成章了。可怜数百冤鬼，被王莽当做计谋中的必杀的“羊”群，只能在九泉下控诉了。

商海弄潮

顺手牵羊的广告术

“你可能还不知道!”“你可能还不知道世界第一会有两个!”台湾茂庆公司利用这两个广告的主题揭开了顺手牵羊策略的序幕。从而“开利冷气”、“增您智电视机”与茂庆公司的形象合二为一，深入人心。

茂庆公司的主要业务是代理世界一流的产品，由于这些电气产品希望都是进口的，又都是高级品，在价格方面自然难以与本地产品的价格抗衡，因此在广告宣传方面仍然需要有另一层次的表达使更多人接受上述产品。

于是增您智电视“没有增您智，美国实在不好意思!”与“谁会不好意思？假如没有茂庆公司，一流的增您智也会不好意思!”等吸引人的广告便应运而生。

当增您智电视为广大消费者接受的同时，也提高了茂庆公司的声誉；在开利冷气进入人们家庭时，也令茂庆家喻户晓。茂庆公司“一流代理”的形象树立起来，其销售量达到空前的高峰。消费者认为，只要是茂庆公司代理的产品，其质量皆为一流。

当然茂庆公司的成功，除了顺手牵羊牵得自然之外，产品质量以及产品销售安排亦非常恰当，从潜在市场需要量很大的电视机开始，接着是冷气机以及微波烤炉，都能适合消费者的需求心理。

美碳化钙公司巧宣传

美国碳化钙公司一幢新建的大楼高达52层，大楼竣工后，要进行宣传。经理正在为此事发愁时，发生了一件小事：一大群鸽子，飞进这幢新楼的一个房间住了下来，把房间弄得很脏，有人想把鸽子赶走了事。公关顾问知道这件事后，灵机一动，抓住了这个机会。他下令关闭所有门窗，不让鸽子飞走，便开始了行动。

他们先通知动物保护委员会，请他们迅速来处理这件事。动物保护协会郑重其事派了有关人员来捕捉。同时，公关人员又及时通知了新闻机构，新闻机构对此十分感兴趣，于是电视台、广播台，报社等新闻机构纷纷派出记者到现场采访。

在捕鸽子的过程，新闻媒体对此事进行了大量的报道。公司领导趁机在荧屏上亮相，向公众介绍了大楼、公司的宗旨等情况，不用说漂亮的大楼也与观众见了面。不但起到了宣传大楼的目的，同时也提高了公司的知名度和形象。

第三套　攻战计

第三套为攻战计，是专门用于筹划谋攻的。进攻与防御是一对矛盾，相反相成。只有知己知彼，才能百战百胜。

第十三计　打草惊蛇

原文注译

【原文】

疑以叩实[①]，察而后动。复[②]者，阴之谋[③]也。

【注释】

①叩实：叩，询问，查究。叩实，问清楚、查明真象。

②复：反复、一次又一次地。

③阴之谋：隐秘的计谋。

【译文】

真象不明就应查实，洞察了实情之后再采取行动；反复侦察，是实施隐秘计谋所必需的。

按语注译

【按语】

敌力不露，阴谋深沉，未可轻进；应遍探其锋。兵书[①]云：“军旁有险阻、潢井[②]、葭苇[③]、山林、翳荟[④]者，必谨复索之，此伏奸之所也。”

【注释】

①兵书：这里是指《孙子兵法·行军篇》

②潢井：低洼沼泽地带。

③葭苇：芦苇丛生之地。

④翳荟：翳，荫蔽。荟，草茅繁衍。翳荟，指被繁茂草茅遮蔽的地方。

【译文】

当敌方的实力还没有显露，而将其阴谋深藏着的时候，切不可轻敌冒进；此时，应先采用多种方式从各个不同方面去探明其锋芒所在。《孙子兵法》上说：

“军队近旁如有险地阻隘、低洼沼泽、丛生芦苇、繁草荫蔽的地方，必须仔细地反复搜索，因为这些都是可能隐匿伏兵和奸细的地方。”

传世典故

打草惊蛇：打草时惊动伏在草中的蛇。比喻甲乙事情相类似，甲受到打击惩处，就使乙感到惊慌。后用以比喻做事不机密，使对方知道了自己的意图而有所戒备。

计名“打草惊蛇”，原是借用了一句民间俗语来喻指某种军事谋略。原意是蛇在草丛中，草被搅动，蛇便受惊而走。也有人认为，“打草惊蛇”一语，源出宋代郑文宝《南唐近事》：“王鲁为当涂宰，渎物为务，会部民连状诉主簿贪，鲁乃判曰：“汝虽打草，吾已蛇惊。”意思是说：南唐时，有个叫王鲁的人任当涂（今安徽当涂）县令。他生性爱财，贪污受贿。手下的衙吏们也跟着效法，索取贿赂。百姓们怨声载道，苦不堪言。

有一天，王鲁得知上司要来察访民情，整肃治吏，不禁担忧起自己头上的乌纱帽来。他在批阅公文当中，正好看到本县百姓联名告发他的主薄受贿的一沓状子。更是忧上加忧，神情恍惚。忧虑之中，他不由自主地在一张状子上批了八个字：“汝虽打草，吾已惊蛇。”

版画晋襄公墨缞败秦

后人将这个故事归纳为“打草惊蛇”，用作成语比喻行动不谨慎，使对方事先有所察觉；用作计谋则反其意而用之，字面意义为，用打草这一小行动，使隐蔽的蛇惊动而暴露。

也就是说，无意识地打草惊蛇，会使对手有所警觉，预作防范；而有意识地打草惊蛇，却可以促使对手惊慌失措，显露原形。

因此，打草惊蛇之计，便是通过侦察性的佯动，逼迫隐藏着的对手显露原形的谋略。它的诀窍是：对可疑的地方要侦察实情，在完全掌握情况之后才采取行动。反复察明情况，是发现隐秘敌情的重要手段。

公元前627年，秦穆公发兵攻打郑国，他打算和安插在郑国的奸细里应外合，夺取郑国都城。大夫蹇叔以为秦国离郑国路途遥远，兴师动众长途跋涉，郑国肯定会做好迎战准备。秦穆公不听，派孟明视等三帅率部出征。蹇叔在部队出发时，痛哭流涕地警告说，恐怕你们这次袭郑不成，反会遭到晋国的埋伏，只有到崤山去给士兵收尸了。果然不出蹇叔所料，郑国得到了秦国袭郑的情报，逼走了秦国安插的奸细，做好了迎敌准备。秦军见袭郑不成，只得回师，但部队长途跋涉，十分疲惫。部队经过崤山时，仍然不作防备。他们以为秦国曾对晋国刚死不久的晋文公有恩，晋国不会攻打秦军。哪里知道，晋国早在崤山险峡谷中埋伏了重兵。一个炎热的中午，秦军发现晋军小般部队，孟明视十分恼怒，下令追击。追到山隘险要处，晋军突然不见踪影。孟明视一见此地山高路窄，草深林密，情知不妙。这时鼓声震天，杀声四起，晋军伏兵蜂拥而上，大败秦军，生擒孟明视等三帅。秦军不察敌情，轻举妄动，"打草惊蛇"终于遭到惨败。当然，军事上有时也可故意"打草惊蛇"而诱敌暴露，从而取得战斗的胜利。

用计锦囊

打草惊蛇作为一条计谋，指的是在敌情不明或敌情可疑时，先进行试探性的佯攻，诱使敌人将真实的情况暴露出来。在反复侦察、探听虚实之后，再采取行动，以防坠入敌人设置的陷阱。正如《虎钤经》中所说："观彼动静而后举焉。"

《孙子兵法·虚实篇》中说："作之而知动静之理，形之而知死生之地，角之而知有余不足之处。"大意是：用行动来了解动与静的道理，用示形诱敌来摸清地形的有利和不利之处，用小的战斗测验自己的长处和短处。这段话正说出了"打草惊蛇"计的内涵。

运用此计首先要明确何为"草"，何为"蛇"。显然，"草"与"蛇"是两个性质不同却相互联系的两个事物。"草"暴露于外，"蛇"藏于"草"中。"草"可迅速地向"蛇"传递信息。可见，"草"指敌人的同类，"蛇"指敌人自身。所以，"打草"之后必然"惊蛇"。"兔死狐悲，物伤其类"说的正是这个意思。

本计有以下三种含义：

1. 打草惊出蛇。这是一种间接的侦察方法，也叫投石问路，引蛇出洞。前方的道路情况不明，可能有蛇隐伏，如果贸然踏过去，风险很大，通过打草或投石发出声响，敌人误以为我们已到了跟前，便出来发动进攻，结果便自己暴露了自己。就是"观彼动静而后举焉"。火力侦察，先行试点等都属此类。

引蛇出洞的目的可以是借此了解蛇的位置力量，了解蛇的意图、动向，便于躲避，也可以是把蛇引出来，便于消灭。

2. 打草惊走蛇。这是一种间接驱赶的方法。为了在行路的过程中不致被蛇所袭击，需要把伏在路上的蛇赶跑，因为蛇的样子很令人讨厌，同时又含有剧毒，所以若用棍子直接打，怕它随棍而上，而通过打击路边的草来吓跑草丛中的蛇，是一种有效而无危险的策略。在不便或不愿与敌人直接接触，并且只需将其赶跑的时候，可使用这种间接驱赶的方法。

3. 打草惊醒蛇。这是一种间接警告的方法。世界上的事物是互相联系、互相影响的，往往触动一件事物，就会连带相关的事物。如果甲受到打击惩处，会使乙感到惊慌的话，那么我们就采用打击甲来警告乙的策略。

三十六计之打草惊蛇

要防止敌人用打草惊蛇之计来诱骗我们上当。其对策如下：

1. 不做亏心事。俗话说：不做亏心事，不怕鬼叫门。我们自己坐得正，行得端，不与坏人同列，不留把柄与人，你无论如何打草，我们也绝不会心惊。

2. 要静不露机。在我们隐藏的时候，十分隐蔽和巧妙，不能让敌人发现一点可疑的痕迹，更不能让敌人了解到我们的意图，隐藏埋伏时，不能自我暴露，要静静地等待出击的时机。

3. 不要被敌人的虚张声势所惑。在敌人不了解我们情况时，往往要采取虚张声势的办法来迷惑我们，诱骗我们。这时我们要能分辨出敌人是否真的发现了我们，若真的发现了我们，则攻击的火力比较集中，猛烈而准确。若是使用打草惊蛇之计，则攻击的火力分散，不猛烈也不持久，经常不断地变换方向。在敌人已发现我们时，要立即出来迎战，切不可迟误，在敌人虚张声势时，要沉得住气，切不可盲动。

4. 要留有退路。狡兔三窟，人更应留有退路。在敌人打草之时，防止因牵连而暴露，应该主动地、隐蔽地退走。怎样退？从哪里退？退到哪里？事先都要谋划好。

计谋典范

战场逐鹿

蜀魏争夺汉中之战

218年，刘备领兵10万图汉中，曹操闻报大惊，起兵40万亲征。定军山一役，蜀将黄忠计斩曹操大将夏侯渊。曹操大怒，亲统大军抵汉水与刘备决战，誓为夏侯渊报仇。蜀军见曹兵势大，退驻汉水之西，西军隔水相拒。刘备与孔明至营前观察两岸形势，谋划破敌之策。孔明见汉水上流头有一带土山，可伏兵千余。回营后命赵云领兵五百，都带上鼓角，伏于土山之下，或黄昏，或半夜，只要听到本营中炮响一吹，便擂鼓吹角呐喊一通，但不可出战。孔明自己却隐在高山上观察敌军动静。第二天，曹兵到阵前挑战，见蜀营既不出兵，也不射箭，叫喊了一阵便回去了。到了深夜，孔明见曹营灯火已灭，军士们刚刚歇息，便命营中放炮为号，令赵云的五百伏兵鼓角齐鸣，喊声震天。曹兵惊慌，疑有蜀兵劫寨，赶忙披挂出营迎敌。可出营一看，并不见有什么蜀兵劫寨，便回营安歇。待曹兵刚刚歇定，号炮又响，鼓角又鸣，呐喊又起。一夜数次，弄得曹兵彻夜不得安宁。一连三夜如此，致使曹操惊魂不定，寝食不安。有人对曹操说，这是诸葛孔明的疑兵计，建议不要理睬他。可曹操说，我岂不知是孔明的诡计！但如果多次皆假，却有一次真来劫营，我军不备，岂不要吃大亏！

刘备取汉中

曹操无奈，只得传令退兵三十里，找空阔之处安营扎寨。诸葛亮施“打草惊蛇”计逼退了曹兵，便乘势挥军渡过汉水。蜀军渡汉水后，诸葛亮传令背水结营，故意置蜀军于险境，这又使曹操产生了新的疑惑，不知诸葛亮又将使什么诡计。因为曹操深知“诸葛一生惟谨慎”，认为他如果不是胜券在握，是决不会走此险棋的。诸葛亮正是看中曹操这种心理，偏走此险棋来疑他、惊他。曹操在惊疑中，为了探听蜀军虚实，下战书与刘备约定来日决决战。战斗刚开始，蜀军便佯败后退，望汉水边逃去，而且多将军器马匹弃于道路两旁。曹操见此，急令鸣金收兵。手下的将领疑惑地问曹操：为何不乘胜追击，反令收兵？曹操说：看到蜀兵背水扎寨，我原本就有怀疑；现在蜀兵刚交战就败走，而且一路丢下许多军器马匹，更说明是孔明的诡计，必须火速退兵，以防上当。然而，正当曹兵开始掉头后撤时，孔明却举起了号旗，挥指蜀兵返身向曹兵冲杀过来，致使曹兵大溃而逃，损失惨重。这一回是诸葛亮用故设险局、临阵佯败、“打草惊蛇”的计策置曹操于疑惑、惊恐之中，再次巧妙地击溃了曹兵。

谨慎的司马懿

220 年，东汉王朝灭亡，中国被分成三个国家，即北方的魏、西南的蜀、东南的吴。蜀，是由中山靖王之后，汉宗室亲——刘备所创立。恢复汉室在全中国的统治地位，蜀在 225—234 年间曾多次出兵伐魏。

231 年，蜀丞相诸葛亮第五次出兵伐魏，其对手与前几次一样，还是魏军统帅司马懿。两军在祁山长期对峙，司马懿据险固守，拒不与蜀军直接交锋。就在此时，诸葛亮获悉魏国正与东吴联合，想趁着诸葛亮外出作战之机，从西面进攻蜀国。为避免陷入两面受敌的境地，诸葛亮决定班师回蜀，这一消息为司马懿侦悉。而司马懿对魏、吴联合之事却还一无所知，他怀疑诸葛亮在使用“引蛇出洞”之

木门道射死张郃

计，所以不敢发兵追击蜀军。魏军大将张郃建议马上发兵追击蜀军，司马懿不准。直到探马证实了诸葛亮退兵的实况，他才率领大军冲出营垒去追击蜀军。可他又怕诸葛亮半路设伏，所以决定先“打草惊蛇”。

这时，前军先锋张郃请求立即前去追击，司马懿给了他五千骑兵，要他仔细谨慎，以防埋伏。自己则率大军在后紧跟。

张郃早已按捺不住，急着与蜀军决一死战。他带领五千兵马飞驰而去。但正如司马懿所料，诸葛亮确实在一座山谷中布下了伏兵。有勇无谋的张郃在这道路狭窄、树木丛生的山谷中纵马狂奔到山谷深处之时，只听一声呐喊，埋伏于谷中的蜀军突然从树林后杀出，蜀将魏延截住张郃一阵厮杀，十几回合后便诈败而逃。张郃不知是计，纵马紧追不舍。此时天色已黑，魏军走进了一条幽深的峡谷。猛然间，四面八方滚下许多大石乱木，堵住了去路。接着，一阵梆子响，两万箭弩齐发，张郃及众军兵皆被射死于深谷中。司马懿得到消息，暗自庆幸自己用了“打草惊蛇”之计，让张郃去探了路，否则他的大队人马就难以保全了。

总攻碾庄，巧施炮火急袭

淮海战役总攻碾庄时，我军事先对碾庄实施了30分钟的炮火急袭，数万发炮弹把碾庄炸为平地。

“滴滴答答……”一阵冲锋号响，我军指战员向敌发起了最后的冲锋。战士们势如破竹，排山倒海般地冲向敌人阵地，但是没冲多远倒下了一片，战士们再一次发起冲锋，又倒下一片。攻击部队的指挥员急了。“炮兵指挥所吗？刚才怎么搞的，敌人的火力点没有被敲掉啊！马上就要全线胜利，我们的战士又倒下了许多，我们不能看着战士们无谓牺牲嘛！”步兵指挥员口气挺大，听得出是真急了眼。

“请不要着急，我们也看到了前面的情况，刚才是敌人隐蔽在掩体中的火力，我们的炮火无法摧毁它，现在纵队首长也在催我们想办法，请你们暂不要冲锋，等我们的联络信号。”

原来，我炮火对敌阵地急袭时，敌人躲在掩体里面，只摧毁了表面阵地，没有摧毁敌人的暗火力点。

面对这种突然出现的情况，我炮兵指挥员决定使用打草惊蛇、诱敌出表面阵地的战术。

“轰，轰，轰！”第一次炮火急袭后，敌人以为我军又要发起冲锋，便和上次一样匆忙出来占领了表面阵地。谁知我军按兵不动，迎接敌人的是又一次更猛烈的炮弹，敌人一看不好想往回撤，两腿哪有炮弹跑得快，顷刻间，敌人和他们的暗火力点全部化为灰烬。我军一鼓作气，拿下了碾庄。

政治权谋

徐庶以马试主

徐庶是东汉末年有名的谋士，与当时的司马徽、庞士元、诸葛亮等人齐名。徐庶听说刘备有为宽厚仁慈，是一位贤明之主，很想投靠他，但不知刘备是否像人们传说的那样，所以想他想试探一下刘备的虚实。

一天，徐庶看见刘备正在专心致志地欣赏自己的战马，便走上前来对刘备说："我以前学过一点相马之术，让我来看一下您的马。"刘备命人把他的战马牵出来，在徐庶的面前走了几趟，徐庶突然故作惊讶地说："你的马不是的卢马吗？它虽是一匹千里马，但将来却要伤人的。"刘备很不在意地笑着说："死生都是命里注定的，与马有什么关系，何况在檀溪的时候，是它救了我。"徐庶说："这匹马终究要伤害一个人，您可以把这匹马先送给你所痛恨的人，等到伤害了他之后，您再要回它，就不会有事了。"

刘备一听这话说："我希望先生能告诉我大道理，而您现在却教我害人的事情，我实在不敢领教。"徐庶听了连忙赔礼说："我一直听人传说明公仁德，但一直不敢相信，今天特意用这番话来试探您，果然不错。"从此徐庶便开始辅佐刘备，以后又为刘备推荐了诸葛亮。

徐庶在对刘备不了解的情况下，采用试探的手段，诱使其暴露出真实品德，这是"打草惊蛇"的策略。

曹操许田围猎

曹操奉汉献帝至许都后，谋士程昱劝他说："明公威名日盛，为什么不名正言顺地进位魏王？"曹操说："朝廷虽迁都至此，我占地利。但天子在朝中的亲信尚多，我不占人和。异性称王，他们岂肯轻易答应？宜先除掉异己分子，然后才能行事。"程昱问："诸臣表面皆顺应丞相，其内心深处的想法如何得知？"曹操诡秘地笑道："明日我请天子出郊去田猎。此间我将故意做出些非礼的举动，看诸臣有什么反应。此乃打草惊蛇之谋也。"

第二天，曹操备好良马、名鹰、俊犬、弓矢等，先聚众卿到门外，然后入宫去请天子出郊田猎。天子说："目前国运不济，田猎恐怕于治政无益。"曹操说："古代帝王春蒐夏苗秋獮冬猎，一年四季都出郊，借此以炫耀武威于天下。如今天下诸侯纷争，正应利用田猎的机会显示朝廷的武威"。天子见曹操极力主张田猎也就只好依从。带上宝雕弓、金鈚箭，跨上逍遥马，排銮驾出城。

途中，曹操骑着自己的黄爪飞电马与天子并马而行，不时还超过天子一马头的距离。銮驾来到许田，曹操令十万军兵排开方园二百余里的围场，并令亲将护卫在天子左右。

围猎中，献帝见一只大鹿从棘丛之中跑出，信手连发三箭，却一箭也未射中。转身向曹操说："请卿射之。"曹操接过天子的宝雕弓，搭上金铫箭，扣满弓弦一箭射去。只见那只大鹿跑了几步，便倒在草丛中。

围猎的军兵们见大鹿中箭而亡，纷纷围拢上去收取猎物。当他们发现鹿背上中的是一支金铫箭，都以为是天子射中的，于是踊跃地欢呼"万岁"。曹操知道是自己一矢中的，也高兴地纵马向前接受呼贺，随手把宝雕弓挂在自己所跨的鞍桥上。

与刘备同来田猎的关羽见曹操一路上与天子并行，并不时超越在前，心中早就憋了一肚子气。后来又见他用天子宝雕弓、金铫箭射猎，心中又增了几分气恼。最后，又见他无所顾忌地把宝雕弓挂于自己马鞍上，还纵马上前迎受"万岁"之呼贺。此时他再也看不下去了，提刀纵马便欲去斩杀曹操。

刘备见关羽要莽撞行事，恐投鼠击器伤了天子，急用眼色进行制止。关羽见刘备动气，止之，才忍气吞声未妄动。

曹操在围猎中，早安排了亲将护卫在自己周围。于是在田猎中才放荡形骇，无拘无束，不顾什么臣君礼仪。只待有异己分子出来，就地除之。谁知，在整个田猎过程中，并没发现有什么异举，可暗地里却引起了诸多反对派的躁动，一个暗图曹操的联盟在编织着。

宋太祖一石三鸟

960 年，后周大将赵匡胤陈桥兵变，登上皇位，建立了大宋王朝。宋朝初年，北汉与辽国勾结，而且后周旧将李筠等拥兵占据西潞州，且和北汉、辽等早有来往，对宋朝构成了很大威胁。

在这种情况下，宋太祖审时度势，在宋、李筠、北汉、辽四方的政治势力角逐中，通过激怒之法"打草"（伐李筠），达到既惊慑北汉、辽国"敌蛇"，又除掉边镇之患的多重目的。事情是这样的：

建隆元年四月，宋太祖诏令原后周昭义军节度使、太原人李筠加官为宋朝廷中书令。当朝廷使者到达潞州时，李筠当即打算拒绝诏命。只是左右官员恳切劝谏，才请进太祖派来的使者，设置酒宴奏起音乐，随后又取出周太祖画像悬挂在厅堂墙壁，流泪不止。宾客僚佐惶恐惊惧，告诉使者说："令公醉酒有失常态，请不要见怪。"北汉国王睿宗刘钧听说此事，就用蜡封密信交给李筠共同起兵，李筠长子李守节此时哭泣劝谏，但李筠却不听。

宋太祖听闻李筠的种种表现，一方面用亲笔诏书安慰招抚，另一方面又召李守节进京为皇城使。给李筠则趁机派遣李守节入朝观察动静，太祖迎面对李守节说："太子，你为什么缘故前来？"李守节惶恐四顾，用头碰地说："陛下怎么这样说？此必定有说坏话的人在离间臣父和陛下的关系。"太祖说："我听说你多次劝谏，但你父亲不听，所以他派遣你来，想让我杀你罢了。你回去告诉你父亲，我没有做天子的时候，任凭你自己作为；我既然做了天子，你难道不能稍微让我一点吗？”李守节驱马飞驰回去报告李筠，李筠于是命令幕府起草檄文历数宋太祖的罪状。十四日，逮捕了宋朝廷所派的监军周光逊等人，派遣手下牙将刘继冲等押送到北汉表示归顺，要求支援，又派遣军队袭击泽州，杀死刺史张福，占领泽州城。

宋太祖登基图

李筠反叛朝廷后，从事闾丘仲卿劝说李筠道：“您孤军起兵举事，形势十分危险，虽然表面上倚仗河东（指北汉）的支援，恐怕实际上也得不到他们的有力帮助。大梁（指宋朝）军队武器精良锐利，难以同他们争斗决胜。不如西下太行山，直抵怀州、孟州，堵塞虎牢关，占据洛邑城。然后向东去争夺天下，这是上策啊。”李筠却说：“我是周朝老将，和周世宗的情义如同兄弟，宫禁警卫将士，都是我的故旧，听说我到达，必定会倒戈投归我，怕什么不成功呢！”未采用闾丘仲卿的计策。

十七日，昭义兵变奏报。枢密使吴廷祚向太祖进言说：“潞州岩崖险峻，贼军倘若固守的话，就不能用一年半载的时间攻破。然而李筠一向骄傲轻率没有谋略，应该迅速领兵攻击他。”十九日，派遣石守信、高怀德率领前头部队进军讨伐，太祖敕令石守信等说：“不要放李筠西下太行山，急速领兵把守要塞，那打败李筠就必定无疑了。”

五月，北汉睿宗闻李筠背叛宋朝廷起兵后，派遣内园使李弼将诏书、金银绢帛、好马赐给李筠，李筠便又派遣刘继冲前往晋阳，请求北汉睿宗起兵南下，自己作为前导。北汉睿宗派遣使者向辽国请求援兵，辽军没有集结，刘继冲陈述李筠意思，要求不用契丹军队。北汉睿宗当天举行军队大检阅，倾国之兵自己统领从团柏谷出发，群臣在汾水岸边为之饯行，左仆射赵华劝谏说：“李筠起事轻率仓促，事情必定无成，陛下尽境内之兵赶赴征战，臣下看不出来其事可行。”北汉睿宗不听从。

当北汉军队行进到太平驿时，李筠亲自率领官员僚属迎接谒见，北汉睿宗命令李筠朝拜时赞礼人不唱其名，坐在宰相卫融的上方，封为西平王。李筠看到北汉睿宗的仪仗卫队又少又弱，内心很后悔，却又自言蒙受周朝的恩宠不忍心辜负。但北汉睿宗同后周世代结仇，听到李筠的话，也不高兴。李筠准备返回，北汉睿宗派遣宣徽使卢赞监视他的军队，李筠心中越发不平。卢赞曾经会见李筠计议事务，李筠不理睬，卢赞发怒，拂袖起身。北汉睿宗听说卢、李有矛盾，于是派遣卫融前往军中进行和解，致使叛军出师便不利。

宋太祖获悉李筠背叛朝廷，勾结敌手北汉、辽国军队，公开叛乱后。于是除调遣军队外，自己又亲自布防，并率军征讨，既剿平叛军，又能"惊"慑、削弱北汉与辽军势力。这是实施此计的关键一步。

同年四月，宋太祖召三司使、清河人张美征调军队、粮食，张美说："怀州刺史、大名人马令琮，估计李筠必定反叛，日夜储备粮草来等待王师。"太祖立即下令授马令琮为团练使。随后，又采纳宰相范质的谏言，由于大军北上攻伐，依靠马令琮按需要供给，不可再转移到其他州郡，于是又将怀州提升为团练使州，让马令琮充任团练使。以保障后备供应。

五月初，宋太祖又任命洛州团练使敦进为本州防御使，兼任西山巡检，防备北汉军队。

叛军头目李筠留下长子李守节守卫上党，而自己则率领部众三万人向南出击。不久，朝廷的军队石守信等部在长平击败李筠军队，又攻克他的大会寨。

宋太祖夜访赵普图

十九日，宋太祖下诏亲征，讨平李筠叛乱。不久，从大梁出发，二十四日，在荥阳停留。这时，西京留守向拱劝说太祖："渡过黄河，翻越太行山，乘着贼军没有集结就攻击它。如果滞留拖延十天，那贼军的势头就越发猛烈了。"枢密直学士赵普也说："贼人认为我国家新建，不能出兵征伐；倘若日夜兼程，攻其不备，可以一战而胜。"太祖采此意见。

二十九日，石守信、高怀德在泽州南面打败李筠叛军三万余人，俘获北汉河阳节度使范守图，杀死卢赞。叛首李筠则逃入泽州，环城固守。该月，永安节度使折德扆攻破北汉河石寨，斩首级五百。

六月初一日，宋太祖到达泽州，督令军队攻城，过十天还没攻下。他于是召见控鹤左厢都指挥使蓟人马全义询问计策，马全义请求全力紧急进攻，就率领敢死军士首先登城，飞箭穿透手臂，马拔出箭头前进战斗，太祖则亲率领警卫军队继续跟进。十三日，攻克泽州城。李筠投火而死。俘获卫融。

通过宋太祖亲征，终于将李筠叛军讨平。同时，还对北汉军队有所斩获和俘擒。李筠叛军的覆灭，宋太祖的“打草”之举（驱赶），使叛军背后的指使者、盟主的北汉、辽军大为震惊，亦大伤元气。由此使宋太祖通过计谋所企达之目标全部实现。

当时，北汉睿宗听说李筠战败，便从太平驿逃回晋阳，对赵华说：“李筠不成气候，结果如爱卿所言，我侥幸保全军队而归，只是悔恨丧失卫融、卢赞罢了！”赵华不久便告老还乡。至于辽军则听说潞州被宋军攻破，结果也没有出兵。

二十九日，宋太祖从潞州出发。七月十日，到达京师。

当初，北汉宰相卫融被擒，宋太祖责问他说：“你唆使刘钧帮助李筠反叛，是为什么？”卫融回答说：“狗见了不是主人就叫，臣下实在不忍心背负刘氏。”并且说，“陛下即使不杀臣下，臣下也必定不为陛下效力。”太祖发怒，命令左右卫士用铁杖打他的头，血流满面。卫融呼喊道：“臣下死得其所了！”太祖说：“是忠臣啊，放了他。”用好药敷贴他的伤口，让他送致书信给北汉睿宗，要求归还周光逊等人，表示诚意，将卫融送归太原，北汉睿宗不予回答。十三日，北汉任命卫融为太府卿之官职。

可见，到此时，北汉、辽军“敌蛇”，不仅因李筠叛军被宋军剿平而“大惊”，同时本身还损兵折将，丢城失地，甚至连北汉宰相都做了宋军的俘虏。卫融被俘后，宋太祖亲审、亲惩后，又突然放了他，让其做传书信使回归北汉，北汉之主对宋太祖的书信拒不答复，又不放宋监军等人，还大贬了放回的卫融之官职。这既表明北汉已元气大伤，毫无任何反击应变之力，还预示着内部矛盾加剧。卫融的俘而复回，无疑是安放在北汉之主身边的一颗内耗型定时炸弹，随时可能引爆，“敌蛇”之惊，已实成“重伤”“内创”之状了。这一计谋运用成功的关键恰在于此。

商海弄潮

克莱斯勒的重新起飞

1982 年，濒临破产倒闭的美国第三大汽车制造公司克莱斯勒，在亚柯卡的领导经营下，终于走出了连续 4 年亏损的低谷，但如何重振雄风仍是亚柯卡苦苦思索的课题。

企业家常用的方法是提高企业的知名度和产品的市场占有率，而出奇制胜，价廉质优又是重要手段。亚柯卡根据克莱斯勒当时的情况，决定首先出奇制胜。他把“赌注”押在敞篷汽车上。

美国汽车制造业停止生产敞篷小汽车已经 10 年了，原因是由于时髦的空气调节器和立体声收录机对于没有车顶的敞篷汽车来说是毫无意义的，再加上其他原因，使敞篷小客车销声匿迹了。

虽然预计敞篷小客车的重新出现会激起老一辈驾车人对它的怀念，也会引起年青一代驾车人的好奇。但是克莱斯勒大病初愈，再经不起大折腾，为了保险起见，亚柯卡采取了“打草惊蛇”的策略。

亚柯卡指使工人用手工制造了一辆色彩新颖，造型奇特的敞篷小客车。当时正值夏天，亚柯卡亲自驾驶着这辆敞篷小客车在繁华的汽车主干道上行驶。

在形形色色的有顶轿车洪流中，敞篷小汽车仿佛是来自外星球的怪物，立即吸引了一长串汽车紧随其后。几辆高级小轿车利用其速度高的优势，终于把亚柯卡的敞篷小汽车逼停在路旁，这正是亚柯卡所希望的。

追随者下来车围住了坐在敞篷小客车里的亚柯卡，提出了一连串的问题。

“这是什么牌子的汽车？”

“这车是哪家公司制造的？”

“这种汽车一辆多少钱？”

……

亚柯卡面带微笑地一一回答，心里满意极了，看来情况良好，自己的预计是对的。

为了进一步验证，亚柯卡又把敞篷小客车开到购物中心、超级市场和娱乐中心等地，每到一处，就吸引了一大群人的围观，道路旁的情景在那里又一次次重现。

经过几次“打草”，亚柯卡掌握了市场的情况。不久，克莱斯勒公司正式宣布将有男爵型敞篷汽车面市，美国各地都有大量的爱好者预付了定金，其中还有一些女骑士！结果，第一年敞篷汽车就销售了 23000 辆，是原来预计的 7 倍多。

敞篷小客车能不能被汽车市场接受？能接受多少？对这些，亚柯卡没有十分把握。而且刚喘过气来的克莱斯勒公司决不能冒险。于是亚柯卡亲自驾车“打草”，了解市场的接受程度，确定无疑后，才正式推出产品，结果成绩显著，“打草惊蛇”之计帮助克莱斯勒公司重新起飞。

摸清动静，探测虚实，掌握情况，作为行动或不行动的依据，有利则进，不利则止。

嘉道理家族两度受惊

在股市中会有这样的情况，当某个大户看中了某个上市公司，就或明或暗地大事收购该公司的股票，甚至向该公司原有的控股人挑战。这种做法就有打草惊蛇的侦察作用，该上市公司的原有控股人受到惊动之后，必然会作出反应。这时挑战者即可看出对方的实力，一旦发现有机可乘，就立即想法夺过该公司的控股权；一旦发现收购无法成功，也可高价卖出已吸入的股票，大赚一笔而后退场。比如说香港的刘銮雄与罗旭瑞就是善于利用这种手段的股市大户。

在 1983 年香港地产业处于低潮时，恒基兆业公司的董事长李兆基为套取大量现金，曾大量抛售手中的持股。到1986年，他的持股量竟不到10%。刘銮雄看中了这一薄弱环节，便在市场上猛吸恒基兆业的股票，很快就购入了40%的股权。这一下如打草惊蛇一般，使李兆基大为震惊。为保持对该公司的控制权，他只好出高价收购该公司股票，刘銮雄则趁机大捞了一笔。

经此一役，刘銮雄又乘胜追击、趁热打铁，将矛头指向香港巨型富豪、英国终身贵族嘉道理。他由自己属下的中华娱乐公司出面购进嘉道理家族旗下的大酒店有限公司26%的股权，并在市场上大肆收购，最后使持股量达到34%，向嘉道理挑战控制权。1987年5月初，在股东大会的选举中，迈克尔·嘉道理仅以2票的微弱优势保住主席宝座。他受此威胁，吃惊不小，不得不在7月份与刘銮雄达成幕后协议，以每股65元的高价转入刘手中的股份，总额达22亿多港元。刘銮雄由此轻而易举地净赚1.36亿元的巨额利润。此次，收购计划虽未成功，但却震动了香港股市，使刘銮雄声名鹊起。

嘉道理万没想到，1988年10月18日，大酒店再次受到挑战。这一次的挑战者叫罗旭瑞，他是香港鹰君集团公司董事会主席，是香港地产业元老罗鹰石之子。1986年，罗旭瑞入主世纪城市有限公司后，利用一系列收购合并活动，将世纪城市改组为集团公司。1987年收购国泰置业81%的股权，并将其改名为国泰城市。这一次，罗旭瑞就是通过国泰城市出面向大酒店提出收购建议，准备以现金4.5港元加国泰城市的一股共作价每股6元善意收购大酒店。

罗旭瑞的如意算盘是：假如收购成功，他可通过对资产重新进行评估后的增值而获得厚利，同时出售大酒店部分资产也可获20亿元以上的利润。假使收购失败，他也可因为这场收购战引起的股市动荡而成为风头人物，大大提高知名度，这是一笔无形的财富，同时还可高价出售已购入的股份而取得一笔有形的收入。

对于这种收购建议，大酒店自然是一百个不欢迎，嘉道理劝告大酒店的股东们拒绝收购建议，因为国泰城市本值不足3亿元，以它来收购市值48亿元的大酒店后，资产负值率必定会达到100%，势必要出售资产，做一个“败家子”。

于是，国泰城市只好在暗地里买进大酒店的股票。至10月21日，它宣布已持有11%的股权，并将收购价提高至6.3元。而此时嘉道理家族的持股量为35%，另外两家公司——汇丰银行属下的TKM远东公司与持百欣家族的丽新集团分别持有11.9%和10%的股份，可见罗旭瑞如果能够取得这两家公司的支持，还是可以同嘉道理一争高低的。

但嘉道理家族毕竟有雄厚的经济实力和很高的声誉。10月24日，大酒店的股票成为当日成交量最大的十大股票之一，股价上涨10%以上；而国泰城市的股票却无人问津，价格不动。迈克尔·嘉道理立即抓住时机，于25日宣布进行反收购，出价7.1港元。此举更是使股市大为升温，26日的恒生指数突破2000大关。27日嘉道理家族的持股额增至40%。此时罗旭瑞见收购已无望，就采取见好就收的办法，将手中11%的股份转让给嘉道理家族，赚得1500万港元。

大酒店接连遭受两次收购挑战，迈克尔在震惊之余，吸取教训，不得不转变了以往的保守作风，采取积极进取的经营管理方针，提出了多项庞大的发展计划，使营业额和盈利连年呈现大幅度增长，可谓因祸得福。

运世方略

聪明的法官

有一个小偷，半夜时跑到人家店里偷了3个钱包，店主向法官告状说：

“大人，今天夜间有人偷了我的钱包。我的店里有许多人，不知道该怀疑谁。”

法官说：

“天亮以前，你店里的人都到我这里来，我就能把贼给你指出来。”

一会儿，所有的人都来到法官面前。法官说：

“现在，我发给你们每人一根草棍，你们明天早晨都把它还给我。你们要知道，谁要是偷了钱包，草棍一定会长一指。”

小偷听了惊慌失措，开始琢磨怎样才能骗过法官。他想了又想，终于决定把草棍折去一指长。这样，即使长了一指，恰好与别人的一样。

早晨，店里的人都到了法官那里，结果是大家的草棍都一般长，唯独一个人的草棍却比其他人的短了一指。

法官喊道：

“大家看，这就是小偷。”

铜钟抓盗

宋神宗的时候，福建侯官（今福州）人陈襄在浦城（今福建北端）县当主簿（县令的属官），代理县令。

这天，有一户人家被盗，告到县衙，捕役抓来了一批嫌疑犯，请陈襄审问。这批嫌疑犯人数众多，谁也不肯承认，一个个都喊冤枉。究竟这当中有无真正的强盗，陈襄心里无底。这时，他心生一计，便坐在堂上一本正经地大声说：

“这很容易，听说城内城隍庙的神最灵，庙内有个铜钟能识别盗贼，谁偷或抢了人家东西，一摸钟就响；如果没偷抢人家东西的，摸来摸去钟也不会响。你们马上都到城隍庙里去摸钟，偷盗东西的人想跑也跑不掉，准确得很！”

于是，这批嫌疑犯都被带到了城隍庙。不少百姓也都到城隍庙来观看那铜钟怎样捉强盗。

城隍庙里，铜钟已被陈县令派人用黑布围了起来。庙里门窗也都关上了，铜钟旁漆黑一片。

陈襄笑道：“好！大家稍等一会儿，那强盗是谁，一摸铜钟，马上就清楚明白了？”

众嫌疑犯一个接一个排队进了铜钟的黑布篷里去摸钟，那铜钟一次也没有响。

众人都以为这些嫌疑犯中没有偷盗贼了，陈县令这时却命令众人伸出手掌来让他检查。一检查，陈县令马上指着一人喝道：

“你就是盗贼！”

“小人冤枉！老爷无凭无据怎说我是盗贼呢？”那人说道。

陈襄道：“你要我拿证据吗？我这铜钟上涂有煤烟，凡摸过的人，手掌都是黑的；只有你手不黑，证明你没有摸钟，也证明你不敢摸。你若不是盗贼，为什么怕钟响而不敢摸呢？”

那人哑口无言，经过审问，果然就是盗贼。

刘宰智断窃钗案

宋宁宗年间，刘宰出任泰兴县县令，屡次破获疑案，被百姓誉为断案能吏。

一次，一个大户人家丢失了一只贵重的金钗，四处寻找不见，告到县衙。县令刘宰经过调查，得知金钗是在室内丢失的，当时只有两个仆妇在场，但她们谁也不承认拿了金钗。刘宰将这两个仆妇安置在县衙的一间屋里，不审不问。众人对此颇感疑惑，刘宰却像没事一样，饮酒散步，与大家闲谈。

天黑以后，刘宰拿着两根芦苇走进关押仆妇的房间，每人给了一只，神色威严地说：“你们好好拿着芦苇，明天我要凭芦苇断案。谁偷了金钗，芦苇就会长出二寸来。”说罢关门走了。

第二天，两个仆妇被带上大堂。刘宰取过芦苇审视一番，果然有一支芦苇长出二寸。只见刘宰嘿嘿一笑，指着手持短芦苇的仆妇大声喝道：“大胆的仆妇，竟敢偷盗主人的金钗，还不如实招来！”那个仆妇吓得战战兢兢，当即跪倒在地，口中讷讷道：“是我一时鬼迷心窍拿了金钗。大人如何知道的？”刘宰笑道：“我给你们二人的芦苇是一样长的。你若心中没鬼，如何要偷偷截去一节？”仆妇方知上当，后悔不已。

刘宰施用打草惊蛇之计，使偷金钗的仆妇自我暴露。至于芦苇长出二寸之说纯属欺人之谈，但心虚的仆妇却信以为真，结果中了刘宰的圈套。

宋宁宗赵扩

第十四计　借尸还魂

原文注译

【原文】

有用者，不可借①；不能用者，求借②。借不能用者而用之，匪我求童蒙，童蒙求我③。

【注释】

①用用者，不可借：意为凡自身可以有所作为的人，就不会甘愿受别人利用。

②不能用者，可借：意为那些自身难以有所作为的人，却往往有可能被人借以达到某种目的。

③匪我求童蒙，童蒙求我：语出《易·蒙》卦辞。蒙卦为周易六十四卦的第四卦，也是阴阳相交后的第二卦（因第一卦乾为纯阳，第二卦坤为纯阴，皆无阴阳相交之象）。在这里，蒙字本义是昧，指物在初生之时，蒙昧而不明白。蒙卦的卦象是下坎上艮。艮象山，坎象水；山下有水，是险的象征；人处险地而不知避，便是蒙昧了。童蒙，幼稚而蒙昧。此句意为，不需要我去求助蒙昧的人，而是蒙昧的人有求于我。

【译文】

凡是自身能有所作为的人，往往难以驾驭和控制，因而不能为我所用；凡是自身不能有作为的人，往往需要依赖别人求得生存和发展，因而就有可能为我所用。将自身不能有作为的人加以控制和利用，这其中的道理，正与幼稚蒙昧之人需要求助于足智多谋的人，而不是足智多谋的人需要求助于幼稚蒙昧的人一样。

按语注译

【按语】

换代①之际，纷立亡国之后②者，固③借尸还魂之意也。凡一切寄兵权于人④，而代其攻守者，皆用此也。

【注释】

①换代：改朝换代。

②亡国之后：已被推翻的王朝国君的后代。

③固：本来。

④寄兵权于人：寄，依托。此语意为，手中实际握有兵权，却在名义上依托在别人门下。

【译文】

每当改朝换代的历史时刻，那些纷纷将某个已被推倒的王朝君主的后代暂时捧为新君的做法，原本就是借尸还魂的计谋。凡是将兵权寄托在某人的名下，而以代理之名实际掌管征伐大权的人，也是用的“借尸还魂”的谋略。

传世典故

借尸还魂。尸：死人的身体。魂：旧日迷信的说法，指能离开肉体而存在的精神。人死后，将灵附于他人尸体而复活。现比喻已经没落或死亡的事物借助别的事物，又以另一种形式出现。在军事上指善于利用一切可以利用的事物，来实现自己的军事意图。

“借尸还魂”来源于神话传说。从前有一个叫李玄的人，长得十分英俊潇洒，博闻强记，太上老君见其聪明伶俐，就收为徒弟，并授以长生不老之术。

一天，他要随自己的师父太上老君到仙界云游，但凡胎肉体却上不了天，就只好留下躯体，跟随师父魂游太空了。在自己的灵魂离开躯体之前，李玄对自己的徒弟说：“我的尸体留在这里，你要好好守护，不得有半点马虎，七天之内我就返回。如果到时未归，就是我已成仙了，那时才可将我的尸体火化。”

徒弟遵照师父的吩咐，日夜守护李玄的尸体，已到了第六日，忽然传来母亲病危的消息，徒弟此时十分进退两难，若要回家，为母送终，师父的灵魂还没有归还；若要守护师父的尸体，自己难尽孝道，母亲死难瞑目。

三十六计之借尸还魂

后来有人劝说道：“在师徒之

义、父母之情不能两全的时候，首先应保全父母之情，何况你师父已六日未归，说不定早已成仙去了。”徒弟只好洒泪将李玄的尸体焚化了。

到了第七日，李玄的灵魂回来了，四下里找不到了自己的尸首，无法还阳，正在急切无奈之时，忽见路旁有一饿死的乞丐，刚刚断气不久，尸体还算新鲜，李玄于慌忙之中，便将自己的灵魂附在了这具乞丐尸体之上。借尸还魂后的李玄，与原来的李玄已面目全非。蓬头垢面，坦腹露胸，并跛一足。为支撑身体行走，李玄对着原乞丐用的一根竹杖喷了一口仙水，竹仗立即变为铁仗，借尸还魂后的李玄也因此被称为铁拐李，而原来的名字却反被人们忘却了。铁拐李借尸还魂的故事还见于元代岳伯川所写杂剧《吕洞宾度铁拐李岳》，后《东游记》也有记载，只情节不尽相同罢了。借尸还魂这一带有迷信色彩民间传说，后来被人们用来喻指某些已经死亡的东西，又借助某种形式得以复活的现象；有时也可以用来喻指某些新的事物或新的力量借助某种旧的事物或旧的形式求得发展的现象。在上述两种情况下，所谓“尸”、“魂”、“借”、“还”的寓意便都不尽相同了。

用计锦囊

借尸还魂：原意是说已经死亡的东西，又借助某种形式得以复活。用在军事上，是指利用、支配那些没有作为的势力来达到我方目的的策略。战争中往往有这类情况，对双方都有用的势力，往往难以驾驭，很难加以利用。而没有什么作为的势力，往往要寻求靠山。这个时候，利用和控制这部分势力，往往可以达到取胜的目的。

借尸还魂作为一条计谋，指的是已经衰落或死亡的事物借另一种形式重新出现。从引申的意义来说，处于被动或面临失败的局面时，善于利用一切有利条件，扭转局势，争取主动，实现原先的意图，都可视为借尸还魂。

大凡失败之后有两种态度：一是一蹶不振，自暴自弃，破罐破摔；二是永不认输，寻找机会，东山再起。借尸还魂显然属于后者。此计在政治、经济、军事、外交等领域用处甚广。特别在改朝换代的历史时期，总会有人扶植亡国君王的后代，打起前朝的旗帜以号令天下，这种做法是典型的借尸还魂。

本计有以下三层含义：

1. 东山再起。失败之后有两种态度：一种是一蹶不振，自暴自弃，另一种是永不认输，寻找机会，东山再起。本计就属于后一种。在失败时能保持清醒的头脑，冷静进行分析，准确地作出判断，不惜一切手段，积极主动地转败为胜。

2. 借形借力。若要东山再起，关键在于会“借”。自己的力量不足以转败为胜，就要借助一切可利用的力量，以壮大自己的力量，争取一切可利用的机会，以增加取胜的可能；借用一切可用的形式，以实现自己的意图。只要能还魂，可以不必计较尸体是脏是跛，另外也可假借他人的名义，推行自己的战略计划。

3. 无用之用。借形、借力一般不借有能力、有作为的，因为它们难以驾驭和控制，而应借用那些无能力，无作为的。因为它既可以很方便地驾驭和控制，又不易引起敌人的注意。无用之用，即利用那些所谓无用的东西加以利用。这就是借形、借力的一般原则。

对借尸还魂之计应采取如下防范对策：

1. 斩草要除根。如果不将野草连根拔掉，它就会“春风吹又生”，对敌人只是打伤，而不是消灭，他就会在养好了创伤之后，卷土重来。所以，我们切不可像孙悟空打白骨精那样，让其弃尸而逃，留下祸根，一再借尸还魂。

2. 弃尸要深埋。我们有时也要抛弃一些东西，这些对我们暂时无用的东西，很可能成为以后敌人还魂时所借之“尸”，我们的东西被敌人所借，并用来对付我们，那是十分可悲的事情，为了不使敌人有尸可借，至少从我们这里得不到便宜，我们就应注意将可能被“借”的东西，深埋或隐藏起来，使敌人无机可乘。

3. 由表要及里。若敌人已经借到“尸”，并已还其“魂”的话，我们就应该及时识破，揭露其真实的面目。不让他继续为非做歹。识破敌人借尸还魂之计并不容易，因为他给我们是假象，真实的东西藏在里面。这就需要我们透过现象看本质，由表及里的进行分析判断，以防上当受骗。

4. 不为他人作嫁衣。贫穷人家的女子没有钱为自己置备嫁妆，却年年为人家缝制嫁衣，这是出于无奈。见到别人有困难，宁肯牺牲自己的利益，也要去帮助，这是出于自愿。在激烈的你死我活的竞争中，若要为人作嫁衣，则是愚蠢了。当然有时是在不知不觉中被人利用，一旦发现，就要立即停止。另外在做每件事情之前，都要分析一下：此件事情成功之后，是我们获利多，还是对方获利多？只有我们的获利多于敌方获利时，才可去干。

计谋典范

战场逐鹿

楚项兴兵灭秦之战

公元前221年（秦始皇二十六年），秦始皇嬴政扫灭六国，统一中国。公元前210年（秦始皇37年），嬴政死，其子胡亥立，是为秦二世。秦始皇剪灭割据称雄的六国诸侯，建立了中国历史上第一个统一的中央集权的封建国家，行郡县，修驰道，统一法律、货币、文字、度量衡；筑长城，北御匈奴，南定百越，对推动中国历史的发展，确有其不可磨灭的历史功绩。但他专制暴戾，苛刑峻法，焚书坑儒，且一心沉迷于帝王气派，极度奢靡豪华，修阿房宫，建骊山墓，困天下民力物力于咸阳；加之一些好事（如筑长城，修驰道）办急了，以致役繁赋重，人民苦不堪言，怨声载道。因而在秦始皇死后的第二年，便爆发了大规模农民起义。加上刚被灭掉的六国旧族伺机反扑，纠合旧部，乘机起兵抗秦，秦王朝很快便陷入风雨飘摇之中。秦统一前的楚国地处南方，幅员辽阔，物产丰富，是与秦争霸天下的主要对手。秦灭六国后，楚人对秦的怨愤最深，反抗最烈，所以当时即有人预言，“楚虽三户，亡秦必楚”。首先举起义旗的是以陈胜、吴广为首的农民军，即大多数原为楚国人，他们建立的农民政权，即号为张楚。响应陈胜，吴广而继起的是项梁、项羽两叔侄，他们杀了会稽（治所在今江苏省苏州市）郡守殷通，举兵反秦。时有广陵（今江苏柏州）人召平，过江来找项氏叔侄，并假传张楚王陈胜的命令，拜项梁为张楚政权的上柱国（相当于丞相之位），要他领兵过长江参战。于是项梁、项羽便率领江东精兵八千，西渡长江，转战于江淮之间，屡战屡胜。又先后收编了陈婴、黥布、薄将军等多部起义军，部队迅速发展到六七万人。209 年（秦二世元年），当项梁、项羽部队进驻薛城（在今山东省南部微山湖附近）不久，突然传来陈胜在陈县（今河南睢阳）被秦将章邯打败，为车夫汪贾所杀的消息。项梁听说后，便召集部属商议应变之策。当时有些部将、谋士极力怂恿项梁自立为楚王，项梁一时拿不定主意。恰在这时，从居鄛（今安徽省巢县）来的一位年已七十的老人求见。老人姓范名增，平日在家闲居，喜欢读书，很有些知识和见解，常能给人出些奇特计谋。他这次来找项梁，就是为如何巧妙应对和利用当前时局一事，来给项梁出主意的。项梁当即接见了范增，对范增说：“现在陈王已经去世，新王还没有确立。我们这里正在议论、筹划这件事，还没有拿定主意。你是位老成识广的长者，想必有高见，请直截了当地谈出来吧。范增说：“我本是一老朽，但听说上柱国礼贤下士，从谏如流，所以特来献上自己的浅陋见解。依我看，陈胜的失败是必然的，原不足惜。请上柱国大人想一想，陈胜本来不是出身名门大族，声望不高，又无大的才干。虽首先起义抗秦，但骤然据地称王，而不立楚国王室的后裔为王。暴秦吞灭六国，楚国方面最无罪过。楚怀王为与秦通好而入秦，却被秦王扣留，三年后

项羽像

项羽拜范增为军师

客死秦国，楚国百姓哀思至今。上柱国从江东起兵，渡江击秦，楚地豪杰将士之所以争相趋附，无非是因为上柱国之家世为楚将，相信上柱国必定会拥立楚国王室的后裔，因而踊跃投靠门下竭诚效力，以图恢复楚国。上柱国如能顺应民心，扶植楚国的后裔，楚地百姓自然会闻风而至，聚集于你的麾下，天下便一举可定了。”项梁很高兴地采纳了范增的建议，便派人四处访寻楚国王室的后裔。事有奏巧，正好在民间寻访到一个名叫熊心的牧童，查问起来，确实是九十年前客死于秦的楚怀王的孙子。于是项梁立即派部属备上王车王服，将牧童迎来薛城，奉为楚怀王，定盱眙（今江苏洪泽湖畔）为国都，项梁则自称武信君。之后，楚项部众迅速扩大到数十万。公元前 208 年（秦二世二年）项梁战死。公元前 207 年（秦二世三年）项羽在巨鹿（在今河北省平乡县）以破釜沉舟的决心与胆气，击溃秦军主力章邯军四十万，与刘邦等部共同推翻了秦王朝的暴虐统治。灭秦之后，项羽自称西楚霸王。而依范增借尸还魂之计借来的楚怀王熊心这具政治僵尸，由于已再无利用价值，便被项羽改号义帝流放到洞庭之南的长沙郡，随后又令九江王英布追杀于今湖南郴州。

诸葛亮虽死犹生

234 年，诸葛亮第六次出兵攻魏，其对手司马懿只是隔河坚守，拒不出战。

过了一些时间，诸葛亮派了一位使者送来一只盒子。司马懿手下求战心切的将军们，以为诸葛亮派人来下战书了。他们拥入帅帐，想弄清是怎么回事，所有的人都紧张地注视着司马懿。他先拆开诸葛亮的信，信中诸葛亮骂他身为将帅，贪生怕死，与胆小的女人一般无二。司马懿看罢，心中大怒，但表面上依然装作若无其事，又微笑着打开了盒子。里面竟是一些女人的头巾、服装之类的东西。

众将们见到主帅被诸葛亮如此污辱，纷纷要求杀掉来使，立即出兵与诸葛亮决一死战。

司马懿用孔子的一句格言做了回答：“小不忍，则乱大谋。”他非但不斩诸葛亮的来使，反而盛宴相待。吃喝之间，司马懿避而不谈战事，只是询问诸葛亮的饮食、睡眠等琐事。

送走来使后，司马懿对周围部下说：“诸葛亮用的是激将计，我们绝不可上当。现在诸葛亮处境艰难，军政负担过重，寝食不安。我相信他活不多久了，汝等好好准备着。一旦死讯传来，我们马上出战。”

魏军继续坚守于牢固的工事之中，诸葛亮非常恼火。这次出兵拖到现在已经一百多天了。白天，诸葛亮与众将商议下一步作战计划，夜里又整夜不眠地思考如何打败司马懿。过度的操劳，使他身染重病，口吐鲜血，最后死于军营之中。

蜀军将士悲痛万分，他们想立即为丞相办丧。但杨仪和姜维依照诸葛亮临终所授计策告诉众人，先不要发丧。他们把诸葛亮殡殓入棺，然后率领蜀军起程返回汉中。第二天清晨，司马懿得到消息，说诸葛亮已死，蜀军已撤，他立即率领大军离开据点，前去追击蜀军。半路上，他登上一座小山眺望远处的蜀军。只见蜀军军容齐整，旌旗招展，犹如诸葛亮在世时那样。司马懿顿时怀疑诸葛亮没有死，可能这是诱兵之计。但在众将催促之下，他只得继续追赶。没过多久，蜀军听得一声信号响，立即停止了前进，掉头像是准备迎击随之而来的魏军。这全都是依照诸葛亮之计行事的。就在司马懿心中升起新的疑问时，树林之中闪现出蜀军帅旗，旗下众将簇拥一辆小车，车上端坐之人正是据传已死的诸葛亮。司马懿一见这种情景，立即下令全军撤退，蜀军也马上起程回师。直到回到安全地带，蜀军这才打起白幡，为丞相发丧。直到这时，司马懿才相信诸葛亮真的死了，车上坐的诸葛亮只是木头人而已，司马懿再想去追，但蜀军早没踪影了。

魏将都为失去了一个消灭蜀军的大好时机而懊丧不已，可司马懿叹道：“杨仪用兵之道大有诸葛亮之遗风，死诸葛亮借杨仪之身还了魂。我是上了‘借尸还魂’之计的当了。”

秦穆公立重耳结秦晋之好

春秋时，晋献公死后，国内发生了大乱，献公的一个儿子重耳，为了避难就带着一些大臣到外流亡。重耳先后到过狄国，齐国、宋国、楚国，但一直很不得志。与晋国相邻的秦国很想控制晋国，在晋国内乱这时，乘机插立夷吾为国君，就是晋惠公。没想到晋惠公忘恩负义，反倒发兵去攻打秦国，结果吃了败仗自己做了俘虏。后经人说情，割让了五座城，并答应用太子圉做人质，秦国的秦穆公才放他回国。太子圉在秦国得知父亲病了，怕君位传给别人，就偷偷地跑回晋国。第二年夺得了君位，从此不再与秦国来往。秦穆公因此很伤心，所以决心立在流亡的公子重耳做国君，秦穆公派人从楚国接回了公子重耳，并把女儿怀嬴嫁给了他。为了帮助女婿夺得君位，秦穆公便发兵替重耳攻打晋国，赶跑了公子圉，立重耳为国君，是为晋文公。晋文公重耳感谢秦穆公的恩德，从此两国结为“秦晋之好”。

秦国为了称霸，必须能够笼络并控制晋国，而笼络和控制晋国的最好办法莫过于在晋国寻找代理人。而重耳这个落魄流亡的公子哥是最佳人选。所以秦穆公便要借重耳这个“不能用者”之尸，来还将来控制驾驭晋国之“魂”。此计属于捡别人遗弃的流亡公子，长期充当自己的代理人。

刘备乘机入四川

东汉末年，益州（四川）牧刘璋探知关中（陕西）之张鲁兴兵入侵，大起恐慌，听谋臣之计，派张松往许都说曹操，兴兵取汉中，使其首尾不能兼顾。

张松为人，头尖额窄，鼻掀齿露，身长不满五尺，声如铜钟。曹操见其猥琐，心已不快，言谈间又冲撞无礼，乃用乱棒打出，不再接见。

张松一肚子闷气，路经荆州时，被刘备的假仁假义所骗，便堕入政治圈套，即献出所携带之四川地图，内载明山川险要及官府钱粮数目，并劝刘备准备入川，以图霸业。

张松回见刘璋复命，力言曹操实为汉贼，野心太大，不足与谋，不如刘备宽仁爱士，有长者风，况且又同姓刘，亟宜结好，使为外援，可以拒张鲁与曹操。

关于联曹或联刘问题，曾激起一番剧烈的争辩，结果刘璋还是决定倒向刘备，遣法正往荆州迎刘备入川。

刘璋与刘备相会于涪城，各叙兄弟之情，宗亲之义，状甚相得。但双方部将，各怀鬼胎，刘备之军师庞统与内奸法正，劝刘备于席间杀却刘璋，唾手可得四川，刘备说初入川境，恩信未立，此事决不可行。

次日，刘璋复与刘备欢宴，再细叙衷情。酒至半酣，庞统与法正私议，袭当年范增鸿门宴故智，着魏延登堂舞剑，乘势刺杀刘璋。魏延遂拔剑而进，说：“筵间无以为乐，愿舞剑为戏。”庞统亦呼众武士列于堂下，准备帮手。

刘璋手下诸将，见此形势，情知不妙。张任挺身拔剑而出，说舞剑必须有双，愿与魏将军同舞。魏延见有对头，急向刘封使个眼色，于是刘封亦拔剑起舞。这边的刘瘛和邓贤，亦掣剑出，说我等当群舞，以助一笑。

刘备见此大惊，急夺侍卫佩剑，拿在手上，起身制止：“我兄弟相逢痛饮，并无疑忌，又非鸿门宴，何用舞剑，不弃剑者立斩!”刘璋亦即叱其部将：“兄弟相聚，何必带刀?”命侍卫全部解除佩剑，众将纷纷收剑下堂，暂消弭这一场惊险。

经过此次暗斗，刘璋在部将的劝谏之下，亦有戒惧之心了。忽报张鲁已整顿兵马，将犯葭萌关，刘璋便打蛇随棍上，请刘备往拒，刘备慨然领诺，带领本部兵马到葭萌关去。刘璋又令各大将坚守各处关隘，以防刘备兵变。

刘备在葭萌关日久，专意收买民心。忽又接荆州方面的孔明来信说曹操兴兵犯东吴，庞统乘机劝计说：“莫若乘此借口，向刘璋借些兵马回荆州协助孙权打曹操。”刘备同意，派使往成都见刘璋，请发精兵三万，军粮十万斛相助。

刘璋接书颇伤脑筋，与众商谈结果，只允派三千老弱残兵，一万斛军粮相助。

刘备接回书，看罢大怒说：“吾为你御敌，费力劳心，汝今惜财吝赏，何以使士卒效命?”即扯毁来书，驱逐来使。

这一翻面，兄弟便成仇敌了，刘备这一僵尸此时却赖着不肯走，反遣兵调将，进攻城池，向刘璋公开宣战。

结果，刘备军队节节胜利，直捣成都，才使刘璋决计投降。当授降之日，玄德还演一出猫哭老鼠的把戏，握着刘璋之手流着眼泪说："兄弟情如手足，此次非我不行仁义，奈为势所迫罢了。"

江山定了，刘备自领益州牧，把原主刘璋，请其带领全家大小，远徙往荆州南郡的公安居住，即日起行。

政治权谋

小题大做以示仁德

统治者为了收买人心，巩固统治地位，经常利用小题来做大文章，其实这是借尸还魂谋略的体现。

商汤在郊外看见一个猎人，四面张网，还向天祷告说："从天上落下的，从地上生出来的，从东西南北过来的，都落入我的网里吧！"商汤劝告猎人说："这样做会把禽兽赶尽杀绝，只有桀这样的暴君才会这么干！"于是让猎人收起三面的网，只留下一面。天下人知道这件事后都说："商汤对禽兽如此善待，何况是人呢！"于是，人们都纷纷投靠商汤。

成汤像

周文王派人挖池，忽然挖出一具骷髅。文王知道后，命令将骷髅安葬。手下人说："这是一具无主之尸，何必安葬？"文王说："拥有天下的人就是天下之主，拥有一国之人就是一国之主。现在难道我不是他的主人吗？"于是让人给骷髅穿上衣服，放进棺材，择地埋葬了。听说这件事的人都感动地说："文王真是一个贤明的君王啊！连死人的尸骨都得到他的恩泽，还用说活人吗？"

一次，越王勾践率领军队在行军途中遇到一只大青蛙。这只青蛙的眼睛特别大，肚子非常鼓。

勾践灵机一动，站在青蛙面前，满脸肃然地敬了一个礼。部下问其故，勾践说："我看这只青蛙很像一个勇猛的战士，所以十分敬重它。"这件事很快在军中传开，士兵们说："我们受大王教化多年，难道连一只青蛙都不如吗？"于是个个抱定必死的决心，在战场上奋勇拼杀，把吴军杀得落花流水。

信陵君窃符救赵

魏公子无忌，是魏昭王的儿子，被封于信陵之地，故名信陵君。公子谦恭下士，读书人无论其才能高低，他都以礼相待，从不仗恃自己的富贵而瞧不起士人。因此，方圆几百里以内的士人都来归附于他。魏国有一位隐居的士人侯嬴，人称侯生，七十岁，是魏国都城守城门的人，公子知其贤，亲自出马，当着很多人的面去迎接他，并待为上等门客。

魏安厘王二十年，秦昭襄王打败了赵国驻在长平的大军，又进兵围攻赵国都城邯郸。赵惠文王之弟平原君赵胜，是信陵君的姐夫，他多次写信给魏王和信陵君，请求援救。魏王则派出大将晋鄙率十万之众到赵国去助战。此时，秦王派使者警告魏王说："秦国攻打赵国，早晚即将攻下，诸侯有胆敢救赵者，待我打下赵国之后，掉转军队首先攻打他。"魏王大恐，令晋鄙按兵不动，只是把军队留在邺地，名为援救赵国，实为待候观望。

信陵君窃符救赵

平原君三番两次派使者到魏国求援，魏公子也多次劝说魏王，但魏王害怕秦国，终不肯行动。

信陵君估计终归得不到魏王的帮助，决计不能让赵国亡而自己活着，于是，集合马车百余乘，带领门客欲同秦军拼命，与赵国军队一起战死在沙场。

公子的车辆经过东门，见到侯生，便把自己此行的原委一一相告，然后诀别而去。侯生听罢，说："公子好自为之，老臣不能追随你了。"公子心中闷闷不乐，想到："我待侯生不为不厚，如今我在同秦军拼命，侯生没有只言片语相送，未必我有什么过失吗？"走了几里路，又掉转车辆来问侯生。侯生笑着说："我料定公子还要回来。公子厚待士人，天下皆知，如今有急事，又想不出别的办法。却打算同秦军拼命，这种做法，好比用肉食打饿虎，又有何用？既然这么干，那还用门客做什么呢？因公子待我情深谊厚，我目睹公子前往并不相送，料想公子心有遗憾，必定还要回来。"于是公子再三施礼、求教。侯生屏退旁人，悄悄地说："听说大将晋鄙的兵符常放在魏王卧室里，魏王的妃子如姬最受魏王宠爱，她完全能偷出兵符。公子你曾帮助如姬报过杀父之仇，如今公子有急事，如姬必定会竭尽全力，偷得兵符，把晋鄙的军权夺过来，这样做，向北可以救赵，向西可以退秦，岂不是一件齐桓公等五个霸主所干的那种攻伐计谋吗？"

公子依计而行。果然将兵符窃到手。临行前，公子又向侯生辞行。侯生说："将帅在外，主上的命令可以不接受，这是为了国家利益。你如今一去，即使合对了兵符，而晋鄙不交兵权，且向魏王请示，事情就危险了，我有一个朋友屠夫朱亥，是一位大力士，可以同你前去，晋鄙如果抗拒不从，朱亥可以击杀他。"于是，朱亥与公子同行，公子拜谢侯生。侯生说："照理我应当跟随公子，无奈年事已高，力不从心。我将计算着公子的行程和时间，估计在你到达晋鄙军营之日，我将向北方引颈自杀，以此来给公子送行。"

公子来到邺地，假传魏王命令接替晋鄙，晋鄙合对了兵符，但心存疑窦，说道："如今我拥兵十万，屯扎在边境上，此乃国家交给我的重任。如今你单身前来代替我，究竟是怎么回事呢？"此时，朱亥挺身而出，用铁锤击杀了晋鄙。公子遂以兵符号令军队，并加以精选，得八万精锐，出击秦军，秦军抵挡不住，突围而走，于是赵国得救。

侯生同魏公子诀别后，待到公子到达晋鄙军营那天，果然面向北方自刎而死。

公子盗兵符，杀晋鄙的事，激怒了魏王。公子自知为魏王所不容，便派将领率魏军回到魏国，自己同门客留在了赵国。

此处侯生给信陵君出的主意便是借尸还魂计的一次应用，施用此计的目的在于退秦救赵，也即欲还之"魂"，而所借之尸则是兵符。这里兵符如何"借"法关键之一，明要。魏王肯定不给，甚至会使他产生戒心，严令晋鄙按兵不动。

齐王用计，复得兵权

西汉初年，汉高祖刘邦登帝位后，为剪除地方割据势力，便利用各种手段去铲除异姓诸王的力量，而大封同姓王，在原有的封地上，分封刘氏家族子弟为王，且取而代之。但高祖死后，朝廷由吕后独揽大权，致使汉朝已成吕家的天下。此时，吕后不能容忍刘家诸王势力的存在，于是对刘氏各王，不是捏造罪名加以杀害，便是借故削去他们的兵权，以防止他们对吕氏朝廷的反叛。

其中，齐王刘泽见诸兄弟逐个被吕后迫害，极为痛心疾首，自己更加恐惧万分。有一天，齐王在封他的园中，正一筹莫展地散步，突见谋士田子春急步前来相问："大王为何这般忧虑？"刘泽叹息说："我虽为王，现在却毫无权力，昔日父皇给予二十万大军的兵权，现在也被吕后收回，今后如何是好？”田子春听罢却笑着说：“这有何难。我有办法去长安向吕后要回兵权便是了。”刘泽听后大喜，随即问有何办法。田子春却不语，只要了一些金钱和黑、白两匹骏马，便带着儿子上路了。

谋士田子春父子离开齐王封地后，来到长安。在京城长安的繁华街道住下，然后四处打探吕后身边的心腹为何人物，获悉此心腹为经常路过此地上朝的六宫太使张石庆。田子春了解到这些情况后，一日早晨，他将白马拴在旅店门前桩上。张石庆上早朝入宫路经此地，见到这匹膘壮肉实的大白马，非常喜欢。次日，田子春又将黑马拴在门口，张石庆途经，见黑马更赞不绝口，问左右这是谁家的马匹，随从回答这是外地贩马者所贩卖的马匹。张石庆一听，急欲购买得手。田子春将这些情况一一探析获得后，便亲自到张石庆府上，登门求见。门卫回禀说：“外面有一个外地贩马者要求见大人。”张石庆心中窃喜，忙唤家人将贩马者带入。扮成贩马者的田子春与张石庆商议购马一事时，田则说：“如果大人果真喜欢这两匹好马，何言购买小事，小人愿意亲自奉上，以表致意。”张石庆一听此言，惊喜异常。随即反问道：“为何你卖马却不要钱呢？”田子春却说：“倘若卖马，我只能弄些钱，我愿以马借此疏通官府，得到一点差事做做。”张石庆一听，不断点头允诺说：“要想做官，这个好办，请暂且留在我的府上如何？”田子春听罢，心中暗暗高兴，一面答应，一面却在暗中思忖下一步棋该如何走。张石庆将良马得手后，心中高兴万分。他夫人娘家姓田，于是田子春为迎合她，又攀了本家，与张石庆以妻弟相称，以博张、田二人的欢喜。

有一日闲谈时，田子春故意逢迎般地向张石庆说：“姐夫要想讨好吕后的喜爱并不难，现今我有一计，准保能使姐夫上升为上大夫的显官要职。”于是，张石庆急忙便问，究竟为何计。田子春却故意漫不经心地说：“听说吕后还有三个本家尚未封王，不如请姐夫上奏请封吕氏三人为王。这样一定能使吕后喜悦，而姐夫被封上大夫，也就指日有望了。”张石庆一听，觉得颇有道理，决定按此办理。第二天上朝时，张石庆便向吕后奏上此本，吕后听罢果然接纳。并立即命封吕超为东平王、吕禄为西平王、吕产为中平王。同时，又加封张石庆为末厅丞相，赏帛金三万。张石庆回到府中，便将上奏经过、升官得赏的经过，向田子春一一禀告，并表致谢之意。然而，田子春听完后，却故作满脸惊讶般地说：“呀，这可不好，上次我只是随便说说而已，没有意思让你真地这样去做。这样一来，岂不是对朝廷不利了。”张石庆急问究竟为何故。田子春却说：“吕太后一日连封三王，刘氏的王爷会服气吗？如果他们借此而蓄意造反又如何是好。”张石庆一听，已急得满头大汗，急问该如何办，于是田子春又故作神秘地献上一计。张石庆决定再照计行事。

于是，张石庆当晚入宫，决定再见吕后。他面禀说：“外面已有传闻，刘泽、刘长、刘号三王知道太后又加封吕氏三王，甚为不平，恐有造反之意。而百姓对太后此举也颇为不满。我的意思是，对于刘氏三王，有官者赏赐，无官者则付以兵权，以此来平息他们的不满和愤忿。”吕后听完也觉得很有道理，认为目前也只好照此办理了。随即便召见丞相陈平入宫商议。陈平听完后，评道：“刘氏三王中，现在只有齐王刘泽，是无兵无权镇守山东。”接着，吕后便命立即召刘泽进京来议事。齐王到京城长安后，吕后对他说：“我儿镇守边城而无兵权，怎么能行使守卫之责，现在将兵印交付给你，务须谨慎从事！”刘泽听罢，立即跪地谢恩致意。但究竟给他多少兵马，吕后却一时拿不定主意。便问陈平说：“三万如何？”陈平、刘泽听后皆不回答。“五万如何？”俩人又不说话。“七万如何？”陈平此时向刘泽暗暗眨眼示意，仍皆不语。吕后一见此状，气愤至极地说：“如果七万不行，就不给了。”这时陈平却故意高声喊道：“齐王还不赶快叩头谢恩，太后已给你二十五万兵马啦！”刘泽连连伏地叩头谢恩。吕后却质问陈平，陈平说：“你刚才不是说‘七万不行就二十五万’吗？”吕后见状，也只好心中暗暗叫苦，加以默认了。她只得转过身来，无可奈何地向刘泽说：“看在高祖的分上，把兵带走，去镇守边防吧！”刘泽于是立即带领二十五万大军回到山东。此时，谋士田子春也不辞而别地离开了张府。过了不久，吕后得悉，刘泽果真在山东起兵造反，极为恼怒，急忙召问陈平、张石庆其中的因由。到此她才明白知晓，骗夺兵权者，实际乃是刘泽的谋士田子春施计所为。于是，吕后命人立即捉拿田子春，但得到张石庆的回禀却是，田氏父子早已回到山东齐王封地去了。吕后只落得个中计丧兵权、封赏而激天下众叛的内外交困，加速自毙的结果。

此事例中，实施“易法”而借尸还魂之术者，为谋士田子春，中计者为吕后，所还之魂，即政治目的为夺回齐王刘泽失去的兵权。行计中的穿梭人物则为张石庆。通观此计的实施全程，它有如下特点：首先，认“尸”精准。田子春正当齐王丧兵夺势、前途危惧之时，挺身而出，父子二人“单刀赴会”，铤而走险奔长安。然而，抓住吕后亲信、六宫大使张石庆作主攻对象。认定此“尸”（外力）可借，实现了“距离敌人核心越近，反倒最为安全有利”的军事策略。从而为“借”、“还”提供了必要前提，奠定了致胜基础。其次，易法“借尸”巧诈。田子春为“借尸”，在张石庆身上狠下工夫，先投其所好献良马（情、物投资）；再次委身张府攀其亲（故作姿态以接近而释疑）；再则两献妙计假其手（设下圈套，圈内有圈，套外有套）。使之用常法之技难达之“借尸”目的，此“易法”则巧诈而得。此后的还魂便是顺理成章之事了。第三，还魂之术奇绝。齐王刘泽若用常法、常技、常规，向吕后索还兵权，既不可能，反倒可遭杀身之祸。而经上面两步的运行、铺垫之后，刘泽的重掌兵权便是势所必然，备具安抚、政治平衡的性质，因此，刘泽被召入宫后，在吕后面前，才有兵力上讨价还价的余地和潜在理由。再加之刘、陈二人的一番真戏假作、假戏真唱，一对一和的“政治双簧”的出色表演，终使吕后在“君无戏言”的信条下，乖乖地认输，默认刘泽率数十万大军而去。待“梦醒时分”，方觉齐王叛势已成，悔莫当初。此“还魂”之奇绝、魂定之瞬息，失者之惨烈，可谓之惊世骇俗了。

曹操挟天子以令诸侯

东汉末年，天下大乱，群雄逐鹿。曹操胸怀大志，决心改朝换代，统一中原。

古代圣贤说过：名不正则言不顺，言不顺则事不成。曹操一度为自己大动干戈的名义问题而烦恼。谋士荀彧对曹操说："在历史上，晋文帝接纳了周襄王，各地诸侯便纷纷地投靠于他；汉高祖为义帝孝服东征，天下之人都归心于他。自天子蒙难，您首倡义兵以来，无时无刻不感念汉室。现在，天子已到达洛阳，正是您建功立业的大好时机。您若把天子迎奉到许都，至少有三点好处：一可以顺从民心，得到百姓的拥戴；二可以借辅佐天子之机，使各地诸侯顺服；三可以取义于天下，使英才前来投效。到那时，谁能与您相比呢？"

曹操闻言大喜，遂亲赴洛阳，将汉献帝奉迎至许都。说是"奉迎"，实际上是"挟持"。自此，曹操挟天子以令诸侯，成为权倾朝野的枭雄。

曹操挟天子以令诸侯

奉迎天子，以令诸侯，确实有利可图。曹操欲借已经衰落的汉朝之"尸"，还自己成为中原霸主之"魂"。曹操这一谋略对于他日后的发展起了举足轻重的作用。

商海弄潮

杰哈瑞斯创业的高明之处

许多经营者及其公司取得成功的关键，就在于把目光紧盯在现有产品的改良上。改良得法，进入市场后，使消费者把它看做全新的产品而得到欢迎。总部设在美国佛罗里达州的关键制药公司就是这方面的一个典型，它运用将一种老药改良成一种新药的方法，发展成了全美表现极为优秀的公司之一。

对于美国创业者而言说，要在制药业发展是相当艰苦的事情。由于制药业属于高科技和严密管制的行业，受国家食品药物管理局监管，要达到当局规定的标准，就必须投下大量的资金进行研究开发（这个过程至少要花费好几年的时间），然后将新药交给医药专家检验。这整个过程，不仅费时而且费力，而且所费不菲。对于白手创业的生意人而言，实在是太艰苦、太冒险了。

关键制药公司经营者米切尔·杰哈瑞斯的高明之处，就在于把眼光放在那些已在市场上销售、因而在安全性及药效方面毫无问题的药物的改良上。

例如，早在1800年，硝化甘油就被用来治疗心绞痛。当病人突然感到心脏刺痛时，便马上将这种药片放一片于舌底。在很短的时间内，这种疼痛就会消解。关键制药公司利用现成的硝化甘油，制造了一种能够贴在胸口的绷带，它治疗心绞痛的速度更迅速，并且提供了比药片更长久的稳定药效，以阻止心绞痛的再袭。尽管，这是一种百年老药，但却是一种全新的疗法。结果，大受消费者的欢迎。

杰哈瑞斯推出的治疗哮喘病的药物“哮达”，同样也是一种“崭新”的旧产品。在此之前，美国人尽人皆知的治疗哮喘病的药物是西奥菲林（Theophylline）。杰哈瑞斯的创新之道是提高该药的药效。就是将“哮达”进入血管的治疗效果延长为12小时。此项创新，荣获美国食品药物管理局颁发的特别奖，同时吸引了全球许多大制药公司与这家小公司签订共同研究发展各种产品的合约。

诺贝尔借试验做广告

19世纪，诺贝尔是闻名于欧洲的大实业家，在许多关于他创业的故事中，透露出他的聪明才智。他曾做过一次出色的宣传，使他发明的甘油炸药在人们心中的印象大为改观。

在诺贝尔之前，人们一直使用普通的黑色炸药，这种炸药性能稳定，比较安全，但它的爆炸力小，越来越不能满足日益发展的工业需要。

1863年，诺贝尔取得硝化甘油制品的专利权。他发明的这种新型炸药，是用硝化甘油引爆黑色炸药，能产生超出普通黑色炸药许多倍的破坏力。这种混合炸药问世以来，深受工业界欢迎，销路极好。诺贝尔生产这种炸药的工厂也因此大大赢利，并且逐步控制了欧洲各国的市场，形成一个颇具规模的“工业王国”。

但是不久，问题接踵而至。由于硝化甘油以液体形式存在时，在一定条件下会自行爆炸，从而导致了运输和生产过程中一系列爆炸事件的出现，带来很大伤亡，也使硝化甘油的名声大大受损。鉴于这种情况，许多国家政府，准备对这种新型炸药的生产加以控制或禁止。

各种爆炸事件的出现使诺贝尔工厂的市场大为缩减，一旦再遭禁止则意味着他初显规模的那个“工业王国”完全崩溃。事实上，在生产和运输过程中，如果操作人员掌握了熟练的操作技能或遵守操作规定而不掉以轻心，硝化甘油并不会在正常情况下出现爆炸现象，一系列的事故多半是因工作人员掉以轻心所致。

为了挽救企业，也为了给甘油炸药这一新型产品正名，诺贝尔采取了一个新颖而富有成效的计划。

他来到工业发达的英国，首先在报纸上登出声明，表示要亲自在公众面前表演甘油炸药的操作和试验，以证明甘油炸药的安全可靠。许多人知道了著名的炸药大王诺贝尔要亲自试验的消息，人们好奇地等候着试验的结果。

然后，诺贝尔遍访那些财力雄厚的矿场主和铁路建设者，让他们相信，硝化甘油只要使用得当，绝对不会带来任何危险，而它的效能却能为企业带来机会和财富。他还邀请他们去观看他的试验，眼见为实。

一切准备就绪。在表演的那天，围观的人们众多，大家对这场试验仍充满恐惧，对诺贝尔可能遭受的悲惨事故猜测纷纷。

诺贝尔带着试验用的一箱箱材料出现了，他把人们安排到一个安全的地点，而这个地点又能看清他的所有动作。在人们提心吊胆的心情下和议论纷纷的声音中，诺贝尔开始了他的表演。

首先，他取出一些硝化甘油和火药的混合物，在人们的惊叫声中把这混合物点燃，有些人转过脸不敢看，以为会出现爆炸场面，但是，爆炸没有发生。

然后，他又将满满一箱的硝化甘油和火药的混合物，放在燃烧的柴堆上。爆炸依然没有发生。

接着，他的助手提着同样的一箱材料，走到一处60英尺高的岩石上，他们将箱子投下去。诺贝尔站在岩石下，箱子落到他的身边，在人们的惊呼声中，他纹丝不动地站着、微笑着。爆炸依然未如人们料想的那样发生。

诺贝尔宣布检验甘油炸药安全性能的这三个试验结束了，围观的人们终于松了口气，纷纷夸赞新型炸药并不是如传说中那样可怕。

但是，诺贝尔的表演并未结束，现在是他向人们展示新型炸药威力的时候了。

他把那些试验过的材料分别放在一根橡木上、一块大石块上和一个大铁桶上，然后分别引爆。围观者刚刚松弛的心情又再次紧张了，在人们目瞪口呆的神情里，诺贝尔轻松镇静地完成所有程序，退到一边。在震天动地的爆炸声后，人们再去找寻那三样东西，除了零碎破烂的一些残骸外，什么都没有了。这样强大的爆炸力，让人们惊呆了。

一切还未结束。诺贝尔和助手们又在一个石坑里钻进十几英尺深，然后填上十几磅炸药并用雷管引爆。在惊天动地的一声爆炸后，一个巨大的坑呈现在人们面前，所有的原貌都没有了，那些坚硬的岩石碎如粉末。

所有在场的矿场主和铁路建设者，在爆炸声后先是惊讶，而后便是狂喜：多么有用的炸药，这不正是他们在开矿、通路时渴望的东西吗？谁都明白，这种新型炸药将会给自己带来多少巨大的财富。

而此时的诺贝尔，他什么都不用再说了，这一切早已证明他的炸药的价值。

在这样一次影响巨大的表演之后，再没有人对甘油炸药提出异议了，这样安全而有效的甘油炸药怎么可能被拒绝呢？甘油炸药的广泛运用使筑路和开矿进入了一个新的时代，而诺贝尔的“工业王国”更向前迈开了一大步。

诺贝尔进行表演性的爆炸试验，名为一次释疑的表演，实为一次绝妙的宣传。在现代经济战中，这种规模巨大、给人强烈感觉刺激的广告方式，屡见不鲜，它以种种名义作借口，实质只在于给人留下深刻印象。

运世方略

白骨精借人尸瞒骗唐僧

一日，唐僧师徒四人一路西行来到一座深山里，被住在这里的妖怪白骨精得知，白骨精聚来手下的爪牙们说道："吃了唐僧的肉，可以长生不老，今日天赐良缘，那唐僧路过这里，我与你们把他抓来，大家共享。"一个爪牙说："那唐僧手下三个徒弟，都很有手段，特别是那孙悟空，铜头铁臂，火眼金睛，恐怕我们靠近不及。"白骨精说："我自有办法，你们等着吃肉就是了。"

白骨精来到一户老农家里，打死了一家三口，然后将自己的灵魂钻入老农女儿尸骸之中。活脱脱的一个村姑，提着一篮饭菜，要向师徒乞舍，想借机掠去唐僧。在这危急之时，孙悟空赶回来，识破了白骨精的真面目，一棒打下去，打倒了村姑，白骨精化作一股青烟，弃尸而逃。然后变成一个老太太，声称是村妇母亲，正在寻找女儿，一见尸骸时，便大哭大号，非要唐僧师徒偿命。这次又没有骗过孙悟空的眼睛，又是一棒打了下来，白骨精一见事情不妙，灵魂早已离了躯壳，逃之夭夭，又留下了一具僵尸。白骨精最后又钻入老农夫的尸骸中，拄着拐杖蹒跚而来，见了老婆和女儿的尸首，便要同唐僧拼命，这里孙悟空看得真切，又是一棒，老农夫便倒在血泊之中，实在可惜。白骨精又早已灵魂出窍，溜之大吉。唐僧肉眼凡胎，不识庐出真面目，便怪罪孙悟空伤害生灵，念了一通紧箍咒后，把孙悟空赶回花果山。

尸魔妖三戏唐三藏

这个故事中，白骨精所用的便是借尸还魂之计，她一而再，再而三地借用了村姑、村姑的老母、村姑的老父等三具尸骸，骗得了唐僧的信任。白骨精所用之法，从时间看是暂借，从方式看是强抢，从内容看，所借的是形式，即别人的形骸。孙悟空属防范的一方，他虽然识破了白骨精的本来面目，但因每次下手不狠，斩草没有除根，致使白骨精一次又一次地卷土重来，不但没有及时消灭这一妖怪，自己反被赶回了花果山。

宋江大破连环马

《水浒传》第108回讲宋江征王庆时，攻打荆南重镇，急切难下，且又被守将梁永、糜胜等捉了萧让、金大坚、裴宣三人。荆南城中壮士萧嘉穗，对王庆作乱久怀不满，日夜留心图贼，却是单丝不成线。今见宋江攻城紧急，心生一计，写成传单若干，声言宋江军马乃仁义之师，城中兵微将寡，破在旦夕，要保全性命的，赶快拿起武器，跟我去杀贼。萧嘉穗于人群中高声朗诵传单内容，深受暴政之苦的百姓和士兵，一呼即应，刹时间聚起五六百人，掐指间即达五六千人，待在帅府杀进杀出，响应者已有2万余人。萧嘉穗借用民心，夺得荆南，开门献城，使宋江兵不血刃，取得荆南重镇。这是一个借用民心，夺取城池的“借尸还魂”之例。第57回“徐宁教使钩镰枪，宋江大破连环马”，则可以看做宋江利用徐宁的技艺，转换战争局势，化被动为主动的“借尸还魂”之计。

宋江大破连环马

话说双鞭呼延灼，乃河东名将呼延赞嫡派子孙，有万夫不当之勇，授职汝宁郡都统制，手下多有精兵勇将，奉朝廷之命，进剿梁山泊。双方交战，不分胜负。后来呼延灼改进战术，使用连环马冲阵：教3000匹军马，作一排摆着，每30匹一连，却把铁环连锁；遇到敌军，远用箭射，近则使枪，直冲入去；3000连环军马，分作100队锁定；5000步军，在后策应。战场检验，果然威力无穷。那连环马军，漫山遍野，向宋江大队人马横冲直撞将来。宋江人马拦挡不住，大败溃逃。呼延灼大获全胜，杀死者不计其数，生擒500余人，夺得战马300余匹。

宋江与众人商讨破连环马之策，采纳了汤隆的推荐和吴用的计谋，赚得金枪将徐宁上山，教使钩镰枪法。这钩镰枪法是连环马的克星，而徐宁又是当朝唯一精通钩镰枪法之人。徐宁教众军道：凡马上使钩镰枪，就腰胯里作步上来，上中七路，三钩四拨，一捌一分，共使九个变法。若是步行使这钩镰枪，亦最得用。先使八步四拨，荡开门户；十二步一变，十六步大转身。分钩镰捌缴，二十四步，挪上攒下，钩东拨西；三十六步，浑身盖护，夺硬斗强，此是钩镰枪正示。编成顺口溜就是：四拨三钩通七路，共分九变合神机。二十四步挪前后，一十六翻大转围。不到半月之间，教得梁山泊五七百人精通了钩镰枪法。

宋江手里有了一支钩镰枪部队这张王牌，即日要与呼延灼决战。宋江部署道："明日并不用一骑马军，众头领都是步战。孙吴兵法，却利于山林沼泽。今将步军下山，分作十队诱敌；但见马军冲掩将来，都往芦苇荆棘林中乱走。却先把钩镰枪军士埋伏在彼，每十个会使钩镰枪的，间着十个挠钩手；但见马到，一搅钩翻，便把挠钩搭将人去捉了。平川窄路，也如此埋伏。"吴用道："正应如此藏兵捉将。"徐宁道："钩镰枪并挠钩，正是如此。"

宋江部署已定，是夜三更，先把钩镰枪军士送过梁山泊，去四面埋伏已定。四更，渡十队步军过去。轰天雷凌振将风火炮架到高阜处。黎明时分，守中军的宋江人马，隔水擂鼓呐喊。呼延灼听得探子报知，差先锋韩滔出哨，随后大驱车马，杀奔梁山泊来，隔水望见宋江引着许多军马，呼延灼教摆开马军。一时间，正南、东南、西南方向出现了三队梁山泊步军。又听北边一声炮响，又拥起三队梁山泊旗号。呼延灼和韩滔正准备分兵冲击，西边又出现梁山泊四队人马。又听北面连珠炮响，呼延灼军兵不战自乱。呼延灼引连环马四下冲突，梁山泊十队军兵，东赶东走，西赶西走。宋江军兵尽投芦苇中乱走，呼延灼大驱连环马，卷地而来，那甲马一齐跑发，收勒不住，尽往败芦折苇之中，枯草荒林之内跑去。只听里面呼哨响处，钩镰枪一齐举手。先钩倒两边马脚，中间的甲马，便自咆哮起来。那挠钩手军士，一齐搭住，芦苇中只顾缚人。呼延灼和韩滔率领的连环甲马，乱滚滚都落入荒草芦苇之中，尽被捉了，其中韩滔也被擒获，只走了呼延灼一人。

借尸还魂，法为"借尸"，义在"还魂"。借，包含在失利的情况下，保持清醒的头脑，找到足以克敌的借用力量。宋江在吃了连环马的苦头之后，没有继续去死打硬拼，而是辗转找到连环马的克星钩链枪，借用金枪将徐宁之技艺，大破了连环马。而且。这种借不是暂时的，而带有一定的永久性，使徐宁成为梁山泊的奇能异士之一。俗话说，一物降一物。战场情况，千变万化，真正的常胜将军为数不多，胜败乃兵家常事。然而，聪明的指挥员在一时失利的情况下，如能冷静地分析判断情况，就能找到可借之"尸"，即一切可以利用的机会和因素，夺回主动，反败为胜。宋江大破连环马，可以为人们提供一些启迪。

第十五计　调虎离山

原文注译

【原文】

待天以困之[1]，用人以诱之。往蹇来返[2]。

【注释】

①待天以困之：天，指天时、地理等客观条件。困，作使动词用，使困扰、困乏。全句意为：期待不利的客观条件去困扰它。

②往蹇来返：语出《易·蹇》九三爻辞。原文为"往蹇，来返。"蹇卦的卦象为艮下坎上。艮象山，坎象水。王弼注曰："山上有水，蹇难之象。"故在此处，"蹇"，有难的意思。反，李镜池《周易通义》注：反，犹反反，广大美好貌。往蹇来反，意为去时艰难，来时美好。

【译文】

利用不利的天时地利条件困扰敌人，用人为的方法诱惑敌人。主动进攻有危险，诱敌来攻则有利。

按语注译

【按语】

兵书曰："下政攻城。"[1]若[2]攻坚，则自取败亡矣。敌既得地利，则不可争其地。且敌有主而势大。有主[3]，则非利不来趋；势大，则非天人合用不能胜。汉末[4]，羌率众数千[5]，遮虞诩于陈仓崤谷[6]。诩军不进，宣言[7]请兵，须到乃发[8]。羌闻之，乃分抄旁县[9]。诩因其兵散，日夜进道[10]，兼行[11]百余里，令军士各作两灶，日倍增之[12]。羌不敢逼，遂大破之。兵到乃发者，利诱之也；日夜兼进者，用天时以困之也；倍增其灶者，惑之以人事[13]也。

【注释】

①下政攻城：下政，下策。语出《孙子兵法·谋攻第三》："故上兵伐谋，其次伐交，

虞诩，东汉名将，曾以增灶的方法使羌人不敢追逼汉军。

其次伐兵，其下攻城。攻城之法，为不得已。”意思是说，凡是用兵打仗，上策是以智取胜，次策是运用外交手段取胜，再次策是以兵对兵取胜，最下策才是攻打城池。强攻城池，是不得已才采取的办法。所以说，攻城是“下政”。

②若：假如、如果。

③主：主动。有主，处于主动地位。

④汉末：东汉末年，此处具体指汉安帝元初元年（114年）。

⑤羌：中国西部地区古代民族。

⑥遮虞诩于陈仓崤谷：遮，阻挡、围困。虞诩，东汉安帝时曾任武都（今甘肃成县西北）郡太守。陈仓崤谷，在今陕西省宝鸡市西南。

⑦宣言：扬言。请兵，向朝廷请求援兵。

⑧须到乃发：一定要等候援兵来到后，方可进军。

⑨分抄旁县：分散到近帝的县抄掠财物。

⑩进道：赶路。

⑪兼行：兼程，以加倍的速度赶路。

⑫日倍增之：每日以翻倍的数目增加。

⑬惑之以人事：用人为的假象迷惑对方。

【译文】

《孙子兵法》说：“攻城是最下策。”如果去强攻坚城，就可能自招失败或灭亡。敌人既已占居有利地形，就不能去同他争夺这块地盘；况且敌人还居于主动地位，而力量又占优势。敌人既是居于主动地位，如果不是对他有利，是不会离开驻地来向我进攻的；敌人既是在力量上占优势，除非我方能够综合运用天时地利人和等条件，就难以取胜。东汉末年，羌人首领统率数千兵马，将武都太军虞诩的部队围困在陈仓崤谷中。虞诩便让部队停止前进，同时扬言要请求朝廷派援兵来，而且一定要等援兵到来后再进军。羌人听到这个消息后，（认为援军一时到不了），便将部众分散到近旁各县去抄掠财物。虞诩便乘羌兵分散之机，日夜进军，每昼夜以加倍的速度行军百余里。又令军士在驻军做饭时，同时做两个灶，并使灶的数目每天增加一倍。羌人误以为援军已陆续到达，便不敢追逼攻击，结果虞诩大破羌兵。虞诩扬言要等候援军到后再进军，就是故意让羌人误以为可以利用援军到来之前的空隙分兵抄掠，用利诱的办法将其调开；他不分昼夜地急行军，就是要争取时间，出其不意，置敌于困境；而加倍修灶，就是用人为的假象迷惑敌人，使之误以为援军已陆续到达。

传世典故

调虎离山，调：调动，设法使老虎离开它所占据的深山，以便于捕获。比喻用计谋使对方离开原来的有利地势，以便乘机进攻。在军事中，指引诱敌人远离其作战的据点，在其没有任何凭借的不利条件下，与之进行决战。

"调虎离山"一语可能源于《管子·形势解》。该篇中有一段这样的话："虎豹，兽之猛者也，属深林广泽之中则人畏其威而载之。人主，天下之有势者也，深居则人畏其势。故虎豹去其幽而近于人，则人得之而易其威。人主去其门而迫于民，则民轻之而傲其势。故曰：'虎豹托幽而威可载也。'"意思是说，虎豹，是兽类中最威猛的。当它们居住在深山大泽之中时，人们就会因惧怕其威风而敬畏它们。君王是天下最有势力的人。如果深居简出，人们便会害怕它的势力。虎豹若是离开他们所居的深山幽谷而走近人类居住的地方，人们就可以将它捕捉而使之失去原有的威风。做君王的若是离开王宫的门而与普通的人混在一起，人们就会轻视他而以傲慢的态度看待他。所以说，虎豹只有不离开它们居住的幽谷深山，其威风才会使人感到畏怯。这里虽然尚未使用"调虎离山"一语，但已经包含只有将老虎调离深山，才能将其制伏的意思。

调虎离山之计用在军事上，是一种调动敌人的谋略。它的核心在一"调"字。虎，指敌方，山，指敌方占据的有利地势。如果敌方占据了有利地势，并且兵力众多，防范严密，此时，我方不可硬攻。正确的方法是设计相诱，把敌人引出坚固的据点，或者，把敌人诱入对我军有利的地区，这样做才可以取胜。

东汉末年，军阀并起，各霸一方。孙坚之子孙策，年仅十七岁，年少有为，继承父志，势力逐渐强大。199 年，孙策欲向北推进，准备夺取江北卢江郡。卢江郡南有长江之险，北有淮水阻隔，易守难攻。占据卢江的军阀刘勋势力强大，野心勃勃。孙策知道，取胜的机会很小。他和众将商议，定出了一条调虎离山的妙计。针对军阀刘勋极其贪财的弱点，孙策派人给刘勋送去一份厚礼，并在信中把刘勋大肆吹捧一番。信中说刘勋功名远播，令人十分仰慕，并表示要与刘勋交好。孙策还以弱者的身份向刘勋求救。他说，上缭经常派兵侵扰我们，我们力弱，不能远征，请求将军发兵降服上缭，我们感激不尽。刘勋见孙策极力讨好他，万分得意。上缭一带，十分富庶，刘勋早想夺取，今见孙策软弱无能，免去了后顾之忧，决定发兵上缭。部将刘晔极力劝阻，刘勋哪里听得进去？他已经被孙策的厚礼、甜言迷惑住了。孙策时刻监视刘勋的行动，见刘勋亲自率领几万兵马去攻上缭，城内空虚，心中大喜，说："老虎已被我调出山了，我们赶快去占拓它的老窝吧！"于是立即率领人马，水陆并进，袭击卢江，几乎没遇到顽强的抵抗，就十分顺利地控制了卢江。刘勋猛攻上缭，一直不能取胜。突然得报，孙策已取卢江，情知中计，后悔已经来不及了，只得灰溜溜地投奔曹操。

用计锦囊

“调虎离山”是一种弱者战胜强者的谋略。之所以要“调虎离山”，是因为“山”是猛虎据以兴风作浪的地盘，在平原，老虎是无法施展其雄风的，只能是连狗也敢欺的“纸老虎”。俗语“虎落平原被犬欺”，说的正是这种情况，而这正是猛虎的弱点。

“调虎离山”的关键在于要善于调动敌人，使强敌离开其赖以强大的有利环境或其充分控制的领域，在对敌不利的环境或其力量薄弱的领域里将其制伏。

调虎离山之计包含以下三种含义：

1. 调虎落平原。虎的威风一是来自于它自身的勇猛，二是来自于它所盘踞的山势。而山势是它赖以生存和施展威力的必不可少的重要条件，一旦离开了这个重要条件，它自身的勇猛也很难发挥出来。俗话说：“虎落平原被犬欺。”在深山里，犬当然不是虎的对手，但到了平原则成了犬的天下。在犬的势力范围内，虎失去了凭借，只得束手待毙了。所以调虎离山，要将从其最有利的环境中，诱入最不利的环境中。

秦国派兵送重耳归晋

2. 调虎分其势。虎为百兽之王，而百兽又都生活在山中。在山中，虎可借百兽可增势，百兽也可借老虎而显威。它们之间因互相勾结狼狈为奸，更扩大了其威势，增加了与我对抗的力量。如果把老虎诱离深山，使它与百兽分开，就可大大分散减弱虎势，这时再来降虎，就容易多了。

3. 调虎占其山。如果我们为了占领虎山，但虎山又有虎守护，我们一时攻打不下，这时可设法把虎引开，使山空虚，我们便可乘虚而入，一举拿下虎山，待虎发觉之后，已无挽回败局的可能。而虎没了老巢，就可以凭我们进一步处置了。即使我们不去理睬它，它也会因失去生活条件，而逐渐自消自灭。

运用调虎离山之计，“调虎”是关键也是难点。一定要审时度势，因势利导，调得巧妙、灵活。大致来说，“调虎”有以下方式：

1. 乱之以虚。用虚虚实实的手法迷惑敌人造成敌人在判断上的失误，使其如无头之蝇一样四处乱撞，伺机把敌人引诱到对其不利的地形上。

2. 激之以智。用智谋来激怒敌人，使其丧失理智，轻举妄动。这就是兵法所说的“怒而挠之”。

3. 诱之以利。以小恩小惠或巨额利益诱骗敌人离开其赖以生存之地。

4. 驱之以害。避害同趋利一样，是人的本性。如果在敌人的内部或外部制造祸害，敌人为了自保就会逃离。

5. 晓之以理。如敌人较为明智，就要晓之以利害，使其自动退让。不动干戈之法是上上策。

对调虎离山之计，应采取以下防范对策：

1. 利用条件，但不要过分依赖。不能充分巧妙利用客观条件的人，就等于拱手把胜利让给敌人，但是过分地依赖客观条件，把希望全部都维系于某一客观条件上，就会危如累卵，经不起风险，一旦离开这一条件，将必败无疑。

2. 先得地利，不要轻易放弃。如果我们已经抢先占有地利，而使敌人处于不利的地位时，就不要轻易放弃这一优势，而千方百计诱使敌人来我们这里决战，而不能性急浮躁，轻易离开，要“先为不可胜，以待敌之可胜，”才能“立于不败之地。”在这里，经得住诱惑是很关键的素质。

3. 留有归路，不要离山太远。如果需要出击时，要事先规划好归山之路，不要出得去，回不来。另外离开山林不要太远，万一有问题也可及时回救。总之，要把根据地，大本营保护好。

4. 提高警惕，不要陷入险地。要了解自己的特点，适于什么样的条件。凡对自己有利的地势、可以前行，凡对自己不利的地势，一定要尽早回避。尤其是敌人极力引诱我们去的地方，更要提高警惕，以防陷入险地而不能自救。

计谋典范

战场逐鹿

纪信出首，荥阳解围

面对楚军日益猛烈的攻势，陈平等人，一方面将形势之危急向诸将和盘托出，

汉高祖

激励诸将誓与孤城共存，抵御楚兵，另一方面与张良密谋后，对汉王说：“请大王速写一封投降信给霸王，约霸王在东门相见。霸王定会把他的大军布置在东门，我再想办法把西、北、南各门卫士引到东门口来，大王就可以从西门冲出去了。”

这时汉王帐下的将军纪信，认为与其死守孤城，不若突围求生。要想突围，唯一的办法是找一个人假做汉王，只说出城投降，好叫敌人无备，让汉王乘乱冲出包围。纪信悄悄来到汉王帐下，言愿假代汉王，去诳骗楚军，请汉王组织人马突围。陈平等人认为此计可行，但必须周密策划，要有其他伪装作掩护，三计并施，才能蒙蔽项羽，乘乱突围。于是翌日，天还未亮，汉军便开了东门，陈平差遣2000妇女，一批又一批地从东门出去。楚军闻讯围攻上来，竟见全是些手无寸铁的女人，谁也不好意思刁难，只好闪开一条道来。南、西、北门的楚兵听说东门全是美人儿，争先恐后地拥向东门。直到旭日东升，才见城中有兵士出来。打着旌旗，拿着武器，簇拥着一部兵车，缓缓而来。“汉王”走近楚营，霸王才发现坐车出来的不是汉王，气得火冒三丈，暴跳如雷，吩咐将这个假汉王连车一同烧了。这时，汉王乘着东门混乱，冲出西门，带着陈平、张良、樊哙杀开一条血路，逃之夭夭。荥阳城头又列满了守军，一个个甲胄鲜明，武器精良。原来陈平的三计是：（1）让妇女出东门，吸引楚兵的注意力，减少城中非战斗人员的数量，减轻口粮上的压力。（2）让纪信乔装汉王，大骂项羽，目的在于拖延时间，以使汉王君臣得以走得更远，守城的将士有更充足的准备。（3）留下一支守军。荥阳是军事重镇，历来为兵家必争之地。能够守住自然是好，万一守不住，也可拖住楚兵的后脚，使之不能尽快地全力追赶汉王。就这样，陈平使汉王死里逃生，为日后消灭楚军，奠定了基础。

敌国与政敌之间的军事征战和权利之争，既是势力的综合对抗，又是智慧谋略的较量。在楚汉战争生死存亡的攸关之际，被楚军围追堵截，困守孤城荥阳的刘邦之所以九死一生，能够死里逃生；处于劣势被动地位的汉军之所以能够重振旗鼓，变被动为主动，变劣势为优势，与在关键危急紧要关头，陈平屡出奇计谋略，玩弄阴谋诡计，计计连环套用，各得其效有着直接的关联。尽管项羽军威声振，兵勇将谋，指挥中枢堡垒坚固，所向披靡，攻无不克，屡战屡胜，但是在荥阳围困汉军的激烈争战中，他却轻而易举地败给了陈平以反间为手段，步步深入，扰乱楚军破坏项羽核心联盟的调虎离山之计。在施计过程中，陈平针锋相对，以出乎常人之情的手段，对症下药，反其道而行，把握准了项羽生性好疑、吝啬爵邑的不足，利用楚军的矛盾，以散布谗言，略施小恩小惠的手法，首先瓦解、调拨了钟离昧（折虎翼），继之陷害项羽的谋臣范增，使其离他而去（去虎威），从而使楚军的坚固堡垒出现裂痕，不能一致对外御敌，接着又使用瞒天过海，调虎离山之计，以刘邦出降，美女为诱饵，吸引楚军到相反的方向，声东击西，制造混乱（虚乱以避虎），乘机突围而去。以上三计，每计的核心都是为了乱之以虚，达到调虎离山，分化瓦解楚军的目的，但在用计的对象、时间、方式上都采用了不同的隐蔽手法，示假隐真，令人将信将疑，使项羽在不能明辨曲直是否的前提下，不知不觉便上了陈平的当，其目的结果改变了战争的势态，待到其醒悟，欲加防范力抵再次上当受骗时，计谋又是道高一尺魔高一丈，防不胜防，毫无招架之势，只能听天由命，结果却是楚军功败垂成，而汉军刘邦则由被动渐趋主动，死里觅生，保存了卷土重来，东山再起的实力。

孔明设谋调崔谅

诸葛亮在首次出师伐魏时，旗开得胜，初战，就把魏左都督夏侯惇打败，困其在南安城。孔明见南安城高难攻，而且周围又有天水、安定、络城、冀城为羽翼。若攻城日久，恐于军不利。于是先佯攻南安，实则用计去取周围诸郡。

安定郡的太守崔谅，在城内听说蜀宰包围了南安郡，于是下令加强城防，不敢妄动。

一天，军兵报告说："有人从正南来，说有密事要禀告太守。"崔谅召见。那人见到崔谅说："我是夏侯桥帐下的心腹大将裴绪，奉都督之命，传令安定、天水郡出兵去救南安、欲用内外夹攻之计破孔明大军。"说着，从内衣中取出一封被汗水浸透了的书信。崔谅拿过来也未看出什么字迹。来人向崔谅告辞说："我还要去天水郡传令，请太守快速兴兵。"说罢，取过汗书出城而去。

崔谅见信后，仍有些踌躇不定，只怕安定郡失守。不一会儿，又有人骑马在城外喊叫说："天水郡已经兴兵去南安了，请安定郡速出兵应援。"

郡内文武对崔谅说："夏侯桥是皇帝的驸马，南安一旦失守，而我们坐视不救，即使保住了安定郡，那时也得吃罪啊！"崔谅一听，也是此理，于是便只留文官守城，率军向南安进发。

崔谅出城未走出五十里，就遭到了蜀军的前后夹击。崔谅见势不妙，凭着路熟，率败将从小路奔往安定郡。谁知到城下一看，安定郡已被蜀将魏延所夺。他急忙又向天水郡方向逃去，结果中途又被蜀军拦住去路，万般无奈，只好下马投降。

姜维识破孔明的调虎离山计

孔明首伐中原时，顺利地占领了安定，南安二郡，并准备再用调虎离山计，像

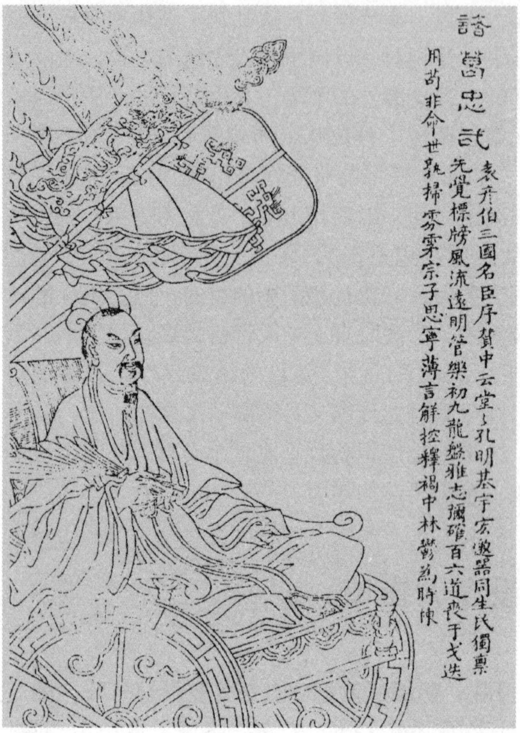

诸葛亮

诈取安定那样，去取天水。

这时，天水郡的太守马遵，尚不知南安已陷落，对文武官员说：“夏侯桥是皇帝的驸马，又是这次率兵御蜀进犯的都督，现在被困在南安城中，如果有怠慢的地方，恐怕吃罪不起。”众官都说：“我们宜率三部军马，主动去救南安。”说话间，有军兵报告说：“南安郡夏侯驸马心腹家将裴绪来到。”裴绪入府对马遵说：“都督下令调安定及你郡兵马星夜去南安救援。”说完匆匆告辞而去。不一会，又有军兵在城外喊：“安定郡已经派兵欲去南安，约你郡兵马一同前往。”马遵闻言，点军马便要起程。

姜维在一旁阻拦马遵说：“太守莫中孔明调虎离山之计！”马遵说：“这话从何说起？”姜维说：“孔明把夏侯驸马围在南安，城池被围得水泄不通，怎么会有人冲出重围来报信呢？况且裴绪又是一个无名下将，我们谁也没见过，安定郡约我们一起出兵，又没有公文。我看，这都是蜀军假扮的，想骗我们出城，待我们出兵后，乘虚夺我们天水郡。”马遵听了姜维的话，大吃一惊说：“那我们怎么办？”姜维说：“我们可将计就计。我带三千军马，埋伏在要路，你带兵出城，佯去南安。但不要走远，看见城上起火，就率兵杀回来，我们前后夹攻来取城的蜀军。如果孔明亲自来，可连他也一起擒获。”马遵一听，欣然应允。

当马遵率兵出城刚走出二十里左右，赵云果然率五千军马来攻天水郡，城上守城的魏将对赵云说：“你中了我们姜维的妙计了，还不下马投降？”说着叫军兵在城头点燃火号。这时只见马遵率军马杀了回来，姜维也率伏兵冲出夹击蜀军。赵云见受到魏军的前后夹攻，首尾难顾，只好率军杀开条血路败走。

此计中，姜维所以未能中计受骗，是根据对敌情，战势的正确分析，从其中反常现象中发现对方行计破绽的。然后，将敌方的“调虎离山计”，就自己的“前后夹击”之计，以攻为守，保住了天水郡。

上方谷司马氏中计

蜀后主建兴十二年（234 年），诸葛亮领兵 34 万伐魏，分五路进军，六出祁山。魏明帝曹睿闻报，命司马懿为大都督，领兵40万至渭水之滨迎战。诸葛亮与司马懿是沙场老对手，双方都知道对方兵法娴熟，足智多谋，不好对付。所以战前各自都作了周密部署，严阵以待。诸葛亮在祁山选择有利地形，分设左、右、前、后、中五个大营，并从斜谷到剑阁一线接连扎下十四个大营，分屯军马，前后接应，以防不测。司马懿则屯大军于渭水之北，同时在渭水上架起九座浮桥，命先锋夏侯霸、夏侯威领兵5万渡河至渭水南岸扎营，又在大营后方的东原，筑城驻军，进可攻，退可守，稳扎稳打，务使魏军立于不败之地。司马懿受命离开魏都时，曾受曹睿手诏："卿到渭滨，宜坚壁固守，勿与交战。蜀兵不得志，必诈退诱敌，卿慎勿追。待彼粮尽，必将自走，然后乘虚攻之，则取胜不难，亦免军马疲劳之苦。"所以在经过两次规模不大的交锋、双方互有胜负之后，魏军便深沟高垒，坚守不出。由于蜀军劳师远来，粮草供应颇为困难，因而利于速战；而魏军以逸待劳，利于坚守。因而诸葛亮的主要策略目标，就是要诱敌出战，调虎离山，速战速决。然而司马懿老谋深算，素以沉着、谨慎、稳重著称，加上有魏明帝临行手诏，也不必担心那些急于求功的部将鼓噪攻讦。在这种情况下，要调动司马懿这只"老虎"离山，谈何容易！然而再狡猾的狐狸，也斗不过好猎手。司马懿这只善长谋略、经验丰富的"深山之虎"，终究被诸葛亮调出来了，还险些丢了性命。那么，诸葛亮究竟使了什么样的奇招，使司马懿这只老狐狸也难免上当呢？

诸葛亮深知，己方最根本的弱点是远离后方，粮草供应困难；他同时也深知司马懿正是看准了自己这一弱点，并利用这点做文章，期待并设法使蜀军断粮，从而将蜀军困死或逼蜀军撤退，然后乘机取胜。于是诸葛亮便将计就计，也在粮草供给问题上做文章、设诱饵，以此引司马懿这只"虎"离山。措施之一是分兵屯田，与当地老百姓结合就地生产粮食，以供军需，摆出一副作持久战的架势。这就等于宣示司马懿：你不急，我也不急；若是我不急，看你还急不急。果然司马懿的长子司马师沉不住气了，对其父司马懿说：现在蜀兵以屯田作持久战的打算，如此下去，如何是了？何不约孔明大战一场，以决雌雄！司马懿口头上虽说"我奉旨坚守，不可轻动"，心里其实也很着急。诸葛亮的另一个措施，是自绘图样，令工匠造木牛流马，长途运粮，据传这东西很好使，"宛如活者一般，上山下岭，各尽其便"。蜀营粮草由木牛流马源源不断从剑阁运抵祁山大寨。司马懿闻报大惊说道："吾所以坚守不出者，

司马懿像

为彼粮草不能接济，欲待其自毙耳。今用此法，必为久远之计，不思退矣。如之奈何？”诸葛亮看出了司马懿急于破坏蜀军屯田、运粮、屯粮计划的心情，于是进一步利用这一点引他上钩。办法是：一方面在大营外造木栅，营内掘深坑，堆干柴，而在营外周围的山上虚搭窝铺草营造成蜀兵分散结营，与百姓共同屯田屯粮，而大营空虚的假象，引诱魏军前来劫营；另一方面在上方谷内两边的山坡上虚置许多屯粮草屋，内设伏兵，同时让军士驱动木牛流马，伪装往来谷口运粮。而诸葛亮自己则离开大营，引一支军马在上方谷附近安营，以引诱司马懿亲领精兵来上方谷烧粮。而司马懿呢？他虽烧粮心切，却又极为谨慎小心，深恐中了诸葛亮调虎离山的诡计。于是便也使了个声东击西、调虎离山计来应战。他亲领魏兵去劫蜀兵祁山大营，但却一反过去每战必让主攻部队走在前面的惯例，让手下的部将冲锋在前，直扑蜀营，自己反而在后引援军接应。他这样做，一则是担心蜀营有准备，怕中了埋伏；二是他指挥魏军劫蜀军大营本属佯攻，目的是调动蜀军各营主力，甚至诸葛亮本人领军前来营救，而他却自领精力奇袭上方谷，烧掉蜀方的粮草。然而，司马懿的这个调虎离山计，却未能跳出“如来佛的手掌心”。诸葛亮早料到司马懿这一着。因而当魏军直扑蜀军大营时，诸葛亮只是事先安排蜀军四处奔走呐喊，虚张声势，装作各路兵马都齐来援救的态势，而诸葛亮却趁司马懿这只“虎”已离山之机，另派一支精兵去夺了渭水南岸的魏营，而自己却在上方谷等待司马懿来“烧粮”，以便“瓮中捉鳖”。司马懿果然中计。他见四处蜀军都急急忙忙奔向大营救援，便趁机急领司马师、司马昭及一支亲兵杀奔上方谷来。接着又被蜀将魏延依诸葛亮的安排，用诈败的方法诱进谷中，截断谷口。一时山谷两旁火箭齐发，地雷突起，草房内干柴全都着火，烈焰冲天。司马氏父子眼看就将葬身火海。亏得突来一场倾盆大雨，才救了司马氏父子三人及少数亲兵的性命。司马懿这只“虎”原本拿定了深沟高垒、坚守不出，决不离山的主意，结果却仍被诸葛亮调下了山；他原想用“调虎离山”计烧掉蜀军的粮草，想不到却反而中了诸葛亮的“调虎离山”计。真个是计外有计，天外有天，军机难测。

政治权谋

郑庄公计擒太叔

周朝末，郑武公娶申侯之女姜氏为妻，生两子，长子叫寤生，次子叔段，寤生是在梦中出世的，姜氏很讨厌他；次子叔段长得气宇轩昂，很得姜氏宠爱。

姜氏时常在丈夫面前说长子的坏话，赞次子能干，劝他改立段做继承人。武公却说：“长幼有序，不可紊乱，况寤生又无过失，依情依理，说不过去！”即立寤生为世子，只以一个小小的共城（今河南辉县）给次子为食邑。

及至武公去世，世子寤生即位，叫郑庄公，袭父职为周朝卿士。姜氏见到次子屈居在一个小城，毫无权威，心里十分不悦，便对庄公说：

“你今日继承了父业，段只有几百里土地，但同胞的弟弟却困守在一个偏僻的小城里，你于心何忍？”

庄公说：“母亲的意思要怎样？”

“那还用说？”姜氏一副教训的口气说，“当然给他一个大城了，把制邑封给他吧（河南汜水县）！”

庄公告诉她说：“制邑是一个险要地方，父亲遗命是不能封给任何人的。除了这个地方之外，什么地方都可以！”

“那么把京城（河南京县）封给他亦可！”姜氏说。

庄公听此一说，默不做声，沉思起来，不表同意，也不反对。

姜氏生气了，袖子一拂，悻悻地说：“你再不同意的话，那把老二赶出国去好了，落得干干净净！”

“不敢，不敢！”庄公连声告罪，“孩儿遵命——”

第二天，庄公上殿，宣布封段于京城。大夫祭足上前启奏：“不可！天无二日，民无二主。京城是一个险要之区，地广人多，其政治军事价值不下于皇城。何况段是夫人爱子，若以大邑封给他，无形中有了两个国君，一旦他恃宠生骄，后果真不堪设想！”

庄公无可奈何地说：“不要说了，这是母命！”遂封段于京城。

段在走马上任前，入宫向母亲辞行。姜氏屏退左右，暗地告诉段：“这次封邑是很勉强的，将来一定会变卦，你应及早打算，到京城之后，要聚兵积粮，时刻准备着，一旦有机可乘，我会给你做内应，只有推倒了寤生，才慰我平生之愿。”

段领命出城，趾高气扬地赴任去，即位视事之日，附近的西鄙和北鄙的首脑都来庆贺。太叔段对二人说：“你两人管辖的，属于我的封地，此后，所有收税进贡，要到我处交纳，军马要听我指挥，不得违误！”

两人已知道太叔段是国母的爱子，有做国君希望，又见他气宇轩昂，人才出众，自然不敢违抗，乐于听命。

从此，太叔段积极训练军队，扩充编制，借故侵袭鄢邑及廪延两地，属土一天天地扩大，实力一天天地增强。

情报人员把此事奏报庄公，庄公笑而不答。班中有一位官员高声大叫：“可速诛太叔段！”

庄公抬头一看，原来是上卿公子吕，便问：“卿家有何高论？”

公子吕说：“从来被封子不能过问军事，有拥兵自重的必杀无赦。今太叔段内挟母后之宠，外恃京城之固，日夜谈兵练武，不是想篡位是什么？请授权给我，率兵征讨，以除后患！”

“但段未见有反叛行动呀！”庄公答。

公子吕愤愤地说：“今东西两鄙被收，廪延被取，这不是叛变行动？国家土地，岂可以被蚕食下去！”

庄公笑起来，说：“段是母后爱子，是我的弟弟，宁可失地，不可伤兄弟之情，拂母后之意！”

《前汉书续集》版画之陈豨约众将反汉

公子吕复进一步说："我不是怕失地，实怕失国。今人心已惶惶惴惴，见太叔段势力日强，都存观望态度，若再容忍下去，怕一发不可收拾。主公今日容得太叔段，将来太叔段未必容得主公！——"

"不得乱说！"不等公子吕说完，庄公愤然制止他，说，"我会设法感化他！"立即起身退廷。

公子吕出外，对祭足说："主公念及宫闱私情，忽略了国家大计，我很为此担心。"

祭足告诉他："主公是一个足智多谋的人，断不会忽略这点，不过在大庭广众里，不便泄露，你是他的亲戚，不妨私自去见见他，一定会有真心话说出来的。"

公子吕听了他的指示，乃入宫去见庄公，庄公问他有什么事，公子吕便说："我就是为了刚才在朝廷上说过的那件事再来拜请。主公当日继承王位，大家都知道并非国母的意见，她是属意太叔段的。今日太叔段的横行嚣张，必然是一种夺权阴谋，万一内外合谋，发动政变，恐怕——"

庄公说："此事闹起来，怕碍着国母面子呢。"

"岂不闻周公诛管蔡的事吗？当断不断，反受其乱，到那时，后悔都来不及了！"公子吕说。

庄公忽然长叹一声，说："唉！这件事我早已想到了。段虽然有夺权阴谋，却没有公开叛变行动，如果我把他镇压了，国母必会从中作梗，又惹外人议论，说我没有兄弟情义，骂我不孝！我现在只是装聋作哑，任他所为，等到他真的有叛变行动时，就可以明正其罪了。"

公子吕才恍然大悟，说："主公远见，非臣所及！但恐怕日复一日，促成他势力庞大，便会尾大不掉了。不如及早设法挑他起来，使他提前暴露，及早镇压便了。"

这话正中庄公下怀，庄公连忙问："计将安出？"

公子吕再详告："主公久已未入过周朝，无非为太叔段的缘故，现在不如乘机说要入朝去见周天子，故意引他起事，带兵前来，我却预先伏兵在京城附近，待他出动，便乘虚而入占领他的根据地，然后主公返师进攻，那时他飞也飞不出去了。"

庄公听说，点头称善："好计，好计！"

公子吕辞出宫门，才暗叹一声："祭足可谓料事如神了！"

次日早朝，庄公假传一道命令，要大夫祭足代理国政，自己往朝见周天子去。

姜氏得此消息，认为机会已至，即秘密使人带信给太叔段，约他在五月初起兵袭郑。

这时是四月下旬，公子吕早已先差人伏于要道，把那个带信的人杀了，将信送给庄公看，庄公说："自作孽的人，必会自食其果的！"便另遣心腹假称姜氏亲信，把信带交京城，并得太叔段回信，说及决定在五月五日起事，并要于城楼竖起一面白旗，以便接应等语。

庄公得书大喜，说："证据在此，看你还有什么话说！"

庄公立即入宫辞别母亲，说要入朝谒见天子，姜氏也敷衍几句好话。

庄公率领仪仗队，浩浩荡荡地朝廪延方向慢慢前进。这时公子吕已部署好伏兵在京城附近，专等猛虎离山。

太叔段自得了姜氏密报，立即准备，他派儿子公孙滑到卫国去借兵，自己便动员所有属军，托言庄公出国，要往监政。于是祭旗犒军，得意扬扬地朝皇城进军。

这时，公子吕的便衣队已混进了京城，见太叔段的军队已经出动了，便在城楼放起火，城外伏兵，一见信号，立即杀进去，占领了京城，出榜安民，揭发太叔段的阴谋。

太叔段率军行到路上，就得了京城失陷的消息，心里着慌起来，即命回军，屯扎城外，准备反攻。

可是军心开始动摇了，士兵纷纷交头接耳，议论纷纷，都说太叔段心怀不轨，要篡夺朝政。原来公子吕已派密探混入了军营，散布消息，顷刻间一传十，十传百，整个军营都哄起来，一夜之间，军队散去大半。太叔段着了慌，便率领残兵，跑到鄢邑去，想再行招兵买马，重整旗鼓。

不料庄公早已占领了鄢城，此路已行不得，不得已又跑回自己过去的封地共城去闭门自守。但庄公和公子吕的追兵逼近了，这区区一个小城，无险可守，怎挡得这两路大军夹攻呢？这时他已感到面临绝路，叹道；"都是妈妈害死我了，有什么面目再见兄长呢？"遂自刎而亡。

庄公搜出了姜氏和太叔段的来往密信，使人带回郑国，叫祭足转交姜氏，并送她去颍地安置。姜氏看了信件，羞惭无措，自觉亦无颜与庄公见面，即刻离宫搬到颍地去了。

石碏设计除暴君

东周末年，卫庄公有三个儿子，长子名桓，次子名晋，三子名州吁。

州吁生性暴戾，喜武谈兵，动辄讲打讲杀，但庄公非常喜爱他，任其所为，一点也不加禁止。

大夫石碏是一个正直的人，国人对他很信任。他曾规劝过庄公，说：“凡做父母的，对子女要严加教育，不要溺爱过甚，纵得太过必生骄，骄必生乱，这是必然规律。主公若想把王位传给州吁，便马上立他为继承人，不然的话，就要管制他，叫他不要这样横行放肆，免致日后搅出骄奢淫逸的祸患。”

这些话，庄公当做耳旁风，对州吁的行动，照样不加干涉。

石碏有一个儿子叫石厚，和州吁的个性一样，好似天生一对宝贝，经常同玩同游，并车去打猎，骚扰民居。石碏看不过眼，将石厚鞭责了一顿，并把他锁在一间空房里，不准他再出外去惹是生非。可是石厚怙恶难驯，野性不改，竟然爬墙跑了，一直躲在州吁府里，不敢回家。石碏没奈他何，只可装聋作哑，把气忍在肚里。

不久，卫庄公死了，公子桓继承了王位，叫做桓公。桓公生性懦弱，毫无主张。石碏见他这样无所作为，而州吁又是那样嚣张，料定将来一定会生乱子，于是借口年老，辞职归家躲起来，对朝政不理不问。

这样一来，州吁更加毫无忌惮了，日日夜夜和石厚商量怎样去夺取王位。

适巧周平王死了，太子即位，这是国家的一件大事，各地诸侯要亲往去吊唁的，卫桓公于是整装准备入朝去。

石厚见到这个机会，欢天喜地对州吁说：“大事可成了，这一个难得的机会，千万不要放过！”

卫石碏大义灭亲

“有什么计划没有呢？”州吁问。

“当然有啦！”石厚接着说，“明天不是桓公要起程入朝吗？你可设宴在西门外，假意给他饯行，预先埋伏五百名勇士在门外，敬酒的时候，乘机把他杀死。如有哪一个不服从的，立即将他消灭，这样你就唾手可得王位了。”

州吁顿时眉飞色舞起来，着令石厚去部署一切。

次日一早，桓公便出发了，州吁把他迎入竹馆里去，筵席早已摆好，客气一番之后，州吁便躬身向桓公敬酒，说：“兄侯远行，臣弟特备薄酒与兄侯饯别！”

桓公说：“又教贤弟费心了，我此行不过个把月就可以回来了，敢烦贤弟暂时代理朝政，小心在意！”

“兄侯放心，小弟会特别小

心！”州吁说完，忙斟满一杯酒，奉给桓公，桓公一饮而尽，亦斟了杯酒回敬州吁，州吁双手去接，诈为失手，酒杯跌落于地，慌忙拾取，亲手把杯子洗涤，桓公不知就里，叫左右另取一只酒杯来，想再敬州吁一杯，州吁乘机跳到桓公背后，掏出刀子，向桓公背后猛刺，桓公便这样当场被杀死。

随行的臣子大吃一惊，但平时已知道州吁的武功非同一般，石厚又引军把公馆团团围住，自知不能反抗了，只好投降归顺。

州吁很快就把桓公的尸体埋葬好，向外界说是得了急症暴卒的，于是自立为君，拜石厚为上大夫，他的二哥公子晋着了慌，也逃到邢国去求政治庇护。

州吁即位三天，听到外边沸沸扬扬，都在传说他弑兄夺国的事，因此又和石厚商议起来，他说：“你听见外面的话没有？全国人民都在说我的坏话了，看来，唯有施展武威向邻国打它一次胜仗，借此来压制国人的反抗情绪。你说应向哪一个国家动兵呢？”

“那自然要攻打郑国，郑国侵略过我国，正好趁机报仇雪耻！”石厚很高兴地回答。

他们计议停当，立即动员向郑国发动攻势，在五天内果然打了一个小胜仗，石厚便下令班师。

“为什么！”州吁惊讶地问，“大军还未接触就要班师？”

石厚请州吁屏退左右，秘密地告诉他：“郑国的兵素称强悍，我们没有什么胜利把握。现在打了个小胜仗，足可以向国人示威一番了。何况主公登位未久，国事未定，若久留在外，恐怕国内有变乱呢！”

“你真想得周到，我还没有考虑到这一点哩！”

于是石厚得意扬扬地下令班师，叫兵士沿途高唱凯歌，拥着州吁浩浩荡荡地班师回朝。

可是，国人仍然不拥护他们，还到处作冷嘲热讽的咒骂。

“打了胜仗回来，国人还是不服从呢，还有什么办法？”州吁又请教石厚说。

“那只有这样：我父亲是一个正直的人，国人对他很尊重，不如主公把他再征入朝，给他一个重任，国人一定没有话说了。”

“对！我几乎忘记了。”

州吁即命人带来了很多名贵的礼物去聘石碏入朝议事。

石碏推辞说：“我年老了，病又一天天地沉重下去，就是上朝也行不得了。……”

州吁又问石厚：“你父亲已托病不肯入朝，我想亲身去向他请教一个办法好不好？”

“主公亲往，他也未必愿见，还是我回家去一趟，代主公先说句好话，看他的意思怎样！”

石厚于是回家去了，石碏问他：“新主要召见我究竟为着什么？”

石厚告诉父亲，说：“就因为国人对新主没有好感，诚恐王位不稳，故想请父亲决一良策！”

“这有什么困难？”石碏说，“凡是诸侯即位的，必先禀告王朝才算真王，如果新王能得到周天子的诰命，国人还会说什么呢？”

“这意见十分好，但现在无故入朝去，恐怕天子会起疑心，最好先着一个天子面前说得起话的人去疏通一下，但谁可担当此任呢？”石厚说完，向父亲投下希望的一瞥。

“那还不容易！”石碏抖擞一下精神说，“目前周天子最相信的是陈国的桓公，只消他一说，包会成功。如果新主能亲往陈国走一趟，央陈桓公帮帮忙，这件事绝不会让人失望的。”

石厚把这番话告诉州吁，州吁不胜欢喜之至，立即备好礼物，带了石厚到陈国去。

石碏和陈国的大夫子铖很是相好，他见机会来了，乃割指沥血写了一封信，托一个心腹人带往陈国，秘密交给子铖，托他转呈陈桓公。陈桓公拆开信，这样写着：

“外臣石碏百拜致书陈贤侯殿下：卫国不幸，天降重殃，竟出弑君之祸。此虽逆弟州吁所为，实臣之子石厚贪位助桀。二逆不诛，乱臣贼子行将接踵于天下矣。老夫年迈，力不能制，负罪先公，今二逆联军入朝上国，实出老夫之谋，幸上国拘执正罪，以正臣子之纲，实天下之幸，不独臣国之幸也。”

陈桓公看罢，便问子铖：“你看这件事咋办？”

子铖毫不考虑地回答：“我国和卫国素相亲睦，守望相助。卫国的不幸，亦即我国的不幸，他们来，乃是自投罗网，切不能放他们回去！”

“好，就这么办！”

于是便定下擒州吁之计。

州吁和石厚威风凛凛地到了陈国，陈国桓公特派公子佗出郭迎接，安置他们在一间华丽的馆舍里，致陈侯仰慕之意，并请第二天在太庙里接见。州吁见主人这么殷勤客气，心里非常欢喜。

翌日，太庙上摆设得肃穆堂皇，陈桓公站在主位，左右文官武将排列得很整齐。

大夫子铖先陪石厚到来，一上石阶，石厚一眼瞥见门口竖立一个白牌，写着“为臣不忠，为子不孝者，不得入此庙”十四个大字，顿时心里一怔，回头问子铖：“立这个牌是什么意思？”

子铖很有礼貌地向他解释：“这是上几代立下来的规矩，已经有几十年了。”

石厚才把心放下。不一会儿，州吁驾到，站在宾位，赞礼的高唱，请入庙去行礼。州吁把衣冠一整，方要鞠躬行礼，子铖大声高呼：“奉周天子命令，擒拿弑君贼州吁、石厚两人，余人俱免！”

话声未完，已先把州吁拿住，石厚急忙拔剑想抵抗，一时着急，拔不出鞘，只用手格斗，打倒了几个人，但埋伏在左右壁厢的武士一拥而上，把石厚也捆绑起来。

门外的车马随后，一时不知所措，子铖出去向他们抚慰一番，并当众宣读石碏的信。大家才知道是卫大夫石碏主谋的，便一哄而散，跑回卫国去。

陈桓公想将州吁、石厚就地正法，左右臣子却异口同声说：“石厚乃石碏的亲生子，况且这件事又是他策划的，未知他的意思怎样，不如请他自己到来，把两人交还给他亲自处置好了，才可以避免误会。”

于是把州吁和石厚分别监禁起来，连夜使人到卫国去通知石碏。

石碏自从告老居家之后，未曾出过门口半步，今早见陈国有使命到，心里便明白一切，即令人驾车伺候，准备上朝，再派人通知各文武官员出朝相见。

各官员见石碏破例要上朝议事，很是惊奇，便怀着焦急疑惑的心情齐集在一起。石碏到来了，当众宣读陈侯的来信，谓州吁和石厚已被陈国拘禁了，专等卫大夫去亲自发落。

“各位都明白一切了，要怎样处置这个忤臣逆子?”石碏问。

“这是国家大计，全凭国老主张是了。”群臣齐声答。

石碏继续说：“两个逆徒罪恶昭彰，俱杀无赦！不明正典刑，何以谢先灵？有谁肯到陈国去诛两逆贼?”

右宰丑站了出来说：“乱臣贼子，人人得而诛之，州吁此畜生，我去解决他!”

有几位大臣跟着说：“主谋人州吁明正典刑是天公地道，但从犯石厚，似可以从轻发落。——”

话未说完，石碏将眼一睁，拍案大叫起来：“州吁之恶，皆由逆子所酿成，各位说要从轻发落，岂不成怀疑老夫徇私？我要亲自去，亲手杀此不忠不孝的逆贼!”

家臣獳羊肩连忙说：“国老不必发怒，我愿意去执行国老的命令!”

他两人赶到陈国，谢过陈侯，先后去执行任务。先把州吁押赴市曹，州吁对右宰丑说：“我是君，你是臣，安敢犯我?”

右宰丑说：“你兄长为君，你为臣，你却把他刺死了，我现在不外跟你学一学罢了。”

说完，一刀下去，州吁顿时身首异处。

獳羊肩把石厚押出来，石厚向他求情，说：“我自己是知道死有余辜的了，但事到如今，只请你把我押回卫国去，见一见父亲的最后一面，然后就死!”

獳羊肩说：“我奉你父亲命令而来，着即就地正法。你如要见见父亲，我带你的头回去见见好了!”

不由石厚再说，一刀从脖子里擦过去，什么都完结了。

公子光刺杀吴王僚

吴国的公子光，早就想除掉吴王僚，由自己取而代之。但是，吴王僚有三个骁勇非常的儿子时刻在身边，使公子光难以下手。

公子光为此事暗中着急。伍子胥看出了公子光的心思，打算帮助他，便献计说：“目前胥国动乱不安。如果你向吴王僚建议，乘胥国发生危机的时候，向胥国发动进攻，吴王僚一定会同意。然后你借口自己的脚被扭伤，推举吴王的儿子掩余

专诸进炙刺王僚

和烛庸带兵前去。同时建议吴王派他的另一个儿子庆忌出使郑国和卫国，目的是说服这两个国家共同伐楚。这样，就可以除去吴王僚的三个羽翼，剩下一个吴王僚就好对付了。”

吴王僚果然听从了公子光的所有建议，把他的三个儿子都派了出去。公子光见时机已到，便派一个勇士刺死了吴王僚，自己做了吴王。吴王僚的三个儿子见国内发生变故，不敢再回来，只好亡命他国。

在这个故事里，吴王僚的三个儿子如同三只猛虎，使公子光无法刺杀吴王僚。公子光采用伍子胥的计谋，调走了这三只猛虎，吴王僚成了孤家寡人，在这时对付吴王真可谓易如反掌。

陈平除吕安刘汉

陈平是汉高祖刘邦最重要的谋士之一，他善于审时度势，分析情况，果断地选择最佳方案，尤好提出奇谋异策，被史书誉为“六出奇计”。刘邦去世之后，他施展韬晦之计，赢得了吕后的信任，保全丞相职务。在吕氏子弟密篡权的关键时候，陈平与太尉周勃等人一举粉碎了吕党，平息了内乱。在平息诸吕，安定刘氏江山的过程中，陈平周勃等人不但屡试奇谋保全了自己性命，而且巧用调虎离山之计，与瞒天过海、分化瓦解、借刀杀人、欲擒故纵等计谋手段交相叠用彻底消除了诸吕势力。其过程如下：

（1）明保暗潜，蓄谋以待。刘邦死后，吕后在朝中专权，鸩赵王，害戚姬，为所欲为，嚣张煊赫一世。陈平虽为左丞相，但知吕后势力日大，多说无益，便施行韬晦之计，极少参与朝政，更不愿为吕氏诸族出谋献策。惠帝七年，吕后欲封吕氏子弟为王，朝廷顿时沸腾，人人议论纷纷。都说高祖曾与群臣杀白马饮血盟誓：“非刘氏不得封王，非有功不得封侯，如违此约，天下共击之。”今后吕后提出这个问题，答应不是，不答应也不是，难于左右逢源。人人忐忑不安，唯恐吕后问到自己头上，让自己表态。这日，吕后在朝议时，果然就此事向右丞相王陵，王陵当即表示现在分封吕氏为王，不符合白马之盟所约。吕后又问陈平、周勃，二人心想，此时吕氏掌管朝政，自己同意与否，她都会这样干。如果得罪了太后，丢了高官厚禄不说，就连尽忠高祖的机会都有丧失的可能，于是使违心地说：“高帝统一天下，分封刘氏子弟为王；现在太后临朝管理国家，分封几位吕氏为王，没有什么不可以的。”吕后一听，喜笑颜开。陈平、周勃的回答，颇合太后本意，给太后解了围，来了个退避为守的策略，顺利过关。王陵听到此话，气得脸红脖子粗，朝议结束后，责备陈平、周勃说：“当初与高皇帝饮血盟誓时，你们二位不在场吗？现在高帝驾崩了，太后以女主当政，要封吕氏为王，你们即使要逢迎太后意旨而背弃盟约，可又有何脸面去见高帝于九泉之下呢？”陈平、周勃对王陵说：“现在，在朝廷之上当面谏阻太后，我二人确实不如您；可将来安定国家，确保高祖子孙的刘氏天下，您却不如我二人。”王陵无言以对。果然不久，吕后明升王陵为皇帝的太傅，实际上剥夺了他原任丞相的实权，王陵于是称病，被免职归家，由陈平接任其职。

（2）外示假象（将隙相湎），欲擒故纵。接任右丞相后，陈平深知吕氏集团对高祖旧臣老将怀有很深的芥蒂，如有不慎，身家难保，便纵情声色之中，不问政事，心猿意马，拥赵姬，把楚女，凡事由吕后及其亲信处理。吕后心中窃喜，以为陈平不给她捣乱，吕氏天下可保无虑。其实陈平心如刀绞，七上八下，十分矛盾。心想：自己对吕后委曲求全，意在保住官职，以求得一旦有变，安刘氏，整朝纲，以报先帝知遇之恩。无奈吕氏势焰，日盛一日，欲在此时阻止吕氏的活动，会过早暴露目标，恐如螳臂挡车，不自量力。若听任其发展下去，万一吕氏篡权得逞，羽翼丰满，日益强在，自己有何面目见高祖皇帝呢？又怎能对天下人解释呢？这个局面可比在荥阳、白登山时难办多了。冥思苦想，实在找不出一个万全之策，一筹莫展，以至于忧思郁结，难以自拔。

一日，陈平正在屋中担忧诸吕横暴，自己又无力制止，恐怕大祸临头。独居静室，苦思对策。恰在此时陆贾前来造访，未经通报直入室中坐下，陈平竟未察觉。劈头问道：“丞相思虑何事，竟然如此全神贯注！”陈平抬头望见是因不满吕氏专权，托病辞职的大夫陆贾，不请自到，从天而降，便笑着说：“先生猜测我思虑何事？”陆贾说：“您富贵无比，位极人臣。但您却有忧虑，不外乎是担心诸吕和皇上年幼罢了。”陈平见陆贾一语点破

汉初名臣周勃

心机，也就坦诚地说：“先生料事如神，陈某钦佩至极。敢问有何妙策，方能转危为安?”陆贾说：“天下安，注意相；天下危，注意将。将与相关系和谐，士人就会归附；天下即使有重大变故，大权也不会被瓜分。安定国家的根本大计，就在你们二位文武大臣掌握之中。我曾想对太尉绛侯周勃说明这一利害关系，绣侯平素与我常开玩笑，不会重视我的话。丞相为何不与太尉交好，密切联合呢!”陈平是何等聪慧的人，马上领悟到陆贾的意思，连声说：“高见，高见。”接着陆贾为陈平谋划将来平定诸吕的几个关键问题。陈平本来与周勃不和。当年他归汉时，周勃曾经说过他受金盗嫂，当然心存芥蒂。但诸吕日盛，势必危及国家和自身安全，陈平决定“捐弃前嫌”，以价值五百多两的厚礼向周勃上寿，博取将相交好。周勃亦隐恨诸吕，自然与陈平情投意合，两人你来我往，经常筹谋除吕大计。同时，陈平又让陆贾借交游公卿之便，联络反吕之人，结成联盟，伺机行事。自己仍做吕氏忠臣的模样，骗取吕后的信任，顺水推舟，将错就错，支持吕后干些蠢事，让其自掘坟墓。

（3）迫吕（禄）交印，驱虎出军。高后八年（公元前180年）秋季，吕后病重，诏令任命赵王吕禄为上将军，统领北军，吕王吕产统领南军。吕后临终前预示到诸吕与高祖旧臣老将之间将会发生激烈的政治流血冲突，于是告诫二吕说：“封立吕氏为王，大臣心中多不服。我就要去世，皇帝年幼，恐怕大臣们乘机向吕氏发难。你们务必要统率禁军。严守宫廷，千万不要为送葬而轻离重地，以免被人所制!”诸吕加紧夺权步骤。陈平、周勃虽有心发难，但看到诸吕戒备森严，警觉事态发展，无懈可击，也只有忍而不发。考虑再三，权衡利弊，陈平认为铲除吕氏必须一要借助封国刘氏诸子之力，转移朝廷视线；二要分化瓦解、离间吕产与吕禄的关系，破坏其联手同盟，各个击破；三要驱之害，迫使吕禄交出北军的权力，调他前往封国；四要在军队中寻找新的合作力量。于是陈平终于策划出一个较为周全的计划来。秘密派人找到朱虚侯刘章，由他出面串联刘氏诸王在外起兵发难，自己和周勃在朝中策应，内外结合，不信动摇不了诸吕的堡垒。

果然，齐王刘襄、琅玡王刘泽，率兵入京，欲诛诸吕。吕产、吕禄闻变大急，立即遣颍阴侯灌婴统兵征发，消灭刘襄。灌婴行前向陈平告别请教，陈平面授机宜说：“荥阳为天下重镇，进可攻，退可守，不可丢失。”灌婴心领神会，与其部下计议说：“吕氏在关中手握重兵，图谋篡夺刘氏天下，自立为帝。如果我们现在打败齐军，回报朝廷，这就增强了吕氏的力量。”于是灌婴率兵行至荥阳屯兵据守，并派人告知齐王和诸侯，决定阵前反戈一击，互相联合，静待吕氏发起变乱，即一同诛灭吕氏。各王得知此意，就退兵到齐国的西部边界，待机而动。这时吕禄、吕产想发起变乱，但内惧朝中绛侯周勃、朱虚侯刘章等人，外怕齐国和楚国等宗室诸王的重兵，又恐手握军权的灌婴背叛吕氏，打算等灌婴所率汉兵与齐军交战之后再动手发动宫廷政变，阴谋篡权。

更令人担忧不安的是，当时双方的力量对比相差悬殊，此时济川王刘太、睢阳王刘武、常山王刘朝及鲁王张偃，都年幼，没有就职于封地，居住在长安；赵王吕禄，梁王吕产分别统率南军和北军，都是吕氏一党。列侯群臣没有人能保安全。太尉绛侯周勃手中没有军权。曲周侯郦商年老有病，其子郦寄与吕禄交情甚好。绛侯与丞相陈平商议，只要驱之以害，由人说服吕禄交出北军统率权，返回封国。二吕的联盟就会不攻自破，吕产就是再嚣张，也易于擒拿，而要说服吕禄扰乱其心，调他出京就封，最合适的人选莫过于郦寄，于是陈平、周勃便以议事为名，将郦商父子骗到相府，以郦商为人质，迫令郦寄游说吕禄，欺骗他说：“高帝与太后共同安定天下，立刘氏九人为诸侯王，立吕氏三人为诸侯王，都是一经过朝廷大臣议定的，并已向天下诸侯公布，诸侯都认为理应如此。现在太后驾崩，皇帝年幼，您身佩赵王大印，不立即返回封国镇守，却出任上将，率兵留在京师，必然会受到大臣和诸侯的猜疑。您为何不交出将印，把军权还给太尉，请梁王归还相国大印给朝廷，您二人与朝廷大臣盟誓后各归封国？这样，各兵必会撤走，大臣也得以心安，您高枕无忧地去做方圆千里的一国之王，这是造福于子孙万代的事。”吕禄本无韬略，以外戚身份掌权，哪里是陈平等人的对手。郦寄以从陈平那儿学来的一番话，居然说得吕禄头昏脑涨，不知所从。于是将此言转告吕氏父老，诸吕也是众口纷纭，莫衷一是。唯有吕媭头脑尚清楚，大叫：“庸奴，汝为上将，不思保国安邦，反而终日离军游猎，还要交出兵权。你若交出兵权，吕氏一族，将死无葬身之地。”

西汉将帅军戎服饰图

恰巧在这个关键时刻，郎中令贾寿出使齐国返回，批评吕产说：“大王不早些去封国，现在即便是想去，还能够吗！”随即贾寿把灌婴已与齐、楚两国联合欲诛灭吕氏的事告诉了吕产，并且催吕产迅速入据皇宫，设法自禁。平阳侯曹窋听到贾寿的话，快马加鞭，十万火急，赶来向丞相和太尉通报了突发的局势变化。

陈平得到报告，知道巧夺军权的谋略可能中途夭折，决心冒险行事。派人请来负责典掌皇帝符节的襄平侯纪通，晓以大义，让他与周勃一起，伪称奉皇帝之命允许太尉进入北军营垒，代吕禄统领北军。怕吕禄不服，再派郦寄和典客刘揭先去劝说吕禄：“皇帝指派太尉代行北军指挥职务，要您前去封国。立即交出将印，告辞赴国，否则祸在眉间。”陈平怕郦寄也不能说服吕禄，又派两名武艺高强的刺客，伺机下手诛杀吕禄。不料吕禄认为郦寄不会欺骗自己，就解下将军印绶交给典客刘揭，而把北军交给太尉指挥。太尉进入北军时，吕禄已经离去。陈平、周勃等人谋划的驱之以害，调虎离山，分其势，夺其锐气的第一步策略取得了成功。太尉得了

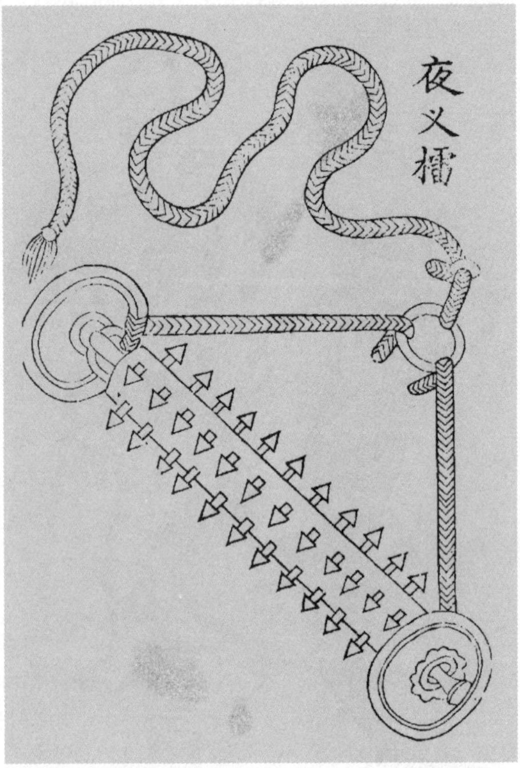

夜叉檑，守城用具，对攻城者颇具杀伤力。

将印，召集将士们说：“为吕氏右袒，为刘氏左袒！”北军将士都袒左臂，愿听周勃将令。但是，还有南军未被控制。丞相陈平召来朱虚侯刘章辅佐太尉。太尉令朱虚侯监守军门，又令平阳侯曹窋告诉统率宫门禁卫军的卫尉说：“不许相国吕产进入殿门！”

吕产不知吕禄已经离开北军，进入未央宫，准备作乱。吕产来到殿门前，无法入内，在殿门外徘徊往来，被奉命前来保卫皇帝的刘章抓住，一剑杀死，并火速通报周勃、陈平。陈平、周勃见吕产已死，二虎中的一只最凶猛的恶虎已被铲除，料知诸吕无能为力，当即派遣将士，分别捕杀诸吕，一场诸吕阴谋政变篡权的祸难，就如此平息了

显而易见，在汉初刘邦死后，诸吕势力与刘氏后裔的朝政争夺中，诸吕占有明显优势，控制着政军大权，发号施令，朝纲独断，而刘氏则处于劣势，直到吕后死去一直保持这种格局。最终刘氏诸裔之所以能够战胜诸吕，重掌朝廷大权，靠的完全是跟随刘邦南征北战，屡立奇功，名闻遐迩的老臣陈平、周勃等人运用政治计谋，巧调诸吕，分化瓦解其阵营，各个击破，里应外合战略实施的成功。在这场剑拔弩张、你死我活的政权争夺中，诸吕蓄谋已久，控驭着主动权，诸刘处于被动防范状态，斗争的双方都试图吞并对方，独霸一尊，均在玩弄政治权术与计谋，真是计计相对，环环相扣。诸刘贯穿复杂的斗争形势，尽管使用了多种计谋，但其中最关键的驱之以害（交将印），调虎离军，分化吕产、吕禄的计谋取得了成功，从而破坏了诸吕阴谋篡权的中枢系统的正常运转，为倾吕安刘创造了条件，赢得了主动权，转弱为强，后发制人，以迅雷不及掩耳之势，铲除了诸吕势力，稳固了汉室江山。

商海弄潮

华尔克智斗尼加拉瓜总统

19 世纪 40 年代末，在太平洋沿岸的美国加利福尼亚州发现了金矿。这一消息

传开后，很快在美国和欧洲大陆出现了黄金热。美国人还有成千上万的欧洲人，纷纷背井离乡到美洲来淘金。这些欧洲人大多是在纽约登陆的。因为当时美国还没有连接太平洋到大西洋的铁路，巴拿马运河也还没有提到议事日程，所以，前往旧金山的人们往往要坐轮船绕道南美的最南端。一个叫范德比的老商人看到这是一个发财的好机会，决心开辟一条通过尼加拉瓜的航线，让人们走近路直达旧金山。他亲自到尼加拉瓜四处活动游说，最终和当时的总统查摩罗签订了一项秘密协定。这个协定规定：凡从尼加拉瓜过境船只均由范德比负责。从此，范德比垄断了穿越尼加拉瓜船只的过境专利权，没出几年，老范德比在这条航线上赚了好几百万美元。

此事引起了一位叫华尔克的年轻商人的注意。华尔克眼看老范德比靠这条航线，大把大把的钱财流入腰包，自己从商好几年却一直没有太大成绩，十分嫉妒，于是决心把这条航线夺过来，据为己有，这样，一来可以靠这条航线赚钱，二来还可以减少自己的黄金采购公司的运输成本。

夺取一笔小生意好办，夺取一条航线谈何容易。老范德比从商几十年，可谓沙场老手，和他斗需要动一番心思。华尔克想：老家伙在国内政界、商界颇有影响，保镖成群，搞得不好不仅达不到目的，反而会身败名裂。思来想去，华尔克想出了一个调虎离山之计。他决定设法把老范德比引诱出国，然后乘其不备下手。

他首先用重金收买了范德比的私人医生，请他如此这般。

一天医生对老范德比说："您最近身体状况不太好，可能是劳累过度，建议您去法国休养半年或更长一些时间，否则，您的心脏会有危险。"

为了促使老范德比下决心出国休养，他还用钱收买了经常与范德比有来往的一些夫人、太太们，让她们给范德比的妻子、女儿和儿媳吹风，说："您家老先生面色不好，心脏又不太好，不如到外国去休息一阵子，美国的气候太差了，再这样下去，恐怕会有生命危险。法国的巴黎最适合他这样的老人休养。"俗话说："三人成虎。"老范德比本来身体没什么大毛病，自我感觉也挺好，但经不住许多人劝说，自己也怀疑身体是否真的快不行了，于是，起身到巴黎休养去了。

老范德比一走，华尔克立即采取了行动。他用船装了几百名打手和满船的军火前往尼加拉瓜，登陆后，和事先联系好的尼加拉瓜内线里应外合，以迅雷不及掩耳之势，攻占了尼加拉瓜首都，直捣查摩罗总统官邸，威逼查摩罗总统修改协定，让他主宰航线，查摩罗总统一气之下，心脏病发作，当即毙命。华尔克趁火打劫，马上扶持了一个尼加拉瓜民族败类当傀儡总统，他自任尼加拉瓜军队总司令，控制了政权。不久，尼加拉瓜新政府宣布取消了原政府和范德比的协定。华尔克终于如愿。

百事可乐崛起的高招

1959年百事可乐周转不灵，濒临于破产。在美国只剩下两家经销商。为减轻营运资金的压力，百事可乐只好使用"二手货"啤酒瓶。

其实百事可乐产品与可口可乐皆是以同样原料并都由美国南方的药剂师配制，百事可乐与可口可乐几乎仅在包装上有差异而已。

百事可乐分析了上述情况后，便当机立断将在加利福尼亚的大本营迁至纽约，以接近大城市的消费者，来建立“山区”的优势。又在包装上下工夫，采用螺旋形可乐瓶子，并推出家庭装与可口可乐竞争，使可口可乐失去“爪牙”之优势。

20世纪60年代可口可乐与百事可乐在美国境内销售比率为五比一，海外市场为四比一，但在1979年底，美国本土已形成三比一的局面，在海外市场则接近五比二。而且百事可乐目前销售量年增长率为百分之二点二，几乎是可口可乐的四倍。

三菱公司的“调虎离山”计

1980年，三井物产公司的益田与其任职大藏省时的上司涩泽荣一商量，准备自组一个“东京帆船会社”。

当时涩泽荣是第一银行的总裁，也是三井出资设立的东京股票交易所的幕后主持人。得到涩泽荣的赞同后，益田立刻和当时的政界要员联系，私底下也和地方上的海运业者联合，准备设立大海运公司。

有三井公司和财政界的大人物作为后盾，地方上的船主、货主当然就陆续申请加盟，甚至当时的一些富商，也都陆续响应。很快，消息传开了。三菱的弥太郎尽管有把握以其实力来与这家公司正面竞争，但对于他们雄厚的资金来源，以及涩泽荣在社会上的地位，却又不敢忽视。为了给这家新公司的产生设立障碍，或者让计划流产，以除去此一劲敌。弥太郎采取了“调虎离山”的应付措施。

首先，弥太郎利用与自己有深厚交情的报界大亨大限所办的两种报纸攻击涩泽，使涩泽的名誉、声望因舆论的讨伐而跌落，参加新公司的商人心中产生怀疑和不安，渐渐地动摇了参加的愿望。

同时，弥太郎也派人到各地去进行搅乱，以厚利诱惑最热衷于新公司建立的藤井，使他脱离新公司，接着去说服新的商人，用低利资金流通、低运费为条件来引诱他们。

经过这一系列的行动，弥太郎使地方人士对三井物产产生反感，进而猛烈抨击东京风帆船会社的建立。弥太郎还私下收买了东京股票交易所的股东，撤换了涩泽的亲信，断绝了东京股票交易所支援东京风帆船会社的资金。

1980年8月10日，“东京风帆船会社”尽管还是成立了，但由于弥太郎施用“调虎离山”之计，使中途退出加盟的人太多，不仅资金发生问题，而且失去大宗物资如米、木材等的运送，公司的业务无法顺利开展。

这种看透了对方意图之后，并不正面竞争，而用侧面迂回、调虎离山的战术，委实十分高明。

运世方略

贾秀才助友赎屋

钱塘县有一个姓李的后生，在西湖昭庆寺左侧有房一所，价值300两银子。李生曾借过寺内僧人慧空50两银子，3年后，慧空和尚要他连本带利还100两银子。李生见逼债紧迫，只得以房子作了抵押，只找回30两银子。和尚住进了李生的房子，李生与母亲只得搬走租房居住。

李生的朋友贾秀才得知此事后，送给他142两银子，其中12两交房租，130两用来向和尚赎回原屋。不料，和尚说已修缮过此屋，只有另加银子才能赎回，实际上不愿把房子归还原主。贾秀才见和尚如此昧心贪利，有心要整治他一下。

一天午饭后，贾秀才来到昭庆寺左侧的那所房子。小和尚说他的师父慧空正在楼上午睡。贾秀才佯装有事见慧空，便独自上了楼。慧空脱了衣帽，在床上睡得正香。对窗的屋内有一个少妇正做针线活，看光景像大户人家的媳妇。贾秀才见此顿时计上心来，他将慧空的衣帽穿上，对着那个妇人嬉皮笑脸地调戏起来，气得她放下针线活，跑下楼去。贾秀才迅速脱下和尚的衣帽，放回原处，悄悄地下楼离开。

慧空仍在楼上睡觉，只听得楼下乒乓的敲门声，不一会儿冲进房内十来个人，向慧空骂道："你这个秃驴，胆敢在光天化日之下调戏良家妇女！"众人把慧空的衣服扯碎，砸烂了不少东西，威胁说如不快些搬走，就把慧空扭送官府。慧空知道这家是一个大户，惹不起，便答应近日搬走。这时，李生又来找慧空，顺利地以130两银子的价钱赎回原屋。

在这里，贾秀才佯扮慧空和尚调戏邻家的媳妇，假借邻家之手调慧空和尚这只"恶虎"离开李生的房子。这一锦囊妙计令人拍案叫绝。

崔祐甫废王驾鹤的主意

唐德宗时期，王驾鹤长期地掌握着京畿的兵权，声势很是显赫，上上下下的人都对他敬畏三分。唐德宗担心他萌生反叛的念头，时常想把他废掉，而以别人来代理，但却忧虑他不肯轻易地听从，乘机激起叛变，于是请宰相崔祐甫来想个办法。崔祐甫从容不迫地说："这很简单，只要引诱王驾鹤离开营区，趁着他不在意，派个忠贞的将领去代理他的职位，那他除了认命之外，又能怎么样呢？"德宗依从这个计策，吩咐崔祐甫摆设酒席，延请王驾鹤光临。当饮宴热闹的时候，代理的将领进入餐会中，报告说："我谨奉皇上的命令，代理掌管神策军，兵符印信已拿到了，特地来告诉王将军。"王驾鹤一听这么说，神色慌张了好一阵子，只得悻悻地告别。

调“虎”离“山”是处理“窝里斗”之一法

在现实生活中，还存在拉帮结派，争权夺利等内耗的现象，曾有一位厂长开除党委书记的公职，而党委书记又开除厂长的党籍。

这种不正之风影响了团结，败坏了风气。几个人在那里明争暗斗，往往影响了一个单位的工作，使群众提不起工作积极性，工作和生产都受到损失。

处理这种“窝里斗”的办法很多，根本纠正背离党纪国法的歪风还要靠“法治”，但是调“虎”离“山”将宗派小团体中的首要人物，调离其兴风作浪的地盘，使其失去权力和趋炎附势的帮手，亦是一法。

第十六计　欲擒故纵

原文注译

【原文】

逼则反兵[1]，走[2]则减势。紧随勿迫，累[3]其气力，消[4]其斗志，散而后擒，兵不血刃[5]。“需，有孚，光[6]。”

【注释】

①反兵：回师反扑。

②走：逃走。势：气势。

③累：消耗。

④消：瓦解。

⑤兵不血刃：兵器。血刃：血染刀刃，即作战。

⑥需，有孚，光：语出《易·需》。需卦的卦象为乾下坎上乾象刚、健；坎象水、险。需，有等待之意。以刚、健遇水、险，故须等待，不要急进，以免陷入险境。孚，信用、信服；有孚，有信用，有诚意，为人所信服。光，光明、通达。此句意为，身处险境要善于等待，如果有诚信，就会前途光明，大吉大利。

【译文】

逼得敌军太紧，对方就会回师反扑。如果让敌军逃跑，就可以削减其气势。追击敌人，只需紧随其后而不要过于逼迫它，以消耗其体力，瓦解其斗志，待其溃散时再捕捉它，就可以避免流血。这是《周易》需卦卦辞“需，有孚，光亨贞吉……”一语中悟出的道理。

按语注译

【按语】

所谓“纵”者，非放之也；随之，而稍松之耳。“穷寇勿追[1]”，亦即此意。盖[2]不追者，非不随[3]也，不迫之而已。武侯[4]之七擒七纵，即纵而蹑[5]之；故展转推进[6]，至于不毛之地[7]。武侯七纵，其意在拓地[8]，在借孟获从服诸蛮[9]，非兵法也。若论战[10]，则擒者不可复纵。

【注释】

①穷寇勿追：语出《孙子兵法·军争篇》，原为“穷寇勿迫”。穷，穷途，无路可走；穷寇，指陷于困境、绝境的敌人。勿迫，不可逼得太紧。

②盖：发语词。

③随：跟随。

④武侯：三国时蜀丞相诸葛亮，蜀后主建兴元年（223年）封武乡侯、领益州牧。

⑤蹑：跟随、追踪。

⑥展转：同“辗转”，反复。展转推进：迂回曲折地向前推进。

⑦不毛：不生长草木，不种五谷桑麻，指荒凉贫瘠或未开辟的地方。

⑧拓地：开辟、拓宽新地域。

⑨孟获：三国时蜀汉建宁（治所在今云南曲靖）人，彝族首领。刘备死后，他和建宁豪强雍闿等起兵反蜀，多次为诸葛亮所败，经七擒七纵，终于降服。后仕蜀，为御史中丞。诸蛮：古代对我国南方各少数民族的贬称。

⑩论战：从战争角度看。

【译文】

这里所说的“纵”，并不是说要将敌人放掉；而是说的要跟随他，只是稍许放松一些罢了。《孙子兵法》所讲的“穷寇勿追”。也就是这个意思。所谓“不追”，并非说不必追赶了，只是说不要把敌人逼迫得太紧。诸葛亮对孟获七擒七纵，就是采取放了他而又跟踪他的办法。正因此，才需要迂回曲折地向前推进，一直跟踪孟获进军到五谷不生的荒僻地方。诸葛亮的“七纵”孟获，本意在开辟和拓展蜀汉的地盘，因此需要借助蛮王孟获来收服南方名少数民族，严格地讲，并不属于兵法的范围。如果从战争角度讲，那么，既然已经把敌人逮住了，就不能轻易放了他。

传世典故

欲擒故纵。欲：想、希望。擒：捉拿。故：故意。纵：放开、放松。为了要捉拿它，故意先放开它，使它不加戒备。比喻为了更好地控制，暂且放松一步。军事上指要想使敌军失去战斗力，彻底瓦解，必须示以一线生路，让其抱有不战而求逃生的念头，这样会造成更有利于我的战机。

此计的最早表达是在《老子》第三十六章：“将欲歙之，必固张之；将欲弱之，必固强之；将欲废之，必固兴之；将欲夺之，必固与之。”老子这句话体现出卓越的辩证思想。后世对此多有发挥。《鬼谷子》指出：“去之者纵之，纵之者乘之。”《太平天国·文书》说：“欲擒先纵，欲急姑缓，待其懈而击之，无不胜者。”欲擒故纵，亦写作“欲擒姑纵”，意思是为了捉住敌人，事先要放纵敌人。这是一种放长线钓大鱼的计谋。

七擒七纵

225 年，诸葛亮率军南征孟获。行军之际，忽然有人来报，说皇帝派来使者，来人正是马谡（字幼常），他奉主上之命，带来酒帛犒赏三军。孔明接诏完毕，留马谡叙话。他说："吾奉天子之诏，削平蛮方；久闻幼常高见，望乞赐教。"马谡道："愚有片言，望丞相察之：南蛮恃其地无山险，不服久矣；虽今日破之，明日复叛。丞相大军到彼，必然平服；但班师之日，必用北伐曹丕；蛮兵若听内虚，其反必速。夫用兵之道：'攻心为上，攻城为下；心战为上，兵战为下。'愿丞相但服其心是矣。"孔明叹道："幼常足吾肺腑也！"于是，他留下马谡，下令继续进军。

蛮王孟获得知诸葛亮亲自统兵前来征讨，并已智破雍闿、朱褒和高定三个盟友。他急忙召集各洞元帅商议。三洞主随即各引五万蛮兵来迎战诸葛亮。结果第一洞元帅金环三被砍掉了脑袋；第二洞董荼那、第三洞阿会喃被生擒活捉。他们被带至孔明帐中，孔明立即叫人松绑，然后备酒款待，最后孔明让他们各自回归本洞，不要再做恶事。二人千恩万谢，洒泪而去。

孔明对诸将说道："来日孟获必然亲自引兵厮杀，便可就此擒之。"他把赵云、魏延叫来，吩咐一番，让他们各领五千人马去了。他又叫王平、关索，面授机宜，他们也带兵而去。

再说孟获得知三洞元帅战败，不禁大怒，遂亲自领兵来攻蜀军。蜀军战了几个回合，诈败而逃。孟获紧追不舍，追了二十多里，突然间，从暗处杀出无数蜀军士兵，将他包围起来。退路已断，孟获只能率部将死战，向锦带山逃去。正逃间，迎

诸葛亮一擒孟获

面又杀出一队蜀军，孟获与随从寡不敌众，被蜀将军魏延活捉。

而孔明早已在寨中设好了宴席，又在中帐设下了七重兵，刀枪剑戟，灿若霜雪，整个大寨气氛十分庄严。孔明端坐于帐上，只见蛮兵纷纷攘攘地被押进帐来。他令人解去他们身上的绳索，安慰他们说："汝等皆是好百姓，不幸被孟获所拘，今受惊吓。吾想汝等父母、兄弟、妻子必倚门而望，若听知阵败，定然割肚牵肠，眼中流血。吾今尽放汝等回去，以安各人父母、兄弟、妻子之心。"说完，赐给他们酒食米粮，放他们走了。蛮兵深感其恩，泣拜而去。孔明随后叫武士把孟获押来。孔明问："吾今擒汝，汝心服否？"

"山僻路狭，竟遭汝手，如何肯服！"

"汝既不服，吾放汝去，若何？"孔明问。

孟获说："汝放我回去，再整军马，共决雌雄；若能再擒吾，吾方服也。"

孔明立即叫人去其绑绳，给他衣服穿，又赐以酒食，还给鞍马，差人送他上路回其军寨。孔明向众将解释道："吾擒此人，如囊中取物。直须降伏其心，自然平矣。"

孟获渡过泸水，扎下营寨，并陆续招集被蜀军放回的蛮兵，重新建立了一支军队。他又派人去请被孔明捉住又放了的董荼那和阿会喃。两人虽不愿，但出于对孟获的惧怕，只得率兵前来。孟获传令道：

"吾等有此泸水之险，将船筏尽靠在南岸一边，皆筑土城，深沟高垒，看诸葛亮如何施计谋！"

鉴于孟获采取坚守的策略，诸葛亮令马岱在泸水下游一个水流缓慢之处过河，以断孟获运粮之道。

马岱夺得孟获的运粮车百余。孟获即派董荼那来战马岱。马岱纵马向前，大骂董荼那乃无义背恩之辈。后者深觉羞愧，无言以对，不战而退。

孟获大怒，令人将董荼那推出斩首。众酋长哀告再三，董荼那最后挨了一百大棍。之后，都聚集在董荼那帐中，议论道：“杀孟获去投孔明，以免洞中百姓遭受涂炭之苦。”董荼那正有此意。于是他手执钢刀，率领百十来人，直奔主寨而来，此时孟获已喝得酩酊大醉，被董荼那等人绑了个结实，然后押送过泸水，来见孔明。孔明重重赏了他们。随后，孔明令刀斧手把孟获押进来。他笑吟吟地说：“汝前有言‘但再擒得，便肯降服。’今日如何？”

孟获答道：“此非汝之能也，乃吾手下之人自相残害，以致如此，如何肯服！……若丞相真的放吾回洞中，吾当率兵再决胜负。若丞相这番再擒我，那时倾心吐胆归降，并不敢改移也。”孟获自信地说。

孔明令人为他松绑，以酒食相待。然后亲自送孟获至泸水边，用船将其送到对岸。

孟获回到自己寨中，第一件事就是把董荼那、阿会喃两人骗来处分。然后他与亲弟孟优商议计策。孟优听了兄长的话，带了百余名蛮兵，满载金珠、宝贝、像牙、犀角等礼物，渡过泸水，径直奔往孔明大寨而来。

孔明得到报告，马上叫来几员大将，如此这般地吩咐了一番。做好一切安排后，孟优等人被召进大帐。孟优说：“家兄孟获，感丞相活命之恩，无可奉献，这些金珠宝贝若干，权为赏军物资。续后另有进贡天子礼物。”孔明收完，就设宴招待孟优，随行的一百多名面目狰狞的大力士也就席而坐。遂叫诸将劝酒，殷勤相待。孟获此时正在银坑洞自己的帐中盼望回音。

终于两个前去打探消息的人回来说：一切安排妥当，单等大王今夜二更前去偷袭。孟获闻听大喜，即刻点起三万蛮兵，向蜀营冲去。孟获自己带了心腹蛮将一百多名直奔孔明大寨。一路上毫无阻拦，甚至寨门也大开着。孟获等人催马冲进去，

诸葛亮五擒孟获

可寨中空空如也，并无一人。他又撞进孔明军帐，只见帐中灯火通明，再一看，孟优和那些大力士个个烂醉如泥。原来他们喝的酒中已下了迷药。

孟获明白自己这次又中了孔明之计，结果又被蜀军抓获。孔明笑着说："汝先令汝弟以礼诈降，如何瞒得过吾！今番又被我擒，汝可服否?"

孟获说："此乃吾弟贪口腹之故，误中汝毒，因此失了大事。吾若自来，弟以兵应之，必然成功，此乃天败，非吾之不能也，如何肯服!"

孔明叫人给孟获兄弟和众蛮兵松绑，放他们回去，他们再三拜谢丞相不杀之恩，消失在夜幕之中。孟获三次遭擒，心中憋气。回到洞中，即差心腹之人带金珠宝贝前往八番九三十甸等处，请蛮方部落出兵助战，东拼西凑，招集了一支数十万的军队。

孔明得知此事，笑着说："吾正欲令蛮兵皆至，见吾之能也。"他叫人在寨中多设灯火，弃下很多粮草车辆，然后率军悄悄离去。孟获认为，诸葛亮弃辎重而去，必因国中有紧急之事。故虚张灯火以为疑兵，弃车杖而去也。可速追之，不可错过。于是孟获驱兵追赶。到了西洱河边，只见河北岸上的蜀军营寨旌旗招展，齐整如故。他回头对众将说："此是诸葛亮惧吾追赶，故就河北岸少住，不二日必走矣。"

他下令在岸边扎寨，又让蛮兵去山上砍竹做筏，以备渡河。可他万万没料到此时蜀军已埋伏在他的背后。当天夜里，突然狂风大作，四周灯火如海，鼓声如雷，埋伏的蜀兵旋风般杀到。蛮兵顿时大乱，自相践踏。孟获大惊，急率几名亲信仓皇而逃。他想奔回旧寨，但见赵云迎面杀来；他忙奔往河边，往山谷中逃。可才转过山口，只见一片丛林前，几十人拥着一辆小车，车上端坐孔明。孟获一见，怒火中烧，率领随从去擒拿孔明。可他们冲了没多远，只听轰隆一声闷响，就连人带马掉进了陷坑。孟获又被生擒活捉，其弟孟优及众首领也做了蜀军的俘虏。

孟获被带了上来。孔明大怒道："尔今又被吾擒了，有何理说!"

孟获还是不服气："吾今误中诡计，死不瞑目!"

孔明喝令武士："将孟获推出斩之。"孟获却全无惧色，回头对孔明大叫："若敢再放吾回去，必然报四擒之恨!"

孔明大笑。孟获又得以南归。路遇其弟，孟优说："我兵屡败，蜀兵屡战屡胜，难以抵挡。只可就山阴洞中，退避不出。蜀兵受不过暑气，自然退走。"

于是他们前往秃龙洞。秃龙洞大王朵思乃孟优之故友。此洞地势险要，易守难攻。进洞的通道只有两条，一条已被朵思大王的人把守住了，另一条则山高路险，黄昏时分，烟瘴大起，此处更有四眼毒泉，谁喝了此水，必死无疑。

谁知，孔明借助神明的帮助，冲破天然险阻，直接来到秃龙洞前扎下大寨。孟获接到报告决计先大赏蛮兵，鼓其士气。就在这时，西银洞主杨锋带领三万士兵前来见孟获。他声称要助其一臂之力。孟获甚喜，盛宴招待杨锋及其五个儿子。席间，杨锋的两个儿子起身向孟氏兄弟敬酒。两人正要接杯饮酒，只听杨锋大喝一声，他的两个儿子早将孟氏兄弟五花大绑捆了起来。杨锋冷笑道："吾兄弟子侄皆感诸葛丞相活命之恩，无可以报。今汝反叛，何不擒献!"说完，押着孟获等人，来见孔明。

诸葛亮七擒孟获

孔明依旧笑容满面，问孟获："汝心服否?"

孟获把脸一扭道："非汝之能，乃吾洞中之人，自相残害，以致如此。要杀便杀，只是不服!"

孔明正色说道："吾再放汝回去，重整兵马，与吾共决胜负。如那时被擒，若再不服，当灭之。"他马上叫人再次放了孟获。然后重重赏赐了杨锋等人，加封其官职，让他们回去了。

却说孟获回到了银坑洞，继续对抗孔明。结果，孟获老巢银坑洞也被蜀军攻占。次日，孔明正要分兵缉捕孟获，忽有人来报："蛮王孟获之将带来洞主，因劝孟获归降，获不从，今将孟并其妻祝融夫人及宗党数百余人皆擒来，献与丞相。"

孔明闻听，马上吩咐手下两将张嶷、马忠须如此这般。两将领令，带了二队精兵，藏于大帐两廊。然后，孔明大声令守门将士，将孟获等人放进来。

带来洞主带着刀斧手，押着孟获等数百人走进来，在帐前跪倒。此时只听孔明一声大喝："与吾擒下!"藏于两边的士兵一拥而出，将蛮兵、蛮将全部绑了起来。孔明下令搜其身，结果发现他们人人都藏利刃。孔明看着孟获，哈哈大笑："汝原说在汝家擒住，方始心服；今日如何?"

"此是我等自来送死，非汝之能也……汝第七次擒住，吾方心服，誓不反矣。"

孔明一笑："巢穴已破，吾何惧哉!"令武士为他们松绑，然后把脸一沉，斥责道："这番擒住，再若支吾，必不轻恕!"孟获等人抱头鼠窜而去。

此时的孟获已成丧家之犬，可以与之联合的朋友也只有一人，乃乌戈国国主兀突骨。此人答应孟获，派三万蛮兵为其复仇。这些士兵都身披藤甲。这些藤甲在油中浸上半年后，再放在太阳下晒干，晒干复浸，浸完再晒，如此总共十几遍，然后才制成铠甲，穿在身上，渡江不沉，经水不湿，刀箭皆不能入。因此号为"藤甲军"。

只说孔明第一次在桃花水边与藤甲军交锋，吃了些亏。他立即唤来土人细问敌人的情况。第二天，他登上桃花渡口旁边一座大山察看地形。在半路，他忽然发现一条山谷，形长蛇，两面都是陡峭的山崖，没有树木。这一发现令孔明喜出望外。他叫来众将，一一悄声吩咐了一番。又令魏延率本部人马在桃花渡口扎起一座营寨，吩咐他，若兀突骨来攻，便放弃营寨，望白旗处而走，而且要在半个月之内，按此办法连输五阵，放弃七座营寨。

再说孟获一再提醒兀突骨："诸葛亮多有巧计，只是埋伏。今后交战，吩咐三军：但见山谷之中，林木多处，不可轻进。"兀突骨切记在心。

这时有人来报，说蜀兵正在桃花渡口北岸立起营寨。兀突骨马上派藤甲兵渡河来战蜀军。魏延按孔明指示出战，且战且走，已败十五阵，放弃了七座营寨。兀突骨虽有孟获的警告，但见蜀军如此"不堪一击"，便愈追胆愈大。

到了第二十六天，他又带兵攻打魏延。魏延领兵转过孔明发现的那条盘蛇谷，跟着前面的白旗跑没了。兀突骨一见山上并无草木，料想此定无埋伏，于是就放心追杀。

他赶到谷中，突然迎面出现了几十辆黑没柜车，挡住了去路。他以为这些均是蜀军的运粮车，他杀来，军兵便弃了车而逃。他更是放心，率部下继续追击。等他快冲出山谷时，突然乱石横木纷纷滚下，将谷口堵了个严严实实。其中夹着火药爆炸响声。两边悬崖之上，无数火把从天而降，引着了埋在地里的药线，刹那间，整个山谷火光乱舞。藤甲遇火便着，三万蛮兵就这样全被烧死在谷中。

孔明此时正站在山上往下看，见此惨状，不禁流下眼泪，叹息道："吾虽有功于社稷，必损寿矣!"

再说孟获正坐在他的寨子中等候消息。忽然来了几个蛮兵，说兀突骨大王已快要取胜，请他前去接应，孟获一听，兴奋地跳上马就走。可到了谷前，他发现兀突骨和他的军队已全军覆没，无一生还。孟获大叫不好，转身要逃。这时，那些大半由蜀兵化装的蛮兵一起动手，将其亲信随从全部抓住。孟获单枪匹马，跑了没多远，就被马岱生擒活捉。他和众亲信又一次成了孔明网中之鱼。

"七擒七纵，自古未曾有也。吾虽化外之人，颇知礼仪，直如此无羞乎?"他率人来见孔明。

孔明宣布让孟获永任洞主，蜀军所夺之地全部退还。南方族深感孔明恩德，为他立了生祠，四时享祭。从此蜀南太平无事。孔明就这样，巧用欲擒故纵计，收服了蛮人的心。

用计锦囊

欲擒故纵中的"擒"和"纵"，是一对矛盾，军事上，"擒"，是目的，"纵"，是方法。古人有"穷寇莫追"的说法，实际上，不是不追，而是看怎样去追。把敌人逼急了，它只得集中全力，拼命反扑。不如暂时放松一步，使敌人丧失警惕，斗志松懈，然后再伺机而动，歼灭敌人。

运用此计要铭记以下三点：

1. 跑累了再抓。在敌人觉得有一线生的希望时，它就会拼命地逃走。在惊慌恐惧中拼命逃跑，即是体力上的消耗，也是精神上的消耗，如果我们一直给他施加以死之的威胁，但又留给他以可逃脱的幻觉时，为了避害他就会一直拼命跑下去。人的体力和精力是有限的，最后跑累的时候，他就会自己停顿下，这时他也就丧失了反抗能力，我们便可手到擒来。如果不是在他跑累的时候擒拿他，因为他仍有反抗的能力，很可能会挣个鱼死网破。

2. 吹大了再扎。要想把皮球扎破，放掉里面的气，可以先向球里吹气，待球鼓大，把皮撑薄时，再来扎它，就更容易了。由于球皮变薄，有时还会自己破裂，不须别人费力。对待敌人也是这样，有时我们故意退让，骄纵敌人，使其自我膨胀，士气松懈，丧失警惕，我们便可轻而易举地将其攻破。

3. 养肥了再杀。养猪是为了杀猪取肉，所以在杀猪之前，要千方百计地把猪养肥，舍不得喂以精饲料，则猪必瘦，急于杀则少得肉。这也是一种辩证关系。所谓的放长线，钓大鱼也是这个意思。大鱼都在水深浪急之处，要舍得投以长线，大饵才行，近处只有小鱼小虾。对待敌人也是这样，我们可以放纵他，使其积累更多的错误，我们处理它就更加名正言顺了。所谓“多行不义必自毙”。

对欲擒故纵之计应采取如下防范对策：

1. 及时脱离险境。我们一旦发现自己已经处于被动地位，有被敌人包围的危险时，就应及时脱离险境，主动撤退。因为这时敌人还没有形成严密的包围，我们可以根据自己的判断，任意选择突围的方向和路线，而这时敌人也无思想准备，不会立即反应过来跟踪我们，即使跟踪，我们早已远离是非之地，如果我们继续恋战，敌人密密层层地包围上来，那时我们想走的方向冲不破，能冲破的地方又有危险，就只有自投罗网这样一条路了。

2. 快速摆脱跟踪。敌人对我们使用欲擒故纵之计，就必然派人跟踪我们，我们若长时间拖着大尾巴在后面，很快就会被拖垮，所以一旦冲出重围，选准撤退的方向时，就要快速隐蔽地行动，采取金蝉脱壳或瞒天过海之计，摆脱敌人的跟踪，这样才能比较安全。

三十六计之欲擒故纵

3. 时刻保持警惕。暂且放纵之意就是要消磨我们的斗志，松懈我们的警惕，然后借机突然袭击，打个措手不及。所以我们无论何时何地，都要始终保持高度的警惕性和旺盛的斗志，不因敌人的暂时放松而麻痹大意，给敌人造成可乘之机。

4. 尽快重整旗鼓。受到挫折不能灰心丧气，消极逃遁，因这还不是最终的胜负，要反过来利用敌人放纵我们的机会，尽快地重整旗鼓，恢复和壮大自己的力量，或选择有利的地势来对抗敌人，或设好埋伏诱骗敌人，或回转身来反击敌人，总之，要充分利用时机，壮大自己变撤退为反击，变被动为主动。

计谋典范

战场逐鹿

楚军七战七败灭庸国

战国时期，楚国为了称霸，出兵攻打庸国，庸国军民面对外来侵略，同仇敌忾，奋起抗战，终于赶走了楚军，并且活捉了楚军将领子扬窗。但是由于看守不慎，被囚禁的子扬窗在被押三天之后就越狱逃回了楚国。子扬窗一回国，立即受到国王召见。

“爱将受苦了，快说说庸国的情况。”楚王急切要报仇。

“大王容禀，我看到庸国军队人马强壮，蛮人们都集中在城里，好像随时准备战斗的样子，现在攻打恐怕要吃亏，不如等我们把所有的军队也都集合齐后，再去攻打，凭我们的实力，吸取上次的教训，一鼓作气，就能拿下庸国。”子扬窗答道。

“我以为不可，必须现在马上就去攻打庸国，而且只许战败，不许战胜。”另一位楚军将领师叔接过子扬窗的话，提出了完全相反的意见。

“师将军，现在我们刚刚打了败仗，士气低落，本应休整一些时日再战。如果现在继续交战也应想办法打胜，以鼓舞士气才对，为什么要故意打败呢？”其他的将领反问师叔。“说的是，我们不打则已，打就要打赢。”不少将领也随声附和。

师叔说：“敌人刚刚打了胜仗，士气正旺，但也非常容易骄傲。我们现在进攻，敌人必然乘胜击我。我们再故意打败，敌人必然会认为我们战斗力已经衰弱，再连续战败几次，敌人就会认为我们已经不堪一击。敌人骄傲，必然疏于防范，我们乘机发动真正的进攻，定能取胜。”

战国武士的铠甲

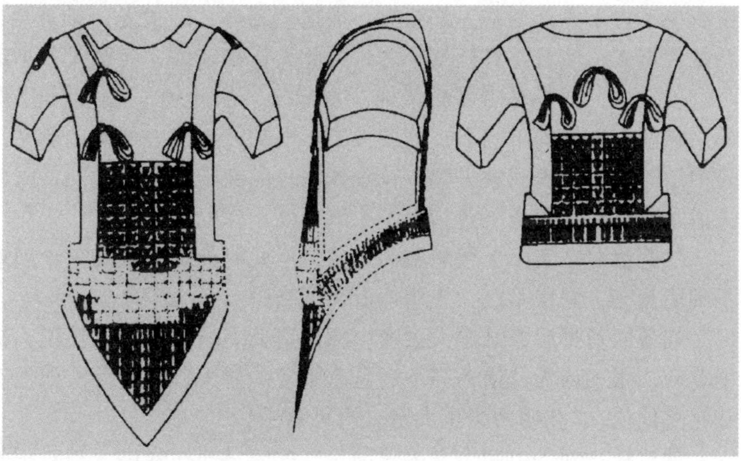

“此计确实高妙，就由你来具体部署吧!”听他这么一说，楚王十分高兴地接受了师叔的建议。其他人也连声称好。

于是，楚军分别以多股兵马轮番与庸国军队交战，每次都是交手不久，便“落荒”而退。这样三日之内楚军一连和庸军打了七仗，一仗比一仗败得“惨”，不少马匹、枪械还被庸军缴获，还抓了少部分楚军“俘虏”。庸军感到，楚军已经精疲力竭，不堪一击了，便不再设防，士兵也不再集中了，只剩下部分岗哨。

楚军见庸军已麻痹大意，立即抓住时机，分两路军队开始攻打庸国。同时楚军联合的秦军、巴军也跟随楚军一同包围了庸国。庸军一看这次楚军来势凶猛，不禁大惊失色，原来为庸军助战的蛮人们首先纷纷主动归顺了楚国。庸军孤立无援，又没有设防，很快被楚军消灭。楚军轻而易举地灭了庸国。

三顾茅庐

三国时代的诸葛亮，他与刘备之间不可动摇的信任关系是如何建立起来的呢?

先说诸葛亮。他在距襄阳城不远的隆中过着隐居的生活，但时刻注视着国家政局的变化。他在朋友中每每以春秋战国时代的大贤管仲、乐毅自比。他想仿效前人，一展平生大才，却尚未找到可以为之效力的明主。刘备虽然当时不是很有实力的人物，但作为一名颇有名望的汉室之胄，他身上倒是有着帝王的气度。深感年华虚度的刘备，近年连连受挫。就在他檀溪遇险，第二次死里逃生的时候，偶然在南漳的一个村子里碰上了道号水镜先生的隐士司马徽。水镜先生道：“今天下奇才，尽在于此，公当往求之。”

刘备忙问：“奇才安在?果系何人?”

“伏龙、凤雏，两人得一，可安天下。”

“伏龙、凤雏何人也?”

水镜拍手大笑，避而不答。

后来，诸葛亮的朋友徐庶，化名单福，来投靠刘备，刘备拜之为军师，后因家中有事不得不离开刘备，临行时，他把诸葛亮，即伏龙，推荐给刘备，说：“此人乃绝代奇才，使君急宜枉驾见之，若此人肯相辅佐，何愁天下不定乎！”

就这样，刘备对诸葛亮倍加注意起来，从此他一心只想用诸葛亮做自己的军师。在两个义弟的陪同下，刘备带了丰厚的礼物前去拜访诸葛亮。当刘备等人来到隆中山时，听到田间农夫唱一首意味深长的南阳隐居歌。刘备问此歌作者是谁，农夫说是诸葛亮，并为刘备指明了去诸葛亮草庐的路。

尽管诸葛亮实际上很想辅佐刘备，但此时他却故意离家，回避了刘备。刘备见不到诸葛亮，惆怅不已，失望地返回了新野。

刘备回新野后，又派人去隆中探问诸葛亮的消息。回报说，诸葛亮已回到了隆中草庐。张飞认为，诸葛亮不过是个平常的村夫，只要派人把他召来便是了。刘备却叱咤他说：“孔明乃当世大贤，岂可召乎！”

就这样，刘备由两个义弟陪同，二次骑马前往隆中。当时正是隆冬季节，天气严寒。他们走着走着，忽然朔风凛凛，瑞雪霏霏。两位义弟提议返回新野避风雪。刘备却说：“吾正欲使孔明知我殷勤之意。如弟辈怕冷，可先回去。”

诸葛亮又让他们扑了个空。草庐之中，只有其弟诸葛均。刘备从那儿得知，诸葛亮出外云游去了，究竟去哪儿不得而知。刘备无奈，只好给诸葛亮留下一封书信，扫兴而去。信中，他对这次又没见到诸葛亮深感惆怅。他希望，诸葛亮能出山辅佐自己安邦定国。他将再次斋戒熏沐，来拜尊颜。

三顾茅庐

到了开春，刘备请人占卜揲蓍，择定了良辰吉日，第三次再往卧龙冈访问诸葛亮。为了证明他的诚意，离草庐半里之外，刘备便不再骑马，改为步行。

他们走不多远，就遇上诸葛均。他告诉来客，其兄昨晚才回来。刘备来草庐前叩门，一名童子开了门。

“有劳仙童转报：刘备专程来拜见先生。”

“今日先生虽在家，但今在草堂上昼夜未醒。”

“既如此，且休通报。”

刘备吩咐关、张二人只在门前等着。他自己则轻手轻脚走了进去。只见诸葛亮仰卧于席榻上，熟睡未醒。

刘备拱手立于阶下，静静地等着。他又立了一个时辰，伏龙总算睁开了睡眼。他翻身问小童：“有客来否?”

“刘皇叔在此，立候多时。”

“何不早报！尚容更衣。”诸葛亮起身转入后堂。又过了半晌，他才整好衣冠出来迎客。

在接下来的谈话中，诸葛亮向刘备阐述了他安邦定国的设想。他建议刘备，先取荆州，后到益州（今四川省），建立基业，这样即可以与孙权、曹操形成鼎足之势，然后西和诸戎，南抚彝越，外结孙权，内修政理，最后合力对付曹操，以图中原。

正如诸葛亮预料那样，这次被称为“隆中对”的战略性的谈话，使刘备激动万分，拱手大声说：“先生之言，顿开茅塞，使备如拨云雾而见青天。备虽名微德薄，愿先生不弃鄙贱，出山相助。备当恭听明诲。”

诸葛亮答道：“亮久乐耕锄，懒于应世，不能奉命。”

刘备一听，眼泪流了下来。

诸葛亮见刘备泪湿衣襟，便不再怀疑他的诚意，终于答应了刘备的请求。

刘备孔明互擒互纵

然而诸葛亮不愧是足智多谋，他和刘备互相间耍出来的擒纵术，值得用计的做个借镜。

诸葛亮和刘备，一个是权谋智士，一个是奸诈枭雄，居然因乱而促成他们变作一家亲，刘备对诸葛亮，是“如鱼得水”，可说绝对信任到底；诸葛亮对刘备，确也能做到“鞠躬尽瘁，死而后已”。这其间究竟有什么微妙关系，得以维持他们的情感，能使两人合作无间呢？说起来，就要看看两人互相使用的“善擒善纵”手段。

诸葛亮当隐居南阳，静观局势发展，待主而事的时候，已经发现几乎没有哪一军事集团能有容得自己做幕僚长的机会，不得不要搭上那位正在走投无路而稍有点王孙气味的刘备了。同时也看出刘备这条漏网之“鱼”，到处寻“水”，而自己的“水”确也相当，于是来一个“欲擒先纵”计，布置好一个局面，先由老友徐庶出面“走马荐诸葛”，跟着是“水镜先生论名士”，明为把那位漂泊无依的刘备引上卧龙冈去，再来次全区总动员，吩咐冈内的樵夫牧子、亲友人等，当面或背后吹嘘他如何了不得，怎样亮节风高，经过一连串吹捧之后，果然把刘备的求贤之心牢牢抓住，然后演一出“三顾三请”的把戏，才“勉强下山”。这就是诸葛亮对刘备的擒拿术，也不外是“待价而沽，吊起来卖”的手法。

刘备呢？他的擒拿术更犀利。在征吴失利，被陆逊追得亡魂丧胆、羞愤病倒于白帝城托孤的时候，恐怕自己一死，刘氏的王业会生动摇，便也在诸葛亮身上下工夫，先来一个眼泪攻势，对诸葛亮说：“我自得丞相辅助，幸成帝业，可惜我智识浅陋，不听丞相的劝告，自取其败，现在悔恨成病，死在旦夕，因恐嗣子阿斗孱弱，不得不以大事相托！”说罢泪流满面，泣不成声。

这一哭，果然打动了诸葛亮的心。跟着刘备又握着诸葛亮的手，恳切地说：“我快要死了，有一句心里话对你说。我看丞相的才能，胜过曹丕、孙权万倍，必能安邦定国，终成大事，如果阿斗可辅则辅，教导不来的，你可代替他，自立为汉帝便是了！”

这番话多么感人！怪不得诸葛亮听了，便汗流遍体，手足失措，泣拜于地说“臣安敢不竭股肱之力，效忠贞之节，继之以死乎”了。

刘备还特在遗嘱上要各儿子，把诸葛亮当做父亲般奉侍。这么一来，诸葛亮及其部属们都“感先帝隆遇之恩”，永不稍存夺位之心，一直维持到阿斗投降曹丕“乐不思蜀”为止。

李愬雪夜袭蔡州

这是唐代的一个著名战例。李愬是唐代中期名将李晟之子。蔡州（今河南省汝南）是当时淮西镇（任于今河南省东南部）的治所（首府）。淮西镇是唐代中期诸多藩镇割据中的一个顽固堡垒。从 783 年（唐德宗建中四年）节度使李希烈叛唐开始，中经吴少诚、吴少阳，拥兵割据三十余年，虽地处中原，唐王朝竟无可奈何。814 年（唐宪宗元和九年）吴少阳病死，其子吴元济向唐朝廷请求袭位不成，便自领军务，纵兵焚掠舞阳、叶县、鲁山、襄城等地，威胁唐东都洛阳。唐宪宗李纯决心制服藩镇，乘机发兵九万，分东、南、西、北四路，征讨淮西。但连续攻战近三年，都未能成功。尤其是西路军，第一任指挥高霞寓战败，第二任指挥袁滋与吴元济勾勾搭搭，明为征讨，却暗中妥协。此时，李愬毛遂自荐，自告奋勇，要求前去挽回败局。唐宪宗在与宰相李逢吉商量一致后，于公元 816 年（宪宗元和十一年）冬任命李愬为随唐邓（今河南省西南部邓州、唐州（今泌阳）、湖北省北部随州一带）节度使，负责指挥西路军征讨淮西。李愬二十岁承袭父职，先后在朝廷任太子詹事，宫苑闲厩使等文职二十多年。虽为名将之后，长于谋略，善于骑射，却从未让他任过军职。所以，他在毛遂自荐之时，在军事上是毫无建树和名望的。

817 年（元和十二年）正月，李愬走马上任。他在对当时战场形势及敌我情况作出客观分析、判断之后，采取了一系列欲擒故纵的策略措施。离京之前，他就了解到，西路唐军因多年来老打败仗，士气低落，害怕打仗。但他刚到任时，却并没有说什么激励斗志的话，也未号召将士振奋精神去与吴元济战斗。相反的，却故意对欢迎他的人们说：“皇上知道我李愬生性柔弱，能够忍受耻辱，所以特派我来抚慰大家；至于打仗进攻，并不是我的任务。”将士们原先最担心新的主将上任，又会叫他们去打仗；听李愬这么一说，才安下心来。李愬上任之后，果然不谈战争，只到士兵中东走西看，问寒问暖；有病治病，有伤养伤；对有些重病号还亲自侍候，送饭送药；士卒家中有事或父母病故，便给假回家，并赐给钱粮布帛；经常与士卒聊天，不摆架子，不搞生活特殊化，因而深得士卒之心。有的将领见李愬不抓备战，成天混迹士卒之中，上下不分，不注意保持将官的威严，很是不满，并就此向他提出忠告。李愬回答说：“你说的这些我何尝不知。但过去袁滋专对吴贼讲恩宠，吴贼因而轻视西路军而不加防备。听说我来，必然增加对我方的警戒。所以我故意做出不严肃、不整备军务的样子给他看。吴贼得知，必然以为我懦弱无能，以致军纪松懈，将士懒惰。然后我方才有可能克敌制胜哩!”果然，吴元济一伙因李愬原本名望不高，上任后又无所作为，很看不起他，便对西路军不加防备。

唐宪宗李纯像

过了几个月，当吴元济放松了对西路军的戒备之后，李愬却悄悄地开始了进攻的准备。鉴于西路军兵力过于薄弱（唐朝廷征讨吴元济的兵力主要摆在北路，西路并非主攻方向，故兵力不多)，李愬请求宪宗给他增调了步骑兵两千人，并秘密加紧了战前练兵，并先后攻占了蔡州西部边境的路口栅、瘤岈山、冶炉、白狗栅、汶港栅、西平等几个小据点。因此时吴元济还集中主力对付北路唐军，故时西路方面的几次小的失利也不甚重视。而李愬却借此练了兵，也增加了部队的战斗信心，加上李愬上任后关心士兵生活，改善了官兵关系，故士气为之一振。是年五月，李愬亲自引军进攻吴军重要据点朗山（今河南确山县)，吴元济发兵救援，李愬吃了败仗。许多将士因此泄气，觉得李愬也不是吴元济的对手。而李愬却很高兴，说：“这正是我的一步计策，你们应该高兴才是!”但许多将士一时很难理解。吴元济在朗山获胜，更认定李愬不敢打仗，于是便将守卫蔡州的精兵调往北路，而对西路的防备更加松懈了。

九月二十八日，李愬出兵攻打吴房（今河南遂平县，为淮西西侧又一重镇)。这是李愬于十月中旬奇袭蔡州之前的最后一次前哨战。目的有二：一为奇袭蔡州作一次较大规模的实战演习；二为削弱吴房守军实力，以防在奇袭蔡州时被吴房守军断了后路。这次攻吴房，实际上也是一次奇袭。九月二十八日，正是寒露后的第二十七天，按阴阳家的说法，此日为亡日，出师必败。所以有些将领不赞成这天出兵。李愬说：我选择这天出兵，正为出其不意，攻其无备。我方兵少，不如此便难取胜。不出李愬所料，吴兵果然无备，因而唐军一到，迅速攻破外城，歼敌一千余人。守军及敌将退保内城。李愬为诱擒守城主将孙献忠，便下令撤兵。孙献忠率精骑五百出城追赶，李愬回师反击，吴兵溃逃，敌将孙献忠当场击毙。这也是李愬施“欲擒故纵”计在一个小战役中的成功。此时，若乘胜攻取内城，是不难取胜的。而李愬却下令班师。将士问他为什么？他说：占领吴房不在我的计划之内。因为他的目标在蔡州，攻下吴房内城不仅会损耗兵力，更重要的是，敌军在吴房失守之

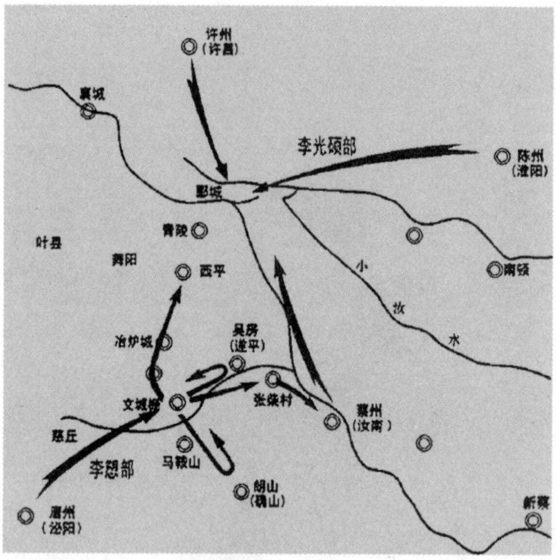

李愬雪夜袭蔡州示意图

后，必然固守蔡州，下一步奇袭蔡州便难以成功了。

在上述过程中，李愬还在争取敌将，争取敌方民众，利用敌间行反间等方面做了大量工作，因而大大削弱了敌人，加强了自己，摸清了敌情，并在这个基础上制订了奇袭蔡州、活捉吴元济的周密计划。

十月十五日，天色阴沉、北风凛冽，大雪纷飞。李愬盼望已久的天气条件具备了。他亲率九千人马分前、中、后三军，带上干粮，顶风冒雪，奔袭蔡州。将士们请求这次行动的任务和目标，他只是回答："向东"。经过近一天一夜的强行军，部队于次日凌晨到达蔡州城下。由于吴元济对西路毫无戒备，加上天气寒冷，敌军将士都钻进了被窝。李愬率兵神不知鬼不觉地于黎明前相继攻下了蔡州外城和内城。天亮了，李愬来到吴元济平时办公处处理处军务，此时，吴元济却还在他"衙城"里睡大觉。吴元济被活捉了。李愬将他用囚车监送长安。李愬欲擒故纵之计成功了。

政治权谋

郑武公翻脸赖账

春秋时，郑武公是一个足智多谋、穷兵黩武的诸侯，他要扩张地盘，便打邻邦胡国（后之匈奴）的主意，但当时胡国是一个强大的国家，国王又勇猛善战，经常骚扰边疆。用武力固然不容易，想政治渗透也根本不可能，因对当时胡国的内情实在是一无所知，在这样文武无所施其技的时候，唯有采取逐步渗透的战略，不能不忍耐一下，派遣一个亲信到胡国去，打入其最高组织。

郑武公派了一位使者到胡国去，说要攀个亲戚，把自己的女儿嫁给胡国国王。国王听说自然万分欢喜，立即答应。这样，郑武公就做了胡国国王的岳父。

这位新夫人是负有使命的，她到了胡国，下足媚劲，把国王迷惑到昏头昏脑，日日夜夜，花天酒地，连朝也懒得上了，对国家大事简直置之不理。

郑武公知道了，心里暗自高兴。过了相当时期，他忽然召开了一个公开的秘密会议，出席的全是高级文武官员，商议着要怎样开拓疆土，向哪一方面进攻。

大夫关其思说："从目前形势看，要扩张势力，相当困难，各诸侯国都是守望相助，有攻守同盟的，一旦有事，必会增强他们的团结，一致与本国为敌。唯有一条路比较容易发展，那是向'不与同中国'的胡国进攻，既可以得实利，名义上又可替朝廷征讨外族，巩固周邦。"

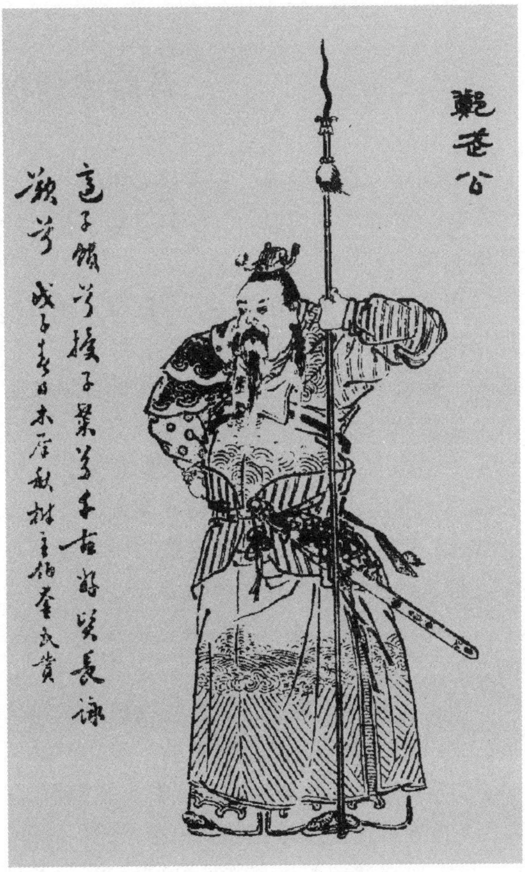

郑武公

郑武公一听，把脸一沉，问他："你难道不知道胡君是我的女婿吗？"

关其思还继续大发议论，口沫横飞地说出一大套非进攻胡国不可的理由，特别强调国家大事，不可牵涉儿女私情的话。

"狗屁！"郑武公光火了，厉声斥责他，"这话亏你说得出口！你要陷我于不仁不义吗？你想我女儿守寡吗？好吧，你既然有兴趣叫人做寡妇，就让你老婆先尝尝这滋味吧！左右！绑这家伙去斩了！"

关其思被斩的消息很快已传到了胡国，国王更加感激这位岳父大人。他知道郑国再不会找本国闹事，便放心了，更加纵情于声色之乐，渐渐地连边关都松弛下来，而且郑国的情报人员也可自由出入。

郑武公已掌握了胡国的内情，认为时机成熟了，突然下令，挥军进攻胡国。各大臣都莫名其妙，连忙问："大王！关大夫过去是因为建议进兵胡国而遭斩首的，为什么隔不多久，又要伐胡呢？岂不是出尔反尔？"

郑武公呵呵大笑起来，摸下胡子，向群臣解释："你们根本不知兵不厌诈的妙用，这是我的欲擒故纵的计谋呀！我对胡国早就打定了主意，肯牺牲女儿嫁给他，是为要刺探其国防秘密，斩关其思也不外想坚定他的信心，使其放松防备，一到时机成熟，就出其不意，一下子就可以把胡国拿到手。"

"可是，大王！"其中一人说，"这样，你的女儿不是要守寡吗？"

"哈哈哈哈！还是关大夫说得对，国家大事，怎可以牵涉儿女私情呢？"

果然郑军所到之处，势如破竹，几个回合，整个胡国已入了郑国版图，那位娇婿只空留一个脑袋去朝见岳父大人了。

苏秦激张仪入秦

战国时，秦最强盛，屡次侵略别国。

政治家苏秦正要联合齐、楚、燕、赵、韩、魏六国，组成一条合纵阵线，团结抵御秦国。

正当他说服了燕赵两国，要起程往魏国的时候，忽听说秦国要向赵国用兵了，他很担忧自已的合纵计划被破坏，便想了一个办法，要找一个可靠的适当人物到秦国去，设法掌握大权，这才可以保证合纵政策的成功。但这人物是谁呢？他想了很久，才想到自己的同学张仪。

于是即叫一位心腹名叫毕成的过来，把心事告诉他："我有一位同学张仪，现在魏国。我给你千金，你可扮成商人，改名为贾舍人，前去访他，见面的时候要如此如此；回到赵国时又这般这般，一切要小心在意！"

舍人领命，星夜赶往魏国去。

这时张仪正受过楚国昭阳相的凌辱，创伤刚好，带了家小搬回魏国，在家赋闲。

贾舍人赶到了魏国，正是张仪想起程到赵国去找苏秦的时候。他们遇上了，相谈起来。张仪知他是从赵国来的，便问：

"听说你赵国的新丞相名苏秦，是不是？"

"是呀！先生想是与苏丞相相识的？同学还是朋友？"贾舍人问。

"不独同学，还是结拜兄弟哩！"张仪欣然色喜地忙告诉他。

"真的？那我太冒失了，你原来是丞相的知己。既然有这关系，何不去见见他，谋点事做呢？"贾舍人很恭敬地说，"反正我在这里的生意已干妥了，正想回赵国去，如先生不介意的话，何不一道前往呢？"

这话正中张仪下怀，于是一同起程，几天内就到了。入了城，贾舍人对张仪说："我家就在这城边，有急事要回去，暂不奉陪了。这一带旅店很多，先生且找个歇息，我过几天再来拜候你。"说完就走了。

第二天，张仪往相府去见苏秦，但门房却不给他通报，不让进门，又不放他走，一味敷衍着，一连几天都是如此。至第五天，方给他通报，却又说丞相公务太忙，改日再见。这样又等了几天，始终没有消息，费用已耗尽了，气得他要回去，但店主又不放他走，说：

"先生，你就耐心再等几天吧。既投奔相府，总不怕不召见。如你这样一走，万一相国来召，叫我怎回报？虽等它一年半载，我也不放先生走！"

张仪只好住下，心里闷甚，想去找贾舍人谈谈，没有人晓得他住在什么地方。又过了几天，张仪已忍无可忍了，便往相府投刺辞行，这才得到苏秦的回复，着第二天相见。

张仪回来告诉店主，并向他借了一套像样的衣服，天一亮就往。

相府的排场十分威仪，关起中门，两边高车驷马，侍卫林立。张仪说明了来意，门房叫他从侧门进去，他想拾级上堂，左右又加阻止，傲慢地说："丞相正在办公事，等一等不成吗？"张仪气得很，站在廊下等候。斜眼看看来来往往的官属拜谒，像进香一样，络绎不绝，接着又有家人上堂禀事的，这时已是中午时分了，猛然听堂上一声："见客！"

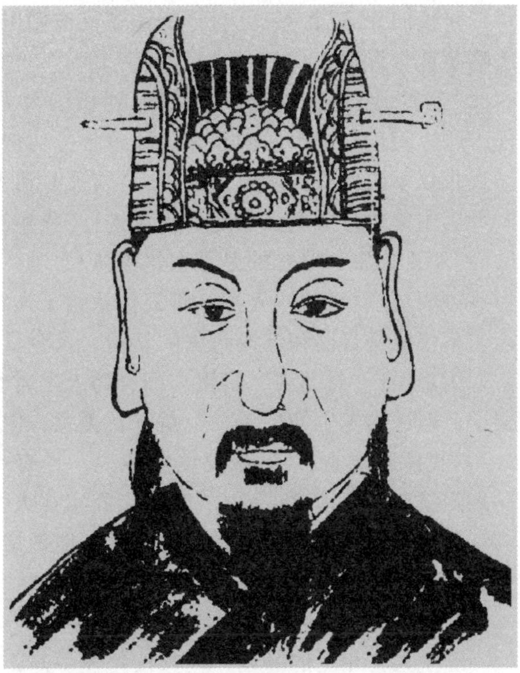

苏秦像

张仪整衣升阶，以为苏秦会降阶迎接的，谁知他却端坐不动，心里着实不快。勉强作了一揖，苏秦只把右手一摆，脸上没有半点笑容，淡淡地问："余子（张仪别名）别后可好？"这时张仪已气得五窍生烟，不加理会，呆呆地站着。

左右报禀进午餐了，苏秦对张仪说："我公事繁忙，令你久等，且先吃过饭，我有句话要跟你一谈！"

一面叫人在堂下给张仪摆下饭桌，自己则踞坐于堂上，张仪看他面前摆的尽是山珍海味，自己的桌上不过一荤一汤，饭也粗糙得很。

张仪本想不动筷，无奈从清早等到现在，饥渴得很，况且店主人处也欠下了许多饭钱，只望今天见了苏秦，纵不肯照顾，好歹会打发些旅费。想不到竟是这般光景，正是在他屋檐下，不得不低头，出于无奈，只得含羞举箸，遥望苏秦杯盘狼藉把余羹残肴分赏左右，比自己吃的丰盛得多，心里又羞又恼，眼也冒出火来了。

苏秦又传言："请客上堂！"

张仪站起来，见苏秦仍旧高坐不起，他再也忍不住了，抢上前去指着苏秦的面大骂："你可算是个无情无义之人，当初我还以为你不忘故旧，故不远千里跑来和你见面，谁知你竟这般将我侮辱！还说什么爱同学，爱亲友，爱人民，爱国家！"

可是，苏秦却冷笑一声，打着官腔说："像你这样的才能，会弄到这般地步，真是自作之孽！难道我今日没有能力帮助你，使你富贵吗？但你实在太不中用了！"

张仪已怒不可遏了，大声说："你居然把我看得一钱不值？大丈夫自能创业，岂要靠你帮忙！"

"那就最好啦，你既然有能力，又何必跑到这里来？今念同学情分，帮助你一锭金子，请你自便吧！"

苏秦的油腔说完，叫左右拿金子交给张仪。张仪一时性起，把金子摔在地上，愤然而去，苏秦也不挽留。

张仪回到旅店，忽见自己的铺盖已被搬出门外，便问店主，是什么缘故。店主笑嘻嘻地告诉他：

“恭喜张先生，你今日能够见到相国大人，一定会得个官儿做，立即走马上任，所以我预先把东西搬出来，免致临事匆匆罢了。”

张仪不说什么，嘴里只说出：“可恶！可恶！”一手脱下了衣服，还给店主。

店主愕然，慌慌张张地对张仪说：“先生！这是为什么？”

“不干你事，可恶的是苏秦这家伙！”

“咦！这就奇了？先生！难道你认错了人？”

张仪便将自己和苏秦过去的交情，及今日相待的光景详详细细地告诉了他。

店主说：“看起来，富贵忘旧，乃人之常情，何况身为相国的，免不了要摆下架子，但送给先生的金子，也是一番美意，你拿回来也可以结算小店的饭钱啦！”

“我摔还给他了！”张仪愤愤地说，且有点悔意。正说话间，贾舍人来了，他一入门就向张仪道歉，说：“这几天我实在太忙了，未知先生见过相国没有？”

为这句话，又挑起了张仪的怒气，他把桌子一拍，骂：“不要再提这个无情无义的人了！”

吓得贾舍人一跳，说：“先生！你的火气未免太大了，究竟为了什么事情呢？”

店主人将相见的一切，代张仪复述一遍，然后才说：“今不独欠下小店的饭钱没法还，连回家的旅费也没有着落，也难怪他会发脾气！”

张仪被激往秦邦

贾舍人皱起眉头，叹口气，说：“唉！真是意想不到的事。当初原是我鼓励张先生来的，今天的事，还是我连累了你，在道义上该负全责。饭钱房租我给好了，再雇车子把先生送回魏国去，不知张先生同意否？”

不料张仪连忙摆手，说：“我不回魏国去，我要入秦！”

“莫非先生还有些同学、兄弟在秦国？”贾舍人问。

“不是，”张仪愤然说：“当今七国中唯秦国最强，有力量可以攻打赵国，我如果能得到秦王重用，一定起兵打赵国，报苏秦此番辱我之仇！”

贾舍人跟着说：“先生如果往别的地方，我便无法奉陪了。要往秦国，那是巧得很，我正要往秦国去探亲，可以大家一道去，路上有个伴，总不致寂寞！”

贾舍人立即算还饭钱，回家取了行李，雇车出城，和张仪一道往秦国去。在路上又给张仪添置衣服，换过了一套新式装备，凡张仪所需的，他毫不吝啬。

到了秦国，贾舍人又拿出很多金钱，交给张仪去做活动费用。不久，张仪得到秦惠文王的赏识，拜他为秦国客卿，相与策划军政大事。

这时，贾舍人要辞张仪回家去。张仪对他说：“你我八拜之交，靠了你的帮助才有今日，我正想报答你，怎么就回去呢？”

贾舍人笑着说：“还是报答你的好同学吧！”然后将事情的经过一五一十地告诉张仪。

张仪听罢才恍然大悟，原来是苏秦对自己的一片苦心，乃喟然而叹，对贾舍人说：“你回去告诉苏相国，说我张仪有一天在世，绝不会去攻打六国，破坏他的合纵计划！”

无为而无不为

景公让晏子去治理东阿。三年之后，有人向朝廷说他的坏话，景公十分不悦，于是召晏子入朝，欲罢其官。晏子说：“臣已知错，但请再让治东阿三年那时人们必然会说我的好话。”

景公不好回绝他，就派他再去治东阿。三年过去了，景公果然听到了称赞晏子的话，这下景公高兴了，又召晏子入朝，要封赏他，但晏子不肯接受封赏。

景公问他为什么？他答道：“先前我到东阿，让人修筑道路。加速施行有利于百姓的措施，坏人为此责怪我。我力主节俭勤劳，护幼尊长，惩治偷盗无赖，懒民为此怨恨我。权贵犯法，我不宽恕；为此，权贵们又忌恨我。周围的人欲有所求，若不违法，我就满足他们，若与法相背，我就拒绝他们，为此，贵人们生我的气。于是，这些人对我的怨言恶语到处传扬，朝中亦不例外。三年后，这些诽谤之言也传至您的

晏子像

耳中。这一次我改变了做法。我不让人修路，推延这项利民的措施，坏人为此开心了。我轻视节俭勤劳，护幼尊长，释放偷盗无赖，不惩治他们，懒民为此高兴了。权贵儿子犯法，我偏袒之，权贵们喜而无怨了。周围的人无论有什么请求，我都尽量满足他们；这些人心满意足。侍奉贵人，超过了礼制的规定，贵人们也高兴了。于是，这些人们又到处赞扬我，在朝中也能听到他们赞扬我的话。这些"好话"也传入您的耳中。三年前那时您要处罚我，其实我该受赏；现在您要封赏我，事实却是我该受罚，这就是为什么我不能接受您封赏的原因。"

景公至此方知晏子之贤，就把治理国家的大任交给了他。只过了三年光景，齐国实力大增，跻身于强国之列。

这故事记载在《晏子春秋》中。晏子想要获得景公的信任，他直率地将他的治政之道付诸实践，却受到诽谤。为此，景公差点就罢了他的官。接下来三年，晏子采取放任的态度，暂时放弃了他那些治政之道，并因此而获得一片赞扬之声，景公也对他产生了好感。这样，他就有机会，以雄辩的口才鼓吹严法治国的主张了。

晏子以"欲擒故纵"的策略暂时放弃原则。最后，不仅为他带来职位，而且也使景公对他的高尚官品深为敬佩。

商海弄潮

卡内基"欲擒故纵"获巨利

19世纪60年代，美国议会通过了建设横贯美国东西的大陆铁路议案，此工程交由联合太平洋公司承建。

安祖·卡内基闻风之后，立刻到处奔走，希望获得铁路卧车的承建权。在奔走活动中他发现，与他竞争的对手中最强的是布鲁曼公司。这是一家历史悠久，规模很大的企业，当时它的销售网已经遍布全美国。

卡内基相信自己倾尽全力是能够获得铁路卧车的承建权的，但是如果经过和布鲁曼公司激烈竞争后获得的利润就会大量减少。不竞争嘛，承建权很可能为其所得。怎样才能既获得承建权，又不至于使利润大幅度下降呢？卡内基大伤脑筋，思绪回到了从前。眼前的情况多么像自己少年时代的一段经历啊！

从英国移居到美国的卡内基一家贫困潦倒，小卡内基只好到纺织厂当童工，后来加入了电报局的送电报小邮差的队伍。小邮差们特别喜欢送越区电报，因为每送一份可以多得一角钱，这种电报就成了小邮差们的竞争对象，也为此经常发生争吵，甚至不惜拳脚相向。

新来的小卡内基熟悉这个内幕后，在早晨小邮差们聚集时提出了一个巧妙的办法，他建议把这份额外收入先统一存下来，到周末再平均分配。每一个小邮差都为此曾被撕破衣服或者挨揍，并被电报局警告过，不得争吵架，否则一律开除。所以，这个提议大家都乐于接受。结果新来的小“卡内基”衣服没破，也没挨拳头和训斥就得到了他那一份。

现在历史在更高层次上重现了。当然，布鲁曼不是小邮差，据了解，这个老公司除了追求利润外，对名气和招牌也非常重视。是否可以抓住这一点做文章呢？嗯，有办法了。

他来到该公司的老板布鲁曼下榻的饭店，也开了一个房间。一次在饭店的楼梯上，卡内基遇到了一个精力充沛且机敏的人。他敏锐地感受到，这就是他的竞争对手，于是向他打招呼说：“先生，您是布鲁曼阁下吧？我是安祖·卡内基，你也住在这里吗？”

“是的，你就是卡内基先生？”

“布鲁曼先生，我不想绕圈子，坦白地说，我们完全没有必要进行这种无谓的竞争，这样，对谁都不会有多大的好处。”

“是这样吗？卡内基先生。”布鲁曼的答话显然出于礼貌而已，大有不以为然之势。

“我们当中不管谁通过竞争单独得到承建权所获的利润，绝对比不上我们以合作的方式得到承建权各自所获的利润。”卡内基不理会布鲁曼的态度，继续一口气将自己的观点说完，然后客气地加上一句，“当然你比我更明白这一点。”

“你说的有一定的道理。嗯，你认为该采用什么样的合作方式呢？”布鲁曼沉吟地说。

“共同成立一个新公司，然后由新公司向太平洋公司提出承建投标。”

“新公司用什么名称呢？”布鲁曼语气中流露了他对这个问题的关切。

“哈，不出所料，这下你可上当了。”卡内基不由得心里一喜，表面却不动声色地说：“‘布鲁曼’豪华客车公司，你看好吗？”

“行！”这正好搔着布鲁曼的养处，他不禁喜上眉梢，随后正色地说，“我相信，有鉴于你的诚意，敝公司极有可能接受这一提议。”布鲁曼的警戒心荡然无存。

以后的事自然顺理成章：合作顺利，新成立的布鲁曼豪华客车公司获得了大陆铁路卧车的承建权。

卡内基“继”而放弃了扩大自己名声的机会，但是使竞争对手放松了戒备，从而“擒”得了部分承建权，更重要的是“擒”得了大量的利润。

股市上的欲擒故纵术

在股市上当你想要更好地控制一种股票，或者预计它将要跌价时，就故意先抛出这样股票，等到股价下跌以后，再趁低补回，这样不仅可以赚到差价，而且可以更牢固地掌握该股份公司的控股权。

在香港股坛号称一流“杀手”的刘銮雄，就曾玩过这种绝招。刘銮雄于1974年创办爱美高公司，主要生产和销售电风扇，由于经营得法，事业蒸蒸日上，获得了“风扇刘”的美誉。到了1983年，工业股在香港上市进入热潮阶段，爱美高也成为上市公司并以每股2元的价格发行新股，半年后该股即升至每股4.4元。就在工业股票炒得热火朝天之际，刘銮雄趁机将所持股票大量抛出，至1985年2月全部抛空，同时又辞去爱美高公司主席的职位。众股东群龙无首，连忙推举副主席梁英伟接任主席。这时，爱美高股价已跌至每股1.5元，这意味着刘已从中赚到了一批差价。

不久，工业股票由热转冷，爱美高更是连连下跌，最低点是每股0.7元。这时，刘銮雄乘机又在市场上大批购进爱美高股票，重掌帅印，进而把梁英伟轰出董事局。这一役，刘銮雄不仅赚得脑满肠肥，而且更加牢固地掌握了爱美高的控股权。他这种胆识和手段，让人不能不拍案叫绝。

深圳股市比起香港股市只能说是小字辈，但就在这短短几年的风云变幻中，也已经产生了不少股市豪杰。白党之先生就是其中一位。白先生是某省一外贸公司驻深圳办事处的职员。在他被派到深圳工作之前，几位朋友来给他送行，谈笑间曾有人说起："老兄，听说深圳那边炒股票都发了大财，你到时也可趁机捞一把。"白先生笑了笑说："得了，得了，你想让我赔得只能穿条短裤回来啊?"

客人走后，妻子一边给他收拾行装，一边嘱咐这个、嘱咐那个，最后还特别交代："喂，我跟你说，到深圳千万不要去买股票，你不是那种人，那财咱发不了。"

当时白先生微微一笑，对妻子说："朋友们开玩笑，你还当真？放心吧，我不会去买的。"

没想到，他于1990年春，在股市热潮的推动之下，终于按捺不住，动用了80万元公款，再加上自己的6万多元存款，以每股172元的价格买进了5000股发展银行的股票。买进股票后，他每天都要去证券部看股市行情。正好那几天股价天天都在上涨。当价位升到175元时，他算了一笔账，发现自己在几天内就赚了15000元，心中兴备不已。孰料在他算账后的第二天，该股票的价格一下就猛跌到158元，白先生一夜之间不仅失去了已赚到的1.5万元，还赔掉7万元，最要命的是连公款也赔进去了1万元。

白先生站在人声鼎沸的股票交易部里，看着电子报价牌不断闪动的数字：158、157、156、155，痛心疾首，像个木头人一样，茫茫然不知所措。终于，他感到跌势没有尽头，以154元的价格将5000股股票尽数卖出，心中只觉得天昏地暗。原先的86万元只剩下77万元，如当头一盆冷水，使白先生开始购股时的热情，一下子飞到九霄云外。

这时白先生记起了临行前妻子的那句话："你不是那种人，那财咱发不了。"不过白先生经此打击后，反而镇静下来了。他弄清楚了股价下跌的原因是有大户在压价抛售，他想，股价有跌也会有涨。于是他在第二天又怀揣巨款来到交易部，见股价已跌至153元，这时他见别人在大量购入，其中一位正是在股价跌到157元时抛出过不少股票的。白先生的心一动。果断地认定价格已到了反弹的时候，立即就用77万元又买进了5030股。这真可谓英明的一着，到此为止，白先生手中的股票虽说在账面上仍是损失了5.4万元，但这些股票的数目已比开始时凭空多出了30股，不可谓不成功。虽说他以154元的价格卖出是在万不得已的绝望心态下作出的决定，令人有瞎猫撞着死老鼠的感觉，但正是这一卖出与第二天的买进恰好形成了"拔档子"的操作手法。这一手法无疑正是在这种套牢情况下减少风险的一个妙着。

所谓的“拔档子”就是投资人先在高价位上卖出自己的持股，等价位下降之后，再补回股票来。

更值得称道的是，后来他又能够在适当的时候抛股获利。白先生第二次买进股票之后，股票即开始反弹，白先生心中暗喜，沉着气耐心地等待着。等到股价达到180元的时候，白先生即不失时机地将手中的5030股全部抛出，卖得90.54万元，这一来，不仅原先的80万元公款可以完璧归赵，白先生还额外捞了4万多元。至此白先生算是圆满地打了一次漂亮战。

运世方略

苏无名以智捕盗

武则天赐给太平公主许多珍玩宝物，价值几千两黄金。到年底时，这批宝物被盗。太平公主把这一情况报告给武则天。武则天大怒，召来洛州的长史说：“三天之内不捉住盗贼，就问你死罪!”

洛州长史拜见了以聪敏机智闻名乡里的苏无名，请求帮助破案。苏无名说：“您先领我面见陛下，到那时我再说出我的计谋。”

于是，他们来到宫中。武则天问苏无名：“你有把握破获此案吗?”苏无名不紧不慢地回答：“如果责成我捉贼，请您不要急于求成，此事只要耐心等待，就能一举成功。另外要把捕盗的吏卒，归我全权调遣。这样我一定为陛下捉来盗贼。”武则天答应了苏无名的全部要求。

苏无名回宫后吩咐吏卒缓办抓贼之事，改变以前大张旗鼓的做法。到了寒食节那天，他才把吏卒召集起来说：“你们分批守候在东门和北门。看到一伙穿孝服的胡人就跟上，暗中观察他们上坟的情况。如果他们来到一座新

武则天，中国历史上唯一的女皇帝。

坟跟前，上坟时哭不悲伤，跪无诚意，你们就抓住他们。”吏卒们出外巡察，一切果如苏无名所言。在那伙胡人上坟的棺材里发现了丢失的珍宝。

武则天对苏无名的才干颇为欣赏，欲知破案详情。苏无名说：“我上次进入都城见您之前，发现一伙胡人抬着棺材出殡。我看他们的表情，不像刚刚失去了亲朋好友，遂怀疑他们的棺材里装的是偷来的珍宝。我估计他们先把棺材埋在城外，然后等到风声不紧时再取出运走。我想，他们到寒食节那天必然还要出城，以上坟的名义运走珍宝。遂建议您破获此案不能心急，不要大张旗鼓。不急于捉拿他们不是不管不问，而是让他们放心地挖坟开棺。待他们取出罪证以后，再把他们绳之以法。”

武则天听完苏无名的欲擒故纵计谋，连声称妙，不仅送给他许多金帛，还给他官升两级。

包拯破杀牛案

宋仁宗年间，天长县的一个农民有一天发现自家的耕牛口里流血，大口喘气。仔细一看原来是牛舌被人割掉了。这个农民于是风风火火跑到县衙向知县包拯告状。

包拯想：此事一定是与农民有仇的人所为，但是没有证据不能随便抓人，只能运用妙计引割牛舌的人自己跳出来。包拯对那个告状的农民说：“没有舌头的牛反正不能存活了，你回去把牛杀了卖钱吧！”农民说：“没有牛我家的地无法耕种。求大老爷为民做主，惩治坏人。”包拯佯装生气大声说：“一个牛舌有什么大惊小怪的，这点小事也来告状，赶快出去！”

包拯像

告状农民见知县大人生气不敢再说话，只好忍气吞声地把牛杀了。没过几天，有人来县衙告状，说农民私宰耕牛。按宋律，私宰耕牛是违法的。包拯一听，勃然大怒，厉声说道：“你为何偷偷割了人家的牛舌，又落井下石来告他的状？”这个人大惊失色，没想到包拯一眼就识破了他的诡计，吓得连忙叩头认罪。

割掉牛舌不是害人者的目的，

以私宰耕牛为名诬告于人才是害人者的目的。包拯看到了问题的实质，知道害人者不达目的是不肯罢休的，便采取故意放纵的手段引诱害人者前来告状，从而一举破获。

偷鼎锅的无臂乞丐

宋时，枢密副使孙沔任杭州知府。有个断了左臂、右臂上那只手只剩两个指头的乞丐迫于生计，到人家去偷鼎锅，不巧被这家主人当场抓获。双方争吵不息，一起拿着鼎锅来到知府的公堂之上。

这个乞丐一见到孙沔，立即放声大哭："老爷，这个人平白无故冤枉好人。您看我这样一个没手的人，怎么能拿得起鼎锅啊!"孙沔当即表示同意，把那家主人呵斥出去。然后把鼎锅判给乞丐，并用好话安慰他。这个乞丐起初不敢接受，在孙沔再三说服下，才高兴地接受了。只见他用剩下的那两个手指灵活地夹起鼎锅，慢慢地用臂膀托起，像帽子一样往头上一戴，拔腿就想走。这时，堂上的孙沔立即变了脸色，大声喝道："大胆刁民，明明是你偷走人家的鼎锅，为何矢口抵赖?"那个乞丐知道中计，体似筛糠一样瘫在地上。

孙沔审问无臂乞丐用的就是欲擒故纵之计。

第十七计　抛砖引玉

原文注译

【原文】

类以[①]诱之，击蒙[②]也。

【注释】

①类：类似，同类。类以：用相类似的东西。

②击蒙：击，打击；蒙，蒙昧。语出《易·蒙卦》上九爻辞："击蒙，不利为寇，利御寇。"蒙卦的卦象为坎下艮上。其上九爻，为阳爻处于蒙卦之终，按王弼的解释，其喻意为"处蒙之终，以刚居上，能击去童蒙，以发其昧也，故曰'击蒙'也。故'不利为寇，利御寇'也"。大意是，上九爻以阳刚之象居于前五爻之上，所以能给蒙昧者以开导、启迪。为盗寇之人，自然属于蒙昧者之列，所以，如果占卦时占到本爻，则对为为盗寇者不利，而对防御盗寇者有利。此处借用此语，意思是，打击那因受我方诱惑而处于蒙昧状态的敌人。

【译文】

用相类似的东西诱惑敌人，乘其迷惑懵懂之时去打击他。

按语注译

【按语】

诱敌之法甚多，最妙之法，不在疑似[①]之间，而在类同[②]，以固其惑[③]。以旌旗金鼓诱敌者[④]，疑似也；以老弱粮草诱敌者，则类同也。如，楚伐绞[⑤]，军其南门[⑥]，莫敖屈瑕[⑦]曰："绞小而轻[⑧]，轻则寡谋[⑨]，请无捍采樵者[⑩]以诱之。"从之[⑪]。绞人获三十[⑫]。明日绞人争出，驱楚役徒于山中[⑬]。楚人坐其北门[⑭]，而覆[⑮]诸山下，大败之，为城下之盟[⑯]而逐。又如孙膑减灶而诱杀庞涓[⑰]。

【注释】

①疑似：模糊、近似。

孙膑归齐

②类同：相同。

③固：坚固、不动摇。固其惑，将敌人牢牢地迷惑住。

④旌：古代旗的一种，缀旄牛尾于竿头，下有五彩羽毛，用以指挥或开道。金：锣。诱骗敌人，从而达到诱使敌人进攻，或诱骗敌人不敢进攻的目的。

⑤楚伐绞：楚、绞，均为春秋时期的诸侯国。楚为大国，其地域以今湖北为中心，国都郢（今湖北江陵）。绞为小国，其地在今湖北郧县西北。楚伐绞，事见《左传》鲁桓公十二年（700年，楚武王四十一年）。

⑥军其南门：屯兵于绞国的南门。

⑦莫敖屈瑕：屈瑕，人名，楚武王之子，封于屈地，故以屈为姓。莫敖：春秋时楚国的官名，其地位仅次于令尹（楚国掌军政大权的最高长官）。

⑧轻：轻狂。

⑨寡谋：缺少计谋。

⑩无扞采樵者：扞，捍卫。全句意为：不以士卒去捍卫采樵的人。

⑪从之：采纳其计谋。

⑫绞人获三十：这里是指绞国军队抓获了三十个为楚军采樵的人。

⑬役徒：这里是指为楚军采樵的人。

⑭坐其北门：这里是指坐守绞国的北门，以断其归路。

⑮覆：伏兵。

⑯城下之盟：在兵临城下的情势下，被迫订立的盟约；这对被迫订盟的一方是一种耻辱，且往往条件苛刻。

⑰孙膑：战国时兵家，曾任齐威王军师。曾先后设计大败魏军于桂陵和马陵。庞涓：战国时魏将，曾与孙膑同学兵法；魏惠王十六年（公元前354年）、二十八年（公元前342年），先后两次在桂陵之战和马陵之战中败于孙膑。孙膑减灶诱杀庞涓：事见《史记·孙子列传》。

【译文】

诱惑敌人的方法有很多，最巧妙的办法，不是在模糊近似、使人感到相像又不像，而是要以类同的东西，去牢固地迷惑敌人。用虚张旌旗、鸣锣击鼓的方法去诱惑敌人，就是属于疑似的一类；出示年老体弱的士兵，或制造有粮或无粮的假象去诱惑敌人，就是属于类同的一类。例如，春秋时楚国出兵征伐绞国，陈兵于绞国都城的南门外。莫敖屈瑕献计说：“绞国小且其君臣很轻狂；轻狂的人往往缺少计谋。请求采取不派士兵保护为我军打柴的人的办法去诱惑他们。”楚王采纳了屈瑕的计策。于是，头一天，让绞国人抓走了三十个打柴人。次日，绞国士兵争相出城，将楚方的打柴人往山中驱赶。而楚方则一方面派兵把守绞城的北门，截断绞兵的归路；一方面派兵埋伏在山下，因而大败绞军。结果，楚军迫使绞国与楚订立城下之盟，得胜而归。又如春秋时，齐国军师孙膑，用减灶的办法，将魏兵诱入埋伏圈，而杀了魏将庞涓，也是一例。

传世典故

抛砖引玉。玉：喻指有价值的言论或精湛的作品。砖：喻指肤浅的见识或拙劣的作品。抛出不值钱的砖，引来极金贵的玉。一般作以文会友的自谦词。比喻以引出同道者的高论或文艺珍品为目的，而自己首先提出肤浅见识或粗糙作品。军事中常指，主动给敌人一点小的好处，使敌人上钩，借此获取大的胜利。即以小的代价获取大的利益。

抛砖引玉一语出自《传灯录》。传说唐朝诗人常建，非常敬佩赵嘏的诗才，几次想要求取赵嘏的诗而不可得。一次，他听说赵嘏要来苏州，认为机会难得，便想出了一个诱请赵嘏作诗的妙计。他断定赵嘏来苏州后，一定要去游灵岩寺，就先在寺前一个显眼的地方，写了言犹未尽的两句诗、赵嘏看到后，果然提笔在后面续了两句，这样四句合在一起，便成了一首完整的绝句。因为赵嘏后续的两句比常建的两句要好，所以后人就称常建的这种做法是抛砖引玉。

此计用于军事，是指用相类似的事物去迷惑、诱骗敌人，使其懵懂上当，中我圈套，然后乘机击败敌人的计谋。“砖” 和 “玉”，是一种形象的比喻。“砖”，指的是小利，是诱饵；“玉”，指的是作战的目的，即大的胜利。“引玉”，才是目的，“抛砖”，是为了达到目的的手段。钓鱼需用钓饵，先让鱼儿尝到一点甜头，它才

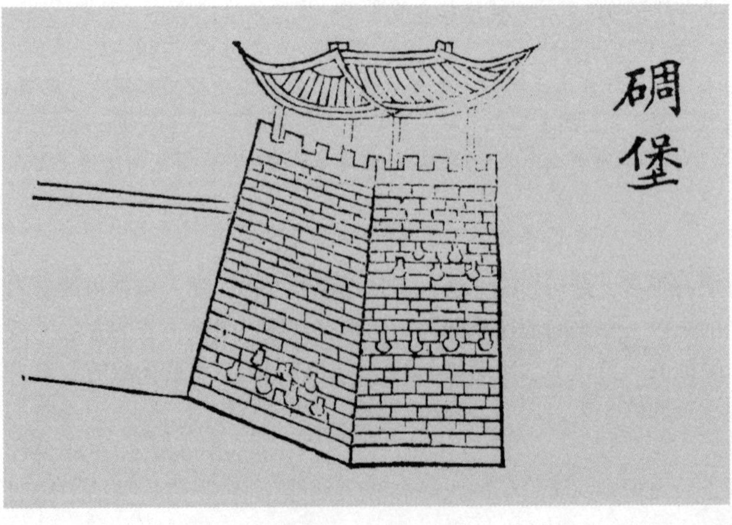

碉堡，一种防御工事。

会上钩；敌人占了一点便宜，才会误入圈套，吃大亏。

公元前700年，楚国用“抛砖引玉”的策略，轻取绞城。这一年，楚国发兵攻打绞国（今湖北郧县西北），大军行动迅速。楚军兵临城下，气势旺盛，绞国自知出城迎战，凶多吉少，决定坚守城池。绞城地势险要，易守难攻。楚军多次进攻，均被击退。两军相持一个多月。楚国大夫莫傲屈瑕仔细分析了敌我双方的情况，认为绞城只可智取，不可力克。他向楚王献上一条“以鱼饵钓大鱼”的计谋。他说：“攻城不下，不如利而诱之。”楚王向他问诱敌之法。屈瑕建议：趁绞城被围月余，城中缺少薪柴之时，派些士兵装扮成樵夫上山打柴运回来，敌军一定会出城劫夺柴草。头几天，让他们先得一些小利，等他们麻痹大意，大批士兵出城劫夺柴草之时，先设伏兵断其后路，然后聚而歼之，乘势夺城。楚王担心绞国不会轻易上当，屈瑕说：“大王放心，绞国虽小而轻躁，轻躁则少谋略。有这样香甜的钓饵，不愁它不上钩。”楚王于是依计而行，命一些士兵装扮成樵夫上山打柴。绞侯听探子报告有樵夫进山的情况，忙问这些樵夫有无楚军保护。探子说，他们三三两两进山，并无兵士跟随。绞侯马上布置人马，待“樵夫”背着柴禾出山之机，突然袭击，果然顺利得手，抓了三十多个“樵夫”，夺得不少柴草。一连几天，果然收获不小。见有利可图，绞国士兵出城劫夺柴草的越来越多。楚王见敌人已经吞下钓饵，便决定迅速逮大鱼。第六天，绞国士兵像前几天一样出城劫掠，“樵夫”们见绞军又来劫掠，吓得没命地逃奔，绞国士兵紧紧追赶，不知不觉被引入楚军的埋伏圈内。只见伏兵四起，杀声震天，绞国士兵哪里抵挡得住，慌忙败退，又遇伏兵断了归路，死伤无数。楚王此时趁机攻城，绞侯自知中计，已无力抵抗，只得请降。

用计锦囊

在敌人急功近利，易受暗示的情况下，我们为了更有效地迷惑诱骗敌人，防止其猜疑和犹豫，便主动送给敌人一些小恩小惠，使其先尝到一定的甜头而放松警惕，我们就可借此进一步利诱他自己上钩。这样我们虽付出较小的代价，却可获得较大的好处，做出较小的牺牲，却可赢得较大的胜利。这是一种先与后取的策略。

本计有如下三种含义：

1. 以小引大。我们先拿出较小的，一般的东西，用来做示范和暗示，有目的地诱使对方拿较大的、有价值的东西来，这种以一事物带动或引诱出另一事物的方法即为以小引大法。以小引大法中，我们的启发，倡导和带头作用非常重要，榜样的力量是无穷的。除了以小引大外，也可以少引多。即我们的一个示范，引出众多人的效仿等，以小引大必须是同类相引。

2. 以小易大。即用小的代价，换取大的收获，即撒下诱饵钓金鳌之意。自己付出的是一点鱼饵，但钓上来的却是金鳌，也就是所得到的是更好的、更多的。以小引大与以小易大的主要区别在于：以小引大中小的引出大的来之后，小的并不一

三十六计之抛砖引玉

定就损失了，大的小的可以共得，就像常建的诗引出赵嘏的诗，但常建的诗仍依然存在，常建既可得到赵嘏的诗，又可同时收回自己的诗。以小易大则不同了，它是用小的换取大的，大的收取之后，小的就已付出了，一般无法收回。就像钓鱼，鱼钓上来之后，饵肯定已被吞食了。这是“吃小亏，占大便宜”。

3. 以小抵大。用小的东西来抵敌人大的东西，使小的东西与大的东西同归于尽。我们抛出了砖，引诱敌人抛出玉，然后用我们的砖，砸他的玉。我们损失的是砖，而敌人损失的却是玉。以小抵大与以小引大的不同点在于：前者是用小的引来大的，后者是用小的引走大的。

对抛砖引玉之计可采取如下防范对策：

1. 不要愚而不知变，在与敌人作战时，如果将领愚钝而不知机动权变，就会被人诱骗。所以一切要以时间、地点、条件为转移，在兵法中叫做“践墨随敌”。所谓践墨随敌，就是说作战的方向、方针、策略等都要根据敌情的变化而变化。只有随机应变，才能防止误入圈套。

2. 不要贪图小利。顺手牵羊之计主张小利必得，小隙必乘，但其只是在敌人无力控制的范围内适用。如果在敌人防守严密、控制有力的区域内，见到微利或微隙，则要研究其是否诱饵，因为敌人在有能力保护自己利益的情况下，绝不会无缘无故地将其送与别人。所以在取利之前要分析利弊得失。如果“贪利而不知害”，则很容易中敌埋伏。

3. 不要受人蛊惑。易受暗示和从众心理，是抛砖引玉的心理基础。别人暗示以利，你则去取；别人都去做的事，你也跟着去做，很少有不上当的。所以我们遇事要有自己的主见，认为该做的事，别人止不了；认为不该做的事别人也劝不成。不要受人蛊惑，防止别人用砖引走了我们的玉。

4. 要投石问路。凡遇有“疑似之迹”，要仔细审察，在行动之前要投石问路，在确保没有什么大问题时才走过去。当发现敌人抛出的是引玉之砖时，要立即放弃，及时转身回去并护好自己的“玉”。

计谋典范

战场逐鹿

诸葛亮困司马懿

诸葛亮六出祁山，与司马懿对阵于渭水之上，经过几次接触，有负有胜，战事在胶着状态。

司马懿的一贯战略是守，他深知蜀军劳师远征，补给线太长，利在速战速决，所以便深沟高垒，以劳敌师。

诸葛亮经过了几次后勤不继的教训，这一次便有所防备。他创制木牛流马，克服运输不便之苦，又实行屯田政策，令军士就地种粮，作为久驻之计。

司马懿得报大惊曰："我所以坚守不出，就因彼粮草不继，欲待其自毙，今用此法，显为长久之计，不想退走了。"乃派兵拾得几部木牛流马来研究，亦仿制一批作为军运，因未洞悉此木牛流马之奥妙及使用法，连吃了几次亏，反被劫去粮草不少，乃干脆挂起免战牌，任蜀军如何辱骂挑战，闭门不出。

诸葛亮见司马懿不肯出战，乃定计于葫芦谷顶搭草房，埋伏地雷及引火之物。复化整为零，令军士四散屯田，引诱魏兵。司马懿连续捕获一批蜀兵，得知诸葛亮不驻在祁山而在葫芦谷下寨安住。司马懿见有机可乘，便发兵去劫营。

其实诸葛亮是驻在祁山的，远见魏军行动，料定其必来攻祁山，司马懿本人则亲攻葫芦谷，便教魏延如此如此。

果然，魏军攻祁山是声东击西，司马懿和二子司马师、司马昭并中军护卫人马，却杀奔葫芦谷来。碰上魏延，厮杀一阵，魏延拨马便走，懿从后追上，如此且战且走，直把司马懿引入葫芦谷，他使人探知谷中并无伏兵，山上尽是粮房，懿不疑，遂大驱军士尽入谷中。

可是魏延不见了，粮房上又布满了干柴，心知中计，欲下令退兵，但说时迟，那时快，忽一声喊叫，山上一齐丢下火把，烧断谷口，引起地雷齐响，草房着火，黑烟冲天。司马懿惊得手足无措，下马抱住二子大哭曰："我父子三人皆死于此地了。"

正在等死的时候，忽然下起一场滂沱大雨，狂风大作，谷中之火尽皆熄灭，司马懿以手加额说："此天公未亡我，不乘机逃出，更待何时?"乃引军冲出葫芦谷，得以生还。

历经这一场灾难，司马懿怎么也不敢出兵迎战了。

投其所需诱曹操

曹操在收复濮阳的战役中，屡战受挫。但又攻城心切，指挥军兵蛮攻硬打。

辅佐吕布的谋士陈宫，见此情景对吕布说：“曹操现在正苦于无计攻城，我们可以利用他这种心理，诱他入城，中我埋伏。我城内有一户姓田的富豪，颇有名望，如果令他诈为内应，曹操必定不会怀疑。”吕布一听，便依计而行。

这天，曹操在营中正为无计破城而烦躁时，突然由城里传来一封密书。书中说：“吕布残暴不仁，民心大怨。现在他已带兵去黎阳，城内只有高沛守城。如连夜起兵攻城，我可以为内应。以城上插白旗，大书‘义’字为号，我乘机开门迎候。”曹操看罢，打发走田氏家童，高兴地说：“这是天赐我收回濮阳啊！”便准备起兵攻城。

曹操定陶破吕布

左右军将提醒曹操说：“这其中是否有诈，丞相不可不察。”曹操说：“我已经想过，这个田氏，是城中富豪，他若欺我，一旦我攻破城池，他能逃脱吗？他逃走还有可能，其家业能与其一起逃走吗？其人是势利之眼，知我定取濮阳，先来讨好于我，我怎能不信其言呢？”众将听后，深服其论。

当晚，曹操见城门之上有面白旗，上书“义”字，便令军兵在门外候伏，将近三更，果见该门大开。曹操率先引兵冲入城中，一直冲到州衙，路上也未见一人，这时，曹操方知中计。急下令退兵。这时，却见四面城门已被烈焰封锁。曹操东撞西碰，只是寻不到退路，后来在大将典韦的掩护下，才冒火拼死冲出城外，逃得性命。

秦楚丹阳之战

公元前313年，秦国准备攻打齐国。当时六国（齐、楚、燕、韩、赵、魏）合纵抗秦，以楚怀王为纵约长；尤其是齐、楚两大强国结成相当牢固的联盟，对秦构成严重的威胁，秦惠文王深为忧虑，问计于丞相张仪。张仪说：请大王免掉臣的丞相之职，让我南游楚地，凭臣三寸不烂之舌，伺机向楚王进言，必定要使楚国与齐国断交，而与秦国亲近。秦惠文王同意了。张仪来到楚国，先以重金贿赂了楚怀王的亲嬖近臣靳尚，然后拜见楚怀王，陈说楚国联齐还是联秦的利害得失。还假作谦卑地向楚怀王表示：秦王本来有意要事奉大王（指楚怀王），就是我张仪也愿意给大王做守门的臣仆，只因楚与齐结盟，才使我秦国国君感到不好办；如果大王能与齐绝交，我们国君愿意将往日商君从楚国夺去的商於（在今河南淅川县西南）之地六百里归还楚国，并送秦王室的女子给大王做妾，让秦、楚两大国永结婚姻之好。楚怀王果然中计，群臣也因能不费一兵一卒便收复商于之地六百里而向怀王贺喜。当时只有客卿陈轸、大夫屈原看出了张仪的诡计，劝怀王不要上当，但怀王利迷心窍，拒不采纳，还授与张仪以楚国相印，赐黄金百镒，以示嘉奖。张仪返秦后，却一面装病不出，不与楚使会面落实割地之事，让楚使在咸阳白等了三个多月；一面却遣使入齐，暗地与齐结盟。待楚与齐绝交后，张仪方才接见楚使逢侯丑，并赖账说：所谓归还商於之地六百里，那是你们大王听错了；我说的又是我张仪的俸地六里。秦国的土地都是将士们身经百战得来的，岂肯以尺寸让人。楚怀王听了逢侯丑回来的报告后勃然大怒，立即宣布与秦断交，并命屈丐为大将，逢侯丑为副将，起兵十万攻秦，进军蓝田（今陕西西安以南），结果为秦齐联军所败，被追至丹阳（今陕西汉中）。次年春，屈丐聚集兵力与秦齐联军决战于丹阳，结果又遭大败。楚军前后被斩首者八万余人，大将屈丐、副将逢侯丑被俘，又丧失汉中之地六百里。在这一战役中，秦以暂免张仪丞相职（以便他以平民身份往楚游说）；诈称归还商於之地六百

伪献地张仪欺楚

里；表示愿与秦结通婚之好；卑称秦王愿意事奉楚王等为“砖”抛给楚王，从而引得破坏齐楚联盟；击溃楚军擒获楚大将；得汉中之地六百里等数块大“玉”。张仪之计虽卑劣，但却不可谓不高明哩！

政治权谋

政之宝

春秋时期，由于上卿管仲治理有方，使得齐国在当时的170多个封国中迅速强大起来。公元前681年，齐桓公进攻南面的邻国鲁国。鲁庄公在连吃败仗之后，被迫求和。为此，鲁国必须把齐桓公侵占的土地割让给齐国。就在鲁庄公在柯地与齐桓公会盟割地之时，他的大将曹沫突然起席冲至齐桓公身边，用匕首劫持齐桓公说：“要么全部归还侵地，要么你我死在一起！”

齐桓公没有别的选择，只好答应放弃那块即将到手的土地。曹沫便放了他，回到了自己的席位。

事后，齐桓公对这次意外的袭击十分恼火。他打算派人行刺曹沫，并讨回那块本该割让给他的土地。这时，管仲就对他说：“虽然君侯的保证是被迫作出的，但这是君侯和鲁国在一次公开会盟中作出的。若君侯现在食言，并派人杀了鲁国之人，这会被认为背信弃义。如此，君侯之怒虽可平息，天下诸国之怒却难平息。这对齐国是不利的。君侯须三思而行。”

齐桓公听了管仲的话，遵照在曹沫面前许下的诺言，将侵占的土地归还给鲁国。这个消息一下子就传遍了齐国，诸侯们佩服桓公如此遵守信义，从此对他非常信任。两年之后，齐桓公被各国诸侯推为盟主。为此，齐国成了那个时代的第一个称霸之国。当然，齐国的称霸是以其强大的军事实力为基础的。但仅凭此，齐国是不足以称霸的。司马迁曾说：

“桓公欲背曹沫之约，管仲因而信之，诸侯由是归之。故曰：‘知与之为取，政之宝也。’”

马骨变成千里马

历史上的旧中国时期，秦、楚、齐、燕、赵、魏、韩七个国家，各据一方，称王称霸，常常你打我，我打你。其中燕国比较软弱，不断遭到别国的侵略。有一次，齐国趁燕国内部出现一些混乱，就派兵打了进去，燕国差点儿被灭掉。

燕昭王心想：“燕国土地不小，人口不少，为什么老是挨打受欺负呢?”

燕昭王立黄金台召贤

他想来想去，认识到，燕国弱的主要原因是缺乏一批良臣、武将。像房屋缺少栋梁一样，自然经不住狂风暴雨的袭击。

燕昭王决心广泛招聘人才，共同治理燕国，可是，怎样才能把有才干的良臣、武将召集来呢？

有人对燕昭王说，有个贤人叫郭隗，足智多谋，超群出众，过去的国王没有重用他，让他闲在家中，现在要召集人才，可先和他商量商量。

燕昭王亲自登门拜访，请他多推荐些人才。

郭隗虽然年过花甲，但精神矍铄，容光焕发。他沉思片刻说："重用人才，这是治理好燕国的根本。可是，怎样才能把许许多多出类拔萃的人才召集来，我也说不上。我先讲个故事给国君听吧。"

古时候，有个国王很爱千里马，叫人到处寻找，找了三年也没找到。有个侍臣打听到很远的地方有一匹十分名贵的千里马，就跟国王说，只要给他一千两黄金，在三个月内，准能把千里马带回来。

国王毫不犹豫地让他带一千两黄金去买。侍臣餐风宿露赶到哪里，不料那匹千里马得病死了。侍臣想，我已经向国王下了保证，准能买回千里马，如今空着双手回去，怎么交代？国王要是怪罪下来，说不定性命也难保！

想来想去，他想出一个好主意，就把带的黄金拿出一半，买下马骨头带回去。

侍臣把马骨献给国王。国王气愤得骂道："叫你去买活马，谁叫你买无用的马骨回来！白白损失了五百两黄金。"

侍臣却回答说："陛下，不要小看这马骨，它能变出活的千里马来。"

国王并不相信他的话，说："无用的骨头怎么能变出活马来？"

侍臣说："人们听说陛下肯花五百两黄金买死马骨头，就知道您是真心爱惜千里马，人们就会把活的千里马送上门来。"

国王将信将疑，不过还是照侍臣所说，非常隆重地埋葬了马骨。

这件事很快传开了。不到一年，果然有三匹千里马送到了国王面前。

故事讲到这里，郭隗停住了。

燕昭王开始感到奇怪：叫他推荐人才，他怎么讲了这么个故事呢？后来一琢磨，才明白郭隗的真正用意，心里十分佩服，他想："郭隗是想叫我把他当做马骨，引来千里马。"

燕昭王高兴地回到皇宫，马上叫人造了一套别致的房子，让郭隗住在里面，还公开宣布拜郭隗为师，虚心向他求教。

这个事很快传开了。人们知道燕昭王是真心实意爱惜人才，重用人才，许许多多有才能的人都跑到京城，请求燕昭王接见。不少外国的智勇双全的人才，也争着向燕国奔来。

燕国有了各式各样的人才，很快强大起来。

刘敬献计用宫女换和平

汉高祖初定天下的时候，内忧不已，外患频频；匈奴犯边防不胜防，尤其受过冒顿的“白登之围”后，更加忧虑，便召关内侯刘敬，商议边防事宜。

刘敬献计说：“天下初定，士卒久劳，边疆又多事，若再兴师远征，实非易事，看来，这匈奴国不是用武力所能征服的!”

“不用武力，难道可用文教吗?”高祖问。

刘敬说：“匈奴王冒顿，性如烈火，行若豺狼，和他谈仁义道德，自然不是这个时候。不过，可以用别的办法使他臣服，并且能使他的子子孙孙不敢兴边犯境，这是一个长远相安之计，不知陛下同意不同意?”

高祖说：“果真有此良策，能使他子孙臣服，那我还说什么呢？你说出来吧!”

“欲想匈奴臣服，唯有和亲一策，化仇敌为亲戚。”刘敬一边谈，一边偷看高祖脸色，继续说：“如果陛下肯割爱，把公主遣嫁给冒顿，召他为婿，他会慕德怀恩，立公主为后，将来生下孩子，必然是王位继承人，陛下若利用这种翁婿关系，可以问时问岁，馈赠珍宝，这样，就是最凶暴的老虎也可变坐骑的。冒顿生时，是陛下的子婿，自然不敢作乱；就是将来的匈奴王，亦是陛下的外孙，更不敢与外公做对了。这就是不战而屈人之兵，乃和平的攻势，确是长居久安之计呢!”

高祖一听，面有愠色，说：“堂堂中国皇帝，怎可以把公主配给周身羊骚的野蛮人呢？不给人笑话吗?”

“当然，我也想到陛下不肯把爱女送去匈奴的，不过事在人为，只要有此主意，有此决心，变通办法是有的，可以来个李代桃僵呀！在宫里找出一个漂亮的宫女，冒称公主，把她嫁出去不就行了吗?”

高祖听了才反怒为喜，经过一番安排之后，便派刘敬为使，把美人送到匈奴去。果然冒顿欢喜非常，肯做亲戚。从此以后，汉番代代联姻，世世相好，和平共处了几百年，直至王昭君下嫁匈奴之后，还继续下去。

商海弄潮

“一美元商品”赚大钱

美国萨克托门多有一个叫福特的青年，家境贫穷，从小就给别人帮工。25 岁时，他决定开创自己的事业。当时，由于他多年省吃俭用，积蓄了少许钱，但靠这点钱办企业，还差得远呢！但是他对自己多年做工获得的社会经验，和自己想出来的绝招深具信心。

他确信，一个家庭日用品的采购者往往是主妇，所以他看准了妇女这个广大的市场。他在一家一流的妇女杂志上刊登了“一美元商品”的广告，这些商品都是出名的大厂商制造的实用而质优的小商品。其中的20%的进货价都不超过一美元，此外60%的进货价刚好一美元。所有这些商品福特的卖价都是一美元，只是要求预付货款。

广告一登出，订货单如雪片一样飞来，大批预付款也随之而来。福特因此有了必要的资本，于是他用这些钱进货然后邮寄给订户。

这样做虽然几乎不用本钱，而且营业额也大。但是营业额越大，亏损不就越大吗？难道福特是傻瓜？当然不！

福特的每一个订户收到预订的商品时，都会同时收到一份20种商品的目录和商品的图解说明。这些商品同样是大厂商的产品，价格在3到100美元之间，还有一张空白汇款单。目录上附有简短的说明：“如果您需要目录上的商品，请在名称上面打‘√’，按上面的价格填好汇款单，一起寄给我们。不用几天，您就会收到您所需要的商品。”

由于“一美元商品”的买卖，使顾客对福特的经营产生了“信任感”和“便利感”，大量的订户都向他订购目录上的商品。经营这些商品的盈利填补“一美元商品”的亏损绰绰有余。

福特的生意像滚雪球似地越做越大，一年后，FDT通信贩卖公司正式成立。1947年，这家没有商品的公司，销售额竟高达5000万美元之多。

福特抛出“一美元商品”的“砖”，引来的是顾客对其产生的“信任感”和“便利感”，虽然不是钱，但是却是经商的无价之宝。正是“信任感”和“便利感”，解除了顾客的戒备心理，使他们产生了新的购买欲望；这不正是“抛砖引玉”引用之极致吗？

可口可乐投饵钓市场

在世界饮料市场中，路人皆知的要数美国可口可乐公司生产的可口可乐了。1981年50岁的龙兹达以其具有的“超常识”能力被任命为公司董事长。他上任后办的第一件事就是要把可口可乐打进拥有11亿人口的中国饮料市场。为此，龙兹达及公司的经销人员制订了周密的推销计划。他们一反通常人们惯用的为打开一个新市场而大量倾销商品的做法，依照我国古代思想家老子的“将欲取之，必先予之”的思想，采用了投饵钓市场的推销策略，获得了巨大的成功。

可口可乐公司先与中国粮油进出口公司签订合同，无偿向其提供价值高达400万美元的可口可乐灌装设备，并提供价格低廉的浓缩饮料。当中国生产的可口可乐灌装饮料，以它独特的“可口，清爽”的特性投放市场时，铺天盖地的广告战术又拉开了。电视里，报纸上以及广告牌等，随处可见那特有的红色着底上印有白色的可口可乐的英文字母的商标。很快可口可乐在中国城市以及部分发达农村便家喻户晓了。又由于产品质优价廉，中国的厂商都乐于生产和推销美国的可口可乐。可口可乐就这样一举打入中国市场。可当市场打开以后，生产企业再要进口他的设备和原料，可口可乐公司就要根据需求情况来调整价格了。从20世纪80年代到90年代的十多年时间里，美国可口可乐产品在中国一直畅销不衰。生产厂家也由1家发展到8家，销售量由最初的几百吨提高到几千吨，销售价格也由几分钱一瓶发展到几角，最后达到一元多一瓶。可口可乐公司用这种方式在中国发了大财，当初无偿向中国提供的设备的投资早已收到不知多少倍了。

运世方略

陪葬的许诺

从前有个叫安陵缠的女子。她容貌俏丽，体态丰满，因而赢得了楚恭王的宠爱。大臣江乙找到安陵缠，问道："你的祖先为大王立过战功吗？"

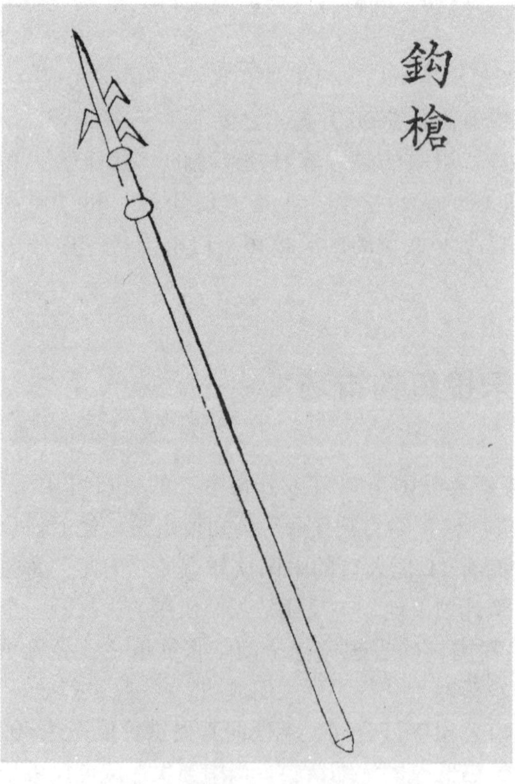

钩枪，古代兵器。

安陵缠说："没有。"

江乙又问："那你自己有什么功劳吗？"

回答依旧是："没有。"

江乙问："那你是怎样达到如此显贵的地位的？"

安陵缠说："不知这是为什么。"

江乙就说："我听说，以钱财事人者，一旦钱财用尽，人们同他的交情就会疏远；以姿色事人者，一旦人老色衰，她所得到的宠爱就会减退。你今天像一朵花儿，但花总要枯萎。你怎样才能让大王永远宠爱你，不嫌弃你呢？"

安陵缠忙施礼答道："我年少无知，望先生为我出主意。"

江乙说："只要你能让大王知

道，你愿意为他殉葬，这就行了。”

安陵缠点头道：“敬从先生吩咐！”

江乙告辞而去。一年以后，江乙碰到安陵缠，就问：“上次告诉你的那些话，你和大王说了吗？”安陵缠答道：“还没有找到适当的机会。”

又过了一年，江乙又去找安陵缠，问她：“你和大王说过了吗？”

安陵缠说：“我没有办法找到机会同大王谈这件事。”

江乙说：“你出与大王同车，入与大王同坐。两年过去了，你却说没有机会同大王谈到这件事。也许你是觉得我的主意行不通吧。”说完，他不高兴地走了。

这一年，楚恭王行猎。围猎时的野火如天际的云倪（霓，彩虹之意），虎啸狼嚎，声若雷霆。这时，一只发了狂的犀牛向楚恭王这边冲来，就在它要冲撞王车的左骖之时，楚恭王举起旄旗，让最出色的射手射它。射手一箭射去，犀牛中箭倒地，挣扎了几下就死了。楚恭王大喜，拍手大笑。他回头对安陵缠说：“吾万岁之后，子将与谁享此种快乐？”

安陵缠略一踌躇，然后泪流满面，沾湿了衣襟。她一把抱住楚恭王，说：“大王万岁之后臣妾愿与大王共葬，又怎么能与别人共享此乐呢？”

楚恭王听了这动人的话，深为感动，当场就把一块有三百住户的领地封给了安陵缠。故云：“江乙善谋，安陵缠知时。”

萧翼智赚兰亭贴

陈玄奘西天取经已回国，唐太宗特建造一座慈恩寺雁塔，为追荐文德太后冥福，命太子李治作记，自制序文，想用王羲之字体，剪集成序，刻在雁塔之上。便命各地州郡收集二王法贴，集中御览，已收得一千三百余贴，只缺少一卷王羲之的“兰亭集序”始终不知下落。

有一位卿史萧翼，说出此兰亭集序真本，为王家的传家宝，现传至辨才和尚，蔽于湖南永欣寺的方丈梁上，从来不肯示人。若主人需要，臣会想办法取来。

唐太宗大喜道：“卿能如此，朕不惜万金之赏，但千万不要强抢豪夺。”

萧翼索取太宗手敕及两三本“二王”杂贴，作为对辨才和尚的引见之贽。复改扮为一个落拓的书生，雇小船直抵汀潭，寄住在船里，每天必到永欣寺观赏壁画，走过辨才方丈的门边时必在门口小坐，很礼貌地向老和尚鞠一躬。日子久了，辨才也对他发生好感，又由于礼貌而请入寺闲谈。萧翼多才多艺，琴棋诗画，无一不精，辨才又是略精六艺之人，于是一见如故，顿成莫逆，天天伴在一起，饮酒论文，萧翼一一投其所好。

一天，两人饮醉食饱，扯谈了一轮诗文，及说到书法，萧翼提起：“先氏家传有几件二王法贴，不知是真是假，要请上人法鉴。”说完就把所带来的二王贴拿出来。辨才看了好一会儿，便说：“确是真的，却不是二王的得意之作，贫僧倒有一件真迹。”

萧翼问：“什么贴？”

“兰亭贴。”

萧翼笑道：“哪里还存在？离乱了一百多年了，怕不是真迹！”

辨才说：“实不相瞒，这是我的传家真宝，已传七代了，先师智永临经时亲授给我，哪能有假？你如不信，明天再来我给你看看。”

翌日，萧翼来了，辨才从梁上把铁匣拿下来，取出兰亭贴，展放台上，萧翼仔细观赏一会儿，摇了摇头，指出很多瑕疵，肯定说：“这本兰亭贴不是真的！”

辨才愕然，已被萧翼一番辨证言论动摇了信念，反请萧翼把带来的二王贴留下，自己仔细对证。

辨才为要对证兰亭贴真伪，就不把兰亭贴放回梁上。

一天，老和尚出去了，萧翼匆匆入寺，对守房弟子说：“老法师忘了带净巾，叫我来取。”弟子以为熟人熟事，不虞其诈，乃让他进去。萧翼快手快脚把兰亭贴及留下的二王贴，一齐带走。出了寺门，赶到驿亭，交给来人，快马加鞭带回长安。

辨才回寺，见兰亭贴被人盗去，顿时晕倒，良久始苏。萧翼回京缴旨，唐太宗龙颜大悦，马上升为员外郎，并赏赐辨才财帛，加建三级宝塔。

辨才经此次打击，忧郁成病，年底便死了。

兰亭贴直到唐太宗死时，做了陪葬品，长埋地下，从此。兰亭贴真迹永不在人间了。

蒙古游僧巧借马尾巴换马

从前，在蒙古有一个游僧，和我们汉族的济公一样，机智、快活，云游四方，常常帮助穷苦的牧民。

有一天，他路过草原，碰见一位衣着破旧的牧民无精打采地走着，手里还拿着一条马尾巴。

“这位兄弟，看你一副忧愁的样子，莫不是出什么事了？”游僧十分关心地问。

“我遇到了不幸！”牧民一看是位出家人，很伤心地对游僧说：“我外出放牧，碰见一群狼，把我的马吃掉了，我有三匹马，这是最后一只了，你说没有马我一家老小可怎么过呀！老天爷真不公平，王爷家马牛成群，为什么就不被狼吃，专吃我们穷人家的马。”牧民一边说，一边掉泪。

游僧听了，十分同情，问：“这里住着王爷吗？”

牧民说：“是啊，不远的村子里就住着一个，在这方圆几十里挺有名的，他家有几百匹马，好几群牛呢？”牧民还是想着被狼吃掉的马，不由得流露出伤心的神情。

游僧一听计上心来，说：“你不要伤心了，把马尾巴给我，你在这儿等着，我保证用马尾巴给换回一匹王爷的好马。”

“你能用马尾巴换马？不是逗我开心吧，王爷可厉害呢！我们这里的人都不愿见他，你还是不去为好，省得跟我受连累。”牧民半信半疑。

“你等着就是，看我如何给你弄一匹好马来！”

游僧拿着马尾巴，来到王爷住的村子，打听到王爷外出快要回来了，他就在王爷回家经过的帐篷后面找到一个狐狸洞，使劲把马尾马塞进洞里，用两只手紧紧抓住，装出一副往外拽的样子。过了片刻，王爷骑着一匹快马急驰而归，路过帐篷看到游僧这副样子，十分好奇，于是下马询问。

“你在这儿干什么，干吗拽着马尾巴？”

游僧一边“使劲”往外拽，一边说：“快来帮帮忙，我的马钻到这个洞里了，快帮我把它拉出来。”

王爷一听觉得奇怪，问：“你的马不在草原吃草，怎么跑到洞里去了。”

游僧说：“说来不好意思，我刚才正在放马，在草地上打了个盹，没留神，它就钻到洞里了，幸亏我发现得早，急忙追赶，好歹抓住了马尾巴，要不然它全身都进去，我可就失去一匹好马了。王爷，你看这个洞有多深，会不会和其他地方连着？”游僧一语双关地说。

王爷并不知此处有个洞，只听游僧说是一匹好马在里边，不由得动了歹念。他问：“你的马到底是匹什么马，跑得快不快？”

“不是我自夸，这匹马跑起来如风似闪，日行千里，夜行八百，一天就得换一副马蹄掌，我一天到晚云游四方，全靠这匹好马，它是我的命根子。”游僧说着故意放松两手，接着说：“也许是我刚才把它拽得累了，它好像已经卧倒休息了，我也歇会儿。”说完，放开马尾巴坐了下来。

这王爷是个贪婪奸诈之人，一听游僧这番话，马上垂涎三尺，想把此马据为己有。他两眼骨碌一转，歹计顿生，翻身下马，推开游僧就去抓马尾巴，一边拽一边训斥游僧：“大胆穷和尚，竟敢在我的帐前牧马，立即给我滚开！再不走我叫手下给你一顿皮鞭。”

游僧一看贪婪的王爷上了圈套，心里暗喜，嘴上却说：“使不得，这是我唯一的宝贝马，它跟我几十年从未离开过，好几位王爷出高价买，我都没卖，王爷你发发善心，让我拽出来就走吧。”

王爷听游僧这么一说更加下决心要占有这匹马，大声说：“啰唆什么。还不快滚，来人，给我把这秃驴轰走！”

游僧看王爷彻底相信了洞里有马，于是装着很委屈的样子说：“王爷息怒，贫僧愿意把马送给王爷，只是我刚才追马时把脚都磨出血了，走不动路叫我怎么云游四方啊，请王爷给想个办法吧！”

“你骑我的马走，滚得远远的，我不愿再在我的帐篷周围见到你。”王爷不容分说把马缰甩了过来。

“谢王爷。”游僧悻悻然骑上王爷的那匹快马，一溜烟奔驰而去。

牧民还在那里等候。一看游僧果然骑了一匹好马来，连声道谢，忙问缘由，游僧说：“莫要多问，你只管回家就是。”说完又云游而去。

游僧不愧为机智过人，他利用王爷贪婪的心理，用一根马尾为“砖”，引来了一匹好马为“玉”，结果是贪婪王爷上大当，牧民遇僧喜得马。

第十八计　擒贼擒王

原文注译

【原文】

摧其坚，夺其魁①，以解②其体。龙战于野，其道穷也③。

【注释】

①夺：抢夺、抓获。魁：第一、大，此处指首领、主帅。

②解：瓦解。体，躯体、整体、全军。

③龙战于野，其道穷也：语出《易·坤·上六象辞》。坤，卦卦是坤上坤下，为纯阴之象。上六爻是本卦的最终爻，为纯阴发展到极盛阶段之象。坤卦上六爻的爻辞是："龙战于野，其血玄黄。"龙，本为乾卦（纯阳之卦）的象征物，为什么作为纯阴之象的坤卦，其上六爻却以原本属纯阳之象的"龙"为象征物呢？按照朱熹《周易本义》的解释是："阴盛之极，至与阳争。"《易·文言》在阐释坤卦上六爻辞时则说："阴疑与阳必战。为其嫌于无阳也，故称龙焉。"按照《周易》物极必反的矛盾转化思想，上六爻表示纯阴已发展到极盛，故必然向阳转化。虽然此时尚处于转化前夕，但却已急于以阳自比，以龙自称了。故有"龙战于野，其道穷也"之说。野，郊野。道，道路；道穷，无路可走。群龙战于郊野，相互杀伤，血渍斑斑，以至陷入穷途末路。本计引用此语，其意当为：贼王被擒，群贼无首，其战必败。

【译文】

击溃敌人的主力，抓获其首领，便可互解其全军。好比群龙无首，战于郊野，必然陷于穷途末路。

按语注译

【按语】

攻胜则利不胜取①。取小②遗大，卒之利③、将之累④、帅之害⑤、功之亏⑥也。全胜而不摧坚擒王，是纵虎归山也。擒王之法，不可图辨旌旗⑦，而当察阵中之首动[8]。昔张巡与尹子琦战[9]，直冲敌营，至子奇麾下[10]，营中大乱，斩贼将五十余人，杀士卒五千余人。巡欲射子琦而不识，剡稿为矢[11]。中者喜，谓巡矢尽，走白子奇[12]，乃得其状[13]，使霁云[14]射之，中其左目，几[15]获之。子琦乃收军退还。

三十六计之擒贼擒王

【注释】

①攻胜：进攻取得了胜利。利：利益、其利益在于。不胜取：不乘着胜利去掠取过多的敌方装备、资财等战利品。

②取小：贪取小利。遗大：遗忘了战争的大局。

③卒之利：士卒可得到物质小利。

④将之累：对为将的来说，是增加了拖累、包袱。

⑤帅之害：给统帅造成危害。

⑥功之亏：亏损了战功、丢掉建立战功的机会。

⑦图辨旌旗：旌旗，指挥旗。全句意为：只看敌军的指挥旗在什么方位。

⑧首动：这里是指首先发号施令之处。

⑨张巡：（709—757年）唐开元间进士。安史之乱时，以真源县（今河南鹿邑县东）令的身份起兵守雍丘（今河南杞县），抵抗安禄山军。757年移守睢阳（今河南商丘），与太守许远共同作战，在内无粮草，外无援兵的情况下坚守数月不屈。睢阳失守后遇害。尹子琦：安禄山部将。

⑩麾：古代用以指挥军队的旗帜。麾下：主帅的指麾之下。此处指敌军的中军帐。

⑪剡：削、刮。稿：谷类植物的茎秆。剡秸为矢：削秸秆做箭用。

⑫白：禀吉。

⑬状：形状、相貌。

⑭霁云：南霁云，唐天宝末年抵抗安禄山叛军的名将。安禄山反，随钜野尉张诏起兵，提拔为将。后从张巡守睢阳，曾射中叛将尹子琦左目。城中断粮，引精骑三十，突破围敌万余人，往贺兰进明处求援。贺兰进明拒不发兵，再突围返睢阳，后城破被俘，誓死不降，被杀。

⑮几：几乎。

【译文】

打了胜仗，不急于乘胜掠取敌方的装备、资财，这样对我方才会比较有利。贪取小利而遗忘了战争的大局，其结果，只能是让士卒得些小利，给为将的背上包袱，对主师造成危害，以至前功尽弃。取得了全面胜利，却不致力于摧垮敌军的中坚，捉拿敌军的主帅，那将等于放虎归山。捉拿敌军主帅的方法，不能只看敌军的指挥旗在何处，而应仔细观察敌军军营中的行动首先是从哪里发出的指令。昔日张巡与尹子琦打仗，张巡直冲敌军阵营，杀到尹子琦的指挥旗下，敌营顿时大乱，被张巡军斩将五十余人，杀死敌军士兵五千余人。张巡想要射死敌主将尹子琦，但却又不认识他。于是张巡便命令部下削秸秆做箭，被射中的敌军发现后很高兴，以为张巡军的箭已射尽了，便跑去禀告尹子琦。张巡抓住这个机会看清了尹子琦的面貌，立即叫部将南霁云用箭射他。南霁云一箭射中了尹子琦的左眼，几乎抓获了他。这样，尹子琦才被迫收兵退回去了。

传世典故

擒贼擒王。擒：抓，提拿。王：为首的；头领。抓贼要先抓住贼中的首恶分子，比喻做事先要抓住关键，要先抓住或处治主要人物。军事上指首先歼灭敌人的主力或主要的指挥人员，借此影响并动摇敌人的全军，使敌军遭到彻底失败。

该语出自唐代诗人杜甫的《前出塞》一诗。

挽弓当挽强，用箭当用长。
射人先射马，擒贼先擒王。
杀人亦有限，立国自有疆。
苟能制侵陵，岂在多杀伤。

南霁云，张巡部将，在安史之乱中屡立战功，后睢阳失守，与张巡等一起战死。

民间有“打蛇要打七寸”的说法，也是这个意思。蛇无头不行，打了蛇头，这条蛇也就完了。此计用于军事，是指打垮敌军主力，擒拿敌军首领，使敌军彻底瓦解的谋略。擒贼擒王，就是捕杀敌军首领或者摧毁敌人的首脑机关，敌方陷于混乱，便于彻底击溃之。指挥员不能满足于小的胜利，要通观全局，扩大战果，以得全胜。如果错过时机，放走了敌军主力和敌方首领，就好比放虎归山，后患无穷。

唐朝安史之乱时，安禄山气焰嚣张，连连大捷。安禄山之子安庆绪派勇将尹子琦率十万劲旅进攻睢阳。御史中丞张巡驻守睢阳，见敌军来势汹汹，决定据城固守。敌兵二十余次攻城，均被击退。尹子琦见士兵已经疲惫，只得鸣金收兵。晚上，敌兵刚刚准备休息，忽听城头战鼓隆隆，喊声震天。尹子琦急令部队准备与冲出城来的唐军激战。而张巡“只打雷不下雨”，不时擂鼓，像要杀出城来，可是一直紧闭城门，没有出战。尹子琦的部队被折腾了整夜，没有得到休息，将士们疲乏已极，眼睛都睁不开，倒在地上就呼呼大睡。这时，城中一声炮响，突然之间，张巡率领守兵冲杀出来。敌兵从梦中惊醒，惊慌失措，乱作一团。张巡一鼓作气，接连斩杀五十余名敌将，五千余名士兵，敌军大乱。张巡急令部队擒拿敌军首领尹子琦，部队一直冲到敌军帅旗之下。张巡从未见过尹子琦，根本不认识，现在他又混在乱军之中，便更加难以辨认。张巡心生一计，让士兵用秸杆削尖作箭，射向敌军。敌军中不少人中箭，他们以为这下完了，没有命了。但是发现，自己中的是秸杆箭，心中大喜，以为张巡军中已没有箭了。他们争先恐后向尹子琦报告这个好消息。张巡见状，立刻辨认出了敌军首领尹子琦，急令神箭手、部将南霁云向尹子琦放箭。正中尹子琦左眼，这回可是真箭，只见尹子琦鲜血淋漓，抱头鼠窜，仓皇逃命。敌军一片混乱，大败而逃。

用计锦囊

在军事上，擒贼擒王，是通过捕杀敌人首领，摧毁敌方的指挥部，以迅速消灭敌人的一种计谋。兵家们认为，贼王是敌人的“主心骨”，仅仅击溃了敌军也算不了什么胜利，让“贼王”跑掉，无异于放虎归山。而擒住了贼王，就会使敌人陷于群龙无首、树倒猢狲散的境地。

本计主要有三个含义：

1. 击中要害。也就是“扼胫拊背”，俗话说：“打蛇要打七寸。”为什么要打七寸呢？因为此处是蛇的心脏所在的地方，打坏了蛇的心脏，蛇自然就会死去。否则，即使把蛇斩为两段，它仍然有反扑的能力。事物也存在这样的关键和要害部位，这就是事物的主要矛盾和矛盾的主要方面。解决了主要矛盾，其他矛盾就容易解决，甚至不解自开。抓住了关键和要害，就会取得事半功倍的效果。

2. 夺其魁首。俗话说：“人无头不走，鸟无头不飞。”讲的是首领在一个组织中的引导、组织和凝聚的重要作用。如果一个组织失去了起这种作用的首领，则会“树到猢狲散”，有时抓住其首领，可以震慑其余。所以在攻击一个组织时，要首先抓其魁首，进而捣乱其组织，破坏其系统。

3. 提纲挈领。善于张网的人，总是抓住网的总纲绳，而不去一一地拿取成千上万个网目，提着裘皮衣服的领子，上下一顿，就可以将所有的毛都自然理顺，而用不着一根一根地去梳理，这就是提纲挈领的妙处。任何事物也都有这样的“纲”和“领”。只要我们像张网振衣一样，抓住要领，就可以以简御繁，以少制多。如果胡子眉毛一起抓，将会费力而不讨好。

对擒贼擒王之计，应采取如下防范对策：

1. 重点防护。对敌人的进攻要小心防范，但不可能处处防范，所谓“无所不备则无所不寡”。因此要把防范的重点放在“王”的身上。正如拳击运动员要戴上头盔，足球运动员要穿上护膝一样，头和膝都是易受攻击，又是运动员不可受伤的部位。

2. 要有后备。在工程技术中有一种“多余技术”。它是为了保证机器正常运转，而事先安装的，暂时不用的备用部件，一旦某些关键易损件突然失效，备用部件会自动顶替。我们在竞争中也要有这样的准备，一个“王”不幸被擒，另一个新“王”立即产生。某一主力损失，第二，第三梯队立即跟上。我们的组织始终完整，敌人无可乘之机。

3. 意志要坚。敌人的糖衣炮弹，往往只能在意志薄弱者的身上起作用，如果我们有坚强的意志，做到“富贵不能淫”，“酒色不能乱”，就可以有效地战胜敌人。粉碎敌人的擒获阴谋。

4. 丢车保帅。在必然会有损失的时候，宁可丢掉车，也要保住帅，这就是李代桃僵的谋略。因为只要保住了帅，就有东山再起的可能，而丢了帅，留下的车就毫无用处。

计谋典范

战场逐鹿

关公单刀赴会震江东

孙权按照刘备“可以先还长沙、零陵、桂阳三郡”的承诺，派官吏去接收三郡主权，却被关羽撵了回来。后以武力相拼，又碰了钉子，还是吕蒙临机决断，顺手牵羊得了一个零陵郡。孙权左右咽不下这口气，又是埋怨诸葛瑾无能，又是指责鲁肃少谋，横直不顺心。现已升为都督的鲁肃见孙权急成这个样子，就说：“我已想出一个计谋，正想告诉主公。”孙权忙问：“什么计策?”鲁肃对孙权说道：“现在我已屯兵在陆口，不如派人请关云长来谈判。若是他肯来，以好言相劝，让他按刘备和诸葛亮的许诺，交出荆州；要是不听，暗中埋伏好刀斧手，一个暗号，冲进来当场杀掉关云长。若是他不肯来，我们即刻起兵进攻，与他决战，这样就可以夺回荆州。”孙权听罢，说道：“此计甚妙，赶快去准备。”参谋人员阚泽说：“此事恐怕不妥，关云长乃是当今一员虎将，倘若事情不秘，可能反遭其害。”孙权恼怒地说道：“这也不行，那也不行，我何日才能得到荆州?”不听劝阻，只命鲁肃依计行事。鲁肃写好邀请信，又派帐下一能言善辩之人为使者，登舟过江，叩见关羽，说明来意，呈上书信。关羽打开书信浏览一番后说：“既是鲁肃相邀，我明天就来赴宴，你可以先回去了。”

关羽的养子关平见父亲一口应承，十分着急。等江东使者一走，就对关羽说道：“鲁肃此次相邀，肯定不怀好意，父亲为什么答应他？”关羽笑道：“难道我不知道这是计谋？无非是诸葛瑾向孙权汇报，说我不肯归还三郡，所以令鲁肃屯兵陆口，今天邀我赴会，想趁机索要荆州。我要是不去，他们还以为我胆怯。我正要探听一下江东虚实，明天，我独自驾一叶小舟，只用亲随十来个人，单刀赴会，看鲁肃如何对我？”关平又说：“父亲怎能以万金之躯，亲蹈虎狼之穴？万一有闪失，不是辜负了刘备伯父的重托了吗？”关羽说：“我在千军万马之中，矢石交攻之际，匹马纵横，犹入无人之境，还害怕江东一群无名鼠辈吗？”参军马良也劝阻道：“江东鲁肃平素有长者之风，可能不会妄为，但现在事情逼急了，也难免会生异心啊！”关羽又说道：“昔日赵国的蔺相如，手无缚鸡之力，在渑池会上，倘能视强秦之国君如儿戏，逼秦王为赵王击缶，况且我是一个有万夫不当之勇的人哩！现在既然答应了，就不能失信于人！”关平和马良一齐说道：“既然要去，也应该作些准备，以应不测。”关羽令关平领十几只快船，伏刀斧手500人，在江边守候，第二天，关羽果然只带周仓等十几个人奔赴江东。

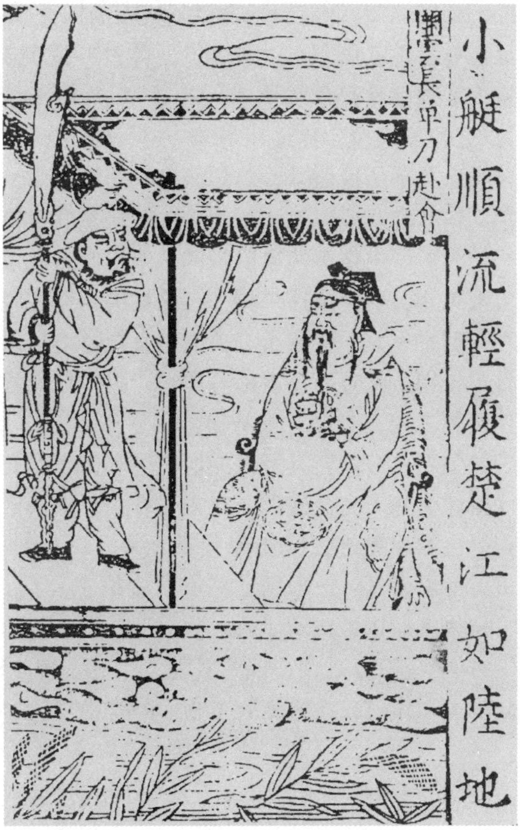

关云长单刀赴会

会谈之日，鲁肃首先责备关羽不交还长沙、桂阳、零陵三郡，反而把孙权派去的官吏赶走。关羽回答道：“赤壁之战，我哥哥刘备亲自上阵，与东吴合力破曹，难道只能是徒劳，而得不到一块土地，反而要将亲手从曹操手里夺来的土地交给你们吗？”鲁肃反驳道：“话不能这样说，当初刘备大败于长坂坡，手下只有一支可怜的人马。当他计末途穷之时，是我主孙权出于同情，借荆州给他栖身。现在他又新得益州地域，还要赖住荆州，这不是为了私欲忘了旧情吗？况且刘备已同意先还长沙、桂阳、零陵三郡，我们也只派出接管江南三郡的官吏，并没有要全部荆州的土地，你却还不答应，这不是有些负义吗？”关羽见鲁肃只顾唠唠叨叨，以言相逼，是想激自己性起，以便举事，心想不可久留，应寻机脱身，但表面不动声色，只是以言搪塞道：“这些都是我兄长刘备与吴主孙权之间的事，你我之间不宜过问和干预。”正在此时，站在关羽后面的周仓大声嚷道：“天下的土地，谁有德就可以占有，怎么能老归一家呢?”鲁肃一见关羽的随从插话，老大不高兴，以目横视。关羽则趁机装作大怒，夺下周仓手中的大刀，站立在大堂中央，厉声喝道：“这是国家大事，你懂得什么？还不赶快滚出去!”周仓会意，先到岸口，把红旗一招，关平一见信号，船如箭发，奔过江东，关羽此时右手提刀，左手挽住鲁肃的手，佯装醉意地说道：“今天子敬兄邀我赴宴，再莫提荆州之事，现在我已醉了，恐怕酒后做出伤害两家旧情的事来。改日我请你到荆州赴会，那时再作商议。”鲁肃没想到关羽会来这一招，自己被关羽抓住脱身不得，东吴诸将及刀斧手见鲁都督在关羽手里，不敢造次。关羽一直把鲁肃扯到船边才放手，一跃身上船，回身还与鲁肃告别。此时的鲁肃呆若木鸡，眼睁睁地看着关羽的船只乘风而去，这就是广为传颂的“单刀赴会”的故事。

关羽单刀赴会其所以能取得胜利，当然有多方面的因素，例如，孙、刘两家的联盟此时并未完全破裂，双方还有坐下来谈谈的基础，还有关羽的万夫不当之勇作为赴会的前提等，但作为计谋，关云长在现场看到鲁肃摆的“鸿门宴”，暗藏杀机，为求脱身，他采用了“擒贼先擒王”的计谋，首先挟持住鲁肃做人质，抓住了鲁肃就抓住了主要矛盾。兵法云：“摧其坚，夺其魁，以解其体，龙战于野，其道穷也。”意思是说：摧毁其主力，捉住其首领，就可以解其全部，像水中的龙到陆地上来作战，无法施展本领而陷入绝境。

张巡用计

唐朝安史之乱后，安禄山做了“大燕皇帝”，不久被杀，他的儿子安庆绪掌握了大权，为了扩大地盘，安庆绪派大将尹子琦率领一支13万人的大军向睢阳进犯，企图夺取睢阳。睢阳守将许远一看形势危急，立即派人快马加鞭，向当时担任河南节度副使的著名大将张巡送来一封十万火急的军情报告，请求火速支援。张巡得到报告二话没说，带领3000兵马从宁陵赶赴睢阳救援，与许远的人马会合后，总共不足7000人，与尹子琦的13万人相比，显然处于劣势。

但是，张巡大智大勇，毫无惧色，他指挥全军士兵顽强抵抗，在半个多月里张巡率部下擒获叛军将领60名，杀敌2万余人，尹子琦损兵折将，只得暂时退兵。

不久尹子琦调整部署再次向睢阳发动大规模进攻，张巡进行了周密的战斗动员，宰牛犒赏三军将士，并亲自执掌令旗，率部冲锋陷阵，一鼓作气，再次大败叛军。

虽然连续取得了两次胜利，但形势依然十分严峻。叛将尹子琦所部13万人还有近10万，而张巡的7000兵马经过两次作战也消耗不少，叛军卷土重来怎么办?这次作战后，张巡开始考虑下一步退敌之计。

张巡召开了军事会议，分析形势，研究下一步作战方案。他对将领们说：“如今，叛军已是两次进攻被我打退，虽然损兵折将，但元气未受大挫，我方守城将士虽然士气高昂，但毕竟相差悬殊，短期内援军恐怕难以到达，就这么消耗下去，总不是办法，各位有何良策，说来听听。”

听主帅这么一说，大家感到了问题的严重性。有的将领流露出畏惧情绪说：“眼下敌军粮草已经不多，若尹子琦与我背水一战，作困兽之斗，发动强攻，我们恐怕难以抵挡，我看赶快再请援兵为好。”有的将领则说：“敌军粮草不济，正是我们攻击的好时候，我看不如派兵主动出城迎敌，火烧敌粮草补给地，这样或许可以解除危机。”“不行，敌军粮草早有重兵把守，况且，当前之敌已有数万，我们根本杀不出去。”出城迎敌之计很快遭到反对。这时，睢阳守将许远说：“这些日子，跟着节度使大人奋力厮杀，连连克敌，将士们群情激昂，倒是没有多想下一步如何，我们听大人的，你说怎么办就怎么办！”

张巡见大家七嘴八舌议论一番也没有什么好计，于是说：“叛军固然粮草将尽，但据报又有新的补给，援军刚刚出发，需数月左右才能到达。叛军眼下如果发动进攻，虽然未必能攻下睢阳，但守城兵马必然又要遭受损失，依我之见，要想个根本的解决办法才好。”

“大家不必冲动，我有个退敌计策，或许可解当前之围。常言说，捉奸要捉双，擒贼先擒王，打蛇打七寸。敌众我寡，硬拼不行，如果能把敌主帅尹子琦除掉，乱其指挥，动其军心，岂不事半功倍？”

众人连称好计。许远说：“大人不愧智勇兼备，只是我们都不认识尹子琦，如何擒他？”

“这个好说，我们先叫士兵用蒿草秆削成箭向敌阵射，中箭的叛军一定以为我们已经没有箭可射了，如此重要的军情必然要向尹子琦报告，我们派人紧盯中箭之人，只要他向谁报告，谁就是尹子琦。”

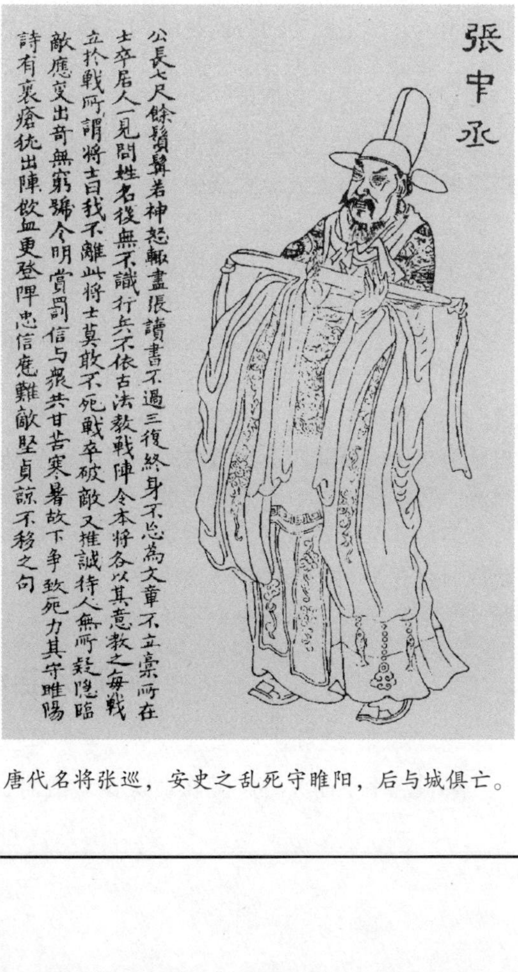

唐代名将张巡，安史之乱死守睢阳，后与城俱亡。

不久，尹子琦又发兵攻打，张巡依计行事，他叫士兵向冲在前头的一敌校尉射出用蒿草秆做的箭，校尉自然未被射死，拔出箭一看竟是蒿秆所制，大喜过望，急忙向尹子琦报告：“恭喜主帅，张巡已经弹尽箭绝，你看，他们现在用蒿草秆做箭了。”尹子琦一看，非常高兴，即刻命令攻击。正得意忘形时，忽然一支利箭直射而来，尹子琦躲闪不及，箭头射入左眼，鲜血直流满面。同时张巡指挥几千精兵杀将过来，尹子琦一看不好，急忙逃走，险些被生擒。叛军一看，主帅受伤，落荒而逃，顿时乱作一团，哄散而去。

张巡在敌我兵力悬殊的情况下，采用擒贼擒王之计，伤其主帅，乱其阵脚，使其前功尽弃，再次打退叛军。

新汉昆阳之战

新莽地皇四年（23 年）2 月，新市、平林、下江数支农民起义军与刘缜、刘秀兄弟领导的反对新莽政权的部队会师进攻王莽军据守的重镇宛城（今河南省南阳市），兵力达十余万人。为加强反莽军的统一领导，各部首领商议共立汉室后裔刘玄为帝，恢复汉制，号为更始，于是声威大振。为保障主力夺取宛城，更始帝刘玄派王凤、王常、刘秀率军 2 万攻下宛城东北的昆阳（今河南叶县）、定陵（今河南舞阳北）、郾县（今河南郾城）等地。刘秀乘胜率军数千北抵阳光（今河南禹州西北），威胁新莽之东都洛阳。王莽闻报大惊，急令心腹大司徒王寻、大司空王邑召集各郡国兵马 42 万，号称百万，名为虎牙五威兵，并授权王寻、王邑便宜行事，得专封赏，必欲一举全歼中原各路义军，摧毁更始政权。五月，新莽军进抵颍川（今河南禹县）。鉴于新莽军势大，刘秀被迫撤军昆阳。新莽军随即包围昆阳。当时昆阳汉军不足万人，粮草仅可支持十来天，形势十分危急。当时王凤、王常见大军压境，十分恐慌。然刘秀却镇静自若，建议一面固守，一面派要员赴定陵、郾城调集分驻之汉军来援。当时，王凤、王常等皆不敢冒险出城。刘秀遂自告奋勇，选精骑十人，加上愿与刘秀同往的两名将领，共十三人，乘夜潜出南门，直奔定陵、郾县。新莽军统帅王寻、王邑倚恃己军势大，下令强攻；围昆阳数十层，列营数百，金鼓之声远振数十里，并造楼车，高十余丈，俯瞰城内，依高以强弩乱射城内守军。又造冲车，以巨木撞击城门、城墙，城体为之震栗，其声惊心动魄。又掘地道攻城，给汉军造成极大威胁。六月，刘秀率步骑一万回救昆阳，初战斩敌千余。又假造汉军已攻下宛城的消息，以动摇新莽军心。但王寻、王邑恃众无恐，仍不将刘秀率领的近万名汉军放在眼里。一面以部分兵力抵御援军，一面继续加强攻城。刘秀为了以不及敌四十分之一的兵力，早日解除昆阳之围，遂决定以擒贼先擒王的战法，亲率精兵三千，从城西水道，直撞敌军主帅王寻、王邑的中营。王寻、王邑亲率中营万人迎战，却怎么也抵不住刘秀三千敢死兵的猛烈冲击，很快便阵脚大乱。刘秀乘势率尖兵直取王寻，斩王寻于马下。王邑乘乱逃之夭夭。城中汉军见状也乘势出击。新莽四十余万大军一时失了主师，迅速全钱溃败。加上当时恰遇河水暴涨，敌军在溃逃中淹死者无数。王邑仅收得残部数千人逃回洛阳。新莽军主力被歼，宛城守军随即投降。汉军乘胜分兵于是年秋攻入洛阳、长安，王莽被杀。新莽政权只存在不到十五年便短命呜呼了。

解元保卫承州

韩世忠手下的大将解元在黄天荡大战时，只身跳上敌舟，活捉了一名金千户

（将领）。因他智勇兼备，韩世忠进军扬州时，派他镇守承州。

承州是金军进犯的必经之路。解元在金人先头部队到来之前，在城外设伏击圈。结果，金人的先头部队几乎全部被解元“吃”掉。

过了几天，金万户黑头虎率领大部队赶到。当时承州城只有3000宋军，所以黑头虎根本不把这点宋军放在眼里，直接派人传话要宋军立即投降。解元假意投降，率身穿便服的人马出城，却暗藏兵器于城下。黑头虎得意扬扬，以为兵不血刃便拿下了承州。宋军乘金兵防备松懈，拿起藏在地下的兵器迅速杀了过来，生擒了黑头虎。金兵失去了主帅，无法组织有效的进攻，只好败退。解元带领宋军一直追到城北的河边，金兵仓皇渡河，溺死者无数。

抗金名将韩世忠

金兵的失败完全是因黑头虎被擒、群龙无首所致。因此，这次胜利应归功于解元擒贼擒王的计谋。

政治权谋

明英宗遭土木之变

明英宗九岁登基，太监王振恃宠专权，作威作福，朝中诸臣，多半仰他鼻息，天下侧目，敢怒而不敢言。

英宗二十三岁即正统十四年七月，北方番王也先兴兵犯疆，直捣大同，大同守兵失利，塞外城堡，相继陷落，警报日传，朝野震惊。

王振擅作主张，自命为统帅，还逼英宗御驾亲征。动员令只下了两日便匆促起兵，五十万大军，浩浩荡荡向北进发。过了居庸关，遭遇狂风暴雨，军心动摇。前锋部队的败报频至，随驾大臣等奏请皇帝留驾，王振不准，还兼道急行军，未到大同，补给成问题了，兵无粮，马无草，军士纷纷饿死，满路死尸。

番王也先见此情形，满怀欢喜，故意避开，诱王振深入。八月间，警报传至，前军已全军覆没了。

王振闻报大惊，乃召集一个御前会议，群臣争论结果，王振才无可奈何答应次日班师回京。

大同的守将郭登献议："车驾还京，宜转从紫荆入，才能安全。"王振不听，下令后军作前部，照原路退却。行至雉鸣山。也先率兵追到了，王振吓得手足无措，急派武将朱勇率兵三万御敌。敌军即展开两翼夹攻，很快把朱勇的三万兵马吃掉。

次日，军至土木（地方名），已是傍晚时分了，离怀来城不过二十多里，诸臣都想赶入城去，王振却说尚有千多辆辎重在后未至，不能轻易委弃，必须在此地相待，群臣力争不果，只好在土木扎营。

次日清早，敌军已经四面八方拥至，团团把土木围住，因此军心大乱，王振仓惶出走，连皇帝都不管了，只身逃亡。此时兵无主帅，士卒互相践踏，争先奔逸，挤死的挤死，投降的投降。英宗左右只得几名亲兵相随，几番突围不得，卒至束手被擒。

王振在荒乱中只顾逃命，于路上亦被部属护卫将军樊忠用铁锤打死，五十万大军，逃回京都的不过二百人。

也先捉到了英宗，如获至宝，竟利用此俘虏向明朝讨便宜，把英宗拥至大同，声言要一万两黄金取赎，钱到即放人。朝廷派员往敌营准备迎驾，献上黄金，也先约翌日清晨送还英宗，到期，使臣苦等不至，前往探问，始知也先已于半夜挟英宗跑了，白白被骗去万两黄金。

以后屡犯边疆，都挟持英宗同行，使明军有投鼠忌器顾虑。明君臣以英宗回銮无期，奏请皇太后以国家为重，另立新君，乃下谕立郕王祈钰即皇帝位，是为景帝，遥尊英宗为太上皇。

这一来，挟持英宗的价值减低了，再也没有什么可供利用，同时兵部尚书于谦对也先之态度强硬，不会讨好卖乖或投鼠忌器。因此，经过几番波折，也先就把英宗送归明朝。

西门豹严惩恶乡绅

魏文侯时，任西门豹做邺都（在河南省）太守。西门豹上任后，见闾里萧条，人民很少，便召当地的父老到来，问民间有什么疾苦，弄到这般！父老异口同声说最苦就是为河伯娶妇了。

"奇怪！奇怪！河伯又怎能娶妇呢？"西门豹不无惊讶地问道，"其中必定有袖里乾坤，说给我听吧！"

其中一位说："漳水自漳岭而来，由沙城而东，经过邺都，是为漳，河伯就是漳河之神。传闻这个神爱好美女，每年要奉献一个夫人给他，就可保雨水调匀，年丰岁稔，不然的话，河神一怒，必致河水泛滥，漂溺人家。”

西门豹问：“究竟是谁玩的花样？”

“是那一帮神棍搅的。这一带经常闹天灾，人民甚苦，对于这件事又不敢不从。每年那班神棍串同一班土豪及衙役，乘机搜刮民间几百万，除少许作为河伯娶妇费用外，其余便二一分作五，落入私囊去了。”

“老百姓任其瓜分，难道一句话也不说？”

“唉！”父老说，“试问在公势与私势的夹迫之下，谁敢说半个不字呢！何况他们打着为百姓服务的官腔。每当初春下种的时候，那班主事神棍及乡绅人等，便到处去寻访女子，见有几分姿色的，便说此女可以做河伯夫人了。有父母不愿意的，便多出些钱，叫他们找别人；没有钱的唯有把女孩送上。这样，神棍便领这女孩到河边的“行宫”住下来，沐浴更衣，然后择一吉日，把女孩打扮一番，放在一条草垫上，浮在河里，漂流了一会儿，便自行沉下去做河伯夫人了。这样一来，凡有女孩的人家都纷纷迁徙逃避，所以城里的人越来越少。”

西门豹一边听，一边眉头越皱越紧，问：“这里的水灾情况怎样？”

“还好，近年来，没有发生过倾家荡产的大水灾。但毕竟因本处地势高，有地方没有水源，虽没有水灾，可又有旱灾之苦！”

“好吧！”最后西门豹说，“既然河伯有这么灵，当娶新夫人的时候，请来告诉我去观观礼！”

不久，那几位父老果然来告诉西门豹，说本年度的新夫人已选出，定期行礼了。

这是一个隆重的日子，西门豹特别穿起官袍礼服，饬令全城官绅民等参加，远近百姓闻讯也从四乡跑来看热闹，河边聚集了几千人，盛况空前。

一位“媒人”乡绅，把主事的大巫拥过来了。西门豹一看，原来是一个老女，一副了不起的傲态，她后面跟着二十多位女弟子，衣冠楚楚，捧着巾栉炉香，侍候在左右。

西门豹开口问：“请把那位河伯夫人带来给本官看看好不好？”

老巫不说话，示意弟子把河伯夫人带过来。

西门豹很注意审视该未来的河伯夫人，见她鲜衣素服，不见得怎样漂亮，而且愁容满面的。

西门豹巧送河伯妇

转身便对老巫及左右的官绅弟子说：

“河伯是位显赫的贵神，娶妇必定是位绝色的女子才相称，我看这位女子丑陋得很，不配做河伯夫人。现请大巫先去报告河伯，说本官再给他找一位漂亮的夫人，然后改期奉献给他。”

他一面叫左右卫士把老巫婆丢下河去。左右的人大惊失色，西门豹若无其事地静立等候。

一会儿，又说：“老妇人做事太没劲了，去报信这么久还不见回来，还是派一位能干的弟子走走吧！”

又催卫士把为首的一位女弟子抛下河去。不久又说：“连弟子都不回话了，再叫一位去！”

连续抛了三个弟子下去，一个也没有回头。

“哦！是了，”西门豹还像演戏一样，说：“她们都是女流之辈，不会办事的，还是请一位能干的绅士去吧！”

那绅士欲恳求，西门豹却大喝一声：“毋容推搪，速去速回！”

卫士于是左牵右拉，不由分说，“嗵”的一声，将绅士丢下河里去，溅起一阵水花。旁观者皆为吐舌，靠近的不敢出声，远站着的在交头接耳。

只见西门豹整衣正冠的，向河里深深作揖叩头，恭敬等候。过了好一会儿，他又说话，似埋怨道：

“这位乡绅简直是个窝囊废，平日只知鱼肉乡民，连这点小事都办不来，真是岂有此理！——也罢，既然他年老不济事，你们这班年轻的给我走一走！”他顺手向那班衙役里长一指。

吓得他们面如土色，汗流浃背，一齐跪下去，连连叩头哀求，像捣蒜一样。

“且再待一会儿吧！”西门豹自言自语说。

又过了一刻钟光景，西门豹感叹一声，对大家说：“河水滔滔，去而不返，河伯安在？枉杀民间女子，你们要负起全部责任！”

“启禀大老爷！我们是被骗的，全是女巫指使！”众人异口同声说。

“浑蛋！”西门豹正色斥责起来，“好人又怎会跟坏人做坏事？今日姑且饶你们一次，给你们重新做人的机会！”

“多谢大老爷！”

“可是，今朝主凶的神棍已死，以后再有人要为河伯娶妇的话，即令其人做媒，往河伯处报信！”

继之，便把这班助巫为虐的财产没收，全部发还给老百姓，将那批女弟子配给年长的王老五做老婆。巫风邪说逐绝，逃避他乡的居民亦纷纷回故里安居。

西门豹又考察过附近的地势，发动群众，兴建水利，把漳河之水，引入十二道小河去，既减轻了河床负担，不致泛滥，又能使高旱的地方有水灌溉了，可免旱灾之虞，因此庄稼倍收，百姓温饱乐业。

谁赢得农民谁就赢得中国

毛泽东对中国历史上的农民起义研究颇深。李自成“均贫富、等贵贱”的口号曾经唤起了千军万马，赢得了广大农民的拥护。出身农民的毛泽东，更加知道农民最需要的是什么。“打土豪、分田地”这六个字，是毛泽东领导中国革命的纲领。对这个纲领的解释就是他1937年在延安对斯诺说的那句话：“谁赢得农民，谁就赢得中国，解决了土地问题也就赢得了农民。”

毛泽东做过调查，中国70%的可耕种土地被只占人口总数的10%的地主、富农、官吏和高利贷者占有，另外15%～20%的土地为农民占有，而占全部人口65%以上的贫农、佃农和雇农，却仅占有10%～15%的土地。这种极不合理的占有关系，造成了农村中的贫困落后和动荡不安，同时也为毛泽东发动一场革命准备好了充足的炸药。

毛泽东知道在这样的基础上组织农民。有人称毛泽东为：社会主义的工程师；完全懂得农民的疾苦是什么，而且完全懂得这些疾苦怎样能够转化为行动。土地是农民的主要生产手段，农民称它为“命根子”。有了土地他们就可以不饿肚皮，没有土地他们就得离乡背井，四处流浪、乞讨，成为“兵匪游民”或者欠下高利贷，沦为债务奴隶，永世难得翻身。谁若能够满足他们的土地要求，他们就会不惜性命地跟着谁走。

为了尽快发动农民起来革命，毛泽东在秋收起义前就拟定了一个土地纲领：没收一切土地，包括小地主（实际是富农）和自耕农的土地在内，然后分配给无地和少地的贫雇农耕种。为什么要没收一切土地呢？毛泽东说：“如此方可安民”。因为仅仅没收大地主的土地，还不足以满足广大农民的土地要求。

但是这样做，又出现另外的问题：没收一切土地而不是只没收地主的土地，这就把中农的土地也划在没收之列，等于连中农的命也革了，中农很不满意。此外，土地所有权属于政府，农民只有使用权，并且不允许买卖，中农、贫农都不高兴，出现“不安耕种”现象。

于是毛泽东把“没收一切土地”改为“没收一切公共土地及地主阶级的土地”，以缩小打击面，团结争取中农。同时采取“抽多补少”和“抽肥补瘦”的办法限制富农。这些办法最大程度地调动了一切革命因素，减少了革命的阻力。毛泽东曾高兴地说：“我看当时只有我这种办法是正确的。”

毛泽东的办法解决了中国革命的大问题。农民从共产党手中接过土地，“翻身不忘共产党，幸福感谢毛主席。”农民有了自己的土地以后，就必须投身保卫根据地的革命斗争，以免他们手中的土地得而复失。

商海弄潮

原来“小皇帝”说了算

星期天，一对年轻的夫妇，带着他们可爱的小宝宝出来逛商店，小宝宝看着货架上琳琅满目的商品，什么都感到非常新鲜，用小手指指点点，显出兴致勃勃的神态，样子十分可爱。

当他们来到卖儿童玩具的柜台前，售货员迎上前来，热情地向孩子的父母问道：“您二位准备买点什么呢?”夫妇二人看了看各式玩具的标价，歉意地摇摇头，抱着孩子马上离开了。刚走出几步，小宝宝立即哭叫起来：“我要玩具！我要玩具!”孩子见父母们不理睬，从爸爸的怀中挣扎下来，坐在地上又哭又闹，爸爸妈妈只好赔着笑脸又劝又哄，但还是无济于事。售货员好像发现了什么奥秘，立即挑了几件高级电动玩具，来到孩子面前，一边帮助父母哄着孩子，一边把儿童玩具给孩子做表演，并亲切问道：“小宝宝，你想要哪一件呀？阿姨给你拿。”孩子说：“我都要！我都要!”“那你最喜欢哪一件呢?”“机器狗”。这时售货员用眼看了一下年轻的父母，只见他们犹豫好一会儿，终于拿出准备买衣服的钱买了机器狗。

这位卖玩具的售货员，第一次把工夫下在父母的身上，结果推销失败，这主要是她没有掌握一家三口中谁说了算。后来用“相敌之法”和“动敌之法”发现了这位小宝宝才是“真正的王”。第二次便抓住机会，激发起小宝宝的购买欲望，终于获得了成功。这是“夺其魁首”的策略。

长城饭店二抢美国总统

长城饭店是中国第一家五星级的合资饭店。它始建于1980年，高度是82.26米，有24层楼，1007个客房，5个小会议厅，9个餐厅和酒吧，还有屋顶花园，室内影院，室内游泳池等服务设施。外表全部用玻璃镜装饰，看上去犹如一座水晶宫，豪华而壮观。

1984年初，传来里根总统访华的消息，尚未完全竣工的长城饭店的总经理和公关部人员立刻意识到：如能邀请里根总统光顾饭店，会给长城饭店带来极大的声誉，对饭店的前途将会产生极大的影响。这是提高长城饭店知名度和美誉度的最好时机。为了抓住这次机会，饭店公共关系部立即制订了周密的公关计划，并以极大的热情投入这项活动中。

在里根访华前夕，他们就频频邀请美国驻华使馆的官员到饭店做客，征求意见，不断改进服务质量，几经努力，终于赢得了美方的信任。此外，他们还接待了上百名外国记者，为他们提供材料和服务设施，协助其采访，做到有求必应。经过卓有成效的努力，他们终于把愿望变成了现实，里根总统的答谢宴会在长城饭店举行。1984 年 4 月 28 日，聚集在长城饭店的 500 多名外国记者，向世界各地发布了里根总统在北京长城饭店举行答谢宴会的新闻。长城饭店也随着电波和这些新闻一起传遍了世界各地，从此，长城饭店名声大振，生意兴隆。

1989 年，布什来华访问，长城饭店凭着自己一流的服务设施和服务质量，又把美国总统布什抢到了长城饭店，举行了一次盛大的宴会。1989 年 2 月 26 日晚，500 多位宾客在长城饭店与布什总统一道品尝得克萨斯烤肉。这使长城饭店又一次成为了世界各地新闻报道的中心。

长城饭店二抢美国总统，成功地举办了两次最高规格的宴会，这使长城饭店名扬四海，一跃而为我国饭店行业的佼佼者，在世界各国也都树立了“第一流”服务的形象。这不能不归功于长城饭店公共关系部高超的公关艺术。

到目前为止，该饭店接待了 37 位国家元首和政府首脑。他们选择在长城饭店举行答谢宴会和记者招待会已成为惯例。来中国观光的游人也是一下飞机就想到长城饭店去住宿。他们相信，这家接待美国总统的长城饭店服务质量肯定是“世界一流”的。

运世方略

强盗头子

甘公任襄阳知县。有一起抢劫大案，被抓的罪犯坚决不肯认罪。其中有个强盗，相貌最凶恶，估计他是强盗的头子，就骗了说：“我好像以前在哪里看见过你，你不是强盗，怎么也在这里?”于是把他叫进后堂，指着所有同案罪犯说：“我本来知道某人不是强盗，是出于你们的胁迫。他刚才已把你们每人抢劫的情况都告诉了我。你们如果还要隐瞒一个字，我立即叫他出来对质，不再宽恕你们了。”众罪犯叫嚷起来：“冤枉啊！某人实在是强盗头子。他诱骗胁迫我们，怎么倒反过来诬告我们?”于是群起揭发，指出他犯罪的事实，提出与强盗头子进行对质，他因此服罪。

一位继母是怎样激励自己的孩子的

管理心理学认为，“需要”是人的积极性的原动力，而“尊敬需要”处于人类需要的高位层次。希望赞美是人的天性，得到他人尊重以满足自尊心，自豪感，使人不甘落后积极向上充满信心勇往向前。

拿破仑的继母就是积极发挥了这种“原动力”的作用，从“最高位层次上”给予小拿破仑尊重和信任，从而使他把自己内在的最美好的东西发挥出来。拿破仑曾这样说过：

当我是一个小孩时，我被认为是一个应该下地狱的人。无论何时出了什么事，诸如母牛从牧场上放跑了，或者堤坝破裂了，或者一棵树被神秘地砍倒了，人人都会怀疑：这是小拿破仑·希尔干的。

而且，所有的怀疑竟然都还有什么证明哩！我母亲死了。我父亲和弟兄们都认为我是恶劣的，所以我便真正是颇为恶劣的了。如果人们竟是这样看待我，我也不致使他们失望的。

有一天，我的父亲宣布：他即将再婚。我们大家都很担心：我们的新“母亲”是哪一种人。我本人断然认为即将来到我们家的新母亲是不会给我一点同情心的。这位陌生的妇女进入我们家的那一天，我父亲站在她的后面，让她自行对付这个场面。她走遍每一个房间，很高兴地问候我们每一个人——就是说直到她走到我面前为止。我直立着，双手交叉着叠在胸前，凝视着她，我的眼中没有丝毫欢迎的表露。

我的父亲说：“这就是拿破仑，是希尔兄弟中最坏的一个。”

我绝不会忘记我的继母是怎样对待他这句话的。她把她的双手放在我的两肩上，两眼闪耀着光辉，直盯着我的眼，这使我意识到我将永远有一个亲爱的人。她说：“这是最坏的孩子吗？完全不是。他恰好是这些孩子中最伶俐的一个，而我们所要做的一切，无非是把他所具有的伶俐品质发挥出来。”

我的继母总是鼓励我依靠自身的力量，制订大胆的计划，坚毅地前进。后来证明这种计划就是我的事业的支柱。我决不会忘怀她教导我“当你去激励别人的时候，你要使他们有自信心”。

我的继母造就了我。因为她的深厚的爱和不可动摇的信心激励着我努力成为她相信我能成为的那种孩子。

正因为她能抓住拿破仑成长的关键，竭力帮助他把“所有的伶俐品质发挥出来”，不断增强小拿破仑的信心，这是十分重要的启蒙教育，在教育孩子方面抓住了关键，真正擒住了“王”。

张燮林打败日本乒乓国手

在1961年第26届世界乒乓球锦标赛上，中国男子乒乓球队击败了五次蝉联世乒赛男子团体冠军的日本队，首次夺得了男子团体冠军的称号。

但是，中国男队居安思危，努力寻找制伏弧圈球的技术。因为中国的快攻型选手对日本选手的弧圈球技术仍无计可施。

当时的中国男子乒乓球队队员张燮林是直板削球的行家里手，他苦心琢磨了一套对付弧圈球的技术，准备在下一次比赛中大显身手。

1963年，第27届世乒赛在贝尔格莱德举行。日本队跃跃欲试，想重新夺回世界男子团体冠军的称号。在这种情况下，中国队派张燮林打最关键的一场比赛。此时，张燮林对制伏日本人的弧圈球已胸有成竹。日本乒乓国手无法抵抗张燮林变化多端的防守型打法和他刁钻的削球，稀里糊涂地输掉了这场球。张燮林的这次胜利非同一般。他打败了日本最强的乒乓国手之后，中国队便胜券在握了。果然，中国队以辉煌的战绩再度获得世界男子团体冠军的称号。

庄则栋在他的回忆录《闯与创》中，引用上述例子来说明打乒乓球与擒贼擒王之计的关系。他说，日本最强的乒乓国手相当于“王”，张燮林全力以赴打败了他，从而给日本全体队员——“贼”以致命的打击。

鲁迅论辩抓要害

鲁迅先生的杂文如投枪，如匕首。正是因为他善于抓住敌人的要害，“以一击制敌人的死命”。试想：投枪和匕首只有插在敌人的胸膛上敌人才能制敌于死，若插在腿上、屁股上，那敌人是还要反扑的。

鲁迅先生很善于抓住问题的要害，他在《“丧家的”“资本家的全走狗”》中就抓住走狗是属于谁的问题进行揭露。鲁迅先生说：

“凡走狗，虽或为一个资本家所豢养，其实是属于所有资本家的，所以它遇见所有的阔人都驯良，遇见所有的穷人都狂吠。不知道谁是它的主子，正是它遇见所有阔人都驯良的原因，也就是属于所有资本家的证据。即使无人豢养，饿得精瘦，变成野狗了，但还是遇见所有的阔人都驯良，遇见所有的穷人都狂吠，不过这时它就愈不明白谁是主子了。”

此处，鲁迅用辛辣的语言，揭示了“走狗”的阶级性，这正是问题的本质。我们写文章或辩论时也要像鲁迅先生这样抓着要害与实质。

拿破仑教训顽童

1779 年春天，不满 10 岁的拿破仑来到法国东部布里埃纳的少年军官学校上学。

拿破仑名义上也是贵族出身，但他的同学看不起他这个来自科西嘉的穷孩子，嘲讽他那牵强附会的贵族身份，取笑他那带着浓厚乡土味的口音，甚至嘲笑他的姓氏。

少年拿破仑有着天不怕、地不怕的性格，他盘算着如何报复这些取笑别人为乐趣的纨绔子弟。他决定找他们当中的小头头动手，借以吓住其他的小喽啰。

机会终于来了。一天午饭后，拿破仑在校园中散步，几个同学迎面而来。他们当中有一个平日带头欺侮拿破仑的小贵族。拿破仑暗自高兴。果然，那个小贵族仗着自己个儿高，叉开两脚挡住了拿破仑的去路。他斜着两眼，打着口哨说：“乡巴佬，说几句科西嘉的土话给我们听听。”说完又像往日一样抓拿破仑的领口。说时迟，那时快，拿破仑突然举起铁锤似的拳头砸向小贵族的肚子。只听“哎呀”一声，小贵族倒在地上。拿破仑一不做，二不休，挥起拳头一阵猛揍，直打得小贵族趴在地上求饶，他才罢了手。

拿破仑因这次殴打同学被校方罚坐禁闭，但从此再也没有人敢欺侮他了。通过这一次经历，拿破仑悟出了擒贼擒王的道理：集中力量打击对方的头头，其他喽啰就不攻自破了。这种认识对他日后指挥作战大有裨益。

三十六计

卷三

王健民 编著

吉林出版集团有限责任公司

目　　录

第四套　混战计

第十九计　釜底抽薪

第二十计　浑水摸鱼

第二十一计　金蝉脱壳

第二十二计　关门捉贼

第二十三计　远交近攻

第二十四计　假道伐虢

第五套　并战计

第二十五计　偷梁换柱

第二十六计　指桑骂槐

第二十七计 假痴不癫

第四套　混战计

第四套为混战计，是专门应付战争中的混乱局势的。动为阳，静为阴；乱为阳，治为阴。所以镇静和秩序，是乱中取胜的诀窍。

第十九计　釜底抽薪

原文注译

【原文】

不敌其力[①]，而消其势[②]，兑下乾上之象[③]。

【注释】

①敌：对抗，攻击。力：强力、锋芒。

②消：削弱、消减。势：气势。

③兑下乾上之象：兑下乾上为《周易》六十四卦中的履卦。兑为泽，为阴柔之象；乾为天，为阳刚之象。整个卦象为阴胜阳、柔克刚。其卦辞为："履虎尾，不瘧人，亨。"履：小心蹑足前进。瘧：咬。亨：通达顺利。其寓意是：虎为凶猛阳刚之兽，但只要以阴柔克之，小心谨慎行事，即使踩着了虎的尾巴，它也不会咬人。若占得此卦，预示事情将经历险阻而后通达，终于顺利。此处借用此卦，意在说明，遇到强敌，不要去与之硬碰，而要用阴柔的方法去消灭刚猛之气，然后设法制伏他。

【译文】

不要迎着敌人的猛劲去与之硬拼，而要设法削弱敌方的气势，采取以柔克刚的策略制伏他。

按语注译

【按语】

水沸者，力也，火之力也，阳中之阳[①]也，锐不可当；薪者，火之魄[②]也，即力之势也，阴中之阴也，近而无害。故力不可当而势犹可消。《尉缭子》[③]曰："气实则斗，气夺则走。"而夺气[④]之法，则在攻心。昔吴汉为大司马[⑤]，有寇夜攻汉营，军中惊扰。汉坚卧不动。军中闻汉不动，有倾[⑥]乃定。乃选精兵夜击，大破之。此即不直当其力[⑦]而扑消其势也。宋薛长儒[⑧]为汉州通判[⑨]。州兵数百叛，开营门，谋杀知州[⑩]、兵马监押[⑪]，烧营以为乱。有来告者，知州、监押皆不敢出。长儒挺身徒步，自坏垣入其营中⑫。以福祸语乱卒曰⑬：“汝辈皆有父母妻子，何故作此？叛者立于左，胁从者立于右！”于是，不与谋者数百人立于右，独主谋者十三人突门而出，散于诸村野，寻捕获⑭。时谓非长儒，则一城涂炭矣⑮。此即攻心夺气之用也。或曰：敌与敌对，捣强敌这虚，以败其将成之功也。

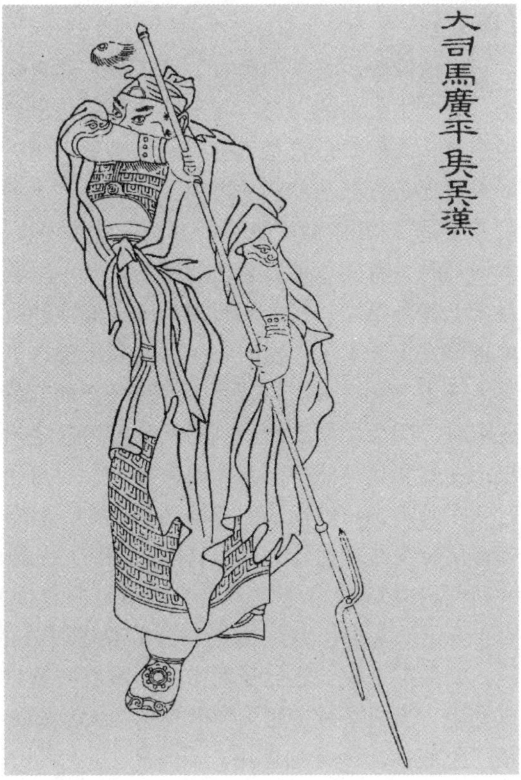

云台三十二将之吴汉

【注释】

①阳：与下面的阴相对。阴与阳，在中国古代哲学中，指贯穿于一切事物的两个对立面；两者相反相成，对立统一。

②魄：古代指人体中依附于形体而显现的精神，以区别于可以离开形体而存在的魂。一说，魄指有精神的形体。火之魄：火赖以发生的物质。

③《尉缭子》：中国古代兵书。传为战国中期尉缭所作。《汉书·艺文志》有《尉缭》三十一篇，今存五卷二十四篇。下面引文见该书《战威》篇。

④夺气：削弱、瓦解敌方的气势和意志。

⑤吴汉（？—44年）：东汉被宛县（今河南南阳）人，字子颜。新莽末年亡命渔阳（今河北密云），贩马为业。后归刘秀，为偏将军，征发渔阳等地骑兵，助刘秀灭王朗等割据势力，并镇压铜马等部农民军。后住大司马，卦广平侯。大司马：古官名，负责掌管全国军事、汉时位列三公（司徒、司空、司马）。

⑥有倾：倾同顷，短时间、一会儿。

⑦不直当其力：避开对方的锋芒。

⑧薛长儒（1000—1061年）：宋代绛州（今山西新绛）人，字元卿。历任州通判、知州。

⑨通判：官名。宋初开始，于州、府设置通判，其地位略低于州、府长官，但握有连署州府公事和监察官吏的实权，号称“监州”。汉州：今四川广汉。

⑩知州：官名。宋代掌管全州政事的文官。

⑪兵马监押：宋代掌握全州军事的武官。

⑫坏垣：破损的墙。

⑬以祸福语乱卒：向参与叛乱的士卒说明利害。

⑭寻：旅即、不允。

⑮涂：泥淖。炭：炭火。涂炭：比喻极困苦的境地。

【译文】

水的沸腾，是靠的力量，即火力。猛火烧沸水，其锐气自然是不可阻挡的。干柴，是产生火力的燃料，猛烈的火势就是靠着它形成的。但干柴本身是温和而柔弱的东西，人们靠近它是不会受到伤害的。所以，凶猛的火力虽然难以阻挡，但要削弱火势还是有办法的。《尉缭子》说："士兵勇气十足，就敢于战斗；勇气丧失，就会溃逃。"瓦解敌军气势的办法，就是要在精神上征服对方。东汉初年，吴汉任大司马时，有敌寇乘夜袭击汉军的军营。军营中因之一遍惊慌混乱，而吴汉却安然在床上静卧不动。将士们听说吴汉这般冷静沉着，情绪顿时稳定，不一会儿，军营中也就安定下来了。这时，吴汉便起床挑选了一支精兵，乘夜出击，从而大败了敌军。这里，吴汉采用的就是不与敌人正面交锋，而是先设法削减对方气势的策略。北宋时，薛长儒做汉州通判时，数百名驻守州城的士兵叛变。他们打开营门，企图谋杀知州和兵马监押。有人前来报告，知州和监押都不敢出面。长儒挺身而出，步行到军营前，从破损了的营墙翻身入营，对参与叛乱的士卒晓以利害，说："你们皆有父母妻儿，为什么做出这样的事情！凡策划叛乱的都站到左边来，凡被迫跟随的站到右边来。"于是，没有参与策划的数百名士兵都站到了右边，只有策划叛乱时十三个头头冲出营门逃走，分散躲进野外的村庄里，不久都被抓获。当时人们说：如果不是薛长儒挺身而出，全城就要遭殃了。这里就是用的攻心夺气的计谋。或者说：当两军对垒时，突然攻击强大敌军的弱点，破坏它即将取得的胜利，这也是"釜底抽薪"计的运用。

传世典故

釜底抽薪。釜：古代的一种锅。薪：柴火。用在锅底下抽去柴火的办法，来止住锅内的沸水。比喻从根本上解决问题。也指暗中进行破坏。在军事上一般指不靠同敌人直接交战，而是切断敌人供给来源，破坏敌人所依靠的有利条件，或瓦解敌人士气的办法来战胜敌人。

釜底抽薪，语出北齐魏收《为侯景叛移梁朝文》："抽薪止沸，剪草除根。"古人还说："故经汤止沸，沸乃不止，诚知其本，则去火而已矣。"这个比喻很浅显，道理却说得十分清楚。水烧开了，再兑开水进去是不能让水温降下来的，根本的办法是把火退掉，水温自然就降下来了。此计用于军事，是指对强敌不可用正面作战取胜，而应该避其锋芒，削减敌人的气势，再乘机取胜的谋略。釜底抽薪的关键是关于抓住主要矛盾，很多时候，一些影响战争全局的关键点，恰恰是敌人的弱点。指挥员要准确判断，抓住时机，攻敌之弱点。比如粮草辎重，如能乘机夺得，敌军就会不战自乱。三国时的官渡之战即是一个有名战例。

东汉末年，军阀混战，河北袁绍乘势崛起。199 年，袁绍率领十万大军攻打许昌。当时，曹操据守官渡（今河南中牟北），兵力只有三万多人。两军隔河对峙。

袁绍仗着人马众多，派兵攻打白马。曹操表面上放弃白马，命令主力开向延津渡口，摆开渡河架势。袁绍怕后方受敌，迅速率主力西进，阻挡曹军渡河。谁知曹操虚晃一枪之后，突派精锐回袭白马，斩杀颜良，初战告捷。

关羽斩颜良

由于两军相持了很长时间，双方粮草供给成了关键。袁绍从河北调集了一万多车粮草，屯集在大本营以北四十里的乌巢。曹操探听乌巢并无重兵防守，决定偷袭乌巢，断其供应。他亲自率五千精兵打着袁绍的旗号，衔枚急走，夜袭乌巢。乌巢袁军还没有弄清真相，曹军已经包围了粮仓。一把大火点燃，顿时浓烟四起。曹军乘势消灭了守粮袁军，袁军的一万车粮草，顿时化为灰烬。袁绍大军闻讯，惊恐万状，供应断绝，军心浮动，袁绍一时没了主意。曹操此时，发动全线进攻，袁绍带领八百亲兵，艰难地杀出重围，回到河北，从此一蹶不振。

用计锦囊

在军事上，釜底抽薪这一计的主要内容是：面对强敌，我方不一定与其正面交锋，而是想办法消灭其赖以生存的条件，使其从根本上瓦解。在使用这一计时，关键要把握好两点：第一，要善于发现敌人的“釜底之薪”。这是实行“釜底抽薪”的前提。这里要注意的是：战争情况不同，“抽薪”的目标也是不同的。一般说，凡是影响敌人后劲的力量，就是“抽薪”的目标。第二，要善于运用“釜底抽薪”的手段和方法，要针对敌人“釜底之薪”的具体情况，去选择和运用“抽薪”的手段和方法。

运用釜底抽薪之计，应重点把握以下几点：

1. 先治其本。事物都有“标”和“本”两方面，所谓的“标”就是事物的枝节或表面，“本”就是事物的根本、根源。一般的问题都是从“标”上反映出来，但是最终的原因都在其“本”上。所以要解决问题不能治标不治本，而应先治本而后治标。也就是找出事物的最基本的原因，首先加以解决。具有先断其源，才能截其流。这样做初看起来好像离开了要解决的问题，但实际上是从根本上解决问题。

2. 去其所恃。世界上的事物都是互相联系，互相影响，互相依存的。一事物必须借助于另一事物才能生存和发展，那么后者便是前者的必要条件。事物失去了存在的必要条件，它就会自行削弱或消亡。所以我们破坏敌人赖以存在的必要条件，也能达到削弱或战胜敌人的目的。

3. 攻心夺气。古人说：“夫战，勇气也。”是讲“士气”的重要性。又说：“故善战者，求之于势，不责于人”是讲“态势”的重要性。士气和态势不是实力本身，但它对实力有放大和缩小的作用。在我们暂时不能抵挡敌人的实力时，可以转而攻心夺气，使其气虚，心乱，势消，借此减弱敌人的实力。这是一种心理上的瓦解战术。

4. 以柔克刚。用柔和的方法来制伏刚强的敌人。也就是用软的来制伏硬的。如果敌人比较强硬，我们没有与之抗衡的能力，或者虽有这样的能力，但若以硬碰硬，如同两虎相斗，会两败俱伤，我们也不会得到好的结果。假如我们反以软制硬，使敌人之“硬”无用武之地，我们既可以战胜敌人，又可以不受损害，可谓一举两得。

对釜底抽薪之计，应采取以下防范对策：

三十六计之釜底抽薪

1. 薪要多积。柴草要积得多一些，才能保证釜底之火连续不断地烧下去。一旦釜底之薪被抽走，也可有再加之柴。不然，所备的积薪少，即使不被抽走，也会因柴草接济不上而自消自灭。在实践过程中，就是要多准备几套方案，才能有备无患。

2. 柴要再加。柴被抽出后，不能自暴自弃，消极等待。所谓“亡羊补牢，未为迟矣”。即使汤已止沸，拾起柴草，重新烧开，也仍可以扭转被动局面。甚至在锅灶被毁时，也可别处另起锅灶，总之不要轻易认输。

3. 灶要严守。如果已经认识到了锅下之火对锅上之汤的重要性，对锅灶就应严密防守。不能轻易让敌人靠近，在敌人动手抽薪之前，就将其打跑。或者至少在薪被抽走时，立即发现，并及时采取相应的措施，不使损失过大。

4. 锅要盖紧。锅要盖紧有两个用意，一是在釜底之薪抽走之后，盖紧锅盖可以起到保温的作用，不致使釜中之汤很快变凉，这样赢得一定的时间采取补救措施。二是盖紧锅盖，可以保护釜内之汤不被人喝掉，汤变凉了，还有重新烧开的可能，但汤被喝光了，就无可奈何了。

计谋典范

战场逐鹿

周亚夫釜底抽薪以柔克刚

公元前154年，吴王刘濞野心勃勃，他串通楚汉等七个诸侯国，联合发兵叛乱。他们首先攻打忠于汉朝的梁国。汉景帝派周亚夫率三十万大军平叛。这时，梁国派人向朝廷求援，说刘濞大军攻打梁国，我们已损失数万人马，已经抵挡不住了，请朝廷急速发兵救援。汉景帝也命令周亚夫发兵去梁国解危。周亚夫说：刘濞率领的吴楚大军，素来强悍，如今士气正旺。我与他们正面交锋，一下恐怕难以取胜。汉景帝问周亚夫准备用什么计谋击退敌军。周亚夫说，他们出兵征讨，粮草供应特别困难，我们如能断其粮道，敌军定会不战自退。

荥阳是扼守东西二路的要冲，必须抢先控制。周亚夫派重兵控制荥阳后，分两路袭击敌军后方：派一只部队袭击吴楚供应线，断其粮道；自己亲自率领大军袭击敌军后方重镇冒邑。周亚夫占据冒邑，下令加固营寨，准备坚守。刘濞闻报大惊，想不到周亚夫根本不与自己正面交锋，却迅速抄了自己的后路。他立即下令部队迅速往冒邑前进，攻下冒邑，打通粮道。刘濞数十万人大军气势汹汹，扑向冒邑。周亚夫避其锋芒，坚守城池，拒不出战。敌军数次攻城，都被城上的乱箭射回。刘濞无计可施，数十万大军驻扎城外，粮草已经断绝。双方对峙了几天，周亚夫见敌军已数天饥饿，士气衰弱，已经毫无战斗力了。他见时机已到，调集部队，突然发起猛攻。精疲力竭、软弱无力的叛军不战自乱。叛军大败，刘濞落荒而逃，在东越被杀。

韩信奇兵下井陉

韩信和张耳，统率几万大军去打赵国，素知井陉口的险要，不敢轻视，屯兵在

张耳斩余降信

井陉口三十里外，遣人假装做生意人，混入赵城去探听消息。

赵王急召陈余等商议，谋士李左车献计说：“韩信此次乘灭了魏国的余威，攻打赵国，其锐气是抵挡不住的。不过，我看他的军队战线太长，利在速战速决。井陉这条路十分险阻，只可容单骑通过，车子转弯，队伍不能成列，如果他要从这里进兵，势难兼顾给养，辎重粮草，必定留在后面，只要给我三万兵，绕道出击，截取他的粮草，这里深沟高垒，勿与交锋，到那时，他前进不得，后退不能，野无所掠，粮从何来？不出十日，韩信和张耳的脑袋就会送上门来了。否则，只凭军队固守是不会退敌的，这就是战术的机动性。”

陈余本是个书生出身的主帅，见识迂拘，自诩以仁义统军，不尚诈谋，便不用李左车计谋。

密探把这个情报告诉韩信，韩信高兴万分，遂令各将领，授以密计，分头部署去了，等到半夜里，全军拔寨起行，每人分给些干粮，传谕大众说：“今日便好攻破赵国，打胜仗再吃早餐！”又挑选精兵二千人，各持汉军红旗，从小路转入小山埋伏，告诉说：“大军和赵军对击，我会诈败引他追击，你等一见赵军空营追击的时候，就乘机杀入赵营去，砍倒赵军军旗，换上红旗，坚守着空营，就可以收拾他们了。”

韩信的大军已闯过了井陉口，陈余大开营门，出军迎战，恃着兵多势众，一拥上前，使用钳形攻势，想把韩信包围。韩信急下令军士抛鼓掷旗，返身逃脱。赵军见此情形，认为韩信不堪一击，倾营出动，拼力追击，如排山倒海一样，把韩信逼到河边。原来河边上，早已有汉军曹参等列阵等待，见赵兵纷纷到来，就大声叫：“前面是大河，退无可援了，想活的只有回身反扑。有谁不听令的，立即斩头！”

于是汉军回头反扑，拼死搏斗，无不以一当十。赵军被阻，无法再进。陈余见这样，便下令停止进攻，回营固守。

在回途中，遥见营中的军旗都变了样，一面面的随风飘动，好似红霞散采，鲜红夺目，仔细辨认，分明是汉军的红旗，不由得魂驰魄丧，色沮心惊。正在慌张的时候，斜刺里突出一军，乃是汉将傅宽引兵，又追击到了，两路夹攻，又展开一场大混战。

陈余此时自顾不暇了，连下令都不可能，想指挥一个士兵也无法，大家都在狼奔鼠窜，觅路逃生。

这场混战结果，陈余被杀，赵王与李左车被俘，赵国从此灭亡。

官渡之战曹孟德乌巢抽薪

200 年 7 月，曹操在成功地伏击了袁绍以后，退守官渡。

袁绍并没有从从前的严重挫折中吸取教训，一味仗着他在军队数量和物资装备上的优势，继续冒进，他像输昏了头的赌棍一样，不管三七二一，准备把剩下的七万多军队，孤注一掷，到官渡跟曹操拼个死活。

这年 8 月，袁军进逼到官渡前线，摆开阵势，安下营寨，首尾约有十多里长，他煞有介事地下令，叫兵士、每人随身带三尺绳子，准备活捉曹操。

官渡是南北交通的咽喉，如果官渡失守，许都就失去了屏障，因此曹操要力保官渡。

在袁绍兵力还处于优势的情况下，曹操跟荀攸谋士研究后，决定采取防御的策略：筑起牢固的营垒，挖掘长长的壕沟，坚守不出，等待战机。

袁绍见曹操不肯出战，心里像被猫抓了似的难受。每天派人到曹操军营外辱骂、挑战，但曹操部下的将士们不动声色，全不理睬。

这样，双方相持了三个月。

时间一长，曹操的军粮供应出现了严重困难。在这种不利的处境下，曹操统治区内的很多军民都对战争前途有怀疑，有的叛变了。曹操这时也很忧虑。他写信同留守许都的荀攸商量，打算退守许都。

两天后，荀攸派人送来书信，他告诉曹操："当前是战败袁绍、取得胜利的重要关头，曹军粮食虽然不足，但是还不至于毫无办法，只要坚持下去，战局一定会很快发生变化。"还劝曹操说："要努力争取最后胜利，千万不要退兵，失去机会。"曹操认为荀攸的见解很正确，就坚定了同袁绍周旋到底的决心。他一面命令部队继续固守官渡，一面密切注视敌人动态，以便寻找有利时机，进行最后决战。

曹操分兵拒袁绍

一日，曹操在大帐与部下谋士将领商议战略。

荀攸说：“现在我们粮食有困难，大家看看袁军的粮食情况怎样？”

有人说：“听说袁绍这次在冀州一带搜刮了不少粮食，准备运到前方来，军粮的情况可能比我们好。”

荀攸说：“你只知其一，不知其二。袁绍人多，消耗量也大。再说，从冀州到官渡，路途遥远，运输不便，如果粮源一断，岂不比我们更困难吗？”

曹操感到大有启发，说：“袁绍的军心本来已经涣散，如果切断他的粮源，等于釜底抽薪，他就会不战自败。”

当下决定，寻找机会，截击袁军粮车。

十月，袁绍派人从河北运来一万多车军粮，屯积在大营以北四十里的乌巢，还特派大将淳于琼带领一万精兵驻扎在那里保护。袁绍一位谋士特别提醒袁绍，要他另派一员战将率领一部分队驻防在淳于琼的外侧，以防曹军抄袭，但袁绍没有采纳。

袁绍的另一谋士许攸，认为曹操兵少，而且主力部队都集中在官渡，后方必定空虚，因此，他建议袁绍派出一支轻骑部队，去偷袭许都。但是，盲目自大而又顾虑多端的袁绍，并不重视许攸的意见，反而骄傲地说：“不必，我一定可以在这里擒住曹操！”许攸感到袁绍这样骄傲轻敌，最后一定失败，气愤之下，竟然背弃袁绍，去投奔曹操。

曹操听说许攸前来投靠，高兴得连鞋子都没有来得及穿，就光着脚奔到大帐门口迎接，高兴地拍着手说：“子远（许攸字子远）远道而来，我的大事一定可以成功了。”

许攸见了曹操，开口就问道：“袁绍军势很盛，你打算怎样对付人，目前还有多少存粮？”曹操说：“可以维持一年。”

许攸微微一笑说：“没有那么多吧？”

曹操忙改口：“半年还行。”

许攸直截了当地说：“你不想打败袁绍吗？为什么不说实话呢？”

曹操才对许攸说：“其实军粮只够维持一个月了。你看该怎么办呢？”

许攸这才把袁绍屯粮乌巢的情况详详细细地告诉了曹操，并且说：“淳于琼是个骄傲自大的人。他饮酒无度，防备不严，如果你用轻骑兵突袭乌巢，烧毁屯粮，袁军便不攻自破了。”

曹操拉住许攸的手，兴奋地说：“你说的情报太重要了。”

当晚，曹操就布置荀攸、曹洪等留守大营，自己带着乐进、张辽及五千轻骑兵连夜出发。

黑洞洞的夜晚，北风呼号。

为了蒙蔽敌人，曹操叫部队打着袁军的旗帜，从小路急速向乌巢前进。战马的嘴都被结扎起来，不让发出一点声音，每个兵士随身带了硫磺、硝烟等引火物，准备到时放火。

半路上，突然遇到了袁绍的哨兵，他们问：“从哪儿来的？”

曹操兵士毫不含糊地回答：“袁绍怕曹操来袭击乌巢粮屯，派我们去增援。”

袁兵眯着眼看去，果然打的是“袁”字旗号，便信以为真，闪在一边，让曹军顺利通过。

乌巢的袁绍守军，因为前段日子催促运粮，长途奔波，已疲劳不堪，再加连接几夜防守，并不见丝毫动静，所以今夜懒于巡逻，统统呼呼入睡，就连淳于琼也灌饱了酒，钻在被窝里做好梦。

曹操和将士在头遍鸡叫前已经混进乌巢。五千人马。四下散开，有的把住要道，有的将粮屯团团围住，放起火来。袁守军从睡梦中惊醒过来，只见粮屯周围浓烟四起，火光冲天，吓得六神无主，喊爹叫娘。

天亮以后，淳于琼好不容易把兵士集起来，攻击曹军，结果，被曹军打得大败，只得退守营屯。

此时，袁绍听说曹操进攻乌巢粮屯，反而认为这是攻下官渡、歼灭曹军主力的最好时机。只派出少数骑兵去救乌巢，自己则带大军去进攻官渡。

曹军乌巢烧军粮

曹军在曹操的坚决果断指挥下，不但击溃了袁军的增援部队，而且攻下了袁军营屯，杀死了淳于琼，袁军的一万多车粮谷也被烧得一干二净。

曹操击败了袁绍的增援人马后，迅速回师官渡，跟留守在官渡的曹洪、荀攸配合，前后夹击袁绍。

袁军主将张郃看到大势已去，失去了斗志，他同副将高览把全部攻城器材烧掉，一道到曹营投降去了。袁军粮屯被烧，军心已经动摇，这回又传来主将投降的消息，更加慌乱，一下子全都溃散了。曹操乘势领兵出击，袁军大败。袁绍只率领八百名亲兵逃回黄河以北。

官渡一战，袁绍的全部主力被歼，他又气又急，得了大病，于202年病死。

官渡之战，也是曹操成功地运用“釜底抽薪”的计谋，一举击败了不可一世的袁绍，取得了决定性胜利的关键战役。

败刘繇周瑜捣穴

孙策在收复江东失地的征战中，由于当时势力还不大，与刘繇在神亭岭相峙许久不能取胜。

辅佐孙策的周瑜想，刘繇的主力现在已全部集中在这里，他的巢穴曲阿则必然空虚，我若偷袭了他的老巢，他在这里也就会不战自败了。于是一面让孙策在此对峙，一面派人到曲阿约会城中庐江友人陈武为内应，带精兵偷袭了曲阿。

一天，刘繇正率军与孙策对阵，阵前大将太史慈与孙策酣斗得难解难分，太史慈越战越勇。这时忽听刘繇营中鸣金，太史慈不知何故，退阵问刘繇说："我正战在兴头上，主公何故收军？"刘繇说："刚听军兵回报说，周瑜已取了我们的曲阿，家业已失，兵无归所，粮无供给，不能在此久战，宜先退兵到秣陵，会合薛礼、笮融后，再敌孙策。"说罢，令军兵准备拔寨起程。

方才还是一只雄狮猛兽，顷刻间，则成了一只丧家犬。此"釜底抽薪"之功也。

以强示敌破突厥

唐朝初年，立国基础不牢，忙于中原战事，消灭各割据集团。对北方强大民族突厥的南下，只能委曲求全，甚至向突厥称臣结盟，送给突厥大批财物，以换取北方边境的暂时稳定。但突厥并不以此为满足，仍时常向唐朝发动进攻。

626年6月，唐朝发生了玄武门之变，李世民杀死了太子李建成和弟弟李元吉。8月，李渊传位给李世民。突厥利用唐朝内部出事的机会，再次发动进攻。颉利可汗和突利可汗率兵十万，攻打泾州，深入到武功。武功离长安很近，都城不得不赶快戒严。

8月28日，颉利率军到了渭水便桥之北，此地离长安只有40里。颉利派执失思力为使臣到长安了解唐朝的动静，执思失力拜见唐太宗李世民时，傲气十足，他威胁说："颉利和突利二位可汗率军精兵百万，现已到了长安城外，你们打算怎么办？"

李世民此时刚刚登基二十天，内部还有许多问题没有解决，面对强敌入侵，情况万分危急，但他头脑十分冷静。他知道面对突厥的军事讹诈，绝不能示弱，只能针锋相对，用智谋与之周旋。他义正词严地斥责执失思力说："大唐给突厥的财物，多得简直数不清，我又和你们的可汗多次订过盟约，以求和好。现在你们背弃盟约，乘人之危，兵临城下，毫无信义可言。如果开战，责任全在你方，我们是问心无愧的！你们怎能忘掉大唐的恩德，反在我面前耀武扬威呢！你如此大胆放肆，我先把你给斩了！"

执失思力本想仗恃兵力强盛吓倒唐太宗，没想到太宗比他强硬得多。一听要杀他，傲气被扫得一干二净，赶快磕头，请求饶命。

大臣们对唐太宗说，执失思力是使者，还是按照礼节送他回去为好。唐太宗说：“那样，突厥以为我们怕他，更要得寸进尺，施加压力。所以一定要把他囚禁起来!”

囚禁执失思力后，突厥用他探听唐军虚实落空了。与此同时唐太宗做好了军事部署，亲自同大臣高士廉、房玄龄等六人，直奔渭水岸边，隔河与颉利对话，开展政治攻势。他当面严词责备突厥背弃盟约，侵扰唐朝。突厥将领想不到李世民当了皇帝还亲自出城和他们对阵，敬畏地下马向他施礼。随后，唐朝大军整队开来，鼓号齐鸣，军旗飘扬，士气高昂。颉利看到自己的使臣被囚，唐军又严阵以待，实在摸不透唐太宗有什么部署，不敢贸然挥师过河。唐太宗见敌军不动，便命唐军稍微后退，严密布阵，他独自留下要和颉利对话。

大臣肖珞认为唐太宗轻敌，苦苦劝他不要冒险。唐太宗对大臣们说：“我已经认真考虑过了，突厥以为我刚刚即位，政局不稳，一定不敢抵抗，所以他们才倾国出动，直到长安郊外。我若关闭城门防守而不出战，突厥就会以为我们软弱可欺，那他们必然大肆抢掠，再制伏它就很难了。我偏偏故意只率少数将领出来，显示很不在乎的样子，随后又出动大兵，使他们知道，我已经做好准备，要决战一场。这样的做法出乎他们的意料，使他们的威胁讹诈不能实现。突厥深入我都城之下，他们对我们也有畏惧之心。在这种情况下，要打，我们可以取胜，要和，也可以稳一个时期。制伏突厥，在此一举。如果不信，请诸位看吧!”唐太宗和颉利可汗对话以后，不久，突厥果然又派使者来讲和。

版画李世民征突厥

第二天，唐太宗同颉利、突利在渭水便桥上“刑白马设盟”，再次订立和好盟约，唐朝放出了执失思力，突厥退兵回去。

事后，肖珞问唐太宗：“颉利求和之前，各位将领争着请战，我们士气高昂，敌方又深入我境，为何陛下不允许出战，反叫引军后退。后来突厥又自己退军了，臣不知奥妙何在?”

唐太宗明示说：“我看突厥士卒虽多，但军容很不严整，估计他们仓促上阵，以求多得些财物。当他们请求讲和时，可汗独自在

唐初名将李靖

渭水边，他们的将领都来拜见我，那时，如果用酒把他们灌醉，然后突然袭击，取胜也是有可能的。如果再命大将率兵在突厥撤军必经的幽州之地埋伏起来，前后夹击，消灭敌军也是有可能的。但是，我没有这样做，是出于更长远的战略考虑：如何从根本上解决突厥的问题，而不是只着眼于一时的战场胜负。目前我刚刚即位，国家还不安定，百姓也不富足，所以目前以不打为好。战事一天，一定有很多损失。突厥即使一时战败。但和我们结下仇，也会认真准备，借机报复，再度入侵，这样，我就不能专心治国了。所以解决突厥的问题不能只扬汤止沸，而要釜底抽薪，着眼于从根本上解决问题，这要有待于我们国力、军力的恢复与强大。当前，我们虽有一定力量，但还不足以从根本上解决突厥的问题，只能以柔克刚，以退为进，采取讲和结好、送礼退兵的办法。突厥得到我们的财礼，自然退去而且以后会更骄傲懈怠，到时机成熟时，我们再作一举消灭的打算。扬汤止沸，只能求得一时的平静，必须釜底抽薪，才能从根本上解决问题，这样，必须有战略远见和必要的让步、等待和耐心。”

大臣们听了，都非常佩服唐太宗的远见。以后的事实证明，唐太宗采取这样的策略的确是高明的。

突厥虽然退兵了，唐太宗知道要彻底根本解决问题，必须加紧练兵。唐太宗“坐不安席，食不甘味”，亲自训练警卫部队，每天领将士在宫殿前教他们射箭。他以自强雪耻、奋发图强的精神激励自己和将士们。他说：“我今天不叫你们修池筑苑，只要求你们练习弓马，培养一往无前的战斗精神！”在他的亲自教习下，卫士射术提高很快，成为一支精锐部队。

为了有效地反击突厥，唐太宗还在全国扩大兵员来源，实行扶植军功地主的政策，从各方面积极备战。

两年后，唐朝国内安定，经济情况好转，国力逐渐强大。而突厥势力却大为衰落。由于遇到暴风大雪，牲畜死亡很多，饥荒非常严重，颉利又对统治下的各部族压榨太厉害，他们纷纷脱离突厥，有的归服了唐朝。突厥统治集团内部也矛盾重重，特别是颉利和突利之间，更发展到打起仗来。突利派遣使者，来见唐太宗，请求归降，又请求派军队帮他攻打颉利。这样，彻底解决突厥问题的条件成熟了。

629 年 11 月，唐太宗认为“釜底抽薪”的时机到了，命李靖、李勣等分六路进攻突厥，各路大军共有十几万人，都受李靖指挥。12 月突利可汗来到长安，归服了唐朝，这就更进一步削弱了颉利可汗的力量。

贞观四年（630 年）正月，李靖率三千骑由马邑直趋定襄故城之南，唐军的神速到达，完全出于驻扎在定襄的颉利可汗的意料之外，且使他腹背受敌。惊恐的颉利可汗又作出了错误的判断，以为唐朝必定是倾全国之军前来决战。李靖抓住颉利可汗捉摸不定的有利时机，一面派出间谍进行分化离间，一面乘其惊恐之时，夜袭突厥，大破突厥军，颉利匆匆逃窜。唐太宗得知捷报，欣喜若狂，祝酒五日，大赦天下。

颉利撤军碛口，途经白道，此为河套东北通往阴山以北的要隘，李勣早已埋伏在先，颉利败兵被堵，被李勣杀得大败，“酋长率部落五万降于唐”。

颉利经此惨败，只得遣使谢罪请和，表示愿意举国内附。唐太宗识破他的缓兵之计，将计就计，同意遣使谈判，使颉利放松戒备。此时，李靖、李勣两军已会师白道，他们领会唐太宗的“釜底抽薪”的战略意图，决定彻底动完大手术。他们不经疏奏，共同制订了“釜底抽薪”的作战计划：由李靖率精骑一万，带二十日口粮作正面奔袭进攻。由李勣率军急速前进，伏兵于碛口，抄敌军后路，切断其退往漠北的退路。当李勣追及颉利时，颉利部众崩溃，李靖大获全胜，俘男女十余万口，牲畜数十万头。颉利率残兵败将万余人逃到碛口时，又被早已埋伏在此的唐军堵击，只得掉转马头，西逃吐谷浑，途中众叛亲离，终被唐大同行军副总管张宝相生俘。时值贞观四年三月。前后不到半年时间，唐太宗就把骄横不可一世的东突厥征服了，把西起阴山，北到大漠的广阔地带收入了版图，统一了唐王朝的北部边境。

唐太宗在对东突厥作战时，有高超的战略眼光，善于审时度势，始终立足于“釜底抽薪”的彻底解决，这不仅是从唐朝国力、军力的实际出发，也是从敌人的实际——以骑兵为主的实际出发。所以他不求小仗胜利，因为敌是骑兵，一时打败，可迅速逃窜，时机成熟又会卷土重来，而只求彻底根本的解决。在东突厥兵强马壮，而唐军势弱力单处于劣势的情况下，唐太宗以柔克刚，不断对东突厥展开政治攻势，对其首领施展攻心战术，分化了东突厥的两个首领，使他们互相猜疑，削弱了彼此的力量。而唐军却争取时间，积蓄力量，待机而动。当时机成熟时，唐军全力出击，打得敌人无回手之力，力求全歼。由此可见唐太宗的高明之处，也可看出“釜底抽薪”之计的厉害。

政治权谋

齐景公气走孔夫子

齐景公自从在夹谷受过孔子一番奚落之后，很是难过，适巧贤相晏婴又死了，后继无人，而鲁国又重用孔子，国政大治，更加惊慌起来，便对大夫黎弥说：“鲁国重用孔老头，对我国的威胁极大，将来它的霸业发展，我国必首蒙其害，这却如何是好？”

黎弥沉思了一会，说：“釜底抽薪，逼走孔丘便是！”

“怎样逼法？他正在得宠当红的时候！”景公问。

黎弥把计策说出来：“岂不闻‘饱暖思淫欲，贫穷起盗心’这句话？今日鲁国天下太平了，鲁定公是个好色之徒，如果选一群美女送给他，他必会老实不客气，照单接收。收了之后，自然日日夜夜在脂粉丛中打滚，什么孔子庄子，怎及银子女子，他们还会像过去那样亲密吗？这样一来，保管把孔子气走，那陛下不是可以枕安无忧了吗？”

景公认为妙计，即令黎弥去挑选八十名美女，教以歌舞，授以媚容，准备好向鲁国投掷几十个肉弹。

训练成熟之后，又把一百二十四马，特加修饰，金勒雕鞍，装成似锦一样，连同八十个美女送到鲁国去，说是给鲁定公享受的。

鲁国另一位丞相季斯，首先听到这个消息，心里便痒不可支，即刻换了便服，坐车到南门去看，见齐国的美女正在表演舞蹈，娇声遏云，舞态生风，一进一退，光华夺目，不禁口呆目瞪，手软脚麻，意乱神迷，魂消魄夺。

孔子却齐

因为迷于女色，季斯已忘记入朝议事这回事了。定公几番宣召，才懒洋洋地入宫进见。定公把齐国书给他看，他即刻答：“这是齐王的好意，不可辞，照单接收就是！”

定公也好此道，便问美女何在。季斯乘机做向导，带他换了便服到南门去。

这秘密行动已给齐使知道了，便教那堆肉弹，下足媚劲，落力拍演，于是摆臂摇胸，似临风之芍药；巧笑媚视，像殒星之余晖，歌声乍起，疑是群莺出谷，裙带乱飘，不辨肉色花香。两位君臣，已乐得神荡魂飘，齿酸涎落，甚且手舞足蹈起来。

“陛下请再过去看看那些良马吧！”季斯说。

“不用看了，这班美人已够瞧了，不必再问良马！”

当晚回宫，便叫季斯回信多

谢齐王，重赏齐使，把那两批厚礼收入宫里。还额外开恩，分三十名肉弹给季斯。

从此“芙蓉帐暖度春宵”，“从此君王不早朝”了。

孔子得闻此事，凄然长叹起来。子路在侧说：“鲁君已陷入迷魂阵了，把国事置诸脑后。老师！可以走了吧?”

孔子说：“别忙！郊祭的时候已到，这是国家大事，如君王还没有忘记的话，国事犹有可为，否则的话，再卷包袱未迟!”

到了郊祭期间，定公也循例去参祭一番，却一点诚心都没有，草草祭完，便又回宫享乐去了，连胙肉都不分给臣下。孔子便对子路说：“快去通知各同学，卷好包袱，明早就离开这儿!”

于是，孔子便弃官不做，率领一班学生去周游列国，过起流浪生活了。

勾践蒸粟还粮

越王勾践回国后，卧薪尝胆，图谋灭吴。他带头参加农业生产，实行轻徭薄税的政策，老百姓吃穿不愁，家家积蓄余粮。但是，为了麻痹吴国，勾践向吴国借了1万石粮食，说越国遇到了灾荒。

借的粮食第二年要归还吴国。越王勾践征求大臣文种的意见，说：“如果不还粮食，吴国可能会借口讨伐我们；如果把粮食归还，就会有利于吴国而不利于越国。怎么才能两全其美呢?”文种献计道：“我看粮食还是要还的。但我们在其中可以做手脚。从粮食中精选出一部分，蒸熟了还给吴国。这样就有好戏看了。”

吴国人见越国还回的粮食粒大饱满（其实已被蒸过了），爱不释手，于是第二年春天把它们当做良种播种到地里。结果可想而知，种子没有发芽，秋天颗粒无收，吴国发生大饥荒，国力大大减弱。

国以民为本，民以食为天。勾践还蒸熟之粮，使吴国中计发生饥荒，真可谓釜底抽薪，削弱了吴国的实力，从而为他最终灭亡吴国提供了有利条件。

鲁连修书退敌兵

公元前284年，燕国大举进攻齐国，夺其七十余城，几乎灭亡了齐国。后来，田单为国人推举，率领齐军反攻，在即墨城下使用火牛阵，击溃燕军，杀其统帅骑劫。齐军乘胜前进，克复大部失地，进围聊城。不料，战事进行了一半有余，士卒死伤甚众，而聊城却仍然没有收复。原来，据守聊城的燕军将领受到诬陷，惧怕归国之后被燕王诛杀，进退维谷之际，只好拼力防御，以求拖延时日。田单损兵折将，计无所出，只得与鲁连商议对策。

鲁连是齐国名士，深知此中原委。他立即修书一封，束之于矢上，命人射入城中。信中写道：“我听说，智者不背时而弃利，勇者不畏死而灭名，忠臣不先己而后君。如今，将军以一时之仇，抛弃君臣之义，这不能算是忠；城破身死、殆笑于

驱火牛田单破燕

齐国，这不能算是勇；功废名亡、无后世之誉，也不能算是智。机不可失，时不再来，死生荣辱、尊卑贵贱，眼下是一个关键时刻，希望将军认真考虑，不要为流俗之见所左右。”

“也许将军认为，楚国进攻南阳，魏国兵临平陆，齐军受到牵制，不会全力以赴收复聊城，那就大错而特错了。此乃小害，齐国并不打算与楚、魏决战，而聊城关系重大，齐军志在必得。目前，秦国出兵救齐，魏国胆战心惊。秦、齐联盟，楚国的形势敢十分危险。楚、魏退兵，燕国救兵不至，齐国无后顾之忧。一意攻打聊城，聊城指日可下。将军保据之谋必然不成。聊城决战，势在必行，将军岂有脱身之计？

“燕国政局混乱，君臣先计，上下迷惑。大将栗腹百万大军，而屡遭挫败。万乘之国，被赵军围困，割地折将，君主受辱，您听说了吧？如今燕王孤危，大臣束手无策，弊端百出，民心无所依归。而将军以聊城疲惫不堪之众，力拒齐国举国之兵，苦战累年，危城依旧，即使墨子当年却楚存宋，也不过如此；军粮乏绝，以人骨为炊，以人肉为食，而士卒无溃散北归之心，即使当年孙膑、吴起统帅之下的军队，也不过如此。将军威名，可以令天下之人折服了！

“因此，为将军的切身利益着想，不如罢兵休士，保全车甲，归国以报燕王，燕王必然心喜。燕国百姓，见到将军，必将如见到父母一样，奔走相告，谈论颂扬将军的功劳，使之大白于世。将军就可以上辅孤主，下制群世，休养百姓，资助辩说之士，改革弊政，移易风俗，使天下安乐、国家稳定，此盖世之功名也。如果将军无意归燕，有心东游齐国，则可以裂地封侯，与陶朱公、卫公子荆一样富有，世世称孤道寡，与齐国俱存于永久，这也不失为一条好出路。这两条路都可收扬名致富之效，希望将军三思而行。

“我还听说，注重小节的人不能行大威，厌恶小耻的人不能树大名。当年，管仲射中桓公带钩，这是篡逆；忘记公子纠之恩而不能效死，这是怯懦；手梏足桎、束缚入狱，这是辱身。此三行，乡里不齿，君主不容。如果管仲因此而羞惭，避世不出，穷年而终，便不免沦为贱人恶行。然而，管子不拘此三行，掌握齐国大政，一匡天下、九合诸侯，为五霸之首，名高天下，光照邻国。曹沫为鲁国大将，三战三败，丧地千里。如果他不肯离开战场，不计后果，一味主张死拼，则不免为败军之将、阶下之囚。但是，曹沫认为，军败被擒，非勇也；功废名灭，后世不留美誉，非智也。因此，他不顾三败之耻，退而与鲁君从长计议，报答知遇之恩。齐桓公称霸天下、大会诸侯，曹沫以一剑之助，劫桓公于盟坛之上，颜色不变而辞严气正。三战之所失，一朝而复得，天下震动惊骇，威播吴、楚，名传后世。此二人并非不能行小节、死小耻，唯因杀身绝世、功名不立，算不得明智，所以息其怒恚之心而成终身之名；弃其感忿之耻而立累世之功，使其伟业与三王争流，美誉与天地同辉。希望将军慎重抉择！”

鲁连在信中并没有使用虚夸之词，卖弄浮诞之谋，而是实话实说、言之有物。从君臣之道说到处世原则，从聊城战局说到燕国形势，从古昔贤哲说到对方自己。婉转深切，用心良苦；除疑解惑，丝丝入扣。使燕将不仅明白了负隅顽抗无补于事，而且重新树立起归国效命的信心和勇气。山重水复，花明柳暗，坚守之志一旦动摇，釜底抽薪之计也便奏效。

燕将读过鲁连的信以后，说：“谨遵先生之命！”立即解甲罢战，撤回燕国。

班超智斩匈奴使

汉朝的班超，是一个有志气有胆识的青年，他自从“投笔从戎”之后，念念不忘要扬威国外，替国家做一番轰轰烈烈的大事业。

有一次，汉王显宗派他为司马，跟从事郭恂出使到西域去（现在新疆一带）。

他们先到达鄯善国，这个国家是和匈奴接壤的，是汉朝和匈奴争取的对象。

鄯善国王名字叫思，在两个大国的势力威胁之下，无法决定该向谁靠拢。今见班超这一班汉使先来，招待得十分周到，正想趁这个机会，考虑和汉朝建立关系。但不到几天，这种殷勤，忽然冷淡起来了。

班超见这样子，正所谓“三天之前温又暖，三天之后冷如冰”，心里疑惑起来，便对部属说：“真奇怪，大家看到了吗？鄯善王从前对我们的态度是何等殷勤，现在忽然冷淡起来了，这里面必定有个缘故。我想，一定是匈奴也派有使者到这里来，和我们展开外交战，使他举棋不定，究竟走汉朝的路线，还是走匈奴路线呢，这不是很明显的事吗？从他们的态度变化完全可以看得出来！”

他这样把情势分析过后，大家都同意他的看法。班超继续说：“这样看来，我们目前的处境可就危险了！”

说着，立即把负责招待的胡人叫进去，恐吓他道：“我有一句话问你，定要老老实实说出来，说得好，重重有赏；稍有含糊，叫你人头落地。我问你，究竟匈奴的使者来了多久？多少人？住在什么地方？”

那个胡人本来是个老粗，给班超这一吓，慌做一团，便一五一十地把匈奴使者的一切情形，统统说了出来。

班超觉得事态严重，已火烧眉睫了，可是他一点也不害怕。这时他身边只有三十六个官兵，便统统把他们召集起来，开一个紧急会议，先把那个胡人扣留起来，不使与外面联系，然后席地饮起酒来。

大家正饮得高兴的时候，班超霍然站起身，激动地对大家说："我们都是汉朝人，为何要跑到这满目沙漠的地方来呢？还不是想为国家建立点功劳，求点富贵？可是，我们现在已被围困住了，进不能，退不得。初到这里的时候，鄯善王对我们十分客气，这是大家都有同感的；但最近几天，匈奴也派使者来了，他的态度忽然冷淡起来，这证明已对我们不怀好意，万一他再进一步把我们送到匈奴去，那还了得？到那时，大家就死无葬身之地，连骸骨都要喂豺狼，事情已是这样的越来越严重，大家想一想，要怎样才可以脱离虎口？"

大家一听，面面相觑，其中一个人说："事情危急，还请司马给大家出个主意吧！"

"对，我们一齐跟司马走！"大家异口同声附和起来。

班超继续说："只有两条路，跑或是咬！但跑也是死路，我们只有这三十多个人，能跑到什么地方去？恐怕半路上就给消灭掉！唯一办法只有咬，先下手为强，不入虎洞是不会捉到虎子的！大家同不同意？"

"同意！"

"喏，我已经知道匈奴使者有多少人，住在什么地方了。今晚我们就动手，给他们一个措手不及。他们现在正得意的时候，不会考虑到我们突然有此决心和行动，自然也不防备我们突袭，一旦闹起事来便会手足无措。等到把这批浑蛋解决了，鄯善王自然会死心塌地地归顺我们，这样，我们的事业不就成功了吗？"

那人又说："这件事事体重大，影响到外国邦交，最好和郭从事先行商量一下。"

班超率人杀匈奴使者

"呸！"班超光火了，气冲冲地说，"吉凶成败都决定在今晚了！郭从事是个文弱书生，他知道这件事还会打冷战，一谈便是夜长梦多，万一把计划泄漏出去，那还了得？必会弄巧反拙！"又转向各位说，"大家认为对不对？我们为什么把自己的生命委诸一个杀鸡无胆、缚鸡无力的弱质书生手上？到最后关头，还得希望和平解决？"

"对！"大家齐声哄了起来，"一意听司马的话，和他妈的拼一个你死我活！"

大家摩拳擦掌的，士气高昂到了顶点，立即全副武装，候命出发。

不一会儿，天晚了，黑黢黢的夜里，狂风怒号，飞沙扑面，这一群满腔热血的好汉，偷偷地摸到了匈奴使者的宿营地。班超做好战斗准备，把三十六人分成两组，十个人埋伏在外面，每人手拿大鼓，到时就“虚张声势”。再悄悄对他们说：“一看见营中火起，就拼命敲起鼓来，大喝大叫，一直到获胜才停止！”

其余的二十多人，全部裸体上阵，手里只有一把大刀，在班超的率领下，生龙活虎般地冲进匈奴的营里去，一边放火，一边鼓噪，逢马便劈，摸着有穿衣服的就一刀刺过去。匈奴的使者这时还躲在被里做梦，突然杀声惊醒，一时不知所措，见的是一群裸体的人，横劈直刺；听到的是战鼓如雷，喊杀连天。想逃又没路可跑，想战也寻不到武器，前有猛虎穿林，后有大火烧身，于是像猪猡冲栏，东奔西突，烧的烧死，杀的杀死，半个也逃不掉，一百多人就这样全军覆没了。

到了天明，收队点数，除几个受伤外，全部无缺，正是“去时三十六，回来十八双”。检点好后，才将事情报告郭恂。郭恂果然大惊，脸色都变了。

班超明白了他的意思，便率领大家齐声高呼：“我们在郭从事的英明领导之下建立了奇功！”

经过一阵欢呼，郭恂立刻又快活起来。

班超再带了健儿们跑到鄯善王那里，把杀来的头颅掷给他看。他被吓得面无血色，左右也目瞪口呆起来。

但班超却一点也不骄傲，还用好话去安慰他们，宣扬汉朝的政策。因此，鄯善王才死心塌地服从，并派自己的儿子到汉朝去，表示亲善。

商海弄潮

三菱计高一筹　终成霸王

日本三菱公司由于西南战争中从事输送军事物资而获暴利。到1877年底，三菱公司已经拥有61艘轮船，占当时全日本轮船总数的75%，成为日本海运的霸主。

1880年春，三菱公司总裁弥太郎召集公司政务会议，在会上，弥太郎就提高运费进行了说明：“根据目前的运量和市场形势，为了赚取更高的利润，我认为必须采取一项十分必要的新措施。”

他停了停，接着说：“这项新措施就是从现在起，就是要通过我们三菱公司海运的必须以银币交易，不得付纸币，因为纸币正在大幅度贬值，如用银币交易，无形之中就等于提高了运费。”

小岛专务站起来发表意见：“总裁所言极是，目前，我们日本航空副业不是十分发展，对外对内运输物资只能依靠海运。因此，尽管我们公司的条件看起来苛刻，但是，海运者要想生存，只能接受，否则，他们将面临破产和倒闭的危险！”

此时，公司的谋事专家们也纷纷提出支持此项措施的论证意见。这个措施就出笼了。

日本三井物产公司经理室内。

益田孝总经理站窗前，望着远处繁忙的海港码头，猛吸了一口香烟，又渐渐地陷入了沉思：我们三井公司主要经营出口业务，海运对我们公司来说，那是太重要不过了。但公司只有三艘轮船，对输送货物来说是远远不够的。因此，不得不求助于三菱公司。我们一年所付给三菱的运费就有 70 万元。现在三菱又抛出了只收银币的新措施。

窗外海轮的汽笛声打断了益田孝的沉思。井上专务走进办公室，呈上本月运费结账单，不满地说："益田君，你看三菱公司太不像话了，运费如此之高，我们的生意不好做了。总得想个办法吧？"

益田孝走到办公桌前，坐到沙发椅上说："我想了多时了，这种不合理的现象不能再继续下去了，我决定去找一下我在大藏省工作时的上司涩泽荣一君商量，找一个妥善办法，改变我们目前处境。"

日本第一银行。

胖胖的银行总裁涩泽荣一仰靠在舒适的长沙发上，他作为三井物产公司在东京设立的股票交易所的幕后操纵者，听完益田孝的陈述，款款地坐直身子，说："我可以成立东京风帆会社，至于其他船主，那就由你去联络了。"

"谢谢总裁！"益田孝十分感激地向涩泽荣一鞠躬致意。

三菱公司总裁弥太郎得知益田孝的计划后，立即找来自己的谋士团，商量对策。

松田专务说："涩泽荣一是益田孝的后台，要想打败益田，必先扳倒涩泽，但涩泽在当今日本还属权威，因此，我们决不能正面与之对抗，可采取釜底抽薪之法击败对手。"

弥太郎十分赞同松田的主意，而后与谋士们商议了行动对策。

报界大亨大限与弥太郎关系甚好，弥太郎便利用大限，通过报纸从最初旁敲侧击发展到各点攻击涩泽荣一的财经政策和隐私家事，并同时也大肆中伤益田孝。这一招确实起了作用，涩泽荣一的名誉、声望一下跌落，使原来想参加益田孝筹办的新公司的商人产生了动摇。

紧接着，弥太郎召集政务会，布置第二步计划，即用重金、低利、低运费等手段，对地方上支持益田孝的船主、货主进行诱惑，使他们脱离和反感益田孝。

最后，弥太郎使出最关键的一着，私下收买东京股票交易所的股东，以此断绝"东京风帆船会社"的资金来源。

看着各处送来的情况信帖，弥太郎阴险地笑了。

尽管"东京风帆船会社"后来成立了，但也十分勉强，因为中途退出的人太多，而且资金发生了问题，只筹措到预定数额的一半，就连三井物产公司的大米、木材等也因此而失去了运送的机会，以至"东京风帆船会社"的业务无法顺利开展。益田孝只好用原来自己的三艘轮船来运货。

三菱公司的釜底抽薪之计终于取得了这次竞争的胜利。

哈默妙计解危难

1961年，美国加利福尼亚的旧金山东部一片荒无人烟的原野上，突然耸立起一架高入云端的铁塔，这是美国著名企业家哈默的西方石油公司的钻井队在进行勘探。

机声日夜轰鸣着，震醒了沉寂已久的荒原。当钻机钻到8600英尺的深度时，传出了令人振奋的好消息：出气了！而且是加州第二大天然气田。

为了这次勘探，西方石油公司孤注一掷，投入了将近2000万美元的巨资。如今终于如愿以偿，得到了不可思议的收获。

哈默抑制不住内心的喜悦，急急忙忙赶到“太平洋煤气与电力公司”，他心里盘算着，打算与这家公司签订为期20年的天然气出售合同。

不料却碰了一鼻子灰，太平洋煤气与电力公司三言两语就把哈默打发走了。

他们说：对不起，我们公司不需要你们公司的天然气，由于我们最近已经耗费巨资从加拿大的艾伯域至旧金山海湾区打算修建一条天然气管道，大量的天然气从加拿大通过管道能够输来。

这不啻给哈默当头泼了一盆冷水，他一时间居然不知所措。

但哈默是多年在商业战场上滚打出来的老手，不久就冷静下来。在很短的时间里，他想出了一条“釜底抽薪”的妙计来制伏太平洋煤气与电力公司。

哈默秘密赶到洛杉矶市，由于该市是太平洋煤气和电力公司的大买主，是天然气的直接承受单位。

哈默找到市议会，形象地向议员们说，他的公司计划从拉思罗普修建一条天然气管道直达洛杉矶市，并将以比太平洋煤气与电力公司和其他任何投标企业更为低廉的价格供应天然气，以满足洛杉矶市的需要。而且，他还将尽量加快修建管道的工程速度，将比太平洋煤气与电力公司和其他投标企业提供天然气的时间更为缩短，洛杉矶市民能够在近期内用到他的价格低廉的天然气。

洛杉矶市议会的议员们一听便动了心，打算接受哈默西方石油公司的计划，而放弃太平洋煤气与电力公司的天然气。

哈默这一招果真厉害。

太平洋煤气与电力公司获悉这消息后，惊慌失措，立刻登门拜访哈默，表示同意接受哈默的天然气。

这时，哈默摆起了架子，他处于居高临下的地位，提出了一条有利于他的条件。太平洋煤气与电力公司不敢提出异议，不得不乖乖地同哈默签订了合同。

运世方略

施小技小偷退齐军

战国时，齐国出兵攻打楚国。楚国的令尹子发率兵抵御，三次交战，三次皆败，眼看就要竖白旗投降了。子发用了很多办法，齐军始终未受影响，声势依然强大。

正在子发愁眉苦脸的时候，有一个小偷求见子发。小偷很正经地对子发说："国家兴亡，人人有责。我外号叫神偷，今晚去敌营一试，说不定能扭转局势。"子发在无计可施的情况下，只好同意了他的请求。

小偷趁着夜色偷偷潜入齐军营地，把营帐偷了回来。子发派人把偷来的营帐送给齐军统帅。第二天晚上，小偷又偷回齐军统帅的枕头，子发又公开送了回去。第三天晚上，小偷又偷回齐军统帅的发插，子发还是使人送了回去。这时候，齐军统帅大吃一惊，心想：这样下去，我的脑袋岂不要被偷去了吗？于是急忙下令班师回国。

两军对阵，一般要靠刀枪来决胜负。但是，这个小偷却施展高超的偷技，使齐军统帅感到自身难保。这种以柔克刚的办法正是釜底抽薪计谋的应用。

刘锜撒豆胜敌

刘锜是南宋时的一员名将，战功显赫。他擅于施计胜敌。

一天，他命令一部分士兵每人背上一个竹筒，筒里装满煮熟的豆子。士兵们不解其意，但明白主帅欲施奇计，便按令行事。出征前，刘锜对他们说："今日出征不同以往，两军阵前不要急于求胜。要打一会儿，拖一会儿，关键在于消耗敌人。等敌人疲乏时，你们就把竹筒扔在地上。然后伺机杀敌，定能大获全胜。"

这队士兵奉命出发，遇到敌兵依计而行，打打拖拖，不知不觉到了中午时分。刘锜的士兵把所背竹筒扔到地上，竹筒中的豆子撒得满地都是。敌人的马正在饥饿的时候，于是不顾一切地吃地上的豆子。敌人忙着打马整队，战马闻到豆香哪里还听指挥，加之竹筒遍地滚动，人马站立不稳，敌人乱作一团。刘锜的部将见时机已到，下令放箭，敌人顿时变成了"刺猬"。

马是人的坐骑。马不听使唤，人便没有战斗力。刘锜的撒豆计策相当于釜底抽薪，看似平常，其实高妙。

鄱阳湖上的战火

1363年，朱元璋和陈友谅为争夺天下，曾经在鄱阳湖展开了一场恶战。

陈友谅为便于作战，把他的战船全部连在一起，摆开长蛇阵。而朱元璋的船太小，难敌陈友谅的进攻，逐渐显出失败的迹象。

郭兴建议朱元璋使用火攻。于是，朱元璋准备了7条小船，船上装满火药，又命令士兵扎了许多手持武器、顶盔挂甲的草人排列在小船四周。

这天下午，恰东北风起，朱元璋让装着火药、草人的小船顺风而去。迫近敌船时，朱元璋令士兵向小船上射带火的箭。陈友谅的军队见满载“士兵”的小船开来，正严阵以待，根本没防备火攻。小船点燃后，很快波及陈友谅的大船。一时间，火借风势，风助火威，陈友谅连在一起的几百只战船同时起火，鄱阳湖水被映得通红。陈友谅的人被烧死或者淹死近一半。朱元璋乘机指挥大军掩杀，大获全胜。

陈友谅的连环巨船似乎是坚不可摧的，但其致命的弱点是怕火攻。火攻对于连环巨船来说好似釜底抽薪。三国时的赤壁大战，周瑜就是用火攻大破曹军兵船。陈友谅不能从历史中吸取教训，可以说是咎由自取。

林肯一语胜罗根

美国总统林肯在入主白宫前曾担任过律师。有一次，一位富农诬告一位贫农偷了他的一匹马。为此，这位富农请了能言善辩的律师罗根。贫农无钱请律师，如同哑巴吃黄连一般。林肯得知后，表示愿意以被告律师的身份免费出庭。

开庭那天，气温骤然升高。人们都穿着衬衫来到法庭。原告律师罗根是个急性子，在匆忙之中穿反了衬衫。开庭后，罗根首先发言，他滔滔不绝地表现自己对马的广博知识和雄辩的口才。然后林肯替被告辩护。林肯一上台就说：“罗根先生花了一个多小时谈论马，目的是要农民去向兽医书籍里学点马的知识。但是，我们如何能相信他的话呢？他连自己的衬衫都不能穿得正当！”此语一出，全场哄堂大笑，结果原告败诉。

林肯利用罗根反穿衬衫这一视觉信息，引导人们不要相信罗根在法庭上所说的一切，仅用几句话就胜过罗根滔滔不绝的一个多小时。林肯抓住了问题的关键因素，可谓釜底抽薪。

第二十计　浑水摸鱼

原文注译

【原文】

乘其阴乱[1]，利其弱而无主。随，以向晦入宴息[2]。

【注释】

①乘其阴乱：阴，内部。全句意为：乘敌人内部发生混乱。

②随，以向晦入宴息：语出《易·随》卦。随，卦名。本封为震下兑上。上卦为兑为泽；下卦为震为雷。言雷入泽中，大地寒凝，万物蛰伏，故卦象名“随”。随，顺从之意。《随卦》的《象》辞说：“泽中有雷，随。君子以向晦入宴息。”意思是说，人要随应天时去作息，向晚就当入室休息。本计运用这一象理，是说打仗时要善于抓住敌方的可乘之隙，随机行事，乱中取利。

【译文】

乘着敌方内部发生混乱，利用他力量虚弱且没有主见，使他顺随于我，就像《周易》随卦象辞说的：人到夜晚，必须入室休息一样。

按语注译

【按语】

动荡之际，数力冲撞，弱者依违无主[1]；敌蔽[2]而不察，我随而取之。《六韬》[3]曰搅浑：“三军数惊，士卒不齐，相恐以敌强[4]，相语以不利。耳目相属[5]，妖言不止，众口相惑。不畏法令、不重其将：此弱征也。”是“鱼”[6]，混战之际，择此而取之。如刘备[7]之得荆州[8]、取西川[9]，皆此计也。

【注释】

①依违：依，依靠、拥护。违、违背、反对。无主：没有拿定主意。

②蔽：受蒙蔽、被掩盖。

姜太公像

③《六韬》：古代兵书名。相传为周代吕尚所著。吕尚，字子牙，东海姜姓；先封于吕，从其姓。文王聘于渭水之阳，说过“吾太公望之久矣！”因号“太公望”，俗称姜太公，辅周灭纣。世传其遗有兵书《六韬》六卷。《六韬》始辑录于《随书·经藉志》，宋代列为《武经七书》之一，同《三略》和“孙吴兵法”并称。引文见《六韬·兵征》。

④相恐：互相传播一些令人惊恐的消息。以敌强：用一些形容敌人如何如何强大之类的话。

⑤耳目相属：交头接耳、你看着我，我看着你。

⑥鱼：猎取对象，比喻敌人，《六韬·文师》：“今吾渔，甚有似也。文王曰：何谓其有似也？太公曰：钓有三种：禄等以权；死等以权；官等以权。夫钓以求得鱼也。其情深，可以观大也。”又《三略·上略》：“香饵之下，必有死鱼。”《韩非子·内储说下》：“古之人难正言，故托之于鱼。”

⑦刘备（162—223年）：三国时蜀汉皇帝。字玄德。涿州涿县（今河北涿县）人，幼时家境贫苦。东汉末，起兵镇压黄巾起义军，并参与军阀混战，但因没有根据地而力单势薄。得诸葛亮辅佐后，实力才逐渐壮大。208赤壁之战后，取得荆州为立足之地。后又乘刘璋集团内部分裂，于214年夺取益州全部地区，建立了根据地，同魏、吴形成了三国分立的局势。

⑧荆州：其治所在今湖北江陵县北。

⑨西川：今四川西部。

【译文】

动乱不定的局面，存在几种冲突的力量。弱小的顺从谁或反对谁都没有拿定主意；敌方又被蒙蔽而没有察觉。我方应当立即随手把这股弱小力量夺取过来。兵书《六韬·兵征》写道：“军队多次惊慌，军心不一，又因时敌人估计过强而产生恐惧心理：互相说着泄气的话；大家互相咬耳朵、施眼色；谣言纷纷，听信假话；不怕法令，不尊重将帅。这些都是怯弱的征象啊！”这样的“鱼”，在混战的时候，应该乘机捕捉它。例如，刘备得荆州、取西川、都是用的这一条计策。

传世典故

浑水摸鱼。浑：浑浊的。摸：用于探取、捞取。把水搅浑，使鱼晕头转向之时，乘机把鱼捉来。比喻趁混乱时机捞取好处。在军事上指利用敌人之间互相混乱攻战的时机，我乘机将尚犹豫不决的弱小敌人获取过来。

“浑水摸鱼”一语，起初可能是渔民们从捕鱼实践中摸索、总结出来的一句经验性俗语，后来逐渐被移植到社会生活的其他领域，以至被兵家和军事指挥员们用来作为表述某种军事谋略的军事术语。原意是，把水弄混浊了，鱼儿会晕头乱窜，此时乘机摸捉，往往易于得手。比喻乘混乱之机，谋取某种意外的利益。在军事上指有意给敌方制造混乱，或乘敌方混乱之机，消灭敌人，夺取胜利。在战场上，冒充敌人而蒙混过关是此计常用的术法。东汉时，光武帝刘秀是一位很有韬略的政治家。在未登基前，曾在河北一带与王朗大战 20 多日，最后攻破邯郸，杀死王朗，取得成功。当时，王朗在邯郸称王，实力雄厚。刘秀不敢正面与王朗开战，就带着少数亲信，到了蓟州。遇蓟州兵变，响应王朗，捉拿刘秀。刘秀无法，出城仓皇南逃。刘秀一行逃到饶阳，已饥疲不堪。这时，这秀忽然灵机一动，说出了一个虎口求食的办法：冒充王朗的使者哄驿站的饭吃。众人装扮一番，就以王朗的名义，大模大样地走进驿站。驿站官员信以为真，急忙备美味佳肴招待。刘秀等人好几天没吃过一顿饱饭了，便狼吞虎咽地吃起来。他们的狼狈相引起了驿站官吏的疑心。为了辨其真假，驿站的官员故意将大鼓连敲数十下，高喊邯郸王驾到。这一喊声，非同小可，把众人惊得目瞪口呆，人人手心捏着一把汗。刘秀也惊得站起来，但很快镇定下来。他想，如果邯郸王真来了，是逃不掉的，只能见机行事。他给众人一个眼色，让大家沉住气。他自己慢慢坐下，平静地说：“准备进见邯郸王。”等了好一会儿，也不见邯郸王的踪影，才知道是驿站官员搞的名堂。酒足饭饱之后，刘秀等人安然离开了驿站。刘秀此次的成功便是得力于计谋上的“浑水摸鱼”和心理上高度镇静。

用计锦囊

在动荡不稳的局势中，各种力量都会被搅进混乱的旋涡内。为了乘机扩大自己的势力，在泥沙俱下，鱼龙混杂的情况下，我们则利用那些力量弱小，暂居中间的力量不辨真伪，举棋不定的时机，将其顺手夺取过来。

本计有三种含义：

1. 乱中取利：乘混乱的时机，捞取好处。在竞争当中取利的办法很多，其中乱中取利是较好的办法之一，它不但可以轻易地从中捞到好处，而且陷于混乱的各方都可成为取利的对象，因为大家将注意力都集中在互相争夺之上，必然会有很多利益无暇顾及，各自也都会暴露出很多可乘之隙来。动荡混乱的局面不是经常会遇到的，所以要积极利用，机不可失，失不再来。

2. 以假乱真。水被搅浑之后，能见度必然极低，鱼在水中看不清方向，也更难辨清其伪，这时我们把假的伪装成真的，并将其混入真的之中，在敌人“蔽而不察”的时候，我们便可借机行事。以假乱真要完全凭借浑水为掩护，不然很容易被识破。

3. 滥竽充数。在几百人坐下来一齐吹竽的时候，不会吹竽的人就可以混在乐队里充数。在一个人一个人单独演奏的时候，不会吹竽的人就很难再混下去了。大家一起吹竽的形式，正像“浑水”一样，起着隐瞒掩盖的作用。不懂装懂是不应该的，但是利用形式上的缺陷，管理上的漏洞来渡过难关或取得利益，都是浑水摸鱼计谋的一个内容。

三十六计之浑水摸鱼

对付浑水摸鱼之计，可采取如下防范对策：

1. 挖净河泥水自清。水之所以能被搅浑，主要是因为河底有很多污泥，只要稍一搅动，就会泥沙俱下，弄得河水浑浊不堪。而游泳馆中水池里的水，无论怎样搅都不会浑，就是因为水池的四壁干净，如果我们所处的是像河这样的环境中，就应该尽早动手把河泥挖净，这样才能防止河水被人搅浑。

2. 混乱之中莫瞎撞。如果水已被搅浑，在一片混乱之中，不要跟着别人乱碰乱撞，因为在慌乱之中很容易被人当做“鱼”被摸去。越是混乱的时候，越是要沉着冷静，一时分辨不清不要紧，分辨不清时不要随意表态。要先寻找一个比较安全的地方隐蔽起来。这时的忍耐力和自制力很重要，盲动会带来严重的后果。

3. 看准方向要快逃。在隐蔽的时候，要认真仔细地观察，一旦看清了方向，发现了较为安全的地方，要果断迅速地逃离险境。要认识到，我们一旦处于被摸之鱼的地位，情况非常不利，在势单力薄的情况下，挣扎和反抗都是无济于事的，这时只有“走”才是上策。

计谋典范

战场逐鹿

诸葛亮草船借箭

周瑜是东吴孙权手下的大将，足智多谋，但心胸狭窄。他十分嫉妒诸葛亮的才华，认为诸葛亮辅佐刘备，不久将成为东吴大患，因而起了杀心。周瑜以孙刘两家合力抗曹的名义，督促诸葛亮在3日之内造10万支箭。在他看来，此事绝难完成，到那时候可借此杀了诸葛亮。没想到诸葛亮满口答应，并与周瑜立下了军令状。

鲁肃仁厚善良，他不忍看周瑜图害诸葛亮，便前去拜见诸葛亮。诸葛亮说：“我只希望你借我20只船，每船要30个人，扎1000个草人摆在船的两边，如此这般，你就可救我一命了。”鲁肃不解其意，但为了挽救诸葛亮的性命，便爽快地答应下来。

诸葛亮草船借箭

鲁肃依诸葛亮的要求送去船、人和草人。但诸葛亮那边毫无动静，似乎忘记了造箭之事。直到第三天的半夜，才见诸葛亮派人来请鲁肃，鲁肃见了面问：“你要我来有何用意?”诸葛亮说：“特意请你来和我一起取箭去。”鲁肃更加迷惑不解，心想：3天未见你打出1支箭，现在却突然说要去取箭，能到哪里取呢？只听诸葛亮对他说：“你不要问了，跟我来便是了。”随后诸葛亮下令把20只船用长索连好，然后上船直往长江北岸开去。此时天降大雾，长江之上雾气弥漫，能见度极低。鲁肃不安地说：“我们人单力孤，曹兵一起杀出来怎么办?”诸葛亮回答:“雾这么大,曹操肯定不敢派兵出来。我们只顾饮酒好了。”

再说曹操见为数不多的船乘雾驶来,料定后面必有埋伏,命令士兵不可轻举妄动,只教弓箭手开弓放箭。箭到东吴的船上,皆入草人身中。待到日出雾散时,只见20只船已插满了箭,每船约有5000多支,总数10万有余。诸葛亮下令收船速回,又让船上士兵高声呐喊:“谢曹丞相送箭。”

船到南岸,诸葛亮对鲁肃说:“周瑜叫我造出10万支箭,却不给准备好工匠和用料,其用意很明显是借故杀我。我算定今夜有大雾,故驱草船向曹操借箭。周瑜算计我尚应仔细筹划才是。”鲁肃这才恍然大悟,赞叹诸葛亮的智谋高妙。周瑜得知后,感慨地说:“诸葛亮神机妙算,我实在不如他啊!”

诸葛亮草船借箭所使用的就是浑水摸鱼之计。江面大雾犹如“浑水”,诳来的10万支箭相当于“鱼”。这条“鱼”使诸葛亮保住了性命,安全地离开东吴。

吴魏交兵,刘备渔利

赤壁大战,曹操大败。为了防止孙权北进,曹操派大将曹仁驻守南郡(今湖北公安县)。这时,孙权、刘备都在打南郡的主意。周瑜因赤壁大战,气势如虹,下令进兵、攻取南郡。刘备也把部队调到油江口驻扎,眼睛死死地盯住南郡。周瑜说:“为了攻打南郡,我东吴花多大的代价都行,南郡唾手可得。刘备休想做夺取南郡的美梦!”刘备为了稳住周瑜,首先派人到周瑜营中祝贺。周瑜心想,我一定要见见刘备,看他有何打算。第二天,周瑜亲自到刘备营中回谢。在酒席之中,周瑜单刀直入问刘备驻扎油江口,是不是要取南郡?刘备说:听说都督要攻打南郡,特来相助。如果都督不取,那我就去占领。周瑜大笑,说南郡指日可下,如何不取?刘备说:都督不可轻敌,曹仁勇不可当,能不能攻下南郡,话还不敢说。周瑜一贯骄傲自负,听刘备这么一说,很不高兴,他脱口而出:“我若攻不下南郡,就听任豫州(刘备)去取。”刘备盼的就是这句话,马上说:“都督说得好,子敬(鲁肃)、孔明都在场作证。我先让你去取南郡,如果取不下,玄德就去取。你可千万不能反悔

周瑜南郡战曹仁

啊。”周瑜一笑，哪里会把刘备放在心上。周瑜走后，诸葛亮建议按兵不动，让周瑜先去与曹兵厮杀。

周瑜发兵，首先攻下彝陵（今湖北宜昌）。然后乘胜攻打南郡，却中了曹仁诱敌之计，自己中箭而返。

曹仁见周瑜中了毒箭受伤，非常高兴，每日派人到周瑜营前叫战。周瑜只是坚守营门，不肯出战。一天，曹仁亲自带领大军，前来挑战。周瑜带领数百骑兵冲出营门大战曹军。开战不多时，忽听周瑜大叫一声，口吐鲜血，坠于马下，被众将救回营中。原来这是周瑜定下的哄骗敌人的计谋，一时传出周瑜箭疮大发而死的消息。周瑜营中奏起哀乐，士兵们都戴了孝。曹仁闻讯，大喜过望，决定趁周瑜刚死，东吴没有准备的时机前去劫营，割下周瑜的首级，到曹操那里去请赏。

当天晚上，曹仁亲率大军去劫营，城中只留下陈矫带少数士兵护城。曹仁大军趁着黑夜冲进周瑜大营，只见营中寂静无声，空无一人。曹仁情知中计，急忙退兵，但是已经来不及了。只听一声炮响，周瑜率兵从四面八方杀出。曹仁好不容易从包围中冲出，退返南郡，又遇东吴伏兵阻截，只得往北逃去。

周瑜大胜曹仁，立即率兵直奔南郡。等周瑜率部赶到南郡，只见周郡城头布满旌旗。原来赵云已奉诸葛亮之命，乘周瑜、曹仁激战正酣之时，轻易地攻取了南郡。诸葛亮利用搜得的兵符，又连夜派人冒充曹仁救援，轻易地诈取了荆州、襄阳。周瑜这一回自知上了诸葛亮的大当，气得昏了过去。

傅永移标乱敌阵

南北朝时，南齐皇帝派遣大将鲁康祚、赵公政率领 1 万大军侵犯北魏豫州的太仓口。豫州刺史命令建武将军傅永带领 3 千人马前去阻击齐军。鲁康祚已在淮河南岸安营扎寨，随时准备渡河进攻魏军。傅永也将军队驻扎在距离淮河北岸十里处，严阵以待，随时准备对付胆敢来犯之敌。

面对着敌强我弱的形势，傅永对战事作了周密的分析。他根据吴楚将领惯于偷营劫寨的作战特点，采取了对策。到了夜里，准备伏击夜里劫寨的齐军，一切都布置妥善之后，他又找来了十几名精壮士兵，对他们说：“敌人如果夜里来偷袭我们，一定是在河水较浅的地方渡河，并且事先在南岸备有火把，以便他们返回时点燃，作为渡河的标记。你们几个人趁黑偷渡到河南岸，隐藏在河水最深的岸边。如果今夜敌人渡河来北岸，你们暂且不动，等到北岸的敌人南返渡河时，南岸齐军一定会点燃火把，这时，你们也马上在河水最深的地方点起火把来。”

事情果然不出傅永所料，当天夜里，齐军偷渡淮河，来袭击魏军。等齐军的大队人马靠近魏军的空营时，傅永一声令下，埋伏在营地外两侧的魏军如潮水般地向齐军包围过来。鲁康祚一见自己中了埋伏，慌忙命令部队调头向河南岸的大本营撤退。此时，河南岸亮起了许多火把标记，慌乱之中，齐军也分辨不清他们来时的位置，纷纷从魏军所置火把的地方渡河。由于魏兵火把标记的地方河水最深，齐军士兵被淹死了许多，魏军趁机追击，齐军死亡不计其数，连赵公政也被魏军活捉。鲁康祚连人带马也坠入淮河中被淹死。傅永用移标乱阵之法，大败齐军，获取胜利，防止了外来势力的侵犯。

“麦克林托克·伍德报告”失窃之谜

1969年发生了一起令美国国防部深受震惊的事件：美国的最高国家机密“麦克林托克·伍德报告”竟落入了苏联人之手！

1966—1967年，美国国防部和国务院召集军队、政府和专家组成调查团，对美国驻外军事基地和军事力量进行大规模的调查研究，在此基础上提出并制定了1970—1980年美国新的世界战略方针。该文件以调查团长的名字定名为“麦克林托克·伍德报告”，送交美国总统。美国总统将根据这个报告对美国的军事部署和外交政策进行调整。“麦克林托克·伍德报告”共耗资2000万元。如此重要的国家机密竟被苏联克格勃所窃取，这不能不令美国政府愕然失色。

经调查，这个报告不是在美国本土泄露的，而是在法国失窃的。美国曾将这个报告的副本送交“北约”军队的最高首脑部门。

“北约”军队为了统一他们的谍报活动，成立了欧洲军队最高司令部谍报局。但是，这样一来使欧洲各国的谍报机关互相牵制、互不信任。这种状况早就被苏联克格勃看在眼里。于是，苏联谍报人员巧妙地接触法国谍报人员明目张胆地从法国人手里偷走美国的头号机密文件。

苏联轻易地获取“麦克林托克·伍德报告”，完全得益于欧洲军事机构的内部混乱。乱生于内，必形于外。克格勃瞅准欧洲情报工作的薄弱环节，趁乱而取之，在浑水中摸鱼，令人叹服。

政治权谋

管仲助齐护霸业

春秋时期，五霸之首齐桓公在位期间（公元前685—前643年），起用名相管仲，其文韬武略，非同一般，尤擅长用浑水摸鱼的计谋来维护齐桓公的霸业。

公元前662年，鲁庄公死去不到三个月，庄公的庶兄庆父就杀了继位的公子般，立鲁闵公子启。齐桓公派大夫仲孙湫去鲁，见了闵公和相国季友，还见了公子申，窥探了庆父动静。仲孙回国后对桓公道：庆父不去，鲁难未已。桓公道：“寡人发兵除去庆父，如何？”仲孙道：“时机还不成熟。庆父早晚要篡位，到那时再出去，才是尽霸主之责。”第二年，庆父又遣刺客杀了闵公，季友和公子申奔邾国避难。鲁人素服季友，闻相国出奔，举国若狂，痛恨庆父连弑二君，聚众先杀了刺

管仲，春秋时期政治家。

客全家，将奔庆父，庆父逃到莒国。齐桓公对仲孙湫道：现鲁国已无君，取之如何？仲孙道：且慢！鲁国为礼仪之邦，虽遇弑君之乱，还有公子申明习国事，相国季友为民心所向，有戡乱之才。如果鲁人自己起来平乱定国，齐国就出师无名，不如与之交好。齐桓公就遣上卿高奚，率南阳甲士三千去鲁相机行事。临行时嘱咐高奚：公子申果然贤明，当扶立为君，以修邻好；否则，便可兼并其他人。高奚至鲁，正好碰到季友与公子申回国。高奚见公子申相貌端正，议论条理，心中十分敬重，就与季友商议，拥公子申为君，是为僖公，庆父也在鲁国弃绝下被迫自杀。

齐桓公救燕定鲁后，威名愈振，诸侯心悦诚服。公元前660年，狄人侵犯邢国，又移兵伐卫。卫懿公使人到齐国告急，诸大夫请救之，桓公道：征伐戎国的战争创伤，还没平愈，且等明春，再会诸侯去救吧！

卫惠公子懿公，自公元前668年（鲁庄公二十六年）即位以来，玩乐怠傲，不理国政，尤爱禽中之鹤。那鹤色洁形清，能鸣善舞，懿公爱之如命，凡献鹤者皆重赏，百方罗致；都来进献，苑囿宫迁，处处养鹤。所蓄之鹤，都有品位俸禄，上者食大夫俸，次者食士俸，养鹤之人，也有常俸。朝廷厚敛于民，以充鹤粮，民有饥冻全不忧恤。大夫石祁子、宁速同国政，报狄人入侵时，懿公大惊，即刻征兵授甲，百姓都逃野，不肯从军，懿公使人抓来百姓。问他们为什么逃避。百姓答：君王只用一物，就可御狄，何用我等！懿公问：何物？众人答：鹤！懿公道：鹤何能御狄？众人道：鹤既不能战，是无用之物。君主轻视有用的百姓，厚养无用的鹤，这就是百姓不服的原因。懿公大惭，把豢养的鹤都放了，石、宁二大夫亲往街市，说明卫侯悔过之意，百姓才稍稍复聚。

懿公一面遣人往齐国求救，一面令大夫渠孔为将，自己率兵亲征。行近荥泽，看见敌军有一千多骑，左右分驰，不成阵势。渠孔道：人说狄勇，徒负虚名！就击鼓而进，狄人诈败，把渠孔引入埋伏圈，一时呼哨而起，如天崩地裂，将卫兵截作三段。卫兵本无心交战，见敌势凶猛，都弃车仗而逃，懿公被狄兵重重包围，与渠孔先后被害，全军覆没，狄兵直入卫城，百姓奔走逃难，狄兵将卫国府库、民间存留金、粟，抢劫一空，毁了城郭，满载而归。石祁子先扶公子申登舟，宁速收拾遗民，来至漕邑，查点男女，才七百二十多人，又从共、滕二邑，抽了四千多人，凑五千之类创立庐舍，扶立公子申为君，是为戴公。戴公先已有疾，数日即病故。宁速去齐国，迎公子燬即位。齐桓公道：公子燬从敝邑回去，将守宗庙，若器用不备，就是我的过错了。于是命公子无亏，驱车三百乘，赠以牛羊猪鸡犬、美锦、祭服等许多礼品。公子燬在齐扶助下即位，次年春正月改元，为卫文公。齐公子无亏回国时，还留下甲士三千人，以防狄患。

无亏回国，向齐桓公报告后，管仲道：只留下士兵防狄，不是长久之计，不如帮助卫择地筑城，一劳永逸。桓公称善。正要纠合诸侯助卫筑城时，忽然刑国遣人告急，道：狄兵又来本国，力不能敌，伏望救援。桓公问管仲道：该去救邢吗？管仲道："诸侯之奉齐，就因齐能在危急中救援。此番齐既没救了卫，再不救邢霸业就完了。于是，桓公通知宋鲁曹邾各国，合兵救邢，在聂北集合。宋曹两国的兵先到，管仲又对齐桓公道：先别急于出兵。现在狄攻邢，其势正张；邢反击，其力未竭。击势方张之狄，要费加倍的力量；助力未竭的邢，取得了功较少。不如稍加等待，邢支持不了而溃败，狄胜邢而力疲，驱疲狄而援溃邢，那就力省而功多了。"于是，齐桓公只说鲁邾兵未到，在聂北等待，一面，遣间谍探听狄邢攻守消息。三国驻兵聂北，约近二月。狄兵攻邢，昼夜不息。邢人力竭，突围而出，都投奔齐营求救，邢侯叔颜哭倒地在。桓公把他扶起，安慰道：寡人没有及早相援，以致如此。当即与宋公、曹伯共议，即日拔寨起兵。狄人已把城中财物抢劫一空，听说三国大军即至，无心恋战，放起一把火，望北飞驰而去。各国兵到，狄人已走。桓公传令将火扑灭，问叔颜：故城还能居住吗？叔颜道：逃难的百姓，多半都去夷仪，还是应该顺从民意，迁都夷仪。桓公就与各国一起修筑夷仪城，让叔颜居住进去，又为他建立朝庙，添设庐舍，从齐国运来牛、马、粟、帛，使他们能开始正常生活。邢国君臣对齐桓公感激涕零，欢呼不止。

事毕，宋、曹等国欲辞去，齐桓公道：还有卫国未定呢！我们不能只为邢建城，还应为卫建城才是。诸侯道：听霸君命。桓公下令移兵向卫，军士们都随身携带畚锸等工具。卫文公远远相迎，布衣帛冠，一身丧服，桓公

卫懿公好鹤亡国

见了，不禁凄然，道："寡人借诸国之力，愿为君定都，不知选何地为吉？"文公道："我已选下吉地在楚邱，但建都所需财力，非亡国所能负担。"桓公道："全部财力由寡人负担。"即日会集各国之兵，都去楚邱兴工，又从齐国运来建筑材料，重立朝庙。卫文公深感齐再造之恩。

齐桓公保存三个亡国的事迹，一时传为佳话。人们说，桓公立僖公以存鲁，城夷仪以存邢，城楚邱以存卫，是他的三大功劳。实际上，齐桓公没有在邢、卫最危急时出兵，而是待两国已亡，才去建城，用的是浑水摸鱼之计，尤其是管仲的驱疲狄而援溃邢的方针，比起齐桓公的立僖公以存鲁来，是一种更加突出的浑水摸鱼计谋。

浑水摸鱼，未能渔利

长平之战以后，秦军大胜而归。秦王派使者来到赵国，声称如果赵国割让六座城池，便可以议和。赵国新败，举国震动，闻秦使之言，君臣惶恐。这时，楼缓刚刚从秦国来到赵国。赵王问计于楼缓，楼缓已有主张，却故意推托，声言："此事非人臣可知。"赵王固请，楼缓说："大王听说过公甫文伯的母亲吗？公甫文伯在鲁国做官，病死以后，房中妇人有十六位自杀以殉。但是，其母闻讯以后，却不肯哭泣。有人问其缘故，其母回答说：'孔子当世贤人，从鲁国出奔，我的儿子不能追随左右。如今死去，却有十六位妇人为之自杀，这不是说明他对长者礼薄而对妇人恩厚吗？'这番话，从其母之口而出，是贤母之言；如果从妻室之口而出，不就成了妒妇了吗？话还是那句话，但由谁说出，则意味大不一样。如今，我刚刚从秦国到达赵国，如果劝大王割城池，显然行不通；如果劝大王不割让，又害怕大王以为臣替秦国说话，因此不敢妄言。不过，我私下以为，站在大王的角度考虑，还是割让的好。"赵王闻言，点头称是。

虞卿得到消息以后，立即去见赵王。赵王把楼缓的意思告诉了虞卿。虞卿说："此话甚无道理。"赵王问："从何说起？"虞卿回答道："秦军攻赵，是力尽而归呢？还是尚有余力，可怜大王而罢兵了呢？"赵王说："秦攻赵，不遗余力，一定是力尽而归。"虞卿说："秦攻赵，力不足而罢兵，而大王却使秦国得到了本来得不到的东西，这不是帮助秦国进攻自己吗？明年秦兵再来，大王岂不是没救了吗？"

赵王犹豫不决，又把虞卿的话告诉了楼缓。楼缓说："虞卿岂能完全了解秦国的实力？既然知道秦军攻无不克，又不同意割让这弹丸之地，如果秦军明年来攻，岂不是要割让腹地才能讲和吗？"赵王说："如果我听从您的建议，割让六城，您能保证秦军明年不进攻赵国吗？"楼缓说："这我不敢保证。当年，三晋与秦相善，如今秦国放过韩、魏而专攻赵，看来大王奉事秦国必不如韩、魏尽心。请允许臣为大王排解忧困，开关通商，与秦、韩、魏三国修好，至于来年秦军会不会专攻赵国，臣不敢保证。"

赵王狐疑，又去询问虞卿，虞卿说："楼缓认为不讲和，明年秦军再来进攻，会割让更多的土地。如果讲和，楼缓又不能保证秦军不会卷土重来。这样说来，割地有什么用呢？明年秦军攻赵，又会得到本来得不到的东西，讲和罢兵，这不是自己消灭自己吗？不如干脆不讲和。秦虽善攻，不能取六城；赵虽兵败，亦不失六城。秦兵力尽而归，必然疲惫。如果我们拿出五座城池，献给天下强国，与之联合攻秦，虽有所失，亦有所得，不是强于坐而割地、自弱而益秦？如果照楼缓的意思办，割地事秦，明年秦国又要求割地，大王是给呢还是不给？不给，则盟好立绝；给，则坐而地尽，这还有个完吗？秦怀虎狼之心，贪欲不止，而大王之地有限。以有限之地，奉无已之求，哪里还有赵国的生路？大王一定不要割地。”赵王曰：“好吧。”

秦王灭周迁九鼎

楼缓得到消息，又去见赵王。他对越王说：“虞卿知其一而不知其二。秦、赵交兵，天下大悦，这是因为列国都打算坐山观虎斗，从中渔利。如今秦胜赵败，列国皆贺，难道不是说明列国倒向秦国了吗？大王何不尽快割地讲和，使列国疑惑，使秦国安心。不然，天下将乘秦之怒，因赵之弊而瓜分之。赵亡日可待，如何图秦？望大王决断，不要再犹豫了。”

虞卿闻讯，又来见赵王，对他说：“楼缓为秦渔利，形势太危险了！赵兵大败，又割地求和，天下共疑之，又怎么能使秦国安心？这不是示弱于天下吗？况且臣所谓不割地，并不是说不能把城池送给别国。秦国索要六城，大王可以用五座城池贿赂齐国，与之并力攻秦，夺其土地。是失于齐而偿于秦也。然后，大王可与韩、魏修睦。韩、赵、魏、齐联兵攻秦，何患不胜？”赵王闻言，说：“此话有理！”立即派虞卿东行，与齐王谋共攻秦。

秦王闻讯大惊。虞卿还没有从齐国返回，秦国的使者已经来到赵国，商讨和议。楼缓见势不妙，仓皇出逃。

当赵国新败之际，局势混乱，不一而足。秦乘其弊，要求割地。楼缓助秦之谋，浑水摸鱼，居心叵测，自以为其计必行。但是，赵国局势虽然险恶，虞卿善谋，赵王能断，亦能解危拯困，不坠渔人计中，由此看来，事在人为，其言不虚。

朝鲜开化派铲除政敌

1884年12月4日夜，朝鲜开化派设宴，准备刺杀守旧派大臣，不巧因发生意外情况，守旧派大臣逃之夭夭。

开化派领导人金玉均见笑里藏刀之计不成，又生浑水摸鱼之计。他趁着夜色闯入王宫，向国王报告说：邮局起火，发生事变，形势危急，请国王暂去景佑宫避难。就在国王犹豫不定的时候，正巧附近传来一阵剧烈的爆炸声，火光映红了宫殿。国王果然害怕了，乖乖地随金玉均前往景佑宫。

途中，金玉均建议请日军前来保护，惊恐不定的国王表示同意，并用铅笔写了一道敕书。金玉均把敕书交给心腹，让他到日本使馆搬救兵。这时，守旧派大臣韩圭稷、沈相薰、尹泰骏和宦官柳在贤一同来了。柳在贤告诉国王说，外面并无变故。眼看事情就要暴露了，金玉均急得满头是汗。突然，从仁政殿方向传来两响爆炸声。金玉均抓住这个机会，怒斥柳在贤蒙骗圣上，理应斩首。守旧派大臣争辩不过，只好跟着国王到了景佑宫。

国王一行在景佑宫刚安顿下来，日本公使竹添率200多名日军也赶到了，把景佑宫里里外外围得严严实实。金玉均对守旧派大臣说："现在情况危急，所以请日本兵来护驾。你们三人身为国家的营使，理应出宫率兵前来保护陛下才是。"三位守旧大臣信以为真，匆忙离开景佑宫，到宫门时，被暗中埋伏的开化派杀手刺死。

然后，金玉均假托王命，召守旧派大臣闵泳穆、赵宁夏、闵台镐入景佑宫议事。这三人在路上均被开化派的人杀死。

次日晨，开化派处死了不可一世的宦官柳在贤。至此，守旧派大臣全部被开化派铲除。开化派铲除了政敌，取得了政变的成功。

开化派谎称国家发生变故，骗国王到景佑宫，从而把水搅浑。然后，假托王命把守旧派大臣这些"鱼"一个个地摸到杀掉。开化派这一计谋的成功具有历史意义，它为朝鲜实行资本主义改革措施开辟了道路。

商海弄潮

陈嘉庚乘乱取利

20世纪20年代初，由于种植橡胶本轻利重，英商、日商纷纷拥入南洋。一时间，胶园遍布南洋，产量大幅度增加，市场供过于求，价格开始下跌，一些人开始纷纷出卖胶园、胶厂。

在这种混乱不堪的情况下，陈嘉庚先生并不退缩、他通过仔细的分析，看到了橡胶业的前景。他认为，橡胶用途之广无与伦比。20 世纪将是橡胶的时代，眼前的生产过剩和利润减少只是暂时的，而且，南洋一带的橡胶业是英国政府的重要税收来源，英国殖民者决不会坐忍胶价继续下跌。

于是，陈嘉庚作出一个大胆的决策，就在人们纷纷出卖胶园、胶厂的时候，他决定把愿意出让的胶厂立即承接过来。他来到马来西亚等地，花了 30 多万元买下 9 所胶厂，又花了 10 多万元扩充这些胶厂的设备，自己原有的胶厂也进行了修整和扩充，并且投资 10 万元扩大橡胶熟品制造厂。

不出陈嘉庚所料，1992 年 11 月，英国政府强令限制橡胶生产，胶价开始回升，橡胶业恢复了生机。陈嘉庚的冒险扩充获得了巨大的成功。

陈嘉庚先生在橡胶生产形势混乱，胶厂亏损和部分停产的情况下不惊不慌，而是乘乱取利，收买各地出让的胶厂，并扩充自己的实力，最后终于取得了成功，成了南洋 1000 万华侨公认的领袖。

霍英东草莽变龙

“雄赳赳，气昂昂，跨过鸭绿江……”

1950 年 10 月，几十万中国人民志愿军，在彭德怀总司令的率领下，从丹东、集安相继跨过鸭绿江奔赴朝鲜，一场足足打了四年之久的“抗美援朝”战争打响了。

喜欢冒险的香港船商霍英东认为自己碰上了一个百年不遇的时机，他想：战争意味着破坏，意味着死亡，同时也是动力，也意味着发展和兴旺，自己如果真想干一番事业的话，那么，时机到了。他看得十分清楚，当时，中国的海岸受到封锁，香港成了中国对外的物资中转港，堆在香港的军用物资不知有多少，在这里处理的战余物资亦无法估量。而自己出身于水上人家，又正经营着船运生意。

曾几何时，“金银岛”探险、挖宝的梦想激动着霍英东的心。

他想起来了，1948 年，当年的瘦骨嶙峋的霍英东带领八十多号人踏上了一艘 61 英尺长的摩托艇，直奔柏拉达斯岛，那里有宝，那里有“海人草”，日本和澳门商人出高价收购，这比黄金还珍贵，啊！宝岛、天堂！但是海人草没有使他发财、荒岛也不是天堂，倒是实实在在的地狱。粮食非常缺乏，又没有食用水和医药，而气温整天在 100 度（华氏）以上，他们拖着灰白色的胡须和半裸和身体，像原始人一般在岛上生活了六个月，而所得仅够贴补开支。可他挺过来了。

“从小没钱，一心想发财，走路都在想如何捡到钱。”这是霍英东的心里话。

“抗美援朝”打响以后，出生于驳船家庭的霍英东迅速抓住了这个机会。

他的拖船由一条、两条不断扩大一了十条、二十条、三十条，他的船运生意为他带来了大突破。

霍英东在这几年里，他早起晚睡，呕心沥血，苦心经营着自己的船运事业，不断地发展着自己的船队。

抗美援朝结束后，霍英东彻底脱离了贫穷，晋身为香港的富有阶级。

香港英文《南华早报》发表了 Bertamanron 女士的《霍英东发迹史》一文，她说："霍英东在'韩战'结束后，至少赚了 100 万美金。"究竟赚了多少恐怕只是个约数。但在这四五年间，霍英东发了大财确是无可置疑的事实。1948 年他还做着去柏拉达斯岛"挖金"的美梦，1954 年他就可以用 120 万港元的现金支票买下了他的第一幢大厦，创办了"立信建筑置业有限公司"。可见抗美援朝期间霍英东船运事业的昌盛，这个机会，被善于寻找新途径的霍英东抓住了，"草莽"就成了"龙"！

运世方略

巧骗巡抚

清道光年间，江湖上有位侠义之士外号"插天飞"，专喜欢骗富济贫。

河南省有个杜巡抚，到任后拼命刮地皮，百姓恨之入骨。

这天，杜巡抚接到京城一位朋友来信，说都察院御史参了杜巡抚一本，说他贪赃枉法，皇上大怒，马上要派人来调查，叫杜巡抚要小心，不惜一切代价讨好钦差，否则不堪设想。

杜巡抚接信后，好似五雷击顶，急忙派人去打听。探听的家人杜福发现来了好几十人、十几匹红缨大马，簇拥着一顶轿子，一进开封北门就进了开宝寺，一进寺就关了寺门。杜巡抚多方打听，打听到来人竟是皇上的大阿哥（皇太子），急急报与杜巡抚。

杜巡抚听说是皇太子亲自出马来办他这个案子，吓得面无人色，急忙筹集万两白银，密送钦差手中。第二天一早，传齐省城文武官员齐到开宝寺参见钦差。

寺门一开，只见两名头戴红缨帽的带刀侍卫把守寺门两边；大殿正中椅上坐着一位头戴缀大宝石顶皇冠、身穿黄色龙袍的少年；少年旁边，立着一位头戴珊瑚冠，身穿麒麟补服，帽后插着支雀翎的侍卫大臣；大殿两旁，两排带刀侍卫凛然肃立。

杜巡抚及众文武屈膝行而进。少年嘴里咕噜了几句，侍卫大臣代他传旨。

杜巡抚回到衙中，拆信一看，只见信上却是 16 个大字：

巡抚大人，

刮尽地皮。

敬谢厚礼，

后会有期。

后边署名："插天飞"。

杜巡抚又惊又痛又气，急命捕快去缉拿。捕快缉了一场，没捕到半个人。回报说：“据说插天飞拿到杜巡抚一万两银子，统统发散给黄河边上的灾民了，还说是河南银子河南用。”

杜巡抚气得跌坐椅上半天说不出话来。

“不痴不聋不做家翁”

唐代大将郭子仪的儿子郭暖和唐代宗李豫的女儿升平公主结婚。夫妻间有一次互相顶嘴，郭暖说：“你倚仗着做皇帝的父亲，我的父亲还不想当皇帝呢！”

公主认为这句话犯上抗逆，因此十分生气，马上回娘家向父亲“告状”。唐代宗说：“郭暖说的话是真话，如果他父亲当了皇帝，天下怎么能是我们家的呢！”说完这句话之后又安慰开导女儿，让她返回婆家。

郭子仪闻说此事之后，即把郭暖关押起来，打了一顿再上朝向代宗请罪。代宗却说：“不痴不聋不做家翁。夫妻俩说私房话，做老人的怎么能认真计较呢！”

“浑水摸鱼”计原指搅浑水于模糊中获得于己有利的结果。从处理家庭生活的许多事情上，可应用为不能大事小事都太过认真计较。很难想象夫妻之间将家庭中的每一件事都来争个你长我短或论个你错还是我对，能有什么幸福和谐？

郭子仪

而长辈对晚辈的言谈爱好衣着等亦不应认真计较，跳几场舞，唱唱流行曲，买几件时装即使自己看不惯，也姑且采取宽容的态度。

总之代宗说的“怎能认真计较呢”“不痴不聋，不做家翁”是造成“难得糊涂”的“浑水”的良策。夫妻之间，长辈与晚辈之间有了这种不怕“浑水”的思想，在家庭中讲究容忍谦让相敬如宾，就一定能“摸”到家庭幸福和睦之“鱼”。难怪外国也有一句谚语：“好丈夫应该装聋，好妻子应该作哑”了。

克格勃火中窃密

1977 年 8 月 27 日凌晨，美国驻莫斯科大使馆的外交官们还沉浸在甜美的梦乡。忽然，使馆内存放机要文件的 8 楼和大使居住的 9 楼腾起熊熊火焰和团团浓烟。顿时间，使馆内混乱一片。外交官和工作人员们从床上爬起来，顾不得穿齐衣服就拿起各种工具扑打大火。但是，烈焰势头极猛，非专业的外交官们根本无法把它扑灭。万般无奈，只好打电话请苏联消防队前来救火。火灾很快被扑灭了，大使馆机要室的保险柜也被炸开了，一大批机要文件没有了踪影。到此时，美国驻苏大使才醒悟到，这是一场克格勃非常需要的火灾。而克格勃的专家谢普塔，一位能在强烈的烟雾弥漫中迅速砸开保险柜取出机密文件的专家，则在这次“灭火”行动中施展了自己的本领。

人为地制造事端，造成混乱局面，然后乘此混乱时机，窃取情报或达到其他目的，是情报工作常常使用的方式之一。

第二十一计　金蝉脱壳

原文注译

【原文】

存其形，完其势①。友不疑，敌不动。巽而止，蛊②。

【注释】

①存其形，完其势：保存阵地已有的战斗阵容，完备继续战斗的各种态势。

②巽而止，蛊：语出《易·蛊》。蛊卦为巽下艮上。艮为山、为刚，为阳卦；巽为风、为柔，为阴卦。故“蛊”的卦象是“刚上柔下”，意即高山沉静，风行于山下，事可顺当。又，艮在上，为静；巽为下，为谦逊，故又是“谦虚沉静”、“弘大通泰”是天下大治之象。此计引本卦《彖》辞：“巽而止。蛊。”其意是暗中谨慎地实行主力转移，稳住敌人；乘敌不惊疑之际，脱离险境。“蛊”有顺的意思。

【译文】

保存阵地原形，造成强大的声势。使友军不怀疑，敌人也不敢贸然进犯。这是从蛊卦《彖辞》：“巽而止。蛊。”一语中悟出的道理。

按语注译

【按语】

共友①击敌，坐观其势。倘另有一敌，则须去而存势②。则金蝉脱壳者，非徒③走也，盖为分身之法也。故我大军转动，而旌旗金鼓，俨然④原阵，使敌不敢动，友不生疑。待已摧他敌而返，而友敌始知，或犹且不知。然则金蝉脱壳者，在对敌之际，而抽精锐以袭别阵也。如诸葛亮⑤卒于军，司马懿⑥追焉。姜维令仪⑦反击鸣鼓，若向⑧懿者。懿退，于是仪结营而去⑨。檀道济⑩被围，乃命军士悉甲⑪，身白服乘舆⑫，徐出外围⑬，魏惧有伏，不敢逼，乃归。

【注释】

①共友：与友军联合。

南朝名将檀道济

②存势：保存阵势。

③徒：仅仅、只是。

④俨然：很相像。

⑤诸葛亮（181—234 年）：三国时杰出政治家、军事家。字孔明。徐州琅琊阳都（今山东沂南）人。初为刘备军师；刘备称帝后任丞相，总理军政；刘备死后，辅佐后主，封武乡侯。

⑥司马懿（179—251 年）：三国时军事家、魏国名将。字仲达，河南温县人（属今河南省）。曾为曹操军司马；曹丕称帝后任抚军大将军；

⑦仪：杨仪（？—235 年），字威公，襄阳人（今湖北襄樊）。东汉末年为荆州刺史主簿，后投关羽。刘备进位汉中王，拔擢杨仪为尚书。后主时，随诸葛亮出师北伐，任杨仪为长史、绥军将军。诸葛亮死后，因言行不检，被贬自杀。姜维（202—264 年），三国时天水冀县（今甘肃甘谷东）人。字伯约。原为魏将，后归蜀，得诸葛亮重用，任征西将军。亮死，任大将军，屡次统兵攻魏，无功。263 年蜀亡，姜维降于魏将钟会。后伪与钟会联结叛魏，拟乘机复蜀，事败被杀。

⑧若：如、像是。若向：好像是指向。

⑨结营：安营扎寨；此处意为保持着完整的营塞，亦即保持了军队的完整。

⑩檀道济（？—436 年）：南北朝时期宋国名将。高平金乡（今山东金乡）人。初随刘裕从军，历任扬威将军、宁朔将军、冠军将军、镇南大将军，战功显赫。后因朝廷畏其兵权太重，被宋文帝刘义隆指使彭城王刘义康将他杀了。

⑪乃：于是，就。悉甲：全部披上盔甲。

⑫身：这里是指“身上穿着”。白服：便服。舆：车。

⑬徐：从容地。外围：包围圈之外。

【译文】

同友军联合对敌作战，要仔细察明敌、我、友三方面的态势。如果另外发现敌人，必须保持原来的阵势而分兵去迎击。“金蝉脱壳”并不是一走了事，它是一种分身的法术。因此，当我方大军转移后，依然要旗帜招展，锣鼓声喧，很逼真地保持原来的阵势，这就可以使敌人不敢妄动，友军也不致生疑。等到我已摧毁别处的敌人返回来，友军和敌人才发觉，或者还没有发觉。“金蝉脱壳”就是在对敌作战时，暗中抽走精锐部队去袭击别处的敌人的奇谋。比如，诸葛亮第六次出祁出伐魏时死于军中，魏军大都督司马懿领兵追袭。姜维命令杨仪指挥部队擂鼓佯攻，其矛头好像是指向司马懿的魏军。司马懿见后便引军退走了。于是杨仪得以完军而归去。又如南北朝时，宋将檀道济被北魏军队围困。檀道济命令军士全皆载盔披甲，而自己则身着便装、坐着车子，领军从容地走出敌军包围圈。北魏的军队害怕宋军有埋伏，因而不敢逼近，于是檀道济得以安全归去。

传世典故

金蝉脱壳。金蝉：昆虫名，即黄色的知了。蝉变为成虫时，要脱去幼虫的壳。比喻只留下表面现象，实际已脱身逃走，使对方不能立即发觉。军事上指用计脱身，暗中转移力量，完成奇袭别处敌军的谋略。

“金蝉脱壳”是指表面保持军势不动之状态，以解除对方之警戒心，然后再暗中移动主要军力的策略。例如当敌方军力强大，我方无力对抗时，若勉强顽抗，损伤将会更严重，因此应以先撤退再行攻击为上策。但如毫无计策地撤退，必会受到敌人的追击而有溃灭之虞。因此应先佯装，使对方以为己方无撤退之意，然后在敌方解除戒心之下，暗中组织撤退行动。此即“金蝉脱壳”的策略。

三国时期，诸葛亮六出祁山，北伐中原，但一直未能成功，终于在第六次北伐时，积劳成疾，在五丈原病死于军中。为了不使蜀军在退回汉中的路上遭受损失，诸葛亮在临终前向姜维密授退兵之计。姜维遵照诸葛亮的吩咐，在诸葛亮死后，秘不发丧，对外严密封锁消息。他带着灵柩，秘密率部撤退。司马懿派部队跟踪追击蜀军。姜维命工匠仿诸葛亮模样，雕了一个木人，羽扇纶巾，稳坐车中。并派杨仪率领部分人马大张旗鼓，向魏军发动进攻。魏军远望蜀军，军容整

死诸葛生走仲达

齐，旗鼓大张，又见诸葛亮稳坐车中，指挥若定，不知蜀军又要什么花招，不敢轻举妄动。司马懿一向知道诸葛亮“诡计多端”，又怀疑此次退兵乃是诱敌之计，于是命令部队后撤，观察蜀军动向。姜维趁司马懿退兵的大好时机，马上指挥主力部队，迅速安全转移，撤回汉中。等司马懿得知诸葛亮已死，再进兵追击，为时已晚。

用计锦囊

在彼此力量对比悬殊，我们处于被动不利地位的紧急关头，为了迅速地摆脱敌人，顺利地转移或撤退，防止敌人发现而跟踪阻截，则留下虚假的外形以稳住敌人，自己则暗中安全地脱身而去，离开险境。这是一种走而示之不走的主动退却的策略。

运用此计，关键在于“脱”。面对的敌人不同，“脱”的方法也不相同。“脱”一般指：（1）摆脱；（2）逃脱；（3）甩脱；（4）挣脱；（5）开脱。

运用此计一定要选好时机。一方面，“脱壳”不能过早。只要存在胜利的可能，就应继续下去。直至万不得已时才可“脱壳”而去；另一方面，“脱壳”也不能过迟。在败局已定的情况下，多停留一分钟，就会增加一分的危险，减少一分生还的希望。

金蝉脱壳是一种积极主动的撤退和转移，这种撤退和转移又是在十分危急的情况下进行的，稍有不慎，就会带来灭顶之灾，应该冷静地观察和分析形势，然后坚决果断地采取行动。

谋成于密，而败于泄。金蝉脱壳的整个过程要在敌人不知不觉中进行，绝不能露半点破绽。

本计的含义主要有两种：

1. 脱身。为了摆脱困境，先把“外壳”留给敌人，然后自己脱身而去。留给敌人的“外壳”是一个虚假的外形，对我方的实力影响不大，却能给敌人造成错觉。

2. 分身。在遇到两股敌人时，为避免腹背受敌，可以对原来的敌人虚张声势，使其不敢轻易来犯，而暗中抽掉主力去攻击后来之敌，待后来之敌被消灭后，再返回来进攻原来的敌人。

对付金蝉脱壳之计，应采取如下防范对策：

1. 要关门捉贼。防止就要到手的敌人使用金蝉脱壳之计逃脱的最好方法就是“关门捉贼”，速战速决，即把所有的门都紧紧关住，不要说偷偷溜掉，就是插翅也难以逃脱。这样它只有乖乖就范，而无别的计谋可施。如果网开一面，或者防范不严，都会给苟延残喘的敌人以可乘之机，使其逃之夭夭，日后会卷土重来。

2. 要善于相敌。善于相敌，就是在观察敌人情况的时候，不被敌人留给我们的虚假“形”或“势”所迷惑，并能透过这些表面的现象，发现敌人的真实意图和本质。敌人在策划某些新的阴谋时，或多或少都会有某些反常的表现，或特殊的征象。如《孙子兵法·行军篇》中说：“鸟集者，虚也。”“辞强而进驱者，退也。”

等等，都通过现象来进行判断的。只有及时准确地掌握了敌人的动向，就可有效地加以防范。

3. 不要轻信承诺。对于朋友来说，往往是一诺千金，但是对于敌人来说，承诺和信物往往是最廉价的脱身替代物，尤其是那些十分狡猾的敌人，我们更不要因那些毫无约束力和控制力的诺言或信物而轻易放过即将到手的敌人，即便是暂时的放松，也要紧紧抓住可以随时牵回来的缰绳。

三十六计之金蝉脱壳

4. 不要为人作掩护。如果我们的心眼太好，见到冻僵的蛇也要揣在怀里把它暖过来的话，那就会被蛇所利用，甚至会被蛇所陷害，如果我们不分青红皂白，稀里糊涂地替人作掩护，帮助其逃离险境，很可能会使亲者痛，仇者快，使坏人逍遥法外，受不到应有的制裁。

计谋典范

战场逐鹿

孙坚遗帽脱险境

189 年，东汉并州牧董卓率兵入洛阳，废少帝，立献帝，把持东汉朝政。关东豪强纷纷起兵反抗，共推四世三公的望族袁绍为盟主，吴郡司马孙坚也举兵参加了讨卓联盟。他率兵到鲁阳（今河南鲁山）。与袁绍弟袁术合兵。袁术推荐孙坚为破虏将军，任豫州刺史。

孙坚屯兵鲁阳城，操练兵马，准备进兵征讨董卓。他派遣长史公仇称率兵豫州督促军粮。临行前，孙坚在城东门外设宴欢送公仇称，大家喝得正在高兴的时候，董卓派出的步骑兵几万人赶来迎击，几十名轻骑兵先头来到孙坚营前。孙坚看见敌人来了，照常饮酒谈笑，同时令部下集合队伍，不准随便行动。见敌人骑兵越来越多，孙坚才慢慢站起来，领着大家进到城里，这时，他对在场的官员说：刚才我所以不马上起来，是怕士兵恐慌，一拥而入，那样大家反而进不了城。”董卓的部将见孙坚的军队严整，没敢攻城，就领兵撤走了。

191 年，孙坚率军移驻梁县（今河南临汝西）东。董卓闻报，急忙派中郎将徐荣进攻孙坚。徐荣是个有勇有谋的人，他先率领轻骑兵迅速赶到梁县，集合大队人马随后开进。孙坚侦察到徐荣兵不多，没有认真对付，结果被徐荣打得大败。孙坚带部下数十骑突破重围，急忙连夜逃跑。徐荣命令士兵紧追不舍。情况十分危险。因为孙坚头上戴着一顶红色的毛织帽子，特别显眼，很容易辨认，所以他跑到哪里，敌兵就追到哪里，孙坚的部将祖茂劝孙坚摘下红帽子，换上自己的盔帽，抄小路逃跑了。徐荣的追兵只瞄准戴红帽子的人追赶，祖茂为了引开追兵，戴着红帽子拼命向前跑。看看敌人快要追上，祖茂就跳下马，突然向路旁的乱坟堆奔去，灵机一动，把红帽子戴在一个被火烧断的木桩上，自己悄悄钻到草丛中。追兵赶到后，看见红帽子，就从四面包围，围了几层，但当他们走近看时，红帽子下面却是一个木桩，追兵大失所望，又气又恼，悻悻而去。

当夜，祖茂逃脱，找到孙坚。二人连夜集合败逃的士兵，还有一两万人，带到屯阳（今河南临汝西）驻扎，继续与董卓军作战，大破董卓军，斩杀董卓的猛将华雄。

孙坚和祖茂两次使用“金蝉脱壳”计，一再迷惑敌兵，双双脱险，得以重整旗鼓，转败为胜。可见，同一计谋在不同情况下重复使用，只要顺着敌人思维逻辑，起到迷惑作用，就能成功。

曹操起兵伐董卓

吕布设计逃出虎口

吕布被李觉、郭汜打败之后，打算投奔袁术，但袁术拒绝接纳。吕布只好投奔与董卓有夙怨的袁绍，由于他在袁绍面前自恃骁勇，引起了袁绍的不满，准备找机会除掉吕布这个心腹大患，这一打算被吕布发现，为了躲避杀身之祸，便向袁绍请求离开河北。

在起程那天，派了三十名伪装成护卫的刺客跟随吕布，名为护送，实则寻找机会干掉吕布。吕布也深知自己处境的危险。这天晚上，他们在野外宿营，吕布让袁绍派来的三十名随从住在帐篷附近，让自己的一个亲信在帐篷中鼓瑟，因为瑟声不断，所以大家都认为吕布仍在帐内，吕布就利用这个机会，人不知、鬼不觉地偷偷地脱身逃走。三更过后，瑟声停止，刺客们悄悄地拥进帐内，不问青红皂白朝床上一阵猛砍，发现情况不对，点起灯来才发现吕布早已不知去向。

在这里吕布为了摆脱袁绍派来的刺客的谋害，便以鼓瑟作为巧妙的伪装，转移敌人的视线，借机脱身而去。由于吕布行动迅速而隐蔽，善于伪装，所以使得敌人在闯入帐中的时候，还没有发现吕布已逃走，可见吕布对这一计运用是成功的。

姜维铸大错

三国时，姜维带兵攻打魏国。魏国大将邓艾带兵扎九寨准备迎敌。

姜维看魏兵早有准备，就对副将说："魏国既然早有准备，留一路人马由你带领，可打着我的旗号，在谷口安下大寨，每天派一百名骑兵放哨，每放哨一回，换一回服装和旗号，按赤、青、黄、黑五色旗帜相换。我暗中带大军偷偷从董亭直袭南安。"

邓艾知蜀兵出祁山，早与陈泰安营下寨准备迎敌。但是不见蜀军前来挑战。

邓艾凭高观望，入帐后对陈泰说："据我观察姜维不在此处营中，一定是取董亭袭南安去了。"

陈泰问："何以见得?"

邓艾说："你看每天，敌营中的哨马只是这几匹，往来的哨探只是这几人，只不过更换衣甲罢了，现在他的人马都十分困乏，他们的主将必定无能。"

陈泰说："将军言之有理。"

邓艾接着说："陈将军可带一队人马去攻敌营，肯定会破寨。破寨后，你领兵去董亭之路，先切断姜维后路。我带一队人马去救南安，直取武城山。如果先占了此山，姜维必然去取上邦。上邦有一谷，叫段谷，地狭山隘，正好埋伏。姜维来争武城山时，我先埋伏在段谷，一定能破姜维。"

陈泰听后，十分赞成，说："我在陇西驻守已有二十三年了，都没有这么熟悉地理，明公之言，真是神机妙算，将军你快去救南安，我马上去破寨。"

姜维祁山战邓艾

于是邓艾带兵急行军赶到武城山，安营下寨，蜀军还未到。

邓艾令邓忠与帐前校尉师纂，各领兵五千，先去段谷埋伏，二人受计而去。随后，邓艾传令全军偃旗息鼓，等待蜀军。

姜维带蜀军大队人马来到武城山，姜维传令占领高地。遭邓艾大军重创，姜维连攻不下，蜀军死伤很多。

姜维下令收兵，全军将士转取敌上邦。

姜维大军途经段谷，正中邓忠埋伏，前有伏兵，后有邓艾追兵，祁山大寨早已被陈泰攻破，姜维处于绝境。在危急时刻，荡寇将军张嶷估计姜维受困，率兵杀入重围，救了姜维。

从姜维这一计来看，姜维想使用金蝉蜕壳计，打败魏军。但被邓艾识破，反将姜维大败。可见，尽管计谋再好，如不精心，势力铸成大错。

鸿门宴

项羽的叔父项梁战死后，楚怀王任宋义为大将，项羽为次将。在一次救赵的战役中，由于宋义按兵不动，项羽就采取了没有办法的办法暗算了宋义。原本是傀儡的怀王就只好传命项羽为上将军。

在宋义为大将时，怀王为了激励诸将早日攻下秦的本部，便与诸将约定：

“谁先攻入关中，谁就是关中王。”

这时项羽兵权在握，他凭借大将的权力，率军渡过黄河，与驻守在钜鹿的秦军章邯所率领的军队展开激战，最后大败章邯，并将二十多万秦军诛死殆尽。

这次的会战胜利，使各地的反叛将领都无不佩服项羽而归服在他的旗下。这时的项羽，实质上不再是楚的大将而是诸侯的统帅了。

接着项羽率军北上，直取通往关中的函谷关，当他攻取函谷关时，有密报传入：

“刘邦有意称王于关中，要任秦王子婴为相，要将所有的秦的珠宝据为己有。”

这时项羽的军师范增对项羽说：“刘邦从前在关东的时候，贪财好色。现在入关，对财物却丝毫不取，对妇女也没有接近。由此看来，他的志向不小啊。”

项羽听了非常愤怒，便说：“明日一早，让士兵饱餐，出兵直取刘邦的军队！”

这时，项羽的兵有四十万，停驻在新丰鸿门。而刘邦的兵只有十万，停驻在咸阳东边的灞水附近。

刘邦万没有想到项羽的军队这么快就出现在关中，当他听说项羽准备攻来时，十分惊讶。心想，目前的状况怎么也打不过项羽。于是就请项羽的叔父项伯居中调解，约好亲自去向项羽谢罪。

次日早晨，刘邦带领随从骑士百余人，来见项羽。到了鸿门，刘邦向项羽谢罪道：“我和将军合力攻秦，将军战于河北，我战于河南。但我自己也没有想到能先入关攻破秦国，而与将军在此相见。现在因有小人之言，使将军和我之间有嫌隙。”

轻信的项羽说：“这是你的左司马曹无伤说的。不然我何至如此呢？”

话说回来，刘邦积极占领关中，想称王是实，而此时登门向项羽谢罪是因为硬拼不过便委曲求全。他回到关中后就将曹无伤杀了。

项羽当即留刘邦一同饮酒。项羽和项伯东向而坐，亚父范增坐向南，刘邦向北，张良西坐在使者之位。

不愧为深谋远虑的范增多次使眼色示意项羽杀沛公，又举佩带的玉，做杀状以示意项羽，连做三次，但项羽默然，毫无反应。范增看情形不对，便起身到外面对项庄说：“项羽为人心肠太软，不忍亲自下手。你进帐去，上前向沛公敬酒，敬完歌便请在座前舞剑，然后趁机将沛公斩掉。如果失败的话，你们这些人都将被他杀尽九族。”

鸿门宴

项庄于是入帐，向刘邦敬酒，敬酒毕，便向项羽说：“君主和沛公饮酒，军中没有什么可供娱乐的，请准末将表演剑舞，用以娱乐嘉宾。”

项羽说：“好！”

项庄于是拔剑起舞。项伯看出了项庄的心意，也拔剑起舞。项伯多次用身体掩护沛公使项庄没有机会刺杀沛公。这一个历史故事叫做“项庄舞剑，意在沛公”。表演剑舞

张良像

是假，杀沛公是真。

刘邦的军师张良看到情形不对，忙起身，到军门找到樊哙。

樊哙问道：“今天的事情怎样?”

“事态十分紧急！现在项庄拔剑起舞，恐怕是随时想刺杀沛公！”

“这事非同小可。我进去和沛公同生共死！”樊哙说。

樊哙就带了宝剑、持着盾进入军门。

樊哙入帐后向西而立，张大了眼睛怒视着项羽，头发也竖了起来，眼角也都裂了。项羽大吃一惊，按剑起立大声地问道：“来的是什么人?”

张良说：“是沛公的随身护卫樊哙。”

“是壮士。赐给他酒！”项羽说。

左右便送过来一斗酒。樊哙拜谢，起立后一饮而尽。

项羽说：“赐给他一条猪腿！”

左右又给他一只猪腿。樊哙把盾覆在地上，把猪腿放在上面，拔剑切着猪腿大嚼起来，不一会儿一条猪腿被他吞食而下。

项羽又说：“真是壮士！你能还喝酒吗?”樊哙借此发挥了一番，他说：“我连死都不怕，一碗酒还有什么可推辞的！现在秦王暴虐狠毒，心如虎狼，杀人如麻，用刑严酷法。天下人苦不堪言，都起而反秦。楚怀王与诸将有约：‘先破秦进和咸阳者为王’。如今沛公先破秦，进入咸阳，对咸阳的一切财富，丝毫不敢接近；并封闭宫室，回军灞水附近，专等着大王前来接管。所以要派将士守护函谷关，是为了防范其他盗贼进来，以防发生非常的事故。我们的沛公如此的劳苦而有大功，没有封侯之赏，大王反而听信小人之言，要杀有功之人。这种做法，不过是死亡的暴秦之继续而已！樊哙愚见，大王实在不该如此。”

项羽听了并没有回答什么，只是说：“你坐！”

樊哙便坐在张良旁边。稍过一会儿，刘邦起身说要洗手，顺便把樊哙也带了出去。

刘邦出帐后，对樊哙说：“我现在应该走了，但是我出来的时候没有告辞，这该怎么办呢?”

樊哙听了马上说：“生死关头不必太顾虑琐碎的小节；大礼当前的时候，无须拘执细小的谦让。如今人家是刀和俎，我们是鱼和肉，还讲什么告不告辞呢?”

于是刘邦决定逃走，就叫张良留下来向项羽谢罪。

鸿门距刘邦的军队所在之地灞水附近约四十里。刘邦留下车马随从，独自一人骑马，由樊哙、夏侯婴、靳强、纪信等四人持剑步行，抄小路回营。

刘邦嘱咐张良：“从这条小路到我军驻处，不过二十里而已。你估计在项羽来不及追我而我能先到军中的时候，就进帐向项羽辞谢。”

刘邦走了之后，张良估计时间，算算刘邦已到军中，就进帐向项羽告罪。

张良说：“沛公不胜酒力，所以不能进帐向大王告辞。特命张良奉上白璧一对，拜献大王足下。玉斗一双，拜献范增大将军足下。”

“沛公现在在哪里？”项羽问。

张良说：“听说大王对沛公有督责其过之意，甚为恐惧，因此自己先走了一步，此时想已回军中了！”

项羽便接受了白璧，放在座上。范增接过玉斗，放在地上，拔剑一击，玉斗粉碎。

范增愤愤地道：“唉！这些年轻无见识的人，不足以共谋大事。将来夺项王天下的人，必定是沛公！我们这些人就要成为他的俘虏了！”

柏庵为帐巧退兵

北周建德五年（576 年），周武帝宇文邕大举进攻北齐，以他的弟弟宇文宪为前锋，把守雀鼠山谷。周武帝亲自率兵围困晋州后，宇文宪相继攻克了洪洞和永安二县城，并图谋更大的进取。北齐后主高纬听说晋州被围，也亲自率兵增援解救。当时陈惑王宇文纯屯守在晋州通往太原的交通要道千里径，大将军永昌公宇文椿屯守鸡栖原，大将军宇文盛把守汾水关。他们都受宇文宪的统一调度。宇文宪暗自告诉宇文椿说：“用兵打仗是一种诡诈的行为。你现在为营扎寨，不一定架设幕帐，可砍伐柏树搭成驻军小屋，以向敌军显示处所。这样即使撤离之后，敌军还会被小屋所惑。”齐后主高纬这时正分调一万名官兵向千里径挺进，又命令一部分士卒出击汾水关，自己则亲率大军和宇文椿在鸡栖原对阵。把守汾水关的宇文盛向宇文宪告急求援，宇文宪亲

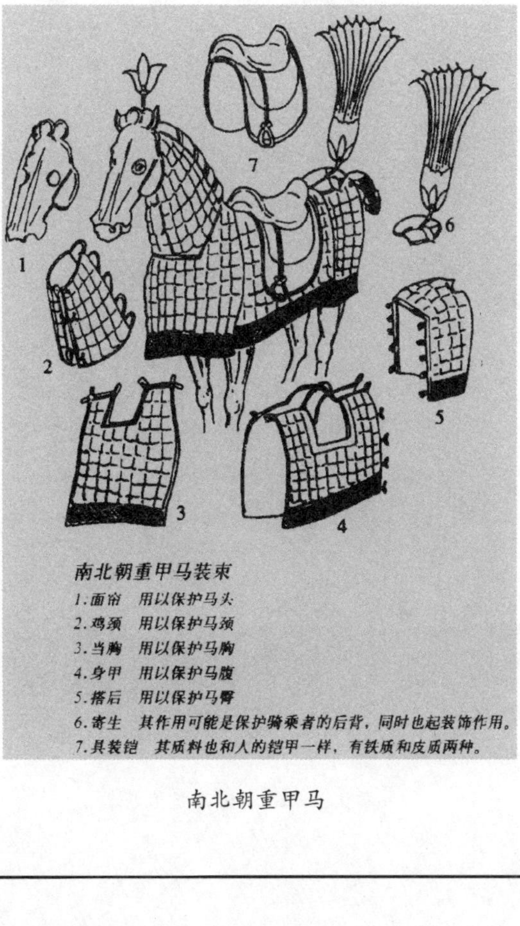

南北朝重甲马

自解救，迅速打败齐军，宇文盛和柱国将军侯莫陈芮乘胜追击，斩杀和缴获了许多齐军与武器。不久宇文椿又向宇文宪报告说，齐主大军正向我方营地逼近。宇文宪又率兵相救，恰在这时，周武帝诏宇文椿返回。宇文椿遂奉命率部连夜撤离了鸡栖原。当齐军到达鸡栖原时，果然把柏树搭成的临时小屋当做北周的驻军营帐，而不怀疑周军已经撤退，也不敢轻意进取，直到第二天才发现中计上了当。

疑阵惑敌是古代军事中常用的一种谋略，宇文宪柏庵为帐法即是其中的一例。此计妙在就地取材，伐木为营，不仅减少了军用幕帐的架设与拆除工作，也为紧急撤退时以假代真奠定了基础。由于它无须拆除，这就保持了营地的形貌，宇文椿又是乘夜回师，取得了金蝉脱壳的效果，安全返回。北齐后主虽亲率大军压境，因被柏庵迷惑而不敢贸然进犯，待到次日天明弄清实情，已悔之晚矣。

韦孝宽计脱追骑

南北朝末年，陈静帝临朝亲政。受皇上赐封为蜀公的尉迟迥是个一心求利、贪图功名的人。其时，朝中另一大将韦孝宽，正奉命南征，尉迟迥生怕他立功回朝，皇上对他会褒奖赏赐，而使自己失宠，就在暗中计划如何剪除这根肉中刺、眼中钉。

韦孝宽，南北朝时西魏名将。

不久。韦孝宽带军由山西入陕西回来，半途休息，军队在朝歌附近扎营。于是，尉迟迥便利用这大好机会，实施他的阴谋诡计。尉迟迥一面派自己的心腹、大都督贺兰贵，带着一封自己亲笔所写的慰问函件，交与韦孝宽；一面利用韦孝宽患有宿疾，须沿途求医的机会，派人在相州布置许多密医，等韦孝宽路过求医时，寻得机会将他害死。尉迟迥仍怕没把握，另外又派一个心腹，即魏守郡将军韦艺，利用韦艺为韦孝宽宗侄的亲缘关系，在迎接韦孝宽入城时，寻机将其擒拿。真可谓机关算尽。

韦孝宽颇有心计，反应迅速，且机谋善断。见识超人一等，为当时有名的大将军。当他收到贺兰贵带来的尉迟迥的亲笔致候信时，对尉迟迥邀他回朝廷叙谈一事，当即心头犯疑，觉得尉迟迥此举有些反常。于是，他便暗中有所提防。他本不想回去，但考虑到必须回朝廷朝见陈静帝，所以，回贺兰贵话时，借口身染重病，必须慢慢行走，到城日期难以确定。

韦孝宽途经相州时，并未找当地医生看病，所以，使尉迟迥的密医加害计划落空。最后，只有走韦艺擒拿这条道了。当韦艺前来迎接时，韦孝宽有意问起有关尉迟迥的事情。对于这突发的奇问，韦艺回答得吞吞吐吐，现出故意为其掩饰之状。韦孝宽一下子明白了韦艺定有什么难言之隐，心中的疑虑更深一层，于是，便恐吓韦艺，说要将其斩杀处死。韦艺看其叔父似已掌握了一些情况，便十分害怕，于是将尉迟迥的种种阴谋全盘说出。

韦孝宽知道了这情形之后，细细思量一番，他知道自己所带的亲骑人数不多，且正处于尉迟迥的势力范围之内，必须采取比较特殊的措施，叫尉迟迥意想不到的计策，方能安全走脱。于是，他带上韦艺和部属向西面绕道逃奔，每次经过一个驿站时，总是对那些驿站的负责官说："蜀公尉迟迥马上就要到了，赶快准备美酒佳肴恭候大驾吧！"

尉迟迥见韦艺多日不归，料到其中有变，既然杀死韦孝宽的决心已定，就决不能让其在自己的手掌里逃走，最后，尉迟迥孤注一掷，派遣仪同大将军梁子康，率领数百位军中好手，快马加鞭地追捕韦孝宽。

梁子康顺韦孝宽逃迹而追，不想，每到一个驿站就被接待入席，这自然耽误了许多时刻，再加上酒醉饭饱，锐气大减，行动迟缓。终于由急追变缓追，距离越拉越大。韦孝宽终于凭自己的智谋，平安地脱离了险境。

政治权谋

两害相权取其轻

两害相权弃重而取其轻，这是尽人皆知的道理。这个道理可以自己用，也可以劝别人用。如果使用得当，便可以收脱危解困之效。

春秋、战国时期，齐国的张丑善于金蝉脱壳之计。一次，张丑作为人质来到燕国。不料，齐、燕交恶，燕王打算杀掉张丑。张丑闻讯，逃了出来，准备回到燕国。逃到边境，被守卫边境的军吏捉住，送往都城。张丑见势不妙，心生一计。他对境吏说："燕王之所以要杀我，是因为有人说我有宝珠。燕王企图得到我的宝珠，所以加害于我。如今，我已经逃了出来，宝珠也丢失了。但是，燕王是绝不会相信的。如果你非要把我解送都城，我就说你把我的宝珠夺去，吞在肚子里。燕王为了取出宝珠，一定会杀了你，剖开你的肚子，割断你的肠子。燕王志在必得，没有人能说服得了他。我是非死不可，不过，你也将被碎尸万段！"境吏听了张丑的话，非常害怕，只好把张丑放掉了。

张丑此番脱身，纯属大话欺人，对付境吏这样的无知之辈，尚说得过去。但要说动君主谋臣，则必须有真正的辩才。

当时，楚威王憎恨齐臣田婴，必欲置之死地而后快。及楚国举兵攻齐，大胜于徐州，楚威王便打算乘机要求齐国驱逐田婴。田婴大惧，问计于张丑。张丑于是去见楚王。他对楚王说："大王得徐州之大胜，是因为田盼不被重用。田盼为国，屡建大功，百姓慕其威名，乐为其用命。但田婴与田盼关系紧张，因此不用田盼而用申缚。申缚这个人，无德无才，大臣与百姓都讨厌他，大王因此才能取胜。如果大王驱逐田婴，田盼必然受到重用。田盼得位，必然重整旗鼓与大王决战，这对大王很不利。"楚威王认为其言有理，于是放弃了驱逐田婴的念头。

张丑说服楚王，保全田婴，用的就是两害相权取其轻这个道理。楚威王对张丑的话，显然不能不加考虑，一旦加以考虑，便坠入张丑计中。

郑泰巧施金蝉之计

董卓控制东汉王朝的京都之后，倒行逆施，关东义兵蜂起，矛头直指董卓。为此，董卓召集朝廷大臣，议论发兵镇压之事。群臣畏惧董卓的凶悍，不敢反对。而郑泰则深感如此一来，无疑会导致董卓势力的强大，发展下去，日后更难控制。于是对董卓之议提出反对意见，认为治理好国家，在德政而不在于军队和武力。此论一出，董卓不悦，反驳郑泰，说："如此说来，难道军队就没有什么作用?"群臣深知董卓蛮狠，此言一出，莫不变色，为之震栗。然而郑泰沉着冷静，处惊不变，因知董卓刚愎自用，便巧施金蝉脱壳之计，从容不迫地解释自己所持的主张。

为了迷误董卓，郑泰指出方才所论不是指军队有没有作用，而是指用不着发兵攻打关东地区。为此，他陈述了这一论点的十大依据：

第一，如今崤山以东地区议论纷纷，准备起兵，州郡相连，人众相动，并非不能。只是从东汉开国皇帝光武帝刘秀以来，中原地区无鸡鸣狗吠之警，百姓忘战已久。孔子早就说过："不教民战，是谓弃之"，尽管这些广大的土地上布满民众，但这些不习战的"弃民"不可能对我们构成威胁。

第二，明公（对董卓的尊称）出自西州，从年轻时即担任将领，军事娴熟，富有临战经验，闻名当代。以此威慑民众，民众无人敢不服从。

第三，从我们的敌手情况来看：袁绍为公卿子弟，生于京师之中、长于妇人之手；张邈素为长者，坐不窥堂，别无他能；孔伷能清谈高论，无军帅之才。这些人虽然号令一方，但临锋履刃，决战制胜，绝非明公对手。

第四，遍观崤山以东之士，勇猛、威力、敏捷、诚信、计策等方面出类拔萃如孟贲、庆忌、张良、陈平者，闻所未闻，见所未见。

第五，即便有第四点所示人才，如无王命，各人恃众怙力，必将人人观望，以待成败，不肯戮力同心，联合进击。

第六，从我方情况来看，关西诸郡，北接上党、太原、凤翔、扶风、安定，又多次与北方民族作战，连妇女都会载戟挟矛，弯弓射箭，更何况悍强男子。以此习武之师进攻东部地区的忘战之民，正如驱赶虎狼以入羊群，其势必胜。

第七，如今天下勇猛之旅，不过并州、凉州、匈奴屠各、湟中义从、八种西羌，这些均为百姓平素所敬畏，而明公以之为爪牙，于此壮士闻风丧胆，更何况小小百姓。

第八，明公所统将帅，皆为亲属心腹，相随日久，忠诚可远任，智谋可特使，与关东乌合之众相比，实有天壤之别。

第九，导致战争失败的情况有以下三种：以乱攻治者亡，以邪攻正者亡，以逆攻顺者亡。如今明公掌握全国的政治大权，为政清明，讨伐凶宦，树立忠义，具有三大德政，以三德对三亡，奉命伐罪，谁人敢御？

董卓弄权

第十，今东州有郑玄，学贯古今，为儒生所敬仰；北海邴原，清正高洁正直明智，为群士之楷模。如果关东起兵之人向两位征求意见，讨教计策，两人必然据史实典籍加以劝阻，认为战国时期燕、赵、齐、梁之势并非不强，但最终被秦吞灭；西汉时吴、楚七国之军并非不众，却不敢越过荥阳西进，何况如今朝廷在明公治理下德政显著，部属精良，若起兵造反，无异于以动乱落得不义下场，他们必定不会同意，促成其事。

如果认为上述十个论点能够成立，那么，无事征兵，惊动天下，致使以兵役为患之民相聚造反，倚恃人多势众而不顾德政，这样一来，势必会减轻朝廷之威、明公之重。所以说治理国家，在于德政，而不在军队和武力。

郑泰之言，气势磅礴，蕴力十足，董卓听后，才转怒为喜，并以郑泰为将军，使统兵迎击关东诸军。

当时有人对董卓说：“郑泰智略过人，并与关东之兵有勾结，如今给予兵马，正促使他与敌党的联合。”董卓多疑，遂收回拨给郑泰的军队，将郑泰留在朝廷，任命他为议郎。

此后，郑泰与王允密谋铲除董卓，设法离开朝廷，经武关东归。

将军袁术表荐郑泰为扬州刺史，郑泰也没有赴任，就在路途中死去，时年四十一岁。

陈云摆脱密探的跟踪

1927 年 4 月 12 日，蒋介石发动反革命政变，大肆逮捕和屠杀共产党人和爱国人士。各地的共产党组织遭到不同程度的破坏。

当时，陈云在青浦地区领导农民运动也遭到严重挫折。为保存革命力量，党组织决定陈云和另外两名地下党员暂时离开那里。他们三人一上路，就发现两个鬼鬼祟祟的家伙跟在后面。当他们来到枫泾镇时，那两个家伙还尾随着。陈云断定他俩是敌人的密探，于是思量着甩掉的办法。

走着走着，陈云发现前面有一个饭店，马上有了主意。三人进饭店后刚刚坐定，两个密探也跟着进来了。陈云佯装不知，与同桌的食客拉起家常，不时发出朗朗的笑声。他们三人一边大吃大嚼，一边称赞菜肴的味道。在一旁的两个密探早已饥肠辘辘，不时地咽着口水。这时，陈云善意地对他们扬了扬手说："兄弟，看你们一定很饿了，一块吃点吧！"两个密探心想：不吃白不吃，于是凑过来狼吞虎咽大吃起来。陈云用眼神暗示那两个地下党员先走，他们会意出去了，好一会儿也没回来。陈云装作不耐烦的样子说："这两位老兄老毛病就是改不了，到哪里看热闹了，菜都快凉了。"说完，他站起身对那两个吃得正香的家伙说："我去找他们，请你们帮我照看一下我的东西。我马上就回来。"

陈云走后，两个密探左等不来，右等也不来，最后终于醒悟过来："不好！我们中计了，他们一定逃走了！"他俩忙打开陈云留下的箱子，除了一捆《申报》和几块石片外，就是一张纸，上面写着："苦海无边，回头是岸，顽固到底，死路一条。"两个密探气得把字条撕得粉碎，懊悔地你看看我，我看看你，像泄了气的皮球瘫坐在凳子上。

陈云急中生智，想出金蝉脱壳的办法巧妙地甩掉敌人密探的跟踪。在不利的条件下，妙计取胜，变被动为主动，显示出高超的智谋和非凡的胆略。

商海弄潮

波音公司冲出"死亡飞行"

现在世界上每一条热门客运航线上，几乎都有波音客机在大展雄风，其制造者——波音公司的股票价格一直持续上涨，盈利不是逐年而是逐季明显增加。旧的订单尚未交货，新的订单又不断涌到。在过去的 20 年里，始终没有一个对手能够取代波音公司在商用喷射客机市场上一枝独秀的地位。不少的企业家都羡慕波音公司的成功，其创始人威廉·波音却不会忘记，他的"波音"是如何陷入，又如何冲出“死亡飞行”的。

波音公司建于20世纪初，以制造金属家具发迹，以后转向专门生产军用品。第一次世界大战期间，波音公司设计并制造了C型水上飞机，由于该机种兼具巡逻艇和教练机的双重功能，颇得美国海军青睐，一下子就订了50架。刚从事军工生产的波音公司，顿时在飞机制造业中扮演了一个有分量的角色。

好景不长，战争结束了，美国海军取消了尚未交货的全部订单，整个美国飞机制造业顿时陷于瘫痪状态。波音也不例外，陷入了“死亡飞行”中。1920年，波音公司亏损了20万美元，部分员工不得不重操旧业，依赖制造金属家具艰难维持。

威廉·波音并没有因此垂头丧气，而是进行深入的思考与分析，以谋求对策。造成“死亡飞行”的原因虽然和客观情势的转变有关，但也是由于自己过分依赖军方的结果。亡羊补牢，为时未晚，他果断地调整经营方向并采取了相应的措施：一方面继续保持和军方的联系，随时了解军用飞机发展的趋势、军方的要求，以便加以满足。如此一来，一旦有机会，其他飞机制造商也难以乘虚而入；另一方面考虑到军方暂时不会有大量的订货，可以抽出主要人力、财力来开发民间商用客机。为了顺利的进行这个策略，还必须吸收、培养人才。他深深知道，商用飞机市场是一个竞争无比激烈的战场，唯有一流的人才，一流的技术，一流的设计，一流的管理，一流的产品，才能生存并取胜。

从此以后，波音公司注意吸收培养人才，并授予他们充分的权力，把主要的力量投入民用飞机的研制，从单一生产军用飞机的旧壳里脱颖而出。战后经济的复苏刺激了民用客机的需求，波音公司推出的40型商用运输机，以及波音707、727客机正好满足了市场的需求，从而冲出了“死亡飞行”。以后又陆续推出了波音737、747、757、767，同时替陆军、海军、海军陆战队设计制造了各式教练机、驱逐机、侦察机、鱼雷机、巡逻轰炸机和远程重型轰炸机等，波音公司日益发展壮大起来。

波音公司如果不“金蝉脱壳”，摆脱单一的军用飞机的经营，就无法冲出“死亡飞行”，只有朝向死亡一途。不难看出，“金蝉脱壳”是适应情势变化的有效策略之一。

威廉·波音有感而发地说：“我们的使命就是要始终不渝地从事研究和实验，并且绝不放过任何一个改善飞行与设备的机会。”这句话告诉我们，要不断地储备力量，随时准备冲破不适应形势的旧框框的束缚——这便是金蝉脱壳的精神所在。

希尔顿的“金蝉脱壳”计

前年夏天，上海的新闻媒介报道，卫生部门在检查卫生时发现希尔顿饭店厨房的卫生管理松懈，出售变质的白脱，引起顾客腹泻。宾馆的美方经理及其他管理人员不承认出错，同检查人员发生冲突。此事在报上披露后，宾馆声誉有所影响。半年后，《纽约时报》突然发表长文为希尔顿辩护，引用有关人士观点，说这是上海地方官员有意设下圈套让宾馆往里钻。

当人们在纷纷议论这里有人施“金蝉脱壳”计的时候，有些美国人士一针见血地指出：这篇很可能是希尔顿集团的公关文章，为的是挽回“白脱事件”造成的坏影响。他们说，此文未必对希尔顿有多大作用，但对中国引进外资工作会有影响。有位在国际贸易界工作的女士认为，这次事件，换了是美国公司（政府），非得同希尔顿及《纽约时报》打一场公关战不可，以挽回不良印象。

而我方有关部门初时却忽视了对方的“金蝉脱壳”计，吃了亏还蒙在鼓里莫知莫觉，对此有人在上海的《社会》杂志中呼吁：在公关小姐背后的经理们似乎要有更多的公关谋略意识。

运世方略

赔眼镜

清光绪年间，满州人鸣泰字声九，在云南昆明县当知县。他是翰林出身，人很聪明，很会断案。

一天，正在衙门内办公，忽然有一位富豪扭送一位樵夫来到县衙。鸣知县一问，富豪气势汹汹地说：

“我正在街上走路，哪想到这个乡下佬挑担柴来把我眼镜打破了。我要他赔，他却不肯赔。所以拉他到老爷这里来评评理，看他赔不赔？”

鸣知县又问樵夫：“你怎么打破了他眼镜，却又不赔？”

樵夫诉说道：“我挑了一担柴在街上卖，街上人多拥挤，不料柴枝误碰了他，眼镜掉下地打破了。”

鸣知县道：“既然碰掉了人家眼镜，就应赔他。”

樵夫苦着脸道：“不是我不赔，我答应将这担柴赔他，他不答应，硬要我赔八块银洋。我一个打柴的，还有一家老小生活，哪赔得起那么多钱？这担柴卖了也才有两百文铜钱。”

鸣知县见樵夫面黄肌瘦，衣衫褴褛，就劝富豪道：

“老先生就马虎一点吧，你瞧他这样穷，到哪里拿八块银元赔你的眼镜呢？”

富豪气势汹汹，蛮横地说：“这我可不管，他不赔我的眼镜我决不放过他！”

鸣知县心中暗想：这事倒很棘手，樵夫这样穷，分明赔不起，但我若硬判不赔，这富豪在昆明很有势力，为这事同他闹翻了也不好。便问樵夫：“你可识字？”

樵夫道：“小时读过几年书，略识几个字。”

鸣知县便进房写了一个字条，又拿出两百文铜钱来交与樵夫：

“这担柴就算我买下了，你再拿我这张条子去隆盛钱庄替我拿 8 块大洋来赔他的眼镜。”

樵夫感激涕零：“我打破了他的眼镜，怎能要老爷代我赔钱？”

鸣知县笑道：“不要紧，我这县衙里也要烧柴，你今后多挑几担柴卖给我不就成了？”

富豪这时虽感到有点尴尬，但却大模大样地坐在那里，他心想：你要代这乡下佬赔就代他赔，我倒不管你。

樵夫接过钱和字条，走到门边，鸣知县大声招呼：

“你把字条看清楚了，不要跑错了地方。”

樵夫连忙打开字条一看，只见上面却写着四个大字：

“火速回家。”

樵夫喜出望外，将两百文铜钱往腰包里一塞，放开大步，出城而去。

富豪在知县办公室等了许久，不见樵夫来。直等到天黑还不见人，鸣知县派衙役到隆盛钱庄去问，回说樵夫没有去，想是逃走了。

鸣知县叹了一口气，对富豪笑道：“这乡下佬倒敢这样狡猾，老先生请回，等我抓到后，一定重重办他。”

富豪无法，只得悻悻而去。

骗子“金蝉脱壳”行骗术

上海滩一个大骗子，乘坐豪华的马车，携带一个珠光宝气，衣着豪华的少妇，后面跟着两个女仆，到一家珠宝店购买珠宝。他自称妹子出嫁，要买几粒钻石，店家看好生意送上门来，就热情招待，拿出钻石让他挑拣，他拿了几粒认真地挑拣一番后对少妇说：“姐姐你先在这里等着我到家让母亲看看。”少妇点头答应。骗子扬长而去，店家长等不回，询问少妇，才知她和女仆都是乞丐，是骗子给了她们钱，又买了衣服。店家仔细观看，果然见过她们，少妇头上珠宝尽是假货。店家自认倒霉。

上海滩一家姓陆的人治疗梅毒很有名，每天到他那里看病的人很多。附近的人都知道陆大夫的大名。一天一个中年人到一家丝绸店说：“陆大夫家要办喜事，我是他的亲戚，他让我挑十匹上等丝绸。店伙计自然知道陆大夫，满口答应，就让他挑了十匹，然后跟他一块去取钱。到了诊所，骗子说：“你先在此等候”，骗子进去对陆大夫说：“我的外侄，染上了梅毒，在外面等候，年轻人害羞，等会你到密室细细给他诊治。”说完就掏了很多钱。医生见他大方，就到外面对店伙计说：“你先等一会儿，我有几个病人，看完就来。”伙计坐下等钱，骗子就把丝绸运走了。当陆大夫看完病人，把店伙计领进密室，要给店伙计看病时，店伙计才知上当受骗。

变误会为信任的良策

在生活中我们往往会遇到被误解的时候，遇到这种情况时亦可运用“金蝉脱壳”计。

日本的山田光政是日本信贩会长，又挂名为航空服务社长，这家公司推荐的土耳其航空公司，有一架客机发生了坠机事件，四十位乘客遇难。坠机事件恰好又发生在山田光政的长子结婚的第二天。遇难的乘客又大部分是派到国外的优秀研究生，他们的亲属是何等的悲伤愤怒，山田光政当时的心情亦可想而知。

按理说失事的责任在土耳其航空公司，可是死难者亲属们的愤怒怨恨却集中在山田光政身上。他默默地承受责骂、讥讽，耐心听取他们提出的即使是无理的要求，以极大同情心和耐心安慰一些胡搅蛮缠的人。

在这最难熬的日子里，他也没有向任何一位死难者家属解释失事的责任不是他自己而是土耳其航空公司。只是默默地为死难者的善后工作而尽自己的全部力量，把死难者的善后工作做得尽善尽美，慢慢死难者亲属们明白了真相，不仅改变了对山田光政的态度，还十分尊重他，并且密切配合他共同处理好善后的工作。

在误解面前山田不和遇难者亲属们辩论飞机失事是谁的责任，因为在他们心情极度悲伤万分愤怒激动至极时，也难以解释清楚，即使再耐心解释也只能增加他们的愤怒。因此他承受着被误解的痛苦，拿出实际行动来，做好善后工作，以表达自己对他们的同情和爱心。就这样慢慢地缓解了敌意。悄悄地摆脱了困境，安然地“脱壳”。

第二十二计　关门捉贼

原文注译

【原文】

小敌困之。剥，不利有攸往[①]。

【注释】

①剥，不利有攸往：语出《易·剥》。剥卦为坤下艮上。上卦为艮、为山，下卦为坤、为地。意即广阔无边的大地在吞没山岳，故卦名曰"剥"。"剥"，落也。剥卦的卦辞说："剥，不利有攸往"意思是说：当万物呈现剥落之象时，如有所往，则不利。此计引此卦辞，是说对小股敌人要即时困围消灭，而不利于去急追或者远袭。

【译文】

对弱小的敌人，要加以包围、歼灭。（如果纵其逃去而又穷追远赶，那是很不利的。）这是从剥卦卦辞"剥，不利有攸往"一语中悟出的道理。

按语注译

【按语】

捉贼而必关门者，非恐其逸[①]也，恐其逸而为他人所得也。且逸者不可复追[②]，恐其诱也。贼者[③]，奇兵[④]也、游兵[⑤]也，所以劳我者也。《吴子》[⑥]曰："今使一死贼，伏于旷野，千人追之，莫不枭视[⑦]狼顾。何者？恐其暴起而害己也。是以一人投命[⑧]，足惧千夫。"追贼者，贼有脱逃之机，势必死斗；若断其去路，则成擒矣！故小敌必困之。不能，则放之可也。

【注释】

①逸：逃亡、跑掉、隐藏。

②逸者不可复追：逃走的敌人不可再追。《李卫公问对·卷上》："法曰：佯北勿追。"又："奔北不追，则敌有谋矣。"这里仅从避免中敌埋伏而言，实际上，古代兵家都是主张跟踪追击的。如《吴子·料敌》："众来则拒之，去则追之，以惫其师，此其势也。"

吴起吮卒病疽。吴起是春秋时期著名军事家，爱卒如子，图为吴起为士兵吸吮伤口的脓血。

③贼者：这里是指诡计多端的盗贼。《通俗常言疏证·盗贼》："贼有贼智。"《通俗编》："盗虽小人，智过君子。"

④奇兵：使用偷袭战术的部队。《百战奇法·奇战》："凡战所谓奇战，攻其无备，出其不意也。"

⑤游兵：机动灵活的游击队。见《草庐经略·游兵》："游兵者，谓其无定在也。必士果锐而骑超捷，将勇悍而善应变。时而东，复时而西；时而出，复时而入。敌怒而迎，我引而退；敌倦而息，我临而扰。击其左，击其右，击其前，复击其后。击其懈弛而无备，仓卒难救。抄其谷食，焚其积聚，劫其辎重，袭其要城，取其别营，绝其便道；或朝或暮，伺敌之隙，乘间取利。飘忽迅速，莫可踪迹；于我为军之声援，于敌为彼之后患。夫使贼腹背均患，进退维谷，则不难于剪除。全胜之策，是一道也。"

⑥《吴子》：古代兵书名。为战国吴起（？—公元前381年）所著。吴起是战国初年杰出的政治家、军事家。卫国人。曾经做过楚国的令尹（相当于宰相）。实行变法，使楚国逐渐富强，后被贵族杀害。他的兵书《吴起》四十八篇已经散失，据传现有的《吴子》是后人伪托的。引文见《吴子·励士》。

⑦枭视：猫头鹰白天看物，视而不见，眼大无神的样子。《吴子直解·励士》："枭，恶鸟也：日午不见物，故数视。"这里解作：视而不见。狼顾：狼行走时，四下张望，以防袭击，比喻有后顾之虑。这里解作：顾虑重重。

⑧投命：豁出命出、不怕死。

【译文】

捉贼所以必须关门，不仅是怕贼逃走，而且还怕贼逃走后反而被别人所得而利用。况且，对逃走的贼不可以再追，以免中了他的诱兵之计。所谓贼，（从军事上说，）是指突然来袭、出没无常、诡计多端的敌人，他们是要疲劳我方，以便实现他们的企图。兵书《吴子》写道："现在让一个亡命之徒，隐藏到广大的原野里，纵然派出一千人去追捕他，人们也会视而不见，顾虑重重。这是为什么呢？是怕遭遇突然袭击而受伤。因此只要有一个人不怕死，他就可使一千个人恐惧。"追赶盗贼这事，如果盗贼发现还有逃脱的机会，他必然拼死格斗；如果截断他的去路，盗贼就非被擒住不可。所以，对付弱小的敌人，必须包围、歼灭；如果办不到，暂时任他逃走也未尝不可。

传世典故

关门捉贼。捉：捉拿，捕捉。贼：盗贼。狡猾的盗贼进屋偷东西，要关上门使其无路可逃，才能人赃俱获。在军事上指对那些行动诡诈，出没无常的小股敌人，采取包围歼灭的计谋。

此计中的“贼”一般指为数不多而机动灵便的小股敌人。若一味猛追，它就会杳无踪影，或者狗急跳墙。如果诱“贼”深入，把它关在“门”里，使它成为网中之鱼，瓮中之鳖，我方就能旗开得胜。

古代兵法十分重视关门捉贼之计。《孙子兵法·谋攻》说：“故用兵之法，十则围之，五则攻之，倍则分之。”大意是：所以用兵的法则，有十倍于敌的兵力就包围敌人；有五倍于敌的兵力就进攻敌人；有一倍于敌的兵力就分散敌人。《尉缭子·制谈》：“一夫仗剑于市，万人无不避之者。臣谓非一人之独勇，万人皆不有也，何则？必死与必生固不侔也。”大意是：一个亡命之徒持剑冲入集市，万人无不躲避他。我认为并不是唯独他勇敢，大家都不如他。为什么呢？因为不想活命和希望活着，本来就是不相同的。孙子所说的“十则围之”与“小敌困之”的意思基本一样。尉缭子所说的众人不敢惹亡命之徒，说明追寇勿迫、围歼则胜的道理。

战国后期，周赧王五十三年（公元前 262 年），秦国攻打赵国。秦军在长平（今山西高平北）受阻。长平守将是赵国名将廉颇，他见秦军势力强大，不能硬拼，便命令部队坚壁固守，不与秦军交战，两军相持两年多，秦军仍拿不下长平。公元前 260 年，秦王采纳了范雎的建议，用离间法让赵王怀疑廉颇。赵王中计，调回廉颇，派只会纸上谈兵的赵括为将，到长平与秦军作战。赵括到长平后，完全改变了廉颇坚守不战的策略，主张与秦军决战。秦将白起起初有意让赵括尝到一点甜头，使他的军队取得几次小胜。于是，赵括果然得意忘形，派人到秦营下战书。这下正中白起的下怀。开战前，他分兵几

廉颇

路，抄赵括的后路，隐秘地形成对赵军的包围。第二天，赵括亲率四十万大军，来与秦兵决战。赵括因秦军几次交战都打输了，志得意满，哪里知道敌人用的是诱敌之计？他率领大军追赶假败的秦军，一直追到秦壁。秦军坚守不出，赵括一连数日也攻克不了，只得退兵。这时突然得到消息：自己的后营已被秦军攻占，粮道也被秦军截断。秦军派精骑五千突入赵营，将赵军分割为两块，分别全部包围起来。一连四十六天，赵军绝粮，士兵杀人相食，赵括只得拼命突围，白起已严密部署，多次击退企图突围的赵军。最后，赵括中箭身亡，赵军大乱，可叹四十万大军都被秦军杀戮。这个赵括，只会“纸上谈兵”。在真正的战场上，一下子就中了敌军“关门捉贼”计，损失四十万大军，使赵国从此一蹶不振。

用计锦囊

关门捉贼是实现歼灭战的重要手段，其目的是全部或大部杀伤敌人，彻底剥夺敌人的战斗力。在实施过程中，事先布下一个口袋阵，等敌人进入口袋后，堵其退路，扎紧口袋嘴，是常用的一种方法。紧紧包围住敌人的驻地，不准其逃跑，聚而歼之，也是一种方法。但不管哪一种，都要注意两个方面的问题。一、“关门”的地点既有利于全歼敌人、又有利于我集中优势兵力。二、“关门”之后，部署兵力准备打援。

三十六计之关门捉贼

此计先“关”后“捉”。“关”法百种，“捉”法千样。“关”有早关和晚关、急关和缓关、明关和暗关。“捉”分惊捉、疲捉、诱捉、困捉、斗捉。确定哪种“关”法和“捉”法，要根据敌人的情况和具体环境而定。

施行此计要注意以下三点：

1. 关弱不关强。关门所捉之“贼”一般是弱敌。如果强贼围在“屋”里，一定会把家里闹得天翻地覆、墙倒门破不可。

2. 关牢大门。“贼”在被关在“屋”里之后一定会拼死抵抗，而大门肯定是它重点突破的目标。如果关门不牢，“贼”会撞开逃走，岂不前功尽弃？

3. 抓准时机。无论是“关

门”还是“捉贼”都有个时机问题。正如《兵法圆机》中说：“盖早发敌逸，犹迟发失时。”要把“关门”和“捉贼”的时机把握准，这是取胜的关键因素之一。

对付关门捉贼之计，可采用如下防范对策：

1. 先探虚实。在同敌人作战之前，要详细准确地探明敌人的虚实，然后才能进入战地，这样才不致因情况不明而误入敌人的包围圈。《孙子兵法》中说：“故知战之地，知战之日，则可千里而会战。不知战之地，不知战之日，则左不能救右，右不能救左，前不能救后，后不能救前，而况远者数十里，近者数里乎？”这里特别强调了知战之地，知战之日的重要性，探清虚实可用“打草惊蛇”之法，也可使用间谍侦察法。

2. 留有退路，“狡兔”尚且有“三窟”，以便于逃避灾祸，何况我们对敌作战之时呢？那就更要多准备几条退路，一旦情况紧急，便可以找到退逃之路，有备才能无患，无备则处处被动。破釜沉舟，背水一战，用来激励士气，鼓舞斗志则可，轻敌大意，侥幸取胜则要不得。在拟定作战方案时，一定要准备上、中、下三策，往最坏处打算，往最好处努力。

3. 及早回头。如果万一误入敌人的埋伏之内，就一定要及早退出，千万不能陷入过深，而不能自拔。及早回头的决心来自于对敌情的准确判断，而对敌情的准确判断又来自于对敌人的敏锐观察，只有对敌人的一举一动，都了解清楚，才能尽早发现敌人的意图。只要在敌人“关门”之前退得出来，一般来说都不算太晚。

4. 金蝉脱壳。如果一旦被敌人关在门内，虽然情况十分危急，但是绝对不能惊慌失措，这时要冷静下来，对敌人设下的包围圈进行观察，发现有可乘之机，就要果断地采取金蝉脱壳之计，留下一虚假的外形或不重要的部分，借以迷惑敌人，我们则可以暗地里溜之大吉。切记在处于被动不利的形势下，绝不能固执恋战。

计谋典范

战场逐鹿

减灶增兵，设伏马陵

战国时期，孙膑与庞涓作为同门师兄弟，共同学兵法于当时最著名的军事家鬼谷子，庞涓先一步下山投魏做了军师，统领全国军队。不久，他的军事才能得到施展，打了几次胜仗，也深得魏王信任和宠幸。利欲熏心的庞涓念念不忘他的师兄孙膑，在心里早与孙膑势不两立（他自知学识、才干比不上孙膑，孙膑出山即意味着他的毁灭：孙膑投魏与他共事魏王，他官位难保；孙膑另投别国，势必与魏做对，他又难与匹敌），因而邀孙膑到魏国，设计加害，骗孙膑传授兵法于前，施刖刑致其残废于后，甚至于逼其当众装疯吃屎，丧失做人的尊严。孙膑当然再也忍不下这口恶气，逃回齐国之后，先施围魏救赵之计，使庞涓兵败垂成，开了他一个不大不小的玩笑；而后又极力怂恿齐王与魏国开战，与庞涓对阵以后，假装初战不利，退兵败逃，引诱庞涓领兵来追。退兵途中又用增兵减灶之计，麻痹庞涓，使其骄纵轻敌，以为齐军不堪一击，甚至多有怕死开小差的。就这样孙膑且战且走，一直把庞涓引到了一个叫马陵道的狭长山谷。庞涓到此时尚不知中计，甚至认为孙膑用以堵截他去路的树木是为了减缓自己追击的速度，到齐国军队展开进攻，逃生无路，才不得已做英烈状拔剑自杀。在此我们抛却庞涓道德修养如何不说，单说他误中孙膑“关门捉贼”之计，马陵道丧生，就说明他在用计、破计方面，着实较其师兄孙膑差了一截，他没有给孙膑以应有的重视，以孙膑的治军才能怎么会在他面前节节败退？又怎么会日日有手下军士逃走开小差？偏偏庞涓是个好大喜功、急功近利之人，当时考虑更多的恐怕是怎么追拿到孙膑，如何在魏王面前请功受赏，一路穷追猛赶，撞进孙膑的埋伏圈，兵败身亡。

垓下之围败项羽

西楚霸王项羽起于民间，膂力过人，有拔山举鼎之能。他仅用三年时间就率领齐、赵、韩、魏、燕等诸侯国的军队灭亡了秦朝，分割天下而封授王侯。但是此人不是做帝王的材料，对政权建设一窍不通，背弃关中而怀恋故土，放逐义帝而自立为王，封侯裂土而不加控制，终于给汉王刘邦几年休养生息、养精蓄锐的时机，刘邦忍气吞声。羽翼丰满之后，起后发难。意欲夺回从道理上本该属于他的王位（亡秦之前，楚怀王曾与将士们约定：谁先攻入平定关中就尊谁为王。刘邦虽先攻陷咸阳，但当时兵微将寡、势孤立单，不敢向随后领重兵赶到的项羽提出这份要求，只得由项羽分封，到当时尚不发达的巴蜀地区做了个汉王）。缺乏指挥才能，只知道迷信匹夫之勇的项羽领兵与那位曾受人胯下之辱，投他不用的韩信指挥的汉军交战，屡战屡败，最后带领残兵败将退至垓下，陷入汉军和其他诸侯军队的重重包围。仗打到此时，刘邦、韩信的目的已十分明确：彻底歼灭项羽的有生军事力量，除掉项羽，绝不放虎归山，再遗后患。项羽身陷重围，数次突围不出，只得坚

项羽乌江自刎

筑营垒固守。汉军采用围困战术，围而不打，使勇猛善战的项羽一筹莫展。汉军又用攻心战，每天晚上命军士在楚营四周唱起楚地民歌，“告诉”楚军他们的家乡已为汉军所占，瓦解其军心和斗志。楚军粮尽兵乏，军无斗志，已无反败为胜之可能。项羽见此情形，连夜起身，在帐中饮酒，慷慨悲歌，泪下数行，再无“力拔山兮气盖世”的豪情。侍从人员见状也都纷纷哭泣，全不忍心抬头观看（他最心爱的虞美人可能也就是此时为夫君献歌献舞，为其奉上最后一顿精神晚餐后自刎身亡）。项羽于是骑上他的乌骓骏马，率部下八百壮士随行，当夜突围往南奔逃。汉军乘势全歼楚军，并派骑将灌婴率五千名骑兵紧紧追赶项羽，追至乌江边，项羽无颜再回江东家乡，拔剑自杀。

曹操下邳困吕布

曹操在陈登父子的密切配合下，顺利地攻取了徐州，把吕布打得一败涂地，逃往下邳。曹操在徐州大犒军将后，欲马上进兵，一举攻克下邳。谋士程昱说：“我们不是要下邳一城，而是要除掉吕布。现在吕布仅有下邳一处可以安身，如果逼得太急，他则会拼死突围，一旦使他逃出下邳去投袁术，那就更不好擒了。我们宜先切断他与外界的一切联系，关起门来，把他困在下邳，然后再伺机擒他”。曹操听罢，高兴地说：“如此甚好！”马上吩咐刘备说，“你率部严守下邳通往淮南的路径，切断吕布与袁术的任何联系，防止吕布去投袁术。”另外又布置众将斩断吕布与山东诸郡的交通来往，防止外兵来救吕布，并防备吕布潜逃他乡。

下邳的吕布，经徐州一败后，锐气顿减。谋士陈宫先后向吕布献“以逸击劳”、“掎角之势”、“以攻为守”等计谋，吕布惧曹操势大，都不肯为之，终日在府中与妻妾饮酒解闷。

一天，谋士田楷、许记对吕布说：“将军整天在家吃酒，不是坐以待毙吗？为何不去淮南求袁术帮我们解围？”吕布叹曰：“去也无益。”田楷说：“袁术与你结怨，是由婚约造成的，若我们答应继续履行婚约，他如肯出兵相救，我们与他内外夹击曹操，下邳之围定可解矣。”吕布依其言，遂遣二人为使，派张辽、郝萌二人护送，去淮南见袁术。

由于刘备在通往淮南的路径上疏于防备，竟使许记、田楷等顺利地冲了过去。在回来的途中，二位使者在郝萌的掩护下，又冲过了阻截，回到下邳。张飞只俘获敌将郝萌。

当刘备押解郝萌向曹操请功时，曹操问明来龙去脉，怒斩郝萌之后，厉言对众将说：“各路关口一定要倍加防守，如果再有吕布及其将士走透出去，定要依法从事，斩首示众。”

刘备见曹操如此动怒，深知情势严重，暗中嘱咐关羽、张飞，一定要仔细守寨，不可怠慢。

吕布听二位使臣回报说，袁术答应来救应，但必须先把吕布女儿送来方信不食言。吕布无奈，只好照袁术要求去办。马上令高顺、张辽护送。吕布把女儿缠裹在

吕布败走下邳城

身上，欲亲自杀出重围送女儿给袁术。

由于曹操切嘱众将严格把守关口，当吕布来到刘备寨前，受到了关羽、张飞的拦截。及至张辽、高顺欲掩护吕布冲出去时，曹操又派大将徐晃、许褚来助战，杀败了张辽、高顺。吕布也因有女缚在身上，力不能支，被关羽、张飞打败，只好又退回下邳城。

吕布求援不成，只好每天坐在府中饮酒。由于下邳城内粮多而兵少，虽久困仍不见有可攻的战机。曹操见此情形，恐迁延日久，张绣率兵去攻打许都，便欲撤兵回师，便对谋士说："下邳城内兵少粮多，与我相持一年也不成问题，我们宜暂回许都为好。"郭嘉阻止说："既然我们困城已久，擒吕布近在眉睫，为什么要前功尽弃呢？我有一计可加速吕布受困而亡。"曹操忙问其计。这时荀攸在侧说："是否决沂、泗之水淹城之计？"郭嘉说："正是。"曹操听罢，马上令众军移居高阜地带，决开沂、泗之水，坐视水淹下邳。

河水淹入下邳城后，城内一片恐慌，军民有米难炊，陷入一片混乱之中。此刻，吕布也成了热锅上的蚂蚁，恼怒无常，无故责罚将士，军中怨声载道。

在城外坐待其变的曹操，不一日，便见城内军将侯成盗了吕布的赤兔马来降。接着，在曹操攻心战术的作用下，吕布的部将宋宪又盗了他的画戟，并会同魏续，把吕布捆缚住，打开城门，把吕布献给了曹操。

围城打援，破窦降王

620 年，唐高祖李渊派李世民率兵进攻东都洛阳（今河南洛阳）。在扫清洛阳外围敌人后，集中兵力猛攻洛阳城，因王世充守备严密久攻不克。

就在这个时候，窦建德在周桥打败孟海公，随即率大军十余万前来洛阳支援王世充。李世民召集将佐商议对策，萧瑀、屈突通、封德彝等老将都主张撤军，以避免腹背受敌。李世民不同意撤军，他说："王世充的部队已遭到我军重创，他城里的粮草眼看就要断绝，军心不稳，上下猜忌，洛阳城不用我们攻打，很快就会自破。而窦建德刚打败孟海公，正在得意忘形，趾高气扬，部队不整，松散懈怠。我们要迅速占据虎牢（今河南荥阳西北汜水镇），扼住窦建德前进的咽喉要道。如果他冒险向我军进攻，我就打败他；如果他迟疑，不向我军进攻，那么王世充等不了十天半月，就会不攻自破。洛阳一破，我军气势倍增，一箭双雕，全在此行。反之，如果窦建德抢占了虎牢，然后他们合力来攻。那我们就很危险。"李世民决定留下屈突通帮助齐王李元吉继续围困洛阳，严防王世充出城突围。李世民亲自率领步骑兵三千五百人，驰奔虎牢，凭险据守。

窦建德率军从荥阳（今河南荥阳东北）西进，见虎牢为唐军占据。只得在板渚（今河南荥阳牛口峪附近）安营扎寨。两军相持二十多天以后，李世民突然接到一个情报，说窦建德要等唐军喂马的草料用完，不能不到城外河边喂马的时候，发兵突袭虎牢。李世民立即决定将计就计一面派人到河北岸牧马，引诱窦军出击；一面部署军队做好迎敌准备。果然窦建德指挥十万大军全部出动，列阵于虎牢之前、汜水之畔，大张旗鼓，声势逼人。这时唐军只有三千多人，面对敌军压顶之势，军中出现了畏惧情绪。李世民为了弄清敌军的虚实，登上高丘，观察了窦军的布阵情况，然后对将士们说："窦建德起事以后，没有经过大的战役，没有见过大的阵势。现在这乱哄哄的样子，看来气势汹汹，实际行动不一，纪律不严，又傲慢自负。我们要坚守不战，待他们疲劳怠惰，士气下降，时间一长，他们饥饿了，必然撤退。那时，我们乘势追击，定能取胜。我和大家约定，午后一定打垮敌人！"从而安定了军心，也鼓舞了士气。窦建德派出三百骑兵向唐军挑战，李世民派出二百人应战，忽进忽退，不分胜败，打了一阵，各自退回。

窦建德

到中午的时候，窦建德军列阵已达六小时之久，将士们站立得又疲劳又饥饿，实在坚持不了，都坐在地上，又争相饮水，来回走动，盼望收兵。李世民派兵到窦建德阵前试探，见窦军战阵已乱，认为出击时机已到，立即命令各路兵马出战。李世民率轻骑兵在前面冲杀。大部队紧跟在后，东渡汜水，直闯窦军战阵。窦建德毫无准备，仓促应战，没等他部署好，唐军已杀到面前。李世民带领史大奈、程知节、秦叔宝、宇文歆统到敌军阵后大张旗帜，一阵冲杀。窦军将士见到唐军旗帜，不战而溃。唐军追击三十里，俘虏五万人，斩着三千多，活捉窦建德。其余窦军大部溃散，只有一百多人逃回。

李世民消灭窦建德军以后，将窦建德等用囚车送到洛阳城下给王世充看。王世充见了痛哭流涕，自知走投无路了，就亲率部众出城向李世民投降。

李世民围歼王世充战役胜利的实践给人们一个启示："关门捉贼"，有时会发生门外干扰。在这种情况下，不要轻易开门，把贼放跑。当排除干扰后，敌人见挣扎无望，就会俯首就擒。

拦江截击败兀术

宋朝皇帝徽宗和钦宗被金兀术俘获，解往金国，宋高宗南渡；建都临安。金兀术乘机挥军过江，要一举而把宋朝灭掉。他发动几十万雄师，兵分两路，一路进攻江东地区（徐州一带），兀术则率军向江西地区进发。

兀术军渡过长江，势如破竹，陷临安，破明州，却捉不到高宗，高宗此时已逃往临海之温州了。兀术以战线拉得太长，恐怕深入重地，被宋军拦腰截击，便迂道回军北返，十万大军逼近常州镇江一带，准备渡江。

南宋名将韩世忠与其夫人梁红玉。在韩世忠与金兵的战斗中，梁红玉亲自击鼓助战，鼓舞了宋军士气，最终大获全胜。

当时镇守东线的是宋将韩世忠，他早就料到金兀术会走这条路的，已布置好攻守计划，准备来一次拦江截击。虽然他手下只有八千精兵，但部署周密，沿江封锁，插翅难渡。

金兀术先发动攻势，同时向金山和焦山突袭，结果两路都损兵折将。此时军中粮草将尽，江北的军队又无法南渡接应，只好来一次正面战斗，强渡长江。

战斗于凌晨开始，韩世忠夫人梁红玉负责江面指挥，她高高站在楼船顶上，亲自擂鼓，敌向东则向东指，敌西则向西指，三面夹攻，杀得金兀术上天无路，入地无门，渡江番兵，溺死的、杀伤的不计其数。只可退回南岸，逐渐向西移动，想绕过镇江，在西面再强渡。可是韩世忠却沿岸追击，监视金兀术的行动，一直把金兵逼进黄天荡。

政治权谋

借题发挥诛韩信

功高震主，此乃大臣取祸之一因。历朝历代，开国功臣很少有善终者，关键即在君主专制，以天下为私。为身家之计，卧榻之侧，岂容他人鼾睡！当是之时，天下已定，尊卑已序，江山之内，天网恢恢，功臣宿将，自保不暇，倘生异心，更是自取灭亡。

刘邦灭秦立汉，韩信诸人功莫大焉。及天下稳定，有功不赏，封爵屡削，心中自然不平。公元前 197 年，陈豨起兵反叛。韩信与彭越称病，不肯随刘邦平叛，而暗中与陈豨联络，欲观形势之变，举兵响应。时刘邦亲自率兵出战，韩信与家臣密议，企图袭杀吕后及太子，部署已定，不料被人告发。吕后与萧何设计，伪称有人从刘邦军中至京，言陈豨已平，令列侯、群臣入贺。萧何骗韩信说："虽然有病，亦当强起入宫尽礼。"及韩信入，吕后派武士将韩信捉住，斩于长乐宫悬钟之室，彭越因不从刘邦出征，被废为庶人，贬于蜀中，途中遇见吕后从长安而来，于是自见吕后，辨其无罪。吕后与彭越共至少阳，对刘邦说："彭越壮士，今贬往蜀地，岂非自遗其患？不如遂诛之。"于是吕后派人诬告彭越再次谋反，遂夷灭三族。其余功臣，尤其是异姓诸王，大抵或平或诛，保全者极少。

韩信临死，曾有"悔不用蒯彻之计，乃为儿女子所诈，岂非天哉"之言，于是刘邦逮捕蒯彻，欲治其罪。蒯彻说："秦失其鹿，天下共逐之，高才疾足者先得焉。跖之狗吠尧，尧非不仁，乃是因为尧不是它的主子。当是时，臣独知韩信，岂

吕后杀韩信

知陛下。况且天下精明强干之人莫不欲为陛下所为，其人甚众，陛下能够全把他们杀了吗?”刘邦无言以对，遂赦其罪。彭越旧臣栾布出使归来，奏事于彭越尸首之前，痛哭流涕。刘邦将其抓来，欲治其罪。栾布说：“当陛下困于项羽之时，项羽不能置陛下于死地，就是因为彭越与陛下合力抗击项羽。当是时，彭越合楚则汉亡，合汉则楚灭。况垓下之战，如果没有彭越，项羽怎么会兵败。天下已定，彭越剖符受封，岂不欲传之万世。如今陛下以小过诛之，臣恐功臣人人自危也!”刘邦闻言，亦无话可说。遂赦其罪，拜为都尉。

蒯彻、栾布之言，说出了一个重要的道理。刘邦之所以得天下，韩信诸人功不可灭。当其为齐王之时，举足轻重于楚、汉相争之间，不于其时谋反，及天下已定，以单弱之势而谋反，岂合常理？但是，对刘邦来说，楚、汉相距于荥阳，韩信于危难之际，擅自称王于齐。其后，刘邦追击项羽，与韩信相约夹击楚军，而韩信竟然违约不至。那时，刘邦已有诛灭韩信之心，只是力所不及而已。其余异姓诸王，大抵因此而为刘邦所忌，亦大抵因其力有不及而得以保全至汉初。及天下平定，刘邦正欲一一诛除，兔死狗烹，无罪尚且不免，何况有把柄于手中？天下未定，诛之不仅力不能及，还会造成内乱，使项羽有可乘之机；天下已定，韩信诸人失去凭借，刘邦除其异己，犹如探囊取物，易如反掌。利之所在，情义无存，帝王之侧，皆为敌手。帝王关门捉贼之术，固非凡夫所可逆料。

有骄狂心，无防身计

东汉外戚擅权，例子不仅只有窦氏。桓帝时期，外戚梁冀秉政，权与君侔，朝野侧目。梁冀一门，前后有七人封侯，三人立为皇后，六人册为贵人，二人拜大将军，夫人女儿称君食邑者七人，驸马三人，其余为九卿、中郎将、河南尹、京兆尹、校尉者五十七人。梁冀独揽大权，把宫禁侍卫都换上了自己的亲信，宫内一切动静，梁冀了如指掌。四方贡献，珍奇之物，其上品先入梁府。官吏赏罚黜陟，由其一言，门庭若市，贿赂公行。许多人因为触怒梁冀，被其杀害。汝南人袁著，十九岁时入京，向梁冀建议及时退身，以求自全，袁著本自善意，却不料梁冀不仅听不进去，反而派人捉拿袁著。袁著无奈，假装病死，扎了一个草人，放在棺木中埋葬，然后改名换姓，四处逃亡。但梁冀鹰犬遍及国中。不久，袁著被人捉住，梁冀下令，乱棍打死。

梁冀秉政日久，威行内处，天子形同虚设，大政方针，日常公务，一概不得插手。梁冀自以为宫禁内外，皆由亲信控制，风吹草动，无所不知。既然一切握于掌中，便可高枕无忧。于是恣行暴虐，日益骄狂。殊不知指掌之内。未必一切了然，其中巨细，时有变化。处于宫禁朝廷之间，如入危境，稍有不慎，马上招来祸端。何况梁冀权高逼主，势必遭忌，竟然傲视一切，自以为得计，岂有不败之理?

梁冀所为，早已引起桓帝的怨恨。后来，梁冀认邓贵人为女儿，刺杀其姐夫，又欲杀其生母。桓帝闻讯大怒，决计诛杀梁冀。他借上厕所之机，向宦官唐衡询问有没有什么可靠的人，可为诛杀梁冀之助。唐衡推荐中常侍单超、小黄门史左倌、中常侍徐璜、黄门令具瑗四人。于是桓帝便召单超等人入内室，对他们说："梁将军兄弟专擅朝政，迫胁内外，公卿以下，莫不承其颜色行事。今朕欲诛之，你们看怎么样？"宦官对外戚擅权，自然心中不满，但梁冀势力太盛，单超等人不了解桓帝的底细，不敢贸然表态，便问："梁冀诚为国之奸贼，早该加以诛戮。但臣等懦弱庸愚，不知陛下究竟意下如何？"桓帝说："这还不明白吗？请你暗中设法诛之。"单超又说："诛之不难，只恐陛下腹中狐疑。"桓帝说："奸臣危国，罪固当诛，有什么可狐疑的！"桓帝与单超等人定计，噬单超之臂出血，以为盟誓。定盟决计之后，单超对桓帝说："陛下既已决计，勿与人言，恐事机泄漏，为人所疑。"桓帝允诺。

单超等人与桓帝往来密切，逐渐也引起了梁冀的注意。159 年 8 月，梁冀派中黄门张恽入禁中值宿，以防不测。桓帝闻讯，立即行动。黄门令具瑗派人捉住张恽，责以"擅入禁中，欲图不轨"之罪。桓帝驾临前殿，召诸尚书入朝，宣布梁冀罪状，命尚书令尹勋等群臣持兵器守卫各部门，命具瑗率禁宫守卫千余人包围了梁冀的府第，收回梁冀的大将军印绶，改封为比景都乡侯。梁冀见势不妙，与夫人一起自杀。梁氏宗族亲戚不分老幼，一律以弃市论，牵连公卿、列校、刺史、二千石不计其数，被诛杀者数十人。

梁冀架空桓帝，实际上已经形成了对桓帝的围困之势。但是，其门未关，桓帝并未成为瓮中之鳖，而梁冀竟然高枕安卧，不图久远之计。及闻桓帝举动异常，仅派张恽入值，观其形势，不能果断行事。其门欲关不关，不仅打草惊蛇，而且授人以柄。由此观之，梁冀之败，不仅在于疏忽而已。

不敢行险，自投罗网

关门捉贼，要在关门。但关门二字，切不可作教条式的理解。政治斗争就好像下围棋，你中有我，我中有你，互设疑阵，互相围困。生活中，人们常说："退一步乾坤大，饶一着万虑休。"但是，在政治旋涡之中，往往是一步错，步步错，全盘皆输，一败涂地。关键时刻，敢走险棋，当然会有胜负未卜之虞，但收局认输，死路一条，却是一件更划不来的事情。因此，高屋建瓴，立于不败之地；固为上策；拼死一搏，鱼死网破，亦不失为大丈夫风范。棋盘上的棋子是死的，人却是活的。善于在你我混杂、胜负未卜之际孤注一掷，才有可能走出真正的活棋。

曹魏正始年间，曹爽与司马懿结怨。曹爽为人骄奢无度，自以为天下无敌，经常作长夜之饮，或外出游玩，流连忘返。谋臣桓范曾劝曹爽说："大将军总揽万机，典掌禁兵，不宜经常出游，一旦有人关闭城门，如何是好？"曹爽不听。我行我素。这一时期中，司马懿表面上步步忍让，可忍亦忍，不可忍亦忍，但在暗中，朝廷有名望的元老重臣，已经基本上被他拉拢过去。为了使曹爽不生疑心，司马懿装作老病不堪的样子，甚至喝粥都要由人喂，弄得满脸满襟。狼狈不堪。说起话来，上气不接下气，前言不搭后语，似乎奄奄一息，朝不保夕。

司马懿定计杀曹爽

曹爽放松了警惕，继续宴饮游乐，司马懿加紧准备，迅速行动。249年春正月，魏帝谒高平陵，曹爽与其弟中领军曹羲、武卫将军曹训、散骑常侍曹彦随行。司马懿在洛阳城内以皇太后的名义，传令关闭城门，勒兵占据武库，派兵阻断洛水浮桥，以司徒高柔假节行大将军事，控制曹爽军营；太仆王观行中领军事，控制曹羲军营。部署已定，派人去见魏帝，奏称："大将军曹爽背弃顾命，败乱国典，内则僭拟君王，外则擅权蠹政，据禁兵，窃要职，安插亲信，伺察至尊，天下汹汹，人心思乱。臣受先帝之命，奉太后之旨，罢曹爽、曹羲、曹训吏兵，以侯爵归于私第，如敢稽留车驾，便以军法从事！"

司马懿送来的奏章，被曹爽扣留。但是，洛阳已经被司马懿控制，曹爽成了丧家之犬，随从慌慌张张，曹爽也六神无主。只好与魏帝留宿于伊水南岸。司马懿派人去说服曹爽归降，声称只是免官而已，可保富贵。曹爽闻言，犹豫不决。

其实，曹爽虽然丧失其官，司马懿此时所得，亦不过一座空城。司马懿关门的时机，选择得并不算十分恰当。胜负未卜，关键要看曹爽敢不敢走险棋。谋士桓范闻变，逃出洛阳，来见曹氏兄弟。他对曹爽说："当与天子共诣许昌，征发中方兵马，讨伐司马懿。"如果曹爽采用此计，围困洛阳，亦可收关门捉贼之功，而曹爽同样犹豫不决。桓范又转向曹羲，对他说："你读了这么多书，难道连这么明显的形势都看不清楚？以曹氏门第，欲求贫贱度命，岂可得乎！匹夫一人，尚百计求活，您手中有天子，令于天下，谁敢不从！"曹羲不答。桓范又说："从这里到许昌，不过二宿路程。许昌城内，府库颇丰，我身上又带有大司农印章，谷食亦不成问题。"曹氏兄弟始终拿不定主意。一直到了五更，曹爽终于垮了下来，投刀于地，说："我亦不失做富家翁！"定计归降。桓范闻言，痛哭流涕地骂道："曹真英雄豪壮之士，谁料到生下你们这些猪一样的后代，自取灭族之祸！"

曹爽兄弟回到洛阳，司马懿派人守住他的住宅。高墙之上，设有角楼，曹爽兄弟一举一动，全在司马懿掌握之内。曹爽自投罗网，尚不知死期将至。几天以后，司马懿以大逆不道的罪名，将曹爽夷灭三族。

商海弄潮

松下公司关门抓贼

1973年，由于日本电视机在美国倾销而吃尽了苦头的美国大企业之一摩托罗拉公司，为在日本销售彩色电视机，计划以33万日元的零售价在日本销售美国企业生产的“魁瑟”牌落地式彩色电视机。当时，彼克特公司与松下公司正以48万至57万日元的价格销售同类型的电视机。由此可见，这一价格是十分吸引人的。可是，在日本有着举足轻重的松下公司则认为，决不能同意摩托罗拉这样的美国大企业插手于受到保护的日本市场。如果美国企业向日本销售电视机的价格比有意提价的国产电视机低廉得多，那么不仅会威胁日本国内的高价格政策，而且还会使日本在美国遭到搞倾销的指责。总而言之，必须制止摩托罗拉公司的活动。

1974年3月，经过与摩托罗拉公司的会晤，松下公司最后以一亿美元买下了摩托罗拉向日本销售的电视机制造权。作为交换条件，摩托罗拉答应包括设在美国国内以及台湾在内的所有工厂全部停止生产电视机。松下就这样把在日本仅存的具有竞争力的美国企业“关门抓贼”了，从此以后，日本的市场上再没有与之匹敌的外国电视厂商了。

连锁商店，相依相存

海外零售业有一种颇有效益的经营方式：连锁经营商店，也体现了“关门捉贼”的要义。

处于同一地带的几间商店经营互相有关联的产品，比如你经营成衣，我经营领带、胸花、袜子、内衣等；或者你专营炒卖，他专营烟酒等，就叫连锁经营。

连锁经营的优点就是能“关门捉贼”，即能吸引顾客，使顾客在连锁商店控制的区域内，完成购买行为。

一间商店吸引不了顾客，许多商店乃至商业区才能吸引众多的顾客，这道理是明显的。谁都愿意到商场集中，能连环购买商品的地方去购物。

例如，顾客在一家成衣店买套西装，便可到隔壁的鞋帽店买一双皮鞋，最后再到附近的小店买领带、胸针等。当然，三间商店要热情地为顾客互相推荐生意。

连锁的几家店之间，虽有一些竞争，更多的是相依相存。因此，一旦某一家经营不善时，其他各家需要全力帮助其渡过危机。这样彼此照顾，互相合作，同舟共济，才能形成一个强有力的购物圈，“捉”住更多的顾客。

运世方略

借花献佛

冯玉祥督军驻守常德的第二年夏天，常德地区连降暴雨三十三天，积水成灾，灾民们携老扶幼，蚁群般地拥进了常德城内，全城到处是灾民，拥挤不堪。冯玉祥见了心忧如焚，他除下令常德县政府在四城门搭起粥棚，赈济灾民之外还发布告示，敦促城内商界义捐献款，赈济灾民。但是，常德这个商业繁华之所，虽商贾甚多，响应募捐号召者却寥寥无几。

这天上午，城内所有富商都接到县政府的通知，请他们去设在府坪的献金台前，说冯玉祥本人要当众解囊募捐。

献金台设在古城中心的府坪广场，献金台下，早已挤满了观看冯玉祥献金的人们，凡是接到了县政府通告的商界显要，都被请到了摆在台下的几排长椅上就座。人们看到，在高高的献金台的正中，摆了一张八仙桌，桌子四周全用红布围得严严实实。身着戎装、穿戴整齐的冯玉祥，正躬腰坐在八仙桌后面，两手伸在八仙桌的空当里面，不知在忙着什么。

这时正当大伏天中午，太阳如火，火辣辣地晒在人们的头顶上。坐在前排椅子上的商人们个个被晒得头昏眼花，口干舌燥，饥肠辘辘。可是，既没人给他们送水喝，更没人给他们送饭吃；身后看热闹的人又挤得水泄不通；人群外面，还有不少荷枪实弹的卫兵在维持秩序，富商们想走也不敢走了。抬头看看台上的冯玉祥，也是汗流浃背，还在全神贯注地躯腰忙碌着，连头也不肯抬一下。富商们不敢吱声，不敢动弹，只得耐着饥渴和燥热，在毒日的曝晒下煎熬着。

又过了一时辰，眼看日头都偏西了，富商被烈日烤得几乎只有出气没有进气了。这时，才见冯玉祥两臂一伸，终于站起来身来。人们精神一振，满场目光齐刷刷地投向了献金台上。但见冯玉祥又弯下腰去，像渔人拉网那样从八仙桌下拉一长串金晃晃的东西来，他把这串东西背在背上，迈着大步，从台上走下来。人们这才看清，背在冯玉祥身后的一长串东西，竟是一双双用稻草编制的草鞋。

冯玉祥走到台下，将草鞋一双双分给了坐在前排椅子上的富商们。然后，他又返身上台，站在八仙桌后，拉开了嗓门说道："抱歉了，为等我编制这些草鞋，让诸位久等了。眼下，四乡灾民们正处在水深火热之中，他们受着无衣无食无宿的煎熬，这滋味诸位是可想而知了。可我冯玉祥只身从戎，本来就是穷光蛋，带兵后也决无私蓄，只好赶紧打下这批草鞋，卖给诸位富商，以便借花献佛，捐赠给灾民们。这稻草本是寸金，按市价一两金子百两银，我就老实不客气地按照草鞋的分量为鞋价，来向诸位收银子了。恕我不恭，为了赈济灾民，各位富商也一定慨然解囊相助。"

冯玉祥话音刚落，早有人提着一杆钩秤，将冯玉祥送到富商们手中的草鞋一一称了斤两。富商们瞠目结舌，暗暗叫苦，只得按照一两金子百两银的价格，回去取来银子去县政府交割。

事后，常德城内没有被派买草鞋的一般商家们，担心冯玉祥再度摊派到他们的头上，便都主动献金，资助灾民重建家园。果然，冯玉祥献金一举一两天内便给灾民们募捐万金，使灾民们在水退后，得到了以县政府名义赈济的钱财，都欢欢喜喜地回乡去重建家园。后来，有支民谣歌唱道：

踏破“金”鞋有觅处，得来全不费工夫。

利用天时，少数迫使多数就范

在美国西部的一个城镇，有一个由十二个农民组成的陪审团，根据当时该地的法律，这个陪审团有权判定每个案件的当事人有罪或是无罪，但是必须在十二个人的意见完全一致时才有效，哪怕是只有一个人不同意，陪审团也无法作出最后的判决。一次，大家审理镇内发生的一起案子，十二个人中的十一个人都认为该当事人有罪，只有一个人认为当事人无罪。十一个人只好耐心地劝导这个人，设法让他跟大家取得一致意见，但是这个人硬是不肯改变主意。从早晨一直到中午，突然天上布满了乌云，还刮起了呼呼的大风，眼看一场暴雨就要来临。使十一个人越来越焦急，因为他们的谷物都晒在院子里，如果不马上收回来，一年的收获就全“泡汤”了。但是陪审团作不出最后的判决又不能散会。在这种情况下，那个人的态度更加坚决，十分镇定地对那十一个人说：“反正就要下雨了，你们不同意我的意见，咱们谁也别想回家。”这时有个人实在忍耐不住了，便大声嚷着：“你不改变主意，我改变主意好了！”其余的人全急着要回去收捡自己的谷物，也都纷纷同意了那一个人的意见，最后判决那个当事人无罪。

这个坚持判当事人无罪的人，利用了那十一个人急于赶在下雨之前收起晒在院子里的谷物的急迫心情，把这个最后限定的时间作为心理上的“门”，紧紧地“关”起来，迫使他们就范，最后获得成功。这个人所借用的不是“地利”，而是“天时”，所采用的手段是“抓住时机，疲而捉之”。

捉小偷

有父子俩人，积攒了一笔钱放在家中。一天夜里，他们睡下后，小偷钻进来了。父亲看见了小偷，就故意大声对儿子说：“喂，你知道我是怎么攒的钱吗？”儿子说：“您不是辛辛苦苦地干活赚来的吗？”父亲说：“不对，我是偷来的啊！”

“你真当过小偷吗？”

“真的。”

“是吗？你是怎么偷的？”

“我有个办法让被偷的发觉不了。这办法就是把自己穿的衣服给石磨穿上，用带子捆紧，然后拍手七下，祷告一番，那家人就会睡得死死的，什么也不知道了。这样，你随便偷什么东西，都没人知道。”

小偷听了这番话之后，心想：“这办法不错呀！”就把身上的衣服脱下来，捆到石磨上，拍起手来。这时，父亲顺手抓起枕头砸到小偷身上。小偷光着身子赶紧逃跑，这家的父亲大喊：“捉小偷呀……”小偷终于被抓住了。

第二十三计　远交近攻

原文注译

【原文】

形禁势格[1]，利从近取，害以远隔。上火下泽[2]。

【注释】

①形禁势格：禁，禁锢、限制。格，阻碍。全句意为：受到地势的限制和阻碍。

②上火下泽：语出《易·睽》。睽卦为兑下离上。上卦为离为火，下卦为兑为泽。上火下泽，是水火相克；水火相克则又可相生，循环无穷。又“睽”：离违，即矛盾。本卦《象》辞说：“上火下泽，睽。”意为上火下泽，两相违离、矛盾。此计运用“上火下泽”相互违离的道理，说明采取“远交近攻”的不同做法，使敌相互矛盾、违离，而我则可各个击破。

【译文】

凡是受到地理形势的限制时，攻取附近的敌方，就有利；攻击远隔的敌方，就有害。这是从睽卦象辞“上火下泽，睽”一语中悟出的道理。

按语注译

【按语】

混战之局，纵横捭阖[1]之中，各自取利。远不可攻，而可以利相结；近者交之，反使变生肘腋[2]。范雎之谋[3]，为地理之定则，其理甚明。

【注释】

①纵横捭阖：纵南北、横东西。战国时，苏秦联合六国，抗拒强秦，叫做合纵；张仪瓦解六国，变拒秦为事秦，叫做连横。捭阖，择取手段，权变应对。见《鬼谷子·捭阖》：“捭之者，开也、言也、阳也；阖之者，闭也、默也、阴也。”纵横捭阖，意思是：采取联合与分化、公开与秘密的手段，伺机破敌。

②肘腋：肘，是胳膊的上节和下节；腋，是胳肢窝。这里的肘腋，是比喻非常迫近的地方。

③范雎：战国时魏人。字叔，曾化名张禄。入秦游说昭王，驱逐专权的外戚。公元前266年被任为相国，封于应（今河南宝丰），因称应候。曾建议秦王使用远交近攻的策略，先后击灭六个大国，使秦统一天下。

【译文】

在攻势纷乱的局面中，各方都不择手段，翻云覆雨，随机应变，为自己争夺利益。远处的不要去进攻，也可以用些利益和他结交；邻近的如果去结交，反可使变乱发生在身旁。战国时范雎的谋略，就是把地理相处远近，作为结交或攻击的准则，它的道理是很明显的。

传世典故

远交近攻。交：结交。攻：攻打。即结交远方的国家，进攻邻进的国家。军事上指为分化瓦解敌人方面的联盟，而采取暂时结交远处相隔难于获利的敌人，直接进攻近处相邻易于攻取的敌人，这是一种各个击破的谋略。

远交近攻，语出《战国策·秦策》：范雎曰："王不如远交而近攻，得寸，则王之寸；得尺，亦王之尺也。"这是范雎说服秦王的一句名言。远交近攻，是分化瓦解敌方联盟，各个击破，结交远离自己的国家而先攻打邻国的战略性谋略。当实现军事目标的企图受到地理条件的限制难以达到时，应先攻取就近的敌人，而不能越过近敌去打远离自己的敌人。为了防止敌方结盟，要千方百计去分化敌人，各个击破。消灭了近敌之后，"远交"的国家又成为攻击对象了。"远交"的目的，实际上是为了避免树敌过多而采用的外交诱骗。

范雎巧计逃秦国。范雎在魏国因受小人诬陷而受刑，于是诈死，改名张禄出逃秦国，受到秦昭王重用。

魏国人范雎到秦国游说，见到了秦昭王。秦昭王向范雎询问富国强兵之策，范雎侃侃而谈："目前七国之中，最强大的就是秦国。秦国沃野千里，甲兵百万，雄踞四塞之固，进则能攻，退则能守，一统天下应该不费力气。但是，最近大王听信丞相魏冉的话，轻易发兵攻打齐国，我认为这是断送秦国的前程。”

秦昭王疑惑地问：“攻打齐国有什么错呢？”

范雎说：“越过韩、魏两国攻打齐国，这是十分错误的。即使取胜，大王又怎能把得到的土地同秦国连接起来呢？当初，齐王越过韩、魏两国去攻打楚国，曾占领千里之地。但结果齐国连一寸土地也未得到，却被韩、魏两国瓜分了。其原因是齐国离楚国远，韩、魏两国离楚国近。依我看，大王应当采取远交近攻的策略。”

秦昭王听得入了迷，接着问道：“什么叫远交近攻呢？”

范雎说：“远交近攻就是与离得远的国家订立盟约，减少敌对国家，而对离得近的国家抓紧进攻。诚能如此，得一寸土地就是一寸，得一尺土地就是一尺。打下韩、魏以后再打燕、赵；打下燕、赵之后再打齐、楚。大王只要实行这条计策，用不了多少年，保证能兼并六国，统一天下。”

范雎的一席话使秦昭王大为开怀，秦昭王高兴地说：“寡人以后就听先生的了！”秦昭王立即拜范雎为客卿，并按照范雎远交近攻的策略，把攻打齐国的人马撤回来，改为攻打近邻魏国。此后，秦国夺取了邻国的大片土地，为后来秦始皇统一中国奠定了坚实的基础。

用计锦囊

“远交近攻”的计策属于制造和利用矛盾，分化瓦解敌方联盟，实行各个击破的谋略，它的诀窍是：在受到地理形势限制的情况下，攻取邻近敌人就有利，攻取远处的对手就有害。火焰上蹿，池水下淌，同是应敌，对策不一。

实行“远交近攻”的策略有助于集中力量应付眼前的敌人，并且将其置于孤立无援的境地。

在此计中，远交并非要长久和好。远敌亦是敌人，早晚都是心腹之患。所以说，远交只是避免为了树敌过多而采取的一种暂时性的外交权术。近敌一旦被征服，远交的使命便告完成。

为什么要远交近攻呢？我们把远攻、远交、近攻、近交四种情况列举出来，这个问题的答案自然明了。

远攻的后果：①远道袭人，风险颇大。《孙子兵法》说：“百里而争利，则擒三将军。”②舍近求远，劳民伤财。《孙子兵法》说：“久暴师则国用不定。”③即使取得了胜利，夺得了土地，因远离本土而无法保卫，反而成了沉重的包袱。

远交的好处：①分化瓦解敌人的联盟，孤立近处的敌人，使其得不到援助而束手就擒。②结交远者本身就是一种麻痹手段，使之放松警惕，以便日后突袭取胜。

近交的后果：①卧榻之旁，岂容他人鼾睡。近处之敌即使暂时安抚下来，随时也有翻脸的可能。②近敌就在我们的外围，就像蚕茧蛇蜕一样，紧紧束缚着我们向外发展。要想继续发展，非得冲破这个阻碍不可。

近攻的好处：①进攻近敌可以拓展我们的地盘或势力范围。因新攻取的疆土与我们原有的国土连在一起，所以便于守护和利用。②近距离作战便于集中力量，容易取得胜利。③进攻近敌相对来说消耗的人力和物力要少，对国家财政不会产生严重影响。

另外，弄清“远”和“近”这两个概念对于实施此计是十分重要的。大致来说，“远”和“近”有以下含义：

三十六计之远交近攻

1. 从地理位置来说，“远”指远处，“近”指近处。

2. 从利益关系来说，“远”指只能间接获得的较长远的利益，“近”指近期内可直接获得的眼前利益。

3. 从组织关系来说，“远”指一个组织的外部，“近”指一个组织的内部。

4. 从影响范围来说，“远”指那些不能直接控制的人或事，“近”指那些可以直接控制的人和事。

远交近攻之计有以下三层含义：

1. 分化瓦解。本计是在面对由众多敌人组成的敌人阵营时使用的策略。根据三角形的任意两边之和大于第三边的原理，可知，众多敌人联合起来的力量是难以对抗的，在这种形势下，为了达到制人而不制于人的目的，就要首先进行分化瓦解，破坏敌人之间的联盟，使他们同床异梦或彻底分开，在敌人之间不能协同作战并且不能互相救助的情况下，我们就可以采取各个击破的办法，将敌人一个一个地吃掉。

2. 区别对待。由于敌人所处的地理位置，客观条件不同，他们的价值观念不同，他们对危险的感受不同，因而对我们的用途也就不同。所以我们不能给他们吃大锅饭，而要看人下菜碟，对不同背景的敌人要区别对待，采取不同的对策。例如，有的要拉拢收买，有的要置之不理，有的要软硬兼施，有的要猛烈攻伐，等等。对敌人的分化瓦解，使我们对敌人的区别对待成为可能，而对敌人的区别对待，又势必会反过来促进敌人的分化瓦解。从这个角度讲，区别对待也可以作为分化瓦解敌人的一种手段。

3. 从易者始。“凡攻占之法，从易者始”也就是用兵打仗的基本原则。应该是从最容易取胜的地方开始。因为“从易者始”，可以尽快打开局面，产生势如破竹的效果。“从易者始”就容易取胜，获取胜利之后，对士气就会是一种激励，反过来又会争取更大的胜利，这样会产生一种良性的循环。如果从难者始，久攻不下，而不见其利，士气就会大减。对付众多的敌人，更应从容易的开始，然后有次序、有重点地予以歼灭。从地理位置上看，最容易攻取的当然是距离最近而又弱小的敌人了。同时进攻这样的敌人，还有一个好处，就是“得寸，则王之寸也；得尺，亦王之尺也。”

对付远交近攻之计，应采取如下防范对策：

1. 互为利用。如果我们发现已被敌人作为“远敌”而结交时，在不直接伤害盟友的情况下，可根据具体情况积极接受他们的结交。这样做至少有两种好处。第一，这样可以为我们赢得时间，在这段时间内，我们可以做好充分的准备，一旦敌人对我们采取攻击时，我们不至措手不及，这是一种以退为进的策略。第二，既然我们可以成为敌人的“远者”，反过来敌人也同样可以做为我们的“远者”而“交”之。我们利用其来主动送上门的机会，稳住他们，然后就可以实施我们的“远交近攻”之策。这就是借而用之的互为利用的策略。

2. 广为结交。当我们已经成为“近者”，难逃被攻击的厄运时，我们当然不能消极等待，要首先针对敌人分化瓦解的策略，广为结交，争取同情和援助，进而将敌人破坏的对敌同盟重新建立起来，只有这样才能防止被孤立，被击破。争取援助时要晓之以利害，公开地彻底地揭露敌人“远交近攻”的分化阴谋，并且明确指出：下一个倒霉的就是你。大家联合起来，不仅是为了我，也是为了我们大家，只有激起大家的义愤，才能哀兵必胜。

3. 善于防御。所谓的善于防御，就是针对敌我双方的不同情况，争取不同的防御策略。如果我们的力量足够强大，同时又有广泛的同情和援助，并且有了十分充分的战斗准备，那么不妨来个“御敌于国门之外”；如果我们的力量较弱或敌人的锋芒逼人，那么我们可以来个“诱敌深入”；如果敌人方面有机可乘，也不妨来个“围魏救赵”。总之要相机而动。

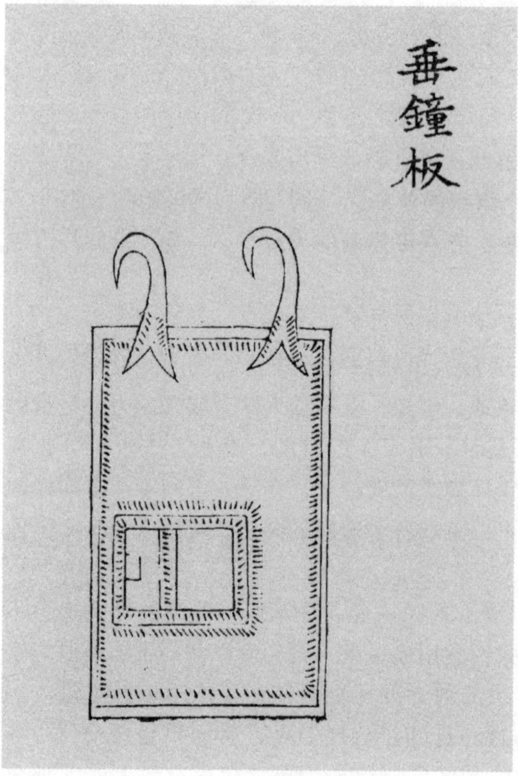

垂钟板，长六尺，宽一尺，厚三寸，用生牛皮包裹，中开箭窗。

计谋典范

战场逐鹿

伐交伐谋战城濮

公元前632年的晋楚城濮之战，是春秋时期晋、楚两个诸侯国争霸中原的一次战争。在这场战争之初，楚国的实力强于晋国，而且楚国有许多盟国，声势浩大。城濮之战以楚国出兵攻宋，宋成公派人来晋求救为引子展开。但晋国并不靠近宋国，远道救宋，必须经过楚国的盟国曹、卫，形势于晋不利。可是，晋军制定了正确的战略战术，运用谋略争取了齐、秦两个大国的援助，取得了“伐交”、“伐谋”方面的优势，最终击败了楚军，争得了中原霸主的地位。

春秋时期，地处江汉之间的楚国日益强盛，它控制了西南和东面的许多小国和部落。在楚文王时期，楚国开始北上向黄河流域发展，攻占了申（今河南南阳北）、息（今河南息县西南）、邓（今河南漯河市东南）等地，并使蔡国屈服，楚乘齐桓公死后，齐自内乱，霸业衰落之机乘势向黄河流域扩展，控制了鲁、宋、郑、陈、蔡、许、曹、卫等小国，公元前638年；楚王在泓水之战中打败了宋襄公，开始向中原发展，期望成就霸业。

正当楚国图谋中原称霸之时，在今天的山西西南的晋国也逐渐强盛起来。公元前636年，流亡在外19年的晋公子重耳在秦国的帮助下回国即位，称晋文公，晋文公即位后，实施一些改革措施和外交活动，逐步具备了争夺中原霸权的强大实力。

早在晋文公即位的那年，周襄王遭到他兄弟勾结狄人的攻击，王位被夺，文公及时抓住了这个尊王好机会，平定了周室的内乱，护送周襄王回到洛邑。襄王以文公助王有功，便赐以阳樊、温（今河南温县西）、原（今河南济源西北）等地。晋文公遂命赵衰为原大夫，狐溱为温大夫，管理这一对争霸中原有战略意义的地区。由于晋文公抓住了“尊王”这块招牌，在诸侯中的地位大大提高。晋国势力的迅速发展，引起了楚国的不安。楚国急于想阻止晋国的进一步向南发展，而晋国要想夺取中原霸权，就非同楚国较量不可。因此，晋、楚之间的矛盾日益尖锐起来。

公元前634年，鲁国因和莒、卫两国结盟，几次遭到齐国的进攻，便向楚国请求援助。而宋国因在泓水之战中被楚国击败，襄公受伤而死，不甘心对楚国屈服，看到晋文公即位后晋国实力日增，也就转而投靠晋国。楚国为了保持其中原的优势地位，便出兵攻打齐、宋，并借以制止晋国的向南扩展。晋国也正好利用这一机会，以救宋为名，出兵中原。这样，晋楚两国的军事交锋便不可避免地发生了。

版画《楚兵半济泓水》，表现了春秋时期宋楚泓水之战的场景。

公元前633年冬，楚成王率领楚、郑、陈、蔡等多国军队进攻宋国，围困宋都商丘。宋国的公孙固到晋国告急求援。于是文公和群臣商量是否出兵及如何救宋。大夫先轸力劝晋文公出兵救宋，他认为，救宋既能够“取威定霸，”又报答了以前晋文公流亡到宋国时，宋君赠送车马的恩惠。但是宋国不靠近晋国，劳师远征救宋，必须经过楚国的盟国曹、卫；而且楚军实力强大，正面交锋也恐怕难以取胜。晋国的狐偃针对这一情况，建议晋文公先攻曹、卫两国，那时楚国必定移兵相救，那样宋之围便可解除。晋文公采纳了这一建议。尽管如此，晋国感到真正的敌人是楚，要对付如此强大的敌人，必须做好充分的准备。晋国按照大国的标准，扩充了军队，任命了一批比较优秀的贵族官吏出任军队的将领。

经过一段时间的准备，晋文公于公元前632年1月，将军队集中在鲁国和卫国的边境上，借口当年曹共公侮辱过他，要求借道卫国进攻曹国，遭到卫国拒绝。晋文公迅速把军队调回，绕道从现河南汲县南黄河渡口过河，出其不意地直捣卫境，先后攻占了五鹿及卫都楚丘，占领了整个卫地。晋军接着又向曹国发起了攻击，3月间，攻克了曹国都城陶丘（今山东定陶），俘虏了曹国国君曹共公。

晋军攻占了曹、卫两国，但楚国却依然用全力围攻宋都商丘，宋国又派门尹般向晋告急求救。晋文公开始感到左右为难了。不出兵救宋吧，宋国国力不支，一定会降楚绝晋；出兵吧，自己兵力单薄，没有必胜的把握，况且直接与楚发生冲突，会有忘恩负义之名。（文公当初流亡路过楚国时，楚成王招待他非常周到，不仅留他住了几个月，最后还派人护送他到秦国。）这时，先轸分析了楚与秦、齐两国的矛盾，建议让宋国表面上同晋国疏远，然后由宋国出面，送一份厚礼给齐、秦两国，由他们去请求楚国撤兵，晋国则把曹共公扣押起来，把曹、卫的土地赠送给宋国一部分。楚国同曹、卫本是结盟的，看到曹、卫的土地为宋所占，必定会拒绝齐、秦的劝解。这样楚国就将触怒齐、秦，他们就会站在晋国一边，出兵与楚作战。晋文公对此计十分赞赏，且马上施行。楚国果然上当中计，拒绝了秦、齐的调停。而齐、秦见楚国不听劝解，大为恼怒，便出兵助晋。齐、秦的加盟，使晋、楚双方的力量对比发生了根本性的变化。

楚成王看到齐、秦与晋联合，形势不利，就令楚军从前线撤退到楚地申，以防秦军出武关袭击它的后方。同时命令戍守谷邑的大夫申叔迅速撤离齐国，命令尹子玉将楚军主力撤出宋国。子玉对楚成王回避晋军很不满意，他对成王说：“你过去对晋侯那么好，他明明知道曹、卫是楚的盟国，与楚的关系密切，而故意去攻打它，这是看不起你。”楚成王说：“晋侯在外流亡了19年，遇到很多困难，而最后终于能够回国取得君位，也尝尽艰难，充分了解民情，这是上天给他的机会，我们是打不赢的。”但是子玉却骄傲自负，听不进楚成王的劝告，仍要求楚王允许他与晋军决战，并请求增加兵力。楚成王勉强同意了他的请求，但不肯给他多增加兵力，只派了少量兵力去增援他。于是，子玉以元帅身份向陈、蔡、许、郑四路诸侯发出命令，相约共同起兵，他的儿子也带了六百家兵相随。子玉自率中军，以陈、蔡军队为右军，许、郑军队为左军，风驰雨骤，直向晋军扑去。

子玉逼近晋军后，为了寻求决战的借口，派使者宛春故意向晋军提出了一个“休战”的条件：晋军必须撤出曹、卫，让曹、卫复国，楚军则解除对宋都的围困，从宋国撤军。中军元帅先轸提出一个将计就计的对策，以曹、卫与楚国绝交为前提，私下答应让曹、卫复国；同时，扣押楚国的使者，以激怒子玉来战。晋文公采纳了他的计策。子玉得知曹、卫叛己，使者又被扣，便恼羞成怒，倚仗着楚国的优势兵力，贸然带兵扑向晋军，寻求决战。

晋文公见楚军来势凶猛，就命令晋军后撤，以避开它的锋芒。有些将领不理解文公的意图，问文公：“没有交手，为什么就后退呢？”文公说：“我以前在楚的时候曾对楚王说过，如果晋楚万一发生了战争，我一定退避三舍。我是遵守诺言的。”实际上，晋军的“避退三舍”，是晋文公图谋战胜楚军的重要方略。晋军“避退三舍”（九十里）后，退到了卫国的城濮，这里距离晋国比较近，后勤补给、供应方便，又便于齐、秦、宋各国军队会合；在客观上，“避退三舍”也能起到麻痹楚军、争取舆论同情、诱敌深入、激发晋军士气等作用，将晋军的不利因素变为有利因素，为夺取决战奠定了基础。

晋军退到城濮停了下来。这时，齐、秦、宋各国的军队也陆续到城濮和晋军会师。晋文公检阅了军队，认为可以与楚军决战。这时，楚军追了九十里也到达城濮，选择有利的地形扎下营，随后就派使者向晋文公挑战，晋文公很有礼貌地派了晋使回复子玉说：“晋侯只因不敢忘记楚王的恩惠，所以退避到这里。既然这样仍得不到大夫（指子玉）的谅解，那也只好决战一场了。”于是双方约定了

晋楚城濮之战中，晋军退避三舍，以退为进。

版画《晋兵四围子玉》

开战的时间。

公元前632年4月4日，晋楚两军决战开始。晋军针对楚军中军强大，左右翼军薄弱的部署特点，和楚军统帅子玉骄傲轻敌，不谙虚实的弱点，发起了有针对性的攻击。晋军把驾车的马蒙上虎皮，出其不意地首先向楚军中战斗力量差的右军——陈、蔡军进攻，陈、蔡军遭到这一突然而奇异的进攻，惊慌失措，弃阵逃跑，楚右翼就很快崩溃了。

晋军同时也把进攻的矛头指向楚左军。晋军主将狐毛在指挥车上故意竖起两大镶有彩带的大旗，非常醒目，远远就可望见，狐毛和许、郑联军一接触，便故意败下阵来。在逃跑时，在车的后面拖了很多树枝，树枝刮起的尘土，遮天蔽日，给在高处观阵的子玉造成了错觉，以为晋军溃不成军了，于是急令左翼部队奋勇追杀。晋中军元帅先轸等到楚军已被诱至，便指挥中军横击楚军。晋上军主将狐毛回军夹击楚左军。楚左军退路被切断，陷于重围，基本就歼，子玉见左右两翼军都已失败，急忙下令收兵，才保住中军，退出战场，城濮之战最终以晋胜楚败而告终。

晋在城濮之战的胜利，首先在于晋国君、臣能够准确分析交战之初的客观形势及利弊，制定出了先胜弱敌、避免过早与楚正面交锋、争取齐、秦两国支持的谋略。随后，在决战之时，晋军敢于先退一步，避开楚军的锋芒，以争取政治、军事上的主动。此外，晋军“知己知彼”，能根据敌人的作战部署，灵活地选择主攻方向，先攻敌人的薄弱环节，各个击破，因而获得了这场战争的胜利。纵观城濮之战的整个过程，我们不能不得出这样的结论：克敌制胜的上策在于以谋略战胜敌人。

远交近攻，统一六国

秦统一六国之战发生在公元前230到公元前221年。秦国用了十年时间将韩、赵、魏、楚、燕、齐东方六国逐一灭掉，统一了天下。秦国之所以能够取得胜利，应该说，正确地采用“远交近攻”的战略指导方针，是夺取胜利的关键所在。

秦昭王时期，东方六国采用苏秦的“合纵”之策，共同对付秦国。秦昭王便向范雎请教如何破坏东方六国的这种“合纵”抗秦联盟。范雎仔细认真地分析了当时秦国的情况和东方六国的状况。指出东方六国之所以能够合纵抗秦。很重要的一点是：他们认为秦国是他们的共同敌人，是对他们生存的最大威胁。因此，为了共同的利益，使他们暂时放弃了彼此之间的矛盾和争执，齐心协力团结抗秦。而作为秦国，就应利用东方六国之间存在的矛盾，首先与距离秦国较远，矛盾不十分尖锐的楚国、燕国和齐国搞好关系，使他们感到秦国不但没有吞并他们的想法，而且还有与他们结好的愿望。以松懈他们对秦国的警惕，进而达到拆散东方六国建立的反秦联盟的目的。然后，集中力量打击与秦国邻近的韩国、赵国、魏国。这不但可以解除了秦国进攻齐国、燕国和楚国时，可能出现的后顾之忧。并且可以切断南方的楚国与燕国和齐国的联系，为第二步再攻打楚、燕、齐三国创造条件。这就是范雎所提出的“远交近攻”战略的核心。秦昭王对范雎的建议大为赞赏。自秦昭王到秦王嬴政，历代秦国君主无一例外，将“远交近攻”定为国策，坚决执行，并根据不同情况，制定对付东方六国的具体策略。

秦国自商鞅变法后，不仅土地扩展了，而且拥有当时中国最富庶的四川平原和关中地区，使秦国的国力大增。到秦王嬴政时期，秦国已拥有“战车万乘，奋击百万，沃野千里，蓄积饶多”。这就为秦灭六国奠定了雄厚的物质基础。

而东方六国，虽一度采用苏秦的合纵抗秦之计，集六国之财力、物力共同对付秦国，也曾取得了一些胜利，并一度迫使秦国不敢轻易进攻六国。但随着时间的流逝，到秦王嬴政时期，六国各自为自己的利益着想，各怀私心，再也不能合力同心抗击秦国了。

秦王嬴政在发动统一战争前，召集文武官员全面分析了东方六国的各自情况，为确定灭亡六国的策略，提供依据。

李斯认为：在东方六国中，韩、魏、燕的力量最弱。特别是韩国，早在公元前254年就已向秦国称臣。而现在的韩国又处在秦国的三面包围之中，什么时候想灭掉它，随手即得，可谓掌中之物。而魏国自马陵、桂陵两战被齐国的孙膑打败后，国势日益衰落，又不断遭到秦的进攻，领土日渐缩小，也不可能对秦国构成威胁。而燕国远离秦国，况且地广人稀，土地贫瘠，国力较弱，并且与赵国和齐国的矛盾很深，彼此之间多次发生战争，结果损兵折将，日渐衰落。

那么只有楚、赵、齐三国可谓六国中的强国，但现在它们也很难与往日处在鼎盛的时期相比。

赵国虽然“地方二千里，带甲数十万”，是仅次于秦国的第二强国，但自赵孝成王之后，开始衰落，太原、上党相继落入秦国之手。特别是长平一战，秦国坑杀赵国降卒四十万，使赵国从此再没能恢复元气。虽然赵国后来联合魏国和楚国，打

苏秦受封

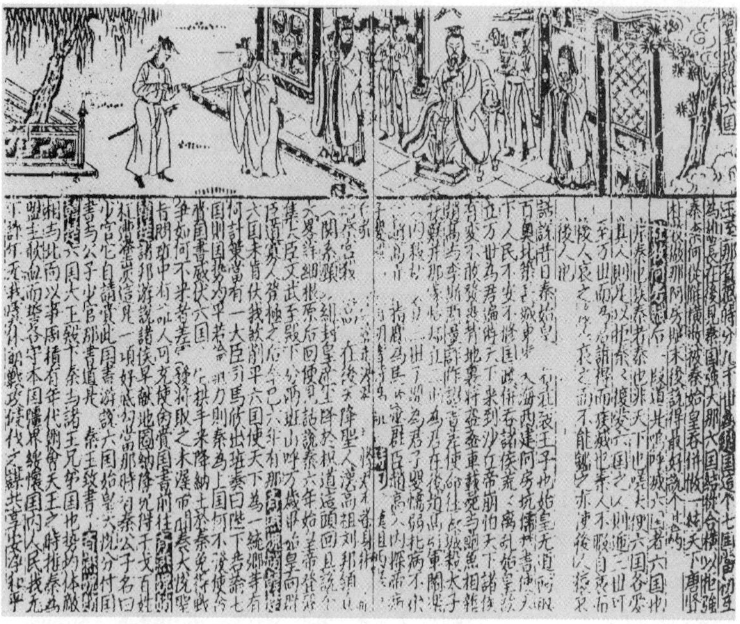

秦始皇发诏灭六国

退了秦国对邯郸的围攻，但作为强国的历史已经一去不返了。

南方的楚国虽有“带甲百万”，土地五千里。但自都城郢被秦攻破后，都城被迫东迁，以避秦军的锋芒，最后迁到寿春。而此时的楚国，君臣上下俱无复国图强之志，只求苟且偷安。

而齐国这时只知独立保境，从不援助其他国家的抗秦，加之此时的齐国已经几代无良将，因此国力也日渐衰落。

李斯根据自己对东方六国情况的分析，向秦王嬴政建议，凭借秦国的强大，“足以灭诸侯，成帝业，为天下一统”。否则一旦“诸侯复僵（强），相聚合纵”，那就错过了万世难得的机会，应不失时机地发动对东方六国的战争，统一天下。

卫缭也提出建议，为破坏东方六国的合纵，建议秦王嬴政应采取“毋爱财物，赂其豪臣，以乱其谋”的策略，从敌国内部进行分化，瓦解，以配合正面进行的军事斗争。

韩非则进一步提出了秦灭东方六国的具体方案，那就是：“破天下之纵，举赵亡韩，臣荆（楚）魏，亲齐燕，以成霸业之名。”即首先进攻近处的赵国和韩国，同时暂时稳住楚国和魏国，拉拢燕国和齐国，等灭赵之后，再逐一灭掉其他五国。韩非的这一战略，实际上是继承和发展了秦国自秦昭王以后所一直奉行的“远交近攻”这一既定的国策。

秦王嬴政采纳了他们的建议。确定了在“远交近攻”这一战略决策的指导下，首先重点打击赵国，并乘势灭掉韩国，而后一举再灭魏国，控制中原。打破东方六国的合纵可能，然后消灭楚国，最后再灭燕、齐。实际上这是一个先弱后强，由近及远各个击破的方针。

这样便开始了在“远交近攻”战略指导下历时十年的统一战争。

公元前236年，秦国抓住赵国进攻燕国致使内部空虚这一时机，一面派使者去燕国，向燕王表示秦国愿意出兵援燕，并商定一旦灭赵，两国平分其地，燕王听后大喜；一面派大将王翦率秦军经上党地区进攻赵的都城邯郸。又派将军桓龅率军攻打邯郸以南地区造成对赵国的合围。赵王闻讯，急忙把进攻燕国的军队调回，命大将李牧迎击王翦，扈辄阻击桓龅，双方互有胜负，很快形成对峙局面。后来桓龅采用迂回战术大败扈辄，斩杀赵军十万余人。但很快李牧挥军救援，又将桓龅击退，双方又呈对峙状态。消息传到咸阳，秦王嬴政听罢焦躁不安，担心时间久了，东方六国看出秦国的意图，再结合纵进攻秦国。于是，急忙召集会议商议对策。卫缭说："我知道赵王身边有一宠臣名叫郭开。此人生性嫉妒而又十分的贪财，与李牧素来不睦。大王可不惜重金行贿，让他在赵王面前诋毁李牧，加之赵王生性多疑，必然中计。"

郭开在得到秦国贿赂他的金银后，立刻在赵王面前造谣说："李牧击败桓龅却不回击王翦，而按兵不动，大王几次催他进兵，他都以各种借口加以搪塞，拒不领命。我看他这是心怀异志。大王对他可要警惕呀，别忘了他现在手中可掌握有几十万军队，一旦他投降了秦国，回过头来打我们，那可就……"赵王忙问："那我该如何?"郭开言道："可先夺取他的兵权，改由赵葱为将。"赵王听信了郭开的话，杀了为赵国曾屡立战功、威震秦国的李牧，由赵葱为将。赵军将士见此个个寒心，致使兵无斗志。

正当秦军集中力量攻打赵国时，韩王安却慑于秦国的声威，派人到秦国请降。秦王嬴政大喜，立刻派内史腾前去接受韩国的土地。公元前230年，韩国在六国中首先被秦国所灭。

荆轲刺秦王图

公元前229年，秦国利用赵国发生大地震和旱灾的机会，派王翦再次攻打赵国。秦军一举突破井陉，攻克邯郸，赵王迁也当了秦国的俘虏，赵国灭亡。

秦灭赵后，陈兵于燕、赵边境，虎视燕国。这时燕王才如梦初醒，意识到当初秦军出兵援燕是假，一旦它灭掉了赵国，下一步就是攻打燕国。燕王后悔当初不该听信秦国的挑拨而与赵国交战，如今赵国已亡，燕国再也没有什么天然屏障可以抵御秦军了。早先燕王的谋臣鞠武曾建议燕王："西约三晋，南连齐、楚，北媾匈奴以图秦"的方针，这实际上是一种合纵拒秦的战略。但现在赵国已亡，失去了时机。燕王无奈

秦朝大将蒙恬

只好听从太子丹的建议，把燕国的命运都押在刺客荆轲的身上，幻想通过他刺死秦王，以挽救燕国。燕太子丹一直把荆轲送到易水河边，两人洒泪而别。

秦王嬴政听说燕国愿意割地请和，所派使臣已达咸阳。又听说燕使还将秦国叛将樊于期的人头给送来了，很是高兴，亲自接待荆轲。荆轲献上樊于期的人头后，又献上燕国准备割地的地图，一面展开，一面用手将燕国准备割让给秦国的地方一一指给秦王。当最后地图全部打开时，突然在地图中间藏着一把明晃晃的匕首。说时迟，那时快。荆轲右手抓住匕首，左手抓住秦王的袍袖，要秦王放弃攻燕。秦王大惊失色，用力挣脱。情急之中想拔佩剑，结果由于剑长，加之心情紧张，怎么拔也拔不出来。又见荆轲举着匕首奔来，秦王只好绕着大殿的柱子躲避荆轲，危急之中，一个侍医将随身携带的药箱砸向荆轲。此时秦王又忘了下令召集殿外的武士。众人则大叫让秦王从背后抽出宝剑，果然秦王抽出了佩剑，回身一剑砍断了荆轲的左腿。荆轲倒在地上，将手中的匕首掷向秦王，被秦王躲过，击中了大殿的柱子。荆轲见未击中秦王，不禁仰天长叹一声："此番未能击杀秦王，非我荆轲之过，实乃天意，上天要亡燕国啊。"

秦王嬴政马上派大将王翦和辛胜率军大举攻燕。在易水边，秦军大败燕代联军，并乘胜攻占燕都蓟，燕王喜与太子丹逃到辽东。秦将李信追击千里，最后迫使燕王喜杀死太子丹向秦国投降，燕亡。

秦灭韩、赵、燕以后，基本上控制了黄河中下游地区，只剩下孤立无援的魏国。公元前225年，秦国派王贲率军从关中出发，直捣魏国的大梁。怎奈大梁城墙高厚，异常坚固，屡攻不克。于是秦军便引黄河和鸿沟之水，灌进大梁。大梁终于被秦军攻克，魏王投降，魏亡。

至此东方六国已有四国灭亡，只剩下南方的楚国和东方的齐国。在齐楚之间，攻齐，必须越过新破之国，人心未附，补给困难，依据"远交近攻"的战略方针。秦王决定先攻楚国。虽然过去秦国曾数次大败楚国，但楚国毕竟是一个大国，秦国不敢轻视。因此，在出兵前秦王嬴政召集部将商议攻灭楚国的策略。将军李信年少气盛，又在灭燕的战争中俘获燕王，深得秦王的赏识。于是秦王首先问李信："寡人想攻取楚国，依将军看来，需用多少兵力才能取胜呢？"李信答道："依末将看来，最多不过二十万人！"秦王嬴政转过头来又问老将王翦："老将军依你看呢？"

王翦回答说：“楚国乃是一个大国，要想灭楚非六十万人不可。”秦王听罢很不以为然，不禁脱口说道：“看来王将军真是老啦，连打仗也不如以前勇猛而变得胆小起来，李将军不愧年少有为，勇猛果敢，那么我就任命你为主将，蒙恬为副将，率军二十万即日起兵，攻打楚国。望将军早日奏凯回师，寡人当亲自前往迎接。”李信得意扬扬，与蒙恬领兵二十万杀奔楚国。王翦见此情景，便借口自己年老体衰，告老还乡，回到老家频阳以度晚年。

开始秦军进攻比较顺利，很快李信攻占了楚国的平舆，蒙恬攻占了寝，大败楚军。秦军连胜之后，开始骄傲轻敌，而楚军在大将项燕的指挥下，利用秦军的麻痹轻敌，突然发起反击。在楚军的猛烈打击下，秦军溃不成军。楚军连续追击三天三夜，攻下秦军营垒两座，杀死都尉七人。这是秦国在统一六国战争中蒙受的一次最惨重的失败。

秦王嬴政得到秦军失利的消息后，勃然大怒。这才意识到，王翦当初的主张是正确的。于是他亲自来到王翦的家乡，登门向王翦赔礼：“寡人不用将军的计策，结果李信大败而回，使我军蒙受了很大的耻辱。又据报告，楚军正向我边境逼进，我秦国处境危急。现在将军您虽然有病在身，怎么能单独把我抛弃呢?”王翦答道：“老臣我身染重病，很是虚弱，很难领兵出征了，还望大王选择更有能力的人为将吧。”秦王说：“我已经找到了这样的大将了。将军你就不必再多说了。”王翦说：“如果大王非坚持让我领兵出征的话，那么灭楚非需用六十万人不可。”秦王答道：“一切均由将军一人定夺，打仗之事全都要仰仗将军了。”

王翦率大军六十万灭楚，秦王嬴政一直送到灞上。王翦鉴于李信轻率进军的错误，在攻入楚国后，采取以逸待劳的作战方针，在陈邑、商水，上蔡、平舆一带构筑营垒。

楚王负刍听说秦国再次来攻，而且又是倾全国之兵出动时，也动员了全国的力量，准备和秦军决一死战。

项燕鉴于秦国这次是以六十万大军来攻，领兵的又是老谋深算的名将王翦，便仍采取上次打败李信的战术，在寿春以北的淮河北岸构筑营垒，用坚固的防守，首先挫败秦军的锐气，等到对方久攻不下，粮草不济时，再指挥楚军全线出击，向秦军反攻，一举将其赶出楚境。从当时秦楚力量对比上看，项燕的这一战略无疑是正确的。六国之中除楚国外，只剩下一个齐国，而它又一直抱着保境的观念不放，因而楚国不

秦王将兵马
大权交与王翦

能指望齐国出兵援助自己。而秦国在吞并了四国后，可谓兵强马壮，士气正盛。虽然前次李信攻楚受挫，这对于秦国这个“带甲百万的强国，是不会对它产生严重影响的。所以贸然进攻秦军，只能加速自己的失败。当项燕看到王翦把军队扎在建好的营垒里面的时候，更加坚信了自己的主张，即不能主动进攻秦军，而是与之对峙。

因此，秦、楚两军在淮河对峙达数月之久。楚王负刍见项燕数月没有动静，以为他胆怯而不敢与秦军交战，便几次派人催促他进攻秦军。项燕反复说明自己的理由，无奈楚王固执己见，甚至怀疑项燕不主动进攻，是与秦军有什么密谋。项燕只好改变原来的计划，率军离开营垒，从西面进攻秦军。结果秦军营垒坚固，楚军根本无法攻破，而且死伤很多。项燕只好领兵又改从东面攻击秦军。

楚军的这些动向，早被王翦了解得一清二楚。于是他利用楚军疲惫不堪，又离营而去的有利时机，下令全军出击，与楚军大战于涡河。秦军奋勇冲杀，楚军只得且战且退。不想又遇到涡河的阻拦，真是前有所阻，后有追兵。顿时楚军队伍大乱，被秦军杀死和落水而死的不计其数。只见河面上漂满了楚军的尸体，项燕也在蕲被秦军杀死。

王翦一面命蒙武率军攻占淮河以北的楚地，自己则亲自率军直扑楚都寿春，俘虏了楚王负刍。第二年，王翦又平定了江南的楚地。

现在六国之中只剩下齐国。这时的齐国，内部混乱不堪，民心涣散，虽然有人曾提出建议，与其坐以待毙，不如主动出击。这实际上是纸上谈兵，无济于事。齐王建不甘心就这样为秦所灭，还想作一番挣扎，他把军队集中在齐国西部，准备抗击秦军。

公元前 221 年，秦军避开了齐军重兵防守的西部。避实击虚，而从防守薄弱的北部发起进攻，直插齐国的都城临淄。在对齐国施加压力的同时，秦国还对齐国采取政治诱降的策略。许诺只要齐王答应投降的话，秦国可以给他五百里封地。在秦军的压力下，齐王建出降。秦王嬴政终于用了十年的时间，完成了灭六国，统一天下的大业。

李斯、韩非和卫缭发展了由范雎提出的“远交近攻”的谋略，并把这一谋略从单纯地运用于军事斗争发展到与政治、外交斗争相结合，因而在实行过程中，能够依据情况，交相使用，灵活掌握，依次击灭六国。

秦灭六国之战，可说是“远交近攻”谋略成功运用的范例。

袁术亲布图刘备

在淮南称帝的袁术自从刘备中曹操“驱虎吞狼”之计双方争战以来，便与刘备结下了仇。吕布因袁术言而无信，双方又结下了怨。在这三方小的势力范围圈内，吕布又把刘备接回徐州，让刘备屯居沛城，两支较弱的势力以掎角之势防御着强势力的兼并。

袁术为了报刘备昔日攻伐之仇，恐吕布助刘备，便采取分化瓦解徐州刘吕联盟以利结布的连横策略，给吕布送去了昔日拖赖他的信物，然后兴兵攻刘备。吕布虽然得了袁术粮食、马匹及金帛，但恐袁术取了沛城自己受制，便用“辕门射戟”

袁术七路下徐州

的办法，恃强制止了袁术讨刘备的举动。袁术赔了许多金帛、资财而未能按住吕布，一气之下要兼攻吕布和刘备。

这时，大将纪灵说："主公不可轻动，吕布勇力过人，又有刘备相助，兼攻实在于我不利。再说我们也不能白白送去许多金帛啊。我看还是没法连横吕布为上。我听说吕布有个女儿，已到应婚的年龄了。主公正好有一子。为什么不派人去求亲呢？如果吕布答应了这桩亲事，莫说你去攻打刘备他会按兵不动，就是你让吕布去杀刘备他也是肯为的。从长远来看，你若与吕布合兵一处，欲得天下也是很容易的。以婚结秦晋之好，任凭别人再离间也不会使我们之间反目，这是'疏不间亲'的连横之策也。"袁术见此策如此之妙，马上遣韩胤为使去徐州说媒。

韩胤来到徐州，对吕布说明来意。吕布说："此乃家事也，待吾与妻商议一下再说。"吕布之妻严氏听了这桩亲事后，对吕布说："袁术在淮南称帝，允了这桩亲事，我女儿迟早便可成为皇妃了。如此好事怎能不允？"吕布见妻子应允了，便向韩胤许了亲事。韩胤得了此话，马上回淮南禀告了袁术。接着又返回徐州，带来了聘礼，催促吕布择日送女儿完婚。

吕布的谋士陈宫是主张吕布连横袁术而疏刘备的。昔日刘备与袁术争战时，是陈宫劝吕布乘机袭取了徐州，接着又同意吕布应袁术之约去夹攻刘备。后来由于袁术失信违约得罪吕布，吕布欲攻打袁术时，陈宫极力劝止，而纳刘备于沛城，仅是陈宫的权宜之计。吕布"辕门射戟"时，陈宫未置可否。现在听说袁术来求亲，并且吕布已经许下了这桩亲事，便想尽快促成这门亲事、他暗中问韩胤说："明天我就让吕布送女儿过去成亲好吗？"韩胤此刻正求之不得，连忙向陈宫道谢。

陈宫来到吕布府中对他说："现在天下诸侯争雄，将军与袁术结亲，这在军事上表明是你的勇力与袁术的势力的结合，这真是一件大好事啊！但是，其他诸侯如果听说了，怎能不因此而惊惧呢？一旦在送亲吉日之时，拦路劫亲，岂不有伤大雅？依我看，既然已许下了这门亲事，就应趁诸侯还不知道的时候，抓紧把女儿送过去，暂且在馆驿中居住，然后择日成亲。这样才能万无一失啊。”吕布听了，觉得这个办法也未尝不可。便连夜令人置办嫁妆，收拾车辆。第二天一早便鼓乐喧天地把女儿送出城。

就在袁术的“疏不间亲”之计马上就要成功的时刻，徐州城内的陈珪听了此信，为了刘备的安危，劝吕布不能送女儿前往，说袁术是索其女儿为质云云。经陈珪尖齿利语一劝，无主见的吕布马上改变了主意，又派人把送亲的队伍截了回来。

后来，在曹操以利结布的策略作用下，吕布派人把韩胤押往许都，让曹操把他杀了。至此，袁术的“疏不间亲”之谋便彻底破败了。

贾诩审势降曹操

南阳张绣自统其叔父兵马成势以来，本欲寻机暗取许都，不料竟被曹操窥破，几次受到曹操大军的征伐。一时不知所措。谋士贾诩也暗中思量到，在群雄争霸之际，各路诸侯都顺应传统的思想意识，打着匡扶汉室的旗号招兵买马，扩充实力。而我主张绣所统的是昔日董卓旧将张济之兵，其名声狼藉，难以在实力上得到发展。欲图生存，应采取“柳下借荫”之策为上。

贾诩谈兵

一天，贾诩忽听说曹操遣刘晔为使来访。贾诩一听十分高兴。心想，我正为无机会投曹操而费心机，他今此来正合我意，于是便将刘晔接至府中细细攀谈。贾诩通过刘晔，进一步了解了曹操的文韬、战略、志向，便决意欲降曹。正在这时，张绣令人召他前往议事。他便暂留刘晔在府来到军帐。见了张绣后方知，袁绍又遣使来招安。贾诩从张绣手中接过使书细阅一遍，问使者说：“近日兴师破曹兵，胜负如何？”使者说：“隆冬寒月，权且罢兵。吾主见将军与刘袁均有国士之风，故来相请耳。”贾诩大笑说："你回去告诉袁绍，他们兄弟之间都不能相容，还能容天下国士？"说着把使书撕得粉碎扔在地上，叱退来使。

张绣惊疑地问贾诩说："现在袁绍之兵有曹操的四倍之多，我们连曹操都征伐不了，因何又得罪袁绍，倘若他们来攻，我将何往？"贾诩说："我已为将军筹划好了，可即刻去降曹。"张绣说："我们上次已降过他一次，结果闹翻，他怎肯再次相纳？"贾诩说："我心一直在虑及此事，因此一直未定。今曹操已有招安之意，并遣使在此。"张绣说："袁绍势大为何不投之，却偏要降曹？"贾诩说："降曹之理有三。其一，曹公奉天子明诏征伐天下，名正言顺，占政治优势；其二，袁绍虽强，我以少从之，他也不以我为重。操虽较弱，见我去投必受重用；其三，曹操有王霸之志，必释私怨，以明德于四海，而袁绍心胸狭窄，不能容人。请将军勿疑。"

张绣从贾诩之言，即刻请刘晔相见。刘晔也开释张绣说："曹公若记恨当年旧怨，今怎肯遣吾为使来结好将军呢？"张绣一听也是此理，便率众欣然去投曹操。

曹操见张绣来降，拉着他的手说："当初是吾小有过失，请将军勿记于心。"于是封张绣为扬武将军，封贾诩为执金吾使。至此，张绣得其归所，贾诩得其明主。

张相国破纵强秦

战国后期，齐、楚、燕、韩、赵、魏六国，对秦国形成了"合纵抗秦"的局面。

一日，秦惠王召来相国张仪，商议破敌之计。

张仪说："大王欲为群王之首，统领齐、楚等六国，可用远交而近攻之策。"

秦惠王大喜，说："那朕就命你使用此计将合纵抗秦之势瓦解。"

公元前328年，张仪与齐、楚两国的相国进行了会见。会见时，张仪向两国的相国赠送了大量的金银美女，还娓娓陈述秦国与齐、楚二国结交的好处。至使齐、楚二国脱离了六国纵约，与秦国合好，孤立了韩、魏。

几年后，魏、韩、赵、燕四周联合齐、楚，讨伐秦国，而实际上参战的只有燕、韩、赵、魏。因此，四国军队在秦国的要隘函谷关遭到秦军的猛烈反击，大败而退。

第二年，秦惠王召集将领，共商伐韩之事，秦惠王说："我们刚刚将六国纵军打败，可趁韩国未兴之时，起兵伐之。"

随即，秦国兴兵伐韩，将韩军大败于修鱼。战后，秦惠王将俘虏的8万韩军士兵全部杀死，使各国为之震惊。

这时，张仪来魏国，朝见魏襄王，并劝魏国向秦国屈服。他对魏襄王说："魏国的土地不足千里，地势平坦，又无名山大川可以倚恃。魏军不过30万人，还得分别在与楚、齐、韩、赵接壤处守卫，用来对抗秦国的兵力不过10万人。再者说了，虽然六国达成合纵之盟，但亲兄弟同父母之间还因财产争夺而互相残杀，六国

张仪

怎么能因苏秦几句话就联合起来呢？大王还是为自己想想，如果贵国不向秦国靠拢的话，秦国军队一旦渡过黄河，贵国就危险了，大王还是三思为好。”

魏襄王听后恐慌，急问：“依张相国之言，敝国如何是好？”张仪趁机说：“只有一个办法，与秦修好。”

魏襄王在联军惨败，韩军覆没之后，经不住这种恐吓之言，遂背弃纵约，请和于秦。

张仪回秦后，建议秦惠王再次伐韩，在岸边大败韩军，迫使韩宣王到秦国求和。

韩、魏二国屈服后，张仪又去拜访楚怀王。楚怀王设宴款待张仪。张仪对楚怀王说：“大王，如果贵国断绝与齐国的联盟，我将向秦王请求把商于之地约六百里划给楚国，秦楚两国从此结为兄弟国家。”

楚怀王听后，十分高兴，立即答应。

大夫陈轸说：“大王不要高兴得太早了，依臣看来，商于之地不可能得到，而楚、齐联盟却可能因此转变为秦、齐联盟。秦国之所以看重楚国，是因为楚国和齐国联合。今楚国与齐国绝交，等于自我孤立，秦国哪里还怕已经孤立了的楚国。张仪回秦后必然毁弃诺言。我们楚国北绝齐交，西根于秦，弄不好，齐、秦两国之兵都会打进来的。”

楚怀王闻言大怒：“朕意已决，决心绝约于齐，尔等不得再来胡言。”随即，派人随张仪去秦国接受商于之地。

张仪回秦后，装作从车上坠下来受伤，3 个月没有露面。楚怀王见派去的人没有得到土地，以为秦国认为楚绝齐不够，又派人到齐国边境去痛骂齐王。齐湣王十分气恼，当即与楚国绝交。

这时，张仪才对楚国来要地的使者说：“你们怎么不来接受那六里土地？”

楚国人说：“我受大王之命前来接受六百里土地，怎是六里？”于是回国复命。

楚怀王大怒，立即宣布与秦国绝交，并派大军攻打秦国。在丹阳，秦国打败了楚军，歼灭了 8 万人，俘虏了楚军 70 多名将领，占领了汉中地区。楚怀王被迫割汉中郡向秦求和。

张仪又来到齐国，对齐湣王说：“那些劝说大王合纵好，无非是说齐国有韩、魏、赵三国作为屏障，并且地广民众，兵强士勇，即使有一百个秦国，也无奈齐国。可大王没有看到，实际上如今秦、楚两国互相嫁女娶妇，结为兄弟；韩国则献宜阳给秦；魏国在黄河以外为秦国效命；赵王亲自去朝见秦王，并且割河间的土地给秦国。大王如果要与秦国对抗的话，那就坏了。”

齐湣王讲：“那将会怎么样呢?”

张仪说：“那样的话，秦国就会让韩、魏两国从南面进攻齐国，命令赵国渡过清河攻击齐国，那时，昨淄和即墨就不属于大王您的了。如齐国一旦被攻，再想向秦屈服，可就为时过晚了。”齐湣王无法，只好答应与秦国和好。

在赵国，张仪对赵武灵王说：“赵国的情况不太妙啊！赵国当年派苏秦合纵六国，至使秦军有 15 年不敢东出函谷关。这笔账，秦国是不会忘记的。如今楚国与秦国结为兄弟之国，韩国和魏国则在东面向秦称臣，齐国也主动向秦国献渔盐之地，这不就等于切断了赵国的右肩。右肩断了还与人搏斗，这不是很危险吗?”

赵武灵王听了轻轻点头。

张仪又接着说：“秦国要是发出三军，一军阻塞午道，让齐军进占邯郸以东；一军屯驻成皋，驱韩、魏国之军从河外出兵；一军扼守渑池，会合上述各国军队发起总攻，必然会瓜分赵国的土地。我现在为大王考虑，不如早与秦国结好，成为兄弟之国。”

赵武灵王迫于当时的形势，又加上张仪如此劝说，只得与秦国结为兄弟。

赵武灵王

张仪最后来到燕国，对燕昭王说：“大王知道，如今赵王已经朝见秦王，并且割河间的土地讨好于秦。大王如果不服从秦国，秦一旦出兵云中、九原，并且驱赵国攻燕，那么易水和长城就不是大王的了。”

张仪看了看低头沉思的燕昭王，又说：“像齐、赵这样的大国，对于秦国来说，也只不过像是一个郡县，不敢轻举妄动。如果大王肯和秦国友好相处，我肯定秦王会高看一等，不会让燕国像齐、赵国那样屈辱。”

张仪终于以“远交近攻”之策，离间了六国，威逼六国外相割地贿秦，使秦国兵不血刃便取得了六国的部分土地。为秦统一中国打下了基础。

政治权谋

联吴制楚，复兴霸业

“联吴制楚”是春秋时期楚国亡臣申公巫臣为晋景公提出的复兴霸业的谋略。春秋时期，晋楚长期争霸。公元前632年，晋楚城濮（今山东鄄城临濮集）之战，晋文公完成“取威定霸”的业绩，使楚北上再次受阻。公元前597年晋楚邲（今河南荥阳东北）之战，楚庄王饮马黄河，雄视北方，使晋国的霸业中衰。此后，秦楚联合对晋，齐鲁附楚，晋以今山西南部及河南陕西之一部地域，处于四面受敌的不利形势之下。晋景公即位后，立志复兴霸业，改变与楚争霸的不利态势。他首先采取软硬兼施，一打一拉的手法，争取与齐国建立了联盟，摆脱了四面受敌之困境。但是，秦、楚联合，楚无后顾之忧，晋从正面进攻，仍不易制伏楚国。

公元前589年，齐晋鞍之战的时候，楚国大夫巫臣因为娶夏姬之故，投奔晋国，晋景公任命他为邢（今河北邢台市西南）大夫。楚人尽灭巫臣的族人。巫臣大怒，于是他于公元前584年向晋景公献“联吴制楚”的谋略。晋景公采纳了巫臣之谋，并采取了一系列谋略行动：他重新调整了自己的战略重点，以中原先进的装备和技术重点扶持吴国的发展；他派巫臣父子随带兵车及步卒做示范队，出使吴国，教吴人射箭、驭马、车战、步战之法；集中力量慑服中原楚的属国，削弱楚的力量。

上述谋略行动，使远在东南的吴国日渐兴起，在楚国的翼侧不断进犯，使楚陷于两面作战，疲于奔命的不利境地，当做从而为晋国战胜强楚，复兴霸业奠定了基础。

“联吴制楚”之谋的成功运用，使得楚国一蹶不振，并开启了吴越争霸的序幕，这对春秋晋楚长期争霸形势的转变起了关键性的作用。

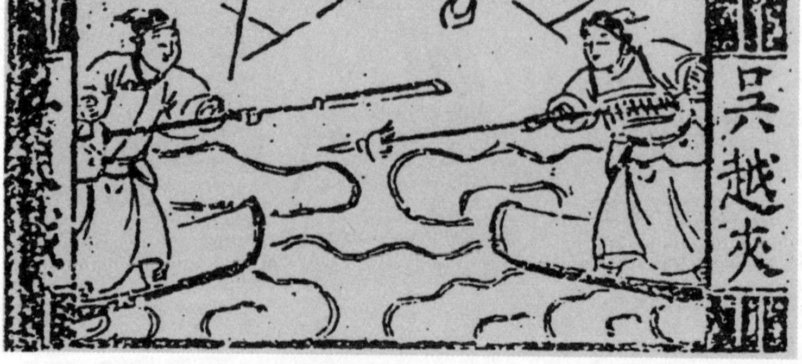

吴越争霸

冯谖定计，狡兔三窟

冯谖，是战国时齐国公子孟尝君的门客之一，他是一个十分聪明有智慧的人。在未见孟尝君之前，他是一个十分贫穷的人，听说孟尝君招纳宾客，就带着他的宝剑前往，孟尝君问他有什么能耐，他偏偏说自己没什么，于是就被当做一般的宾客，一般地招待。先生寂寞地终日弹剑作歌，被孟尝君发现，一一满足他的要求，不过也仅仅当做一种玩笑罢了，并未将他放在心上。直到他为孟尝君到薛地收取租税，尽烧偿还不起之家的债券，说出一番狡兔三窟的大道理来，才被发现是一个极有智谋的人才。

孟尝君相齐数年，与齐湣王产生了矛盾，再加上秦、楚二国的挑拨，使齐王以为孟尝君在齐国的名声太高，会影响到自己的权位，于是便免去孟尝君的相位。门客们纷纷离去，独有冯谖不去。冯谖对孟尝君说：“请给我准备一辆车，我准备西入秦国，使您在国内的地位更加稳固，您的封地更加广大。”孟尝君就给他准备好车马礼物。冯谖西入秦国，向秦王游说道：“天下之游士到秦国来的无不是想使秦强大而削弱齐国，到齐国去的无不是想使齐强大而削弱秦国，齐秦两国，正可以说是一对旗鼓相当的对手呀。彼雄则此为雌，彼雌则此为雄，可以说是势不两立。只有称雄者才能最终得到天下。”秦王一听，顿生兴趣，忙问：“怎么样才能使秦国能够雄飞而不雌伏呢?”冯谖反问：“大王您知道齐国废弃孟尝君的相位了吗?”秦王表示听说过这么回事。冯谖接着说；“是孟尝君的存在，才使齐国被诸侯所重。如今齐王因为听了别人的挑拨就废弃他，他的心里一定怨恨而背弃齐国。如果他能来秦国，那么齐国的情况他十分了解，而且有许多齐人对他怀恋。齐地就可以属于秦了。大王赶紧派使者偷偷地将孟尝君迎来，千万不可失却这样大好的时机。如果齐国觉悟了，重新启用孟尝君，那么将来谁雌谁雄，就又不好说了。”秦王于是派使者以车十乘，黄金百镒前去迎接孟尝君。冯谖托词先走，到了齐国又游说齐王道：“天下之游士到齐国来的无不

冯谖弹铗客孟尝

是想使齐强大而削弱秦国，到秦国去的无不是想使秦强大而削弱齐国，齐秦两国，正可以说是一对旗鼓相当的对手。彼雄则此为雌，彼雌则此为雄。秦强了齐就弱，绝没有两雄并立的道理。如今听说秦国派车十乘前来迎接孟尝君。孟尝君不去还则罢了，孟尝君去了秦国，为秦相则天下人纷纷依附，那么秦则为雄，齐则为雌了，齐一为雌，只恐怕国都都难保了。大王为什么不赶紧赶在秦使未到的时候，恢复孟尝君的相位，扩大他的封地以安定他的心。秦虽然是强国，也没有请别人的相国到自己国家任职的道理。这样，就可打破秦的阴谋，阻止其更加强盛了。”齐王于是派人在国界上等候秦使，秦使的车辆这时刚好进入齐境。使者还报齐王，齐王赶紧恢复了孟尝君的相位，又将他的封邑增加了一千户。秦国使者听说齐国恢复了孟尝君的相位，便带着礼物返回秦国了。

冯谖为孟尝君设的这一条“远交近攻”之计获得了巨大成功。

为破匈奴远交友

汉武帝从投降汉朝的一个匈奴人口中得知：西方有一个大国叫月氏国，月氏国和匈奴有仇，痛恨匈奴，久欲报仇，只是没有人帮助他们。汉武帝就准备联络月氏国，从月氏国去攻打匈奴，斩断匈奴的右臂。于是派张骞带领一百多个人出使西域。张骞在路上被匈奴人截住，留在匈奴十多年。后来他想办法逃了出去，到了西域诸国，却没能和月氏联系上。回来后，他向汉武帝作了介绍，汉武帝听了才知道，在匈奴西边还有那么多大国，他们像中国人一样务农、牧畜，也有珍贵的物产，他们也喜欢汉朝的物品。如果给他们送些礼物，和他们交好，用礼物和道义同他们来往，这样，使得万里之外语言不通的部族联合起来，共同对付匈奴，那么匈奴还有什么可怕的呢？

张骞出使西域

于是，汉武帝多次派张骞和其他一些人带着很多汉朝的礼物到西域去，和大宛、康居、月氏、滇越等国建立了关系，有了来往，后来的事实证明这对汉朝征服匈奴的确大有帮助。

商海弄潮

古耕虞远交近攻连连得胜

全国工商联副主席古耕虞先生十分推崇战国时期一个叫白圭的商人。

在一次研讨会上，古耕虞先生对大家说："白圭认为经商必须抓住时机，运用智谋，就应该像孙武用兵、商鞅行法一样。这也是目前我们应当仿效的经商思想。"

古耕虞先生早在60多年前就曾应用白圭的经商思想，在激烈的国际市场竞争中审时度势，趁机行使远交近攻之计，最终击败强大的美国"孔公司"，使中国猪鬃销往世界各地。

60多年前，中国对外贸易完全被买办资本控制着，那时古耕虞正主持着由民族资本创建的"古青记"猪鬃公司。为了摆脱洋行买办的控制，把自己的"虎牌鬃"直接销往美国市场，古先生苦苦地争斗着，但因资金薄弱，"古青记"一时斗不过洋行买办。

古先生坐在桌前，细细思索：近攻不能得手，何不远交。他想到了自己生意中的美国伙伴。终于，他与美国号称猪鬃大王的"孔公司"挂上了钩。

在华盛顿"孔公司"的议事厅内，公司总裁杰克先生对古先生说："经过董事会研究，我们决定向古先生提供100万美元的循环信用贷款，不知古先生是否满意?"

古耕虞微笑着对杰克说："谢谢尊敬的杰克先生，对美国公司对我的支持，我感激不尽，并希望我们的合作与日俱增。"

正是这100万美元，就使古先生获得了超出洋行买办的资金周转优势。从此，"古青记"的出口猪鬃不仅质优而且价廉，在与洋行买办的竞争中很快跃升为中国猪鬃出口贸易的主要经营者。

然而，资本主义市场上的合作恰恰意味着争斗，同床异梦更是司空见惯。

几年后的一天，秘书推开古耕虞总经理的办公室，呈上一份调查情况报告。

古先生点着一支香烟，仔细地浏览着这份报告。原来，经过几年的合作，美国"孔公司"想甩开中方，独揽猪鬃市场的国际市场。"孔公司"想在中国买到比"古青记"更便宜的货，而"古青记"也想在美国找到比"孔公司"更好的买主。双方各不相让。

古先生猛吸了一口烟，走到窗前，他十分明白，此次争斗，决不能乞求迁就，畏首畏尾，如稍有不慎，就会被"孔公司"吃掉。

古耕虞先生在董事会上表示："我决心亲赴美国与'孔公司'打一场面对面的近战。"董事会研究结合当前局势，决定"古青记"先下手为强。

10月份，古先生亲赴美国。凭“古青记”经营出口商品的实力，凭虎牌猪鬃的良好质量，古耕虞很快与美国的另一家“美洲豹”公司建立了新的合作关系，组成了双方联营的“海洋公司”。

在震耳欲聋的鞭炮声中，“海洋公司”开张营业了。

通过“海洋公司”，“古青记”在美国金融界取得了更多的低息信用贷款，使虎牌鬃在美国市场的售价逐年上升。正是这场在美国本土的逼近竞争，使“古青记”既赢得丰厚利润，又迅速发展了业务，增强了实力。

1944年，古耕虞先生在香港创办了分行，开辟了猪鬃出口的新渠道。

本田“远交近攻”开辟市场

当今世界摩托车销售比例中，每4辆中就有1辆是本田产品，从这个数字里可以看出本田销售网之大，你可知道，如此庞大的销售网是起源于日本的自行车零售商店。

1945年，第二次世界大战结束，身为战败国的日本，所有战争物资都要由美国占领当局收缴后销毁。其中一种日本军队用来带动机动电台的小引擎，被本田宗一郎搞到500个。他把这些小巧的引擎装在自行车上。尽管发动后会产生阵阵难闻的气味，但顾客并不在意。这种改装的自行车畅销，500辆很快就卖完了。

本田从这件事看到了摩托车的潜在市场，于是成立了本田技研工业株式会社，和摩托车结下了不解之缘。

一批又一批可以装在自行车上的“克伯”牌引擎生产出来了，光靠当地的市场是容纳不了的。本田并非仅怀燕雀之志的泛泛之辈，他的目标是全日本甚至整个世界。但是眼前的问题是，该如何将这些产品销出去。

本田找到了新的合伙人，他叫藤泽武夫，过去是一个小承包商，对销售业务有自己的一套。他入伙前，对本田技研及其产品市场已做过一番调查研究。当本田与他商量如何着手建立全国性的销售网时，他微笑地说：

“本田先生，就我们目前的情况来看，要建立自己独立的销售网还是不实际的吧？”

“这一点是毫无疑问的。但是如果不向全日本进军，我们永远只不过是一个小工作坊而已！”

“向日本进军，也正是我入伙的目的。”藤泽有点激动地表示，但随即又平静地说，“虽然我们目前还没有能力建立自己的销售网，但是我们可以利用现有的零售商。”

“藤泽先生，我想提醒你，全国现在约有200家摩托车经销店，他们都是像我们这样勉强维持的小制造商拼命巴结的对象，尾巴都翘上天了。如果满足他们的贪欲，虽然可以打进这些店家，但是我们只有喝稀饭的份了！”

“我另有办法，否则，我又何必入伙呢？”藤泽胸有成竹地说，“我根本不打算跟他们打交道。我们的‘克伯’不是可以安装在自行车上，进而改装自行车吗？”

"这我完全知道，但……"

"对不起，请听我说。"藤泽思路清晰地说，"想必你也知道，全国还有5千家自行车零售商店。如果他们为我们经销'克伯'，对他们来说，既扩大了业务范围，增加了获利渠道，同时又能刺激自行车的销售。加上我们给他们的合理利润，送到口边的肥肉他们会不吃吗?"

"行！你马上去和他们联络吧！"本田深表同意。

"不！这块肉对自行车零售商来说是太肥了，我们可以不必亲自上门去找他们。只要发函告知即可。这样不但可以节省开支，又可以提高我们的地位。你说是吗？本田先生。"

"太好了，就按照你的办法吧。劳你费心了，藤泽先生。"

一封封信函如雪片般地飞向遍布全日本的自行车零售商店。信中除了详细介绍"克伯"的性能和功效外，还告诉零售商每具引擎售价25英镑，零售商可获得7英镑的回扣。两星期后，8千家商店作出了积极的回应，藤泽就这样巧妙地为本田技研建立了独特的销售网。本田产品从此开始进军全日本。

摩托车经销商离本田虽然"近"，对销售摩托车的业务相当熟悉，并有广泛的业务基础，但是近而不"亲"。

自行车零售商距本田虽然"远"，对本田产品销售业务不够熟，也没有这方面的业务基础，但是远而有"意"。

藤泽的远交近攻在本田技研起步之初显然是上上之策。

第二十四计　假道伐虢

原文注译

【原文】

两大之间，敌胁以从，我假①以势。困，有言不信②。

【注释】

①假：假借。

②困，有言不信：语出《易·困》。困卦为坎下兑上。上卦为兑、为泽、为阴；下卦为坎、为水、为阳。卦象表明，本该容纳于泽中的水，现在离开泽而向下渗透，以致泽无水而受困；同时，水离开泽流散无归也是困，所以卦名为“困”。“困”为困乏的意思。困卦的卦辞说：“困，有言不信。”大意是说：处在困乏境地，难道还能不相信强者的话吗？本计运用此卦理，是说处在两个大国中的小国，面临着受人胁迫的境地。这时，我若说要去援救他，他在困顿中能会不相信吗？

【译文】

处在敌我两个大国中间的小国，当敌方强迫它屈服的时候，我方要立刻出兵，显示威力，给予援救，这是不会不取得小国信任的。这是从困卦卦辞“困，有言不信”一语中悟出的道理。

按语注译

【按语】

假地①用兵之举，非巧言可诳②。必其势不受一方之胁从，则将受双方之夹击。如此境况之际，敌必迫之以威，我则诳之以不害，利其幸存之心，速得全势③。彼将不能自阵④，故不战而灭之矣。如晋侯假道于虞以伐虢⑤，晋灭虢，虢公丑奔京师⑥，师还⑦，袭虞灭之⑧。

【注释】

①假地：借地。

②诳：欺骗、迷惑。

③全势：整个局势。

④自阵：依靠自己的力量保持阵势。

⑤晋侯：春秋时代晋国的国君，此处指晋献公（公元前676—前651年在位）。假道：

借路。虞：春秋时代诸侯国名，姬姓，在今山西平陆北，公元前655年为晋所灭。虢：春秋时代诸侯国名，姬姓。有东虢、西虢、北虢之分。此处指北虢，建都上阳（今河南陕果东南李家窑），占有今河南三门峡和山西平陆一带，公元前655年为晋所灭。

⑥丑：虢国国君的名字。京师：东周国都洛邑，即今洛阳。

⑦师还：军队返回。

⑧袭虞灭之：袭击虞国，并将它灭掉了。

【译文】

假道用兵的行动，不是靠花言巧语所能欺蒙取得的。必须是这个国家处于这样的形势：如果它不是受来自一方的威胁，就会遭到双方的夹击。在这种情况下，敌人必然会用武力来逼迫它，我方却从不侵犯它的利益进行诱惑，利用它侥幸图存的心理，立刻把力量扩展进去，控制整个局势。这样，它势必不能够保住阵地，所以不必经过战斗，就可以把它消灭了。例如，春秋时晋献公向虞国借道征伐虢国。晋国将虢国灭了，虢国的国君姬丑逃到了东周的京城洛邑，晋国军队在返回的途中，又袭击虞国，并将它灭掉了。

传世典故

假道伐虢。假道：借路。伐：讨伐、进攻。虢：春秋时诸侯国名。原意是晋国假道于虞以伐虢，灭虢之后，又回师灭虞，即借别国的道路向敌人发动隐蔽而突然的进攻。后用以泛指以借路为名，加以利用，而后将其灭之的策略。军事上一般反映越过中间地区，先去攻下较远的敌国，待中间地区孤立之后，再回头围而歼之。

荀息假道灭虢

《左传分国集注·晋灭虞虢》记载了假道伐虢这个历史典故。

春秋时期，晋国想吞并邻近的两个小国：虞和虢。这两个国家之间关系不错。晋如袭虞，虢会出兵救援；晋若攻虢，虞也会出兵相助。大臣荀息向晋献公献上一计。他说，要想攻占这两个国家，必须要离间他们，使他们互不支持。虞国的国君贪得无厌，我们正可以投其所好。他建议晋献公拿出心爱的两件宝物，屈产良马和垂棘之璧，送给虞公。献公哪里舍得？荀息说：大王放心，只不过让他暂时保管罢了，等灭了虞国，一切不都又回到你的手中了吗？献公依计而行。虞公得到良马美璧，高兴得嘴都合不拢。

晋故意在晋、虢边境制造事端，找到了伐虢的借口。晋国要求虞国借道让晋国伐虢，虞公得了晋国的好处，只得答应。虞大臣宫子奇再三劝说虞公，这件事办不得的。虞虢两国，唇齿相依，虢国一亡，唇亡齿寒，晋国是不会放过虞国的。虞公却说，交一个弱朋友去得罪一个强有力的朋友，那才是傻瓜哩！

晋大军通过虞国道路，攻打虢国，很快就取得了胜利。班师回国时，把劫夺的财产分了许多给虞公。虞公更是大喜过望。晋军大将里克，这时装病，称不能带兵回国，暂时把部队驻扎在虞国京城附近。虞公毫不怀疑。几天之后，晋献公亲率大军前去，虞公出城相迎。献公约虞公前去打猎。不一会儿，只见京城中起火。虞公赶到城外时，京城已被晋军里应外合强占了。就这样，晋国又轻而易举地灭了虞国。

用计锦囊

假道伐虢：假道，是借路的意思。语出《左传·僖公二年》：“晋荀息请以屈产之乘，与垂棘之璧，假道于虞以灭虢。”

处在敌我两大国中的小国，当受到敌方武力胁迫时，某方常以出兵援助的姿态，把力量渗透进去。当然，对处在夹缝中的小国，只用甜言蜜语是不会取得它的信任的，一方往往以“保护”为名，迅速进军，控制其局势，使其丧失自主权。再乘机突然袭击，就可轻而易举地取得胜利。

本计有三种含义：

1. 借水行舟。就是借用别人所提供的条件或帮助来达到自己的目的。无论做任何事情，必要条件是不能缺少的，例如，要想行车，就必须有路，要想行船，就必须有水，否则将寸步难行。但现在我们没有路却要行车，没有水却要行船，怎么办呢？要想做到这一点，不按客观条件和规律而蛮干是不行的，其最简捷有效而又现实的办法就是“借”，向有这种条件的人去“借用”，即借你的路，行我的车，借你的水，行我的船。总之就是借用你之所有，来实现我的目的。这种方法在自己没有相应条件的时候，必须使用外，就是在自己具有相应条件时，为了减少不必要的代价，也常常要使用。

2. 借机渗透。乘对方有机可乘之时，借用某种名义，巧妙地把自己的势力渗透进去，一般情况下，要把自己的势力渗透到对方内部，并不是很容易的，运用武力要遭到反抗，只有花言巧语，空头许诺，没有实际行动，很难得到信任。最好的时机是在其外来势力相逼时，我们以不侵犯其利益为诱饵，利用其侥幸图存的心理，以出兵援助为名，迅速把力量扩展进去。这样可以不经战斗，就能全面地控制对方。

3. 一箭双雕。射出一支箭，同时击中两个目标。例如，假借虞国的“道路”，轻而易举地攻取了虢国，这样既使虞国放松了警惕，又使虞国失去了救援，所以在灭虢回师的路上，顺便就灭掉了虞国。可谓发动一次攻击，同时灭亡两个国家，这就好像借人家的桥过河，过了河之后，又顺手拿走了人家的桥板一样，同时有两种收获。这是一种迂回之计，也是突然袭击的谋略。

三十六计之假道伐虢

“假道伐虢”是强者吞并弱者的策略，但只要弱者提高警觉，识破强者的诡计，强者即很难运用“假道伐虢”的策略来吞并弱者。

不过弱者想在强者的重压下求得生存亦是很困难的。为了保障生存的安全，弱者须具备下述条件方可：

1. 内部团结。当内部发生混乱或分歧时，会使强者乘隙进攻。

2. 避免发生挑拨性行动。如发生此种行动时，会使得强者有机可乘。

3. 须有正确的判断能力。对于强者的请求，若一概相应不理，必会引起强者的憎恨与愤怒。

4. 须具有外交能力。在解决纷争时，须做好全面的外交策略，以建立良好的外交关系。

计谋典范

战场逐鹿

鲁仲连巧言善辩救魏、赵

战国时，秦国进攻赵国，在长平一战取胜后，又进一步围攻赵国都城邯郸。

楚国派春申君、魏国派晋鄙各领兵去赵国援助。但是，魏王又害怕秦国进行报复，便令军队驻扎在荡阳（今河南汤阳），不肯前进，同时又派辛垣衍到邯郸，通过平原君说服赵王，和魏王一起尊秦王为帝。

但是，齐国的鲁仲连却反对投降，主张坚决抗秦。于是便展开了一场投降与反投降的辩论。鲁仲连先从在秦国的侵略本性谈起，然后讲到尊秦的危害性。不应对秦抱什么幻想，只有坚决抗秦才有出路。

鲁仲连见到了辛垣衍一言不发，辛垣衍说："我看，居住在这个围城之中的人，都是有求于平原君的。今天我看您先生的玉貌，不像一个想要求照顾的人，为什么老居住在这个围城里不走呢？"

鲁仲连说："天下都认为鲍焦是心胸狭窄、忧愁苦闷不得善终的，结果都错了。现在大家都没有见识，都只知道为自己打算。那秦国乃是抛弃礼义而崇尚在战场上夺取头功的国家，采用权术，讲欺骗利用，像对待奴隶一样，对待他的臣民。那秦王竟然毫无顾忌地称了帝王，过后就用他那一套手段来统治人民，统治天下，那么我鲁仲连只有赴东海而死了！我是不能忍耐做他的顺民的。所以要见将军您，为的是帮助赵国啊！"

辛垣衍说："先生您打算怎么样来帮助赵国呢？"

鲁仲连说："我要使魏国和燕国都来帮助他，齐国和楚国是已经支持了的。"

鲁仲连

辛垣衍说："燕国，那我是相信他们会听从您的。至于谈到魏国，我就是魏国人，先生您有什么办法让魏国也来帮助他呢？"

鲁仲连说："这是因为魏国还没有看到秦国称帝的害处。假如魏国看清了秦国称帝的害处，就一定会帮助赵国的。"

辛垣衍说："秦国称帝的害处究竟怎么样？"

鲁仲连说："从前齐威王曾是讲仁义的了，带领天下诸侯去朝拜周天子。过了一年多，周烈王死了，各国诸侯都去吊丧，齐国晚到一步，周王发怒说：'呸，你妈是奴婢！'结果被天下人耻笑。从前人家活着的时候就去朝拜，人家死了又去咒骂一顿，确实是不能忍受别人要求的。天子，本来就是这样，没有什么奇怪的。"

辛垣衍说："先生您就是没见到过仆役吗？十个人去听从一个

人指挥，难道是力气比不上，聪明才智不如他吗？只是怕他呀！”鲁仲连说：“这样看来，魏国对秦国来说，就像仆役吗！”辛垣衍说：“是的。”鲁仲连说：“那么，我准备叫秦王把魏王剁成肉酱！”辛垣衍很不高兴地说：“噫！也太过分啦，这是先生您说的，先生又怎么能够叫秦国把魏国剁成肉酱呢？”鲁仲连说：“本来就能够，让我说给你听吧！从前鬼侯、鄂侯、文王，这是商纣王手下的三个诸侯。鬼侯有个女儿长得很漂亮，把她献给纣王，纣王嫌她长得难看，于是把鬼侯剁成肉酱。鄂侯就在纣王面前替鬼侯争得很急切、辩得很激烈，纣王因此把他杀了晒成肉干。文王听到这个消息，长叹几声，纣王就把他下到监狱里关了一百天，想置于死地。天下怎么还有这样的人，本来和人家地位不相上下，结果反而把自己降到任人宰割的地位啊！齐闵王要到鲁国去，夷维子拿着马鞭做随员，对鲁国人说：‘你们准备怎样来接待我们的国君？’鲁国人说：‘我们准备要用十副三牲来招待你们的国君。’夷维子说：‘你们这是用哪里来的礼节，招待我们的国君的？他是我们的国君，天子啊。天子出来巡查，诸侯都得离开宫室，交出全部钥匙，卷起衣袖，捧着小炕桌，在大厅下面侍候用膳；等天子吃喝完了，才退下去处理国事！’鲁国人听了，把城门都锁上，拒绝齐闵王进入鲁国。闵王只好到薛国去。借路经过邹国。正在这时，邹国的国君死了，齐闵王打算去吊丧。夷维子对邹国王子说：‘天子要来吊丧，你们丧家一定要把灵柩移个方向，原设置在北面现在放南面，好让天子坐北朝南吊丧。’邹国的臣子都说：‘如果一定要这样办，我们宁可用剑自杀了！”结果是齐闵王不敢进入邹国国境。这些邹国和鲁国的臣子，对待他们的国君，他活着时不能好好侍奉供养，他死了以后也不能好好用合适的礼节，但是别人要对待天子的礼节强加于邹、鲁的臣子，他们是不答应的。现在秦国是有兵车万辆的大国，魏国也是有兵车万辆的大国，彼此都自称为王。看见别人打一次胜仗，就要捧他做皇帝，照这样下去，是使我们三国的大臣，还不如邹、鲁仆妾哩！再说秦王这个贪心不知足的人真的称了皇帝，那他还要变换一批诸侯的大臣。他要去掉那些他认为不行的，换上那些他所喜欢的。他又要把他的女儿和爱说坏话的人嫁给诸侯去做妃子，住在魏王的宫廷里，魏王哪里还能够过着平安的日子

鲁仲连不肯帝秦

呢？那么，你辛垣衍将军又怎么能够像原来那样得到魏王宠信呢？”于是，辛垣衍站起身来，一再拜谢，请罪说：“我起初认为您先生是一个无能之辈，今天我才知道先生您的确是一个天下有才德的高人。请让我离开这里吧！以后不敢再提尊秦王为皇帝的话了。”秦国的将军们都听到了这个消息，于是就下令军队撤离邯郸 50 里。适巧遇到魏公子无忌（偷到虎符）夺下大将军晋鄙的兵权，带领大军救赵击秦，秦军撤围而去。

这件事尽管说得委婉隐晦，但“假道伐虢”的目的是明确的，是毫无疑义的。由于鲁仲连能言善辩，说服了辛垣衍，才使魏、赵避免了一起“假道伐虢”悲剧的发生。

周瑜假道伐川

鲁肃第三次出使荆州，企图通过外交谈判的渠道索回荆州未成后，回到柴桑向周瑜禀告说：“刘备当初虽答应取了西川便还荆州。但眼下又不忍去夺其同宗刘璋基业。在两难之中，他哭求我们再容他几时。”周瑜一听，怒目圆睁地说：“可恨的刘备！他这不是在耍我吗？”鲁肃见周瑜发怒了，在侧也未敢再吭声。

经过一阵沉默，周瑜恼怒之余忽而生出一计，又喊过鲁肃密对他说：“你再去荆州一趟，告诉刘备说，他不忍取西川我们可以去取，待我取了西川之后，让他拿荆州来交换。”鲁肃不解地问：“西川千里迢迢，易守难攻。取之何易？”周瑜苦笑道：“唉呀！你真老实得可爱！你以为我真的去取西川吗？我不过是以取西川为名，顺路去取其荆州的。”鲁肃说：“刘备有准备怎么办？”周瑜说：“这就要看你

诸葛亮三气周瑜

此行能否骗得刘备。只要他答应我替他去取西川，我就可以夺他荆州。”鲁肃莫名其妙地问：“将军怎么个夺法？”周瑜解释说：“当我率军途经荆州时，刘备必出城送钱粮犒劳我军，我趁此机会，出其不意夺取他的荆州。”鲁肃听后恍然大悟，马上起程再返荆州。

鲁肃见到刘备巧言说：“我回江东把皇叔的苦衷对我主说了。我主孙权很理解皇叔的苦衷。现在我们双方既已结亲，便是一家人了，皇叔有难处，我们岂能坐视？皇叔仁德誉满天下，既然不忍取同宗基业，我主准备兴兵为皇叔去取。攻下西川后，将赠给皇叔作嫁资。这样皇叔也可用荆州作谢礼还给我主。如此一来双方岂不都不伤和气吗？”孔明在侧听了这番话，已猜透了周瑜的用意，便答应说：“难得吴侯一片好心！”刘备也应承说：“这都是你从中美言的结果，多谢了。”鲁肃带着几分得意接着说：“我这都是为皇叔着想啊，待吴军到后，皇叔多备些钱粮等军需物品就是了。”孔明痛快地答应：“大军到后，我们一定会远接犒军，备足钱粮供大军用。吴侯为我伐川，岂能慢待？”鲁肃见孔明答应得如此痛快，便马上回江东向周瑜回报。

周瑜听了鲁肃的回话，得意地说：“智者千虑，终有一失。我就不信孔明不能被我所算！”于是一面遣鲁肃去禀报孙权，一面率五万大军向荆州进发。

周瑜引军来到夏口，见糜竺正在岸边迎候。便问糜竺说：“刘皇叔在哪里？”糜说：“我主及军师现正在荆州城外为都督迎接大军。”周瑜叮嘱说：“我们可是为你们出兵远征的，你速回去告诉刘备，犒劳军士的礼仪宜隆重些才是。”糜竺应允着先走了。

随后，周瑜率大军很快来到了荆州界，江面上密密麻麻地停满了战船。登陆后，周瑜先派军兵四处哨探军情。顷刻间，前往荆州的探子回报说：“荆州城上只有两面白旗，城头上也不见人影。”周瑜一听很奇怪，自己便率三千军马往荆州而去。

周瑜刚到城下，城上有人问道：“城下是什么人？”吴军将士齐声呐喊：“东吴都督周瑜亲自率军来此。”话音刚落，突然城墙之上刀枪齐竖，引弓待发。大将赵云在城头上手指周瑜说：“周都督到此究竟为何？”周瑜回答说：“是为你们主公去取西川的，你怎会不知道？”赵云大笑说：“你的‘假道灭虢’之计早被我们军师料到了，我在这里早就为你们准备好了犒军之物！”说罢一箭射中周瑜盔缨。

周瑜见计已被孔明窥破，只好下令回师。

庞统假道拒鲁

刘备欲取西川久矣，只苦于一直没有良机。

当初，刘备三顾茅庐请孔明时，孔明在隆中曾指着西川五十四州的地图对刘备说过：“将军欲霸业，可先取荆州为家，后取西川建立基业，与江东孙权，中原曹

庞统献计取西川

操成鼎足之势，然后中原可图也……”刘备听后拱手谢曰：“先生之言使备顿开茅塞，竟如拨云雾而睹青天也。但刘表、刘璋乃汉室宗亲，备不忍图之。”后来，刘备占据荆州后，面对江东孙权的屡次索要荆州，他也曾许诺待兵取西川后再还荆州。可一直无机会取川。直到汉中张鲁要征伐西川时，刘璋请刘备出兵助他拒张鲁，刘备才觉得时机已到，欲兴师前往取川。但又恐怕担上不仁不义的骂名，一时不知如何是好。在众臣劝导下，才以庞统为军师，率精兵数万入川。但究竟以何策伐川呢？刘备有他自己的主意，庞统也有其自己的打算。

刘备心想，刘璋是我汉室宗亲，若以兵伐川会留下不仁不义的骂名，不利于将来的政治统治，还是采用“反客为主”之谋缓图为好。当其大军入川时，刘备下令，如有妄取民间一物者，立即斩首。于是所到之处秋毫无犯，百姓沿途扶老携幼，观瞻义军，焚香礼拜。刘备见此情形，心中一阵高兴，心中暗想，待我在蜀中建立了恩信，迫刘璋让位于我又有何难？军师庞统随刘备入川后，当刘备问他当以何策取川时，庞统只顺口答道：“计无定数，乃随机应变耳。”在大军及至涪城时，法正密对庞统说：“张松有密书来报，说刘璋将于涪城与我军会师，可乘此机会图之。”庞统想，刘璋不在成都会我军而在涪城相见，他定有防我之意，用“反客为主”之谋渐取西川看来不可能，只有以武力决取为上了。于是便与刘备商议，要在宴间杀了刘璋，然后突袭成都，一鼓而取西川。刘备说：“吾刚到蜀中，恩信未立，若如此行事，上天不容，下民也怨。这个办法就是霸者也不肯为的。”庞统见刘备不依此计，以为刘备是不愿担不义之名，便在宴间私自导演了一场“鸿门宴”。由于刘璋手下诸将有了准备，此计未成。

刘备在葭萌关为刘璋西拒张鲁时，仍推行其广播仁义之策，广施恩惠于友军和蜀中百姓，甚得民心。

军师庞统见刘璋在涪城宴罢大军后，自回成都去了，且又在涪水关派兵把守。心想，这都是刘璋为防兵变所采取的措施。若不果断采取军事行动，只能是白为刘璋作削藩嫁衣裳。于是又向刘备提出兵取成都的主张。刘备听后仍是不从。庞统见刘备执迷不悟，便建议刘备向刘璋发书，向他要兵三万、军粮十万斛。刘备觉得刘璋能应允。谁知，刘璋却只拨给他四千老弱之兵、一万斛米。刘备这才稍有醒悟，顿时撕掉回书，大骂刘璋。

庞统见刘备已和刘璋闹翻，便催促他说："主公只以仁义为重，不肯兵取成都，今日毁书发怒，前情尽弃，如果再不果断兵取西川，我们将被困死在这里了。"刘备见自己的"反客为主"之谋行不通了，便问庞统说："依你之见应该怎么办?"庞统说："我有三条计策，请主公自己选吧。"刘备问："先生有哪三策?"庞统说："马上选精兵，昼夜兼程从小路去袭成都，这是上策；以佯回荆州为名，骗过守关蜀将，夺取涪水关，攻克涪城，然后再兴兵取成都，这是中策；退回白帝城，连夜回荆州，以后再待机伐川，这是下策。"刘备权衡了一会儿说："这上策太促，下策太缓，我们既已深入西川腹地，还是采取中策吧。"至此，庞统的假道伐虢之策才得以推行。

假借"诛晁错"，乘机夺天下

西汉建立以后，刘邦为了确保刘家天下，分封了一些子弟为王。到汉景帝时，这些诸侯王的势力越来越大。他们在自己的封地内征收税赋，铸造钱币，任免官吏，不受朝廷约束，天下又快要成诸侯割据的局面了。这时御史大夫晁错提出了"削藩"的建议，主张要及时削减各诸侯王的封地，限制他们的发展，并且指出："有些诸侯早已存有造反之心，削藩他们可能造反，不削藩他们早晚也要造反，所以与其养虎遗患，不如早点解决。"汉景帝觉得晁错的意见很有道理，便下决心要削减诸侯王的封地。

吴王刘濞早就蓄谋造反，苦于一直找不到机会，这次听说汉景帝要削藩，他便打起了"消君侧，诛晁错"的旗号，煽动其他的诸侯国一起造反。很快吴王刘濞纠集起七个诸侯国，直奔京城杀来。这时朝廷上下极为震恐，有些妒忌晁错的人都说是晁错引来的大祸，只有处理了晁错，叛乱才能平息。汉景无奈，只好杀了晁错，并答应免了诸侯起兵之罪，要求他们立刻撤兵。

汉景帝的诏书下到叛军手中，因为他们本来就不仅仅是为杀一个晁错，便退回了诏书，抛弃了"清君侧，诛晁错"的借口，公开与朝廷分廷抗议，这时汉景帝起用大将周亚夫，经过三个月的战争，终于平定了七国之乱。

在封建社会中，诸侯国直接公开叛变朝廷，是很难得到响应的，所以以吴王刘濞为首的七国则以"诛晁错"为借口，来号令天下。待晁错被杀之后，七国叛军的造反之势已成，便转而进攻朝廷。在这里，晁错相当于虢国，而朝廷相当于虞国，伐虢之后，必然伐虞，这属假道伐虢中一箭双雕的策略。

安禄山以讨逆为名反唐

安禄山造反的苗头刚出现，便被杨国忠觉察了。杨国忠立即上奏折说明安禄山包藏祸心，唐玄宗也有些不放心，便派中官辅璆林前往探查。

安禄山知道辅璆林的来意后极力贿赂他。因此，辅璆林回禀情况时列举一些事件说安禄山一贯忠于朝廷。

杨国忠对唐玄宗说："造反者最善于掩饰，辅璆林定是收受了安禄山的好处，才讲了安禄山的好话。若要试探安禄山对大唐是否忠诚，有一个办法可行。"唐玄宗忙追问是什么办法，杨国忠又说："现在出旨召安禄山进京，他若要造反，必不敢来，这叫'做贼心虚'。他若肯来，证明心里没鬼。"唐玄宗从其言，下了圣旨召安禄山进京。

安禄山猜出了唐玄宗和杨国忠的用心，为了不让人怀疑，他毅然冒着风险进京。在酒席宴上，安禄山跪倒在唐玄宗面前痛哭不止："臣是蕃人，受人歧视，但皇上圣明，总是不嫌弃我。我今生今世难报皇恩。臣不知什么地方得罪了杨国忠，他一直想杀掉我，请皇上为我做主啊！"唐玄宗听了这一番哭诉，更加同情和信任安禄山了，授予他左仆射的官职。

安禄山范阳起兵

安禄山匆匆返回老窝范阳后，庆幸自己逢凶化吉。他认为造反宜早不宜迟，否则坐失良机，后悔莫及。775 年 11 月，安禄山打着讨伐逆贼杨国忠的旗号起兵反叛，他的 15 万人马以每天 60 里的速度向唐朝都城长安进发。安史之乱终于爆发了。

安史之乱是唐朝走向没落的标志，从此唐朝便一蹶不振了。安禄山造反之所以连连得手，与他的假道伐虢的计策有密切关系。安禄山名义是讨伐杨国忠，这一点使当时许多人受到蒙骗。杨国忠结党营私，陷害忠良，有正义感的人莫不对他恨之入骨。安禄山起兵讨伐杨国忠，的确博得了不少人的赞同。但是，安禄山讨伐杨国忠仅仅是借口而已，他的真正目的是反唐。在这里。杨国忠相当于“虢国”，唐朝相当于“虞国”。“虢国”被消灭后，“虞国”便自身难保了。

商海弄潮

小罗斯福借堂叔扬名

美国历史上出现过两个罗斯福总统，老罗斯福是指西奥多·罗斯福，小罗斯福是富兰克林·D. 罗斯福。老罗斯福与小罗斯福是叔侄关系。

小罗斯福入哈佛大学以后，一直想出人头地。哈佛同美国其他大学一样，把体育活动放在很重要的位置。可罗斯福的体格使他不能在这方面有所发展。他太瘦弱了，身材较高，但体重却不及常人。因此，橄榄球队、划船队都未能入选，只能干个“拉拉队”队长。女孩子们打趣地叫他“妈妈的乖儿子”（由于他有绅士的派头），“羽毛掸子”（由于他身材细高）。在体育方面是无出路了。小罗斯福决定另谋他途。

他看中了哈佛校刊《绯红报》。做校刊的编辑是引人注目的，然而这并非易事。为了达到目的，他巧妙地利用了其堂叔老罗斯福的影响。

老罗斯福当时正担任纽约州州长。一天，小罗斯福来到堂叔家里，称哈佛学生都很崇拜老罗斯福，尤其想听听老罗斯福的演说，一睹州长的风采。老罗斯福一时兴起，来到哈佛发表了一场演说。演说从头至尾都是小罗斯福一手操办，而且，演说完后，老罗斯福又接受了小罗斯福的单独采访。这样一来，校刊编辑部便注意上了小罗斯福，认为他有当记者的天分，于是吸收他做了助理编辑。

不久，他的堂叔作为麦金莱的竞选伙伴与民主党的布赖恩竞选总统。哈佛大学校长查尔斯·埃利奥特的政治倾向自然是引人注目的。小罗斯福决定再充分利用这次机会，向主编提出要访问校长。主编认为这是徒劳，而小罗斯福却坚持要试试看。

埃利奥特接见了这位一年级的新生。面对威严的校长，小罗斯福并没有被吓倒，他坚持要校长表明自己将投谁的票。埃利奥特很赏识他的勇气，很高兴地回答了他的问题。此后，不但《绯红报》上刊登了小罗斯福采写的独家消息，全国各大报纸也纷纷转载。小罗斯福一时成为人们街谈巷议的话题。临近毕业时，他当上了《绯红报》的主编。

小罗斯福大学毕业时，除哈佛圈子里的人外，公众们谁也不知道他。1904 年，他不顾母亲的反对，宣布与远房表妹安娜·埃利诺·罗斯福订婚。埃利诺是西奥多·罗斯福兄弟的女儿。1905 年 3 月 17 日，他们在纽约举行了婚礼。小罗斯福特别邀请了在总统任上的堂叔参加。举行婚礼那天，宾客如潮，但大部分人是为了瞻仰总统风采而来。经过这次婚礼，小罗斯福的名气更大了。

松下“假道”不“伐虢”

全日本家用电器销售店约有5万家，其中有3万家是属于松下旗下的，在世界各地它的代理店更是不计其数。从中可以看出，代理商极愿意与松下进行业务往来。如果仅以为这是因为松下的产品价廉质优，能赢得顾客，却不见得。日本以至全世界价廉质优的家电产品绝不只松下一家，那么还有什么原因吸引这些经销店呢？

那还是松下的电冰箱出口之初，一次一批松下产的冰箱运抵香港，香港代理商收到货后，发现这批冰箱的包装破得乱七八糟。看到这些，代理商急得像热锅上的蚂蚁。要知道，破烂的包装有损商品在顾客眼里的形象，又不方便顾客提货运送，投不投入市场都将给经销店带来严重的后果。香港代理商的代表急忙飞往松下总部所在地的大阪，约见松下的负责人。松下公司十分重视，几位最高领导人同时会见代理商的代表。代理商的代表焦急地陈述了情况，为了证实自己所言不虚，又提出实际检验那批货物的包装记录。松下的几位最高领导听了陈述后，当即承认那批货包装的确不良，表示愿意承担一切后果。代理商的代表这才松了一口气。以后这位代理商成了松下最忠实的代理商之一。

代理商们这样评论松下：

“表面看来，我们之间虽然只是一种商业关系，但是归根究底，人与人之间的联系才是最基本的。在这里，我感到了人与人之间的温暖，这在其他公司是很难找到的。”

“对代理商提出的要求，例如对品质和价格方面一提出意见，松下马上就把应该改正的地方改正过来。”

“松下对代理商，真正做到了态度和蔼可亲。”

这些评论的言下之意是：既然松下这样支持我们，我们代理商能不全力以赴吗？

松下这样对待它的代理商，是因为它明白代理商是处于各大公司之间的弱小者，也是顾客与自己之间的弱者，如果自己不支持他们，并且言而有信，他们就会倒向自己的竞争对手，或者失去顾客。自己支持他们，他们就会死心塌地为自己卖力，就等于扩大了自己势力，这便是“假道伐虢”精髓之所在。

运世方略

梁毗的故事

隋朝的梁毗为人刚正，不畏强权，因此在朝中得罪了一批权贵，被贬为西宁州刺史。当时西宁少数民族的酋长，都以金子多少作为富有的象征。互相抢夺，夺来夺去。如此你攻我，我攻你，一年到头也不得安宁。梁毗曾张贴文告禁止这种争夺，对一些抢劫者严加惩罚，但均不起作用，他深以为忧。

梁毗作为一州的刺史，各位酋长为了讨好他，一个接一个地给他送金子。他于是心生一计，请各位酋长赴宴。喝酒之间，叫人把给他的金子端出来，放在旁边，不料他忽然对着金子大哭起来。各位酋长莫名其妙，诚惶诚恐，不知如何是好。有一位胆子大的问道："莫非嫌我们送得太少了？"

隋文帝

梁毗使劲摇头，边哭边说："此物饿了不能吃，冷了不能穿，你们却为了争夺它，互相攻打，互相残杀。现在你们把它送给我，有意让我'肥'起来，是不是想杀我呢？"

酋长们纷纷表示，绝非这个意思，完全是一片好意。梁毗又问："那你们之间为什么为它争来夺去呢？"酋长们再次你看我，我看你，谁也回答不出，各个脸上都有羞愧之色。

此时，梁毗站起来，亲自把各人赠送的金子送到各人的面前，说："这个我不要，你们还是各自带回去吧！"各位酋长像做错了事的孩子，都低下了头。

从此，他们再不为金子互相攻杀，隋文帝听到后很高兴，便提拔梁毗当了大理卿。

林则徐祈雨

林则徐不仅是中国近代的著名爱国者，而且是一位体察民间疾苦的清官。

他在担任湖广总督期间，湖北发生百年不遇的大旱，庄稼枯死，米价腾贵，许多农民流离失所，甚至饥饿而死。林则徐号召各级官员自愿捐钱，以便从外地购粮平价出售。谁知过了数日，竟无人响应。林则徐心中恼怒，但却不露声色，发出告示说："为解贫民饥馑之苦，定于三日后设坛祈雨，上自督抚，下到县官，皆应照例斋戒三日，不许吃荤，不许喝酒，以示诚心敬天之意。”

三天后，林则徐亲率众官登坛焚香，行礼祷告。礼毕，林则徐命众官坐于芦席之上，对大家说：“我们这些为官者平日养尊处优，今天我与诸位皆不张伞打扇，坐在烈日之下体验一下农民稼穑之苦如何？”众官不敢违命，在烈日下坐了三炷香的工夫，便汗流浃背，叫苦不迭。林则徐好像忽然想起了什么，说：“天气炎热，不可无茶。”茶来之后，林则徐与众官每人吃了一碗，不久，便呕吐不止。此时，林则徐起身正色道：“谁也不要掩盖呕吐之物，由侍官一一检查，看看我们待天是否忠诚。”检查结果显示，只有林则徐所吐为粗饭蔬菜，其他人所吐皆为酒肉腥荤之物。

林则徐神色严肃地说：“斋戒祈雨，是何等重要之事，你们竟敢如此不诚。天不降雨，实是你们触怒上天所致，诸位现在有何话说？”众官闻言，面面相觑，既恐惧又惭愧，都表示愿意尽力捐钱。这样，林则徐很快筹到了一笔巨款，赈济灾民，平抑粮价。

在这里，林则徐运用的便是假道伐虢之计。林则徐假借祈天求雨之名，行引导众官捐钱之实。他事先叫人在茶中放入呕吐之药，众官吐出荤腥之物说明他们生活富足，有足够的能力捐钱赈灾。林则徐动用智谋迫使众官为保官而掏腰包，可谓用心良苦。

贺龙智斗英国领事

1925年，贺龙在湖南沣州任镇守使。当时，一些不法外商勾结中国的军阀、官僚经常走私枪支和鸦片，坑害中国人。贺龙十分痛恨这些害人精。

一天，值勤官向贺龙报告说：在一艘英国商船上发现了枪支弹药和鸦片。贺龙下令立即扣留这艘英国商船。船主到长沙找英国领事撑腰。英国领事打电话向湖南省政府表示抗议。湖南省政府派出一位官员同英国领事一起来到沣州，准备和贺龙算账。

英国领事见到贺龙，傲慢地问：“贺镇守使，我大英公民来华经营，何罪之有？”

贺龙回答：“正当经营，一点罪也没有！”

“那你为什么要扣留我们的商船？”英国领事竟拍起了桌子。

省府官员见英国领事动怒，奴颜婢膝地说：“领事息怒！事情好办！”然后火气十足地说，“贺镇守使，快把船放了，别把事情闹大。”

贺龙不动声色地说道：“只要领事先生将船上的货物列个清单，我们查对无误，就可以放行。”

英国领事见贺龙态度温和下来，便很合作地列了个货单，当然货单上没有写枪支弹药和鸦片。贺龙看过，微微一笑：“领事先生，您误会了。刚才我们在这条船上查出了枪支弹药和鸦片，而您的货单上没写这些。这说明这条船不是贵国的，请您回长沙好了！”

英国领事吃惊非小，他只得装出一副笑脸说：“这条船的确是我国的商船。所带的鸦片是海员自己吸的，枪支弹药是防海盗用的。”

贺龙令他在货单上补列上这两项，英国领事见事情有门，便照做了，省府官员也作为证人签了字。

没想到，贺龙接过清单，把脸一沉，严肃地说道：“领事先生，按国际法的规定，私运军火和毒品是违法的。贵国商人无视国际法，危害我国的主权和尊严，理应受到严惩!”

这时，英国领事自知理亏，像泄了气的皮球一样瘫坐在椅子上。省府官员也耷拉下来脑袋，一句话都说不出来。

在这个故事里，英国领事以为贺龙会帮忙，所以列出了商船上的走私物品，没想到贺龙将他引入了圈套，英国领事不得不承认走私犯罪的事实。可见，贺龙在此运用的是假道伐虢的计谋。

第五套　并战计

第五套为并战计，全是用来对付友军的。在封建兼并战争中，友军就是潜在的敌人，故而列强常乘友军与自己同仇敌忾，并肩作战时，突然下手消灭或吞并友军。并战计中都是些阴毒至极的反常之举，所以与同盟国联合作战时，虽然对方是同盟国，但仍不可对其掉以轻心。必须确保己方的领导权并表现出卓越的统率力。亦即不论对方是敌是友，皆不可让对方有机可乘。

第二十五计　偷梁换柱

原文注译

【原文】

频更其阵[①]，抽其劲旅[②]，待其自敝，而后乘之[③]。曳其轮[④]也。

【注释】

①频：频繁、不断地。其：指示代词，这里是指的友军。阵：古代作战时用的阵势。

②劲旅：精锐部队、主动部队。

③乘之：乘，乘机。乘之，这里是指乘机加以控制。

④曳其轮：曳，拖住。这句话出自《易·既济·象》："曳其轮，义无咎也。"意思是说：只要拖住了车轮，便能控制车的运行，这是不会有差错的。

【译文】

（采取措施）频繁变更友军的阵势，借以暗暗（从阵中的要害处）抽换其主力部队，等到它自趋失败，然后再乘机加以控制。这就像《周易·既济·象》所说的：要控制住车的运行，必须拖住车的轮子。

按语注译

【按语】

阵有纵横[①]，天衡为梁[②]，地柱为轴[③]。梁柱以精兵[④]为主。故观其阵，则知精兵之所在。共战[⑤]他敌时，频更其阵，暗中抽换其精兵，或竟代其为梁柱；势成阵塌[⑥]，遂兼其兵[⑦]。并此敌以击他敌之首策[⑧]也。

【注释】

①阵有纵横：古代作战要布成阵势，阵势按东、西、南、北方位，其中的队列有纵有横。

②天衡为梁：天衡，这里是指布阵时，首尾相对的队列。梁，房屋的大梁。这里是指布阵时，首尾相对的队列具有整个阵势的大梁的作用。

③地柱为轴：地轴，这里是指布阵时，处于阵中心的队列。柱，房屋的柱子。这里是指布阵时，处于阵中心的阵列在整个阵势中具有支柱的作用。

④精兵：精锐的兵马，即主力部队。

⑤共战：这里是指与友军共同作战。

⑥势成阵塌：势成，这里是指对己方有利的形势已经形成。阵塌，这里是指友军的阵势已被我方频更其阵而搞乱了。

⑦兼其兵：兼，兼并、吞并。兼其兵，这里是指把友军的主力兼并归己控制。

⑧并此敌以击他敌之首策：此敌，这里是指原来的友军。他敌，这里是指原来与友军共同对付的敌军。首策，上策。全句意为：这是兼并友军以击败敌军的上策。

【译文】

布阵分东西南北，有纵有横，按首尾相对列队的“天衡”，是阵中之“梁”；列队处于全阵中央的“地轴”是阵中之“柱”。所以，只要观察阵势，便能知道主力部队之所在了。在与友军布阵共同出战敌军时，可在频繁变换友军阵势的过程中，暗暗地将其主力部队从“天衡”、“地轴”的方位抽换掉，或者是以我军的主力取而代之，以形成对我军的有利形势而搞乱了友军的阵势，这时，便可乘机将友军兼并归我军控制。这是兼并此敌（友军），以击败他敌（本来的敌人）的上策。

传世典故

偷梁换柱：偷换房梁房柱。原用以形容桀纣力大无穷。宋·罗泌《路史发挥·三桀纣事多实论》记古史传说桀纣能“倒曳九牛，换梁易柱”。后比喻玩弄手法，暗中改换事物的内容或事情的性质，以达到蒙混欺骗的目的。军事中指在同盟军联合作战时，通过不断地改变其阵势来抽换其主力，在其无法自立之时，借机将其兼并以扩大我军的力量。

秦始皇称帝，自以为江山一统，是子孙万代的家业了。但是，他自以为身体还不错，一直没有去立太子，指定接班人。阵势宫廷内，存在两个实力强大的政治集团。一个是长子扶苏、蒙恬集团，一个是幼子胡亥、赵高集团。扶苏恭顺好仁，为

赵高李斯改遗诏

人正派，在全国有很高的声誉。秦始皇本意欲立扶苏为太子，为了锻炼他，派他到著名将领蒙恬驻守的北线为监军。幼子胡亥，早被娇宠坏了，在宦官赵高教唆下，只知吃喝玩乐。

公元前210年，秦始皇第五次南巡，到达平原津（今山东平原县附近），突然一病不起。此时，秦始皇也知道自己的大限将至，于是，连忙召丞相李斯，要李斯传达秘诏，立扶苏为太子。当时掌管玉玺和起草诏书的是宦官头儿赵高。赵高早有野心，看准了这是一次难得的机会，故意扣压秘诏，等待时机。几天后，秦始皇在沙丘平召（今河北广宗县境）驾崩。李斯怕太子回来之前，政局动荡，所以秘不发丧。赵高特此去找李斯，告诉他，皇上赐给扶苏的信，还扣在我这里。现在，立谁为太子，我和你就可以决定。狡猾的赵高又对李斯讲明利害，说，如果扶苏做皇帝，一定会重用蒙恬，到那个时候，宰相的位置你能坐得稳吗？一席话，说得李斯果然心动，二人合谋，制造假诏书，赐死扶苏，杀了蒙恬。

赵高未用一兵一卒，只用偷梁换柱的手段，就把昏庸无能的胡亥扶为秦二世，为自己今后的专权打下基础，也为秦朝的灭亡埋下了祸根。

用计锦囊

当敌人力量比较强大，而其主力又已完全暴露时，或我方的外部情况已为敌人所掌握的形势下，为了抓住关键，有效地控制敌人，可在敌人不知不觉中调开其主力，借以分散削弱其力量；或为了蒙骗敌人，可在暗中更换我们的部署，合并盟友的主力，借以增强扩大自己的力量，进而达到变劣势为优势，变被动为主动的目的。

此计一定要在对方不备的情况下使用。一旦被对方发觉，自己的努力不仅全部落空，而且会导致“偷鸡不成反蚀把米”的结局。

偷梁与换柱都是用次要的换主要的，用假的换真的，用坏的换好的。这样，被换的东西不仅起不到应有的作用，反而会起破坏和瓦解作用。敌人的元气受损后，必然不攻而自败。

此计在大多数情况下指暗中掉换，冒名顶替，以达到蒙骗对方，从中渔利的目的，通俗地说，偷梁换柱就是“掉包计”。

本计包含三种含义：

1. 暗中掉包。就是在不知不觉中，偷偷地用某种东西换走别人的另外一种东西。这种掉换不外是为了自己获利，或使别人受损，或者两者兼而有之。所以掉换的时候，一般都是用假的换掉真的，用坏的换掉好的，用次要的换掉主要的。掉包一定要在暗中进行，只有在其没有发现任何破绽的时候，才能把假的、坏的，当成真的、好的来使用，在其发现受骗上当的时候，已经来不及了。如果对方过早地发现已被掉包，那么，在使用前他就会把换过的东西再换回来，我们也就达不到目的了。

2. 分人之势。当敌人的力量比较强大时，不应直接同其对抗，而应该使用各种隐蔽欺骗的虚假行动，把敌人的主力分散开来，把敌人的主力调开，就等于把敌人的“梁”“柱”偷换掉，敌人必将会“阵塌”。这样就会使其由全体上的强大转化为各个局部上的弱小，而我们则可集中兵力，使全体上的劣势转化为局部上的优势。

三十六计之偷梁换柱

3. 合并盟友。在我们与盟友对付同一个敌人时，这时虽然目标是一致的，但是由于缺乏统一的行动，不但不能给敌人以致命的打击，还很容易被敌人各个击破，为了形成强大的势力，在盟友一时没有认识到联合的重要性和必要性的时候，我们暗中将其合并过来，实行统一意志，统一行动，是有很大的积极意义的，在整个合并过程中，对于被合并的一方固然是痛苦的，但是从双方都可因此而得到生存和发展的角度看，这种牺牲也是值得的。当然在合并中怀有其他目的是不应该的。

对付偷梁换柱行为，应采取以下防范对策：

1. 防人之心不可无。在激烈的竞争中，尤其是多极的竞争中，除了对面前的对手要针锋相对之外，对于中立者、盟友等其他力量，也要时时处处加以必要的防备，不要轻信于人，更不能轻易把主力托付于人，以防被人吞并。另外还要不断地切实加强自己的实力，使自己有独立竞争的能力和反抗能力，这也是防止被人吞并的必要条件。

2. 严密保护梁和柱。既然梁和柱具有生命攸关的重要作用，那么就应加以严密的保护，使敌人不易接近，或使其无法偷换。为了保险起见，还要事先准备应急措施，一旦发现梁柱被人偷换，马上进行补救，不使损失扩大。

3. 信息反馈要经常。要与自己所属的各个部位，特别是重要的部位，保持经常不断的信息联系，这样一旦自己的梁柱被偷换时，我们马上就会发现。可及时采取有效的措施，防止造成损失。

4. 思维观念要明确。如果自己的思想观点或语言表达不明确，含糊不清，模棱两可，就很容易被人故意曲解或断章取义。所以在应该表达清楚的地方，一定要用科学规范的语言表达清楚，必要时要有解释和说明。如果一旦被人曲解，要立即加以训斥，不使其影响扩大。

计谋典范

战场逐鹿

汉高祖稳军心

公元前202年冬天，楚汉相争，刘邦在垓下包围了项羽的部队。

楚军大营内，项羽正在饮酒，一位将领进来报告："大王，我军营内粮草已绝，军士已有三日没吃一顿饱饭了，军心不稳啊！"

楚王问："前来的援兵有无消息？"

将领回答："援兵一点消息也没有，现在我军内无粮草，外无救兵，垓下不是久留之地啊！"

楚王站起身来，向天长叹一口气，轻声说："待明日我与汉王死拼，尽快摆脱此困境。"

一日，两军对阵，主帅出阵相迎。

楚王对刘邦说："天下纷扰，动荡不安，已经有多年了，全都是我们俩人的缘故，我今天愿与你单独决战，决一雌雄。若我死，你坐江山，若你亡，天下归我。我现等候，你策马杀来决战。"

刘邦扬鞭哈哈大笑："如今我兵比你多，将比你广，你已危在旦夕，还比什么武。今天我与你斗智，不斗力。你若斗得过我，我放你逃走，我若斗得过你，这江山可是姓刘了。"

项羽十分恼怒："你区区小人，还张狂什么斗智？"

刘邦不再理睬项羽，骑马在两军阵前大声宣布了项羽的"十大罪状"。两军将

楚霸王被困

士，洗耳恭听，战场寂静无声。

项羽越听越气，大声高呼：“刘邦小人，不得胡说！”

随即张弓搭箭，向刘邦射去。一箭射中刘邦的前胸，疼得刘邦直不起腰来。

刘邦想：这厮射中我前胸，如我捂胸，全军士皆惊，以为我定负重伤，军心会大乱，我军定会失败，我何不来个偷梁换柱。

刘邦想到此，急中生智，弯身捏住脚趾大叫：“这恶奴射伤了我的脚趾头！”说罢策马回营，不与项羽再战。

项羽兵少将寡，也不敢贸然闯营，只得十分扫兴地鸣锣收兵。

刘邦的机智稳住了军心。第二天，他又忍痛慰劳了各路将士。刘邦的军队斗志更加高昂，终于打败项羽，建立了西汉王朝。

虞诩平叛

东汉安帝永初年间，朝歌县（今河南淇县）境内有个人叫宁季，他聚集千人造反，攻打官府，劫杀官吏，闹了几年，州郡都毫无办法，当时把持朝政的大将军邓骘想伺机陷害太尉府郎中虞诩，就派他担任朝歌县令，以便借口他巢贼不利而杀害他。

虞诩离京说：“有志者不求安逸，创业者不避困难，这是为臣的职责，不遇到盘根错节，怎么能识别利器呢？这次任职正是我立功的好时机！”说完，就整理行装上路，直奔朝歌，走马上任了。虞诩一到任，就去拜访河内太守马棱，马棱感慨地说：“您是个文人，应该在朝廷里工作，参谋国家大事，怎么愿意到这兵荒马乱的朝歌来？我真为您担忧！”虞诩说：“宁季这帮造反的人，不过是犬羊相聚，以求温饱罢了，不难对付，请太守不要忧虑！”马棱问：“你这么说，有什么办法吗？”虞诩说：“我想朝歌地处韩、魏交界的地方，背靠太行山，面临黄河，离敖仓不过百里，青州和冀州的老百姓大批流亡到这里，而造反的人不懂得开仓招众，劫持库兵，守住成皋，断天下右臂，

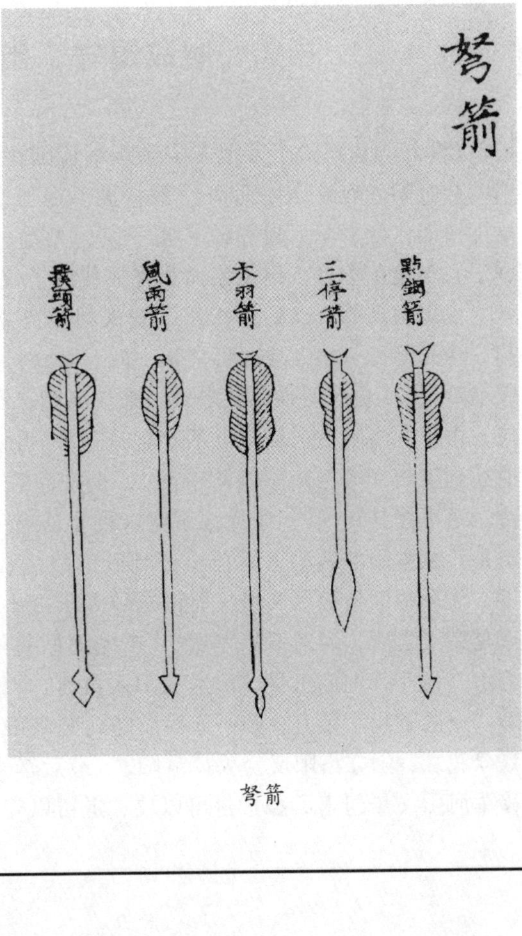

弩箭

可见宁季之辈没有多大本事，不值得忧虑。但是，现在造反的人正在火头上，不能跟他们较量。请太守宽限几天，不要马上动手，我自有平定叛乱的好办法。”马棱高兴地表示同意。

虞诩开始工作以后，高价招聘壮士，分为三等：上等是专行攻击抢劫的，中等是善于偷盗的，下等是无所事事、游手好闲的。让衙门里的人各举所知，积极推荐，结果招收了一百多人。虞诩亲自设酒款待这些不良分子，允许他们将功折罪，派他们打入宁季的队伍中引诱众人抢劫，另设伏兵等他们上钩。宁季手下的人多是些农夫，被饥饿所迫，不得已沦落为盗，不懂兵法，很容易中计，果然前来抢劫，被伏兵杀死几百人。从此不敢再聚众劫掠，而改为分散行动。虞诩又想出新的对付办法，暗中找那些以缝纫为业的穷苦百姓，让他们给那些为盗的人做衣服，用彩色的线缝衣服边，作为记号。虞诩答应给这些裁缝高额赏金，他们为生活所迫，都乐意去做。于是到处去寻找那些造反者的隐蔽处替他们缝衣服。这些造反者不知道其中的阴谋，穿着为他们特别缝制的衣服，大摇大摆地到闹市去游逛。捕役根据彩线记号，见一个抓一个。其余的造反者不知其中的奥妙，都说这是神意，统统吓得散去，朝歌从此太平无事了。

“偷梁换柱”的办法之一，就是把敌方营垒中一部分力量取过来为我所用。虞诩根据造反者队伍的弱点，收买一部分人派去做内应，促使敌军阵容变动。轻而易举地打击和平息了叛乱，从中可以体会这一计谋在实际运用中的诡诈性。

避敌退守，出奇制胜

759 年，唐军六十万把安庆绪叛军包围在邺城（今河南安阳）。这时，叛将史思明从范阳（今北京城西南）来救援。在与史思明大军对阵中，由于宦官鱼朝恩指挥错误，使唐军不战而溃。郭子仪代人受过，被免去了朔方（今陕西靖边县白城子）节度使职务。唐肃宗命李光弼代郭子仪为朔方节度兵马副元帅，退守洛阳。

史思明到邺城以后，杀死了安庆绪，自立为大燕皇帝，率几十万大军进逼洛阳。李光弼见一场大战即将来临，就召集众将共同研究对敌之策。他首先对洛阳留守韦陟说：“史思明乘邺城之胜，来攻洛阳，我们应避其锋芒，而不能急于与其交战。再说，洛阳是东都，也不宜把这里作为战场。你看如何？”韦陟说：“我看应退兵到陕州（今河南三门峡市西），据守潼关（今陕西潼关县东北）。我们凭险以待，足可挫其锐气。”李光弼了解这种看法有一定代表性，就着重指出：“这种做法是兵家常用的做法，不是出奇制胜的战法。现在两军相争，我军主动后撤五百里，无形中助长敌军气焰，那正是敌人求之不得的。”兵马判官韦损又提出：“东京是帝王之所，为何不坚守呢？”李光弼回答说：“如果固守洛阳，就必须分兵到汜水（源于今河南巩县，流经荥阳入黄河）、 萶岭（在今河南登封县东南）等地设防，分散了我军兵力。如不分兵设防，则洛阳就成了敌军的直接攻击目标。总之，敌众我寡，困守洛阳反会丢掉洛阳。”最后李光弼下定决心，说：“最好的选择是移军河阳（今河南孟县）进可以攻，退可以守。”众将都赞成这个决心，于是下令洛阳城中军民全部撤离。

史思明来到洛阳时，这里已是一座空城。他要据守洛阳，担心唐军突袭；他要率军西进，又怕唐军抄其后路，史思明左右为难，最后决定退守白马寺（今河南洛阳市东北郊）南百里以内，掘壕自守。

史思明先派叛将刘龙仙进攻洛阳，被唐将白孝德斩杀。接着，史思明又征集几百条战船，顺流而下，用火船开道，想烧毁河阳桥。李光弼下令用长杆包上铁皮撑顶火船。火船无法前进，结果自己烧毁。唐军又用大石块抛打叛军的战船，射杀船上的军卒，结果大量敌船被砸沉，被射死和落水而死的叛军不计其数。

李光弼像

史思明一再失败，孤注一掷。向河阳发起全面进攻。史思明自领精兵攻打南城，派大将周挚强攻北城。面对强敌，李光弼镇定自若，指挥有度，唐军四面出击，奋勇向前，中午时分，攻打北城的叛军被击溃，死伤叛军一万多人。还活捉了叛军大将周挚等。李光弼命令把他们带到河边，当场斩首。史思明见了，自知再战不利，急忙退军，逃回洛阳去了。

史思明败退后，李光弼在与叛军相持中，一直在寻找破敌办法。不料，唐肃宗又听信鱼朝恩的谗言，逼使李光弼在不利条件下攻打洛阳，结果打了败仗。

李光弼为避敌锋芒撤出洛阳，退守河阳，变换防地置史思明叛军于进退失据的地位，激敌来攻，屡挫其锋，本来待其战斗力进一步衰减后，即可击破，不料，由于权奸干扰，被迫出战，断送了偷梁换柱、出奇制胜所取得的战果。

政治权谋

伍子胥蒙混过关

伍员，春秋时楚国人，字子胥，后世提到他，一般都称呼他的字，即伍子胥。

伍氏乃楚国世家望族，伍子胥的父亲名叫伍奢，是楚平王太子建的太傅；伍子胥的兄长名叫伍尚，为棠邑大夫。楚平王七年（公元前522年），楚平王夺去太子建所宠爱的秦女占为已有，并废太子，太子建逃往宋国。太子太傅伍奢进言劝谏，楚平王大怒，将伍奢及其长子伍尚杀害。

原来，楚平王听信奸臣太子少傅费无忌谗言，想把伍奢父子三人一起杀掉。但伍子胥为人机智刚勇，楚平王派人来逮捕他，他贯弓执矢，怒向校尉。校尉不敢进前，他乘势逃走，决心待机为父兄报仇雪耻。

伍子胥得知太子建在宋国，便前往跟从他。两人又由宋逃到郑，由郑逃到晋。太子建与晋顷公合谋妄图灭郑，事情败露，太子建被杀。伍子胥带着太子建的遗孤公子胜向吴国逃奔。

二人昼伏夜行，来至楚、吴交界地面的昭关（今安徽省含山县西北）。昭关地势险要，可谓一夫当关，万人莫开。为捉拿伍子胥，楚平王派大将在此镇守。悬挂着伍子胥画像，严格盘查过往人等。伍子胥二人来至昭关附近，遇上隐居此地的神医扁鹊的徒弟东皋公。东皋公侠肝义胆，嫉恶扬善，在昭关曾见过伍子胥的画像，因此认出眼前的逃难者便是伍子胥，对他很是同情。他告诉伍子胥说，关上检查甚严，你这样过关，等于自投罗网。因此将他们请到自己家中，并表示一定想方设法帮他出关。

伍子胥在东皋公家住了几天，东皋公还没把出关的计谋策划出来，只是每日美食款待。伍子胥见出关无望，心急如焚。这天夜里，他忧心忡忡，焦躁不安，辗转反侧，难以成眠。由于极度地忧愁和悲伤，一夜之间，正当壮年的伍子胥的满头乌发全变成了白发，像换成了另外一个人。第二天清晨，东皋公见状，又惊又喜，祝贺伍子胥命运有了转机。他对伍子胥说，你的相貌改变了，检查的人很难认出来，我现在有了保你蒙混过关的好办法。

伍子胥，春秋时期著名军事家。

东皋公有一位好朋友叫皇甫纳，长得与伍子胥相像。东皋公将皇甫纳请来，给他穿上伍子胥的衣服，装扮成伍子胥的样子；同时将伍子胥装扮成仆人的样子，又用药汤给他洗脸，改变了皮肤的颜色。乔装打扮之后，一行人黎明时分行至关前。正如所料，守关军兵把皇甫纳误认为伍子胥，抓了起来。守关将士们听说抓到了伍子胥，喜出望外，争相观看，便忽视了对其他行人的盘查。于是伍子胥和公子胜乘着守军丧失警惕和秩序混乱之机，夹杂在行人之中，混出关去，逃出虎口。

伍子胥入吴后，辅佐阖闾夺取王位，整军修武，国势日强。不久，带兵攻破楚国，因军功，封于申。因此又称申胥。

过关入吴，是伍子胥一生事业的重要转折点。而东皋公之所以能够使伍子胥渡过“水泄不通，鸟飞不过”的难关，靠的就是“偷梁换柱”之计，即用皇甫纳做替身，偷换伍子胥这棵“梁柱”，以假乱真，渡过难关。

计谋的运用，并非全然随心所欲，它也要受客观条件的制约。东皋公之所以高明，在于他在实施“偷梁换柱”之计的过程中，既及时地捕捉和利用有利的客观条件（如伍子胥头发的变白和皇甫纳与伍子胥的相象），又积极发挥主观能动性，人为地制造假象（如改变二人的装束等），终于骗过敌人，赢得胜利。

赵高矫诏立胡亥

秦始皇巡狩天下，行到沙丘地方，忽然旧病复发，群医束手无术。

他自知死期将近了，便悄悄对丞相李斯说：“我的病是不会好的了，你辅助我这么多年，事无大小，都是你代劳，我很相信你对我的一片忠心。可惜我寿命短，不能与你长享荣华富贵。”说到这里，两人都流起泪来。他继续说，“我死了之后，你可扶助太子扶苏为皇帝，太子为人聪明能干，仁民爱物，足能续承父业。你能把辅我的心去辅他，扶他登位，我死也瞑目了！”

随又召集次子胡亥和赵高等一般宦官进来，把玉玺和遗诏当众交给李斯，对大家说：“眼看我跟大家永远离别了，我把后事交给丞相去做，以后的大小事情，你们要听丞相的话，不得生二心。太子扶苏是个能干的孩子，唉！可惜我当日一时冲动，将他调到北方去跟随大将蒙恬。我已经嘱托丞相扶他继位了，你们要体谅我的苦心，竭忠拥护他。还有，现在的国事虽然粗定了，但地方上的残余势力还没有彻底铲除，随时有死灰复燃的可能，我死了之后，千万不要把消息传出去，诚恐引起混乱，待灵柩回到京城咸阳后，才可把丧事公开，扶太子登基，这样就可以防止一切祸乱了！”

秦始皇崩沙丘

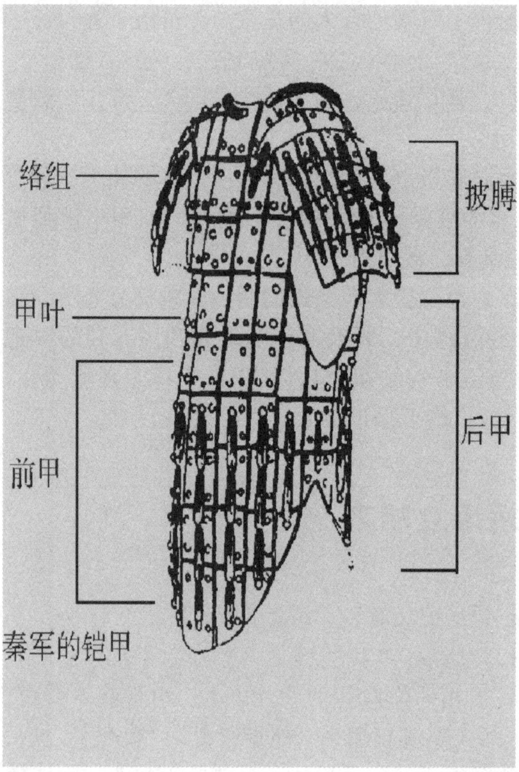

秦军的铠甲

过了几天，秦始皇死了，李斯遵照遗言，秘不发丧，回程返咸阳，把秦始皇的尸体放在温凉的车子上，一切的饮食照常供奉，问安奏事也和平时一样，除了几个亲侍的宦官之外，谁也不知道这个秘密。当时是暑天气候，又怕尸体会发出臭味，特别在灵车前后装上了几车死鱼死虾，说是咸阳没有鱼鲜，专运回去供御厨用的，其实利用鱼腥把尸臭味掩住。

遗诏是立太子扶苏继位的，这时还来不及派人通知扶苏。宦官赵高，是太子讨厌的人物，他怕太子一旦登基，会对自己不利，便冒冒失失地去见李斯，说："大丈夫是不能一天没有权力的，丧失了权力等于丧失生命，我现在特别和丞相商量，把遗诏改了，立次子胡亥为帝，未知丞相意下如何？"

李斯闻言惊骇起来，马上制止他说话，厉色告诉他："使不得，使不得！这样会引起混乱，招致亡国的！"

"不过，"赵高是善于察言观色的人，他偷看李斯一眼，不慌不忙地接着说，"我有一句不自量的话要请教丞相，请问丞相太子对你和蒙恬将军，哪一个接近些？"

"当然我不及蒙将军！"

"那好极了！丞相为什么不想一想呢？扶苏这个人，绝顶聪明，对事判断有分寸，刚勇果断，今日又得了蒙恬的军事支持，更如虎添翼。何况，他往日对丞相并无好感，如果他继承了帝位，论亲论理，必然叫蒙恬做丞相，把你革了职，废为庶民，唉！所谓腾蛇游雾，飞龙乘云，云罢雨霁，则与蚯蚓相同了。你的同窗韩非子不也说过吗？有爱于主，则智当而加亲；有憎于主，则智不当见罪而加疏。到那时，你从一个支配人的地位，降为受人支配，只要他一道手谕，你便死无送殡之人和葬身之地了。"

这番话，说得李斯暗流冷汗，沉思了半晌，才慢慢地说："你的话未尝没有道理，但遗诏乃先王的意旨，怎可随便篡改呢？"

赵高看到李斯的意志已发生动摇了，乃下足干劲，进一步地挑拨几句："做事要晓得权变，看风使舵，如果遵奉遗诏的话，将来成了事实之时，丞相的生命就难以保证，若及时扭转形势，权力可以长久保持，不会担心人家暗算。现在事情已到了危急关头，两条路务要从速决定，要么就引颈受刑，要么就先下手为强，把太子系一网打尽!”

李斯苦思良久，然后表示：“好吧，由你去安排吧!”

赵高见李斯被说服了，便欢天喜地地去见胡亥，开口就说：“公子知道目前有一个大问题马上要解决吗？喏，秦国的盛衰，权力的存亡都操在公子、丞相和我手上，若要遵遗诏立太子扶苏为帝，那一切权力都归了他，公子不外一位寻常的臣子，想和先王生前那样受到宠爱实不可能。这个问题，我已和丞相交换意见，不如把遗诏改了，立公子为帝，共享富贵，不知公子意下如何?”

“废长立幼，在道义上怕说不过去吧?”胡亥说。

“要顾全道义，祸患马上临头，你维护他，他不维护你又咋办？请公子考虑清楚，免至后悔不及!”

胡亥毫无主见地说道：“我是没有意见的，你认为怎样便怎样去办好了。”

于是，赵高和李斯把遗诏改了，另伪造一道圣旨，派人带交太子扶苏。

诏书是这样写的：“始皇帝诏曰：三代以孝为主，而敦大本，父以此立伦，子以此尽忠。违此，由悖理逆常，非道也。长子扶苏，不能佩承体命，辟地立功，乃敢上书诽谤，大肆狂逆，父子之情，似若可矜，而祖宗之法，则不可赦，已诏立胡亥为太子，废尔为庶人，今赐药酒短刀自决。其将军蒙恬，稽兵在外，不能匡正规谏，本欲加诛，以筑城之功未完，姑留督理，故兹诏示，尽而知悉!”

扶苏根本不知父亲死讯，读罢诏书，泪流满面地说：“君教臣死，不敢不死！父要子亡，不敢不亡。今日君父要我死，我不能不自尽了，还是服药酒吧，免得身首异处!”

道完，拿起药酒就饮，蒙恬连忙阻止，对他说：“皇上派我率领三十万大军驻守边疆，又叫太子来监督，责任重大，信任有加，既然信任了，而又要我们死，决无是理，其中必有诈情，不如公子回京去问个明白，如果属实了，那时再死未迟!”

扶苏说：“君父的命令既然下达了，决不可以违反，若再去奏请，岂不加重我的罪愆?”说完，一饮而尽。

扶苏死了，胡亥就继承了帝位，是为二世，国家大权尽在李斯和赵高手中。

隔了不久，赵高又制造一个借口，把蒙恬杀害，还株连九族。

假清君侧行叛乱

西汉吴王刘濞在发动“七国之乱”时，打出了“清君侧”的旗号。其实，清君侧是假，谋反分裂是真。而所谓的“清君侧”，从谋略的角度看，乃是偷梁换柱。

汉高祖刘邦在消灭了异姓王之后，又大封同姓王，企图以此“屏藩朝廷”。封赐齐周七十余城，楚国四十余城，吴国五十余城，三个藩国的领地占天下之半。几十年以后，诸王已是尾大不掉，严重威胁着国家的统一和中央政权的统治。其中尤以吴王刘濞为烈。他骄横不法，即山铸钱，临海煮盐，招纳亡命，蓄谋造反。为了维护国家的安全，有识之士纷纷进言，要求削弱藩王势力。倡言者中最有名的莫过于御史大夫晁错。

晁错（公元前200—前154年）是西汉文帝、景帝时期著名的政治家和政论家。年轻时学习申（申不害）、商（商鞅）法家之学，后又研习今文《尚书》。文帝时，诏任太子家令，以其辩才深得太子刘启（即后来的景帝）的喜爱和倚重，有太子“智囊”之称。景帝即位后，升任御史大夫。他忧国忧民，关心国事，所论时务，皆切要领。鲁迅先生赞扬他的政论文章乃“西汉鸿文，沾溉后人，其泽甚远。”

他的“削藩”宏论更激起一场轩然大波。针对同姓诸王僭礼逾制，阴谋叛乱的危机形势，他多次上书主张削藩，即削减诸藩王的封地，削弱他们的势力，加强朝廷对诸王的。管束。他在著名的《削藩书》中尖锐地指出，对诸藩，削之亦反，不削亦反。削之，其反急，祸小；不削，其反迟，祸大。如不采取强硬手段，将会形成“天子之尊，宗庙不安”的局面，贻害无穷。景帝采纳了他的意见，下诏削减楚王、赵王、胶西王和吴王的封地。吴、楚诸王对晁错的削藩策及朝廷的削藩举动表示强烈的不满和顽固的对抗，并发展为武装叛乱，即“七国之乱”。

七国之乱的首领是吴王刘濞。他联合楚王、赵王、胶西王、济南王、菑川王、胶东王一同起兵，欲攻克都城长安，颠覆朝廷，分天下而治之。为了迷惑人心，掩饰篡国夺权的真实目的，他们扯起了“请诛晁错，以清君侧”的旗帜，说什么晁错离间“刘氏骨肉”，只有诛杀晁错，才能“安刘氏社稷”。就是说，他们起兵的目的并不是反叛朝廷，而只是为了清除皇帝身边的坏人晁错。这时曾经当过吴国丞相的袁盎也乘机极力劝说景帝杀掉晁错、恢复诸王封地，说这样七国就可罢兵。

景帝果然听信谎言，谓晁错“大逆不道”，下诏将其斩于东市。又派袁盎出使

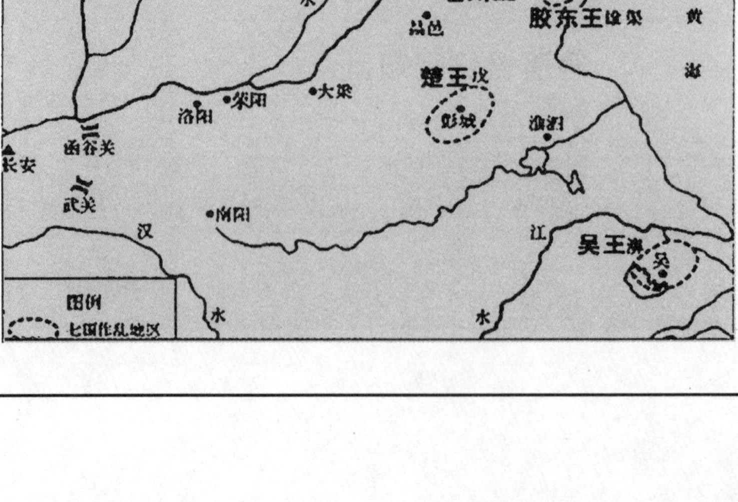

周亚夫平定
七国之乱示意图

吴国，向七国宣布，现在晁错已诛，朝廷赦免七国起兵之罪，恢复被削减的封地，七国应立即收兵。但是七国却拒绝接受朝廷诏书，不肯罢兵，吴王刘濞更自立为“东帝”，气焰更加嚣张。到这时，他们已把“请诛晁错，以清君侧”的欺诈性彻底地暴露出来。在事实教育下，景帝认清了他们的真面貌，命太尉周亚夫等率兵对之进行武力征讨，平定了叛乱。

把反叛朝廷偷换成“清君侧”，用漂亮的幌子掩饰丑恶的目的，瞒天过海，以假乱真，这就是吴王刘濞玩弄的偷梁换柱的把戏。阴谋终归要暴露，即使在当时就曾有人指出，刘濞起兵的真实目的是夺取国之神器，“以诛错（晁错）为名，其意非在错（晁错）也”。

商海弄潮

李嘉诚计取英资集团

1979年，香港“长江实业有限公司”的总经理室里。

“总经理，这是今天的股市行情。”秘书把文件夹放在写字台面上，轻声地说。

“好，放在这里吧。”总经理停下手中的笔，抬起了头。

他就是拥有2900万平方英尺，除了香港政府之外，香港最大的土地拥有者——长江实业有限公司董事长兼总经理李嘉诚先生。他经常穿的那套西服大概有十多年的历史了，总是戴着四方形黑框眼镜，一副文质彬彬的样子。镜片后面有一双含蓄而锐利、深沉而聪睿的眼睛，加上那饱满的天庭和那颗毛泽东式的伟人痣，仿佛上苍造就了这个大器原本就是“冥冥之数”的。

他拿起股市行情报表，仔细看着。边看边计算，好大一会儿，他才从写字台上直起身子，点燃了一支香烟。

李嘉诚14岁开始因家庭生活艰难当上了茶楼的打工仔，每天“披星戴月上班去，万家灯火回家来”。19岁那年，在一条小溪边的几间破旧房子里，李嘉诚靠7000元港币办起了“长江塑胶厂”。经过十几年的艰苦创业，他成了香港妇孺皆知的“塑胶花大王”。一幢新型楼房代替了昔日几间破旧厂房，长江塑胶厂的牌子换成了“长江实业有限公司”。20世纪50年代，李嘉诚毅然向地产业投资。

李嘉诚轻轻地吐出了一口烟。昔日十余年筚路蓝缕，闯荡成“塑胶花大王”，而今二十几年苦心修炼，终于变成了香港头号“土地爷”。然而，成功并非人生的终点，李嘉诚的心永远在九霄云外。

他看着窗外，心里在想着。从1977年开始，“长实”的发展规模越来越大，业务范围已超出地产生意，开始向多元化和综合化发展，而在香港这一隅之地，他似乎觉得转不开身了，他开始做起入主英资企业的美梦了。

李嘉诚知道，香港华人发迹者虽多，还没听说有人敢打“和记黄埔”等四大洋行实力雄厚的英资集团的主意，一些外国大老板也曾小试过，但都碰得头破血流。李嘉诚问过自己，这些英资企业的背后是港府这棵好乘凉的大树，你李嘉诚身后有什么？什么也没有，如有，不过是一颗勃勃的雄心罢了。

世上无难事，只怕有心人。

李嘉诚悄悄地开始向英资公司进军了。

1978 年，李嘉诚不动声色地在股市上买了一家老牌英资公司“青洲英泥”的股票，待股票达到 25% 时，他出任了该公司董事，再等股数达到 40% 以上时，他坐上了该公司董事局主席的宝座。他深知，“青洲英泥”在红海一带有几十万平方尺地皮，进入 80 年代这里将大有可为。

紧接着，李嘉诚又把目标转移到有“洋行王国”之称的怡和集团身上，并把怡和主将之一的“九龙仓”作为进攻目标。他同样不声不响地买入股票，已购入 20% 股权，后来得知包玉刚先生亦决意与英资争夺九龙仓，遂将收到的一千万股全部转给自己同胞，自己亦赢利 5900 万港币。

李嘉诚又暗暗地打好了主意。收购“青洲英泥”和“九龙仓”，不过是李嘉诚进攻英资公司的一个尝试。他的眼睛始终盯着“和记黄埔”这头由汇丰银行控制着 40% 股权的大象。这头大象是一家老牌和记洋行和黄埔船坞合并的产物，经营着大规模的地产等生意，在世界千家大公司中有它的名字，是香港十大财阀名下最大一家上市公司，它的市值比“长实”多出 55 亿港元。1978 年 9 月，正当“和黄”内部经营不善，盈利不佳，汇丰银行在背后积极物色一个胜任老板时，李嘉诚又一举成功了。他的一系列胜利，汇丰银行早已看在眼里，认为他是“最有领导方法”的经营家，他最有能力推动“和黄”更好地发展。于是，汇丰银行将自己掌握的 22% 的普通股转让给了李嘉诚。李嘉诚遂于当月 25 日正式出任“和黄”董事。待股数达到 39.6% 时，这把英资集团董事局主席的交椅就非他莫属了。从此这家香港英资古老洋行便成为四大洋行归入华资财团旗下的第一家，而李嘉诚的“长江实业（集团）有限公司”也由此摘取香港集团公司的桂冠。

李嘉诚先生就是成功地动用了“偷梁换柱”之术，成功地吞并了一个又一个英资企业，成了香港举足轻重的人物，其财产总价值逾 200 亿港元，名列港澳十大富豪榜首。

“偷梁换柱”卖国变成了爱国

日本偷袭珍珠港，对美国是一沉重的打击，激起了美国朝野的同仇敌忾，导致美国对日宣战，揭开了第二次世界大战新的一页。

日本的炸弹炸沉了美国的军舰，也炸破了库里恰克的发财美梦。库里恰克这个美国小商人是靠经营日本货起家的。最初，由于第二次世界大战的爆发，日本货几乎处处被抵制，日商对外国的经销商是很优惠的。库里恰克从玩具、工艺品开始，越做越大，范围也越做越广，他的生活也从节衣缩食、住地下室到三餐不愁，进而有了自己的公寓。正当他把全部资金投入，进了一大批日货，准备大赚一笔时，珍珠港事件爆发了。

日本货卖不出去，做别的又没本钱。守着堆积如山的日本货，他怅然若失，不知所措。一连好些天，他大门也不愿出。一天，他想到郊外散散心。等了很久也没见着一辆计程车，接着又发现许多人在挤公共汽车，其中还有不少衣冠楚楚的中产阶级人士。一打听，原来当局颁布了“战时物资管理法”，不少物资被列为军需品，控制供应，汽油也是其中一种，当然计程车也就难见了。

“该死的战争，连物资也给卡死了。”他咒骂道。这时他才注意到，街上的广告很多都被以爱国为内容的标语取代了。望着这些标语，一个主意在他心里产生了。

第二天，他的商品广告单上出现了这样的红色大字：买日本货就是爱国！为什么？我们正在对日本作战，每买一批日本货，就省下了我们的宝贵资源，这些资源就可以用于生产军需品，前方将士就多一份力量！爱国的人不可不买日本货！

战争，牵动着多少父母、兄弟、姐妹、谁不愿为战争的胜利做一点贡献，哪怕是微乎其微的。库里恰克的日本货半个月就销售一空了，他不但没亏本，反而大获其利。

战争时期，敌国的商品自然都会被抵制，买敌国的商品还会被视为卖国行为，然而库里恰克玩弄手法，混淆概念，卖国行为被“偷梁换柱”变成了爱国，这就是他成功的秘诀。

中内功“偷梁换柱”挖人才

中内功自 1957 年创业以来，一直视各时期的需要，挖掘各种人才，从而使得大荣企业得以迅速发展。

首先是选中弟弟中内力总经理的朋友，接着是在 1962 年，为了创造保鲜食品的安全流通制度，礼聘神户青果公司的两个专家。1965 年，又从他家贸易公司礼聘能力强的战略家。1970 年，从工会挖来有关劳工事务和会计方面的专家，接着又从三越公司企划处将长冈等人挖过来。

对于这些事，日本评论家在“中内功的研究”一文中曾提道：“长冈在 1974 年时，担任野村昌平的董事长主任秘书，后来转到大荣任职。长冈虽然离开三越，但是，他和野村的友谊十分深厚，1975 年，长冈和中内功到东京，野村还邀请他们吃晚饭。”

从这些情况来看，就知道中内功对挖掘人才一事是十分重视的。由于这些从工会、贸易公司“偷梁换柱”挖来的人才，都有相当丰富的经验和见闻，以他们的智慧再配上中内功的思想，使得大荣迅速发展是必然的结果。

运世方略

用笔藏针

唐朝时候，有一年，皇帝的一位公主患喉内痈毒，不但无法吃饭，连茶汤也不能喝，人饿得一天天瘦下去，生命十分危险。

这位公主年方 10 岁，长得容貌美丽，聪明伶俐，是皇帝、皇后的一颗掌上明珠。皇帝急忙召来了御医治疗。御医说道：

“公主这病，只有用针刀将痈毒割开，使脓血流掉，然后上药，方能痊愈。”

公主一听要在她喉内动针刀，立即放声大哭，在床上乱滚乱叫：“我不动针刀！我不要针刀！我宁愿死也不用针刀！”

尽管皇帝、皇后、贵妃、宫娥和御医，一个个好言相劝，小公主仍执意不肯。她是从小娇惯了的，她不愿意，十条水牛也拖不回来。若是这痈毒长在腿上、手上，皇帝也许会下命令叫几个人将公主拉住，强制开刀；但她这痈毒却长在喉内，来硬的是不行的。

怎么办？难道就让女儿这样活活饿死？皇帝夫妻望着奄奄一息的小公主，不禁一阵心酸，泪珠滚了下来。

“陛下平日国家有事，不是常说要招贤吗？女儿都病成这样了，为什么就不招贤了？”皇后提醒皇帝。

皇帝一听，说：“对，对，朕马上出榜招贤，看看有无能人应招。”

招贤榜挂出去了，榜文说道：“若有人能设法治好公主喉痈，不用针刀，是官员官升三级，是庶民赐爵七品，赏银千两。”

榜文前，看的人摩肩叠背，却无人敢揭榜。尽管人们都垂涎这优厚的赏赐，但谁都想不出不用针刀就能治好公主喉痈的好办法。

突然，一个人挤进人丛里来。只见他，头戴幞头，身穿罩衫，脚蹬布履，肩背药囊，手执铜串铃，一副草药郎中打扮。这朗中朝皇榜看了几遍，沉吟了一会，扭转屁股就走。过了一会儿，这草药郎中又挤了回来，大步上前，“哗!”地一声扯下了榜文。围观的百姓吓了一大跳，几百双眼睛一下子都盯到了他身上。

守榜官员见有人揭榜，立即将他带进皇宫。皇帝一听，十分高兴，但朝揭榜人一看，不禁大失所望。皇帝威严地对揭榜人喝道：

“你能治好公主的病？”

郎中答道：“能。”

皇帝又问：“你怎样治法？”

郎中道：“我不须用针刀，只用一支毛笔沾点药在公主痈毒上涂一下就行了。”

听说不用针刀，公主愉快地接受了草药郎中的治疗。只见这位草药医生果然只用一支毛笔，笔毛上沾上点药伸到公主嘴巴里，笔毛在喉内痈毒上一涂，痈毒立刻溃破了，流出一杯脓血。公主立时感到轻松了不少。医生又敷上点药，很快就痊愈了。

皇帝、皇后、公主都十分高兴。皇帝命人从内库取出白银一千两赏与草药郎中，并任命草药郎中到皇家医院任职。

草药医生却推辞谢道："臣有欺君之罪，请皇上宽恕。"

皇帝道："你说出来，朕不怪罪你。"

草药医生这才说道："我为公主治病，用的也是一般的药，并没有什么特别的地方。公主的病怕用针刀，而想治好却又非用针刀割破不可。因此我就在毛笔笔尖里藏着一根针刀，外面却看不见，我将毛笔伸进公主喉咙，在痈毒上一涂，针刀就将肿毒刺破了脓血就流了出来。这样一来，这实际已动了针刀，而公主却没有受惊。"

"哦！原来如此。"皇帝恍然大悟，不由得开心地放声大笑。

皇后和宫娥们也高兴地对草药郎中伸出拇指："你真聪明！"

小公主哭了半天，不愿动针刀；结果被医生动了针刀自己还蒙在鼓里，这时也羞惭地笑了。

草药郎中却不愿留在皇宫当御医，他又背起了草药囊，摇着铜铃，走村闯镇去为穷人治病去了。

王熙凤以宝钗换黛玉

《红楼梦》第 97 回："偏偏凤姐想出一条偷梁换柱之计，自己也不好过潇湘馆去，竟未能尽姨妹之情。"

这是《红楼梦》中悲剧之高峰。贾母、王夫人要将宝钗嫁给宝玉，而宝玉与黛玉相爱。宝玉听说黛玉要回南方，便急得发了疯病。这时善用心机的凤姐为贾母、王夫人出了一条偷梁换柱之计。表面上告诉宝玉与他结婚的是林黛玉，让他不反对举行婚礼。当宝玉高兴得要去告诉或问问林妹妹时，凤姐又阻挠说，未举行婚礼前按规矩礼法不能与新娘子会面。这样又防止了泄露天机。在举行婚礼时，宝玉用红绸牵着盖着大红披头布的新娘入洞房，才发现新娘是宝钗，但婚礼已经行过，生米煮成了熟饭。

宋江将"聚义厅"改为"忠义堂"

《水浒全传》中，运用偷梁换柱之计最典型的例子，莫过于聚义厅改为忠义堂一事了。奉行忠孝两全，立志为朝廷尽忠，图个封妻荫子、青史留名的及时雨宋江，在梁山泊好汉排座次之后，于聚义厅上立起了"忠义堂"大牌额，彻底改变了旧日梁山泊的纲领、路线，为实现朝廷招安的目标奠定了政治基础。

宋江与吴用议事

宋江原是一个刀笔精通、吏道纯熟的县衙押司，用现代话说不过是县政府的一般干部。此人于家大孝，于国大忠，又专爱结识江湖上好汉，以济人贫苦、解人之急、扶人之困为荣耀，所以深得上司的欢心，群众的拥护。按照宋江的本意绝不是要当打家劫舍的山大王、造反起义的朝廷叛逆，但后来因上了梁山泊的晁盖等人，为答谢宋江的救命之恩，派刘唐给宋江送去书信和黄金，宋江怕担私通梁山泊贼人的罪名，怒杀了以此要挟他的阎婆惜，成了浪迹江湖的杀人犯。在青风寨，与花荣一起，被刘高、黄信擒获，后在燕顺、王矮虎、郑天寿帮助下，杀了刘高，收了秦明和黄信，为逃避官兵围捕，被迫上梁山泊入伙。宋江的父亲假称病故，石勇投书，宋江奔丧被捕，发配江州。晁盖派刘唐带人于发配路上救出宋江，劝其上山落草，宋江誓死不从，还怪刘唐等人要陷他于不忠不孝之地，说上次上梁山泊是一时乘兴，并非真意。后来宋江在江州吟反诗，又吃官司，被判斩刑；梁山泊好汉江州劫法场，杀死多人，救了宋江，宋江又引众攻取无为军，杀了黄文炳一门老幼，犯下大罪，不得已上了梁山泊，于晁盖之后坐了第二把交椅。

宋江上梁山泊之后，成为领导核心中的关键人物，公开打出了只反贪官，不反皇帝，替天行道，专等朝廷招安的旗帜。为了达到这一目的，宋江除了在政治上、思想上进行宣传教育，大造舆论之外，重点放在组织调整上，逐步改变梁山泊头领队伍的人员构成。其中最重要的，是利用各种手段，大量招降官军将领和社会上的富豪名流。从第55回“高太尉大兴三路兵，呼延灼摆布连环马”始，到第71回梁山泊英雄排座次止，梁山泊先后招降了彭玘、徐宁、韩滔、呼延灼、关胜、宣赞、郝思文、索超、单延珪、魏定国、董平、张清等等一大批中高级朝廷命官以及卢俊义、李应等社会富豪。加上过去投奔的、招降的大大小小的朝廷命官，到排座次时，“三十六天罡”里面占了半数，其中由宋江、卢俊义、吴用组成的领导核心，主张接受招安的势力占了绝对优势，而宋江已牢牢把握了梁山泊事业方向的决定权。

梁山泊一百单八位头领排定座次之后，根据宋江的意见，在原来的“聚义厅”上，大书“忠义堂”三字匾额，山顶上立一面杏黄旗，上书“替天行道”四字。忠义堂前绣红旗二面：一书“山东呼保义”，一书“河北玉麒麟”。宋江择吉日良时，又带众头领焚香盟誓。宋江带头发誓曰：

宋江鄙猥小吏，无学无能，荷天地之盖载，感日月之照临，聚弟兄于梁山，结英雄于水泊，共一百八人，上符天数，下合人心，自今以后，若是各人存心不仁，削绝大义，万望天地行诛，神人共戮，万世不得人身，亿载永沉未劫。但愿共存忠义于心，同著功勋与国，替天行道，保境安民。神天鉴察，报应昭彰。

这段誓词表明，宋江用“忠义”锁住了众头领的心，使众头领成为其达到招安目的，向朝廷讨价还价的马前卒，重阳节前夕，梁山泊举办菊花会，宋江乘着酒兴，作《满江红》一词，更明确地抒发了“望天王降诏，早招安，心方足”的政治理想。

应该说，倘若没有宋江在组织上的偷梁换柱，改变梁山泊好汉的成分结构，要达到招安的目的并不是一件容易的事。在晁盖当梁山泊之主的岁月里，从来没有提招安一说，追求的是不怕天，不怕地，不怕官司的自由生活，倡导的是竭力同心，共聚大义的政治抱负。只是在宋江上了梁山之后，才不时提起接受招安一事。当时晁盖、吴用、刘唐、阮氏三雄及其他众好汉，虽对招安不感兴趣，但因为宋江颇重义气，又救过他们，碍于面子，不便当面反驳。实际上，当时宋江望招安的思想，并没有引起什么反响。后来梁山泊的官军降将多了，以及晁盖的阵亡，卢俊义等人的加入，使宋江的招安思想有了强有力的支持者。所以，当一百单八位头领排定座次之后，宋江可以放手实现他的招安目标了。

当然，宋江想接受朝廷招安，也并不是没遇到阻力。在重阳节菊花会上，铁叫子乐和演唱宋江作的《满江红》，当唱到“望天王降诏，早招安，心方足”一句时，只见武松叫道：“今日也要招安，明日也要招安，冷了弟兄们的心！”李逵大叫：“招安，招安，招甚鸟安！”一脚将桌子踢翻。但此时招安派已经占了绝对优势，反对招安的武松、李逵、阮氏三兄弟等一班好汉，已扭转不了局势。宋江面对敢于公开反对招安的至爱兄弟李逵、武松，对李逵要斩首，后经众弟兄求饶，改为监禁；对武松则训了一通。还是鲁智深说了句牢骚话，道：“只今满朝文武，多是奸邪，蒙蔽圣聪，就比俺的直裰染作皂了，洗杀怎得干净？招安不济事，便拜辞了，明日一个个各去寻趁罢。”宋江担心队伍分裂，方才好言道：“众弟兄听说，今皇上至圣至明，只被奸臣闭塞，暂时昏昧，有日云开见日，知我等替天行道，不扰良民，赦罪招安，同心报国，青史留名，有何不美！因此，只愿早早招安，别无他意。”众皆称谢，但赏菊宴会不欢而散。

宋江运用偷梁换柱之计，改变梁山泊的政治方向，经历了一段较长的时间，这与军事上调动敌人、蒙骗敌人的偷梁换柱之计相比，更加复杂和老谋深算。正是因为梁山泊政治上、组织上的“梁柱”被逐渐偷换，才使宋江接受朝廷招安的目的得以实现。

袁子才撮合姻缘

清朝的名士袁子才，在江宁做知县的时候，有一姓陈的女子，已许配了一个姓李的，但那男子家贫，女家的父亲又索礼太重，致无法结婚。后来陈氏女被一个风流和尚设圈套把她奸污了，此秃颅很有钱，有钱的出家人，自必然有一班流氓地痞、衙吏乡绅去帮闲帮凶，添翼助威。陈氏女在威逼利诱之下，不得不做了这和尚的情妇，虽非停眠整宿，但披月戴星已非一日，乡中有些无赖知道了这件事，借故去勒索不遂，便要出无赖手段，实行捉奸。一晚，见此秃颅潜入女室，正在“真个”之时，当场捉获，立即解赴县衙。

县太爷袁子才将奸夫淫妇分别拘押，又进行个别审问，问清楚陈氏女的情形，她哭诉被迫奸通奸的经过，实情非得已，心里始终怀念其未婚夫李某。

袁子才听了，心里有数，乃半夜把和尚秘密提到，申斥一顿之后，勒令和尚写下一张二百两银子的借据，剥下和尚袍，着他滚蛋，赶出衙去。然后叫出家里一位留短发做粗工的女仆来，吩咐她几句话，换上了那件和尚袍，进入拘留所去。

第二天一早，袁大老爷升堂了，先审问陈氏女，女不发一言，只低头嘤泣。再审奸夫，答“与陈女做密友同居很久了。”大老爷公堂木一拍说：“可恶秃奴！出家人竟敢与黄花闺女同居？可——怒也！”丢下签来，“与我打屁股八十大板！”

“喳！”如狼似虎的衙役，不由分说，当堂剥下奸夫的裤子，一看，哗！不得了！原来是个前后不分的动物！

“禀告大老爷！他是个空前绝后的人，是个尼姑，不是和尚。”

“啊！尼姑？”袁子才假戏真做，露出惊讶神态，把眼移向原告那班捉奸的无赖子一扫，怒斥：“你们这班家伙怎么搞的？胆敢拿本官来开玩笑？浑蛋！来人呀！把这班废料统统扫出门去！”

过了几天，袁子才又命人把陈氏女的未婚夫李某找来，试探他对未婚妻的情感，是否因此事件破裂还是谅解。李某表示：“她这次闹的丑闻，责任不在她，归根结底还是我误了她，原因是我付不出聘礼，不幸她又被人陷害，并不是她自愿，她的心始终是朝向我的，我的心也永远惦念她。不管她曾做过什么错事，我都原谅她！”

袁子才问：“你之所以不能及早结婚，是因为付不出聘礼是不是？假如有人帮你忙付出这笔费用，你接受吗？”

“我会马上和她结婚，帮助我的人，钱要来得正当，不是居心叵测才可以！”

“对！”袁子才见这青年蛮有志气，心里非常欢喜，便说，“喏，我可以帮你，我有一笔款，是专帮你结婚用的，这些钱不是什么不义之财，也不是我自己掏的腰包，是光明正大弄来的，并非借给你，是送给你，你总相信本官不会有坏主意吧？”

“多谢大老爷！大老爷为官清廉是尽人皆知的！”

“那你明天就在家里等候，有人送钱来时，照收可也，不要问钱的来历，更不必对人家谈起此事。”

果然，第二天袁子才便叫亲信将和尚那张借据去钱庄兑了现，把二百两银子送到李某家里。李某接到此款，立即向女家纳聘，这对经过暴力迫害的有情人终成了眷属。

第二十六计　指桑骂槐

原文注译

【原文】

大凌小[1]者，警以诱之[2]。刚中而应，行险而顺[3]。

【注释】

①大凌小：大，强大。小，弱小。凌，凌驾、控制。全句意为：势力强大的控制势力弱小的。

②警以诱之：警，警戒。这里是指使用警戒的方法。诱，诱导。全句意为：用警戒的方法进行诱导。

③刚中而应，行险而顺：语出《易·师·彖》："师，众也；贞，正也。能从众正，可以王矣。刚中而应，行险而顺。以此毒天下而民从之，吉又何咎矣。"这段话的意思是说：师——军队是由为数众多的人组成的。人数众多，必是良莠不齐，必须以正道使之统一，方可称王于天下。师卦为坎下坤上，九二为阳、为刚，处于下坎之中位，又与上坤的六五相应，象征着主帅得人心并受到信任，这种"刚中而应"。但坎卦又为水、为险，坤卦则为地、为顺，象征着为帅者需用险毒之举，方可使士兵顺从，这叫做"行险而顺"。以险毒之举使全军将士归之于正，乐于顺从，其结果必将是吉利的而不会有过错。

【译文】

凭借强大的实力去控制弱小者，需要用警戒的方法去进行诱导。这就像师卦所说的：适当地运用刚猛阴毒的办法，可以赢得人们的归顺，获得最后的成功。

按语注译

【按语】

率数未服者以对敌[1]，若策之不行[2]，而利诱之，又反启其疑；于是故为自误，责他人之失，以暗警之[3]。警之者，反诱[4]之也。此盖以刚险驱之[5]也。或曰：此遣将之法也。

【注释】

①率数未服者以对敌：率，率领。数，一些、一批。未服者，还没有信服的人。全句意为：率领一批还没有信服你的人去与敌人作战。

②若策之不行：若，如果，假如。策，鞭策，可引申为管治。全句意为：如果管治他们不住。

③暗警之：暗示地警戒他们。

④反诱：从反面进行诱导。

⑤以刚险驱之：刚险，刚猛险毒。驱，驱使，驱赶。全句意为：用刚猛险毒的手段去驱使他们。

【译文】

率领一批还没有信服你的人去与敌人作战，如果管治他们不住，用金钱财物去利诱他们，又反而引起他们的疑心。这时，你就应该故意造成一些失误，并以之去责备别人，借以暗示地警戒那些不服管治的人。这种警戒是一种从反面进行诱导的方式。它是一种以刚猛险毒的手段驱使人们服从管治的谋略。有人说：这是一种调遣部将的方法。

传世典故

指桑骂槐。桑：桑树。槐：槐树。表面上指着桑树，实际上在骂槐树。比喻表面上骂这个人，实际上却骂另一个人。在军事中指用警告诱迫等暗示手段达到统领部下和树立威严的一种谋略。

指桑骂槐，此计的比喻意义应从两方面广为理解。一是要运用各种政治和外交谋略，“指桑”而“骂槐”，施加压力配合军事行动。对于弱小的对手，可以用警告和利诱的方法，不战而胜。对于比较强大的对手也可以旁敲侧击威慑他。春秋时期，齐相管仲为了降服鲁国和宋国，就是运用此计。他先攻下弱小的遂国，鲁国畏惧，立即谢罪求和，宋见齐鲁联盟，也只得认输求和。管仲“敲山震虎”，不用大的损失就使鲁、宋两国臣服。

另外，作为部队的指挥官，必须做到令行禁止，法令严明。否则，指挥不灵，令出不行，士兵一盘散沙，怎能打仗！所以，历代名将都特别注意军纪严明。管理部队，刚柔相济，关心和爱护士兵，但决不能有令不从，有禁不止。所以，有时采用“杀鸡儆猴”的方法，抓住个别坏典型，从严处理，就可以震慑全军将士。春秋时期，齐景公任命田穰苴为将，带兵攻打晋、燕联军，又派宠臣庄贾做监军。穰苴与庄贾约定，第二天中午在营门集合。第二天，穰苴早早到了营中，命令装好作为计时器的标杆和滴漏盘。约定时间一到，穰苴就到军营宣布军令，整顿部队。可是庄贾迟迟不到，穰苴几次派人催促，直到黄昏时分，庄贾才带着醉容到达营门。穰苴问他为何不按时到军营来，庄贾无所答，只说什么亲戚朋友都来为我设宴饯行，我总得应酬应酬吧？所以来得迟了。穰苴非常气愤，斥责他身为国家大臣，负有监军重任，却只恋自己的小家，不以国家大事为重。庄贾以为这是区区小事，仗着自己是国王的宠臣亲信，对穰苴的话，不以为然。穰苴当着全军将士，命令叫来军法官，问："无故误了时间，按照军法应当如何处理？"军法官答道："该斩！"穰苴即命拿下庄贾。庄贾吓得浑身发抖，他的随从连忙飞马进宫，向齐景公报告情况，请求景公派人救命。在景公派的使者没有赶到之前，穰苴即令将庄贾斩首示众。全军将士，看到主将斩杀违犯军令的大臣，个个吓得发抖，谁还再敢不遵将令。这时，景公派来的使臣飞马闯入军营，拿景公的命令叫穰苴放了庄贾。穰苴沉着地应道："将在军，君命有所不受。"他见来使骄狂，便又叫来军法官，问道："乱在军营跑马，按军法应当如何处理？"军法官答道："该斩。"来使吓得面如土色。穰苴不慌不忙地说道："君王派来的使者，可以不杀。"于是下令杀了他的随从和三驾车的左马，砍断马车左边的木柱。然后让使者回去报告。穰苴军纪严明，军队战斗力旺盛，果然打了不少胜仗。

穰苴斩监立威。田穰苴，春秋时期著名军事家，著有《司马穰苴兵法》。

用计锦囊

在面对众多下属的时候，为了统一组织内部的意志和行动，防止兵不服将，有令不行，有禁不止的现象出现，或在面对弱小敌人的时候，为了能不经直接的武力攻击就使其慑服，防止其伺机反抗，我们可在暗中借故对有关的人进行警告或采取适当强硬的态度加以诱迫。这是一种暗传信息，树立威信，统御众人的心理战策略。

本计有以下三种含义：

1. 杀鸡儆猴。这是通过惩罚一个人来吓唬别的人，以使其顺从的计谋。相传猴子很顽皮，经常不服调教，训猴人便当其面杀鸡，用鲜血淋漓的惨相来威胁恐吓它，这样猴子便乖乖地任从摆布了。这是通过处理小的来警戒大的，有时在“士难诛尽”法不责众的情况下，也可以通过处理一个来警戒众人，这就是杀一儆百的方法。杀鸡儆猴和杀一儆百都是间接警告，使其慑服的策略，其中一个杀其异类，一个杀其同类，而对要警戒的真正对象却不直接动手。

2. 敲山震虎。用敲击山梁的办法来显示威风，进而震慑老虎，在这里敲山只是一种姿态，是在向老虎表示自己的强硬态度。敲山震虎虽然没有明确具体的惩戒对象，但也暗示了有关的信息，使老虎意识到对手是很强大、很难对付的，如果不老老实实、规规矩矩地顺从或降服，就不会有好的结果。这是一种不战而胜的策略，也同样起到间接警告的作用。

3. 旁敲侧击。就是不直截了当地指明问题，而是绕个弯子，迂回地表达自己的责难或不满。之所以不直接对其发难，是因为该对象确实存在很多该“骂”之处，但是因为某种条件限制，不能或者不便于公开“骂”，这时就使用这种隐蔽曲折，但又比较激烈的责骂方式。旁敲侧击常以借题发挥的形式来进行。

此计由一“指”一“骂”两个部分组成，按对象是否明确，可以把“指”和“骂”分为四种：

1. 实指实骂。所指的“桑”和“槐”都很明确，并且对它们采取了实实在在的惩治措施。

2. 实指虚骂。所指的“桑”很具体，但所骂的“槐”并不明确。

三十六计之指桑骂槐

3. 虚指实骂。表面上所指的“桑”不明确，但暗里所要骂的“槐”却很明确。

4. 虚指虚骂。何为“桑”，何为“槐”，都没有具体指明，只是抓一件事借题发挥。目的在于引人警戒。

对付指桑骂槐之计，应注意以下防范对策：

1. 认清虚实。当自己处于弱者的地位，有人打算用指桑骂槐之法而慑服时，及时准确地认清对方的虚实很重要，如果在对方虚张声势，而实则色厉内荏的情况下，我们误以为这些都是真实的被其虚假的强硬所吓倒，就会失去难得的机会而吃大亏、上大当。如果在对方确有很强实力的情况下，我们低估了他们的力量，不能知难而退，只知冒进，结果会像以卵击石、灯蛾扑火一样，自取灭亡。了解对方的虚实，要通过详细的观察和研究，要透过现象看到本质，绝不能被一时的假象所迷惑。

2. 联合众小。在对方的力量确实很强大，而自己一时无法与之对抗的情况下，摆脱困境的积极办法之一就是联合众小以抗一强，众多弱小者联合起来，如果进攻则会形成“好虎抵不住一群狼”之势；如果防守，则会形成“法不治众”之势。在被人威胁之时，千万不能自我孤立，否则就会弱而更弱。战国时，苏秦联合六国，抗拒强秦的所谓合纵，就是这种谋略，可惜的是这种联合被破坏，六国先后被灭掉。

3. 不为天下先。俗话说：“出头的椽子先烂”“枪打出头鸟”，指的是那些敢于第一个以身试法的人，要被当做“鸡”来“杀”的必然下场。所以在一般情况下，我们绝不能有意无意地充当炮灰，首先去破坏有关的章法，而成众矢之的。如果在别人开了头之后，我们再参加进去，那就安全多了。所以“不为天下先”乃是“立于不败之地”的重要条件。

4. 支援“桑”树。劈竹子的时候，头几节是比较困难的，只要劈开了头几节，无论竹子有多长，“皆迎刃而解”。指桑骂槐有时也会产生这种破竹之势，尽管我们暂时没有被当做“桑”，但是如果不及时有效地遏制住其“骂槐”的势头，我们自己也将难以自救。所以，在“桑”树被骂时，我们不能袖手旁观，应千方百计地给予支援，使他能顶住对方的气势，不致产生更大的突破口。要知道，此时的救人即是自救。为了精诚互助，任何前嫌都要捐弃。

计谋典范

战场逐鹿

郭威治军

五代十国时，后汉爆发了李守贞、赵思绾、王景崇沆瀣一气的“三镇之乱”，后汉朝廷派大将郭威统兵征伐。郭威出征前向老太师冯道请教治军之策，冯道说：“李守贞是员老将，他所依靠的是士卒归心，如果你能重赏将士，定然能打败他。”郭威连连点头。

郭威率兵进抵李守贞盘踞的河中城（今山西永济县蒲州镇）外，断绝了河中城与外界的联系，以长期围困的方法，逼迫李守贞投降。遵照冯道的教诲，郭威对部下有功即赏，将士受伤患病即去探望，犯了错误也不加惩罚，时间长了，冯道之

郭威捉将

法果然赢得了军心，但却滋长了姑息养奸之风。

李守贞陷入重围，几次想向西突围与赵思绾取得联系，都被郭威击退，几乎是一筹莫展。一天，李守贞忽然听到将士们在议论郭威治军的事情，眉头一皱，想出一条计来：他让一批精明的将士扮作平民百姓，潜出河中城，在郭威驻军营地附近开设了数家酒店，酒店不仅价格低廉，甚至可以赊欠。郭威的士卒们三五成群地入酒店喝酒，经常喝得酩酊大醉，将领们却不加约束。李守贞见妙计奏效，悄悄地遣部将王继勋率千余精兵乘夜色潜入河西后汉军大营，发起突袭。后汉军毫无戒备，巡逻骑兵都喝得不省人事，王继勋一度得手。

郭威从梦中惊醒，急忙遣将增援，但将士们你看我，我看你，竟畏缩不前。危急中，裨将李韬舍命冲出，众将士才发一声呐喊，鼓足勇气，跟了上去。王继勋兵力太少，功亏一篑，退回河中城。

这一次突袭为郭威敲响了警钟，使郭威痛感军纪松弛的危险，于是下令："如果不是犒赏宴饮，所有将士不得私自饮酒，违者军法论处。"

谁知，军令刚刚颁布，第二天清早，郭威的爱将李审就违令饮酒。郭威又气又恨，思索再三，还是令人将李审推出营门，斩首示众，以正军法。

众将士见郭威斩杀爱将李审，放纵之心才有所收敛，军纪得以维护。不久，郭威向河中城发起攻击，一举平定李守贞，又平定了赵思绾和王景崇，"三镇之乱"结束了。

孙武训练娘子军

春秋时的孙武，著有兵书十三篇，吴王阖闾看过，叹为奇才，乃遣伍子胥聘他来做事。

见面之后，吴王说及本国兵微将寡，问怎样才可以扩军强国。孙武将当前形势分析过后，且说："我的十三篇兵法，不但可施于军旅，还可以动员妇人女子，驱而用之！"

吴王大笑起来，说："我从来未曾听说过可以训练女人上战场杀敌的！"显有轻视之意。

孙武说："不相信可以当面试试看，如不成功，甘当欺君之罪！"

“真的吗？”吴王说，“好，且看看你的本领！”

乃在后宫选出三百名宫女，交给孙武调遣。

孙武又请求吴王派两位宠妾为两队队长，以便号召。吴王允许，宣宠妾右姬左姬到来，对孙武说：“这两位美人是寡人最宠爱的，可充任队长否？”

孙武说：“可！但军旅之事，纪律森严，有赏有罚，号令才行。”当即令两人为队长，复立一人为执法，两人为军吏。以力士数人为牙将，击鼓鸣金传令。

孙武把宫女编成左右两队，右姬管右队，左姬管左队，各披挂兵器，示以军法：一不许混乱队伍；二不许交谈喧哗；三不许违犯约束，私自行动。

第二天一早，全体齐集教场训练，吴王也坐在楼上观看。三百多名娘子军个个全副武装，右手握剑，左手拿盾，分站两旁。吴王看见心爱的宠姬雌风凛凛，心里着实欢喜。

孙武升帐了，传令布阵，将黄旗两面，授给两位队长，令为前导，众女跟随队长之后，五人为伍，十人为总，要紧随相继，不得脱离。听鼓声进退，脚步不得混乱。

传谕已毕，令队伍皆跪下听命。一会儿，孙武又下命令：“鼓声一响，两队齐起；鼓声再响，左队向右转，右队向左转；鼓起三通，各挺剑互斗。锣声起时然后收兵！”

号令一出，众女都掩口嬉笑起来。击鼓的军士禀告，第一次鼓已击过了，各人或起或坐，参差不齐。

孙武离座正色说：“约束不明，申令不信，将之罪也。可再申前令，解释清楚！”

军吏奉命再大声告谕一次。鼓吏再击鼓，但众女依旧嬉笑耳语，挨肩斜倚，像品评花会一样。

孙武卷袖而起，亲自擂鼓一通，又再次申解前令，但自队长以下，无不大笑起来，莺声燕语，好似百鸟归巢。

孙武忽然双目一瞪，大发虎威，喝问：“执法吏何在？”

“有！”

“约束不明，申令不信，将之罪也；今已约束再三，而士不听令，依法该当何罪？”

“当斩！”

“军士不能尽斩，罪责应及干

孙子吴宫教战图

孙武

部。左右，将队长斩首！”

左右见孙武正发怒，不敢违抗，便将两姬捆绑起来。

吴王看见，大吃一惊，急命人持节驰救，令曰：“寡人已知将军的用兵能力了，但两姬乃寡人心爱之人，非此两人，食不甘味，睡不安寝，请看寡人面上，赦免一番！”

孙武拒绝，说：“军中无戏言，臣已奉命为将，将在外，君命有所不受，若徇君命，赦免有罪，将何以服众？斩！”

不一会，两姬头颅已挂起来了，宫女无不身体发抖，牙关发颤，诚惶诚恐地跪在帐下听令。

经此一斩，全军凛然，进退左右，皆规规矩矩。

只是吴王还在怀念着那两位床上的亲密战友。

田穰苴的统御术

春秋末期，晋国进攻齐国的阿、鄄地区，同时燕国侵犯齐国的黄河南岩地区，齐国的军队都打了败仗。为此，齐景公十分恼怒。

一日早朝，齐景公环视群臣，说：“难道众卿就不能为朕荐一治国之才吗？”

大夫晏婴上前奏道：“臣向大王荐田穰苴，这田穰苴虽是田成君的妾之所生，然而他的文才能够使众人信服，他的武略能够使敌人畏惧。如大王能任用田穰苴，定能将入侵之敌拒国门之外。”

齐景公大喜，第二日派晏婴将田穰苴请进宫来。

齐景公与田穰苴商讨军事政治，田穰苴无一不晓，从容对答，文韬武略，齐景公非常满意。传旨在景阳宫设宴款待田穰苴，席间，齐景公宣布任命田穰苴为大将军，统率齐军抵抗晋国和燕国入侵之敌。

田穰苴走出席宴，跪地谢恩，“田穰苴叩谢大王重用之恩，我本来是地位很低的人，大王把我从平民中提拔出来，加官在众大夫之上，恐怕士卒不信服，百姓不拥护。人的地位低微就没有权威，我请求大王派一位您所宠信的、全国军民所尊敬的人做我的监军，这样我才可以遵从大王的任命，拼死报国。”

齐景公点头称是。

第二天，齐景公召集文武百官，传旨任命田穰苴为齐国大将军，任命他的宠臣庄贾担任监军。

下朝后，田穰苴与庄贾商定第二天正午在军营大门会见，共商出兵大事。

田穰苴回军营后，让人设置好计时的日表和漏壶，等待着庄贾的到来。

第二日，庄贾的亲戚和下属设宴为他饯行，快到正午，有一下属提醒说：“监军不是与大将军约好正午商讨用兵之事吗，还请监军酌量为好。”

此时，庄贾已微有醉意，“什么大将军，只不过是一个平民，他统帅的还是我的部队，商讨用兵，让他等会儿吧！”随即，举杯狂饮。

时到正午，端坐在中军帐的田大将军问左右：“监军何在？”

左右答：“监军尚未进营。”

“此已何时？”

左右答：“时过正午。”

当即，田大将军命人砍倒日表，倒掉漏壶里的水，鸣金升帐，点将后，颁军纪于三军。

傍晚，庄贾乘车带大批使者驶进军营，面带醉容来到田穰苴面前。

田穰苴问庄贾：“为何过了约定时辰才到？”

庄贾答：“亲戚为本监军饯行，所以耽搁了。”

田穰苴说：“将士从接受命令的那天起就要忘记他的家，临战之前要忘掉他所有的亲人，战斗开始后就要将生死置之度外。况且，敌军已入侵我境，国内人心骚动，士卒在边境苦战，君不能眠，民不下咽，你还搞什么饯行！”

庄贾将头一摆：“饯行又怎么样？”

田穰苴大怒：“军法官，按照军法，在规定时间内无故后到的，应如何处置？”

军法官答：“依军法，应予斩首。”

田穰苴大喝一声：“正军纪，将监军推了辕门斩首！”

庄贾此时酒已惊醒，大声叫使者去向齐景公求救。

田穰苴将庄贾斩首后，首级

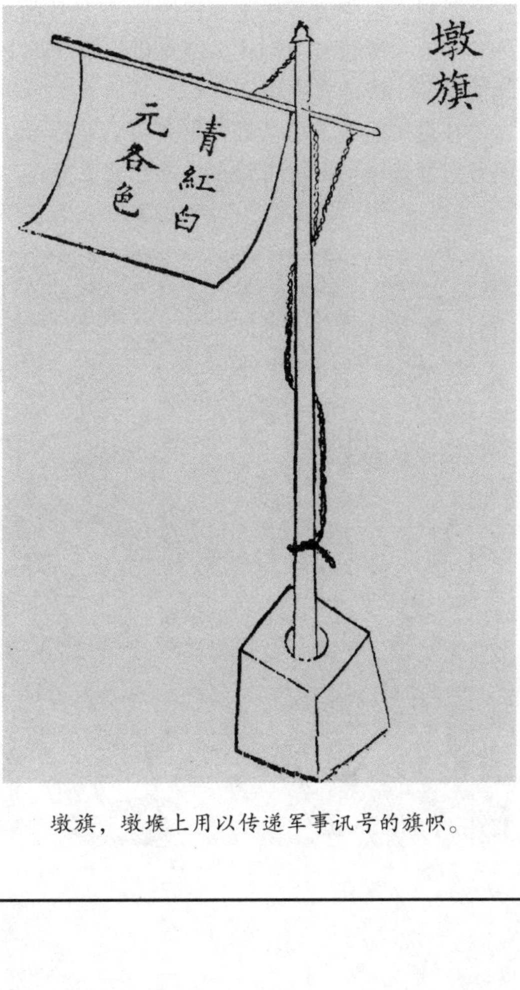

墩旗，墩堠上用以传递军事讯号的旗帜。

升上旗杆，警示于三军。全军大为震惊。

过了一会儿，齐景公派遣的使者才拿着符节乘车赶到军营，来救庄贾。田穰苴说：“将军在外边执行任务，君王的命令有些也可以不接受。庄贾违反军纪，已被正法。”他又问军法官，“军营中不准驰车，现使者乘车驰入军中，按军法如何处置?”

军法官答：“应当斩首。”使者十分害怕。

田穰苴说：“君王的使者是不能杀的。”于是他只下令杀了使者的仆人，砍了使者的车子左边的木杆，杀了在右边驾车的马。并警示三军，今后凡在军中驰车者，一律斩首。

从此，全军将士再也没有敢轻视田穰苴而违犯军纪了。

由于田大将军军令如山，又能和士兵同甘共苦，结果军威大振，他带领齐军胜利地抵御了晋国和燕国，收复了失地，保卫了国家。

司马懿斩将平怨气

建兴八年（230 年）秋，魏兵马都督曹真、大将军司马懿，继孔明二伐中原后，奏请魏帝曹睿兴兵八十万前往伐蜀，兵至陈仓城中屯扎。

不料，由于天不作美，连续一个多月的秋雨，把他们困在了陈仓。陈仓城内外，平地水深数尺，军兵床铺难搭，锅灶难支，人不能寝食，马又无草料，饿死病死的极多，魏帝曹睿得知此情，急诏大军回朝。

在退军途中，司马懿料定孔明会乘机出兵再伐中原，于是建议曹真在箕谷口、斜谷口埋伏军马来伏击蜀军。谁知曹真竟不信其言，司马懿想，他是兵马大都督，

仲达兴兵寇汉中

他若不同意设伏我也是干着急。倘若让孔明得计，中原可就难保了。他急中生智地对曹真说："如果蜀军不从二谷过，我愿面涂红粉、身穿女衣来见你。"曹真说："我料定孔明不会再来了，他若再来此，我将皇帝所赐玉带给你。"司马懿见曹真与其赛赌，便顺势激曹真在箕谷口设伏，自领兵马斜谷口布下伏兵。

司马懿暗想，大军在秋雨中淋泡了一个多月，今又让他们在泥水中设伏，军心必然不稳，若如此，一旦蜀兵真的来了，也不能出奇制胜。想到这，便身着便服，来到军营查看。

他刚来到兵营，便听到一位偏将与军兵们撒怨气说："我们在雨水中都泡了一个多月了，大将军不奉诏回朝，却生要与都督赛赌，真把我们坑苦了。"周围将士一听，也纷纷口出脏言骂司马懿。

司马懿回到大帐，迅速召集众将升帐议事。当众把那位偏将唤出来责叱说："朝廷养兵千日，用在一时。你怎敢口出怨言，扰乱军心？"那位偏将不承认，司马懿便把与他在一起发牢骚的军兵叫来对质，那位偏将才不得不承认。

司马懿对众将说："我与大将军打赌并不是目的，而是用这个办法激他在此伏击蜀军的。你们回营宜仔细戒备，争取立功回朝。"接着又指着那位偏将说，"你蛊惑军心，自取罪戾，理当斩首。"说罢令武士将其推出帐外，斩首示众。

由于司马懿及时杀将警众，使其军兵加强了警戒，当蜀兵到来时，果然出色地赢得了伏击的胜利。

犯军令韩信斩殷盖

汉朝的韩信，出身寒微，自得到刘邦筑坛拜将，为一班老臣武将瞧不起，背后议论纷纷。他上台后，立律极严，一天，集合操演，限五更时分全体要报到，点名完毕，只有监军殷盖未到，韩信亦不追问，开始演习。

中午已经过去了，殷盖方从营外而来，到了辕门，想进去，守门的连忙拒绝，说："元帅已演习半天了，没有命令，不敢放人进去！"

殷盖大发脾气，说："什么元帅不元帅？正是小人得志，乱施乱为！好吧，你去说一声吧！"

过一会儿，传令兵持牌回报一声："请！"

殷盖大模大样地进去，见了韩信，只把两手一拱，尚有余怒。

韩信问："军有禁令，汉王亦有手谕，你身为监军，为何迟到？"转向司晨官，"现在是什么时候？"

"已过中午了！"司晨官答。

"早已三令五申，限卯时齐集，你却过了六七个钟头才来，显然蔑视军令，依法当斩！"韩信很严肃地对殷盖说。

殷盖不以为然，还强横争辩，把韩信不放在眼里。

韩信大怒，喝叫左右把他绑起来，跪于帐前，数其罪说："你身为大将，岂不闻受命之日，则忘其家；临军约束，则忘其亲；当临敌杀伐，则忘其身！你以身许

登坛拜封韩信

国，岂还念及父子亲戚?”召军政司问：“殷盖违令，罪在哪一条?”

曹参高声说：“与军约会，期而后至，得慢军之罪，当斩!”

殷盖这时才知闯了祸，吓得魂不附体，急以目视樊哙，想求他说情，但樊哙也出不得声，又离不得营，只是跌脚空焦急。辕门外有人知道了这个消息，飞马报告汉王刘邦，刘邦也大吃一惊，急使郦生持手书去求情。

郦生带了随从，飞一般到了辕门，正见殷盖跪在地上，等候行刑，乃高叫：“有汉王手谕，且刀下留人!”两骑撞入了军营，被守门军士执住，解往见韩信，韩信说：“军中不准驰骤，郦大夫素熟兵法，为何故犯军令?”

郦生说：“是奉汉王之命来的!”

“既然奉命而来，于法亦有抵触!”韩信说完，问军正司，“郦大夫该当何罪?”

“军法有驰骤军中者，得轻军之罪，当斩首以示三军!”

韩信说：“既然有王旨在身，故免本身之死，但要斩马夫，以彰军令!”

不一会儿，殷盖和马夫被处斩了。从此，各将士凛然不敢再犯军令，死心塌地地听从韩信指挥，这才能逼死项羽于乌江，为刘邦打出个天下来。

在战国时候，穰苴也施过同样手法斩庄贾，复兴齐国。三国时吕蒙杀一同乡军士而军纪肃然，可见此计目的在于示威，有镇压作用，所谓“借人头，平物价”的，不外这个道理。

诸葛亮挥泪斩马谡

诸葛亮首伐中原，因街亭要地失守撤回汉中后，先召大将王平入帐责斥他说：“吾令你佐马谡共守街亭，为什么致使要地失守?”王平解释说：“参军到街亭，非要在土山上安营下寨不可，我主张当道筑城，他硬是不依，我只好率本部三千兵马在山下安营。由于孤山被困，我军又遇劲敌阻击，无法前往解救，所以导致街亭失守。丞相若不信，可问在场其他众将。”

孔明喝退王平，又令人唤马谡入帐。不一会儿，只见马谡自缚其身跪于阶下，孔明见此情形，一切都明白了，知道王平所说的都是实情。于是沉下脸对马谡说：“你自幼饱读兵书，熟谙兵法。今日却不听将之良言，败军折将，失吾要地，致使兵伐中原前功尽弃，你的罪过可不轻啊！如果不明正军法，怎能使众将士服从?”

说罢，令左右武士将其推出帐外斩首。

武士刚欲行刑，参军蒋琬由成都来到汉中，正好遇见，便疾声高喊：“刀下留人。”武士见参军至，暂且罢手待令。

蒋琬入帐对孔明说：“昔日楚杀成得臣，而使晋文公高兴。今若杀戮智谋之士，岂不是让魏高兴吗？现在，天下大事未定而先杀智士，这样做不是太可惜了吗？”

孔明听了这席话，流着眼泪回答：“吾也知马谡的才学过人，是位难得的智士，杀了他我也为之惋惜。今日他获重罪，我也爱莫能赦呀！昔日孙武所以能胜天下，关键在于他明法，今日四方纷争，方兴未艾，若因一人而废法，今后如何统军讨敌？理当斩之也。”说罢含泪令人行刑。

孔明挥泪斩马谡

不一会儿，武士把马谡的首级献于阶下。孔明看后大哭不已，大小将士无不为之流涕。尽管如此，法的观念却在众将心中牢牢地扎下了根。

政治权谋

晏子计救烛邹

春秋时期，齐景公有许多鸟，派一名叫烛邹的人管鸟。

有一天，齐景公发现几只珍奇的鸟儿丢失了，他大发雷霆，要把烛邹推出斩首。

晏子知道了，他说：“慢着，烛邹有三大罪状，让我一一给他指出来，叫他死而无怨。”齐景公答应了。

晏子说：“烛邹，你有三大罪状，知道吗？”

烛邹说：“不知道。”

晏子说："我们的国君爱鸟，你却让那几只珍贵的鸟儿飞了，这是第一条罪状；我们的国君是仁慈的，你却说我们的国君因为禽鸟的事而杀人，这是第二条罪状；我们的国君美名遍布天下，这事一传扬出去，诸侯各国都会指责我们国君重鸟轻人，这是你的第三条罪状。"

说完，他转身对景公说："宣布完了，杀吧！"

景公却涨红了脸，说："算了，放掉他，我已经听懂了你的指教了。"

骂的是烛邹，受到指教的却是景公。

烛邹挨了骂，却换回了一条命，好不险哉！

巧劝齐宣王

战国时，齐国大臣春居，以此法巧劝齐宣王。

齐宣王修建大宫室，修了3年还未完工，规模很大，光堂上的门就设计300座，臣子们无人敢劝阻齐王。

臣子春居向宣王说："楚王抛弃了先王的礼乐、音乐，因此变得轻浮了，请问楚国算是有贤明的君主吗？"宣王说："没有。"春居说："所谓的贤臣数以千计，都没有人敢劝谏，请问楚国算有贤臣吗？"宣王说："没有贤臣。"春居说："如今您修建大宫室，宫室之大超过100亩，堂上设置300座门。凭着齐国这样的大国，修建了3年仍不能够建成。臣子们没有敢劝阻的，请问您算是有贤臣吗？"宣王说："没有贤臣。"春居说："我请您允许我离开吧！"说完就快步走出去。宣王说："春子！春子！回来！为什么这么晚才劝阻我呢？"

齐宣王赶紧召来记事的官员说："写上！我少贤德，热衷于修建大宫殿。春居阻止了我。"宣王终于接受了春居的劝谏。

赵匡胤杯酒释兵权

宋太祖赵匡胤自从"陈桥兵变"，在孤儿寡妇手上取得帝位之后，以赵普为枢

宋太祖杯酒释兵权

密直学士，凡国家大事都与他商量。当时禁军（驻守京师的军队）将领石守信、王审琦、高怀德等都是赵匡胤亲信，导演过“黄袍加身”，拥赵为帝的人物，在军队中有很大潜势力。

赵普鉴于这几位将领的势力太大，怕会危及帝位，便对赵匡胤说及个中厉害，劝削了他们兵权。

赵匡胤说：“这些人是我的心腹，决不会背叛我的，你放心好了。”

“我相信他们是忠心耿耿的，只担心他的部下，一旦起野心的时候，恐怕连他们自己也做不得主！”

赵匡胤即刻醒悟，想起了自己的皇帝宝座是怎样来的，而且历史上有过很多反客夺主的例子，但怎样才可以把这班共过患难的亲密战友的兵权夺回呢？

他真不愧一个老谋深算的奸雄，不想学刘邦那样以快刀斩乱麻的手法去排除心腹隐患，他要政权巩固，也要写几段漂亮的历史，反正自己手上握着生杀大权，对这班笼里鸡，目的不外要他把兵权交出来，生要还是死要，不过这么回事。他懂得捉苍蝇用糖好过毒汁，文斗胜于武斗，于是来一个先礼后兵，不吃甜头的时候，再磨刀霍霍未迟。

七月的某一个晚上，赵匡胤特别邀宴石守信、王审琦、高怀德等禁军将领，正在酒酣耳热、谈笑风生的时候，赵匡胤忽若有所感地停杯叹了口气，说：

“今天我们大家高高兴兴地在一块儿饮酒作乐，可是，谁又知将来还有没有这种机会聚首言欢？”

石守信觉得奇怪，便问这番话的意思。

赵匡胤说：“唉！你们不知道做皇帝的苦处了，整日提心吊胆，寝食不安，时时刻刻担心有人要夺取帝位，怎比得上你们这样能无拘无束、自由自在的生活啊！”

石守信说：“今天天下大势已定，难道还有谁敢图谋不轨，自取灭亡吗？”

赵匡胤奸笑一声，说：“我很相信你们对我的忠诚，可是万一你们的部下贪图富贵，硬要拥戴你们做皇帝，一旦黄袍加身，就由不得你们自己了。”

这一番打牛射马的话，语气很平常，但在各人听来，却如旱天巨雷，大吃一惊，仓皇失色，慌忙不约而同地跪下来，向赵匡胤叩头请示：“臣等太过愚蠢了，不知怎样才好，自问忠心耿耿为国的，从无越轨行为，陛下可否看在多年追随的分上，指示臣等今后一条应走的路，敢保证更会听陛下的话，遵陛下的指示去办事。”

赵匡胤看见这般情形，也满心欢喜，却装出一副悲天悯人的态度对他们说：“人生一世，就如白驹过隙一样，几十年光阴，转下眼就过去了，就算说为国家建功立业，名垂史册吧，各位不都已名成利就了吗？总算不负此生。今后岁月，只要能安享富贵，平平静静过日子，那是最好不过的事！”说到这里，故意向大家扫一眼，见各人都像泥佛一样呆着，又摆出猫哭老鼠的脸孔继续说下去，“唉！我坐在这个位子上已无法脱身了，一桩桩的外事内务，正所谓一年三百六十日，日日忧患频相逼，要干嘛，事情这么多；不干，又失天下臣民之望。我为这个问题，日夜担忧，虽为一国之君，但个中辛苦，外人是无法知道的，因此很不愿意我的好兄弟再掉进这个泥淖里，再干这些吃力不讨好的事情。唉，我是无法卸责的了，而你们还可来得及，我为大家着想，各位最好把公事统统放下，退居林下，什么都不要管，可以睡到日上山巅，再不理五更三点穿朝服，可以骑驴买酒过农家，不听争吵杀伐声，这种与世无争的宁静生活，确是神仙不如，世间难得，你各位如果愿意的话，我念在过去的情感上，会给大家巨额金钱，解职归田，安享下辈子的清福。在我来说，虽然以后和各位不能时常见面，但只要大家能享福，颐养天年，我的心也觉得快乐了，各位认为怎样？”

这班拥有兵权而名声显赫的将领们，听了这一番话，深知弦外之音，且软里带硬，不问就知怎么回事。心里虽然一万个不愿意，但在此时此地，鉴于赵匡胤过去那种利用别人的作风和历史上过桥抽板的教训，不能不山呼万岁，叩头谢恩了。

大家都知道，只要保得住脑袋光荣退休，已经是难得的了，第二天，便纷纷递表请求解甲归田，告老还乡。因此，赵匡胤一日之间能把兵权夺回手上，帝位更形巩固，可以高枕无忧了。这就是“杯酒释兵权”的滑稽故事。

朱元璋假斩徐达

1356 年，朱元璋率领红巾军攻下集庆后，准备攻打镇江。就在攻打镇江的拂晓，负责指挥这场战役的徐达将军迟迟未露面。突然，一条惊人的消息传到了大军聚集的教场：徐达将军已被抓了起来，马上就要问斩。

众将士吃惊非小。徐达将军自跟朱元璋起兵以来，东征西讨，立下了汗马功劳。究竟他犯了什么罪，以至于砍掉脑壳？

过了一会儿，只见徐达将军被反绑着押了过来，后面跟着两名手捧钢刀、杀气腾腾的刽子手。朱元璋也在众卫士的簇拥下来到教场。

执法官用洪亮的声音宣布：“徐达身为统兵大将军，不知管束部队将士，军中屡次发生欺压百姓的事情，坏我红巾军的名声。为严明军纪，对徐达应予斩首示众！”

众将士一听都吓得脸色惨白，见朱元璋要动真格的，一时不知如何是好。帅府都事李善长硬着头皮给朱元璋跪下，说道：“徐大将军作战英勇，屡立大功，当下军务紧急，正是用将之时，望元帅宽恕他！”众将士也都一齐跪下，哀求说：“军中发生的欺压百姓之事，不能只怪罪徐大将军，我们亦有责任。求元帅饶恕他！”

朱元璋坐在椅子上，脸色铁青，一言不发。半晌，他终于站了起来，口气坚定地问道：“我们起兵是为了什么？”众将士异口同声地回答：“替天行道，除暴安民！”

“大家说得对，”朱元璋点点头，“我们起兵反元，就是因为元朝官府欺压百姓。如果我们推翻了元朝，反过来又欺压百姓，那么我们不就和元朝官兵一样了吗？要不了多久，别人也会替天行道，起兵除我们的暴了！”

李善长见朱元璋语气有所缓和，又趁机哀求道：“徐大将军跟着元帅多年，战必胜，攻必克，劳苦功高，这一次就原谅他吧！”

朱元璋听后，沉吟了半晌，才指着徐达喝道：“看在众将士的分上，这次暂且饶了你。以后军中再发生欺压百姓之事，定斩不饶！”说罢，朱元璋拂袖而去。

松了绑的徐达又恢复了大将军的威风，他当场宣布：“打下镇江后，一不许烧房，二不许强抢，三不许欺凌百姓，四不许调戏妇女。违者砍头示众！”于是，徐达将军率领这支纪律严明的大军很快攻占镇江。进城后，大军秋毫无犯，当地百姓拍手称赞，奔走相告。

徐达伏阶称罪图

朱元璋见到这种情形后十分高兴，他把徐达叫来，一把拉住徐达的手说：“贤弟，教场那幕，实在委屈你了！”徐达笑道：“元帅高明，没有教场那幕，怎能有今天这样好的军纪！”

原来，红巾军自打下南京以后，军纪松弛，强买强卖、调戏妇女之事屡有发生。朱元璋为此忧心忡忡。他知道光靠抓几个违纪将士起不到应有的作用，于是就导演了假斩徐达这场戏。

《汉书·尹翁归传》说：“以一儆百，吏民皆服，恐惧改行自新。”朱元璋通过假斩徐达来告诫众将士一定要遵守军纪，这一杀鸡儆猴的计谋果然灵验。

商海弄潮

凯瑟琳“指桑骂槐”巧经营

早期美国家庭妇女的青春往往被埋葬在厨房里。家庭妇女要走出厨房，走向社会，已属不易，更遑论要创出自己的事业，并有所成就了。凯瑟琳·克拉克就是一位这样的杰出女性，她前后用了10年的时间，把一个家庭式的小面包店发展成一个同业中的大公司，每年的营业额从23万美元激增到400万美元。她经营的不是飞机、不是钢铁，也不是手表、自行车，而是小小的面包，以这一行来说，确实是一个惊人的成就。

她是如何取得这一成就的呢？她奉行的经营原则很简单，只有四个字：诚实无欺。这虽然简单，但是在西方险诈的商场上，能做到也就难能可贵了。产品的生命线系于销路，而销路主要取决于价格与质量。凯瑟琳深知这一点，在价格、质量和广告上紧紧把握住她的经营原则。

她精密地计算成本，加上合理的利润，定出一个合理的价格，决不贵卖，也不贱卖。除了自己的门市部零售外，她还批发给经销商。为了不使经销商乱抬价格，她在包装上标明成本和利润，使消费者知道买一个面包应花多少钱才不至吃亏。这样一来，经销商想乱抬价格也不可能了。

她标榜她所生产的面包是“最新鲜的食品”，为了取信于消费者，她规定决不让超过三天的面包上市。在包装上注明烘制日期，过期的面包由她的公司回收。这种做法存在着很大的困难，因为一种产品问世，不可能马上畅销，且不说处理过期面包会增加费用，减少利润，而且各经销店多数嫌麻烦，不愿天天检查，换来换去，增加工作量，宁愿过期了也继续卖下去。因此，有的经销商抱怨凯瑟琳做得太认真了。凯瑟琳认为自己的做法是对的，对的就应该坚持下去。但是经销商的抱怨也不该忽视，怎么办呢？她针对这个问题实行了一套新办法，由自己公司派人把做好的面包用车直接送给经销商，按地区排了一个循环表，每三天送一次，同时把经销店没卖完的面包收回。有的店如果不到三天就把存货卖完了，可以随时用电话通知，马上就送货上门。这样的办法，麻烦了自己，方便了经销商，但却使自己的原则得以坚持实行，保证了上市面包的新鲜。

凯瑟琳十分重视广告宣传的作用，为了让消费者充分注意到她的公司重视上市面包的品质和新鲜度，她经常刊登图文并茂的广告。她还亲自撰写某些广告词句，看起来朴实无华，读起来生动有趣而颇有意义：

“获得专利权的面包，营养价值是不容怀疑的，请放心吃吧！”

“我是个家庭妇女，不善于做生意，但我保持着维护家人健康的心态来做面包，最起码让它保持清洁卫生和新鲜。”

由于凯瑟琳一贯坚持“诚实无欺”地保证面包的新鲜，并以此严格要求自己的员工，命运终于赐给了她一次戏剧性的宣传机会。

有一年秋天，一场大洪水导致了面包严重缺货。凯瑟琳公司的外勤人员由于没有接到特别指示，仍然按照循环表出外到各经销商店送刚烘制出来的新鲜面包和回收过期的面包。一天，运货人驾车从远而偏僻的一些商店收了一批过期面包。返程途中，停在人口稠密区的经销商店门前。只见大批的人围在商店门前抢购面包，排在后面的人正埋怨买不到面包，一见运货的汽车来了，就围了上来。发现里面有不少的面包，而提出购买的要求。运货员急了，再三向人们解释。

“诸位，车上是过期的面包，是不能卖给大家的。”

“过了多长时间了？”人群中有人问道。

“已经过了三天的上市期了，请大家看看包装上印的字就知道了。”运货员赶紧声明。

“过了三天算什么，不是还很好吗？有的厂家过了一周还不是照样卖吗？”

“你这傻瓜，卖了过期货，老板哪怕不感谢你，难不成还会怪罪你吧？”

“对，你他妈的是不是想到别处去投机！”

“这小子囤积居奇，揍他！”人群中有些骚动起来，有的还想爬上车去。

这时正巧有几个新闻记者经过，见到这种情景，顿时兴奋起来，便向人群大声高喊：“我们是记者，请大家静一静，希望大家相信我们，由我们代表大家和这位先生交涉。我们会让大家得到个满意的答复的，好吗？”

“好！看这小子还有什么花招，注意别让他溜了。”人群渐渐静下来了，但包围圈却更密更紧了，大有志在必得之势。

“先生，这种情势的后果相信你比我们更清楚。人们迫切需要面包，你却守着这车面包坚持不卖，你能给大家一个满意的答复吗？”

“记者先生，请相信我，我绝不是想囤货投机而不肯卖，实在是我们老板规定得太严了，车上的面包全是过了期回收的面包，如果她知道我把过了期的面包卖给顾客，我会被开除的。因此请你们原谅。”运货员解释道。

“先生，现在是非常时期，面包又没变质，总不能让人们看着满车的面包忍饥挨饿吧！”记者为民请命地抗议。

“记者先生，你的话提醒了我，我看这样！”运货员想想后说，“卖，我是说什么也不敢的。但是你们（指周围的人群）硬要强买，我是无法阻止的。所以他们可以把面包拿走，凭良心扔下几个钱表示一下。这样他们不算抢劫，我呢，只要你们帮我拍几张我阻止他们强买的照片，我也就算尽了责任，交得了差啦。公司反正也不在乎这么一车过了期的面包。

这车过期的面包在三方默契下，很快就被“抢购”一空。

这几个新闻记者将获得的这一独家新闻，大力渲染。在报上成了轰动一时的新闻，凯瑟琳公司的面包新鲜，诚实无欺，给消费者留下了无比深刻的印象。

从道德的角度来说，一切经营都应该以诚实取信，然而在西方有多少经营者能做到这一点呢？凯瑟琳在经营中，各方面都强硬地坚持这一点，便是以指责本公司部属不执行命令之“桑”，骂遍天下奸猾不实之“槐”，这就是巧使“指桑骂槐”妙计。树立起自己崇高形象，对经常上当受骗的消费者来说，自然具有巨大的吸引力。诚实无欺是她的经营原则，而在特定的环境条件下，“指桑骂槐”是她的经营原则成功的内在因素。

股市法规的诞生

股票市场的出现，为社会大众提供了一个良好的投资场所，也促进了股份企业和股份经济的蓬勃发展。但与此同时，也产生了一些不法行为，如谣言惑众、操纵股价、内幕交易等，使得少数人大发不义之财，而股票交易的公平、公开、公正原则受到严重破坏，广大投资公众的正当权益受到践踏。为了树立起法律的威严，保障投资者的合法利益，就必须制定健全的股市法规，并对那些违法者绳之以法，对于少数情节严重者更应毫不留情地处以重刑与重罚，从而起到指桑骂槐、杀鸡给猴看的效果，使那些后来者不敢再轻易触犯法律。

1720 年，英国一些商人和贵族成立了一家南海公司。他们通过贿赂国会议员等非法手段，获得许多海外贸易和经销国债等方面的特权，致使该公司的股票价格由年初的每股 228.5 英镑，迅速上升到 7 月份的 1000 英镑。但好景不长，他们贿赂国会议员的内幕很快被揭露，该公司的信誉及经营状况一落千丈，股票价格到年底已跌至每股 125 英镑。广大被愚弄与欺骗的投资公众遭受严重损失，有的甚至家破人亡；而那些公司内幕人士由于了解内幕，及时地将股票出手，所以不但没有受到损失，反而发了横财。

由于当时的英国还没有股票交易的有关法规，因而不能对上述内幕交易绳之以法，使得越来越多的投机者纷纷效法南海公司，通过种种欺诈手段巧取豪夺。大批股票投资者上当受骗、被盘剥一空，有的甚至倾家荡产，走投无路之下就去干起杀人越货、拦路抢劫的事情。股票市场的混乱不堪使得整个社会秩序也动荡不安。

事态的发展使英国朝野大为震惊。英国下议院经过调查后指出：狂热的股票投机活动无异于变相的抢劫，必须对股票交易实行法治。于是，世界上第一个证券交易法规——《肥皂泡法案》于 1721 年在英国诞生了。以后在 1812 年，英国政府又颁布了《证券交易条例》。证券法规的制定和实施有效地打击了股市中的违法活动，保证了股票市场的健康发展。今天，英国有关证券交易的法规还有 1948 年的《公司法》、1958 年的《防止欺诈法》、1965 年的《保护储户法》、1967 年的《不真实陈述法》、1968 年的《盗窃法》等。

美国也有类似的情况。18 世纪初，英格兰人约翰·肖组建了密西西比公司，负责开发密西西比河流域的法国殖民地。为筹集资金，该公司发行 1 亿法郎的股票，每股 500 法郎。起初由于公众对该公司一无所知，因而反应冷淡，该股票价格跌至 300 法郎一股。为摆脱困境，约翰拿出赌徒式的本领和冒险家的伎俩，公开向社会大众许诺，半年后可由他的公司再以 500 法郎的价格买回已售出的股票；公众购买该公司的股票可用分期付款的方式。同时，他又用各种各样的贿赂手段，从一些政府官员那里拿到许多贸易特权；更有甚者，他还宣布将借给政府 15 亿法郎以偿还国债……种种招数刺激了该公司股票价格的突然上涨，最高时每股竟达 1.8 万法郎。

约翰·肖虽然用种种不法手段得逞一时，但终究还是在几年后落入法网，受到了应有的惩罚。

1911 年，美国的堪萨斯州颁布了第一个证券交易法规，俗称“蓝天法”。到现在绝大部分州都有了自己的“蓝天法”。以后联邦政府也陆续颁布了有关法规如《1933 年证券法》、《1934 年证券交易法》、《1940 年投资公司法》、1956 年的《统一证券法》、1971 年的《证券投资者保护法》、1984 年的《内幕交易制裁法》等。

运世方略

优孟戏扮孙叔敖

优孟是春秋时有名的戏子，平日里以滑稽调笑取欢左右，深得楚庄王的宠爱。

楚国贤相孙叔敖死后不久，优孟在郊外看到孙叔敖的儿子在山上砍柴。优孟这才知道此位贤相身死萧条，儿子沦落到靠砍柴为生的地步。

优孟决心帮孙叔敖的儿子渡过难关。经过一番思考之后，他特制了一套孙叔敖平时常穿的服装，每日细心模仿孙叔敖的一举一动。

一天，楚庄王在宫中大宴群臣，优孟穿着孙叔敖的服装走了过来。楚庄王远远一望，误以为孙叔敖复活，惊讶得差点叫出声来，及至近前，才看出是优孟所扮。楚庄王想起孙叔敖以前的功劳，感慨地对优孟说："你若有孙叔敖的才干，我愿意拜你为相。"出人意料的是，优孟并未磕头谢恩，而是不以为然地回答说："做丞相有什么好处，最后连自己的儿子的生计都保障不了！"接着，他把孙叔敖身后萧条的状况如实地告诉了楚庄王。楚庄王听后，翻然醒悟，下令召孙叔敖的儿子入朝，加官晋爵，赐绢赏地，从此孙叔敖的儿子过上了富裕的生活。

优孟并不是直接劝谏楚庄王，而是装扮成孙叔敖，对楚庄王进行旁敲侧击，使楚庄王明白了"人走茶凉"这一做法的危害性，从而帮助孙叔敖的儿子改善了生活条件。优孟这一指桑骂槐的计谋巧妙适度，起到了良好的效果。

第二十七计　假痴不癫

原文注译

【原文】

宁伪作[①]不知不为，不伪作假知妄为。静不露机[②]，云雷屯[③]也。

【注释】

①伪作：假装、佯装。

②静不露机：静，平静、沉静。机，这里是指的心机。

③动雷屯：语出《易·屯·象》："云雷，屯，君子以经纶。"草茅穿土初出叫做"屯"。屯卦为震下坎上。坎为雨，为云，震为雷，云在雷上，说明茅草初出土时，即遇雷雨交加。用屯卦又是九五陷于二阴之中，并为上六所覆蔽，有阴阳相争不宁之象，更意味着事物生长十分艰难。所以说"屯，难也"。面临这样的艰难局面，人们必须冷静处置，认真调理，周密策划，要"经纶运于一心"而不动声色，要"'盘桓'安处于下"而以屈求"伸"，要因势利导，待机而动，而决不可"快意决往，遽求自定以为功"。(以上引文均系王船山语)。

【译文】

宁肯装作无知而不采取行动，不可装作假聪明而轻易妄动。要保持沉静而不泄露任何心机。这是从屯卦象辞"云雷，屯，君子以经纶。"一语中悟出的道理。

按语注译

【按语】

假作不知而实知，假作不为而实不可为，或将有所为：司马懿假之病昏以诛曹爽[①]，受巾帼请命以老蜀兵[②]，所以成功；姜维九伐中原[③]，明知不可为而妄为之，则似痴矣，所以破灭。兵书曰："故善战者之胜也。无智名，无勇功。"岂其机变[④]未发时，静屯似痴[⑤]；若假癫，则不但露机，则乱动而群疑：故假痴者胜，假颠者败。或曰：假痴可以对敌，并可以用兵。宋代，南俗尚鬼[⑥]。狄青征侬智高时[⑦]，大兵始出桂林之南，因佯视曰："胜负无以为据。”乃取百钱自持，与神约，果大捷，则投此钱尽钱面也。左右谏止，倘不如意，恐沮军⑧，青不听。万众方耸视⑨，已而挥手一掷，百钱皆面。于是举兵欢呼，声露林野，青亦大喜；顾左右，取百钉来，即随钱疏密，布地而贴钉之。加以青纱笼，手自封焉。曰：“俟凯旋，当酬神取钱。”其后平邕州还师，如言取钱，幕府⑩士大夫共祝视，乃两面钱也。

狄青微服度关图

【注释】

①司马懿：三国河内温县（今河南温县西）人，字仲达。初为曹操主簿，多谋略，善权变，后任太子中庶士，为曹丕所信重。魏明帝时，任大将军，多次率军对抗诸葛亮。曹芳即位，他与曹爽同受遗诏辅政。嘉平元年（249 年），杀曹爽，专国政。曹爽：三国谯（今安徽亳县）人，字昭伯，曹操侄孙。魏明帝时，为武卫将军。曹芳即位，他与司马懿受遗诏共同辅政，用何晏为心腹，与司马懿争夺政权，被司马懿所杀。

②受巾帼假请命以老蜀兵：巾帼，我国古代妇女的头巾与发饰。假请命，假装上表请命。老，疲劳，这里作使动词，意为使疲劳。全句的意思是指：司马懿接受诸葛亮送来的妇女服饰，而不因受到侮辱而被激怒，依然假装上表请命而拒不出战，以此来疲劳蜀军。

③姜维：三国天水冀县（今甘肃甘谷东）人，字伯约。本为魏将，后归蜀，深得诸葛亮信任，任为征西大将军。诸葛亮死，继领其军。后任大将军，曾九伐中原无功。

④机变：指机谋。

⑤静屯似痴：像屯卦所要求的那样，沉静得近乎痴呆。

⑥南俗尚鬼：南俗，南方的风俗。尚鬼，崇拜鬼神。

⑦狄青：北宋大将，宋汉臣，汾洲西河（今山西汾阳）人。行伍出身，在对西夏战争中屡立战功，为范仲淹等所擢用，由士兵累升为大将。

侬智高：宋时广源州（今越南高平省广浦）的壮族领袖。宋庆历元年，势力扩展到癞犹州（今广西靖西县东部），建立“大历国”政权。皇祐四年又自立为“仁惠皇帝”，从邕州沿江而下，攻破横、贵、浔、龚、滕、梧、封、康、端诸州，进而围攻广州。皇祐五年，宋遣大将狄青征讨，败侬军于昆仑关归仁铺，智高退走云南大理，后不知所终。

⑧沮军：使军队士气沮丧。

⑨耸视：耸立而视。

⑩幕府：指带兵的将领。

【译文】

假装不知，其实心里非常明白；假装不行动，其实是（客观形势）不允许现在有所行动，或是要耐心地等待时机成熟时再行动。这就是当年司马懿用假装患病、神志不清的计谋诛杀曹爽之所以能够成功的原因，也是司马懿当年接受诸葛亮“赠送”妇人服饰，却并不因受到侮辱被激怒，借口要上表请命而拒不出战，以疲劳蜀军，之所以能够成功的原因。姜维九次征伐中原，是明知不可为却偏要执意妄为，那就是真的痴了，所以必然要遭到失败。《孙子兵法》说：“善于用兵的人，打了胜仗，却没有智慧的名声，也没有骁勇的功劳”。当他们的机谋还没有实行时，他们会像屯卦所说的那样，保持异常的沉静（丝毫不露声色）如果是假装疯疯癫癫（却是不行的），那不仅会泄露心机，还会因乱动而引起人的疑惑。所以说，（只能装痴而不能装颠）装痴可以反胜，装颠则会失败。有的人还说：装痴既可以用以对敌，也可以用来治军。宋代，南方的风俗崇尚鬼神。狄青率军征讨侬智高，大军起初开出桂林以南时，狄青便假装祷祝天神说：“这次出征是胜是负还不知道啊！”说罢便取出一百个钱用手拿着，与天神相约：如果此次出征能取得胜利，就让掷出的钱落地之后都正面朝天！左右的人劝狄青说：这样做不行啊，倘若掷出的钱正面不朝天，将意味着出师不利，恐怕损伤部队的士气呀！狄青根本不听劝说。于是士兵们一个个耸立观看。狄青挥手一掷，一百个钱纷纷落地而且正面都朝天。人们齐声欢呼，声音响彻林野，狄青自己也非常高兴，随即又招呼左右的人取一百个钉子来，按照钱落在地上的稀密，把钱都钉在地上，再用青纱笼罩，狄青并亲自把纱罩封好，说道：“等到胜利凯旋，一定要酬谢天神后再把钱取回。”后来，狄青领军平定了邕州，胜利班师回来按照原先讲的那样去取钱，将军和士兵们都围在一旁共同祷祝观看，却见到所取的钱原来两面都是同样的正面啊！

传世典故

假痴不癫。假：伪造的，不真实的。痴：呆傻，愚笨。癫：因精神错乱而疯狂。指表面上装作痴呆，愚笨而内心却非常清醒。在军事上指为了麻痹对方或为了隐瞒自己的士兵，而伪装笨拙，但是行动起来却又极其诡秘。

本计计名是从民间俗语“装疯卖傻”“装聋作哑”等转化而来。在日常生活中，人们为了回避某种矛盾，或者为了度过某种危难，或者为了对付某个势力强大的对手，在一定时期内，故意装作愚蠢、呆痴，行“韬晦”之计，以求保存自己，然后等待时机，战胜对手。传说中的箕子佯狂就是运用此计的一个典型。殷商时期，纣王的太师箕子因无法劝说纣王放弃暴政，便佯装痴傻。一次，纣王作长夜之饮，喝得酩酊大醉，连年月日也忘记了，问左右的人，大家因畏惧纣王凶残，都跟着说不知道。于是，便派人去问箕子，箕子想了一下，也说自己不知道。左右的人感到奇怪，便问箕子道：“你明明知道，为什么也说不知道呢？”箕子回答说：“纣

商纣王剖比干之心

王是天子，他终日沉溺酒色，连年月日都搞不清了，这说明殷朝快要亡国了；一国的人因害怕纣王凶残无道都说不知道的事情，独独我说知道，那我的性命不是危在旦夕了吗？所以，我也假装酒醉说搞不清啊！”这便是箕子使的“假痴不癫”计。以后，人们把它运用于军事上，主要有两种用法：一是用于举行兵变，主要是作为一种欺骗，麻痹对手，以便自己积蓄力量，等待时机，发起攻击的计谋。二是作为一种愚兵之计。

用计锦囊

假痴不癫是一种麻痹对手，待机而动的计谋。《孙子兵法·九地》对此有专门论述：“能愚士卒之耳目，使之无知；易其事，革其谋，使人无识；易其居，迂其途，使人不得虑。”这段话的大意是：能蒙骗士卒的耳目，使他们对军事计划一无所知；改变任务，变更计谋，使人们无法识破其中的奥妙；改变驻地，迂回绕行，使人们无法推测真实意图。

此计多在蓄而待发之际，面对难关之时使用。实施此计关键在于“假痴”，“假痴”有多种表现形式：1. 假作不知。2. 假作不为。3. 假作不懂。4. 假作不管。5. 假作不能。仅做到了“假痴”还不够，同时要做到“不癫”，即不走火入魔，否则“假痴”就变成了真痴。所以说，“假痴”时一定要掌握分寸，千万不能过火。

本计包含以下三个含义：

1. 大智若愚。真正聪明的人在表面上反而好像很愚笨，其实是一种韬晦之计，也就是暂时隐藏自己的锋芒或才能，不使表现出来。在条件不利的情况下，为了保护自己，常常以装疯卖傻，装聋作哑来蒙混对方，这种假作不知，假作不为，假作不是的做法，会给人以一种与世无争，弱而无能的印象，这样就避免引起注意，不使人把自己当做直接的，主要的竞争对手，是用假装糊涂来绕过难点的最聪明的办法。人说：“难得糊涂”，就是说糊涂是很难做到的，所谓的难，就难在本不是真糊涂，却要装成糊涂，使人完全相信你，并把你当成真糊涂来对待。

三十六计之假痴不癫

2. 深藏若虚。就是把自己所具有的东西，深深地隐藏起来，伪装得如同什么也没有一样。也就是静不露机，蓄而待发。之所以要把所具有的东西深藏起来，不让人知道，是因为要等待时机的成熟，在时机不成熟的情况下，过早地暴露自己的意图，一定会遭到失败。所谓“谋出于智，成于密，败于露”就是这个道理。深藏若虚可以表现为“治而形以乱，饱而形以饥，众而形以寡，勇而形以怯，备而形以驰”。本来很有秩序却表现出混乱的样子；本来很饱暖，却表现出饥寒的样子；本来人很多，却表现出人数很少的样子；本来很勇猛，却表现出很怯弱的样子；本来准备很充分，却表现出毫无防备的样子，这些都是属于迷惑、麻痹敌人的方法。

3. 愚兵之计。装傻充呆之计，不仅可以用来对付敌人，也可以用来治理自己的军队。其主要方法是“愚士卒之耳目，使之无知”。就是要蒙蔽士卒的视听，不让他们知道计划谋略的真实意图，之所以要“愚士兵之耳目”，一是为了保守军事机密的需要。因为对于机密绝密的军事情报是不可能“广而告知”的，只要打算对敌人保密，就要在一定的范围内对自己的军队保密。二是为了统一行动的需要。没有军纪，就没有军队，服从命令，遵守纪律是一个士兵的天职，如果在紧急情况下，就要让士兵了解了之后，再去执行命令，那么，什么事情都做不成。三是为了稳定军心的需要。在非常困难的情况下，特别是在非常危险的情况下，如果让士兵们知道了真情，就会引起恐慌、惊惧，带来思想及行动的混乱，直接影响部队的战斗力，甚至使军队无法约束。当然这里的“愚兵之术”，绝不是欺骗和愚弄自己的士兵，而是用假装“不知不为”的办法隐瞒某些情况，或是用所谓违反常识的异想天开的办法来激励士兵。所以一概否定“愚兵之术”是不可取的。

对付假痴不癫之计，应注意采取如下防范对策：

1. 善于相敌。所谓相敌，就是观察敌方的情况。相敌不但可以直接发现敌人“假痴”的蛛丝马迹，还可以透过现象认识本质。《孙子兵法·行军篇》中提出了通过因果关系，进行逻辑推理的相敌方法。他说：“辞卑而益备者，进也。”即敌人原来的使者言辞谦逊，拖延时间，却正在加紧战备的，是准备向我军进攻。又说："辞强而进驱者，退也。"即敌军来使措辞强硬而摆成进攻架势的，实际上是准备撤退。还说："无约而请和者，谋也。"即没有约会而来讲和的，是另有阴谋。这些具体的相敌之法虽不可套用，但却为我提示了如何透过现象认识本质的典型范例。

2. 将计就计。发现了敌方的计谋，即利用敌方的计谋为我所用，反使敌方中计上当。此法主要用于已经发现了敌方正在对我们使用"假痴不癫"之计时，我们虽已识破其计，但是却暂时不揭破它。同时也来个假装糊涂，故意把其"假"当做真，让其相信我们已经上当，便放心大胆地继续演他的"假痴"之戏，却不知我们早已为他又布了一层圈套。这就叫做"假变真来真亦假"，虚虚实实难分辨。相敌之法是发现敌人阴谋的方法，将计就计是破解敌人阴谋的方法。

3. 当面揭穿。就是在对方要"假痴不癫"鬼把戏的时候，当场把其掩盖着的老底翻出来，因为他们事先毫无思想准备，遇到这种突然情况时，一时很难应付，只能处于十分被动、尴尬的境地。这样他们为此所煞费的苦心也就付诸东流了。要当面揭穿对方的骗局，必须要掌握一定的证据，要一下子击中要害，不给其留下狡辩的把柄和反击的机会。

4. 攻其必救。如果敌方以强示弱，坚守不击，我们又希望尽快与之决战时，则可采取"攻其必救"的方法，迫使他不得不出来与我们交战，这时他们的"假痴不癫"之计就不攻自破了。

计谋典范

战场逐鹿

孙膑诈癫避大难

战国时，孙宾（孙膑）与庞涓同为鬼谷子弟子，共学兵法，曾有八拜之交，结为异姓兄弟。庞涓为人刻薄寡恩，孙宾则忠诚谦厚。

一年，庞涓道闻魏国正厚币招贤，访求将相，不觉心动，乃辞师下山。临行，孙宾相送话别，庞涓说："我与兄有八拜之交，誓同富贵，此行若有进身机会，必举荐吾兄，共立功业。"

庞涓到了魏国，魏惠王见他一表人才，韬略出众，便拜为军师，东征西讨，屡建奇功，败齐一役，声震诸侯，相约联翩来朝，庞涓之名，惊动各国。

庞涓虽显赫不可一世，却还忌着一个人，那就是他的义兄孙宾，他认为孙宾据有祖传“孙子十三篇”，所学胜己，一旦给与机会，便会压倒自己，故始终不予举荐。

鬼谷子与墨翟（墨子）相好，时相过从。一次，墨翟往访鬼谷子，见到孙宾，交谈之下，叹为兵学奇才。

墨翟到了魏国之后，在魏惠王面前举荐孙宾，说他独得其祖孙武之秘传，天下无有对手。惠王大喜，知孙宾与庞涓是同窗兄弟，乃命庞涓修书聘取。

庞涓明知若孙宾一来，必然夺宠，但魏王之命，又不敢不依，乃遵命修书，遣使往迎。

鬼谷子深通阴阳之术，算知孙宾之前途得失，但天机不肯泄露，只改孙宾之名为孙膑，并给以锦囊一个，吩咐必须到至危急时候方可拆看。

孙膑拜辞先生，随魏王使者下山，登车而去。见了魏王，叩问兵法，孙膑对答如流，魏王大悦，欲拜为副军师，与庞涓同掌兵权。庞涓却说：“臣与孙膑，同窗结义，膑实臣之兄，岂可以兄为副？不如权拜客卿，候有功绩，臣当让位，甘居其下。”于是拜孙膑为客卿。

从此，孙庞两人又频相往来了。但此时相处，没有当年那样真挚，因庞涓心怀鬼胎，欲除义兄而后快，却以孙膑热读孙武兵法，待其传授后才下毒手。

卒至因一次摆演阵法之后，庞涓不及孙膑，乃迫不及待，开始用阳谋阴谋陷害孙膑，在魏惠王面前说孙膑身在魏邦，心怀齐国，有里通外虞。后来更假造证据，赚出孙膑笔迹，骗教孙膑请假回齐省墓。惠王见表大怒，认孙膑有背魏向齐之心，乃削其官位，发交庞涓约束监视。庞涓乘机落井下石，私奏魏王，说孙膑虽有私通齐国之罪，但罪不至死，不若砍掉他的双脚，使成废人一个，终身也不能归齐国，既全其命，又无后患，岂不两全？魏王依奏，庞涓当晚就下毒手，将孙膑一对膝盖削去，又用针刺面，成“私通外国”四字。庞涓还猫哭老鼠般，假哭一阵，使人敷药膝盖，抬入书馆，好言安慰。

辞鬼谷孙膑下山

孙膑堕此术中，身虽残废，但对庞涓还是感激万分。庞涓一心念着经过鬼谷子注解之孙子兵法。试探孙膑，孙膑慨然答应以木简刻写出来。

服侍孙膑的仆人诚儿，见孙膑无辜受害，反生怜悯之心。

一天，庞涓召见诚儿，问孙膑每天缮刻多少。诚儿答：孙将军两足不便，长眠短坐，每日只写两三策。庞涓大怒，说：“如此迟慢，何日可完？你可与我加紧催促！”诚儿惶恐退出，遇一近侍，告及“军师要孙将军写书，又何必如此催迫？”那近侍小声告诉：“你有所不知了，军师与孙君，外虽相好，心实相忌，目前使他苟延残命，不外欲得此兵书，到写完之时，会即绝其饮食了，你切不可泄漏风声！”

孙膑佯狂脱祸

诚儿闻言大惊，心想军师竟是如此不义之人，回去将此话密告孙膑，孙膑才知底细，想此不义之人，岂可以传兵法？继念若不写，他必发怒，吾命将危在旦夕。左思右想，欲求脱身之计。忽然想起老师鬼谷子当日给的锦囊及吩咐的话：“到至急时，方可开看。”遂将锦囊打开，乃黄绢一幅，上写着“诈疯魔”三字，“哦，原来如此！”孙膑叹了一声，倒轻松了许多。

晚上，饭送来了，孙膑正举箸，忽然仆倒地上，做呕吐状，一会儿又大声叫喊：“你何以要毒害我？”跟着将饭盒推倒落地，把写过的木简，向火焚烧，口里喃喃谩骂，语无伦次。

诚儿不知是诈，慌忙奔告庞涓。次日庞涓来看，见孙膑痰涎满面，伏地哈哈大笑，忽然又大哭。庞涓问：“兄长为何又笑又哭呢？”孙膑答：“我笑魏王想害我命，而不知我有十万天兵保护；我哭的是魏国除我孙膑之外，无人可当大将。”说完，瞪眼盯住庞涓，复叩头不已，口叫：“鬼谷先生，你救我一命吧！”庞涓说：“我系庞某，休认错人了。”孙膑拉住其袍，不肯放手，乱叫：“先生救我！”庞涓命左右将孙膑扯脱，才回府去。

庞涓回府，心中还疑惑，认为孙膑是诈癫扮傻，想试探其真假，乃命左右把孙膑拖入猪栏里，粪秽狼藉，臭不可闻，孙膑披头散发，若无其事地便倒身卧落屎尿中。有人送来酒食，说是偷偷瞒过军师送来的，是哀怜先生被刖之意。孙膑心知这是庞涓玩的把戏，便怒目大骂：“你又来毒我吗？”将酒食倾翻在地，使者顺手拾起猪屎及臭泥块给他，他却抢住送到口里吃了。使者将情回报庞涓，庞涓说：“他已真狂了，不足为虑矣。”从此对孙膑不加防范，任其出入，只派人跟踪而已。

孙膑这“疯子”行踪无定，早出晚归，仍以猪栏为室，有时整夜不归，睡在街边或荒屋中，在外时捡食污物，时笑时哭，没有人怀疑他是诈癫扮傻。

这时，墨翟云游到了齐国，住在大臣田忌家里，其弟子禽滑亦从魏国来，墨翟问他：“孙膑在魏国得意与否?”禽滑遂将孙膑被刖膝之事告之。墨翟闻后惊骇，叹曰：“我当日本欲荐他，今反而把他害惨了。”

于是，墨翟乃将孙膑之才，及庞涓妒忌之事，转告田忌，田忌又转奏齐威王，齐王以本国有如是之将才，见辱于别国，不只丢面且是损失，便说：“寡人即刻发兵迎孙膑回国!”

田忌却说：“投鼠须忌器，孙膑既不见容于魏国，又怎容他回齐国呢?此事只可以智取，不可以硬碰！须如此如此，这般这般，密载以还，方保万全。”

威王用其谋，即令客卿淳于髡为使，禽滑装作随从，假以进茶为名，到魏国去相机行事。

淳于髡到了魏国见过惠王，致齐侯之命，惠王大喜，安顿淳于髡于迎宾馆住下，随从禽滑私下去找孙膑。一晚，找到了，见孙膑靠坐在井栏边，对着禽滑瞪眼不语。禽滑行近前，垂泪细声说：“我是墨子的学生禽滑，老师已把你的冤屈告之齐王，齐王命我跟淳于髡假以进茶为词，实欲偷载你回齐国去，为你报此刖足之仇，你不必疑及其他。”好一会儿，孙膑才点头，流着泪说：“唉，我以为今世永无此日了，今有此机会，敢不掬心相告。但庞涓疑虑太甚了，恐怕不便挈带!”禽滑即答：“这一层你可放心，我已计划好了，到起程时我会亲自相迎。”同时约好第二天碰头地点及时间才离开。

马陵道射死庞涓

次日，淳子髡一行要回国了，魏王置酒相待，庞涓亦在长亭置酒饯行，但禽滑已先一夜把孙膑藏在温车里，叫随从王义穿起孙膑的衣服，披头散发，以稀泥涂面，装作孙膑模样在街上疯疯癫癫的，瞒过了盯梢的也瞒过了庞涓。

禽滑驱车速行，淳子髡押后，很快就把孙膑载回了齐国。过了几天，那位假孙膑亦脱身回来。跟踪的人但见孙膑的脏衣服散在河边，报告庞涓，都认为孙膑已投水死了，根本不疑他会回到齐国去。

孙膑秘密回国，仍不出名，不露面。后来赵魏交战，孙膑以“围魏救赵”之计，大败庞涓。韩魏之役，孙膑再以“增兵减灶”之计，诱敌深入，卒把庞涓射死于马陵道。

楚庄王宽宏大量

在一次宴会上，楚庄王命令他所宠爱的美人给群臣和武士们敬酒。傍晚时分，一阵狂风把灯烛吹灭了，大厅里一片漆黑。黑暗中不知是谁用手拽住了美人的衣袖，美人急中生智把那人系帽子的带子扯断，然后来到楚庄王的身边，向他哭诉了被人调戏的经过，并说那个人的帽带已被扯断，只要点上灯烛就可以查出此人是谁。

楚庄王听后不以为然，他安慰了美人几句，便向大家高声说："今天喝酒一定要尽兴，谁的冠缨不断，就是没喝足酒。"群臣众将为讨好楚庄王纷纷扯断冠缨，喝得烂醉如泥。等点灯时，大家的冠缨都断了，就是美人自己想查出调戏她的那个人，也无从下手了。

三年后，楚国与晋国开战。楚军中有一位勇士一马当先，总是冲在前头。楚庄王很奇怪，问他为什么如此拼命。勇士回答说："末将该死。三年前我在宴会上酒醉失礼，大王不但不治我的罪，还为我掩盖过失，我只有奋勇杀敌才能报答大王。"

在这个故事中，楚庄王听说有人调戏美人，认为酒醉失礼是难免的，所以来个假痴不癫，故意让大家扯断冠缨。楚庄王的宽容大度后来得到了应有的报偿。

装呆作痴，朦胧中寻求保护

曹操东击吕布，得了徐州，刘备因自己势单力薄，只好隐藏下自己独展宏图的夙愿，暂且依附于曹操。

曹操原来对刘备并不放心，消灭吕布后，让车胄镇守徐州，把刘、关、张一同带回许都。既然归顺于他，也就得给些甜头，于是曹操带刘备进见献帝，一排辈分，刘备还是献帝的叔叔，所以后来人家叫他"刘皇叔"。刘备原已是豫州牧，这次曹操又荐举他当上了左将军。为了拉拢刘备，曹操对他厚礼相待，出门时同车而行，在府中同席而坐。一般人受到如此的礼遇，应该高兴，可刘备恰恰相反。曹操越看重他，他越害怕，怕曹操知道自己胸怀大志而容不下他。更怕"衣带诏"事发。原来，献帝想要摆脱曹操的控制，就写了一道讨灭曹操的诏书，让董承的女儿董贵人缝在一条衣带中，连一件锦袍一起赐给董承。董承得到这"衣带诏"，就联合了种辑、吴子兰、王服和刘备结成灭曹的联盟。这件事关系重大，一点儿风也不能透漏。于是，刘备装起糊涂，在后花园种起菜来，连关羽、张飞都摸不透大哥为什么变得这么窝囊。

那一天，刘备正在后园浇水种菜，许褚、张辽未经通报就闯进后园，说曹操有请，马上就去。当时关羽、张飞正对刘备那种悠闲自得的行为不满，一块儿出城练习射箭去了。刘备只得孤身一人去见曹操，心里想：难道董承之谋露了馅！心里有

董承密受衣带诏

鬼，就越发紧张。曹操见了他，劈头又是一句：“您在家里干的好事呀？”刘备觉得脸上的肉都僵了，两条腿直发颤，吓得一时说不出话来。曹操长叹了一口气接着说：“种菜也不是一件容易的事呀！”刘备这才知道曹操所说的“好事”不是指谋反，提到嗓子眼的那颗心才暂时放了下来。曹操拉着刘备的手，一直走到后花园。曹操指着园中尚未成熟的青青梅果，对刘备讲起前不久征讨张绣时发生的“望梅止渴”的故事来：“征途中酷暑难忍，将士们口干舌燥，我就用马鞭遥指着前方一片树林说，前边有一片梅林，梅果青青，可以止渴。将士们一听‘梅果青青’，不觉人人牙酸流涎，嗓子一时竟不渴了。今天，我看到这后园的青梅，不由得想起旧事，特地请您来赏梅饮酒。”刘备仍是惊魂未定，虽是心不在焉，却还是故作认真地听着。

夏天风云多变，刚才还大晴的天空，现在却涌起团团乌云，急风吹得梅树刷刷响，常言“风是雨的头”，曹操忙拉上刘备躲到小亭子里。刘备这才发现，亭中已经备好一盘青青梅果，一壶刚刚煮好的酒，知道是曹操早有准备。二人对面坐下，开怀畅饮，天南地北聊起天来。

曹操为什么单单要请刘备来喝酒呢？原来他也是想趁酒后话多的时候，探探刘备的真心，看他是不是也像自己一样，有不甘人下，称王称霸的雄心。当酒喝得正来劲的时候，曹操发了话：“玄德您久历四方，见多识广，请问，谁称得上是当今的英雄？”刘备没有提防曹操会谈这个主题，一时不知他葫芦里卖的什么药，只好搪塞道：“我哪配谈论英雄呢？”可是曹操抓住这个话题不放，便又补充一句：“即便不认识，也听别人说过吧！”刘备见曹操一定要自己说个究竟，心里已对曹操的用心猜出八九分，于是开始装糊涂了，他略一思索说：“淮南的袁术，已经称帝，可以算作英雄吧！”曹操一笑说：“他呀，不过是坟中的枯骨，我这就要消灭他！”刘备又说：“河北的袁绍，出身高贵，门生故吏满天下，现在盘踞四个州，谋士多，武将勇，可以算作英雄吧！”曹操又笑了笑说：“袁绍外表很厉害，胆子却很小，虽然善于谋划，关键时刻却犹豫不决。这种干大事怕危险，见小利不要命的人，可算不得英雄。”刘备又说：“刘表坐镇荆州，被列为‘八俊’之首，可以算作英雄吗？”曹操不屑地说：“刘表徒有虚名而已，也不能算得英雄！”刘备接着说：“孙策，血气方刚，已经成为江东领袖，是英雄吧！”曹操摇摇头说：“孙策是凭借他父亲孙坚的名望，算不得英雄。”刘备又说：“那益州的刘璋能算英雄吗？”曹操摆摆手说：“刘璋只仗着自己是汉家宗室，不过是个看家狗罢了，怎么配称英雄呢？”刘备见这些割据一方的大军阀都不在曹操眼里，只得说：“那么像汉中张鲁、西凉韩遂、马腾这些人呢？”曹操一听刘备说出的尽是一些二流人物的名字，禁不住拍手大笑说：“这些碌碌小辈，何足挂齿呀！”刘备只得摇摇头说：“除了这些人，刘备我孤陋寡闻，可实在不知道还有谁配称英雄了。”

曹操停住笑，盯住刘备说：“英雄，就是要胸怀大志，腹有良谋。所谓大志，志在吞吐天地；所谓良谋，谋能包藏宇宙。”说着，仔细观察刘备的反应。刘备佯装不知，故意问道：“请问，谁能当得起这样的英雄呢？”曹操用手指指刘备的脑门，又点点自己的胸口，神秘地说：“现在天下称得起英雄的，只有你和我呀！”一听这话，刘备不由得心中一震，吓得手一松，筷子掉到了地下。此时，恰巧闪电一亮牵出一串震耳欲聋的霹雳，轰隆隆炸得天都要裂了。刘备弯腰拾起筷子，缓缓地说：“天威真是厉害，这响雷把我吓坏了！”通过对世之英雄的一番议论，观察到刘备闻雷时筷子丢掉了的情景，曹操还真以为刘备不但是个目光不够远大，而且是让惊雷震掉了筷子的胆小鬼，竟禁不住哈哈大笑起来。自此，对刘备的戒备也就松弛了许多，最终使刘备寻得脱身到徐州的机会。

刘备正是一味装呆作痴，隐真示假，行韬晦之计，给曹操一种朦胧，使自己的利益在朦胧中得以保护。

政治权谋

徐达佯醉避祸

朱元璋战败陈友谅之后，转兵东指，进攻张士诚，想先发制人，下令元帅徐达由淮安出兵攻泰州。

泰州守令史彦忠见徐达兵强势大，不敢交锋，一面遣人向姑苏求救，一面下令据城固守。

徐达兵抵城下，每日令人骂战，史彦忠只是坚闭不出，徐达只得传令士兵于城南七里外安下大营，众将纷纷献攻城之计，徐达说：“泰州城坚固异常，且兵多粮足，强力攻城，徒然牺牲士卒，不如慢慢用计攻他。”

双方僵持约半个月，徐达见史彦忠不出战，众军无事，便令冯胜领兵一万去攻高邮，过七八天；又命孙兴带兵马一万去扼守淮安。再向部将常遇春、汤和等说：“我想史彦忠乃东吴善守之将，正当目前的严寒天气，我自有破敌之计，但要令将士严守秘密，不得透露半句。”随后附耳告诉如此这般。

次日，徐达传令各营，说敌军既然不出战，互相坚持，我等亦以军营为家，目下新年已到，除夕之夜，大家宜尽情欢乐，迎接新年，高歌畅饮，以乐元宵。

因此，从除夕起，全军营解甲休兵，大吹大擂，一连七八天都在饮酒作乐。史彦忠的探子看到这种情形，便一一向史彦忠报告，而且天天情报一样，史彦忠便大笑着说：“不料徐达这土包子如此糊涂，又怎可堪称大将？今既然这般骄傲自满，士无斗志，不必再待援兵了，一举就可以破他！”

他虽然这么说，心中尚有怀疑，怕情报不实。便把儿子史义叫来，吩咐说：“现令你去敌营探听虚实，你拿这封信交给徐达，借口我们要献城投降，且看看他们的动静。”

史义独自带了降书径直到了徐达营前，守军知是来投降，也不加拦阻，史义直奔营中，沿途闻听笙歌聒耳，好不热闹，军士们都在演剧，装生扮旦，正上演杂剧。又见徐达元帅，和一些部下醉醺醺的，东歪西斜，胡言乱语，一副副醉态的样子，史义看来看去，也没有上前盘问。他直走到桌前，拿出书来递了上去，徐达一见，醉眼蒙眬地问：“你……你是什么人？”

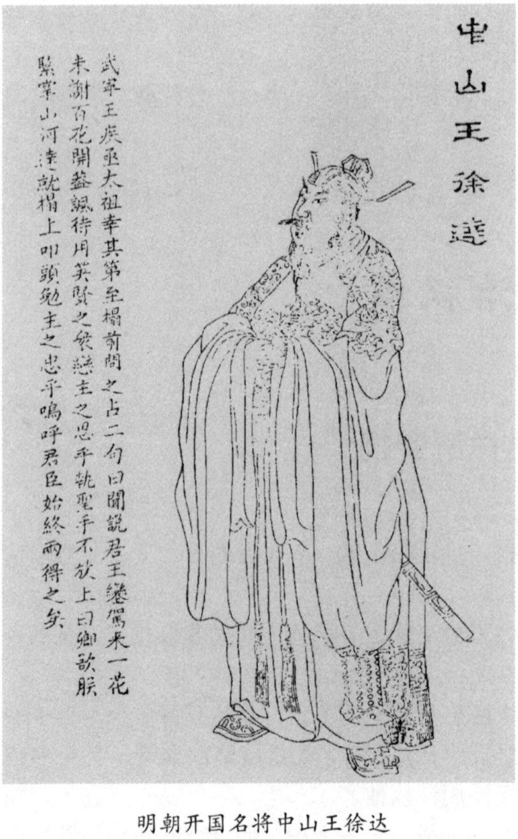

明朝开国名将中山王徐达

史义答：“小人是史彦忠帐下的，奉命来送信。”

徐达取信看过了便大笑起来，随即敬史义一杯酒，问：“你们的主帅什么时候来投降？”

史义答：“明天。”

徐达立即向军中大声宣告说：“泰州已投降了，大家应该痛快地宴饮庆贺，明天还需增加十桌筵席，再宰牛杀猪款待来军将士。”

史义被送出营，回城见史彦忠，把徐达军营的情况详细报告一番，史彦忠听了，十分高兴，说：“今晚不杀徐达，枉做大丈夫！”

这一天，正是元月初八，到了晚上，约一更时分，史彦忠率了二万士兵，悄赴南城，径直到了徐达营前，只见满营士卒尽在熟睡不醒，就下令士兵不必惊动他们，只要杀掉徐达，方为大功。又远远看见徐达在帐中伏案睡着。

史彦忠即下令三军冲杀过去，不料军士才一进营，都纷纷跌落四丈深的陷坑，坑底布满尖钉利刀，一陷即死。再仔细一看，伏案而睡的徐达竟是一个草人。

史彦忠大惊，已知中计，即下令后退，但说时迟，那时快，忽然一声炮响，伏兵齐起，从东西北三面密密层层地喊杀上来，只见西面的兵马较少，史彦忠便下令军士往西逃。这时，徐达下令放炮，一时的火铳、火炮、长枪手一齐射去。原西面有一道二丈多宽、三丈多深的壕沟，泰州兵逃到此间，跌死的不计其数，史彦忠只好踏着浮尸逃走。

此时天色已亮，史彦忠逃到半途，忽遇上一支兵马，当先一员大将就是汤和，史彦忠不敢恋战，拼命杀出重围，将到泰州城，忽见城头上剑甲明鲜，俱是常遇春旗号，复见吊桥竖着的旗杆上，又高悬着儿子史义的首级，眼见进退无路，史彦忠大叫一声，即拔剑自刎而死。

陈桥兵变

959 年，周世宗病逝，由他的 7 岁儿子继位，是为周恭帝。周恭帝年幼，不能料理朝政，国家出现了不稳定的局面。

大将赵匡胤多年来跟随周世宗南征北战，取得了周世宗的信任，这时他已是殿前都点检、检校太尉、归德节度使，掌管禁军的统帅权，在朝廷中是一个举足轻重的人物。赵匡胤想取代周朝，自立天子，建立自家的封建王朝。

960 年正月元旦，赵匡胤让镇、定二州谎报军情，说契丹勾结北汉大举南犯，请求急速发兵抵御。宰相范质、王溥等不辨真伪，立即派赵匡胤率大军出征。出征前，京城开封出现“都点检为天子”的谣传。赵匡胤率大军到达离开封城 40 里的陈桥驿时，天色渐黑，遂命令部队扎营歇息。

晚间，军校苗训仰观天象，有人问他看出了什么。苗训说：“你没看见太阳下面还有一个太阳吗？后一个太阳将取代前一个太阳，这是天命。前一个太阳应验在周，后一个太阳应验在都点检身上。”这种说法很快在军中传开了，大家议论纷纷：现在皇上年幼，国家危在旦夕。不如立都点检为天子，然后再北征也不晚。于是，都押衙李处耘、归德掌书记赵普、赵匡胤之弟赵匡义等一起商议立赵匡胤为天子的具体事宜，并派人回开封让殿前都指挥使石守信、都虞侯王审琦里应外合。这些人都是赵匡胤的亲信。

其实，开封城的谣传、苗训夜观天象以及亲信们商议策立事宜，都是赵匡胤一手安排的。这天晚上，赵匡胤假装万事不知，吃醉了便睡觉了。第二天清早，众将士拿着只有皇帝才能穿的黄袍走了进来，对赵匡胤说：“诸将无主，我们愿策立都点检为皇帝。”说完把黄袍披在赵匡胤的身上。赵匡胤装作很不情愿的样子说：“你们服从我的命令还可以，不然不当这个皇帝。”众将跪拜，表示愿意听从赵匡胤的调遣。

于是，赵匡胤率领大军返回开封。此正值早朝，消息传来，朝中大乱，众臣束

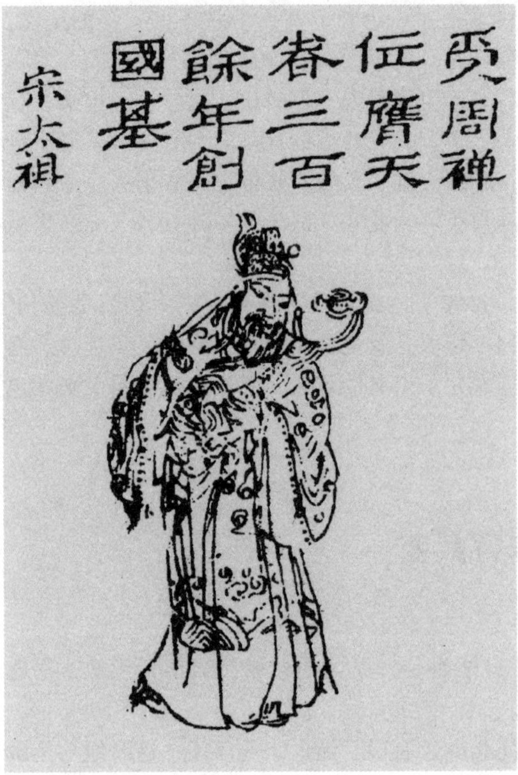

宋太祖受禅登基

手无策，只有侍卫军副都指挥使韩通一人驰马准备抵抗。正到正街，韩通就被赵匡胤前部校王彦升一刀劈死。宰相范质不得已率百官迎接赵匡胤，赵匡胤对百官流着眼泪说："周世宗待我恩重如山，我是被众将士逼迫才这样做的。"范质刚要答话，赵匡胤的部将罗彦环厉声说道："大家共同推举都点检为天子，谁敢反对，我的宝剑不饶他！"范质等人吓得面如土色，带领百官跪拜听命。翰林学士陶谷拿出早已拟好的禅代诏书，宣布周恭帝退位，将皇位让给赵匡胤。赵匡胤正式即位做了皇帝，改国号为宋，赵匡胤就是宋太祖。

赵匡胤非常想当皇帝，但如果自己亲自出面搞兵变，就会落个乱臣贼子的罪名。他暗中周密安排，自己假痴不癫，装作一无所知，很顺利地坐稳了江山。

燕王装疯

明太祖朱元璋扫除群雄，即帝位后，除封异姓战友徐达等为公侯之外，因受"非我同宗，其心必异"威胁，再把自己的十四个儿子全部封王，以示团结实以牵制，在十四个王子中，较为突出的善谋之宁王，善战之燕王，此燕王亦即后来之明成祖朱棣。

明太祖驾崩后，因继承人皇太子朱标早已亡故，所以，由长孙继位，即为惠帝，改年号建文，亦即建文皇帝。建文年纪虽小，却相当精明，他知道自己的环境，在十多个王叔的威胁之下，地位十分尴尬，做起事来也相当棘手，为使皇权免受于控制，在黄子澄等策划下，大刀阔斧来个削藩运动，把那班老叔父按其危险性程序，流放的流放，杀的杀，逐步把这批对皇朝有威胁的势力肃清，只有宁王和燕王因环境特殊，还未遽然下手。

燕王朱棣眼见各位王兄王弟一个个倒了。兔死狐悲，此趋势，必轮到自己，与其等死，不如先发制人，起兵发难。他的军师道衍以军备未足，时机尚未成熟，劝他再等机会，因此暂时隐忍，秘密练兵，预备行事。

有一次，燕王照例派一位亲信谒城入京奏事，见了建文帝，建文帝有意收买谒城，便召他进入密室，对他说："如果你能反映燕王的活动情况及时报告于我，将来升你为公卿。"谒城说："食君之禄，担君之忧，臣愿效犬马之劳，此次回去，必密报燕王举动，为陛下做内应。"

谒城回到燕京后，怂恿燕王入京见帝，以释嫌疑，此计无非想驱羊入虎口。燕王与道衍商议，道衍主张不去，燕王却说："此时我能举兵，便当举兵，若不能举兵，不如暂住一时，料他也无奈我何。"因此便毅然进京，果然有人怂恿建文帝将他扣留，但建文帝犹豫，一时又找不到借口，于一个月后，便放燕王返回燕京。

燕王相当精明，老奸巨猾，他最清楚自己的处境，一回来就诈病，病得很厉害，此举无非使朝廷不疑他有变。

建文帝虽放走燕王，却也时刻防备，并不因他"病重"而松懈。用了一个调虎离山计，以边境防卫为名，把燕王所属的劲旅调了一部分离开北京，派亲信工部侍郎张景为燕京布政使，谢贵为都指挥，把文武两权夺了过来。又制造借口把燕王的得力部属于谅、周铎两人杀了，罪名是阴谋叛变。

燕王眼见这种夺权把戏，无非因自己而发，为保全生命起见，便诈癫扮傻，溜出王府，整天在街边游荡，口出狂言，见物就抢，十足一个疯子。有一次，出门几天都没有回来，从人到处寻找，见他睡在泥沼里，扶起来他还大骂："我好好睡在床上，干吗要抬我出去?"

张景和谢贵知道此事，便入营去探病，想看个究竟。这时是暑天，只见燕王穿起皮袄，围炉而坐。还身子发抖，牙关打战，不停地说天气太冷了。

他们认为燕王是真病，防备稍为放松，但谒城告诉他们，燕王根本没病，这是诈癫扮傻，用意难测，切勿让他瞒过。

张景于是奏报朝廷，建文帝便立即采取行动，密令城防副司令张信下手。那张

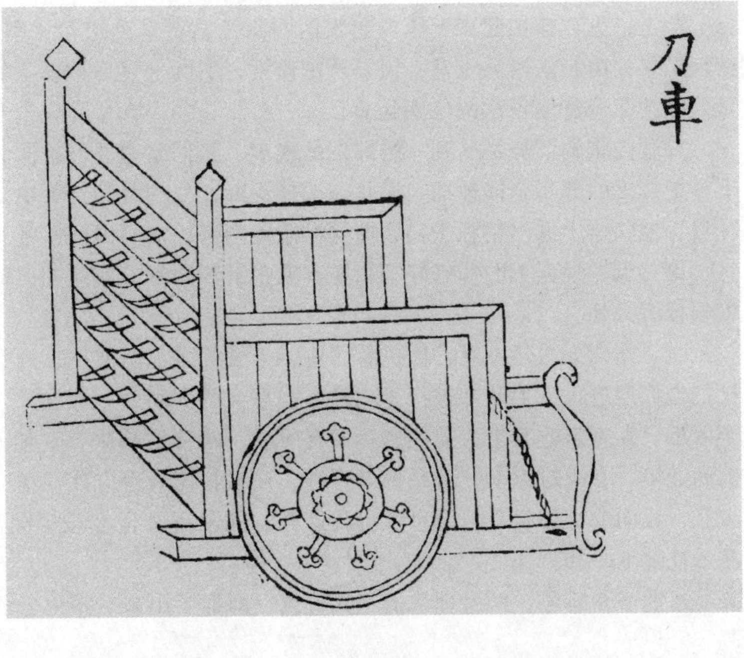

刀车，设险用具，两轮车后面出刀刃，如敌人攻破城则以此堵塞城门。

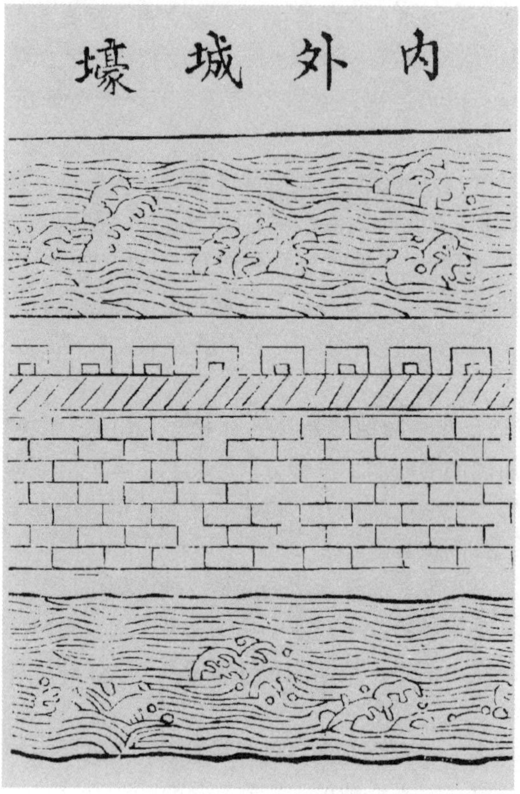

内外城壕，即护城河。

信过去乃燕王的亲信。接到密令，却犹豫不决，他的母亲见此情形，问明底细，劝他要饮水思源，不可忘恩负义，他便把事情拖延下去。

建文帝见还没有消息，又再下密旨催张信，张信先火了，说："朝廷为何逼人太甚？"乃愤然去见燕王。守门的不准他进去，张信大声说："你们只管去传报，说我张某有要紧事求见。"

燕王召见张信，却仍卧在床上，不说半句话。左右说："殿下正患风疾。"张信明知有诈，便说："殿下不必这样，有什么事，可对老臣直说无妨。"燕王打量他的神气，并无恶意才开口说："这场病真惨，已捱几个月了。"张信见他仍不肯露真情，心一急，便流起泪来，直率告诉燕王："殿下，事到如今，还不说真话，大祸真的已临头了。"顺手拿出建文帝的手谕来，说"朝廷命我擒拿殿下，如果你有意见，就要坦诚相告，让大家想个办法，否则便肉贴在砧上，宰割由人。"

燕王一见，连忙起来下床，向张信叩谢，急召军师道衍入室，商量救急之计。密议结果，由张信增兵王宫，说是严密监视，实际上是保护燕王的安全，进一步定计要除掉张景和谢贵这两位朝廷命官。

外弛内张的情势，已到一触即发的地步，张信暗里要保护同党人的安全，当晚下令把燕王的部将全体逮捕，说是有选择嫌疑，要押赴朝廷处决。这一着无非掩人耳目，他又暗中派出精壮士兵，埋伏在东殿两旁，宫门内外，密布便衣警探。

第二天，说燕王的病已好了，要召见张景和谢贵，商议如何把这批阴谋造反的将领押解入朝。

张、谢两人虽然不疑，但也有防备，带了很多卫队前往，到了礼羰门，燕王扶杖把他们迎进去，卫队却被拒于门外。在宴会行酒间，一片欢乐气氛，左右献进几个西瓜，大家都吃起来，燕王忽然像有所感，停食站起来，气愤地说："想起我目前的处境，有吃难以咽，就是做老百姓，兄弟叔侄间也应该互相怜恤。我身为皇帝叔父，反而要惶恐度日，今皇帝待我这样，国家还有什么希望呢？"说完将手上的西瓜往地上一摔。"

这原来是暗号，两旁埋伏的士兵一见，即拥了出来，不由分说就把张景、谢贵等斩首，再揪出蔼城来，一同处斩示众，随即宣布，起义兵，清君侧，直向南京进军，不久便攻破皇城，逼得建文帝削发为僧，化装逃亡海外。燕王抢了帝位，是为明成祖。

商海弄潮

利特尔“假痴不癫”扬名气

利特尔公司是世界上最著名的科技咨询公司之一。它的前身是其创始人利特尔1886年建立的一个小小的化学实验室，当时鲜为人知，也丝毫不引人注目。

在这个小小的实验室里，利特尔经过反复实验，从醋酸纤维中制造了第一批可供生产的纺织原料。之后，由于不断地刻苦钻研，又搞出了一系列新发明，从防爆汽油到光学纤维传输的电报等。利特尔公司逐渐小有名气。

1921年的某天，在一个企业家的集会场所里，休息时间与会者纷纷来到休息厅里，有的抽烟，有的喝饮料，彼此礼貌性地寒暄交谈。话题转到科学与企业生产的关系上，当时一些企业家看不清这二者的关系，只顾眼前，得过且过。

“科学，那是书本上的事。商品生产，才是真枪实弹的硬功夫。它们正像罗德岛上的自由女神像和堪萨斯的牛仔，根本扯不到一起来!”一位大腹便便的大亨高谈阔论地发表自己的意见。

“先生，虽然你从东海岸扯到西部草原，但是你的目光未免太短浅了。”一向崇拜科学的利特尔略带轻蔑地微笑说，“请问，有哪一个企业的发展，能不依赖科技进步？你的企业难道是原始的手工作坊，全靠工人的双手生产商品吗？只有不断地引用先进的科技，企业才能长出翅膀，越飞越高，越飞越远。

“利特尔先生？你的科学弄出的那些东西虽然我有所耳闻，可惜我没福气，全用不上它。更遗憾的是在座的各位可能还不知道，是否需要我为你效劳，给你介绍介绍呢?”嘲讽之余，那位大亨又用挑衅的口吻说：“我的钱太多，现有的钱袋已经不够用了，想找猪耳朵做的丝线袋来装。到处都没有这样的钱袋卖，你的科学能帮我的忙，制造这钱袋吗？如果真的制成了，我想不用我介绍，诸位自然都会知道你的大名的!”说完哈哈大笑，笑得连大肚皮也颤动起来。

聪明的利特尔正觉得这是一个千载难逢的机会，只要真的用猪耳朵做成了丝线袋，那么既可以给这位藐视科学的家伙一记响亮的耳光，又可以如其所言，能在企业界里大大的提高自己的知名度。所以他强忍下来，没发脾气，他要一鸣惊人。

在以后的一段时间里，市场上猪耳朵被利特尔公司暗中搜购一空。购回的猪耳朵经过利特尔公司的化学家一再努力，被分解成胶质和纤维组织，然后又把其中的纤维组织内的物质制成可纺纤维，再纺成丝线，并染上各种不同的美丽颜色，最后编织成了五光十色的丝线钱袋。

这些特殊的钱袋再加上精彩的广告宣传后终于投入市场，一下子就被抢购一空。

我们姑且不论制造这种钱袋的直接经济效益如何，但是“用猪耳朵制钱袋”看起来似乎是荒诞不经的恶毒挑衅，却被彻底地粉碎了。那些不相信科学是企业的翅膀，并看不起利特尔的人，不得不对利特尔刮目相看。利特尔公司从此声名大噪，企业家们纷纷登门求教，一时间利特尔公司门庭若市。

如果利特尔当时不是忍气“假痴”，而是暴跳如雷地与那个大亨大吵大闹，或者义正词严地加以驳斥；如果利特尔公司不能做到“不癫”，而暗中将“猪耳朵制成丝线钱袋”变成事实，利特尔公司会有今天这样的名气吗？

包玉刚的远见卓识

1955 年，包玉刚成立了环球航运公司，花 377 万美元，买了一艘已经使用了 27 年的旧货船，开始了经营船队的生涯。

当时世界航运界通行按照船只航行里程计算租金的单程包租办法，世界经济又处于兴旺时期，单程运费收入高，一条油轮跑一趟中东可赚 500 多万美元。

包玉刚却不为暂时的高利润所动，坚持他一开始就采取的租金低、合同期长的稳定经营方针，避免投机性业务。这在经济兴旺时期不免被认为是“愚蠢之举”。

许多同行都劝包玉刚不要“犯傻”，改跑单程，包玉刚却“假痴不癫”，因为他明白，靠高额运费收入的再投资根本不可能迅速扩充船队。要迅速发展必须依靠银行的低息长期贷款，而要取得这种贷款，必须使银行确信你的事业有前途，有长期可靠的利润。

于是他把买到的第一条船以很低的租金长期租给一家信誉良好，财务可靠的租船户，然后凭这长期租船合同向银行申请长期低息贷款。

正是靠这种稳定经营方针，包玉刚只用 20 年时间，就发展成为世界有名的远洋船队。究其成功，还真得归功当初的“假痴不癫”，远见卓识了。

“糊涂”商人不糊涂

假痴不癫这一计用于军事斗争，表现为老成持重的谋略。用于经济中，表面大智若愚，暗中运筹，能而示之不能，知而示之不知，往往出奇制胜。

美国商人法林为推销积压商品，想出一个“倾家荡产”的办法：商品标出价格的头 12 天按全价出售，从第 13 天起到第 18 天，降价 25%，第 19 天到 24 天，降价 75%，第 31 天至 36 天，如果仍没人要，就送给慈善机构。有些人说他这种方法必定吃大亏。但实际情况是，法林的商店顾客非常多，商品也十分畅销。原因是法林早已推测到顾客的心理：今天不买，明天就会被人买走，还是早买为好。

威尔逊经营香烟，由于运气不佳，一直亏损。一天，他想出一个绝法：打出一幅广告，上写："请不要购买本店生产的卷烟，其尼古丁、焦油的含量比其他店高1%；也有人曾因吸此烟而死亡。"乍看威尔逊有点发神经，实际上威尔逊心中有数。有些男人抽烟是为了显示自己有气概，专门买他的烟抽。一时间，他的烟成了勇敢的代名词，威尔逊的生意也越做越大。

运世方略

乱打更

后周时，冯赞奉命派往梓洲（今之贵州潼县）做知府，刚上任几天，忽得一情报，谓伪蜀之散将上官进，啸聚了三千多名亡命之徒，准备于晚上三更时分偷袭府城。当时城中防卫力弱，步骑兵只三百名左右。

冯赞做事沉着，不动声色，对将士说："此等乌合之众，武器亦不过长矛大棒，无作为者，只要沉着应付，固守城池，到天明，匪帮自然会溃败的！"当即调兵分守各城门，无命令不得私自行动。

冯赞坐在城楼上，暗地召集巡城更夫，告诫到打更时要来城楼请示（过去没有钟表，以打更定时刻），将一更（两小时）的时间缩短，时正深夜，已打五更了。

上官进等匪徒在城外听到已打五更，以为天快亮了，乃大惊而逃。冯赞乘机派兵追击，竟然把上官进捉获，立即斩首，从此梓洲的四境太平。

另有一个同样的故事：

唐僖宗时，段秀实初奉派为泾州刺史，时正荒年，盗贼蜂起，人心惶惶，治安非常混乱。叛徒王童之想造反，暗中勾结若干吏卒，预定某日五更黎明起事。

当晚，有人向段秀实告密，秀实即把告密者留在府里，不让他再出去；并嘱告不可泄漏此事，若无其事地回房睡大觉，一如平

唐僖宗像

日，谁也看不出半点紧张。

天黑了，秀实亲自召见打更夫，责其打更的时间欠准，并交代下去，每到起更时，必须先来见他。

当更夫来见时，秀实又责其计时不准，又把每一更的时间延迟，这样一更接一更延迟，未及四更已见天亮了。叛徒们大出意外，彼此间又无法联系，不敢轻举妄动，叛乱的计划，无法实行，秀实随即在城里严密搜查，果然清出了倡乱分子，依法斩的斩，判刑的判刑，一网打尽，泾州城才保持安谧如初。

撕　伞

元朝时候，平阳州（今山西临汾）有位判官，姓宣名彦昭。

一天，下大雨，两个人为了争夺一把雨伞，拉拉扯扯闹到州衙门。判官本来是州官的助手，州官就叫宣判官审理。

宣彦昭坐堂审理，两人都说伞是自己的，闹了半天，无法肯定伞是谁的。宣判官心生一计，当机立断，他大声喝道：

“一把雨伞，你说是你的，他说是他的，叫我判给哪个是好？来！我把伞一撕两半，你们一个领一半去。”

说罢，拿起雨伞“哗啦!”一声，撕为两半，往地上一丢，叫道：

“都拿去吧！退堂!”

把袖一背，径入后堂去了。

看的人都好笑：这真是个糊涂官，一把雨伞一撕两半还有用吗？那个假伞主倒无所谓，可那个真伞主岂不是亏了？这位宣判官找你审案有什么用？

宣判官拂袖进了后堂，却叫来了两个衙役，吩咐道：“你们二人快去一人跟住一个，看他们出了衙门讲话，速来禀报。”

衙役跟在甲乙两人后边暗暗观察，只见甲手拿着半把雨伞，一路叫骂不停，不但骂乙“黑心”，还骂宣判官是“糊涂官”；乙却一出大门就将半把雨伞往地上一扔，嬉皮笑脸地打趣甲道：“你骂我黑心，伞又不是我撕的。告状又怎么样，咱俩谁都用不成。”

衙役将两人带回衙中，将两人的话向宣判官一一禀报。宣判官笑对乙说道：

“这下子事情算弄清楚了；本来不是你的伞，你才感到无所谓，一出门就扔了，脸上还笑嘻嘻的，一点也不心痛，也不气。现在真相大白，判决你买一把新伞赔他。”

乙这下子无话可说，甲感激地对宣判官说道：

“老爷！您真是个清官啊!”

唐伯虎幸免于难

唐寅，字伯虎，精于书画，博古通今，弘治十一年乡试第一，其才名轰动一时。宁王朱宸濠久闻其名，非常羡慕唐伯虎的才华，就用重金聘他到自己的属地做官。

唐伯虎走马上任后，朱宸濠在各个方面给予他很优厚的待遇。过了一段时间以后，唐伯虎觉察到朱宸濠养兵蓄财，图谋不轨，暗地里叹道：“此地是火坑，不可久留。”他清楚地知道，倘若自己公开辞职还乡，必然引起怀疑，弄不好人头落地。遂仿效战国时的孙膑，佯作疯狂，忽哭忽笑，言语颠三倒四，起居饮食异常。朱宸濠派人来看他是否真疯，只见唐伯虎赤裸身子，在众目睽睽之下抚弄生殖器，往地上撒尿，而后又抓起污物来吃。

朱宸濠听到所见者的描述，确信唐伯虎真的疯了，遂起了怜悯之心，把他送回家乡。后来，朱宸濠叛逆不成，伏法受诛，其余党无一幸免。唯有唐伯虎及早脱身，没有被株连。

唐伯虎像

知州糊涂断案

从前，易州有一个富家子弟与一位寡妇勾勾搭搭，被寡妇的小叔子发现后告发。

知州将富家子弟传来审问，富家子弟狡辩说：“小人虽未中过秀才、举人，但也是一个读书知礼之人，一向怜老惜贫，乐善好施，怎能做这种寡廉鲜耻之事？我与他的哥哥原是莫逆之交，他的哥哥不幸亡故后，他的嫂嫂生活无依无靠。我顾念朋友之情，经常以钱粮周济他嫂嫂，他因感到羞愧而产生忌恨，故而对小人妄行诬告，请大人明察。”

知州知道富家子弟乃是一个拈花惹草、寻花问柳之徒，所说这些皆一派胡言，但苦于没有证据，不好治他的罪，于是假作糊涂，偏袒富家子弟，大声呵斥小叔子：“你竟敢如此污辱你的嫂嫂，也使你的哥哥受羞耻于九泉之下，实是大胆刁民，如若胆敢再来告状，定重罚严惩！”接着，知州笑着对富家子弟说：“你是一个悲天悯人的大善人，休得与他一般见识。你且跪在一旁，看本官断案贤明与否?”

知州审理的第一个案件是一个人控告另一个人借债60千钱，已过时限，本息未还。借债人对此供认不讳，愁眉苦脸地说：“并非小人有意赖账，实因家贫无力偿还，求大人开恩!”知州听后深表同情，对富家子弟说：“你这个大善人发发慈悲，代他偿付了这60千钱如何?”富家子弟忍痛应允，随即想起身告退。知州说：“且慢，待本官审完其他案件再走不迟。”

知州审理的第二个案件是父亲控告儿子不孝，儿子听说父亲要告官畏罪潜逃。知州又对富家子弟说：“这位老人之子不孝，理应受到惩教，但现在已逃往他乡。今天若不惩处不孝之子，老人气愤难消。你既然喜欢行善，由你代其子受笞罚如何?”富家子弟连忙叩头，哭丧着脸说：“这笞罚之事，怎可由小人代替?”知州语气生硬地说：“有何不可，这也是行善之举。”手下当差的不由分说将富家子弟按倒在地，痛打30大板。事毕，知州满面笑容地对富家子弟说：“本官这里待审的案件堆积如山，你若还想行善，可以继续听下去。”富家子弟这才如梦方醒，叩头如捣蒜一般，连连恳求知州开恩，表示今后再也不胡作非为了。

三十六计

卷四

王健民 编著

吉林出版集团有限责任公司

目　　录

第五套　并战计

第二十八计　上屋抽梯

第二十九计　树上开花

第三十计　反客为主

第六套　败战计

第三十一计　美人计

第三十二计　空城计

第三十三计　反间计

第三十四计　苦肉计

第三十五计　连环计

第三十六计　走为上计

第二十八计　上屋抽梯

原文注译

【原文】

假之以便①，唆②之以前，断其应援，滔滔死地③。遇毒，位不当也④。

【注释】

①假，假给。便，便利。

②唆，唆使，这里引申为诱使。

③死地：中国古代兵法用语，指一种进则无路，退亦不能，非经死战难以生存之地。

④遇毒，位不当也：语出《马·噬嗑·象》。噬嗑卦为震下离上。震为雷，离为火、为电。雷电交加，有威猛险恶之象。又，噬嗑卦为以柔居刚，故不当位，更显形势严峻。噬嗑的本意为食干肉，“干肉虽小而坚，不易噬者也。强欲食之，则不听命而必相害”（王船山语）。把它运用于军事上就是，因贪图小利而盲目进军是有很大的危险的，如果硬要强行进军，必将陷于危险的死地。

【译文】

假给敌方以某种便利，诱使它（盲目）前进，然后再截断其应援之路，就能陷敌军于死地。这是从噬嗑卦象辞“遇毒，位不当也”一语中悟出的道理。

按语注译

【按语】

唆者，利使之也。利使之而不先为之便，或犹且不行。故抽梯之局①，须先置梯，或示之梯。如慕容垂，姚苌诸人怂秦苻坚侵晋②，以乘机自起。

【注释】

①局：骗人的圈套。

②慕容垂，姚苌诸人怂秦苻坚侵晋：382 年，前秦苻坚要亲率九十七万大军南讨东晋。尚书左仆射权翼、太子左卫率石越，以及太子本人都表示反对。这时，鲜卑族的慕容垂和羌族的姚苌便分别私下来见苻坚，支持苻坚出征。慕容垂说：前秦兵多将广、势力强盛，东晋偏处一隅，势力弱小，自古都是小不敌大，弱不胜强；此次出征，必胜无疑。由于慕容垂和姚苌的怂恿，苻坚更是决意出兵了。可淝水一战，秦军大败，苻融被杀，苻坚自己也中了流矢，在这次征伐东晋的战役中，秦军虽然大败，但慕容垂带领的三万人马因奉命

出击东晋的郧城（今湖北安陆县），没有参加淝水之战，故而被完整地保全下来。当苻坚兵败从寿阳来到慕容垂处时，慕容垂护送他前洛阳。这时，慕容垂提出要求去邺城祭扫先人陵墓，同时就便安抚河北。苻坚同意了。谁知慕容垂离开之后，便打起复国的旗帜，自称燕王，接着又自立为帝，定都中山（今河北定县），史称后燕，与此同时，姚苌在羌族和西州豪族的支持下，也在渭北自称大将军、大单于、大秦天王，势力发展很快。不久，徒何鲜卑在慕容冲率领下包围长安。苻坚在五将山被姚苌所杀。慕容冲攻入长安不久，又被部下杀死，徒何鲜卑东归，姚苌占取长安，自立为秦皇帝，国号大秦，史称后秦。

【译文】

什么是唆？就是以利去诱使敌人上圈套。但是，如果只是以利诱使而不给他以某种方便，敌人还是不会上圈套的。所以，使用上屋抽梯的骗局，也必须先给梯子，或者示意梯子在哪里。就像当年慕容垂、姚苌怂恿前秦苻坚进攻东晋，以求乘机自己扩张势力、自立为王所做的那样。

传世典故

上屋抽梯：原意为送人上了楼之后，却把梯子搬走，使人无法再下来，比喻诱使人上前而断其退路，使人处于困境。即怂恿人受骗上当。在军事上指引诱敌人前来取利，待其深入，便用迂回包围等方法断其退路，迫使其就范的计谋。

孔明遗计救刘琦

本计计名出自一个典故。说是东汉末年，荆州刺史刘表的儿子刘琦因不容于继母，恐遭陷害，向刘备求救。刘备要诸葛亮为他想出解脱之计。这天，诸葛亮来到刘琦家中，刘琦哀求诸葛亮说：继母屡次设法陷害我，务欲置我于死地而后罢休，目下我的处境十分险恶，还请先生相救一二。诸葛亮说：此事关系离间母子之情，恐将来说将出去，多有不便，表示拒绝。刘琦便强邀请诸葛亮进入密室之中，一边饮酒，一边仍缠住诸葛亮不放。可诸葛亮还是不愿答应刘琦的请求。这时，刘琦见再三恳求无效，便挥转话头，对诸葛亮说：我的住室楼上藏有一部古籍，请先生观赏一番如何？诸葛亮听说有古籍观赏，非常高兴，便答应了。说着便跟随刘琦登上一间小楼，到了楼上，见四壁皆空，并无藏书设置，便问刘琦书在何处。这时刘琦便双膝跪下，承认自己是事出无奈才把诸葛亮骗上楼来，务请指点出路，拯救性命之危。诸葛亮埋怨刘琦不该施行欺骗，便要下楼离去，可不料楼梯已被抽走了。这时刘琦便又再三哀求说：先生最担心的是事情泄露，现在，这里上不着天，下不着地，出君之口，入琦之耳，再没有别人知晓，您应该可以赐教了；说着又要拔剑自刎。诸葛亮见刘琦如此情景，无可奈何，便给刘琦讲一个故事。春秋时期，晋献公的妃子骊姬想谋害晋献公的两个儿子：申生和重耳。重耳知道骊姬居心险恶，只得逃亡国外。申生为人厚道，竭尽孝心，侍奉父王。一日，申生派人给父王送去一些好吃的东西，骊姬乘机用有毒的食品将太子送来的食品更换了。晋献公哪里知道，准备去吃，骊姬故意说道，这膳食从外面送来，最好让人先尝尝看。于是命左右侍从尝一尝，刚刚尝了一点，侍从倒地而死。晋献公大怒，大骂申生不孝，阴谋弑父夺位，决定要杀申生。申生闻讯，也不作申辩，自刎身亡。诸葛亮对刘琦说："申生在内而亡，重耳在外而安。"刘琦马上领会了诸葛亮的意图，立即上表请求派往江夏（今湖北武昌西），避开了后母，终于免遭陷害。

刘琦引诱诸葛亮"上屋"，是为了求他指点，"抽梯"，是断其后路，也就是打消诸葛亮的顾虑。

用计锦囊

上屋抽梯原意是诱人爬上高楼，然后搬走梯子，使其进退无路，只能束手就擒。在军事上，指设法诱敌进入我方的圈套，然后截断敌人援兵，以便将敌围歼的谋略。这种诱敌之计，自有其高明之处。敌人一般不是那么容易上当的，所以，你应该先给它安放好"梯子"，也就是故意给以方便。等敌人"上楼"，也就是进入已布好的"口袋"之后即可拆掉"梯子"，围歼敌人。

上屋抽梯既可用之于敌，也可用之于我。《孙子兵法·九地》中说："帅与之期，如登高而去其梯；帅与之深入诸侯之地，而发其机。"意思是：主帅给士卒布置任务，要像登高后抽掉梯子一样，使他们只能向前，不能后退。主帅率众深入诸侯国境，要像射出的箭矢一样，使他们只能一往直前，不可返回。

诱敌"上屋"，是实施此计的关键。一般来说，可以诱骗的对象有四种：一是贪而不知其害者；二是愚而不知其变者；三是急躁而盲动者；四是情骄而轻敌者。

"抽梯"之前，经常要自行"置梯"。"置梯"主要有两种方法：（1）示之以利。用一些对方希望得到的利益来引诱。（2）示之以弱。欺软怕硬是人的本性。如果我方佯装弱小，敌人就会肆无忌惮地前来，钻入我方事先布置好的"口袋"。

"抽梯"既要及时快捷，又要讲究技巧。从不同角度可把"抽"法分为三大类：1. 明抽与暗抽；2. 急抽与缓抽；3. 实抽与虚抽。究竟采用哪种抽法，要依当时的客观环境来确定，切忌先行武断、主观臆想。

本计包含以下三种含义：

三十六计之上屋抽梯

1. 断其退路。利用各种办法将敌人引入我们事先设好的包围圈内，然后迅速将敌人的来路彻底切断，使其无法脱逃，有来无回，断绝敌人退路的目的主要是使其“不可脱”，只有“不可脱”，才能全部干净地将其消灭，或者利用“不可脱”的形势，给敌人造成心理上的巨大压力，使其被迫就范。要造成敌人“不可脱”之势，并不容易，因为“困兽犹斗”，敌人在濒临灭亡之前，很可能会狗急跳墙。所以使用此计时，我方的力量一定要大大超过敌方的力量，或者我方在地理位置上要占绝对的优势才行。否则被敌人挣个鱼死网破。

2. 断其援应。就是截断敌人的前应和后援。在敌人落入陷阱之后，此时的前应和后援就成了他们的救命“梯子”，可谓“得之则生，失之则死”在这个时候，我们抽掉他们的“梯子”，无异于致其死命。这样可以使敌人无力独自坚持而不攻自破。这种策略也叫围敌打援。围敌打援之“援”也可理解为“后勤补给”，把敌人推到战场之后，切断他的后勤补给，也就等于“抽掉”了其保持战斗力的“梯子”，使他们陷入进退两难的境地。

3. 破釜沉舟。釜：古时烧饭用的大锅。舟：渡河用的船。打破饭锅，凿沉渡船，以示决一死战。比喻决心奋斗到底，绝不后退。这是一种激励士气，使其视死如归，勇往直前的策略。《孙子兵法·九地篇》中说：“帅与之期，如登高而去其梯，帅与之深入诸侯之地，而发其机。”意思是主帅授给军队任务，要像登高后抽掉梯子一样，使他们只能前进而不能后退。率领军队深入诸侯境地，要像拉开箭弩射出箭矢一样，使他们一往直前。这种利用特定环境和特定条件，对人们产生的特定影响，骤然激发人的动因或利用灾难性的情况来促发人们潜能，就是本计所要达到的目的。

对付上屋抽梯应注意采取以下防范对策：

1. 小利莫贪。在某种利益出现在眼前时，不要伸手就取，先要仔细研究其是否为可取之利。特别是在对方也同样可取，但却不取的情况下，这种利就可能是钓鱼之饵，我们就更应谨防上当。只有在判断其万无一失时，才可动手取利。如果判断不清时，我们宁可放弃，也绝不冒风险，特别是对那些取之无大益，失之无大损的小利，绝对不能贪图。占小便宜吃大亏的教训是屡见不鲜的。

2. 要知机变。随机应变也是防止受骗上当的有效措施。如果反应迟钝，固执教条，刚愎自用，就很容易被人利用。要做到随机应变，首先须做到眼观六路，耳听八方，善于观察，善于分析。对于任何微小的可疑情况也不放过。其次要多准备出几套行动方案，并且经常变化，不使敌人摸到我们的规律，另外遇事要沉着冷静，不要惊慌失措，要针对具体情况拿出对策。

3. 投石问路。在对情况不了解或发现某些疑点的时候，先不要冒险行事，可先来个投石问路，探听虚实，在确定没有什么危险时，再走过去。用来作为探路的石头，可以是虚假的动作，可以是小股的部队，也可以是侦察人员。

4. 另寻门路。如果不慎被骗“上屋”，并且梯子已被抽掉时，千万不要慌张，不要绝望，也不要鲁莽蛮干。要四处寻找是否另有可出之门可用之梯。也可寻找其他的“下屋”的办法，总之敢想敢干，不要只局限于上来时的那一条路。

计谋典范

战场逐鹿

先击弱敌，逐个击破

公元前770年，周幽王被犬戎所杀，其子宜臼继位，称平王，建都洛阳。平王继位时因得到郑国的大力支持，所以郑武公、庄公相继做了周室的公卿重臣。平王去世，桓王继位后，觉得郑庄公权大欺君，于是解除了他的职务，委政于虢公林父。这引起了郑庄公的不满，一气之下，数年不向周室朝贡。桓王不见郑庄公前来朝贡，更是怒气难消，决定亲自带兵讨伐。于是周王室与郑国之间便发生了历史上有名的繻葛之战。

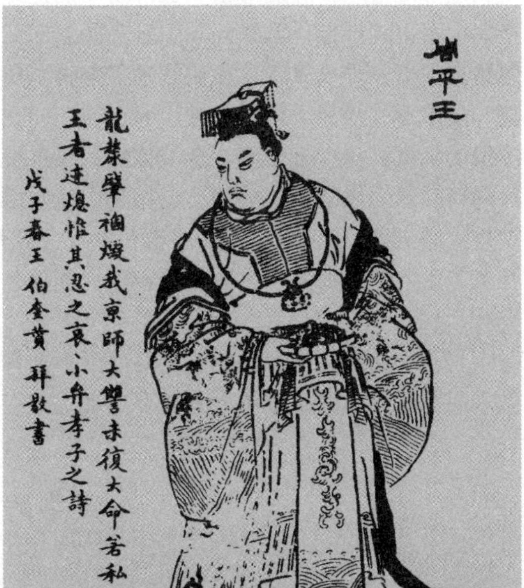

周平王

公元前707年秋，周桓王召集陈、蔡、卫三诸侯国，出兵伐郑，令虢公林父统领蔡、卫两国的人马为右军；周公黑肩率领陈国的部队为左军；桓王亲统中军。三路人马浩浩荡荡直奔郑国而去，一路上旌旗飘飘，战车辚辚，尘埃滚滚，人喊马嘶，一派杀气腾腾的气氛。

郑庄公听说桓王亲自领兵前来征伐，立即召集群臣，商量对策。大夫子元胸有成竹地说："周王的三军，是以中军在前，两翼在后的品字形老阵法。我们这次作战，改换一下这种传统的阵法：用中军在后，两翼在前，成倒品字形，夹击王师，必能取胜。"子元说到这里，见郑庄公和众大臣们面面相觑，不解其意，忙又说，"这次作战，必须先从弱处下手。陈侯鲍去世不久，陈侯佗为了取得侯位，谋杀了兄长免，国人不服，局势不稳，现在又是被迫出兵，必然士无斗志。只要我右翼勇猛冲杀，陈兵一定溃败。其左翼败退必然会影响中军。中军一乱，其右翼蔡、卫的军队就很难支持，只能一跑了之。这样两翼既退，我则集中兵力围攻中军，如此岂有不胜之理？"众人一听，齐声称赞。（子元提出的这个阵法，因为左右两个方阵在前像撒开的渔网一样，所以又称为鱼丽阵。丽字就是罹的假借字，陷入其中的意思。）郑庄公欣然采纳了子元的建议，遂令曼伯率领一路人马为右翼方阵，祭仲足领兵一部为左翼方阵，庄公自领中军，原繁、高渠弥、祝聃等人在中军听候调遣。

王师入境时，郑国的军队已经做好了一切准备。庄公遂令三军出师迎战。两军相向而进，很快便在郑国的𦈡葛（今河南长葛北）相遇。两军布阵完毕，桓公到阵前观察敌情，正要下达冲阵号令时，见郑国中军阵内两杆大旗不停地摆动。随着大旗的挥舞，郑军两翼方阵，顿时擂鼓呐喊冲将过来。曼伯率领方阵，战车在前，步卒在后，队伍整齐，人马雄健，伴着震耳欲聋的鼓声，向陈军冲去。陈国军队本无斗志，一见郑军凶猛地冲来，立即四散奔逃。虢公林父统帅的蔡、卫两国军队，受到祭仲足所领方阵的冲击，也纷纷向后退却。桓王见两翼溃败，着急万分，正想指挥中军出阵抵挡，哪知郑军中军和两翼部队一齐向他猛冲过来。王师中军在郑军三路夹击下，难以支持，很快就乱了阵脚。郑将祝聃冲入敌阵，见桓王立于车上督战，随即弯弓搭箭，只听"嗖"的一声，正中桓王的肩膀。幸而桓王还有点临危不惧的气概，他忍着疼痛，毫不惊慌，亲自殿后指挥应战，才使中军稳住阵脚，徐徐向后撤退。祝聃求功心切，见桓王中箭向后撤退，便要率领战车向前追去。郑庄公连忙制止说："正人君子从来都很知足。我们与王师作战，本来是为了自救，现在桓王既已引军败退，怎敢过分相逼？能保住社稷安然无损，也就足够了。"遂下令收兵。

𦈡葛之战，是一次典型的从弱处下手，各个击破的上屋抽梯的战例，其体现的战术原则，在中国军事史上有重要意义。

火牛阵

上屋抽梯用于军事上，主要指的是诱敌深入而断其归路，首先要给对方以方便，让对方因方便而能"上楼"，而后我方撤去"楼梯"，让对方陷入困境。

战国时齐人田单曾以此计，收复齐国。

田单本是齐国安平地区一个管理市场的官，燕军攻打齐国时，田单带领全族人从安平逃到即墨城。因为即墨城守城官战死，大家看田单足智多谋，就推举田单为将，率领大家守城抗燕，并伺机反击。

田单出任将领之后，担心自己是外乡人，怕大家心不齐，就想出一个计策。他命令全城人吃饭时，一定要在院子中间设供桌，空中飞的鸟看见院子中的食物，就飞下来吃，田单就乘机说："这是天上的神灵在帮助我们。"假借神灵来指挥全城兵士百姓抗击燕军。

田单智用火牛计

田单为了坚定军心，又想出一个办法，他派人夜里偷偷来到城外散布说："田单最怕燕军捉到齐军的俘虏，把俘虏鼻子割掉，挂在军前，那样即墨城的兵，会不战就降。"燕国人听说后，就把俘虏的齐人都割掉鼻子挂起来，即墨城中的军民见此情景，宁死也不想投降。又散布说："田单最害怕燕人挖掉齐人的祖坟，那样齐人就会全部投降了。"燕军听说后，就挖掉即墨城外面的齐人祖坟。把死人拖出来放火烧了，守城的齐人看到了，悲恸欲绝，个个要求与燕军决战到底。

田单看到士气高昂，认为作战的时候到了，就发动士兵修筑工事，修好之后，让士兵都隐藏起来，让老弱病残和妇女登城守卫。又派使者带着收集的黄金送给燕将，告诉"齐军要投降了"。燕军一听非常高兴，开始对齐军的防备松懈下来。田单又收集了千余只耕牛，在牛的两解绑上尖刀，身上画上龙纹，把芦苇灌上油脂系在牛尾巴上，然后把城墙打开几十个大洞，趁夜黑人静之时，给牛尾巴点上火，把牛一下从洞口中全放出去。牛疼痛难忍，一窝蜂疯了似的直冲向燕军阵地，田单又命几千名壮士跟在牛后面，乘势追击，成为火牛阵。燕军惊慌失措，一下乱了阵脚，大败而逃。

结果田单率领齐人把燕军全部赶出了齐境，收复了齐国的失地，把齐襄王也从莒国接回齐都。

田单的计谋是先以假象给对方以方便，而后使对方就犯，再用计制敌，正是上屋抽梯的做法。

韩信用计斩陈余

公元前204年（汉高祖三年），韩信驻兵平阳，准备伐赵，可巧张耳领兵到来与韩信会师。两支人马，合军东行，进攻代郡，前锋直抵阏与。代郡为陈余封地，由夏说镇守。夏说闻知汉军已到阏於，当即领兵迎敌，遭到大败，夏说战死，汉军攻入代城，随即又挥兵南下，进至离井陉口约三十里处安下营寨。

却说赵相陈余得知代地失守，便格外严防，扼险固守，阻止汉军继续前进。这时，谋士李左车向陈余献策道：韩信、张耳乘胜远斗，锋不可当。但他远道来此，利在速战，好在我国门户，有井陉口天险，这里道路崎岖狭隘，车骑很难行走，他们如从这里进军，难以同时兼运粮草，一切辎重都将留后面。因此，我请求领兵三万，前往截取汉军粮草辎重，您只需在此深沟高垒，不与交锋。这样，汉年将前不能战，后不能还，荒山之间，又无从寻找粮草，保管不出十日，汉军便将为我打败。否则，我军虽有井陉天险，也难以长久固守，万一天险被敌攻破，我们就将全军覆没了。却不料，陈余书生气十足，迂阔之至，自称是统率义兵，不搞诈谋，不仅不听李左车的意见，还把他给辞退了。韩信听到这个消息，很是高兴，连忙叫来骑都尉靳歙，如此这般地交代一番，又叫来左骑将傅宽，如此这般地授以密计，然后等到半夜时分，率领全军进抵井陉口。天刚亮时，韩信命令裨将向士卒分发干粮，只教权且充饥，等今日破赵，再会食不迟。同时又挑选精兵万人，叫他们渡过低水，背靠河岸，列阵等待；韩信、张耳也相偕渡河。到达对岸后，韩信命令军士扬旗示众，摆鼓助威，大模大样地闯进了井陉口。

西汉名将韩信

且说陈余听说汉军已到井陉口，便大开营门，挥兵出战。赵军仗着人多势众，一拥向前，要围韩信、张耳。韩信命令军士抛去帅旗，掷掉战鼓，一齐返奔，退至泜河。赵军以为得胜，自然拼力追击，还有居守大营的赵兵，也想乘势邀功，甚至把赵王歇都拥了出来，掠取汉军旗鼓，真正是扬扬得意，喊声震天。那时韩信、张耳等人已退到泜河，泜河上面本有汉军列阵，韩、张二人随即进入阵中，出战陈余。韩信下令军中，决一死战，后退者立斩不赦。汉军本无退路，只能拼力向前，争先杀敌，自辰时斗至午时，双方难分胜负，陈余恐将士饥饿，不能再战，便叫收军回营，哪知才走至半途，遥望大营之上已遍插汉军旗帜，原来是韩信安排的靳歙一路，趁着赵军倾巢而出追赶韩信时，已经把赵军大营给占领了。陈余见到大营有失，不由得心惊胆战。正在慌忙的时候，斜刺里又杀出一支军马，乃是汉左骑将傅宽。陈余急忙迎战，且战且走，忽又遇到一路人马兜头拦住，为首将领乃是汉常山太守张苍，吓得陈余不知所措，反从后面倒退。傅宽、张苍，合兵赶杀，把陈余逼至泜水边，前有阻拦，后有追兵，走投无路，终被汉军乱刀砍死。

窦建德河间破隋兵

617 年，黄河下游的瓦岗农民起义军发展到几十万，占领了河南的大部郡县，成为直插隋朝腹心的一把利剑。于是隋炀帝急令心腹将领涿郡（今河北涿县）留守薛世雄奔袭瓦岗军，解救东都洛阳（今河南洛阳）。隋炀帝还给了薛世雄沿途镇压起义、临机处置的权利。薛世雄接到命令后，立即率领所部三万精兵南下。

当时，在河北地区也有一支农民起义军，就是窦建德领导的农民武装队伍。这支队伍发展到十多万，建立了农民政权，窦建德在寿县（今河北献县）自称长乐王。当不可一世的薛世雄军路过他所控制的河涧县（今河北河间县）时，窦建德为了麻痹薛世雄，瓦解隋军的斗志，他派人四处散布说：“窦建德听说朝廷派薛世雄将军率大军南下，不敢阻挡，都吓得逃到了根地去了，为薛世雄将军过境让出了道路。“这个话一传十、十传百，很快传入薛世雄的耳中。骄悍的薛世雄信以为真，认为窦建德根本不敢与自己相抗衡。因此在行军和宿营中完全放松了戒备。窦建德摸清情况后，选拔出武艺精湛、机智勇敢的战士 280 名，组成敢死队，其余武装埋伏在河涧县的水泽中。在一个大雾弥漫的黎明，窦建德

隋炀帝杨广

亲率敢死队猛冲薛世雄的大营。这突然一击，使隋军猝不及防，整个大营乱作一团。农民军利用天时、地利、人和的有利条件，横冲直撞，大砍大杀。不多时，隋军全军溃散。薛世雄本人受伤，在几名骑兵的保护下逃回涿郡，不久就羞愤而死。这次围歼战的胜利，使窦建德领导的农民起义军声威大震。

“上屋抽梯”先要屋门大开，使敌人便于进，愿意上。窦建德摸准了薛世雄由于得宠而骄狂轻敌的心理，故意示弱，制造舆论和气氛，大开屋门设梯诱敌入伏，然后利用各种有利条件，以中心突破，四面合围的战法，打了一个速战速决的歼灭战。

巧用义军灭隋朝

隋炀帝杨广，为了骗取其父皇杨坚的信任，装扮出孝悌恭俭的模样，被立为太子。直至杨坚重病不起，才暴露其争夺皇位的权欲，杨坚虽终于认清其真实面目，却为时已晚，弑父夺位的一幕无法避免地发生了。

同样，老谋深算的唐高祖李渊在隋末动荡的年月，为了达到其夺权建唐的目的，对炀帝也采取同一对策，为免遭炀帝的猜忌和迫害，终日“纵酒沉湎，纳贿以混其迹”，用表面的淡宁与无争来掩饰其宏大的政治志向和野心勃勃的政治权欲。

唐高祖李渊

唐高祖李渊在处理和李密的关系时，便抓住对方的弱点，顺迎其意而谋远图。

隋末农民大起义中势力最强大的一支队伍是曾“威之所被半天下”的瓦岗军。这只义军在翟让、李密的领导下，活跃于以洛阳为中心的中原地区，沉重地打击了隋朝统治集团和士族地主。

出身大贵族家庭的李密在投身于瓦岗军之后，以勇敢善战，指挥有方和长于谋略，威望日增，很快获得了翟让的信任并逐步掌握了义军的大权。伴随李密大权独揽和志得意满后的所作所为，他与翟让之间的裂痕愈来愈深，最终导致他杀害翟让，独霸瓦岗军的最高领导权。

杀掉翟让后，李密自以为自己拥众百万，坐对敖仓，兵精粮足，又稳操瓦岗军领导大权，而隋炀帝也龟缩在江都不敢回中原，东都的隋朝兵力也不足为惧，遂有自矜之志。对部下不加体恤，不予赏赐，更排斥异己力量，致使义军内部人心不齐，组织涣散，而他却无视这些，个人的政治野心日益膨胀，妄自尊大，目空一切，以为未来天下之主非他莫属。

起兵于太原最终登上帝座的唐高祖李渊却不然，他冷静地审视着当时各派力量的消长，寻找有利的时机，消灭割据称雄而无远虑的对手，夺取天下。他对瓦岗军的力量非常重视，曾派人送信给李密，试图联络和利用这支队伍，以达到自己的目的。而李密却在复信中志气高扬，以天下为己任，称自己已为四海英雄推为盟主，望左提右挈，戮力同心，“执子婴（喻执代王）于咸阳，殪商辛（喻杀炀帝）于牧野”，表达了他欲彻底推翻隋朝统治的决心。信中提到要和李渊面结盟约，协力完成大业。

李密

接到李密的信函，李渊认真地考虑如何处置，他以为，唐军正进军关中，若不此时与李密绝交，必然是新树一敌，于己不利，不如卑辞推奖，以骄其志，利用瓦岗军来守成皋之道，断绝与江都的交通，并借义军之力拦击东都的隋军，使之不能在唐入关后营救长安。趁李密骄矜不设备之机，我方专意西征，待占据关中后就能虎视天下，静观鹬蚌相争，坐收渔人之利。

李渊的考虑是以西取关中为首要大事的，这是他超出群雄之上的高超见解。因为，事关开国大业成败关键的正是能否拿下关中，选择关中作为首要攻取方向是非常明智的举措。就地理条件来说，这里有丰饶的物产资源，四塞之内，沃野千里，号称八百里秦川。东临黄河，三面环山，又处两关之间，因而是兵家必争之地。历史上从西周至隋九个朝代都在关中长安建都，以关中作成就帝业的根据地，最终经营西方，统一中国，意义至为深远。再者说，这里在隋末兵力非常空虚，虽然身为国都，却因炀帝多次巡幸江都而带走京师精锐的军队作为护驾的骁果，从而削弱了关中的守卫力量。而东都的守军又有绝大部分牵制在与瓦岗军、江淮义军及河北义军较量的战场上无余力顾及关中。因此，李渊决定：当务之急是直取关中。

事实上，李密在辅佐杨玄感反隋时就曾劝他夺取关中，因未见采纳而放弃，杨玄感最终还是失败了。而当李密主宰瓦岗军时，他的谋士柴孝和曾力劝他夺取长安，创业关中，李密却未能采用。终于被李渊抢先一步，其政治远见和军事谋略当在李密之上。

李渊主意已定，立刻让记室温大雅以李渊的名义复书李密，对杀炀帝、执代王之说表示不敢从命，而申明自己“志在尊隋”，借以掩饰其夺取天下的鸿鹄之志。随即大肆吹捧李密说，当今能为民之主者，非君莫属。并自谦地说，老夫年逾五十，早已没有宏大志向，愿欣然拥戴大弟（指李密），以期攀鳞附翼。唯愿大弟早登大位，以安天下，以宁兆庶。李密得书之后，喜出望外，对将佐们说，唐公如此推戴，天下平定是指日可待之事。从此，李密终日陶醉在得意之中，计划着攻下东都后称帝，所以专意对付东都隋军，无心外略。不仅放过李渊，使他从容地进取关中，甚至还帮助李渊牵制隋军，为关中营建一道安全的屏障。

李渊所采用的就是推奖助骄上屋抽梯的谋略，以谦卑的言辞哄骗李密，使他在自鸣得意的昏昏然中放弃对李渊的防备，使李渊轻而易举地进取关中，奠定了基业，再回过头来对付李密。李密如梦方醒，为时已晚，被迫归降。

闯王“投降”，破敌占城

承天门闯王射箭。图绘李自成进北京，骑于马上，张弓搭箭欲射的情景。

崇祯七年（1634 年），李自成率领高闯王统帅的农民起义军三万人掩护大部队撤退。因误入兴安（今陕西安康）附近的车箱峡，陷入官军的重围之中，三万人面临着覆没之灾。

这车箱峡位于黄河的上游，全长四十里。两岸悬崖峭壁，无法攀登，只有峡底沿河一条小路可以通行。农民军入峡后，才发现前面早已被明军堵住，而后边又有追兵，农民军陷入重围之中。李自成将人马分成两路，在峡谷两端修筑工事，分别挡住明军的进攻，但却无法突围了。

明军几次进攻都没有成功，便不再攻了，只是堵住谷口，想把农民军困死、饿死。农民军的粮食吃光了，马匹也有一半饿死。而这时偏又赶上夏季连雨，找不到一根能燃着的干树枝，不仅马肉不能烤熟充饥，就连弓箭也被雨水泡软。农民军几乎失去了战斗力。

李自成召集手下的头领们商量。铁匠出身的刘宗敏说："不能困死在这儿，他娘的跟他们拼了！"李自成的侄子李过说："咱们的弓箭都不能用，怎么能冲出去呢？""那就白白等死？"首领们七嘴八舌，但也想不出好办法。只有李自成坐在一块大石头上，摸着下巴沉思，刘宗敏急了，问他："大哥，你别光愣着不吱声，你是咱们的头儿，你得拿个主意呀！"李自成站起来说："好吧，那就投降！""什么？"十几个首领齐声惊问。"哈哈！"李自成笑了，"别急嘛，我说的是假投降。"

于是，李自成派李过带着掳获的珠宝，出谷去见明军主帅。恰好五省总督陈奇瑜也赶到这里。原来他调集了二十万大军，想一举消灭农民军。没想到却让农民军的主力跑掉了，只困住这二三万人。他把李过传进帐中。李过道过姓名、身份后，没有说明来意，只把手中的包袱放到陈奇瑜案上。待包袱打开，陈奇瑜眼前一亮，只见包袱里全是晶莹闪耀的珍珠宝石。陈奇瑜一摆手，左右就把包袱收起来了。李过一看陈奇瑜把包袱留下，这才说明来意，要求解散归农。

陈奇瑜大喜，以为招抚了这三万人，是立了一大功，当即一口应允。于是农民军交出了武器，在陈奇瑜派的"安插官"的监视下，离开车箱峡，准备取道汉中，返回陕北家乡。

农民军赤手空拳、偃旗息鼓地走了几天，来到风翔、宝鸡附近。夜里他们突然拿出暗藏的匕首等短兵器，将"安插官"全部杀死，重新举起义旗，接着攻破附近的麟游、扶风等七座县城。

李自成以"投降"为"上屋抽梯"之策，不仅拯救了三万人，还得到了七个县城。从此闯将李自成的声名大振。

政治权谋

贾后设计废太子

晋惠帝司马衷即位后，立司马遹为太子。司马遹是司马衷登基前与宫中的一个才人谢玫所生。母因子贵，司马遹立为太子后，他的母亲也由才人升为淑媛（嫔妃的称号）。

皇后贾南风嫉妒成性，自己没生下儿子，对太子横竖看不顺眼。在亲信的支持下，贾后决定用上屋抽梯之计废掉太子。

一天，贾后以皇帝身体不适为由，召太子入宫。太子进宫后，并没有见到皇帝，而是被引到一间侧室。一个宫女端着 3 升酒和一大盘枣走了进来，说这是皇上所赐，要太子就着枣把酒喝完。太子说："陛下的赏赐我不敢推辞，只是我平素吃不了 3 升酒，现在空着肚子更喝不了这么多！"宫女照着贾后教给她的话说："你真是不孝！皇上赐酒，难道你怕其中有毒不成？"太子没办法，只得把 3 升酒全部喝下。

正当太子醉得迷迷糊糊的时候，一个宫女手拿一份文稿对太子说："皇上有令，让太子把这份文稿抄上一遍。”太子醉得难辨真伪，不长的文字抄得丢三落四。回宫后他倒头便睡，根本记不清做了些什么。

第二天，惠帝临朝，那篇由太子抄写的文稿被送了上来，只见上面写着：“陛下应当自己了结，你自己不了结，我就入宫把你了结。皇后也应当自己了结，如果她自己不了结，我将亲手将她了结……”惠帝见是太子的笔迹，不禁大惊失色，忙与众臣商议如何处置太子。贾后死党董猛说：“太子犯上，理应处死。”惠帝还是动了恻隐之心，废太子为庶人，免其一死。不久，太子被押到金墉城幽禁起来，他的母亲谢玫惨遭杀害。

原来，那篇文稿是贾后事先让人起草好的。太子醉酒后抄漏了几个字，贾后又让人模仿太子的笔迹补了上去。就这样，太子稀里糊涂地上了贾后的当，成了一名阶下囚。

李世民逼其父亲举兵反隋

隋朝末年，隋炀帝荒淫残暴，穷兵黩武，激起人们的强烈反抗，纷纷起兵造反，在八方战乱风起的时候，李世民预感到隋朝的统治已经岌岌可危，正是成其大事的时机，但是仅凭自己的力量是不够的，必须策动自己的父亲，当时的唐国公李渊起兵反隋，号令天下。但是他虽多次对父亲进行劝说，李渊不但不同意，甚至要把亲生儿子李世民捉拿起来，交到官府治罪。李世民无奈，便利用隋炀帝对李渊心存疑忌的机会，逼迫李渊造反。

秦王李世民

李世民有个心腹谋士叫裴寂，他负责管理隋炀帝的离宫，一次裴寂故意派离宫中的嫔妃去侍奉李渊，按当时的法律，这是大逆不道之罪。这使李渊在思想上产生了很大的压力。又有一次，借李渊召裴寂饮酒的机会，佯装喝醉，把李渊父子准备谋反之事全部说出，使得李渊大惊失色。李世民乘机劝解道：事已到此，如果不起兵，皇帝也不会轻饶，不如起兵自保，借机夺取天下。这时李渊也觉得再没有别的人生路了，便终于决定率众起兵。

李世民在这里使用的是“断其退路”的计谋，使他的父亲李渊处于有进无退的境地，因为无论是“淫乱宫廷”，还是“蓄谋造反”，都要祸灭九族。这样的后果李渊是知道的。李渊之所以处于这种境地，是被逼所致，并非他的最初本意，李世民所用的强迫的手段，促其犯罪属迫其“上屋”，把罪公开，使其无法隐瞒，属公开“抽梯”。

吴用设梯赚徐宁

《水浒传》中，呼延灼的连环马曾使梁山英雄丢盔弃甲、无法招架。吴用献计：为破连环马，须用钩镰枪；欲得钩镰枪，须去京师请来朝廷命官金枪手徐宁。但徐宁有职有官，有家有妻，请其落草为寇，谈何容易？于是汤隆献策：须设法盗得徐宁的祖传宝物雁翎甲。这个盗甲任务自然落到偷盗能手鼓上蚤时迁的头上。于是，以梁山英雄为一方，以徐宁为另一方，构成了计谋的主体与对象，围绕着雁翎甲的得失，展开了一场有趣而又紧张的斗争，这场智斗所动用的计谋便是“上树去梯”。而盗甲便成了计谋主体“选梯”的目标。汤隆是徐宁的表弟，他深知雁翎甲在徐宁心目中的地位，将它作为计谋工具——“梯子”，赚骗徐宁“上树”是最好不过了。待时迁盗甲得手，“选梯”过程已经结束，汤隆便“来者不善”地跨进徐宁家门，进行“置梯”的准备工作了。

徐宁自然不会怀疑这位表弟与盗甲有什么牵连，禁不住在他面前倾诉丢甲后的痛惜之情。而汤隆却也沉得住气，故作惊讶地问这问那，深表同情。紧接着，汤隆又在徐宁面前讲了一段真中有假，假中带真的亲眼所见之事，挑逗徐宁跟他一块儿去追甲。徐宁听到雁翎甲有了下落，犹如久旱逢雨，急于要随他同去追甲，这是汤隆既为“置梯”铺平道路，又将“梯”显示出来，让对手知道，这才是“示梯”过程。追甲是“置梯”的结尾，又是“上树”的前奏。徐宁随汤隆追到时

汤隆徐宁上梁山

迁，果然看见盛甲的红皮盒子，但盒内是空的。徐宁怒不可遏，攥住时迁不放，时迁说了一番假话，又作了一番保证；其目的是引诱徐宁“上树”。偏偏这时，铁叫子乐和扮成商贩，推着空车兜上前来，为徐宁“上树”创造了条件。等到空车将徐宁推到梁山脚下，再用酒药将他麻倒，送上梁山，完成“上树”过程。待徐宁一觉醒来，妻室儿女丫鬟全在梁山。这样一来，“梯子”已被悄悄抽去，雁翎甲虽已物归原主，但他再也回不去了。

徐宁的失甲、追甲、寻甲与得甲，恰恰对应着计谋主体的选梯、置梯、诱其上树及抽梯过程。其间，计谋主体并非定好计谋，只消“守株待兔”，而是从未间断地与对象在一起，共同努力完或实施过程。这里的对象是明的，已被主体了如指掌，而主体虽在明处，却是蒙上一层面纱，使对象不识“庐山真面目”，否则对象决不会“上树”，也谈不上“去梯”。主体的主观能动性已渗入计谋的每一个环节，它既要不断干扰、赚骗对象，又要随时纠正计谋实施时可能发生的偏差。也就是说，主体既要不断削弱和淡化对象头脑中隐含的危境思维，又要随时提高自身的应变能力，形成对对象的引导、统摄、分析和综合比较的思维能力。古今中外的军事、政治斗争常施用这一计谋，主体正义的群体或个人利用它来惩处一些无耻之辈，但一些邪念之徒也用它干些伤天害理的勾当，这就看动机和目的是否正当，动机不同，性质各异，目的邪恶，天理难容。

御史明辨诬告案

唐朝初年，有人向唐高祖告发岐州刺史李靖谋反。唐高祖对此事很重视，专门派出一个御史前去调查。

御史不相信李靖会谋反，于是想出一个办法来辨别真假。他邀请告发者一起去岐州，在中途，他谎称检举信丢了，并且装出很焦急的样子，鞭打随从的典吏。接着，御史又请求告发者再重新写一封检举信。待告发者写完，御史将两封检举信加以比较，发现大有出入，甚至相互矛盾。御史立即将告发者抓起来押回京城，向唐高祖如实禀报。唐高祖大为吃惊，一气之下，把这个诬告者杀了。

御史在这里运用的就是上屋抽梯之计。御史说检举信丢了让告发者再写一封，是一个精心策划的圈套。告发者不假思索地“上屋”，结果御史“抽梯”后，他的性命就保不住了。

商海弄潮

洛克菲勒巧设陷阱

德国人梅里特兄弟移居美国后，定居密沙比。他们早起晚归，有了一些积蓄。

后来无意中发现密沙比原是一个丰富的铁矿区。兄弟俩人严守秘密，并着手大量收购地产，成立了铁矿公司。洛克菲勒早就对该铁矿区垂涎三尺，可是因为晚来一步，只能眼看着这块肥肉，等待时机。

1837年，美国发生了一次经济危机，市面银根告紧，梅里特兄弟陷入了窘境。正在这时，来了一位本地牧师劳埃德先生。梅里特一家人见是令人尊敬的牧师，赶紧恭恭敬敬地把他请进屋去，待作上宾并聊起家常来。梅里特兄弟从整个国家的经济危机谈到自己的困境，话语中充满了哀伤。

劳埃德牧师一听这些，非常热情地说："你们怎么早不告诉我？我能够助你们一臂之力啊。"

梅里特兄弟听了大喜过望，忙问："牧师有何高见？"

牧师说："我有一位大财主朋友，看在我的情面上，他能够借给你们一笔巨款。"

梅里特兄弟说："牧师你真是个大好人，真不知如何感谢你才好。"

牧师问道："你们需要多少钱？"

梅里特说："42万元。"

因此牧师就写了封借42万元的介绍信。

两兄弟问："利息多少？"

牧师说："我怎么能要你们利息呢？这样吧，低利，比银行利率低2厘。"

两兄弟以为在梦中，惊呆了。

牧师让他们拿出笔墨立了一字据："现有梅里特兄弟借到考尔贷款42万元整，利息3厘，空口无凭，特立此为证。"

梅里特兄弟念了字据，认为一切无误，高兴地在字据上签了字。过了不到半年，有一天，劳埃德牧师又来到了梅里特家。

一进门他就严肃地说："我的那位朋友是洛克菲勒，他早晨来了一个电报，要求立刻索回借款42万元。"

两兄弟早已把42万元花在矿产上，如何能拿出这么多钱？两兄弟无可奈何地被逼上了法庭。

在法庭上，原告律师说："那借据上写得十分清楚，借的是考尔贷款。"说着，他又引经据典，"考尔贷款是贷款人随时能够索回的贷款，所以其利息低于普通贷款利息。根据美国法律，借款人或者马上还款，或者宣布破产，两者必居其一。"

梅里特兄弟不得不宣布破产，将矿产卖给洛克菲勒，作价52万元。

几年之后，乘钢铁业内部剧烈竞争之际，洛克菲勒以1941万元的价格把密沙比矿售给摩根，而摩根还认为做了一笔便宜生意。

"酒吧"的不许偷看

在繁华的泰国首都曼谷，有一家豪华的"酒吧"。酒吧的老板为了吸引顾客，在门口放了一个巨型酒桶，外面写着四个醒目的大字：不许偷看。

这四个字，使来来往往的过路行人十分好奇，偏偏都想看个究竟。哪知道，走进一看桶里，却发现桶里别无他物，只是隐隐显现的一排字：本店美酒与众不同，请享用。但那清醇芳香的酒味，此际却已挑起了顾客的酒瘾。不少人大叫“上当”之后，粲然一笑，便进店去试饮几杯。其结果，这个“酒吧”的生意之兴隆可想而知。

这位酒吧的老板正是抓住了人们的好奇心理，巧妙地设置圈套，诱发起路人酒瘾，从而使路人乖乖地成为酒吧的顾客，收到了意想不到的好效果。

拿掉楼梯又放火

“本田技研”是日本一家饶富挑战精神的企业，也因此，在唤起员工的创造意识方面，向来采用积极作风。

好几年以前，这家企业打破了传统的制造汽车的常识，开发出“高而短”的奇异车种——CITY

负责开发的设计小组，平均年龄只有二十七岁。当时，公司的经营团与他们约定，绝不干涉设计小组的任何做法。这不是自由放任，而是一种使其肩负大任的授权。

对这奇特作风，该企业经营团曾经表示：

“研究人员工作时，平常要严格管制，但有时候也要稍微放松。在他们放手去做的时候，才能产生独特的创意，让他们一直积累这些智慧，有时候也给他们困难的目标与责任，然后任其发挥。这就像让人上了楼，就拿掉楼梯，让他自行设法跳下来。如果下不了楼，这个人就很难长进了。人，就是被逼进这种极限状态，才会产生不平凡的创意呀!”

的确，采用这种方法，才能使年轻人的潜能百分之百地发挥出来。有人评论“本田技研”这种作风，说：

“这是叫人上楼，然后拿掉楼梯，还要从下面放一把火的方法。”

运世方略

包公巧断疑案

北宋年间，包公任定远知县时，一天来了两个妇女上堂告状。一个妇女姓王，是某富翁的老婆，另一个妇女姓李，是这个富翁的姨太太。富翁新死，留下万贯家产和年仅3岁的小儿子。王氏和李氏都声称这孩子是自己生的。谁争得这个小孩，

包拯断案图

谁就会享有全部家产，所以他俩在公堂上争论不休，谁也不让谁。

包公感到这个案子很棘手，低头沉吟良久，他突然当堂郑重宣布："这个孩子你们都说是自己生的，本县难以断定。本县想出一个好办法：在地上画出一个石灰圆圈，让孩子在中间站着，你们俩同时拉孩子的胳膊，谁先把孩子拉出圈外，孩子就判给谁！"

衙役当即在大堂中间画上一石灰圆圈，并将孩子放圈中间站着。一声令下，王氏和李氏同时用力往出拉。孩子痛得大哭大叫。李氏见孩子哭叫，不觉手软了，孩子被王氏拉了出去。王氏很得意。包公让她们再来一次。结果，因李氏心疼孩子胳膊疼，孩子又被王氏拉出圈外。

包公又说："本县命你们拉第三次。这次的赢者将得到孩子，一次定案。"

王氏听罢，摆出一副拼命的架势。孩子的胳膊已被拉肿了，疼得哇哇大哭。李氏跪到包公面前，哭着说："包老爷！民妇不愿再拉了，请老爷把孩子判给王氏好了。"王氏乘机也跪下说："请老爷快把孩子判给我吧！"

包公这时哈哈大笑："王氏，你虽然两次把孩子拉出圈外，恰恰证明孩子不是你的。哪个母亲不心疼自己的孩子呢？你不心疼孩子，拼命地往外拉。而李氏一听孩子哭叫，手就软了，这说明孩子是李氏的亲生骨肉，你肯定不是孩子的亲母亲！"

包公抓住母子情深的规律，巧设灰圈计，引"冒牌母亲"上当，用反证法辨明了真伪，真是妙不可言！

智斗沈抚台

光绪年间，常州有位丁贡生，文才出众，足智多谋。他膝下有位千金小姐，生得千娇百媚，艳丽异常。

一天，丁家来了一位客人，乃是安徽抚院钱师爷。进门寒暄后，钱师爷说明来意，是奉安徽巡抚沈秉成之命，沈秉成想娶丁贡生家小姐为妻。

丁贡生笑道："听说沈抚台在安徽，姬妾满院，有'金陵十二钗'之称。他娶小女去怎样安置?”

钱师爷道:“传言未必真。沈大人一番诚意要娶令爱为妻,因他发妻去世,急待续弦。丁先生答应,就以千金作为聘礼。”

丁贡生眼珠一转,沉吟一会儿,答道:“即是沈抚台千里前来求亲,我别无条件,只要他送我一千两衣饰费。”

钱师爷一听,丁贡生只要再加一千两银子,在沈巡抚来说,不过是九牛一毛。就答应了。

谁知钱师爷说的是个骗局,其实沈抚台家中确实有姬妾十几人,娶丁小姐去也是做小老婆。丁小姐在父亲陪送下,从常州来到安庆成亲,沈巡抚只发一乘两人抬的小轿,连个乐队也没有。这位巡抚大人结发妻子死了是事实,但丁小姐容貌虽美,出身却贫寒,他并不想让丁小姐做他的正妻,因此婚事办得十分简单。

丁小姐一见受骗,放声大哭,要找钱师爷拼命。丁贡生却附在女儿耳边低声说道:

“孩子!别这样伤心,你的终身大事,为父早已安排好,为父早已看出他们的骗局了。你只管安下心来,如此如此。”

丁小姐听了父亲的计谋,立刻破涕为笑,高高兴兴地与沈巡抚成了婚,也不提当正妻的事,同沈巡抚的十几个小老婆姐妹相称。沈巡抚与钱师爷都感到意外。

丁小姐年轻漂亮,又知书达理,温柔体贴,沈巡抚十分爱她,公文、印信等机密不避她,有时办公事还跟她商量。但丁小姐却绝口不提当正妻之事。

这天,沈巡抚正在签押房批阅文件,忽见一件公文,乃是山东省巡抚发来的公函。公函后边附着一篇给皇帝的奏章:

“据安徽巡抚沈秉成咨称:‘山东灾荒严重,居民流离失所,殊深悯恻!今有继妻丁氏节衣缩食,典质钗环首饰,凑集纹银一千两,由银庄汇到山东,请散发灾区。’查救灾恤邻,古人所难,今出自妇女,尤为罕见。自应据情奏闻,究应如何奖励,请旨示下。”

后边附抄了皇帝圣旨:

“安徽巡抚继妻丁氏,著给予‘乐善好施’字样,建坊表彰,钦此!”

沈巡抚不禁呆住了,他问钱师爷:“钱先生!本院几时发过咨文给山东省巡抚?那丁姑娘又几时送过一千两纹银到山东救灾?本院又几时承认过这丁氏为继室?这些事从何而来?还闹到皇帝上那儿去了。真是荒唐!荒唐!”

钱师爷这时却一本正经地说:“大帅!你别发火。这给山东的咨文你没发,丁小姐可以发。这种寻常公事,大帅向来是不过目的,她盖上大帅的印就发出去了。汇银子到山东振灾,她更不须通过您了。至于继妻的名分,当初你虽是欺骗她的,但从今往后你却不承认也得承认了。”

“哎!那是为什么?”沈抚台奇怪地问。

钱师爷笑道:“大帅怎一时糊涂了?这‘继妻丁氏’四个大字,是嵌在圣旨上的。皇上圣旨还要建坊表彰,牌坊一建,立在当街,官民人等,全都看见。上自皇上,下至平民都承认丁小姐是沈大帅继妻,您沈大帅不承认行吗?”

沈抚台恍然大悟,跺脚摇头:“想不到这女子倒有这样的智谋!”

钱师爷答道："这还不都是她父亲丁贡生的锦囊妙计；他当初多要一千两银子的衣饰费，看来就是为了安排今天这一着棋子的呀。"

"这丁老头子厉害呀！厉害呀！"沈巡抚赞叹地说。

阿凡提种金子

阿凡提借来几两金子，故意在野外黄沙地里筛起来。不久，国王打这里经过时看见这种情景，便问道："阿凡提，你在干什么呀？"

"陛下，您不是看见吗？我在忙着种金子哪。"

国王听了好生奇怪，就问阿凡提有关种金子的方法。

阿凡提说："现在把金子种下去，到居曼日（星期五，伊斯兰教做大礼拜的日子）就可以收割了。"

国王一听眼都红了，就说："好个阿凡提，要种就多种，我们两个合作好啦。种子不多，就到宫里来拿。将来我只要分八成就行了。"

第二天，阿凡提到宫里要了二斤金子。过了一礼拜就给国王献金十来斤。国王一看，乐得合不拢嘴，就把好几箱金子都交给阿凡提拿去。阿凡提转就把金子散发给穷人了。

一个礼拜过去了，阿凡提去见国王。国王眉开眼笑地问："阿凡提，你是送金来了吧。"

阿凡提忽然大哭起来，说："这几天滴雨不下，咱们种的金子全干死啦！"

国王发了疯似的从宝座上扑下来，大声吼着："你骗谁，金子哪会干死呢？"

"您既然不相信金子会干死，"阿凡提顿了顿说，"怎么能相信金子种上会长呢？"

国王像泄了气的皮球，瘫在那里，连话都答不上来了。

第二十九计　树上开花

原文注译

【原文】

借局布势①，力小势大②。鸿渐于陆，其羽可用为仪③也。

【注释】

①借局布势：局，局诈。势，阵势。全句意为：借助某种局诈的方法，布成一定的阵势。

②力小势大：力，力量。这里是指军队的兵力。势，这里是指的声势。全句意为：兵力小而声势却造得很大。

③鸿渐于陆，其羽可用为仪：此语出自《易·渐》上九爻辞："鸿渐于陆，其羽可用为仪也，吉。"渐卦为艮下巽上。艮为山，巽为风、为木。该卦象辞说："山上有木，渐，君子以居贤德善俗。"意思是说：树木在山上渐渐地生长，象征着君子应该注重逐日修养自己良好的德行，并影响周围的人，形成一种善美的风俗。而此卦上九爻辞所说的"鸿渐于陆，其羽可用为仪"这里的鸿是指的大雁。渐是指的渐进。陆与"逵"通，这里是指天际的云路。羽是指鸿雁美丽的羽毛。仪是指的效法。全句意为：大雁在高空的云路上渐渐飞行，它那美丽丰满的羽毛，使它更显得雄姿焕发，这是值得人们效法的。把它用于军事上，就是用"树上开花"计使本来实力弱小的军队显得声势浩大，这正是从渐卦上九爻辞所获得的启发。

【译文】

借用局诈的方法布成阵势，使本来力量小的部队变得声势浩大。这是从《易·渐》上九爻辞"鸿渐于陆，其羽可用为仪也"一语中所获得的启示。

按语注译

【按语】

此树本无花，而树则可以有花，剪彩粘之，不细察者不易觉，使花与树交相辉映，而成玲珑①全局也。此盖布精兵于友军之阵，完其势以威敌②也。

【注释】

①玲珑：灵巧的、巧妙的。

②威敌：威慑敌人。

【译文】

这棵树本来没有花，却可以使得它变得有花。剪一些彩花粘在树上，使一些不仔细观看的人不易察觉，这样便可以使彩色的花与绿色的树交相辉映，形成一个巧妙逼真的完整的花树。这也就是把精兵安置在友军的阵式中，促使其整个阵式的完整，以威慑敌军的方法。

传世典故

树上开花。原意为这棵树本来没有开出花，但是可以人为地使它开花。把五颜六色的绸绢剪成花朵粘在树上，不仔细察看的人就不易发觉，让美丽的假花和真树相互衬托，就可造成一个全新的巧妙逼真的完整假局面。该词义是从“铁树开花”转化来的。在军事上指借着别人的声势来壮大自己的军威，以慑服敌人的一种谋略。

本计计名来自古时一些战例。所谓“树上开花”，在军事上一般是指，在敌强我弱，遭到敌军攻击压力的形势下，我军采取某些方法，制造种种假象来壮大自己的声势，以迷惑敌军，或将其引走，或将其击退，或将其歼灭。三国时期，张飞在当阳桥以三十余名骑兵，吓退曹操追击刘备的数万大军，就是用的这种计谋。无人不知张飞是一员猛将，而他却是一个有勇有谋的大将。刘备起兵之初，与曹操交战，多次失利。刘表死后，刘备在荆州，势孤力弱。这时，曹操领兵南下，直达宛城。刘备慌忙率荆州军民退守江陵。由于老百姓跟着撤退的人太多，所以撤退的速度非常慢。曹兵追到当阳与刘备的部队

张飞当阳退曹兵

打了一仗，刘备败退，他的妻子和儿子都在乱军中被冲散了。刘备只得狼狈败退，令张飞断后，阻截追兵。张飞只有二三十个骑兵，怎敌得过曹操的大队人马？那张飞临危不惧，临阵不慌，顿时心生一计。他命令所率的二三十名骑兵都到树林子里去，砍下树枝，绑在马后，然后骑马在林中飞跑打转。张飞一人骑着黑马，横着丈二长矛，威风凛凛站在长坂坡的桥上。

追兵赶到，见张飞独自骑马横矛站在桥中，好生奇怪，又看见桥东树林里尘土飞扬。追击的曹兵马上停止前进，以为树林之中定有伏兵。张飞只带二三十名骑兵，阻止住了追击的曹兵，让刘备和荆州军民顺利撤退，靠的就是这“树上开花”一计。

用计锦囊

在敌强我弱的形势下，为了创造和等待战机，防止被敌人吞并，便借别人的力量来虚张声势，示强于敌，造成敌人在判断上的错误，使之不敢贸然来战，并以此从心理上慑服敌人。这就是树上开花的计谋。

在此计中，“树”指那些被借来张势的东西，它可能是别人的声势，可能是别人的力量，也可能是客观的态势。因此，在我方的“花”没有着落时，不妨借“树”。“树”是“花”的依傍，故首先“树”要精心选好，其次“花”要巧妙布置，善于伪装，以达到以强隐弱的目的。

本计包含以下三种含义：

1. 借局布势。借用别人现成的局面，布成有利于自己的新阵势，或者是利用别人的力量来为自己服务，增加自己的势力，扩大自己的影响。“布势”之所以要“借局”，主要是为自己的力量暂时还比较弱小，无力独自形成一种所需要的强大声势。另外，借用别人的力量，可以在不增加自己投入的情况下，实现自己原来所不能实现的目的。借局布势，除了借别人的局面，借别人的力量之外，还可以借别人的名望，借别人的声威，借别人的阵容，借别人所创造的条件，等等。总之凡是有助于我们示强于敌的，都可以借来一用。

2. 虚张声势。本来自己的力量比较弱小，为了吓唬或迷惑对方，便千方百计地假装出强大的气势。虚张声势同借局布势一样，都可以使本来并不强大的力量，在对方面前显现出非常强大的声威气势。但是，借局布势所借的尽管是别人的力量，却是实在的，可用的力量，对敌人可以产生真正的威胁。然而虚张声势所造成的声威气势，只是一种虚假的力量，是一种虚幻的假象，它不会对敌人产生真正的威胁，只对敌人产生一种心理上的慑服作用。虚张声势在关键的时刻是必要的，有时还可胜似千军万马，但此计要伪装得完整逼真，不要露出半点破绽，更不能久用，以防被人识破而带来危险。

3. 求之于势。就是要依靠有利的形势来取胜。做任何事情都离不开客观环境，客观环境对事物的成败起着至关重要的作用，如果客观环境提供了有益的条件，我们就要因利乘便，充分利用，如果客观环境所提供的条件不利，我们便应因势利导，使其向有利的方向发展。这就是所谓的“任势”，也叫“顺势而治”，即利用有利的形势，捕捉最佳的战机，以求一举得胜。

对付树上开花之计，应注意采取如下防范对策：

1. 互相利用。如果我们发现自己已被人当做树而借用了，尽管这是不情愿的，但已经无法摆脱的时候，这时不妨来个顺水推舟，互相利用。也就是别人想要借我之“局”来“布势”，那么我同样也可顺势借他之“局”来布我们自己的“势”，这样就免得我们白白地为别人服务。当然这里需要双方具有一定的合作基础，具有相同或相近的目标，至少在各自的利益方面不是直接冲突的。不过这种互相利用，还不是互相信任和精诚合作，所以要互相之间作必要的防备。

炮车，用于发炮击敌的战具。

2. 以力角之。如果对方以一种非常强大的声势来恐吓震慑我们，我们不知是真是假，如果我们以假为真，乖乖退却，不但被人耻笑，而且失掉了关键的战机；如果我们以真为假，贸然出击，将会吃亏不少。为了能探得真实情况，可以采用以力角之的办法。《孙子兵法·虚实篇》中说：“角之而知有余不足之处”，就是进行战斗侦察，以探明敌兵力部署的虚实强弱。在这里虽然摆开了打的架势，但是并不要真的打起来，只是一种试探，这种较量可以获得比较全面的情报资料。使用这种办法的好处很多，其中一是不冒大的风险，二是可机动灵活地变化战略战术，如果对方的实力真的很强大，我们可以立即撤出，不致被拖住，如果对方是虚张声势，我们可就势打下去，使其没有喘息的机会。

3. 针锋相对。对方用“树上开花”之计来对付我们，企图吓倒我们，我们以其人之道，还治其人之身，也同样来个“树上开花”之计，迷惑他们，这样，我们虽然搞不清对方的虚实，但也使对方搞不清我们的虚实，把原来只有我们担心的被动局面，改变成为两头都紧张的较为主动的形势。这时的胜负就要看谁的声势张得象，同时也要看谁的心理素质更强，这时心理上的防线崩溃了，也就宣告失败了。

4. 离间分化。如果对方同其友军互相利用或是互相联合形成一种真正的威力，我们就处于十分不利的地位了，这时应想办法离间分化他们之间的关系，然后采用有拉有打或各个击破的办法，就可破解对方的声势，此时采取硬拼或逃避的办法都是消极的。另外我们在对对方实行离间分化的措施的同时，也可以找我们自己的可借之局。

计谋典范

战场逐鹿

田单破燕之战

周赧王三十一年（公元前284年），燕昭王重用乐毅，命他领兵进攻齐国，六个月内，连下七十城，只剩下最后莒州、即墨两城尚未攻下。当时乐毅认为，齐国只剩下两城，再也起不了什么大风波了，因此他想采取和平方式，“以恩结之”，让他们自己投降，免得再动刀兵。就这样，把即墨城围了三年之久。

却说即墨城中，守将已死，军中无主，大家都说田单有领兵才能，便拥立他为将军，于是田单率领全城军民日夜防守，不稍松懈。却不料这时燕国内部出现了上层权力斗争。大夫骑劫与燕太子资交谊深厚，骑劫自以为有勇有谋，想夺乐毅的兵权，便对太子资说：齐王已死，齐国只剩下两座城了，乐毅却不把它攻下来，这是乐毅想以恩结好齐国，以后好自立为齐王哩！太子资听信骑劫的调唆，把它告诉给燕昭王，谁知昭王非但不听，还把太子打了二十大板，并要封乐毅为齐王。乐毅坚决不受齐王之封，燕昭王因此便更加信任乐毅。这件事被田单打听到了，他感到非常失望，叹息道：看来要恢复齐国，燕昭王在世是不行了，需要等到昭王以后才有

乐毅擒齐王

希望。说也凑巧，果然就在这以后不久，昭王因迷信神仙，乱服丹药，中毒而死。太子资即位，为燕惠王，这时，田单便派人去燕国散布流言，说是乐毅当初不愿受齐王之封，是因为要感恩昭王的厚遇，而其所以迟迟不攻即墨、莒州二城，则是因为要等待时机，自立为王，现在昭王已死，惠王即位，乐毅就会要称王齐国了。燕惠王本来就对乐毅心存疑虑，现在听到这样的流言，与骑劫原来所讲的话相吻合，更是信以为真，于是，一道诏命把乐毅召回都城，而由骑劫取代乐毅为将。乐毅是个聪明绝顶的人，知道再留在燕国，必受惠王、骑劫之害，便悄悄地离开燕国到赵国去了。

燕昭王

且说这边骑劫取代乐毅为将，他上任伊始，便一改乐毅章程，引起燕军将士的普遍不满。他才到军营三天，便下令攻打即墨城，即墨城内军民在田单率领下，防守坚固，骑劫屡攻不下。一天，田单清早起来，对全城军民说：昨晚我做了一个梦，老天爷在梦里对我说了，齐国还能再强盛起来，燕国准得败落；再过几天，老天爷会派一个军师来，燕军就快打败仗了。其实是田单故意在军中挑选了一个机灵的小兵，叫他装作老天爷派来的军师，给他穿着特别的衣裳，叫他朝南坐着。以后田单每次下令，却要先禀告“军师”，因而他的命令便格外受到军民的尊重。而城外的燕国士兵听说城内来了一位老天爷派来的军师，也都害怕起来，彼此相互传说道：“老天爷都帮助齐国，我们还有什么办法呢?!”同时，田单还派几个心腹到城外去议论说：还是从前的乐毅好，抓了俘虏都好好优待，所以城里的人都不怕燕军。要是燕国军队把捉去的俘虏都割去鼻子，齐国人还能不怕吗？又说，燕国人的祖坟却埋在城外，如果燕国军队把祖坟都刨了，那可怎么办呀！如此等等。这样的议论一传十，十传百，慢慢地传到骑劫耳里。愚蠢的骑劫竟真的把抓来的俘虏都割去鼻子，把城外的坟墓也都给刨了。即墨的人见到燕国如此残暴，一个个恨得咬牙切齿，一心要报仇雪恨，纷纷向田单请战。这时田单便又想出一计：挑选五千名先锋队，一千头牛进行训练，准备摆一次火牛阵。同时又搜集一批黄金，派几个人打扮成即墨城的富翁给骑劫送去，对骑劫说：城里的粮食已经吃光了，不出三天就得投降，请求燕军进城时能保全我们家小的性命，骑劫听了欢天喜地，满口答应。真以为可以净等着田单前来投降，用不着再打仗了，于是放松了戒备。

且说那些被派出的“富翁”回来向田单报告情况，田单认为时机已到，决定使用他的火牛阵出战。他把一千头牛都披上画有稀奇古怪彩色花纹的布，每头牛的犄角上都捆着两把尖刀，牛尾上系着一捆浸透了油的麻和芦苇。又将五千名冲锋队的脸上也画上各式各样彩色的花纹，一个个拿着大刀、阔斧跟在牛背后。到了半夜，拆去几处城墙，把牛赶到城外，把牛尾点起火来，一千头牛被烧疼了，没命地往燕营冲去，后面五千名敢死队也紧跟着杀进去。这时，城里的老百姓纷纷拿着脸盆、铜壶狠命地敲着，呐喊助战。燕国军队从梦中惊醒，猝不及防，只见到成千成万的怪物尾巴烧着火，头上长着刀，后面又跟着一群“妖怪”。有些胆小的，吓得腿也软了，只说是老天爷派来的鬼怪，一个个只图逃命要紧，哪里还敢抵抗呢？不说是一千头牛头上捆的刀扎伤了多少人，五千名冲锋队用刀砍死了多少人，就是燕军自己忙乱中互相践踏，也死伤不少，这时，骑劫坐着车，打算杀出一条血路，可巧正碰上田单，只几个回合便被杀死了。从此之后，田单乘胜反攻，收回了失去的七十座城池。

李世民疑兵救驾

隋炀帝杨广是一个荒淫无道，好大喜功的暴君，夺位不久，想以武力来平复人民的愤怒，便出巡塞北（现代所说的视察边疆之意），借此向北方的国家炫耀武力，使之不敢南下骚扰。

突厥国的始毕可汗（国王），平时吃过汉族人的苦头，处心积虑地念念不忘报复，得知隋炀帝此行护驾的兵力单薄，认为是千载难逢的机会，便秘密调动几十万大军，乘机偷袭。亲身督师，出其不意，一声炮响，把隋炀帝杨广及所有御林军团团围住，困在雁门关，封锁一切消息，力图要把隋朝君臣活活饿死。

杨广遭此意外，慌得手足无措，想下诏给附近各郡县，起兵前来勤王救驾。可是已被围得水泄不通了，连可带信的雁都没有。眼见外有重兵，内无粮草，已开始宰马食的时候了，不得已把写好的一张求救诏书，刻在一块木板上，投入汾河里，让它漂流，希望它会流到汉人手里。这办法是没有绝对把握的，亦不敢存过奢的希望，却也是在无可奈何的环境下之一线生机。

当时山西的太原留守是李渊，他的儿子李世民，是一个机智勇敢的青年，才十六岁。他忽然听到在河里捞到了杨广的诏书，知道皇上被围，即往应诏。他对带兵官云定兴说：“突厥之所以肆无忌惮地把皇上包围，必定认为没有援军去救驾，现在就凭我们这么微薄的兵力，也不可能把围解了，最好来一个虚张声势之计，把部队的行列拉长前后几十里，多张旗帜，频敲钲鼓，让他看见满地是军队，到处是鼓声，认为救兵大至，这样，他自然会知难而退，不然的话，很可能他会先把我们整个部队吞下去的！”

云定兴依计而行，把队伍拉长几十里，旌旗络绎不绝，果然给突厥的谍报人员远远望见了，以为几十万大军开到，飞报始毕可汗，可汗大惊，想想过去吃过的苦头，便立刻下令全军退却。这样，杨广的雁门之围才解除了。

大泽乡起义

秦朝末年，社会矛盾空前激化。陈胜、吴广准备率领被押解去北方边疆服苦役的九百人起义，但又怕众人意志不一，难以驾驭，于是，他们想了个办法。

他们将事先写上“陈胜王”三个红字的一块帛布，放入鱼腹，然后，再将鱼买来，剖腹中显示那块帛布上的红字。同时，吴广又于夜间伏在祭神的祠中点起篝火，发出“大楚兴，陈胜王”的叫声。这本来是陈胜、吴广早已商议好的行动纲领，现在当他们借用“鬼神”之口，把这个大胆的、划时代的革命思想返传回来时，九百人的情绪立刻被鼓动起来了，乌云密布的大泽乡上空，电闪雷鸣之声已经隐约可闻。

借助“神”的力量，陈胜、吴广运用“树上开花”之计虚张声势获得了群众的一致支持，起义一举成功，开中国农民革命史的一代先河。

变阵惑敌

狄青攻下昆仑关以后，立即率领大军进攻邕州附近的归仁铺。侬智高得知昆仑关失守，宋军大队人马杀来，立即召集全部军队列阵顽抗。

侬智高军队手持标枪、大盾，身穿大红服装，远远看去，就像是一片火海。侬智高军队来势很猛，双方一交战，宋军被打退，右将孙节阵亡，侬军气焰更加嚣张。眼见得宋军要陷于全军崩溃的危险，这时却见元帅狄青一马当先，手持一面白旗，指挥骑兵张开两翼，绕到敌后方交错进击。一会儿左翼骑兵移向右边，一会儿右翼骑兵又称向左边，一会儿又各回原位。侬智高官兵见宋军骑兵在自己后方不断驰骤、进击，阵势不断变换，不知宋军搞的什么新战术，思想上大大动摇、恐慌，终于吓得大败而逃。

侬智高仓皇逃命，逃往云南大理去了。

猛张飞喝断长坂桥

三国时期，曹操领兵分八路进攻樊城。为保城中百姓，刘备只得弃城出走，曹操率大军紧追其后。

万马军中，赵子龙单骑救出幼主阿斗，直穿曹兵重围，砍倒曹军大旗两面，夺槊三条，前后枪刺剑砍，杀死曹营名将五十余员，离开大阵，望长坂桥而走。忽听后面又喊声冲天，原来是曹将文聘引军赶来。赵云来到桥边。已是人困马乏。看见张飞挺矛立于桥上，赵云大呼：“翼德快救我！”

张飞高呼：“子龙快走，追兵由我对付。”

原来，张飞为接应赵云，带领二十余骑，来到长坂桥。张飞见曹军成千上万的兵马杀将过来，他心生一计，命所有兵士到桥东的树林内砍下树枝，拴在马尾巴上，然后策马在树林内往来驰骋，冲起尘土，使人以为有重兵埋伏。而张飞则亲自横矛立马于桥上，向西而望。

曹将文聘带领大军追赵云到长坂桥，只见张飞倒竖虎须，圆睁双目，手持蛇矛，立马桥上。又见桥东树林之后，尘土大起，疑有伏兵，便勒住马，不敢近前。不一会儿，曹仁、李典、张辽、许褚都来到长坂桥，见张飞怒目横矛，立马于桥上，都恐怕是诸葛亮用计，谁也不敢向前。只好扎住阵脚，一字儿摆在桥面，派人向后军飞报曹操。

曹操得到报告，赶紧催马由后军来到桥头。张飞站于桥上，隐隐约约见后军有青罗伞盖、仪仗旌旗来到，料到是曹操疑心，亲自来阵前查看。

张飞等得心急，大声喝道：“我乃燕人张翼德，谁敢前来与我决一死战！”声音犹如巨雷一般，吓得曹兵两腿发抖。

曹操赶紧命左右撤去伞盖，环视左右将领，说：“我以前曾听关云长说过，张飞能于百万军中，取上将头颅如在囊中取物那么容易。今天遇见，大家千千万万不可轻敌。”

曹操话刚落音，张飞又圆睁双目大声喊起来：“燕人张翼德在此，谁敢前来决一死战！”

曹操见张飞如此气概，自己已是心虚，准备退军。

张飞看到曹后军阵脚移动，又在桥上大声猛喝道：“战又不战，退又不退，却是何故？”喊声未绝，曹操身边一员大将夏侯杰惊得胆肝碎裂，从马上栽到地上，身亡而死。曹操赶紧掉转马头，回身便跑。于是，曹军众将一起往西奔逃而去，一

张飞喝断长坂桥

时弃枪落盔者，不计其数，人如潮涌，马似山崩，自相践踏。

张飞见曹军一拥而退，不敢追赶，急忙唤回二十余骑士兵，解去马尾树枝，拆断长坂桥，回营交令去了。

政治权谋

献妹妹李园夺政权

楚国国君考烈王没有儿子，大臣春申君（黄歇）很觉忧虑，怕一旦驾崩的时候，因无继承人而会引起大乱，他到处搜求宜男相的女子（古时传说，从相貌上看得出可以生男孩子的女人）。虽然选去了很多，却一个儿子都没有生下来。

有一个赵国人名叫李园的，为人机智，工于心计。他有一个妹妹李嫣，长得非常漂亮。李园想把她送给楚王做妃子，又听人说她是不会生孩子的，怕得不到楚王的宠幸。他想：要晋见楚王必须先搭上春申君这位炙手可热的人的关系才行，不如把妹妹献给他，待有了身孕，然后再设法进献给楚王，万一肚皮太不争气呢，自己也可以和春申君保持郎舅关系。

计想停当，便跑到楚国去，请求春申君给他在府上谋一名差使。

他在黄府里干了一段时间，很得春申君赏识。一天，他请了五天假回家探亲去，又故意过了十天才回来。春申君问他为什么过了期限。

李园回答说："因我有一个妹妹李嫣，颇有些姿色，给齐王知道了，遣人来说亲，要求我妹妹做他的妃子，刚巧碰上了使者，请他喝了几天酒，所以误了假期。"

春申君原是一个色鬼，听了这番话以后，心里便打起歪主意来。想她既然名闻齐国，必定是位绝色佳人了，便急忙问：

"你已接过齐王的聘礼没有？"

李园答："没有，我还要慎重考虑才行！"

"可以让我先见见令妹吗？"春申君笑嘻嘻地说。

"当然可以，难得相国肯垂青提携！"

李园知春申君上钩了，很快便把妹子送到黄府去。春申君一见，就像馋猫一样迫不及待地立即据为己有，立为姬妾，宠爱非常。

不久，李园知道妹妹有身孕了，便偷偷地跟她商量，问："你认为做相国的夫人矜贵还是做相国的妾侍矜贵呢？"

"当然做夫人矜贵啦！"

"然则做相国夫人矜贵呢还是做王后？"

"那还用说？自然是王后！那是第一夫人嘛！"

李园马上告诉她："好了，既然是王后矜贵，那你今日在春申君府上，不外一

春申君

位宠妾罢了，无论如何不会升为夫人，不用说王后了。我有一个计划，你如果跟着去做，保管会做到王后。喏，楚王现在还没有儿子，我设法把你送进宫去，你是有了身孕的，将来如果生下来的是男孩，那你一定会母凭子贵，立你为王后，等到儿子继承王位时，你就是当然的太后了。”

李嫣听了很欢喜，问怎样才能进宫去。李园便教她如此如此，这般这般。

当晚，李嫣对春申君撒完娇以后，便乘机说：“楚王这般尊敬你，信任你，连亲兄弟也比不上，你做楚国宰相已经二十多年了，楚王又没有儿子，万一楚王驾崩，继承王位的必是楚王的兄弟，那时候，换了一个国王，他所尊重和信任的自然是他一向亲近的人，你想还能得到像现在的宠信是万不可能了。”

她一边说，春申君不断地点头，说：“你说得确有道理，我也考虑到这一点！”

“还有哩！”她继续说，“你掌管国政的时间很久，对于楚王的兄弟有许多不周到的地方，不管将来他们谁继承王位，必定对你不客气，他会勾起旧日的仇恨，把你置于死地，进行彻底清算，我俩能跑得掉吗？不要说地位保不住，就想回老家去做个老百姓也不可能，你说是不是？”

春申君本是满心高兴想和她玩两手，经此一说，心都冷下来了，没奈何地长叹一声：“唉！谁不知道‘一朝天子一朝臣’这道理呢？但有什么办法可想？”

李嫣见他心动，便趁热打铁，使出浑身解数，倒在他怀里撒起娇来，说：“事到如今，眼见大祸就要临头了，我为了这件事，吃不安，睡不宁，好和歹都想过，总想不出一个好法子。”说到这里，她故意停着不说，又故意扭动几下，媚着眼问，“如果我想出一个法子来，你不会怪我吧？”

“哪里！哪里！你尽管说出来，我绝不怪你！”

“其实，事情已这般急迫，也顾不得这么多了。我想——”李嫣继续说，“我在这里的时间还短，有了身孕，谁也不知道，如果你肯割爱，把我及时送进宫去，楚王看你面上，一定会宠爱我，将来如果把孩子生下来，必定继承楚王，那岂不是你的儿子做了王？到那时，整个楚国不是黄家的吗？比起刚才说起那件触目惊心的事来，哪个合算些？其实，我也不愿意这样做，但为了你、为了我、为了将来的孩子，为了你和我所有的亲戚朋友们，就是火炕，我也要跳！”

这番话，说得入情入理，春申君听了，还赞她有见地，便转忧为喜，对她说：“真想不到你有如此高的思想境界，肯为我牺牲，比男子汉更勇敢、更伟大！”啜的一声，吻她一下。

第二天，李嫣被送到外面去，秘密地住在一间防卫严密的屋子里。跟着，春申君入宫去奏请楚王，说千辛万苦找寻到一位美人李嫣，长得如何漂亮，又是一副宜男相，连齐王都遣使者来求她去做王妃，现在把她接过来，肥水不流别人田，怂恿楚王赶快把她召入宫去。

楚王把李嫣召入宫，一见就中意，过了几个月，居然生了个双胞胎，都是男孩，正所谓“有意栽花花不发，无心插柳柳成荫”，楚王对这意外的收获，非常欢喜，当即立李嫣为王后，李园做了国舅，参与国政。

李园见妹子做了王后，外甥做了太子，这位太子的来历他是最清楚不过的，时刻担心春申君会泄露了秘密。为了使地位更加巩固，便暗中收养了一批勇士刺客，打算把春申君杀掉。

这年，楚王害了重病。春申君有个门客叫朱英，对春申君说：“世上有意想不到的幸福，又有意想不到的灾祸，而且，现在你就处在这个安危未知的环境，对着喜怒无常的国君，怎么不安排一个突然需要的人呢？”

“什么叫做意想不到的幸福？”春申君好奇地问。

朱英说：“你做楚国的宰相已经二十五年了，名义上是宰相，实际上却是楚国之王。目前楚王病得很厉害，早晚就要驾崩，太子又年幼，将来还不是抱幼主登基，像古时的伊尹、周公一样？依我之见，自己先把王位坐了，楚国不就归你所有吗？这就是意想不到的幸福！”

“什么又是意想不到的灾祸呢？”春申君又问。

朱英说：“你知道李园是怎样一个人吗？他本来是个深谋远虑而又行险侥幸的亡命之徒，现在做到国舅了。他不是将军，却已养了不少勇士刺客，用意何在，一想就会知道。万一楚王驾崩，他凭那条裙带关系，必会抢先进

李园计除春申君

宫，拥立幼王，挟天子下一道命令把你满门抄斩，这就叫做意想不到的灾祸！”

“那么，什么叫做突然需要的人呢?”

“那还不简单！事实上既有这种趋势，就应当死猫当老虎打。你现在就派我做个侍卫长，带兵去驻守宫门，以防事变，到楚王驾崩那天，若李园抢先入宫，我就一剑把他杀死，以免后患，这就是突然需要的人了！”

“哈哈哈！”春申君忽然大笑起来，“你说的原来是这些，还是少顾虑吧！李园生性懦弱，又是我一手提拔的，无论如何不会发生这种事！”

朱英见春申君这样自信，恐怕将来祸及自己，便不多说，偷偷地跑到别地去了。

过了十七天，楚王真的死了，李园果然抢先入宫，在两旁埋伏好兵马，然后叫人去通知春申君，着速入宫办理善后。春申君及时赶去，刚踏入宫门，就被两旁士兵杀死了，连他的家族一个也不留。

新主登位，李园便做起宰相来了。

于右任遇险揭名片闯难关

1900年，八国联军攻入北京，慈禧太后母子遁逃陕西。当时年仅20岁的于右任正在陕西中学堂读书。中学堂改作行宫，学校无形解散。学堂还严令学生穿戴整齐出城跪迎圣驾光临，学生在路旁跪了一个多钟头。于右任从清政府的腐败联想到外国列强入侵，国家受辱，领土沦丧，生灵涂炭，愧愤的岩浆燃起心中万丈怒火。他忽发奇想，要上书陕西巡督岑云阶，令其刺杀西太后，扶持光绪皇帝掌权，重新实行新政。回到宿舍，于右任奋笔疾书，写好“上书”，可是此事被同窗友好王麟生发现，他死命相劝于右任不要冒险徒送性命，于右任才取消了此念。

于右任回到故乡三原，读书、教馆、写诗、作文，继续进行革命宣传，行动几近“狂妄”。他照了一张照片，散披着头发、袒露着臂膀，右手提一把刀；身右，自题一副对联：“换太平以颈血，爱自由如发妻。”于右任平日最憎恨那一帮陈腐愚蠢、死啃理学的封建卫道士，指责斥骂，毫不隐晦，遭到了嫉恨和暗算。有个姓米的理学先生，闻听于右任骂自己，就拿着于的相片、诗集向上告密。三原县令德锐见此书，认为大逆不道，于是又拿到省上去见巡抚恩寿。巡抚一见大怒，急忙向陕甘总督升允告密。升允以“逆竖倡言革命大逆不道”等语密奏清廷，慈禧下令缉捕于右任就地处决。

总督把公文送到陕西巡抚，巡抚又把公文下到三原。三原县令旗人德锐是个昏头，只知于右任是个生员，就行文三原县学，要抓于右任。其时于右任正在开封赴会试场。于右任的邻居听到消息，立即去见于右任的父亲，告知此事，老太爷听得手足无措，只是连声说“这该怎么办?”商量来商量去，最后确定雇一个跑邮差的知己专程送信。三原距开封有14天路程。让送信人日夜兼程，限7天送到。结果送信人第9天赶到了开封，正在街上急急忙忙寻找，于右任因烦闷上街散心，恰巧彼此相遇了。于右任听到消息，立即赶回旅馆收拾行装。秦豫各地风俗，新岁贺年，客人的大红名片都贴在墙壁上。临行，于右任从墙上揭下20多张名片，作为自己的通行证，沿途遇人盘问，就随手取一名片，以片中姓名应付，居然闯过一个个难关。

送信人赶到的时候，官府的行文也到了开封府。于右任出城后不久，警察赶到旅馆里搜捕，结果扑了空，他们追至巩县还是没有抓到人。参加会试的同乡好友、陪送于右任考试的家仆，被拘留拷问了好几个月，也没有查出于右任的下落。愚蠢昏聩的官吏们哪里知道，爱国青年于右任已赴上海，渡日本，在孙中山资产阶级民主革命的大旗下冲锋陷阵，大展宏图。

教皇为查理加冕

799年4月，罗马天主教教皇列奥三世与贵族斗争失利，被贵族逮捕后送入监狱，备受虐待，危在旦夕。法兰西国王查理派使臣把教皇列奥三世营救出来，又亲自带兵送教皇回罗马复位，并将反对教皇的贵族处以重刑。

教皇对查理国王感激涕零，视若再生父母，一直想找机会报答查理的恩惠。教皇深知查理国王东征西讨，功高盖世，国王的称号已与其功绩不相符合，应该拥有更高的权力。但是，法兰西王国是罗马以外的蛮族所建立的政权，蛮族的国王做皇帝在当时是不可思议的。教皇决定打破陈规，使不可能的事变为可能。

800年圣诞节那天，当查理国王跪在圣彼得大教堂做弥撒时，教皇突然把一顶预先准备好的金皇冠戴在查理的头上，并高声宣布："上帝为查理皇帝加冕，这位伟大的和带来和平的罗马人皇帝，万寿无疆！"在场的僧侣、贵族齐声欢呼，奉查理为"罗马人皇帝"。这样，查理国王变成了查理大帝，成为古罗马帝国的合法继承人和基督教世界的保护者。

教皇列奥三世借助上帝的权威，一举将查理推上了皇位，开辟了教廷与王廷共同统治西欧的新局面。

商海弄潮

曾宪梓借鸡生蛋

金利来（远东）有限公司的老板曾宪梓是广东梅县人。

1968年夏日的一天，曾宪梓带着7000元港币积蓄和一家六口返回香港，开始了创业的苦斗。

那时的香港居民有400多万，男子多是西装，不少人竟有好几套。以至市面上有"穿西装捡烟头"的口头禅。西装如此盛行，却没有一家像样的领带厂，曾宪梓就是冲着这一点回香港的。

他把租来居住的小屋挤出一部分当工厂，动手缝制低档领带，经营方针是以廉价求发展。每打领带的成本是38元，他就把批发价定为58元，一条领带赚不到2港元。他心想，便宜一定会有销路，利润也会积少成多。谁知买主狠劲压价，产品脱手很难。

低档没有出路，他又转向高档。他买来4条外国高级领带，从用料、款式到制作过程逐一研究。随即仿制4条，一并交给行家鉴别，结果8条领带分不出真假高低，曾宪梓欣喜万分，认为发财的日子来了。他四处借钱，大批生产，结果又劈头泼来一盆冷水：商店不相信小作坊的作品质量，不相信杂牌会有销路，他们不肯进货。

曾宪梓真是气得要吐血了。他牙一咬，心一横，把领带寄存在旺角的一家百货公司里，声明不赚一分钱，条件是放在显眼的位置，让顾客随便挑选。老天有眼，这一招灵验了。曾宪梓的领带质量被消费者认可了，款式、图案恰好与流行的步调相一致，销量之好可谓一抢而空。各家商店也找上门来订货。

吃一堑，长一智。曾宪梓明白自己的优质领带一开始所以被拒绝，是因为没有一个好的牌子和商标，尽管眼下已经有了销路，但每打价格只有45港元。今后要扩大销路、占领市场、提高售价，非得要有一个叫得响的牌子和独具魅力的商标不可。他自己设计了好几种标牌，看看都不满意。后来他想到了“金狮”。它的英文字母是“Goldlion”，而后面的“lion”正好与广东话的“利来”谐音，“利来”在香港是一个好口号，人听人爱。他决定就用“金利来”，后来还把它称之为自己的“得意杰作”。

标牌定下，他便在香港注册成立金利来（远东）有限公司。好标牌带来了好效益。第二年就使每打领带的价格上升到100多港元。他在九龙塘建立了相当规模的工厂。他还考察了法国、西德、瑞士、意大利、奥地利的名牌领带厂，取来众家管理之长，引进技术、设备，步步提高“金利来”的质量和声誉。到1974年，“金利来”保住了30%的年利润增长率。

“金利来”从此当仁不让地占领了香港名牌货的头位，进而成为亚洲的总代理，雄踞港、台、东南亚各国的首位。它以“设计快、制作快、投产快、上市快”而经销40多个国家和地区，年营业额突破2亿港元。它每年用100万港元的广告费让“金利来领带——男人的世界”去感染整个地球，致使白皮肤男士也义务传播“美国总统访华前选择的领带是金利来”的内部消息。

白兰地倾倒华盛顿

美国首都华盛顿白宫内。

法国最大的白兰地酒公司向美国国务卿呈上一份礼单。

“尊敬的国务卿阁下，法国人民为了表示对美国总统的敬意，将在艾森豪威尔总统67岁生日那天，赠送两桶窖藏67年的法国白兰地酒。请总统阁下接受我们的心意。”

美国国务卿握着法国代表的手说：“我代表总统向法兰西人民致谢！”

第二天，为了引起两国公众的注目，法国白兰地公司宣布为这两窖酒办理保险手续，支付巨额保险金，又请法国最著名的艺术家精心设计酒桶，继而又征得法国政府的赞许，开亮外交渠道的绿灯。

紧接着，白兰地公司又在美、法两国的报纸上宣布了贺礼赠送的过程：先用专机送往美国，再让精选的四名英俊的法国青年身着传统的法兰西宫廷侍卫服装，抬着礼品进入白宫，然后在白宫的南草坪上举行隆重的赠送仪式。

三十六计之树上开花

如此阵势，简直把白兰地酒抬到了十分尊贵的地位，既提高了商品的身价，又不露痕迹地让美国总统客串了一次最高级的推销员。

消息传到美国，仿佛平地一声惊雷，立刻成为千百万人街谈巷议的最热门话题，无不急切地盼望名贵礼品的来临，都想一睹它的惊人风采。

法国白兰地公司总经理室。

宽大的白色写字台的后面，史密斯叫经理慢慢地放下了手中的报纸，嘴角露出了不易察觉的微笑。

他点燃了一支雪茄，轻轻地踱步到窗前。看着窗上的景色，他不禁想起了往事。

法国白兰地公司生产的白兰地酒在国内声名卓著，畅销不衰，但是，却难以在美国大量销售。为了占领巨大的美国市场，白兰地公司自 20 世纪 50 年代起耗资巨万，邀请了各路营销专家调查美国的酒市场状况，针对美国消费者的饮酒习惯，制定了多种销售策略，但都因为促销手段的过于直露和单调，结果收效甚微。

白兰地公司决定改弦更张，重金征求出人意料的推销妙法，让白兰地酒节奏明快地打入美国市场。

总经理室的门被打开，走进了一位名叫柯林斯的推销专家。他提出了可利用美国总统艾克（艾森豪威尔）67 岁寿辰之际，来它个借局布势，树上开花。

总经理十分注重柯林斯的建议，迅速召集专家研究美国公众对白宫班子的评价，分析总统在新闻界的形象。

公司公关部长在分析结述了全部情况后说：“从所得的大量信息证明：艾克在

美国公众心目中仍是个第二次世界大战的英雄，战后在两大阵营的对峙中，他的强硬态度颇受众多上层人士的赞许，他的生日庆典将会隆重而热烈。”

总经理一锤定音，这是一个极为有利的促销局势，不利用实在可惜，用！

大计一定，总经理立即站起身来宣布：“经过分析对比，美、法两国的民族差异，本公司与美国公众的心理距离，经过反复研究，我们现在要迅速调整我们的政策，实施要点有以下几条：首先要淡化白兰地的销售形象，要让它扮演疏通情感、传递友谊的友好使者的历史性角色。其次在它面对美国公众时，宣传重心是两国人民的传统友谊。最重要的还要最充分地利用两国传播媒介，迅速扩大影响。总之，此次我们要先法后美，由内向外全面辐射。”

一切准备就绪之后，白兰地公司亮出了向美国总统赠酒的秘密武器。

一阵电话铃声，打断了史密斯总经理的沉思。

秘书送来几份文件，史密斯迅速签上自己的名字，同时吩咐：“下午召开会议，议题是研究赠酒的具体事宜。”

美国总统艾森豪威尔的生日终于到了。

庆典那天，美国首都华盛顿的主要干道上竖起了巨型标牌：“欢迎您，尊贵的法国客人！”“美法友谊令人心醉！”

各街道上空悬挂着美、法两国国旗。商店的广告牌上画的是鲜艳夺目的美国鹰和法国鸡干杯，写的是：“总统生日，贵宾驾临，美国人醉了！”

这种气氛，简直把总统的生日庆典变成了法国白兰地的光临仪式。

美国人确实醉了。

轿车、摩托车、自行车似过江之鲫拥向白宫，白宫四周人山人海，挤得水泄不通。

人们扬起笑脸，挥动着法兰西国旗，等待着“法国特使”的出现。

“来了！来了！”

仪态华贵的两桶白兰地酒终于亮相了！

顿时群情沸腾，欢声雷动。翘盼已久的美国人禁不住唱起了法国的《马赛曲》，他们似乎闻到清淳的酒香，品到了甘美的滋味……

庆典后，争购法国白兰地的热潮在美国顷刻掀起。一时间，国家宴会、家庭餐桌皆被法国白兰地占领。西方各国的订货单也都相继飞来。

法国酒昂首阔步地跨进美国市场之后，白兰地公司的总经理盛赞树上开花的妙计，面对喜不胜收的惊人效益，他一再惊叹：“一本万利！一本万利！”

运世方略

假皇帝行骗

唐懿宗经常微服私访，特别愿意到寺院游览。于是，有一些游手好闲的人便利用这一点假装皇帝行骗。

一天，这伙人听说当地的官员在大安国寺内寄存了上千匹苏州产的绫绸，便策划如何下手。他们选出一个相貌与皇帝酷似的人，让他穿上皇帝私访时常穿的衣服，带上几个仆人，大摇大摆地来到大安国寺。当时寺内有两个穷困潦倒的乞丐，假皇帝很善意地给他俩一些钱，打发他俩走了。不久，乞丐们接二连三地向假皇帝讨钱物，假皇帝身上带的钱施舍完了，便对寺院里的和尚说："寺院里有什么东西，可以借我一用？"和尚看到眼前的人是私访的皇帝，吓了一跳，毕恭毕敬地说："柜里有别人寄存的绫绸一千匹，听凭万岁处理。"接着，和尚打开柜门，把绫绸全拿了出来。假皇帝一挥手，几个仆人很快将绫绸搬走了。临行前，一个仆人对和尚说："明天早晨到朝门来找我，我带你入宫，皇帝是不会亏待你的。"和尚第二天一大早去朝门查访，根本没人接待他，终于明白是上当受骗了。

骗子拉大旗，作虎皮，冒充皇帝骗走了寺院里的绫绸，属于典型的树上开花之计。皇帝是骗子所凭借的"树"，骗走绫绸的行为可视为"开花"。

张大千计戏程霖生

据陈定山的《春申旧闻》所载，上海有一位"地产大王"程霖生，肚里的油水太多，藏的墨汁太少，却好附庸风雅，专收藏古董名画，因非内行，自然易受内行之骗，故此收藏的多是赝品。

时张大千年正青春，为清道人李梅庵弟子，颇负盛名，善于仿作明朝大画家石涛的画，经过手术，几可以假乱真。一次，仿制一幅石涛画，放在玉梅庵中，这程霖生到访其师，见了此画，以为是石涛的真本，大加赞赏一番之后，强买了去，托人送回七百元酬金，其时李梅庵当面不便告诉那画是赝品，但又不好意思让朋友吃亏，既然送了钱来，便当做一桩公平交易，乃叫张大千另外送了一幅价值七百元的真的石涛画给程霖生，说是多送一幅。

张大千到了程府，见客厅广宽闳崇，布置华丽，四壁挂满字画，真谓琳琅满目，心想此公附庸风雅倒有几分气候，便对程霖生说："程公收藏的古画，多则多矣，可惜太杂，何不专收集一家的？"霖生即问："你认为专收哪一家的好？"大千即打蛇随棍上说："程公既爱石涛的画，就干脆将这客厅改为石涛堂，把石涛的画统统收购过来陈列，那就不难成为海内一人了。"霖生大喜，认为这样最好不过，但环顾一下四壁，却有些歉意，说："看此厅这么大，最好能有一大幅挂在中堂才够局，不知石涛有无此幅大画，又怎样才能得到？"大千这时心里有数，顺口说曾见过有这么大的一幅，同时把眼光在壁上横扫一下，默记着上下左右的尺寸，再吹一顿牛皮，多抛几顶高帽之后便告辞。

张大千满心欢喜，既然鹿已擒来，不锯其鹿角更待何时？回到家里，便日夜赶工，使出看家本领，妙笔生花，仿制了一幅二丈四尺长的画，并署款石涛，装裱好，着意加工一番，工夫的确老到，粗看真似几百年前的古画一样。

准备工夫做好了，便开始进行计划，张大千找着一个专卖古董书画的经纪，托他带此画去程霖生处推销，且嘱咐不要说出此系出自何人之手。

经纪佬把画带往程府去见程霖生，说最近无意中搜购到石涛的一幅大画，特带来过目，即顺手打开，程霖生一见，欢喜得不得了，以为是自己运气好，心想要的中堂画，居然会于无意中得到，赞赏及自我陶醉一番之后，便问索价多少。经纪佬说："如果是别人，我会要七千元，但在程公面前，属老主顾，只收五千算了，所希望的是以后的关照。"程霖生即答："五千元并不算多，只要本人喜欢，不论价钱多高我都要。不过，我需要一个人看过，鉴定此画的真或假才可以交易，你不妨在此稍候片刻。"

"那人是谁?"经纪佬问。

"张大千!"程霖生答，"这个人很有点名气，鉴定古画也颇具眼光。"

说完，即吩咐车夫，拉着自用的黄包车去接张大千，吩咐无论如何要他马上到来。经纪佬这时乐不可支，认定此番交易必成功无疑了。

其实张大千早就在房里恭候，一闻相请，立即应召。

张大千到来，对经纪佬只淡淡打个招呼，但对程霖生则极其恭敬，寒暄过后，便问："程老要大千到来，有何见教呢?"

程霖生答："不为别事，有一幅石涛画，想请你鉴定一下真假。"

乃叫张大千走过去欣赏那画。张大千看了一会，现出颇神气的态度，只简单说句："假货!"

此话一出，无异于在经纪佬头上淋了一瓢冷水，心胸当堂一窒，想是你张大千托我来卖画的，又居然说是假货，自己剃自己眼眉，是有意摆景呢还是发神经？几次在旁向张大千递眼色，但张大千装看不见，还继续左弹右弹，说这里有纰漏，那处是败笔，把这幅画评得一钱不值。

程霖生见如此说，大为不悦，便对经纪佬说："还请老兄把画拿回去，另找主顾吧!"

经纪佬吃这一意外的闷棍，悻悻然卷画出门，一路上把张大千暗骂不止，想不到被人当狗熊耍了，越想越气，越气越骂，于是又去找张大千理论，准备骂他个狗血淋头。

谁知张大千已先回来，正坐在椅子上微哼着"摇摇摇，摇去外婆桥"了。他一见经纪佬即笑了起来，连忙示意说："请老兄免开尊口，一切都在安排之内，但需你再往程府跑一趟，说这幅画已给我张某人定购下就行了。"并附耳说如此如此，这般这般。经纪佬一听，才恍然大悟，用力在张大千肩上一拍："你小子真有两下!""当然，山人自有妙计。"大千说。

过了几天，经纪佬再访程霖生，闲谈中提起那幅中堂画已给张大千买下了。

"什么？大千会买此假画?"程霖生惊奇地问。

"是真的，程老!"经纪佬信誓旦旦回答，"他说当日鉴画时因几晚失眠，走了眼，后来叫我拿去详细鉴辨，才断定是石涛的真笔。"

程霖生一听，怒不可遏，破口大骂起来："这个王八蛋，简直是张大老千，居然敢在我程某人跟前耍花招，剃我眼眉。他到底买了多少钱？老子加倍奉还。"

"四千五。可是，程老！此画张大千已决定买下了，照理还须问他本人是否肯出让才行的。”

“去吧，越快越好，看这浑蛋还出什么花招!”

经纪佬走到街上打了个转，便回来复命，说张大千已答应了，但要一万元才肯割让。程霖生毫不考虑，立即写了一张一万元的银票交给他，把那幅中堂画买下了。随之把房子装修一番，建了“石涛堂”，收藏了石涛的画三百多幅，张挂起来；无论诸式人等都欢迎参观，只有一个人例外，就是张大千，若他入门半步就乱棒打出去。

张大千想，你程霖生既然如此之附庸风雅，落了圈套，大可以“君子可欺以其方”。于是大量出产石涛赝品，托人卖给程霖生，所以有句话说：“张大千的卖画技术不亚于他绘画的艺术”。

事有凑巧，不久程霖生宣告破产，要靠卖古董去维持生计了，张大千便乘机把石涛的画大量买下，其中很多是石涛堂的真迹。

借局布势巧行骗

树上开花的骗术在经济领域也很常见。比如你在某地看到一个海报，歌舞团来我市演出，上面说得天花乱坠，美不胜收。你买票去看。整个剧场布置得很高雅，音乐气氛浓烈，舞台上彩灯闪烁，十分迷人。此时你已稍有满意。晚会开始了演员一个个风度翩翩，声音优美，伴舞姿态优美。并且有些演员的声音十分像著名演员的声音，晚会结束了，你十分满意而去。事实如何呢？整个歌舞团也只有几个人，但他们都是经过特殊训练的人，他们不会歌也不会舞，你听的歌是录音，他们只是对对口型而已，你听到的歌声怎么会不优秀呢？那都是著名演员的唱片。你看到的伴舞也是租借的本市歌舞团。这些骗子，是通过舞台、剧场的布置、伴舞和录音，以及他对你的微笑吸引了你。实际上他们并没有真正的东西，这正如“树上开花”一样。

另一种骗术是这样的，你到某地出差，火车站广场上有人在卖一种名贵的中药，能治病，围了很多人，但没有人买，一会儿来了一名军人，他买了一包并对周围的人作了药的说明，又有一位老大爷听了解放军的说明后买了一包，一位抱着孩子上的大嫂掏出仅有的钱，她的钱不够买一包，但那位卖药人讲究仁义也卖给她一包，大嫂感激万分地走了。围观的人纷纷掏钱买药，你也买了一包。一会儿列车到来，人也散了。你买的药是假药，军人，老大爷，农村大嫂，卖药人他们是一伙的，都是诱子和骗子，骗子们用的就是人们的从众心理，特别是对解放军、农村大嫂、老大爷的信任心理。

这种骗术，正是借局布势的运用。

第三十计　反客为主

原文注译

【原文】

乘隙杆足，扼其主机[①]，渐渐进也[②]。

【注释】

①主机：主要的关键之处，即首脑机关。

②渐渐进也：语出《易·渐·彖》："渐渐进也，女归吉也，进得位，往有功也"。按《易经增注·下经·渐》的解释："天下事动而躁则邪，静而顺则正。渐则进而得乎贵位，故行有功。"意思是说："天下的事情，凡是行动盲目而急躁，就会走入邪途；凡是冷静而顺乎客观规律，就会登上正道。一步一步地循序渐进达到显要的地位，便会行而有功。"

【译文】

乘着对方的空隙，插足其中，以致（最后）掌握其首脑机关，这是循序渐进的结果。

按语注译

【按语】

为人驱使者为奴[①]，为人尊处[②]者为客，不能立足者为暂客[③]，能立足者为久客，客久而不能主事者为贱客[④]，能主事则可渐握机要，而为主矣。故反客为主之局[⑤]：第一步须争客位；第二步须乘隙；第三步须插足；第四步须握机；第五步乃成功。为主，则并人之军矣。此渐进之阴谋也。如李渊书尊李密，密卒以败[⑥]；汉高视势未敌项羽之先[⑦]，卑事项羽，使其见信而渐以侵其势[⑧]，至垓下一役，一举亡之。

【注释】

①奴：奴仆、奴隶。

②尊处：尊敬的对待。

③立足：站住了脚。暂客：暂时的客人。

④贱客：地位卑贱、低下的客人。

⑤反客为主：变客位为主位。局：局诈，诈谋。

⑥李渊（566—635 年）：即唐高祖。祖籍陇西成纪（今甘肃秦安）。隋大业十三年（617 年）任太原留守。时隋朝政权在农民大起义的打击下，土崩瓦解，李渊乘机起兵反隋，攻取长安，立炀帝孙侑为帝，次年逼杨侑退位，建立唐朝。李密：（582—618 年）字玄邃。京兆长安（今属陕西人）人，隋末瓦岗军首领。永平二年，因反唐被李渊所杀。

⑦汉高：汉高祖刘邦（公元前 256—前 195 年），字季，沛县（今属江苏）人。秦二世元年，陈胜起义，他起兵响应，称沛公。初属项梁，后与项羽领导的起义军同为反秦主力，公元前 206 年，率军攻占咸阳，推翻秦朝统治。同年，项羽入关，大封诸侯王，刘邦被封为汉王，占有巴蜀、汉中之地，不久，即与项羽展开长达五年的楚汉战争，公元前 202 年，战胜项羽，即皇帝位。项羽：项籍（公元前 232—前 202 年），下相（今江苏宿迁西南）人，秦末农民起义领袖。秦亡后，自立为西楚霸王，并大封诸侯。在楚汉战争中，被刘邦击败，最后从垓下（今安徽灵壁南）突围到乌江（今安徽和县东北）自杀。

⑧侵：侵蚀。这里可引申为削弱、减弱。势：势力。

项羽被围垓下

【译文】

受别人驱使的人是奴仆，受别人尊敬相待的人是客人。在别人家做客而不能站住脚的是暂时的客人；能够站住脚的是长久的客人。作为长久的客人却不能主事的是地位低贱的客人；能够主事并且可以逐渐掌握其首脑机关便就成为主人了。所以，使用“反客为主”的诈谋，第一步必须争到客位；第二步便要乘隙而入；第三步便须插足进去；第四步便须掌握其关键部位或首脑机关；第五步便可成功了。为主，便可以将别人的军队并为己有了。这是一个循序渐进的阴谋。就像当年李渊给李密写信，对他大加尊崇，最后李密终于被李渊打败。也像当年汉高祖当看到自己的势力还不能与项羽相抗衡时，便卑躬屈膝地侍奉项羽，使项羽因此而相信自己以逐渐削弱项羽的势力，以致垓下一战，把项羽给彻底消灭了。

传世典故

反客为主。反：（对立面）转换。为：成为。原意是主人不善于招待客，反受客人的招待，即主人的地位反被客人所取代。在军事上指利用某种机会或条件，兼并别人的力量，使对峙双方的地位发生变化，从而变被动为主动。

古人十分重视反客为主之计。《十一家注孙子》中说："我先举兵，则我为客，彼为主；为客则食不足，为主则饱有余。若夺其蓄积，掠其田野，因粮于敌，馆谷于敌，则我反饱，彼反饥矣，则是变客为主也。"

循序渐进是实施此计的要诀。首先要安于客位，时刻寻找机会。第二步要乘隙而入，将自己的势力逐渐向外渗透。最后一步是果断行动，变客位为主位。

袁绍与冀州牧韩馥是老朋友，他们曾共同讨伐董卓。话说一日袁绍屯兵河内，正在为缺少粮草发愁。忽然韩馥派人送来了粮草，袁绍很高兴。袁绍的谋士逢纪却说："大丈夫纵横天下，为啥等人送粮草！冀州是粮仓，为啥不去夺取呢？"袁绍问："你有啥良策？"逢纪说："公孙瓒假借讨董卓之名，引燕代之兵进入冀州境内，准备袭杀冀州牧韩馥。将军可派人送信与公孙瓒，约好与他共同打冀州，公孙瓒必须发兵。而韩馥属无谋之辈，他必须请将军去保卫冀州，冀州便唾手可得。"

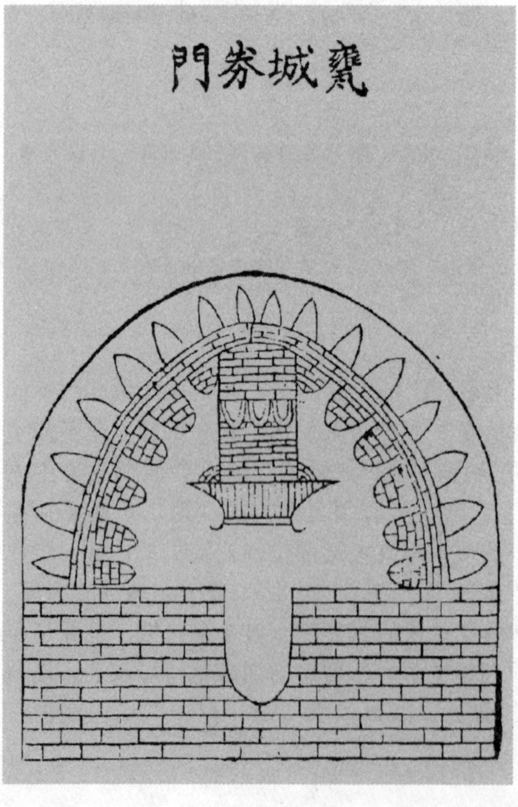

瓮城券门

袁绍听了逢纪的计谋十分高兴，便给公孙瓒发了书信。公孙瓒见信，得知与袁绍共同攻打冀州，可平分其地，大喜，即日发兵。

同时，袁绍又派说客去冀州。说客见到韩馥后说：公孙瓒已是势不可当，袁绍也是一时之豪杰，如果二人联合攻城，恐怕此城难保。而袁绍是您的旧友，不如您把城让与袁绍，既保住了性命，又得了让贤之名。韩馥素来胆小怕事，便不顾部下反对，同意袁绍进冀州。

袁绍领兵是以客人的身份进入冀州的，但他逐渐任用自己的部下田丰、沮援、许攸、逢纪主管冀州之事，反客为主，尽夺韩馥之权。直到这时，韩馥才懊悔不及。他扔下一家老小，骑着一匹马，投奔陈留太守张邈去了。

用计锦囊

反客为主，用在军事上，是指在战争中，要努力变被动为主动，争取掌握战争主动权的谋略。尽量想办法钻空子，插脚进去，控制它的首脑机关或者要害部位，抓住有利时机，兼并或者控制他人。古人使用本计，多是对于盟友的。往往是借援助盟军的机会，先站稳脚跟，然后步步为营，取而代之。

在军事上，一般来说，深入敌国作战为“客”，在本土防御为“主”。“反客为主”，就是寻找敌人防御的漏洞，乘机插入敌方腹地攻其要害，控制敌方指挥系统，由“客”变为“主”。

本计包含以下三种含义：

1. 喧宾夺主。喧宾夺主的原意是大声说话的客人抢占了主人的位置。后用来比喻外来的占据了原有的事物的位置。这种含义就是在对方有机可乘的时候，先插进一只脚，然后慢慢地用力把对方挤出去，自己取而代之，成为其主人。这种方法除了用来对付敌人之外，也常用来兼并盟军。一般是借着援助盟军的机会，打入盟军的内部，待站稳脚跟后，再步步为营，逐渐地支配和控制盟军，最后稳步顺手把大权夺过来。偷梁换柱中也有兼并盟友的含义。但是使用的是偷换其主力的方法，而本计所使用的则是逐步蚕食的方法。

2. 先发制人。在自己处于被动或弱小的情况下，便积极采取首先发动进攻的方法来争取主动，制伏对方。在军事上，一般情况都是“先发制人，后发制于人”，只有先下手，压制住对手，才能变被动为主动，所谓“恶人先告状”中的恶人本来应是被告，他为了摆脱这种被动局面，采取首先告状的方法，使自己一下子由被告的不利地位转为原告的地位。这样就迫使原来的原告急于为自己辩白，而无暇再来对恶人诉讼。这就是先发制人的效果。如果我们把这句话换成为“弱人先进攻”的话，也同样有这样的效果。

3. 转攻为守。一般地说，首先发动进攻，深入对方阵前挑战的被称为“客”；而在自己的阵地上进行防御的则称为“主”。为“客”的远道而来，不仅会因长途跋涉而疲劳不堪，还会因远离根据地而供应困难。而被称为“主”的一方因为以逸待劳，则“饱有余”。如果我们原来是“客”方，为了改变这种不利的局面，就要变客为主。其方法是挑动敌人来向我进攻，而我们则转攻为守。这样一来，即达到了同敌人交战的目的，又将有利的条件留给我们自己，将不利的条件转给了对方。另外，我们反客为主，转攻为守又具有选择地利的主动权，又增加了战胜敌人的有利因素。

对付反客为主之计应注意采用如下防范对策：

1. 可乘之隙不露。就是不向对方暴露可能被利用的空隙。反客为主的突破口就是“乘隙插足。”客方之所以能插进足来，主要是因为我们为其提供了可钻的空子，也就是可利用的条件。所以要不使客方插足，就不应暴露可乘之隙。那么怎样

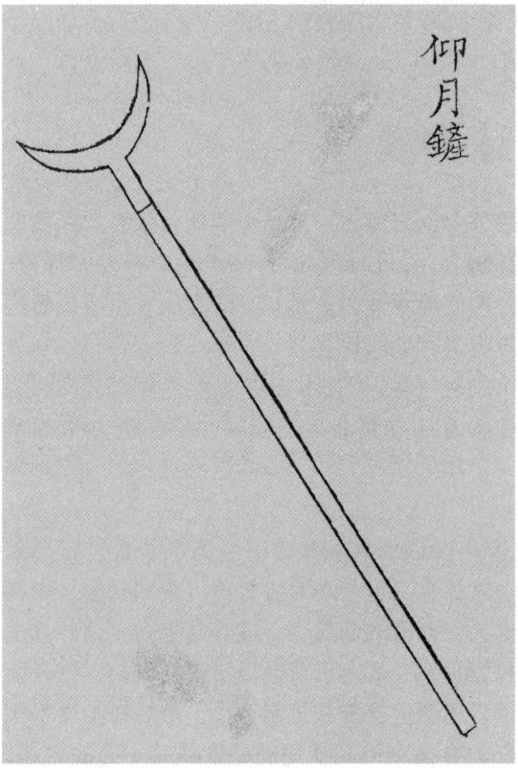

仰月铲

才能让人无隙可乘呢？首先做事要小心谨慎，防患于未然，或者在出现某些问题时，也能及时发现，及时弥补。其次就是有了问题也要善于掩盖隐蔽，不使客方轻易发现，要做到“家丑不可外扬”。只要漏洞不被发现，对方也就无法利用。

2. 不速之客不留。那些不经邀请而自己闯进门来的所谓“客人”，大多都怀有不可告人的目的，他们为了能争得客位，常常不择手段，什么样的招数都能使得出来，而我们很容易被其迷惑，将他们认作朋友，热情加以款待久而不去，使之在家里由“暂客”变为“常客”，有了立足之地。或虽有所察觉，但碍于情面，不好意思下逐客令。这样将不速之客留下的做法，无异于引狼入室。

3. 机要大权不让。如果对方已经插足进来，成为常客，就必然要有“主事”、“握机”的要求，这时我们绝不能对其轻易相信，过分信任，不能随便地将机要大权相托，更不可相让。机要大权一旦落入人手，紧接着的就是被人取代。

4. 再用反客为主。自己一旦被人用反客为主之计所取代，不要自暴自弃，任其所为，而要重整旗鼓，准备东山再起。重新夺回主人之位的办法很多，其中之一就是再次使用反客为主之计，因为对方由客位转为主位，还不一定完全懂得为主之道，所以我们乘机夺回主位是很有可能的。

计谋典范

战场逐鹿

隐忍自重

项羽与刘邦同为反秦联军的大将，各领大军分路朝秦都咸阳挺进。联军以项羽军为主力，刘邦的部队则为偏锋。可是拿下咸阳的竟是刘邦的部队。

刘邦捷足先登，使得项羽很不是滋味，气愤难消之余，他竟起了攻打刘邦的意图。

此时，刘邦的兵力只有十万，项羽则拥有四十万大军。刘邦毫无胜算，万不得已，带着几名随从，向项羽谢罪。这就是史上有名的“鸿门宴”。

其实刘邦并没有犯错，只因兵力不如项羽，只好隐忍一时，向他低头。没多久，进行战后的论功行赏，项羽掌握主导权，刘邦饱受不平等待遇。按理讲，事先已经言明谁先拿下咸阳，谁就是关中之主。然而，刘邦分到的却是偏地——汉中。刘邦怒气难耐，曾经决心不惜一战。后来在参谋劝告下，暂远赴汉中。他是想既然战无胜算，不如顾及大局隐忍一时。

刘邦在汉中发愤图强，不久，趁项羽的缺失，引兵讨伐，终于取代项羽而一统天下。

要使“反客为主”之计成功，就要学习刘邦在准备期“隐忍自重”的作为。

袁尚欲夺鹊巢之梦

袁尚自从在冀州被曹操打败后，先与其兄袁熙投奔了乌恒，结果又被穷追不舍的曹操打败于白狼山（今河北省凌源县东南），兄弟二人侥幸逃脱后，又率数千残兵向西逃去。

在逃亡途中，袁熙问袁尚：“现在河北全境已皆属曹操，我们还将投往何处?”袁尚沉思一会儿说：“我们去辽西投公孙康如何?”袁熙摇头说：“不妥，先父在时就与辽东不睦。如今我们势败去投，等于飞蛾投火，不如与曹操拼个鱼死网破算了。”袁尚说：“辽西地域宽阔，距中原较远，曹操虽强也是鞭长莫及。公孙康有军兵数万，今我势败去投，他不会有疑心，我们可先争得客位。他惧怕曹操的兼并，必然会利用我们去拒曹操，这样我们又可以乘隙插足其军事要位。日后待我休养生息，扩充了实力，将其军马全部把握在我们手中，就可以伺机杀掉公孙康，占领其地。此乃‘反客为主’之谋也。那时我们再兵进中原，收复河北该有多壮观!”袁熙见弟弟打算得很好，便欣然随同前往。

辽西公孙康听说袁氏兄弟要来投他，便与公孙恭商议此事。公孙恭说：“袁绍在时，就有吞并我们之心，今他兄弟二人来此，也必怀鸠占鹊巢之意。不如割掉他二人之头献给曹操，这样即除掉害我之豺狼，又可打发走威胁我的虎豹。”公孙康说：“今曹操率大军近在尺咫，他若攻我辽西该怎么办，不如暂留袁氏二人，在此助我御曹。”公孙恭说：“可先派人去探听消息，若曹操按兵不动，我们可杀此二人，献其首给曹操。”公孙康点头说：“这样更稳妥些。”于是便遣人出去哨探。

探马回报说，曹操在易州按兵未动。公孙恭说：“如此看来，曹操必无兵进辽东之意，可速杀袁氏兄弟二人。”袁氏兄弟来到辽东欲见公孙康时，公孙康佯推有

曹操决水淹冀州

病不与其相见。暂安排二人在馆驿中歇息。及待打探实曹操动静后，才令人唤二袁相见。二袁见到公孙康时，还责怪馆驿寒冷，床榻上无被褥。公孙康说：“你二人之头将行千里，还要什么席褥。”话音刚落，袁氏二人之头便被刀斧手砍下。随即遣人送给了曹操。袁氏兄弟本欲用“反客为主”之谋图辽东，以期达到借尸还魂之目的。结果“客”位未争得便丢了魂，终于计败身亡。

袁绍冀州尽夺韩馥

三国时期，袁绍屯兵于河内，粮草十分短缺。冀州主将韩馥，派人送来粮草解袁绍燃眉之急。

袁绍的谋士逢纪对袁绍说：“大丈夫纵横天下，还用得着别人来送粮食吗？冀州乃鱼米之乡，乃粮钱广盛之地，将军怎么不夺取来呢。”

袁绍说：“没有什么良策。”

逢纪说：“这有何难？将军可暗地派人送信给公孙瓒，让他进攻冀州，告诉他我们一起夹攻冀州，公孙瓒肯定出兵。韩馥是一个无勇无谋的人，必然会来求将军去帮助他拿大主意，主持冀州的大事。到那时，时机成熟了，取冀州之事，唾手可得。”

袁绍听后大喜，说：“就依先生计谋行事。”

第二日，袁绍立即派人给公孙瓒送去了书信。

公孙瓒看了袁绍的来信，见是商量一起攻打冀州，并言得手后二人平分冀州土地，十分高兴。立即叫来人捎回书信，答应第二天就出兵攻打冀州。

此时，袁绍又派人秘密通报韩馥，说有消息说公孙瓒领兵前来攻打冀州，要韩馥千万小心迎敌。

韩馥得袁绍密报后，慌忙与谋士荀谌、辛评商议退兵之计。

荀谌说："这次公孙瓒来者不善，他纠集了燕山、代山的大军，长驱而来，势不可挡，何况还有刘备、关羽、张飞前来助战，确实难以抵挡。我看将军与袁绍情义非常，袁绍又智勇过人，手下的名将也多不可数，将军可把袁绍请来冀州共同治理，商讨退兵大事。只要我们诚心诚意地厚待将军，我想公孙瓒是占不了我们冀州的。"

韩馥听后连连点头，赶紧派人去请袁绍。

长史耿武对韩馥说："将军千万不可仓促去请袁绍，目前袁绍孤客穷军，靠我们给他粮草才能度日，就如婴儿在母亲的身边，如果不给他奶吃，立刻就会死去。如果这时把他请来主使我们冀州的事，岂不是引虎入羊群吗？"

韩馥说："先生之言差矣，我本来是袁绍的故吏，才能不如袁大将军，自古以来都是把主位让给圣贤者，我看诸位就不要嫉妒了。"

耿武听后，仰天叹道："冀州完了！"

众将听了韩馥之言后，当时就有三十几位弃官而走。

耿武、闵纯则决心阻挡袁绍入冀州，便领兵埋伏在城外，等候袁绍。

袁绍大叫："有刺客！"

袁绍的大将颜良挺枪出马，刺死耿武，副将文丑挥刀砍死闵纯。

韩馥带领文武官员在城门口迎接袁绍，袁绍与韩馥见过礼后，领兵进入冀州。

将军府内，袁绍委韩馥为奋威将军。

袁绍对韩馥说："冀州之所以治理不好，有很大程度是因为将军用人不当。"

随后，袁绍将韩馥旧部悉解职，以自己的部将田丰、沮授、许攸、逢纪分别掌管起冀州的军政，尽夺韩馥大权。

护城遮箭架式，置于城墙垛口，可防敌人射箭。

事到如今，韩馥懊悔不已，无奈只得弃下家小，只身匹马逃出城去，投奔陈留太守张邈去了。

袁强占据冀州后，立刻以大军抵住公孙瓒的进攻。从此以后，冀州就成了袁绍的根据地。

老黄忠诱敌计

三国时候，老将黄忠受命前去攻打曹军将领夏侯渊。但是由于夏侯渊居于有利的地势，并且营垒坚固。而蜀将黄忠远道而来，地形不利，兵马劳顿，所以屡次进攻都大败而回。

正在一筹莫展的时候，黄忠急忙与法正商议，法正说：“夏侯渊性情十分轻躁，虽然勇猛，但缺少谋略，我们可放慢前进的速度，步步为营，设法激怒夏侯渊来进攻我们，这样我们就可以寻找一个有利的地形和时机打败他。”黄忠采纳了法正的计谋，将军中应有之物，全部赏赐给了三军将士。三军将士们群情激昂，都纷纷表示要效死奋战。

夏侯渊果然中计，忍而不计，准备带领大军前来进攻黄忠，大将张郃劝道：“这是黄忠使用的反客为主之计，我们决不能首先出战，首先出战会有危险。”夏侯渊不听，气势汹汹地上门来找黄忠决战，结果中了黄忠的埋伏，不但损兵折将，自己也丢了身家性命。

黄忠是奉命主动进攻夏侯渊的，按互相间的关系，黄忠远道而来，属“客位”，夏侯渊军驻厚地，属“主位”。黄忠为了占据有利地形，寻找有利时机，便转攻为守，停下兵马诱使夏侯渊来进攻自己，这样黄忠即成了“主位”，而夏侯渊反成了“客位”。通过这样的位置掉换，使黄忠获得了主动权，这就是反客为主之

黄忠斩夏侯渊

计。另外黄忠诱使夏侯渊来战自己，自己处于等待状态，而夏侯渊处于劳顿状态，所以从这个角度看，此案例又属于“以逸待劳”之计。这是一个“反客为主”和“以逸待劳”之计的兼用。

政治权谋

宁王先发制人谋帝位

宁王朱宸濠的反叛行为被披露后，明武宗立即下旨搜查宁王在京的死党，并派大臣赴南昌宣读圣旨收撤宁藩。宁王派往京师打探情报的侦卒飞速回南昌报信。

这时，朱宸濠正在宁王府开筵祝贺自己的生日，听到这个令人震惊的消息后立即召谋士刘养正等人商议对策。刘养正认为，事已至此，非常危急，要先发制人，利用祝贺生日之机，将江西官员一网打尽，然后，揭起反旗，夺取帝位。

朱宸濠生日的第二天，诸官员陆续来到宁王府谢宴。拜见已毕，忽见府中出现许多披甲带刀的武士，大家正在惊愕之际，朱宸濠立于露台之上，宣布奉太后密诏，准备起兵入朝。众官见状，只好面面相觑，不敢有异词。唯有巡抚孙遂、按察司副使许逵出来表示反对，这二人当即被卫士捆绑起来，押出斩首。

随后，朱宸濠命刘养正为右丞相，李士实为左丞相，并草拟檄文，传达四方。宁王的军队顺江攻下九江、南康等地，一时间，数城俱陷。明廷闻报，惊恐万分，急忙调兵遣将前去平叛。

宁王朱宸濠在阴谋刚刚败露时，采取先发制人的手段，将江西官员一网打尽，并乘机起兵，使明廷在突然的事变之下，措手不及，一度陷于被动。

俾斯麦借火点烟

1851 年 5 月 11 日，法兰克福邦联议会来了一位新代表，他就是年仅 36 岁的俾斯麦。法兰克福邦联议会由各邦诸侯代表组成，为争取邦联的领导权，各邦诸侯代表们之间面和心不和。

当时奥地利在各邦中势力最强大，而俾斯麦所代表的普鲁士势力相对较弱。在邦联议会中，他对奥地利人藐视一切的做法十分不满，想找机会对奥地利人提出挑战。

在议会中有一个不成文的惯例，就是只有担任主席的奥地利人才有权吸烟。俾斯麦看不惯这种做法，在一次会议中，当主席抽出一支雪茄烟时，他也立即拿起一支烟，并向主席借火点燃，大模大样地抽了起来，以此表明普鲁士与奥地利是平起平坐的。当然，因两国实力相差悬殊，很难争取真正的平等，但俾斯麦这一举动令主席和其他各邦代表刮目相看。

外交中的礼仪不仅仅是形式上的，它的背后往往有更深层的含义。开展外交活动，不能忽视这些礼仪的作用，要从细微处入手，争得外交上的主动地位。

尼克松的反击

1959年，美国副总统尼克松赴苏联主持美国展览会，这时，美国国会通过一个关于被奴役国家的决议，对苏联和东欧社会主义国家进行了攻击。和尼克松会晤时，赫鲁晓夫疾言厉色地质问：

“我不理解你们在这么重要的一次国事访问前夕，为什么要通过这种决议？这使我想起了俄国农民的一句谚语：不要在茅坑里吃饭。”说到此，赫鲁晓夫用拳头在桌子上乱敲乱嚷，“这个决议臭极了，臭得像刚拉出来的马粪，没有比马粪更臭的东西了。”

这几句话粗俗无比，有失外交风度，使尼克松感到难堪，但尼克松也不甘示弱，他注视着赫鲁晓夫的眼睛，轻松地说：“我想主席先生大概搞错了，比马粪还臭的东西是有的，那就是猪粪。”

乍看起来，这句话是让步，可有可无的应酬，温和的调侃，实际上却是绵里藏针，锋利无比。原来赫鲁晓夫年轻时当过猪倌。翻译译出之后，赫鲁晓夫先是一阵脸红，怒气不便发出，只好用一阵突发的大笑把话题岔开：“这点，也许你是对的，现在我们该谈别的问题了。”尴尬地自行下台。

商海弄潮

可口可乐占领中国市场

美国的可口可乐公司一直想打开中国的市场，所以他们就同北京、广州、深圳、厦门四个城市中的四家饮料厂鉴定了为期十年的合同。合同中规定；美方免费向中国提供可口可乐的生产设备和技术，中方用外汇购买美方的可口可乐浓缩液，经稀释，罐装之后在中国内市场销售，销售所得的全部收入归中方，美方不再分取。为了扩大可口可乐的销路，要在国内进行广泛的宣传，其广告宣传费用由中美双方各出一半。并且美方以美元支付。结果“可口可乐”很快就打开了中国的大门，有些地方甚至挤走了国产饮料，独霸了市场。

这件事情看起来对我们有很大的好处，设备、技术无偿提供，广告宣传费用美方又负担一半，在国内的销售收入全部归中方，其实这是钓鱼之计。美国人从中获得的好处更大，因为“可口可乐”的商标是美国“可口可乐”公司的，按照常规，谁的商标应该由谁来进行广告宣传，但是他们却让中方出一半的费用，是他们占了我们的便宜，更主要的是他们因此在中国市场上占了优势地位。

在这里，“可口可乐”公司所用的是“反客为主”之计。从“门”外挤进“门”内，并且强占了主人的位置。他们所使用的手段是“抛砖引玉”之计。这是一个有“反客为主”之计中套用“抛砖引玉”的案例。

约瑟夫反客为主

世界地产大王约瑟夫接受政府的委托，去斐尔法拍卖新泽西开末顿一带的1898栋房子。这一带的房子是战争时建给造船厂的工人居住的，然而到了拍卖时，真正在战时搬来居住的工人仅存三家了，其余的都早已不是故主。

尽管这样，这些“屋主”却依旧靠“从前政府命我搬来住的，现在又要把我们赶走”的理由，大声叫嚣，竭尽全力反对。他们凭借人多心齐，决定不惜流血，坚持不肯搬迁。面对这种情势，地产大王约瑟夫感到十分为难，倘若他在开始拍卖时处置失当，势必将遭到他们群起攻之，甚至连性命也将难保。

那么，约瑟夫如何对付这群疯狂的住户呢？尽管他有充分理由证明他们都是非战时的原有的住户，使这些无理取闹的群众无言以对。可是这位地产大王自有他的聪明之处，由于他深深地懂得：指责别人的错处，除了会使对方愤怒之外，是难以产生任何良好效果的。

当然，他也能够来一次演说，用最温和的言语来消除他们的怒气。但是，他的办法比这更加高明。

约瑟夫比预先宣布的拍卖时间提前一小时就进行拍卖。由于他知道这些住户必定针对那预先宣布的拍卖时间，准备好了泄愤的情绪，提早拍卖将使他们始料不及，那么愤怒的锋芒将会大大削弱。

三十六计之反客为主

此外，约瑟夫通过大量的调

查，知道有一家住户愿意出钱买房，并了解到这家住户希望出多少钱将它买下来。到了拍卖时，约瑟夫有意选定这户住房做第一桩交易，不久这户住房就成交了，这位住户由于如愿以偿而兴高采烈。其他住户看见这户住户成交了，明白了政府不是要将他们赶走，目前既然屋主有购得住房的希望，大家的一腔怒火已抛到九霄之外，心里只是思量花多少钱才能购得自己的住房。

当第一桩交易成交后，房子住户大声欢呼之际，约瑟夫也举起双手，大声呼喊万岁！那些本来打算捣乱的人们，也随之欢呼起来。

约瑟夫见“反客为主”的计谋已平息了大家的怒火，又大声对人群喊道：“现在让我们来诅咒那个想把我们赶出家园的浑蛋吧！”马上，无数群众大声咒骂起来，咒骂之后，大家又大声欢呼起来。这样一来，拍卖住房的进程非常顺利融洽。

“葛兰素”敲开美国大门

具有200多年历史的英国葛兰素药厂，是世界第二大药厂，在全球有70多家公司和分厂，产品遍及150多个国家和地区，且在当地药品市场的排名大都名列前茅。

“葛兰素”从一家传统的、老迈的公司，成为持续增长的，产品行销国际市场的跨国企业，其成功秘诀，在于一个敢于冒险，有战略眼光的经营策略。

美国是世界上最大的西药市场。多家百年以上的，或势力雄厚的药厂，已把美国的药品市场分割得差不多，要再跻身进去，并非易事。

然而，葛兰素药厂以其独特的经营方式，在短短时间里，不仅站稳脚跟，而且还以“善胃得”（治疗消化性溃疡的药物）占领了美国几乎全部肠胃药市场。目前，“善胃得”在美国营业额10亿美元，为全球营业额的1/3。

葛兰素药厂跻身美国市场是1979年开始的。当时，它兼并了美国一家小型药厂，借以彻底了解当地的市场情况。为了让这家企业成为地道的美国公司，使之与美国的文化完全融合，它首先授予该药厂美方负责人以充分权力，因而使其决策时快，经营灵活。

葛兰素药厂在美国站稳了脚跟后，又迅速拓展市场。1981年，美国葛兰素与当地排名前10名的瑞士罗士药厂合作，运用罗士的业务代理和行销网络销售其药品。

当时，不少厂家的做法是把自己的药品商标权借给他厂，并由其销售，签订10年或几年的合同分享利润。而葛兰素厂却采取垂直组合的经营状态，从原料生产、研究开发、成品制造到发货行销一竿子到底，不包给经销商销售，以保证产品的质量和及时反馈信息。其“善胃得”药品就是这样成为了美国的“明星药品”。

“不入虎穴，焉得虎子”。英国葛兰素药厂在将其产品打入美国市场时，采用了“兼并”工厂这一绝招，就像将一探测器安在了美国市场上。这样，美国药品市场的一呼一吸已被葛兰素药厂所把握，为其产品占领美国市场提供了确切的情报基础。

英国“葛兰素”注重进行市场预测调查，从而掌握了美国市场机要，然后循序渐进，一举夺占了鳌头。其“反客为主”的战略应为我们留下有益的启示。

运世方略

林冲火并王伦

《水浒传》中，晁盖、吴用等人智劫生辰纲，又在石碣村大败官兵之后，便投奔了水泊梁山。

不料，梁山寨主“白衣秀士”王伦嫉贤妒能，心胸狭窄，担心众豪杰入伙之后，危及自己所坐的第一把交椅，竟不愿意收留。梁山内的好汉林冲对王伦愤愤不平。“智多星”吴用窥破其中隐情，便决定唆使林冲火并王伦。

次日，吴用在与林冲交谈中表示：既然王伦不愿收留，只好另投别处，劝林冲不必为“新兄弟”而与王伦翻脸。林冲是一个性情耿直的汉子，经吴用这么一激，反倒生出火并之意。

那天，王伦以“粮少房稀”，“一洼之水难容众多真龙”为由，对晁盖、吴用等人下了逐客令。林冲再也按捺不住了，直言痛斥王伦笑里藏刀，言清行浊。吴用乘机劝林冲“不要火并”，并派人看住山寨的其他首领。林冲骂得兴起，顺势一刀斩了王伦，随即提议晁盖为山寨之主。晁盖表白自己“强宾不压主”，但盛情难却，还是坐上了山寨的头把交椅。

吴用智激林冲杀了王伦，使晁盖等好汉从求人收留的宾客，一变而成为山寨的主人。这便是典型的反客为主。

林冲火并王伦

少女智斗高利贷者

从前，有个商人为了经商，借了高利贷者许多钱，但因为经营失败，致使倾家荡产，一时无力归还高利贷者的钱。

高利贷者来商人家里催要时，突然发现商人的女儿生得十分漂亮，便生了霸占之心。但是事情又不能做得太露骨。于是他就威逼商人说："如果你不马上还，我就拉你去告官，让你坐牢。"商人既还不起钱，当然又不愿去坐牢，所以只好跪地苦苦哀求。高利贷者假作良心好，奸笑着说："为了成全你，可以让你的女儿来抵债，但不知天意如何？现在我的口袋里装着一颗白色和一颗黑色的石块，如果你能摸出白色的石块，我就免了你的债务；如果你摸出黑色的石块，就用你的女儿抵债。"接着偷偷地捡了两块黑色的石块放进口袋里。

商人的女儿看穿了高利贷者的鬼把戏，便抢着说："可以，但谁都不许反悔。"商人的女儿伸手从口袋里摸出一块石块，没等大家看清是什么颜色时，便装作失手掉在地上，因为地上到处都是相同的石块，一时分不清哪块是刚摸出来的。这时商人的女儿显得很着急的样子，但又很有礼貌对高利贷者说："对不起，石块掉在地上实在找不到了。只好看看您口袋中的是一块什么颜色的石块了，如果剩下的是白的，那么我拿出的一定是黑的；如果剩下的是黑的，那么我拿出来的一定是白的。"高利贷者无奈，只得乖乖地拿出口袋里剩下的另一块石块，承认商人的女儿摸出的是白色石块，这样商人的女儿不但自己救了自己，也帮助父亲免除了债务。

因为高利贷者在口袋里装的都是黑色的石块，所以无论商人的女儿摸出哪一块，都要落入高利贷者的圈套。这时商人的女儿是处在受人控制的被动地位，也就是居于"客"位。现在商人的女儿扔掉了自己摸出的石块，反过来要求看高利贷者口袋中的石块，这样，就把主动权控制在自己的手里，转而居于"主"位了。

马克·吐温喧宾夺主

1890年，美国著名作家马克·吐温应邀参加道奇夫人的家宴。

在宴会上，许多人互相交谈，人声嘈杂，而且有些人嗓门越来越高，真叫人倒胃口。马克·吐温觉得用餐时高声喧哗既不文明，又影响食欲，但如果此时大声制止他们，肯定会惹人生气，甚至弄得不欢而散，大伤和气。

马克·吐温忽然想出了一条反客为主的妙计。于是，他对旁边的一位女宾说："我想让这场喧哗吵闹安静下来，我有一个主意，请您帮帮忙，好吗？"

马克·吐温接着说："请您把头放到我这边来，装出一副听我讲话听得很入神的样子，而我呢，则尽量压低嗓门说话。这样一来，旁边的人便很想听我在说些什么，就会安静下来，注意听我说话。这时，除了我叽叽咕咕的轻微声外，就不会再有喧闹的声音了。”

那女宾说：“先生的主意妙极了。”

于是她照着马克·吐温的吩咐，歪过头去，装出一副认真听的样子。

马克·吐温开始低声说：“十一年前，我曾去芝加哥参加欢迎格兰特的庆祝活动。当晚举行了盛大宴会，大约有600多军人到场。这时，坐在我旁边的一位先生，因为他听力不好，生怕别人听不到他的说话声，所以不说话则已，一开口便吼声如雷，使旁边的人吓得惊骇起来。”

这时，席间的喧闹声便逐渐安静下来，都想听马克·吐温到底在说些什么，不约而同地都斜着身子倾听。

接着，马克·吐温又低声说：“那位先生不大声吼叫的时候，坐在我对面的一位先生对他身旁的先生讲的故事快要讲完了。我只是仿佛听到他说：‘只见那人很快揪住她的长头发，这女人尖声吼叫，哀求着把她的颈子按在他的膝盖上，然后用剃刀猛地一划……’”

宴会厅里已经完全安静下来了。这时，马克·吐温不再叽叽咕咕了，他突然站起来说道：“女士们，先生们！我刚才是在玩游戏，目的是为了制止这场喧闹声。在宴会席间不是不可说话，但要讲文明，可以一个一个地讲，不要一大伙人同声尖叫，高声喧哗。我想你们是会同意我的建议的。”

大家都觉得马克·吐温说得有理，宴会在既文明而又欢快的气氛中度过。

马克·吐温以他的机智，巧创了一个文明的环境。

他后来曾感慨地说：“在我一生中，从来没有像那次那么高兴，因为新的环境、新的条件能使我情绪又有了新的飞跃，从而产生了一个又一个的创作激情。”

第六套　败战计

第六套为败战计，是在战败或处于极劣的情况下所用的计谋。反败为胜，变劣为优就需要在面临生死关头时，即使到最后仍不能轻言放弃。有斗志即有希望，历史上因扭转劣势而赢得胜利的例子比比皆是。时机未到绝不逃脱。上述即为反败为胜的关键。

第三十一计　美人计

原文注译

【原文】

兵强者，攻其将；将智者，伐其情①。将弱兵颓，其势自萎。“利用御寇，顺相保也”②。

【注释】

①将智者，伐其情：将智者，指足智多谋的将帅。伐其情：从感情上加以进攻、软化，抓住敌方思想意志的弱点加以攻击。《六韬·文伐》中就主张以乱臣、美女、犬马等手段攻其心，摧毁其意志上的屏障。

②利用御寇，顺相保也：语见《易·渐象》：“……利用御寇，顺相保也。”御：抵御。寇：敌人。顺：顺利，顺势。保：保存。全句意为：此计可用来瓦解敌人，顺利保存自己。

【译文】

对强大的敌军，要对付它的将领；对英明多智谋的将领，要设法动摇他们的斗志。将领斗志衰退，士气消沉，战斗力自然萎缩。就像渐卦象辞所启示的，要利用敌人的弱点抵御敌人，顺利地保存自己。

按语注译

【按语】

兵强将智，不可以敌，势必事①之。事之以土地，以增其势，如六国之事秦②，策之最下者也；事之以布帛，以增其富，如宋之事辽、金③，策之下者也；惟事之以美人，以佚其志④，以弱其体，以增其下之怨，如勾践之事夫差，乃可转败为胜。

【注释】

①事：侍奉。

②六国之事秦：战国时期，韩、赵、魏、楚、燕、齐六国纷纷割让土地，以事奉秦国。

③宋之事辽、金：北宋真宗景德元年（1004 年）与辽议和，每年向辽纳银十万两、绢

二十万匹；南宋高宗绍兴十一年（1141 年）与金议和，每年向金纳银二十五万两，绢二十万匹。

④佚：安逸，这里作使动词用，为使安逸，可引申为消磨。

【译文】

对于具有强大兵力和明智将帅的敌人，不可以与他硬拼，势必要暂时侍奉屈服于它。以割让土地表示侍奉，会增强敌人的势力，如同战国时期六国割让土地侍奉秦国那样，这是最下的策略；用金钱丝绸去侍奉敌国，就会增加敌人财力，如同北宋南宋侍奉辽、金那样，这也是下策；只有用美女侍奉敌人，消磨敌人的斗志，削弱敌人的体质，加深部下对主将的抱怨，与主将离心离德，如同越王勾践侍奉夫差那样，才能转败为胜。

传世典故

美人计出自《韩非子·内储说下》“遗人……女乐二人，以荣其意而乱其政。”说的是公元前 658 年，晋献公派兵攻打虢国，而虞国是必经之道，晋军欲向虞国借路伐虢，怕虞君不肯，晋献公采纳大夫荀息的建议，把晋国屈地出产的良马和垂棘出产的美玉及女乐送给虞君。虞君生性贪婪，不顾宫之奇的反对，同意借道给晋国。晋国灭掉虢国，回师途中，轻而易举地灭掉虢国，捉住了虞君。“假道伐虢”是三十六计的第二十四计，但这一计是在美人计的成功基础上实施的。《六韬·文伐》中说，对于直接用武力不能征服的敌国，应“养其乱臣以迷之，进美女、淫声以惑之……”就是说的美人计。

本计的特点是，用美色或其他财物诱惑敌人，尤其是敌方的将帅，消磨其斗志，分裂其核心，使其部队丧失战斗力，从而乘机取胜。

春秋时吴越之战，勾践先败于夫差。吴王夫差罚勾践夫妇在吴王宫里服劳役，借以羞辱他。越王勾践在吴王夫差面前卑躬屈膝，百般逢迎，骗取了夫差的信任，夫差终

越女西施

于放他回到越国。后来越国趁火打劫，终于消灭了吴国，逼得夫差拔剑自刎。

那所趁之“火”是怎样烧起来的呢？原来勾践成功地使用了“美人计”。

勾践被释回越国之后，卧薪尝胆，不忘雪耻。吴国强大，靠武力，越国不能取胜。越大夫文种向他献上一计：“高飞之鸟，死于美食，深泉之鱼，死于芳饵。要想复国雪耻，应投其所好，衰其斗志，这样，可置夫差于死地。”于是夫差挑选了两名绝代佳人：西施、郑旦，送给夫差，并年年向吴王进献珍奇珠宝。夫差认为勾践已被他臣服，所以一点也不加怀疑。夫差整日与美人饮酒作乐，连大臣伍子胥的劝谏也完全听不进去。后来，吴国进攻齐国，勾践还出兵帮助吴王伐齐，借以表示忠心，麻痹夫差。吴国打胜之后，勾践还亲自到吴国祝贺。

夫差贪恋女色，一天比一天厉害，根本不想过问政事。伍子胥力谏无效，反被逼自尽。勾践看在眼里，喜在心中。公元前482年，吴国大旱，勾践乘夫差北上会盟之时，突出奇兵伐吴，吴国终于被越所灭，夫差也只能一死了之。

用计锦囊

在对方兵力比较强大的情况下，为了保存自己扭转局势，避免因错误的行为而增强对方的力量，扩大对方的势力，便利用女色或其所宠信的人，所贪爱的物来顺应其意，消磨其志，涣散其心，从而从心理上首先挫败敌方的主帅，以达到彻底战胜它的目的。这是一种以柔胜刚的损敌之法。

褒姒，周幽王爱妃。

本计有如下三层含义：

1. 夺心伐情。就是首先要从心理上对敌人进行干扰和打击，从意志上对敌人进行瓦解和摧毁。双方交战，除了依靠各自的实力之外，主要的就是勇气和意志的较量。一支军队，无论其实力多么强大，如果丧失了勇气和意志，那么他肯定不会取胜。所以兵家们都主张首先要进行心理战，这就是所谓的“用兵之道，攻心为上”的原则。尤其是在自己的实力不如对方的情况下，夺心伐情的谋略就显得更为重要，因为只有这样，才能有效地保存实力，变弱为强，转败为胜。

2. 以柔克刚。即用柔和的办

法来制伏刚强的敌人。就是用软的来制伏硬的。也叫做以柔弱胜刚强。根据古代的五行相生相克的理论可知：强的可以“克制”弱的，反过来弱的也可以战胜强的，这里具有一种辨证的关系。如果我们是强者，就可以用强硬的办法来制伏弱小的敌人；如果我们是弱者，就应该用柔和的办法来制伏刚强的敌人。假如这时以硬对硬，以刚对刚，我们会因力所不及而吃亏。以柔克刚并不是消极地甘拜下风，只是斗争形式的变换而已。

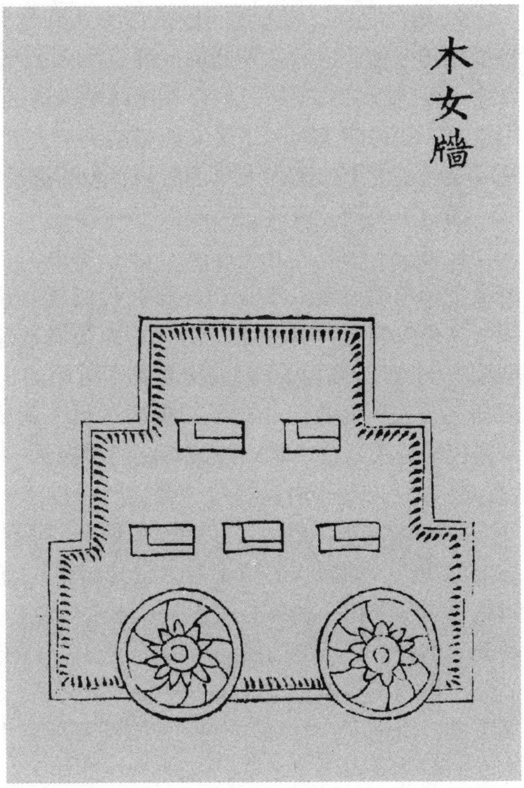

木女墙，守城器具，若城被攻坏，则可以木女墙代之。

3. 糖衣炮弹。炮弹是致人死命的杀人凶器，糖衣是包裹着炮弹的，用糖做成的外壳。就是给杀人的目的和手段套上一层甜蜜而美丽的外衣，使人因被迷惑而乐于接受，并在不知不觉或者幸福愉快中被人所制。这种情况很近乎于“安乐死”。糖衣炮弹不带火药味，但它的威力很强，可以从根本上击倒敌人，又因其特殊的形式常常为对方所积极主动接受，很容易成功。作为以和平方式击败敌人的一种手段，常常被人们所使用。

运用美人计有以下几种策略：

1. 投其所好，美人计中所用的“美人”，只有被对方接受的时候，才能产生威力，也就是“美人”只是外因，它必须通过内因才能起作用。如果对方不接受，“美人”又不具有强攻的能力，就只能自作多情地“单相思”。要使对方这个内因起作用，关键的一条就是要投其所好。人的嗜好是不一样的，所谓的“穿衣戴帽各好一套”。只有用他所喜欢的东西才能打动他的心。那么对方到底喜欢什么，我们事先必须研究清楚，然后不拘一物有针对性地选择武器，才能百发百中。

2. 巧设机谋。美人能否为对方所接受，还要看我们所侍奉的方式。如果方式巧妙，一切都做得顺理成章，天衣无缝，敌人就不会产生疑惑，便可放心大胆地接受过来。古往今来一切施用美人之计的无不在如何奉送的这一环节上巧设计谋。例如，如何勾引？如何迷惑？如何取悦？如何控制等，无一不需要精心设计，认真导演。

3. 伐情损敌。美人是一种阴柔之物，它主要是用来在敌人心理方面发动进攻的一种武器。它是通过“伐情”来损敌的，也就是消磨敌之意志，挫败敌之锐气。如果我们将其当做长枪大炮来用，无异于投孤羊入狼群，是舍其所长，用其所短。

4. 相机取事。美人计一般是作为达到最终目的的辅助手段，它的主要目标是摧毁精神壁垒。但它达不到彻底歼灭敌人的目的，要想达到彻底歼灭敌人的目的，常常还要进行武力决战。所以在施用美人计的时候，要积极创造或寻找时机发动武力进攻。正像越王勾践送美女西施给吴王夫差，虽能弱其国，但不能灭其国。最后还是乘吴王北上，国内大旱的时候，发兵袭吴，打败夫差。

防范美人计，应注意采取以下对策：

1. 拒之门外。“礼下于人，必有所求。”如果有人在不欠我们人情的情况下，突然主动地送“美人”上门，那么我们就要认真分析在这“美人”之后是否有阴谋。如果发现有可疑之处，就应立即警觉起来，并对“美人”的用途加以分析。假如“美人”对壮大我们的实力是不可缺的，我们不妨先收下来，但要严加防范。假如“美人”对我们并非至关重要的话，就要毫不犹豫地坚决拒之门外，以防其挤进门来施展妖法，难以降服。在已掌握了一定的证据时，也可当场拆穿敌人的阴谋，将其“画皮”内包着的“魔鬼”暴露于光天化日之下，使之无容身之处。

2. 心诚志坚。俗话说：“篱笆不开，野狗难进来。”因此，要首先栅好自己意志上的篱笆，如果“心猿不定，意马四驰”，自己难以控制自己，那么只要一点香饵就可引你上钩；如果心诚志坚，不贪声色，思想上筑起一道钢铁的壁垒，无论何种糖衣炮弹，都不可摇撼。所以防范美人计的最根本方法就是修炼自己的思想和意志。所谓“英雄难过美人关”中的“英雄”，其实都是一些意志薄弱者，称不得什么英雄。应该说：“过关方可称英雄。”事实上古往今来的一些英雄人物，在金钱美女面前，只因一念之差，而毁了一世功名。这绝不是“美人”的武器太锐，实在是自己的防线不坚。

3. 反间之计。如果敌人用美人计来刺探我们的重要情报，我们可用反间计来加以利用。《孙子兵法·用间篇》中说：“反间者，因其敌间而用之。”意思是所谓的反间，是指收买或利用敌方派来的间谍为我效力。人是有感情的，美人也不是冷血动物，如果我们能晓之以理，动之以情，进行收买和感化，或者是顺势来个“美男”之计迷惑她，那么敌人所派来的“美人”就可能反被我们所利用。敌人送来的如果是物而不是人的话，我们也可以装作已被收买，而暗中行反间之计。

计谋典范

战场逐鹿

陈平巧计突围

公元前200年，汉高祖刘邦率领大军与匈奴交战。刘邦求胜心切，带领小股骑兵追击匈奴人，不料中了敌人的埋伏，被困在白登山。这时，汉军的后续部队已被匈奴人阻挡在各要路口，无法前去解围，形势万分危急。

汉高祖白登被围，用陈平计打发一个使者带着美女图与珠宝去见匈奴阏氏求和。

到了第四天，被困汉军的粮草越来越少，刘邦君臣急得就像热锅上的蚂蚁，坐立不安。谋士陈平灵机一动，从匈奴单于的夫人阏氏身上想出了一条计策。

在得到刘邦允许之后，陈平派一名使者带着一批珍宝和一幅画秘密会见了阏氏。使者对阏氏说："这些珍宝是大汉皇帝送给您的。大汉皇帝欲与匈奴和好，特送上这些珍宝，请您务必收下，望您在单于面前美言几句。"使者又献上一幅美女图，说道："大汉皇帝怕单于不答应讲和的要求，准备把中原的头号美人献给他。这是她的画像，请您先过目。"

阏氏接过来一看，真是一个貌似天仙的美女：眉似初春柳叶，脸如三月桃花；玉纤纤葱枝手，一捻捻杨柳腰；满头珠翠，引得蜂狂蝶浪；双目含情，令人魂飞魄舞。阏氏心想：如果丈夫得到了她，还有心思宠爱自己吗？于是，阏氏说："珍宝留下吧，美女就用不着了，我请单于退兵就是了。"

阏氏打发走了汉军使者后，立即去见单于，她说："听说汉朝的援军就要到了，到那时我们就被动了。不如现在接受汉朝皇帝的讲和要求，乘机向他们多索要一些财物。"单于经反复考虑，觉得夫人的话很有道理。

双方的代表经过多次谈判，终于达到了协议。单于得到物质上的满足后，放走了刘邦君臣。陈平因这次谋划有功，后来被刘邦封为曲逆侯。

陈平利用阏氏的争宠心理，虚献美女，从而达到了讲和的目的。陈平的美人计妙就妙在根本没有美女，但同样收到了良好的效果。

有施妹喜，惑桀亡国

夏王朝建立之后，有其辉煌的岁月，但传至第十四代的夏桀时，已是风雨飘摇，大厦将倾，岌岌可危。

夏桀其人，据说智力超群，颇有腕力，可以扳直铁钩，然而好大喜功，追求奢侈，贪图享乐的欲望没有止境。夏桀继承王位期间，在夏国的北方的昆吾、豕韦都先后称霸，在其东边的商国也日益强大起来。相比之下，夏王朝日渐衰败。夏桀不甘心这一现实，企图倚恃自己的智力和勇武，出兵讨伐相对弱小的临国。夏桀权衡之后，选择有施氏为突破点，亲率士兵前往。

有施氏深知自己不是夏桀的对手。当得到夏桀率军前来讨伐的情报之时，一面派兵守御，一面召集臣僚筹划对策。危难之时，集思广益，想出了一条暂避祸患的美人计，借以瓦解夏桀的攻势，使自己得以保存，以图后举。计策已定，有施氏部落的首领便令侍从在城门上悬挂白旗，以示投降之意，条件是：夏桀若停止讨伐，有施氏便献上天下无与伦比的美女妹喜。

妹喜是有施氏人家的子女，又黑又亮的一头秀发，长可及地，明目皓齿，光彩照人。夏桀一见，便心摇神动，魂不守舍。立即答应有施氏的求降，鸣金收兵，带着妹喜和有施氏贡献的金钱财宝返回夏朝都城。

天生丽质的妹喜，使夏朝后宫的宠妃个个黯然失色，夏桀一心一意爱怜着妹喜。为了讨得妹喜的欢心，夏桀下令重修宫室，富丽堂皇高大无比，抬头仰望，大有倾倒之感，故名为“倾宫”。宫内筑琼室瑶台，走廊上镶嵌着象牙，床榻用白玉雕琢，极尽奢侈豪华之能事。而妹喜深知自己是兵败求生的贡品，牢记有施氏的耻辱和肩负报仇的使命。于是，她千方百计地纵容夏桀浪费钱财，结怨臣民。夏桀对此毫无觉察，只贪图妹喜的容貌、性感的体态，从中获得从未有过的激动。所以，对妹喜唯命是从。有一天，妹喜与夏桀对饮，妹喜说：“舞女长得太丑陋，舞池也太寒碜。应该挑选年轻貌美的少女，穿戴五彩绣衣，重修舞池，三千人同时起舞才能赏心悦目。”夏桀立即委派得力宠臣照妹喜所言办理。一时间，弄得鸡犬不宁，百姓叫苦连天。好不容易挑选了三千少女，赶制出五彩绣衣，还得找乐师编曲教舞，宫墙之内，忙忙碌碌，待乐师报告舞曲演练已毕，夏桀急可不耐地命令即日在倾宫演出。妹喜陪着夏桀倚栏而观，只见一队队身着不同颜色绣衣的舞女冉冉而入，大红的、翠绿的、天蓝的、雪白的，斑斓的色彩，撒满舞池。

汤诛妹喜图

伴奏的舞曲鸣响，个个脸似芙蓉，腰若细柳，随着音乐节拍，翩翩起舞，翠摇珠动，红飞绿舞，千姿百态，变化无穷；再伴以犹如娇鸟啼春的清脆歌声，使夏桀目迷神移，乐不可支；妹喜也心花怒放，兴奋异常。次日再次歌舞，间隙时由宫奴巡行斟酒，妹喜嫌有碍观赏，便献上一策：与其个个赐酒赐食，不如筑一酒池，池边设肉山脯林。舞罢一曲，由舞女自行采食，将另有一番情趣。夏桀拍手称赏，即刻召见侍臣曹触龙、于辛，命其在倾宫园内修筑可以泛舟的大池，池中贮酒，池旁置肉山脯林。曹、于二人为了邀宠，特别卖力，先令百姓挖一又长又大的池子；将泥土堆成小山，栽种树木；池壁用大石砌成，池底铺上鹅卵石，大小相同，洁净无比，贮以美酒，作为池水；小山上铺绿色布帛，重叠摆上脔肉，犹如石块；树木上挂着用红绿布帛包裹的肉脯，似花若叶。又制作一轻巧的小船，供夏桀、妹喜乘坐，往返服游于池中。工程完竣，夏桀与妹喜前往观览，一见精致的酒池脯林，喜不自胜，急切地登上小船，荡漾池中；三千美女绕池歌舞。歌罢一曲，美女们爬在池边做牛饮之状，接着上山摘吃肉脯，欢声笑语，不绝于耳。夏桀放眼望去，若处在香国之中，流连忘返，如此歌舞不止，还嫌白日太短，又举灯火，作长夜之饮。美女的绣衣沾上酒痕油渍，又赶制新装。三番五次更换，都摊派给穷苦百姓，众百姓敢怒而不敢言。

妹喜对此渐渐厌倦，就怂恿夏桀到民间寻找身怀绝技的角色，诸如弹唱小曲的歌伎、奇形怪状的侏儒、玩杂要的艺人等，召进宫中，供其取乐。可是，时过不久，妹喜又生厌倦，且突发奇想，对夏桀说：撕裂布帛的声音十分悦耳。夏桀立即下令每天进贡一百匹布帛，命力大的宫女轮番撕裂给妹喜听。单调的撕裂声弄得夏桀和妹喜头昏脑涨，又再变新法：妹喜脱去红妆，穿起戎服，招摇过市。几日过后妹喜忽觉还是浓妆艳抹更能使夏桀沉迷，便恢复红装，肆意修饰。不仅如此，妹喜觉得倾宫虽然豪华，但太沉闷，提出要与夏桀上朝，见见群臣朝拜的场面。夏桀当然听从，就搂着妹喜上朝，还让妹喜坐在自己的腿上，听群臣奏事，任由妹喜随意决断。

一批正直的臣子看到夏桀沉迷女色，荒淫无度，靡费钱财，无不为夏朝的命运忧虑。太史令终古首先苦谏说：“勤俭失道的君王，必有亡国之虞。”夏桀不以为然，还以天上的太阳自许，终古见其执迷不悟，便全家逃往商国。大夫关龙逄看到夏桀不仅不纳终古的劝谏，反而强令诸侯国增加贡品，任意挥霍；四处派兵，搜罗美女宝货，供其玩乐。就捧黄图进宫劝谏，声泪俱下。夏桀厌恶关龙逄进宫扰乱了他与妹喜的淫乐，勃然大怒，夺过黄图，扔进火炉，顿时化为灰烬。关龙逄对此十分痛苦，便冒死说道：“君王不务贤明，不爱百姓，夏朝的灭亡。指日可待。到那时，悔之晚矣！”夏桀一听此言，气得浑身发抖，喝令侍卫将关龙逄推出斩首。

忠臣出走、被杀，佞臣像苍蝇一样乘机而入，围绕在夏桀跟前，投其所好。搜刮百姓，以大量的金银财宝和美女来满足夏桀的贪欲。不堪重负的百姓，愤恨地说：“天上的太阳为什么不快点灭亡！”面对众叛亲离的时局，夏桀仍沉迷于花天酒地之中，不知祸患将至。当他听到商国日益强盛，为开拓疆域，攻占昆吾，还要进兵夏朝，惊怒并生。可惜强壮魁梧勇武的夏桀，自妹喜入宫之后，日夜淫乐，已经是手无缚鸡之力了。然而，他仍骄枉自负，决心与商国的兵马决一雌雄。两军相遇，夏桀毫无招架之力，只得步步后退，丢盔卸甲，溃不成军。商汤率兵乘胜前进，攻入夏朝都城。夏桀早就携妹喜出逃。商汤进到三嵏，才把夏桀活捉，将其流放南巢，不久，便一命呜呼，结束了夏朝四百余年的江山。

献公送美，连灭虢、虞

虢国在晋国的南边，中间还隔着虞国，而晋、虢二国的恩怨由来已久，视对方为亡我之心不死的劲敌。

虢国公整日以训练兵马开拓疆土为务，骄横不羁，不节俭爱民。太史嚣为之痛心，多次劝谏，均遭拒绝。好在有大夫舟之侨，足智多谋，直言敢谏，且能摸透虢国公的心思，凡遇重大政事，善于引导，有理有据，虢国公不得不纳。因此，虢国的实力日益增强，统治稳固。晋国想消灭它，大有困难。

当晋献公为此颇费神思时，大夫荀息求见，一针见血地说："《周书》云'美女破舌'。大王不是为虢国的舟之侨忧虑吗？若选几个美女送给虢国公，使其荒于政事。这样，舟之侨定会劝谏，虢国公不仅不会言听计从，还会觉他碍事。然后，再以金银珠宝贿赂左右，诽谤中伤舟之侨。如此一来，舟之侨再神通广大。也难于在虢国立足了。"献公拍手连声说："妙计，妙计!"随即令荀息筹办。荀息奉命而行，很快在民间挑选出丽质天成的十名美女，稍作调教和修饰，个个美妙无比。献公便修书一封，带些珠宝，把美女送给虢国公。

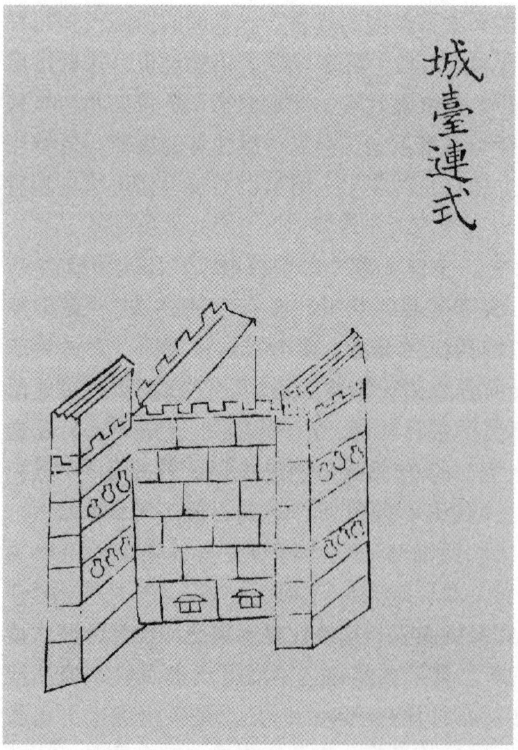

城台连式，古代城池的一种御敌工事。

不出荀息所料，虢国公见到这些异国美女，别有一番风韵，不由得心花怒放，遂如蜂采蜜似的整日游离其间，无心政事。舟之侨少不得屡次劝谏，恨得虢国公咬牙切齿。足智多谋的舟之侨，知国公已色迷心窍，谏之无益，就携带妻子儿女，躲于深山。

舟之侨的出走，给晋国消灭虢国创造了条件。然而，若要攻打虢国。必须经过虞国。当献公正为此思虑不得其计时，荀息再上一策：以名马美玉送给虞国公而借其道。献公知荀息之策可行，但又担心虞国名臣宫之奇识破其谋，收下名马美玉而不肯借道。荀息早有判断，以为宫之奇性情懦弱，不敢固执己见，加上虞国公有喜爱美男之癖，宫之奇与虞国公一起长大，非常亲昵，宫之奇今非昔比，年老色衰。我们向虞国公送名马美玉的同时，再选送一批优伶乐伎，投其所好，宫之奇就难以进其言了。献公采纳其策，付诸实施。虞国公得到名马美玉及年轻貌美的优伶乐伎，喜不自胜，加上荀息的一番恰如其分的恭维，犹入五彩云中，不仅即刻答应借道，而且情愿充作攻打虢国的先锋。宫之奇得知此情，急忙入宫谏阻，虞国公不等宫之奇说完，就让他退下。

由于虢国的战斗力较为强大，晋、虞二军联合进攻，仅攻占了下阳，并未使其亡国。两年后，再次派兵前往。虞国公不听宫之奇的劝告，仍与晋军联合，宫之奇只有离虞赴秦。后来，晋军消灭了虢国，而且在凯旋时，大军驻扎虞国，向虞国献上掠夺来的美女歌伎和金银珠宝，在虞国公还处在喜悦之中、毫无戒备的情况下，已经成为晋国的俘虏，被押送晋国京都。与此同时，荀息没有忘记把以前送给虞国公的名马美玉奉还献公。献公以胜国之君，目视名马，满意地笑了。

堕情网布鲁斯听命

在第二次世界大战中，有一位服务于英国情报机构的女间谍，名叫辛西亚，以其姿色和非凡的智慧与勇气，获取了敌国大量的政治、军事情报，为英国在第二次世界大战期间制定政治、军事策略立下了汗马功劳。她窃取的一套法国维希政府使用的通讯密码，保证了盟军在北非登陆的成功。

辛西亚 1910 年出生于美国，父亲是个军人。她 19 岁时嫁给一个年龄大她两倍的外交官。1937 年以后，辛西亚成为一个地道的英国专业情报员。她的工作使指挥英国间谍活动的斯蒂芬森非常满意。不久，斯蒂芬森要求辛西亚搞到法国维希政府驻华盛顿大使馆和欧洲之间定期往来的全部邮件，即全部信件和电报。

这是一项十分艰巨而危险的任务。辛西亚了解和研究了法国维希政府驻美大使馆的所有工作人员，发现使馆负责新闻工作的布鲁斯是个 40 多岁的中年男子，1940 年曾与英国皇家空军有过良好的关系，他忠于维希政府，但不喜欢德国人。辛西亚决定以一个同情法国维希政府的美国女记者的身份，要求采访维希政府驻美大使，这样就可以先找负责新闻司务的布鲁斯上尉取得联系。

一天，着意打扮的辛西亚来到法国驻美使馆，见到布鲁斯，她的气度和美貌立刻吸引了布鲁斯。第二天，布鲁斯派人送来了鲜花和请柬，邀请辛西亚与他共进午餐。以后，辛西亚又在自己的寓所接待了布鲁斯，两人很快便打得火热。

但是，由于布鲁斯对工作情况守口如瓶，辛西亚一时无法搞到情报，这下可把蹲在纽约的斯蒂芬森急坏了。正在这时，维希政府为了紧缩财政开支，决定裁减外交人员，布鲁斯也属于裁减之列。他对此很不满，请求大使继续留任他。最后，大使以只领一半薪水为条件答应了他的请求，但这对于过惯上流社会生活、挥金如土的人是不能接受的，何况他又有家室呢？无可奈何，布鲁斯决定回国。辛西亚向上司报告了这一情况，上司决定由英国情报机关出钱，通过辛西亚去“补助”布鲁斯的薪俸，好让他继续留在使馆，有朝一日，为英国做事，辛西亚找到了布鲁斯，说是自己已经迷恋了他，离不开他，希望他继续留在使馆任职，并暗示，她可以在经济上帮助他。聪明的布鲁斯这时竟也怀疑她的动机，并向她提出种种疑问，这时辛西亚索性孤注一掷，承认她是在为美国情报机构干事，需要布鲁斯的帮助。并说只有这样，他们俩人才能始终待在一起。

已经堕入情网的布鲁斯一时真不知如何是好。

有一天，布鲁斯在办公桌上见到法国维希政府海军部长达尔朗发来的电报副本，内容是：英国“反击号”装甲舰在费城；“辉煌号”航空母舰在诺福克；巡洋舰“马来亚号”在纽约，或者就地予以破坏，或者监视之，待其出航后通知待机而动的德国潜艇予以破坏，布鲁斯很讨厌德国人，就把电报副本交给了辛西亚，辛西亚立即将这一重要情报送交盟军司令部，使这些军舰幸免于难。

从此以后，布鲁斯便更忠实地为辛西亚提供她感兴趣的信函、电报、文件及其他情报了。

丘吉尔政府决定 1942 年底进攻法属北非地区和马达加斯加，迫切需要搞到维希政府海军的通讯密码。斯蒂芬森把这一任务又交给了辛西亚。这种密码共有几大巨册，密藏在机要室的保险柜里，除了大使和负责密码的军官，其他人连看到都不可能。当辛西亚把这个任务告诉布鲁斯时，布鲁斯大吃一惊，连连摇头，说这是异想天开。于是，辛西亚只好铤而走险，自己去找译电员，译电员是个年轻伯爵，十分狡猾，从辛西亚那里得到“好处”后，不但不提供帮助，还告发了辛西亚。辛西亚一出问题，布鲁斯也势必会受牵连。于是，布鲁斯只好与辛西亚同舟共济，先发制人，向大使告发了那位伯爵对辛西亚有非分要求，遭到美丽的辛西亚的拒绝；还说伯爵在背后散布大使的桃色新闻，如此等等，惹得大使大为恼怒，一气之下，把伯爵调离了机要室。

这下，辛西亚、布鲁斯总算渡过了难关。此后，布鲁斯更坚定了决心，协助辛西亚偷出了密码，完成了上司交给的任务。

盟国得到通讯密码之后，于 1942 年 6 月攻克了马达加斯加，尔后又在阿尔及利亚和摩洛哥顺利登陆。盟军在北非几乎没有遇到维希政府的抵抗。有位盟军军官说：辛西亚搞到的密码，改变了战争的进程。

政治权谋

千金买一笑，千古留遗恨

周朝的周幽王，是一个十分荒淫无度的君王，他整天吃喝玩乐，不理朝政，对待臣下和百姓又十分凶狠残暴。有个叫褒発的志臣，前来劝谏，周幽王不但不听，反而把褒発投入监狱。褒発在监狱中被关了三年，周幽王也不肯把他放出来。褒発的家人恨透了周幽王，决心要进行报复。

周幽王烽火戏诸侯

一天，褒家给周幽王送来了一个名叫褒姒的“美人”，准备用来给褒発赎罪。周幽王一见褒姒生得一副倾国倾城的美貌，顿时乐得神魂颠倒，当即令人把褒発放出。留下褒姒后便每天都陪着他玩乐。不想褒姒是一位冷美人，进宫之后，从没开过一次笑脸，周幽王便出了一道诏令：“有谁能叫娘娘笑一下，就赏他一千斤金子”。诏令一下，想讨好，想发财的人都绞尽脑汁来哄褒姒，都讨个没趣。这时有个叫虢石文的献计说：“您可带娘娘到骊山玩玩，然后点起烽火，招来各路诸侯，那时说不定她会笑的，”周幽王觉得这办法不错，就马上带着褒姒，来到骊山。晚上，周幽王命人四处点起烽火，紧接着一个一个烽火台都跟着点了起来，临近的诸侯看见了烽火，以为有西戌入侵，便赶紧带着兵马前来助战，一见幽王正以娘娘以烽火取乐，都愤愤而归。

褒女见此情景，觉得十分开心，便轻轻地露出一丝微笑，周幽王见褒姒终于笑了，实在无比开心，当即赏了虢石文一千斤金子，从前周幽王更视褒姒如掌上明珠。忠臣和诸侯们也都同他疏远了。

没过多久，西戎真的打来了，周幽王急忙令人赶快点起烽火，召集各路诸侯前来抵抗，但因前次受到戏弄，没有一个肯再来，就这样周幽王被西戎杀死，褒姒也被人抢走。

褒家对周幽王使用美人之计，即达到了“佚志”作用，又达到了“怨下”的作用，结果使周幽王身败名裂，酿成千古遗恨。这是个用“美人”直接攻击敌人，削弱敌人，最后取消敌人的案例。

杨坚计除宇文赞

579 年，周宣帝因荒淫过度而崩。宣帝 9 岁的儿子宇文阐即位，历史上称为静帝。静帝年幼无知，大司马杨坚趁机总揽了军政大权。

但是，杨坚的专权引起了宇文家族的不满。宣帝的弟弟汉王宇文赞早就想当皇帝。宣帝死后他便搬到宫中，上朝听政时故意同杨坚同帐而坐。杨坚对此很恼火，但又不好说什么。

杨坚知道宇文赞是一个酒色之徒，见了美女就拉不动腿，于是派心腹刘发选了几个美女送给宇文赞。宇文赞满心欢喜地接受，根本不知杨坚的用心。宇文赞自得了美女以后，整日欢歌达旦，对政事逐渐失去了兴趣，很少与杨坚同帐而坐了。

刘发依杨坚的意思对宇文赞说："大王，您是先帝的弟弟，继承大统乃众望所归。只不过先帝新死，大家情绪尚未稳定。您暂时回归王府，等时机到了您再回宫即位也不迟。"16 岁的宇文赞轻信了刘发的话，便从宫中搬回王府，从此每日与美女们玩乐，再也不过问政事了。

581 年，杨坚发动政变，建立了新的朝代——隋朝。

昭君和亲，换得边塞安然

在中国的北方，曾经有一个游牧的民族，这就是匈奴。匈奴人非常强悍，经常偷袭中原地区，使人们饱受侵扰之苦。秦朝时的秦始皇修筑长城，就是为了抵御匈奴，汉朝时的汉高祖曾受匈奴围困于白登，险些被俘。所以匈奴为患，一直是统治者们最伤脑筋的事。

昭君出塞

汉元帝时，匈奴内部发生了权利之争，后来南匈奴呼韩邪单于汉朝军队的帮助下，统一了大漠南北。这时汉朝廷为了安抚南匈奴，便采取了"和亲"的策略，收呼韩邪单于汉家女婿，结为亲戚，世代友好。

这时有位深明大义，有远见卓识的宫女王昭君，为了胡汉和好，使边塞百姓安宁，便自愿"请行"。皇帝就把她封为公主，嫁给了呼韩邪单于，并且送给了相当丰厚的陪嫁，呼韩邪单于见王昭君年轻美貌，非常感激汉元帝，特意为王昭君建造了一座汉家式的宫殿，并封其为"宁胡"

阏氏。

由于王昭君来到匈奴，给匈奴人民带来了繁荣昌盛，凶奴人民也都喜欢她，很尊敬她，所以从此以后，不再来侵犯，胡汉两家和睦相处，有六十多年没有打仗。

这是用“美人”来化解矛盾的案例。由于利用“美人”，使胡汉两家化干戈为玉帛，昭君一人出塞，换得六十多年的和平，从这个意义上讲，一个“美人”在关键时刻，可以成为特殊的武器，她抵得上秦朝的万里长城和汉朝的十四万兵马。

吴王宠西施亡国

越王勾践为了消磨吴王夫差的斗志，让他终日沉湎于酒色之中而不思进取，特意进贡了许多财宝和美女。西施和郑旦是美女中最出色的两个人。她俩原是江边的浣纱女，美丽绝世，范蠡奉勾践之命将她们重金买来，教习了3年，待她们能歌善舞，善于谄媚之后给吴王送去。

伍子胥劝吴王说：“夏因妺喜而亡，殷因妲己而亡，周因褒姒而亡。美女乃亡国之物，大王万万不可收下！”吴王哪里听得进去，留西施、郑旦于宫中。因西施貌美与聪明兼备，赢得吴王的专宠。吴王从此以西施所在的姑苏台为家，每日声色犬马，乐此不疲。夫差不理朝政，对日益强大的越国毫无警惕，致使越国乘虚而入，占领吴国，吴王被迫自杀身亡。

唐时诗人罗隐曾写诗为西施鸣冤：“家国兴亡自有时，世人何苦咎西施。西施若解亡吴国，越国亡来又是谁？”必须承认，国家的衰亡有其深刻的政治经济根源，并非一两个人所能决定的。笼统地说“女人是亡国的祸水”，当然是片面的。但是，应当肯定，美人计作为一种谋略，施之于国家的最高统治者，可以起到相当大的作用。

献貂蝉计除董卓

东汉末年，董卓专权，滥施杀戮，有篡位之心。司徒王允见事日趋严重，忧心如焚。有一晚，策杖入后园，想起国事，仰天叹息，暗垂老泪。忽闻牡丹亭畔有人短叹，便潜步去看究竟，原来是府中的一名歌伎貂蝉，她从小选入府中，教以歌舞，年纪刚满十六岁，色艺俱佳！王允以亲女儿看待。今见她如此对月嗟叹，以为少女怀春，喝道：“小贱人，是不是有私情？为何深夜长叹？”

貂蝉即跪下答：“贱妾怎敢有私情，不过近来见大人终日愁眉不展，想必是为国家担忧，又不敢动问。刚才又见大人为了国事仰天长叹，故妾亦为大人嗟叹罢了，想妾蒙大人提携，以亲女相待，此恩虽粉身碎骨亦难报于万一，若有用妾之处，万死不辞！”

王允愕然，想了一会儿，忽然以杖击地说：“想不到汉家天下，成败在你手中！来，跟我到阁中去。”

王允设连环计

貂蝉跟王允到了阁中，把闲人一概遣出门外，扶貂蝉上坐，叩头便拜，貂蝉大惊，急伏地恳问：“大人怎么这般！”王允泪流满面地说：“你要可怜汉朝江山和老百姓！”

“我不是说过吗？如有用妾之处，万死不辞！”貂蝉重复一遍，跟着亦掉下泪来。

王允说：“今百姓有倒悬之苦，君臣有垒卵之虞，非你则无法拯救。想你亦清楚，贼臣董卓，把持朝政，将欲篡位，朝中文武，无计可施。董贼有一义子吕布，骁勇非常，我看此二人皆是好色之徒，今欲使用美人计，以你为饵，好于中行事，务必要使他们翻脸，叫吕布杀了董卓，这样还可以挽救汉朝江山，未知你意下如何！”

貂蝉答：“妾既许大人万死不辞了，永不后悔，若不完成任务，既大义不报，愿死于万刀之下！”

王允大喜，再深深向貂蝉一拜。

次日，王允将私藏的数颗明珠，令良匠嵌造了一顶金冠，遣人秘密送往吕布。吕布大喜，亲到王府致谢，王允设佳筵招待，殷勤献酒，一顶高帽子，捧得吕布心花怒放，酒至半酣，王允命叫孩儿出来敬酒。

侍婢扶貂蝉出来，吕布色眼一见，惊为天人，问是谁？王允答是小女貂蝉，蒙将军错爱，故教与将军相见。貂蝉此时打扮得如天仙一样，分外娇艳，并使出浑身解数，献酒献媚，与吕布眉来眼去。

此时王允诈醉指着貂蝉说：“孩儿，将军是当世英雄，你就与将军把盏，痛饮几杯吧！我家的前途全靠将军哩！”

吕布乘机请貂蝉入席共饮。貂蝉害羞，假意欲拒，王允说：“将军系我挚友，孩儿，你便随意顺下情吧！”

貂蝉乃坐在王允旁边，与吕布打照面，吕布目不转睛地看。入口的是酒，下肚的是醋，此时恨不得把貂蝉整个吞下。

一会儿，王允瞪着醉眼，指着貂蝉对吕布说：“将军，你是我最崇拜的英雄，也是最好的朋友，今有一言，冒昧说出，我想将小女送与将军，来个亲上加亲，不知将军肯接纳否？”

吕布离座作揖多谢："若得如此，定当效犬马之劳。"随之嗒的一声跪下，"岳父大人在上，请受愚揖一拜。"

王允答礼，亲自扶起，说早晚选一良辰吉日，送小女到府上。吕布欢喜无限，偷眼看着未婚妻，貂蝉亦秋波送情，把吕布弄得如醉如痴。

席散了，王允对吕布说，本欲留将军住宿，又怕董太师见疑，亦不敢强留了，吕布才拜谢回去。

过了几天，王允在朝堂上见了董卓，趁吕布不在侧，伏地拜请："允欲请太师明天到舍下饮杯酒，未知君意如何？"董卓见司徒相请，慨然允诺。

次日中午，董卓带了百多名侍卫到了王府，簇拥入堂，两旁站列，王允极尽巴结，戴其高帽，灌其迷汤，董卓大喜。王允又请入后堂，董卓令侍卫不得入内，后堂又另一风光，侍酒的全是美女，或唱或舞，董卓边吃边笑。王允说这班孩儿还不够味，有一才貌出众的美伎，可否叫出来侍酒！董卓称妙极！

珠帘一启，众女簇拥出一位绝色美人来，向董卓深深一拜，董卓此时眼发亮，心发慌，忙问："她是何人？"王允答："歌伎貂蝉。""能唱两句否？"王允便叫貂蝉展玉喉，歌唱一曲，董卓连声称妙。

貂蝉向董卓敬酒时，董卓细声问："你今年几岁了？"貂蝉答："贱妾年正十六岁。"董卓拈须大笑："如此美艳，真神仙中人也。"王允乘机说："允欲将此女献于太师，未审肯纳否？"董卓恨不得如此，即答："如此恩惠，何以报德？"王允说："此女有幸侍太师，是她的福气呢！"董卓再三称谢。王允立即命人备毡车，先将貂蝉送到太师府去，董卓亦起身告辞，王允又亲送董卓到相府才辞回。

乘马回到半路，正碰着吕布迎面而来，怒冲冲的，一把揪住王允，厉声问："司徒既以貂蝉许我，今又送与太师，是否拿我开心？"王允急止住他说："这里不是说话的地方，请到草舍去。"

吕布跟王允到家，进入后堂。王允问："将军何故怪责老夫？"吕布说有人报告说你把貂蝉送入相府，究竟是何缘故？王允答："将军，你错怪老夫了，误会太大了。昨天，太师在朝堂上对我说，

吕布戏貂蝉

有事要到我家谈谈，于闲谈中便问，听说你有一女，名唤貂蝉，许配了吾儿奉先，我怕你言未准，特来相求，并见一见未来媳妇。老夫不敢有违，便叫小女出来拜见公公。”但太师说：“今日是良辰吉日，我要带媳妇回府去与奉先成亲。将军你想，老夫又怎敢有违呢？”

吕布听了，顿时谢罪，说一时鲁莽，错怪了丈人，改天再登门请罪，便匆匆回府去了。

次日，吕布正准备小登科了，但打听一下，全无消息，走进中堂去问诸侍妾，侍妾却说：“昨晚太师与新人貂蝉共寝，至今尚未起床呢！”

吕布大怒，潜入后房窥探。见貂蝉正起身在窗下梳头，貂蝉也见了吕布正在张望，便故意把眉头一锁，装出忧愁的样子，且掏出手帕抹眼泪。一会儿，吕布出去了，顷刻又入，那时董卓已坐在中堂吃早餐了，见了吕布就问：“外面没发生什么事？”吕布随便答句：“没有！”即侍立董卓旁边，偷眼向帘内张望，见貂蝉在帘内若隐若现的，露出半脸，向吕布媚目送情，弄得他魂不守舍似的。董卓见此情景，心中起疑，挥手叫吕布出去。

董卓自从宠爱貂蝉以后，为色所迷，月余不出理事，董卓偶得小病，貂蝉衣不解带地服侍左右，董卓更加欢喜。

有一天，吕布入内向董卓问安，董卓正在午睡，貂蝉在床后探出头来望吕布，以手指心，又指董卓，不停地抹眼泪，吕布见状，正满怀悲恨难言，适董卓睁开蒙眬双眼，见床前站着吕布，目不转睛地望着床后貂蝉，即叱骂曰：“畜生！你想调戏我爱姬！”唤左右将吕布赶出，今后不准入堂，吕布怒恨而归。

之后董卓后悔，急赏赐吕布。一日，董卓进宫，吕布执戟相随，董卓在汉献帝谈话的时候，吕布乘机就出门，上马回相府，寻着貂蝉，貂蝉说此地谈话不便，叫他先到后园的凤仪亭去等待。

吕布等了一会儿，方见貂蝉翩翩而来，一见面，貂蝉即泣告吕布：“我虽非王司徒亲女，但待如己出，身许配将军，觉已偿平生之愿，谁知太师居心不良，将我奸污了，我恨不早死，只因未见将军一面，才含垢忍耻，今幸见了将军，死亦无憾了。我身已被污，不得再事英雄，愿死在君前，以明我志。”说罢即手攀曲栏，向荷池便跳。吕布慌忙将她抱住，亦泣曰：“我知你心很久了，只恨没有机会接近。”貂蝉挣扎，扯住吕布的衣袖说：“我今生不能嫁你，只愿来世。”吕布答：“我今生不能以你为妻，非英雄也。”貂蝉又说：“我已度日如年，望你及早把我救出去。”

吕布忽然想起，迟疑一会儿，对貂蝉说：“我是偷空出来的，恐老贼见疑，还是赶快回去好。”

貂蝉忙把他的衣袍牵住说：“你如此怕老贼，我永无重见天日的机会了。”吕布答：“慢慢想办法吧！”说完提戟欲去。

貂蝉自怨自艾说：“多在深闺就闻你之名，以为是当今大英雄，谁知反受人制，胆小如鼠。”

说得吕布满脸羞惭，欲行又止，即放下戟，回身把貂蝉抱住，频用好言相慰。两人于是偎偎倚倚、喁喁细语，难舍难离。

王允授计除董卓

却说董卓和献帝在殿上谈话时，回头却不见了吕布，心下怀疑，即辞别献帝，登车回府，见吕布的马系于府前，问门候，答入后堂去了。

董卓心知有异，喝退左右，单独径入后堂去，寻人不见，唤貂蝉亦不见，急问侍妾，答曰：貂蝉在后园看花。

董卓步入后园，不看犹可，原来见吕布和貂蝉两人肩搭肩地并排坐，浅谈低斟，戟却放在一旁。顿时无名火起，大喝一声，吕布一惊，回身便走，董卓抢到戟，挺着追赶，吕布走得快，董卓肥胖赶不上，将戟向吕布一掷，吕布把戟拔落在地。董卓拾戟再赶，吕布却已走出园了。

董卓拼命追，忽一人飞奔前来，和董卓撞个满怀，这莽夫原来是谋士李儒。

李儒扶起董卓回书院坐下，董卓问他来做什么？李儒说：“适至相府，听说太师盛怒入后园，找寻吕布，因赶步而来，正遇吕布奔出，说太师要杀他，故我赶来劝解，不意误撞恩相，死罪死罪。”

董卓气呼呼地说：“此小子居然敢调戏我的爱姬，誓必杀死他。”

李儒连忙说：“恩相差了，从前楚庄王的绝缨会上，不追究调戏爱姬的英雄，后被秦兵围困时，得蒋雄死力相救，才免于难。今貂蝉不外一名歌伎而已，吕布又是太师的心腹猛将，不如趁此机会把貂蝉赐给他，他必知恩报德，死心随侍太师了，还请太师三思!”

这番话说得董卓心动，沉吟良久，说：“你言亦是，等我考虑一下。”

李儒辞出，董卓即入后堂，责问貂蝉为何与吕布私通？貂蝉半泣半诉说：“妾正在后园看花，吕布突至，妾方惊避。他竟说他是太师之子，何必相避呢？随提戟赶妾至凤仪亭。妾见其居心不良，怕为所辱，想投河自尽，却被这厮抱住，正在死生关头，幸得太师赶至，才救了性命。”

董卓这才松了一口气，安慰一番。问貂蝉：“我想将你赐给吕布，你看怎样？”

貂蝉大惊，哭着说："妾身已属贵人，奈何要下赐家奴？妾宁肯死不从！"顺手拿了墙上的宝剑要自刎。董卓慌忙夺剑，把她抱住说："我和你开个玩笑，何必认真！"貂蝉即倒在董卓怀里，掩面大哭起来，骂："此必李儒之计，他与吕布相好，故设此计，不顾太师体面和贱妾性命，妾当生啖其肉。"

董卓徐徐说："我怎也不忍舍弃你的。"貂蝉说："虽然太师怜爱，但此处不宜久居，怕早晚为吕布所害。"董卓说："我明天带你回眉坞去，离开这里就不怕被暗算了。"貂蝉才收泪拜谢。

次日，李儒入见董卓，说："今日良辰，可将貂蝉与吕布。"

董卓答："吕布是我儿子，怎可以赐给？你传我意，我不追究过错就是了。"

李儒说："请太师留意，不可为女人所惑。"

董卓即变色答："你肯把老婆送与吕布否！貂蝉之事，再勿多言，言则必斩。"李儒于是惶恐而出。

董卓带貂蝉回眉坞之时，百官俱来拜送，貂蝉在车中望见吕布站在人群中，呆眼望着自己，她便假装掩面哭泣状，使得吕布如痴如醉，叹息痛恨。

忽然背后一人问："温侯为何不跟太师去？还在此遥望叹息！"

吕布回头一看，原来是司徒王允，两人相见后，王允就说，"老夫近日身体不适，闭门不出，许久未与将军见面，今太师归眉坞，只得抱病来送行，刚好又得见将军，请问将军为何在此长嗟短叹呢？"

吕布答："还不是为了你的女儿貂蝉！"

王允佯惊起来，问："这么久了还未把小女给将军！"

吕布怒冲冲答："老贼自己宠幸久了。"王允急了，再问："真有此事？那太过分了，太过分！"

吕布便将前事一一告诉王允，王允半晌不语，好一会儿才说："想不到太师竟有此乱伦之举，简直禽兽不如，不如禽兽！"说完拉着吕布手，"且到寒舍商量商量。"

两人进入王允的密室里，置酒相待，吕布再复述一遍凤仪亭之事。王允做出无可奈何的样子，慢吞吞地说："这样看来，太师已淫我之女，夺将军之妻，确太丢脸了，人们耻笑的，不是笑太师，实笑将军与我老夫。但老夫已年迈了，无足为奇，只可惜将军盖世英雄，亦受此污辱……"

话犹未了，吕布即怒气冲天，拍案大叫起来，王允急忙劝止："老夫失言，将军请息怒。"

吕布更加暴跳如雷地大声说："誓杀此老贼，雪吾心头之恨。"

王允急掩吕布口说："将军勿言，恐累及老夫。"

吕布说："大丈夫生于天地间，岂能郁郁久居人下？"

王允说："说得也是，以将军之才，诚非董卓太师所能限制的。"

吕布忽又沉下气了，自言自语说："我杀此老贼，诚易如反掌，无奈我是他的儿子，以子杀父，怕被人议论。"

王允微笑说："将军自姓吕，太师自姓董，掷戟之时，岂有父子之情！"

吕布豁然开怀说："非司徒提起，几乎自误，吾意已决了，不杀此老贼誓不为人!”

王允见吕布意志坚决，乃言及董卓夺权篡国阴谋，晓谕建功立业大势，说得吕布频频点头。再歃血盟誓，同心协力为国除奸。

于是，王允便趁热打铁，假传圣旨邀董卓回朝受禅，董卓大模大样入朝的时候，突被吕布从旁一戟把他刺死。

商海弄潮

现代美人新用法

香港的百老汇酒店，总是在门口安排两位身佩缎带的“嘉士伯小姐”。每当有顾客光临，这些小姐们都笑容可掬地迎上前来，十分热情地请您品尝他们的“嘉士伯啤酒”。看着“嘉士伯小姐”的芳容，一般的人都难以忍心推辞，即使不喝酒的人也会痛痛快快地喝上两杯。

强力啤酒厂，也采取了强力的宣传措施。在全国首届糖烟酒类交易会上，他们组成了“强力小姐”的队伍，在街头上为过往行人斟啤酒。一则因为此事确属新鲜，二则这些“强力小姐”也实在楚楚动人。所以一时引来万人争看。一些本来对啤酒从无兴趣的人，也要为这些小姐们喝上几杯。这一下可真成了“不喝不知道，一喝忘不掉”了。

三十六计之美人计

现在的挂历及各种杂志的封面，也多用美人的形象来引人注意，开始的时候，只让这些美人穿很少的衣服，后来将这些衣越剥越少，直至三点式的“比基尼”，而这仅有的“比基尼”也有越来越窄的趋势。

现在在各企业，或宾馆饭店的公关部里，大多都以公关小姐作为主力军，这些公关小姐打扮入时，举止文雅，彬彬有礼，常常给顾客留下很深的印象。现在派女同志出外搞推销的逐渐多起来了，实践证明，女同志的推销业绩确实比男同志强。

以上这些，无论其怎样打扮，怎样突出这些小姐的形象，但其目的绝不是为了宣传这些美人本身，而是利用这些美人来招徕顾客，并借此获取更多的利益。在这里美人被当做一种赚钱的手段来使用的，所以应属于计谋的范畴，是美人计的一种新用法。

美国工程师身陷“美人计”

1966年夏天，一位在与美国空军订有合同的公司工作的美国工程师来到苏联，他是来进行休假旅行。在莫斯科和列宁格勒，工程师都遇到一些主动热情、美丽动人的姑娘。愉快的经历，使工程师觉得长期以来听说的关于西方人在苏联如何遭到冷遇的传言都带有极大的偏见。

一天，他走进哈尔科夫的一家餐馆，服务员让他和一位漂亮的金发少女同坐一桌。两个人愉快地谈了起来，很快地，他们变得非常熟悉。姑娘英语说得很流畅。他们约好第二天晚上再共进晚餐。

第二天，两人在一个公园的餐厅吃完饭后，姑娘领他通过一条黑暗狭窄的小道来到圆形剧场旁边。工程师和少女在长凳上热烈地拥抱。就在工程师忘却一切的时候，少女突然用俄语大声喊叫起来。

树丛中随喊声立刻跳出10几人，同时照相机的闪光灯闪烁不停。工程师还没明白发生了什么事情，已经被以强奸未遂罪逮捕。

在克格勃办公室里，一个军官告诉工程师：“如果您认罪，只判您3至8年刑；如果不认罪，将有6至10年刑等着您。”

美国人说：“请叫美国大使馆来人。”

“可以，但要等判决之后”，军官接着说，“当然，如果您同意和我们合作的话……”

工程师被关进单人牢房。在孤立无援和严酷的恫吓下，美国人屈服了，答应“合作”。3天后，他被带到莫斯科，软禁在一家旅馆套间里。6天之中，他被迫向克格勃专家详细讲述了空军的绝密研究。克格勃强迫他宣誓当苏联间谍，约定第二年12月在墨西哥与克格勃人员接头。

毫无疑问，这是克格勃定下的计谋，那个美丽的姑娘，也是克格勃安排的特工。

第三十二计　空城计

原文注译

【原文】

虚者虚之[①]，疑中生疑[②]；刚柔之际[③]，奇而复奇[④]。

【注释】

①虚者虚之：第一个虚字，空虚，与实相对，指军事力量不敌对方。第二个虚字，动词，显示虚弱的样子。全句意为：劣势的军队面临强敌，却还故意显示空虚。

②疑中生疑：第一个疑字，可疑的形势。第二个疑字，怀疑。意为面对可疑的形势更产生了怀疑。

③刚柔之际：指敌我双方悬殊的时刻。

④奇而复奇：奇妙之中更加奇妙。

【译文】

本来兵力空虚，又故意把空虚的样子显示在敌人面前，使敌人不知底细，怀疑我有实力。在敌我力量悬殊的情况下，采用这种计谋，显得更加奇妙。

按语注译

【按语】

虚虚实实，兵无常势[①]。虚而示虚，诸葛而后，不乏其人。如吐蕃[②]陷瓜州[③]，王君焕死[④]，河西[⑤]汹惧。以张守圭[⑥]为瓜州刺史。领余众，方复筑州城。版榦裁立[⑦]，敌又暴至，略无守御之具，城中相顾失色，莫有斗志。守圭曰：“彼众我寡，又疮痍之后，不可以矢石相持，须以权道制之。”乃至城上，置酒作乐，以会将士。敌疑城中有备，不敢攻而退。又如齐祖珽[⑧]为北徐州[⑨]刺史，至州，会有陈寇[⑩]，百姓多反，珽不关城门，守陴[⑪]者，皆令下城，静坐衔巷，禁断行人。鸡犬不乱鸣吠。贼无所见闻，不测所以。疑惑人走城空，不设警备。珽复合大叫，鼓噪聒[⑫]天，贼大惊，登时走散。

【注释】

①兵无常势：用兵没有固定的方式。《孙子·虚实篇》：“水因地而制流，兵因敌而制

胜。故兵无常势，水无常形。”

②吐蕃：唐时国名，属藏族。

③瓜州：今甘肃安西县。

④王君焕：唐代瓜州常乐人。字威明，开元中为河西陇右节度使，由于击败吐蕃有功，升大将军。后吐蕃攻陷瓜州，回纥等部叛乱，君焕战死。《新唐书》有传。

⑤河西：唐代方镇，在甘肃武威，相当于今甘肃省河西走廊。

⑥张守圭：唐代陕西人，开元中为瓜州刺史，因功官至辅国大将军。

⑦版幹裁立：版，夹板。幹，筑土墙时，两个板子相夹，当中填土，用杵舂坚实。幹就是筑墙所用夹板两头所立的木桩。裁，通假字，同才。裁立，刚刚安好。

⑧祖珽：北齐范阳人，字孝征，曾任北徐州刺史。大军围攻北徐州，援兵未至，祖珽孤军守城，终于保住了徐州。

城制图

⑨北徐州：北齐地名，在今安徽凤阳东北的蚌埠、凤阳、定远、嘉山等地。

⑩陈寇：陈，南朝的陈。寇，进攻，入侵。573 年，南朝陈宣帝派吴明征、裴忌领 10 万大兵进攻北齐。

⑪陴：城上短墙。

⑫聒：声音嘈杂。

【译文】

用兵常常是虚虚实实，没有固定的方式。本来处于劣势，更把不加防备的样子显示给敌方。自从诸葛亮以来，运用这条计谋的人为数不少。如唐玄宗时（727年），吐蕃人攻陷了瓜州，守将王君焕战死；河西一带老百姓非常震惊。朝廷派张守圭为瓜州刺史。张守圭率领市民修复墙墙，刚装好筑墙的夹板木桩，敌人突然来进攻，城中没有防御的器械，市民们大惊失色，面面相觑，毫无斗志。守圭说：“敌众我寡，战争创伤还没有修复，不能用利箭，擂石与敌人对抗，必须用智谋对付敌人。”就在城墙上摆好酒席，与将士们饮酒作乐。吐蕃见了，怀疑城中有伏兵，不敢进攻，便撤退了。又如，北齐祖珽任北徐州刺史，刚到任，就有南陈大军入侵，许多民众惊慌失措。祖珽命令不关城门，叫守城士兵坐在街巷里，街道上禁止行人通行。全城寂然无声，鸡不鸣，狗不叫。入侵的军队什么也看不见，什么也听不到，不明情况，怀疑是座空城，正当敌人迷惑不解之际，祖珽命士兵大声叫喊，叫声震天，南陈军大吃一惊，纷纷逃散了。

传世典故

空城计根据《易经·解卦》的原理，刚柔交替为用，亦柔亦刚，敌人摸不清你的虚实，即可收到奇妙的功效。

春秋时期，楚国的令尹（宰相）公子元，在他哥哥楚文王死了之后，非常想占有漂亮的嫂子文夫人。他用各种方法去讨好，文夫人却无动于衷。于是他想建立功业，显显自己的能耐，以此讨得文夫人的欢心。

公元前666年，公子元亲率兵车六百乘，浩浩荡荡，攻打郑国。楚国大军一路连下几城，直逼郑国国都。郑国国力较弱，都城内更是兵力空虚，无法抵挡楚军的进犯。

郑国危在旦夕，群臣慌乱，有的主张纳款请和，有的主张拼一死战，有的主张固守待援。这几种主张都难解国之危。上卿叔詹说："请和与决战都非上策。固守待援，倒是可取的方案。郑国和齐国订有盟约，而今有难，齐国会出兵相助。只是空谈固守，恐怕也难守住。公子元伐郑，实际上是想邀功图名，讨好文夫人。他一定急于求成，又特别害怕失败。我有一计，可退楚军。"

郑国按叔詹的计策，在城内作了安排。命令士兵全部埋伏起来，不让敌人看见一兵一卒。令店铺照常开门，百姓往来如常，不准露一丝慌乱之色。大开城门，放下吊桥，摆出完全不设防的样子。

楚军先锋到达郑国都城城下，见此情景，心里起了怀疑，莫非城中有了埋伏，诱我中计？不敢妄动，等待公子元。公子元赶到城下，也觉得好生奇怪。他率众将到城外高地瞭望，见城中确实空虚，但又隐隐约约看到了郑国的旌旗甲士。公子元认为其中有诈，不可贸然进攻，先进城探听虚实，于是按兵不动。

这时，齐国接到郑国的求援信，已联合鲁、宋两国发兵求郑。公子元闻报，知道三国兵到，楚军定不能胜。好在也打了几个胜仗，还是赶快撤退为妙。他害怕撤退时郑国军队会出城追击，于是下令全军连夜撤走，人衔枚，马裹蹄，不出一点声响。所有营寨都不拆走，旌旗照旧飘扬。

第二天清晨，叔詹登城一望，说道："楚军已经撤走。"众人见敌营旌旗招展，不信已经撤军。叔詹说："如果营中有人，怎会有这样多的飞鸟盘旋上下呢？他也用空城计欺骗了我，急忙撤兵了。

这就是中国历史上第一个使用空城计的战例。

用计锦囊

在敌强我弱，形势突然紧急，刻不容缓的情况下，为了使敌人的攻势停止或落空，以争取寻找机会的时间，便把本来空虚的实力，故意公开地用更加空虚的形式表现出来，使人对这种夸大了的公开情况发生怀疑，并作出相反的判断，因而不敢贸然采取行动。这是一种疑敌缓兵的心理战谋略。

空城计的诀窍是：实力空虚再显示空虚而没有防守，使敌人疑上加疑，在敌众我寡的紧急关头大胆运用这种策略，更显得奇之又奇，无从揣测。古人用兵，讲究的是“虚者实之，实者虚之”的逆反用计，空城计却打破了以往兵家的常规用计格局，以“虚者虚之”的反常递增设计，使虚虚实实变幻无穷，不再有固定模式。

本计包含两个含义：

1. 虚而虚之。本来是空虚的，都要显现出更加空虚的样子来。例如，设防不严的，便把仅有的防御也隐藏起来，故意显现出没有设防的样了，实力比较弱小时，就连这仅有的一点力量也收起不用，而显现出无所作为的样子，在仓促之中本来来不及作充分的准备，索性做出毫无准备的样子，甚至故意对此事不闻不问。“虚而虚之”的目的是使敌人“疑中生疑”。一般地说，双方交战，总是要互相隐瞒真实情况，所谓“兵不厌诈”，即使遇到正常情况，也要反复地进行分析研究，不能完全凭自己的直觉，随便作出判断。这种不轻易相信对方的做法即为“疑”。在遇到反常用兵的情况时，除了要进行正面的分析外，还要进行反面的分析，这就是所谓的“疑中生疑”，便会使之狐疑不决，甚至惊恐万端。

2. 实而虚之。本来是实的，却故意装作虚使敌人误以我为虚。例如，我们本来实力比较强大，但是却要千方百计地把这些力量隐蔽起来，而故意表现出弱小的样子；本来准备非常充分，却要在某些关键部露出破绽，故意给敌人留出可乘之隙。为什么要实而示虚呢？主要有两个目的。一是为了诱敌深入。在我方兵力强大，并已设好埋伏的情况下，就希望敌人能够进到我们的包围圈内，如果这时我们不表现出弱小可欺的样子，敌人就必然惧而远之，只有让敌人觉得在我们身上有利可图时，才有可能被引诱过来。二是韬晦之计。为了更大或者是更远的目的，暂时隐蔽起自己的实力和锋芒。这种暂时的隐藏是为了等待时机，积蓄力量，一旦时机成熟，就会发动突然进攻，使对方措手不及，防不胜防。

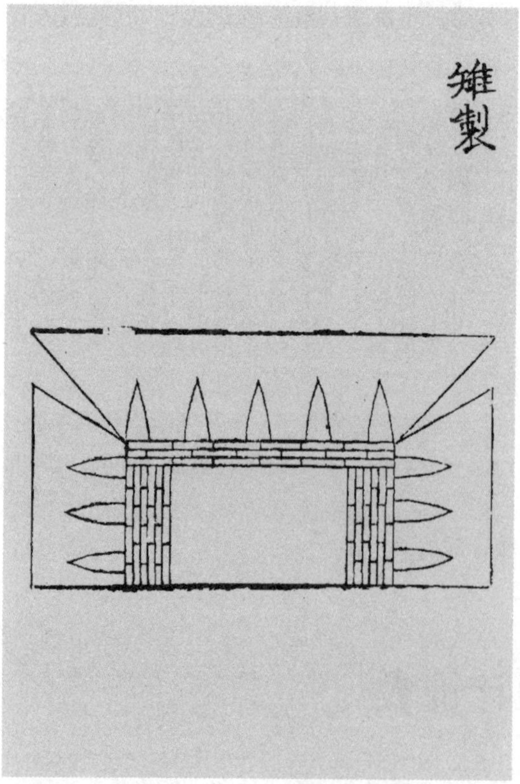

古代城墙上的雉制，一般出城墙1~3丈。

防范空城计，可采取如下对策：

中国古代的兵器

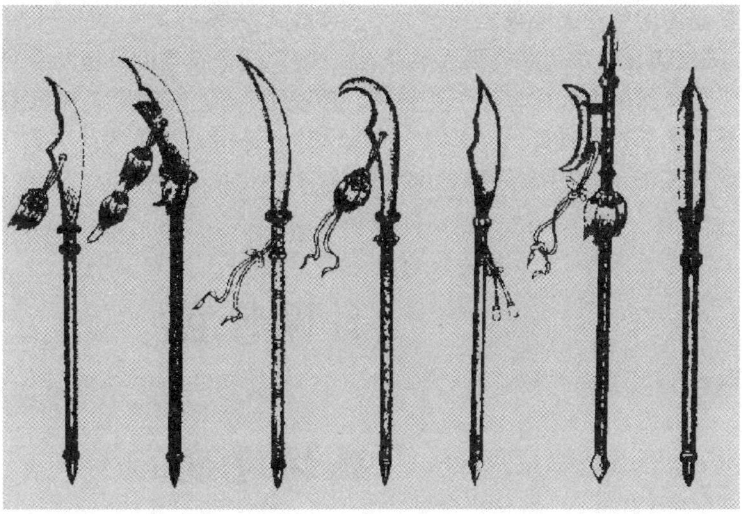

1. 要全面分析。如果敌人对我们“示之以虚”，我们在判断其真正虚实的时候要进行全面的分析，而不能只限于眼前的一点信息，主观片面地下结论。所谓的“全面分析”，就是既要从时间上进行纵向分析，又要从空间上进行横向分析；既要根据各种情况分析其绝对力量，又要根据敌我的对比分析其相对力量。例如，我们通过分析敌人以前的实力情况及后来的力量变化，就可能推断出现在的实力的基本情况。又如敌人所守的是一座孤城，四外又是空旷的原野，不可能埋伏军队，这样就可根据该城的大小，判断出其最多所能埋伏的军队。如果敌人在城内即使有埋伏，其数量也有限，而我们仍远远处于优势的话，那么就不必为他的空城计而犹豫，否则就要小心从事。

2. 要反复试探。如果觉得分析结果不可靠的话，可以用打草惊蛇之法进行试探，所谓的“角之而知有余不足之处”，就是进行战斗侦察，以求探明敌人兵力部署的虚实强弱。这种试探最好反复进行几次才好，因为一次两次敌人可能伪装得很象，不会露出破绽，但绝对经受不住多次的来自各个方面的试探。如果敌人对我们的试探一直不作任何反应的话，就说明他们已发现了我们的意图，我们可以将计就计，看准部位和机会，来一个“无中生有”，使之措手不及，这时敌人即使是“实而虚之”，也抵挡不了这突如其来的打击。

3. 要耐心等候。经反复试探之后，仍不能作出判断的话，可以采用在“空城”之外，耐心等候，静观变化的方法来探其虚实。凡采用“虚而虚之”计谋的人，因自身的力量弱，所以在心理上也是“虚”的，他时时刻刻都承受着强大的心理压力。无论是自身的实力，还是心理上的压力，都决定了敌人伪装不可能持久，时间一长自己就会把弱点暴露出来。所以只要我们在“城外”将其困住，不去主动直接攻城，在这种不攻也不撤的相持状态下，不论是虚是实，敌人都会自己暴露出来。

4. 要调虎离山。“空城计”主要是通过隐蔽来达到欺骗的效果，而隐蔽又主要靠“城”这个必要条件，所以要破解敌人的“空城计”，就要把敌人与其所据守之“城”分离开来。当然这里的“城”不是实指“城堡”之城，凡是可起这种作用的条件都可称之为“城”。将敌人与其“城”分离开来的最好办法就是“调虎离山”之计，一旦敌人失去“城”这个特殊的环境与条件，他的虚实也就完全暴露于光天化日之下，另外，即使敌人是“真虎”，在使其离山之后，也容易擒拿了。不过设“空城计”的“虎”，是很不容易调其“离山”的，所以要巧设机关。

计谋典范

战场逐鹿

误入白登城

汉朝初，韩王姬信勾结匈奴王冒顿，兴兵作乱，盘忠晋阳、代州等地，扰犯边疆。

汉高祖刘邦御驾亲征，精兵三十万，猛将百员，浩浩荡荡地开向前线。

姬信、冒顿却施行一个坚壁清野的战术，把精壮人马以及粮食辎重都藏匿起来，暴露营外的尽是残兵老卒，瘦羊瞥牛。汉军前哨看到这般情况，不敢轻进，回报大本营。

汉高祖闻报，要挥大军进攻，陈平却说：“冒顿凶悍无比，加上一个诈奸多谋的姬信，恐怕这是一个诱敌之计，须再派一亲信人去打听真实，方可进兵。”

那时，汉高祖已被胜利冲昏了头脑，骄傲地说：“冒顿、姬信是什么东西？他们比项羽怎样!”

但经不起陈平苦苦劝谏，便派刘敬去探听，看过明白，刘敬去了几天，回来报告，说：“两国相争，都是想夸张军营，以声势夺人的。现在冒顿故意显示老弱，分明是一个‘请君入瓮’计，恳请陛下，不宜轻进。”

“呸!”汉高祖怪责起来，“你懂什么？敢妄言扰乱军心，是不是受了姬信贿赂，替他说话?”立即把刘敬拘禁起来。

什么人劝谏也不行了，立即下令三军拔寨起程，沿途所遭遇的抵抗，都如摧枯拉朽，不堪一击。

于是挥军进占白登城，正在整顿军马的黄昏时候，忽然城外一声炮响，冒顿的兵漫山遍野而来，密密团团地把白登城围得水泄不通，这时汉高祖才后悔不听刘敬的话。

李广巧布迷局

李广是汉武帝时的一位名将，人称“飞将军”，匈奴人听到他的名字，无不闻风丧胆。

有一次，李广率军在上郡与匈奴人作战，随军的宦官带领几十名骑兵在草原上放马飞奔，不意遇到3个箭法娴熟的匈奴兵。汉兵大部分被射中，带伤狼狈地逃回军营。李广点齐100名骑兵，飞身上马，冲出军营。不一会儿，追上了那3个匈奴兵，李广的士兵蜂拥而上，射死两个，俘虏一个。

正当李广一行得意扬扬往回赶的时候，大队匈奴骑兵追了上来，远远望去黑压压一片，足有好几千人。李广镇定地对大家说：“我们已经离开大营几十里了，如果往回跑，匈奴一定会追上来把我们消灭。现在大家只有保持镇静，迎上前去，匈奴人以为我们是来引诱他们的，一定不敢攻击我们。”李广带领士兵迎着敌人向前走，在离敌人两里远的地方停了下来。

事情果然像李广所预料的那样。匈奴大队人马遇到李广的百名骑兵后感到很疑惑，不知他们到底要干什么。后来见汉兵不仅没被吓跑，反而迎上前来，匈奴将领认定是李广使用的诱敌之计，命令大队人马稳住阵脚，不许贸然出击。为证实自己的判断，匈奴将领命令手下的一位骑白马的将军率小队人马前来挑战。李广看到后，拉弓搭箭，一下子射死了那位白马将军，其余的吓得抱头逃回。

飞将军李广冥山射虎图

这一试探使匈奴将领相信自己的猜测是正确的。不久，夜幕笼罩了大草原，匈奴将领反而心虚起来。他联想到以前误中汉兵埋伏死里逃生的情景，身上感到一阵阵地发冷，于是命令全军马上撤退。

面对几千人的匈奴骑兵，李广临危不惧，利用匈奴人多疑的特点，巧布迷阵，用空城计吓退了敌人。在与匈奴骑兵长时间的对峙中，李广没有流露出一丝一毫的惊慌，一直坚持到敌人退走。可见，运用空城计关键在于镇定自若，不让敌人发现一点破绽。

孔明坐镇唱空城

蜀国丞相诸葛亮，字孔明。他带领5000名士兵前往西城，准备把存放在那里的粮草运回汉中。这时十几个密探接二连三飞马来报，说魏国统帅司马懿率领一支15万人的军队如黄蜂一般正向西城拥来。而此时，孔明身边只有一些文官，连一名战将都没有。他率领的5000名士兵有一半以上已押运粮草离开了西城，现在城中只剩下不到2500名士兵。随行官员们得知这一消息，都大惊失色。孔明马上登上城楼了望，只见天边尘烟滚滚，司马懿的大军已离这儿不远了。孔明下令："将城上旗帜落下藏好，士兵各就各位，不准擅自离位或大声喊叫，否则斩首。城门大开，每门留二十名士兵，穿上百姓服装，清扫街道。如果司马懿的军队来了，谁也不能擅自行事。我自有计策。"

随后孔明身披鹤氅，头戴纶巾，在两个小童的伴随下，携一张古琴登上城楼。在栏杆前坐定，又点燃了几炷香，然后，开始抚琴。

这时，司马懿先头部队的侦察兵已到达了城下，看到这般情景，急忙回去向司马懿报告，司马懿听了大笑。他命令部队停下，自己策马向前，从远处观望城中情况。事情果然如侦察兵报告的，但见孔明面带微笑，从容不迫地端坐在城楼上抚琴，座前香烟缭绕。他左边的小童双手捧着一柄宝剑，右边小童手执拂尘，城门附近有二十几个百姓在默默地打扫街道。司马懿看后，心中顿生疑团。他策马而归，急命后军变前军掉头向北山方向退去。路上，他的次子司马昭不解地问："诸葛亮肯定手中无一兵一卒，才设下这个圈套，父帅为何命令大军撤退？"

孔明弹琴退仲达

司马懿答道："诸葛亮为人谨慎，凡事都是三思而行。他从未冒过一次风险，今天城池四门大开，其中必有埋伏。一旦我军进了城，就正中了他的计，你还不明白啊！赶快撤退不会错！"

司马懿军队撤走后，孔明拊掌大笑。官员们无不惊讶，他们问道："司马懿是魏国著名将领，今日率15万大军来犯，见了您就仓促而退，是何道理？"

孔明答道："这个人认为我思维周密，办事谨慎，不会冒风险。他看到我们城门大开，就以为有埋伏，于是便撤。我原本不愿冒险，今日用此计，实是无奈。”

在场的官员听后都赞叹不已，说道：“丞相真是神机妙算！若是我们遇到此事，恐怕早就弃城而逃了。”

孔明说：“我只有不到2500名士兵，若弃城而逃，那跑不了多远，司马懿就会将我们全部生擒。”

后人有诗赞说：瑶琴三尺胜雄师。

曹操误走华容道

曹操在赤壁被周瑜一把大火烧得焦头烂额，带着残兵败将仓皇奔逃，一路上又多次遭到诸葛亮的伏击。惊魂未定之时，又来到一个三岔路口前，一面是一条平坦宽畅的大道，但要多走五十里，另一面是弯弯曲曲的小路叫华容道，坡陡山险，坎坷难行，但是可以少走五十里。曹操停下人马，派人上山观察，探子回来报告说：小路那边多处冒着浓烟，不时地还有旗帜晃动，好像有人埋伏，而大路那边一点动静也没有，而且没发现可疑情况。曹操听后沉吟了一会儿，当即命令士兵直取华容小道。因为天刚下过大雨，路上满是泥洼水坑，人马无法通过，曹操就让士兵们背来柴草铺路，十分艰难地向前跋涉，士兵们怨声载道，这时曹操对大家说：大路虽然好走，但是肯定有埋伏，诸葛亮在这里设了这么多的篝火，旗帜，就是要诱使我们走大路，我们偏偏不上他的当。这次曹操算是失算了。正说之间，突然关羽带着人马如同天降，拦住去路，吓得曹操滚鞍落马。

诸葛亮在小路上所用的是实而实之的谋略，而在大路上所用的虚而虚之的策略。这种“虚而虚之，实而实之”的计谋，使敌人“疑中生疑”，反倒不敢取真正的虚处，而自以为是去撞真正的实处。在这里诸葛亮使用的是把真正的空“城”公开地显示给敌人的手段，属“真实”和“明空”，的方式。

赵云勇设空营计

在诸葛亮收复汉中的战争中，赵云和黄忠得到诸葛亮的将令，去汉水旁的北山脚下烧曹操的粮草。

二将一同上路，赵云试探黄忠说：“曹操有二十万大军屯扎在汉水，我们去夺他的粮草，是虎口拔牙。这可不是件小事，将军有什么妙计？”黄忠说：“我自有劫粮办法，将军只候佳音就是了。”赵云说：“还是我先去为好，老将军年迈，一旦有失，于军不利。”黄忠一听这话怒气冲天，一定要先去，对赵云说：“丞相令你随我来，当然我要先去，这件头功还是由我来做吧。”赵云说：“老将军一定要先去亦可以，我们还是约个时间为好，如果你午时不回来，我去接应你。”黄忠欣然应诺，便率兵去偷袭北山。赵云率军安营下寨。

当黄忠来到北山屯粮之地正要烧粮时，魏将张郃率军马杀到。黄忠只好回头迎

赵子龙汉水大战

敌。这时曹操又派大将徐晃、文聘去应援张郃。三支军马把黄忠围困在核心，情势十分危急。

赵云在寨中见午时已到，仍不见黄忠归来，便令张翼守寨，自己率三千军马去接应黄忠。一路逢敌将就杀，一直杀透重围，救出老将黄忠和部将张著。所到之处，无敌将敢正面迎战。

曹操正要把黄忠困死在重围之中，忽见赵云率兵救出了黄忠，恼怒至极，便亲自率二十万大军追击赵云、黄忠。

黄忠被赵云救出后，率兵离赵云营寨不远处安营扎寨。赵云回寨后，见后面尘土飞扬，知道是曹操率大军追来。部将张翼对赵云说："将军，我们是否关闭寨门，上敌楼上去防守?"赵云说："可大开寨门，把营内旌旗都扯下来，把刀枪都隐匿，人员都埋伏在壕沟里，准备弓弩，不许暴露目标，待我下令后，再射敌。"于是自己单枪匹马站在营外。

张郃、徐晃带兵追击在军前，追到赵云营寨前，天色已晚，却见蜀营内偃旗息鼓，只有赵云单枪匹马，像木雕一样静立在营门外，寨门大开。二将见此情形，十分惊疑，便派人报告曹操。曹操亲自赶到军前，见此情形，自恃人多势众，下令众军一齐向前攻寨。众军得令后，大喊一声，杀到营前。这时仍见赵云不动声色，当赵云座下战马一声长嘶，前面的曹兵吓得返身就往回跑。前军往回一退，后面的军将像得了号令一样，也回头就撤。这时，赵云下令出击，壕沟内弓弩一齐发射，喊声大震，鼓角齐鸣，赵云率蜀军随后向曹兵追杀过去。这时黄忠也乘势率军追袭。曹操也不知后面有多少蜀兵追杀，拼命溃逃，军兵自相践踏，一直退到汉水旁，落水淹死的就不计其数。经此一败，曹操只好收拾败军逃到南郑城中。

政治权谋

萧道成代宋称帝

萧道成出身平民布衣，刘宋末年，任建邺（今南京）令、中领军将军。乘诸王相互残杀，独掌朝廷兵权。宋明帝泰豫元年（472 年），在临终时任命他为右卫将军、兼卫尉，与袁粲等共同掌管朝廷大事，从而统领了中央禁卫军，成了朝中四位（萧道成、袁粲、褚渊、刘秉）显贵人物之一。尽管如此，他总是表现得故意小心谨慎、胸空无大志的样子，并说自己是个寻常之人，空无所求的普通人等等。

刘宋末年的后废帝、苍梧王刘昱，是个年仅十岁登基的小暴君。刘昱在当皇太子时，常常亲自动手，油漆帐竿，能爬到距地面一丈多的高处。他喜怒无常，侍从官员无法劝阻。明帝屡次让他的母亲陈太妃痛打他。刘昱即帝位后，对内害怕皇太后、皇太妃，对外害怕各位大臣，不敢放纵。可是，自从行过加冠礼后，宫内宫外对他逐渐失去控制，于是刘昱不断出宫游逛。最初出宫，还有整齐的仪仗卫队。不久，便丢下随从车马，只带身边几个人，或跑到荒郊野外，或出入于街头闹市。陈太妃每次乘坐青盖牛犊车，尾随其后，监视、约束他，他便换乘轻装快马，一气奔跑一二十里，让太妃追赶不止。仪仗卫队也畏惧大祸临头，不敢追寻刘昱的去向，只好把部队驻扎在另外一个地方，远远眺望而已。

当初，明帝曾经把陈太妃赏赐给宠信的弄臣李道儿为妻，后来又把她迎接回去，生下苍梧王。所以，刘昱每次改穿便服外出，就自称刘统，或自称李将军。经常穿短裤、短衫，无论军营、官府、街巷、田野，到处出入。有时夜晚投宿旅店，有时白天就睡在大路旁边，在下等人中间挤来挤去，跟他们做买卖，有时遭到怠慢侮辱也欣然接受。任何低贱的事情，像裁制衣服、制作帽子，只要看过一遍，就能够学会。笙笛他从来没有吹过，拿起来一吹，声音便合曲调。等到京口事变平息，刘昱骄纵横暴尤为严重，没有一天不出宫，不是晚上出去，凌晨回来，就是凌晨出去，晚上回来。随从人员手持短刀长矛，路上的行人，不管是男是女，不管是狗、猪、牛、驴，只要碰上，立即诛杀，无一幸免。百姓忧愁恐惧，店铺及行商，全都停止经营，家家户户，白天闭门，路上行人几乎绝迹。钳、锤、凿、锯不离刘昱左右，只要稍稍不合意，便顺手抓起凶器，当场杀人剖腹。一天不杀人，就闷闷不乐。宫廷侍从和朝廷官员，担忧惶恐，饮食作息，都不能安稳。阮佃夫与直阎将军申伯宗等，密谋趁刘昱到江乘打野鸡之时，宣称奉皇太后命令，传唤仪仗卫队回京，关闭城门，派人逮捕刘昱，废黜，拥护安成王刘准。想不到密谋泄漏，宋顺帝升明元年（477 年）五月二日时，刘昱逮捕了阮佃夫等，并斩首。

皇太后经常教训刘昱，刘昱很不高兴。正逢端午节，太后赏赐给刘昱一把羽毛扇，刘昱嫌它不够豪华，下令御医配制毒药，打算毒死太后。左右劝阻他说：“如果真的这样做，陛下便要当孝子，怎么还能出入宫门玩耍游戏？”刘昱说：“你这话很有道理。”于是打消主意。

宋顺宗升明元年（477 年）六月，二十二日，有人上告散骑常侍杜幼文、司徒左长史沈勃、游击将军孙超之，跟阮佃夫同谋。刘昱立即率领卫士，亲自突击三家，全部诛杀，砍断肢体，把肉一块块割下，连婴儿也不能幸免。沈勃正在家中守丧，卫队还没有到，刘昱抽刀独自一人冲在前面，沈勃知道不能避免，赤手空拳搏斗，猛击刘昱耳朵，唾骂道：“你的罪恶，超过桀、纣，死在眼前。”于是被砍死。当天，下诏大赦。

一天，刘昱一直闯入领军府，当时天气炎热，萧道成正裸身躺在那里睡觉。刘昱把萧道成叫醒，让他站在室内，在他肚子上画一个箭靶，自己拉紧了弓，就要发射。萧道成用手护腹说：“老臣无罪。”左右侍卫王天恩说：“萧道成肚子大，是一个奇妙的箭靶，一箭射死，以后再也找不到这样的箭靶了。不如改用圆骨箭头，多射几次。”刘昱就改用圆骨箭头。一箭射去，正中萧道成的肚脐，他把弓扔在地上，得意地大笑，说：“这只手如何！”刘昱对萧道成的威名十分畏惧忌恨，曾亲自砺短矛，说：“明天就杀萧道成。”陈太妃骂他说：“萧道成对国家有大功，如果杀了他，谁还为你尽力！”刘昱才住手。

萧道成忧愁恐惧，与尚书令袁粲、中书监褚渊密谋废黜刘昱，另立新君。袁粲说：“主上年纪还小，轻微的过失，容易改正。伊尹、霍光的往事，在这末世已难实行。即使成功，最后仍无安身之地。”褚渊沉默不语。领军功曹丹阳人纪僧真对萧道成说：“现在，皇上凶残疯狂，无人可以自保，天下百姓的盼望，不在袁粲、褚渊，明公怎么能坐待被剿灭？存亡的关键，请深思熟虑。”萧道成同意。

南朝齐高帝萧道成像

有人劝萧道成回广陵起兵。萧道成的大儿子萧赜正任晋熙王刘燮的长史，兼行郢州事，萧道成打算命萧赜率郢州军顺长江东下，在京口会师。萧道成派他的亲信刘僧副，秘密通告党兄、代理青、冀二州刺史刘善明，说：“很多人劝我北上据守广陵，恐怕不是长远的打算。现在秋风将起，你如果能跟垣荣祖联合，稍稍挑动胡虏，我的各种计划当可实施。”同时也告诉东海太守垣荣祖。刘善明说：“宋国将亡，无论愚蠢人和明智人，都看得一清二楚。北虏如果有什么行动，反而会成为你的祸患。你的智慧韬略和英勇武功高过当世，只有一个办法，那就是安静地等待时机，再趁机猛烈出击，大业自然告成，不可以远离根本之地，自找灾祸。”垣荣祖也说：“领府距离宫城，不过一百步，如果你全家出奔，别人怎么会不知道？如果单枪匹马，轻装前往，广陵官员万一关闭城门，拒绝接纳，下一步将逃向哪里？你只要举脚下床，马上就会有人敲宫城的城门，向朝廷告发，你的大事就糟糕了。”纪僧真说：“主上虽然凶暴丧失天道，可是刘家王朝几世建立的政权还算坚固。你百口之家，同时向北出奔，绝不可能。即使进入广陵，天子居住深宫之中，发号施令，指控你是叛逆，你有什么办法躲避！这不是万全之策。”萧道成的族弟、镇军长史萧顺之，以及萧道成的次子、骠骑从事中郎萧嶷，都认为：“皇上喜爱单独出来乱窜，在这方面下手，比较容易成功。外州起兵，很少能够成功，反而徒然比别人先受灾祸。”萧道成这才取消原意。

伊尹像

东中郎司马、代理会稽郡事李安民，打算拥护江夏王刘跻，在东方起兵，萧道成加以制止。

越骑校尉王敬则主动暗中结交萧道成，一到夜里，王敬则就换上平民衣服，匍匐路旁，替萧道成侦察刘昱的行踪。萧道成命令王敬则秘密结交刘昱左右亲信杨玉夫、杨万年、陈奉伯等二十五人，他们都在宫城内殿中任职，窥探机会。

宋顺帝升明元年秋季，七月，初六日夜晚，刘昱身穿便装，走到领军府门口，左右侍从说：“府里的人全都睡熟，我们为什么不跳墙进去？”刘昱说：“今天晚上，我要到别的地方玩个痛快，明晚再来。”员外郎桓康等在领军府大门后全都听到。次日（初七日），刘昱乘坐露天无篷车，跟左右侍从前往台冈，比赌跳高。然后，前往青园尼姑庵。夜晚，来到新安寺偷狗，偷来狗找到昙度道人，煮吃狗肉。吃过狗肉，醉醺醺地回仁寿殿睡觉。弄臣杨玉夫一向得到刘昱的宠信，这时候，刘昱忽然对杨玉夫大为痛恨，一看见他就咬牙切齿，说：“明天就杀了你这小子，挖出肝肺！”这天深夜，命杨玉夫观察织女渡河，说：“看见织女渡河时，马上叫醒我；看不见，就杀了你。”当时，刘昱出宫进宫，没有一定时间，宫中各阁门，夜间都不敢关闭，负责宫廷保卫的官员，惧怕跟皇帝见面，都不敢出门。禁卫军士卒更是躲得远远的，内外一片混乱，互不相关，没有人管理。当天夜晚，王敬则出营等候消息，杨玉夫等到刘昱呼呼大睡时，与杨万年合伙取下刘昱的防身佩刀，抹了刘昱的脖子。然后假传圣旨，命外庭演奏音乐。陈奉伯把刘昱的人头，藏在袍袖里面，跟往常一样，神色自若，宣称奉皇帝派遣，打开承明门出宫，把人头交给王敬则。王敬则飞马奔向领军府，敲门大喊，萧道成恐怕是刘昱的诡计，不敢开门。王敬则把人头从墙上扔进去，萧道成令人洗净血迹辨识，果然不错，这才全副武装，骑马而出，王敬则、桓康等都随从其后，直往宫城，到了承明门，宣称皇帝御驾回宫。王敬则恐怕守门官兵从门洞往外察看，用刀柄堵住门洞，同时咆哮催促。门打开，进入宫城。从前，每逢夜晚，刘昱闯出闯进，都急躁凶暴，守门卫士震恐，从不敢抬头。所以，今晚之事，没有一人怀疑。萧道成进入仁寿殿，殿中官员惊慌恐怖。但紧接着听到刘昱已死的消息，都高呼万岁。

七月初八日早晨，萧道成全副武装，站在殿前庭院中槐树下，以皇太后的命令召集尚书令袁粲、中书监楮渊、中书令刘秉入殿举行会议。萧道成对刘秉说："这是你们刘家的事，应该如何决定？"刘秉还没有回答，萧道成顿时大怒，胡子翘起，双目发出凶光，如同闪电。刘秉说："尚书省的事，可以交付给我。军事措施，全依靠你。"萧道成依次让给袁粲，袁粲推辞不敢当。王敬则拔出佩刀，在座位旁跳起来，厉声道："天下大事，全都要萧公裁决，谁胆敢说半个不字，血染我刀！"说着亲手取出白纱帽，戴到萧道成头上，要求萧道成登基称帝，并威胁说："今天谁敢乱动？大事要趁热一气呵成。"萧道成板起面孔，呵止说："你什么也不明白！"袁粲打算开口说话，王敬则大声喝他闭嘴，他只好闭嘴。褚渊说："非萧公不足以办理善后！"就把处理一切事务的权交给萧道成。萧道成说："既然大家都不肯接受，我怎么可以推辞。"于是，提议：准备法驾，前往东府城，迎接安成王刘准继任皇帝。萧道成卫士抽出佩刀，筑成刀墙，命袁粲、刘秉起身，二人面无人色，离去。当天，萧道成又以皇太后的名义，发布命令，列举刘昱罪状，说："我密令萧道成暗中运用智谋。安成王刘准，应君临万国。"追封刘昱为苍梧王。皇帝仪仗队抵达东府门前，刘准命守门的人不要开门，等待袁粲的到来。袁粲到了之后，刘准才动身到金

齐高祖萧道成

銮殿。七月十一日，刘准即皇帝位，即宋顺宗，改年号为升明元年（477 年），实行大赦。把刘昱安葬在南郊祭天神坛之西。

接着，萧道成又自封为司空、录尚书事、骠骑大将军，从而以侍中、司空、太尉独揽朝政大权。升明三年（479 年），萧道成又自封为相国、齐王。不久，又旋即废掉宋顺帝刘准，自立为帝，改国号为齐。萧道成即南齐的开国之君齐高帝，且改年号为建元元年。

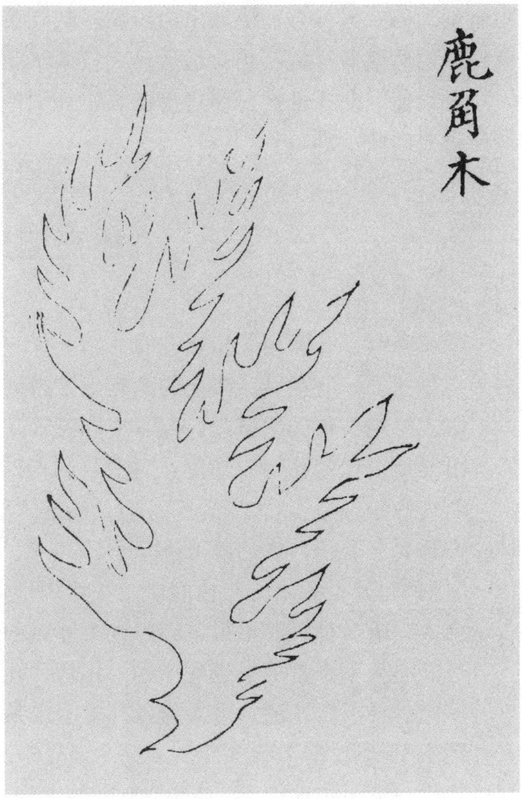

鹿角木，设险用具，可有效阻止敌人进攻。

萧道成虽身为武将，然却有着颇具谋略的政治头脑，他在刘宋朝廷的后期，面临复杂多变的政治形势，在诛除残暴幼主、代宋称帝的政治斗争过程中，他巧用“空城计”的政治策略，与他的支持者一起，共同在君权与臣权对垒的政治斗争“棋盘”中，实现了关键性的三步棋，从而为臣权的胜局奠定了基础：

第一步“棋”——“佯空”、“佯弱”而暗实、暗强。面对刘昱小暴君的政治残暴行为，手握重兵、身为老臣的萧道成，却故作无动于衷、无所作为之状。表现出空无大志、弱不堪击的样子，既不救臣僚，更听任刘昱的恶作剧摆布，将大肚当做活箭靶以取乐，待刘昱要扬言杀他时，却又装作不能做箭靶，取悦于帝。实则在暗中积聚力量，等待时机。

第二步“棋”——“佯服”、“佯静”而暗结、暗动。为了消灭政敌刘昱，萧道成排除了用公开在广陵起兵反抗的办法，而是在表面上仍归服朝廷，装作一副无所动与举止的样子，以痹敌、懈敌。而在暗中却在与刘昱身边亲信、宫中主上左右的人，结成政治同盟，共同策划诛除政敌的周密计划。终于伺准机会，由杨玉夫、杨万年、王敬则等人一起，合伙将刘昱斩杀，并及时向萧道成报告，以准备下一步行动。

第三步“棋”——“佯谦”、“佯让”而暗控、暗夺。待萧道成与同伙将政敌刘昱诛杀以后，他立即以皇太后之命召集其他三位朝廷元老重臣，商议军国大事。此时，他既箭拔弩张、威势逼人，却又故作谦让之状，以试探他们的政治态度。倘谁稍有沉默，便立即遭到呵斥、训诫，逼令作出拱手让权的表态才善罢甘休。同伙王敬则更为横蛮与表演得淋漓尽致，一方面威胁群臣，谁敢说萧道成半个不字，便要血染兵刀；另一方面更取出白纱帽，戴到萧道成头上，要他立即登基称帝，但却遭到萧的假模假样的制止。最后，大权集于萧道成一身后，他却又假谦、假让推辞说众命难违、众托难推，使之更加名正言顺地独揽朝廷大权，从而为代宋称帝作了最为重要的政治准备。

孔镛孤胆退兵

明孝宗时，孔镛当了田州知府，刚上任三天，州内的军队全都到别处执行任务去了。只留下一座空城。当地的峒族山民得到了消息，一下子包围了田州城。

众人惊慌失措关起城门，要下决心死守几天。

可是新上任的孔知府却说："把城门打开，让他们进来！"

众人纷纷说道："大人，不行啊，峒族人全是山里野人，他们可不认什么空城计，你只要一开门，他们就杀进来了！"

"把门打开，我出去与他们谈，我将用皇上的恩威与孔孟之理去劝他们。"

众人一听全都哭笑不得，心想这个迂腐的知府老爷怕是死定了。

有好心人不忍看他去送死，尽力相劝，孔镛决心已定，坚持要去。

城门打开了，孔镛一个人骑着马走了出来。一个峒族人首领喝道："你是什么人，还不下马受死！"

孔镛不慌不忙地说道："我是新来的太守，我要到你们寨子里去视察！"

峒族人一听太守要视察，一时不知如何是好，因为有史以来还没有一位朝廷命官到他们山寨中去，所以这是一个大事。

首领便说："好吧，我们带你去。"便带着孔太守往山里走去。

城里的人一看，敌兵退了，都很高兴，可是一看敌人把太守也带走了，又一时

隘楼，设于山径可行之路的险要处，用于阻挡敌人进攻。

不知如何是好了。

孔太守走到半路上，只见路两边的树林中捆了好多人，这些人一看太守来了，都哭喊道："大人救命，大人救命啊！"

孔太守一看就明白了，这些路过的商人和出城赶考的学子，是被峒人在半路上捉走的。可是他不动声色，一直往前走。

到了峒人的山洞，孔太守坐到了位子上。一个首领拿着刀来杀他。

孔太守大叫一声："无礼，还不跪下！"

那个首领不动反问："你是什么人？"

"我是你们的父母官孔太守，没有我就没有人管教你们！"

众人问："您可是孔圣人的后代？"

孔太守说："正是孔夫子的子孙！"

众人一听，全都跪到了地上。

孔太守说："我知你们本是良民，因饥饿所致入城抢夺，现我来做你们的父母官，把粮食和布发给你们，如果你们不听我的话，我就要派官兵来兴师问罪了！"

众人一听连连磕头说："一定听大人的话，一定听大人的话！"

"给我拿饭来，我已经饿了！"

峒人马上杀牛宰羊，给孔太守做了一顿好饭。吃完饭，孔太守说："备床，我要休息了。"接着便从容入睡。

第二天一早，他便对峒人的首领说："跟我到城里取粮食和布去吧。"

于是，众人便随他往城里去。走到半道上时，又看到那些捆在树上的人。孔太守说："你们已经是良民了，这些人也该放了，以后也不许再乱捉人了。"

峒人一听太守有令，也就马上照办了，将那些捉来的人全都放了。

到了天快黑的时候，孔太守带着峒人来到了城下。城上的官吏一看，又吓坏了。他们说："一定是太守投降了峒人，带着他们又来攻城了！"

孔太守大喊："开门，开门！"

可城中就是不开门。孔太守这时才明白了，叫峒人退到大路边上，自己走到城门口。这时城门开了，他来城里，讲明了情况，城中百姓十分高兴。

众人将粮食和布帛从墙头上丢了下去。峒人得到了粮帛，十分感谢，从此老老实实地过起了日子。

商海弄潮

松下公司商战空城计

日本许多大公司，松下集团是最早将中国的三十六计用于商战，而且屡屡创出的新的战绩，令人刮目相看。

松下公司，是由松下幸之助创办的一个大型电器王国。但是，松下在创立的70多年的历史中，也多次遇到生存危机，但都能渡过难关，这全靠松下的谋略了。

20世纪50年代，日本出现经济大滑坡，不少企业已经难以支撑。为此，松下公司召开了董事会研究对策。

会上不少人提出，公司的产品卖不出去，已经没有钱发工资了，唯一的办法是减一半人。消息传出后，整个公司人心惶惶，许多职工感到，在这个时候离开松下也是没有出路的。

日本的一些别的大公司，为了减少开支，也在纷纷裁人，一时间社会上到处是失业的人。由于害怕失去工作，不少工会又组织了罢工，这样一来，劳资关系就更加紧张了。

一起与松下做生意的公司，也在看着松下如何动作，看松下用什么办法渡过难关。

可是，此时松下幸之助却有病躺在医院里。于是，商界传出许多谣传，说松下已经病倒了，松下公司对渡过难关没什么办法了。

公司的武久和井植两位高级总裁到医院去看望松下。

“松下先生，我们现在很困难，已经拿不出什么办法了。”武久说。

松下问道：“真的就没有什么好办法了吗?”

井植说：“松下先生，办法还是有的，那就是首先把公司的职员减少一半。”

松下躺在床上没有说话，但是看得出来，他的心里早已经有办法了。

“我已经决定一个人也不减!”

武久和井植一听，大吃一惊。

松下看出了他们的疑惑，便说：“如果我们减人，别人就看出了我们的困难。他们就会趁机和我们讲条件，如果我们不减人，则向外界表明，我们是有实力的，也是十分自信的，别人就不敢小看我们，不敢和我们竞争。”

“松下先生，不减人当然好了，可是总要有个办法呀!”

“办法我也已经想好了，那就是改为半天上班，工资按以前的发全天的。”“这个办法怕是不行吧，先生这样下去，公司用了不多久，就会成了一个空架子。”

“哈……哈……”松下笑了，“就这样办吧，你们不要担心，绝对不会像你们想的那样的!”

武久和井植半信半疑地走了。

两人回到总部，集合起全体员工，一级一级地向下传达松下先生的决定。员工们听到这个决定都高声欢呼起来。几乎所有的人，都发誓要尽全力为公司效力，公司上下出现了万众一心，共度难关的场面。

当外界听到松下公司不减一人，而且只上半天班，发全天工资的做法，顿时感到松下不愧是日本第一大公司，定有灵丹妙药和回天之力。

最重要的是，这一决定稳定了军心，人人上阵，全力工作，只用了两个月，松下的产品又全部推销出去了。不但停止了半天工作制，而且还要加班加点才能把大批订货干出来。

松下不愧是经营之神，在“黑云压城城欲摧”之时，能够从容不迫，在本来自身已经困难的时候，大胆采用商战中的空城计的作法，干脆来个愈空愈敢空，大有一空到底的气概。别人反而不再怀疑，内部又更加齐心协力。于是，不利变有利，处处都是转机，抓住机遇，走出了困境，这便是松下高人一筹的地方。

空城计运作的佼佼者

产品在市场上供不应求，造成缺货，怎么办？美国的绿巨人（Green Giant）罐头食品公司与台湾的波蜜果菜汁之"空城计"能够给予答案。

绿巨人罐头公司以生产玉米及豌豆罐头出名，在其产品刚打入市场时，即委托广告公司代为策划整体的宣传策略，通过双方研究磋商后，才决定以身披树叶的绿巨人为诉求重点。绿色代表健康，巨人代表强壮的体魄，由此建立消费者对"绿巨人"的强烈印象。

因为绿巨人强壮健康的形象非常突出，因此上市不到一年，其知名度的普及率已直逼叶德狄斯奈的唐老鸭与米老鼠。而绿巨人食品公司的罐头食品销售量也大为上升。

由于市场需求出乎意料的繁盛，绿巨人公司产品的安全库存量无法在短期内立刻调整，适应广大的市场需求，于是广告代理商乃再度献计。一方面向消费者表明因产品大受欢迎，以致供不应求；另一方面再稳固品牌的认识，防止竞争品牌乘虚而入。

该广告代理商乃设计出"脸红的绿巨人"图案，绿巨人在电视上变成红脸关公，对白是"很抱歉，因为我们的产品供不应求，我们感到难为情。"由于这则广告表现得非常幽默与出色，特别受消费者的好评，使绿巨人公司安全地渡过市场真空阶段，奠定下今日绿巨人公司独步市场的根基。

同此类似的是，数十年后的台湾亦同样出现波蜜果菜汁的"对不起！请稍等！"广告。

虽然两者立意相同，但波蜜果菜汁在电视画面与文辞的表达却略逊一筹。绿巨人以脸红来表示难为情；波蜜果菜汁则以一群年轻人高举波蜜，非常高兴地"对不起"，使人不得不对其"对

三十六计之空城计

不起”的诚意起疑心，而此对广告的接受程度上有挺大的关联。

在企业的发展过程中，产销之间的不协调时有发生，其大都因营运资金与安全库存间的矛盾而起。而在鱼与熊掌不可兼得的状况下，行销决策单位应非常注意以下三个事实：

（1）供不应求意味着行销策略的成功；

（2）情报灵通的竞争品牌随时有功袭计划；

（3）消费者的耐性是一定的。

为了防止虎视眈眈的竞争厂商趁机煽动等待购买的消费者转向购买，除了马上加工生产，以最快速的通向重要市场外；积极地发扬供不应求的意义实是最重要的课题。

供不应求一般情况是在成功的行销策略下，产品的受欢迎度超过计划指标。而消费者的此番“美意”，无论其使用该产品的需要心理层次如何，假如没法立刻加以弥补，很有可能产生人们“由爱生恨”的心理。因此在供不应求的情况下，消费者的心理安抚自有其必要性，绿巨人十分巧妙地创造了红脸关公，不仅博得消费者会心的一笑，同时更加巩固其品牌地位，可以说是“空城计”运作的佼佼者。

第三十三计　反间计

原文注译

【原文】

疑中之疑[①]。比之自内，不自失也[②]。

【注释】

①疑中之疑：疑，怀疑。全句意为：疑阵中更布置疑阵。

②比之自内，不自失也：语出《易·比·象》："比之自内，不自失也。"比，亲比，辅助，援助，勾结，利用。此句可以理解为利用敌人派来的间谍为我服务，可以有效地保全自己，攻破敌人。

【译文】

在敌人怀疑、犹豫的情况下，再给敌布疑阵。勾结、利用敌方派来的间谍为我服务，可以收到保全自己，争取胜利的好效果。

按语注译

【按语】

间[①]者，使敌人自相疑忌也；反间[②]者，因敌之间而间之也。如燕昭王薨[③]，惠王[④]自为太子时，不快于乐毅[⑤]。田单[⑥]乃纵反间曰："乐毅与燕王有隙，畏诛，欲连兵王齐。齐人未附，故且缓攻即墨[⑦]，以待其事。齐人惟恐他将来，即墨残矣！"惠王闻之，即使骑劫[⑧]代将，毅遂奔赵。如周瑜利用曹操间谍[⑨]，以间其将，亦疑中之疑局也。

【注释】

①间：间谍。

②反间：这里是指反间计，即利用敌人派到我方的间谍为我方服务的一种计谋。

③燕昭王：战国时燕国国君，公元前311年即位。公元前284年为了报仇，联合秦、魏、韩、赵攻齐，重用乐毅，攻下齐国70多座城池。后因求长生不死术，吃丹药中毒而死。薨：古时天子死亡叫崩，诸侯死亡叫薨。

④惠王：燕昭王的儿子。公元前279年即位，对乐毅有成见，曾因中田单的反间计，不用乐毅而败给了田单。

⑤乐毅：战国时燕国名将。燕昭王时受重用。因破齐有功，封于昌国（今山东淄川东北），号昌国君。后受迫害逃亡赵国。

⑥田单：齐国名将。临淄（山东临淄东北）人。公元前279年，用反间计使燕惠王派大将骑劫替代乐毅为主将，而后以火牛阵大破燕军，收复70多城，被封为相国。

⑦即墨：地名，今山东平度东南。

⑧骑劫：燕国将领。有勇力，是燕惠王的亲信，后田单来攻，被惠王派去代乐毅为将，被田单击败，死于敌军之中。

⑨曹操间谍：指曹操幕宾蒋干。在赤壁大战中，中了周瑜的反间计，使曹操错杀水军都督蔡瑁、张允。

【译文】

间谍，可以使敌人自相怀疑和猜忌。反间，就是利用敌人派来的间谍转而离间敌方。如战国时代燕昭王死后，继位的惠王从当太子时，就不喜欢乐毅。田单于是派间谍到燕国制造谣言，说："乐毅与燕王有隔阂，害怕被惠王所杀，想借攻齐为名，联合齐国，然后自立为齐王，因为齐国还没有归附于他，所以他不急于攻下即墨，以便等待时机，使自己的大事成功，齐国人担心的是燕王派别的大将来打，那样，即墨城早已被打下来了。"惠王听到谣言，便派骑劫代替乐毅为大将。乐毅于是逃往赵国。三国时周瑜利用曹操派来的间谍，去离间曹操的大将，也是在疑中再安排疑阵的谋略。

传世典故

反间计，原文的大意是说：在疑阵中再布疑阵，使敌内部自生矛盾，我方就可万无一失。说得更通俗一些，就是巧妙地利用敌人的间谍反过来为我所用。在战争中，双方使用间谍，是十分常见的。《孙子兵法》就特别强调间谍的作用，认为将帅打仗必须事先了解敌方的情况。要准确掌握敌方的情况，不可靠鬼神，不可靠经验，"必取于人，知敌之情者也。"这里的"人"，就是间谍。《孙子兵法》专门有一篇《用间篇》，指出有五种间谍。利用敌方乡里的普通人做间谍，叫因间；收买敌方官吏做间谍，叫内间；收买或利用敌方派来的间谍为我所用，叫反间；故意制造和泄露假情况给敌方间谍，叫死间；派人去敌方侦察，再回来报告情况，叫生间。唐代杜牧解释反间计特别清楚，他说："敌有间来窥我，我必先知之，或厚赂诱之，反为我用；或佯为不觉，示以伪情而纵之，则敌人之间，反为我用也。"

三国时期，赤壁大战前夕，周瑜巧用计杀了精通水战的叛将蔡瑁、张允，就是个有名例子。

话说孙刘结盟，共同抗曹。虽然在兵力数量上孙刘两家合起来，还是大大少于曹操，但孙刘联军发挥善于水战的特长，在长江水域初战告捷，挫了曹军锐气。

曹操的北方军队本来不懂水战，为弥补这军事上的短处，便令精通水战的荆州降将蔡瑁、张允在长江中建立水寨，训练水军。而张、蔡二人因久居荆州，深知水战奥妙。所以，这两个人也自然成为东吴的心腹之患。当时，在东吴主管军事的是周瑜。周瑜精通兵法，足智多谋。在曹操眼里，他是灭吴的一大障碍。一天，曹操派部下蒋干，利用与周瑜旧时的交情，以访友为名，前往长江对岸敌营，试图劝说周瑜投降，顺便刺探军情。

周瑜赤壁纵火图

周瑜正为蔡瑁、张允在提高曹军水战能力而犯愁，得知蒋干来访，立即识破来意，顿时计上心来。

在款待蒋干的宴席上，周瑜解下佩剑说道：“蒋兄是我的老同学、好朋友，我们今天只叙友情，不谈打仗，如果有谁敢谈论与交战有关的事，就用此剑杀了他。”这一来，也堵住了蒋干的嘴，只字不敢提劝降一事。大家只管尽情欢笑饮酒，周瑜也喝得醉意朦胧。

晚上，蒋干与周瑜同床共寝，蒋干翻来覆去睡不着，坐起身来，借着灯光看见案头上放着一封信，是蔡瑁、张允阴谋反曹、投降东吴的密信。蒋干回头看时，周瑜正醉酒沉睡，蒋干赶忙把信揣起来，连夜跑回荆州，把信交给曹操。

曹操看了蒋干带来的信，顿时火起，斩杀了蔡瑁、张允。随即，他又发现信是伪造的，他中了周瑜的反间计了。但为时已晚。杀了张允、蔡瑁之后，曹军中失去了熟知水战的得力战将。这也成了后来曹军赤壁大败的一个重要原因。

用计锦囊

在发现敌人派来进行刺探和破坏的间谍时，为了借机离间敌人，获得情报，可以利用优厚的待遇收买他，也可以假装没有发现，故意把假情报透露给他，这样敌人派来的间谍反为我所用，使我能在不受损失的情况下达到战胜敌人的目的。

本计有如下两种含义：

1. 使用“反间”。就是要充分地利用“反间”来达到获取情报，扰乱敌人的目的。“反间者，因其敌间而用之”。意思是所谓的反间，是诱使敌方间谍为我军所利用。这是一种“以其人之道，还治其人之身”的计谋。敌人派来的间谍是为了刺探我们的情报，是给我们设下的疑阵，我们用敌人设下的疑阵反过来再迷惑敌人，这就是用敌人自己的人来迷惑敌人自己，借敌人自己的手，来打敌人自己的嘴巴。敌人的间谍之所以有被我所利用的可能，就是因为很多间谍都是为敌人所给的钱财所驱使，谁给他钱，他就为谁卖命。如果间谍觉得我们所给的钱比敌人给的优厚，那么他就会转而为我们服务。所以收买敌人间谍的主要手段，就是“厚赂诱之”。

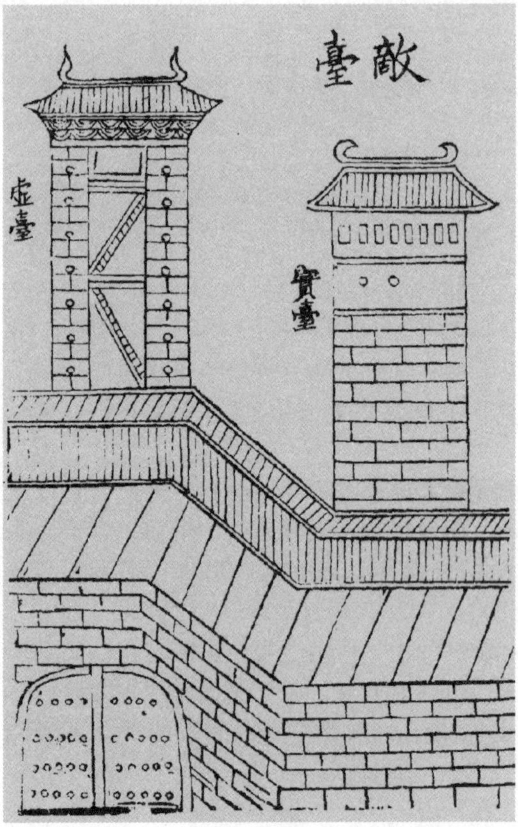

古代城墙上的敌台

2. 分化离间。就是在敌人之间挑拨是非，引起纠纷，制造隔阂，破坏敌人内部的团结，使之反目为仇。敌人内部如果团结一致，就会形成一股难以抵抗的力量，所谓“合则势张，合则力强（《白豪子兵䇲》）。相反“兵不贵分，分则力寡”（《投笔肤谈·家计》）。“我专为一，敌分为十，是以十攻其一也，则我众而敌寡；能以众击寡者，则吾之所与战者约矣”（《孙子兵法·虚实篇》）。意思是我军兵力集中在一处，敌人兵力分散在十处，这就是用十倍于敌的兵力去攻击敌人，这样我军就占了优势，敌人就转为劣势。能够集中优势兵力攻击处在劣势分散的敌人，那么同我军当面作战的敌人就少得多了。这里十分具体地阐述了敌分我专的好处。那么怎样才能做到这一点呢？一个办法就是“形人而我无形”，另一个办法就是分化离间。形人之法是在空间上把敌人分散开来，但敌人仍是一个整体，还会互相救助。而分化离间是从心理上，即从根本上把敌人分散开来，这时无论是哪部分遇到危难，其他部分都只能袖手旁观，甚至幸灾乐祸。所以分化离间是一种彻底的分敌之法。

防范反间计应注意采取如下对策：

1. 信息要封锁。凡属重要信息，特别是关键时刻的重要信息，绝对不能随便泄露出去，对所有的无关人员都要严加封锁，特别是有可能接触对方人员的间谍更应该这样，不应该让其知道的不让其知道，不应该让其看见的东西不让其看见，不应该让其参与的事情不让其参与。这样即使我方的间谍被敌所收买利用，他也无法取得我方的重要情报。所谓的“三军之事，莫亲于间”，是指在军队的交往关系中，没有比对间谍更亲密的了。但这并不等于说什么样的信息都应该让他知道。必要的时候还要“愚士卒之耳目，使之无知”，借此来防万一。

2. 间谍要可靠。凡我们派出的间谍，要进行全面审查，不但要求其具有做间谍的基本能力，更要有坚定的立场。要“威武不能屈，富贵不能移”，要能经得住各种考验，不然，我们派出的人，又反过来刺探我们，那是十分可悲的事情。除了派出之间要考察，在以后的活动中也要不断进行考察，发现疑点要停止使用，在这样的问题上，还是谨慎一点为好，所谓的“用人不疑，疑人不用”与这里所讲的“慎用”是不同的。

3. 情报要推敲。尽管我们派出的间谍不被收买，他所获取的情报也不一定就是很可靠的。因为他很有可能被暗中间接地当成反间。也就是说对方虽已发现我方的间谍，但其假装不知，故意向我们的间谍透露虚假的情报，而我们的间谍却不知道这些，高高兴兴地把假情报当做真情报带回来，一旦我们相信并利用了这些假情报，就正好中了对方的阴谋诡计。所以对间谍带回来的情报一定要反复推敲，在推敲验证的时候，绝对不能以“自己认为应该如此”来推断，更不能以“这样对我较为有利”来选择。宁可想得坏一点，多作些防备，也不可想得好一些而到时束手无策。

4. 多间相印证。同一事或同一地，可以多方位地派出若干间谍，让他们从不同的侧面获取情报，这样我们不但可以得到主体的信息，同时各方面的信息也可互相印证，这样有人叛变，我们马上就可以发现，有虚假的情报我们马上就可核实，一个间谍出了问题，其余的立即就可弥补，所以同时派出若干间谍，是防范反间的有效办法之一。

计谋典范

战场逐鹿

周瑜大敌当前宴待同窗

在吴魏赤壁大战前夜，曹操率数十万大军与周瑜隔江对峙。曹操苦于对敌方情况一概不知，心中十分烦闷。这时幕宾中蒋干主动对曹操说：“我与东吴都督周瑜有旧交，请允许我去江东说服周瑜归降。”曹操一听，十分高兴，便遣蒋干起程去江东。

周瑜侦察曹操水寨后，发现曹操水军深得水上作战的奥妙。一打听，才知道水军都督是降将蔡瑁和张允。周瑜暗想，这两个人曾是刘表手下的大将，久居江东，熟悉水战。如果不先除掉这两个人，就不能发挥水上作战的优势。正当周瑜与众将商议如何除掉这两个祸害时，忽听军士传报说：“周都督故友蒋干求见。”周瑜一听，高兴得拍案而起，对众将说：“我们可就在这个人身上用计。”说罢，便整理好衣冠，在数百名从者的簇拥下，迎接蒋干。

周瑜边走边想，他既然是为曹操来做说客的，如果让他先开口，我不答应他的劝说，一见面便伤了和气，不如先封住他的口为好。于是见面寒暄几句，就对蒋干说：“子翼久未相见，今不辞辛苦远道而来，一定是为曹操做说客的吧?”蒋干见周瑜单刀直入说破来意，心想，我承认了吧，冲淡了往日的情谊，不承认吧，后话还无法张口，于是，顺便应承说：“我久别足下，恨相逢机会太少，今特来叙旧，回顾友情。”周瑜说：“我虽然不能像师旷那样，聪明得听到弦歌便知其中的雅，但凭直觉也能猜出个十之八九。”蒋干说：“既然足下以说客待我，我只好告辞了。”周瑜说：“既然不是，何必马上就走呢?”于是，亲热地把蒋干让到中军大帐，并召集众将，举行盛大宴会。宴间，周瑜对众将说：“这是我的同窗好友，虽然来自江北，但他只是来看望故友的，不是替曹家做事的，你们不必多心，只可开怀畅饮。”又对身边大将太史慈说，“今天你做监酒，执我佩剑，大家只叙友情，不谈军中之事，有谁提及军事，扫了我的兴，可就地斩首。”蒋干见这阵势，只好缄口不言，只顾饮酒。

周瑜对蒋干说：“从军以来，我滴酒未沾，今天见了故人，也该放松放松，咱们今天喝个一醉方休。”说着畅饮起来。酒至半酣，周瑜拉着蒋干的手，摇摇晃晃出帐，指着持戟而立的军士说：“我的军士雄壮吗?”蒋干应付着说：“真是熊虎之士。”周瑜又指着帐外的粮草炫耀说：“我的军粮足否？”蒋干说：“果然是兵精粮足。”周瑜说：“我们同窗时，没想到我会有今天吧。”蒋干说：“以兄之才，何止今日之威风呢。”刚想顺着话题劝诱他去投曹操，周瑜打断他的话说：“大丈夫在世，能遇到知己的君主，真是难得啊！我主公孙权，对我言听计从，我感到十分畅快，即使有陆贾、郦生复出，也不能说动我离开我主的心啊！”蒋干一听，心想，未等我开口，他倒先用话堵死了。无奈，只好等机会再说吧。

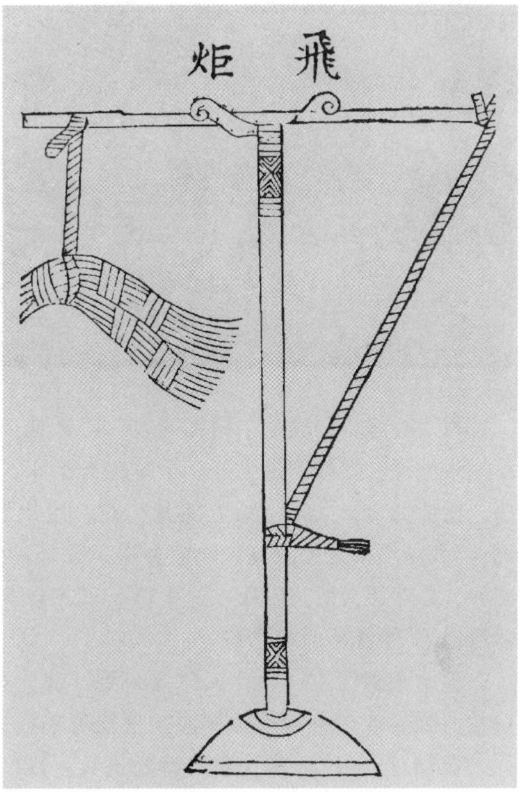

飞炬，火攻用具。

宴席散后，周瑜拉蒋干说：“今天我们把公事全抛开，到我房里歇息，也好多说几句心里话。”蒋干跟着周瑜来到他的寝帐，两个卧在一张床上安歇。不一会儿，周瑜便呕吐起来。在这种情况下，蒋干哪能睡得着？乘周瑜酒醉不醒，起身走到桌前。桌上摆着一堆公文，蒋干借着月光，在一沓公文中发现一封信上面竟然有蔡瑁、张允的字样。蒋干一阵惊奇，抽出信一看，只见信中说：“我二人降曹操不是图官禄，而是不得已。现在我们已经用水寨把曹操大军隔在岸上，使他不能发挥作用，只等将军来攻。如果方便的话，我们还可以把曹操的首级献给将军，近日有人去江北你处通告消息，先写此书告知。臣蔡瑁、张允敬上。”蒋干看罢心想，原来水军都督蔡瑁、张允联结东吴，这可是头等军事秘密。便把这封信藏在内衣里，又回到床上装睡。

不一会，侍从入帐推醒周瑜说：“都督醒一醒，有人求见。”周瑜被推醒后，问从者说：“是什么人睡在我床上？”侍从说：“都督难道忘了，昨夜你与故友共饮，是你拉他来此共寝的。”周瑜说：“果然喝酒误事。你找我有什么事？”侍从说：“江北有人求见。”周瑜整理好衣着，轻声叫蒋干：“子翼……”周瑜见蒋干未醒，便悄悄走出大帐。

正装睡的蒋干，把刚才的话听个清楚。当周瑜出帐后，也悄悄溜下床，在帐内窃听。听到外面有人说：“那曹操奸诈无比，无机会靠近……”后面的话语虽多，但听不清楚。蒋干怕周瑜突然回帐，又回到床上装睡。周瑜进帐后，又轻声唤了几声“子翼”，见蒋干未醒，也和衣睡下了，不一会儿鼾声大起。

赤壁鏖兵

蒋干心想，周瑜是个精细的人，明天他如果发现书信不见了，必然要怀疑我，不如乘他现在熟睡溜走为好。于是轻身下床，小声唤了几声“公瑾”，见他睡得很熟，便悄悄走出大帐，喊上随身小童，走出营寨。遇到守营的军士时，蒋干主动说：“我是周都督的故友，昨夜多喝了几杯，公瑾正在安歇，我乘机赶路。如果他醒后，必然还会留我，我在这里待久了，会影响都督公事，请代我向都督道歉，传话给他。”军士也只好答应。

蒋干来到江边，叫仆人急摇舟到江北，见到曹操后，把整个过程细细地讲述一番，最后取出书信递给曹操。曹操见信后，大怒不已，马上传蔡瑁、张允来见他。曹操对二将说：“我明日就要进兵，你们看如何?”二将说：“现在我们的水军还未训练好，不可轻易进兵。”曹操说：“如果等你二人训好了水军，我的头早就归周瑜了。”二人莫名其妙，见曹操面有怒色，便唯唯诺诺地说：“是……是。”曹操见二人认了账，喝令武士把二人推出去斩首。不一会儿，武士便把两颗人头献了上来。

曹操杀了二将，心中怒气已消，这时再冷静一想，才知道中了周瑜的反间计。

巧用曹军间谍

东汉献帝建安十三年（208 年），赤壁大战前夕，这既是曹吴的军事较量准备阶段，又是双方政治间谍大战的序幕。蜀军的军师诸葛亮借来东风，东吴大将周瑜见出兵击曹的好时机到了，于是连忙调兵遣将。

在双方政治间谍战中，蔡中、蔡和是曹操派到吴军中来的两个间谍，他们时时都在刺探军情，不断暗中往曹营送情报。这时，见周瑜部署军马，估计要出兵打仗了。但为了将情报核实准确，他们便试探着向周瑜打听：“周都督，东吴兵强马壮，粮草也很充足，人们都急着打仗立功呢？我们兄弟俩也恨不能马上杀进曹营。”周瑜对这两个家伙的身份，早已知晓。听了此话，便故意不动声色地对他们说：“立功的时机到了，我正想要重用你们俩。”周瑜见左右闲杂来往人员太多太乱，便向他俩使了个眼色说：“咱们出去一下吧，我有事要与你们商量。”于是，他们一行走出军帐，进入树林，又沿小路登上山顶。蔡中、蔡和见此处僻静无人，断定要谈军机大事，暗自高兴。但见周瑜突然拔出剑来，他俩心里一惊，以为身份暴露，周瑜要杀他们。周瑜将此一切都看在眼里，然后不慌不忙地对着一块山石磨起宝剑来了，一边磨一边说："养兵千日，用兵一时，今天晚上就要大破曹兵，我要重用你们俩人。"此二人才将上提的心放了下来，又进一步套周瑜的话说："我们俩人熟悉曹营的情况，都督想知道那里的什么情况，都能够说个清清楚楚，明明白白，不知道你是不是用得着我们俩?"周瑜没有回答，只顾埋头磨剑，直磨得雪亮闪光，才住了手。周瑜这时才来问他们："听说曹营的战船都连了起来，是吗?"他俩也不隐瞒，便说："是的，简直成了水上营寨，实在难攻得很呢!"周瑜一听，禁不住哈哈大笑起来说："我要放一把火呢？好大的东南风呀！这是天助我也。"蔡中、蔡和一听几乎吓得叫出声来，同时又急欲将此情报送回曹营。于是，便假惺惺地说："火攻必胜，我们二人愿做先锋。"说完正要告辞退走，周瑜却仰天大笑三声说："慢着！还有更重要的事情要重用你们俩人。"此二人立即跪拜，说："谢都督抬举，不知有何差遣?"周瑜走近二人身旁说："我要借二位的头，试我的剑！借二位的血，祭我的旗?"迅即将二人斩杀，这两个政治间谍在最后核实了重要情报后，也终于人头落地。接着，赤壁大战便紧张地开始了。

周瑜对曹操派来的蔡中、蔡和这两个政治间谍，在发现其身份后，既未秘密审讯，也未捕获，而是暗中进行控制其行迹。在大战前夕，他为了进一步核实情报及用计的可行性，于是便施逼化之计，将此敌间，用完之后逼杀，以化害为利。其施计的步骤是：第一步，诱间出帐，周瑜借二蔡试探军情之机，骗以重用之事，诱以出帐上山；第二步，试其心计，周瑜借当晚要大破曹兵之举，试出二人对曹营情况的熟悉之事；第三步，核其敌军情报，周瑜乘势问及曹军战船连寨情况，二蔡只得吐露实情，且自得地认为难攻难破，周瑜终于最后核实情报；第四步，测其计之可行度，周瑜借二间谍的反应，直接透露欲乘风用火攻曹军战船，二蔡立即反应既惊且忧，又急欲逃走送报。这一切终于使周瑜从反面证实了此计的确出乎曹军所料，大为可行。于是便按计行事，随即将两个政治间谍斩杀，以防情报的泄漏。二蔡虽害，但最终却在最关键时刻，被周瑜巧施逼化之策，化害为利了。

曹操抹字间韩遂

建安十六年（211 年）九月，曹操指挥部队全部渡过了渭水。马超等多次挑战，曹操都置之不理。马超又坚持割让土地讲和，送儿子做人质。曹操的谋士贾诩认为可以假意答应他。曹操又问计策如何，贾诩说："离间他们罢了。"曹操说："明白了!"

韩遂请求与曹操相见，曹操与韩遂有些老关系，遂在阵前，马头相交着谈话，谈了好久。但所谈皆非军事，只说些京都旧故，说到高兴处，拍手大笑。当时，汉人、胡人观看的，里三层外三层，曹操笑着对他们说："你们想看曹操吧？他也是

马超大败曹操

个人，并没有四个眼睛两张嘴，只是多一点智慧而已！”事后，马超问韩遂：“曹操说了什么？”韩遂说：“没说什么。”马超等开始怀疑韩遂。另有一天，曹操又写给韩遂一封信，信上多处涂抹删改，就好像是韩遂涂改过的；马超等更加不相信韩遂。曹操便与马超约定日期会战，先用轻装部队挑逗马超部队，激战许久，然后投入猛虎般的骑兵夹击，大败马超军。

曹操素以足智多谋著称，此计也用得与众不同。他先是抓住韩遂主动要求阵前会晤的机会，故作亲密，谈一些说不清道不明的事情，致使马超顿生疑心。继而又写信叙旧，且在信上涂涂抹抹，似有隐意可究，遂使马超疑心加重。待到马超与韩遂心有隔阂时，他便趁机与之决战，终使马超败北。

姜维将诈就计骗敌中伏

魏景元元年，姜维听说司马昭杀了曹髦，立了曹奂，便借机第七次出兵征伐中原。大军刚在祁山下寨，便听说敌将王瓘率兵来投降。姜维令军兵阻住降兵，只放降将入帐来见。

王瓘对姜维说：“我是魏国尚书王经的侄儿王瓘，我叔父一家因曹髦而受牵连被司马昭杀害。今听说将军又出师伐中原，我要借将军之威，为叔父一家报仇雪恨。”姜维一听，高兴地说：“将军来降我十分高兴，昔日夏侯霸将军降我，被我军重用，卿也同样。现在我军中粮草转运是件大事，你可率本部军马三千人，去川口把几千车粮草运到祁山寨中。我用你两千军马做向导，去攻邓艾营寨。”王瓘本来是行诈降计的，知道姜维借魏朝中有变，来伐中原。王瓘便投其所好，诈称自己是王经的侄子，来投降姜维企图使姜维像信任夏侯霸那样信任他。现在见姜维这样安排，不答应吧，恐怕姜维会产生疑心。答应吧，带来的五千军兵一下子就分出去近一半。为了大计只好痛快地答应了。

王瓘出营后，夏侯霸入帐对姜维说：“我听说魏将王瓘来投降，将军怎么能信任他的话呢？我在朝中多年，未听说过王经有这样一个侄子，其中必然有诈。”姜维大笑说：“我已经看出其中有诈了。司马昭的奸诈不亚于曹操。他既然在朝中杀了王经一家，怎么会让他的亲侄子在边关统兵呢？我所以允许他投降，是要将诈就

姜维祁山战邓艾

计而行，你未见我已把他的兵势分开了吗?”夏侯霸知道姜维有了防备，便放心出营出去。

姜维在王瓘率兵走后，派军兵多在途中布暗哨设伏，切断王瓘与邓艾之间的联系。果然不到十天，巡哨的军兵捉到王瓘派往邓艾大寨的信使。姜维见王瓘在书中约邓艾八月二十日运粮到魏营。请他在坛山谷中接应。姜维把情况盘问仔细后，杀了信使。把书中八月二十日改为八月十五日，另派人扮成魏军把书信送给邓艾，同时做好在坛山谷伏击邓艾的准备。

邓艾得到王瓘的书信后，仔细盘问了信使，见信无伪，便如期率五万精兵向坛山谷中进发。到了谷口，邓艾登山一看，果然见远谷中有千余辆粮车，慢慢而来。邓艾见天色已晚，未敢贸然率兵入谷，便在谷口安营，准备在谷口处接应王瓘。

姜维见邓艾不率兵入谷，便又遣人扮作魏兵向邓艾报告说：“现在粮车已经过界，被后面蜀军发现，正在追赶，王将军请邓将军速去接应。”邓艾听后，正犹豫不决，这时却听到谷中鼓声阵阵，杀声隐约传来。他以为这必是王瓘与后面追兵在厮杀，于是率军入谷去接应。

当邓艾深入谷中后，谷口顿时被截断，谷内草车瞬间燃起，伏兵一齐杀出，邓艾听到蜀军内大喊“捉住邓艾的可封万户侯”的悬赏令后，忙弃马丢盔，混在步兵中，爬山而逃，其余数万军马皆降。

这时王瓘在川口还等着准备二十日举事呢，突然闻讯邓艾中计大败的消息，已知诈降行间败露，于是趁夜烧了蜀军粮草，见无路可走，便率兵向汉中方向杀去。

姜维正要继续搜寻邓艾，却听说王瓘见事不妙，往汉中杀去了。姜维怕汉中有失，立即率兵抄小路截阻王瓘。王瓘见四面受敌，无路可逃，跳黑龙江（现在汉江上游的褒水）而死。

萧衍施间救司州

建武二年，北魏将领王肃、刘昶进攻南齐司州刺史萧诞，战事危急。齐明帝调遣左卫将军王广之前往援救，萧衍为偏帅，隶属王广之指挥。

南朝梁武帝萧衍像

军行至熨斗洲时，距萧诞的防地仅有百里。众将因为魏军强大，不敢再进。萧衍大展威略，对诸将说："现在我们如果屯兵于下梁城，堵塞凿岘的险道，防守于雉脚之路，占据贤首山，借以连通西关，俯临贼垒，形成三面掎角之势，然后攻其不备，必定破贼。"可惜这一战略计划，没有被王广之等人采纳。

其后，王广之派徐玄庆进据贤首山，魏军截断了齐军的粮道。齐军诸将恐惧，不敢赴援玄庆，唯有萧衍自告奋勇，请求带兵领先援救。于是，王广之为其增配了精良的武器。萧衍遂衔枚夜行，在前开路。

进军途中，迷失方向。正当不知所措之际，忽见前面有像是持着两个火炬的人影，便跟随其后，果然找对道路，然后抄小路登上贤首山。广之的军队遂得以前进。

萧衍扎营未稳，魏军即来威逼，萧衍坚壁不出。王萧独自攻城，一鼓即退。刘昶得知，顿起疑心，萧衍乘机写信给他，施以反间之计，加深王、刘之间的隔阂。

一天早上，忽然刮起西北风，阵云随之而来，不久，直达王萧营地的上空。不久风回云转，还向西北。萧衍说："这就是所谓归气，魏军要逃跑了！"于是下令，"望麾而进，听鼓而动。"王肃倾巢而出，率领所部十万之军，列阵于水北。萧衍亲自挥旗击鼓，声震山谷，勇敢的先锋将士，执短刀先登，其他将士。以长戟掩护他们，大家奋勇争先，英勇杀敌。城中见援军已到，也冲出城门，配合作战，魏军腹背受乱，因而大败。此役梁军斩获魏军以千计。战场上，尸体遍地，血流成河，王肃、刘昶单骑而逃。

政治权谋

陈平计除范增

楚霸王项羽率兵十万，围攻荥阳，汉王刘邦急召张良、陈平等谋士商议，说："项羽看我兵力分散，城内空虚，率兵围攻，有什么办法拒敌?"

陈平说："项羽的得力干将，不外范增、钟离昧、龙沮、周殷这几个人，如果能够离间他们，使项羽起疑心，就可以解散项羽的核心组织，削弱他的进攻力量了。"

因此，刘邦把四万斤金子交给陈平去作间谍活动的经费，派人混入楚营，散布谣言，说钟离昧等因功不得赏，想与刘邦同谋，灭楚分地称王。

项羽一向多疑，听到这个消息，便信以为真，遂不与钟离昧等议事，挥军把荥阳围得水泄不通，一连攻打三日，见城中防卫森严，毫不动摇，也不能越雷池一步，项羽十分着急。

张良等谋士又向刘邦献计，说："项羽攻城不下，正好派人去诈降，他必应允，遣人来讨条件，到时使用陈平之计，彻底离间他的君臣感情，就可以解围了。"

"他不接受和谈又怎么办?"刘邦怀疑地问。

张良说："项羽脾气暴躁，沉不住气，刚而无忍，连日攻城不下，心正焦急，若汉使一到，必然接受。"

刘邦依计，派随何前往楚营游说。见了项羽，厚礼甘言说了一通，说刘邦得封为汉王，已自满足，不敢与项王分庭抗礼，今愿讲和，各守封疆，共保富贵，割荥阳以东为楚界，荥阳以西为汉界!

项羽想到刘邦势力日大，韩信又善于用兵，继续打下去，亦未知鹿死谁手，不如趁早讲和，休养生息，等候机会。便召范增等商量，范增却反对这样做，他说：

"这是刘邦的缓兵之计，和谈

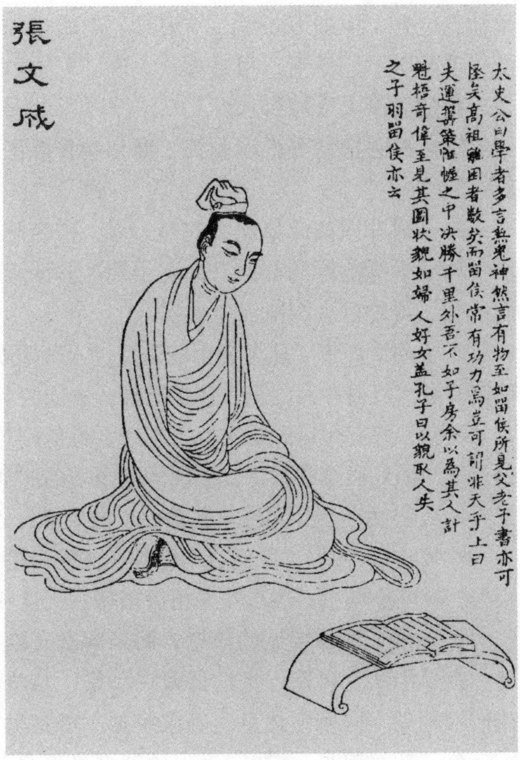

留侯张良

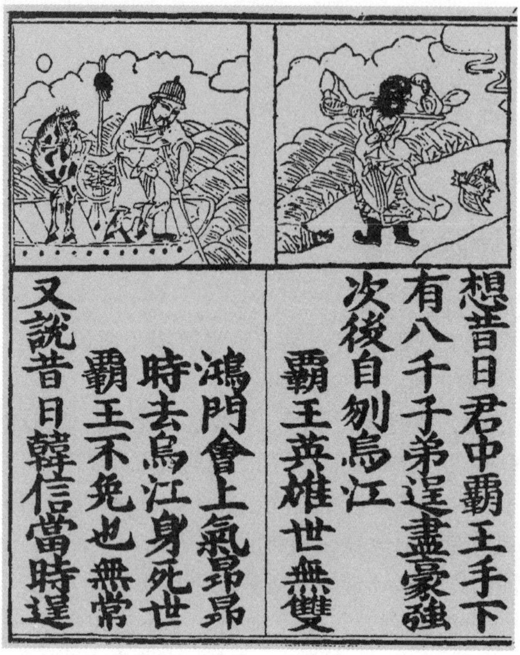

楚霸王乌江自刎

不是本意，把战局拖住，专等韩信的救兵，今日正可猛攻快打，把刘邦消灭了，再去对付韩信。”

项羽犹豫起来，又召见随何，说：“你暂且回城去，待我再考虑一下就通知你！”

随何吃惊了，心知必定是范增从中唆使，破坏和谈，乃对项羽说：“在这个紧急关头，陛下自愿圣裁，左右的话，怕有私弊，因为战胜也好，战败也好，别人一样可以不当楚官当汉官，但陛下将怎样处理自己？况且汉王尚未势穷力尽，韩信的几十万大兵很快就会到来，内外夹攻，陛下师久粮尽，那时欲退不得，不是后悔莫及吗？依臣鄙见，倒不如及时讲和，化干戈为玉帛，这样，不独汉王感恩戴德，老百姓也会讴颂陛下仁义呢！臣虽身在汉，旧实楚臣，这些都是肺腑之言，望陛下三思，不要被左右暗中出卖了！”

项羽听了这番话，很是喜欢，说：“你说得透彻有理，就这样决定，你且先回去，我随后派人入城讲和？”

随后回去把情况告诉刘邦，刘邦转告陈平：“楚使不日就要来和谈，你用何计对付！”

陈平附耳说如此如此，刘邦大喜，密令陈平去进行。

项羽不听范增的劝谏，派虞子期为和谈大使，指示他：要刘邦三天之内出城当面谈判，再趁机会探听汉营虚实。

虞子期奉命带了几名能干的密探进入荥阳城，闻说刘邦夜饮大醉未起，便暂时到旅馆安歇，打发左右暗里去刺探情报，表面装着是去通报，那位负责通报的密探依命入了汉营，只有张良和陈平两人出来，见他们身穿的是楚服，便殷勤地把他邀进一间公馆里，用好酒好肉招待，顺便问起范增的起居近况，大赞范增，并附耳问：“范亚父有什么吩咐？”那人说：“我是项王的关使，不是亚父差来的。”张良、陈平两人一听，假装吃惊，说：“我们以为你是亚父秘密差来的！”便叫一名小卒过来，把那人带到另外一间小馆里，改以淡菜粗饭招待，张良和陈平已不知转到哪里去了。

那人得了刘邦接见的信息，回来向虞子期报告，特别提出张良、陈平的话和态度，虞子期认为可疑，把这话藏在心里，乃整衣去见刘邦。可是刘邦还未梳洗，让随何带他到一间密室休息，等候接见。密室里布置得很幽雅，设备齐全，随何招待了一会，托辞起身，说：“虞大使请多坐一会儿，待我去看汉王梳洗好否？”

随何出去了，虞子期转身看看书桌，见有许多秘密文件，他即走过去翻，见有一封首尾不写名的信，内云：“项王彭城失守提兵远来，人心不附，天下离叛，大兵不过二十万，势渐孤弱，大王切不可出降，急当唤韩信回荥阳，老臣与钟离昧等为内应，指日破楚必矣。黄金不敢拜领，破楚后愿裂土封于故国，子孙绵延百出，臣之愿也，名不敢俱。”

虞子期大惊，暗思这信必是范增的了，最近听到亚父与刘邦私通的话，我尚不相信，今见此信，相信是不会假的了。遂将该信藏在身边，准备回去亲呈项王邀功。

随何进来了，说汉王召见，遂把他带到汉王那里。刘邦开口又把过去随何在项羽面前说过的话重复一遍，愿与项王分土而治。虞子期说：“我项王已依尊命，只想欲与大王见面详谈，别无他意！”

“既然这样，”刘邦说：“先生请先回，我商议好日期后再与项王见面就是了！”

虞子期回见项羽，传达了刘邦意见，又悄悄地密报在城内所听到的情况，张良、陈平的态度，及在密室里偷回的匿名信呈给项羽。

项羽看罢密信，大怒起来，说：“老匹夫居然想出卖我？务要查出实情，决不饶恕！”

范增知道了，在项羽面前力辩并无其事，且说这是陈平的反间计，离间君臣。

无论怎样，项羽已听不进去，立即炒他鱿鱼，贬范增回乡。范增走到半途，忽然背生毒瘤，就这样冷清清地死去。

李世民智退突厥兵

624 年，唐朝统一全国的战争基本结束。突厥贵族眼看内地已无割据势力可资利用，便倾其全部兵力，大举入侵唐朝疆域。颉利、突利两位可汗率军深入豳州地区，使唐都长安受到直接威胁。唐高祖李渊急忙派秦王李世民和齐王李元吉带兵前往抵御。

唐高祖李渊像

李世民认为，在敌强我弱的情况下，不能硬拼，只能智取。他说服了李元吉，亲自率 100 多名骑兵来到突厥兵的阵前。颉利、突利见唐兵只有 100 多骑前来，感到非常奇怪，因害怕唐兵暗设圈套，遂压住阵脚，不敢轻举妄动。

来到阵前，李世民大声对颉

利说："我是大唐秦王，你若有胆量，与我单独较量！"然后，李世民来到另一边，对突利语气和善地说，"你我曾订立盟约，说有急事互相救助。现在你不但不救助，反而引兵来攻，哪里还有香火之情、兄弟之谊?"颉利隐约地听李世民说"订立盟约"、"兄弟之谊"之类的话，疑心突利与李世民之间有密谋，遂引兵后退。突利见状也领兵退去。

此后，阴雨连绵有十余日。李世民夜里冒雨率军偷袭敌人。突厥人这才感到李世民不好对付。李世民又派人重金贿赂突利，说明利害，突利有些动摇。颉利主张再战，突利表示不同意。颉利怕突利与李世民之间有什么名堂，为免自身之祸，于是同意与唐朝订立盟约。突厥旋即退兵。

在此，李世民运用了反间计。他知道颉利、突利二人虽同是突厥的可汗，但分属于不同的部落，往往互相猜忌。李世民正是利用这一点，假装与突利有过秘密交往，使颉利起了疑心。主帅之间不和的军队是没有战斗力的。颉利怕中了李世民和突利之间的圈套，遂退兵。

商海弄潮

洛克菲勒巧用反间计

有众多的企业家中，对反间计这一谋略运用得最为娴熟成功的，恐怕要算美国石油大王洛克菲勒了，许多人把这仅当做一时一事的权宜之计，洛克菲勒却把这贯穿了自己的整个经营生涯。

洛克菲勒一生都在做着这样一件事：从敌人中选出最有竞争力的强者，然后千方百计将其吸收到自己的阵营中。标准石油公司的高层领导中，大都是由这种先是敌人再成为伏兵的强者组成的，这个阵营不断得以巩固和更新。

这也许还是"石油大王"一直保持着咄咄逼人的垄断优势的根本原因。

在洛克菲勒的发家史上，有一场垄断原油产地的血腥竞争，无数的石油经营者上吊或以手枪自杀。这场竞争中，有个叫亚吉波多的石油经营者引人注目。事件结束不久，亚吉波多成为标准石油公司的副董事长，在洛克菲勒退休后甚至出任了第二任董事长。

（一）暴发户的恶习

在美国的发展史上，这是一段令人疯狂的岁月，泰塔斯维的广大旷野上，发现了石油，一种流动的乌黑的"取之不尽"的黄金。

无以数计的美国人拥向这片土地，这儿原是贫瘠的荒山和旷野，人们世代过着简朴贫穷的生活。然而突然间这一切都变了，每一寸土地都变成了金钱的源泉，就连那残墙颓垣的小院也身价百倍。

暴发户的恶习像瘟疫一般在人们身上流行，商人、农民、流浪者无一不幸免。

他们的奢侈和浪费令人震惊。

他们不愿写简单明了的问候信。宁愿用价格高昂的电报来代替。

他们的采油工具略出了一点小毛病就不愿再修理，而宁愿更换新的。

他们千辛万苦挖掘来的油井稍微产量不尽如人意便抛弃另掘。

产油区的农民工人，与投机商暴发户已没有什么差别了。

这些恶习一直延续到被石油大王吞并之后，人们才醒悟到，其实属于他们的财富是十分有限的。

三十六计之反间计

（二）生产者同盟

在泰塔斯维的原油产地，人们为维护自己的利益和抑制过于浮动的石油价格，组织了生产者同盟。这个组织的中坚人物是亚吉波多。

生产者同盟最初拟定了“每桶 4 元”的原油保护价。后来，随着开采量的提高，原油日产量由 1.2 万桶猛增到 1.6 万桶，结果是油价暴跌，保护价已成为一纸空文。

国际市场也有了很大变化，欧洲已有种液化油上市，价格低廉性能良好。再加上过度投资所带来的种种竞争，生产厂家已面临非常困难的境地。

生产者同盟发现生产严重过剩后决定采取半年内不准开采新油井的管制措施。

如果按照设想，人们似乎能够保护自己了，但事情的发展出了意外。

（三）艾美拉公司成立

洛克菲勒向石油产地伸出了他的手，“下游工程”的战役已取得了决定性的胜利，现在该轮到“上游工程”了。洛克菲勒精炼厂和运输为“下游工程”，称生产地为“上游工程”。

石油大王作出一个令人费解的决定：以高价收购原油，每桶4.75美元。

金钱利益迅速瓦解了生产者同盟的“自我约束”，人们不再顾及什么“不准开采新井”的禁令，纷纷开采新井。

洛克菲勒又派出大批掮客，人们称他们为“野猫”。这些掮客背包里塞满了大量现金，怂恿人们同标准石油签订供南非合同，现金交易的诱惑太迷人了，而且又是那样的高价。但人们太轻信了，合约上根本没有保持油价的条款，油价是浮动的，洛克菲勒不会白做蠢事。

标准石油公司保证每天购进1.5万桶原油，当购入20万桶后，竟然解除合约，抢卖热潮随即结束。这时疯狂开采的结果已使原油的日产高达5万桶，那么无论标准石油公司愿出每桶2美元或者更低。这时人们都只能乖乖听其摆布了，无数的企业在解除合约后相继破产。这正是洛克菲勒设下的圈套，亚吉波多在其中充当了什么角色，人们自然可想而知，不过，这时人们并没有认清他的真面目。

两年后，一家新公司在泰塔斯维成立，公司名叫艾克美，所有者是亚吉波多。

新公司很快开始收购同类行业的股票，人们这才醒悟，亚克波多被洛克菲勒收买了，他们都成了牺牲品。

亚吉波多是洛克菲勒在产油区埋下的伏兵，石油大王认为年轻人感情起伏较大，可能与你作对，但也容易被掌握，煽动解散生产者同盟，收买同类企业，亚吉波多都干得得心应手。

洛克菲勒兄弟共有艾克美公司的股份，新公司完全是标准石油公司的傀儡。

亚吉波多为洛克菲勒垄断石油产地发挥了最好的伏作用。

IBM治日立

20世纪六七十年代，美国国际商用机器公司，即IBM公司，一直垄断着国际商用电子计算机市场。日本通产省大声疾呼，要在半导体电子计算机领域赶上和超过美国。

然而，要与美国IBM公司竞争，并不是一件轻而易举的事，若想缩短时间，必须事先通过某种手段获得美国新机种行情。

于是，日立公司通过商业间谍活动，搞到了IBM公司新一代308X计算机绝密设计资料27册中的10册，这套材料具有很重要的价值，是1980年11月，由其内部的一名职员莱孟德·卡戴特拿出来的。

为把余下的17册资料也搞到手，日立公司继续采取行动。其高级工程师林贤治向与日立公司有业务往来的马克斯维尔·佩利发了一份电报，要求佩利设法搞到其余17册资料。

佩利曾在IBM公司工作21年，辞前曾任IBM公司先进电子计算机系统实验室主任。接到电报后，意识到IBM公司与他自身的关系，便将此事告诉了IBM公司。

负责 IBM 安全保卫工作的查理・卡拉汉为查清事实，抓住日立公司从事商业间谍的证据，要求佩利帮忙，接近日立方面的林贤治，佩利同意充当双重间谍。

为彻底追究盗窃犯的责任，联邦调查局采取了诱捕的方法，他们声称，美方公司有两个领导干部退休，通过这两个人，什么绝密的硬件、软件、手册等统统能够搞到手，日立想得到的东西，他俩都能搞到。而日立方面却不知这是诱捕之计，终于落进陷阱。

1982 年 6 月，联邦调查局人员逮捕了日立派去拿情报的职员。日立被抓到证据，遭到了起诉。在日、美两国政府积极参与下，1983 年 3 月，旧金山法院判处日立公司林贤治 1 万美元罚款，缓刑 5 年。参与此案的大西勇夫被罚款 4 千美元，缓刑 2 年，并交还其盗窃的全部资料。

第三十四计　苦肉计

原文注译

【原文】

人不自害，受害必真；假真真假，间以得行。“童蒙之吉，顺以巽也”[①]。

【注释】

①童蒙之吉，顺以巽也：出自《易·蒙·象》：“童蒙之吉，顺以巽也。”意思是说：不懂事的孩子单纯幼稚，顺着他的特点逗着他玩耍，就会把他骗得乖乖的。

【译文】

人一般都不会自我伤害，自我伤害必定会被认为是真实的；但如能以假做真，并使敌人深信不疑，就能施行离间计了。这是汲取了《周易》“蒙”卦的思想。从《周易·蒙卦·象传》：“童蒙之吉，顺以巽也。”一语中获得的启示。

按语注译

【按语】

间者[①]，使敌人相疑也；反间者，因敌人之疑，而实其疑也[②]。苦肉计者，盖假作自间以间人也[③]。凡遣与己有隙者以诱敌人[④]，约为响应，或约为共力者，皆苦肉计之类也。

【注释】

①间者：指间谍。

②因敌人之疑，而实其疑也：因，凭，利用。实其疑：实，充实，加深。全句意为：利用敌人多疑的心理，用欺骗的办法，更加深他们的疑心。

③假作自间以间人：假装自己内部有矛盾，去离间敌人。

④遣与己有隙者以诱敌人：派与自己有矛盾的人到敌方去引诱敌人。

【译文】

间谍，就是利用矛盾，使敌人内部互相猜忌；反间谍，就是利用敌人猜疑的心理，将计就计，以假做真，更加深他们之间的相互猜疑。苦肉计，是假装自己内部有矛盾，去离间敌人，或进行间谍活动。凡是派遣与自己一方有矛盾的人去诱惑敌人，作为内应，或约定共同协作行动的，都属于苦肉计之类的计谋。

传世典故

苦肉计：人们都不愿意伤害自己，如果说被别人伤害，这肯定是真的。己方如果以假当真，敌方肯定信而不疑。这样才能使苦肉之计得以成功。此计其实是一种特殊做法的离间计。运用此计，“自害”是真，“他害”是假，以真乱假。己方要造成内部矛盾激化的假象，再派人装作受到迫害，借机钻到敌人心脏中去进行间谍活动。

“苦肉计”是指故意伤害自己，以让敌人相信，使反间计得以成功的策略。

春秋战国时期，姬光利用专诸杀死了吴王僚，自立为吴王，这就是阖闾。吴王僚有个儿子叫庆忌，善走如飞，非常勇猛。父亲被杀，庆忌逃亡在外，寻找机会，收罗人马，准备报杀父之仇。阖闾为此忧心忡忡，想派人去行刺，可一时又没有合适的人选。

阖闾的大夫伍员终于找来了要离。阖闾一见，要离高不足五尺，腰大貌丑，大失所望。伍员介绍说：要离虽然其貌不扬，但机敏过人，且对吴王十分忠诚，是可以重用。阖闾相信伍员的话，与要离密谈。阖闾问要离有何妙计刺杀庆忌。要离充满信心地说，庆忌正在招纳亡命之徒，为父报仇，我打算诈称是“罪臣”去投奔他，但为了使他相信我，请大王斩断我的右手，杀死我的家人，这样就能取得庆忌的信任，因而也就可以乘机行刺了。

要离刺庆忌

阖闾起初不忍无故斩去要离的右手，也不忍杀死他的家人，但又看到要离的态度十分坚决，而且，思之再三，觉得除此以外，别无良策，于是便同意了。

第二天，伍员与要离入朝，当着文武百官的面，保荐要离为将军，率军攻打楚国。阖闾闻奏，怒斥伍员：“你保荐的这人身矮力微，怎能带兵打仗。”要离当面顶撞阖闾：“大王真是太忘恩负义了，伍员为你安定了江山，你却不派军队替伍员报仇。”阖闾大怒：“这人竟敢当面顶撞羞辱寡人。”命人把要离的右臂砍掉了，并押进大牢，拘留他的妻子。伍员叹息而出，群臣一时也莫名其妙。过了几天，伍员悄悄叫人放松了对要离的监视，让要离趁“机”越狱跑了，阖闾便下令把要离的妻子斩首示众。

要离逃出以后，四处鸣冤叫屈。听说庆忌在卫国，便跑到卫国求见庆忌。庆忌疑他有诈，不肯收容，要离便脱掉衣服给庆忌看那只被斩断了的右臂。正当庆忌将信将疑之际，庆忌的心腹又来报告要离的妻子被斩的消息，庆忌这时便完全相信要离与阖闾确有深仇大恨了。

要离向庆忌表示自己与他一样有复仇的决心，并愿意充当向导。还说伯皋是无谋之辈，不足为虑；伍员虽智勇双全，但他之所以帮助阖闾，目的是想借兵伐楚，以报父兄之仇。眼下，阖闾安于王位，从不提为伍员报仇的事，所以伍员与阖闾已有隔阂，只要庆忌报仇后肯为伍员报仇，伍员愿为内应，如此等等，一番话说得庆忌深信不疑，便立即派要离训练士卒，修治兵船。

三个月后，要离怂恿庆忌出兵，水陆并进，杀往吴国。庆忌与要离同乘一条船，驶到中流，要离趁庆忌到船头观看船队的机会，一戟刺在庆忌的心窝上。到这时，庆忌才明白，自己是中了要离的苦肉计，抱恨而死。要离杀死庆忌后，自己也饮剑自尽了。

用计锦囊

苦肉计是用自我伤害的办法取信于敌，以便进行间谍活动的一种计谋。“人不自害”是人们习惯的心理定式。苦肉计就是利用这一心理定式，造成受迫害的假象，以迷惑和欺骗敌人，或打入敌人内部，对敌人进行分化瓦解。

苦肉计的作用如下：

1. 骗取信任。“恻隐之心，人皆有之。”如果把自己伤害得非常痛苦和可怜，就会博得对方的同情，取得对方的信任。

2. 离间敌人。用自我伤害的办法打入敌人内部，暗中进行离间分化活动，达到出奇制胜的目的。

3. 激励士卒。故意留出破绽，使敌人获得暂时或局部的胜利，以此激励士卒奋起反抗，决一死战。这就是人们常说的“哀兵必胜”。

4. 欲取先予。自己先做出一定牺牲，捞取资本后，便可获得更大的利益。

5. 加害于人。暗中自害，并加以伪装，然后嫁祸于人，使别人因此受到惩罚。

使用本计一定要小心慎重。因为施行苦肉计，首先要进行自我伤害，有时这种自我伤害是非常痛苦的。即使成功了，胜利果实中也包含着血和泪。苦肉计不仅是一个“苦”计，而且还是一个“险”计。如果敌人是铁石心肠或者多谋善断，就不易上钩。一旦此计被识破，不但自我伤害之苦要白白忍受，而且连性命也保不住。因此，在可用可不用之时，尽量不用本计。

防范苦肉计可采取如下对策：

1. 僵蛇莫怜悯。怜悯之心人皆有之，但是并非对谁都可施之以怜悯。不要说对方是要通过自害来欺骗我们，就是真的受到些迫害，我们也应有防备，不然待到冻僵了的毒蛇被暖醒了之后，首先咬的就是用自己的体温救活了它的人。在一般情况下，我们一时很难分辨真假，此时，宁可把真当成假，也绝不把假当成真，而错施怜悯。

2. 受降如受敌。所谓的“受降如受敌”，意思是对前来投降的敌人，要像对前来交战的敌人一样谨慎。所以凡敌人前来投降时，一定要考察他们是真是假，要严加防备，不可怠慢疏忽，不然就会有中计失败的可能。

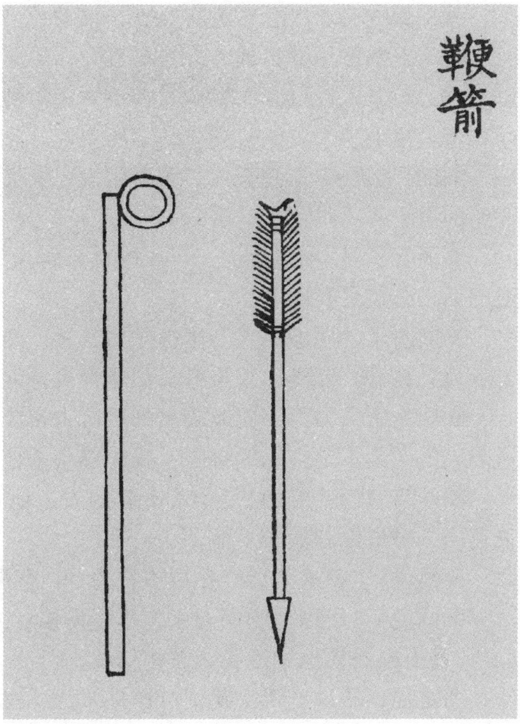

鞭箭

3. 分析要全面。对那些以受迫害为名前来投降的人，我们要进行全面的分析，看其是真降还是诈降，所谓全面分析，就是既要分析敌人内部的情况，又要分析敌我力量的对比情况；既要分析敌人内部矛盾的原因和经过，也要分析敌人所受的伤害的部位、程度及伤害的特点；既要分析敌人来我方之后的各种语言行为；也要分析其在原来地方的一贯表现；等等。必要的时候要进行跟踪调查或是进行反复的考验。

4. 利用不重用。对投降过来的人，如果对其真假一时把握不准，而其又有利用价值的时候，那么我们对他只可利用而不可重用。利用他为我们服务，这样可以变害为利，使敌人反为我所用，对投降过来的人，不予重用，则可使其很难找到可乘之机，破解其所施的苦肉之计。

计谋典范

战场逐鹿

侏儒要离刺庆忌

姬光杀君夺位，利用专诸刺杀了吴王僚，自立为王，即吴王阖闾。

吴王僚的儿子庆忌，逃奔在外，招纳死士，联合邻国，欲待时乘隙伐吴报仇。

阖闾素知庆忌健步如飞，快马莫及，勇猛非常，万人莫敌，今闻有此企图，深以为忧，想派人去行刺，又一时找不到适当的人。

伍员给他聘来了一位勇士，名叫要离。

阖闾一见要离不满五尺，腰大貌丑，大失所望，很不高兴地问："你是伍大夫介绍的勇士要离吗？"

要离答："臣细小无力，当风则伏，背风则倒，何勇之有？但如果大王有所差遣的话，必定尽我所能！"

阖闾听了，更不高兴。伍员已知其意，便说："好马不在高大，只要能负重跑得远就是良马。要离形貌虽丑，却非常机警能干，一定会顺利完成王命！"

阖闾见伍员力荐，便邀要离到后宫去密谈，要离便问："大王心中所患，要差遣小人的，是不是庆忌的事呢？我能够刺杀他！"

阖闾笑着说："庆忌是个了不起的人，他身高体大，走逾奔马，矫健如神，万夫莫当，恐怕你制伏不了他。"

要离说："善杀人者，在智不在力，臣只要能接近庆忌，就可以把他来剐了！"

阖闾说："庆忌是聪明人，怎肯轻易接近人呢？"

"我有办法要他接近我，非相信我不可。"要离充满信心地说，"他现在正要招收亡命之徒，图谋不轨，我正可诈是罪臣，投奔于他，大王请斩我的右手，杀我的家人，这样，庆忌岂有不相信我之理？"

伍子胥，即伍员。

"你无罪，怎可下此毒手？"阖闾皱眉说。

要离慷慨激昂地说："臣闻安妻子之乐，不尽事君之义的，不能说是忠；贪恋家室，忘君之忧者，不是义士所为。我能全忠全义，就是毁了全家，亦是甘心的！"

伍员从旁怂恿，说："要离为国忘家，真是忠烈之士，若在成功之日，追封他的功业，旌表他的妻子，使其扬名后代，这是一举两得的义举呢！"

阖闾想了好一会儿才答应这样做。

翌日，伍员偕要离入朝，保荐要离为将军，率兵进攻楚国。阖闾闻奏，怒斥伍员："看要离身矮力微，杀鸡无胆，骑马无威，怎能做官带兵？真是胡说八道，岂有此理！”

要离跟着启奏：“大王可谓忘恩至极了，伍员为王安定了江山，王却不替伍员报楚王之仇……”

阖闾拍案大怒，说：“这是国家大事，非你所知的，居然还当面责辱寡人？”立即下令把要离的右臂砍了，押他入狱，并拘留他的妻子。伍员叹息而出，群臣莫名其妙。

过了几天，伍员暗叫狱官放松对要离的监视，要离趁机越狱跑了，阖闾下令把要离的妻子斩首，弃市示众。

要离跑出吴境，一路上逢人诉冤，访得庆忌在卫国，便跑到卫国去求见。庆忌疑他诡诈，不肯收容，要离便把衣服脱下来，庆忌见他已被斩了右臂，方才相信，便问他：“阖闾既然砍了你的手，把你变成残废，究竟来见我有什么意图？”

叉竿，古代兵器。

要离说：“臣闻阖闾杀公子父亲，夺了王位，现在公子勾结诸侯，想复仇雪恨，所以特跑来投靠，虽然不能冲锋陷阵，但做向导还可以，我对吴国的山川形势是相当熟悉的，只要公子报了仇，我亦雪了杀妻之恨，就心满意足了。”

庆忌犹未深信，刚巧有心腹人来报告，说要离的妻子已被阖闾斩首示众了。

要离一听，大哭起来，咬牙切齿地遥指阖闾大骂，这样，庆忌方才深信不疑。

“阖闾目前用伍员和伯皋为谋士，练兵选将，国内大治，我兵微力寡，又怎可以和他抗衡，泄胸中怨气？”庆忌问。

要离说：“伯皋乃无谋之辈，没有脑袋的饭桶，不足为虑；只有一个伍员还算个人才，智勇足备，但今亦与阖闾貌合神离了。”

“怎解？”

“所以，公子但知其一，不知其二，”要离说，“伍员之所以尽力帮助阖闾，目的在借兵伐楚，报其父兄之仇，但现在楚平王已死，仇家费无极亦亡，阖闾安于王位，天天只顾酒色，不想替伍员复仇了。就以目下的事来说，伍员保荐我率兵伐楚，阖闾便当面指斥他，还杀鸡儆猴的，加罪于我，故伍员怨恨阖闾已为势所促成了。老实说，我这次能越狱逃跑，亦是伍员买通狱官的。他曾嘱咐过我：‘你此去先见公子，察看如何动静，若肯为我伍员报仇，愿为内应，以赎过去杀君之罪。’公子不乘此时发兵入吴，更待何时？怕再无报仇的日子了。”说完大哭，猛在地上撞自己的头。

“好，好!”庆忌把他劝止，“我听你的话，一定会在最短期内起义!”

庆忌把要离带回根据地艾城，作为心腹，委他负责去训练军士，修治兵船。

三个月过去了，庆忌在要离的怂恿之下，大举义旗，出兵两路，水陆并进，浩浩荡荡地杀往吴国去。

庆忌和要离同坐一艘兵船，驶到中流，后船忽然跟不上，要离对庆忌说：“公子可在船头坐镇，船工看见就不敢不卖力了。”

庆忌坐在船头上，要离只手持戟侍立。忽然山上起了一阵怪风，要离转过身去，忽然一戟插在庆忌的心窝上，直穿出后背，庆忌身体魁梧，两手倒提起要离在水中溺三次，再抱他放在膝上，苦笑着说：“你可算是勇士，连我都敢行刺!”左右就想把要离刺死，庆忌说：“此乃勇士，放他走好了。”言罢，因流血过多，庆忌倒地而死。

要离见任务已经完成，便也夺剑自杀了。

周瑜打黄盖，一个愿打一个愿挨

赤壁大战前夕，东吴兵马总督周瑜召集众将说：“曹操率百万之众，连营三百余里，与我们隔江对峙已近月余，看来这不是一时可以决胜的战役。诸将可领三个月的粮草，作长期御敌的准备。”老将黄盖说：“别说三个月，就是三十个月的粮草，东吴也支付得起。不过，当初都督在我主面前夸下海口说，不日即可破曹。如

苦肉计周瑜打黄盖

今却要迁延三个月之久。我看一个月内能破便破，不能破敌，不如依张昭之言，弃甲倒戈，北面降曹算了。我跟随吴主三世，纵横南北，还从未打过这样的窝囊仗呢！”

周瑜见黄盖在众将面前如此抢白他，怒发冲冠，厉声说：“吾奉主公之命，督军破曹，主公有言在先，军中敢有人言降者必斩，你今天在两军交战之际，动摇军心，不杀你难以服众。”当即喝令左右将黄盖推出帐外斩首。黄盖见周瑜要杀他，便大声怒斥说：“黄口孺子，我打江东祖业之时，哪有你来？你今天却在我面前逞威，主公在我面前还要让三分。”

大将甘宁劝周瑜说：“黄将军是东吴老将，请都督宽恕他吧。”周瑜转而斥责甘宁说：“你怎么敢在军政大事上多言多语，乱我军法度？”说着下令让军士把甘宁打出帐外。

此刻在座所有众将都跪地求周瑜说：“黄盖违令乱法固然该杀，但大敌当前，先杀大将恐于军不利，请都督先记下这桩罪过，待破了曹操之后，再杀他也不晚。”周瑜转而指着黄盖说：“如果不是众官求情，今天就斩了你，待破了曹操，定斩无疑。”说罢，命左右军士先打黄盖一百杀威棒。打了五十之后，众官又求情，周瑜对黄盖说：“你还敢小看我吗？暂且先寄下五十军棍，如有怠慢，二罪并罚。”说罢，带着怒气进了寝帐。

众将扶起黄盖，见被打得皮开肉绽，心中无不惨然。在扶其回寨的途中，竟昏绝了几次。黄盖醒来时，只是长吁短叹，只字不语。

军机参谋阚泽来看黄盖时，黄盖令左右侍从统统退出，阚泽问黄盖说：“你过去与都督有仇吗？”黄盖说：“没有。”接着又恳切地对阚泽说，“你我二人情同手足，别人不是我的心腹，我这有降书，求你替我转送给曹操。”阚泽说：“我愿为你效力。”黄盖一听他答应得如此痛快，激动得从榻上滚下来，向阚泽拜谢。黄盖被打的消息，在周瑜营中做内奸的曹将蔡中、蔡和早已用密书报告了曹操。阚泽向曹操献书，也得到了曹操纳降的应允，并遣阚泽回江东，为黄盖归降传递信息。

阚泽回来后，与黄盖商议一番，马上写密书告诉曹操说：“黄将军欲来，只因难得方便，寻到机会后，再告知丞相。”

几日之后，黄盖又遣人给曹操捎信说：“周瑜这几天守关严谨，因此一直不能脱身，今有鄱阳湖运粮军到，周瑜差遣我巡哨，我因此得便，今夜三更左右，我乘机杀掉运粮吴将，劫粮去降丞相，船上插青龙牙旗的便是所劫的粮船。”曹操接信息后十分高兴，于是专候黄盖船到。

当晚，东南风初起，有人报告曹操说：“江南有一族帆幔，顺风而来，船上插的都是青龙牙旗，其中一面大旗上写着先锋黄盖的名字。”曹操笑着说：“黄盖投降，真是天助我呵！”

这时，在一旁观望良久的谋士程昱对曹操说：“丞相，来船必有诈，不能让他靠近我寨。”曹操问：“你怎么知道？”程昱说：“粮在船中，必定是稳而重，我看这船却是轻而浮，再加上今夜是东南风，如果敌人用火来攻，怎么抵挡？”曹操说：“粮船是稳而重，草船也是浮而轻的，黄盖所劫之船粮草皆有，草船快，必然行在前，这有何可疑？”程昱说：“周瑜既然痛打了黄盖，怎么又能用其为先锋呢？他打先锋旗号而来，必定是率军来火烧我水寨的！”曹操听罢，方有所悟，于是派大将文聘率水军去阻击。

文聘刚出水寨阻击，就被来船射倒在船中，船上一阵大乱。这时只见来船直冲入曹营水寨，各船一齐发火，船上军兵都纷纷跃入水中。顿时曹军水寨燃起了大火。

此时此刻，曹操才知道自己中了黄盖的苦肉计。

原来，周瑜本欲往曹营派内间，以控制和把握曹操发起总攻的时机。但用谁为间，一直想不出办法。这时，黄盖来营中议事，周瑜便把自己的苦衷说了出来。黄盖慷慨地说：“我愿为都督行此计。”周瑜说：“你是东吴旧将，无故降曹，他怎肯信呢？”黄盖说：“依都督的意思应当怎么办？”周瑜说：“看来只有用苦肉计了。”黄盖说：“我受孙氏恩赐多年，今天即使是肝脑涂地我也无悔。”周瑜激动地说：“将军肯行苦肉计，是我江东的造化，也是孙氏的大德呵。”黄盖说：“都督不必多言，只管吩咐如何行计就行了。”周瑜说：“我江东也少不了有曹操的奸细在此，你在这里受苦，曹操也一定会知道，你自己设法用计就行了。”二人如此商议好后，才有了上面的那段精彩表演。

周鲂截发获信任

东吴鄱阳太守周鲂，发现魏国扬州都督要进犯东吴，便上书吴主孙权，欲通过诈降计行“抛砖引玉”之谋，诱曹休出兵，尽剿之。孙权依其计。曹休得到周鲂降书后，也上奏其主。魏主在朝中意见不一的情况下，派主战的司马懿和怀疑其中有诈的贾逵率兵会同曹休去伐东吴，伺机而进。

周鲂听说曹休已兵临皖城，便到曹休寨中探望。曹休对周鲂说：“我得到你的书信后，对你所述的七件军政密事，觉得很有道理，我主决定起三路兵马进军，如能得江东，你的功劳可不小啊！不过，有人说你足智多谋，恐其中有诈，我想你不会骗我吧？”

周鲂想魏国现在已发兵，正要中我计谋，若事泄，可就半途而废了。于是在曹休面前大哭，顺手抽出侍从身上的佩剑就要自刎。曹休急忙制止。周鲂说：“我所说的七件事，是我久窥之机，所书之言，都是肺腑之言。现在反被人怀疑，这里必然有东吴的人施离间计，想借你们的手杀我，现在我不如死在你面前，以表我的诚意。”说完又要自刎。曹休急忙抱住周鲂说：“将军不必介意，我这是在与你开玩笑，何必当真呢！”周鲂挥剑把自己的头发截下来掷在地上说：“我以诚心待阁下，你却拿如此大事开玩笑，我截下父母所生之发，以表我的忠心。”曹休见周鲂心诚如此，便不再有什么顾虑了，于是设宴款待，以礼相送。

这时，建威将军贾逵，对曹休说：“周鲂截发为誓，这是一种诈术，当年‘要离断臂，刺杀庆忌’的故事，难道你忘了吗？我预料吴军兵马必都屯集在皖城，

魏主伐吴

都督不可贸然轻进，待我们四面来夹攻他，东吴必然大败。”曹休说：“难道你要帮东吴行离间计杀周舫吗？还是欲夺我的功劳？大战之前，来蛊惑军心，应当斩首示众。”说着欲行刑，经众将劝说后，才免其一死。

就这样，周舫以截发为誓，赢得了曹休的信任，保证了“抛砖引玉”谋略实施的成功。

赫梯人大胜埃军

古代埃及国王拉美西斯二世好大喜功，四处征战，妄图恢复他祖先图特摩斯第三建立的大帝国。叙利亚一带的赫梯人结成联盟，共同反对埃及的扩张。拉美西斯二世闻报后，率领大军前去征讨。

赫梯国王自知力量弱小，难以硬拼取胜，于是与众臣商量了一条苦肉计。他特意挑选了两名士兵，命令他们故意让埃及人俘虏，在埃及人威逼拷打之下诳报出赫梯军队的驻地。这两名士兵出色地完成了任务。

拉美西斯从两名赫梯人俘虏口里得知赫梯军队驻地后，信以为真，带领一个师团向北进发。来到迦叠什，拉美西斯二世下令扎寨休息。正在这时，早已埋伏好的赫梯人发动突然进攻，似神兵一般出现在埃及军队面前。埃及士兵遭受突袭后惊慌失措，只顾四散逃命。危急关头，一队巴勒斯坦军队将拉美西斯二世从赫梯人的包围中救出，否则他就客死异乡了。

政治权谋

勾践忍辱尝粪便

越王勾践被吴王夫差打败后退守于会稽山上，不得不向夫差求和。夫差接受了勾践的请求，但前提条件是勾践要到吴国给夫差当仆人，勾践答应了。

到吴国后，勾践住在山洞里。夫差每次外出，勾践就亲自为他牵马。有人辱骂勾践，勾践始终低头顺眼，始终表现出一副驯服的神情。他表面上对夫差忠心耿耿，实际上暗中策划复兴越国的方案。

有一次，夫差病了，勾践探望夫差，并亲口尝了尝夫差的粪便，然后对夫差说："我曾跟名医学过医道，只要尝一下病人粪便，就能知道病的轻重。刚才我尝了大王的粪便，味酸而苦，得了'时气之症'。得了这种病很快就会好，请大王不必担心。"夫差听了很受感动，认为勾践比自己的儿子还孝顺，定无反叛之心，不久便允许勾践回到越国旧地。

回到越国后，勾践卧薪尝胆，苦身劳心，礼贤下士，招兵买马。20 年后，勾践终于报仇雪耻，灭了吴国。

苏秦车裂，刺客落网

燕易王的母亲是燕文公的夫人，与苏秦私通。燕易王知道后竟然越发厚待苏秦。苏秦害怕被杀头，便对燕易王说："我住在燕国，而不能使燕国的力量加强，如果允许我到齐国，我则一定努力增强燕国的国力。"燕易王说："那就按先生自己所打算的去办吧。"于是，苏秦便假装得罪了燕王而逃奔到齐国，齐宣王让他做客卿。

齐宣王去世，齐湣王即位。苏秦劝王厚葬宣王，以表明自己的孝心，又怂恿齐国大兴土木，扩建宫室，开辟园林，以此表示自己称心得意，苏秦企图以此使齐国衰败，从而有益于燕国。燕易王死后，燕哙做了国君。后来齐国的大夫中有许多人与苏秦争宠，他们派人刺杀苏秦，苏秦没被立即刺死，带着重伤逃跑了。齐湣王命令手下的人缉拿凶手，但没捉到。苏秦在弥留之际，对齐湣王说："臣下就要死了，请在我死后您让人在街头把我五马分尸示众，并扬言'苏秦为了燕国在齐国作乱'，这样就可抓获刺杀我的凶手。"齐湣王依苏秦的计谋行事，暗杀苏秦的人果然露了面，齐湣王便派人把他干掉了。燕王听说这件事说："齐国为苏秦报仇，做法也够狠的。"

《踏雪空回》插图，讲述战国时苏秦六国拜相、荣归故里时，拒见前来迎候的亲友，使之踏雪空回的故事

苏秦活着的时候，凭着三寸不烂之舌，周游列国，以善言巧辩闻名于天下，并为自己挣得一份荣华富贵，他的计谋也确实高人一头。他以替人着想的姿态出现，劝人厚葬以明孝，大兴土木以明得意，并以此博得了齐湣王的宠信，而齐国却因此走上了衰败的道路。即使在他生命将要结束之际，也不放过齐国的刺客。他让齐湣王对他“下毒手”，借五马分尸来制造齐湣王痛恨他的假象，诱骗刺客出来邀功请赏。果不其然，刺客真的自投罗网。这真是死苏秦捉住活刺客。

司马夫妇开酒铺

司马相如是西汉时著名的文学家，也是一位风流才子。他与才女卓文君的爱情故事是千古流传的动人佳话。

司马相如原是梁王刘武的门客。刘武死后，他回到家乡成都。有一次，他到临邛的财主卓王孙家做客，偶遇卓财主在家守寡的女儿卓文君。两个人一见钟情。卓文君不顾父亲反对，乘夜与司马相如私奔到成都。卓财主知道后气得暴跳如雷。

他俩到成都后，日子窘迫，不得不回到临邛，硬着头皮请求卓王孙接济。卓财主余气未消，哪里肯给钱。司马夫妇经过商量，很快想出了一条“苦肉计”。

他俩把身边的车、马、琴、剑和首饰变卖，用得来的钱在距卓府不远的地方租了一间房，开了一家小酒铺。只见司马相如穿着伙计的衣服，又是擦桌椅，又是端酒菜。卓文君也是粗布衣裙，忙里忙外，招待客人。酒铺刚开张，就吸引来不少人。这倒不是因为他们的酒菜物美价廉，而是众人想前来目睹这两个远近闻名的落难夫妇。司马夫妇一点也不觉得难堪，相反内心里十分高兴，因为他们达到了办酒铺的目的——给顽固不化的老爷子丢人现眼。

很快，临邛城里的人都在议论这件事，大多数对司马夫妇表示同情，责备卓财主刻薄。卓财主是一个讲究脸面的人，他过了几天便受不住这些风言风语，答应资

助女儿和女婿。卓财主送给他们100个奴仆，100万贯钱。司马夫妇得到了这些财物，谢过了卓财主，关闭了酒铺，双双回到成都，成了那里知名的富户。

若干年后，汉武帝读了司马相如写的《子虚赋》，大为赞赏，于是召见了司马相如，并留他在宫中当官。司马相如没有辜负卓文君的一片苦心，终于在官场上飞黄腾达。

刘备掷子，情感猛将

刘备为避免与曹操十万大军交战，弃樊城，带领百姓往江陵进发，在当阳长坂坡与曹追兵展开血战，赵云单骑救主，突出重围，望长坂桥而走。赵云到得桥边，人困马乏，见张飞挺矛立马于桥上，云大呼曰：“翼德援我！”飞曰：“子龙速行，追兵我自当之。”云纵马过桥，行二十余里，见玄德与众人憩于树下。云下马伏地而泣。玄德亦泣。云喘息而言曰：“赵云之罪，万死犹轻！糜夫人身带重伤，不肯上马，投井而死，云只得推土墙掩之。怀抱公子，身突重围；赖主公洪福，幸而得脱。适来公子尚在怀中啼哭，此一会儿不见动静，多是不能保也。”遂解视之，原来阿斗正睡着未醒。云喜曰：“幸得公子无恙！”双手递与玄德。玄德接过，掷之于地曰：“为汝这孺子，几损我一员大将！”赵云忙向地下抱起阿斗，泣拜曰：“云虽肝脑涂地，不能报也！”

关于《三国演义》中这则刘备掷阿斗之事，人们评论各异。有的说，这是刘备故意作态演戏给众将看的，目的是为了笼络周围的将心。因此，便有“刘备摔孩子——收买人心”的歇后语流传。但也有人认为，刘备弃子之举，是他爱将胜爱子的心理写照。还有人认为，刘备摔其子，如果用力摔，则表明他当时爱将胜子

赵子龙单骑救主

之心；如果是轻轻地摔，则是惺惺作态，故意演戏。但是，用力也好，不用力也罢，这都是次要的，关键是孩子的确是赵云从地上捡起来的。因此，不能否认刘备当时是轻父子之情而重君臣之义的。也可以说这是“苦肉计”。

在当时的刘备心目中，究竟阿斗重要还是赵云重要呢？若让他只选其一，他当然是要择赵云了。赵云是他得以成势的依靠，有了势，其子才能显贵；若无势，刘备自身尚且难保，其子又能怎样呢？再说，失去了一个婴儿，还可以再娶再生，若失去一个良将可就难求了。由此看，刘备当时爱将胜子的心情是可以理解的。试想，刘备当时如果接过儿子吻个不停，周围众将的心能不冷吗？还能在败势之际为他这个只顾自家性命不问众将危难的人卖命吗？如果刘备仅对赵云说几句表功的语言，那么作为败势的刘备，这种话又能占多大分量呢？所以当时刘备接儿子，将其掷在地上，以示对爱将之爱，并非做作。

商海弄潮

丰田公司的破坏性试验

1960年丰田汽车公司推出了丰田——皇冠牌小轿车，在访问调查的基础上，该车终于进入美国市场。正当人们庆贺公司占领美国市场时，美国市场却传回噩耗：皇冠车发动机性能不佳，高速行驶时功率骤降，其质量很难满足美国消费者的要求，代销商对此也丧失了信心。

丰田的经营者们面对失败没有沮丧，他们迅速制订了振兴丰田、再进美国市场的计划。

首先，以坚忍不拔、锲而不舍的精神致力开发新产品；技术革新，大大改善质量；其次，进行大规模“破坏性试验”，并拍成广告，在美国到处播放。于是，一个由三组“破坏性试验”组成的广告系列问世了。

在第一个广告中，电视上出现一辆飞奔的皇冠车，跃上跳板，凌空飞行25米远后平稳落地，油门一上，高速前进了。

在第二个广告中，一辆皇冠车被从一个十多米高的悬崖推下，小车落地后连滚三滚，车顶坏了，发动机罩的一部分也掉了，这种冲击量大得令人害怕。但电视观众看到的则是：摔得面目全非的皇冠车立即启动了发动机顺利地驶走了。

第三个广告片描写的是皇冠小汽车分成两队进行足球赛：这要求有急转弯、急刹车和快速启动的性能，这个广告的用意在于告诉观众，皇冠小汽车能够满足任何情况下的驾驶要求。

这种“破坏性试验”广告，在美国市场播放了近一年时间，它终为皇冠以至整个丰田公司转变形象起到了功不可没的作用。客户的成见打消了，经销商的信心恢复了。丰田——皇冠经久耐用，树立了发动机性能优良的形象，这个型号的小轿车成了最畅销车。

王永庆的苦肉计

1983 年，世界前 50 名企业家的排名榜上，第一次出现了一个华人企业家的名字：台湾塑胶集团企业董事长王永庆。

20 世纪 50 年代，台湾急需发展纺织、水泥、塑胶工业。当时在化学工业方面基础很强的是企业家何义。台湾政府请他出面建立台湾的塑胶工业，何义一开始满口答应，当他到国外考察一番之后，决定不再投资，他认为台湾生产塑胶无法与日本产品竞争，只有死路一条。

这时，还有一个小商人的王永庆决定投资塑胶。有一位老化学家听说后，说："他连什么是塑胶都没有弄明白就想办工厂，肯定是要赔本的。"

王永庆的朋友也认为他是昏了头，异想天开。但是，这一下子更坚定了他的信心。他在 1954 年筹借了 50 万美金，与赵廷箴合作开办了第一家工厂。三年之后，开始生产，月产 100 吨，可台湾只能销 20 吨，同时还有物美价廉的日本产品的竞争，他的产品全都堆到了仓库里。

许多股东见状，以为真如当初别人所说，这是死路一条了，于是，纷纷退股，王永庆一下子被逼上了绝路。

当时的出路只有一条，那就是减少生产，或者是改变品种。可王永庆却反其道而行之，进一步扩大生产。他变卖了自己所有的家产，全都投到了塑胶生产上来了。这是一条大胆的苦肉计，如果失败，那就会一贫如洗。

王永庆下了很大的工夫，要靠提高产量来压低成本和价格，但是没有成功。由于技术落后，出口十分困难。为了解决这个问题，他找到了一个外国工程师，白送给他一个厂子，请他帮助解决技术问题，这又是一条苦肉计，正如俗话所说，舍不得孩子套不住狼。

经过一连串的努力，台湾的形势开始有了好转。

到了第二年，王永庆进一步扩大生产，他成立了自己的加工厂，从而建立了塑胶原料和加工相连贯的生产线。另外，产品也开始进入了海外市场，一步一步地压过了日本的产品。

王永庆知难而上，克服了重重困难，使他经营的塑胶事业，不但起死回生，而且有了长足的发展。从 1956 年产 1200 吨开始，发展到现在年产 100 万吨。增长了 800 倍，一跃成为世界上最大的 PVC 塑胶粉粒生产厂家。

台塑目前已经发展成为一个庞大的工业集团，除国内有十几家大公司之外，在美国还经营着几家大公司，总资本达到了 30.7 亿美元。

到这个时候许多人才明白，当年王永庆敢于走别人不敢走的路，敢于使用苦肉计，不看重小的得失，实在是高明之举啊！可是这一步，也不是常人敢走的。许多比王永庆资金雄厚的人也不敢走这一步，这就充分体现了王永庆过人的胆识。

王永庆冒着巨大的风险向海外发展，与他的民族感情是分不开的。他经常说：

"办企业就要给中国人争口气，日本人当年欺侮中国人真是太过分了，今天日本人不敢动中国人了，有些地方他们还有点怕了，还要拍拍马屁。那就是因为，我们把企业搞上去了。"

现在，台塑的产量超过了日本全国总生产能力的半数以上。这不能不说是一个奇迹。

运世方略

巧断争儿案

明宪宗成化年间，有一天，浙江处州城内，百姓三五成群，谈论着本城的一件稀奇古怪的案子：姐妹二人同一个月分娩，一个生了男孩，一个生了女孩。现在姐姐怀抱的是个男孩，接生婆也证明男孩是她生的；可妹妹却说这男孩是自己所生，被姐姐掉换了。姐妹二人各执一辞，争吵不休，直闹到官府衙门里来，知县、知府也无法决断这个案子。

事有凑巧，这天，州衙里来了一位主管司法的谢佥事。他姓谢名润字德泽，是安徽祁门县肠坑村人氏，在刑部当过主事，现任浙江佥事。他来浙江后，曾破获过处州大禅寺和尚屡次杀害官、商，掳掠强奸妇女的一起大案子。他一来，众官就请他来断这个疑难案子。

谢佥事见姐妹二人都争着说男孩属于自己，一时也决断不下。他反复思考，心生一计。

谢佥事下令，将婴儿抱进后堂。过了一会儿，他命人将姐妹二人引到后园水池旁边，沉下脸说：

"你姐妹二人本是同胞，一向亲密，自这婴儿生下后就引得你们不和、争吵，这婴儿乃是个不祥之物。本官判决，将这个婴儿抛到水池里算了，也免却你们这场争吵。"

谢佥事说罢，用手一扣，一

三十六计之苦肉计

名衙役抱出用锦袱包裹得严严实实的婴儿投入水以后，婴儿在水面上挣扎着。

妹妹一见，惊得裂人心魄地哭叫一声："儿呀！"不顾一切地纵身一跃，跳进了水池。但她其实并不会水，就在水中拼命挣扎起来，一双手却伸出去想去抓取婴儿。而姐姐呢，此时却站在池边，纹丝不动，毫无表情，脸上隐隐含有幸灾乐祸的讥笑。

谢佥事见此情景，不禁哈哈大笑，命衙役拉起来妹妹，更衣后，从后堂抱出那个活泼的男孩来交她，说道："你才是他的真正的生身母亲！"

这时衙役又将水中那个假儿捞起，解开锦袱，却原来是一尾大活鱼！难怪把它扔到水里，还在不停地挣扎呢。

围观的人开心地大笑，妹妹感谢谢佥事，姐姐羞愧难当，接生婆坦白是与姐姐串通好的。

摔跤抢镜头

法国人莎莉，既是名作家，又是名演员，脸蛋也漂亮得出名，可谓集各种"名"之大成。为了出名，当初她使用了各种计策，其中包括苦肉计。

坎城影展揭幕之日，社会各界人士云集。在主持人刚宣布完开幕不久，站在前排的莎莉"哎呀"一声，结结实实地摔了一跤。立刻，所有的镜头都对准了她。事后，各电视台都播放了她摔跤的镜头，尤其是她那裙子翻飞，被法国人誉为最美的一瞬间。

事后，有记者问她："你当时为什么会摔跤呢?"莎莉毫不讳言地回答："我事先策划好了，所以就摔了跤！"

不过，莎莉这一跤摔得不轻。她身上有三处摔伤，还损失了一双高跟鞋，但莎莉认为这一跤摔得值得。

警长一眼看穿鬼把戏

沙娜小姐代表公司到巴黎参加一个国际博览会，下榻于一家舒适的旅馆。她的手提包里有许多精美的首饰，所以她格外小心。楼层女服务员替她把手提包提到房间，并殷勤地告诉她有事尽管吩咐。沙娜小姐让她次日晨送来一杯热牛奶即可。

第二天清晨，沙娜小姐起床后便按电铃叫女服务员送牛奶来，自己则去了卫生间。沙娜小姐正在洗脸的时候，听见房门被打开了，知道女服务员送牛奶来了，便没有在意。不一会儿，她听见"扑通"一声，跑出来一看，只见女服务员躲在房门口，额上直流鲜血。沙娜小姐马上看了一眼床头柜，更使她大吃一惊：刚才还放在床头柜上的手提包不翼而飞了！

警长哈尔根接到报案后，立即赶到旅馆。他检查了一遍现场，然后让女服务员叙述事情的经过。头部受了伤的女服务员吃力地说："刚才我依沙娜小姐的吩咐端来一杯热牛奶。我刚跨进房门，猛然觉得身后有人用拳头击打我的头部，我一下子被打倒在地，昏昏沉沉中，我看见一个男人溜进房子拿走了手提包。

警长没有再问，他看见床头上的热牛奶，猛然回过头来，眼光犀利地盯着女服务员，说道："服务员小姐，你不要演戏了，快把事情的真相交代清楚!"

女服务员的脸色顿时变得惨白，支支吾吾地说："警长先生，这话是什么意思?"

警长回答说："你说端着牛奶走进房门时，被人击倒在地。而这杯牛奶非但没有洒在地上，反而好端端地自己跑到了床头柜上，你作何解释呢?"

女服务员张口结舌，只好主动交代了那个同伙，并交出了沙娜小姐的手提包。原来，刚才她先悄悄走进房间，把牛奶放在床头柜上，然后把手提包交给站在门中的同伙，最后再施用了苦肉计——故意让同伙在背后打了自己一拳。

第三十五计　连环计

原文注译

【原文】

将多兵众，不可以敌，使其自累①，以杀其势②。“在师中吉，承天宠也”③。

【注释】

①自累：指自相拖累，自相钳制。

②以杀其势：杀，减弱，削弱、刹住。势，势力、势头。杀其势，这里是指减弱、刹住敌军来势汹汹的势头。

③在师中吉，承天宠也：语见《易·师·象》：“在师中吉，承天宠也。”师卦九二以一阳而统群阴，处于险中，然而刚而得中，得制胜之道，所以吉利，无咎，犹如秉承上天锡命一样得宠。

【译文】

敌军兵强势大，不能与他硬拼，应当设法使他们自相钳制，以削弱它的势头。正如《易经》师卦所说：将帅处于险象时，刚而得中，指挥巧妙得当，就能如同天神相助一样吉利。

按语注译

【按语】

庞统①使曹操战舰钩连②，而后纵火焚之，使不得脱。则连环计者，其法在使敌自累，而后图之。盖一计累敌，一计攻敌，两计扣用，以摧强势也。如宋毕再遇③，尝引敌于战，且前且却，至于数四，视日已晚，乃以香料煮黑豆，布地上，复前搏战，佯败走。敌乘胜追逐，其马已饥，闻豆香，就食，鞭之不前。遇率师反攻之，遂大胜。皆连环之计也。

【注释】

①庞统（179—214 年）：三国时刘备谋士，襄阳人，初与诸葛亮齐名，号“凤雏”。他

巧用诈降及劝曹操把战舰钩连起来的计谋，在赤壁之战中，使曹军遭到惨败。

②战舰钩连：把许多舰船用铁环连接固定起来。

③毕再遇：宋代兖州人。有谋略，精通军事，是抗金的名将。开禧年间用兵，许多将领都战败，独有他多次立功。参《宋史》本传。

【译文】

庞统到曹营伪装投降，怂恿曹操把船只用铁索连结起来，然后纵火焚烧，使船只无法逃脱。由此看来，连环计就是先让敌人自相钳制，然后再攻击它的策略。前一计使敌人自相钳制，后一计则攻击敌人，两计相扣，运用自如，就能摧毁任何强敌。比如，宋朝的抗金名将毕再遇，曾经引诱敌人来战，边打边退，三番五次地缠住敌人，直至天色已晚，就用香料煮黑豆，撒在地上，又向敌营挑战，假装战败而退。敌人乘胜追赶，人饥马乏，闻到遍地豆子的芳香，马只顾抢着吃豆子，任凭你用鞭子抽打，也不肯走了。这时，毕再遇出兵反攻，大获全胜，这都是连环计的运用。

传世典故

连环计，指多计并用，计计相连，环环相扣，一计累敌，一计攻敌，任何强敌，无攻不破。此计正文的意思是如果敌方力量强大，就不要硬拼，要用计使其自相钳制，借以削弱敌方的战斗力。巧妙地运用谋略，就如有天神相助。

此计的关键是要使敌人“自累”，就是指互相钳制，背上包袱，使其行动不自

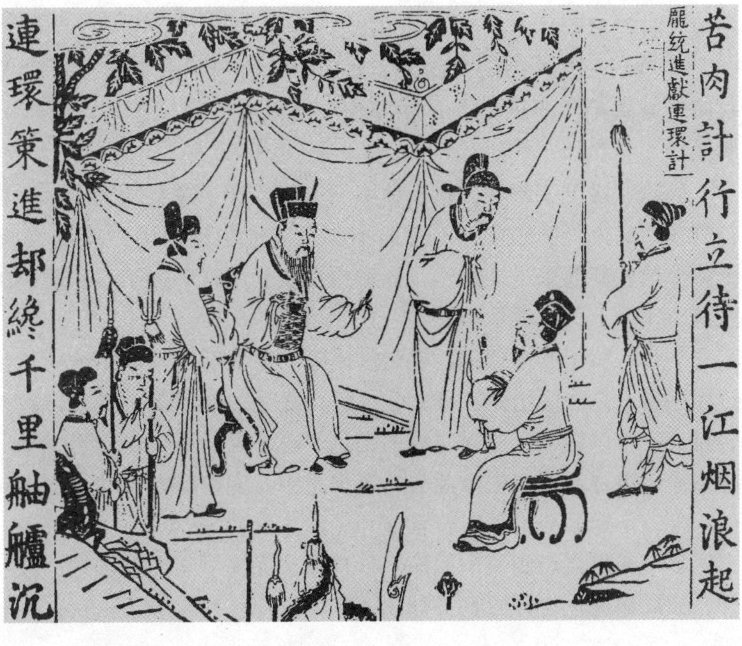

庞统献连环计

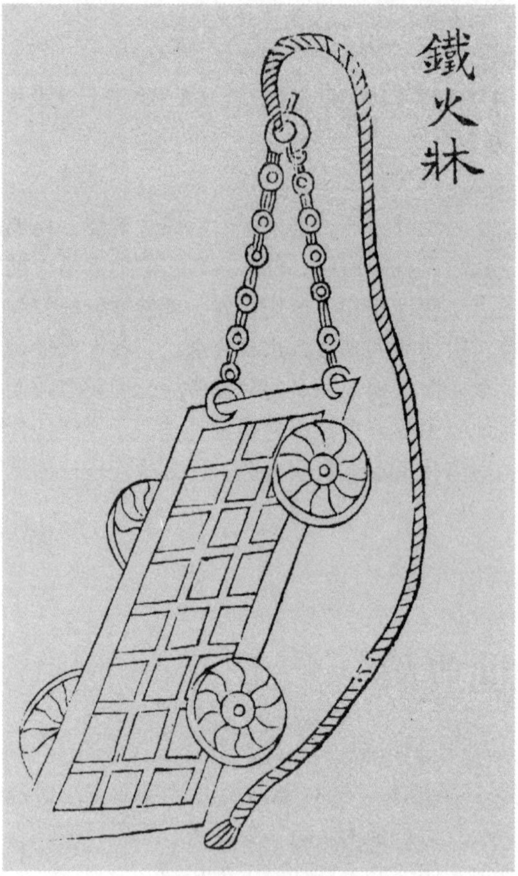

铁火床，火攻用具。

由。这样，就给围歼敌人创造良好的条件。

赤壁大战时，周瑜巧用反间，让曹操误杀了熟悉水战的蔡瑁、张允，又让庞统向曹操献上锁船之计，又用苦肉计让黄盖诈降。三计连环，打得曹操大败而逃。

东吴老将黄盖见曹操水寨船只一个挨一个，又无得力指挥，建议周瑜用火攻曹军。并主动提出，自己愿去诈降，趁曹操不备，放火烧船。周瑜说："此计甚好，只是将军去诈降，曹贼肯定生疑。"黄盖说："何不使用苦肉计？"周瑜说："那样，将军会吃大苦。"黄盖说："为了击败曹贼，我甘愿受苦。"

第二日，周瑜与众将在营中议事。黄盖当众顶撞周瑜，骂周瑜不识时务，并极力主张投降曹操。周瑜大怒，下令推出斩首。众将苦苦求情："老将军功劳卓著，请免一死。"周瑜说："死罪既免，活罪难逃。"命令重打一百军棍，打得黄盖鲜血淋漓。

黄盖私下派人送信曹操，大骂周瑜，表示一定寻找机会前来降曹。曹操派人打听，黄盖确实受刑，现正在养伤。他将信将疑，于是，派蒋干再次过江察看虚实。

周瑜这次见了蒋干，指责他盗书逃跑，坏了东吴的大事。这次过江，又有什么打算？周瑜说："莫怪我不念旧情，先请你住到西山，等我大破曹军之后再说。"把蒋干给软禁起来了。其实，周瑜想再次利用这个过于自作聪明的呆子，所以名为软禁，实际上又在诱他上钩。

一日，蒋干心中烦闷，在山间闲逛。忽然听到一间茅屋中传出琅琅书声。蒋干进屋一看，见一隐士正在读兵法，攀谈之后，知道此人是名士庞统。他说，周瑜年轻自负，难以容人，所以隐居在山里。蒋干果然又自作聪明，劝庞统投奔曹操，夸耀曹操最重视人才，先生此去，定得重用。庞统应允，并偷偷把蒋干引到江边僻静处，坐一小船，悄悄驶向曹营。

蒋干哪里会想到又中周瑜一计！原来庞统早与周瑜谋划，故意向曹操献锁船之计，让周瑜火攻之计更显神效。

曹操得了庞统，十分欢喜，言谈之中，很佩服庞统的学问。他们巡视了各营寨，曹操请庞统提提意见。庞统说："北方兵士不习水战，在风浪中颠簸，肯定受不了，怎能与周瑜决战？"曹操问："先生有何妙计？"庞统说："曹军兵多船众，数倍于东吴，不愁不胜。为了克服北方兵士的弱点，何不将船连锁起来，平平稳稳，如在陆地之上。"曹操果然依计而行，将士们都十分满意。

一日，黄盖在快舰上满载油、柴、硫、硝等引火物资，遮得严严实实。他们按事先与曹操联系的信号，插上青牙旗，飞速渡江诈降。这日刮起东南风，正是周瑜他们选定的好日子。曹营官兵，见是黄盖投降的船只，并不防备，忽然间，黄盖的船上火势熊熊，直冲曹营。风助火势，火乘风威，曹营水寨的大船一个连着一个，想分也分不开，一齐着火，越烧越旺。周瑜早已准备快船，驶向曹营，只杀得曹操数十万人马一败涂地。曹操本人仓皇逃奔，捡了一条性命。

用计锦囊

"连环计"是指运用计谋，使敌人相互牵制，以削弱其军力，再予以攻击的策略。也就是先以计谋故布疑阵，混淆敌人的判断力，再以另一个计略予以攻击。如此计中生计，连续运用，以达到击灭敌人的目的。

一般地说，连环计不管是两计相扣也好，还是多个计谋相配合，其功能无非是两个：一个是让敌人自相钳制；一个是更有效、迅猛地攻击敌人。二者相辅相成，用兵就如得天神相助一样。

本计包含三种含义：

1. 使敌自累。自累就是自相钳制，即自己内部互相之间都强力对对方加以限制，使各方都不能自由行动。使敌自累就是运用计谋，在敌人中间制造矛盾，并扩大或激化他们的矛盾，使其内部发生变乱，在内乱中产生内耗，进而削弱其力量。使敌自累的计谋有很多的优点：首先本计对我们来说省力安全。这就好像放炮，只需我们把导火线点着，炮弹自己就会发生各种反应而炸开来。相对于产生的爆破力

水军作战图

来说，点炮只是举手之劳，所以说是省力的。只要点着了火，我们就可躲在一边静观其变，不必打入敌人内部去冒风险，所以很安全。其次对敌人力量的削弱层次深，破坏重。因为这种削弱来自于敌人的内部，是一种内聚力的破坏，这样的伤口是很难弥合的。因为又是“自相残杀”，所以它比来自外部的攻击的破坏性要更加严重。

2. 撒豆止骥。就是用“撒豆”的方法来阻止马的前进。原意是把预先用香料煮好的豆子撒在地上，引诱敌人的马来争食，由于马贪食香豆，任凭主人怎样鞭打也不肯走动，这样就使其主人的行动受到间接影响。凡是主动给敌人准备某些利益，使他们被这些利益所引诱，为了捞取利益而干扰和破坏其原来的行动计划，或把这些留而无用，弃而可惜，没有什么大价值的利益背在身上，形成一个难以卸掉的大包袱等，都属于撒豆止骥之计。撒豆止骥之计主要是利用了敌人贪得无厌，见利必取的特点，以利累之。这种方法也不需要我们强迫，敌人就会自觉自愿地背上这个包袱。在一时无法在敌人中间制造矛盾时，可使用这种方法。

3. 机巧贵连。凡是用计，一般都不是只用一计就可获得成功的，常常需要同时准备或使用数计，使各计之间相辅相成，这样可做到一条计策失败，另一条计策马上紧接着实施，一个计谋跟着一个计谋、环环紧扣，不留任何漏洞。例如若“两计扣用”的话，则“一计累敌，一计攻敌”，缺一不可。任何奇谋妙计，都需要为其创造出相应的条件，所以计谋要研究连贯，讲究配套，要有系统性和系列性。

防范连环计可采取如下对策：

1. 莫贪便宜。对方对我施用本计的主要手段就是金钱美女之类，如果我们被这些东西所诱惑，而见利忘义，同室操戈，就会正中其下怀，做出“亲者痛，仇者快”的事情来。到头来将是我们自己害了自己。为了不被人所利用，就要不贪便宜，做到“富贵不能淫”，同时还要主动相让，不与“兄弟”争利，不为小利“翻脸”。

2. 风雨同舟。在自己内部发生矛盾的时候，不要总是想着非要把对方置之死地而后快，而要看到双方所共同面对严峻形势，想着互相之间的共同利益。在大敌当前的时候，我们矛盾的双方谁也不会独自幸存，只有联合起来，才有不被消灭的希望。就连世代为仇的吴人和越人，当乘坐同一条船在江心遇到大风大浪的时候，也能像左右手那样互相救援。（见《孙子兵法·九地篇》）何况我们原来都是自己人呢？在这种情况下，无论哪一方首先醒悟，都要主动先放下武器，向对方晓以利害。如果都担心自己会吃亏的话，那么谁也占不到便宜。

3. 早脱环扣。如果被敌人所施的数计相互扣用所困扰，处在应接不暇状态的时候，一定会力不从心，穷于应付。在这种极端被动的情况下，如果继续同敌人周旋，将是十分危险的，因为可能躲过敌人的一计、两计，但不可能计计都能躲得过，只要一次失误，就会一败涂地。在这种形势下，要以走为上尽早地跳出敌人的连环网扣的羁绊，脱出危险，以求自保。

计谋典范

战场逐鹿

救鲁国子贡巧施连环计

公元前484年，齐国的右相陈恒企图操纵国政，但又害怕朝中大臣国书、高无平从中作梗，便向齐简公建议，派国书等几位大臣领兵攻打鲁国，说是鲁国曾与吴国一道攻打过齐国，应该报仇解恨。齐简公采取了陈恒的建议，派国书为大将，带着高无平等大臣率领兵车千乘来到汶水之滨扎营。

孔子听到这个消息，大吃一惊，与他的几个学生商量说："鲁国是我们的父母之邦，现在有难，不可以坐视不救，有谁能制止齐军攻打鲁国呢?"听了孔子的话，子贡自告奋勇地说他有办法解救鲁国面临的危难。

子贡先到齐国见到右相陈恒，他对陈恒说道：鲁国的城墙低而薄，护城河狭而浅，国君懦弱，大臣无能，军队不善于打仗，是个难以征伐的国家，而吴国城墙高而厚，护城河宽而深，兵多将广，是个比较容易征伐的国家啊！陈恒听了这话，很生气，认为子贡在戏弄他。子贡便让陈恒屏退左右，悄悄地对陈恒说："据我观察，相国与大臣国书、高无平有些不和。国书与高无平率军进攻衰弱的鲁国，一定能取胜；取胜的功劳自然属于国书与高无平，这些人的权势会不断增加，而相国您便将因此面临困境了。因此，假如您能设法使国书、高无平率兵攻打吴国，势必遭到失败，国书与高无平将面临困境，这对于相国您掌大权是很有利的啊！"

陈恒听了子贡的话，很是高兴，但考虑到齐军已开到汶水，忽然又叫他去打吴国，别人会怀疑他的动机，因而有些犹豫不决。

子贡了解到陈恒的思想顾虑，便又对陈恒说："只要您能叫他们按兵不动，我便立即到吴国去说服吴王来救鲁伐齐，这样，齐国就有理由攻打吴国了。"陈恒同意子贡的主意，竟以听说吴国将出兵攻齐为理由，叫国书暂不攻鲁。

子贡日夜兼程赶到吴国，对吴王夫差说："上次吴国和鲁国联合攻齐，现在齐国人为了报仇，已屯兵汶水之上，准备先攻打鲁国，再攻打吴国。大王您何不先发制人，兴兵伐齐救鲁？以吴国的强大，定能打败齐国，这样也可使鲁国听命于吴国了。"夫差说："上次打败齐军后，齐国表示服侍吴国，一直不来朝贡，我正要向他问罪呢？只是听说越国有侵犯吴国的野心，我准备先打越国，再进兵齐国。"

听了夫差的话，子贡表示自己愿意去说服越王，让越王亲自率军跟随夫差攻齐。夫差高兴地答应了。

子贡，孔子的弟子。

子贡来到越国，告诉勾践说：夫差怀疑越国将攻打吴国，吴国就要兴兵伐越了。勾践听了很着急。子贡便教给他一个办法：亲自率领一支军队，跟随吴王攻打齐国，这样可以消除吴国对越国的怀疑，将来如果吴国战败，力量就会削弱，吴军战胜，一定会与强大的晋国争霸，这样，后方必然空虚，越国便可以乘虚而入。勾践十分赞成子贡的主意。过了几天，越王便派文种向吴王献宝剑、精甲等礼物，并表示越王将亲率3000军士随吴伐齐。吴王很高兴。子贡又说服吴王，只要让越军参战就行，而越王勾践则不必亲自出征了。

接着，子贡辞别了吴王，又赶往晋国，对晋王说：人无远虑，必有近忧。吴军正要攻打齐国，如果吴军取胜，吴王一定会要和晋国争霸，晋国应有所准备……

等子贡回到鲁国，吴军已打败齐国。不久，吴王又率大军北上伐晋。这时，越王勾践便乘机攻占了吴国都城。

子贡一番攻心游说，布置了一个使齐、吴、越、晋等国互相牵制的连环巧计，使鲁国免遭齐军的攻伐，又免受吴国的挟制，从而挽救了鲁国。

诸葛亮智取汉中

蜀兵挺进汉中，曹操亲率大军前来抵御，两军于汉水两岸隔河相对。诸葛亮查看地势，吩咐赵云道："你带兵500人，携带战鼓号角，埋伏在上游的丘陵地带。只要听到我军营中炮响，便擂鼓助威，只是不许出战。"赵云领命去了。

第二天，曹兵前来挑战，见蜀兵坚守不出，只好悻悻回营。晚上，诸葛亮见敌军灯火熄灭，命人放响号炮。赵云听到后，也吩咐鼓角齐鸣。曹兵以为蜀兵来劫寨，急忙起床应战，但未发现一个蜀兵。刚刚睡下，蜀兵那边又擂起战鼓，曹兵还是未发现一个人影。一连三夜，夜夜如此，搞得曹兵筋疲力尽。曹操心里发憷，便

刘备进位汉中王

退后30里扎寨。

诸葛亮又请刘备渡汉水后在岸边扎营。次日，曹操领兵向刘备挑战。蜀将刘封出战，曹操命徐晃出战。刘封战不过徐晃，拨马便跑。蜀兵望水边逃走，军器马匹散落满地。曹兵追赶过来，争相拾取，不战自乱。曹操见势不好，忙下令鸣金收兵。正在这时，只见诸葛亮号旗举起，刘备领兵杀回，黄忠、赵云从两翼杀来。曹操逃到南郑，见南郑已被张飞、魏延攻占，只好逃往阳平关。

诸葛亮抓住时机，急令张飞、魏延截断曹兵粮道，又叫黄忠、赵云去放火烧山。曹操在阳平关听说粮道被截、山野被烧，知道后勤方面已无保障，遂领兵出阳平关，希望以一战之功杀败蜀兵。蜀兵出阵的仍是刘封，战了几个回合便败走，曹操追了一阵，怕中埋伏，退回阳平关。这时蜀兵又返身杀回，东门放火，西门呐喊，南门放火，北门擂鼓。曹操心中大惧，急忙弃城突围，到斜谷界口驻扎。蜀兵杀了过来，曹操勉强出战，被魏延一箭射掉两个门牙，仓皇率军逃奔许都，整个汉中丢给了刘备。

在这场战役中，诸葛亮几番用计都十分精妙。他先是布置疑兵，瞒天过海，夜间擂鼓疲惫敌人，迫使曹操退后30里。继而，又过河背水结营，引诱曹操前来进攻，然后设伏兵杀敌。曹操退守阳平关后，诸葛亮又釜底抽薪，放火烧山，截断粮道。此后又打草惊蛇，在阳平关四座城门放火呐喊，弄得敌人心惊肉跳，迫使曹操放弃阳平关和斜谷界口，整个汉中遂落入刘备之手。

曹操平定马韩之乱

211年，马超、韩遂举兵反叛曹操，杀奔关中重镇潼关。7月，曹操领兵前来平叛。

曹操屯兵潼关附近后，做出一副强攻的架势，暗地里派大将徐晃、朱灵趁夜偷渡蒲阪津，在西河扎起营寨。然后，曹操引兵渡河北上，占据渭口，并多设疑兵，把兵力偷偷运过河集结于渭地。在表面上，曹操令士兵挖掘甬道，设置鹿砦，做出防守的样子。马超多次挑战未能成功，又不敢轻易发动进攻，不得不请求割地讲和。曹操听从贾诩之言，假装同意了马超的求和条件。

这时，韩遂求见曹操。韩遂与曹操本是同年孝廉，又曾于京中一起供职。韩遂此行的目的是游说曹操退兵，但曹操与他只言当年旧事，拊手欢笑。马超得知后，对韩遂起了疑心。几天后，曹操送给韩遂一封多处涂改的书信，令马超疑心更大了。

就在马超处处防备韩遂时，曹操突然对马超发动大规模进攻，先是轻兵挑战，然后以重兵前后夹击，终于大败马超、韩遂。

战斗胜利后，有人向曹操询问作战意图。曹操说："敌人把守潼关，我若进入河东之地，敌人必然引军把守各个渡口，那样的话我们就无法渡过西河。因此，我先把重兵汇集在潼关，吸引敌人全部兵力来守，这样敌人在西河的守备就空虚，徐晃、朱灵得以轻易渡河。我在率军北渡时，因徐晃、朱灵已占据有利地形，敌人便不敢与我争西河了。过河之后挖掘甬道，设置鹿砦，坚守不出，不过是假装示弱，以骄敌人之兵。待敌人求和时，我假意许之，使敌人不作防备。而我军一旦发动进攻，敌人便丢盔卸甲，无力抵抗了。用兵讲究变化，不能死守一道。"

从曹操的这段故事里可知，在平定马、韩之乱中，曹操用了暗度陈仓、反间计、调虎离山、欲擒故纵等计策。可见，曹操是一位运用连环计的高手。

马孟起步战五将

周瑜用“连环计”火烧赤壁

东吴兵马都督周瑜，自从率军与曹操百万大军隔江对峙以来，接连得计、三江口水上作战逞威，遏住了曹操的锋锐；暗窥曹操水寨，了解了敌方虚实；用反间计行借刀杀人之谋，除掉了曹操的水军都督蔡瑁和张允；其间，孔明还用计骗得了曹操十余万支箭；最后，又用反间计，助使黄盖诈降成功，把握了决战的主动权。至此，周瑜觉得应着手策划如何进攻曹军了。

一天，周瑜把孔明请来商议说：“我主孙权来信催我进兵，与曹操尽早决战。现在我还没想出什么妙计，请先生赐教。”孔明说：“我是一个碌碌无为的庸才，哪有什么妙计？”周瑜说：“我侦察了曹操水寨，见他用兵有法，不是平庸之辈，我想了一计，不知可否，说出来请先生斟酌。”孔明笑了笑说：“请都督先不要说出，我们各自写在手上，看我们的想法能不能一致。”周瑜听了，也很感兴趣，于是两个人各自写好，出示给对方看，两人看罢不禁欣然大笑。原来他们手上都写着一个“火”字。

当时，襄阳贤士庞统也在江东寓居，平时与鲁肃交往颇厚。鲁肃知道他才学非凡，常向周瑜推荐他。当鲁肃又提起庞统时，周瑜对他说：“眼下，我正要与曹军决战，你可先问问他，要破曹兵，宜用何谋?”鲁肃见过庞统，回报周瑜说：“庞统说：欲破曹兵，须用火攻。但大江之上，一般着火，余船皆散，恐怕不能取大胜，欲彻底打败曹军，除非用连环计，一计以火攻敌，一计使敌自累。这累敌之计，就是要设法让曹操把他们的战船连在一起，遇火不能解脱。”周瑜一听，对鲁肃说：“庞先生真贤人也。看来欲用连环计，必须设法遣庞统过江，让他向曹操献连船计，使之把船连在一起。”

周瑜正在为无机会遣庞统过江而发愁时，忽听蒋干又来江东为曹操打探消息。于是再行反间计，用蒋干把庞统带到了江北，引见给曹操。庞统在曹操面前，以北方军士不习水战为由，向曹操献了“连船计”。曹操十分感激地采纳了庞统的这个计谋。当有谋士提醒曹操应防火攻时，曹操胸有成竹地说：“现在是隆冬季节，只有西北风，哪有东南风？他若用火攻，岂不是自己烧自己吗?”就这样，曹操无所顾忌地把战船都用铁环连在一起。

周瑜见庞统“献计”成功，以为万事俱备，只待进兵了。一日，他突然发现，现在是隆冬季节，刮的都是西北风。心想，我作了这么长时间的准备，怎么把如此大的事情忽略了呢？既然没有东南风，这火攻计划就要落空。一着急，口吐鲜血，当时就昏了过去。醒来后，也是食不思，茶不饮。

孔明得知周瑜病后，对鲁肃说：“看来都督的病只有我来医了。”鲁肃把孔明请到周瑜床前，并斥退左右从人。孔明问周瑜说：“几日不见，都督怎么病成如此模样?”周瑜见孔明亲自来问病，支撑起来回答说：“人有旦夕祸福，谁能自料其病?”孔明接着说：“天有不测风云，岂是人皆知?”周瑜觉得孔明话里有话，便激孔明说：“我怕是不行了，请先生亲自为攻曹军谋划吧，不然只好回军。”孔明未

黄盖放火

理周瑜的话茬，却说："都督的病源我已诊出。"周瑜说："请先生明言。"孔明拿过纸笔写了十六个字给周瑜看。只见上面写着："欲破曹兵，宜用火攻，万事俱备，只欠东风。"周瑜说："先生既知病因，可有良药来医吗？请先生赐教。"孔明乘机骗周瑜说："我有呼风唤雨之术，你要用东南风，可令军士在南屏山筑一座台，名曰'七星坛'。我可借三天三夜的东南风给你用。十一月二十日甲子时，开始祭风，至二十三日丙寅时风息，你看如何？"周瑜听罢大喜，即刻从床榻上起身，召集众将开帐议事。

周瑜一面派兵去南屏山筑坛，供孔明祭风，一面调兵遣将，准备发起总攻，并特别吩咐黄盖说："你可先写一封密书给曹操，告诉他次日黄昏后，劫了粮草船只去降他。总攻时，你率先乘舟前往。曹操以为你是去归降，可乘其不备，直冲曹操水寨，纵火船烧敌寨，我率大军随后接应"。

曹操得到黄盖书信后，十分得意地在船上迎候。当他发现黄盖所乘之舟浮而轻，不似粮船，顺风而来时，再欲遣水军阻击，已经来不及了。只见黄盖所率之舟及近水寨时，突然发火。此时，东南风越刮越紧，霎时，曹操水寨燃起大火，欲乘舟躲闪，船已被铁环锁住。这时，曹操方知道自己采用庞统的"连船计"，是中了周瑜"连环计"了。只好率军遣逃，及至在华容道向关羽乞求生路时，百万大军已只剩三百余骑了。

就这样，周瑜用"连环计"，赢得了赤壁大战总攻的胜利，创造了历史上以少胜多的战例。

开门揖盗

汉元帅韩信自在荥阳及文武山两次会战中，均以"开门揖盗"之计击败项羽之后，便乘胜追击，百万雄师兵临彭城，要对项羽来一场歼灭战。

此次也采用"开门揖盗"计，选择好一个可以屯军百万的垓下为战场，先把军队埋伏在附近的岭前岗后，筑好揖盗工事，然后再派谋士李左车去项羽军营诈降，虚报军情，怂恿项羽出兵会战。

李左车原是赵国的文武君，素有名望，在韩信以背水阵破赵后，转投入韩信帐下为谋士。

他到了彭城，通过项伯的关系，谒见了项羽，凭他过去的声望及其三寸不烂之舌，很得项羽好感，留在左右也做个谋士。

当韩信的战争准备工作布置好了之后，便向项羽下战书，项羽是一个傲慢性急的人，最不会沉住气，便要出师应战。但他的部将季布和周兰却异口同谏，说韩信诡计多端，很可能会中奸计。现只可深沟高垒，坚守彭城，因韩信兵多粮少，利在速战，若相持日久，给养发生困难的时候，便会自动退兵。说得项羽沉吟不语。回宫见了妻子虞姬时，虞姬也劝他以逸待劳，勿轻举妄动。

次日，复召群臣计议，季布等部将如昨日一样地劝谏，李左车却说：“陛下如不亲自迎战，韩信定会知我心怯，决进彭城。倘彭城不能守，陛下将跑到什么地方去？如今之计，只有和他一战，如胜利了，韩信必走，如不胜，退守彭城亦未晚，何况韩军远来久疲，乘其疲而攻之，必操胜算。陛下舍此必胜机会，而听从群臣株守之下策，其误事孰甚？”

项羽听此言有理，点头同意，乃传令起兵，向沛郡进发。

军行十里，项王稍事休息，只见季布、周兰等文武大小重臣，俱跪下劝谏，请少待数日，再差人打听韩信消息，看缓急如何，然后进不迟。跟着，妻子虞姬亦托人带信来，劝项羽暂且回师。

项羽颇踌躇，正在进退两难时，李左车忽趋前启奏说：“适有臣家人路经沛郡，亲眼看见刘邦带了一支兵回成皋去了，韩信亦有回兵意思。这显然是兵员太多，粮食短少，已维持不住，恐大兵一临，难以对抗，兵法所谓兵多将累，他正犯此大忌。陛下若乘他三军无粮时冲击，则不战自乱了。”

项羽听了，又见前部人马已行五十里之外，难以挽回，乃决意前进，无复留恋。

到了沛郡，离城五十里安营派人打听敌军消息，回报刘邦根本没有回兵，韩信正加紧操练兵士。项羽听了，急召李左车，却无人应，左右来报，说李左车乃韩信派来的奸细，来探听虚实的，不禁咬牙切齿。但已到了两军对垒，势成骑虎了，只可准备应战。

此时项军扎营的沛郡东北，离垓下尚有几十里之远，韩信要引他入阵地，便设下一个连环揖盗计，请汉王刘邦打头阵，许败不许胜，务要引项羽深入重地。

汉王刘邦封韩信、英布、彭越为三大将

刘邦和项羽，本是结义兄弟，不久前且曾立下文约，指鸿沟讲和，订下各分疆界，无相争夺的誓言，但由于刘邦为人反复，张良诡诈，不守诺言，再动干戈，此间阵前相对，分外眼红。答话未完，项羽一枪向刘邦刺去，大骂刘邦为反复小人！刘邦退后即掩出两名大将挡住，一场大战于是开始。项羽力大善战，汉将且战且退，半途又有两将接战，这样的连环交接，已把项羽引进了谷口。季布急止住项羽说："穷寇勿追，提防中了诱兵计。"项羽马上勒缰，正在准备回军，前面又蹿出了李左车，对项羽大声说："前天得大王关照感激万分。今大王已深入重地，眼看就擒，如若投降，我负责引见汉王，免遭诛戮。"项羽大怒，骂曰："前日误中匹夫奸计，正要把你碎尸万段，今仍巧语花言来戏弄我！"即又骑马追赶上李左车，李左车只是跑，追得快就跑得快，追得慢也跑得慢，把项羽引进包围圈了。韩信已把项羽团团包围起来，项羽才惊慌，后悔莫及，还指望后面的援军来解围，但援军已被韩信在外围杀得七零八落，溃不成军了。

项羽被围在垓山之下，身边只有自己的嫡系军八千子弟，无粮可食，饥饿难当，也只可冒险突围。此地形势，是三面丛山，一面平原池沼，项羽便择平原方向突围，无奈韩军势大，沿途厮杀，冲到乌江边时只剩下二十八人了。一条河流汹涌的乌江正横在眼前，正是前无去路，后有追兵，正在彷徨无计之际，忽然岸边摇来了一只小船，项羽叫船夫把自己渡过江去，船夫说船太小，只能载客一人，其余人马也爱莫能助。项羽登时觉醒：我江东八千子弟，跟我去打江山，今日只落得我一个人回去，又哪有颜面见江东父老？何况这个船夫，必定是韩信安排在这里的，划到了江里把船掀翻，要在水上抓我。想到这里，便长叹一声："天亡我也，非战之罪！"说完就顺手一剑自刎，一代英雄便身首异处，长眠于地下了。

政治权谋

妙用连环，不韦居相

吕不韦是战国末年的政治家，生于公元前290年至公元前280年之间，他是卫国人，后经商至韩国，成为阳翟（今河南禹县）"家累千金"的大商人。他以商人的头脑和政治家的魄力，把赌注下在一个尚为人质的秦国王孙身上，通过一连串处心积虑的计谋的实施，不但当上了强秦的丞相，而且使自己成为事实上的国父。通过商人的投机而窃得一个国家，吕不韦的生意可以说做得亘古未有，空前绝后！

吕不韦是如何做到这一切的呢？

公元前265年，吕不韦经商来到赵国都城邯郸。他在街谈巷议中得知，秦国安国君的儿子、秦昭王的孙子异人正在赵国做人质。异人的父亲是秦国太子安国君。安国君有二十多个儿子，都是诸姬妾所生。异人既不是长子，他的生母夏姬又不受宠爱，而且已早死，所以异人做人质后，秦国没有人关心询问他。当王翦讨伐赵国时，赵王迁怒于人质，想杀掉异人。平原君劝告说："异人并不受宠爱，杀他又有什么用？只会白白让秦国找到借口，断绝了以后和好之路。"赵王的怒气还是不能平息，于是就把异人安置在丛台，派大夫公孙乾陪伴他，出入都加以监视，又削减了他的廪禄，异人出门没有车马，日用没有余财，终日郁郁寡欢。然而吕不韦了解到，秦昭王已经年老，安国君是太子，秦昭王死后，王位定会传给安国君，而安国君最宠爱的华阳夫人却又没有亲生儿子，将来势必会在安国君的二十多个儿子中挑选一个华阳夫人最喜欢的人来当继承人。吕不韦了解到这些，他的头脑变得异常睿智、异常活跃——俗话说："奇货可居"，这异人不正是一块"奇货"吗？别忘了，"人弃我取"是做生意的诀窍！

吕不韦于是用一百两黄金结交了公孙乾。两人相互往来，渐渐熟悉，有时见到异人，吕不韦假装不认识他，却向公孙乾询问他的来历，公孙乾如实相告。一天，公孙乾置酒宴请吕不韦，吕不韦说："酒席上又没有其他客人，既然秦国的王孙在此，何不请来同坐？"公孙乾听从了他的话，当即请来异人与他相见，同席饮酒。酒至半酣，公孙乾起身如厕。吕不韦乘机低声对异人说："秦王如今老了。太子所爱的是华阳夫人，而夫人又无子。殿下的二十几个兄弟，也没有爱到专宠的，殿下何不在此时回归秦国，侍奉华阳夫人，请求做她的儿子，以后还有被立为太子的希望。"异人含泪回答说："我也期望能这样！每次提起故国，我便心如刀绞，只恨没有脱身之计罢了。"吕不韦说："我家虽贫，但也愿意用千两黄金为殿下去一次秦国，去劝说太子和夫人，救殿下回国，你看如何？"异人说："倘若得到富贵，一定与你共同享有。"话刚说完，公孙乾就回来了，问道："吕君刚才说什么？"吕不韦说："我问王孙秦国珠玉的价钱，王孙回答我说，他也不知道。"公孙乾不再怀疑，三人继续把盏饮酒，尽欢而散。这以后吕不韦与异人便时常相见，暗地里吕不韦又将五百两黄金送给异人,。让他买通左右，结交宾客。公孙乾经常接受异人赠送的黄金丝帛，就像自己家人一样，也不再怀疑监视他了。吕不韦又用五百两黄金买了许多珍奇礼品，告别公孙乾和异人，独自去了咸阳。在咸阳他探听到华阳夫人有个姐姐，也嫁在秦国，就先买通了她的家人，通话给她说："王孙异人在赵国，思念太子和夫人，有孝顺的礼物，托我转交，另外还有一些小礼物，也是王孙异人奉献姨娘的。"吕不韦将一盒金银珠宝献上，夫人的姐姐大喜，自己走出了后堂，在帘内见客，她对吕不韦说："这些虽是王孙的一片心意，但也有劳你远道送来。如今王孙在赵国，不知他是否还思念故土？"吕不韦说："我就住在王孙公馆的对面，有什么事王孙都对我说，我完全了解他的心思，他日夜思念太子和夫人，曾说自己从小没有母亲，夫人就如同他的母亲，愿意回来奉养夫人，以尽孝道。"夫人的姐姐问："王孙一向还好？"吕不韦说："因为秦兵屡次讨伐赵国，赵王好几次都想杀他，幸亏臣民们都奏请保他，才保住性命，所以他思归之情越来越急迫。"夫人的姐姐又问道："臣民们为什么要保他？"吕不韦说："王孙贤孝无比，每次秦王、太子和夫人的奉诞，每到新年和初一、十五，必定清斋淋浴，焚香向西跪拜遥祝，赵国人对他没有不知道的。而且又好学重贤，交结诸侯宾客，遍于天下，天下人都称赞他的贤德孝顺，所以才为他保奏。"吕不韦说完，又将价值五百两黄金的金玉珠宝献上说，"王孙不能归来亲自侍奉太子和夫人，献上这些薄礼聊

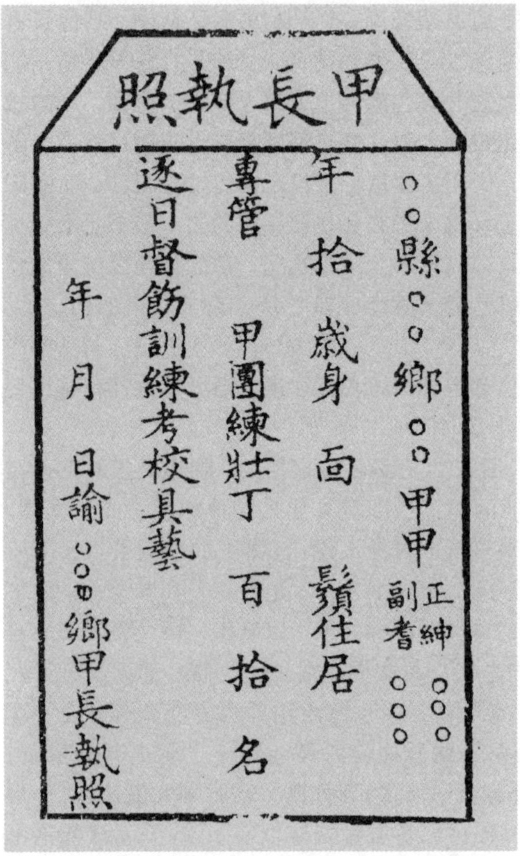
甲長執照
○○縣○○鄉○○甲
甲 正紳○○○ 副耆○○○
年拾歲身面鬚住居
專管甲團練壯丁百拾名
逐日督飭訓練考校具藝
年月日諭○○鄉甲長執照

甲长执照

表孝顺之心，请您转交。”夫人的姐姐嘱咐自己的门客款待吕不韦酒食，自己便进宫去告诉华阳夫人。夫人见到了这些珍奇贵重的礼物，以为王孙真的在思念自己，心中十分高兴。夫人的姐姐回复吕不韦，吕不韦故意问道：“夫人有几个儿子？”夫人的姐姐说：“没有儿子。”吕不韦说：“我听过这样一句话：‘以姿色侍奉别人的人，姿色衰退，爱也会随着衰弛。’如今夫人侍奉太子很得宠爱，却又无子，到了现在她应该在诸子中挑选一个贤孝的为子，待到太子百年之后，所立的儿子为王，最终也不会失势。要不然的话，一旦色衰爱弛，后悔就来不及了！如今异人贤孝无比，又故意依附夫人，夫人如果诚意立他为自己的嫡子，在秦国不就世世有宠爱了吗？”夫人的姐姐又将这些话告诉了华阳夫人，夫人说：“这个客人说得对。”一天夜里，夫人与安国君对饮正欢，忽然涕泣起来，太子感到很奇怪，就问他为什么哭泣。夫人说：“我有幸在你的后宫为姬，不幸的是没有自己的儿子，您的儿子中只有异人最贤孝，诸侯宾客往来，对他都赞不绝口。我请求你，让他作为我的嫡子，我也能有个后嗣。”太子答应了。夫人又说：“您今日答应了我，明日一听其他姬妃的话，又该忘了。”太子说：“夫人若不相信，愿刻符为誓！”拿过玉符，就在上面刻了“嫡嗣异人”四字，又将玉符从中间剖开，与夫人各留一半，以为信物。随后，华阳夫人又恳求太子想办法让异人回国。当时秦昭襄王正在怨怒赵国。太子请求让异人回国的事没有得到秦王的支持。

吕不韦打听到王后的弟弟杨泉君此时正得到秦王的重要信任，就用黄金贿赂他的家人，要求拜见他。见到杨泉君，吕不韦便对他说：“您已经犯了死罪，您自己知道吗？”杨泉君大惊失色道：“我有什么罪！”吕不韦说：“您的门下，无不居高官，享厚禄，骏马满厩，美女满屋；而太子的门下，没有一个富贵得势的人。大王年事已高，一旦去世，太子继位，他的门下必然非常怨恨您，您的危亡指日可待了！”杨泉君说：“该想个什么计策呢？”吕不韦说：“我倒有个计策，能使您享寿百岁，地位稳如泰山，您愿意听吗？”杨泉君跪地请教吕不韦。吕不韦说：“大王年事高了，而太子又没有嫡生的儿子，如今王孙异人贤孝闻名于各地诸侯。而又被丢弃在赵国，日夜思归，您可以请王后劝说秦王，让异人归来，使太子立异人为嫡子，这样的话，异人无国却已经拥有了国家，华阳夫人无子却已经有了儿子，太子和王孙对王后恩德的感念，世世无穷，您的爵位自然也能够长久地保住了。”杨泉君对吕不韦的话言听计从，当天就把这番话转告了王后，王后又告诉了秦王。秦王说：“等到赵国来求和，我自会迎异人回国的。”太子只好召吕不韦问计，吕不韦叩道：“太子如果真的立王孙为后嗣，小人我不惜千金家业，去贿赂赵国的当权者，必定能将王孙救回来。”太子与夫人都非常高兴，交给吕不韦六千多两黄金，让他转交异人作为结交宾客的费用。王后也拿出自己的四千多两黄金，一起交给吕不韦。夫人又为异人做了一箱衣服，赠送给吕不韦二百两黄金。太子拜吕不韦为异人的师父，让吕不韦转告异人，回国相见，只是早晚问题，不必忧虑。吕不韦回到邯郸，先准备礼物拜访了公孙乾，然后又见了王孙异人，将王后、太子和夫人的话一一评述，又将黄金和衣服献上，异人惊喜万分，对吕不韦说：“衣服我留下，黄金麻烦先生拿去，如果有什么花费，只管拿去用，只要能救我回国，我就感激不尽了。”

吕不韦以前娶了一个邯郸美女，号为赵姬，能歌善舞，此时已有两个月的身孕。吕不韦心生一计，他盘算王孙异人回国，必有继立为王的名分，如果把赵姬献给他，再生一男孩，就是我的嫡子，这个男孩如果承嗣为王，那么嬴氏的天下，便由吕氏的后代来掌握，这个买卖可就做大了！于是吕不韦挑选了一个日子，把异人和公孙乾请到家中喝酒，酒到半酣，吕不韦说：“我新纳了一个小姬，能歌善舞，想让她来奉劝一杯，你们不要嫌唐突。”说完就让两个青衣丫鬟唤赵姬出来。赵姬轻移莲步，与两位贵客见了礼，吕不韦让她手捧金杯，向异人敬酒。异人久居客地，原来忧郁不得志，现在前途有望，又看到赵姬确实漂亮，不禁目乱心迷，神摇体荡。赵姬劝完酒后，就回内室去了。宾主又相互劝酒，公孙乾不觉大醉，就在坐席上睡着了。异人心念赵姬，借着酒兴，就请求吕不韦说：“我孤身一人在此做人质，独处客馆寂寞无聊，想跟你求得赵姬作为妻子，满足我平生的愿望。不知赵姬的身价

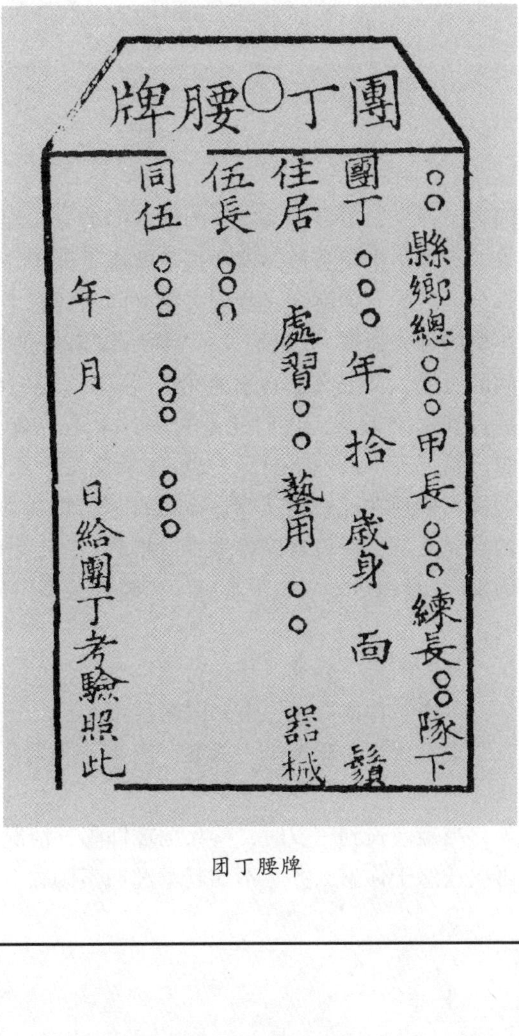
團丁○腰牌
○○縣鄉總○○○甲長○○○練長○○隊下
團丁○○○年拾歲身面鬚
住居處習○○藝用○○器械
伍長○○○
同伍○○○○○○○○○
年月日給團丁考驗照此

团丁腰牌

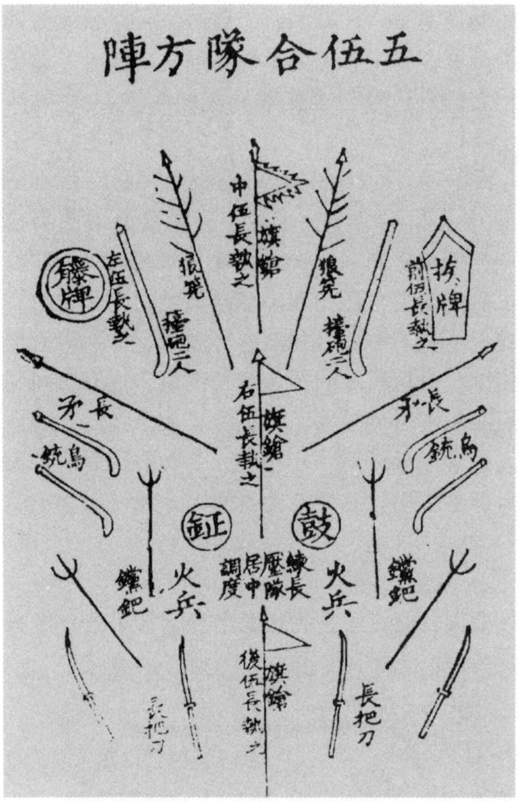

五伍合队方阵，古代军队的操列阵势。

多少，我理当奉纳。”吕不韦假装发怒说：“我好意请你喝酒，还唤出自己的爱妻出来劝酒，以表敬意，殿下却要夺我所爱，这是什么道理？”异人羞惭得无地自容，立即跪下说：“我妄想用客中孤苦来要先生割爱，实在是醉后狂言，请先生千万不要怪罪！”吕不韦急忙扶他起来说：“我为了让殿下能回归秦国，千金家产尚且可以用尽，毫不吝惜，如今又何必吝惜一女子。但这女子年青害羞，恐怕她不同意，如果她愿意，即当奉送殿下，让她给殿下尽铺床抹席之务。”异人又一次下拜称谢。

这天夜里，吕不韦对赵姬说：“秦王孙十分爱你，求你为妻，你觉得怎么样？”赵姬说：“我既然已经以身侍奉你，而且又有身孕，你为什么要抛弃我，让我去侍奉别人？”吕不韦悄声告诉她说：“你跟随我终身，也不过是个商人的妻子而已，王孙将来有立为秦王的名分，你得到他的宠爱，必然会成为王后。如果上天保佑生个男孩，这个孩子就成了天子，我和你以后就会是秦王的父母，富贵都会无穷的。你就念在我们夫妻之间的情意上，委屈听从我的计策吧！不过，千万不要向外人泄露。”赵姬说：“你所谋划的是大事，我怎敢不从命！但我们夫妻之间的恩爱，又怎么忍心割绝呢？”吕不韦安慰她说：“你若是不忘我们的情意，以后得到秦家天下，我们还是夫妻，永不分离，这不是很好吗？”二人于是对天起誓。第二天，吕不韦对异人说：“承蒙殿下不嫌小妾丑陋，愿意娶为妻子。我再三劝说，她现在已勉强从命。今日良辰，即送到殿下的寓所陪伴。”异人说：“先生的高尚义节，我粉身碎骨也难以报答！”公孙乾说：“既然有这样的良姻，我应当为媒。”便命令左右备下喜筵。当晚，吕不韦用车将赵姬送给异人成亲。后人有诗云：

新欢旧爱一朝移，花烛穷途得意时。

尽道王孙能夺国，谁知暗赠吕家儿！

十月满怀，赵姬生一男婴，因生于正月，故取名正，这就是日后的秦始皇嬴政。

当嬴政长到三岁时，秦兵围攻邯郸，情况危急。吕不韦对异人说：“赵王如果再次迁怒于你怎么办？不如赶紧逃回秦国去。异人说：“这件事全仗先生筹划了。”

吕不韦于是拿出自家的六百斤黄金，用三百斤贿赂南门守城的所有将军，骗他们说："我举家从阳翟来，在这里经商，没有想到秦兵来攻打，包围邯郸城这么长时间，我的思乡之情越来越迫切，现在将所存的家财，全部分散给各位，只要你们做个方便人情，放我一家出城，回阳翟去，我将感激不尽！"守将答应。接着又拿一百斤黄金送给公孙乾，述说自己想回阳翟的心意，反过来又故意央求公孙乾去与南门守将说个方便。守将和军座都受了贿赂，乐得做个顺水人情。吕不韦预先让异人将赵姬母子悄悄送到她母亲家。这一天，吕不韦置办了酒席宴请公孙乾，说："我就在这三天内出城，特备一杯薄酒与你话别。"席间将公孙乾灌得烂醉，连公孙乾身边的人也都吃饱喝足各自睡去。到了半夜，异人穿着便服混在吕家仆人中间，跟着吕不韦走到南门，守将不知就里，私自开城门，放他们出去了。

秦军的大营本设在邯郸西门外，而南门是通往阳翟的，吕不韦只能从南门出去。他们连夜奔走，拐了一个大弯后往西而去，投奔到秦军的大营。秦军又把他们送到秦王的行宫，秦王见了异人，欢喜至极，他说："太子日夜都在想你，今日你总算逃脱虎口了。现在你先回咸阳去，以安慰父母的思念之情。"异人告别了秦王，与吕不韦直奔咸阳而去。

他们一行一来到咸阳，就有人报告了太子安国君。安国君对华阳夫人说道："我们的儿子回来了！"两人并坐在中堂等待异人。吕不韦对异人说："华阳夫人是楚国人，殿下既然已是她的儿子，就该穿楚服进去相见，用以表示依恋之情。"异人听从了他的话，当时改换了衣装，来到东宫，先拜了安国君，又拜了夫人，哭泣着说道："不孝儿与父母亲分离多年，不能在你们跟前侍养尽孝，望父母亲恕儿不孝之罪！"夫人见异人一身楚国人的装束，惊奇地问道："你在邯郸，怎么会一身楚国人的装束？"异人跪拜禀告说："不孝儿日夜思念母亲，所以特别做了楚服，以表思念之情。"夫人感动地说："我是楚国人，你真是我的儿子！"安国君说："我儿可改名子楚。"异人拜谢。安国君问子楚："你是怎么回来的？"子楚便把吕不韦破家行贿之事，细述一遍。安国君当即召来吕不韦，非常感激地对他说："要不是先生的话，我险些失掉这个贤孝的儿子。现在我将东宫俸田二百顷，以及宅第一所，黄金一百两送给你，权且作为安家的费用。待大王回国，再给你加官赠禄。"吕不韦谢恩而去。子楚就在华阳夫人的宫中居住。而那个醉酒酣睡的公孙乾一觉醒来，发现异人与吕不韦早已远去，惭悔交加，遂拔剑自刎了。

秦昭襄王在位五十六年，后患病去世。太子安国君接位，是为孝文王。孝文王即位后，把一位赵国女子策立为王后，立子楚为太子。孝文王即位三天，就忽然神秘地死去。秦国上下都怀疑客卿吕不韦为使子楚早日登上王位而用重金收买秦王周围的人，将毒药偷偷放入酒中，使孝文王中毒而死，但由于大家心中都惧怕他，所以并没有人敢发这样的议论。于是吕不韦同群臣一起奉子楚继位，这就是庄襄王。庄襄王即位后，把华阳夫人奉为太后，立赵姬为王后，立其子政为太子。当时的丞相蔡译知道庄襄王非常赏识吕不韦，有让他做丞相的意思，就借口身体不适，将相位让给了吕不韦。吕不韦做了秦国丞相，被封为文信侯。至此，吕不韦政治经商的连环大计圆满完成。

连环计的妙用就在于"百计迭出"、"灵活机动"。吕不韦把异人立为秦王继承人，本已达到了最初的目标，但他并没有就此止步，而是进一步明送美人，暗“赠吕儿”，使吕氏的后裔成为秦王位的继承人，这才是他最厉害的一计！只可惜他没有想到“运巧必防损”，到头来把自己的性命最终葬送在了自己亲生骨肉的手里。

张仪愚弄楚怀王

张仪做了秦国宰相，为要破坏六国的合纵联盟，施用连环计的颠覆外交手腕，使得六国互相争斗。

那时，齐国和楚国还很亲密，曾合兵打败过秦国，抢去了曲沃这块地方。秦王想拆散齐楚联盟，问张仪有什么计策可想。张仪便说：“凡是联盟的，完全是个利害关系的组织，以利合，以利分，这是必然的，臣凭此三寸不烂之舌，亲到楚国去访问一次，必会使得楚王和齐国绝交。”

秦惠王便派他到楚国去。张仪知道楚国有个宠臣名叫靳尚，在楚怀王面前言无不听，计无不从的。他到了楚国之后，先向靳尚施用“银弹政策”，重金贿赂靳尚，然后往见楚王。

楚怀王素慕张仪才能，很高兴地接待他，问：“先生辱临敝邑，有何见教？”

张仪直截了当地说：“臣此次系奉秦王之命，想与贵国缔结联盟，大家罢兵息战，和平共处！”

魏晋时代的武士

“和平共处，确是最好的主意。”楚王说，“过去秦国屡次侵犯我国，这又何从谈得上结盟呢？”

张仪说：“根据秦楚的地缘关系，和过去的邦交友谊，和平共存是最有可能的，且有利无弊，秦王久有此打算，不过他所最不满意的就是齐王，贵国又与齐国联盟，所以不便和大王结交。大王如果相信我的话，我倒有一个办法，使秦楚恢复邦交，而且现在就是个好机会！”他说到这里，故意停了一下，楚王不禁发问：“你有什么计策呢？”

张仪便说：“大王只要肯马上和齐国绝交，秦国愿意奉献商于的六百里地方给大王。这样一来，齐国没有大王的支持，马上就会衰弱下来，既可以和秦国结交，暗中又得了商于的土地，为大王的利益着想，正是一举三得，又何乐而不为呢？”

楚王听了大喜，厚赏张仪，满朝文武齐向楚王称贺，独陈轸和屈原反对，但楚王不听，立即派人去通知齐国，断绝联盟关系，一面使逢侯丑跟张仪入秦国。

张仪和逢侯丑一路饮酒谈心，亲如弟兄一般，入了咸阳，张仪忽然诈醉从车上跌落下来，叫左右扶往就医，嘱咐逢侯丑暂住馆驿住宿，待伤好了再去朝见秦王。一面秘密入宫奏知秦王，如此这般应付楚使。

古代兵器连发弩

张仪回家躲了起来，闭门谢客，逢侯丑往见，俱遭拒绝，想见秦王又不得。这样等了一天又一天，三个月过去了，一点消息都没有。逢侯丑等得不耐烦，乃上书秦王，说及张仪许他的话。秦王回信给他，写着：“张仪如有约，寡人必当践行，但闻楚与齐尚未绝交，寡人恐受愚，非等张仪亲自奏明，不敢信也。”逢侯丑便又去见张仪，始终见不到，乃遣人回去报告楚王，楚王也明白秦王意思，就差勇士宋遗到齐国边疆上去辱骂齐滑王，滑王大怒，乃遣人到秦国去，想联合秦国去攻打楚国。

张仪得知齐国使者到了咸阳，认为计划已成功了，便宣称入朝，在朝门碰着逢侯丑，故作惊讶地问他：“你还未回去吗？受了地没有？”

逢侯丑将经过情形告诉他说：“秦王专候相国当面决定，今幸相国病好了，请早些对秦王说清楚，早定地界，我可回复楚王。”

“什么？”张仪说：“这件事无须和秦王商量的，这是我自己的事呀！我说过，愿将自己的封地六里献给楚王的。”

“呀——！”逢侯丑大声惊叫起来，“我在楚王面前奉命来接收商于六百里地方的，未闻是相国的封邑六里呢？”

张仪笑将起来，说：“楚王老昏了，听错了数目，你想想，秦国的土地，皆百战得来的，岂可轻易送给人？尺土必争，况六百里？”

逢侯丑知道中了张仪的计，不再说什么，匆匆赶回楚国去报告楚王。楚王大怒，恶狠狠地骂道：“张仪你这个反复小人，非捉你剥皮抽筋不可！”便下令出兵打秦国。

这一仗，楚国打败了，丧失汉中地方。楚王正想号召全国动员，再度和秦国决战的时候，韩国和魏国也想乘机捣乱对楚国宣战了。楚王看见危机四伏，慌忙退却罢兵，和秦国讲和。

过了一年，张仪又声言要和楚国联盟了，且愿以商于之地和楚国的黔中交换。使者对楚王说起。楚王的宿恨未消，愤然回答，“寡人不愿得地，愿得张仪而甘心，如果秦国肯派张仪到楚国来，寡人情愿奉献黔中地方给秦国。”

使者回报秦王，左右有妒忌张仪的，都说此计可行，以一个人换来几百里地方，利莫大焉。

秦王说：“张仪乃我的左右手，为国家立下许多大功，我宁愿不得此地，万不能丧失张仪！”

张仪却从容地说：“微臣愿只身入楚国。”

这话使大家惊骇起来。秦王说：“楚王已恨到你入骨了，去后即杀，为何你反要去？”

张仪说：“我张仪一身能抵得过黔中一片土，虽死犹荣！何况未必死？”

“身入虎穴，还想幸免？这确是奇迹，不知先生有何脱身之计？”秦王问。

“现在不便宣布，总之我会安全回来，同时可以使整个楚国向大王一面倒！”

张仪毅然到了楚国，楚国立即把他绑起来，择日祭告太庙，处决张仪。

张仪早已派人去打通了宠臣靳尚的关节，教他怎样去打动楚王宠姬郑袖。

靳尚去见了郑袖，便说：“夫人的宠幸不会太久了！”

“为什么？”郑袖大惊，问道。

靳尚告诉她：“秦王派张仪到楚国，大王已把他定了死罪，张仪这个人，是秦王的功臣，秦王得了消息，已准备退还汉中地方给楚国，并且要把自己的亲生女带给楚王，以赎张仪之罪，目前秦使已来讲条件了，一旦说妥，秦国的美人便列队而来，那时，夫人想保持这个地位是不可能了。”

郑袖已被吓坏了，慌忙问：“有什么办法可以挽救呢？”

靳尚说：“唯今之计，只可诈作不知这件事，在楚王面前下工夫，送张仪回秦国，张仪回去，必感盛德，不遣秦女来。”

郑袖于是在楚王面前哭诉，告其枕头状。她说：“大王欲以黔中地方换取张仪，地方未给，张仪却先至，这是秦王有礼于大王，如果将张仪杀了，秦王一怒，必起大军报复，那时，我夫妇的命运怎样，可想而知！妾为此事，食不下咽，睡不安枕。况且人各为主，张仪为秦王尽忠，乃当然之事，如果大王优厚他，也可以一样是大王的忠臣。”

楚王被枕头一撞，心已软了一半，答应再行考虑。靳尚又乘机唆使说：“杀一张仪，于楚无补，于秦无害，而又白白丧失几百里地方，这一来，秦国不是更强盛，楚国更衰弱吗？”

楚王一想，果然划算不来，终于听了郑袖的话，再把张仪送回秦国去。

张仪脱险回来，再度拉拢楚王，同样用连环计，离间六国，彻底粉碎了合纵同盟，把六国逐个拉过来，成为连横阵线，尊秦国为盟主，为秦国以后统一中国铺平道路。

唐太宗选婿

唐太宗李世民，在中国近代的帝王中，可算一位最出色的贤能之主，他的武功，能削平群雄，统一河山；其文功即一套政治手腕，确也非常人所能及。

他在巩固了帝位之后，对国外的政策是“怀柔外交”，利用“公主和亲”这一套，把外族各部落统统置于中国的势力范围之内，现代的华侨所以被称为“唐人”，即根据那时的“贞观之治”而来。

唐太宗以此“和亲政策”展开美女外交之后，便将宫中漂亮的宫女认作自己的女儿，先后嫁给西北方的吐谷浑，西突厥等国王，把往日经常侵犯边疆的敌人，都变成了女婿，化敌为亲，战鼓也变了乐器。

是时，尚有吐蕃王还没有着落。吐蕃即现在的青海、四川、西藏等地，地方大，民性悍，是个很难征服的国家。那吐蕃王见别的国王都已娶唐朝的公主为妻，既羡且妒，深以为耻，便也派一个特使到中国来，希望也讨个公主回去。

唐太宗这时的真假公主只剩一个“文成公主”了，对讨亲一事感到十分头痛，心里也不很愿意把最疼爱的亲生女，从礼仪之邦送到蛮夷之域去。但冷静一想，觉得吐蕃这国家是不可以轻视的，不应允的话，很可能惹出麻烦。于是眉头一皱，计上心来，想出一个连环计，以激将法激吐蕃王执行自己的外交政策。

在接见吐蕃特使的时候，一口拒绝，表示：“公主不是平货出卖，何况只剩下这一个，难道要白白送给人家不成?”这一拒绝，确实出乎特使的意料之外，乃没精打采地退去，心里非常难过。后来听到一点风声，说唐太宗本来答应把公主嫁给吐蕃王，因吐谷浑国王从中作梗便告吹了。

这点“风声”，不用说，是唐太宗的嘴吹出来的，吹入特使耳朵之后，马上就起变化。他本是乘兴而来，却扫兴而返，碰了钉子回去可怎样交代呢，岂不显出自己的低能？便索性一不做，二不休，加油添醋地把这话回报吐蕃王说：“本来唐王

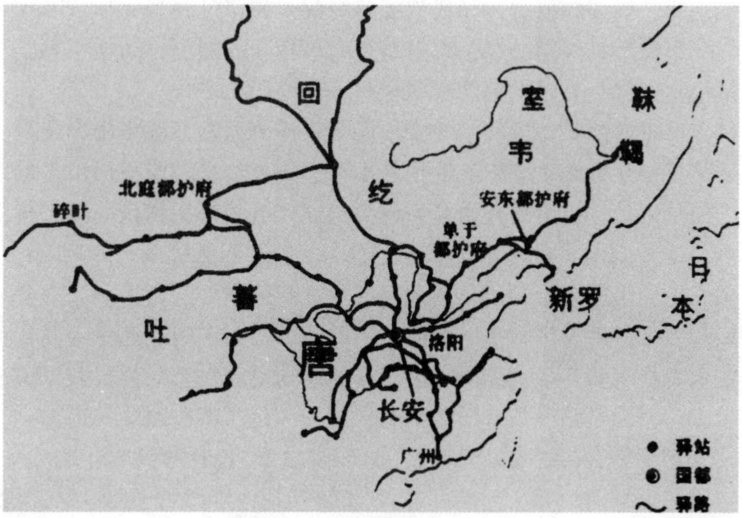

唐与回纥、吐蕃位置图

已答应了，且非常喜欢和我国结亲联姻，却碰上了那个吐谷浑国王，他真是个大浑蛋，向他的岳丈啰唆一番，挑拨离间，这件喜事便吹了。原来那浑蛋娶的不是唐王的亲生女，而妒忌主上娶个真公……”

吐蕃王不听犹可，顿时瞪眼吹须，大叫：“可怒也，你小子居然敢把我的喜事吹了！”立即大起兵马，向吐谷浑进攻，一番闪电扫荡战，把吐谷浑国王赶到边境的荒山躲起来，一时杀得性起，乘战胜余威，像风卷残云一样，再西破白兰羌，东破党项国，南征北讨，一口气消灭了很多部落，势力范围直逼中国边界。

有了这种声威，吐蕃王再派特使到中国来，向唐太宗再提联姻之事。这时唐太宗已很清楚局势的发展，吐蕃王果然“不辱君命”，甚合朕意，暗帮了一个大忙，削平其他小国，再联了亲，就是自己人，可以减少中国的外交负担和危害。因此一口便答应了，允许把文成公主嫁给吐蕃王。

吐蕃王得报大喜，认为现在已是唐太宗的准娇婿，很快就做中国姑爷了，乃作喜事准备，大力铺张了一番。

唐太宗答应了吐蕃王这门亲事之后，问题又来了。来讨亲的还有天竺国等四个国家的特使，一个文成公主又怎能“一马驾五鞍”呢？如果对吐蕃国只是口头上的秘密应许，还没有公开宣布，尚有转回余地。

他想了很久，便想出一个两全其美的办法，定下三个难题作为求见的标准，让所有的求亲特使当面解答，看谁能把这三个难题解答得最满意，就把文成公主嫁给谁的国王。

这时，各国特使都自恃自己聪明，准备应付。吐蕃的特使不是别人，乃是以机智出名、外交手腕最圆滑的宰相禄东赞。他这一次毅然要亲身到中国来讨亲，乃抱志在必胜的信心。

唐太宗的第一个难题是：一块小方翠玉，中有曲折的小孔，要各特使把一条很细的丝线穿过去。

结果，那四位特使弄来弄去都没有办法弄得通，个个面红耳赤地抹着大汗。轮到禄东赞，他不慌不忙地找来了一只蚂蚁，把一根线系在蚂蚁身上，放进孔里，用气一吹，蚂蚁向前爬，丝线就随着蚂蚁一齐穿过去了。

第二个难题是：拿一百根粗短大小相同的圆木，捆在一起，要各人指出哪一头是根本，哪一头是末梢。

那班特使眼见这些木头大小完全一样，总没办法指出哪儿是头，哪儿是尾。最后又是禄东赞的主意好，他把木头一起浸入水里，即指出浸在水里的是头，浮在水面的是末梢。说出的理由是：树头的纹理组织密，树梢的组织疏，浸在水里就密者沉，疏者浮，这样就可分辨其头尾。

轮到第三个难题了，唐太宗突然宣布停止，叫各人回家准备。

一天、两天过去了，特使们不敢外出，天天闷在家里等候，正不知唐太宗的葫芦里卖什么药。第三天半夜里，忽然通知说唐太宗在便殿召见。于是一个个分别被带进宫去，但路线却有异于平时，走的尽是弯弯曲曲的小道。

参见过后，唐太宗只随便问候几句，便说：“没事了，大家从原路回去吧！”特使们个个满头大汗，无可奈何地转道回府。可是难题到了，总找不到回头路，左旋右转的不是岔口就是绝壁，只是禄东赞一人，很顺利地跑回家去了，其余人等仍在殿上团团转。什么原因呢？因禄东赞为人十分机警，在进殿时每经过一个小角落，就用白粉在墙上暗里画了一个记号。

这是第三个难题，又被吐蕃特使解答了，唐太宗也认为禄东赞聪慧过人，于是公开宣布，将文成公主嫁给吐蕃王，中国文化能传播于西藏，就从这时开始。

商海弄潮

市舶官巧用豆芽汁

宋朝末年，上海已是与各国开始海上贸易的港口，受松江府管辖。当时在几百种进出口货物中，进口最多的是被称为“花蕃布”的印花洋布，出口最多的是早已闻名海外的中国瓷器。松江府第一任负责检验进出口物资的市舶官，面临着棘手的两大难题，为之寝食不安。原来与他打交道的洋商十分狡诈，那时全是用木船漂洋过海运输货物，途中遇到风浪，船舱进水，布匹在水中浸久了质量就会受损。洋商欺中国没有检验食品，每逢船舱进水，就在到达上海之前，停在沿海的隐蔽岛屿上，雇人将受潮的洋布晒干整理，然后再进港。这种布由于浸过海水，靠肉眼虽无法看出，而用味觉还能尝出它的咸味，或者将煮过布的水倒进豆浆，从豆浆凝成豆花加以辨别。可是如果船只是在长江口遇到风浪，布受江水浸浊，没有咸味，就很难检验了。洋商矢否认有船舱进水之事，布又是干的，似此情况，只得照单全收。这是第一个难题。

第二个难题是我国从上海出口的瓷器，尽管用稻草扎、竹箩装，可是经过海上风浪颠簸，到了国外还是难免破碎，任其罚款。

进口的洋布明知受水浸蚀，影响质量，只能照合同规定按质量收下；瓷器交货数量不足，本来够不上罚款条件，常常被洋人趁机敲诈，加倍罚款。市舶官真是“哑巴吃黄连，有苦说不出”，眼看白花花的银子流入洋商的口袋，十分痛心。他一时想不出好办法，就到各船上实地考察。一天，他在一艘船上捡到一粒绿豆，顿时心里一动，脸上露出了笑容，立即回去召集各洋商，向他们宣布说：“今后我国进口洋布，同时进口绿豆。在装船时，必须一行布匹，一行绿豆间隔排好。船抵上海港后，先验舱后起货，否则布匹一律拒收。”同时，市舶官规定在出口的瓷器装船之前，命人在空隙处也放进绿豆。然后洒上少量清水，将盖子盖上，包装得与以前一模一样。洋商们听了这个怪规定，莫名其妙，自然照办。

到了来年 9 月 15 日，洋商的货船又抵达上海港。市舶官亲临船舱验看，果然一行洋布，一行绿豆，装得整整齐齐，于是市舶官同意次日启舱验货。

第二天码头上中外商人云集，还有不少看热闹的群众。市舶官问洋商道：

“先生，你这次货舱可曾进水？”

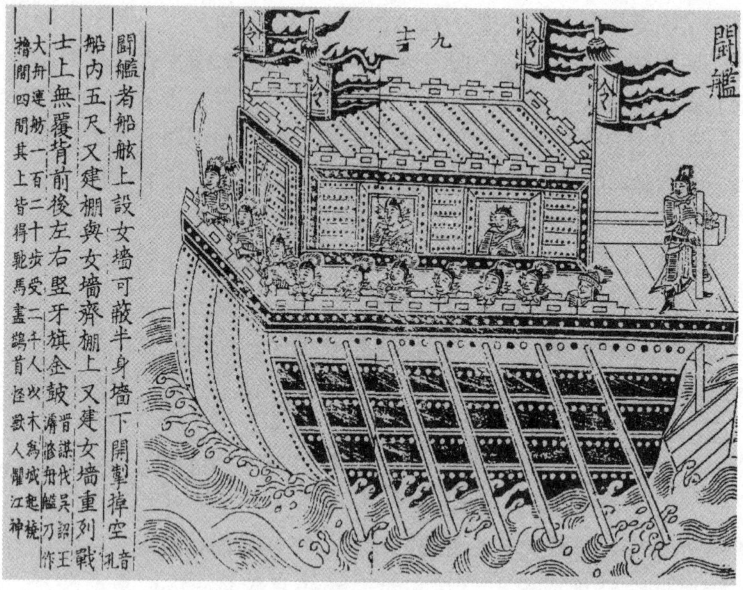

斗舰图，出自《武经总要》。

洋商用手在胸前画了个十字，说："靠上帝保佑，这次风平浪静，船舱没有进水。"

市舶官又问："9月9日你们正在途中。我们中国有句谚语，是'三月三、九月九，行人莫从江边走。'今年9月9日，长江口风浪特别大，你的船在哪里？"

洋商巧舌如簧，辩解道："那天我们停船避风，没有行驶。"

市舶官淡淡一笑，令衙役从船舱里抬出一麻袋绿豆，先请洋商验明封口印记，然后当众倒出，其中不少绿豆已经发芽。市舶官捡出当中一根最长的绿豆芽，说："根据这根豆芽推测，正是9月9日进的水，你已经将进水布匹做了手脚。"洋商呆若木鸡，只得乖乖地折价罚款。

洋商早就作了盘算，可以将布匹上受的损失，从瓷器上加倍补偿回来。于是他向市舶官提出：严格检验布匹，理所当然；但是你们出口瓷器也要严格检验，如果到了大洋彼岸，以碎次充好，要加倍罚款。市舶官满口应允。

洋商将一船瓷器运回本国后，也邀请各国商人一起检验，还特地雇用了乐队，大吹大擂，企图报"绿豆芽"之仇。谁知检验结果，连一个碟子都没有碎。因为在运输途中，绿豆遇水缓缓发芽，绿豆芽无孔不入，见隙就钻，几乎将篓中空隙全部填满，任凭风浪颠簸，瓷器有了软硬适中的"绿豆芽"保护，安全无损。气得洋商差一点当场昏厥。

市舶官巧用连环计，用绿豆芽检验进口洋布又保护出口瓷器的智谋，受到中外人士赞颂。

逼上"梁山"

位于河南省郑州市区的郑州市钟表眼镜批零商店，是全国八大眼镜专业店之一，过去一直垄断着郑州市及周围地区的眼镜销售市场。

当这家批零商店还在自得其乐吃老本的时候，它的周围先后冒出了十几家个体眼镜店铺和不少地摊，有的干脆堵住了批零店的门口。这些小老板进店转一圈，出门就把自己摊上同样的眼镜降低了标价。他们打出的“配镜迅速、立等可取”的幌子也很奏效。就这样，个体经营者凭着其本小灵活、嘴甜货廉的优势堵住了郑州市钟表眼镜批零店的财路。

一向自居老大的郑州市钟表眼镜批零店，面对“围攻”，冷静地分析了市场形势，并根据自己的优势，制定了“扬长避短、优化服务”的战略。

个体户的优势是进退自如，作价灵活，但他一般缺乏过硬的技术，配镜质量无保证，也无力造成经营上的声势。

针对这些情况，该店制定和实施了如下的策略。

他们缩减了低档眼镜的销售量，以避开个体户定价灵活的优势；增加了中、高档眼镜的花色、品种。

由于一般顾客不大懂得配镜的技术，他们便在报纸上、电视上展开了宣传攻势。一是宣传配镜的基本知识，使顾客了解到配镜不适将给眼睛造成的损害；二是宣传本企业的信誉及提供的优质服务。在广为宣传的基础上，他们开展了“儿童眼镜百日服务”的活动。儿童配镜减价一半，免费验光，并聘请了3位眼科专家全天候诊，为儿童提供免费配镜咨询，保证儿童配上适宜的眼镜。

此外，他们还专门购置了5辆摩托车，为儿童把配好的眼镜送至家门或学校，大大方便了顾客。

这一系列措施，安排得细致、周密，一环紧扣着一环，让顾客不知不觉中了“连环计”的“圈套”。

伴随着扩大知名度、提高销售量的结果，还培养了一批未来的顾客——儿童。于是郑州市钟表眼镜批零商店的复苏是可想而知的了。

运世方略

巧解连环，麻城破案

清朝雍正年间，湖北麻城知县汤应求为人怯懦，但居官却也清正。一天，有人击鼓鸣冤，他立即命衙役将喊冤人带上堂来。鸣冤人为郎舅二人，一个叫杨五荣，声称自己姐姐嫁涂家后，屡遭虐待，一月前被打失踪，定是被其丈夫暗害了；另一个叫涂如松，其妻杨氏入门后，常回娘家，一月前出走不归，定是杨家设下圈套，陷害于他。汤应求听了两人陈述，决断不下，就命两人各自回去。听候处置。退堂后，他与刑房书吏李献宗商议如何破案，李献宗略作思索，回答说：“生要见人，死要见尸，若知真伪，先找女子。”汤连连点头，即发下签票，命他查找杨氏三姑的下落。

显然，无论谁是谁非，汤应求面前必然存在着一个圈套。若涂如松说的是实话，那么杨五荣设下的是“瞒天过海”计；若杨五荣说的是实话，那么涂如松施用的就是“指鹿为马”计。这两种计谋都属于欺骗术，都是制造骗局，以假象掩盖事物的真相。李献宗的破译方法完全正确，只要找到杨三姑，不管是死是活，都能揭除假象，明辨是非，这是用的“去伪存真”之计。

经过几天查防，李献宗已掌握下列实情：涂如松是个老实农民，杨三姑却是个水性杨花的“小狐狸”。她在嫁到涂家之前，就与同村人杨同范有勾搭，后又与富户王祖儿的外侄冯大发生了奸情。杨氏嫁到涂家不久，就寻衅吵闹，以回娘家为借口，实际上是去会姘夫的。眼下，追踪的线索很快集中到王家庄的冯大身上，但因没有找到杨三姑，一时也难以破译。对于破译者来说，发现不等于解除，更何况关键人物杨三姑尚未查获，此“谜”仍无法解出。

那杨三姑确实躲在冯家，与冯大整天鬼混。冯大只有一个老母，怕此事张扬出去，儿子要吃官司，因此守口如瓶。但冯大做贼心虚，见李献宗经常在村里转悠，怕丑事泄露，便决定破点财，将三姑送回杨家。然而杨五荣是个无赖，从冯大处诈得二十两银子，仍不去官府销案，怕白白挨一顿杖责。他忽然想起三姑与杨同范早有勾搭，便采取“移花接木”之计，将三姑送到杨同范家。杨同范虽有三房妻妾，但对这“小狐狸”始终不能忘怀，眼下白白送上门来，不禁喜出望外，急忙将三姑藏在后宅夹墙房中，成天寻欢作乐。他怕涂家得到风声，决计寻找机会，非将涂如松置于死地不可。

三十六计之连环计

机会终于来了。一天，杨同范听说村外有一具无主尸体，被野狗扒出，面目已经全非。于是与杨五荣密谋一番，以“偷梁换柱”之计，冒认为杨氏尸，让杨五荣去县衙报案；与此同时，杨同范又想以金钱买通仵作李荣。被李荣一口回绝。当李献宗按知县吩咐去现场验尸时，心中明知有诈，却将计就计，依然装作深信不疑的样子，带领李荣去村外坟地验尸。尸体虽已腐烂，但从骨骼、毛发上辨认，分明是个尚未成年的男子。这次验勘，由于对方毫无防备，使李献宗完全掌握实据：杨五荣系假尸冒领，嫁祸于人；杨同范公然行贿，则要件作以假说道，开脱罪责。当下，李献宗吩咐将尸体埋了，并在坟上暗暗立杆标记。

至此，杨五荣等人计谋已全部识破，只要将真相公之于世，谁是谁非，昭然如揭。但由于客观事物的复杂性，以及当事人的非分之欲，社会之不公正，造成该破的不破，该解除的却无法解除。于是出现新的矛盾，一个新的计谋又形成了，而且是以前一个计谋为基础；这样，破译工作依然存在，只不过主体与对象的地位发生了转化。

那杨同范仗着腰缠万贯，当地一霸，见此计不成，又生一计。他找到当时的湖广总督迈柱的门生高仁杰，并贿以重金，到总督府走了后门。拿着总督府的公文，高仁杰便匆匆赶到麻城县任主审官。上任伊始，未作任何审理，就把涂如松、汤应求先行羁押，而后派遣另一名已受杨同范贿赂的仵作，重新挖坟验尸，并一口咬定这是具女尸。接着又用重刑将李荣活活打死，将涂如松屈打成招，供认自己杀了妻子，然后将李献宗杖责一百，逐出衙门。李献宗怎能咽下这口冤气，私下来到冯大家，用计赚知杨三姑藏在杨同范家的确切消息后，又一次将计就计，取得实证后，准备拚死越级上告。

这天，李献宗来到杨府附近。恰逢杨同范的妻子将要临娩。李献宗就与住在杨府隔壁的老稳婆商议停当，趁此机会，来个“引蛇出洞”计，查明三姑究竟藏于杨府何处。不一会儿，杨家丫鬟匆匆赶来，说是她家大娘子难产，大爷唤她速请老稳婆帮忙接生。老婆子跟随丫鬟进了产房，见产妇“哇哇”直喊，便拉开嗓门喊叫：“快去唤人帮忙！你家大娘子没命啦!”丫鬟急昏了头，忙朝墙壁大叫三姑出来救大娘的命。只听“啪嗒”一声响，墙上一墙暗门开了，蹿出一个浓妆艳抹的女子。老稳婆认出她就是杨三姑，只装不知，而杨三姑却不认识她。

李献宗得知此事，向老稳婆行过大礼，感谢她深明大义。接着又匆匆起程直奔黄安县，等到钦差巡抚吴应盏奉旨前来时，他拦轿喊冤，呈上状子。那吴应盏见了状子，一心想从这冤案中捞点好处，扳倒总督迈柱，图个加官晋爵，于是派人前去捉拿三姑。李献宗急忙劝阻，他怕打草惊蛇，一旦杀人灭口，此案永无昭雪之日。吴听了觉得有理，连忙讨教对策。李献宗劝吴暂不去麻城，以免惊动高仁杰，自己则随同黄安县令陈鼎去麻城见机行事，非要搞个水落石出不可。

再说李献宗等人回到麻城时，只见麻城百姓街谈巷议，对此冤案愤愤不平。杨同范听到风声，终日心神不安，寻求对策，后来居然被他想出一条毒计：欲将三姑杀了，毁尸灭迹，便可死无对证了。但因一时找不到合适女子供他淫乐，于是派人四处张罗。李献宗得知此事，便将计就计，诱他上钩。这天一早，杨同范正在漱洗，忽听说有个年轻女子找上门来，急忙来到客厅，果见那女子貌似天仙，便笑嘻嘻地问：“娇客何来?”那女子泪流满面地说：“小女子本是良家女，后被人拐卖至青楼之中。因不愿沦于烟花，偷偷逃出，恳请杨老爷救救奴家。”杨同范听了，真是喜出望外，当即将她留下。那女子跪倒在地，娇滴滴道：“杨大爷大恩大德，奴家愿以身相报。”杨同范哪里按捺得住，正想将她搂入怀里，忽听仆人来报：“外面来了一个官员，带头几个公差，已闯进后宅，要追查一名逃跑了的暗娼。”杨同范听说是官员带人追查，情急之中，忙把那女子推入夹墙暗室里，赶快迎了出去。

就在这里，陈鼎带领捕快已到面前，喝令："搜!"忽听到夹墙里传出喊声："我是逃犯，别难为了杨老爷!"众人循声蜂拥而至，一举毁了夹墙，杨三姑也就乖乖被擒。杨同范这时才知中计，但为时已晚，立即被套上铁链带走了。原来这是李献宗用的"抛砖引玉"计，才能将人犯一举擒获，经开堂复审，这桩千古奇冤总算得到了昭雪。

至此，一桩层层施计、处处设防的"连环计"才全部破译了。

汪秀才夺回爱妾

黄冈县的汪秀才有一宠妾名叫四凤。一次，汪秀才领四凤出游，被一伙彪形大汉抢走。经了解才知是阖闾山的柯陈兄弟抢走了四凤。

汪秀才发誓要夺回四凤。他向好友总兵管借来楼船、哨船，以及伞盖旌旗、冠服之类。汪秀才召集几十个家人，穿上借来的冠服，打扮成军士，自己冒名新任提督，驾楼船和哨船向阖闾江口开去。

那柯陈兄弟善于巴结官场上的人，听说新任提督光临，早早在江边迎候。提督很给他们面子，应邀来柯陈家做客。柯陈兄弟好酒好肉款待提督，如此过了三日。

这天，提督回谢柯陈兄弟，请他们到自己的楼船宴饮。席间，提督说："有一件事对你们很不利。一个叫汪秀才的人告你们抢夺爱妾。那汪秀才是当今名士，他已向皇上奏本，上司命我全权处理此事。我们已是朋友，我先把此事告诉你们。如果你们将那女人秘密交出，我保证你们不吃官司，万事皆无。"柯陈兄弟先是吓得面如土色，后来见提督网开一面，便千恩万谢，表示愿意交出四凤。楼船离开江面，返回岸边，柯陈兄弟亲自把四凤交给提督。他们哪里知道，眼前这位提督是个"冒牌货"。

汪秀才假扮提督，瞒天过海，接近柯陈兄弟。又调虎离山，把柯陈兄弟骗到自己的船上，软硬兼施，使他们没有了退路。然后，他以假隐真，晓以利害，让柯陈兄弟亲自把四凤送回。

第三十六计　走为上计

原文注译

【原文】

全师避敌[1]，左次无咎，未失常也[2]。

【注释】

①全师避敌：师，指军队。全，保全。保存军事力量。避敌：避开敌人。

②左次无咎，未失常也：《易·师·象》说："左次，无咎，未失常也"。这里的师是指军队、用兵。左次，是指军队向后撤退。古时兵家尚右，右为前，指前进；左为后，指退却。全句为：部队后撤，以退为进，不失为常道。

【译文】

为了保全部队的实力，实行撤退也没有什么罪责，（因为）它并没有违背（用兵的）常道。

按语注译

【按语】

敌势全胜，我不能战，则必降、必和、必走[1]。降则全败，和则半败，走则未败。未败者，胜之转机也。如宋毕再遇[2]与金人对垒，一夕拔营去，留旗于营，豫缚生羊悬之，置前二足于鼓上；羊不堪倒悬[3]，则是击鼓有声。金人不觉，相持数日，始觉之，则已远矣。可谓善走者也。

【注释】

①必降、必和、必走：指在敌人处于绝对优势的情况下，我方只有投降、讲和、撤退三种选择。

②见第三十五计注。

③倒悬：倒转身体，悬空挂着。

【译文】

敌人占绝对优势，我方无法战胜时，我方只有投降、讲和和退却三条路可走。

投降，是彻底失败；讲和是一半失败；只有撤退不是失败。没有失败，就有转为胜利的契机。比如宋代名将毕再遇与金兵打仗，一天夜里撤退走了，却留下旗帜在营房前，预先把羊倒吊着，又把羊的前腿安置在鼓前面，羊被倒挂着，十分难受，就用腿不停地乱踢，鼓也就咚咚作响。金人开始未发觉，相持了几天，才发觉。这时，宋军已经走远了。这可以说是善于撤退的战例。

传世典故

走为上，指敌我力量悬殊的不利形势下，采取有计划的主动撤退，避开强敌，寻找战机，以退为进。这在谋略中也应是上策。

这句话，出自《南齐书·王敬则传》：“檀公三十六策，走为上计。”其实，我国战争史上，早就有“走为上”计运用得十分精彩的例子。

春秋初期，楚国日益强盛，楚将子玉率师攻晋。楚国还胁迫陈、蔡、郑、许四个小国出兵，配合楚军作战。此时晋文公刚攻下依附楚国的曹国，明知晋楚之战迟早不可避免。

先轸诡计激子玉

子玉率部浩浩荡荡向曹国进发，晋文公闻讯，分析了形势。他对这次战争的胜败没有把握，楚强晋弱，其势汹汹，他决定暂时后退，避其锋芒。对外假意说道：“当年我被迫逃亡，楚国先君对我以礼相待。我曾与他有约定，将来如我返回晋国，愿意两国修好。如果迫不得已，两国交兵，我定先退避三舍。现在，子玉伐我，我当实行诺言，先退三舍。(古时一舍为三十里。)”

他撤退九十里，已到晋国边界城濮，仗着临黄河，靠太行山，足以御敌。他已事先派人往秦国和齐国求助。

子玉率部追到城濮，晋文公早已严阵以待。晋文公已探知楚国左、中、右三军，以右军最为薄弱，右军前头为陈、蔡士兵，他们本是被胁迫而来，并无斗志。子玉命令左右军先进，中军继之。

楚右军直扑晋军，晋军忽然又撤退，陈、蔡军的将官以为晋军惧怕，又要逃跑，就紧追不舍。忽然晋军中杀出一支军队，驾车的马都蒙上老虎皮。陈、蔡军的战马以为是真虎，吓得乱蹦乱跳，转头就跑，骑兵哪里控制得住。楚右军大败。晋文公派士兵假扮陈、蔡军士，向子玉报捷："右师已胜，元帅赶快进兵。"子玉登车一望，晋军后方烟尘蔽天，他大笑道："晋军不堪一击。"其实，这是晋军诱敌之计，他们在马后绑上树枝，来往奔跑，故意弄得烟尘蔽日，制造假象。子玉急命左军并力前进。晋军上军故意打着帅旗，往后撤退。楚左军又陷于晋国伏击圈内，又遭歼灭。等子玉率中军赶到，晋军三军合力，已把子玉团团围住。子玉这才发现，右军、左军都已被歼，自己已陷重围，急令突围。虽然他在猛将成大心的护卫下，逃得性命，但部队丧亡惨重，只得悻悻回国。

这个故事中晋文公的几次撤退，都不是消极逃跑，而是主动退却，寻找或制造战机。所以，"走"，是上策。

用计锦囊

三十六计，走为上计，是指在我不敌敌的情况下，为保存实力，主动撤退。所谓上计，不是说，"走"在三十六计中是上计，而是说，在敌强我弱的情况下，我方有几种选择：一、求和；二、投降；三、死拼；四、撤退。四种选择中，前三种是完全没有出路的，是彻底的失败。只有第四种，撤退，可以保存实力，以图卷土重来，这是最好的抉择。因此说，"走"为上。

本计包含以下三种含义：

1. 知难而退。如果已经知道事情实在做不成，就不要硬着头皮去做，要见机而动，尽早放弃。不要白白浪费时间和精力。知难而退中的"难"，在这里要理解成根本无法实现的事情，而不要理解成"困难"的难（当然成语中有这个意思）。所以它不是告诉人们见到困难就退缩，就逃避，成为懒汉，懦夫，逃跑主义，而是要求人们要"见可而进，知难而退"，"知其不可为"而不为，也就是要按客观规律办事，不能盲目蛮干，不要轻敌冒进。不能以卵击石，侥幸求胜。要知"小敌之坚，大敌之擒也"。要"实则斗，虚则走"，在自己的力量不足的时候，要避免同敌人决战，要首先保存自己的实力，在"避而有所全"的情况下，"则避之"。"留得青山在，不愁没柴烧。"这是脱离危险境地的一种策略。

2. 以退为进。就是把现在所做出的暂时退让，作为下步争取更大进取的手段。在这种情况下的"走"，并不主要是因为力不可支，而是出于引诱和调动敌人的需要。这是一种以迂为直的迂回战术。通过伪装的退却，可以诱敌深入，使其误入"重地"（入人之地深，背城邑多者，为重地。《孙子兵法·九地篇》），进而被我们"聚而歼之"。通过伪装的退却，可以诱进分敌。使我们能各个击破，以少胜多。因为在我们退却的时候，敌必然紧紧追赶，因为在"日夜不处，倍道兼行"的情况下，就会形成"劲者先，疲者后"的局面，这时我们就可杀个回马枪，以集中

古代战争中的攻城图

的兵力对付分散的敌人。通过伪装的退却，可以“能而示之不能”，给敌人以弱小、恐惧的假象，助长敌人骄傲轻敌的心理，使其不加戒备，给我们突然袭击带来可乘之机。

3. 急流勇退。在急流中果断退却。指人在顺利或得意时，为了避祸或保持名节而及早见机引退。事物发展到了顶点，就会向相反的方向转化，这就是“物极必反”，“否极泰来”的道理。明代洪应明《菜根谭》中说：“居盈满者，如水之将溢未溢，切忌再加上一滴。”意思是已经达到自己顶峰的时候，像已经装满的水缸，就不应该再增加了，因为哪怕是再增加一滴，也会使很多水也跟着流出来。又说“谢世当谢于正盛之时”，意思是一个人要想退隐家园不再过问世事，应该在你事业的巅峰阶段急流勇退，因为这样才能给人留下最好的形象，否则弄到狼狈不堪被迫下台时，英名将会全部被辱没。但是由于人性本身的弱点，使有些人很难割舍既得的利益，常常是“身后有余忘缩手，眼前无路回头迟”，最终成千古遗恨。所以急流勇退中的“勇”字，除了果断迅速的意思之外，还应该包含勇敢和勇气的含义，因为急流勇退需要相当的勇气和胆识，非小人之辈能够做到的。

防范走为上计可采取以下对策：

1. 疏而不漏。所谓“天网恢恢，疏而不漏”，在这里是指天道如网，广大无边，样子像是稀疏有隙，但却没有一点遗漏的地方，任何人都不可能从它所张开的天罗地网下逃过。我们围歼敌人也要设置这样疏而不漏的大网，使敌人无隙可乘，无计可施，不然使快要抓到手的鱼儿溜掉，那将是十分遗憾又后患无穷的事。当然企图处处设防，十分严密是绝对不可能的。关键是要“不漏”，在“不漏”的前提下，有重点但不留任何死角，不留任何盲点地进行设防，敌人无论在哪里漏网，我们都可及时发现，并且可以立即前往封锁。在这种情况下，“亡羊”之后再去“补牢”，实在是太晚了。

2. 一鼓作气。如果敌人已成网中之鱼，瓮中之鳖，那么我们要尽快形成关门打狗之势，一鼓作气地将敌人消灭，一般不要拖延，因为时间一久，就会夜长梦多，很容易发生各种变故，例如，敌人找到可乘之机，敌人的援兵赶到，我们的力量减弱，等等。同时尽快结束战斗，也可有趁热打铁的效果，我方的士气正盛，而敌方的军心恐慌，整个形势都是很有利的。另外，尽早消灭了敌人，可以腾出力量去对付别的敌人，以防牵扯更多的人力和物力。当然也不是越快越好，应恰当地掌握时机。

3. 截断退路。如果不慎，钻了空子，敌人已经跑掉的话，那么千万不要总是跟在敌人的后面追，而要赶到前面，在敌人的必经之路上堵截，在其前面将他们消灭，或者赶回原来的地方。如果我们只是跟在敌人的后面追，就只会处于被动的地位，尽管我们是强者，但却要受制于人。因为敌人可能会在撤退的路上设下埋伏，可能把我们拖垮，也可能转到敌人有利的环境中，还可能同他们的援军会合起来，那时我们就要吃大亏了。要能跑到逃跑敌人的前面，一是要取捷径，二是要有速度。

4. 纵之而去。如果阻截已迟，追之不及，可以索性纵之而去。就是我们不再跟在后面拼命追赶，而是鸣锣收兵，卷旗而归，这样可防止被敌人拖瘦拖垮。但是纵之而去并不是彻底放弃不管，而是以此来麻痹对方，使其放松警惕，因为惊弓之鸟很难捕捉，待敌人惊魂已定，认为太平无事的时候，我们再采取突然行动，打他个措手不及，这就是所谓的“欲擒故纵”之计谋。

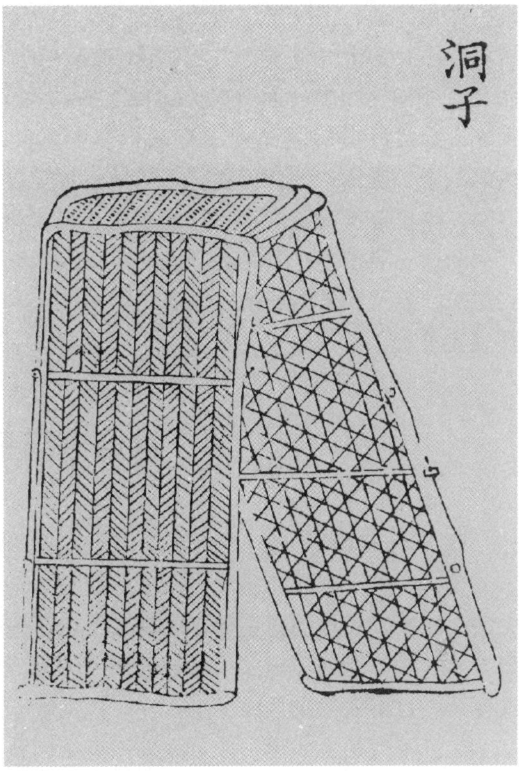

洞子，守城用具，用以遮蔽城墙缺口。

计谋典范

战场逐鹿

曹操果断弃“鸡肋”

215 年，曹操进攻汉中，在强大的军事压力之下，张鲁被迫投降曹操。曹操便派张鸽、夏侯渊在汉中镇守。217 年刘备率军驻汉中，与曹军相持在阳平关。219 年正月黄忠大败曹军，斩夏侯渊于定军山。得到这个消息，曹操十分气愤，亲自统率大军驰救。在阳平受到刘备的阻击。曹操本打算速战速决，夺回汉中，但没想到刘备死死拖住，粮草供给眼看接济不上，如果再相持下去，曹操肯定占不到一点便宜，如果撤退，把汉中之地让给刘备又实在不甘心，这时，曹操的内心十分焦急。一天，士兵送上一盆鸡汤，曹操夹起汤中的鸡肋，若有所思，并下意识地将“鸡肋”二字作为口令。面对曹操这种矛盾的心情，杨修巧妙地劝谏说：鸡肋“食之无味，弃之可惜”，但是终究啃不下多少肉来，不如趁早撤退为好。曹操一时恼羞成怒，杀了杨修，但最后还是于当年五月知难而退，撤出了汉中。

在这里曹操为了保存自己的实力，避免在自己处于不利情况下与刘备决战，能够果断地忍痛割爱，及时地知难而退，尽管没有夺回汉中，但没有使自己的军队受到损失，这是非常明智的，尤其是能“杂于利割”，不为口中“鸡肋”所贻误，实在难能可贵。

徐庶逃离曹营

庞统献了连环计骗了曹操，急忙登船欲回江南，在江边突然被人扯住。庞统吃了一惊，定睛一看，乃是故人徐庶。徐庶本是刘备的谋士，几次用兵布阵杀得曹操大败。后来，曹操劫持了徐庶的母亲，想逼迫徐庶入伙，徐庶的母亲来到曹营后愤然自杀，徐庶悲痛不已，发誓终生不为曹操出谋划策。这就是人们常说的“徐庶进曹营一言不发”的由来。

徐庶不愧是智多星，他早就看出庞统向曹操献连环计的用心。庞统说：“徐兄真想破我的计策吗？”徐庶答道：“曹操害死了我的母亲，我已说过我终生不为他谋划一策，怎么会破你的计策呢？只是我身在曹营，兵败之后，玉石不分，我肯定自身难保。望兄指点迷津，帮我离开此地。”庞统在徐庶耳边低声说了几句，徐庶闻罢大喜。庞统自回江南去了。

当晚，徐庶便在曹营散布谣言。第二天，军士们都在谈西凉韩遂、马腾举兵造反的事。曹操听到这个消息感到很震惊，急忙召集谋臣商议。徐庶进言说：“我自蒙丞相收留以来，还没有寸功报答，这次我愿领 3000 人马，星夜赶往散关把守，以防韩、马东来。”曹操见徐庶终于肯为自己效力，高兴地说：“徐兄如果能去，我便高枕无忧了。你现在就领 3000 人马出发，千万不要迟留。”徐庶巴不得曹操说这句话，当即辞别了曹操，统兵而去。徐庶这一走可就不想回来了。徐庶依照庞统的指点，终于逃出了曹营。

彝陵之战退为攻

三国时，魏文帝黄初三年（222 年）正月至六月，东吴大将陆逊率军与刘备率领的蜀军相持于责道虢亭（今湖北宜都县西北）。当时，汉主刘备举军东下，锐气正盛，且乘高守险，难以抵御。陆逊主张实施战略退却，“奖励将士，广施方略，以观其变。”陆逊的部下多是东吴的功臣宿将和公室贵戚。他们自命不凡，或自恃功高，对陆逊这位年轻统帅既不服气，又不尊重。对于陆逊实施退却更是很不理解，以为这是陆逊怯懦无能的表现。

这时，刘备命令军队从巫峡建平起到彝陵700里间，接连设营，以冯习为大都都，张南为前部都督。从正月到五月，与东吴相持不下。刘备要求决战不得。于是派吴班带领数千人在平地立营，想以此引诱吴军出战。陆逊非但拒不出战，还连续退却700里。任你蜀军怎样讨战，坚持不予理睬。并且劝告众将说："吴班讨战，其中必有诡计，我们姑且观望一下吧！"刘备见诱敌之计不成，只好把埋伏在山谷中的8000伏兵撤出来。这时，陆逊上书孙权说："彝陵这个要害地方，是东吴的重要关口。虽然容易攻取，也很容易失守。一旦失去，连荆州也难以保住。所以，今天我们争夺这个战略要地，定要一举成功，一劳永逸；开始时，我顾虑刘备水陆大军同时前来，那样，我们势必要分兵抵抗。现在，他不要水军，单用陆路，又在700里内，处处结营，分散兵力，看来，刘备这一布置对我军十分有利，所以，请您放心，不需再为攻打刘备的事而挂心了。"

陆逊，东吴大将，火烧蜀军连营七百里，大败刘备。

闰五月，陆逊观察形势，准备由退却、防御转为进攻。将领们认为，要进攻刘备，应当在初来的时候，如今我军步步退却，他们却在我们国境六七百里内到处设有重兵把守，这时进攻一定不会有好处。陆逊则说：我军连续退却，他们找不到我们的空隙，他们的士兵已经很疲惫，士气低落，又想不出打败我们的计划。现在，正是我们用计打败刘备的时候。于是，便先派兵攻打刘备一个大营，没有成功，又改变战术，命令士兵每人拿一把茅草，用火攻的方法，袭击蜀军，得手后，陆逊便率领全军人马同时发起进攻，斩了蜀将张南、冯习及少数民族武装首领沙摩柯，攻破蜀军40多个大营，蜀军将领杜路、刘宁等被迫投降，刘备逃上马鞍山，将军队沿山环列，进行困守。陆逊督促所有将领四面猛攻，蜀军全军溃散，死伤数以万计，刘备又连夜逃走，靠着沿途焚烧辎重器械，堵塞山路隘口，才阻住吴军的追击，得以匆忙地逃进白帝城。

陆逊以"走"为上计，实施战略退却，等待时机，终于转入反攻，大获全胜；刘备兵败彝陵，也以"走"才保住了性命。

政治权谋

重耳避祸，游历诸国

春秋时，晋献公得到新宠骊姬姐妹，姐妹各生一子，这样就涉及继承人为谁的问题。晋献公有八个儿子，其所谓贵生者有五个，即长子申生，次子重耳，三子夷吾，以及骊姬姐妹生的奚齐、悼子。

献公在未得到骊姬时，就将长子申生立为太子，成为法定的继承人。在母以子贵、妻以夫荣的古代，妇女所依托的就是子与夫。现在献公年老，在世时间无多，而骊姬正年轻，所寄希望的当然是在已生之子奚齐身上。然而，奚齐为公子，终不能继承公位，一旦献公撒手而去，奚齐所得甚少，骊姬也难得显贵，其害太子而谋己子继承，也自然就付诸行动。

在骊姬姐妹的怂恿下，献公有了废太子之心。在当时太子为国之本，无故废太子是要受到多方面的责难和制约的，献公也不能马上决定，故此采用如下步骤：

首先，献公建立上下二军，自己将上军，让申生将下军，明为重用，实欲寻找申生的过失，以便废之有名。这一点为大夫芳看出，对别人说："太子不得立矣。君主改其制，而不让太子公患难；轻视太子所任，而不考虑太子的危险。君主有疑心，太子怎能久在其位?"于是他为申生出了一计，"与其勤而不入，不如逃之。"就是走为上。申生对父亲抱定愚忠，不肯离去，结果"谗言弥兴"，处境危险。

其次，献公让太子帅师，赐予他自己所穿的衣服，佩以金印，按照君主的待遇出征。这样做看是推崇，实是欲加罪于他。当时大夫狐突认为："君有心矣。"梁余子养认为："死而不孝，不如逃之。"当然，申生是不能接受这种建议，而是采取"修己而不责人，则免于难"的对策，暂时渡过这次危机。

再次，献公命太子去曲沃，重耳去薄城，夷吾去屈邑，奚齐去绛地，分别驻守在外，在表面上看是一视同仁，实际上是在疏远太子，以便寻找其过失。当时仆人赞说："太子殆哉！君赐之奇，奇生怪，怪生无常，无常不立。"更何况君主"恶其心，必内险之；害其身，必外危之。危自中起，难哉！"

襄公出见重耳，讲述宋襄公接见逃难中的晋公子重耳之事。

经过如上步骤，献公认为可以废掉太子，另立骊姬之奚齐，并将此想法告诉骊姬，希望骊姬高兴。不想骊姬听而泣下说：“太子之立，诸侯皆已知之，而数将兵，百姓附之，奈何以贱妾之故废嫡立庶？君必行之，妾自杀也。”献公讨个没趣，却因此对骊姬更加信任。

其实骊姬何尝不想让自己的儿子当继承人？只不过她的手法比献公更高明一些，采用的是“佯誉太子，而阴令人谮恶太子”的策略。

公元前656年，骊姬对太子申生说：“君梦见齐姜（申生生母），太子速祭曲沃，归厘（祭品）于君。”申生怎敢违背后母之命，便赶到曲沃祭祀，将所祭的肉类贡献给父亲。是时献公出猎未归，祭品放了两日，使骊姬得以从容下毒。献公回来，看见儿子送来的祭品，便欲食之，骊姬急忙拦阻说：“胙所从来远，宜试之。”便将酒泼于地上，地上马上隆起；将肉喂犬，犬即刻便死；与在旁的小臣食，小臣也死。这时骊姬便哭泣道：“太子何忍也！其父而欲弑代之，况他人乎？且君老矣，但暮之人，曾不能待而欲弑之！太子所以然者，不过以妾及奚齐之故。妾愿子母辟之他国，若早自杀，毋使母子为太子所鱼肉也。”凄凄切切。早使献公心疼不已，杀太子之意也就由此而生。

骊姬所言，有人告之申生，申生登时不知所措，急忙逃回自己驻守的曲沃城。急来一走，实不是上计，故当时有人对申生说：“为此药者乃骊姬也，太子何不自辞明之。”申生辩白说是不想招父怒，故而出走。人劝说道：“既然要走，可奔他国。”申生想了一阵，实在难有出路，便说：“被此晋名以出，人谁内我？我自杀耳。”竟自杀以报生父。

正在此时，重耳和夷吾来朝。这二人现在是奚齐继位的竞争对手，骊姬当然不能放过，便在献公面前谮害二人。二人听到风声，连父亲也不见，急忙出走。各回自己的驻守地，严兵自守。

以一封地之力对抗一国之力，当然是难以抵挡，不得不自谋生路。当献公之兵临薄地之时，重耳逾垣而走，逃往翟国，而后游历各国，在秦国的支持下回国嗣位，是为晋文公。献公之兵压向屈邑时，夷吾凭借坚城，顽强抵抗，坚持一年而溃，最后逃往梁国；献公死后，国内大乱，奚齐、悼子先后被杀，夷吾在秦穆公发兵护送下回国即位，是为晋惠公。

范蠡功成身退弃官经商

春秋末期政治家、军事谋略家、越国大夫范蠡，在越国为吴国所败时，他曾跟随越王勾践赴吴国做过两年人质；回越后，与文种等谋臣协助越王勾践发愤图强，于公元前473年灭亡吴国，越国一时成为中原诸侯的一霸。当勾践在姑苏城吴王宫召开庆功大会时，范蠡却带着倾国倾城的美人西施隐居起来了。为了免遭杀身之祸，安乐而终，范蠡离开越王勾践时，故意制造出自杀的假象：当勾践派人去接收范蠡的军队，防止范蠡变心时，范蠡把自己的外衣扔在太湖旁边，并在衣兜里留下写给勾践的一封信，其大意是说，今天大王灭了吴国，当上了霸主，我的本分总算尽了。可是还有两个人，留着他们对大王没有好处，一个是西施，她迷惑了夫差，弄得吴国灭亡了，如果留着她，也许能迷惑大王，因此，我把她去了；另一个就是我范蠡，他帮助大王灭了吴国，留着他，他有可能扩大自己的势力，因此，我把他也去了。勾践看完这封信后知道范蠡杀了西施之后，范蠡自己便自杀了。勾践这才放心了。其实范蠡并没有死，他带着西施和一些财宝珠玉，弃官经商，改名更姓，跑到齐国去了。后来又搬到当时人口众多、交通便利、买卖发达的大城镇定陶，称为朱公，即后来成为百万富商的陶朱公。范蠡离开越王勾践不久，曾托人送过一封信给他的好友文种，信上说："你还记得吴王夫差说过的话吧，'狡兔死，走狗烹；敌国灭，谋臣亡'。越王这个人能够容忍敌人的欺负，可不能容有功的大臣。我们只能够同他共患难，可不能同他享安乐。你现在不走，恐怕将来想走也走不了。"果然不出范蠡所料，勾践在灭了吴国之后，对那些和他一起共过患难的人，慢慢地疏远了，对于文种这样有才干的人，更是疑心重重，最后，他竟逼文种自杀了。文种临死前夕，还对天长叹，痛悔自己没有听范蠡的话，而落下兔死狗烹的结局。

刘备借口脱身

建安三年，刘备被吕布打败，在不得已的情况下率众投靠了曹操。曹操表奏汉献帝，封刘备为左将军，让他留在许都。刘备表面上得了官职，实际上无权无势，时时处处受曹操的控制。

刘备深为自己壮志难酬而苦恼，恨不能生双翅飞出许都。为迷惑曹操，刘备故意学圃种菜。曹操觉得刘备胸无大志，渐渐地对他失去了戒心。

一天，刘备与曹操闲坐，军兵报告说袁术欲弃淮南而投河北。刘备听罢暗想：曹操欲灭袁术已经很久，我何不以此为借口逃离许都呢？于是，刘备对曹操说："袁术北上必然过经徐州。我打算率一彪军马在半路截击他，致袁术于死地。"曹操犹豫了一下，然后说："明日奏请天子后再起兵吧！"

次日，刘备恐曹操中途变卦，亲自奏请献帝，要求率兵去讨伐袁术。献帝应允后，曹操、令刘备总督五万兵马出征。

刘备赴冀州

刘备回府后连夜收拾鞍马，挂上将军印，催促关羽、张飞立即起程。关、张二人问其故，刘备答道："吾在许都乃笼中之鸟，网中之鱼。这次出征，乃鱼入大海，鸟上青霄，再也不受笼网的羁绊了。"关、张听罢，如梦初醒，随刘备率兵马疾行而去。

刘备刚出许都，谋士郭嘉就得到了消息，他向曹操进言："丞相为何遣刘备去讨袁术？刘备一去可就不复返了。此乃放龙入海，纵虎归山啊！"曹操遂起后悔之心，急令许褚率五百精兵截回刘备。

刘备在出师前为防止曹操变卦，不仅得到了曹操的将令，而且在献帝那里得到了钧旨。此刻许褚来拦截，刘备三言两语便把许褚说得无言以对。许褚无奈，只得率众回许都向曹操复命。

刘备这一走，如同笼中之鸟重返山林。以后，他招兵买马，礼贤下士，请诸葛亮出山，联合东吴，在赤壁之战中大胜曹操。后来，曹操每每想起刘备的出走，便嗟然长叹，悔之不已！

张良功成身退专心养精修道

西汉开国功臣张良

张良在辅佐刘邦建立汉王朝以后，自请告退，专心修道养身。促使张良急流勇退的原因主要有三个，其中既有主动的成分，也含被迫的因素。第一，张良参加刘邦反秦，主要是他的祖父、父亲曾连续任战国时韩国的宰相，但韩被秦国所灭，他要为韩报仇。当刘邦建立汉朝论功行封时，张良辞让了刘邦令其自择齐国3万户为食邑的封侯，而自请封给与刘邦相遇的留地，故称张良为留侯。张良为韩报仇灭秦的政治目的和"封万户、位列侯"的个人目标都已达到。第二，张良看到彭越、韩信等开国元勋功臣被诛杀的悲惨结局，联想到范蠡、文种兴越后或隐居或被诛杀，他深深领悟"狡兔死，走狗烹；高鸟尽，良弓藏；敌国灭，谋臣亡"的政治哲理，生怕韩信等人的命运落到自己头上。第三，张良虽谋略过人，但身体素质较差，体弱多病，身患多种疾病，为了健身益体，故让权于人，潜心养精蓄气，延年益寿。这实在是军事谋略家高人一筹之举。

商海弄潮

美国“走”来“麦当劳”

在北京王府井大街的南口，新出现了一家颇具“洋味”的快餐部，这就是美国的“麦当劳”。“麦当劳”快餐部的门面不算很大，但是装修得却非常别致，色调也非常优雅，在古老的北京城里，很有一种引人注目的异国情趣，但是给人带来神秘之感的地方还不仅仅是这点，更在于它那陡然红火的生意。在这个快餐部里，来来往往用餐的洋人自不必说，就连使惯了筷子的国人也都蜂拥而至，到这里来大饱口福。所以，麦当劳一时间便门庭若市。这使身怀绝技的中国烹调师们十分疑惑，为什么在美国曾经门庭冷落、生意萧条的麦当劳，带进来的又是十分单调的美国饮食文化——几块面包夹几片香肠，竟能在久负盛名的美食大国，中式餐馆林立的王府井大街上，大有反客为主之势呢？这正应了这样一句话：“想发财，走出来”。这其中的道理也十分简单：物以稀为贵，物以新为贵。在家门口滞销的产品，走出去就可能成为抢手货，在美国做不成的生意，到中国就可能备受青睐，反之也是一样，中国人到美国开餐馆，大赚特赚者更不乏其人。

“麦当劳”快餐部在美国的生意十分萧条的情况下，采取“走出来”的策略，不但使其绝处逢生，而且出现“柳暗花明又一村”的新景象，可见“走为上”这一计的奇效。“麦当劳”的这种“走”，属于战略上的转移，是此处的退却，彼处的进攻。这种转移，主要是为了进行环境和条件的更换，不同于“知难而退”，也不同于“以退为进”。

日立公司的战略撤退

20 世纪 50 年代，日本经济起飞，随着连续几年的经济高速发展，所有企业都在拼命扩大自己的经营规模。为此，日本日立公司也投入了大量的资金。60 年代初，整个日本经济进入了萧条时期。面对产品滞销，新建厂房的钢架已经搭起，新添置的一些机器设备已运抵码头和车站，日立公司内部对下一步应该怎么办产生了两种不同的意见：一种是继续投资；一种是立即停止投资。为了统合各种意见，公司内部发生了激烈的争论。

“我们不能短视，只看到眼前的萧条，萧条之后就是回升。如果我们现在停下，将来就会比别人慢一步。根据了解，东芝还在继续积极投资！”前者阐述自己的理由。

“停止这方面的投资绝不是短视。投资进去，萧条到来收不到丝毫效益。不如把这些资金投入其他有效益的方面，哪怕只有微利也比押死在这上面强。将来经济一回升，我们就有大量的活动资金可资利用。”后者针锋相对地应道。

“还有，正因为像东芝这样的大公司在继续积极投资，我们更不能继续投资下去。请想一想，我们目前能和它们比吗？仅靠实力，我们有获生的希望吗？何况现在投资竞争是拼老本。”后者的支持者接着补充说明。

“如果停止投资和施工，那么现有的半截工程和大批的设备搁置在那儿，不是很大的浪费吗？你们算过这笔账吗？”前者的支持者提出了新的论调。

三十六计之走为上

“好吧，就算继续投资，施工完毕后，工厂形成了新的生产力，又如何解决新吸收的工人的开支，和生产出来的产品销路问题呢？”后者尖锐地后问，“新的浪费无疑将比现在停下来更大！”

“立即停止投资施工！”最后公司作出了果断的决策。这次日立的决定是正确的。

从营业额来看，1926 年开始，日本三大电器公司中的东芝和三菱有明显的下降，但是日立则一直到 1964 年仍在继续上升。

从分红来看，1962 年上半年，日立、东芝、三菱都维持在 13% 左右，1963 年下半年，出现了 1% 的差距；到了 1964 年下半年，差距扩大到 4%，日立达到 10%。

时间终于进入了 20 世纪 60 年代后半期，一个新的经济繁荣时间来到了，蓄势已久的日立不坐失良机地积极投资，1967 年投入了 102 亿日元，1968 年上升到 160 亿日元，1969 年上半年就突破 1000 亿大关，达到 1220 亿日元。效益呢？1966 年至 1970 年，5 年内销售额提高了 1.7 倍，利润提高了 1.8 倍。

如果当年日立不是明智地主动停止投资，做战略撤退，它在经济萧条时期能得以保存实力吗？到了经济回升期，能以巨大的实力迅速东山再起吗？答案不难得出。

我们在使用日立电视、冰箱时，如果能回想一下日立的这段陈年往事，从中将可得到什么样的启示呢？

运世方略

王戎堕厕保命

302年12月，西晋河间王司马颙、成都王司马颖起兵讨伐洛阳的齐王司马冏。齐王见二王的兵力从东西两面夹攻京城，异常恐慌，急忙召集文武群臣讨论对策。

尚书令王戎建议说："今二王大军有百万之众，来势凶猛，一时难以抵挡，不如暂时让出大权回到封国，这是保全平安的唯一良策。"王戎的话音刚落，齐王的一个心腹怒气冲冲地吼道："身为尚书，理当运筹帷幄之中，决胜千里之外，怎么能举手投降，让大王回到封国去呢？从汉魏以来，王侯返国，有几个能保全性命的？说这种泄气的话，应该杀头！"在场的百官一听，个个面如土色。因为齐王对这个心腹的意见言听计从。

王戎一看大祸临头，急中生智，装作很难受的样子说："老臣刚才服了点寒食散，药性发作，所以胡言乱语。现在我感到肚子疼，我先去一趟厕所。"王戎急匆匆走到厕所，故意一脚跌了下去，弄得浑身屎尿，臭气熏天。齐王和众臣看后都捂住鼻子大笑不止。王戎趁出去换衣服之机溜掉了，免去一场杀身之祸。

人挪活，树挪死

"走为上计"主张战斗不利于己，又暂时无力扭转的情况下，要引兵退却，脱离险境，保存实力，等待良机。"走为上计"的谋略具体表现为"改换门庭"，变更单位，从甲地、甲单位转往乙地、乙单位。

有一位青年学者现在的工作单位是一所工科的大学，但他是研究西方哲学的，而现在却讲授马克思主义公共课，该校西方哲学的专业资料缺乏，他所研究的课题与他讲授的内容关系不大。更令他苦恼的是：在工科大学，从教师到学生，由于受专业所限，对西方哲学了解不多，难以遇到知音，他在专业方面难以发展。

还有一位聪明大学本科毕业生，到新工作单位不久，就因小事和领导吵架，领导气量小，有时找他的碴，而他也以牙还牙当众挑领导的毛病。他以为自己专业知识过硬，少了他不行，我行我素领导也奈不了他何。就这样他们互相"顶牛"了一段时间，他和领导关系越来越僵。

谁知胳膊扭不过大腿，职务晋升、工资提级等"大事"他总解决不好。他的情绪越来越坏，就这样年复一年打起了"持久战"。结果他把宝贵的时间，充沛的精力，消耗在无原则的争吵之中。

上述两位确实有必要一走了之，天下之大，单位如此多，何必固守一隅，空耗时光呢？

能审时度势，及时改换门庭的才是强者，只知固守一城一池，不想改变自己的是失败者。